भारत का संविधान
एक परिचय

चौदहवां संस्करण

ब्रजकिशोर शर्मा
पूर्व अध्यक्ष, प्रतिलिप्यधिकार बोर्ड
पूर्व, अपर सचिव, विधि मंत्रालय, भारत सरकार

AF519438

PHI Learning Private Limited
Delhi-110092
2025

In fond memory of ***Shri Asoke K. Ghosh*** *(October 1942 – February 2024), Founder Chairman and Managing Director of PHI Learning, whose vision endlessly inspires.*

The Legacy Continues....

Published by Pushpita Ghosh, PHI Learning Private Limited, Rimjhim House, 111, Patparganj Industrial Estate, Delhi-110092 and Printed by Glorious Printer, Delhi-110092.

₹625.00

भारत का संविधान—एक परिचय, चौदहवां संस्करण
ब्रजकिशोर शर्मा

© 2025 by PHI Learning Private Limited, Delhi. Previous editions © 2019, 2017, 2015, 2014, 2012, 2011, 2010, 2009, 2008, 2006, 2005, 2004, 2002.

All right reserved. This publication is protected by copyright and may not be reproduced, in whole or in part, in any form or by any electronic, mechanical, or other means, now known or hereafter invented, including photocopying, recording, or any information storage and retrieval system, OR to train artificial intelligence systems without permission in writing from the publisher.

ISBN-978-93-90544-15-8 (Print Book)
ISBN-978-93-90544-16-5 (e-Book)

The export rights of the book are vested solely with the publisher.

कृष्णाय वासुदेवाय हरये परमात्मने ।
प्रणतः क्लेशनाशाय गोविंदाय नमो नमः ॥

त्वदीयम् वस्तु गोविंद तुभ्यमेव समर्पये ।
श्रीकृष्णार्पणमस्तु ।

विषय सूची

चौदहवें संस्करण की भूमिका *xxxi*
प्रथम संस्करण की भूमिका *xxxiii*
निर्णय सूची *xxxv*

1. संविधान की रचना के पूर्व की घटनाएं **1–37**
सिंहावलोकन की आवश्यकता, **1**
1857 का संग्राम और महारानी की घोषणा, **1**
भारतीय संसद् की मांग, **1**
भारतीय परिषद् अधिनियम, 1861, **1**
भारतीय परिषद् अधिनियम, 1892, **2**
मार्ले-मिंटो सुधार, 1909, **2**
मुस्लिम लीग की भूमिका, **2**
भारतीय परिषद् अधिनियम, 1909, **3**
पृथकता का बीजारोपण, **4**
भारतीय राष्ट्रवाद का उदय, **4**
राष्ट्रवादी, **4**
क्रांतिकारी, **5**
प्रथम विश्वयुद्ध और नीति में परिवर्तन, **5**
लखनऊ समझौता, **5**
मोंटेग्यू-चेम्सफोर्ड प्रतिवेदन 1918 या मोंटफोर्ड सुधार 1918, **6**
भारत शासन अधिनियम, 1919, **6**
मोंटफोर्ड सुधार की असफलता, **7**
कांग्रेस ने पहले तो स्वागत किया बाद में नामंजूर कर दिया, **7**
उदारवादी और निर्वाचन, **8**
साइमन आयोग या सांविधानिक आयोग, **8**
साइमन आयोग का विरोध, **8**
सर्वदलीय समिति या नेहरू समिति का प्रतिवेदन, **9**
साइमन आयोग का प्रतिवेदन, **9**
खिलाफत और असहयोग, **9**
खिलाफत के दुष्परिणाम, **10**
पृथकता के बढ़ते कदम, **11**
सविनय अवज्ञा और नमक सत्याग्रह, **11**
पहला गोलमेज सम्मेलन, **12**
दूसरा गोलमेज सम्मेलन, **12**
सांप्रदायिक अधिनिर्णय, **12**
अधिनिर्णय के अधीन मुस्लिम प्रतिनिधित्व, **13**
पुणे समझौता, **13**
तीसरा गोलमेज सम्मेलन और श्वेत पत्र, **13**
सांप्रदायिक अधिनिर्णय पर कांग्रेस का संकल्प, **14**
पुणे समझौते का परिणाम, **14**
1935 के अधिनियम की संक्षिप्त रूपरेखा, **14**

1935 के अधिनियम का प्रवर्तन, **15**
1937 के निर्वाचन के परिणाम, **15**
कांग्रेस की सरकारें, **15**
युद्ध और कांग्रेस के मंत्रिमंडलों का त्यागपत्र, **16**
संविधान सभा की मांग, **16**
मुस्लिम लीग द्वारा विरोध, **16**
पाकिस्तान की मांग, **16**
गांधीजी की विभाजन के लिए शर्तें, **17**
सप्रू समिति की सिफारिश, **18**
व्यक्तिगत सत्याग्रह 1940, **18**
युद्ध की स्थिति, **18**
क्रिप्स मिशन, 1942, **18**
राजगोपालाचारी के प्रयास और कांग्रेस, **19**
भारत छोड़ों आन्दोलन, **19**
अमरीका द्वारा सहायता, **20**
द्वितीय विश्वयुद्ध की समाप्ति, **20**
शिमला सम्मेलन, **21**
आजाद हिंद सेना का विचारण, **21**
भारतीय नौसेना का विद्रोह 1946, **21**
हड़ताल आदि, **21**
1945–1946 के निर्वाचन, **21**
गांधीजी ने मुस्लिम राष्ट्र के अस्तित्व पर प्रश्न चिह्न लगाया, **22**
रोचक तथ्य, **22**
कैबिनेट मिशन, 1946, **22**
मंत्रिमंडल मिशन के प्रस्ताव, **22**
मिशन योजना और कांग्रेस तथा लीग की प्रतिक्रिया, **23**
लीग की सीधी कार्रवाई, 24
अंतरिम सरकार, **24**
विभाजन की स्वीकृति, **25**
कांग्रेस की गलत नीतियां, **26**
अंग्रेजों की चाल और मुस्लिम समस्या, **26**
अंदर से विनाश करना, **26**
संविधान सभा, **27**
हिज मजेस्टी की सरकार की 20 फरवरी 1947 की घोषणा, **27**
हिज मजेस्टी की सरकार की 3 जून 1947 की घोषणा, **27**
माउंटबेटन योजना, **28**
पुरुषोत्तमदास टंडन द्वारा विभाजन का विरोध, **28**
भारतीय स्वतंत्रता अधिनियम, 1947, **29**
ब्रिटेन द्वारा स्वतंत्र किए जाने के कारण, **29**
साम्यवादियों का देशद्रोह, **30**
मुसलमान पाकिस्तान के पक्ष में, **30**
भारत का एकीकरण में सरदार पटेल की भूमिका, **31**
संविधान की रचना में सर बी.एन. राव की भूमिका, **32**
डा. अंबेडकर की भूमिका, **33**
भारत के लिए संविधान सभा, **35**
संविधान सभा के लिए निर्वाचन, **35**
संविधान का अधिनियमित किया जाना, **36**

2. संविधान के प्रमुख लक्षण **38–45**
प्रमुख लक्षण क्या हैं?, **38**

सबसे लंबा संविधान, 38
एकल नागरिकता, 39
संशोधनों द्वारा पुनः रचना, 39
परिसंघ संविधान जिसमें न्यूनतम कठोरता है, 39
संविधान का अनुपूरक विधान, 39
कठोरता को कम करने के लिए बनाई गई व्यवस्था, 40
आपात के दौरान परिसंघ प्रणाली का ऐकिक प्रणाली में संपरिवर्तन, 41
आधारभूत मामलों में एकता, 41
तीन स्तर की सरकार, 41
मूल अधिकार, 41
निदेशक तत्त्व, 41
न्यायिक पुनर्विलोकन, 41
9वीं अनुसूची द्वारा संरक्षण, 42
स्वतंत्र न्यायपालिका, 42
संसदीय प्रणाली का शासन, 42
परिसंघ संविधान, 42
गणराज्य, 43
अल्पसंख्यकों के लिए रक्षोपाय, 43
न्यायिक सर्वोच्चता, 43
पिछड़े वर्गों के प्रति पक्षपात, 43
सार्वजनिक मताधिकार, 43
देशी रियासतों का एकीकरण, 43
मूल अधिकारों पर निर्बंधन, 44
सांप्रदायिक प्रतिनिधित्व, 44
विभिन्न स्रोतों से ग्रहण किया जाना, 44
स्रोतों की सूची, 44
1935 के अधिनियम पर आधारित, 45
जम्मू-कश्मीर के संविधान की प्रास्थिति, 45

3. परिसंघ प्रणाली **46–53**

क्या संविधान परिसंघीय है?, 46
प्रो. के.सी. वेयर और सरकारिया आयोग आदि का दृष्टिकोण, 46
परिसंघ की कसौटी, 47
परिसंघ के लक्षण, 47
संघ शब्द का महत्त्व, 48
सरकार का तीसरा स्तर, 48
लिखित संविधान, 48
संविधान की सर्वोच्चता, 48
कठोरता, 49
न्यायालयों का प्राधिकार, 49
संविधान में सभी लक्षण विद्यमान हैं, 49
संविधान के परिसंघ सिद्धांत से असंगत लक्षण, 50
एकल नागरिकता, 50
राज्य अविनाशी नहीं है, 50
संघ को अधिक विधायी शक्तियां प्रदान की गई हैं, 51
राज्यों के विधान के क्षेत्र में केंद्र प्रवेश कर सकता है, 51
संघ की राज्यों को निदेश देने की शक्ति, 52
राज्यपाल की नियुक्ति, 52
वित्तीय आपात के दौरान, 52
अधिकारी तंत्र का नियंत्रण, 52

उच्च न्यायालय के न्यायाधीशों की नियुक्ति, **52**
राज्यों के प्रतिनिधित्व में समानता नहीं है, **52**
परिसंघ और अधिसंघ का स्पष्टीकरण, **52**
परिसंघ की भावना का साक्ष्य, **53**

4. उद्देशिका **54–60**
उद्देश्य संकल्प, **54**
बार्कर द्वारा प्रशंसा, **54**
उद्देशिका, **54**
उद्देशिका का महत्त्व, **55**
क्या उद्देशिका संविधान का भाग है?, **55**
निर्वचन में सहायक के रूप में उद्देशिका, **55**
हम भारत के लोग, **55**
प्रभुत्वसंपन्न, **56**
लोकतंत्रात्मक, **56**
गणराज्य, **56**
समाजवादी, **56**
लोकतंत्र और समाजवाद, **57**
पंथनिरपेक्ष, **58**
पंथनिरपेक्षता का उद्‌भव, **59**
न्याय, **59**
स्वतंत्रता, **59**
समता, **60**
बंधुता, **60**

5. संघ का राज्यक्षेत्र और राज्यों का निर्माण **61–65**
राज्यों का अविनाशी संघ, **61**
1950 में राज्यों की स्थिति, **61**
राज्यों के निर्माण के कारण, **61**
वर्तमान में राज्यों की स्थिति, **61**
संघ राज्यक्षेत्र, **62**
अर्जित राज्यक्षेत्र, **62**
नए राज्यों का निर्माण, **62**
सादी प्रक्रिया का कारण, **63**
क्षेत्रों, सीमाओं और नाम में परिवर्तन, **63**
राज्यक्षेत्र का अध्यर्पण, **63**
अनुपूरक, आनुषंगिक और पारिणामिक मामले, **64**
संविधान का संशोधन नहीं है, **64**
अनुच्छेद 3 और 4 के अधीन शक्ति की प्रकृति, **64**
अनुच्छेद 3 के अधीन विधान के कुछ उदाहरण, **64**
प्रक्रिया का संक्षेप में वर्णन, **65**

6. नागरिकता **66–71**
नागरिक, **66**
इस अध्याय में पूरी विधि नहीं है, **66**
नागरिक के अधिकार, **66**
निगम नागरिक नहीं है, **67**
वे व्यक्ति जो 26 जनवरी 1950 को नागरिक हो गए, **67**
अधिवास क्या है?, **67**
प्रव्रजन करने वालों के लिए नागरिकता, **67**

दोहरी नागरिकता, **68**
26 जनवरी 1950 के पश्चात्, **68**
केवल एक नागरिकता, **69**
नागरिकता की समाप्ति, **69**
क्या किसी राज्य के निवासियों को अधिमान दिया जा सकता है?, **69**
निवास और अनुच्छेद 15(1), **70**
जम्मू-कश्मीर में निवास, **70**
जन्म से नागरिक और देशीयकृत नागरिक के बीच अंतर, **70**

7. मूल अधिकार **72–156**
मानव अधिकार जिनका अपहरण नहीं हो सकता, **72**
बंदी प्रत्यक्षीकरण का मामला, 1976, **72**
बंदी प्रत्यक्षीकरण वाद उलट दिया गया, **73**
मूल अधिकारों का इतिहास, **73**
ब्रिटेन के व्यवहार की प्रतिक्रिया, **74**
मूल अधिकार क्या हैं?, **74**
मूल अधिकारों की आवश्यकता, **74**
मूल अधिकारों का अधित्यजन, **75**
मूल अधिकारों का संशोधन, **75**
गोलकनाथ, **76**
24वां संशोधन, **76**
केशवानंद भारती, **76**
42वां संशोधन और *मिनर्वा मिल्स*, **76**
निष्कर्ष, **77**
क्या कोई विधि जो न्यायालय द्वारा शून्य घोषित की गई है 9वीं अनुसूची में सम्मिलित की जा सकती है?, **77**
आधारिक संरचना परिनिश्चित नहीं है, **78**
मूल अधिकारों का निलंबन, **78**
मूल अधिकारों का वर्गीकरण, **78**
नागरिकों को उपलब्ध, **79**
सभी व्यक्तियों को उपलब्ध, **79**
नकारात्मक और सकारात्मक, **79**
ऐसे अधिकार जिनकी अभिव्यक्त परिसीमाएं हैं, **80**
अधिकार जो स्वयं निष्पाद्य है, **80**
राज्य के विरुद्ध निदेश, **80**
राज्य क्या है?, **80**
सरकार और निगम के बीच अंतर, **82**
अनुच्छेद 13, **82**
मूल अधिकार–मर्यादाएं हैं, **83**
न्यायिक पुनर्विलोकन, **83**
पृथक्करण का सिद्धांत, **83**
पृथक्करण के लिए परीक्षण, **83**
संविधान के पूर्व की विधियों की विधिमान्यता, **84**
ग्रहण का सिद्धांत, **84**
केवल संविधान-पूर्व विधि को ही लागू होता है, **85**
आपात का प्रभाव, **85**
विधि का अर्थ, **85**
सांविधानिक विधिमान्यता का निर्णय कैसे हो?, **85**
समता का अधिकार, **86**
समता खंड के अपवाद, **86**

विधियों का समान संरक्षण, **87**
विधि के समक्ष समता, **87**
अवैध कार्य के आधार पर समान व्यवहार, **88**
अनुच्छेद 31ग और समता, **88**
वर्गीकरण, **88**
वर्ग विधायन, **89**
मनमानेपन का विलोम, **90**
न्या. विवियन बोस का दृष्टिकोण, **90**
अनुच्छेद 14 और नैसर्गिक न्याय, **90**
अनुच्छेद 14 और संविदाएं, **91**
संविदाजात और अवैध नियुक्तियां आदि, **91**
अनुपात का सिद्धांत, **91**
विशेष न्यायालय के उपबंध, **91**
समान कार्य के लिए समान वेतन, **91**
कार्यपालिका का विवेक, **92**
कार्यपालिका का विवेक और मार्गदर्शक शक्ति का सिद्धांत, **92**
मनमानी और वर्गीकरण, **92**
अनुच्छेद 14 के उल्लंघन के उदाहरण, **92**
अनुज्ञेय वर्गीकरण के उदाहरण, **93**
अनुच्छेद 15, **93**
राज्य द्वारा विभेद, **94**
अनुच्छेद 16(4) और स्त्रियां, **95**
ऊर्ध्व और क्षैतिज आरक्षण, **95**
अनुच्छेद 15(4), 16(4), 331 और 332 का प्रयोजन, **95**
विवाह का जाति पर प्रभाव, **96**
मंडल आयोग का मामला, **96**
अनुसूचित जातियों का सूक्ष्म वर्गीकरण और प्रव्रजन, **97**
मंडल के मामले का निराकरण करने के लिए चार संशोधन, **97**
77वें, 81वें, 82वें और 85वें संशोधनों की विधिमान्यता, **98**
मंडल वाले निर्णय की आलोचना, **98**
मंडल के नियमों का विध्वंस, **99**
राष्ट्रीय आयोग और रामनंदन समिति, **100**
आयुर्विज्ञान की संस्थाओं में विशेषज्ञों के स्तर पर आरक्षण, **100**
भौगोलिक वर्गीकरण, **100**
क्या आरक्षण का लाभ राज्य के बाहर की अनुसूचित जातियों और जनजातियों को दिया जा सकता है?, **101**
शक्ति के विस्तार का परीक्षण, **101**
93वें संशोधन और 2007 के अधिनियम 5 की विधिमान्यता, **101**
आरक्षण का पुनर्विलोकन करने की आवश्यकता, **101**
अल्पमत, **101**
आलोचना, **102**
पात्रता के लिए न्यूनतम अंक, **102**
गुणागुण के आधार पर चयनित अन्य पिछड़े वर्ग, **102**
राजनैतिक दबाव और अन्य पिछड़ा वर्ग, **102**
अनुच्छेद 17–अस्पृश्यता, **103**
अनुच्छेद 18–उपाधियां, **104**
स्वातंत्र्य अधिकार, **104**
अनुच्छेद 19, **105**
दो भाग, **105**
केवल नागरिकों को संरक्षण, **105**

पुलिस शक्ति, **105**
निर्बंधनों की आवश्यकता, **106**
मानव अधिकारों की सार्वभौम घोषणा, **106**
मर्यादाएं निःशेषकारी हैं, **106**
युक्तियुक्त निर्बंधन, **106**
पूर्ण प्रतिषेध की विधिमान्यता, **107**
गौहत्या पर प्रतिबंध, **107**
युक्तियुक्तता न्यायिक पुनर्विलोकन के अधीन है, **108**
वाक् और अभिव्यक्ति स्वातंत्र्य, **108**
युक्तियुक्त निर्बंधन के दृष्टांत, **109**
अयुक्तियुक्त निर्बंधन के दृष्टांत, **109**
लोक व्यवस्था, **110**
वाक्-स्वातंत्र्य का विस्तार, **110**
सम्मेलन का अधिकार, **111**
जुलूस निकालने का अधिकार, **111**
संगम का अधिकार, **111**
सशस्त्र बल और संगम का अधिकार, **112**
हड़ताल, स्ट्राइक या बंद का अधिकार, **112**
किसी संस्था को चलाने के लिए संगम बनाना, **113**
संचरण का अधिकार, **113**
निवास का अधिकार, **113**
संपत्ति का अधिकार, **114**
वृत्ति, उपजीविका आदि की स्वतंत्रता, **114**
वृत्ति के अधिकार पर युक्तियुक्त निर्बंधन, **114**
शिक्षकों की नियुक्ति, **115**
ऋषिकेश में अंडे बेचना, **115**
अपराधों के लिए दोषसिद्धि के संबंध में संरक्षण, **115**
भूतलक्षी दांडिक विधि, **115**
दोषसिद्धि के विरुद्ध प्रतिषेध, **116**
दोहरा संकट, **116**
दंड प्रक्रिया संहिता की धारा 300(1), **117**
प्रशासनिक और विभागीय कार्यवाहियां, **117**
वही अपराध, **117**
सिविल नुकसानी, **117**
पूर्व न्याय और विवाद्यक विबंध, **117**
स्वयं को अपराध में फंसाने के विरुद्ध संरक्षण, **118**
नर्को विश्लेषण, मिथ्या-परीक्षा और अन्य परीक्षणों की अनुमति, **118**
अनुच्छेद 21 का विस्तार, **119**
विधि की सम्यक् प्रक्रिया, **119**
कोई विधि व्यक्तिगत स्वतंत्रता में हस्तक्षेप करती है या नहीं यह जानने के लिए तीन परीक्षण, **120**
प्राण और दैहिक स्वतंत्रता का अर्थ, **120**
अनुच्छेद 21 के अधीन संरक्षण के उदाहरण, **121**
त्वरित विचारण का अधिकार, **122**
एकांतता का अधिकार, **123**
एकांतता के उल्लंघन का परीक्षण—आधार, **123**
सहज मृत्यु और जीवित विल, **123**
44वां संशोधन, **124**
अनुच्छेद 14, 19 और 21 की त्रिमूर्ति, **124**
शिक्षा का अधिकार, **124**
अनुच्छेद 22–गिरफ्तारी से संरक्षण, **125**

कब अनुच्छेद 22 का संरक्षण नहीं मिल पाएगा, **125**
निवारक निरोध, **125**
अनुच्छेद 23–बेगार, **126**
अनुच्छेद 24–बालकों का नियोजन, **127**
पंथनिरपेक्ष प्रकृति, **127**
सबरीमाल मंदिर में स्त्रियों का प्रवेश—अनुच्छेद 25(1), **128**
अनुच्छेद 26 के अधीन अधिकार, **129**
प्रत्याभूत धार्मिक अधिकार, **129**
अधिकारों पर निर्बंधन, **130**
धर्म परिवर्तन का अधिकार, **130**
अधिकारों पर निर्बंधन, **131**
उपासना स्थलों का अर्जन, **131**
संस्कृत, **131**
अंतःकरण आदि का अर्थ, **131**
धार्मिक शिक्षा का अर्थ, **132**
अनुज्ञेय निर्बंधन, **132**
धर्म से बहिष्कृत करने का अधिकार, **133**
तीन तलाक की वैधता, **133**
कुछ संतापकारी प्रश्न, **133**
ग्यारह न्यायाधीशों की पीठ का निर्णय, **134**
सात न्यायाधीशों की पीठ–इनामदार का वाद, **136**
अल्पसंख्यक संस्थाओं को लागू सिद्धांत, **136**
अनुच्छेद 29, **137**
अनुच्छेद 30, **137**
अल्पसंख्यक संस्थाओं का विनियमन, **138**
अल्पसंख्यक विद्यालयों में अनुसूचित जाति/जनजाति के शिक्षकों के लिए आरक्षण, **139**
नकली ईसाइयों के निवारण के लिए राज्य द्वारा कार्रवाई, **139**
उच्चतम न्यायालय द्वारा पुनर्विचार की आवश्यकता, **139**
डा. अंबेडकर और पं. नेहरू के विचार, **140**
अनुच्छेद 30, **140**
अनुच्छेद 31 और संपत्ति के अधिकार का उत्सादन, **141**
अनुच्छेद 31क और विधियों की व्यावृत्ति, **141**
अनुच्छेद 31ख–कुछ अधिनियमों का विधिमान्यकरण, **141**
संरक्षण का विस्तार, **142**
अनुच्छेद 31ख का दुरुपयोग, **142**
अनुच्छेद 31ग–कुछ निदेशक तत्त्वों को प्रभावी करने वाली विधियों की व्यावृत्ति, **142**
मुकदमेबाजी की उपजाऊ भूमि, **143**
अनुच्छेद 31ग और *केशवानंद*, **143**
अनुच्छेद 31ग और *मिनर्वा मिल्स*, **144**
अनुच्छेद 31ग और *संजीव कोक*, **144**
अनुच्छेद 31घ, **144**
अनुच्छेद 32 का महत्व, **145**
समुचित कार्यवाहियां, **145**
प्रत्याभूति का प्रभाव, **145**
सेवा संबंधी विवाद, **146**
परिसीमा अधिनियम का लागू होना, **146**
पूर्व न्याय, **146**
न्यायालय में कौन समावेदन कर सकता है? अधिस्थिति, **146**
लोकहितवाद, **146**
अधिस्थिति या सुनवाई का अधिकार मिटा नहीं है, **147**
लोकहितवाद का प्रभाव, **148**

लोकहितवाद का दुरुपयोग, **148**
लोकहितवाद और राष्ट्रीय सुरक्षा, राफेल सौदा, **148**
रिट, **149**
विशेषाधिकार रिट, **149**
बंदी प्रत्यक्षीकरण, **149**
परमादेश, **150**
निरंतर परमादेश और विशेष अन्वेषण दल, **152**
प्रतिषेध, **152**
उत्प्रेषण, **152**
नैसर्गिक न्याय, **153**
पक्षपात, **154**
सकारण आदेश, **154**
प्रतिषेध और उत्प्रेषण में अंतर, **154**
अधिकार-पृच्छा, **155**
विभिन्न रिटों का एक दूसरे से भेद, **155**
अनुच्छेद 32 और 226, **156**
अनुच्छेद 33, **156**
अनुच्छेद 34, **156**

8. राज्य की नीति के निदेशक तत्त्व **157–163**

निदेशक तत्त्वों का इतिहास, **157**
निदेशक तत्त्वों का वर्गीकरण, **157**
निदेश जो अन्य भागों में हैं, **158**
मूल अधिकार और निदेशक तत्त्वों में अंतर, **158**
मूल अधिकार और निदेशक तत्त्वों में संबंध, **158**
मूल अधिकारों पर युक्तियुक्त निर्बंधन का निर्णय करने में निदेशक तत्त्वों की भूमिका, **159**
निदेशक तत्त्वों का क्रियान्वयन, **159**
सहकारी सोसाइटियों का संवर्धन, **160**
अनुच्छेद 44–समान सिविल संहिता, **161**
स्त्रियों के विरुद्ध विभेद, **161**
मोहम्मद करीम छागला और एम.यू. बेग की राय, **162**
मुस्लिम देशों द्वारा मुस्लिम विधि में परिवर्तन, **162**
किशोर न्याय (बालकों की देखरेख और संरक्षण) अधिनियम, **162**
निष्कर्ष, **163**

9. मूल कर्त्तव्य **164–165**

साधारण, **164**
निदेशक तत्त्वों से तुलना, **164**
प्रवर्तनीय तो नहीं हैं किंतु उत्तम मार्गदर्शक हैं, **164**
कर्त्तव्यों की सूची, **164**

10. संघ की कार्यपालिका **166–192**

कार्यपालिका की शक्ति राष्ट्रपति में निहित है, **166**
शक्तियों का पृथक्करण, **166**
अमरीका का अनुभव, **167**
संपूर्ण पृथक्करण संभव नहीं है, **167**
कठोर पृथक्करण नहीं है, **167**
शासन की राष्ट्रपतीय और संसदीय प्रणालियां, **168**
राष्ट्रपतीय प्रणाली के लाभ, **168**
राष्ट्रपतीय प्रणाली के दोष, **169**
भारत का राष्ट्रपति, **169**

राष्ट्रपति को मंत्रि-परिषद् की सहायता और सलाह से कार्य करना होता है, 169
अपवाद, 170
राष्ट्रपति की अर्हताएं, 171
राष्ट्रपति का निर्वाचन, 171
निर्वाचन की रीति, 171
मत का मूल्य और मापमान में एकरूपता, 172
पद के लिए शर्तें, 172
पद की अवधि, 173
राष्ट्रपति पर महाभियोग, 173
निर्वाचन के बारे में विवाद, 174
रिक्तियों की विद्यमानता, 174
राष्ट्रपति की शक्तियां, 174
प्रशासनिक शक्तियां, 174
सैनिक शक्तियां, 175
राजनयिक शक्तियां, 175
विधायी शक्तियां, 175
वीटो और इसका प्रयोजन, 177
वीटो के प्रयोग के उदाहरण, 177
वीटो के प्रकार, 177
राज्यों के विधान के बारे में शक्ति, 178
अध्यादेश निकालने की शक्ति, 179
क्षमादान की शक्ति, 180
क्षमादान का न्यायिक पुनर्विलोकन, 181
क्षमा, लघूकरण आदि का अर्थ, 182
राज्यपाल की क्षमादान की शक्ति से तुलना, 182
प्रकीर्ण शक्तियां, 182
आपात शक्तियां, 183
राष्ट्रपतियों के अविवेकपूर्ण कार्य, 183
उन्मुक्ति, 184
मंत्रि-परिषद्, 184
मंत्रियों की संख्या पर बंधन, 184
ऐसे व्यक्ति को मंत्री नियुक्त करना जो विधायक नहीं है, 185
मंत्रियों का सामूहिक उत्तरदायित्व, 185
मंत्री का व्यक्तिगत उत्तरदायित्व, 186
विधिक उत्तरदायित्व, 186
प्रधान मंत्री की स्थिति, 186
प्रधान मंत्री के कृत्य, 187
राष्ट्रपति और मंत्रि-परिषद्, 187
यह विवाद कि क्या राष्ट्रपति सलाह से आबद्ध है, 188
उपराष्ट्रपति, 189
उपराष्ट्रपति का निर्वाचन, 189
अर्हताएं, 189
विधायक का उपराष्ट्रपति या राष्ट्रपति के रूप में निर्वाचन, 189
पदावधि, 189
परिलब्धियां, 190
उपराष्ट्रपति के कृत्य, 190
दोनों पदों में रिक्तियां, 190
अर्हताओं का लागू होना, 190
राष्ट्रपति और उपराष्ट्रपति के पदों की तुलना, 191
भारत का महान्यायवादी, 191
संसद् में भाग लेने का अधिकार, 192

11. संघ का विधान-मंडल **193–229**

संसद् और उसकी भूमिका, **193**
संसदीय लोकतंत्र के आधारिक तत्त्व, **194**
संसद् का गठन, **194**
राज्य सभा की संरचना, **194**
राज्यसभा के लिए अर्ह होने के लिए राज्य में निवास, **195**
लोक सभा की संरचना, **195**
लोक सभा में नामनिर्दिष्ट सदस्य, **196**
वयस्क मताधिकार, **196**
प्रादेशिक निर्वाचन क्षेत्र, **196**
प्रत्येक जनगणना के पश्चात् समायोजन, **196**
स्थानों और निर्वाचन क्षेत्रों को अपरिवर्तनीय करना, **197**
अवधि, **197**
अर्हताएं, **197**
लाभ का पद, **198**
दल परिवर्तन के आधार पर निरर्हता, **198**
दल परिवर्तन के नियम के अपवाद, **198**
10वीं अनुसूची के अधीन निरर्हता का प्रश्न, **199**
10वीं अनुसूची के पैरा 7 की विधिमान्यता, **199**
अन्य निरर्हताओं पर विनिश्चय, **199**
स्थानों का रिक्त होना, **199**
संसद् के सत्र, **200**
बजट सत्र, **200**
वर्षा सत्र, **200**
शीत सत्र, **201**
स्थगन, **201**
अनिश्चित काल के लिए, **201**
सत्रावसान, **201**
विघटन, **201**
सत्र, विश्रांतिकाल, अधिवेशन आदि का स्पष्टीकरण, **201**
संसद् के अधिकारी, **202**
अध्यक्ष का हटाया जाना, **202**
पीठासीन अधिकारियों की सूची, **202**
तात्कालिक अध्यक्ष, **202**
अध्यक्ष के कर्त्तव्य और कृत्य, **202**
1. कार्यवाहियों की अध्यक्षता करना और उनका संचालन करना, **203**
2. निर्णायक मत, **203**
3. गणपूर्ति, **203**
4. संयुक्त बैठक, **203**
5. धन विधेयक, **203**
उपाध्यक्ष, **204**
विधायी प्रक्रिया, **204**
प्रक्रिया के प्रकार, **204**
सामान्य विधेयक, **204**
1. पुरःस्थापन, **204**
2. पुरःस्थापन के पश्चात् प्रस्ताव, **204**
3. सिद्धांतों पर विचार-विमर्श, **205**
4. समिति को निर्देश, **205**
5. खंडशः विचार, **205**
6. विधेयक का पारित किया जाना और दूसरे सदन में कार्यवाही, **205**

7. प्रमाणीकरण, **206**
8. अनुमति, **206**
विधेयकों को लौटाने के उदाहरण, **206**
धन विधेयक, **206**
विधेयक की प्रकृति का विनिश्चय कौन करेगा?, **207**
प्रक्रिया –
1. पुरःस्थापन, **207**
2. राज्य सभा में प्रक्रिया, **207**
अनुमति, **208**
वित्तीय विधेयक, **208**
धन विधेयक से समानता, **208**
वित्तीय विधेयक और अध्यक्ष का प्रमाणपत्र, **209**
वित्तीय विधेयकों के लिए विशेष प्रक्रिया, **209**
राज्य सभा की भूमिका, **209**
समाहार, **209**
वित्तीय विधेयकों को अनुमति, **210**
सिफारिश न होने पर क्या होगा?, **210**
संविधान संशोधन विधेयक, **210**
पुरःस्थापन, **210**
पारित किया जाना, **210**
अनुमति, **210**
संयुक्त बैठक नहीं होती, **211**
सरकारी विधेयक और प्राइवेट सदस्यों के विधेयक, **211**
संयुक्त बैठक, **211**
प्रक्रिया, **211**
गणपूर्ति, **212**
विधेयक का पारित किया जाना, **212**
अभी तक केवल तीन संयुक्त बैठकें, **212**
नए विषयों की अनुमति नहीं होती, **212**
विधेयकों का व्यपगत होना, **212**
संसद् और उसके सदस्यों की शक्तियां, विशेषाधिकार और उन्मुक्तियां, **213**
विशेषाधिकारों का वर्गीकरण, **213**
सामूहिक विशेषाधिकार, **213**
निष्कासन की शक्ति की सीमाएं हैं, **215**
पुनर्विचार के लिए कुछ बिंदु, **215**
सदस्यों के विशेषाधिकार, **215**
संसद् सदस्य रिश्वत वाद पर टिप्पणी, **216**
क्या विधान-मंडल के अधिकारियों के भी कोई विशेषाधिकार हैं?, **217**
लोक सभा और राज्य सभा की तुलना, **217**
राज्य सभा धीरे-धीरे परिवर्तित होती है, **218**
बजट, **218**
वित्तीय नीति, **219**
भारित व्यय, **220**
मतदान पर किया जाने वाला व्यय और अनुदान, **220**
विनियोग विधेयक, **220**
वार्षिक वित्त विधेयक, **221**
अनुपूरक, अतिरिक्त या अधिक अनुदान, **221**
अवधि, **221**
संसद् की समितियां, **221**
लोक-लेखा समिति, 222
कृत्य, **222**

गठन, **222**
अवधि, **222**
प्राक्कलन समिति, 223
कृत्य, **223**
गठन, **223**
अवधि, **223**
लोक उपक्रम समिति, 223
कृत्य, **223**
गठन, **224**
अवधि, **224**
अनुसूचित जातियों तथा अनुसूचित जनजातियों के कल्याण संबंधी समिति, 224
कृत्य, **224**
गठन, **224**
अवधि, **224**
विभागों से संबद्ध स्थायी समितियां, 224
कृत्य, **224**
गठन, **225**
प्रक्रिया, **225**
प्रतिवेदन, **225**
स्थायी समितियों का महत्त्व, **225**
राज्य सभा की समितियां, **225**
अधीनस्थ विधान समिति, 226
कृत्य, **226**
गठन, **226**
अवधि, **226**
प्रतिवेदन, **226**
प्रस्ताव, **226**
संकल्प, **226**
लोक हित के किसी विषय पर चर्चा, 226
कुछ महत्त्वपूर्ण प्रस्ताव, **226**
बजट के बारे में प्रस्ताव, **227**
गैर सरकारी सदस्यों के संकल्प (प्राइवेट सदस्यों के संकल्प), 228
प्राइवेट सदस्यों के संकल्प, **228**
लोक सभा अध्यक्ष को हटाने का संकल्प, **228**
राज्य सभा में महत्त्वपूर्ण संकल्प, **228**
संसद् में प्रयोग की जाने वाली भाषा, **228**
राज्य सभा की उपयोगिता, **229**

12. राज्य की कार्यपालिका **230–242**

भाग 6 पर एक विहंगम दृष्टि, **230**
राज्यपाल, **230**
नियुक्ति, **230**
पदावधि, **231**
कृत्यों के निर्वहन के लिए व्यवस्था, 231
क्या राज्यपाल का निर्वाचन होना चाहिए?, **231**
राज्यपाल की भूमिका, **232**
राज्यपाल और राष्ट्रपति की शक्तियों की तुलना, **233**
कार्यपालिका, **233**
विधायी और अध्यादेश जारी करने की शक्तियां, **233**
न्यायिक शक्ति या क्षमादान की शक्ति, **234**

आपात शक्तियां, **234**
उन्मुक्ति, **234**
राज्यपाल और मंत्रि-परिषद्, **234**
मंत्रि-परिषद् का आकार, **235**
मुख्य मंत्री और अन्य मंत्रियों की नियुक्ति, **235**
गैर विधायक की मंत्री पद पर नियुक्ति, **235**
सरकारिया आयोग का मत, **236**
मंत्रि-परिषद् का पदच्युत किया जाना और अनु. 356 के अधीन कार्रवाई, **236**
राज्यपाल के विवेकाधीन कृत्य, **238**
परिस्थितियां जहां राज्यपाल स्वविवेक से कार्य कर सकता है, **238**
संविधान द्वारा विवक्षित, **238**
संविधान द्वारा अभिव्यक्त रूप से प्रदत्त, **239**
राष्ट्रपति और राज्यपाल के पदों की तुलना, **240**
क्या राष्ट्रपति राज्यपाल को नियंत्रित करता है?, **241**
राज्यपाल का पद से हटाया जाना, **241**
महाधिवक्ता, **242**
पदावधि, **242**
महाधिवक्ता के कर्त्तव्य, **242**

13. राज्य विधान-मंडल **243–259**

राज्य जिनमें विधान-मंडल दो सदन वाले हैं, **243**
विधान परिषदों का उत्सादन और सृजन, **243**
विधान सभाओं की संरचना, **244**
आरक्षण, **244**
सभा की अवधि, **245**
विधान परिषद् की संरचना, **245**
अवधि, **246**
सदस्यता के लिए अर्हता, **246**
सदस्यता के लिए निरर्हता, **246**
दोहरी सदस्यता से निरर्हता, **247**
अनुपस्थिति के कारण निरर्हता, **247**
दल परिवर्तन के आधार पर निरर्हता, **247**
निरर्हता के बारे में विनिश्चय, **247**
त्यागपत्र, **248**
सत्र, **248**
राज्यपाल का अभिभाषण, **248**
विधायी प्रक्रिया, **248**
धन विधेयक, **249**
अध्यक्ष का प्रमाण पत्र, **249**
विनियोग विधेयक, **249**
सामान्य विधेयक, **249**
परिषद् की शक्तियां, **250**
गतिरोध दूर करना, **250**
संसद् और राज्य विधान-मंडलों में सामान्य विधेयकों के बारे में गतिरोध दूर करने की प्रक्रिया की तुलना, **250**
गतिरोध को दूर करने के लिए प्रक्रिया में अंतर के कारण, **251**
धन विधेयक के बारे में तुलना, **252**
सामान्य विधेयकों के बारे में तुलना, **252**
विधान परिषद् की उपयोगिता, **253**
राज्यपाल की विधान-मंडल में शक्ति और भूमिका, **254**
राष्ट्रपति की शक्ति और भूमिका, **255**

कोई मार्गदर्शक नियम नहीं, **255**
आरक्षण के कारण, **255**
सरकारिया आयोग के विचार, **256**
राष्ट्रपति के लिए अन्य विकल्प, **256**
राष्ट्रपति और राज्यपाल की वीटो शक्तियों की तुलना, **256**
राष्ट्रपति और राज्यपाल की अध्यादेश निकालने की शक्ति की तुलना, **257**
राज्य विधान-मंडल के विशेषाधिकार, **259**
विधान-मंडल में प्रयुक्त की जाने वाली भाषा, **259**

14. न्यायपालिका **260–262**
न्यायालयों का केवल एक समूह, **260**
अधीनस्थ न्यायालय, **260**
कार्यपालिका और न्यायपालिका का पृथक्करण, **261**
प्रिवी कौंसिल के स्थान पर उच्चतम न्यायालय, **261**
सिविल अधिकारिता, **261**
दांडिक अधिकारिता, **262**
अनुच्छेद 323क और 323ख के अधीन अधिकरण, **262**
पिरामिड, **262**

15. भारत का उच्चतम न्यायालय **263–293**
गठन, **263**
तदर्थ न्यायाधीश, **263**
सेवानिवृत्त न्यायाधीशों की उपस्थिति, **263**
निर्णय और आदेशों का पुनर्विलोकन, **263**
न्यायाधीशों की नियुक्ति, **263**
राष्ट्रपति द्वारा निर्देश, **264**
भारत के मुख्य न्यायमूर्ति की नियुक्ति, **265**
चयन करने की शक्ति से उठने वाली आशंकाएं, **265**
न्यायिक आयोग की आवश्यकता, **266**
न्यायाधीशों की नियुक्ति, **266**
राष्ट्रीय न्यायिक नियुक्ति आयोग, **266**
आयोग के कृत्य, **267**
नामों की सिफारिश करने के लिए निर्देश, **267**
उच्चतम न्यायालय के न्यायाधीशों के चयन की प्रक्रिया, **267**
उच्च न्यायालय के न्यायाधीशों का चयन, **267**
राष्ट्रपति की पुनर्विचार की अपेक्षा करने की शक्ति, **268**
उच्चतम न्यायालय द्वारा संविधान का 99वें संशोधन और न्यायिक नियुक्ति आयोग शून्य घोषित, **268**
विसम्मत निर्णय, **268**
निर्णय पर टिप्पणियां, **269**
न्यायाधीश के रूप में नियुक्ति के लिए अर्हताएं, **270**
पदावधि, **270**
महाभियोग, **270**
न्या. वी. रामास्वामी का मामला, **271**
प्रक्रिया दोषपूर्ण है, **271**
न्या. भट्टाचार्जी का मामला, या सदन में प्रक्रिया, **272**
न्या. सौमित्र सेन और दिनकरन के मामले, **272**
न्यायाधीश का अभियोजन, **272**
उच्चतम न्यायालय और उच्च न्यायालय की स्वाधीनता सुनिश्चित करने वाले उपबंध, **273**
सुझाव, **273**
अमरीका के उच्चतम न्यायालय से तुलना, **274**
उच्चतम न्यायालय अभिलेख न्यायालय है, **274**

अवमान के लिए दंड देने की शक्ति, **275**
मणिपुर विधान सभा के अध्यक्ष का मामला, **275**
बार कौंसिल के अध्यक्ष का मामला, **276**
साधारण, **276**
आरंभिक अधिकारिताएं, **276**
विधिक अधिकार, **276**
राजनीतिक विवाद, **277**
अपवाद, **277**
अनन्य अधिकारिता, **277**
जहां राज्य और प्राइवेट संयुक्त पक्षकार हैं, **277**
राज्य, व्यक्ति के रूप में, **277**
अनुच्छेद 32 के अधीन रिट अधिकारिता, **278**
अपीलों के प्रकार, **278**
सांविधानिक अपीलें, **278**
सिविल अपीलें, **278**
एकल न्यायाधीश से अपील, **279**
दांडिक अपीलें, **279**
बिना प्रमाण-पत्र के अपील, **279**
प्रमाण-पत्र सहित, **279**
अधिकारिता का विस्तार, **280**
अपील की विशेष इजाजत–अनुच्छेद 136, **280**
अनुच्छेद 136 की प्रकृति, **281**
अनुच्छेद 136 के अधीन हस्तक्षेप के कुछ दृष्टांत, **281**
न्याय करना ही एकमात्र उद्देश्य है, **282**
अधिनियमों द्वारा अनुज्ञात अपीलें, **282**
परामर्श अधिकारिता, **282**
दिसंबर 2018 तक किए गए निर्देश, **283**
सलाहकारी अधिकारिता के बारे में कुछ प्रश्न, **284**
उच्चतम न्यायालय के विनिश्चयों का आबद्धकर होना, **285**
इतरोक्ति, **285**
क्या अनुच्छेद 141 विधि का स्रोत है?, **286**
अनवधानता के कारण हुआ विनिश्चय, **286**
न्यायालय की पूर्ण न्याय करने की शक्ति, **286**
अंतुले का मामला, **287**
विनयचंद्र मिश्रा का मामला, **287**
दृष्टिकोण का पुनरीक्षण–अनुच्छेद 142 की परिसीमाएं, **287**
दोषहारी याचिका, **288**
अभिनंदन और प्रशंसा, **289**
उच्चतम न्यायालय की आलोचना, **290**
दुर्बल कार्यपालिका का प्रभाव, **292**
भारतीय न्यायपालिका में भारतीयता का अभाव, **292**
उच्चतम न्यायालय की अधिकारिता का विस्तार, **292**
मूख्य न्यायमूर्ति तालिका का निर्माता है, **293**

16. उच्च न्यायालय **294–305**

साधारणतया प्रत्येक राज्य के लिए एक उच्च न्यायालय, **294**
अपवाद, **294**
न्यायपीठ और न्यायाधीशों की संख्या, **294**
उच्च न्यायालय का गठन, **295**
न्यायाधीशों की नियुक्ति (पुरानी प्रक्रिया), **295**
न्यायाधीश का अंतरण (पुरानी प्रक्रिया), **296**

न्यायमंडल द्वारा नियुक्ति की आलोचना, **296**
न्यायाधीशों की नियुक्ति की नई प्रक्रिया, **296**
न्यायिक नियुक्ति आयोग वाले निर्णय के बाद प्रक्रिया, **297**
पदावधि, **297**
भविष्यलक्षी पद त्याग का प्रभाव, **297**
नियुक्ति के लिए अर्हताएं, **297**
आयु का अवधारण, **298**
न्यायाधीशों की स्वाधीनता, **298**
राज्यक्षेत्रीय अधिकारिता, **299**
ऐतिहासिक अंतर, **299**
राज्यक्षेत्रीय अधिकारिता का उदारीकरण, **299**
अपीली अधिकारिता, **300**
रिट अधिकारिता, **300**
उच्चतम न्यायालय से तुलना, **301**
उच्चतम न्यायालय और उच्च न्यायालयों के बीच संबंध, **301**
रिटों की प्रकृति पर ध्यान नहीं दिया जाना, **302**
केंद्रीय अन्वेषण ब्यूरो को निदेश देने की उच्च न्यायालय की शक्ति, **302**
अधीक्षण की शक्ति–अनुच्छेद 227, **302**
अधिकरणों का अधीक्षण, **303**
42वां संशोधन और अनुच्छेद 226 तथा 227, **304**
चंद्रकुमार का वाद, **304**
अधीनस्थ न्यायालयों पर नियंत्रण, **304**
उच्च न्यायालय के अधिकारी और कर्मचारिवृंद, **304**
अन्य अनुच्छेद, **305**
अभिलेख न्यायालय, **305**

17. संघ राज्यक्षेत्र **306–309**

ऐतिहासिक विकास, **306**
संघ राज्यक्षेत्रों का प्रशासन, **306**
राष्ट्रपति और प्रशासक की स्थिति, **307**
दिल्ली के लिए विशेष उपबंध, **307**
सांविधानिक तंत्र की विफलता, **308**
अध्यादेश निकालने की शक्ति, **308**
विनियम बनाने की शक्ति, **308**
उच्च न्यायालय, **309**
जम्मू-कश्मीर, **309**

18. स्थानीय शासन **310–319**

अनोखा उपबंध, **310**
पृष्ठभूमि, **310**
गांधी-विनोबा का ग्राम स्वराज्य, **310**
उद्देश्यों की प्राप्ति नहीं हुई, **311**
73वां संशोधन, **311**
पंचायत प्रणाली, **311**
पंचायतों की संरचना, **311**
अध्यक्ष का निर्वाचन, **312**
स्थानों का आरक्षण, **312**
अध्यक्ष पद के लिए आरक्षण, **312**
आरक्षण की अवधि, **312**
पंचायत की अवधि, **312**
निर्वाचनों का समय, **312**

सदस्यता के लिए अर्हता, **313**
निरर्हता का प्रश्न, **313**
शक्तियां, कृत्य आदि, **313**
11वीं अनुसूची, **313**
आय के स्रोत, **313**
पंचायत वित्त आयोग, **314**
निर्वाचन, **314**
74वां संशोधन अधिनियम, **314**
नगरपालिकाओं का गठन, **314**
अपवाद, **315**
नगरपालिकाओं की संरचना, **315**
वार्ड समितियां, **315**
अन्य समितियां, **315**
स्थानों का आरक्षण, **315**
अध्यक्ष के लिए आरक्षण, **316**
आरक्षण की अवधि, **316**
नगरपालिकाओं की अवधि, **316**
निर्वाचन का समय, **316**
अर्हताएं, **316**
निरर्हता के विषय में प्रश्न, **316**
शक्तियां और कृत्य आदि, **316**
12वीं अनुसूची, **317**
आय के स्रोत, **317**
वित्त आयोग, **317**
निर्वाचन, **317**
लागू होना, **317**
योजना समितियां, **317**
(क) जिला, **318**
(ख) महानगर, **318**
5वीं अनुसूची, **318**
छठी अनुसूची, **319**

19. सहकारी सोसाइटी **320–321**
सहकारी क्षेत्र, **320**
97वें संशोधन का उद्देश्य, **320**
97वें संशोधन में अंतर्विष्ट उपबंध, **320**

20. संघ और राज्यों के बीच संबंध **322–343**
शक्तियों का विभाजन–परिसंघ का लक्षण, **322**
न्यायिक शक्ति का विभाजन नहीं, **322**
विधायी शक्तियों के वितरण की आधारिक धारणाएं, **322**
राज्यक्षेत्रीय सीमाएं, **323**
राज्यक्षेत्रीय संबंध, **323**
केंद्रीय विधियों का राज्यक्षेत्रातीत प्रवर्तन, **324**
राज्यक्षेत्र के बारे में मर्यादा, **324**
विषयों का वितरण, **325**
सूचियां शक्ति का स्रोत नहीं हैं, **325**
अतिव्याप्ति और प्रधानता, **325**
माल और सेवा कर के लिए विशेष उपबंध, **326**
परिसंघ की सर्वोच्चता का सिद्धांत, **326**
समन्वयकारी अर्थान्वयन, **326**

अवशिष्ट शक्तियां, **327**
सूचियों के निर्वचन के सिद्धांत, **327**
सार और तत्त्व का सिद्धांत, **327**
अनुषंगी शक्तियों का सिद्धांत, **328**
आभासी विधायन का सिद्धांत, **328**
अर्थ संकोच का सिद्धांत, **329**
असंगतता या विरोध, **329**
शक्तिबाह्यता और विरोध, **330**
अधिभुक्त क्षेत्र का सिद्धांत, **330**
पृथक्करण का सिद्धांत, **331**
संघ की विधायी शक्तियों की वृद्धि, **331**
सहमति द्वारा, **332**
राज्य सभा के संकल्प द्वारा, **332**
राष्ट्रीय महत्त्व की संस्था, **332**
संधियों का कार्यान्वयन, **332**
अनुच्छेद 352 के अधीन आपात की घोषणा, **332**
अनुच्छेद 356 के अधीन उद्घोषणा, **333**
संघ राज्य को निदेश दे सकता है, **333**
अतिरिक्त कारक, **333**
आपात के दौरान, **333**
कार्यपालक संबंधों में नमनीयता, **334**
अंतरराज्य परिषद् की स्थापना, **334**
साधारण, **334**
कर उद्ग्रहण की शक्ति, **335**
कर का प्रतिदाय, **335**
कर और फीस, **335**
संविधान (80वां संशोधन) अधिनियम, 2000, **337**
संघ द्वारा उद्गृहीत किंतु राज्यों द्वारा संगृहीत और विनियोजित किए जाने वाले कर, **337**
सेवा कर संघ द्वारा उद्गृहीत तथा संघ और राज्यों द्वारा संगृहीत और विनियोजित, **337**
संघ द्वारा उद्गृहीत और संगृहीत किंतु राज्यों को सौंपे जाने वाले कर, **337**
अंतरराज्यिक व्यापार या वाणिज्य के अनुक्रम में माल और सेवा कर का उद्ग्रहण और संग्रहण, **338**
संघ द्वारा उद्गृहीत और संगृहीत तथा संघ और राज्यों के बीच वितरित किए जाने वाले कर, **338**
संघ के लिए अधिभार, **338**
सहायता अनुदान, **338**
सांसद् स्थानीय क्षेत्र विकास स्कीम, **339**
वित्त आयोग, **339**
योजना आयोग, **339**
माल और सेवा कर परिषद्, **340**
संचित निधि, **340**
आकस्मिकता निधि, **341**
लोक लेखा, **341**
अंतरशासन कर उन्मुक्ति, **341**
संघ की उन्मुक्ति, **341**
राज्यों की उन्मुक्ति, **342**
अनुच्छेद 285 और 289 की तुलना, **342**
आपात का प्रभाव, **342**
अविधिमान्य कर को विधिमान्य बनाना, **343**

21. संपत्ति, संविदाएं और वाद—सरकार का दायित्व **344–349**

संपत्ति, **344**
संपत्ति का उत्तराधिकार, **344**

राजगामी या व्यपगत संपत्ति का उत्तराधिकार, **344**
राज्यक्षेत्रीय सागर खंड या महाद्वीपीय मग्नतट भूमि आदि के भीतर मूल्यवान चीज़ें, **345**
सरकारी संविदाएं, **346**
वचन-विबंध, **346**
राष्ट्रपति या राज्यपाल का संविदा में दायित्व, **347**
वाद और कार्यवाहियां, **347**
वाद का प्ररूप, **347**
साधारण दायित्व, **347**
संविदा में दायित्व, **347**
अपकृत्य में दायित्व, **348**
प्रभुतावान और प्रभुताहीन कृत्यों के बीच सीमा रेखा का मिट जाना, **348**

22. संपत्ति का अधिकार **350–353**

संपत्ति के अधिकार का अनोखापन, **350**
संपत्ति के अधिकार का संक्षिप्त इतिहास, **350**
संपत्ति के अधिकार का उन्नयन, **350**
44वें संशोधन का प्रभाव, **350**
प्रतिकर का अधिकार पुनरुज्जीवित नहीं हुआ, **351**
संपत्ति क्या है?, **351**
वंचित किया जाना, **351**
पुलिस शक्ति का सिद्धांत, **352**
सर्वोपरि अधिकार, **352**
अनुच्छेद 300क पर टिप्पणी, **352**
विधि का अर्थ, **353**
यह अधिकार किसे प्राप्त है?, **353**
संपत्ति का अधिकार मानव अधिकार है, **353**
राज्य द्वारा संपत्ति का अधिग्रहण, **353**

23. व्यापार, वाणिज्य और समागम की स्वतंत्रता **354–360**

प्रास्ताविक, **354**
इस स्वतंत्रता का उद्देश्य, **354**
अनुच्छेद 301 का प्रविषय, **354**
व्यापार, वाणिज्य और समागम का अर्थ, **355**
वाणिज्येतर वस्तु का सिद्धांत, **356**
अनुच्छेद 301 और कर संबंधी विधियां, **356**
कर, फीस और प्रतिकारी कर, **357**
व्यापार, वाणिज्य आदि की स्वतंत्रता पर निर्बंधन, **357**
निर्बंधन युक्तियुक्त होने चाहिए, **358**
विधिमान्य निर्बंधन, **358**
अधिमान या विभेद, **358**
समानता के नियम का अपवाद, **358**
अविभेदकारी कराधान, **358**
विभेदकारी कराधान, **359**
विद्यमान विधियों पर इन अनुच्छेदों का प्रभाव, **359**
एकाधिकार का सृजन करने वाली विधि, **360**

24. संघ और राज्यों के अधीन सेवाएं **361–369**

साधारण सर्वेक्षण, **361**
भर्ती नियम बनाने की शक्ति, **361**
यह कार्य कार्यपालिका को क्यों सौंपा गया?, **362**
नियम बनाना बाध्यकर नहीं है, **362**

वादलब्ध नियोजन, **362**
कार्यपालिका के अनुदेश, **362**
नियम और मूल अधिकार, **363**
विशेष नियम, **363**
प्रसाद का सिद्धांत, **363**
नियम के अपवाद, **363**
तुलसीराम पटेल और *प्रसाद* का सिद्धांत, **363**
क्या प्रसाद पर बंधन लगाया जा सकता है?, **364**
विधिमान्य बंधन, **364**
क्या प्रसाद का प्रयोग व्यक्तिगत रूप से किया जाना चाहिए?, **364**
किसको उपलब्ध है?, **365**
रक्षोपाय क्या हैं?, **365**
केवल एक सुनवाई, **365**
सिविल पद का अर्थ, **365**
अस्थायी कर्मचारी और परिवीक्षाधीन, **366**
पदच्युत किया जाना, पद से हटाया जाना, या पंक्ति में अवनत किया जाना, **366**
निलंबन, **367**
अनिवार्य सेवानिवृत्ति, **367**
कारण बताने का युक्तियुक्त अवसर, **367**
नैसर्गिक न्याय, **368**
कब जांच की आवश्यकता नहीं होगी?, **368**
सेवा अधिकरण, **368**
अखिल भारतीय सेवा, **369**

25. लोक सेवा आयोग **370–375**
भर्ती के लिए स्वतंत्र अभिकरण की आवश्यकता, **370**
संघ और राज्य आयोग, **370**
नियुक्ति, पदावधि आदि, **370**
नियुक्ति के नियमों की आवश्यकता, **371**
पदत्याग और पद से हटाया जाना, **371**
स्वतंत्रता सुनिश्चित करने का उपबंध, **372**
सदस्य न रहने पर पद धारण के संबंध में प्रतिषेध, **372**
आयोग के कृत्य, **373**
कर्त्तव्य, **373**
सलाहकारी कृत्य, **374**
परामर्श न करने का प्रभाव, **374**
सलाह आबद्धकर नहीं, **374**
विनियम द्वारा परामर्श का अपवर्जन, **374**
संविधान द्वारा परामर्श का अपवर्जन, **375**
लोक सेवा आयोग के प्रतिवेदन, **375**

26. निर्वाचन **376–379**
लोकतंत्र और निर्वाचन, **376**
निर्वाचनों के बारे में सांविधानिक उपबंध, **376**
विधान-मंडल की शक्तियां, **377**
निर्वाचन आयोग, **377**
आयोग के कृत्य, **378**
आयोग की स्वतंत्रता सुनिश्चित करने के लिए उपबंध, **378**
निर्वाचन विवाद, **378**
निर्वाचन अर्जी के बारे में वर्तमान अधिकारिता, **379**
निरसित अनुच्छेद 329क, **379**

27. राजभाषा **380–391**

ऐतिहासिक पृष्ठभूमि, **380**
एकता के उपकरण के रूप में हिंदुस्तानी, **380**
नियम समिति में हिंदुस्तानी, **381**
कांग्रेस संसदीय दल ने हिंदी को अधिमान दिया, **381**
संविधान सभा में राजभाषा से संबंधित भाग का अंगीकार किया जाना, **381**
झूठ का परिचालन, **381**
भाग 17 का संक्षेप, **382**
संघ की राजभाषा, **382**
लिपि और अंक, **382**
अंग्रेजी का प्रयोग चालू रहना, **382**
राजभाषा आयोग, **383**
दूसरा आयोग, **383**
संसदीय समिति, **383**
राष्ट्रपति आदेश, **384**
अनुच्छेद 343, 344 और 351 का संयुक्त प्रभाव, **384**
सांविधानिक लक्ष्य और वास्तविक व्यवहार, **384**
राज्य की राजभाषा, **384**
एक राज्य और दूसरे राज्य के बीच या संघ और किसी राज्य के बीच पत्रादि की भाषा, **385**
अतिरिक्त राजभाषा के लिए राष्ट्रपति द्वारा निदेश, **385**
जनसंख्या का पर्याप्त भाग क्या है?, **386**
उच्च न्यायालयों की भाषा—निर्णय, डिक्री आदि की भाषा, **386**
उच्च न्यायालय की कार्यवाहियों की भाषा, **386**
उच्च न्यायालयों में हिन्दी, **387**
उत्तरवर्त्ती राज्यों के उच्च न्यायलयों की भाषा, **387**
उच्चतम न्यायालय की भाषा, **388**
अनुच्छेद 348(3) और विधेयकों और अधिनियमों का अंग्रेजी में प्राधिकृत पाठ, **388**
एक से अधिक प्राधिकृत पाठ, **389**
यदि अंग्रेजी पाठ तैयार नहीं किया जाए तो क्या होगा?, **389**
व्यथा के निवारण के लिए भाषा, **389**
हिंदी भाषा के विकास के लिए निदेश, **390**
आठवीं अनुसूची, **390**

28. आपात उपबंध **392–405**

परिसंघ संविधान और युद्ध, **392**
तीन प्रकार के आपात, **392**
आपात की उद्घोषणा के आधार, **392**
आभ्यंतरिक अशांति अब आधार नहीं है, **393**
भूतकाल में की गई उद्घोषणा के उदाहरण, **393**
उद्घोषणा की प्रक्रिया, **393**
राज्यक्षेत्रीय विस्तार, **393**
आपात की अवधि, **394**
अनुमोदन किस प्रकार किया जाता है?, **394**
उद्घोषणा का वापस लिया जाना, **394**
संकल्पों में अंतर, **394**
आपात की उद्घोषणा का प्रभाव, **395**
(क) कार्यपालिका पर प्रभाव, **395**
(ख) विधान-मंडल पर प्रभाव, **395**
(ग) वित्त पर प्रभाव, **395**

(घ) मूल अधिकारों पर प्रभाव, **395**
(*i*) अनुच्छेद 358, **395**
(*ii*) अनुच्छेद 359, **396**
अनुच्छेद 358 और 359 के प्रवर्तन की तुलना, **396**
(ङ) प्रकीर्ण प्रभाव, **397**
राज्यों में सांविधानिक तंत्र का विफल हो जाना, **397**
अनुच्छेद 356 पर डा. अंबेडकर के विचार, **397**
निर्जीव अक्षर या प्राणलेवा शस्त्र, **398**
अनुच्छेद 356 के अधीन उद्घोषणा के आधार, **398**
ऐसी उद्घोषणा द्वारा क्या किया जा सकता है?, **399**
क्या नहीं किया जा सकता?, **399**
राष्ट्रपति शासन, **399**
उद्घोषणा की अवधि, **399**
एक वर्ष से अधिक के लिए विस्तार करने की शर्तें, **399**
उद्घोषणा का वापस लिया जाना, **400**
उद्घोषणा का न्यायिक पुनर्विलोकन, **400**
अनुच्छेद 356 का अनुचित और बार-बार उपयोग, **400**
बोम्मई की आलोचना, **401**
बोम्मई में अधिकथित सिद्धांत, **401**
विधानसभा का उसकी प्रथम बैठक के पहले विघटन, **402**
लोक सभा का अनुमोदन विधायी कार्य नहीं है, **402**
उन मामलों के उदाहरण जिनमें अनुच्छेद 356 का उपयोग उचित होगा, **402**
उन मामलों के उदाहरण जिनमें अनुच्छेद 356 का उपयोग अनुचित होगा, **402**
अनुच्छेद 352 और 356 की तुलना, **403**
वित्तीय आपात–अनुच्छेद 360, **404**
उद्घोषणा के आधार, **404**
उद्घोषणा की अवधि, **404**
वित्तीय आपात का प्रभाव, **404**
अनुच्छेद 355 और जनसंख्या का आक्रमण, **405**

29. संविधान का संशोधन **406–419**

भूमिका, **406**
डा. अंबेडकर और पं. नेहरू के विचार, **406**
संशोधन की प्रक्रिया के प्रकार, **407**
न्यायिक निर्वचन, **407**
अभिसमय, **408**
औपचारिक प्रक्रिया, **408**
सुनम्य और कठोर संविधान, **408**
भारत में औपचारिक संशोधन की प्रक्रिया, **408**
सामान्य विधायी प्रक्रिया द्वारा संशोधन, **409**
संशोधन जिनमें विशेष बहुमत और अनुसमर्थन की अपेक्षा है, **409**
संशोधन जिनमें केवल विशेष बहुमत की अपेक्षा है, **410**
सभी प्रक्रमों पर विशेष बहुमत, **410**
समस्त सदस्य संख्या का अर्थ, **410**
संशोधन की प्रक्रिया, **410**
राष्ट्रपति अनुमति देने के लिए बाध्य है, **410**
संयुक्त बैठक नहीं, **411**
पूर्व मंजूरी नहीं चाहिए, **411**
संशोधनीय और असंशोधनीय उपबंध, **411**
संशोधन करने की शक्ति की मर्यादाएं, **411**

विवक्षित मर्यादाओं की उत्पत्ति, **411**
शंकरी प्रसाद, **411**
सज्ज्न सिंह—पहली अवस्था, **411**
गोलकनाथ—दूसरी अवस्था, **412**
भविष्यलक्षी विनिर्णय, **412**
नाथ पई का विधेयक, **412**
24वां, 25वां, 26वां और 29वां संशोधन, **413**
केशवानंद—तीसरी अवस्था, **413**
केशवानंद भारती का प्रभाव, **413**
39वां संशोधन, **414**
39वें संशोधन पर न्यायालय की प्रतिक्रिया, **415**
निर्वाचन का वाद, **415**
42वां संशोधन, **415**
मिनर्वा मिल्स—चौथी अवस्था, **416**
एक पूर्ण न्यायपीठ जिसे बीच में ही भंग कर दिया गया, **416**
नवीं अनुसूची, **416**
अनुच्छेद 323क और 323ख, **417**
संविधान की रचना और संशोधन में अंतर, **417**
अस्मिता और विस्तार परीक्षण, **417**
विभिन्न निर्णयों के प्रभाव का संक्षेप, **417**
निर्णयों का मूल्यांकन, **418**
आधारिक लक्षण, **418**
गोलकनाथ और केशवानंद में अंतर, **419**
आधारिक संरचना पर प्रहार करने वाले संविधान संशोधन, **419**

30. अनुच्छेद 370 **420–427**

जम्मू-कश्मीर राज्य का जन्म, **420**
कैबिनेट मिशन, **420**
लार्ड माउंटबेटन का संबोधन, **420**
भारतीय स्वतंत्रता अधिनियम, 1947, **420**
भारत शासन अधिनियम, 1935, **420**
जम्मू-कश्मीर का अधिमिलन पत्र, **420**
जम्मू-कश्मीर का संविधान, **421**
अनुच्छेद 370, **421**
जम्मू-कश्मीर को विशेष प्रास्थिति देने के प्रस्ताव पर डा. अंबेडकर की प्रतिक्रिया, **421**
जम्मू-कश्मीर राज्य की ओर से उद्घोषणा, **421**
देशी राज्यों पर श्वेत पत्र, **421**
पाकिस्तान का संविधान, **421**
देशी राज्यों द्वारा संविधान स्वीकार किया जाना, **422**
नेहरू और जम्मू-कश्मीर, **422**
1952 का नेहरू-अब्दुल्ला करार, **422**
17 नवंबर 1952 का प्रजा परिषद का सत्याग्रह, **422**
डा. श्यामाप्रसाद मुखर्जी का बलिदान, **422**
अब्दुल्ला की अधिनायकवादी और राष्ट्रविरोधी गतिविधियाँ, **423**
पं. नेहरू की प्रतिक्रिया, **423**
अब्दुल्ला की योजना का विफल किया जाना, **423**
अनुच्छेद 370 जैसा वह था, **423**
जम्मू-कश्मीर के बारे में कुछ तथ्य, **424**
भ्रम दूर करने के लिए कुछ तथ्य, **424**
अनुच्छेद 370 का कुप्रभाव, **425**
कुछ अन्य स्मरणीय तथ्य, **426**

कांग्रेस सरकारों की भूमिका, **426**
दूसरी पटरी का राजनथ, **426**
वार्ताकारों का प्रतिवेदन, 2012, **426**
जम्मू-कश्मीर का एकीकरण, **427**
जम्मू-कश्मीर का पुनर्गठन, **427**

31. दल परिवर्तन – दसवीं अनुसूची **428–432**
दल परिवर्तन का रोग, **428**
52वां संशोधन, **428**
निरर्हता कब लागू होती है?, **428**
अपवाद, **429**
विभाजन अपवाद नहीं, **429**
निर्णय कौन करेगा?, **429**
न्यायालयों की भूमिका, **429**
पैरा 7 शून्य घोषित, **430**
अध्यक्ष अधिकरण है, **430**
नियम बनाने की शक्ति, **430**
10वीं अनुसूची का कार्यकरण, **430**
10वीं अनुसूची की आलोचना, **431**
दल परिवर्तन करने वाला मंत्री नहीं हो सकता, **432**

32. कुछ वर्गों के संबंध में विशेष उपबंध **433–435**
अनुसूचित जातियों और जनजातियों का विनिर्दिष्ट किया जाना, **433**
स्थानों का आरक्षण, **433**
आंग्ल भारतीय, **433**
दो राष्ट्रीय आयोग, **433**
जनजातियों के उत्थान के लिए विशेष उपबंध, **434**
मुसलमान और ईसाईयों के लिए आरक्षण, **434**
राजनीतिक लाभ के लिए संविधान में परिवर्तन, **435**

33. प्रत्यायोजित विधान **436–445**
प्रत्यायोजित विधान क्या है?, **436**
विधायी कृत्य क्या हैं?, **436**
प्रत्यायोजन की आवश्यकता, **437**
प्रत्यायोजित विधान की आलोचना, **437**
प्रत्यायोजित विधान—सांविधानिक सीमाएं, **438**
प्रत्यायोजित विधान के उदाहरण, **439**
न्यायालयों की पद्धति, **439**
विधिमान्यता के पक्ष में धारणा, **440**
कठिनाइयों को दूर करने के लिए आदेश या अष्टम् हेनरी खंड, **440**
प्रत्यायोजित विधान और सशर्त विधान, **441**
अधीनस्थ विधान, **441**
प्रत्यायोजित विधान का न्यायिक नियंत्रण, **441**
शक्ति बाह्य, **442**
भूतलक्षी प्रभाव, **442**
अयुक्तियुक्तता, **442**
न्यायिक पुनर्विलोकन का अपवर्जन या कम किया जाना, **442**
गंगा खंड, **443**
पटल पर रखे जाने की अपेक्षा, **443**
पूर्व प्रकाशन, **443**
नियमों के बनाए जाने के पश्चात् प्रकाशन, **444**

प्रकाशन जहां अधिनियम चुप है, 444
प्रकाशन जहां अधिनियम में समादेश है, 444
प्रकाशन की तारीख, 444
तुलना और सुझाव, 445
क्या नियम बनाने की शक्ति के अंतर्गत नियमों का संशोधन करने की शक्ति है?, 445
उप प्रत्यायोजन, 445

34. नैसर्गिक न्याय 446–452

उद्भव, 446
आधारिक सिद्धांत, 446
क्या ये नियम केवल न्यायिक-कल्प कृत्यों को लागू होते हैं?, 446
मेनका गांधी, 447
वे मामले जिनमें नैसर्गिक न्याय के नियम लागू होंगे, 447
वे मामले जिनमें नैसर्गिक न्याय के नियम लागू नहीं होंगे, 447
नैसर्गिक न्याय के अवयव—पहली सूक्ति, 448
सिविल मामलों में सूचना, 448
दांडिक या अनुशासनिक कार्यवाहियों में सूचना, 448
उचित सुनवाई के नियम, 448
विनिश्चय के पश्चात् सुनवाई, 450
दूसरी सूक्ति, 450
पक्षपात, 450
मामले में हितबद्ध होना, 450
व्यक्तिगत पक्षपात, 450
धन संबंधी पक्षपात, 451
पक्षपात की संभावना, 451
शासकीय पक्षपात या नीतिक पक्षपात, 451
राजनीतिक पक्षपात, 451
पक्षपात के अपवाद, 452

35. लोकहितवाद 453–456

लोकहितवाद की भूमिका, 453
तीन चरण, 453
प्रथम चरण के निर्णय, 453
दूसरा चरण, 454
तीसरा चरण, 455
लोकहितवाद का दुरुपयोग, 455
न्यायालय का कर्त्तव्य, 456

36. भारत का नियंत्रक-महालेखा परीक्षक 457–458

सांविधानिक अधिकारी, 457
सीएजी के कुछ महत्त्वपूर्ण प्रतिवेदन, 457
सीएजी की नियुक्ति, 457
सीएजी के कर्त्तव्य और शक्तियां, 457
सीएजी की शक्ति के अधीन प्राइवेट व्यक्ति आते हैं, 458
कार्यकरण संपरीक्षा, 458
सीएजी के बारे में सुझाव, 458

शब्द सूची *459–472*

अनुक्रमणिका *473–494*

चौदहवें संस्करण की भूमिका

2019 में भारत के सांविधानिक और राजनैतिक परिदृश्य में महत्त्वपूर्ण परिवर्तन हुए। जम्मू-कश्मीर के विषय में जो विशेष उपबंध थे उन्हें समाप्त कर जम्मू-कश्मीर के लोगों को अन्य भारतीयों के समकक्ष मूल अधिकार दिला दिए गए। इस परिवर्तन के पूर्व जम्मू-कश्मीर के निवासी अनेक व्यक्तियों को समता का अधिकार, शिक्षा का अधिकार, निर्वाचन में मत देने का अधिकार आदि अनेक अधिकार प्राप्त नहीं थे। यह विभेद अब समाप्त हो गया है। यह एक ऐतिहासिक पग है जिससे एक दुखदायी ऐतिहासिक भूल का परिमार्जन हुआ है। इस भूल के लिए हमारे देश को बड़ी भारी कीमत चुकानी पड़ी है।

जम्मू-कश्मीर पर एक समग्र नया अध्याय प्रस्तुत किया गया है। यह समझना भूल होगी कि इस संशोधन से केवल कुछ खंड जोड़े गए हैं या कुछ का लोप किया गया है। यह एक सामाजिक और विधिक परिवर्तन है। पाठक को, अध्येता को, इसके सभी पहलुओं का—ऐतिहासिक, सामाजिक, आर्थिक, राजनैतिक आदि का—सम्यक् ज्ञान प्राप्त करना होगा तभी यह समझ में आ सकेगा कि 2019 में देश ने क्या उपलब्धि की है।

सबरीमाल मंदिर के वाद में उच्चतम न्यायालय की पीठ का बहुमत अपनी दिशा भूल गया। इस निर्णय पर पुनर्विचार की आवश्यकता है।

आंध्र प्रदेश में ईसाई महाविद्यालयों को अनुमति है कि वे 85% स्थान ईसाईयों से भर लें। इतनी संख्या में ईसाई नहीं मिलते। इसके कारण भ्रष्टाचार का जन्म होता है। जिसे प्रवेश दिलाना हो उसे ईसाई बना दिया जाता है। बदले में धन तो मिलता ही है। न्यायालय ने इस आचरण को नियंत्रित करने का प्रयास किया है।

सुधी पाठकों के सुझावों का सदैव स्वागत है। वे मेरे फोन पर सुविधानुसार संपर्क कर सकते हैं।

ब्रजकिशोर शर्मा

एम-103, धर्म अपार्टमेंट
2, इन्द्रप्रस्थ विस्तार, दिल्ली-110092
फोन: 22723610, 22722138

प्रथम संस्करण की भूमिका

भारत के संविधान को प्रारंभ हुए 54 वर्ष हो चुके हैं। इस अवधि में प्रस्तुत पुस्तक संभवतः ऐसी एकमात्र पुस्तक है जो मूलतः हिंदी में लिखी गई है। मौलिक लेखन होने के कारण पाठक को भाषा सहज, सुबोध और प्रवाहमयी प्रतीत होगी।

पुस्तक को लिखते समय यह ध्यान रखा गया है कि इसके उपयोगकर्ता विधि और राजनीति शास्त्र के विद्यार्थी तथा सिविल सेवा, न्यायिक सेवा और अन्य प्रतियोगी परीक्षाओं के प्रत्याशी होंगे। उनकी आवश्यकताओं और विभिन्न पाठ्यक्रमों को दृष्टि में रखकर पुस्तक की रचना की गई है। वस्तुनिष्ठ प्रश्नपत्रों के उत्तर देने में सफल होने के लिए जैसी जानकारी चाहिए वह इस पुस्तक में है। साथ ही पारंपरिक कथनात्मक प्रश्नपत्रों का उत्तर देने के लिए भी यह पुस्तक परिपूर्ण सामग्री प्रदान करती है।

विषय का विवेचन रोचक ढंग से किया गया है। विधि के विकास को ऐतिहासिक परिप्रेक्ष्य में संजोया गया है। न्यायालय ने जहां क्रमिक विकास किया है वहां प्रत्येक प्रक्रम को दिखलाया गया है। सिद्धांतों का कथन स्पष्ट है। इससे अध्ययनकर्ता विषय को गहराई से समझ पाएगा।

प्रत्येक विशेष विचारणीय बिंदु पर उच्चतम न्यायालय के निर्णयों के प्रति निर्देश है। निर्णयों के विचार और उनके राष्ट्रजीवन पर प्रभाव का मूल्यांकन करते हुए उनकी प्रशंसा या आलोचना की गई है।

इस पुस्तक में भारत सरकार द्वारा बनाई गई मानक विधि शब्दावली का और भारत के संविधान के हिंदी में प्राधिकृत पाठ का (अनुच्छेद 394क) प्रयोग निरपवाद किया गया है। अध्ययनकर्ताओं की सुविधा के लिए पुस्तक में प्रयुक्त पारिभाषिक हिंदी शब्दों के अंग्रेजी पर्याय 'शब्द सूची' में दिए गए हैं। यह शब्द सूची बहुत उपयोगी है। इससे पाठक के शब्द भंडार की वृद्धि होगी।

पुस्तक में यूनाइटेड स्टेट्स आफ अमेरिका के लिए सर्वत्र 'अमरीका' का प्रयोग है और यूनाइटेड किंग्डम के लिए इंग्लैंड का।

संविधान के 85वें संशोधन अधिनियम का, जिसे 4-1-2002 को राष्ट्रपति की अनुमति मिली, इसमें समावेश है। अप्रैल 2002 तक प्रकाशित निर्णयों के प्रति निर्देश किया गया है।

ब्रजकिशोर शर्मा

एम-103, धर्म अपार्टमेंट
2, इन्द्रप्रस्थ विस्तार
दिल्ली-110092

निर्णय सूची

अच्युतन बनाम *भारत संघ,* **112**
अजय बनाम *भारत संघ,* **113**
अजय हाशिया बनाम *खालिद सुहरावर्दी,* **81**
अजित सिंह जनूजा बनाम *पंजाब राज्य,* **98**
अजीज बाशा बनाम *भारत संघ,* **132, 137**
अनंतप्रसाद बनाम *आंध्र प्रदेश राज्य,* **323**
अनिल कुमार झा बनाम *भारत संघ* **202, 232**
अनिल यादव बनाम *बिहार राज्य,* **454**
अनुज गर्ग बनाम *होटल एसोसिएशन,* **91**
अब्राम्स बनाम *यू.एस.,* **108**
अमरिंदर सिंह बनाम *स्पेशल कमेटी,* **215**
अलगापुरम मोहनराज बनाम *तमिलनाडु विधान सभा,* **448**
अशोक कुमार ठाकुर बनाम *बिहार राज्य,* **100**
अशोक कुमार ठाकुर बनाम *भारत संघ,* **101**
अशोक कुमार पांडे बनाम *पश्चिमी बंगाल राज्य,* **148**
अशोक पांडे बनाम *सुप्रीम कोर्ट आफ इंडिया,* **151**
अश्विन एस. मेहता बनाम *भारत संघ,* **446**
अश्विनी कुमार घोष बनाम *अरविंद बोस,* **275**
असम राज्य बनाम *बरक उपत्यका (डी.यू. कर्मचारी संस्थान),* **82, 366**
असम राज्य बनाम *होराइजन यूनियन,* **331**
अहमद बनाम *शाह बानो,* **1622**

आंध्र केसरी कॉलेज ऑफ एजुकेशन बनाम *आंध्र प्रदेश राज्य,* **139**
आंध्र प्रदेश सरकार बनाम *पी. लक्ष्मी देवी,* **269**
आंध्र प्रदेश राज्य बनाम *एन.आर. रेड्डि,* **89**
आंध्र प्रदेश राज्य बनाम *चला रामकृष्ण रेड्डि,* **349**
आइ.आर. कोइल्हो बनाम *तमिलनाडु राज्य,* **77, 143, 416**
आइ.आर. कोइल्हो (मृतक) बनाम *तमिलनाडु राज्य,* **77, 143, 415, 416**
आइ.टी.ए.टी. बनाम *वी.के. अग्रवाल,* **276**
आइ.टी.सी. भद्राचलम बनाम *मंडल रेवेन्यू आफिसर,* **444**
आइ. मणिलाल सिंह बनाम *एच. बोरोबाबू सिंह,* **275**
आइ.सी. गोलकनाथ बनाम *पंजाब राज्य,* **55, 76, 285, 289, 412**
आटोमोबाइल ट्रांसपोर्ट बनाम *राजस्थान राज्य,* **47, 49, 356**
आटोमोबाइल ट्रांसपोर्ट (राजस्थान) लिमिटेड बनाम *राजस्थान राज्य,* **359**
आतियाबाड़ी टी कंपनी बनाम *असम राज्य,* **359**
आदि शैव शिवाचार्यगल नाल संगम बनाम *तमिलनाडु राज्य,* **132**
आर.एम.डी. चमारबागवाला बनाम *भारत संघ,* **84, 331**
आर.एस. नाइक बनाम *ए.आर. अंतुल,* **287**
आर.के. गर्ग बनाम *भारत संघ,* **89, 90, 179**
आर.सी. कूपर बनाम *भारत संघ,* **179, 328, 413**
आल इंडिया जजेस एसोसिएशन बनाम *भारत संघ,* **261**
आल पार्टीज़ कांफ्रेंस कमेटी रिपोर्ट, **157**
आशीर्वाद फिल्म बनाम *भारत संघ,* **89, 93**

इंग्लिश मीडियम पेरेंट्स एसोसिएशन बनाम *कर्नाटक राज्य,* **137**
इंडियन एक्सप्रेस बनाम *भारत संघ,* **289**
इंडियन एलुमिनियम बनाम *कर्नाटक इलेक्ट्रिसिटी बोर्ड,* **325**
इंडियन यंग लाइयर्स एसोसिएशन (सबरीमाल टेम्पल) बनाम *केरल राज्य,* **128**
इंदिरा नेहरू गांधी बनाम *राजनारायण,* **58, 86, 291, 414, 419**
इंद्रा साहनी II बनाम *भारत संघ,* **86, 96, 100**
इस्लामिक एकेडमी आफ एजुकेशन बनाम *कर्नाटक राज्य,* **135**
इस्लामिक एकेडमी आफ एजुकेशन (II) बनाम *कर्नाटक राज्य,* **135**

ई.एम.एस. नंबूद्रीपाद बनाम *टी. नारायणन,* **275**
ई.पी. रायप्पा बनाम *तमिलनाडु राज्य,* **90**
ईपुरु सुधाकर बनाम *आंध्र प्रदेश सरकार,* **181**

ई.वी. चिन्नय्या बनाम *आंध्र प्रदेश राज्य*, **97**

उड़ीसा राज्य बनाम *मोहम्मद इलियास*, **286**
उत्तर प्रदेश प्रदूषण बनाम *कानोडिया*, **285**
उत्तर प्रदेश राज्य बनाम *कौशल्या*, **113**
उत्तर प्रदेश राज्य बनाम *जे.पी. एसोसिएट्स*, **359**
उत्तर प्रदेश राज्य बनाम *नीरज अवस्थी*, **362**
उत्तर प्रदेश राज्य बनाम *मनबोधन लाल श्रीवास्तव*, **374**
उत्तर प्रदेश राज्य बनाम *महिंद्रा एंड महिंद्रा*, **151**
उत्तर प्रदेश राज्य बनाम *संजय कुमार*, **181**
उत्तर प्रदेश हिंदी साहित्य सम्मेलन बनाम *उत्तर प्रदेश राज्य*, **385**
उत्तरांचल राज्य बनाम *बलवंतसिंह चौफाल*, **453**
उत्तर प्रदेश राज्य बनाम *आनंद कुमार यादव*, **91**
उत्तरांचल राज्य बनाम *बलवंत सिंह चौफाल*, **456**
उत्तरांचल राज्य बनाम *बलवंतसिंह चौफाल*, **242**
उत्तरी समुद्र महाद्वीपीय मग्नतट भूमि के मामले, **346**
उन्नीकृष्णन बनाम *आंध्र प्रदेश राज्य*, **135**
उम्मू सबीना बनाम *केरल राज्य*, **150**
उषा मेहता बनाम *महाराष्ट्र राज्य*, **137**

ए.आर. अंतुले बनाम *आर.एस. नायक*, **122**
ए.एस. नारायण दीक्षितलु बनाम *आंध्र प्रदेश राज्य*, **131**
ए.के. क्राइपाक बनाम *भारत संघ*, **289, 446**
ए.के. गोपालन बनाम *मद्रास राज्य*, **43, 119, 124, 269**
ए.डी.एम. जबलपुर बनाम *शिवकांत शुक्ला*, **72, 78, 119, 265, 291, 396**
ए.पी.एस.आर.टी.सी. बनाम *आई.टी.ओ.*, **342**
ए.बी. भास्कर राव बनाम *सी.बी.आइ.*, **288**
एक्सल वीयर बनाम *भारत संघ*, **114**
एन. आदित्यन बनाम *त्रावणकोर देवस्वाम बोर्ड*, **132**
एन.एन. मजीठिया बनाम *महाराष्ट्र राज्य*, **300**
एन. नागेंद्र राव बनाम *आंध्र प्रदेश राज्य*, **348**
एन.बी. खरे बनाम *दिल्ली राज्य*, **113, 289**
एन. रवि बनाम *स्पीकर*, **215**
एन्वायरमेंटल एंड कंजूमर प्रोटेक्शन फाउंडेशन बनाम *दिल्ली प्रशासन*, **125**
एम. इस्माइल फारुकी बनाम *भारत संघ*, **131**
एम.एच. कुरैशी बनाम *बिहार राज्य*, **132**
एम.एस.एम. शर्मा बनाम *श्रीकृष्ण सिंह*, **214**
एम. नागराज बनाम *भारत संघ*, **92, 98, 101, 417**
एम.पी. शर्मा बनाम *सतीशचंद्र*, **123, 118**
एम.वी. अलकमान बनाम *तसवलिरिस*, **299**
एम.सी. मेहता बनाम *भारत संघ*, **125, 454, 455**
एम.सी. मेहता बनाम *कमलनाथ*, **454**
एम.सी. मेहता बनाम *तमिलनाडु*, **127**
एम्स स्टूडेन्ट्स यूनियन बनाम *एम्स*, **100, 164**
एयर इंडिया बनाम *नरगिस मिर्जा*, **442**
एल.आइ.सी. बनाम *कंजूमर सेंटर*, **60**
एल. चंद्रकुमार बनाम *भारत संघ*, **294, 368, 379, 417, 419**
एस. अजीज बाशा बनाम *भारत संघ*, **129**
एस.आर. चौधरी बनाम *पंजाब राज्य*, **194, 236**
एस.आर. बोम्मई बनाम *भारत संघ*, **47, 49, 58, 130, 232, 237, 245, 398**
एस.एन. मुखर्जी बनाम *भारत संघ*, **449**
एस.एस. लांबा बनाम *भारत संघ*, **286**
एस.एस. मान बनाम *भारत संघ*, **147**
एस. जगन्नाथ बनाम *भारत संघ*, **454**
एस.पी. आनंद बनाम *एच.डी. देवगौड़ा*, **455**
एस.पी. गुप्ता बनाम *भारत का राष्ट्रपति*, **147, 264, 454**
एस.पी. गुप्ता बनाम *भारत संघ*, **264**
एस.पी. मित्तल बनाम *भारत संघ*, **132**
एस. पुष्पा बनाम *शिवचानुगुवेल*, **101**
एस.बी.आइ. बनाम *संतोष गुप्ता*, **45**
एस. विनोद कुमार बनाम *भारत संघ*, **98**
एस.सी. बार एसोसिएशन बनाम *भारत संघ*, **287**
एसोसिएटेड प्राविंशियल पिक्चर बनाम *वेन्सबरी कारपोरेशन*, **90**

ओ.के. घोष बनाम *एफ.एक्स. जोसफ*, **112**
ओमप्रकाश बनाम *उत्तर प्रदेश राज्य*, **115**

करकरे बनाम *शेवड़े, ए.आइ.आर.*, **155, 242**
कर्नाटक राज्य बनाम *भारत संघ*, **277**
कर्नाटक स्टेट फारेस्ट इंडस्ट्रीज कारपोरेशन बनाम *इंडियन राक्स*, **91**
कलकत्ता गैस कंपनी बनाम *पश्चिमी बंगाल राज्य*, **327**
कलक्टर आफ कस्टम बनाम *नाथेला संपत्तु चेट्टि*, **269**
कल्पना मेहता बनाम *भारत संघ*, **215**
कल्याणी स्टोर्स बनाम *उड़ीसा राज्य*, **359**
कस्तूरीलाल बनाम *उत्तर प्रदेश राज्य*, **348**
कानु सान्याल बनाम *जिला मजिस्ट्रेट*, **149**

कानोडिया केमिकल्स बनाम *उत्तर प्रदेश राज्य,* **389**
कामन काज बनाम *भारत संघ,* **81, 92, 122, 123**
कामेश्वर बनाम *बिहार राज्य,* **111**
कांतारु राजीवारु बनाम *इंडियन यंग लाइयर्स एसोसिएशन,* **129**
कारपोरेशन बैंक बनाम *सरस्वती आभरणशाला,* **335**
कावेरी जल विवाद अधिकरण, **283, 343**
किहोता हालोहन बनाम *जाचिल्हू,* **199, 430, 451**
किहोता हालोहन बनाम *भारत संघ,* **419**
क्रिश्चियन मेडिकल कालेज एंप्लायीज बनाम *सी. एम.सी. एसोसिएशन,* **138**
कुलदीप नायर बनाम *भारत संघ,* **195**
कुवरजी बनाम *एक्साइज कमिश्नर,* **107**
कृषि उपज मंडी समिति बनाम *शिव शक्ति खांडसारी उद्योग,* **330**
कृष्ण कुमार बनाम *जम्मू-कश्मीर राज्य,* **356**
कृष्ण कुमार सिंह बनाम *बिहार राज्य,* **180**
कृष्ण नारायण वंजारी बनाम *जय भारती,* **301**
कृष्णदेव मिश्रा बनाम *बिहार राज्य,* **441**
कृष्णास्वामी बनाम *भारत संघ,* **147**
के.ए. नानावटी बनाम *मुंबई राज्य,* **234**
के.एस. पोट्टुस्वामी बनाम *भारत संघ,* **73, 123**
के.एस. पोट्टुस्वामी (आधार) बनाम *भारत संघ,* **123**
के. कन्नदासन बनाम *अजय खोसे,* **295**
के.के. पुनाचा बनाम *कर्नाटक राज्य,* **85**
के.टी. प्लांटेशंस (प्रा.) लिमिटेड बनाम *कर्नाटक राज्य,* **352**
के. वीरस्वामी बनाम *भारत संघ,* **272**
केदारनाथ बनाम *पश्चिमी बंगाल राज्य,* **116**
केरल एस.एम.टी. फेडरेशन बनाम *केरल टी.बी. ओ. एसोसिएशन,* **114**
केरल शिक्षा विधेयक का मामला, **133, 159, 256, 283**
केंद्र राज्य संबंधों पर आयोग का प्रतिवेदन, **236**
केशवानंद भारती बनाम *केरल राज्य,* **38, 47, 55, 76, 77, 143, 159, 168, 265, 285, 289, 413, 416, 419**
कैम्पेन फार जुडिशियल एकाउन्टेबिलिटी एंड रिफार्म्स बनाम *भारत संघ,* **293**
केहरसिंह बनाम *भारत संघ,* **181, 449**
कैलाशचंद्र शर्मा बनाम *राजस्थान राज्य,* **100**
कोल्ला वीर राघव राव बनाम *जी. वेंकटेश्वर राव,* **117**

खड़कसिंह बनाम *उत्तर प्रदेश राज्य,* **123**
खोडे डिस्टिलरीज बनाम *कर्नाटक राज्य,* **115**

गंगाराम मूलचंदानी बनाम *राजस्थान राज्य,* **412**
गुजरात राज्य बनाम *उच्च न्यायालय,* **127**
गुजरात राज्य बनाम *मिर्जापुर मोती कुरेशी कसब जमात,* **107, 159**

गुजरात विधान सभा के निर्वाचन का मामला, **200**
गुलाम बनाम *उत्तर प्रदेश राज्य,* **132**
गुलाम सरवर बनाम *भारत संघ,* **146**
गुल्लपल्ली नागेश्वर राव बनाम *आंध्र प्रदेश राज्य,* **450**
गुलशन प्रकाश बनाम *हरियाणा राज्य,* **95**
ग्वालियर रेयन बनाम *असिस्टेंट कमिश्नर,* **440**

चंडीगढ़ प्रशासन बनाम *सुरिंदर कुमार,* **101**
चंडीगढ़ हाउसिंग बोर्ड बनाम *मेजर जनरल देवेंद्र सिंह,* **353**
चंपकम् बनाम *मद्रास राज्य,* **94**
चरणलाल साहू बनाम *ज्ञानी जैलसिंह,* **456**
चारु खुराना बनाम *भारत संघ,* **112**
चिंतामणि राव बनाम *मध्य प्रदेश राज्य,* **84, 115**
चीफ म्युनिसिपल आफिसर बनाम *हिंदुस्तान कापर लिमिटेड,* **389**
चेयरमेन, इंदौर विकास प्राधिकरण बनाम *प्योर इंडस्ट्रियल कोक एंड केमिकल्स,* **350**

जकारिया लाकरा बनाम *भारत संघ,* **288**
जगदंबिका पाल बनाम *भारत संघ,* **232**
जगदेवसिंह बनाम *प्रतापसिंह,* **137**
जतिंदर बनाम *पंजाब राज्य,* **374**
जनता दल बनाम *एच.एस. चौधरी,* **147**
जमशेद होर्मुसजी वाडिया बनाम *बोर्ड आफ ट्रस्टी,* **282**
जय बनाम *बिहार राज्य,* **371**
जया बच्चन बनाम *भारत संघ,* **198**
जसभाई मोतीभाई देसाई बनाम *रोशनकुमार,* **453**
जाकिया नसीम अहसान बनाम *गुजरात राज्य,* **152**
जान मोहम्मद बनाम *गुजरात राज्य,* **443**
जार्डन बनाम *चोपड़ा,* **162**
जिंदल स्टेनलेस स्टील लिमिटेड बनाम *हरियाणा राज्य,* **359**
जिंदल स्टेनलेस लिमिटेड (II) बनाम *हरियाणा राज्य,* **357**
जी टेलीफिल्म्स बनाम *भारत संघ,* **82**
जीलूभाई बनाम *गुजरात राज्य,* **351**
जीवन बीमा निगम बनाम *आशा गोयल,* **301**
जीवन बीमा निगम बनाम *मनुभाई,* **108**

जे.के. जूट मिल्स कं. लि. बनाम *उत्तर प्रदेश राज्य,* **388**
जे. महापात्र एंड कंपनी बनाम *उड़ीसा राज्य,* **451**
जेम्स मार्टिन बनाम *केरल राज्य,* **110, 112**
जोरोएस्ट्रियन कोआपरेटिव हाउसिंग सोसाइटी बनाम *डिस्ट्रिक्ट कलेक्टर,* **74, 112**

टाटा इंजीनियरिंग कंपनी बनाम *बिहार राज्य,* **67, 105**
टाटा प्रेस लिमिटेड बनाम *महानगर टेलीफोन,* **110**
टाटा सेलुलर बनाम *भारत संघ,* **90**
टिस्को लिमिटेड बनाम *बिहार राज्य,* **335**
टी.एम.ए. पाइ फाउंडेशन बनाम *कर्नाटक राज्य,* **102, 115, 134, 135, 139**
टी.एन. गोदावर्मन तिरुमुलपाद बनाम *भारत संघ,* **122**
टी. सुधाकर प्रसाद बनाम *आंध्र प्रदेश सरकार,* **275**
टी.वी. वादीश्वरन बनाम *तमिलनाडु राज्य,* **124**
टी.सी. तंगराज बनाम *इंगम्माल,* **302**
टेक्नोलोजिकल इंजीनियरिंग लिमिटेड बनाम *भारत हेवी इलेक्ट्रिकल्स लिमिटेड,* **389**
टेक्सास बनाम *वाइट,* **50**
टेट ट्रेडिंग कारपोरेशन बनाम *सी.टी.ओ.,* **67**
ट्रंप बनाम *हवाई,* **149**

डाह्याभाई बनाम *नटवरलाल,* **385**
डिविजनल मैनेजर बनाम *चंद्रहास,* **148**
डिस्ट्रिक्ट रजिस्ट्रार एंड कलेक्टर बनाम *केनरा बैंक,* **84, 120**
डी.ए.वी. कालेज, जालंधर बनाम *पंजाब राज्य,* **132, 137**
डी.एस. नकारा बनाम *भारत संघ,* **89**
डी.पी. जोशी बनाम *मध्य प्रदेश राज्य,* **70**
डी. सिल्वा बनाम *भारत संघ,* **374**
डी.सी. वाधवा बनाम *बिहार राज्य,* **180**

तारापुर एंड कंपनी बनाम *ट्रेक्टर एक्सपोर्ट,* **281**
ताशी डेलक गेमिंग सोलुशंस लि. बनाम *कर्नाटक राज्य,* **277**
तिरुपति बालाजी डेवलपर्स लिमिटेड बनाम *बिहार राज्य,* **301**
त्रिलोकचंद मोतीचंद बनाम *एच.बी. मुंशी,* **146**

दत्ताराज नाथूजी थावरे बनाम *महाराष्ट्र राज्य,* **455**
दरयाव बनाम *उत्तर प्रदेश राज्य,* **145**
दलवी बनाम *तमिलनाडु राज्य,* **390**
दिल्ली न्यायिक सेवा एसोसिएशन बनाम *गुजरात राज्य,* **118, 275, 281**
दिल्ली म्युनिसिपल कारपोरेशन बनाम *बिरला मिल्स,* **439**
दिल्ली विधि अधिनियम का मामला, **167, 283, 438**
दिल्ली सरकार बनाम *ए.आइ.सी.सी.ए. एसोसिएशन,* **307**
दीपचंद बनाम *उत्तर प्रदेश राज्य,* **85, 331**
देवीदास बनाम *पंजाब राज्य,* **438**
देवेंद्रपाल सिंह भुल्लर बनाम *राज्य,* **180, 182**

धर्मदत्त बनाम *भारत संघ,* **89, 112, 329, 332, 353**
ध्वनि प्रदूषण के मामले, **454**

नंदकिशोर बनाम *पंजाब राज्य,* **286**
नंबूद्रीपाद बनाम *सी.डी. बोर्ड,* **81**
नगेंद्रनाथ बोरा बनाम *कमिश्नर,* **303**
नरेंद्रजीत सिंह साहनी बनाम *भारत संघ,* **120**
नायर सर्विस सोसाइटी बनाम *जिला अधिकारी, केरल राज्य लोक सेवा आयोग,* **95**
नायर सर्विस सोसाइटी बनाम *डा. टी. बीरमस्तान,* **95**
नारायण शर्मा बनाम *पंकज लहकर,* **70**
नितेश ताराचंद शाह बनाम *भारत संघ,* **120**
निर्वाचन आयोग बनाम *साका वेंकटराव,* **299**
निवारण चंद्र बेग बनाम *महेंद्रनाथ घुग्घू,* **303**
नीतू बनाम *पंजाब राज्य,* **455**
नेशनल टेक्सटाइल कारपोरेशन बनाम *नरेश कुमार बद्रीकुमार जागड़,* **82**
नैनसुखदास बनाम *उत्तर प्रदेश राज्य,* **94**

पंजाब कोआपरेटिव बैंक बनाम *आइ.टी. कमिश्नर,* **383**
पंजाब राज्य बनाम *दीवान्स माडर्न ब्रूअरीज लिमिटेड,* **57**
पंजाब राज्य बनाम *ब्रजेश्वर सिंह चहल,* **92**
पंजाब राज्य बनाम *सलिल सबलोक,* **371**
पंजाब राज्य बनाम *सुखराज बहादुर,* **366**
पंजाब राज्य बनाम *सुरजीत सिंह,* **91**
पन्नालाल पित्ती बनाम *आंध्र प्रदेश राज्य,* **128**
परमजीत कौर बनाम *पंजाब राज्य,* **454**
परमात्मा बनाम *मुख्य न्यायमूर्ति,* **81**
पश्चिमी बंगाल बनाम *कमेटी फार प्रोटेक्शन ऑफ डेमोक्रेटिक राइट्स,* **302**

पश्चिमी बंगाल राज्य बनाम *अनवर अली सरकार*, **88, 90**
पश्चिमी बंगाल राज्य बनाम *केसोराम इंडस्ट्रीज़ लिमिटेड*, **328**
पश्चिमी बंगाल राज्य बनाम *भारत संघ*, **49, 277**
पांडुरंग राव बनाम *ए.पी.पी.एस.सी.*, **70**
पी.ए. इनामदार बनाम *महाराट्र राज्य*, **135**
पी.ए. इनामदार (II) बनाम *महाराट्र राज्य*, **136**
पी. एंड ओ. स्टीम नेविगेशन कं. बनाम *सेक्रेटरी आफ स्टेट फार इंडिया*, **348**
पी.एल. धींगड़ा बनाम *भारत संघ*, **289**
पी.एस.आर. सदानंदन बनाम *अरुणाचलम*, **281**
पी. नला थंपी बनाम *बी.एल. शंकर*, **376**
पी.यू.डी.आर. बनाम *भारत संघ*, **103, 126**
पी. रामचंद्राव बनाम *कर्नाटक राज्य*, **122**
पी.वी. इंदिरेसन (2) बनाम *भारत संघ*, **102**
पी.वी. नरसिम्ह राव बनाम *राज्य*, **216**
पी.सी. पारिजा बनाम *पी.सी. पटनायक*, **285**
पुन्नुस्वामी बनाम *रिटर्निंग आफिसर*, **378**
पुरुोत्तम लाल धींगरा बनाम *भारत संघ*, **366**
पुरुोतमन बनाम *केरल राज्य*, **254**
पैनहैंडल बनाम *स्टेट हाइवे कमीशन*, **106**
प्रकाश झा प्रोडक्शंस बनाम *भारत संघ*, **109**
प्रदीप कुमार बिस्वास बनाम *इंडियन इंस्टिट्यूट आफ कैमिकल बायोलोजी*, **81**
प्रदीप जैन बनाम *भारत संघ*, **69, 70**
प्रद्योत बनाम *मुख्य न्यायमूति*, **153**
प्रफुल्ल कुमार बनाम *बैंक आफ कामर्स*, **326**
प्रबंधक समिति बनाम *जिला विद्यालय निरीक्षक*, **387**
प्राग आइस मिल बनाम *भारत संघ*, **142**
प्राधिकृत पाठ (केंद्रीय विधि) अधिनियम, **389**
प्रापर्टी ओनर्स एसोसिएशन बनाम *महाराष्ट्र राज्य*, **143, 159**

फर्टिलाइजर कारपोरेशन कामगार यूनियन बनाम *भारत संघ*, **454**
फतेहचंद बनाम *महाराष्ट्र राज्य*, **356**
फ्रेंक एंथनी बनाम *भारत संघ*, **138**

बंगाल इम्यूनिटी कंपनी बनाम *बिहार राज्य*, **285**
बंधुआ मुक्ति मोर्चा बनाम *भारत संघ*, **145**
बशेशरनाथ बनाम *आयकर आयुक्त*, **75**
बहराम बनाम *मुंबई राज्य*, **75**
बाबूलाल बनाम *मुंबई राज्य*, **63**
बायकिन बनाम *अलाबामा*, **75**
बार काउंसिल ऑफ महाराष्ट्र बनाम *एम.वी. डाभोलकर*, **453**
बालचंद्र एल. जरखिडे बनाम *बी.एस. येदियुरप्पा*, **430**
बाल्को एम्प्लायीज यूनियन बनाम *भारत संघ*, **148, 455**
बालाजी राघवन बनाम *भारत संघ*, **104**
बिहार राज्य बनाम *कामेश्वर सिंह*, **84, 329**
बिहार राज्य बनाम *चारुशीला दासी*, **323**
बिहार राज्य बनाम *जैन प्लास्टिक*, **301**
बिहार राज्य बनाम *लालकृण आडवानी*, **448**
बी.आर. कपूर बनाम *तमिलनाडु राज्य*, **155, 185, 235**
बी.एन. नागराजन बनाम *मैसूर राज्य*, **363**
बी.एस.ई. ब्रोकर्स फोरम बनाम *सेबी*, **336**
बी.एस. यादव बनाम *हरियाणा राज्य*, **361**
बी.के. श्रीनिवासन बनाम *कर्नाटक राज्य*, **443**
बी.पी. सिंघल बनाम *भारत संघ*, **241**
(डा.) बी. सिंह बनाम *भारत संघ*, **148**
बी.सी.सी.आइ. बनाम *क्रिकेट एसोसिएशन आफ बिहार*, **82**
बीर किशोर देव बनाम *उड़ीसा राज्य*, **132**
बूलचंद बनाम *चांसलर, ए.आइ.आर.*, **184**
बैद्यनाथ बनाम *उड़ीसा राज्य*, **450**
बैनेट कोलमेन बनाम *भारत संघ*, **105**
ब्रह्मचारी सिद्धेश्वर बनाम *पश्चिमी बंगाल राज्य*, **133**
ब्रह्म समाज एजुकेशन सोसाइटी बनाम *पश्चिमी बंगाल राज्य*, **115**
बोंडु रामस्वामी बनाम *बंगलोर डेवलपमेंट अथारिटी*, **88**

भटनागर एंड कंपनी बनाम *भारत संघ*, **440**
भारत संघ, **58**
भारत संघ बनाम *एंग्लो अफगान एजेंसीज*, **151**
भारत संघ बनाम *एच.एस. ढिल्लों*, **326**
भारत संघ बनाम *एम. सेल्व कुमार*, **95**
भारत संघ बनाम *एल.डी. बालम सिंह*, **156**
भारत संघ बनाम *एस.पी. शर्मा*, **363**
भारत संघ बनाम *एसोसिएशन फार डेमोक्रेटिक रिफार्म्स*, **110**
भारत संघ बनाम *कन्कर्ड फारच्यून मिनरल्स*, **301**
भारत संघ बनाम *गोपालचंद्र मिश्रा*, **297**
भारत संघ बनाम *जे.पी. मित्तर*, **449**
भारत संघ बनाम *तुलसीराम पटेल*, **363**
भारत संघ बनाम *नवीन जिंदल*, **110**

भारत संघ बनाम भानुदास, 73, 291
भारत संघ बनाम मुरासोली मारन, 384
भारत संघ बनाम मोशन पिक्चर एसोसिएशन, 337
भारत संघ बनाम रलिया राम, 346
भारत संघ बनाम वीरपाल सिंह चौहान, 98
भारत संघ बनाम श्रीहरन, 147
भारत संघ बनाम संदूर मनानीस, 263
भीकाजी नारायण बनाम मध्य प्रदेश राज्य, 85
भीम सिंह बनाम जम्मू-कश्मीर राज्य, 150
भीमसिंह बनाम भारत संघ, 337
भोपाल म्युनिसिपलिटी बनाम एम. हसन, 443

मंगलसिंह बनाम भारत संघ, 64
मगनभाई बनाम भारत संघ, 63
मद्रास उच्च न्यायालय बनाम आर. पिराची, 305
मद्रास राज्य बनाम चंपकम्, 158
मद्रास राज्य बनाम वी.जी. राव, 112, 289
मधु लिमये बनाम एस.डी.एम., 111
मधु लिमये बनाम वेदमूर्ति, 388
मध्य प्रदेश राज्य बनाम जी.सी. मंडावर, 151
मध्य प्रदेश राज्य बनाम भरत सिंह, 85, 113
मध्य प्रदेश राज्य बनाम भाईलाल भाई, 358
मध्य प्रदेश राज्य बनाम राकेश कोहली, 86
मध्य प्रदेश स्पेशल पुलिस एस्टाब्लिशमेंट बनाम मध्य प्रदेश राज्य, 238
मनीष गोयल बनाम रोहिणी गोयल, 288
मनोहरलाल शर्मा बनाम नरेन्द्र दामोदरदास मोदी, 149
मलक बनाम पंजाब राज्य, 113
महाराष्ट्र एस.बी. बनाम गांधी, 154
महाराष्ट्र राज्य बनाम एम.एच. जार्ज, 445
महाराष्ट्र राज्य बनाम वी.पी. गवांडे, 150
महाराष्ट्र राज्य बनाम नागपुर डिस्टिलरीज, 115
महाराष्ट्र राज्य बोर्ड बनाम परितोष, 440
महिन्दर सिंह बनाम मुख्य निर्वाचन आयुक्त, 378
महेंद्र बनाम उत्तर प्रदेश राज्य, 83
माडर्न डेन्टल कालेज बनाम मध्यप्रदेश राज्य, 114, 135
माताबदल पांडे बनाम बोर्ड आफ रेवेन्यू, 388
माधवराव बनाम भारत संघ, 289
माधवराव सिंधिया बनाम भारत संघ, 413
मार्क नेटो बनाम केरल राज्य, 138
मार्बरी बनाम मेडिसन, 83
मिट्टू बनाम पंजाब राज्य, 92
मिनर्वा मिल्स बनाम भारत संघ, 38, 43, 76, 88, 143, 159, 289, 416, 419
मीरा कांवरिया बनाम सुमीता, 95
मुख्य न्यायमूर्ति बनाम दीक्षितलु, 151
मुमताज पी.जी. डिग्री कालेज बनाम वाइस चांसलर, 83
मुल्लपेरियार बनाम भारत संघ, 64
मुंबई प्रांत बनाम खुशालदास, 153
मुंबई राज्य बनाम आर.एम.डी. चमारबागवाला, 324, 356
मुंबई राज्य बनाम एफ.एन. बलसारा, 328
मुंबई राज्य बनाम काठी कालू, 118
मुंबई राज्य बनाम नरसू, 132
मेक्यूलाक बनाम मेरीलेंड, 341
मेघमाला बनाम जी. नरसिम्ह रेड्डि, 351
मेनका गांधी बनाम भारत संघ, 43, 119, 124, 289, 358, 447, 450
मेलविन चिराग कुजुर बनाम महाराष्ट्र राज्य, 97
मैसूर राज्य बनाम बिदाप, 371
मैसूर राज्य बनाम संजीवय्या, 360
मोतीराम बनाम एन.ई.एफ. रेलवे, 364
मोहम्मद असलम बनाम भारत संघ, 275
मौलाना बनाम पश्चिमी बंगाल राज्य, 132
म्युनिसिपल काउंसिल बनाम डी.सी. एंड जी. मिल्स, 336

(डा.) यशपाल बनाम छत्तीसगढ़ राज्य, 326
याकूब मेनन बनाम महाराष्ट्र राज्य, 288
युसुफ बनाम मुंबई राज्य, 95
यू.एन. राव बनाम इंदिरा गांधी, 170
यूनाइटेड कमर्शियल बैंक बनाम बैंक आफ इंडिया, 281
यूनियन कार्बाइड बनाम भारत संघ, 281, 286
यू.पी.एस.सी. बनाम गिरीश जयंतीलाल वाघेला, 95

रंगराजन बनाम जगजीवन, 111
रघुनाथराव बनाम भारत संघ, 55
रतनलाल बनाम हरियाणा राज्य, 363
रमणलाल बनाम गुजरात राज्य, 142
रमेश थापर बनाम मद्रास राज्य, 289
रमेश प्रसाद बनाम बिहार राज्य, 362
रवि नायक बनाम भारत संघ, 430
रवीन्द्र नाथ बनाम भारत संघ, 146
रामकृष्ण डालमिया बनाम न्या. तेंदुलकर, 89
राजदेव शर्मा बनाम बिहार राज्य, 122
राजदेव शर्मा 11 बनाम बिहार राज्य, 122
राजाराम पाल बनाम लोक सभा के माननीय अध्यक्ष, 214

राजनारायण सिंह बनाम *चेयरमेन*, **438**
राजस्थान उच्च न्यायालय बनाम *रमेश चंद पालीवाल*, **304**
राजस्थान राज्य बनाम *जी. चावला*, **328**
राजस्थान राज्य बनाम *प्रतापसिंह*, **94**
राजस्थान राज्य बनाम *भारत संघ*, **49, 245, 277, 400**
राजस्थान राज्य बनाम *विद्यावती*, **348**
राजस्थान राज्य विद्युत बोर्ड बनाम *मोहनलाल*, **81**
राजीव रंजन सिंह बनाम *भारत संघ*, **455**
राजीव सरीन बनाम *उत्तराखंड राज्य*, **330, 353**
(डॉ.) *राजेंद्र प्रसाद अग्रवाल* बनाम *भारत संघ*, **401**
राजेंद्र सिंह वर्मा बनाम *लेफ्टिनेंट गवर्नर*, **305, 367**
रामजवाया कपूर बनाम *पंजाब राज्य*, **169, 438**
रामन बनाम *अंतरराष्ट्रीय विमान पत्तन प्राधिकरण*, **81**
रामरती बनाम *ग्राम समाज*, **388**
रामसिंह बनाम *दिल्ली राज्य*, **90**
रामसिंह बनाम *भारत संघ*, **102**
रामेश्वर प्रसाद (5) बनाम *भारत संघ*, **183**
रामेश्वर प्रसाद (6) बनाम *भारत संघ*, **184, 232, 398, 402**
रावन्ना बनाम *जी.एस. कग्गीरप्पा*, **198**
राष्ट्रपति का **1964** *का निर्देश*, **215**
राष्ट्रपतीय निर्वाचन का मामला, **174**
रिपोर्ट आफ कमिटी आन मिनिस्टर्स पावर्स, **436**
रुदल शाह बनाम *बिहार राज्य, ए.आइ.आर.*, **150**
रूपा अशोक हुर्रा बनाम *अशोक हुर्रा*, **153, 288**
रूरल लिटिगेशन बनाम *उत्तर प्रदेश राज्य*, **454**

लक्ष्मीनारायण बनाम *भारत संघ*, **441**
(हाजी) *लाल मोहम्मद बीड़ी वर्क्स* बनाम *सेल्स टेक्स आफिसर*, **388**
लालाराम बनाम *जयपुर डेवलपमेंट अथारिटी*, **353**
लोक प्रहरी बनाम *उत्तर प्रदेश राज्य*, **93**
लोकायुक्त बनाम *मध्य प्रदेश राज्य*, **217**
लेफ्टिनेंट गवर्नर दिल्ली बनाम *वी.के. सोढी*, **82**

वामन राव बनाम *भारत संघ*, **77, 142, 416**
विजय बनाम *कर्नाटक राज्य*, **325**
(डा.) *विजयलक्ष्मी साधो* बनाम *जगदीश*, **387**
विनयचंद्र मिश्रा का मामला, **276, 287**
विनीत नारायण बनाम *भारत संघ*, **455**
विशेष न्यायालयों का मामला, **91**
विशेष न्यायालय विधेयक 1978, **283**
वीरेंद्र कुमार श्रीवास्तव बनाम *उत्तर प्रदेश राज्य कर्मचारी कल्याण निगम*, **82**
वी.आर. एंटरप्राइजेज बनाम *उत्तर प्रदेश राज्य*, **115**
वी. सुधीर बनाम *बार कौंसिल आफ इंडिया*, **442**
वेंकटरामन बनाम *भारत संघ*, **117**
वेस्टर्न कोलफील्ड्स बनाम *एस.ए.डी.ए.*, **341**

शंकरन गोविंदन बनाम *लक्ष्मी भारती*, **67**
शंकरीप्रसाद बनाम *भारत संघ*, **75, 285, 411**
शत्रुघ्न चौहान बनाम *भारत संघ*, **181**
शबनम हाशमी बनाम *भारत संघ*, **163**
शमशेर सिंह बनाम *पंजाब राज्य*, **170, 233**
शरच्चंद्र मिश्रा बनाम *उड़ीसा राज्य*, **286**
शांतिभूषण बनाम *भारत संघ*, **297**
शायरा बानो बनाम *भारत संघ*, **92, 133**
श्रीकांत बनाम *गुजरात राज्य*, **324**
श्रीकुमार पद्मप्रसाद बनाम *भारत संघ*, **298**
श्री पृथ्वी कॉटन मिल्स बनाम *भड़ौंच बारो म्युनिसिपलिटी*, **343**
श्रेया सिंघल बनाम *भारत संघ*, **109**

संजीव कोक कंपनी बनाम *भारत कोकिंग*, **143, 159**
संजीव भटनागर बनाम *भारत संघ*, **455**
संतोष बनाम *सचिव*, **58, 128, 390**
संदीप कुमार बाफना बनाम *महाराष्ट्र राज्य*, **286**
सगीर अहमद बनाम *उत्तर प्रदेश राज्य*, **153**
सचिव, कर्नाटक राज्य बनाम *उमा देवी*, **362**
सज्जन सिंह बनाम *राजस्थान राज्य*, **76, 285, 411**
सत्यवीर सिंह बनाम *भारत संघ*, **364**
सदर्न रेलवे बनाम *रंगाचारी*, **124**
सब कमिटी बनाम *भारत संघ*, **271**
समुद्री सीमा-शुल्क अधिनियम, **283**
सम्राट बनाम *शिबनाथ बनर्जी*, **233**
सर्वानंद सोनोवाल बनाम *भारत संघ*, **405**
सर तेजबहादुर सप्रू कमेटी के संविधान संबंधी प्रस्ताव, **158**
सरला मुद्गल बनाम *भारत संघ*, **161, 162**
सरोजिनी रामास्वामी बनाम *भारत संघ*, **271**
सांबमूर्ति बनाम *आंध्र प्रदेश राज्य*, **419**
साइमन आयोग का प्रतिवेदन (1930), **9, 74**
सिकंदराबाद हैदराबाद होटल ओनर्स एसोसिएशन बनाम *हैदराबाद म्युनिसिपल कारपोरेशन*, **336**
सिद्धराज भाई बनाम *गुजरात राज्य*, **138**
सिंधी एजुकेशन सोसाइटी बनाम *गवर्नमेंट*, **139**
सी.एस. कर्णन का मामला, **275**
सी. कस्टम एक्ट का मामला, **342**
सी.के. दफ्तरी बनाम *गुप्ता*, **273**

सी.पी.आइ. (एम) बनाम *भारत कुमार,* **110**
सी. रविचंद्रन नायर बनाम *न्या. ए.एम. भट्टाचाजी,* **272**
सी.बी.एस.ई. बनाम *आदित्य बंद्योपाध्याय,* **110**
सी.सी.ई. बनाम *न्यू टुबेको कंपनी,* **445**
सीतापुर म्युनिसिपलिटी बनाम *प्रयाग नारायण,* **442**
सुकुमार मुखर्जी बनाम *पश्चिमी बंगाल राज्य,* **114**
सुखदेव सिंह बनाम *भगत राम,* **81**
सुनील बत्रा बनाम *दिल्ली प्रशासन,* **453**
सुप्रीम कोर्ट एडवोकेट्स आन रिकार्ड एसोसिएशन बनाम *भारत संघ,* **268, 292, 297**
सुप्रीम कोर्ट एडवोकेट्स बनाम *भारत संघ,* **264, 291**
सुप्रीम कोर्ट बार एसोसिएशन बनाम *भारत संघ,* **276**
सुपरिंटेंडेंट बनाम *राम मनोहर लोहिया,* **84**
सुब्रमण्यम् स्वामी बनाम *तमिलनाडु राज्य,* **129**
सुब्रमण्यम् स्वामी बनाम *भारत संघ,* **110**
सुरेशचंद गौतम बनाम *उत्तर प्रदेश राज्य,* **98**
सूबा सिंह बनाम *देवेंद्र कौर,* **117**
सेंट स्टीफन्स कालेज बनाम *दिल्ली विश्वविद्यालय,* **133, 135, 138**
सेक्रेटरी एंड क्यूरेटर, विक्टोरिया मेमोरियल हाल बनाम *हावड़ा गणतांत्रिक नागरिक समिति,* **449**
सेक्रेटरी आई. एंड बी. बनाम *क्रिकेट एसोसिएशन,* **110**
सेक्रेटरी मावलंकर सीरियन कैथोलिक कालेज बनाम *टी. जोसे,* **136**
सेंट्रल बैंक रिटायरीज एसोसिएशन बनाम *भारत संघ,* **146**
सेंट्रल बोर्ड आफ दाऊदी बोहरा कम्यूनिटि बनाम *महाराट्र राज्य,* **133**
सेल्वी बनाम *कर्नाटक राज्य,* **119**
सोदानसिंह बनाम *एन.डी.एम.सी.,* **114**
स्टेट ट्रेडिंग कारपोरेशन बनाम *सी.टी.ओ.,* **67**
स्टेनिस्लास बनाम *मध्य प्रदेश राज्य,* **130**

हमदर्द दवाखाना बनाम *भारत संघ,* **438**
हरकचंद बनाम *भारत संघ,* **439**
हरगोविंद पंत बनाम *रघुकुल तिलक,* **230, 373**
हरजीत सिंह बनाम *उमरावसिंह,* **246**
हरि विष्णु कामथ बनाम *सैयद अहमद,* **152**
हरियाणा राज्य बनाम *पंजाब राज्य,* **49, 277**
हरियाणा राज्य बनाम *लालचंद,* **346**
हर्षेद्र चौबीसा बनाम *राजस्थान राज्य,* **100**
हार्ला बनाम *राजस्थान राज्य,* **444**
हालिकान पिक्चर्स प्राइवेट लिमिटेड बनाम *प्रेमचंद्र मिश्र,* **456**
हिंदुस्तान टाइम्स बनाम *उत्तर प्रदेश राज्य,* **353**
हिंदुस्तान लीवर बनाम *महाराष्ट्र राज्य,* **331**
हेक्स्ट फार्मास्युटिकल्स बनाम *बिहार राज्य,* **255**

1964 *का विशेष निर्देश सं.* 1, **215, 283**
1974 *के राष्ट्रपतीय निर्वाचन,* **283**
1978 *का विशेष न्यायालय विधेयक,* **283**
1982 *का विशेष निर्देश सं.* 1, **283**
1988 *का विशेष निर्देश सं.* 1, **291, 295**
1993 *का विशेष निर्देश सं.* 1, **283**
1998 *का विशेष निर्देश सं.* 1, **264, 283, 291**
2001 *का विशेष निर्देश सं.* 1, **284**
2002 *का विशेष निर्देश सं.* 1, **284**
2012 *का विशेष निर्देश सं.* 1, **90, 284, 285**

अध्याय 1
संविधान की रचना के पूर्व की घटनाएं

1.0 संविधान का अध्ययन करने के लिए यह आवश्यक है कि संविधान के निर्माण के पूर्व और निर्माण के समय की घटनाओं का अवलोकन और विश्लेषण किया जाए। हमारा संविधान क्रांति का परिणाम नहीं है। यह लगभग सौ वर्ष के प्रयासों का परिणाम है। ये प्रयास अनेकविध थे। इनमें असंख्य लोगों की भागीदारी थी। कुछ शस्त्रधारी थे, और कुछ अहिंसक। स्वतंत्रता के लिए समर्पित अनेक व्यक्तियों और संस्थाओं के सामूहिक प्रयत्नों का फलन हमारा संविधान है।

सिंहावलोकन की आवश्यकता।

1.1 1857 में उत्तर भारत में स्वतंत्रता की प्राप्ति के लिए सैनिकों और जनता ने शस्त्र धारण कर अंग्रेजों से संघर्ष किया। अनेक कारणों से यह आंदोलन असफल रहा। अंग्रेजों ने इसका दमन करते हुए नृशंस अत्याचार किए। राजनीतिक परिवर्तन यह हुआ कि ईस्ट इंडिया कंपनी का शासन समाप्त होकर इंग्लैंड के शासक का सीधा शासन लागू हो गया। महारानी विक्टोरिया ने 1 नवंबर 1858 को एक विस्तृत घोषणा की। देशी रियासतों के राजाओं को यह आश्वासन दिया गया कि उनके साथ जो संधियां और वचनबंध हुए हैं उनका सम्मान होगा और अक्षरशः पालन किया जाएगा। घोषणा में यह स्पष्ट कहा गया कि स्थानीय जनता को बलपूर्वक ईसाई नहीं बनाया जाएगा। घोषणा का संबंधित अंश इस प्रकार था,—

1857 का संग्राम और महारानी की घोषणा।

> हम ईसाई धर्म की सत्यता पर दृढ़ आस्था रखते हैं और धर्म से प्राप्त प्रशांति को साभार स्वीकार करते हैं किंतु हम यह मानते हैं कि हमें अपनी आस्था अपनी जनता पर अधिरोपित करने का कोई अधिकार नहीं है। हमारी यह इच्छा भी नहीं है। ... सभी को विधि का समान और पक्षपातरहित संरक्षण प्राप्त होना चाहिए।[1]

1.2 लगभग इसी समय हिंदू पेट्रियट में लिखकर श्री हरिश्चंद्र मुखर्जी[2] ने भारतीय संसद् की मांग करते हुए यह कहा,—

भारतीय संसद् की मांग।

> भारत की जनता को स्वार्थी वर्ग के विधायन और अत्याचार से मुक्ति मिलनी चाहिए। हमारे जो देशवासी राजनीति में रुचि लेते हैं वे विधान परिषद् में भारतीय सदस्यों के प्रवेश के लिए आंदोलन की तैयारी कर रहे हैं। इस विचार का लक्ष्य संकीर्ण है और अपूर्ण भी। हम यह नहीं चाहते हैं कि विद्यमान परिषद् में कुछ स्वतंत्र सदस्यों को प्रवेश मिले। हम तो भारतीय संसद् चाहते हैं।[2]

1.3 1858 की विक्टोरिया की घोषणा के पश्चात् भारतीय परिषद् अधिनियम, 1861 और उसके बाद भारतीय परिषद्

भारतीय परिषद् अधिनियम, 1861।

---

1. पूर्वोत्तर भारत में और अन्य जनजातीय तथा पिछड़े क्षेत्रों में लोगों का धर्म परिवर्तन करने के लिए ईसाई मिशनरियों को जो स्वतंत्रता और सरकारी समर्थन प्राप्त हुआ और भारतीय ईसाइयों, यूरोपवासियों, और आंग्ल-भारतीयों के लिए जो आरक्षण किए गए उनसे प्रकट होता है कि इस आश्वासन को भंग किया गया।

2. नरेश चंद्र सेनगुप्ता (संपा.) *सलेक्शन फ्राम दि राइटिंग्ज आफ हरिश्चंद्र मुखर्जी*, पृ. 214-215। यह देशिकाचार, *रीडिंग्स इन कांस्टिट्यूशनल हिस्ट्री ऑफ इंडिया* आक्सफोर्ड यूनिवर्सिटी प्रेस 1983 में पृ. 301 पर उद्धृत है।

अधिनियम, 1892 पारित किए गए। इन अधिनियमों में सपरिषद् गवर्नर और सपरिषद् गवर्नर जनरल का गठन और उनकी शक्तियां अधिकथित की गईं। अभी तक परिषद् में केवल शासन के प्रतिनिधि होते थे। अब पहली बार इसमें परिवर्तन किया गया। परिषद् में (कम से कम 6 और अधिक से अधिक 12) अतिरिक्त सदस्य सम्मिलित करने की छूट दी गई। इनका कार्यकाल 2 वर्ष रखा गया। यह विहित किया गया कि इनमें से कम से कम आधे अशासकीय होंगे। ये अशासकीय सदस्य जनता द्वारा निर्वाचित नहीं होते थे। इन्हें सरकार अपनी पसंद से चुनती थी।

परिषद् का कार्य विधि और विनियम बनाना था। परिषद् में विधान बनाने का ही प्रस्ताव आ सकता था और कोई नहीं। विधान निर्माण में भी गवर्नर जनरल में अध्यारोही शक्तियां निहित थीं। सभी महत्त्वपूर्ण विधेयकों के लिए उसकी पूर्व मंजूरी की अपेक्षा थी। वह किसी भी विधेयक को वीटो कर सकता था या सम्राट की अनुमति के लिए आरक्षित कर सकता था। वह अध्यादेश द्वारा विधायन कर सकता था।

भारतीय परिषद् अधिनियम, 1892।

1.4 भारतीय परिषद् अधिनियम, 1892 द्वारा अतिरिक्त सदस्यों की संख्या बढ़ा दी गई। अब ये कम से कम 10 और अधिक से अधिक 16 हो सकते थे। विधान परिषदों की शक्तियों में भी वृद्धि की गई। इस अधिनियम के अधीन नए नियम बनाकर सदस्यों को प्रश्न पूछने की अनुमति दी गई (इस पर कुछ निर्बंधन थे अर्थात् कुछ विषयों पर प्रश्न नहीं पूछे जा सकते थे।) सदस्य बजट पर भी विचार विमर्श कर सकते थे।

मार्ले-मिंटो सुधार, 1909।

1.5 1892 के अधिनियम के पश्चात् जो संविधायी अधिनियम बना वह था भारतीय परिषद् अधिनियम, 1909। उस समय भारत के लिए सेक्रेटरी आफ स्टेट थे लार्ड मार्ले और भारत में गवर्नर जनरल थे लार्ड मिंटो। इन दोनों ने जिन सुधारों का प्रस्ताव किया था उन्हें इस अधिनियम द्वारा लागू किया गया था।

परिषद् की सदस्य संख्या बढ़ा दी गई। अशासकीय अतिरिक्त सदस्यों की संख्या बढ़ाकर 24 कर दी गई किंतु बहुमत शासकीय सदस्यों का ही बना रहा। इनके कृत्य भी अधिक हो गए। उन्हें यह अधिकार दिया गया कि बजट पर विभाजन की मांग कर सकें। जो सदस्य प्रश्न पूछता था वह अनुपूरक प्रश्न भी पूछ सकता था।

इस अधिनियम से जो परिवर्तन किया गया उसमें सबसे दुखदायी था पृथक् निर्वाचक मंडल और मुसलमानों के लिए स्थान आरक्षण। इसी बीज का परिणाम हुआ देश का विभाजन।

मुस्लिम लीग की भूमिका।

1.6 1 अक्तूबर 1906 को महामहिम आगा खां के नेतृत्व में मुस्लिम लीग ने गवर्नर जनरल से यह निवेदन किया कि हमें ऐसी स्थिति दी जानी चाहिए,—

> जो न केवल हमारे संख्या बल के बल्कि हमारे राजनीतिक महत्व के अनुरूप हो। हमने आपके साम्राज्य की रक्षा के लिए जो अभिदान किया है उसका मूल्य भी आंका जाए। यह भी देखा जाए कि लगभग सौ वर्ष पूर्व हमारे भारत में क्या स्थिति थी।[3]

गवर्नर जनरल लार्ड मिंटो ने आगा खां को उत्तर देते हुए कहा,—

> मैं आपसे पूर्णतया सहमत हूं...मुस्लिम समाज आश्वस्त रहे कि उनके राजनीतिक अधिकारों की... रक्षा की जाएगी।[4]

यह सुविज्ञात है कि मुस्लिम लीग ने जो अभ्यावेदन किया था वह ब्रिटिश सरकार की इच्छा और इशारे से किया गया नाटक था। इसके दो सूत्रधार थे—आर्चबोल्ड जो अलीगढ़ कालेज के प्रधानाचार्य थे (आगे चलकर यही कालेज, अलीगढ़ मुस्लिम विश्वविद्यालय बना) और कर्नल डनलप

---

3. *स्पीचेस बाय दि अर्ल आफ मिंटो, वाइसराय एंड गवर्नर जनरल आफ इंडिया,* कोलकाता, 1911, पृ. 60-69।
4. *वही,* पृ. 69-70।

स्मिथ जो वाइसराय के निजी सचिव थे,[5] मुस्लिम लीग राजनीतिक संगठन नहीं था। इसके सदस्य कुल छह व्यक्ति थे। इनमें प्रमुख थे आगा खां, मुर्शिदाबाद के नवाब और महमूदाबाद के राजा। लार्ड मिन्टो ने जो आश्वासन दिया था उसके परिणामस्वरूप लीग की स्थापना हुई लीग का पहला अधिवेशन दिसंबर 1906 में हुआ। लेडी मिन्टो ने यह लिखा है कि लार्ड मिन्टो ने 6.2 करोड़ मुसलमानों को राज के विरोधी समूह में सम्मिलित होने से खींचकर अलग कर दिया।

सर सैयद अहमद खां ने सन् 1887 में ही विभाजन के बीज बो दिए थे। सर सैयद अहमद ने मोहम्मडन एंग्लो ओरिएंटल कालेज की अलीगढ़ में स्थापना की थी। सर सैयद अहमद ने यह सिद्धांत प्रतिपादित किया कि मुसलमान एक राष्ट्र हैं। उन्होंने मुसलमानों से आग्रह किया कि वे कांग्रेस में सम्मिलित न हों। यह उनके दो भाषणों में है। एक जो 28-12-1887 को लखनऊ में दिया गया था और दूसरा जो 16-3-1888 को मेरठ में।[6] उच्च वर्ग के मुसलमानों को (जो अशरफ कहलाते थे) प्रोत्साहित करके अंग्रेजों ने उनमें सांप्रदायिकता और अलगाव की प्रवृत्तियों को बढ़ावा दिया जिससे वे मुख्यधारा से दूर होते गए।[7] (आगे **पैरा 1.76** देखिए)

भारतीय परिषद् अधिनियम, 1909।

1.7 1909 के अधिनियम द्वारा जो परिवर्तन किए गए थे वे संक्षेप में इस प्रकार हैं,—

1. उससे केंद्रीय और प्रांतीय परिषदों की सदस्य-संख्या में वृद्धि हुई।

2. मुसलमानों को मद्रास, मुंबई, यू.पी., बंगाल और असम प्रांतों में पृथक निर्वाचक मंडल और प्रतिनिधित्व दिया गया।

3. अब विधान परिषद् में तीन प्रकार के सदस्य थे। (क) वे सदस्य जो वाइसराय या गवर्नर की कार्यकारिणी परिषद् के सदस्य थे—शासकीय सदस्य (ख) नामनिर्दिष्ट अशासकीय सदस्य (ग) जनता द्वारा निर्वाचित प्रतिनिधि।

4. इसमें निर्वाचन के सिद्धांत को मान्यता दी गई।

5. निर्वाचन प्रादेशिक निर्वाचन क्षेत्रों से नहीं होना था। प्रतिनिधित्व वर्गों या हितों का था या निगमित निकायों या संगमों का था सभी निर्वाचन अप्रत्यक्ष थे।

6. परिषद् के कृत्य बढ़ा दिए गए। सदस्यों को बहस करने और अनुपूरक प्रश्न पूछने का अधिकार दिया गया।

7. कुछ विषयों पर बहस नहीं की जा सकती थी। जैसे विदेशों से संबंध, देशी राजाओं से संबंध, ऐसे विषय जो न्यायालय के विचाराधीन हों, आदि।

मार्ले के मस्तिष्क में यह बात स्पष्ट थी कि 1909 के अधिनियम का ध्येय संसदीय लोकतंत्र को स्थापित करना नहीं था। मार्ले ने यह कह कर अपनी बात स्पष्ट कर दी,—

> ... यदि यह कहा जाए कि सुधार के इस अध्याय से सीधे-सीधे या आवश्यक रूप से आगे चलकर भारत में संसदीय प्रणाली की स्थापना होगी तो मेरा उससे कुछ लेना-देना नहीं है ... यदि मेरा

---

5. और ब्यौरे के लिए देखिए, के.आर. बंबवाल, *इंडियन पालिटिक्स एंड गवर्नमेंट,* पृ. 106 साथ ही दुर्गादासः *कर्जन टु नेहरू एंड आफ्टर,* पृ. 50।

6. इसके प्रति डा. अंबेडकर ने निर्देश किया है। देखिए डा. बी.आर. अंबेडकर *पाकिस्तान आर पार्टिशन आफ इंडिया,* महाराष्ट्र सरकार द्वारा प्रकाशित (1990) पृ. 250। साथ ही देखिए *मुस्लिम इंडिया,* मोहम्मद नोमान (1942) किताबिस्तान, इलाहाबाद।

7. 24.1.1888 को सर सैयद अहमद ने कांग्रेस के अध्यक्ष बदरूद्दीन तैयबजी को एक पत्र में लिखाः

"मुझे यह नहीं पता कि राष्ट्रीय कांग्रेस पद का क्या अर्थ है। क्या यह उपधारणा है कि विभिन्न जाति और मत के जो लोग भारत में निवास कर रहे हैं वे एक राष्ट्र हैं या एक राष्ट्र बन सकते हैं ... मैं समझता हूं कि यह सर्वथा असंभव है ... मैं हर रूप और आकार की उस प्रत्येक कांग्रेस का विरोध करता हूं जो भारत को एक राष्ट्र मानते हैं।"

देशिकाचार की पूर्वोक्त पुस्तक से उद्धृत पृ. 310।

> शासकीय जीवन या दैहिक जीवन जितना लंबा उसके होने की संभावना है उससे बीस गुना अधिक भी हो जाए तो भी मैं भारत के लिये संसदीय प्रणाली के ध्येय की प्राप्ति की आकांक्षा नहीं करूंगा।[8]

गोपालकृष्ण गोखले जैसे नरम नेता ने भी 1909 के अधिनियम के प्रति अपनी प्रतिक्रिया इस प्रकार व्यक्त की,—

> इसमें कोई संदेह नहीं कि मुस्लिम समाज को छोड़कर समस्त देश में इन विनियमों से गहरा असंतोष जन्मा है।[9]

पृथकता का बीजारोपण।

1.8 1909 के अधिनियिम द्वारा ब्रिटिश सरकार ने मुसलमानों के लिए पृथक् निर्वाचक मंडल बनाए। इसका उद्देश्य उन्हें कांग्रेस के विरुद्ध पासंग बनाना था। यह उपबंध विभेदकारी था। मुस्लिम मतदाता पृथक् निर्वाचक मंडल के माध्यम से अपने प्रतिनिधि प्रत्यक्ष निर्वाचन द्वारा प्रांतीय और केंद्रीय विधान-मंडलों के लिये चुन सकते थे। किंतु साधारण मतदाता अपने प्रतिनिधि अप्रत्यक्ष रूप से ही चुन सकते थे। *दूसरे*, मुसलमानों के लिये पृथक् निर्वाचक मंडल से उनमें अलगाव की भावना उत्पन्न हुई जिससे आगे चलकर जातीय आधार पर देश का विभाजन हो गया। *तीसरे*, मुसलमानों के लिये पृथक् निर्वाचक मंडल बनने से अन्य अल्पसंख्यकों को भी इसी प्रकार की मांग प्रस्तुत करने के लिए प्रोत्साहन मिला। अन्य अल्पसंख्यक थे सिक्ख, भारतीय ईसाई, यूरोपीय, आंग्ल भारतीय और अस्पृश्य। इससे देश की एकता को खतरा उत्पन्न हो गया। भारत शासन अधिनियम, 1919 में सिक्खों के लिये विशेष निर्वाचक मंडल बने। अस्पृश्य समाज, भारतीय ईसाई, यूरोपीय और आंग्ल भारतीयों को अपने प्रतिनिधि निर्वाचित करने का अधिकार भारत शासन अधिनियम, 1935 में प्रदान किया गया।

भारतीय राष्ट्रवाद का उदय।

1.9 इसी बीच महान राष्ट्रवादी नेता लोकमान्य बाल गंगाधर तिलक ने 1893 में यह घोषित कर दिया था कि *स्वराज्य हमारा जन्म सिद्ध अधिकार है और हम उसे लेकर रहेंगे।* क्रांतिकारियों ने बहुत से संगठन बना लिए थे और वे भारत के बहुत बड़े भूभाग में सक्रिय थे। 1909 में मदनलाल धींगरा ने सर कर्जन वायली की लंदन में हत्या कर दी। कर्जन वायली लार्ड मार्ले का अंगरक्षक था। श्री अरविंद घोष और अन्य अनेक लोग स्वाधीनता आंदोलन में सक्रिय भाग ले रहे थे। सामाजिक और धार्मिक सुधार आंदोलनों से भी राष्ट्रवाद की अभिवृद्धि हुई। उत्तर भारत में अर्थात् पंजाब, उत्तर प्रदेश और राजस्थान के कुछ भागों में इस आंदोलन को स्वामी दयानंद द्वारा स्थापित आर्य समाज ने आगे बढ़ाया। 1883 में स्वामी दयानंद की मृत्यु के पश्चात् इस आंदोलन को लाला हंसराज, पंडित गुरुदत्त, लाला लाजपत राय और स्वामी श्रद्धानंद ने दिशा और गति प्रदान की।

1875 में न्यूयार्क में थियोसोफिकल सोसाइटी की स्थापना हुई। यह सोसाइटी ऐनी बेसेंट के भारत आने के पश्चात् 1893 से लोकप्रिय हुई। बेसेंट ने भारत को अपनी मातृभूमि के रूप में स्वीकार किया। उन्होंने होमरूल आंदोलन चलाया और कांग्रेस के 1917 के अधिवेशन की अध्यक्षता की। स्वामी विवेकानंद ने 1893 में समस्त विश्व को प्रभावित किया। देशवासियों ने उन्हें बाद में देशभक्त संत माना। उन्होंने 1897 में रामकृष्ण मिशन की स्थापना की। यद्यपि स्वामीजी राजनीति से अलग रहे किंतु वे सभी देशभक्तों और स्वतंत्रता सेनानियों के प्रेरणा स्रोत थे।

राष्ट्रवादी।

1.10 19वीं शताब्दी की समाप्ति के वर्षों में यह देखने में आया कि राष्ट्रवादियों का एक वर्ग कांग्रेस की आलोचना करने लगा। इस समय कांग्रेस का नेतृत्व नरम नेताओं के हाथ में था। राष्ट्रवादियों की (जिन्हें

---

8. *डिबेट्स आन इंडियन अफेयर्सः हाउस आफ लाड्‌र्स* (1909), पृ. 16-18। लार्ड मार्ले सेक्रेटरी आफ स्टेट फार इंडिया थे। यह उद्धृत है—देशिकाचार, *रीडिंग्स इन द कांस्टिट्यूशनल हिस्ट्री आफ इंडिया,* आक्सफोर्ड यूनिवर्सिटी प्रेस, 1983, पृ. 428-430।

9. सर विलियम वेडरबर्न को तारीख 3 दिसंबर 1909 को लिखा गया पत्र। देशिकाचार की पूर्वोक्त पुस्तक से उद्धृत।

अंग्रेज अतिवादी कहते थे) अंग्रेजों से प्रार्थना करने और उनके समक्ष आवेदन करने में कोई आस्था नहीं थी वे स्वाधीनता, स्वशासन और ब्रिटिश राज का खुला विरोध करने के पक्षधर थे। श्री अरविंद घोष और लोकमान्य तिलक ने इस आंदोलन को विचारभूमि प्रदान की। इनके प्रेरणा के स्रोत वेद, उपनिषद् और गीता थे।

सूरत में 1907 में जो अधिवेशन हुआ उसमें दोनों दलों के बीच मारपीट हुई और अधिवेशन अनिश्चित काल के लिये निलंबित कर दिया गया। इससे अंग्रेज प्रसन्न हुये। लार्ड मिंटो ने इसे अपनी महान विजय बताया।

1.11 **क्रांतिकारी।** 1917 में लाला हरदयाल ने संयुक्त राज्य अमरीका में और कनाडा में क्रांतिकारी आंदोलन का श्रीगणेश किया। रासबिहारी बोस, शचींद्रनाथ सान्याल, विष्णु गणेश पिंगले, बागी करतार सिंह और भाई परमानंद ने सशस्त्र विद्रोह की योजना बनाई। इसके लिये 21 फरवरी 1915 का दिन निश्चित किया गया किंतु एक व्यक्ति के देशद्रोह से योजना प्रगट हो गई। राजा महेंद्रप्रताप, वी.एन. चट्टोपाध्याय, भूपेंद्र और बरकतउल्लाह ने भी सशस्त्र विद्रोह का प्रयत्न किया। राजा महेंद्रप्रताप ने काबुल में संक्रमणकालीन सरकार की स्थापना की। बंगाल में बाघा जतिन ने विद्रोहियों का नेतृत्व किया। विनायक दामोदर सावरकर ने इंग्लैंड और यूरोप में क्रांतिकारी गुट निर्मित किए।

चंद्रशेखर आजाद, रामप्रसाद बिस्मिल, योगेशचंद्र चटर्जी, भगत सिंह आदि ने हिंदुस्तान रिपब्लिकन ऐसोसिएशन बनाई। इसने बहुत सी क्रांतिकारी गतिविधियों में भाग लिया और उसके सदस्यों में से अधिकांश ने स्वतंत्रता के लिये अपने प्राणों की आहुति दी। स्वतंत्रता की मांग को दबाने के लिये सरकार ने बहुत से दमनकारी उपाय किए।

भारतीय प्रेस अधिनियम, 1910, भारतीय प्रेस अधिनियम, 1913 और भारत रक्षा अधिनियम, 1913 का उद्देश्य स्वतंत्रता आंदोलन का दमन करना था। भारत शासन अधिनियम, 1915 पारित करके पूर्ववर्ती अधिनियमों को समेकित किया गया।

1.12 **प्रथम विश्वयुद्ध और नीति में परिवर्तन।** 1914 में प्रथम विश्वयुद्ध प्रारंभ हुआ। युद्ध के लिए ब्रिटेन को भारत से जन और धन दोनों प्रकार का सहयोग चाहिए था। इससे विवश होकर उन्होंने नीति में परिवर्तन की घोषणा की। कांग्रेस पर इस समय गरम दल का नियंत्रण था। श्रीमती ऐनी बेसेंट और अन्य व्यक्तियों ने होमरूल आंदोलन आरंभ कर दिया था। जनता की मांग के प्रत्युत्तर में ब्रिटिश सरकार ने 20 अगस्त 1917 को एक घोषणा की। यह घोषणा ई.एस. मोंटेग्यू ने हाउस आफ कामन्स में की। मोंटेग्यू उस समय सेक्रेटरी आफ स्टेट फार इंडिया थे। घोषणा में कहा गया,—

> ब्रिटिश सरकार की यह नीति है, और भारत सरकार इससे पूर्णतया सहमत है, कि भारतीयों को प्रशासन की प्रत्येक शाखा में उत्तरोतर संयुक्त किया जाएगा और धीरे धीरे स्वशासी संस्थाओं का विकास किया जाएगा जिससे भारत में उत्तरदायी सरकार की स्थापना हो। यह सरकार ब्रिटिश साम्राज्य का अभिन्न अंग होगी।[10]

मोंटेग्यू की यह घोषणा मार्ले-मिंटो की नीति के स्पष्टतया विरुद्ध थी क्योंकि इससे पहले ब्रिटिश साम्राज्य के भीतर स्वशासन की मांग स्वीकार नहीं की गई थी।

1.13 **लखनऊ समझौता।** 1916 में कांग्रेस और मुस्लिम लीग ने लखनऊ में अपने अधिवेशन एक ही समय में किए। दोनों ने एक समझौता किया जिसे *लखनऊ समझौता* कहते हैं।

इसके द्वारा मुसलमानों के लिए केवल मुसलमानों के निर्वाचक मंडल के माध्यम से प्रतिनिधित्व का उपबंध किया गया। आरक्षण का अनुपात निम्नलिखित था:

---

10. देशिकाचार की पूर्वोक्त पुस्तक में उद्धृत, पृ. 457।

पंजाब	50%	सी.पी. (अब मध्य प्रदेश)	15%
यू.पी.	30%	मद्रास	15%
बंगाल	40%	मुंबई	$33^1/_3$%
बिहार	25%		

सम्राट् की विधान परिषद् में मुसलमानों के लिए 1/3 स्थान आरक्षित किए गए। इनका निर्वाचन मुस्लिम निर्वाचक मंडल द्वारा होगा।

मोंटेग्यू-चेम्सफोर्ड प्रतिवेदन 1918 या मोंटफोर्ड सुधार 1918।

1.14 सुधार की स्कीम तैयार करने के लिए मोंटेग्यू 1917 में भारत आए। उन्होंने भारतीय नेताओं से भेंट की और उनकी आकांक्षाओं को समझने का प्रयास किया। गवर्नर जनरल लार्ड चेम्सफोर्ड से परामर्श करके उन्होंने सांविधानिक सुधारों पर एक रिपोर्ट दी जिसे मोंटफोर्ड सुधार के नाम से जाना जाता है। यह जुलाई 1918 में प्रकाशित हुई और भारत शासन अधिनियम, 1919 का आधार बनी। कांग्रेस इस समय उग्र दल (गरम दल भी कहा जाता था) के नियंत्रण में थी। उग्र दल को मोंटेग्यू चेम्सफोर्ड रिपोर्ट पसंद नहीं आई। ऐनी बेसेंट ने कहा कि **इसका इंग्लैंड द्वारा प्रस्तावित किया जाना और भारत द्वारा स्वीकार किया जाना दोनों ही अशोभनीय हैं।** अगस्त 1917 में मुंबई में कांग्रेस के एक विशेष अधिवेशन में यह घोषणा की गई कि मोंटेग्यू चेम्सफोर्ड रिपोर्ट अपर्याप्त, असंतोषजनक और निराशाकारी है।

1.15 1919 के अधिनियम के मुख्य उपबंध इस प्रकार थे,—

भारत शासन अधिनियम, 1919।

1. **द्वैध शासन**—इस अधिनियम का उद्देश्य प्रांतों में उत्तरदायी शासन प्रारंभ करना नहीं था यद्यपि सदैव यह दिखावा किया जाता था कि धीरे धीरे उत्तरदायी सरकार प्रारंभ की जाएगी।

अंग्रेजों ने एक नई प्रणाली का आविष्कार किया जिसे आगे चलकर द्वैध शासन नाम दिया गया। प्रशासन के विषयों को दो सूचियों में विभाजित किया गया—केंद्रीय और प्रांतीय। प्रांतीय सूची में आगे और दो भाग किये गये—आरक्षित विषय और अंतरित विषय। आरक्षित विषय अधिक महत्व के थे। उदाहरणार्थः पुलिस, न्याय प्रशासन, भू राजस्व, प्रशासन आदि। यह सब गवर्नर के नियंत्रण में थे जो उन्हें कार्यकारिणी परिषद् के नामनिर्दिष्ट सदस्यों में वितरित करता था। अंतरित विषय कम महत्व वाले थे और उनमें स्थानीय जानकारी की अपेक्षा थी जैसे सड़क, भवन, स्थानीय स्वशासन, स्वच्छता, स्वास्थ्य आदि। ये विषय उन मंत्रियों में वितरित किये जा सकते थे जिन्हें गवर्नर निर्वाचित सदस्यों में से नियुक्त किया करता था। सपरिषद् गवर्नर आरक्षित विषयों का प्रशासन करता था और पार्लमेंट के प्रति उत्तरदायी था। संसद् में एक भी भारतीय नहीं था। वह पूर्णतया अभारतीय थी।

गवर्नर, मंत्रियों और कार्यकारी परिषदों का अध्यारोहण कर सकता था अर्थात् उनके निर्णय उलट सकता था। प्रांतीय विधान-मंडल द्वारा बनाई गई प्रत्येक विधि गवर्नर और गवर्नर जनरल दोनों की अनुमति पाकर ही विधिमान्य होती थी।

प्रांतीय विधान परिषदों में निर्वाचित सदस्यों का अनुपात बढ़ाकर 70 प्रतिशत कर दिया गया।

2. **एकल संरचना**—प्रांतों को जो शक्तियां प्रदान की गई थीं वह परिसंघ प्रणाली जैसा वितरण नहीं था। परिसंघ प्रणाली में केंद्र, राज्य के या प्रांतीय विषयों में अतिक्रमण नहीं कर सकता है। केंद्रीय विधान-मंडल को सभी विषयों पर विधान बनाने की शक्ति थी चाहे वह विषय केंद्रीय हो या प्रांतीय। गवर्नर जनरल को यह विनिश्चित करने की शक्ति थी कि कोई विषय केंद्रीय सूची में आता है या राज्य सूची में। परिसंघ में यह काम न्यायालय करता है।

3. **केंद्र में उत्तरदायी सरकार का न होना**—केंद्रीय शासन, सपरिषद् गवर्नर जनरल के अधीन था। गवर्नर जनरल, सेक्रेटरी आफ स्टेट के माध्यम से लंदन स्थित पार्लमेंट के प्रति उत्तरदायी था। केंद्रीय विधान-मंडल में राज्य परिषद् थी जिसमें 60 सदस्य थे। इनमें से 34 निर्वाचित

होते थे। दूसरा सदन विधान सभा थी जिसमें 144 सदस्य थे। इनमें से 104 निर्वाचित होते थे 40 नामनिर्दिष्ट। इन नामनिर्दिष्ट सदस्यों में से 26 पदधारी थे। एक ध्यान देने योग्य बात यह है कि दोनों सदनों की शक्तियां एक समान थीं। वित्त विधेयक के बारे में भी दोनों को समान शक्तियां थीं किंतु प्रदाय करने की शक्ति केवल विधान सभा को थी।

4. **पृथक् निर्वाचक मंडल** — इस अधिनियम में मुसलमानों के लिए पृथक् निर्वाचक मंडल पहले जैसे बने रहे। कुछ और वर्गों के लिए पृथक् निर्वाचक मंडल बनाए गए जैसे पंजाब में सिक्खों के लिए, भारतीय ईसाइयों के लिए, आंग्ल-भारतीयों के लिए, यूरोपीय लोगों के लिए, मद्रास प्रेसिडेंसी में अब्राह्मणों के लिए और मुंबई में मराठा लोगों के लिए। इसे इस आधार पर उचित ठहराया गया कि मुस्लिम लीग के साथ 1916 में हुए लखनऊ समझौते में कांग्रेस ने भी पृथक् निर्वाचक मंडल स्वीकार किए थे।

मोंटफोर्ड सुधार की असफलता।

1.16 1919 के अधिनियम द्वारा जो सुधार किए गए थे वे भारतवासियों की आशाओं को पूरा करने में असफल रहे। इस असफलता के दो कारण रहे: (1) अधिनियम में अंतर्निहित दोष और (2) बाह्य परिस्थितियां।

सबसे प्रमुख आंतरिक दोष था द्वैध प्रणाली। इससे बहुत असंतोष और कलह उत्पन्न हुआ। राज्यपाल को अध्यारोही वित्तीय शक्तियां प्राप्त थीं। मंत्रियों को अपने विभागों पर पूरी शक्तियां प्राप्त नहीं थीं। उनके विभागों के लिए कितना धन आबंटित किया जाए इसका निर्णय दूसरे लोग करते थे। प्रत्येक मंत्री की नियुक्ति अलग-अलग होती। वे गवर्नर के सलाहकार होते थे। मंत्रियों के सामूहिक उत्तरदायित्व के लिए कोई स्थान नहीं था। मंत्री का उत्तरदायित्व वास्तविकता न होकर कपोल कल्पना थी। कुछ प्रांतों में शासकीय और अशासकीय खंडों के बीच विचार विमर्श की कोई प्रणाली नहीं थी। प्रशासन के विषयों को आरक्षित और अंतरित में विभाजित किया गया था किंतु उनके बीच इतना निकट का अंतःसंबंध था कि व्यवहार में सरकार के दो विभागों के बीच भेद करना कठिन था। यह विभाजन अव्यावहारिक और दोषपूर्ण था। उदाहरण के लिए, कृषि अंतरित विषय था जबकि सिंचाई आरक्षित। कभी कभी यह तय करना कठिन हो जाता था कि कोई विषय किस वर्ग में आता है।

इंडियन सिविल सर्विस के सदस्य स्थायी नौकरशाही के अंग थे। सेक्रेटरी आफ स्टेट उन्हें नियुक्त करता था और वे उसी के नियंत्रण में रहते थे। वे उसी के प्रति उत्तरदायी थे। मंत्रियों के प्रति नहीं।

गवर्नर की शक्तियां इतनी व्यापक थीं कि वह अंतरित विषयों के बारे में भी हस्तक्षेप कर सकता था। गवर्नर को यह अधिकार था कि वह मंत्रियों द्वारा दी गई सलाह की अनदेखी करे। परिषद् द्वारा अस्वीकार किए गए अनुदान को भी वह प्रमाणित कर सकता था। यदि आरक्षित विषय के बारे में किसी विधेयक को परिषद् ने नामंजूर कर दिया हो तो भी वह उसे लागू कर सकता था।

द्वैध प्रणाली का आशय एक सुनिश्चित सीमा के भीतर निर्वाचित विधान-मंडल के प्रति उत्तरदायित्व स्थापित करना था। इस आशय को पूरा नहीं किया जा सका। जो सांविधानिक विभाजन किए गए और शक्तियों और तथ्यों का वितरण जिस जटिल ढंग से किया गया उससे इन उद्देश्यों की पूर्ति नहीं हो पाई।

इस अधिनियम के अधीन जो मताधिकार दिया गया था वह सीमित था और ऐसी अर्हताएं लगाई गई थीं कि 1920 में 24 करोड़ की कुल जनसंख्या में से केवल 17,364 को विधान परिषद् के लिए और 9,09,874 को विधान सभा के लिए मत देने का अधिकार था।

कांग्रेस ने पहले तो स्वागत किया बाद में नामंजूर कर दिया।

1.17 महात्मा गांधी और कांग्रेस ने 1919 के अधिनियम का स्वागत किया। 1 जनवरी 1920 को अमृतसर में हुए कांग्रेस के अधिवेशन में अपने भाषण में गांधीजी ने इस बात पर बल

दिया कि **कांग्रेस को सम्राट के आगे बढ़े हाथ को अपने हाथ में लेना चाहिए और सुधारों का अधिकतम लाभ उठाना चाहिए।**[11]

गांधीजी की प्रेरणा से कांग्रेस ने एक संकल्प पारित करके ई.एस. मोंटेग्यू को इस बात के लिए धन्यवाद दिया कि इन सुधारों के लिए उन्होंने बहुत परिश्रम किया। किंतु आठ मास पश्चात् 8 सितंबर 1920 को कोलकाता के अधिवेशन में गांधीजी ने कहा,—

> ... अब मैं अंतिम बिंदु पर आता हूं: परिषदों का बहिष्कार। मुझे अभी तक एक भी ऐसा तर्क सुनने में नहीं आया है जो परिषद् में प्रवेश के पक्ष में हो। ....[12]

कांग्रेस ने उनके विचारों का अनुमोदन किया और एक संकल्प पारित करके **गांधी जी द्वारा प्रारंभ किये गये प्रगामी, अहिंसक असहयोग की नीति अंगीकार की गई।**

उदारवादी और निर्वाचन।

1.18 1919 में कांग्रेस का एक भाग अलग हो गया। इसके नेता थे सुरेंद्रनाथ बनर्जी, तेजबहादुर सप्रू, और वी.एस. श्रीनिवास शास्त्री। इन्होंने अलग होकर नेशनल लिबरेशन फेडरेशन का गठन किया। 1920 में केंद्रीय और प्रांतीय विधान सभाओं के लिए निर्वाचन हुए। कांग्रेस ने और खिलाफत कमेटी ने निर्वाचन का बहिष्कार किया। उदारवादियों ने निर्वाचन में भाग लिया। बनर्जी, सच्चिदानंद सिन्हा और सी.वाइ. चिंतामणि मंत्री बन गए।

साइमन आयोग या सांविधानिक आयोग।

1.19 कांग्रेस ने यह तय किया कि वह विधान सभाओं में प्रवेश नहीं करेगी। चितरंजन दास और कुछ अन्य प्रवेश के पक्ष में थे। उन्होंने 1922 में कांग्रेस के भीतर स्वराज्य पार्टी बनाई। एक वर्ष बाद 1923 में कांग्रेस ने सभाओं में प्रवेश की अनुमति दे दी। स्वराज्य पार्टी का उद्देश्य था (क) डोमिनियन की प्रास्थिति प्राप्त करना (ख) संविधान बनाने का अधिकार लेना। दूसरी ओर स्वराज्य पार्टी ने परिषद् में प्रवेश का संकल्प लिया और यह तय किया कि इस प्रकार का वातावरण बनाया जाए जिससे नौकरशाही द्वारा शासन चलाना असंभव हो जाए। स्वराज्य पार्टी के प्रमुख नेता थे पंडित मदनमोहन मालवीय, मोतीलाल नेहरू, चितरंजन दास और लाला लाजपत राय। इस प्रकार के राजनीतिक वातावरण में साइमन आयोग की नियुक्ति हुई। वैसे आयोग का उद्गम 1919 के अधिनियम से माना जाता है। इस अधिनियम में यह उपबंध था कि अधिनियम के पारित होने के 10 वर्ष पश्चात् एक सांविधानिक आयोग नियुक्त किया जाएगा जो नए संविधान के अधीन भारत की दशा की जांच करेगा और उस पर अपना प्रतिवेदन देगा। तदनुसार प्रधान मंत्री बाल्डविन ने 8 नवंबर 1927 को (निश्चित अवधि से 2 वर्ष पूर्व) सर जान साइमन की अध्यक्षता में एक सांविधानिक आयोग की नियुक्ति की घोषणा की। आयोग में अध्यक्ष को मिलाकर 7 सदस्य थे और वे सभी ब्रिटिश थे। इसकी तुरंत प्रतिक्रिया हुई। भारतीयों को इस बात से चोट पहुंची कि आयोग में सभी **गोरे** लोग थे। भारत में सभी लोगों ने इसका बहिष्कार किया।

साइमन आयोग का विरोध।

1.20 16 नवम्बर 1927 को अखिल भारतीय नेताओं के घोषणा पत्र में यह कहा गया,—

> जब तक ऐसा आयोग नहीं बनाया गया जिसमें ब्रिटिश और भारतीय राजनेता एक साथ बैठकर बराबरी की शर्तों पर काम करें तब तक हम न तो आयोग से सहयोग कर सकते हैं और न उसके काम में भागीदार हो सकते हैं। ...[13]

तेज बहादुर सप्रू, जैसे उदार व्यक्ति ने विवश होकर यह कहा,—

> मेरे विचार में भारतीय राष्ट्रवाद को कभी इतनी कठिन चुनौती नहीं दी गई।[14]

---

11. देशिकाचार की पूर्वोक्त पुस्तक से उद्धृत, पृ. 486।
12. *वही,* पृ. 487।
13. देशिकाचार की पूर्वोक्त पुस्तक से उद्धृत, पृ. 535।
14. *वही,* पृ. 535।

साइमन आयोग जहां जहां गया वहां वहां उसे विरोधी प्रदर्शनकारियों द्वारा काले झंडे दिखाए गए और वापस लौट जाने के लिये कहा गया। ऐसे ही एक प्रदर्शन पर किए गए लाठीचार्ज में महान नेता लाला लाजपत राय को चोट पहुंची और अंततोगत्वा उनकी मृत्यु हो गई।

मद्रास की जस्टिस पार्टी और शफी के नेतृत्व वाले मुस्लिम लीग के एक गुट ने साइमन कमीशन का स्वागत किया।

सर्वदलीय समिति या नेहरू समिति का प्रतिवेदन।

1.21 जिन राजनीतिक दलों ने साइमन आयोग का बहिष्कार किया था उन्हीं ने भारत के लिए संविधान का प्रारूप तैयार करने के लिए एक समिति गठित की। इसके अध्यक्ष मोतीलाल नेहरू थे।[15]

इसका प्रतिवेदन 10 अगस्त 1928 को प्रकाशित हुआ।

नेहरू समिति ने निम्नलिखित सिफारिशें कीं,—

1. भारत के साथ वैसा ही व्यवहार किया जाए जैसा अन्य उपनिवेशों के साथ होता है।
2. भारतीयों को मूल अधिकार दिए जाने चाहिए।
3. संसद् में दो सदन हों: निचला सदन, वयस्क मताधिकार द्वारा निर्वाचित हो। गवर्नर जनरल कार्यकारी परिषद् की सलाह पर कार्य करे। कार्यकारी परिषद् सामूहिक रूप से संसद् के प्रति उत्तरदायी हो। इसी प्रकार के उपबंध प्रांतों में लागू किए जाएं।
4. निर्वाचक मंडल संयुक्त और मिश्रित हों। केंद्र में मुसलमानों के लिए स्थान आरक्षित हों। जिन प्रांतों में मुस्लिम अल्पसंख्यक हैं वहां भी उनके लिए आरक्षण हो।
5. सिंध को अलग करके मुस्लिम बहुल प्रांत बनाया जाए।
6. पश्चिमोत्तर सीमा प्रांत को, प्रांत का दर्जा दिया जाए।
7. स्थानों का आरक्षण 10 वर्ष के लिए हो।
8. जहां आरक्षण किया गया है वहां भी मुस्लिम या गैर मुस्लिम अतिरिक्त स्थानों पर चुनाव लड़ सकेंगे।

सर्वदलीय समिति के सम्मेलन में इस रिपोर्ट को अंगीकार नहीं किया जा सका।

कांग्रेस ने 1928 के वार्षिक अधिवेशन में नेहरू समिति के प्रतिवेदन पर विचार किया। किंतु इसे स्वीकार नहीं किया क्योंकि इसमें औपनिवेशिक स्थिति की मांग थी। मुस्लिम लीग ने उसे नामंजूर कर दिया। इसके मुख्यतः दो कारण दिए (क) शक्तिशाली केंद्रीय सरकार और (ख) संयुक्त निर्वाचक मंडल।

मुस्लिम लीग चाहती थी कि परिसंघ कमजोर रहे जिससे पांच प्रांतों पर मुसलमानों का पूरा नियंत्रण रहे, यह पांच प्रांत थे पश्चिमोत्तर सीमा प्रांत, बलूचिस्तान, सिंध, बंगाल और पंजाब।

साइमन आयोग का प्रतिवेदन।

1.22 साइमन आयोग की रिपोर्ट मई 1930 में प्रकाशित हुई। उसमें प्रांतों में प्रतिनिधि सरकार की सिफारिश थी किंतु केंद्र में प्रतिनिधि सरकार की स्थापना को अनिश्चित काल के लिए स्थगित रखा गया। रिपोर्ट में ब्रिटिश भारत और देशी रियासतों का परिसंघ बनाने का प्रयास था। मुसलमानों के लिए पृथक् निर्वाचक मंडल पहले जैसे चलने थे। दलित वर्गों के लिए संयुक्त निर्वाचक मंडलों में स्थान आरक्षित किए गए। प्रांतीय विधान-मंडलों के लिए मताधिकार को व्यापक बनाया जाना था। द्वैध शासन प्रणाली समाप्त की जानी थी।

खिलाफत और असहयोग।

1.23 यह स्मरण रखने योग्य है कि 1920 में कांग्रेस ने असहयोग आंदोलन प्रारंभ किया था जिसमें खिलाफत आंदोलन सम्मिलित था। प्रथम विश्व युद्ध में तुर्की ने ब्रिटेन के विरुद्ध जर्मनी का साथ दिया था। प्रथम

---

15. अन्य सदस्य थे सर तेज बहादुर सप्रू, सर अली इमाम, सरदार मंगल सिंह, शुएब कुरैशी, जी.आर. प्रधान और सुभाषचंद्र बोस।

विश्वयुद्ध के पश्चात् ब्रिटेन ने तुर्की साम्राज्य को खंड खंड कर दिया। तुर्की का शासक स्वयं को खलीफा घोषित करता था। खलीफा का अर्थ है मुसलमानों का धार्मिक नेता। ब्रिटेन ने खलीफा की उपाधि समाप्त कर दी। इससे भारत के मुसलमानों को बहुत दुख पहुंचा। किसी अन्य देश के मुसलमानों ने इसके प्रति कोई प्रतिक्रिया नहीं की।

कुछ मुसलमान नेताओं ने जिनमें मौलाना आजाद, मुहम्मद अली, शौकत अली, हसरत मोहानी और हकीम अजमल खां थे एक खिलाफत समिति बनाई। इस समिति का उद्देश्य तुर्की के सुल्तान के पक्ष में आंदोलन करना था। इसका उद्देश्य भारत की स्वतंत्रता नहीं थी। गांधी जी ने खिलाफत समिति के ध्येय का समर्थन किया और इसके बदले में समिति ने असहयोग आंदोलन को स्वीकृति प्रदान की। 1922 में तुर्की में क्रांति हुई, मुस्तफा कमाल पाशा के नेतृत्व में एक पंथनिरपेक्ष सरकार बनी। कमाल पाशा ने 1924 में खिलाफत की संकल्पना को स्पष्ट रूप से तिलांजलि दे दी। फरवरी 1922 में एक हिंसक भीड़ ने गोरखपुर जिले में चौरी चौरा नाम के गांव में पुलिस थाने पर हमला कर दिया। गांधी जी ने इसकी प्रतिक्रियास्वरूप आंदोलन को तुरंत वापस ले लिया। इस पर जवाहरलाल नेहरू की प्रतिक्रिया थी,—

> जब हमें यह ज्ञात हुआ कि आंदोलन को ऐसे समय रोक दिया गया जब हमारी स्थिति मजबूत होती दिखाई पड़ रही थी तब हम सबको क्रोध आया। हमारी आशाएं जो ऊपर उठ रही थीं नीचे लुढ़क गईं। ... एक दूर स्थित गांव में उत्तेजित किसानों की भीड़ ने ... हमारी स्वतंत्रता के राष्ट्रीय संघर्ष को समाप्त कर दिया।[16]

आंदोलन पूर्णतया असफल रहा। आंदोलन के दो उद्देश्य थे स्वराज्य की प्राप्ति और खिलाफत की पुनः स्थापना। इनमें से कोई भी पूरा नहीं हुआ।

खिलाफत के दुष्परिणाम।

1.24 किंतु इसका एक दूरगामी परिणाम हुआ। मुहम्मद इकबाल ने जो उर्दू के प्रमुख कवि और पाकिस्तान के सैद्धांतिक जनक थे, इसके बारे में इंगित किया है। उन्होंने 1925 में अपने एक मित्र को यह लिखा,—

> आपने यह ठीक ही कहा था कि सर सैयद अहमद खां के आंदोलन के फलस्वरूप मुल्ला और मौलवियों के प्रभाव में बहुत कमी आ गई थी किंतु खिलाफत समिति ने भारतीय मुस्लिमों के बीच उनकी प्रतिष्ठा पुनः कायम कर दी क्योंकि समिति को राजनीतिक फतवे की आवश्यकता थी। यह एक गंभीर भूल थी जिस पर शायद किसी का ध्यान नहीं गया है।[17]

श्रीमती ऐनी बेसेंट ने यह लिखा[18],—

> कि खिलाफत को प्रोत्साहन देकर भारत को भारी क्षति हुई। मुसलमानों के मन में काफिरों के प्रति जो घृणा थी वह नग्न रूप में सामने आ गई। तलवार पर आधारित मुस्लिम धर्म फिर से जीवित हो गया। यह सुनाई पड़ने लगा कि यदि अफगान भारत पर आक्रमण करेंगे तो मुसलमान उनका साथ देंगे और मातृभूमि की रक्षा करने वाले हिंदुओं को मौत के घाट उतार देंगे। मुसलमान पैगंबर की बताई विधियों को मानेंगे। राज्य के कानून को नहीं। उनकी निष्ठा इस राष्ट्र के बाहर है।

यह ध्यान देने योग्य है कि खिलाफत समिति के संकल्पों में मुसलमानों की केवल दो आकांक्षाओं की बात की गई है, अर्थात् खिलाफत और सल्तनत की स्थापना। समिति ने तुर्की के सुल्तान के प्रति निष्ठा की घोषणा की थी। उसने यह धमकी दी थी कि यदि उसकी मांगें नहीं मानी जातीं तो वह कांग्रेस के साथ मिलकर भारत की स्वाधीनता की घोषणा कर देगी।[19]

कांग्रेस और मुसलमानों का एक समान शत्रु तो था परंतु समान लक्ष्य नहीं था। इस स्वार्थी

---

16. स्टेनली बोलपर्टः *नेहरू*, आक्सफोर्ड यूनिवर्सिटी प्रेस, पृ. 54, 55।
17. यह उद्धृत है अरुण शौरीः *दि वर्ल्ड आफ फतवास*, पृ. 31।
18. ऐनी बेसेंटः *दि फ्यूचर आफ इंडियन पालिटिक्स*, थियोसोफिकल पब्लिशिंग हाउस, 1922, पृ. 301-303।
19. खिलाफत कमेटी के कुछ महत्वपूर्ण संकल्पों के लिए देखिए—खालिद बिन सईदः *पाकिस्तान, दि फार्मेटिव फेज़* (1857-1948), आक्सफोर्ड यूनिवर्सिटी प्रेस, कराची, पृ. 52-53।

गठबंधन का विनाश अवश्यंभावी था और वैसा ही हुआ। **राष्ट्र को धर्म के आधार पर विभाजित करके एकता की प्राप्ति नहीं हो सकती।**

पृथकता के बढ़ते कदम।

1.25 कांग्रेस और मुस्लिम लीग के बीच 1916 में हुए लखनऊ समझौते में पृथक् निर्वाचक मंडल पहले ही स्वीकार कर लिए गए थे। जितने भारतीय सदस्य निर्वाचित होने थे उनमें से एक तिहाई मुसलमान हों यह भी मान लिया गया था। प्रांतों में मुसलमानों के लिए आरक्षण किया गया था। उदाहरण के लिए, पंजाब में 50 प्रतिशत, संयुक्त प्रांत में 30 प्रतिशत, बंगाल में 40 प्रतिशत, बिहार में 25 प्रतिशत। यह प्रतिशत मुसलमानों की जनसंख्या के अनुपात से बहुत अधिक था। यह भी मान लिया गया कि यदि मुस्लिम समाज से संबंधित कोई विषय हो तो मुसलमानों को उसके संबंध में वीटो का अधिकार दिया जाएगा।[20]

1916 में कांग्रेस से तथा 1909 और 1919 में अंग्रेजों से बहुत सी रियायतें प्राप्त करने के पश्चात् जिन्ना ने 1929 में कुछ और मांगें बढ़ाईं। उनकी 14 मांगें थीं जिनमें सम्मिलित थीं—सिंध का पृथक् प्रांत, मुसलमानों के लिए सेवाओं में आरक्षण, सभी मंत्रिमंडलों में चाहे केंद्रीय हों या प्रांतीय 1/3 मुस्लिम मंत्रियों का होना।[21]

कांग्रेस जैसे जैसे रियायतें देती जाती थी वैसे वैसे अलगाव की छाया घनी होती जाती थी। 1930 में इकबाल ने यह कहा कि भारत में एक समन्वयवादी एकता की स्थापना के लिए सांप्रदायिकता एक अनिवार्य तत्त्व है। वह पंजाब, पश्चिमोत्तर सीमा प्रांत, सिंध और बलूचिस्तान को मिलाकर एक राज्य के निर्माण के इच्छुक थे चाहे ऐसा राज्य ब्रिटिश साम्राज्य के भीतर हो या बाहर। उनकी पूर्विकता स्वतंत्रता नहीं थी उनकी चाहत मुस्लिम राज थी।

अक्तूबर 1931 तक कांग्रेस इस बात पर सहमत हो गई थी कि एक परिसंघ बनाया जाए जिसमें अवशिष्ट शक्तियां इकाइयों में निहित हों, सिंध अलग प्रांत बन जाए और सेवाओं में आरक्षण हो। कांग्रेस ने भूतकाल की गलतियों से कोई सीख नहीं ली।

सविनय अवज्ञा और नमक सत्याग्रह।

1.26 वाइसराय लार्ड इर्विन ने 31 अक्टूबर 1929 को यह घोषणा की कि भारत की सांविधानिक प्रगति[22] की स्वाभाविक परिणति औपनिवेशिक प्रास्थिति होगी अर्थात् भारत उपनिवेश बन जाएगा। आगे यह भी कहा कि ब्रिटिश सरकार, ब्रिटिश भारत और देशी रियासतों के प्रतिनिधियों के सम्मेलन में सांविधानिक सुधार की स्कीम तैयार की जायेगी। कांग्रेस ने अपने 1929 के लाहौर अधिवेशन में सम्मेलन का बहिष्कार करने का निर्णय लिया और स्वतंत्रता को लक्ष्य बनाकर सविनय अवज्ञा आंदोलन आरंभ किया।[23] मुहम्मद अली ने मुसलमानों से अपील की कि वे भाग न लें।

गांधीजी ने सरकार के समक्ष कुछ मांगें रखीं। वे थीं—रुपए और पाउंड के बीच विनियम का अनुपात घटाया जाना, भू राजस्व घटाया जाना, नमक पर कर की समाप्ति, नमक पर सरकार के एकाधिकार को समाप्त करना, उच्चतम श्रेणी में वेतन घटाना, भारतीय कपड़े और नौ परिवहन का संरक्षण आदि।

12 मार्च 1930 को गांधी जी ने साबरमती आश्रम से प्रारंभ करके 79 अनुयायियों के साथ दांडी तक 241 मील की पदयात्रा की। इस पदयात्रा का उद्देश्य नमक बनाकर सविनय अवज्ञा आंदोलन प्रारंभ करना था। उन्होंने 6 अप्रैल को नमक संबंधी विधि को भंग किया। जो चिंगारी

---

20. संधि के पाठ के लिए देखिए—देशिकाचार, पूर्वोक्त पुस्तक, पृ. 337-342।
21. *वही*, पृ. 550-552।
22. *वही*, पृ. 536।
23. *वही*, पृ. 537-538।

उन्होंने प्रज्वलित की थी वह समस्त देश में फैल गयी किंतु इसमें मुस्लिम समाज की सहभागिता बहुत कम थी।

पहला गोलमेज सम्मेलन।

1.27 जब सविनय अवज्ञा आंदोलन अपने शिखर पर था तब नवंबर 1930 में भारतीय गोलमेज सम्मेलन का अधिवेशन प्रारंभ हुआ। इसमें कांग्रेस अनुपस्थित थी। पहला गोलमेज सम्मेलन सफल रहा। परिसंघ बनाने के पक्ष में सभी एकमत थे। सर तेजबहादुर सप्रू परिसंघ के समर्थक थे। बीकानेर के महाराजा और भोपाल के नवाब ने राजाओं की ओर से यह कहा कि वे परिसंघ में मिलने के लिए तैयार हैं। लीग के दोनों गुट, एक शफी वाला और दूसरा जिन्ना वाला, सहमत हो गए। किंतु सभी ने यह अनुभव किया कि कांग्रेस को सम्मिलित किया जाना चाहिए। वाइसराय लार्ड इर्विन और गांधीजी के बीच एक भेंट हुई और दोनों ने 5 मार्च 1931 को एक करार पर हस्ताक्षर किए।[24]

महात्माजी आंदोलन वापिस लेने और गोलमेज सम्मेलन में सम्मिलित होने के लिए सहमत हो गए। इस करार की मिश्रित प्रतिक्रिया हुई। कुछ लोगों ने इस करार को सफलता बताया क्योंकि वाइसराय बातचीत करने के लिए मेज पर आया था। दूसरों की आलोचना का यह आधार था कि भारतीयों को इससे कुछ भी प्राप्त नहीं हुआ। असंतोष का एक महत्वपूर्ण कारण यह भी था कि गांधीजी ने भगत सिंह, सुखदेव और राजगुरु इन तीन क्रांतिकारियों पर दया करके उन्हें फांसी नहीं देने के लिए वाइसराय से अनुरोध नहीं किया। इन तीनों को 23 मार्च 1931 को फांसी दे दी गई। पूरा देश इससे आहत हो गया और दुख में डूब गया। स्थान स्थान पर गांधीजी के विरुद्ध प्रदर्शन किए गए। 29 मार्च 1931 को कांग्रेस का जो अधिवेशन कराची में प्रारंभ हुआ उसमें इन तीनों की वीरता और त्याग की प्रशंसा करते हुए एक संकल्प पारित किया गया।

दूसरा गोलमेज सम्मेलन।

1.28 दूसरे गोलमेज सम्मेलन में गांधीजी ने कांग्रेस के एकमात्र प्रतिनिधि के रूप में भाग लिया। डा. अंबेडकर ने दलित वर्गों का प्रतिनिधित्व करते हुए सम्मेलन में भाग लिया और यह मांग की कि जिस प्रकार अन्य अल्पसंख्यकों के लिए पृथक् निर्वाचक मंडल और आरक्षण हैं उसी प्रकार दलितों के लिए भी हों। गांधीजी अंबेडकर से समझौता करने के लिए तैयार नहीं थे जबकि मुसलमानों की मांगों के आगे समर्पण कर चुके थे। गांधीजी ने यह भी प्रयत्न किया कि मुसलमान उनके साथ आएं और डा. अंबेडकर का विरोध करें। अल्पसंख्यक समिति की अंतिम बैठक में कोई सहमति नहीं हो सकी और गांधीजी ने अन्य व्यक्तियों के साथ एक अध्यपेक्षा पर हस्ताक्षर किए जिससे ब्रिटेन के प्रधानमंत्री को मध्यस्थता करने की शक्ति दी गई।[25]

इस सम्मेलन में पहल या नेतृत्व कांग्रेस के हाथ से निकल गया। कांग्रेस और मुस्लिम लीग के बीच की खाई और बढ़ गई। कांग्रेस ने सविनय अवज्ञा आंदोलन पुनः प्रारंभ कर दिया सभी नेता जेल भेज दिए गए। आगामी $2^1/_2$ वर्षों में कांग्रेस कहीं दिखाई नहीं पड़ी।

सांप्रदायिक अधिनिर्णय।

1.29 प्रधान मंत्री रेम्से मेक्डोनाल्ड ने 16 अगस्त 1932 को अल्पसंख्यकों के प्रतिनिधित्व के लिए एक स्कीम की घोषणा की। यह स्कीम सांप्रदायिक निर्णय कहलाती है। इस अधिनिर्णय से मुस्लिम, सिक्ख, ईसाई आदि के लिए पृथक् निर्वाचक मंडल पहले जैसे बने रहे और दलित वर्गों के लिए भी वैसी ही व्यवस्था की गई। सर सी.वाय. चिंतामणि ने थोड़े शब्दों में इस निर्णय के बारे में यह टिप्पणी की,—

> ... यह माध्यस्थम् अधिनिर्णय नहीं है इसलिए इसका नामकरण सही नहीं है। दूसरी ओर यह सांप्रदायिक से भी अधिक कलुषित है।[26]

---

24. देशिकाचार, पूर्वोक्त पुस्तक, पृ. 538।

25. धनंजय कीरः *डा. अंबेडकर लाइफ एंड मिशन*, पापुलर प्रकाशन, मुंबई, पृ. 205। अध्यपेक्षा पर हस्ताक्षर करने की बात के समर्थन में अन्य साक्ष्य नहीं मिलता है।

26. सी.वाय. चिंतामणि का भाषण उद्धृत हैः देशिकाचार, पूर्वोक्त पुस्तक, पृ. 563।

चिंतामणि ने आगे यह कहा,—

> समझौते के सभी प्रयास विफल हुए क्योंकि मुस्लिम मानस को यह आश्वासन था कि ब्रिटेन उनके साथ है और उन्हें ऐसी किसी बात पर सहमत होने की आवश्यकता नहीं है जो युक्तियुक्त और न्यायपूर्ण हो।[27]

उन्होंने ब्रिटिश दृष्टिकोण के अनेक उदाहरण दिये।

यह अधिनिर्णय केवल अल्पसंख्यकों के लिए ही नहीं था इसके द्वारा बंगाल, पंजाब, पश्चिमोत्तर प्रांत और सिंध में मुस्लिम बहुमत को सुरक्षा दी गई थी। इनके अतिरिक्त वाणिज्य, व्यापार, उद्योग, बागान, श्रमिक, भूस्वामी, विश्वविद्यालय, ब्रिटिश वाणिज्यिक निकाय और हिंदू तथा मुस्लिम स्त्रियों के लिए भी स्थान आरक्षित किए गए।

इस सांप्रदायिक अधिनिर्णय के परिणामस्वरूप भारतीयों में स्थाई फूट पड़ गई। इसका मुख्य उद्देश्य था हिंदुओं के राष्ट्रीय बहुमत को अल्पमत में परिवर्तित करना।

अधिनिर्णय के अधीन मुस्लिम प्रतिनिधित्व।

1.30 अधिनिर्णय के अधीन मुसलमानों को जो प्रतिनिधित्व दिया गया वह इस प्रकार था:

प्रांत	*मुस्लिम प्रतिशत*	*कुल स्थान*	*मुसलमानों के लिए आरक्षित स्थान*
मद्रास	7.9	215	29
मुंबई	9.2	175	30
बंगाल	54.7	250	119
यू.पी.	15.3	228	66
पंजाब	57	175	86
सी.पी.	4.7	112	14
असम	33.7	108	34
सिंध	70.7	60	34
पश्चिमोत्तर सीमा प्रांत	91.8	50	36
बिहार और उड़ीसा	10.8	175	42

पंजाब में सिक्ख जनसंख्या का 13.2 प्रतिशत थे। उन्हें 175 में से 32 स्थान दिए गए।

पुणे समझौता।

1.31 जब इस पंचाट की घोषणा की गई तब गांधीजी यरवदा जेल में थे। उन्होंने 20 सितंबर 1932 से मृत्युपर्यंत अनशन प्रारंभ कर दिया। इसका उद्देश्य दलित वर्ग के लिए पृथक् निर्वाचक मंडल का विरोध करना और हिंदू समाज के विखंडन को रोकना था। 25 सितंबर 1932 को दलित वर्गों की ओर से बाबा साहेब अंबेडकर और अन्य हिंदुओं की ओर से पंडित मदनमोहन मालवीय ने एक समझौते पर हस्ताक्षर किए। इस समझौते को पुणे समझौता कहा जाता है। इसके दो प्रयोजन थे। हिंदू समाज को खंडित होने से बचाना और गांधीजी के जीवन की रक्षा।

समझौते में दलित वर्गों के लिए स्थान आरक्षित किए गए किंतु दलितों का पृथक् निर्वाचक मंडल नहीं बनाया गया। सांप्रदायिक पंचाट के अनुसार दलितों के लिए 71 स्थान आरक्षित किए गए थे। उसके बदले समझौते में 148 स्थान दिए गए।

तीसरा गोलमेज सम्मेलन और श्वेत पत्र।

1.32 तीसरा गोलमेज सम्मेलन 17 नवंबर से 24 दिसंबर 1932 तक चला। इसके अनुसरण में सांविधानिक सुधार पर एक श्वेत पत्र प्रकाशित हुआ।[28] इस श्वेत पत्र पर एक संयुक्त समिति ने विचार किया। उस समिति की रिपोर्ट के आधार पर भारत शासन अधिनियम 2 अगस्त 1935 को पारित किया गया।

---

27. देशिकाचार, पूर्वोक्त पुस्तक, पृ. 563।
28. *वही*, पृ. 580 और आगे।

गांधीजी ने 1933 में अस्थायी रूप से असहयोग आंदोलन वापस ले लिया। कांग्रेस ने अंतिम रूप से आंदोलन को 1934 में समाप्त किया। सर तेज बहादुर सप्रू ने इस पर यह टिप्पणी की,—

> सिविल अवज्ञा आंदोलन के जन्मदाता का कहना है कि वे देख नहीं पा रहे थे। अब 13 वर्ष बाद ईश्वर ने उनकी दृष्टि लौटा दी है और अब वे वह सब देख रहे हैं जो हममें से बहुतों को जिनका ईश्वर से इतना निकट का संबंध नहीं था दिखाई दे रहा था कि सिविल अवज्ञा आंदोलन निश्चय ही विफल होगा।[29]

1.33 महात्माजी के मूल्यवान जीवन की रक्षा के लिए अनेक प्रकार के प्रयास करने और पुणे समझौते पर हस्ताक्षर करने के पश्चात् कांग्रेस की कार्य-समिति ने 12-13 जून 1934 को एक संकल्प पारित करके[30] यह कहा कि वह **सांप्रदायिक अधिनिर्णय को न तो स्वीकार करती है और न अस्वीकार।** यह कहने के पश्चात् संकल्प में यह भी लिखा गया,—

सांप्रदायिक अधिनिर्णय पर कांग्रेस का संकल्प।

> राष्ट्रीय मानक से परीक्षा किए जाने पर सांप्रदायिक अधिनिर्णय पूर्णतया असंतोषजनक है। इसके अतिरिक्त अन्य बातों के आधार पर भी इस पर गंभीर आक्षेप किए जा सकते हैं।

1.34 पुणे समझौते के परिणामस्वरूप दलित वर्गों के लिए पृथक् निर्वाचक मंडल का विचार त्याग दिया गया। 1935 के अधिनियम के अधीन विधान-मंडल गठित करने के लिए सांप्रदायिक निर्णय को आधार बनाया गया था। ब्रिटेन की यह नीति थी कि केवल ऐसी रियायतें दी जाएं जिनका ब्रिटिश साम्राज्य और वाणिज्य पर प्रतिकूल प्रभाव न पड़े। उनका उद्देश्य ऐसे संविधान की रचना करना था जिनमें उनके पक्षधर—मुस्लिम, ईसाई, बड़े भूस्वामी, नवाब, राजा और अन्य लोग कांग्रेस को बाधा पहुंचाएं और ब्रिटेन के राज्य को बनाए रखने में सहायता करें। यह कहा गया है कि **1935 के सुधार ब्रिटेन द्वारा भारत में अपना शासन कायम रखने और संतुलन बनाये रखने के प्रयत्न में किया गया सर्वाधिक धूर्ततापूर्ण और आखिरी प्रयत्न था।**[31]

पुणे समझौते का परिणाम।

1.35 1935 के भारत शासन अधिनियम में प्रांतीय सरकारों को लोक नियंत्रण में रखा गया। द्वैध प्रणाली समाप्त की गई। गवर्नर की शक्तियां अभी भी ऐसी थीं कि उनके कारण मंत्रिमंडल की शक्तियां कम हो जाती थीं। गवर्नर में निहित शक्तियों को न्यायोचित ठहराने के लिए यह कहा गया कि अल्पसंख्यकों के हितों की सुरक्षा करने के लिए ऐसा करना आवश्यक है। सांप्रदायिक निर्णय के आधार पर प्रांतीय विधान-मंडलों के गठन से यह सुनिश्चित हो गया कि विधान मंडल में ऐसे स्थाई गुट रहेंगे जो एक दूसरे से झगड़ते रहेंगे। सरकार का सुचारु रूप से काम करना एक दूर का सपना था। गवर्नर ब्रिटेन के हितों का रक्षक था।

1935 के अधिनियम की संक्षिप्त रूपरेखा।

केंद्रीय सरकार परिसंघ के रूप में थी। ब्रिटिश भारत (भारत का वह भाग जिस पर ब्रिटेन का शासन था) और देशी रियासतों (जहां राजाओं का शासन था) से मिलकर परिसंघ बनना था। इस स्तर पर द्वैध शासन प्रणाली थी। शक्ति का अंतरण सीमित था। प्रतिरक्षा, विदेश कार्य और ईसाई धर्म के मामले पूर्णतया गवर्नर जनरल के विवेकाधीन थे। अवशिष्ट विषय मंत्रियों के अधीन थे। मंत्री विधान-मंडल के प्रति उत्तरदायी थे। किंतु शक्तियों के इस अंतरण में बहुत सी मर्यादाएं थीं (जिन्हें रक्षोपाय कहा गया था)। इस प्रकार एक हाथ से जो दिया गया उसे दूसरे हाथ से ले लिया गया।

केंद्रीय विधान-मंडल के दो सदन थे। दोनों सदनों की शक्तियां एक समान थीं। राजाओं को अधिक प्रतिनिधित्व दिया गया—राज्य परिषद् में 40 प्रतिशत और विधान सभा में $33^1/_3$

29. *वही,* पृ. 542।
30. *वही,* पृ. 563।
31. पी. हार्डी, *मुस्लिमस आफ ब्रिटिश इंडिया,* कैम्ब्रिज, 1972, पृ. 214।

प्रतिशत। यद्यपि जनसंख्या की दृष्टि से उन्हें 23.3 प्रतिशत स्थान पाने का अधिकार था। उनसे निर्वाचित प्रतिनिधि भेजने की अपेक्षा नहीं थी। राजाओं को यह अधिकार दिया गया कि वे चाहें तो अपने प्रतिनिधि नामनिर्दिष्ट करें।

स्थानों का वितरण सांप्रदायिक अधिनिर्णय के आधार पर किया गया। मुसलमानों को एक तिहाई स्थान दिये गए। राज्य परिषद् का निर्वाचन प्रत्यक्ष निर्वाचन प्रणाली से था जबकि सभा का निर्वाचन अप्रत्यक्ष होना था।

संक्षेप में सदन इस प्रकार गठित किए गए कि उनका झुकाव ब्रिटेन के पक्ष में और भारत के विरुद्ध हो।

परिसंघ संविधान होने के कारण उसमें परिसंघ के अन्य सामान्य लक्षण थे जैसे परिसंघ न्यायालय, परिसंघ लोक सेवा आयोग, रिजर्व बैंक आदि।

परिसंघ वाला भाग और प्रांतीय भाग एक साथ प्रवर्तन में नहीं आने थे। परिसंघ भाग तभी प्रवर्तित किया जाना था जब अपेक्षित संख्या में देशी राजा परिसंघ में विलय के लिए अपनी सहमति दे दें।

विंस्टन चर्चिल ने इस अधिनियम के विषय में कहा ... **यह क्रोशिए से थिगड़े लगाकर बनाई गई एक विशाल दैत्याकार रजाई है, एक लज्जाजनक दानवाकार स्मारक जो बौने लोगों ने बनाया है।**

1935 के अधिनियम का प्रवर्तन।

1.36 सभी भारतीय राजनीतिक दल परिसंघ के प्रारंभ के विरोध में थे यद्यपि उनके कारण भिन्न-भिन्न थे। राजाओं की इच्छा सम्मिलित होने की नहीं थी। उन्हें यह आशंका थी कि जनता को मताधिकार और प्रतिनिधित्व देने से जो आंधी आएगी उसमें उनकी शक्तियां उड़ जाएंगी। द्वितीय विश्व-युद्ध के प्रारंभ हो जाने पर परिसंघ वाले भाग को लागू करने का विचार स्थगित कर दिया गया। इसके अनंतिम उपबंध संविधान के प्रवृत्त होने तक बने रहे।

1937 के निर्वाचन के परिणाम।

1.37 1937 में साधारण निर्वाचन हुए और प्रांतों में निर्वाचित मंत्रिमंडल आ गए। कांग्रेस ने मुस्लिम लीग के साथ समझौता किया और मुसलमानों के लिए आरक्षित स्थानों में से कुछ के लिये ही चुनाव लड़ा। कांग्रेस को साधारण स्थानों में से 75 प्रतिशत और मुस्लिम स्थानों में से 26 प्रतिशत मिले। यह स्थान मुख्यतया पश्चिमोत्तर सीमा प्रांत में थे जहां उसे खान अब्दुल गफ्फार खां के नेतृत्व वाले लाल कुर्ती दल का समर्थन प्राप्त था।

मुस्लिम लीग की स्थिति बहुत खराब रही। जहां मुसलमान अल्पसंख्यक थे वहां लीग मतदाताओं को आकर्षित कर सकी। पंजाब और बंगाल में, जहां मुसलमान बहुमत में थे, क्रमशः यूनियनिस्ट पार्टी और कृषक प्रजा पार्टी ने बहुमत प्राप्त करके सरकार बनाई। सभी हिंदू बहुमत वाले प्रांतों में कांग्रेस के मंत्रिमंडल बने। इसके अतिरिक्त पश्चिमोत्तर सीमा प्रांत में जिसमें मुसलमान लगभग शत प्रतिशत थे, कांग्रेस का मंत्रिमंडल बना।

कांग्रेस की सरकारें।

1.38 चुनाव के बाद कांग्रेस ने मुस्लिम लीग को मंत्रिमंडल में सहभागी बनाने से इंकार कर दिया। संविधान में मुस्लिम मंत्री नियुक्त करने का उपबंध था इसे पूरा करने के लिए कांग्रेस ने निर्दलीय मुस्लिम और कांग्रेस के टिकट पर निर्वाचित मुस्लिम मंत्री नियुक्त किए।

कांग्रेस ने एक जनसंपर्क कार्यक्रम प्रारंभ किया।[32] इसका उद्देश्य मुस्लिम जनता को, विशेषकर ग्रामीण क्षेत्रों वाली जनता को आकर्षित करना था। इस कार्यक्रम से और मंत्रिमंडल में मुस्लिम लीग को सम्मिलित न करने से कांग्रेस और लीग के संबंधों में तनाव और बढ़ गया। यहां यह कहना उचित होगा कि इन दोनों के बीच संबंध पहले भी कोई बहुत घनिष्ठ और सुखद नहीं थे।

32. जवाहरलाल नेहरू का तारीख 19 मार्च 1937 का भाषण। उद्धृत है—देशिकाचार, पूर्वोक्त पुस्तक, पृ. 624।

लीग ने सरकार के विरुद्ध कुप्रशासन और अन्यायपूर्ण व्यवहार के आरोप लगाए। ये आरोप अधिकतर आधारहीन थे।

युद्ध और कांग्रेस के मंत्रिमंडलों का त्यागपत्र।

1.39 1939 में द्वितीय विश्व-युद्ध प्रारंभ हो गया। कांग्रेस चाहती थी कि ब्रिटेन यह घोषणा करे कि युद्ध का उद्देश्य साम्राज्यवाद का उन्मूलन होगा और भारत को स्वतंत्र राष्ट्र का दर्जा दिया जाएगा।[33] कांग्रेस, गवर्नर जनरल लार्ड लिनलिथगो के कथन से संतुष्ट नहीं थी। परिणामस्वरूप कांग्रेस के मंत्रिमंडलों ने त्यागपत्र दे दिए। इससे मुस्लिम लीग को हर्ष हुआ और उन्होंने 22 सितंबर 1939 को *मुक्ति दिवस* मनाया।[34] पंजाब, बंगाल और सिंध के गैर कांग्रेसी मंत्रिमंडल काम करते रहे। जब कांग्रेस मंत्रिमंडलों ने त्याग पत्र दिया तब 11 प्रांत थे जिनमें से 8 में कांगेस सत्ता में थी। लार्ड लिनलिथगो का झुकाव अब लीग की ओर तथा कांग्रेस से विपरीत होने लगा। यदि कांग्रेस त्यागपत्र नहीं देती तो इतिहास की धारा किसी और दिशा में होती।

संविधान सभा की मांग।

1.40 15 नवम्बर 1939 को चक्रवर्ती राजगोपालाचारी ने वयस्क मताधिकार के आधार पर निर्वाचित संविधान सभा की मांग प्रस्तुत की।[35] कांग्रेस ने 23.11.1939 को संकल्प पारित करके वयस्क मताधिकार के आधार पर संविधान सभा की मांग की। साथ ही यह स्वीकार किया कि अल्पसंख्यकों के लिए संविधान में ऐसे रक्षोपाय रखे जाएंगे जो उनके लिए समाधानकारी हों। प्रस्ताव में पृथक् निर्वाचक मंडल मान लिए गए। ब्रिटेन से यह कहा गया कि वे जानबूझ कर या अन्यथा किसी एक या अधिक राजनीतिक दल का पक्षपात न करे।

मुस्लिम लीग द्वारा विरोध।

1.41 संविधान सभा की मांग का जिन्ना ने विरोध किया। लंदन से प्रकाशित *टाइम एंड टाइड* में 19 जनवरी 1940 को प्रकाशित एक लेख में उन्होंने यह आरोप लगाया कि कांग्रेस संविधान सभा के माध्यम से अपने उद्देश्य पूरा करना चाहती है,—

> ब्रिटेन का नियंत्रण और वाणिज्य उड़न छू हो जाएगा। देशी रियासतों का उत्सादन हो जायेगा। विपक्षी अल्पसंख्यकों का गला घोंट दिया जाएगा। और एक महान हिंदू राष्ट्र का उदय होगा जिसके शासक उनके चहेते नेता महात्मा गांधी होंगे।...[36]

पाकिस्तान की मांग।

1.42 अभी तक जिन्ना मुसलमानों को धार्मिक अल्पसंख्यक बताते आए थे। अकस्मात् 22 मार्च 1940 को लाहौर में उन्होंने यह घोषणा कि,—

> मुस्लिम भारत किसी ऐसे संविधान को स्वीकार नहीं कर सकता जिसकी आवश्यक परिणति हिंदू बहुसंख्यकों की सरकार हो...। इसका एक ही हल होगा वह है हिंदू राज...मुसलमान अल्पसंख्यक नहीं हैं यद्यपि सामान्यतया ऐसा कहा और समझा जाता है...मुसलमान, राष्ट्र की प्रत्येक परिभाषा के अनुसार राष्ट्र हैं और उन्हें अपनी गृह-भूमि, अपना राज्यक्षेत्र और अपना राज्य मिलना चाहिए।...[37]

24 मार्च 1940 को मुस्लिम लीग ने पाकिस्तान का संकल्प पारित किया।

इसके पश्चात् मुस्लिम लीग का उद्देश्य विभाजन और स्वतंत्रता थी। मुस्लिम लीग चाहती थी

---

33. कार्य समिति का 14 दिसंबर 1939 का संकल्प।

34. पीरपुर के नवाब की अध्यक्षता में एक समिति ने कांग्रेस सरकारों के आतंक, अत्याचार और अन्याय की सूची तैयार की। अधिकतर गवर्नरों का (जो सब अंग्रेज थे) यह मत था कि सभी अभिकथन आधारहीन हैं।

35. देशिकाचार, पूर्वोक्त पुस्तक, पृ. 624।

36. *वही,* पृ. 627।

37. *वही,* पृ. 629 और आगे।

कि यदि युद्ध के समय राष्ट्रीय सरकार का गठन किया जाता है तो उसे कांग्रेस के समान दर्जा दिया जाए।

मुसलमानों को संतुष्ट करने के लिए और भारत को अविभाजित रखने के लिए विभिन्न लोगों ने अनेक सुझाव दिये। एक स्कीम सर तेज बहादुर सप्रू ने बनाई थी। राजगोपालाचारी ने 10 जुलाई 1944 को अपना प्रस्ताव रखा इसमें **हिंदुस्तान से पृथक् होने के निर्णय का अधिकार** स्वीकार किया गया। राजाजी के प्रस्ताव को महात्मा जी का आशीर्वाद प्राप्त था।[38]

इसके बाद ही गांधीजी ने जिन्ना को 24 सितंबर 1944 को एक पत्र लिखा जिसे जिन्ना ने 25 सितंबर 1944 को अस्वीकार कर दिया।

गांधीजी की विभाजन के लिए शर्तें।

1.43 24 सितंबर 1944 के ठीक बाद गांधीजी ने एक पत्र में जिन्ना को विभाजन की शर्तें लिखकर भेजीं। गांधीजी द्विराष्ट्र सिद्धांत को मान्यता नहीं देते थे किंतु इस आधार पर विभाजन के लिए तैयार थे कि **मुसलमान जहां पर पूर्ण बहुमत में हैं वहां वे शेष भारत से अलग होकर रहने के इच्छुक हैं।**[38]

उन्होंने यह लिखा था,–

> मेरा आधार के विषय में आपसे मतभेद है फिर भी मैं कांग्रेस और देश से यह सिफारिश कर सकता हूं कि मेरे आधार पर और निम्नलिखित शर्तों पर मुस्लिम लीग के 1940 में लाहौर में पारित संकल्प में वर्णित पृथकता के दावे को स्वीकार कर लें।[39]

जिन्ना ने तुरंत दूसरे ही दिन गांधीजी के प्रस्ताव को नामंजूर कर दिया।[40] जिन्ना जानते थे कि उन्हें क्या मिल गया है इसलिए उन्होंने उससे आगे की मांग की। एम.आर. जयकर ने गांधीजी को ऐसे परिणाम के विरुद्ध पहले ही चेतावनी दे दी थी।[41] जिन्ना कभी भी कांग्रेस से

---

38. राजाजी के विभाजन के सूत्र को सहमति देने और जिन्ना को 24 सितंबर 1944 को पत्र लिखकर समझौते के लिए अपनी शर्तें बताने के आधार पर यह निष्कर्ष अपरिहार्य है कि गांधीजी ने विभाजन स्वीकार कर लिया था। गांधीजी अखिल भारतीय कांग्रेस कमेटी के सदस्य नहीं थे किंतु नेहरूजी ने आग्रह करके उन्हें उक्त कमेटी की बैठक को संबोधित करने के लिए राजी किया। यह बैठक 14 जून 1947 को हुई। नेहरूजी और अन्य लोग यह जानते थे कि सदस्यगण विभाजन के विरुद्ध हैं। वे यह भी जानते थे कि गांधीजी उन्हें चुप करा देंगे और नेताओं के पीछे चलने को विवश करेंगे। गांधीजी ने यह कहा "आपको इसमें कोई संदेह नहीं होना चाहिए कि देश के विभाजन से जितनी चोट मुझे लगी है उतनी किसी और को नहीं लगी होगी। जितना आज मैं दुखी हूं उतना दुखी और कोई नहीं होगा। किंतु जो हो गया सो हो गया ... कार्य समिति ने आपकी ओर से विभाजन स्वीकार कर लिया। अब हमें यह विचार करना है कि हमारा क्या कर्त्तव्य है ... यदि कांग्रेस कार्य समिति ने ऐसा किया है तो समझबूझकर किया है और उसके कुछ महत्वपूर्ण कारण हैं। यह निर्णय, कांग्रेस, मुस्लिम लीग और ब्रिटिश सरकार सबने मिलकर लिया है... यदि आप इसे नामंजूर कर देते हैं तो दुनिया आपको गैर जिम्मेदार कहेगी... यह आवश्यक है कि आप आज के समय को समझें। समय की मांग है कि हम अपनी जुबान पर लगाम दें और वही करें जो भारत के हित में है... (*कलक्टेड वर्क्स आफ महात्मा गांधी,* जिल्द 88, पृ. 153, 155)।

ऐसा प्रतीत होता है कि गांधीजी विभाजन के विषय में अलग अलग मत व्यक्त कर रहे थे। मौलाना आजाद ने लिखा है कि गांधीजी ने मुझसे कहा था कि "यदि कांग्रेस विभाजन स्वीकार करना चाहती है तो यह मेरी लाश पर होगा। जब तक मैं जीवित हूं मैं भारत के विभाजन को कभी नहीं मानूंगा। मैं कांग्रेस को ऐसा कभी नहीं करने दूंगा।" (मौलाना अबुल कलाम आजाद, *इंडिया विन्स फ्रीडम,* पृ. 186)।

1944 में गांधीजी ने विभाजन की शर्तें तय की थीं और उनके आधार पर जिन्ना से 9 सितंबर 1944 से 27 सितंबर 1944 तक वार्ता की थी जिसका विषय गुप्त रखा गया था। वे जिन्ना से जिन्ना के निवास पर 18 बार मिले। उन्होंने यह कथन मौलाना आजाद से किया और अनेक बार यही बात प्रार्थना सभा में और अपने लेखन में कहा। पुरुषोत्तमदास टंडन, विभाजन के मुखर विरोधी थे। जब ए.आई.सी.सी. की अति महत्त्व की बैठक के पूर्व 9 जून 1947 को टंडन जी गांधीजी से मिले तो गांधीजी ने कहा कि मैं विभाजन के विरुद्ध हूं। किंतु 14 जून 1947 को गांधीजी ने ए.आइ.सी.सी. से आग्रह किया कि विभाजन स्वीकार किया जाए।

39. देशिकाचार, पूर्वोक्त पुस्तक, पृ. 667 और आगे।

40. *वही,* पृ. 667 और आगे।

41. *वही,* पृ. 666 और आगे।

समझौता नहीं करते थे क्योंकि अंतिम निर्णय अंग्रेजों के हाथ में था और वह अंग्रेजों को यह कह सकते थे कि **कांग्रेस मुझे इतना दे रही है। आप बताइये कि आपका क्या प्रस्ताव है।**[42] (गांधीजी की भूमिका के लिए देखिए आगे **पैरा 1.72**)

सप्रू समिति की सिफारिश।

1.44 यह ध्यान देने योग्य है कि सप्रू समिति विभाजन के विरुद्ध थी। उसने यह सिफारिश की थी,—

> समिति, 1940 में लाहौर में पारित मुस्लिम लीग के संकल्प पर, लीग के अन्य विभिन्न संकल्पों पर और श्री जिन्ना और महात्मा गांधी के बीच वार्ता के प्रकाशित पाठ पर तथा चक्रवर्ती राजगोपालाचारी और गांधीजी के प्रस्तावों पर ध्यानपूर्वक विचार करने के पश्चात् यह स्पष्ट राय अभिव्यक्त करती है कि भारत का दो या अधिक पृथक् स्वतंत्र प्रभुत्वसंपन्न राज्यों में विभाजन न्यायोचित नहीं है और इससे पूरे देश की शांति और व्यवस्थित प्रगति खतरे में पड़ जाएगी।...[43]

व्यक्तिगत सत्याग्रह 1940।

1.45 पूर्व पृष्ठों पर हमने कालानुक्रम से थोड़ा विचलन किया है। अब हम वापस उस बिंदु पर लौटते हैं जब कांग्रेस सरकारों ने त्याग पत्र दिए थे। सितंबर 1940 में गांधीजी ने व्यक्तिगत सविनय अवज्ञा आंदोलन प्रारंभ करने का निर्णय लिया। पहले सत्याग्रही थे आचार्य विनोबा भावे। विनोबाजी ने 17 अक्तूबर 1940 को युद्ध के विरोध में भाषण देकर सत्याग्रह किया। उन्हें 21 अक्तूबर को गिरफ्तार किया गया। धीरे-धीरे मई 1941 तक बड़ी संख्या में कांग्रेसजन जेल में बंद कर दिए। इनकी संख्या लगभग 25,000 थी। इस आंदोलन से ब्रिटेन के दृष्टिकोण में कोई परिवर्तन नहीं आया और इसे दिसंबर 1941 में निलंबित कर दिया गया। 1920 और 1930 के आंदोलन भी इसी प्रकार निलंबित करके वापस लिए गए थे। अमरीका के राष्ट्रपति रूज़वेल्ट और ब्रिटेन के प्रधान मंत्री चर्चिल के बीच जो अटलांटिक चार्टर स्वीकार हुआ था उसमें उन राष्ट्रों के लिए जो परतंत्र थे, स्वाधीनता का वचन दिया गया था। किंतु चर्चिल ने यह कथन किया कि यह चार्टर यूरोप पर लागू होता है एशिया के राष्ट्रों पर नहीं।

युद्ध की स्थिति।

1.46 जून 1941 में जर्मनी ने रूस पर आक्रमण किया। अभी तक रूस जर्मनी का तटस्थ मित्र था। इस आक्रमण के कारण रूस, मित्र राष्ट्रों (इंग्लैंड और फ्रांस) में सम्मिलित हो गया। 7 दिसंबर 1941 को जापान ने पर्ल हार्बर स्थित अमरीका की नौसेना पर आक्रमण किया। परिणामतः अमरीका ने धुरी राष्ट्रों के विरुद्ध युद्ध घोषित कर दिया और मित्र राष्ट्रों में सम्मिलित हो गया। मार्च 1944 में जापानी सेनाओं ने रंगून पर अधिकार कर लिया (यह नगर म्यांमार की राजधानी है और अब यंगून के नाम से जाना जाता है)। जापानियों ने कोलकाता पर बम वर्षा की। अंदमान द्वीप समूह पर कब्जा कर लिया और लगभग इम्फाल तक पहुंच गए। ऐसी आशंका होने लगी कि जापान भारत पर विजय प्राप्त कर लेगा। सुभाषचंद्र बोस के नेतृत्व में आजाद हिंद फौज (इंडियन नेशनल आर्मी) जापान के साथ मिलकर 1944 में नागालैंड, असम और मणिपुर में युद्ध कर रही थी। रूज़वेल्ट और च्यांग काइ शेक (चीन के राष्ट्रपति) ब्रिटेन पर दबाव डाल रहे थे वह भारत को स्वतंत्र कर दे। परिणामस्वरूप ब्रिटेन ने अपनी नीति बदलकर दिसंबर 1944 में कांग्रेस के नेताओं को जेल से मुक्त कर दिया।

क्रिप्स मिशन, 1942।

1.47 मार्च 1942 में ब्रिटेन ने सर स्टेफर्ड क्रिप्स को, जो युद्ध मंत्रिमंडल के सदस्य थे, नेताओं से वार्ता करने के लिए भारत भेजा।[44] क्रिप्स ने यह प्रस्ताव किया कि युद्ध की समाप्ति पर संविधान की रचना के

---

42. उनके इस रवैये का एम.आर. जयकर ने अपने चेतावनी पत्र में उल्लेख किया है और अपनी बात के समर्थन में साक्ष्य दिया है।

43. *वही*, पृ. 678 और 679। यह सिफारिश दिसंबर 1945 में की गई।

44. सिंगापुर का पतन 15.2.1942 को हुआ। 8 मार्च 1942 को रंगून जापान के हाथ आ गया। चर्चिल ने यह कहा कि *भारत के ऊपर एक भारी और दूरगामी परिणामकारी सैन्य पराजय की छाया मंडरा रही है।* मार्शल च्यांग काई शेक फरवरी 1942 में भारत आए।

लिए एक संविधान सभा का गठन किया जाएगा। भारत को उपनिवेश का दर्जा दिया जाएगा। यदि कोई प्रांत जुड़ना नहीं चाहता है तो वह अपना संविधान अलग बना सकेगा और अपने को स्वतंत्र घोषित कर सकेगा। रियासतों को यह अधिकार होगा कि वे स्वतंत्र रहें या भारत में विलीन हो जाएं। यह दूरगामी प्रस्ताव थे और इनमें भारत के विभाजन का बीज अंतर्विष्ट था।

तात्कालिक प्रस्ताव यह था कि वाइसराय की कार्यकारी परिषद् में भारतीयों की नियुक्ति की जाएगी। इस कार्यकारी परिषद् को वैसे ही अधिकार थे जैसे कि आज मंत्रिमंडल को हैं। किंतु रक्षा का विषय गवर्नर जनरल के अधीन रखा जाएगा।

सभी राजनीतिक दलों ने अलग अलग कारणों से इन प्रस्तावों को नामंजूर कर दिया। गांधीजी ने कहा कि **प्रस्ताव एक उत्तरदिनांकित चैक है जो डूबंत बैंक पर लिखा गया है।** कांग्रेस ने अलग होने का अधिकार दिए जाने पर आक्षेप किया क्योंकि यह स्पष्ट था कि मुस्लिम बहुमत वाले प्रांत भारत से अलग हो जाएंगे। कांग्रेस यह भी चाहती थी कि राजाओं को यह अधिकार न दिया जाए कि वह प्रतिनिधि नामनिर्दिष्ट कर सकें। वह चाहती थी कि प्रतिनिधि जनता द्वारा निर्वाचित हों। मुस्लिम लीग पृथक् राज्य चाहती थी और अंतरिम सरकार में आधे स्थानों की मांग कर रही थी। इस प्रकार क्रिप्स मिशन पूर्णतया असफल रहा।

राजगोपालाचारी के प्रयास और कांग्रेस।

1.48 राजगोपालाचारी ने मद्रास की विधान सभा के कांग्रेस सदस्यों से 23.4.1942 को दो संकल्प पारित करवा लिए। पहले संकल्प में ए.आइ.सी.सी. से अनुरोध किया गया कि वह मुस्लिम लीग के विभाजन के दावे को स्वीकार कर ले। किंतु 29-4-1942 को ए.आइ.सी.सी. ने संकल्प को अस्वीकार कर दिया और यह कहा कि कांग्रेस भारत के टुकड़े करने को सहमत नहीं होगी। 15 जुलाई 1942 को राजाजी ने कांग्रेस से त्यागपत्र दे दिया। कांग्रेस ने 14 जुलाई 1942 को एक संकल्प पारित करके यह मांग की कि ब्रिटिश राज तुरंत समाप्त किया जाए। इसकी प्रतिक्रिया में जिन्ना ने कहा कि,—

मिस्टर गांधी और उनकी हिंदू कांग्रेस ब्रिटेन का भयादोहन कर रहे हैं और उन पर दबाव डाल रहे हैं ... जिससे कि वे हिंदू राज की स्थापना कर सकें।

किंतु राजाजी प्रयास करते रहे। वे जिन्ना से मिले। जिन्ना सहयोग के लिए तैयार थे। वे वाइसराय से मिले और उनसे गांधीजी से मिलने की अनुमति मांगी। तब गांधीजी जेल में थे। वाइसराय ने अनुमति नहीं दी। बाद में लीग और कांग्रेस दोनों पीछे हट गए। अंबेडकर ने उनके दृष्टिकोण की तीखी आलोचना की।

भारत छोड़ो आंदोलन।

1.49 सुभाषचंद्र बोस का सदैव यह मत था कि **इंग्लैंड की कठिनाई भारत के लिए सुअवसर** है। गांधीजी युद्ध के दौरान ब्रिटेन को नैतिक समर्थन देने के पक्ष में थे। नेहरूजी का धुरी राष्ट्रों के विरुद्ध शत्रुभाव था। वे ब्रिटेन को और झंझट में नहीं डालना चाहते थे। जनता का दृष्टिकोण ब्रिटेन के प्रति पूर्णतया परिवर्तित हो चला था। जनसाधारण भी स्वतंत्रता का पक्षधर बन गया था। ऐसी स्थिति में कांग्रेस ने 8 अगस्त 1942 को एक संकल्प पारित करके यह मांग की कि अंग्रेज तुरंत अपना शासन समाप्त कर दें। साथ ही युद्ध में धुरी राष्ट्रों के विरुद्ध पूरे समर्थन का वचन दिया। कांग्रेस ने **करो या मरो** का नारा दिया। 9 अगस्त 1942 को सूर्योदय के पूर्व कांग्रेस के सभी नेता गिरफ्तार कर लिए गए।

1942 के आंदोलन की कोई व्यवस्थित तैयारी नहीं की गई थी। इसकी कोई योजना नहीं थी और किसी प्रकार का मार्गदर्शन भी नहीं था।[45] जनता में जो भावनाओं का ज्वार था उसकी अभिव्यक्ति सामूहिक हिंसा और तोड़-फोड़ में हुई। डाकघर, रेलवे स्टेशन, पुलिस थाने और अन्य

---

45. गांधीजी ने स्वयं यह स्वीकार किया कि उन्होंने संघर्ष की कोई रूपरेखा तैयार नहीं की थी। यह भी कि गिरफ्तार होने के पहले उन्होंने कोई अनुदेश नहीं दिए थे। सुशीला नायरः *महात्मा गांधीज़ लास्ट इंप्रिजनमेंट,* हर आनंद, 1996 पृ. 237।

सार्वजनिक भवनों पर आक्रमण किए गए। यातायात बाधित हुआ। स्कूल तोड़ डाले गए। औद्योगिक नगरों में श्रमिक हड़ताल पर चले गए। कुछ जिलों में प्रशासन का नाम निशान मिट गया और दो चार जिलों में जनता ने समानांतर सरकार बना डाली।

अंग्रेजों ने इसका क्रूरता से दमन किया। लगभग 1100 लोग मारे गए और 92,000 जेल में बंद कर दिए गए।

मुस्लिम लीग और अधिकांश मुसलमानों ने भारत छोड़ो आंदोलन में भाग नहीं लिया बल्कि ब्रिटेन के साथ सहयोग किया।[46] साम्यवादियों की भूमिका आंदोलन के विरुद्ध और अंग्रेजों के साथ पूर्ण सहयोग की थी। उन्होंने आंदोलनकारियों के विरुद्ध गुप्तचरी करके सरकार की सहायता की और आंदोलन की आलोचना की।

अमरीका द्वारा सहायता।

1.50 अमरीका के राष्ट्रपति एफ.डी. रूजवेल्ट ने जो सहायता की उसका साभार स्मरण किया जाना चाहिए। युद्धकाल में उनके आग्रह पर विंस्टन चर्चिल (इंग्लैंड के प्रधानमंत्री) और स्टालिन (रूस) ने एक घोषणा की जिसे अटलांटिक चार्टर कहते हैं। इसमें यह वचन दिया गया था कि युद्ध की समाप्ति पर सभी उपनिवेशों को स्वतंत्र कर दिया जाएगा। इससे भारत के नेताओं को बल मिला। राष्ट्रपति रूजवेल्ट ने लुई जान्सन को अपना विशेष दूत नियुक्त कर भारत भेजा। वे भारत 3 अप्रैल 1942 को पहुंचे। इस समय जापान की नौसेना बंगाल की खाड़ी में थी। ब्रिटेन ने यह बता दिया था कि बंगाल सागर की जो तटरेखा है उसकी जापान से रक्षा वह सांकेतिक रूप में ही कर सकेगा। अमरीका युद्ध के लिए कृतनिश्चय था। वह चाहता था कि भारत उसके साथ लड़े। जान्सन ने भारत के नेताओं से समझौते के लिए सूत्र तैयार किया।[47] वे भारत के सब नेताओं से और घनश्याम दास बिड़ला, उद्योगपति से भी मिले। उनकी यह धारणा थी कि बिड़लाजी, गांधीजी को समझौता स्वीकार करने के लिए मना लेंगे। किंतु जान्सन अंत में निराश होकर अमरीका लौटा। 1942 में नेहरूजी ने रूजवेल्ट को एक लंबा पत्र लिखा जिसमें यह कहा कि **जो ताकतें फासीवाद के विरुद्ध और स्वतंत्रता के पक्ष में संघर्ष कर रही हैं, हम भावना से उनके साथ हैं।**[48] 1 अगस्त 1942 को राष्ट्रपति रूजवेल्ट ने गांधीजी को एक पत्र लिखा जिसमें अंतिम वाक्य के रूप में यह था मैं यह आशा करता हूं हमारी प्रजातंत्र और नैतिक आचरण में जो समान आस्था है उसके फलस्वरूप आपके और मेरे देश के लोग समान शत्रु के विरुद्ध समान रूप से खड़े होंगे। अमरीका की भारत में रुचि बनी रही। 1942 के अंत में रूजवेल्ट ने विलियम फिलिप्स को अपना दूत बनाकर भेजा। 1943 में जब गांधीजी ने उपवास किया था जब फिलिप ने वाइसराय को बताया कि राष्ट्रपति को गांधीजी के स्वास्थ्य की बहुत चिन्ता है।[49] फिलिप ने राष्ट्रपति को यह सलाह दी कि वे भारत को स्वतंत्र करने की गारंटी दें क्योंकि ब्रिटेन के आश्वासनों पर किसी को विश्वास नहीं रह गया है। उनका यह मत था कि भारत में जो हमारी सैन्य स्थिति है उसको देखते हुए हमें इस विषय में भागीदार बनना चाहिए।[50]

द्वितीय विश्वयुद्ध की समाप्ति।

1.51 यूरोप में युद्ध मई 1945 में समाप्त हो गया। जापान के साथ युद्ध अगस्त 1945 तक चला। इंग्लैंड में लेबर पार्टी की सरकार बनी। इससे वातावरण में परिवर्तन आया।[51]

---

46. गांधीजी ने यह माना कि *मुसलमानों की उसमें* (अर्थात् 42 के आंदोलन में) *नगण्य भागीदारी थी*। मुसलमानों की सहभागिता के विषय में उन्होंने आगे यह कहा कि *कोई चमत्कार घटित हो जाए तभी हम इस दिशा में कुछ आगे बढ़ सकेंगे*। सुशीला नायर, *वही,* पाद टिप्पण 41ख, पृ. 94।

47. बी. शिवराव, *दि फ्रेमिंग आफ इंडियाज कांस्टिट्यूशन,* इंडियन इंस्टिट्यूट आफ पब्लिक एडमिनिस्ट्रेशन, नई दिल्ली पृ. 38।

48. *वही,* पृ. 43।

49. *वही,* पृ. 48।

50. *वही,* पृ. 50।

51. विंस्टन चर्चिल (कंजर्वेटिव पार्टी के सदस्य और इंग्लैंड के प्रधान मंत्री) ने 10-11-1942 को यह कहा था मुझे ब्रिटिश साम्राज्य के समापन की अध्यक्षता करने के लिए सम्राट् ने अपना सर्वोच्च मंत्री नहीं बनाया है।

1.52 जून 1945 में वाइसराय लार्ड वावल ने भारतीय नेताओं को शिमला में एक सम्मेलन के लिए आमंत्रित किया। उन्होंने यह प्रस्ताव रखा कि वे अपनी कार्यकारी परिषद् में भारतीयों को नियुक्त करेंगे और युद्ध को छोड़कर सभी विभाग वितरित कर देंगे। हिंदू (अनुसूचित जाति वालों को छोड़कर अर्थात् सवर्ण हिंदू) और मुसलमानों को परिषद् में बराबर स्थान दिए जाएंगे। कांग्रेस का आग्रह था कि मुसलमानों के लिए आरक्षित स्थानों पर भी उसे नामनिर्देशन करने का अधिकार होना चाहिए। इसके विरुद्ध मुस्लिम लीग की यह मांग थी कि मुस्लिम सदस्य केवल लीग के द्वारा नामनिर्दिष्ट किए जाने चाहिए। सम्मेलन असफल रहा।

शिमला सम्मेलन।

1.53 जापान ने जिन सैनिकों को युद्धबंदी बनाया था उनमें से लगभग 50 हजार सैनिक और कुछ अधिकारी नेताजी सुभाषचंद्र बोस के अधीन सेना में भर्ती हो गये। जब वे पकड़े गए तो ब्रिटिश सरकार ने उन पर राजद्रोह का अभियोग लगाया। इसके विरुद्ध जनता बाहर आई और उसने विचारण के विरुद्ध प्रदर्शन किए। पुलिस ने उन पर गोलियां बरसाईं। जनता सुभाष बोस की सेना की उपलब्धियों पर गर्व करती थी और कांग्रेस की अहिंसक गतिविधियों की तुलना में उसकी प्रशंसा करती थी। दिल्ली के लालकिले में एक विशेष न्यायालय बनाकर आजाद हिंद फौज के तीन अधिकारियों—शाहनवाज खान (मुस्लिम), प्रेम कुमार सहगल (हिंदू) और गुरुबक्श सिंह ढिल्लों (सिक्ख) का विचारण प्रारंभ किया गया। ये तीनों एक ही दिन में राष्ट्र के नायक बन गए। भूला भाई देसाई और तेज बहादुर सप्रू उनके अधिवक्ता बने। सुभाष चंद्र बोस के नाम के जादू से जनता में शौर्य और साहस की लहर दौड़ पड़ी। बड़ी संख्या में लोगों ने प्रदर्शन में भाग लिया। जनता की भावनाओं का आकलन करते हुए सरकार ने सभी मुकदमे वापस ले लिए और जिन्हें दोषसिद्ध ठहराया गया था उन्हें क्षमा कर दिया। आजाद हिंद सेना का विचारण अंग्रेजों की भयंकर भूल थी।

आजाद हिंद सेना का विचारण।

1.54 आजाद हिंद सेना के प्रदर्शन के ठीक बाद ब्रिटेन को एक और समस्या का सामना करना पड़ा। मुंबई और कराची में रायल इंडियन नेवी (नौसेना) के 78 जहाजों, और 20 तट स्थापनाओं के लगभग 20,000 नौसैनिक सरकार के विरुद्ध उठ खड़े हुए। उनकी सहानुभूति में 18 से 23 फरवरी 1946 तक मुंबई में हड़ताल रही और प्रदर्शन किए गए। ब्रिटिश साम्राज्य थर्राने लगा। स्थानीय अधिकारी अपने को 'इंडियन नेशनल आर्मी' कहने लगे। व्यवस्था बनाए रखने के लिए सेना को बुलाया गया। दो चार दिन में ही 228 लोग मारे गए[52] और हजारों लोग आहत हुए। यह आंदोलन कराची, मद्रास और कलकत्ता जैसे अन्य स्थानों पर भी फैलता गया। 23 फरवरी को सरदार पटेल ने आंदोलनकारियों को समर्पण करने के लिए राजी कराया। सेना और वायुसेना में भी विद्रोह पनप रहा था।

भारतीय नौसेना का विद्रोह 1946।

1.55 अब हवा ब्रिटेन के प्रतिकूल बह रही थी। ब्रिटेन विरोधी प्रदर्शन और संघर्ष अधिकाधिक होने लगे। अप्रैल 1946 में पुलिस बल ने बिहार, दिल्ली, पूर्वी बंगाल और कई अन्य स्थानों में हड़ताल कर दी। जुलाई 1946 में डाक कर्मचारी हड़ताल पर चले गए। रेल कर्मचारियों ने भी हड़ताल की सूचना दे दी। अनेक स्थानों पर किसानों ने भी आंदोलन प्रारंभ कर दिए। इनमें बिहार, बंगाल और तेलंगाना उल्लेखनीय हैं।

हड़ताल आदि।

1.56 1945-46 के शीतकाल में केंद्रीय और प्रांतीय विधान-मंडलों के लिए निर्वाचन हुए। कांग्रेस ने नेताजी सुभाषचंद्र बोस और आजाद हिंद फौज के लिए जनता के मन में जो आदर भाव था उसका पूरा लाभ उठाया। (नेताजी ने 1939 में कांग्रेस छोड़ दी थी और उसकी नीतियों का विरोध किया था)।

1945-1946 के निर्वाचन।

52. *ट्रांसफर आफ पावर,* हिज मजेस्टीस स्टेशनरी आफिस, जिल्द 6, पृ. 1083।

कांग्रेस को केंद्रीय विधान सभा में 102 में से 57 स्थान मिले। उसे साधारण (गैर मुस्लिम) निर्वाचन क्षेत्रों में 91 प्रतिशत मत प्राप्त हुए। बंगाल, पंजाब और सिंध को छोड़कर सभी प्रांतों में कांग्रेस को बहुमत मिला। केंद्र के सभी 30 स्थान जो मुसलमानों के लिए आरक्षित थे मुस्लिम लीग ने जीत लिए। लीग को मुस्लिम मतों का 87 प्रतिशत भाग मिला।

प्रांतों में 509 मुस्लिम स्थानों में से लीग को 442 मिले। पहले की अपेक्षा यह बड़ी उपलब्धि थी। 1936-37 में लीग को मुसलमानों के लिए आरक्षित कुल 482 स्थानों में से केवल 109 मिले थे। किंतु मुस्लिम बहुमत वाले पश्चिमोत्तर सीमा प्रांत और पंजाब में उसे बहुमत नहीं मिला। पश्चिमोत्तर सीमा प्रांत में कांग्रेस का समर्थन करने वाला मंत्रिमंडल बना।

गांधीजी ने मुस्लिम राष्ट्र के अस्तित्व पर प्रश्न चिह्न लगाया।

1.57 अंग्रेज अपनी उसी नीति पर चलते रहे कि कांग्रेस हिंदुओं का प्रतिनिधित्व करती है और मुसलमानों का प्रतिनिधित्व करने वाला एक मात्र दल मुस्लिम लीग है। कूटनीतिक चालों द्वारा अंग्रेजों ने ऐसी स्थिति उत्पन्न कर दी कि भारत की स्वतंत्रता और विभाजन लीग के दृष्टिकोण पर आधारित हो गया। यह ऊपर बताया गया है (**पैरा 1.42** में) कि जिन्ना ने यह घोषणा की थी कि मुसलमान एक राष्ट्र हैं। गांधीजी ने इसका प्रतिरोध करते हुए यह कहा था,—

> मुझे इतिहास में ऐसा कोई उदाहरण नहीं मिलता है कि जिन लोगों ने अपना धर्म परिवर्तन किया हो वे और उनके वंशज यह दावा करें कि वे उस मूल समाज से भिन्न राष्ट्र हैं। क्या कोई धर्म परिवर्तन करके अपना चरित्र बदल लेता है? यदि भारत में कई लाख लोग ईसाई धर्म अपना लें तो क्या एक तीसरा राष्ट्र बन जाएगा और यदि कई लाख लोग यहूदी बन जाएं तो क्या एक चौथा राष्ट्र बन जाएगा?[53]

रोचक तथ्य।

1.58 यह एक रोचक तथ्य है कि जिन्ना और गांधीजी दोनों गुजरात के काठियावाड़ क्षेत्र के रहने वाले थे। जिन्ना के पितामह (दादा) हिंदू थे। 1946 की स्थिति—या उसे दुर्व्यवस्था कहना उचित होगा—अंग्रेजों को यह समझाने में पर्याप्त थी कि वे अब बल प्रयोग करके भारत पर राज नहीं कर सकते हैं। उन्हें सशस्त्र बलों पर भी विश्वास नहीं रह गया था।[54]

कैबिनेट मिशन, 1946।

1.59 ऐसी स्थिति में ब्रिटिश सरकार ने अपने तीन मंत्रियों को भारतीय नेताओं और राजनीतिक दलों से विचार विमर्श करने के लिए भारत भेजा। ये तीन मंत्री थे लार्ड पेथिक लारेंस, सर स्टेफर्ड क्रिप्स और ए.वी. एलेक्ज़ेंडर। ये लोग 23 मार्च 1946 को भारत पहुंचे। कांग्रेस चाहती थी संविधान का प्रारूप तैयार करने के लिए एक संविधान सभा बुलाई जाए। भारत स्वतंत्र घोषित कर दिया जाए और अंतरिम सरकार की स्थापना हो।

मुस्लिम लीग की मांग थी कि भारत का विभाजन हो। पश्चिमोत्तर और पूर्व में जो मुस्लिम बहुल प्रांत हैं उन्हें मिलाकर पाकिस्तान का स्वतंत्र राष्ट्र बनाया जाए। कैबिनेट मिशन ने विभाजन की मांग ठुकरा दी और 16 मई 1946 को अपने प्रस्तावों की घोषणा की। उन्होंने एक ऐसी सांविधानिक यंत्र-रचना बनाई जिसमें हिंदुओं को संयुक्त भारत का भ्रम होगा किंतु यह एकता इतनी शिथिल और क्षणभंगुर होगी कि कोई भी राज्य उसे तोड़कर अलग हो सकेगा। इस प्रकार लीग को जो देने से इंकार किया जा रहा है वह लीग सरलता से प्राप्त कर लेगी। **ये प्रस्ताव दोमुंहेपन का उत्कृष्ट उदाहरण थे।**

मंत्रिमंडल मिशन के प्रस्ताव।

1.60 मंत्रिमंडल मिशन ने निम्नलिखित प्रस्ताव दिए,—

भारत राज्यों का परिसंघ होगा। परिसंघ (केंद्र) के कार्यक्षेत्र में केवल प्रतिरक्षा, संसूचना और विदेश कार्य होंगे।

---

53. पी.एन. चोपड़ा और अन्य, *ए न्यू एडवांस्ड हिस्ट्री आफ इंडिया,* प्रेंटिस-हाल आफ इंडिया, 1996, पृ. 631।
54. *ट्रांसफर आफ पावर,* एच.एम.एस.ओ. जिल्द 6, पृ. 583।

प्रांतों को तीन समूहों में बांटा जाएगा। समूह **क** में 6 हिंदू बहुमत वाले प्रांत होंगे। समूह **ख** में मुस्लिम बहुमत वाले प्रांत—पंजाब, पश्चिमोत्तर सीमा प्रांत, बलूचिस्तान और सिंध होंगे। समूह **ग** मुस्लिम बहुमत वाले असम और बंगाल से मिलकर बनेगा। प्रत्येक समूह का पृथक् संविधान और सरकार होगी। परिसंघ और समूह की सरकारों के गठन के पश्चात् प्रांतों को विलग होने का अधिकार होगा।

प्रांतीय विधान सभाएं, संविधान सभा के लिए 292 प्रतिनिधि निर्वाचित करेंगी। विधान सभा के सदस्यों को तीन निर्वाचन क्षेत्रों में बांटा जाएगा। मुस्लिम, सिक्ख और साधारण (गैर मुस्लिम या अवशिष्ट)। देशी रियासतें अधिक से अधिक 93 प्रतिनिधि भेजेंगी। मुख्य आयुक्त के प्रांतों से 4 प्रतिनिधि होंगे। इस प्रकार संविधान सभा में अधिक से अधिक 389 सदस्य होंगे।

संविधान सभा के सदस्य तीन समूहों में विभाजित होंगे। ये समूह प्रांतों के **क, ख** और **ग** समूहों के अनुरूप होंगे। प्रत्येक समूह या अनुभाग अपने लिए संविधान बनाएगा। सभी समूह मिलकर परिसंघ (केंद्र) के संविधान की रचना करेंगे।

जब संविधान बन जाएगा तब देशी रियासतें यह निर्णय करने के लिए स्वतंत्र होंगी कि उनका संघ या प्रांतों से संबंध कैसा हो। इसमें विवक्षा यह थी कि देशी रियासतें स्वयं को प्रभुत्वसंपन्न घोषित कर सकेंगी।

एक अंतरिम सरकार का भी गठन किया गया। प्रजातंत्र में सामान्यतया जो दल बहुमत में होता है वही सरकार बनाता है। किंतु इस मिशन का यह प्रस्ताव था कि राजनीतिक दलों के प्रतिनिधि सरकार बनाएंगे। उस मंत्रिमंडल में सवर्ण हिंदुओं और मुसलमानों का समान प्रतिनिधित्व होगा। **यह कपटी जुआरी[55] का गणित था जिसमें 23 को 77 के बराबर बना दिया गया। ऐसा जानबूझ कर किया गया था जिससे भारत कमजोर रहे और आंतरिक संघर्ष होता रहे।**

संविधान सभा का निर्वाचन वयस्क मताधिकार से नहीं होना था। उसका एक भाग तो विधान सभाओं द्वारा निर्वाचित होना था और दूसरा भाग राजाओं द्वारा नामजद।

पहले तो कांग्रेस और लीग दोनों ने प्रस्तावों को स्वीकार किया। किंतु बाद में दोनों ने ही योजना को नामंजूर कर दिया।

मिशन योजना और कांग्रेस तथा लीग की प्रतिक्रिया।

1.61 कांग्रेस ने योजना का यह अर्थ लगाया कि प्रत्येक प्रांत को यह विकल्प है कि वह किसी समूह में सम्मिलित हो या नहीं। पश्चिमोत्तर सीमा प्रांत में कांग्रेस का विधान सभा में बहुमत था और वह नहीं चाहती थी कि वह प्रांत समूह **ख** में सम्मिलित हो। कांग्रेस यह नहीं चाहती थी कि असम समूह **ग** में सम्मिलित हो क्योंकि असम में हिंदुओं का बहुमत था। कांग्रेस को इस बात पर आपत्ति थी कि देशी रियासतों से जो प्रतिनिधि होंगे वे निर्वाचित नहीं होंगे क्योंकि शासकों को नामनिर्देशन का अधिकार दिया गया था।[56] लीग का यह मत था कि समूह का निर्माण अनिवार्य है। लीग चाहती थी कि केवल ऐसे मुसलमान मंत्रिमंडल में शामिल हों जो लीग द्वारा नामनिर्दिष्ट किए गए हों।

कांग्रेस अध्यक्ष जवाहरलाल नेहरू ने 10 जुलाई 1946 को यह घोषणा की कि कांग्रेस संविधान सभा में भाग लेगी किंतु मिशन योजना का बंधन स्वीकार नहीं करेगी।[57]

मुस्लिम लीग ने 29 जुलाई 1946 को मिशन योजना नामंजूर कर दी और पाकिस्तान की मांग पेश की।[58] लीग ने इससे पहले 6 जून 1946 को योजना को स्वीकृति दे दी थी।

---

55. श्री एम.आर. जयकर ने *मैथमेटिकल मान्स्ट्रोसिटी* पद का प्रयोग किया था—देशिकाचार वही, पृ. 678।
56. कांग्रेस कार्य समिति का 24 मई 1946 का संकल्प—देशिकाचार की पूर्वोक्त पुस्तक में उद्धृत, पृ. 691।
57. जवाहरलाल नेहरू का प्रेस सम्मेलन देशिकाचार की पूर्वोक्त पुस्तक, पृ. 692 और आगे।
58. देशिकाचार, पूर्वोक्त पृ. 696 और आगे।

6 दिसंबर 1946 को हिज मजेस्टी की सरकार ने समूह से संबंधित खंडों के निर्वचन पर अपना दृष्टिकोण प्रकाशित किया। उनके विचार में प्रांतों को समूह से बाहर रहने का विकल्प नहीं था किंतु निर्वाचन हो जाने के पश्चात् प्रांत समूह के बाहर आ सकता था।[59] जिन्ना ने कहा कि **या तो हम भारत का विभाजन करेंगे या भारत का विनाश करेंगे।** उन्होंने बलपूर्वक पाकिस्तान प्राप्त करने के लिए मुसलमानों का आह्वान किया। यह सरकार के विरुद्ध विद्रोह और हिंदुओं के वंश नाश का आह्वान था।

1.62 **लीग की सीधी कार्रवाई।** 27 जुलाई 1946 को लीग की काउंसिल ने अपनी कार्य समिति को यह प्राधिकार दिया कि वह सीधी कार्रवाई की योजना तैयार करे। जिन्ना ने तुरंत ही यह वक्तव्य दिया,—

> आज हम सांविधानिक पद्धतियों को तिलांजलि देते हैं...आज हमने भी पिस्तौल पकड़ ली है और उसका उपयोग करने की स्थिति में हैं।

16 अगस्त 1946 को लीग ने सीधी कार्रवाई दिवस मनाने की घोषणा की। कोलकाता में मुख्यमंत्री ने, जो मुस्लिम था, एक सार्वजनिक सभा को संबोधित किया और मुस्लिम जनता को यह आश्वासन दिया कि सेना और पुलिस को निष्क्रिय कर दिया गया है। सभा के तुरंत बाद हत्याएं प्रारंभ हो गईं।[60] बंगाल में जो अंग्रेज गवर्नर था उसने चार दिन बाद कार्रवाई प्रारंभ की तब तक 5,000 से अधिक लोग मारे जा चुके थे।[61]

1.63 **अंतरिम सरकार।** 2 सितंबर 1946 को एक अंतरिम सरकार बनी। पंडित नेहरू को गवर्नर जनरल की परिषद् का उपाध्यक्ष घोषित किया गया। परिषद् में नेहरू सहित 12 सदस्य थे। उसका गठन इस प्रकार था। 5 सवर्ण हिंदू, 3 मुस्लिम, 1 सिक्ख, एक ईसाई, एक पारसी और एक अनुसूचित जाति का हिंदू। इस परिषद् को सामूहिक उत्तरदायित्व के सिद्धांत के अनुसार मंत्रिमंडल के रूप में काम करना था। वाइसराय ने यह वचन दिया था कि वह न्यूनतम हस्तक्षेप करेगा। उसी दिन अहमदाबाद और मुंबई में सांप्रदायिक दंगे हुए।

पहले तो लीग ने सरकार में सम्मिलित होने से इंकार किया किंतु बाद में 26 अक्तूबर 1946 को सम्मिलित हुई।[62] उसका उद्देश्य परिषद् के भीतर रहते हुए पाकिस्तान के लिए लड़ना था। उन्होंने सरकार के काम में गतिरोध पैदा करने के लिए हर संभव कदम उठाए। लियाकत अली वित्त मंत्री थे। वे अन्य मंत्रियों द्वारा भेजे गए किसी प्रस्ताव को मंजूरी नहीं देते थे। बी.के. नेहरू ने यह लिखा है,—

> परिषद् के मुस्लिम लीगी सदस्य और गैर मुस्लिम लीगी सदस्य अपनी बैठकें अलग अलग करते थे। वे परिषद् की औपचारिक बैठकों के लिए ही एकत्रित होते थे... किंतु शायद ही कभी किसी निश्चय पर पहुंचते हों।[63]

---

59. हिज मजेस्टी की सरकार का कथन—देशिकाचार की पूर्वोक्त पुस्तक में उद्धृत, पृ. 699।

60. बी.के. नेहरू, *नाइस गइज फिनिश सेकंड,* वाइकिंग 1997। पृ. 177 पर नेहरू ने लिखा है कोलकाता में हिंदुओं और सिक्खों का जनसंहार सुनियोजित था और इसका निदेशन बंगाल के प्रधान मंत्री हसन शहीद सुहरावर्दी ने स्वयं किया था।

61. *ट्रांसफर आफ पावर,* एच.एम.एस.ओ. जिल्द 6, पृ. 297 और आगे।

62. देशिकाचार, पूर्वोक्त पृ. 698।

63. बी.के. नेहरू, पूर्वोक्त, पृ. 177। 1926 के विधानसभा के निर्वाचनों में कांग्रेसजन दो समूहों में विभाजित थे। एक का ध्येय था उत्तरदायी सरकार और दूसरे का पूर्ण अवरोध। पहले गुट में तिलक के अनुयायी थे उदाहरणार्थ, पं. मदनमोहन मालवीय और लाला लाजपत राय। दूसरे गुट में थे गांधीजी, नेहरू, राजेंद्र प्रसाद और खिलाफत वाले मुस्लिम नेता। ऐसा दिखाई देता है कि मुस्लिम लीग ने पूर्ण अवरोध की नीति कांग्रेस से ग्रहण की और उसका सटीक व्यवहार कांग्रेस के विरुद्ध किया।

डा. अंबेडकर ने कटाक्ष करते हुए यह कहा था कि **यह एक देश की सरकार है जिसे दो राष्ट्र चला रहे हैं।**[64]

जिन्ना ने इसकी हंसी उड़ाते हुए कहा अंतरिम सरकार है क्या? वह तो 1919 के अधिनियम के अधीन वाइसराय की कार्यकारी परिषद् है। उसे कैबिनेट कहना तो पूर्णतया शब्दों का दुरुपयोग है। यदि आप गधे को हाथी कहने लगें तो इससे गधा, हाथी तो नहीं बन जाएगा। वाइस प्रेसिडेंट की कोई विशेष हैसियत नहीं है बस इतना ही है कि जब वाइसराय उपस्थित नहीं हो तो वह बैठक की अध्यक्षता करे।

विभाजन की स्वीकृति।

1.64 पंजाब और बंगाल में बार बार भड़कने वाले दंगे, 1937 की तुलना में 1946 में मुसलमानों द्वारा कांग्रेस को वोट न दिया जाना और अंतरिम सरकार के मुस्लिम सदस्यों के अवरोधक और विनाशकारी दृष्टिकोण से विवश होकर कांग्रेस ने विभाजन स्वीकार कर लिया। वास्तविकता तो यह थी कि कांग्रेस ने विभाजन तभी स्वीकार कर लिया था जब चक्रवर्ती राजगोपालाचारी ने विभाजन की योजना प्रस्तुत की थी और गांधीजी ने उसका अनुमोदन किया था तथा उसके आधार पर जिन्ना से वार्ता की थी।[65] किंतु स्वीकार करते समय कांग्रेस ने कोई योजना नहीं बनाई और इस बात का कोई अनुमान नहीं लगाया कि हिंदुओं को कितने दुख उठाने पड़ेंगे और कितने लोग प्राण गंवाएंगे। हिंदुओं की रक्षा के लिए कोई उपाय नहीं किए गए। उन्हें या तो धर्म परिवर्तन करना पड़ा या प्राणों की रक्षा के लिए पाकिस्तान से भाग कर भारत आना पड़ा।[66] विश्व के इतिहास में यह विभाजन का एकमात्र उदाहरण है जहां एक धार्मिक अल्पसंख्यक वर्ग को पृथक् वासस्थान दिया गया और फिर भी पुराने स्थान पर रहने दिया गया। विश्व में जब भी इस प्रकार का विभाजन हुआ वहां जनसंख्या का विनिमय हुआ।

इसके कारण एक भयानक नरसंहार हुआ जिसके लिए नेता और शासक पूर्णतया उत्तरदायी थे। विभाजन में भारत और पाकिस्तान के बीच कुल मिलाकर 1,20,00,000 लोग अपना स्थान छोड़ने के लिए विवश हुए। जिन लोगों की हत्या की गई उनकी संख्या 10 लाख से कम नहीं होगी। यह अनुमान है कि 75,000 महिलाओं और लड़कियों के साथ बलात्संग किया गया, उनकी हत्या की गई या बलपूर्वक धर्म परिवर्तन किया गया। एंड्रू मैलर ने यह लिखा है कि बहुत से गैर मुस्लिम 200 मील की दूरी पैदल चलकर आए। उन्होंने विस्थापितों का एक समूह देखा था जो 47 मील लंबा था। जिसमें सैकड़ों बैलगाड़ियां और पशु थे।[67] संभवतः विभाजन को अस्वीकार करना श्रेयस्कर होता। भारत आज भी विभाजन की कीमत चुका रहा है। पाकिस्तान द्वारा प्रायोजित आतंकवाद निरपराध भारतीयों का रक्त ले रहा है।

---

64. धनंजय कीर, *डा. अंबेडकर—लाइफ एंड मिशन,* 1962, पृ. 382।
65. देशिकाचार, पूर्वोक्त, पृ. 667, 668 और आगे तथा पूर्वोक्त पैरा 1.48 और पाद टिप्पण 36।
66. बी.के. नेहरू ने अपनी पूर्वोक्त पुस्तक में लिखा है कि जब विभाजन का बवंडर वास्तव में उठा तो हमारे सरकारी विभाग से जो संरक्षण मिलना था वह नहीं मिला। जिन राजनेताओं ने विभाजन कराया था या स्वीकार किया था उनको इसका पूर्वाभास नहीं था कि इतने कष्ट उठाने पड़ेंगे। यदि उन्हें उन भयानक घटनाओं का अनुमान लगाने का समय होता और वे उस समय ध्यान देते जब विधि और व्यवस्था रखने वाले बल तुलनात्मक दृष्टि से ठीकठाक थे तो वे सचेत हो जाते... ऐसा व्यक्ति (जिन्ना) उन बातों का जो वास्तव में घटीं पूर्वानुमान नहीं कर सकता था। और न जवाहरलाल ही कर सकते थे। दोनों ही यह नहीं समझ पाए कि उनके अनुयायियों की मूल प्रकृति क्या है। पृ. 179।

इसके विपरीत बाबा साहेब अंबेडकर ने नरसंहार रोकने के लिए जनसंख्या के अंतरण का प्रस्ताव रखा था। वि.दा. सावरकर तो गृहयुद्ध के लिए तैयार थे। इसमें उनके विचार अब्राहम लिंकन जैसे थे।

67. एंड्रू मैलर, *इंडिया सिंस पार्टीशन,* 1951। रामचंद्र प्रधान, *राज टु स्वराज,* मेकमिलन इंडिया, 2008, पृ. 380।

1.65 कांग्रेस ने 1916 में मुस्लिम लीग के साथ एक समझौता किया था, जिसे लखनऊ समझौता कहा जाता है जिसका उद्देश्य एकता स्थापित करना था। प्रकारांतर से कांग्रेस ने यह स्वीकार कर लिया कि मुस्लिम लीग मुसलमानों का प्रतिनिधित्व करती है। 1930 में गोलमेज सम्मेलन में गांधीजी ने यह दावा किया कि कांग्रेस सभी भारतीय लोगों का प्रतिनिधित्व करती है अर्थात् सवर्ण हिंदू, मुस्लिम और दलित, सभी का। 1935 में जब जिन्ना-राजेंद्र प्रसाद वार्ता हुई तब कांग्रेस ने लीग का यह दावा स्वीकार कर लिया कि लीग मुसलमानों की एकमात्र प्रतिनिधि है किंतु जब अंतरिम सरकार बनी तो कांग्रेस ने मुस्लिम सदस्य नामजद करने का दावा किया। कांग्रेस की मुस्लिम लीग को कभी मानने और कभी नकारने की नीति तथा अंग्रेजों की मुस्लिमों को समर्थन देने की नीति और हिंदू महासभा और अन्य दलों को दबाने और उनकी उपेक्षा करने की नीति का परिणाम भारत के लिए घातक सिद्ध हुआ।[68] केबिनेट मिशन के साथ कांग्रेस अध्यक्ष ने वार्ता की थी किंतु वे ब्रिटिश नीति में परिवर्तन लाने में असफल रहे।[69]

कांग्रेस की गलत नीतियां।

1946 में पट्टाभि सीतारामय्या ने, जो प्रसिद्ध राजनेता और कांग्रेस के अधिकृत इतिहासकार थे, मुसलमानों को प्रसन्न करने की कांग्रेस नीति पर दृष्टिपात करते हुए कहा था कि 1909 में मुसलमानों के लिए पृथक् निर्वाचन क्षेत्र बनाए गए। 1916 में उन्हें विशेष मान दिया गया। इसका परिणाम यह हुआ कि मद्रास में जहां उनकी जनसंख्या 7% थी और मध्यप्रांत में 4.5% थी वहां उन्हें प्रांतीय विधानसभा में 15 स्थान मिले। 1931 में अवशिष्ट शक्तियां प्रांतों को दी गईं क्योंकि यह मुस्लिम लीग की मांग थी। 1945 के भूलाभाई-लियाकत अली करार के अधीन मंत्रिमंडल में मुसलमानों को सवर्ण हिंदुओं के बराबर संख्या में स्थान देना स्वीकार किया गया। यह स्वीकार किया गया कि मुस्लिम समाज को प्रभावित करने वाली विधि पारित करने के लिए (क) पूर्ण सदन में बहुमत होना चाहिए और (ख) सदन में उपस्थित मुस्लिमों का बहुमत होना चाहिए।[70]

अंग्रेजों की चाल और मुस्लिम समस्या।

1.66 1935 में सी.वाय. चिंतामणि ने हिंदू मुस्लिम समस्या के बारे में यह टिप्पणी की थी,—

> सच तो यह है कि समझौते के सभी प्रयास इसलिए विफल हुए क्योंकि मुस्लिम मानस को यह आश्वासन था कि उनकी पीठ पर अंग्रेजों का हाथ है। और उन्हें ऐसा कुछ करने की आवश्यकता नहीं है जो युक्तियुक्त और न्यायपूर्ण हो।[71]

एम.आर. जयकर ने भी 1944 में गांधीजी को उनकी तुष्टीकरण की नीति के विरुद्ध चेतावनी दी थी।[72]

1.67 1920 के दशक में स्वराज्य पार्टी का यह उद्देश्य था कि परिषदों में प्रवेश कर उनका बहिष्कार किया जाये और उन्हें काम न करने दिया जाए। 30 के दशक में जवाहरलाल नेहरू ने घोषणा की कि चुनाव लड़ने

अंदर से विनाश करना।

---

68. हिंदू महासभा ने तारीख 16 जून 1946 के संकल्प में यह कहा था "... हम कोई ऐसा संविधान स्वीकार नहीं कर सकते जो भारत की अखंडता के सर्वमान्य सिद्धांत को व्यवहार में नकारता हो। हम प्रांतों के अविनाशी संघ के पक्षधर हैं। प्रांतों की रचना संस्कृति और भाषा के आधार पर हो सकती है। कैबिनेट मिशन की योजना के पीछे मुस्लिम लीग के तुष्टीकरण की भावना है चाहे अन्य अल्पसंख्यकों का कितना ही अहित क्यों न हो। देशिकाचार, पूर्वोक्त, पृ. 695। मास्टर तारासिंह ने कहा था कि सिक्खों को पूरी तौर से मुसलमानों की दया पर छोड़ दिया गया है... यह बात स्पष्ट है कि यह मुसलमानों को प्रसन्न रखने के लिए किया गया है। देशिकाचार, पूर्वोक्त, पृ. 694।

69. कैबिनेट मिशन ने सभी प्रकार के नेताओं से विचार-विमर्श किया किंतु केवल तीन राजनीतिक दलों को मान्यता दी। मुस्लिम लीग, कांग्रेस और राजाओं का संघ। लीग के अध्यक्ष थे जिन्ना, कांग्रेस के मौलाना आजाद और राजाओं के भोपाल के नवाब। तीनों ही मुसलमान थे।

70. *करंट हिस्ट्री इन क्वेश्चन्स एंड एंसर्स*, पट्टाभि सीतारामय्या।

71. देशिकाचार, पूर्वोक्त, पृ. 563।

72. *वही*, पृ. 666।

में कांग्रेस का उद्देश्य यह है कि हम विधान मंडल में जाकर अंग्रेजी साम्राज्य के तंत्र से सहयोग नहीं करेंगे बल्कि हम संघर्ष करके उसका अंत करेंगे।[73] 40 के दशक में लीग ने अवरोध करने और अंदर घुसकर पाकिस्तान के लिए लड़ाई करने के घोषित उद्देश्य के लिए सरकार में भाग लिया था। लीग ने कांग्रेस की नकल की किंतु जहां कांग्रेस असफल रही वहां लीग ने सफलता प्राप्त की।

संविधान सभा।

1.68 संविधान सभा के सदस्य कैबिनेट मिशन की योजना के अनुसार ब्रिटिश भारत में स्थित विधान सभाओं द्वारा निर्वाचित किए गए थे। जुलाई 1946 की समाप्ति तक ब्रिटिश भारत को संविधान सभा में आबंटित 296 स्थानों के लिए निर्वाचन हो गए थे। जो 'साधारण' स्थान थे उनमें से 9 को छोड़कर शेष सभी पर कांग्रेस जीती। मुस्लिम लीग 5 को छोड़कर शेष सभी मुस्लिम स्थानों पर विजयी हुई। वह 78 में से 73 स्थान जीती। सिक्खों के स्थान बाद में भरे गए जब पंथिक बोर्ड सहमत हुआ। रियासतों के शासकों ने अपने प्रतिनिधि नामनिर्दिष्ट किए जो सभा के सदस्य बने। संविधान सभा का एक भाग निर्वाचित था। किंतु निर्वाचन अप्रत्यक्ष था और वयस्क मताधिकार के आधार पर नहीं हुआ था। संविधान सभा की पहली बैठक 9 दिसंबर 1946 को हुई। मुस्लिम लीग ने सभा में सम्मिलित होने से इंकार कर दिया। मुस्लिम लीग ने यह मांग की कि सभा को विघटित किया जाना चाहिए क्योंकि वह भारत के लोगों के सभी अनुभागों का प्रतिनिधित्व नहीं करती।

वाइसराय ने संविधान सभा के अधिवेशन के लिए 20 नवंबर 1946 को निमंत्रण भेजे। चर्चिल ने संविधान सभा की खिल्ली उड़ाते हुए कहा कि यह **त्रुटिपूर्ण और अप्रातिनिधिक मताधिकार के आधार पर निर्वाचित है ... इन तथाकथित राजनीतिक वर्गों को भारत का शासन सौंपने का अर्थ है घास फूस से बने ऐसे लोगों को सौंपना जिनका कुछ ही वर्षों में कोई निशान बाकी नहीं रहेगा।**

हिज मजेस्टी की सरकार की 20 फरवरी 1947 की घोषणा।

1.69 ब्रिटेन के प्रधान मंत्री क्लीमेंट एटली ने सत्ता के अंतरण के लिए समय सीमा निर्धारित करते हुए एक वक्तव्य दिया। अंतरण के लिए 30 जून 1948 की तारीख निर्धारित की गई किंतु यदि उस तारीख तक कोई संविधान तैयार नहीं होता है तो,—

> हिज मजेस्टी की सरकार को यह विचार करना होगा कि ब्रिटिश भारत में केंद्रीय सरकार की शक्तियां उस तारीख को किसे सौंपी जाएं। क्या ब्रिटिश इंडिया के लिए किसी रूप में केंद्रीय सरकार को या कुछ क्षेत्रों में विद्यमान प्रांतीय सरकारों को या किसी अन्य प्रकार से। जो भी युक्तियुक्त हो और भारतीय जनता के सर्वोत्तम हित में हो।[74]

इस घोषणा से मुस्लिम लीग को बल प्राप्त हुआ। लीग संविधान सभा में प्रवेश करने से इंकार करती रही और मुस्लिम भारत के लिए संविधान सभा की मांग पर अड़ी रही। वह इस बात की प्रतीक्षा में थी कि अंग्रेज जाते जाते उसे कुछ उपहार दे जाएंगे। पहली बार भारतवासियों को ऐसा लगा कि अब ब्रिटेन निश्चय ही भारत छोड़ जाएगा।

हिज मजेस्टी की सरकार की 3 जून 1947 की घोषणा।

1.70 जून 1947 में जो घोषणा की गई उससे आगामी घटनाओं के बारे में कोई शंका नहीं रही। सरकार ने यह वक्तव्य दिया,—

---

73. *वही,* पृ. 598।
74. *वही,* पृ. 700 और आगे।

> हिज मजेस्टी की सरकार का विद्यमान संविधान सभा के काम में बाधा पहुंचाने का कोई आशय नहीं है ... साथ ही यह स्पष्ट है कि इस सभा द्वारा बनाया गया संविधान देश के उन भागों पर लागू नहीं किया जा सकता जो उसे स्वीकार नहीं करना चाहते।[75]

फरवरी 1945 में शब्दों के आडंबर में छिपाकर पाकिस्तान की मांग स्वीकार कर ली गई। अब जून में इस बात को और स्पष्ट किया गया। बंगाल, पंजाब और सिंध के अधिकांश प्रतिनिधि और बलूचिस्तान का एक मात्र प्रतिनिधि मुस्लिम लीग के सदस्य थे। जून में की गई घोषणा के आधार पर अंग्रेजों के जाने के बाद सत्ता उन्हें मिलनी थी।

माउंटबेटन योजना।

1.71 मार्च 1947 में लार्ड माउंटबेटन, लार्ड वावल के स्थान पर वाइसराय नियुक्त हुए। 8 मई 1947 को वी.पी. मेनन[76] ने सत्ता के अंतरण के लिए एक योजना प्रस्तुत की जिसका माउंटबेटन ने अनुमोदन किया। कांग्रेस (नेहरू, पटेल और कृपलानी) और लीग (जिन्ना, लियाकत अली और अब्दुल निश्तार) के नेताओं से विचार विमर्श हुआ और उन सब ने योजना को साधारणतया स्वीकार कर लिया। उसी दिन वाइसराय ने गांधीजी से मिलकर उनका भी अनुमोदन प्राप्त कर लिया। प्रधान मंत्री एटली ने इस योजना की घोषणा हाउस आफ कामन्स में 3.6.1947 को की इसीलिए यह 3 जून की योजना कही जाती है। जिस दिन *जून घोषणा* हुई उसी दिन माउंटबेटन ने विभाजन की अपनी घोषणा प्रकाशित की। इसे कांग्रेस और लीग दोनों ने स्वीकार किया। योजना के अनुसार पंजाब और बंगाल के प्रांतीय विधान सभाओं के वे सदस्य जो मुस्लिम बहुमत वाले जिलों का प्रतिनिधित्व करते थे अलग एकत्र होकर और गैर मुस्लिम बहुमत वाले सदस्य अलग एकत्र होकर अपना मत देकर यह तय करेंगे कि प्रांत का विभाजन किया जाए या नहीं। दोनों भागों में विनिश्चय सादे बहुमत से होगा। प्रत्येक भाग यह भी तय करेगा कि विद्यमान विधान सभा में सम्मिलित हुआ जाए या नई सभा में। सिंध की विधान सभा यह निर्णय लेगी कि उसे भारत में रहना है या पाकिस्तान में। पश्चिमोत्तर सीमा प्रांत में और असम के सिलहट जिले में जहां मुस्लिम बहुमत है जनमत संग्रह होगा। बलूचिस्तान के लिए निर्णय का अधिकार क्वेटा की नगरपालिका को दिया गया।

इसके परिणाम क्या होंगे यह पहले से सबको मालूम था। उसी दिन अर्थात् 3 जून 1947 को जवाहरलाल नेहरू ने रेडियो से प्रसारण में यह स्वीकार करते हुए कहा,—

> हो सकता है कि इस मार्ग पर चलकर हम उस अखंड भारत की ओर शीघ्र पहुंच जाएं और तब भारत अधिक शक्तिशाली और सुदृढ़ नींव पर खड़ा होगा।[77]

पुरुषोत्तमदास टंडन द्वारा विभाजन का विरोध।

1.72 राजर्षि टंडन ने 1916 में धर्म आधारित आरक्षण का विरोध किया था। उन्होंने 3 जून की योजना के विरुद्ध आवाज उठाई। 9 जून 1947 को वे गांधीजी से मिले। उस दिन सोमवार था। गांधीजी का मौन व्रत था। उन्होंने संकेत से टंडनजी को बताया कि वे इसका विरोध करेंगे, चाहे विरोध में वे अकेले ही क्यों न हो।[78] शनिवार 14 जून को ए.आइ.सी.सी. की बैठक हुई। जे.बी. कृपलानी इसके अध्यक्ष थे। योजना को स्वीकार करने का प्रस्ताव पं. गोविंदवल्लभ पंत ने रखा। टंडन जी ने इसका विरोध करते हुए अपने विचार रखे। उनका कहना था यह निर्णय बताता है कि कांगेस कितनी शक्तिहीन और हताश हो गई है। गांधीजी और मौलाना आजाद ने विभाजन का समर्थन किया। प्रस्ताव स्वीकार हो गया। पक्ष में 157 मत थे, विरोध में 29। 32 लोगों ने मतदान नहीं किया।

---

75. *वही,* पृ. 702 और आगे।
76. वी.पी. मेनन, *दि ट्रांसफर आफ पावर इन इन्डिया,* ओरियन्ट लांगमेन्स, पृ. 363 और आगे।
77. *वही,* पृ. 705।
78. लक्ष्मी नारायण सिन्हा, *राजर्षि पुरुषोत्तमदास टंडन,* हिंदी साहित्य सम्मेलन 1982, पृ. 217।

वी.पी. मेनन शक्ति के हस्तांतरण से निकटता से जुड़े थे और इस कार्य में वाइसराय की सहायता कर रहे थे। उन्होंने यह मत व्यक्त किया कि कांग्रेस ने दो कारणों से विभाजन के आगे घुटने टेक दिए,

1. मुस्लिम लीग का कोई समझौता नहीं करने का रवैया।

2. यह आशा कि पाकिस्तान से सांप्रदायिक समस्या का हल हो जाएगा और दोनों देश शांतिपूर्वक रहेंगे।[79] (देखिए पीछे **पैरा 1.43**)

भारतीय स्वतंत्रता अधिनियम, 1947।

1.73 माउंटबेटन योजना को तुरंत प्रभावी करने के लिए ब्रिटेन की संसद् ने भारतीय स्वतंत्रता अधिनियम, 1947 पारित किया। यह विधेयक 16 जुलाई 1947 को पारित हुआ। इस अधिनियम के मुख्य उपबंध इस प्रकार थे,—

1. दो उपनिवेश गठित किए गए—भारत और पाकिस्तान।

2. सम्राट् प्रत्येक उपनिवेश के लिए गवर्नर जनरल नियुक्त करेगा।

3. प्रत्येक उपनिवेश के विधान-मंडल को विधान बनाने के लिए प्रभु शक्ति होगी। ब्रिटिश संसद् द्वारा पारित कोई विधान किसी उपनिवेश पर लागू नहीं होगा।

4. गवर्नर जनरल को यह शक्ति होगी कि वह हिज मजेस्टी की ओर से किसी भी विधेयक को अनुमति प्रदान करे।

5. देशी रियासतों पर हिज मजेस्टी का आधिपत्य समाप्त हो जाएगा।

6. जब तक नया संविधान नहीं बनता तब तक 1935 का अधिनियम (अनुकूलन और उपांतरणों के अधीन) संविधान के रूप में रहेगा।

7. संविधान सभा की शक्तियों पर कोई मर्यादाएं नहीं होंगी।

8. संविधान सभा, अंतरिम अवधि के लिए विधान सभा के रूप में कार्य करेगी।

ब्रिटेन द्वारा स्वतंत्र किए जाने के कारण।

1.74 कुछ ऐसी घटनाएं हुई थीं जिनसे ब्रिटेन को यह संकेत मिला कि यदि वे भारत के राष्ट्रीय जागरण का विरोध करेंगे तो सशस्त्र क्रांति से उन्हें मिटा दिया जाएगा। यह घटनाएं थीं 1942 के भारत छोड़ो आंदोलन के दौरान ब्रिटेन के विरोध में दंगे, सुभाषचंद्र बोस के नेतृत्व में आजाद हिंद सेना का जापान की ओर से युद्ध करना, 1946 में भारतीय नौसेना का विद्रोह,[80] अन्य अनेक हिंसक घटनाएं तथा अंग्रेजों के विरुद्ध अप्रीति का खुला प्रदर्शन।

जून 1940 में श्री सुभाषचंद्र बोस, श्री विनायक दामोदर सावरकर से मिले। स्वातंत्र्यवीर सावरकर ने उन्हें श्री रासबिहारी बोस का अनुसरण करने की सलाह दी। कहा कि देश के बाहर जाओ और आयुध एकत्र करके अंग्रेजों से युद्ध करो। 1941 में अवसर पाकर नेताजी सुभाष बोस शासन को चकमा देकर देश के बाहर चले गए और काबुल होते हुए जर्मनी पहुंच गए। जर्मनी में उन्होंने मुक्ति सेना का गठन किया। फरवरी 1943 में जापान की सहायता से आजाद हिंद सेना (INA) का गठन हुआ। जून 1943 में नेताजी ने आजाद हिंद सेना की कमान संभाली। 21 अक्तूबर 1943 को म्यांमार (तब बर्मा या ब्रह्मदेश कहलाता था) और फिलिपाइन्स को स्वतंत्र घोषित कर दिया गया। उसी दिन स्वाधीन भारत की अंतरिम सरकार की घोषणा की गई और और अंडमान निकोबार द्वीप में तिरंगा ध्वज फहराया गया। उन द्वीपों को ''शहीद'' और ''स्वराज'' नाम

79. वी.पी. मेनन, यथोक्त पाद टिप्पण 76।

80. नौसेना विद्रोह में मुंबई में 228 मारे गए, 1046 आहत हुए, और 658 हस्पताल में भरती हुए। 24 पुलिस अधिकारी और 67 पुलिसकर्मी घायल हुए। 3 पुलिस वाले मरे। सेना में हताहतों की संख्या ज्ञात नहीं है। यह ध्यान देने योग्य है कि यह विद्रोह मुंबई और कराची तक ही सीमित था। इन आंकड़ों का स्रोत है—*ट्रांसफर आफ पावर*, एच.एम.एस.ओ. जिल्द 6, पृ. 1083।

दिए गए। आजाद हिंद सेना त्रिपुरा के कुछ भागों तक पहुंच गई। इससे अंग्रेजों का विश्वास डिग गया। बाद में लार्ड एटली ने (जो भारत के स्वतंत्र होते समय इंग्लैंड के प्रधानमंत्री थे) यह स्वीकार किया कि सेना में जो विद्रोह और अविश्वास उत्पन्न हो गया था वह ब्रिटेन के वापस लौटने और स्वतंत्रता देने का कारण था। सत्याग्रह के भय से स्वतंत्रता नहीं दी गई।[81] अमरीका ने जो दबाव बनाया था वह भी एक सक्षम कारण था। (देखिए पीछे **पैरा 1.50**)

1.75 भारत की साम्यवादी पार्टी (CPI) ने अपने को 1942 के *भारत छोड़ो* आंदोलन से दूर रखा। गंगाधर अधिकारी ने 1943-1944 में यह स्थापना प्रतिपादित की कि भारत 17 राष्ट्रिकताओं का समूह है, कोई एक राष्ट्र नहीं है। इन 17 में हैं पठान, पंजाबी, मुसलमान, सिक्ख, बलोच, सिंधी, हिंदुस्तानी, बिहारी, बंगाली आदि। अर्थात् जितनी भाषाएं उतने राष्ट्र। इन सबको आत्मनिर्णय का अधिकार है। इस स्थापना से मुसलमानों की पाकिस्तान की मांग को समर्थन मिला। साम्यवादियों ने यह घोषणा की कि मुस्लिम लीग प्रगतिशील संगठन है। वे गांधीजी को अंग्रेजों के हाथ की कठपुतली कहते थे। नेहरूजी को साम्राज्यवादी शक्तियों का दलाल कहते थे। नेताजी बोस को तोजो (जापान के प्रधानमंत्री) की गोद का (कुत्ते का) पिल्ला कहते थे। सरदार पटेल, जयप्रकाश नारायण, राममनोहर लोहिया, अरुणा आसफ अली, अशोक मेहता आदि को वे जापानियों के दलाल मानते थे।[82] साम्यवादियों ने 1942 के भारत छोड़ो आंदोलन का विरोध किया, ब्रिटेन का समर्थन किया और उनके लिए गुप्तचरी की। उनकी स्थापना यह थी कि सोवियत संघ ने ब्रिटेन के साथ युद्ध में हाथ मिला लिया है इसलिए यह युद्ध जनता का युद्ध हो गया है। 1947 में साम्यवादियों ने यह कहा कि स्वतंत्रता झूठी है और भारत सरकार के विरुद्ध सशस्त्र संघर्ष प्रारंभ कर दिया।[83]

साम्यवादियों का देशद्रोह।

साम्यवादियों ने मास्को के आदेश पर अगस्त 1939 के स्तालिन-हिटलर समझौते का समर्थन किया। हिटलर को शांतिदूत कहकर उसकी प्रशंसा की गई। उसे फासिस्ट कहना अनुचित बताया गया। जून 1941 में जर्मनी ने रूस पर आक्रमण किया। साम्यवादियों ने तुरंत अपना विचार बदल दिया और ब्रिटेन और युद्ध को समर्थन देना पुनः प्रारंभ कर दिया। अंग्रेजों ने 24 जुलाई 1942 को साम्यवादी दल से प्रतिबंध उठा लिया। साम्यवादियों ने अंग्रेजों के गुप्तचर और दलाल बनकर अपने देशवासियों के विरुद्ध उन्हें सहायता प्रदान की। उन्होंने स्वतंत्रता के आंदोलन को हर तरह से विफल करने का प्रयत्न किया। यही नहीं देश की एकता को भी नष्ट किया। साम्यवादियों को ब्रिटिश सरकार से उनके समर्थन के बदले में वित्तीय सहायता दी जाती थी। इसके अतिरिक्त साम्यवादियों ने मुस्लिम लीग से एक गुप्त समझौता किया था।[84]

1.76 कांग्रेस का 1885 में उसके जन्म से ही यह प्रयास रहा कि मुस्लिम समाज स्वतंत्रता के राष्ट्रीय आंदोलन में सम्मिलित हो। इसी उद्देश्य से गांधीजी ने खिलाफत आंदोलन से कांग्रेस को जोड़ा। 1888 में

मुसलमान पाकिस्तान के पक्ष में।

81. सुजीत शंकर चट्टोपाध्याय, पूर्व भारत सरकार का पायनियर (दिल्ली) तारीख 23.6.2009 में लेख। लार्ड एटली ने पश्चिमी बंगाल के कार्यवाहक राज्यपाल पी.बी. चक्रवर्ती, को 1956 और बाद में एटली ने आक्सफोर्ड में बरुण दत्त (वामपंथ के इतिहासकार) को जो उत्तर दिया था, उस पर यह लेख आधारित है।

82. मोहित सेन, *ए ट्रेवलर एंड दि रोड,* रूपा 2003, पृ. 8, 23, 24, 27। कम्यूनिस्ट इंटरनेशनल की छठी कांग्रेस (1928) में गांधीजी को ब्रिटिश उपनिवेशवादियों का दलाल घोषित किया गया। सोवियत एन्साइक्लोपीडिया में उन्हें और भी भद्दी गालियां दी गईं। (मोहित सेन, *वही,* पृ. 492)।

83. 1962 में साम्यवादियों ने पुनः देशद्रोह किया। जब चीन ने भारत पर आक्रमण किया तो उन्होंने यह कहा कि भारत आक्रामक है और "चीन का राष्ट्राध्यक्ष हमारा अध्यक्ष है" बोलते हुए माओ का चित्र लेकर जुलूस निकाले। 1975 के आपात के समय में साम्यवादियों ने श्रीमती इंदिरा गांधी को समर्थन दिया और स्वतंत्रता के दमन को उचित ठहराया। देखिए शंकरशरण, *मार्क्सवाद के खंडहर,* शिल्पायन 2004, दिल्ली।

84. आर.सी. मजूमदार, *हिस्ट्री एंड कल्चर ऑफ दि इंडियन पीपुल',* भारतीय विद्या भवन, जिल्द 11, पृष्ठ 706 और आगे।

सर सैयद अहमद ने यूनाइटेड पैट्रियाटिक एसोसिएशन की स्थापना की जिसमें मुस्लिम और हिंदू सदस्य थे। वे सभी कांग्रेस के विरोध में एकमत थे। 1893 में सर सैयद अहमद ने मोहम्मडन एंग्लो ओरियंटल डिफेंस एसोसिएशन आफ अपर इंडिया की रचना की। इसमें केवल मुसलमान और अंग्रेज ही सदस्य हो सकते थे। उनका यह पूरा प्रयास था कि मुसलमान कांग्रेस से दूर रहें। 1923 में गांधीजी ने मोहम्मद अली को काकीनाड़ा के अधिवेशन में कांग्रेस का अध्यक्ष बनवाया। 1927 के मद्रास अधिवेशन में एम.ए. अंसारी अध्यक्ष बनाए गए। 1939 से 1946 तक मौलाना आजाद कांग्रेस के अध्यक्ष रहे किंतु मुसलमान कांग्रेस से दूर ही बने रहे। मौलाना वेशभूषा से मुसलमान थे। अरबी के विद्वान थे। कुरान पर उन्होंने भाष्य लिखा था। फिर भी मुस्लिम समाज मुहम्मद अली जिन्ना को नेता मानता था जिन्हें अरबी का ज्ञान नहीं था। नमाज पढ़नी नहीं आती थी और जो खानपान, वेशभूषा से अंग्रेज थे।

जनवरी–फरवरी 1937 में प्रांतीय विधान सभाओं के लिए निर्वाचन हुए। 11 प्रांतों में कुल 1585 स्थान थे जिनमें से 482 मुसलमानों के लिए आरक्षित थे। कांग्रेस को 1585 में से 716 स्थान मिले। मुस्लिम आरक्षित स्थानों में केवल 58 के लिए उसे अभ्यर्थी मिले, जिनमें से 26 जीत पाए। इनमें से 19 स्थान पश्चिमोत्तर सीमा प्रांत में थे जहां अब्दुल गफ्फार खान का प्रभावी नेतृत्व था। मुस्लिम लीग की स्थिति भी बेहतर नहीं रही। उसे 482 में से केवल 105 स्थान मिले। सिंध और पश्चिमोत्तर सीमा प्रांत में उसे एक भी स्थान नहीं मिला। पंजाब में उसे 86 मुस्लिम स्थानों में केवल 1 स्थान पर सफलता मिली। बंगाल में उसे 119 में से 37 स्थान प्राप्त हुए।

1940 में लीग ने पाकिस्तान की मांग उठाई जो पूर्णतः धर्म पर आधारित थी। 1946 के निर्वाचन में लीग का आधार पाकिस्तान था जबकि कांग्रेस का था अखंड भारत। मुस्लिम समाज ने पाकिस्तान का पक्ष लिया। मातृभूमि और राष्ट्र की एकता के नारों का उन पर कोई प्रभाव नहीं हुआ।

1946 में लीग को पंजाब में 79/86, बंगाल में 113/119, सिंध में 27/35, पश्चिमोत्तर सीमा प्रांत में 17/36, स्थान मिले। इन प्रांतों में मुस्लिम बहुमत था। जहां मुसलमान अल्पसंख्यक थे वहां वे और भी अधिक विभाजन के पक्ष में थे। परिणाम इस प्रकार रहे, मद्रास 29/29, मुंबई 30/30, ओडिशा 4/4, मध्य प्रांत और विदर्भ 13/14, असम 31/34, बिहार 34/50, उत्तर प्रदेश 54/66।

अनुमानतः पाकिस्तान के पक्ष में 90% मुसलमानों ने मतदान किया।

सर रेजिनाल्ड कपलेंड ने यह कहा कि,—

> भारतीय मुसलमानों के मन में पाकिस्तान के विचार ने जो गहरी जड़ें जमा ली हैं उसके बारे में कोई शंका नहीं की जा सकती।[85]

स्वयं गांधीजी ने यह स्वीकार किया कि स्वतंत्रता आंदोलन में मुसलमानों की सहभागिता नगण्य थी।[86] (देखिए पीछे **पैरा 1.6, 1.23 से 1.25, 1.29 और 1.66**)

भारत का एकीकरण में सरदार पटेल की भूमिका।

1.77 संविधान के अध्येता अपना ध्यान संविधान के पाठ पर केंद्रित रखते हैं। अर्थात् उसमें समाहित सिद्धांत और उन्हें अभिव्यक्त करने के लिए प्रयुक्त शब्दों पर। इनके महत्त्व को नकारा नहीं जा सकता। किंतु बहुधा संविधान के तात्विक या सामग्री स्रोत पर ध्यान नहीं दिया जाता। जैसे—भारत का राज्यक्षेत्र, भारत के लोग और वह प्रक्रिया जिससे राष्ट्र की एकता और अखंडता सुनिश्चित की गई।

85. देशिकाचार, वही, पृ. 661।
86. देखिए पाद टिप्पण 46।

कैबिनेट मिशन के 16 मई 1946 के प्रस्ताव में 3 प्रकार के संविधानों की परिकल्पना थी। (क) परिसंघ का संविधान (ख) समूहों के संविधान (तीन समूह थे) और (ग) प्रांतों के संविधान (12 प्रांत थे)। 564 देशी रियासतों से ब्रिटिश सर्वोपरिता समाप्त हो जाएगी। प्रत्येक राज्य अपने स्वाधीन होने की घोषणा कर सकेगा। एक प्रकार से भारत के सैकड़ों टुकड़े करने के लिए यह विधि अपनाई गई थी।

डा. राजेंद्र प्रसाद ने संविधान सभा का अध्यक्ष पद ग्रहण करते हुए पहले ही दिन यह घोषित कर दिया था कि यह सभा प्रभुत्वसंपन्न है। इसके प्राधिकार पर कोई बंधन नहीं लगाए जा सकते।

किंतु नींव निर्माण का कार्य सरदार पटेल ने किया। उनके प्रयासों के परिणामस्वरूप 216 रियासतें अपने निकट के राज्य में विलीन हो गईं। 61 को केंद्र शासित राज्यक्षेत्र बनाया गया। 275 रियासतों को आपस में मिलाकर संघ बनाए गए। तीन रियासतों का अस्तित्व पृथक् बना रहा—हैदराबाद, मैसूर और जम्मू-कश्मीर। सभी राज्यों ने अंगीकार-पत्र (instrument of accession) पर हस्ताक्षर किए।

देशी रियासतों की जनसंख्या भारत की जनसंख्या का 28% थी और उनका राज्यक्षेत्र भारत के राज्यक्षेत्र का 40% था। सरदार पटेल ने देश की सीमा तय की और देश को टुकड़ों में बिखर जाने से रोका। भारत के वर्तमान रूप के लिए प्रत्येक भारतीय सरदार पटेल के प्रति आभारी है। यह स्मरण रखना चाहिए कि यदि सरदार पटेल न होते तो हैदराबाद, भारत के हृदय में एक पीड़ादायी फोड़े के समान बना रहता। हैदराबाद ने अंगीकार-पत्र पर हस्ताक्षर करने से मना कर दिया था और हैदराबाद को स्वतंत्र देश घोषित कर दिया था। वहां के शासक, निजाम उस्मान अली ने आयुध जमा करना प्रारंभ कर दिया था और समुद्र से संपर्क के लिए पुर्तगाल से गोवा को क्रय करने की वार्ता शुरू कर दी थी। कुछ यूरोपीय देशों में अपने व्यापार प्रतिनिधि नियुक्त कर दिए थे। कासिम रिजवी के नेतृत्व में एक इस्लामी स्वयंसेवक बल (जिसे *रजाकार* कहा जाता था) खड़ा किया। इसकी संख्या 2 लाख तक पहुंच गई थी। बमवर्षक विमान क्रय करने के लिए 20 करोड़ रुपए पाकिस्तान को अग्रिम दिए गए। सरदार पटेल के दृढ़ संकल्प और ठीक समय पर की गई कार्रवाई के फलस्वरूप निजाम को 17 सितंबर 1948 को समर्पण करना पड़ा। हैदराबाद की उस समय जनसंख्या 1.63 करोड़ और क्षेत्रफल 83,000 वर्ग मील था।

रियासतों का विलय निरंतर होता रहा। रियासतों के प्रतिनिधि, संविधान सभा में पहली बार 28 अप्रैल 1947 को आए। अंतिम खेप 23 नवंबर 1949 को विंध्यप्रदेश से आई। सरदार संविधान सभा के भीतर और बाहर, दोनों स्थानों पर देश को एक सांविधानिक इकाई बनाने के प्रयास में लगे हुए थे।

संविधान की रचना में सर बी.एन. राव की भूमिका।

1.78 भारत के वाइसराय लार्ड वावेल ने 19 सितंबर 1945 को संविधान सभा बनाने के अपने आशय की घोषणा कर दी थी। 22 अक्तूबर 1945 को लार्ड वावेल ने लार्ड पेथिक लारेंस (भारत सचिव) को लिखा कि वे सर बेनेगल नरसिंह राव को सुधार विभाग में नियुक्त करना चाहते हैं। वावेल के कहने पर राव ने पं. नेहरू के साथ 21 नवंबर 1945 को एक लंबी वार्ता की। राव और नेहरू एक ही समय में कैम्ब्रिज के छात्र थे और नेहरू, राव की विद्वत्ता और उपलब्धियों से प्रभावित थे। 11 जुलाई 1946 को कांग्रेस अध्यक्ष नेहरू ने जो संविधान सभा बनने वाली थी उसके विचारार्थ सामग्री एकत्र करने के लिए 7 व्यक्तियों की एक समिति नियुक्त की। राव को 1946 में संविधान सभा का सलाहकार नियुक्त किया गया। इसके पहले राव भारतीय सिविल सेवा के सदस्य थे। वे कलकत्ता उच्च न्यायालय के न्यायाधीश के पद से सेवानिवृत्त हो चुके थे। तत्पश्चात् वे जम्मू-कश्मीर के प्रधानमंत्री रहे थे। यदि वे सांविधानिक सलाहकार नहीं बनाए जाते तो संभवतः उन्हें फेडरल न्यायालय का न्यायाधीश बनाया जाता। राव ने ब्रिटेन, कनाडा, अमरीका, आस्ट्रेलिया, दक्षिण अफ्रीका, आयरलैंड आदि के दृष्टांत एकत्र किए। तीन जिल्दों में ये

उदाहरण संविधान सभा के सदस्यों को दिए गए। 9 मार्च 1947 को उन्होंने डॉ. राजेंद्र प्रसाद और पं. नेहरू के लिए एक टिप्पणी तैयार की। 17 मार्च 1947 को उन्होंने प्रांतीय विधान सभाओं के सदस्यों को एक प्रश्नावली भेजी। यही प्रश्नावली 5 मई 1947 को संविधान सभा के सदस्यों को भेजी गई।

राव ने अक्तूबर 1947 में संविधान का प्रारूप तैयार किया। इसी प्रारूप पर प्रारूपण समिति ने विचार किया। पुनरीक्षित प्रारूप 21 फरवरी 1948 को परिचालित किया गया। यही प्रारूप संविधान सभा में विचार विमर्श का आधार था। राव सभी समितियों की बैठकों में भाग लेते थे और सदस्यों के लिए टिप्पणियां तैयार करते थे।

संविधान सभा की अंतिम बैठक में डा. राजेंद्र प्रसाद ने राव की प्रभूत प्रशंसा की। बाद में एक पुस्तक में भूमिका लिखकर डा. राजेंद्र प्रसाद ने कहा,[87]—

> यदि डा. भीमराव अंबेडकर संविधान के दक्ष पायलट थे जिन्होंने विभिन्न प्रक्रम में नौका संभाली तो श्री बी.एन. राव वे व्यक्ति थे जिन्होंने संविधान की योजना बनाई और उसकी नींव रखी। ... वे किसी भी विवादास्पद बिंदु पर जो राय देते थे ... वह समग्र, तर्कयुक्त और विषय के गहरे ज्ञान पर आधारित होती थी। ... उनकी सेवाओं की भारत के बाहर भी प्रशंसा की गई और बर्मा (म्यांमार) के संविधान का प्रारूप बनाने का श्रेय भी उन्हीं को दिया जाता है।

30 नवंबर 1953 को पं. नेहरू ने श्री राव के निधन पर शोक प्रस्ताव में लोक सभा में कहा—उनका संविधान की रचना से निकट का संबंध था। यह कहा जा सकता है कि वे संविधान के प्रमुख वास्तुविदों में से एक थे।

लोक सभा अध्यक्ष श्री मावलंकर ने कहा,—

> श्री राव का हमारे संसदीय जीवन पर विशेष प्रभाव है। अपने जीवन के अंतिम वर्षों में उन्होंने इसके लिए कार्य किया और हम सब जानते हैं कि संविधान के रूप में उन्होंने एक अमूल्य कृति हमें दी।

कलकत्ता वीकली नोट्स ने 7 दिसंबर 1953 को लिखा,—

> हम भारत के एक ऐसे सपूत के निधन पर शोक प्रकट करते हैं जिसने देश को गौरवान्वित किया। उनकी मृत्यु ने हमसे एक कुशल प्रशासक, विशिष्ट संविधानविद् और भारत के संविधान के प्रमुख वास्तुविदों में से एक को हमसे छीन लिया।

1.79 **डा. अंबेडकर की भूमिका।** 6 मई 1945 को डा. अंबेडकर ने सार्वजनिक घोषणा की कि संविधान सभा की कोई आवश्यकता नहीं है क्योंकि 1935 का अधिनियम पर्याप्त है। दूसरे ही दिन उन्होंने संविधान सभा के निर्माण के प्रस्ताव का विरोध किया। संविधान सभा को उन्होंने एक ज्ञापन दिया जिसमें कुछ नए विचार थे। जैसे एक व्यक्ति, एक मत का विरोध किया गया था।

जब संविधान सभा के लिए निर्वाचन हुए तो डा. अंबेडकर मुस्लिम लीग की सहायता से बंगाल से निर्वाचित हुए। मुंबई विधान सभा में उनके दल को एक भी स्थान नहीं मिला था। विभाजन के पश्चात् उनकी सदस्यता समाप्त हो गई। तब डा. राजेंद्र प्रसाद और सरदार पटेल ने मुंबई के मुख्य मंत्री बी.जी. खेर को लिखा कि एम.आर. जयकर के त्याग-पत्र से जो स्थान रिक्त हुआ है उस पर डा. अंबेडकर को निर्वाचित कराया जाए। इस प्रकार वे पुनः 22 जुलाई 1947 को संविधान सभा के सदस्य बने।

कांग्रेस पार्टी के एक सदस्य ने सरदार पटेल से यह पूछा कि आपने क्यों डा. अंबेडकर को प्रारूपण समिति का अध्यक्ष बनाया। वे गांधी जी के परम आलोचक थे और कांग्रेस का विरोध करते थे। इस पर सरदार पटेल ने कहा "आप संविधान के निर्माण के बारे मे क्या जानते हैं? हमने उस काम के लिए सर्वोत्तम व्यक्ति को चुना।"[88]

---

87. बी.एन. राव, *इंडियाज कांस्टिटयूशन इन द मेकिंग*, (बी. शिबराव, संपादक) ओरियन्ट लांगमेन्स, 1960।
88. डा. पी.के. बंद्योपाध्याय (संपादक), सरदार वल्लभभाई पटेल, बिब्लिओफिल, कोलकाता 2018, पृ. 141।

डा. साहब के लिए यह आश्चर्य था कि उन्हें प्रारूपण समिति का सदस्य और बाद में उसका अध्यक्ष बनाया गया। इस समिति में मुख्यतः अधिवक्ता थे। समिति 29 अगस्त 1947 को बनी जबकि सभा 9 दिसंबर 1946 से कार्य कर रही थी। इस समिति को बी.एन. राव द्वारा तैयार किए गए प्रारूप का पुनरीक्षण करने का कार्य सौंपा गया।

समिति के सभी सदस्यों ने बड़ी लगन और निष्ठा से कार्य किया। बी. शिवराव की पुस्तक में इसका कार्यवृत्त लगभग 200 पृष्ठों में है।

इस समिति के कार्य के पुनर्विलोकन के लिए सभापति ने एक विशेष समिति नियुक्त की थी। बाबा साहेब या प्रारूपण समिति के सदस्यों ने कभी यह दावा नहीं किया कि संविधान उन्होंने बनाया है। संविधान सभा में 1 जून 1949 को बोलते हुए उन्होंने यह स्पष्ट किया कि समिति के पास कोई विकल्प नहीं था। वह तो सिद्धांतों से बंधी थी। बाद में भी अपने भाषण में उन्होंने कहा कि मैं आशा करता हूं कि आप यह पाएंगे कि प्रारूपण समिति ने उन निदेशों का निष्ठापूर्वक अनुसरण किया जो उसे दिए गए थे।[89]

सआदुल्ला इस समिति के सदस्य और असम के पूर्व मुख्य मंत्री थे। उन्होंने भी कहा हमें तो उद्देश्य संकल्प का शृंगार करने का काम दिया गया था। यह कैसे हो सकता है कि 7 व्यक्ति अपनी राय 308 सदस्यों पर थोप दें।[90]

संविधान सभा की बहस से यह इंगित होता है कि अंत में कांग्रेस संसदीय दल का मत ही निर्णायक होता था। मुस्लिम लीग के सदस्य संविधान सभा को बंद सदन (packed house) कहते थे। तृतीय वाचन के समय एक कांग्रेसी सदस्य श्री शिब्बन लाल सक्सेना ने यह कथन किया कि जो निर्णय कांग्रेस दल की बैठकों में लिया जाता था वही संविधान सभा में स्वीकार कर लिया जाता था।[91] बाबा साहेब ने भी यह संप्रेक्षण किया था *"ये लोग विनिश्चय पाने के लिए एक दूसरे स्थान को जाते हैं और वहां से निर्णय लेकर सभा में आते है।"*[92]

बाद के वर्षों में भी डा. अंबेडकर यह कहने पर कि आपने ही तो संविधान बनाया है, तुरंत निराकरण करते थे। 2 सितंबर 1953 को राज्यसभा में उन्होंने कहा कि लोग कहते रहते हैं कि मैंने संविधान बनाया। मैं तो एक श्रमिक था। जो मुझसे कहा गया वह मैंने किया—अपनी इच्छा के विरुद्ध। कुछ उत्तेजित हो जाने पर यह भी कह दिया कि मैं इस संविधान को जला दूंगा। 9 मार्च 1955 राज्यसभा में अनु. 31 के संबंध में उन्होंने कहा कि मैं और प्रारूपण समिति इसके लिए उत्तरदायी नहीं हैं। यह हमारा प्रारूप नहीं है।

संविधान सभा के अंतिम सत्र में पट्टाभि सीतारामय्या ने समिति के अध्यक्ष और प्रत्येक सदस्य का उल्लेख करके उनके योगदान का उल्लेख किया। अनंतशयनम् अय्यंगार ने यह कहा कि डा. अंबेडकर तो संविधान सभा में दर्शक बनकर आए थे। किंतु उन्होंने संविधान की रचना में प्रमुख भूमिका निभाई। वे संविधान के वास्तुविदों में से एक हैं।

डा. राजेंद्र प्रसाद ने अपने बिदाई भाषण में कहा कि समिति के अध्यक्ष और अन्य सदस्यों में भेद करना अवांछनीय होगा। उन सभी ने पूरी लगन और समर्पण से कार्य किया और इसके लिए यह देश उनका आभारी है।

बाद में एक पुस्तक की भूमिका में उन्होंने कहा कि डा. अंबेडकर एक कुशल पायलट थे जिन्होंने संविधान सभा का मार्ग दर्शन किया।[93]

संविधान सभा ने प्रक्रिया संबंधी विषयों के लिए 10 और अधिष्ठायी विषयों के संबंध में 11 समितियां बनाई थीं। उप-समिति और तदर्थ समितियां भी अनेक थीं। संपूर्ण सभा की भी एक समिति थी।

---

89. सी.ए.डी. जिल्द VII, 317।
90. सी.ए.डी. जिल्द IX, 733।
91. सी.ए.डी. जिल्द XI, पृ. 704।
92. सी.ए.डी. जिल्द XI, पृ. 1094।
93. *इंडियाज़ कांस्टीट्यूशन इन द मेकिंग,* संपादक बी. शिवराव, ऑरिएंट लांगमैन्स, 1960।

यह कहना उचित होगा कि हमारा संविधान, सम्मिलित प्रयास का परिणाम है। यह एक कठिन कार्य था जिसमें अनेक लोगों के श्रम की आवश्यकता थी। यह अनेक व्यक्तियों का संयुक्त प्रयास है और इसमें अनेक दृष्टिकोण प्रतिबिंबित होते हैं।

डा. अंबेडकर प्रारूपण समिति के अध्यक्ष थे। वे संविधान सभा की निम्नलिखित समितियों के सदस्य थे, अर्थात्–प्रकार्य समिति, राष्ट्रध्वज तदर्थ समिति, सलाहकार समिति, मूल अधिकार उपसमिति, अल्पसंख्यक उपसमिति, संघ संविधान समिति और उच्चतम न्यायालय तदर्थ समिति। डा. अंबेडकर का योगदान विशाल और प्रशंसनीय था। उसकी प्रशंसा संविधान सभा के सभापति और अन्य सदस्यों ने की है। किंतु यह डा. अंबेडकर जैसे विद्वान, विधिवेत्ता और देशप्रेमी के प्रति अन्याय होगा यदि यह कहा जाए कि उन्होंने अकेले ही संविधान की रचना की।

भारत के लिए संविधान सभा।

1.80 20 नवंबर 1946 को वाइसराय ने सदस्यों को संविधान सभा के पहले अधिवेधन में उपस्थित होने का निमंत्रण भेजा। अविभाजित भारत के लिए जो संविधान सभा गठित हुई थी और जो पहली बार 9 दिसंबर 1946 को समवेत हुई थी उसका अधिवेशन 14 अगस्त 1947 को बुलाया गया और वही विभाजित भारत के लिए, जिसे *डोमिनियन आफ इंडिया* नाम दिया गया था प्रभुत्व-संपन्न विधान सभा बन गई। बंगाल, पंजाब, सिंध, पश्चिमोत्तर सीमा प्रांत आदि का प्रतिनिधित्व करने वाले सदस्य संविधान सभा के सदस्य नहीं रहे। इस प्रक्रिया में बाबा साहेब अंबेडकर का स्थान भी रिक्त हो गया क्योंकि वे बंगाल से निर्वाचित हुए थे। बाद में उन्हें मुंबई के कांग्रेस विधायक दल ने चुनकर भेजा।[94]

मुस्लिम लीग, अंतरिम सरकार में सम्मिलित हो गई थी किंतु उसने संविधान सभा में अपने प्रतिनिधि नहीं भेजे थे यद्यपि यह कैबिनेट योजना का अविभाज्य अंग था। 9 दिसंबर 1946 को पंडित नेहरू ने उद्देश्य संकल्प प्रस्तावित किया था। डा. जयकर और डा. अंबेडकर की सलाह पर सभा 6 सप्ताह तक इस बात की प्रतीक्षा में रही कि मुस्लिम लीग और देशी रियासतों के प्रतिनिधि सभा में सम्मिलित हो जाएंगे। इसलिए उद्देश्य संकल्प 22 जनवरी 1947 को अंगीकार किया गया।

सभा के सांविधानिक सलाहकार सर बी.एन. राव ने अक्तूबर 1947 में संविधान का पहला प्रारूप तैयार किया था। इसमें 243 अनुच्छेद और 13 अनुसूचियां थीं। 29 अगस्त 1947 को संविधान सभा ने एक प्रारूप समिति का निर्वाचन किया। डा. भीमराव अंबेडकर समिति के सभापति निर्वाचित हुए।[95] प्रारूप समिति द्वारा निर्मित संविधान 21 फरवरी 1948 को परिचालित किया गया। यह संविधान सभा के भीतर और बाहर विचार विमर्श का आधार बना। इसमें 315 अनुच्छेद और 8 अनुसूचियां थीं। इसे 4 नवम्बर 1947 को बाबा साहेब अंबेडकर ने पुरःस्थापित किया। प्रारूप संविधान के लिए कुल 7,635 संशोधन प्रस्तावित किए गए इनमें से 2,473 संशोधन सभा में वास्तव में प्रस्तुत किए गए।

संविधान सभा के लिए निर्वाचन।

1.81 संविधान सभा का निर्वाचन प्रांतीय विधान सभा के सदस्यों द्वारा अप्रत्यक्ष निर्वाचन प्रणाली से हुआ था। यह कैबिनेट योजना द्वारा बनाई गई स्कीम के अधीन था। इस स्कीम के मुख्य लक्षण इस प्रकार थे,–

94. धनंजय कीर, पूर्वोक्त, पृ. 393।

95. प्रारूपण समिति में अध्यक्ष डा. अंबेडकर के अतिरिक्त 6 सदस्य थे अर्थात् अल्लादि कृष्णस्वामी अइयर, बी.एल. मित्तर (सभी निर्दलीय), कन्हैयालाल माणिकलाल मुंशी, एन. गोपालस्वामी आयंगर, डी.पी. खेतान (सभी कांग्रेस) और सैयद मोहम्मद सआदुल्ला (मुस्लिम लीग)। बाद में बी.एल. मित्तर के स्थान पर एन. माधवराव नियुक्त हुए। 1948 में डी.पी. खेतान की मृत्यु के पश्चात् उनके स्थान पर टी.टी. कृष्णमाचारी आए। प्रारूपण समिति की 141 बैठकें हुईं।

1. प्रत्येक प्रांत और देशी रियासत (या जहां छोटी रियासतें थीं वहां उनका समूह) को अपनी जनसंख्या के अनुपात में स्थानों का आबंटन किया गया। मौटे तौर पर 10 लाख की जनसंख्या पर 1 स्थान आबंटित हुआ। परिणामस्वरूप प्रांतों को 292 सदस्य निर्वाचित करने थे। देशी रियासतों को कम से कम 93 स्थान मिलने थे।

2. प्रत्येक प्रांत में स्थानों का वितरण तीन समुदायों के बीच उनकी जनसंख्या के अनुपात में किया गया। ये तीन समुदाय थे—मुस्लिम, सिक्ख और साधारण।

3. प्रांतीय विधान सभाओं में प्रत्येक समुदाय के प्रतिनिधियों ने आनुपातिक प्रतिनिधित्व प्रणाली के अनुसार एकल अंतरणीय मत से सदस्यों का निर्वाचन किया।

4. देशी रियासतों में चयन किस प्रकार हो यह परामर्श से तय होना था। वास्तव में अधिकांश रियासतों में शासक द्वारा सदस्य नामनिर्दिष्ट किए गए।

3 जून 1947 की योजना के अधीन पाकिस्तान के लिए एक पृथक् विधान सभा बनी। बंगाल, पंजाब, सिंध, पश्चिमोत्तर सीमा प्रांत, बलूचिस्तान और असम के सिलहट जिले के सदस्य भारत की विधान सभा के सदस्य नहीं रहे।

पश्चिम बंगाल और पूर्वी पंजाब में पुनः निर्वाचन हुए।

संविधान का अधिनियमित किया जाना।

1.82 जब विभाजन के पश्चात् 31 अक्तूबर 1947 को संविधान सभा बुलाई गई तब उसमें कुल 299 सदस्य थे जिनमें से 70 रियासतों के प्रतिनिधि थे।

संविधान सभा की इस बात के लिए प्रशंसा की जाती है कि उसके सभी विनिश्चय ध्वनि मत से पारित हुए, कोई विभाजन नहीं हुआ। इस प्रकार यह कहा जा सकता है कि सभी विनिश्चय एकमत या पूर्ण सहमति से पारित हुए।

प्रारूप संविधान 4 नवंबर 1947 को पुरःस्थापित हुआ (प्रथम वाचन)।

दूसरा वाचन या जिसे खंडशः विचारण कहते हैं 15 नवम्बर 1948 को प्रारंभ हुआ और 17 अक्तूबर 1949 को समाप्त हुआ। इसमें अनेक अधिवेशन हुए। 8 प्रमुख समितियां बनाई गईं जिन्हें विशिष्ट कार्य सौंपे गए।[95] इसके अतिरिक्त कुछ गौण समितियां भी बनाई गई थीं। प्रारूप समिति का काम, प्रारूप संविधान के बारे में विभिन्न समितियों के विचार और प्रतिवेदन को प्रभावी करना था। इस प्रकार प्रारूप समिति की स्वतंत्रता सीमित थी।

तृतीय वाचन 17 नवम्बर 1949 को प्रारंभ हुआ और 26 नवम्बर 1949 को समाप्त हुआ। इसी तारीख को यह घोषणा हुई कि संविधान पारित हो गया।

नागरिकता, अंतःकालीन संसद्, अस्थायी और संक्रमणकालीन उपबंध आदि कुछ उपबंध 26 नवम्बर 1949 को प्रभावी हो गए।[96] इसी तारीख का उद्देशिका में उस तारीख के रूप में

---

96. संविधान सभा की समितियां और उनके अध्यक्ष नीचे दिए गए हैं।

जिस नाम के पीछे * बना है वह यह दर्शाता है कि अध्यक्ष, संविधान सभा का सदस्य नहीं था।

1. नियम समिति	डा. राजेंद्र प्रसाद
2. संचालन समिति	डा. राजेंद्र प्रसाद
3. वित्त और कर्मचारी समिति	डा. राजेंद्र प्रसाद
4. परिचय पत्र समिति	अल्लादि कृष्णस्वामी अइयर
5. आवास समिति	डा. पट्टाभि सीतारामय्या
6. कार्य निर्धारण समिति	कन्हैयालाल माणिकलाल मुंशी
7. राष्ट्रीय ध्वज के लिए तदर्थ समिति	डा. राजेंद्र प्रसाद
8. संविधान सभा के कृत्यों की समिति	जी.वी. मावलनकर
9. राज्य समिति	जवाहरलाल नेहरू
10. मूल अधिकार, अल्पसंख्यक अधिकार आदि की सलाहकार समिति	वल्लभ भाई पटेल
इस सलाहकार समिति की चार उपसमितियां थीं,—	
(क) अल्पसंख्यक उपसमिति	एच.सी. मुखर्जी
(ख) मूल अधिकार उपसमिति	जे.बी. कृपलानी

उल्लेख किया गया है जिस तारीख को भारत के लोगों ने इस संविधान को अंगीकृत, अधिनियमित और आत्मार्पित किया।

संविधान के शेष उपबंध 26 जनवरी 1950 को प्रभावी हुए। इस तारीख को संविधान के प्रारंभ की तारीख कहा गया है।[97]

1949 में अंगीकृत संविधान में 395 अनुच्छेद और 8 अनुसूचियां थीं।

24 जनवरी 1950 को संविधान पर सदस्यों ने हस्ताक्षर किए। उसी दिन संविधान सभा की अंतिम बैठक हुई।

(ग) पूर्वोत्तर सीमा जनजाति क्षेत्र और असम आदि की उपसमिति	गोपीनाथ बरदोलाई
(घ) अपवर्जित और भागतः अपवर्जित क्षेत्र (असम के क्षेत्रों को छोड़कर) उपसमिति	जे.जे. निकोल्स राय
11. संघ शक्ति समिति	जवाहरलाल नेहरू
12. संघ संविधान समिति	जवाहरलाल नेहरू
13. उच्चतम न्यायालय के लिए तदर्थ समिति	एस. वरदाचारी*
14. प्रांतीय संविधान समिति	वल्लभ भाई पटेल
15. मुख्य आयुक्त प्रांत समिति	डा. पट्टाभि सीतारामय्या
16. प्रारूपण समिति	डा. भीमराव अंबेडकर
17. संघ के संविधान के वित्तीय उपबंधों के लिए विशेषज्ञ समिति	नलिनीरंजन सरकार*
18. भाषावार प्रांत आयोग	एस.के. दर*

97. अनुच्छेद 394।

अध्याय 2

संविधान के प्रमुख लक्षण

प्रमुख लक्षण क्या हैं?

2.1 संविधान के प्रमुख या स्पष्ट दिखाई देने वाले लक्षण संविधान की वे विशेष बातें होती हैं जिनसे उसकी अन्य संविधानों से भिन्नता प्रकट होती है। प्रमुख लक्षण का अर्थ **आधारिक लक्षण** नहीं होता। आधारिक लक्षण, संविधान के वे उपबंध हैं जिनका संशोधन नहीं किया जा सकता, या जिन्हें नष्ट नहीं किया जा सकता, या जिन पर प्रहार नहीं किया जा सकता। आधारिक लक्षणों का संशोधन नहीं किया जा सकता यह सिद्धांत *केशवानंद भारती*[1] *में* प्रतिपादित किया गया था और इसका अनुसरण इसके पश्चात् अनेक मामलों में किया गया।

सबसे लंबा संविधान।

2.2 क. संविधान के विद्यार्थी को सबसे पहले जो दिखाई पड़ता है वह है संविधान की विशाल काया। इसकी तुलना में दूसरे संविधान छोटी सी पुस्तिका दिखाई पड़ते हैं।अमरीकी संविधान में 5,000 से कम शब्द हैं। कनाडा का जो संविधान 1982 में बना उसकी शब्द संख्या 6,500 से भी कम है।

संविधान के इतने विशाल होने के कारण निम्नलिखित हैं,—

1. इसमें राज्य के प्रशासन से संबंधित उपबंध हैं। अमरीकी संविधान इससे भिन्न है। वहां राज्यों ने अपने अपने संविधान अलग से बनाए। हमारे संविधान में कनाडा का अनुसरण किया गया। हमारे संविधान में संघ और सभी राज्यों के संविधान हैं, जम्मू-कश्मीर को छोड़कर। जम्मू-कश्मीर को अपना संविधान बनाने की अनुमति दी गई। संविधान के उपबंध भी जम्मू-कश्मीर राज्य पर स्वतः लागू नहीं किए गए। वहां संविधान के उपबंध अनुच्छेद 370 के अधीन धीरे धीरे लागू किए गए। इनमें से कुछ उपांतरित रूप में लागू किए गए।

2. संविधान में प्रशासनिक मामलों के बारे में विस्तार से उपबंध हैं। संविधान निर्माताओं की इच्छा थी कि यह एक विस्तारवान दस्तावेज हो और उनके सामने भारत शासन अधिनियम 1935 का दृष्टांत था। उसमें न्यायपालिका, लोक सेवा आयोग, निर्वाचन आयोग आदि के बारे में विस्तृत उपबंध रखे गए थे। डा. अंबेडकर ने इन प्रशासनिक बातों को सम्मिलित किए जाने को इस आधार पर उचित ठहराया था कि दुर्भाव से काम करने वाले व्यक्ति संविधान को छद्म रूप से भ्रष्ट न कर सकें।[2]

3. भारत शासन अधिनियम, 1935 के अधिकांश उपबंध यथावत् अंगीकार कर लिए गए। 1935 का अधिनियम एक बहुत लंबा दस्तावेज था। उसे आदर्श मानकर उसका बहुत बड़ा भाग संविधान में समाविष्ट कर लिया गया। इससे संविधान की लंबाई बढ़ना स्वाभाविक था।

डा. अंबेडकर ने ऐसा करने के पक्ष में यह दलील दी भारत के लोग विद्यमान प्रणाली से परिचित थे।

---

1. *केशवानंद भारती* बनाम *केरल राज्य,* ए.आइ.आर. 1973 एस.सी. 1641 और *मिनर्वा मिल्स* बनाम *भारत संघ,* ए.आइ.आर. 1980 एस.सी. 1789।

2. सी.ए.डी. जिल्द 7, पृ. 35-38।

4. भारत की विशालता और समस्याओं की विविधता के कारण जन्मी समस्याओं का समाधान खोजना आवश्यक था। भारत की इन विशिष्ट समस्याओं के लिए जो उपबंध बनाए गए, उनके उदाहरण हैं—भाग 16, जो अनुसूचित जाति और जनजाति तथा पिछड़े वर्ग से संबंधित है। भाग 17, जो राजभाषा के बारे में है। पांचवीं और छठी अनुसूचियां जो अनुसूचित क्षेत्र और जनजातियों से संबंधित हैं।

5. संविधान के प्रारंभ होने के पश्चात् नागालैंड, असम, मणिपुर, आंध्र प्रदेश, महाराष्ट्र, सिक्किम आदि की प्रादेशिक मांगों को देखते हुए बाद के वर्षों में अनु. 371क से लेकर 371झ अंतर्विष्ट किए गए।

एकल नागरिकता।

2.3 ख. संविधान में दो राजतंत्र हैं किंतु नागरिकता इकहरी है। ये दो राजतंत्र हैं—संघ और राज्य, किंतु राज्य की कोई नागरिकता नहीं है केवल भारत की नागरिकता है। अमरीका के संविधान में दोहरी नागरिकता है। अमरीका की नागरिकता और राज्य की नागरिकता। भारत में प्रत्येक नागरिक को समान अधिकार है वह चाहे जहां निवास करे।

संशोधनों द्वारा पुनः रचना।

2.4 ग. हमारे संविधान में कुछ संशोधन ऐसे हुए हैं जिनसे संविधान की तात्त्विक दृष्टि से पुनः रचना हो गई है। इनमें विशेष उल्लेखनीय हैं 7वें, 42वें, 73वें और 74वें संशोधन। अंतिम दो संशोधनों से भाग 9 और 9क जोड़े गए हैं। जो पंचायत और नगरपालिका से संबंधित हैं। इस प्रकार एक तीसरे स्तर के शासन के बारे में उपबंध किया गया है जो किसी और संविधान में नहीं मिलता।

परिसंघ संविधान जिसमें न्यूनतम कठोरता है।

2.5 घ. साधारणतया परिसंघ संविधान नमनीय नहीं होते। अर्थात् उनके संशोधन की प्रक्रिया इतनी जटिल होती है कि सांविधानिक उपबंधों को परिवर्तित या उपांतरित करना कठिन होता है। हमारा संविधान अनेक प्रकार से इस कठिनाई को कम करता है,—

(क) कुछ उपबंधों को साधारण बहुमत से परिवर्तित या प्रतिस्थापित किया जा सकता है। वैसे ही बहुमत और प्रक्रिया से जिससे सामान्य विधान बनाया जाता है। उदाहरणार्थ—अनु. 3 (किसी राज्य के नाम और सीमा में परिवर्तन, नए राज्य की रचना, राज्य का क्षेत्र घटाना या बढ़ाना, आदि) अनु. 169 (राज्य में विधान परिषदों का उत्सादन या सृजन), 239क कुछ संघ राज्यक्षेत्रों के लिए विधान-मंडलों का सृजन, अनु. 348 (उच्चतम न्यायालय और उच्च न्यायालय की भाषा), दूसरी, पांचवीं, और छठी अनुसूची।

(ख) कुछ उपबंधों में परिवर्तन के लिए संसद् के दोनों सदनों में विशेष बहुमत की आवश्यकता है। अर्थात् उपस्थित और मतदान करने वाले सदस्यों का दो तिहाई तथा सदन की कुल सदस्य संख्या का बहुमत।

(ग) यदि संशोधन से अनु. 54, 55, 73, 162, 241, या भाग 5 के अध्याय 4, भाग 6 के अध्याय 5, भाग 11 के अध्याय 1 आदि में परिवर्तन किया जाना है तो संशोधन के लिए बहुमत के अतिरिक्त राज्यों के विधान-मंडलों के अनुसमर्थन की अपेक्षा होती है। इसके लिए 1/2 विधान-मंडलों का अनुसमर्थन पर्याप्त है। अमरीका में 3/4 राज्यों द्वारा अनुसमर्थन आवश्यक है।

इस प्रकार संविधान के मूल पाठ में परिवर्तन करने के लिए विभिन्न रीतियां विहित की गईं हैं जिससे संविधान का सरलता से अनुकूलन किया जा सके।

संविधान का अनुपूरक विधान।

2.6 (घ) संविधान में अनेक स्थानों पर कुछ आधारभूत सिद्धांत अधिकथित किए गए हैं और संसद् को यह शक्ति प्रदान

की गई है कि वह विद्यमान उपबंधों के स्थान पर दूसरे उपबंध रख दे या विधान बनाकर उनकी अनुपूर्ति करे। उदाहरण के लिए (i) भाग 2 में यह अधिकथित किया गया है कि किस प्रकार संविधान के प्रारंभ में नागरिकता अर्जित की जाएगी। नागरिकता की विधि बनाने का अधिकार संसद् को दिया गया है। इसलिए अनु. 11 के अधीन इस अधिकार का प्रयोग करके संसद् ने नागरिकता अधिनियम, 1955 बनाया। (ii) अनु. 22 में निवारक निरोध के विरुद्ध कुछ रक्षोपाय किए गए हैं। किंतु साथ ही संसद् को यह शक्ति दी गई है कि वह विधि द्वारा वे परिस्थितियां विहित करे जिनके अधीन किसी व्यक्ति को निरुद्ध किया जा सकता है, वह अवधि तय करे जिसके लिए निरुद्ध किया जा सकता है और इससे जुड़े हुए अन्य मामलों के बारे में विधान बनाए। [अनु. 22(7)] (iii) अनु. 17 के अधीन अस्पृश्यता का अंत किया गया और उसे प्रतिबंधित किया गया। अनु. 23 द्वारा बलात् श्रम (बंधुआ मजदूरी) प्रतिबंधित किया गया। संघ और राज्य दोनों को यह प्राधिकार है कि वह अस्पृश्यता और बंधित श्रम को दंडनीय अपराध घोषित कर दे। संसद् ने सिविल अधिकार संरक्षण अधिनियम, 1955 और बंधित श्रम पद्धति (उत्सादन) अधिनियम, 1976 अधिनियमित किया। ये दो अधिनियम इस बात के उदाहरण हैं कि संविधान के उपबंधों की अनुपूर्ति के लिए अधिनियम बनाए जाते हैं। (iv) राष्ट्रपति और उपराष्ट्रपति के निर्वाचन से संबंधित आधारिक उपबंध संविधान में दिए गए हैं। किंतु अनु. 71(3) के अधीन संसद् ने राष्ट्रपतीय और उपराष्ट्रपतीय निर्वाचन अधिनियम, 1952 अधिनियमित किया है जिसमें निर्वाचन की प्रक्रिया के बारे में विस्तार से उपबंध है। इसी प्रकार संसद् की सदस्यता के लिए अर्हता (अनु. 84) और सदस्यता के लिए निरर्हताओं (अनु. 102) के लिए सुसंगत अधिनियम हैं।

इस तरीके से आवश्यक परिवर्तन सुविधानुसार किए जा सकते हैं। संविधान में संशोधन की आवश्यकता नहीं होती।

(ङ) कुछ अनुच्छेद संक्रमणकालीन या प्रायोगिक हैं और तब तक परिवर्तन में बने रहेंगे जब तक संसद् उस विषय पर विधान नहीं बना देती। इसके उदाहरण हैं अनु. 285 (संघ की संपत्ति को राज्य के कराधान से छूट) और अनु. 300 (भारत सरकार के विरुद्ध वाद और कार्यवाहियां)।

संविधान में परिवर्तन करने के लिए अनेक प्रकार की पद्धतियों को स्थान देना बुद्धिमत्तापूर्ण और व्यावहारिक है।

कठोरता को कम करने के लिए बनाई गई व्यवस्था।

2.7 **ङ.** परिसंघ संविधान में संघ और राज्यों के बीच शक्तियों का विभाजन होता है और इस बात का ध्यान रखा जाता है कि अतिक्रमण न होने पाए। कुछ परिस्थितियों में यह चीन की दीवार व्यावहारिक जीवन में कठिनाइयां उत्पन्न कर देती है। इससे बचने के लिए संविधान में निम्नलिखित उपाय किए गए हैं,—

(क) समवर्ती विषयों की एक लंबी सूची बनाई गई है।

(ख) यह उपबंध किया गया है कि कुछ उपबंधों में संसद् द्वारा परिवर्तन किया जा सकता है।

(ग) कुछ परिस्थितियों में संसद्, राज्य के अधीन आने वाले विषयों पर विधान बना सकती है। जैसे,—

(i) अन्तरराष्ट्रीय करारों को प्रभावी करने के लिए (अनु. 253)

(ii) राज्यों की सहमति से (अनु. 252)

(iii) आपात के दौरान (अनु. 250)

(iv) राष्ट्रीय हित में जब राज्य सभा उपस्थित और मतदान करने वाले 2/3 सदस्यों के बहुमत से संकल्प पारित कर दे। (अनु. 248)

2.8 च. कुछ संविधान इस प्रकार बने होते हैं कि आपात की स्थिति में भी वे अपनी प्रकृति का त्याग नहीं कर सकते। हमारे संविधान के भीतर ही ऐसी यंत्र प्रणाली है कि जब राष्ट्र के सम्मुख कोई विपत्ति आ जाती है तो संविधान को इस प्रकार बदला जा सकता है कि वह ऐकिक प्रणाली जैसा हो जाए। अमरीकी संविधान में ऐसा परिवर्तन संभव नहीं है। किंतु द्वितीय विश्व युद्ध के समय वहां की न्यायपालिका ने प्रतिरक्षा शक्ति का व्यापक निर्वचन करके संघ को शक्तिमान बनाया।

आपात के दौरान परिसंघ प्रणाली का ऐकिक प्रणाली में संपरिवर्तन।

2.9 छ. परिसंघ में राज्य और संघ की न्यायपालिका अलग अलग हो सकती हैं। इसी प्रकार विभिन्न राज्यों में सिविल और दांडिक विधियां भी अलग अलग हो सकती हैं। इन विधियों का प्रशासन करने वाले व्यक्ति भी किसी विशेष राज्य के कर्मचारी हो सकते हैं। अमरीका में ऐसा ही है किंतु हमारे संविधान के अधीन,—

आधारभूत मामलों में एकता।

(क) एक ही न्यायपालिका है (परिसंघ की विधियों के लिए पृथक् न्यायपालिका नहीं है।)

(ख) सभी राज्यों में सिविल और दांडिक प्रक्रिया आधारिक रूप से एक ही है।

(ग) भारतीय प्रशासनिक सेवा, भारतीय पुलिस सेवा और भारतीय वन सेवा, संघ और राज्यों के लिए सामान्य हैं। आवश्यकता पड़ने पर इसी प्रकार की अन्य सेवाओं का सृजन किया जा सकता है।

2.10 ज. परिसंघ संविधान में संघ और राज्य के संविधान हो सकते हैं किंतु हमारा संविधान अनूठा है। इसमें पंचायत और नगरपालिका के संविधान और शक्तियां भी दी गई हैं। अतः इसमें तीन स्तर की सरकारें हैं।

तीन स्तर की सरकार।

2.11 झ. संविधान के द्वारा लोगों को कुछ अधिकार प्रदान किए गए हैं जिन्हें मूल अधिकार कहा गया है जैसे, समानता का अधिकार, वाक् स्वातंत्र्य का अधिकार, प्राण और दैहिक स्वतंत्रता का अधिकार। इन अधिकारों पर राज्य ऐसे निर्बंधन लगा सकता है जो अनुज्ञेय हों। इन अधिकारों को प्रवृत्त कराने के लिए उच्चतम न्यायालय में अभ्यावेदन करने का अधिकार प्रत्याभूत है। हमारे संविधान में कुछ अधिकार हैं जो किसी अन्य संविधान में नहीं है जैसे अस्पृश्यता, बलात् श्रम और निवारक निरोध। हमारे संविधान में मूल अधिकारों की मर्यादाएं और अपवाद विस्तार से बताए गए हैं।

मूल अधिकार।

2.12 ञ. संविधान में कुछ ऐसे तत्त्व प्रगणित हैं जिन पर न्यायालय निर्णय नहीं दे सकते या जो न्यायालय के माध्यम से प्रवृत्त नहीं कराए जा सकते किंतु जिन्हें देश के शासन के लिए मौलिक समझा जाता है। संविधान निर्माताओं की यह मान्यता थी कि इनको संविधान में सम्मिलित करने से भविष्य की सभी सरकारों को चाहे वे किसी राजनीतिक दल की हों यह स्मरण रहेगा कि उन्हें इन नीतियों को लागू करना है। इससे अंतर नहीं पड़ता कि वे प्रवृत्त नहीं कराई जा सकतीं।

निदेशक तत्त्व।

2.13 ट. इंग्लैंड में संसद् प्रभुत्वसंपन्न है और न्यायालयों को संसद् के अधिनियमों की परीक्षा करने और उनकी मान्यता पर विचार करने की कोई शक्ति नहीं है। अमरीका की जनता को यह दुखद अनुभव हुआ

न्यायिक पुनर्विलोकन।

था कि जनता द्वारा निर्वाचित संकाय, ब्रिटेन की संसद्, अत्याचारी शासक के रूप में काम कर सकती है। अमरीकी उच्चतम न्यायालय ने संविधान का निर्वचन करते हुए यह घोषणा की कि संविधान सामान्य विधान से ऊंचे आसन पर स्थित है और जो विधि संविधान के अनुरूप नहीं है वह विधिमान्य नहीं हो सकती।

अंग्रेजों के शासन के अधीन भारतीयों को दमन सहना पड़ा और आधारिक मानव अधिकार नहीं मिले। **मेग्नाकार्टा,** इंग्लैंड की प्रजातांत्रिक प्रणाली और **विधिसम्मत शासन** का उपयोग भारतीयों का दमन करने और उन्हें मानव अधिकार से वंचित करने के लिए किया गया। मोतीलाल नेहरू की अध्यक्षता में बनी सर्वदलीय समिति ने 1928 में अपने प्रतिवेदन में कहा था कि **हमारी पहली आवश्यकता यह है कि हमारे मूल अधिकारों को इस प्रकार प्रत्याभूत किया जाए कि किसी भी परिस्थिति में उनका हनन न हो सके।**

अतएव संविधान के निर्माताओं ने न्यायिक पुनर्विलोकन को अभिव्यक्त रूप से मूल अधिकारों का एक भाग बनाया (अनु. 13) और उच्चतम न्यायालय (अनु. 32) और उच्च न्यायालय को (अनु. 226) प्रहरी की भूमिका प्रदान की।

2.14 ठ. **9वीं अनुसूची द्वारा संरक्षण।** हमारे संविधान का एक ऐसा लक्षण है जिसके समानांतर कोई उपबंध किसी अन्य संविधान में नहीं मिलता। यह है 9वीं अनुसूची जिसमें लगभग 300 अधिनियम हैं। अनुच्छेद 31ख में एक घोषणा है जिसके द्वारा इन सभी अधिनियमों को न्यायिक पुनर्विलोकन से पूर्ण उन्मुक्ति दी गई है। यदि मूल अधिकार का उल्लंघन होता है तो भी इन अधिनियमों को अविधिमान्य घोषित नहीं किया जा सकता।

2.15 ड. **स्वतंत्र न्यायपालिका।** संविधान में न्यायपालिका को कार्यपालिका से अलग और स्वतंत्र रखने का प्रयत्न किया गया है इसके लिए नियुक्ति, स्थानांतरण, वेतन, आदि के बारे में उपयुक्त उपबंध दिए गए हैं। अधीनस्थ न्यायपालिका के विषय में भी ऐसे ही उपबंध हैं।

2.16 ढ. **संसदीय प्रणाली का शासन।** संविधान में संसदीय प्रणाली की व्यवस्था है। जो *वेस्टमिंस्टर* (*इंग्लैंड*) पर आधारित है। इस प्रणाली के अनुसार यद्यपि राष्ट्रपति निर्वाचित होता है और राष्ट्र का प्रतिनिधित्व करता है किंतु वह राष्ट्र पर शासन नहीं करता। वह राज्य का अधिपति होता है जबकि प्रधान मंत्री सरकार का अध्यक्ष होता है। सभी मंत्री संसद् के सदस्य होते हैं। कोई भी व्यक्ति जो संसद् का सदस्य नहीं है केवल 6 मास की अवधि तक ही मंत्री रह सकता है। मंत्रि परिषद् (मंत्रियों को सामूहिक रूप से यही संज्ञा दी जाती है।) लोक सभा के प्रति उत्तरदायी होती है। दूसरे शब्दों में वे तभी तक पद धारण करते हैं जब तक उन्हें लोक सभा में बहुमत का समर्थन प्राप्त हो। लोक सभा का विश्वास खोने पर उन्हें त्यागपत्र देना पड़ता है।

2.17 ण. **परिसंघ संविधान।** संविधानों को दो मुख्य वर्गों में बांटा जाता है। (1) ऐकिक और (2) परिसंघीय। ऐकिक प्रणाली में एक केंद्रीय शासनतंत्र होता है और कोई दूसरा शासनतंत्र ऐसा नहीं होता जो उसकी शक्तियों में हिस्सा बंटाए। परिसंघीय संविधान में दो शासन केंद्र होते हैं जो एक ही समय में अपने अपने क्षेत्र में शासन करते हैं। अपने क्षेत्र में उन्हें संविधान के अधीन प्रभुता होती है। हमारे संविधान में एक संघ और 28 राज्य बनाए गए हैं जिनको शक्तियां और कृत्य सौंपे गए हैं। इस दृष्टि से यह अमरीकी संविधान से समानता रखता है।

2.18 त. उद्देशिका में यह घोषणा की गई है कि भारत गणराज्य है। संविधान में निर्वाचित राष्ट्रपति के लिए उपबंध किया गया है। गणराज्य में कोई आनुवंशिक शासक नहीं होता और राज्य के सभी प्राधिकारी प्रत्यक्ष या अप्रत्यक्ष रूप से जनता द्वारा निर्वाचित होते हैं।

गणराज्य।

2.19 थ. संविधान में कुछ उपबंध रख कर अल्पसंख्यकों के लिए रक्षोपाय किए गए हैं। इसके लिए मूल अधिकारों की सूची में धार्मिक स्वतंत्रता (अनु. 25 से 28) और संस्कृति और शिक्षा संबंधी अधिकार (अनु. 29 से 30) रखे गए हैं। समता खंड (अनु. 14) अधिनियमित करने के पश्चात् ऐसे रक्षोपाय रखने के लिए कोई विधिक आवश्यकता नहीं थी। किंतु संविधान के रचयिताओं ने अभिव्यक्त रूप से यह अधिकार प्रदान किए। यद्यपि यह अधिकार अनु. 14 से स्वतः निःसृत होते हैं।

अल्पसंख्यकों के लिए रक्षोपाय।

2.20 द. संविधान ने न्यायपालिका को सीमित सर्वोच्चता दी थी। इसकी परिसीमाएं अनु. 13 में बांधी गई हैं। लिखित संविधान की सीमाओं के भीतर रहते हुए विधान-मंडल को यथासंभव सर्वोच्चता दी गई है। अनु. 21 (प्राण और दैहिक स्वतंत्रता का संरक्षण) का *ए.के. गोपालन*[3] में निर्वचन करते हुए उच्चतम न्यायालय ने यह स्पष्ट किया था कि संविधान में कोई **सम्यक् प्रक्रिया** खंड नहीं है इस कारण से उसे न्यायिक पुनर्विलोकन की उतनी व्यापक शक्तियां नहीं हैं जितनी कि अमरीका के उच्चतम न्यायालय को हैं। किंतु 1978 में *मेनका गांधी*[4] में उच्चतम न्यायालय ने अनु. 21 में सम्यक् प्रक्रिया खोज निकाली और स्वयं को वे सब शक्तियां प्रदान कर दीं जो अमरीका के उच्चतम न्यायालय द्वारा प्रयोग की जाती हैं। यही नहीं न्यायालय ने संविधान के संशोधनों को भी शून्य घोषित करने की शक्ति स्वयं में निहित कर दी। (*मिनर्वा मिल्स*)[5]।

न्यायिक सर्वोच्चता।

2.21 ध. विधान-मंडलों में अनुसूचित जातियों और जनजातियों के लिए स्थान आरक्षित हैं। राज्य इस बात के लिए स्वतंत्र है कि वह सामाजिक और शैक्षिक दृष्टि से पिछड़े हुए लोगों की उन्नति के लिए [अनु. 15(4)] और स्त्रियों और बालकों के लिए [अनु. 15(3)] विशेष उपबंध करें। लोक नियोजन में अनुसूचित जाति और जनजाति के लिए पदों का आरक्षण होगा। [अनु. 16(4) और (4क)]।

पिछड़े वर्गों के प्रति पक्षपात।

2.22 न. विधान-मंडल के निर्वाचन वयस्क मताधिकार के आधार पर होते हैं। दूसरे शब्दों में प्रत्येक नागरिक को जो 18 वर्ष से अधिक आयु का है। मतदाता के रूप में रजिस्टर किए जाने का अधिकार है। (अनु. 326)। 1988 तक 21 वर्ष की आयु का होना आवश्यक था।

सार्वजनिक मताधिकार।

2.23 प. स्वतंत्रता के समय भारत में लगभग 600 रियासतें थीं और इनकी जनसंख्या 9 करोड़ थी। कुछ रियासतों को छोड़कर (जैसे मैसूर, त्रावनकोर कोचीन और सौराष्ट्र) शेष में निर्वाचित विधान-मंडल और लोकतंत्र नहीं था। भारत शासन अधिनियम एक प्रकार से लोकतंत्र और राजतंत्र के बीच संधि पत्र था। जब देशी रियासतों ने संविधान सभा में प्रवेश किया तब यह माना जाता था कि इन रियासतों का संविधान भारत के संविधान से अलग होगा। संविधान ने लगभग 600 रियासतों का एकीकरण किया और शताब्दियों से चले आए राजतंत्र को समाप्त कर दिया। शासकों ने स्वेच्छा से अपने

देशी रियासतों का एकीकरण।

3. *ए.के. गोपालन* बनाम *मद्रास राज्य,* ए.आइ.आर. 1950 एस.सी. 28 (1950) एस.सी.आर. 88।
4. *मेनका गांधी* बनाम *भारत संघ,* ए.आइ.आर. 1978 एस.सी. 718।
5. *मिनर्वा मिल्स* बनाम *भारत संघ,* ए.आइ.आर. 1980 एस.सी. 1789।

विशेष अधिकार त्याग दिए। संविधान इस रक्तहीन क्रांति का स्मारक है जिसके द्वारा 9 करोड़ जनता को भारत के नागरिक के रूप में लोकतांत्रिक अधिकार मिले (7वां संशोधन)।

मूल अधिकारों पर निर्बंधन।

2.24 फ. अमरीका में अधिकार पत्र में नागरिकों और अन्य व्यक्तियों के अधिकार प्रत्याभूत किए गए। कोई भी अधिकार आत्यंतिक (असीम) नहीं हो सकता। अमरीका के उच्चतम न्यायालय ने आवश्यकता के अनुसार धीरे-धीरे वे निर्बंधन परिभाषित किए हैं जो इन अधिकारों के प्रयोग पर लगाए जा सकते हैं। हमारे संविधान में अनुभव और इतिहास से लाभ उठाकर वे आधार इंगित किए गए हैं जिन के सहारे मूल अधिकारों पर निर्बंधन लगाए जा सकते हैं। उदाहरण के लिए वाक् और अभिव्यक्ति की स्वतंत्रता को भारत की प्रभुता और अखंडता, राज्य की सुरक्षा, लोक व्यवस्था, शिष्टाचार, सदाचार, न्यायालय-अवमान आदि के हितों में सीमित किया जा सकता है। अमरीका में न्यायालयों ने पुलिस शक्ति, स्पष्ट और वर्तमान संकट, आदि सिद्धांतों का आविष्कार किया जिनके आधार पर मूल अधिकारों को सीमित किया जा सके।

सांप्रदायिक प्रतिनिधित्व।

2.25 ब. 1909 से विधान-मंडलों में धर्म के आधार पर स्थान आरक्षित किए जाते थे। भारत शासन अधिनियम 1935 में स्थानों का वितरण मुस्लिम, ईसाई, सिक्ख और आंग्ल-भारतीयों के बीच किया गया। इसके अतिरिक्त अनुसूचित जाति और जनजातियों के लिए भी आरक्षण किए गए। अंग्रेजों ने सांप्रदायिक निर्वाचक मंडल और आरक्षण का प्रयोग इस उद्देश्य से किया कि स्वस्थ और सुआधारित प्रजातंत्र जन्म न लेने पाए। संविधान में धर्म के आधार पर कोई आरक्षण नहीं है। सांप्रदायिक प्रतिनिधित्व के लिए संविधान में कोई स्थान नहीं है (अनु. 325)।

विभिन्न स्रोतों से ग्रहण किया जाना।

2.26 भ. संविधान का एक और महत्वपूर्ण लक्षण यह है कि इसमें अनेक संविधानों के लक्षणों की नकल की गई है। जब इसकी आलोचना की गई तब संविधान निर्माताओं ने गर्वपूर्वक यह घोषणा की कि **विश्व के सभी ज्ञात संविधानों का अध्ययन करके इसकी रचना हुई है।**[6] विद्यमान संविधानों के सर्वोत्तम लक्षणों का संग्रह करके निर्माताओं ने हम पर उपकार किया है। यही नहीं उन्होंने, दूसरों को जिन कठिनाइयों का सामना करना पड़ा उनका ध्यान रखते हुए उचित परिवर्तन भी किए। हमारे संविधान के रचयिताओं ने यह भी ध्यान में रखा कि जिन लक्षणों का अनुकरण किया जा रहा है उनमें हमारे देश की परिस्थितियों और आवश्यकताओं को देखते हुए क्या परिवर्तन किया जाए। संविधान में इधर उधर से लेकर थिगड़े नहीं लगाए गए यह एक सुंदर विन्यास है।

यह भी ध्यान रखने योग्य है कि अनेक संशोधनों द्वारा मूलतः बनाए गए संविधान में व्यापक परिवर्तन किए गए हैं। ये संशोधन हैं 7वां, 24वां, 42वां, 44वां, 73वां और 74वां।

स्रोतों की सूची।

2.27 जिन स्रोतों से उपबंध लिए गए हैं उनको संक्षेप में इस प्रकार बताया जा सकता है,—

(क) संविधान पर सबसे अधिक प्रभाव डालने वाला और संविधान का सबसे प्रमुख सामग्री स्रोत भारत शासन अधिनियम, 1935 है। इसी अधिनियम से परिसंघ प्रणाली, न्यायपालिका, राज्यपाल, आपात शक्ति, लोक सेवा आयोग और अधिकांश प्रशासनिक ब्यौरे लिए गए हैं। संविधान के आधे से अधिक उपबंध या तो 1935 के अधिनियम के समान हैं या उससे मिलते जुलते हैं।

6. डा. भीमराव अंबेडकर का संविधान सभा में भाषण, सी.ए.डी. जिल्द 7, पृ. 35-38।

(ख) ब्रिटेन से हमारे संविधान ने संसदीय शासन पद्धति, मंत्रिमंडल प्रणाली, एकल नागरिकता, संसद् की प्रक्रिया और विशेषाधिकार, परमाधिकार रिट, आदि उपबंध लिए हैं।

(ग) अमरीकी संविधान को स्रोत मानकर उससे न्यायिक पुनर्विलोकन, न्यायपालिका की स्वतंत्रता, मूल अधिकार, राष्ट्रपति और उच्चतम न्यायालय तथा उच्च न्यायालय के न्यायाधीशों को हटाए जाने के उपबंध ग्रहण किए गए हैं।

(घ) आयरलैंड के संविधान से प्रेरणा लेकर निदेशक तत्त्व, राष्ट्रपति निर्वाचन की पद्धति, राज्यसभा में कुछ सदस्यों का नामनिर्देशन सम्मिलित किए गए हैं।

(ङ) कनाडा का संविधान ऐसे परिसंघ का उदाहरण है जिसमें केंद्र शक्तिशाली है। विधायन की अवशिष्ट शक्तियां केंद्र में निहित हैं। राज्यपाल की नियुक्ति केंद्र द्वारा की जाती है। हमारे संविधान में भी यह सब लक्षण समाविष्ट हैं। ये विशेषताएं कनाडा से ली गई हैं।

(च) आस्ट्रेलिया के संविधान में विधायी विषयों की एक समवर्ती सूची है और व्यापार, वाणिज्य और समागम की स्वतंत्रता के बारे में उपबंध हैं। आस्ट्रेलिया के संविधान से हमारे संविधान में ये बातें ग्रहण की गई हैं।

(छ) आपात की घोषणा जब विद्यमान होती है उस समय मूल अधिकारों के निलंबित किए जाने के उपबंध जर्मनी के वाईमर संविधान से लिए गए हैं।

1935 के अधिनियम पर आधारित।

2.28 बाबा साहब अंबेडकर ने 4 नवंबर 1948 को संविधान सभा को संबोधित करते हुए यह कहा कि उन्हें यह स्वीकार करने में कोई झिझक नहीं है कि प्रारूप संविधान मुख्यतः 1935 के अधिनियम पर आधारित है। इसके पहले 6 मई 1945 को उन्होंने सार्वजनिक रूप से यह कथन किया था कि भारत को नए संविधान की आवश्यकता नहीं है। 1935 का भारत शासन अधिनियम पर्याप्त है।

हमारे संविधान का लगभग 3/4 भाग 1935 के अधिनियम पर आधारित है। किंतु जो नया समावेश है वह दर्शनीय है और उसने अधिनियम को बदल डाला है। कुछ तात्त्विक परिवर्तन हैं,—

1. गणराज्य सरकार
2. संसदीय प्रणाली की सरकार
3. संसद् पर बाह्य नियंत्रण का अभाव
4. देशी रियासतों का विलय
5. मूल अधिकार और राज्य की नीति के निदेशक तत्त्वों का समावेश
6. पृथक् निर्वाचक मंडलों का उत्सादन और वयस्क मतदान का उपबंध
7. अवशिष्ट शक्तियों का संघ में निहित होना
8. संसद् की संविधान का संशोधन करने की शक्ति।

जम्मू-कश्मीर के संविधान की प्रास्थिति

2.29 जम्मू-कश्मीर के संविधान का स्थान भारत के संविधान के समकक्ष नहीं है। भारत का संविधान जम्मू-कश्मीर में भी सर्वोपरि है।[7]

---

7. *एस.बी.आइ.* बनाम *संतोष गुप्ता* (2017) 2 एस.सी.सी. 538।

अध्याय 3
परिसंघ प्रणाली

क्या संविधान परिसंघीय है?

3.1 परिसंघ की कोई ऐसी परिभाषा नहीं है जिस पर सभी लोग सहमत हों। अमरीका का संविधान परिसंघीय संविधानों में सबसे पुराना है इसलिए विद्वान उसे परिसंघ का आदर्श और सर्वोत्तम उदाहरण मानते थे। किंतु अब इस पर पुनर्विचार हुआ है। विद्वानों का यह मत है कि कोई राज्य परिसंघीय है या ऐकिक यह निर्णय उसके लक्षणों के आधार पर किया जाना चाहिए। यह देखना होगा कि उसमें परिसंघ के कितने लक्षण हैं।[1] यह भी कहा गया है कि परिसंघ एक व्यावहारिक संकल्पना है संस्थानिक नहीं। कोई भी सिद्धांत जो इस बात पर बल देता है कि कुछ ऐसे अटल लक्षण हैं जिनके बिना कोई राज्य प्रणाली परिसंघीय नहीं हो सकती इस तथ्य की उपेक्षा करता है कि विभिन्न सामाजिक परिवेश में संस्थाएं एक सी नहीं हो सकतीं।[2] डा. दुर्गादास बसु ने बहुत ही व्यावहारिक दृष्टिकोण से यह कहा था कि संविधान न तो शुद्धतया परिसंघीय है और न शुद्ध रूप से ऐकिक। किंतु यह दोनों का संयोजन है। यह एक नए प्रकार का संघ या मिश्रित राज्य है।[3] डा. भीमराव अंबेडकर को जो संविधान सभा के सदस्य और उसकी प्रारूप समिति के अध्यक्ष थे संविधान की परिसंघीय प्रकृति के बारे में कोई शंका नहीं थी। उन्होंने संविधान सभा में यह कहा[4],—

> परिसंघ का आधारभूत सिद्धांत यह है कि संविधान द्वारा विधायी और कार्यपालिका शक्तियों को केंद्र और राज्य के बीच विभाजित किया जाता है। केंद्र द्वारा बनाई गई विधि से नहीं बल्कि स्वयं संविधान द्वारा। ... परिसंघ का मुख्य लक्षण विधायी और कार्यपालिका शक्तियों का संविधान द्वारा केंद्र और इकाइयों में विभाजन है। यह सिद्धांत हमारे संविधान में समाविष्ट है। इसके बारे में शंका करने का कोई स्थान नहीं है।

प्रो. के.सी. वेयर और सरकारिया आयोग आदि का दृष्टिकोण।

3.2 प्रो. के.सी. वेयर ने यह कहा था कि हमारा संविधान ऐकिक राज्य बनाता है जिसमें कुछ अनुषंगी परिसंघीय लक्षण हैं। यह ऐकिक लक्षणों वाला परिसंघीय राज्य नहीं है।[5] किंतु बाद में उन्होंने अपनी राय बदल दी और हमारे संविधान को *परिसंघीय कल्प* (परिसंघ जैसा या आधा परिसंघीय) की संज्ञा दी।[6] ऐसा प्रतीत होता है कि भारतीयों ने व्यावहारिक दृष्टिकोण अपनाया। किसी सिद्धांत से बंधे रहना उचित नहीं समझा। डा. अंबेडकर ने संविधान सभा में अपने भाषण में यह कहा था कि यह संविधान काल और परिस्थितियों की

---

1. डबल्यू.टी. वेगनर, *फेडरल स्टेटस एंड देयर जुडिशियरी*, पृ. 25।
2. लिविंगस्टोन; *फेडरेशन एंड कांस्टिट्यूशनल चेंज*, पृ. 6-7।
3. दुर्गादास बसु; *इन्ट्रोडक्शन टु दि कांस्टिट्यूशन आफ इंडिया*, 18वां संस्करण, पृ. 63, *कमेंटरी आन दि कांस्टिट्यूशन आफ इंडिया*, 7वां संस्करण, जिल्द ए, पृ. 55।
4. डा भीमराव अंबेडकर का संविधान सभा में 25-11-1949 को दिया गया भाषण। यह मुद्रित है *दि कांस्टिट्यूशन एंड दि कांस्टिट्यूएंट असेम्बली*; लोक सभा सचिवालय, 1990, पृ. 176 और आगे।
5. के.सी. वेयर; *फेडरल गवर्नमेंट*, 1951, पृ. 28।
6. के.सी. वेयर; *माडर्न कांस्टिट्यूशंस*, 1966, पृ. 21।

अपेक्षानुसार ऐकिक और परिसंघीय दोनों है।[7] उच्चतम न्यायालय ने *आटोमोबाइल ट्रांसपोर्ट*[8] में हमारे संविधान को परिसंघीय बताया है। *केशवानंद*[9] में कुछ न्यायाधीशों ने परिसंघ को संविधान का आधारिक लक्षण माना। *बोम्मई*[10] में 9 न्यायाधीशों की पीठ ने यह स्पष्ट रूप से अधिकथित किया है कि हमारा संविधान परिसंघीय है। इस वाद में कुछ न्यायाधीशों ने यह माना है कि परिसंघ संविधान का आधारिक लक्षण है। *कुलदीप नय्यर*[11] में सांविधानिक पीठ ने यह कहा कि परिसंघ हमारे संविधान का आधारिक लक्षण है। राजमन्नार समिति ने, जिसे तमिलनाडु ने नियुक्त किया था और जिसने अपना प्रतिवेदन 1971 में दिया, भारत को परिसंघ माना। केंद्र सरकार द्वारा 1983 में गठित सरकारिया आयोग[12] ने भी भारतीय संविधान को परिसंघीय बताया यद्यपि यह भी कहा कि यह शास्त्रीय ढंग का परिसंघ नहीं है क्योंकि यह राज्यों के सम्मिलन का परिणाम नहीं है जैसा कि अमरीका में हुआ था। इस प्रकार हम देखते हैं कि अधिकांश विचारकों के मत इस बात के पक्ष में हैं कि भारत का संविधान परिसंघीय है। यह मानना कि अमरीकी संविधान एकमात्र आदर्श है और सभी बातों में उसका अनुसरण किया जाना चाहिए—भूल है, बुद्धिमानी नहीं है।

परिसंघ की कसौटी।

3.3 यह साधारणतया माना जाता है कि परिसंघ में सरकार के कृत्यों में केंद्र या परिसंघ की सरकार और राज्यों की सरकारों की सहभागिता होती है। ये दोनों सरकारें एक दूसरे के समानांतर और एक दूसरे से स्वतंत्र होती हैं। कोई भी सरकार दूसरे की अभिकर्ता या प्रत्यायोजिती नहीं होती। दोनों की शक्तियों का एक ही स्रोत होता है अर्थात् संविधान। कोई भी सरकार दूसरी के अधीनस्थ नहीं होती। इस प्रकार यह कहा जा सकता है कि सरकार के एक दूसरे से स्वतंत्र दो केंद्र बिंदु परिसंघ का सारतत्त्व है।[13] किंतु जैसा ऊपर कहा गया है कि यह कहना बुद्धिमत्तापूर्ण नहीं होगा कि दोनों का इस प्रकार अस्तित्व में होना इस बात की कसौटी है कि कोई संविधान परिसंघीय है या नहीं। हमें सभी परिसंघीय संविधानों में वे लक्षण ढूंढने चाहिए जो सामान्य हैं। जीवन में लिटमस परीक्षण न तो वांछनीय है न संभव। यही बात विधि में लागू होती है। काले और सफेद रंगों के बीच अनेक प्रकार के रंग होते हैं।

परिसंघ के लक्षण।

3.4 परिसंघ संविधान में साधारणतया निम्नलिखित 5 लक्षण होते हैं,—

1. **द्वैध सरकार और शक्तियों का वितरण**

द्वैध सरकार का अर्थ है दो सरकारों का होना। ऐकिक राज्य में जैसा कि नाम से प्रकट होता है एक ही सरकार होती है—राष्ट्रीय सरकार। परिसंघ में दो सरकारें एक साथ विद्यमान होती हैं। एक तो राष्ट्रीय सरकार (जिसे केंद्रीय या परिसंघीय कहा जाता है) और दूसरे प्रत्येक संघटक राज्य की सरकार। ये दोनों सरकारें अपनी शक्तियां एक ही स्रोत (संविधान) से प्राप्त करती हैं। ये सरकारें एक दूसरे से नहीं किंतु संविधान द्वारा नियंत्रित होती हैं। यह उपधारणा नहीं की जानी चाहिए कि वे एक दूसरे का स्पर्श नहीं करती। ये एक ही जन पर शासन करती हैं और उनका उद्देश्य एक ही जनता की सेवा करना है। इसलिए यह स्वाभाविक ही है कि उनके कृत्य

7. सी.ए.डी., जिल्द 7, पृ. 33-34।
8. *आटोमोबाइल ट्रांसपोर्ट* बनाम *राजस्थान राज्य*, ए.आइ.आर. 1962 एस.सी. 1406।
9. *केशवानंद भारती* बनाम *केरल राज्य*, ए.आइ.आर. 1973 एस.सी. 1461।
10. *एस.आर. बोम्मई* बनाम *भारत संघ*, ए.आइ.आर. 1994 एस.सी. 1918।
11. (2006) 7 एस.सी.सी. 1 (पृ. 54 पर)।
12. आर.एस. सरकारिया—*रिपोर्ट आफ दि कमीशन आन सेंटर स्टेट रिलेशन्स*, 1988।
13. वी.एन. शुक्ला, *कांस्टिट्यूशन आफ इंडिया*, 8वां संस्करण, पृ. ए. 22।

एक दूसरे का स्पर्श करें और एक दूसरे को प्रभावित करें। वे एकांत में कार्य नहीं कर सकती यह आवश्यक है कि वे एक दूसरे के साथ सक्रिय सहयोग करते हुए कार्य करें।

3.5 इस संदर्भ में दो बातें ध्यान देने योग्य हैं (क) संविधान में अनु. 1(1) में यह कहा गया है कि **भारत, अर्थात् इंडिया, राज्यों का संघ होगा।** डा. अंबेडकर ने संविधान सभा में यह कहा था कि जानबूझकर **संघ** शब्द का प्रयोग किया गया है क्योंकि इसके कुछ फायदे हैं। इससे यह उपदर्शित होता है कि (i) भारतीय परिसंघ राज्यों के बीच किसी करार का परिणाम नहीं है और (ii) राज्यों को विलग होने का अधिकार नहीं है।[14] यह ध्यान देने योग्य है कि *संघ* शब्द का प्रयोग स्टेफर्ड क्रिप्स ने अपने प्रस्ताव में किया था। कैबिनेट मिशन योजना में भी इसी शब्द का प्रयोग किया गया था। *संघ* शब्द से कुछ विशेष लक्षणों का होना सिद्ध नहीं होता। अमरीकी संविधान में जिसे परिसंघ का आदर्श माना जाता है यह शब्द प्रयुक्त है। यूनियन आफ साउथ अफ्रीका एक्ट, 1909 द्वारा ऐकिक संविधान की रचना की गई। उसमें भी इसी शब्द का प्रयोग किया गया। विघटन के पूर्व सोवियत रूस का जो संविधान था उसमें रूस को यूनियन आफ सोवियत सोशलिस्ट रिपब्लिक कहा गया था। यह कहना उचित होगा कि प्रारूपकार किसी संविधान पर जो नाम की पर्ची लगा देते हैं वह निश्चायक साक्ष्य नहीं हो सकती। संविधान किस प्रकार का है यह उसे समग्रता में देखकर तय करना होगा नाम से नहीं।

संघ शब्द का महत्व।

3.6 73वें और 74वें संशोधनों द्वारा सरकार का एक नया स्तर बनाया गया है— पंचायत और नगरपालिका। इन्हें शक्तियां और कृत्य सौंपे गए हैं। इसे सरकार का तीसरा स्तर माना जा सकता है। इन संशोधनों के बाद भारत के संविधान में दो नहीं तीन स्तर की सरकारों का उपबंध है। यह परिसंघ का एक नवीनतम रूप है जो शेष विश्व को अज्ञात है। किसी भी जिले, क्षेत्र या नगर की स्थानीय सरकार साधारणतया विधान मंडल द्वारा बनाए गए अधिनियम की सृष्टि होती है। भारत में इनका सृजन संविधान द्वारा किया गया है। संविधान के उपबंधों की अनुपूर्ति में अधिनियम बनाए गए हैं।

सरकार का तीसरा स्तर।

द्वैध शासन का स्वाभाविक परिणाम होता है, दो सरकारों के बीच शक्तियों और कृत्यों का विभाजन। सभी सांविधानिक प्रणालियों में परिसंघ और राज्य इकाइयों के बीच वितरण एक सा हो यह आवश्यक नहीं है। विषयों का वितरण दो भागों में हो सकता है। अर्थात् परिसंघीय विषय और राज्य के विषय जैसा कि अमरीका में है या विषयों को तीन सूचियों में बांटा जा सकता है—केंद्र सूची, राज्य सूची और समवर्ती सूची—जैसा कि आस्ट्रेलिया में है। अवशिष्ट शक्तियां केंद्र के पास हो सकती हैं (कनाडा और भारत) या राज्यों के पास (अमरीका और आस्ट्रेलिया)। इन सूचियों के अतिरिक्त भी शक्तियों के विभाजन के अनेक तरीके हैं।

3.7 2. वितरण को स्पष्ट और स्थाई करने के लिए उसका लिखित होना आवश्यक है। साथ ही यह भी आवश्यक है कि संविधान में अधिकथित प्रक्रिया का अनुसरण करते हुए उसमें संशोधन और परिवर्तन किए जा सकें। यदि अलिखित अभिसमय या समझौते पर यह छोड़ दिया जाए तो इससे अनिश्चितता उत्पन्न होगी और उसका परिणाम होगा, घटक इकाइयों में असंतोष और संघर्ष।

लिखित संविधान।

3.8 3. संविधान को एक उच्चतर विधि माना जाता है। संघ और राज्य दोनों को उसका पालन और सम्मान करना अनिवार्य है। किसी भी इकाई को यह प्राधिकार नहीं है कि वह संविधान का अध्यारोहण करे या उसकी उपेक्षा करे। कुछ मामलों में संघ के पास अध्यारोही शक्तियां हो सकती हैं किंतु

संविधान की सर्वोच्चता।

14. सी.ए.डी. जिल्द 7, पृ. 43।

शक्तियों के विभाजन के बारे में नहीं। परिसंघ संविधान शक्तियों के वितरण की सावधानी से रक्षा करते हैं और उसमें अतिक्रमण को सहन नहीं करते। जैसे सार्वजनिक निगम उस अधिनियम से शक्तियां प्राप्त करते हैं जिनके द्वारा उनका सृजन किया गया है उसी प्रकार परिसंघ में दोनों सरकारें संविधान से शक्तियां प्राप्त करती हैं, संविधान से नियंत्रित होती हैं और संविधान द्वारा अंकित सीमाओं के भीतर काम करती हैं।

3.9 4. कठोरता का यह अर्थ नहीं है कि संविधान में कोई परिवर्तन नहीं हो सकता और वह सदैव यथावत् बना रहेगा। किंतु लिखित संविधान होने के कारण यह आवश्यक हो जाता है कि शक्तियों का वितरण करने वाले उपबंध केंद्र या राज्य के विवेक पर न छोड़ दिए जाएं। संशोधन की प्रक्रिया में यह अधिकथित किया जाना चाहिए कि संशोधन के लिए दोनों की सहमति होना आवश्यक है। हमारे संविधान में यह उपबंध है कि संशोधन करने के लिए केंद्र में विशेष बहुमत और उसके बाद कम से कम आधे राज्यों द्वारा उसका अनुसमर्थन होना चाहिए। (अमरीका में 3/4 राज्यों के अनुसमर्थन की आवश्यकता होती है।)

कठोरता।

3.10 5. परिसंघ में इस बात की संभावना होती है कि एक राज्य दूसरे राज्य के अधिकारों पर अतिक्रमण करे। इस बात की संभावना भी है कि संघ एक या अधिक राज्यों के अधिकार छीनने का प्रयत्न करे या राज्य संघ के कृत्यों का प्रयोग करने का प्रयास करें। ऐसी परिस्थितियों से निपटने के लिए परिसंघ में एक स्वतंत्र न्यायपालिका की परिकल्पना की जाती है जो इकाइयों के अधिकार तय करे और उन्हें अपनी सीमाओं के भीतर बांधे रखे। संविधान के निर्वचन के विषय में सभी प्रश्नों पर न्यायालय का मत निर्णायक होता है। हमारा संविधान परिसंघ से संबंधित विषयों के बारे में उच्चतम न्यायालय को मूल अधिकारिता देता है (अनु. 131)। इस प्रकार उच्चतम न्यायालय को इकाइयों के बीच उठने वाले सभी विवादों का निर्णायक बनाया गया है।

न्यायालयों का प्राधिकार।

3.11 ऊपर बताए गए पांचों विशिष्ट लक्षण हमारे संविधान में मिलते हैं। हमारा संविधान एक लिखित दस्तावेज है जो द्वैध राज-व्यवस्था स्थापित करता है। एक केंद्रीय और 28 राज्य सरकारें। प्रत्येक की शक्ति का स्रोत हमारे देश की सर्वोच्च विधि है, अर्थात् हमारा संविधान। संघ और राज्यों की शक्तियां अपने-अपने क्षेत्र में संविधान द्वारा बनाई गई सीमाओं के भीतर सर्वोच्च हैं। संविधान को सर्वोच्चता प्रदान की गई है। अकेला केंद्र इसे परिवर्तित नहीं कर सकता। संविधान के जो परिसंघीय लक्षण हैं उनका संशोधन करने के लिए संविधान के अनुच्छेद 368 के अनुसार दोनों प्रकार की सरकारों की सहमति चाहिए। दोनों प्रकारों की सरकारों के बीच विधायी और प्रशासनिक शाक्तियों के विभाजन की रक्षा के लिए संविधान ने उच्चतम न्यायालय बनाया है। उच्चतम न्यायालय किसी भी कार्य को जो विभाजन का अतिक्रमण करता हो अविधिमान्य ठहरा सकता है और रोक सकता है। चाहे वह कार्य प्रशासनिक हो या विधायी।

संविधान में सभी लक्षण विद्यमान हैं।

उच्चतम न्यायालय में कोई भी ऐसा व्यक्ति समावेदन कर सकता है जो शक्तियों के उल्लंघन से व्यथित हो। प्रत्येक राज्य या संघ उच्चतम न्यायालय में समावेदन करने का अधिकारी है।[15]

---

15. राज्यों के न्यायालय में पहुंचने के उदाहरण हैं:
(क) *पश्चिमी बंगाल राज्य* बनाम *भारत संघ,* ए.आइ.आर. 1963 एस.सी. 1214।
(ख) *राजस्थान राज्य* बनाम *भारत संघ,* ए.आइ.आर. 1997 एस.सी. 1361।
(ग) *हरियाणा राज्य* बनाम *पंजाब राज्य,* ए.आइ.आर. 2002 एस.सी. 685।
व्यक्तियों के न्यायालय में पहुंचने के उदाहरण हैं:
(क) *आटोमोबाइल ट्रांसपोर्ट* बनाम *राजस्थान राज्य,* ए.आइ.आर. 1962 एस.सी. 1406।
(ख) *एस.आर. बोम्मई* बनाम *भारत संघ,* ए.आइ.आर. 1944 एस.सी. 1।

हमारे संविधान में इन लक्षणों की विद्यमानता के आधार पर उच्चतम न्यायालय ने हमारे संविधान को परिसंघीय कहा है।[8,9,10]

संविधान के परिसंघ सिद्धांत से असंगत लक्षण।

3.12 संविधान में कुछ ऐसे उपबंध हैं जो परिसंघ सिद्धांत से विचलन हैं। दूसरे प्रकार से कहें तो यह परिसंघ सिद्धांत का भारतीय संस्करण है।

3.13 (क) **राज्यों के लिए एक संविधान**। अमरीकी संघ अनेक प्रभुत्व-संपन्न राज्यों द्वारा स्वेच्छा से किए गए करार का परिणाम था। इसका उद्देश्य एक राष्ट्रीय सरकार की स्थापना थी जो उनके समान हितों का पोषण करे। इस उद्देश्य की प्राप्ति के लिए राज्यों ने अपने कुछ अधिकार त्याग दिए। कनाडा में प्रांतों का जन्म केंद्र के जन्म के पहले नहीं हुआ था। कनाडा के एक अधिनियम द्वारा प्रांतों को राज्य बनाकर उन्हें कुछ अधिकार प्रदान किए गए। परिसंघ अधिनियम द्वारा अधिरोपित था। राज्यों द्वारा स्वेच्छा से नहीं बनाया गया था।

भारत में 1935 के अधिनियम द्वारा स्वशासी इकाइयां बनाई गईं और उन्हें परिसंघ के ढांचे में ढाला गया। दोनों का सृजन एक ही अधिनियम से हुआ। यह किसी संधि या करार का परिणाम नहीं था। हमारा संविधान भारत के लोगों द्वारा बनाया गया है। राज्यों द्वारा नहीं। यह करार का परिणाम नहीं है। संविधान सभा ने संघ और राज्य दोनों के लिए संविधान बनाया (देखिए उद्देशिका)। किंतु कुछ विशिष्ट कारणों से जम्मू-कश्मीर राज्य को अपना संविधान बनाने की छूट दी गई (अनु. 370)।

इस प्रकार संघ और 29 राज्यों में से 28 के लिए हमारा एक ही संविधान है। संविधान के बहुत से भाग जम्मू-कश्मीर राज्य को यथावत् या कुछ उपांतरणों के साथ लागू होते हैं।

एकल नागरिकता।

3.14 (ख) भारत में एकल नागरिकता है। ऐसा ही कनाडा में है। इसके विपरीत अमरीका और आस्ट्रेलिया में दोहरी नागरिकता है—राष्ट्र और राज्य की। अमरीका में प्रत्येक अमरीकी नागरिक अमरीका का नागरिक होने के साथ साथ उस राज्य का नागरिक होता है जहां वह निवास करता है। उसकी निष्ठा दो सरकारों के प्रति होती है। वह दोनों के अधीन रहता है। भारत में दोहरी नागरिकता नहीं है। प्रत्येक नागरिक भारत का नागरिक होता है राज्य का नहीं (अनु. 5)।

राज्य अविनाशी नहीं है।

3.15 (ग) अमरीका के उच्चतम न्यायालय ने वहां के गणतंत्र का वर्णन करते हुए यह कहा कि *वह अविनाशी राज्यों द्वारा गठित अविनाशी संघ है*।[16] इससे यह अभिप्रेत है कि (i) राज्य विलग होकर संघ को नष्ट नहीं कर सकते। किसी राज्य को यह अधिकार नहीं है कि वह परिसंघ से बाहर निकल जाए और (ii) परिसंघ सरकार को यह शक्ति नहीं है कि वह राज्यों की संख्या या उनका राज्यक्षेत्र घटा दें या बढ़ा दें। यह संबद्ध राज्य की सहमति से ही किया जा सकता है। आस्ट्रेलिया का संघ भी अविनाशी है और राज्यों की सीमाओं में परिवर्तन के लिए जनमत संग्रह आवश्यक है।

भारत में संघ अविनाशी है किंतु राज्य नहीं। कोई राज्य विलग नहीं हो सकता। संघ राज्यों की सीमाएं बदल सकता है, दो या अधिक राज्यों को मिलाकर या एक राज्य को विभाजित करके नया राज्य बना सकता है। संघ किसी राज्य के नाम में परिवर्तन कर सकता है (अनु. 3)। संघ को राज्यों के उत्सादन और सृजन में पूरी छूट है। पूर्व में हैदराबाद और मध्य भारत का उत्सादन किया गया है। असम का विभाजन करके मिजोरम, अरुणाचल प्रदेश, मेघालय आदि नए राज्य

16. *टेक्सास* बनाम *वाइट* (1869), 7 वाल. 700।

बनाए गए। भोपाल और अजमेर को उनके निकटवर्ती राज्य में मिला दिया गया। सन् 2000 में तीन नए राज्य बने—उत्तराखंड, झारखंड और छत्तीसगढ़।

राज्यक्षेत्र में परिवर्तन सामान्य विधान द्वारा किया जा सकता है। ऐसे विधान के लिए संसद् में विशेष बहुमत की या राज्य की सहमति की अपेक्षा नहीं होती। ऐसी विधियों को संविधान का संशोधन नहीं माना जाता। [अनु. 4(2)] राज्यों को अपने राज्य-क्षेत्र की अखंडता का कोइ अधिकार नहीं है।

3.16 (घ) अनुच्छेद 245 और 246 द्वारा विधायी शक्ति का वितरण किया गया है। इन्हें सातवीं अनुसूची के साथ पढ़ा जाना चाहिए। इस अनुसूची में तीन सूचियां हैं—संघ सूची (99 प्रविष्टियां), राज्य सूची (61 प्रविष्टियां), समवर्ती सूची (52 प्रविष्टियां)। सभी अवशिष्ट शक्तियां संघ में निहित हैं। यदि केंद्रीय विधान-मंडल समवर्ती अनुसूची में उल्लिखित किसी विषय पर विधि बनाता है तो राज्य उतने क्षेत्र के भीतर जो केंद्र के अधिभोग में है प्रवेश नहीं कर सकते। यदि कोई विषय किसी भी सूची में नहीं है तो उस विषय पर विधान बनाने का अधिकार केंद्र को है। इस प्रकार केंद्रीय सरकार को विधान बनाने की प्रबल शक्ति है।

संघ को अधिक विधायी शक्तियां प्रदान की गई हैं।

3.17 (ङ) राज्यों की, राज्य सूची में की प्रविष्टियों के संबंध में विधि बनाने की शक्ति ऐसी नहीं है कि उसका उल्लंघन न किया जा सके। कुछ परिस्थितियों में संसद् ऐसे विषयों पर विधान बना सकती है। ये परिस्थितियां या दशाएं हैं,—

राज्यों के विधान के क्षेत्र में केंद्र प्रवेश कर सकता है।

1. जहां राज्य सभा दो तिहाई बहुमत से संकल्प पारित करके संसद् को किसी विषय पर विधि बनाने का प्राधिकार दे। ऐसा संकल्प एक वर्ष से अनधिक अवधि के लिए प्रवृत्त रहता है किंतु उसे आगे एक वर्ष के लिए बढ़ाया जा सकता है। समय का यह विस्तार चाहे जितनी बार किया जा सकता है। ऐसे संकल्प के आधार पर संसद् द्वारा बनाई गई विधि संकल्प के प्रवृत्त न रहने के पश्चात् छह मास की अवधि तक प्रभावी रहती है (अनु. 249)।

2. जहां अनु. 352 के अधीन आपात की उद्घोषणा की गई है वहां संसद् को उद्घोषणा के आधार पर राज्य सूची में की किसी प्रविष्टि की बाबत विधि बनाने की शक्ति मिल जाती है (अनु. 250)।

3. जहां दो या अधिक राज्यों के विधान-मंडल, संकल्प द्वारा, संसद् से राज्य-सूची में सम्मिलित किसी विषय के संबंध में विधि पारित करने का आग्रह करते हैं। ऐसी विधि प्रारंभ में उन्हीं राज्यों पर लागू होती है जिन्होंने आग्रह किया था। अन्य राज्य उसे अंगीकार कर सकते हैं (अनु. 252)। अनुच्छेद 252 के अधीन पारित अधिनियमों के कुछ उदाहरण हैं; पुरस्कार प्रतियोगिता अधिनियम 1955; नगर भूमि (अधिकतम सीमा और विनियमन) अधिनियम, 1976, वन्य जीव (संरक्षण) अधिनियम, 1972 और मानव अंग प्रतिरोपण अधिनियम, 1994।

4. संसद् अंतरराष्ट्रीय संधियों को प्रभावित करने के लिए विधि अधिनियमित कर सकती है चाहे उनसे संबंधित विषय राज्य-सूची में आते हों (अनु. 253)।

5. जब किसी राज्य में अनु. 356 के अधीन राष्ट्रपति शासन अधिरोपित किया जाता है तो संसद् को राज्य की विधायी शक्तियों का प्रयोग करने की शक्ति मिल जाती है। संसद् या राष्ट्रपति द्वारा (जहां संसद् ने राष्ट्रपति को प्राधिकार प्रदान कर दिया हो) बनाई गई विधि तब तक प्रवृत्त रहती है जब तक कि राज्य विधान-मंडल द्वारा वह परिवर्तित या निरसित न की जाए (अनु. 257)।

3.18 (च) संघ को, विधियों का अनुपालन सुनिश्चित करने के लिए किसी भी राज्य को निदेश देने की शक्ति है (अनु. 256)। ऐसे निदेशों का अनुपालन करने में असफल रहने पर राष्ट्रपति उस राज्य की सरकार के कृत्य अपने हाथ में ले सकते हैं (अनु. 365) वैसे ही जैसे कि अनु. 356 के अधीन होता है।

संघ की राज्यों को निदेश देने की शक्ति।

3.19 (छ) राज्य का राज्यपाल राष्ट्रपति द्वारा नियुक्त किया जाता है और राष्ट्रपति के प्रसादपर्यंत पद धारण करता है। वह राज्य के प्रति उत्तरदायी नहीं होता। केंद्र उसके माध्यम से राज्य पर कुछ मात्रा में नियंत्रण रखता है (अनु. 155)।

राज्यपाल की नियुक्ति।

3.20 (ज) जहां अनु. 360 के अधीन वित्तीय आपात की उद्घोषणा की गई है वहां केंद्र की शक्ति का विस्तार हो जाता है। केंद्र यह निदेश दे सकता है कि सभी धन विधेयक और कुछ अन्य विधेयक राष्ट्रपति के विचार के लिए आरक्षित किए जाएं।

वित्तीय आपात के दौरान।

3.21 (झ) अखिल भारतीय सेवाओं का सृजन केंद्र करता है। केंद्र को ही उस सेवा में नियुक्त व्यक्तियों की भर्ती और सेवाओं की शर्तों को विनियमित करने की शक्ति है। किंतु ऐसे व्यक्ति जिस राज्य के काडर (संवर्ग) में होते हैं उसी राज्य द्वारा उन्हें वेतन दिया जाता है और वे उसी राज्य की सेवा करते हैं। इस प्रकार केंद्र, राज्य की नौकरशाही पर भी कुछ नियंत्रण रखता है।

अधिकारी तंत्र का नियंत्रण।

3.22 (ञ) राष्ट्रपति, राज्य के उच्च न्यायालय के न्यायाधीशों की नियुक्ति करता है। इनकी नियुक्ति में राज्य की भूमिका बहुत सीमित होती है।

उच्च न्यायालय के न्यायाधीशों की नियुक्ति।

3.23 (ट) अमरीकी परिसंघवाद का एक आवश्यक लक्षण यह है कि सीनेट में सभी राज्यों का समान प्रतिनिधित्व है चाहे उनकी जनसंख्या या क्षेत्रफल (विस्तार) कुछ भी हो। यह छोटे राज्यों के लिए रक्षोपाय माना जाता है। भारत में सदस्यों की संख्या जनसंख्या के आधार पर 1 से लेकर 34 तक है। इसके अतिरिक्त 12 सदस्य राष्ट्रपति द्वारा नामनिर्दिष्ट होते हैं।

राज्यों के प्रतिनिधित्व में समानता नहीं है।

3.24 (ठ) यहां पर परिसंघ (federation) और अधिसंघ (confederation), इन दो विभिन्न किंतु संबंधित संकल्पनाओं को समझने का प्रयास करना उचित होगा।

परिसंघ और अधिसंघ का स्पष्टीकरण।

1. परिसंघ, केंद्र और राज्य इन दो इकाइयों के बीच एक घनिष्ठ विधिक संबंध है। केंद्र केवल एक होगा किंतु राज्य दो से अधिक कितने भी हो सकते हैं। (भारत में 29 और अमरीका में 50)। अधिसंघ दो या अधिक प्रभुत्वसंपन्न राज्यों का शिथिल संगम होता है जिसका जन्म किसी संधि से होता है।

2. परिसंघ सामान्यतया अविनाशी होता है और राज्य को विलग होने का अधिकार नहीं होता। अमरीका, भारत, कनाडा और आस्ट्रेलिया में ऐसा ही है। अधिसंघ का बंधन शिथिल होता है और राज्य विलग हो सकते हैं। (उदाहरणार्थ पूर्ववर्ती सोवियत रूस में समाविष्ट देशों द्वारा बनाया गया स्वतंत्र राज्यों का राष्ट्रकुल)।

3. परिसंघ प्रभुत्वसंपन्न निकाय और अंतरराष्ट्रीय व्यक्ति होता है अर्थात् ऐसा व्यक्ति जो अंतरराष्ट्रीय विधि द्वारा मान्य है। अधिसंघ अंतरराष्ट्रीय व्यक्ति नहीं होता। वह प्रभुत्वसंपन्न निकाय भी नहीं होता। अधिसंघ के संघटक राज्य प्रभुत्ववान् होते हैं और अंतरराष्ट्रीय विधि में उनकी स्वतंत्र प्रास्थिति होती है।

4. परिसंघ में व्यष्टि और परिसंघ के बीच एक विधिक संबंध होता है जिसे नागरिकता कहते हैं। अधिसंघ में लोग राज्य के नागरिक होते हैं। अधिसंघ के नहीं।

परिसंघ की भावना का साक्ष्य।

3.25 राजनीतिक घटनाओं का अवलोकन करने पर यह प्रतीत होता है कि राज्य, केंद्र के अभिकर्ता या उपकरण नहीं है। सुदृढ़ केंद्र की ओर झुकाव होते हुए भी राज्य अपने अधिकार पर बल देते रहे हैं। कर्नाटक और महाराष्ट्र तथा पंजाब और हरियाणा के बीच राज्य क्षेत्र के विवाद हुए हैं। कर्नाटक और तमिलनाडु के बीच नदी जल के हिस्से को लेकर विवाद हुए हैं। नागालैंड, त्रिपुरा और मणिपुर ने एक दूसरे की भूमि पर दावा किया है।

परिसंघ की विद्यमानता के समर्थन में यह बात भी ध्यान देने योग्य है कि विभिन्न राज्यों में विभिन्न दलों का शासन है। पश्चिम बंगाल और केरल में वाम मोर्चा ने अनेक बार सरकार बनाई है। मध्यप्रदेश, महाराष्ट्र, उत्तर प्रदेश, हिमाचल प्रदेश और राजस्थान में भारतीय जनता पार्टी की सरकारों ने शासन किया है। तमिलनाडु और आंध्र प्रदेश में स्थानीय दल लंबे समय से सरकार बनाते रहे हैं। और यह तब होता रहा है जब केंद्र में कोई भिन्न दल या गठबंधन शासन कर रहा था।

लोगों की आकांक्षाओं की पूर्ति में परिसंघ सक्रिय रहा है इसलिए नए राज्यों की सृजन की मांग होती रहती है। 1950 के संविधान में 9 भाग क राज्य थे और 5 भाग ख राज्य थे। भाग ख राज्यों के उत्सादन के पश्चात् आज राज्यों की कुल संख्या 29 है।

एक और साक्ष्य यह है कि केंद्र से अनुदान प्राप्त करने के लिए बहुत खींचतान होती है और बार-बार इस बात पर बल दिया जाता है कि विधि और व्यवस्था से संबंधित विषयों पर राज्यों को पूर्ण अधिकार है। केंद्र सरकार ने राज्य सरकारों को, अनु. 280 के अधीन नियुक्त वित्त आयोग की सिफारिश से भी अधिक अनुदान दिए हैं।

विदेशी लेखकों की जो भी कुशंकाएं रही हों, हमारे अपने विद्वान सही साबित हुए हैं और भारत में परिसंघ सिद्धांत को देखा और अनुभव किया जा सकता है। परिसंघ हमारी राज-व्यवस्था में विद्यमान है और हमें उसकी जीवंत ऊर्जा का अनुभव होता है।

अध्याय 4

उद्देशिका

उद्देश्य संकल्प।

4.1 संविधान सभा की पहली बैठक 9 दिसंबर 1946 को हुई और कुछ ही दिन पश्चात् 13 दिसंबर को उद्देश्य संकल्प प्रस्तावित हुआ। इस संकल्प द्वारा संविधान सभा के लक्ष्य और प्रयोजन परिनिश्चित किए गए। इस संकल्प में जो मूल आकांक्षाएं थीं वे उद्देशिका में थोड़े से शब्दों में बड़ी सुंदरता के साथ अभिव्यक्त हुई हैं। उद्देशिका में आकर्षक और प्रवाहमयी भाषा में इन उदात्त सिद्धांतों को समाविष्ट किया गया है। अर्नेस्ट बार्कर ने उद्देशिका की प्रशंसा में यह कहा है[1],—

बार्कर द्वारा प्रशंसा।

4.2 जब मैं उसे पढ़ता हूं तो मुझे ऐसा प्रतीत होता है कि मेरी इस पुस्तक में जो तर्क दिए गए हैं उन्हें उद्देशिका संक्षिप्त और सारभूत रूप में प्रस्तुत करती है...। मैं उसे उद्धृत करना चाहता हूं क्योंकि मुझे गर्व है कि भारत के लोग अपना स्वतंत्र जीवन प्रारंभ करते समय उस राजनीतिक परंपरा के सिद्धांतों को मान्यता दे रहे हैं जिन्हें हम पश्चिम की परंपरा कहते हैं किंतु जो पश्चिम तक ही सीमित नहीं है।

उद्देशिका।

4.3 उद्देशिका इस प्रकार है,—

हम, भारत के लोग, भारत को **एक संपूर्ण प्रभुत्वसंपन्न समाजवादी पंथनिरपेक्ष लोकतंत्रात्मक** गणराज्य बनाने के लिए, तथा
उसके समस्त नागरिकों को:
सामाजिक, आर्थिक और राजनीतिक **न्याय,**
विचार, अभिव्यक्ति, विश्वास, धर्म
और उपासना की **स्वतंत्रता,**
प्रतिष्ठा और अवसर की **समता**
प्राप्त कराने के लिए,
तथा उन सब में
व्यक्ति की गरिमा और राष्ट्र की एकता
और अखंडता सुनिश्चित करने वाली **बंधुता**
बढ़ाने के लिए
दृढ़ संकल्प होकर अपनी इस संविधान सभा में आज तारीख 26 नवंबर, 1949 ई० (मिति मार्गशीर्ष शुक्ला सप्तमी, संवत् दो हजार छह विक्रमी) को **एतद्द्वारा इस संविधान को अंगीकृत, अधिनियमित और आत्मार्पित करते हैं।**

इस उद्देशिका का 1976 में संशोधन किया गया। पहले पैरा में दो शब्द **समाजवादी और पंथनिरपेक्ष** अंतःस्थापित किए गए। छठे पैरा में **और अखंडता** शब्द जोड़े गए।

---

1. अर्नेस्ट बार्कर; *प्रिंसिपल्स आफ सोशल एंड पोलिटिकल थ्योरी,* ओ.यू.पी. (पेपरबैक), 1961, पृ. VI।

4.4 उद्देशिका में जनता की भावनाएं और आकाक्षाएं सूक्ष्म रूप में समाविष्ट हैं।[2] संविधान के निर्माताओं के विचारों को जानने के लिए यह एक कुंजी है।[3] इसमें उन उद्देश्यों का कथन है जिन्हें संविधान स्थापित करना चाहता है और आगे बढ़ाना चाहता है। उद्देशिका संविधान के विधिक निर्वचन में सहायक है। इसके दो मुख्य प्रयोजन हैं,—

उद्देशिका का महत्त्व।

(क) इससे यह प्रकट होता है कि संविधान के प्राधिकार का स्रोत क्या है।

(ख) इसमें वे उद्देश्य प्रतिष्ठित हैं जिन्हें संविधान स्थापित करना और आगे बढ़ाना चाहता है।

4.5 यद्यपि यह माना जाता है कि किसी भी अधिनियम के अर्थ को खोलने के लिए उद्देशिका कुंजी का काम करती है फिर भी साधारणतया यह माना जाता है कि उद्देशिका संविधान का भाग नहीं है। *बेरूबारी*[3] में उच्चतम न्यायालय ने उद्देशिका को संविधान का अंग मानने से इंकार कर दिया था। किंतु *केशवानंद*[4] में न्यायालय ने अपने निर्णय को उलटते हुए यह कहा कि उद्देशिका संविधान का भाग है क्योंकि जब अन्य सभी उपबंध अधिनियमित किए जा चुके थे उसके पश्चात् उद्देशिका को अलग से पारित किया गया।

क्या उद्देशिका संविधान का भाग है?

4.6 उद्देशिका को संविधान के भाग के रूप में मान्यता दिये जाने से संविधान के निर्वचन में सहायक के रूप में उसका महत्व बढ़ गया है। किंतु इस संबंध में निम्नलिखित प्रस्थापनाएं लागू होंगी,—

निर्वचन में सहायक के रूप में उद्देशिका।

(क) उद्देशिका शक्ति का स्रोत नहीं है। शक्ति का आधार कोई विनिर्दिष्ट उपबंध ही हो सकता है।

(ख) उद्देशिका को विधान मंडल की शक्तियों पर प्रतिबंध या मर्यादा लगाने के लिए स्रोत नहीं बनाया जा सकता है।[5]

(ग) जहां किसी अनुच्छेद के शब्दों का अर्थ संदिग्ध है या उसके दो अर्थ हो सकते हैं वहां उसका सही अर्थ ज्ञात करने के लिए उद्देशिका में स्थापित उद्देश्यों से कुछ सहायता ली जा सकती है।

4.7 *हम भारत के लोग,* इन शब्दों से उपदर्शित होता है कि भारत एक प्रजातंत्र है। इसका यह अर्थ हुआ कि यहां कोई आनुवंशिक शासक नहीं होगा और जनता अपनी सरकार स्वयं चुनेगी। विधान-मंडल निर्वाचित होंगे और प्रजातंत्र का राष्ट्रपति भी निर्वाचित होगा। प्रजातंत्र की परंपरा हमारे देश के लिए नई नहीं है। इतिहास के प्रारंभ से हमें प्रजातंत्र का ज्ञान रहा है। महाभारत में अनेक गणों का उल्लेख आता है। भगवान बुद्ध कपिलवस्तु के गणराज्य के सदस्य थे। पाणिनि, मेगस्थनीज और कौटिल्य ने भी गणराज्यों का उल्लेख किया है।

हम भारत के लोग।

इन शब्दों से यह भी पता चलता है कि यह संविधान जनता ने अधिनियमित किया है। इसके पहले 1935 का अधिनियम और उसके पूर्ववर्ती अधिनियम ब्रिटेन ने पारित किए थे।

---

2. *आइ.सी. गोलकनाथ* बनाम *पंजाब राज्य,* ए.आइ.आर. 1967 एस.सी. 1643।
3. इन री *बेरूबारी यूनियन,* ए.आइ.आर. 1960 एस.सी. 895।
4. *केशवानंद भारती* बनाम *केरल राज्य,* ए.आइ.आर. 1973 एस.सी. 1641(13 न्यायाधीशों की पीठ)।
5. *रघुनाथराव* बनाम *भारत संघ,* ए.आइ.आर. 1993 एस.सी. 1267।

4.8 संविधान सभा ने इस बात पर बल दिया था कि वह कैबिनेट मिशन योजना द्वारा अधिरोपित सीमाओं से या अन्य किसी बंधन से बंधी हुई नहीं है। संविधान सभा के अध्यक्ष डा. राजेंद्र प्रसाद ने अध्यक्ष निर्वाचित होने के तुरंत पश्चात् 11 दिसंबर 1946 को यह कहा था,—

प्रभुत्वसंपन्न।

> मैं यह भी जानता हूं कि इन परिसीमाओं के होते हुए भी यह सभा एक स्वतंत्र निकाय है जो अपना शासन स्वयं करेगी और जो अपने निर्णय स्वयं लेगी। इसकी कार्यवाही में कोई बाहरी शक्ति हस्तक्षेप नहीं कर सकती। इसके निर्णयों को बाहर का कोई भी व्यक्ति उलट नहीं सकता या परिवर्तित या उपांतरित नहीं कर सकता। संविधान सभा को यह शक्ति है कि उसके जन्म के समय उस पर जो बंधन लगाए गए थे उन्हें वह तोड़कर फेंक दे।[6]

डा. राजेंद्र प्रसाद ने जो वर्णन किया वह सब प्रभुत्वसंपन्न निकाय के लक्षण हैं। ऐसा निकाय किसी नियंत्रण या मर्यादा को नहीं मानता। प्रजातंत्र द्वारा जिस संविधान का सृजन किया गया है वह प्रभुत्वसंपन्न है। उसके ऊपर कोई प्राधिकारी नहीं है। वह पूर्णतया स्वतंत्र है।

4.9 लोकतंत्र शासन का एक ढंग है जिसमें विचार विमर्श और अनुनय से सरकार चलाई जाती है। लोकतंत्र का केंद्र है विकल्प। विभिन्न व्यक्तियों या समूहों द्वारा बहुत से प्रत्यय या कार्य की दिशाएं प्रस्तावित की जाती हैं। यह समूह एकत्र होकर ऐसा निष्कर्ष निकालना चाहते हैं जो सभी या अधिकांश समूहों को स्वीकार्य हो। लोकतंत्र किसी एक विचार को लेकर नहीं चलता। कोई एक वाद, समाजवाद, समूहवाद या पूंजीवाद, लोकतंत्र का आधार नहीं हो सकता। लोकतांत्रिक समाज सदैव नए प्रत्यय और नए दृष्टिकोण ग्रहण करता है। वह एकाधिक विचारों को ग्रहण करता है और उनकी परस्पर तुलना करके उनके भेद को कम करते हुए तथा उनका संयोजन करके सहमति के आधार पर एक मार्ग चुनता है। इसलिए लोकतंत्र एक प्रक्रिया है जिससे राज्य अपने उद्देश्य का चयन करता है। एक अन्य दृष्टिकोण से देखा जाए तो लोकतंत्र में प्रत्येक नागरिक को अपने देश के शासन में भाग लेने का अधिकार है। ऐसे समाज में जो राजनीति की दृष्टि से गठित है राजनीतिक विचार प्रकट करना देश के शासन में भाग लेने का सर्वमान्य और सर्वोत्तम ढंग है। अब्राहम लिंकन ने गेटिसबर्ग में दिए गए अपने प्रसिद्ध भाषण में कहा था कि लोकतंत्र *जनता द्वारा, जनता के लिए, जनता का शासन है।* यह प्रातिनिधिक लोकतंत्र का सुंदर और सटीक वर्णन है।

लोकतंत्रात्मक।

लोकतंत्र इससे कुछ अधिक है। वह केवल राजनीतिक नहीं है, सामाजिक भी है। इसमें केवल लोकतांत्रिक सरकार की ही कल्पना नहीं है बल्कि ऐसे समाज की कल्पना है जिसमें विचारों का मुक्त आदान-प्रदान हो और प्रत्येक व्यक्ति की समाज में समान प्रतिष्ठा हो।

भारत में राजनीतिक और सामाजिक दोनों प्रकार का लोकतंत्र है। इसका साक्ष्य है सार्वभौम मताधिकार, निर्वाचित सदन के प्रति मंत्रिमंडल का उत्तरदायित्व (यथास्थिति लोक सभा या विधान सभा) सभी नागरिकों की समानता और एक ही निर्वाचक नामावली का होना।

4.10 गणराज्य में सभी पद नागरिकों द्वारा प्राप्त किए जा सकते हैं। इसमें शिखरस्थ पद अर्थात् राष्ट्राध्यक्ष का पद भी सम्मिलित है। किसी भी नागरिक के किसी भी लोकपद पर निर्वाचित होने पर कोई प्रतिबंध नहीं है। इसका यह अर्थ भी है कि संविधान के अधीन सभी प्राधिकारों का स्रोत भारत के लोग हैं कोई आनुवंशिक शासक नहीं।

गणराज्य।

4.11 संविधान सभा ने जो उद्देशिका अधिनियमित की थी उसमें *समाजवादी* शब्द नहीं था यह शब्द 42वें संशोधन द्वारा 3-1-1977 से अंतःस्थापित किया गया।

समाजवादी।

---

6. *दि कांस्टिट्यूशन एंड दि कांस्टिट्यूएंट एसेंबली,* लोक सभा सचिवालय, 1990, पृ. 11।

संविधान सभा में नेहरू जी ने कहा था[7],—

> मैं समाजवाद का पक्षधर हूं और आशा करता हूं कि भारत समाजवाद का पक्ष लेगा और भारत एक समाजवादी राज्य के गठन के लिए कदम उठाएगा।

किंतु *उद्देशिका* में समाजवादी शब्द नहीं था क्योंकि संविधान **देश को किसी विशिष्ट आर्थिक संरचना के साथ प्रतिबद्ध नहीं करता**।[8] इसलिए जानबूझ कर समाजवादी शब्द का प्रयोग नहीं किया गया।[9] यद्यपि राज्य की नीति के निदेशक तत्वों में बहुत सी समाजवादी धारणाएं सम्मिलित की गईं।

संविधान भावी सरकारों के लिए अधिरचना है। उसमें ऐसा कुछ नहीं होना चाहिए जो देश को किसी विशिष्ट अर्थव्यवस्था के साथ बांध कर रखे। भावी सांसदों को यह छूट होनी चाहिए कि वे ऐसी आर्थिक नीतियां बनाएं जो उपयुक्त हों। संविधान इस प्रकार का हो कि भविष्य में आने वाली संसद् स्वतंत्रतापूर्वक काम कर सके—किसी विशेष राजनीतिक कार्य सूची का बंधन संसद् पर न हो। सभी सांसदों को विद्यमान परिस्थितियों में सोच-विचार करके सबसे उत्तम मार्ग स्वीकार करने की स्वतंत्रता होनी चाहिए।

संविधान निर्माताओं के दृष्टिकोण की उपेक्षा करते हुए कुख्यात आपात् के दौरान (1975 से 1977) संविधान का संशोधन करके उद्देशिका में समाजवाद शब्द डाला गया। किंतु जिस दल की सरकार ने यह संशोधन किया था (कांग्रेस आई) उसी दल की सरकार ने 15 वर्ष के भीतर अपनी आर्थिक नीति उलट दी। राज्य के स्वामित्व के स्थान पर निजीकरण की नीति अपनाई गई। लोक स्वामित्व और उत्पादन और वितरण के साधनों का नियंत्रण समाप्त कर दिया गया। सार्वजनिक सेक्टर को बेचने की तैयारी प्रारंभ हो गई। निजी क्षेत्र को स्वागत योग्य समझा जाने लगा।

वे सभी लोग जो आज संविधान के प्रति श्रद्धा और निष्ठा की शपथ लेते हैं संविधान के एक भाग का अनादर करते हैं। वे प्रारंभ के दिन से ही अपनी शपथ भंग करते हैं। संविधान के निर्माताओं ने जो उत्तम दृष्टांत हमारे सामने रखा था उसकी उपेक्षा करना बुद्धिमानी नहीं थी। किसी भी दल के नारे को संविधान में स्थान देना कभी उचित नहीं हो सकता।

लेखक ने यह संप्रेक्षण इस पुस्तक के पहले संस्करण में किया था। उच्चतम न्यायालय के 2004 में दिए गए एक निर्णय[10] से इसे समर्थन प्राप्त हुआ है। इस निर्णय में कहा गया कि,—

> समाजवाद, हमारे इतिहास में एक आकर्षक शब्द रहा होगा। यह हमारे संविधान की उद्देशिका में भी विद्यमान है। किंतु नब्बे के दशक से केंद्रीय सरकार ने जो उदार नीति अपनाई है उससे यह बात तो समाप्त हो चली है कि भारतीय समाज, समाजवाद से जुड़ा है।

''पंथनिरपेक्ष'' और ''समाजवाद'', ये दोनों शब्द एक ही संशोधन से अंतर्विष्ट किए गए। यदि एक आधारिक लक्षण है तो दूसरा भी अवश्य होना चाहिए।

लोकतंत्र और समाजवाद।

4.12 लोकतंत्र और समाजवाद दो सुभिन्न संकल्पनाएं हैं जो एक दूसरे के विपरीत हैं। समाजवाद की धारणा में एक विशेष प्रकार की सरकार है जिसमें व्यक्ति स्वातंत्र्य का महत्त्व नगण्य है पूर्व में जो रूस का समाजवादी गणराज्य था उसमें कोई स्वतंत्रता नहीं थी (इसका 1911 में विघटन हो गया)। प्राण की स्वतंत्रता भी नहीं। समाजवाद की प्राप्ति के लिए करोड़ों लोगों को मृत्यु के घाट उतार दिया गया। चीन और पूर्वी यूरोप में भी व्यक्ति की स्वतंत्रता का यही हाल था। लोकतंत्र में व्यक्ति की गरिमा का स्थान ऊंचा है। लोकतंत्र में निर्वाचित सरकार समाजवादी मार्ग को त्यागकर कोई और मार्ग अपना सकती है। इंग्लैंड में मार्गरेट थैचर के प्रधान मंत्री काल में और भारत में

---

7. *वही*, पाद टिप्पण 6, पृ. 19।
8. *वही*, अल्लादि कृष्णस्वामी अइयर का भाषण, पृ. 134।
9. *वही*, अनंतशयनम् अयंगर का भाषण, पृ. 153।
10. *पंजाब राज्य* बनाम *दीवान्स माडर्न ब्रूअरीज लिमिटेड* (2004) 11 एस.सी.सी. 26 (पैरा 307) न्या. एस.बी. सिन्हा।

पी.वी. नरसिंहराव के प्रधान मंत्री रहते हुए यही हुआ। रूस में (गोर्वाचोव के पश्चात्) और अनेकों समाजवादी देशों में समाजवाद से मुंह मोड़ लिया गया। अब समाजवाद पाठ्य-पुस्तकों का विषय रह गया है। सिद्धांत के रूप में समाजवाद खोखला हो गया था और 1992 के पश्चात् यह व्यवहार में नहीं रहा। हमारे नेताओं का यह अज्ञान था जो उन्होंने यह सोचा कि समाजवाद, लोकतंत्र और मूल अधिकार एक साथ विद्यमान रहेंगे।

पंथनिरपेक्ष।

4.13 पंथनिरपेक्ष[11] शब्द 1976 में **समाजवादी** शब्द के साथ उद्देशिका में अंतःस्थापित किया गया था। इस वृद्धि से संविधान ऐसा दिखाई पड़ने लगा मानो किसी राजनीतिक दल का घोषणा पत्र हो। संविधान के द्वारा किसी मत या पंथ को राज्य का पंथ घोषित नहीं किया गया है। संविधान में सभी व्यक्तियों को समान व्यवहार की प्रत्याभूति दी गई है (अनु. 14)। धर्म के आधार पर विभेद का प्रतिषेध किया गया है (अनु. 15-16)। धर्म की स्वतंत्रता को मूल अधिकार के रूप में संरक्षण दिया गया है (अनु. 25-28)। अल्पसंख्यकों के सांस्कृतिक अधिकारों को विशेष रूप से मूल अधिकारों की सूची में सम्मिलित किया गया है (अनु. 29, 30)। यदि जनता के किसी भाग को इस विषय में कुछ आशंकाएं थीं तो उन्हें दूर करने के लिए यह पर्याप्त था।

पंथनिरपेक्ष शब्द को उद्देशिका में स्थान देने से भ्रम उत्पन्न हो गया। इस अवसर का लाभ उठाकर राजनीतिक दलों ने पंथनिरपेक्षता की अपनी अपनी परिभाषाएं गढ़ ली हैं। कुछ राजनीतिक दलों का यह कहना है कि यदि कोई बात किसी समुदाय को प्रीतिकर या अच्छी नहीं लगती है तो राज्य को चाहिए कि वह सत्य को छिपाए। कुछ अन्य दल अल्पसंख्यकों को बहुत से मामलों में वीटो का अधिकार देते हैं। जिस बात का अल्पसंख्यक अनुमोदन न करें वह पंथनिरपेक्ष नहीं है। कुछ दल ऐसा मानते हैं कि धर्म के प्रति शत्रुभाव रखना ही पंथनिरपेक्षता की आस्था है।

उच्चतम न्यायालय ने *बोम्मई*[12] और *संस्कृत शिक्षा मामले*[13] में कुछ भ्रांतियों के निवारण का प्रयत्न किया है। किंतु इस शब्द को सम्मिलित करने के कारण जो भ्रांतियां उत्पन्न हुई हैं वे बनी हुई हैं। राजनीतिक लाभ के लिए संविधान में छेड़छाड़ नहीं की जानी चाहिए। इससे राज्य व्यवस्था को चोट पहुंचती है। डा. दुर्गादास बसु ने इस संशोधन के संबंध में कहा था कि इससे भ्रांतियां अधिक उत्पन्न हुई हैं, लाभ कम हुआ है।[14]

42वें संशोधन अधिनियम के पहले भी उच्चतम न्यायालय ने यह संप्रेक्षण किया था कि पंथनिरपेक्षता संविधान का आधारभूत लक्षण है।[15]

यह संप्रेक्षण संविधान में उस समय अंतर्विष्ट उपबंधों के आधार पर किया गया था। यह निर्वचन का सुविख्यात नियम है कि यदि कोई बात संविधान के प्रतिकूल है तो उद्देशिका के प्रति निर्देश से उसे न्यायोचित नहीं ठहराया जा सकता।

1977 में जनता सरकार ने एक समिति बनाई। इस समिति को आपात् के दौरान (1975-77) किए गए संशोधनों पर, विशेषतया 42वें संशोधन के निरसन के लिए, संविधान (संशोधन) विधेयक पर विचार करने का काम सौंपा गया था। इस समिति में गृह मंत्री, शिक्षा मंत्री, सूचना और प्रसारण मंत्री और विधि मंत्री थे। समिति ने इस प्रस्ताव पर विचार करके कि क्या **पंथनिरपेक्ष** और **समाजवादी** शब्दों का लोप कर दिया जाए, यह मत व्यक्त किया कि इन अभिव्यक्तियों के साथ कुछ भावनाएं जुड़ी हैं इसलिए इन्हें यथावत् रहने दिया जाए।

बोम्मई[10] में न्या. बी.पी. जीवन रेड्डि ने यह संप्रेक्षण किया कि **समाजवादी** और **पंथनिरपेक्ष** अभिव्यक्तियों की कोई निश्चित परिभाषा नहीं हो सकती।

---

11. देखिए आगे **पैरा 7.141, 7.144** और **7.145**।
12. *एस.आर. बोम्मई* बनाम *भारत संघ,* ए.आइ.आर. 1994 एस.सी. 1918।
13. *संतोष* बनाम *सचिव, मानव संसाधन विकास मंत्रालय* (1994), 6 एस.सी.सी. 579।
14. दुर्गादास बसु, *शार्टर कांस्टिट्यूशन आफ इंडिया,* 12वां संस्करण, पृ. 3।
15. *वही,* पाद टिप्पण 4, पैरा 302, 509 और 1437 (न्या. खन्ना) साथ ही देखिए *इंदिरा नेहरू गांधी* बनाम *राजनारायण,* ए.आइ.आर. 1975 एस.सी. 2299 (मुख्य न्या. चंद्रचूड़)।

लेखक की राय में विधिसम्मत शासन (रूल आफ ला) पर बल दिया जाना चाहिए। पंथ निरपेक्षता राज्य की सांविधानिक बाध्यता या कर्त्तव्य है। यदि विधि का क्रियान्वन निष्पक्ष, ऋजु और न्यायसम्मत रीति से किया जाता है तो अपने आप ही पंथनिरपेक्षता का आचरण होगा। उसकी रक्षा होगी। पंथनिरपेक्षता की गारंटी होगी। तुष्टीकरण तो पंथनिरपेक्षता का विलोम है।

पंथनिरपेक्षता का उद्भव।

4.14 पंथनिरपेक्षता का जन्म राज्य द्वारा कुछ ऐसे संप्रदायों के विरुद्ध, जो राज्य को स्वीकार नहीं थे, अत्याचार और विनाश के कार्यों से हुआ। फ्रांस में जब लंबी अवधि तक रक्त बहता रहा और बड़ी संख्या में लोग मरे तब पंथनिरपेक्षता की संकल्पना का जन्म हुआ। इसका लक्ष्य था राज्य और चर्च (धार्मिक सत्ता) को अलग अलग रखना। हिंदुओं में धार्मिक सत्ता का कोई प्रतिष्ठान नहीं है अर्थात् धार्मिक सत्ता किसी व्यक्ति, पद या संस्था में नहीं होती। अतएव राज्य पंथनिरपेक्ष होता है। इस्लाम में राज्य और धर्म संयुक्त हैं इसलिए एकाध अपवाद को छोड़ दें तो जहां जहां मुसलमान बहुमत में हैं उन सभी राज्यों को इस्लामी राज्य घोषित किया गया है।[16]

न्याय।

4.15 न्याय एक सिद्धांत है जो अधिकारों के साधारण वितरण को नियंत्रित करता है। यह मानव संबंधों की धर्मसम्मत व्यवस्था है। (यहां धर्म का अर्थ रिलीजन नहीं है।)

उद्देशिका में तीन प्रकार के न्याय उल्लिखित हैं। सामाजिक, आर्थिक और राजनीतिक। सामाजिक न्याय अधिक से अधिक जन का अधिकाधिक हित दर्शाता है—बहुजन हिताय, बहुजन सुखाय। इसमें दूसरों के अधिकारों पर निर्बंधन नहीं लगाए जाते। इससे यह भी अभिप्रेत है कि न्यायालय समाज के दुर्बल वर्गों का पक्ष लेते हैं। यह अनु. 46 में निदेशक तत्त्व के रूप में अधिकथित है। अनुच्छेद 17 और 18 सामाजिक न्याय की प्राप्ति के प्रयास हैं। अनुच्छेद 17 हमारे देश का एक अनूठा अनुच्छेद है।

सामाजिक और आर्थिक न्याय के संयोजन से वितरणवादी न्याय बनता है। यह उसी समाज में विद्यमान होता है जहां कोई आर्थिक असमानता न हो। असमानताओं को मिटाया नहीं जा सकता इसलिए संविधान में असमानताओं को कम करने का प्रयास किया गया है। कृषक ऋण अनुतोष अधिनियम, श्रमिक विधियां, न्यूनतम मजदूरी अधिनियम आदि आर्थिक न्याय की प्राप्ति के लिए उठाए गए कदमों के उदाहरण हैं। एक प्रकार से आय कर भी इसमें अपना योगदान देता है क्योंकि आय कर अधिनियम में आय के विभिन्न सोपानों के लिए विभिन्न दरें होती हैं।

निर्वाचन प्रक्रिया में भाग लेने का अधिकार राजनीतिक न्याय की प्रत्याभूति है। राजनीतिक न्याय देने के लिए संविधान में सभी नागरिकों को मताधिकार दिया गया है। केवल ऐसे नागरिकों को ही इस अधिकार से वंचित किया गया है जो विधि या आयु के कारण वर्जित हैं। (18 वर्ष से कम के व्यक्ति या ऐसे व्यक्ति जो पागल या दोषसिद्ध हैं)। अनुच्छेद 14 से 18 में जो समता के उपबंध हैं वे राजनीतिक न्याय के आधार हैं। संविधान के भाग 4 में आने वाले अनु. 38, 39, 39क, 41 और 46 न्याय की अमूर्त संकल्पना को भौतिक रूप प्रदान करते हैं।

स्वतंत्रता।

4.16 उद्देशिका में जिन स्वतंत्रताओं का उल्लेख है उन्हें अनु. 19 और अनु. 25 से 28 में स्थान दिया गया है। दीर्घकाल से विद्वानों की यह मान्यता रही है कि कुछ ऐसी बाह्य दशाएं होती हैं जो राजनीतिक समाज में प्रत्येक मनुष्य के विकास के लिए आवश्यक होती हैं। यह दशाएं साधारणतया संविधान द्वारा निर्मित की जाती हैं। इन्हें अधिकार या स्वतंत्रता कहते हैं। प्रत्येक अधिकार को एक विशेष नाम दिया जाता है जिससे उन सिद्धांतों की पहचान की जा सके जिन पर वह आधारित है। 1787 में संयुक्त राज्य अमरीका की घोषणा और 1789 में फ्रांस की क्रांति में जिन तीन सिद्धांतों का उद्घोष किया गया था वह हैं—**स्वतंत्रता, समता और बंधुता।**

---

16. डा. बाबा साहेब अंबेडकर, *राइटिंग्स एंड स्पीचेस,* शिक्षा विभाग, महाराष्ट्र सरकार, 1990 जिल्द 8, पृ. 233-234।

स्वतंत्रता शीर्ष के अधीन अनेक अधिकार आते हैं। इनकी कोई ऐसी विस्तृत सूची तैयार नहीं की जा सकती जिसमें सभी अधिकार आ जाएं। कुछ अधिकार किसी अन्य शीर्ष के अधीन भी आ जाते हैं। स्वतंत्रता को तीन वर्गों में बांटा जा सकता है। राजनीतिक, सिविल और आर्थिक। राजनीतिक स्वतंत्रता में मत देने का और निर्वाचन में खड़े होने का अधिकार आता है। इसी में राजनीतिक दल बनाने का और चुनाव में दलों के भाग लेने का अधिकार है। सिविल स्वतंत्रता के अधिकार में दैहिक स्वतंत्रता, व्यक्ति और संपत्ति की सुरक्षा आते हैं। इसी की परिधि में विचार और अभिव्यक्ति की स्वतंत्रता, व्यापार और उद्योग की स्वतंत्रता, नियोजन की स्वतंत्रता, सम्मेलन और संगम की स्वतंत्रता तथा अंतःकरण और उपासना की स्वतंत्रता है। इस प्रकार इसके अंतर्गत भौतिक क्रियाओं की स्वतंत्रता के साथ साथ मानसिक स्वतंत्रता भी है।

समता।

4.17 समता के अधिकार में न्याय, कराधान और लोक पद तथा नियोजन के विषय में समान व्यवहार का अधिकार है। इससे यह भी अभिप्रेत है कि सभी विधियां समान रूप से लागू की जाएंगी। अनुच्छेद 14 से 18 में इस सिद्धांत को प्रभावी किया गया है।

बंधुता।

4.18 *बार्कर*[17] ने बंधुता को सहकारिता का सिद्धांत कहा है। इसमें राष्ट्र के सामान्य स्रोत और सेवाओं का सहभागिता से उपभोग करने का अधिकार है। जैसे शिक्षा, पुलिस, स्वास्थ्य और अन्य सेवाएं। इसका एक अमूर्त संघटक भी है। एक बंधुता की भावना जिससे यह भाईचारा उत्पन्न होता है कि हमें एक दूसरे की सहायता करनी चाहिए और हम मिलकर अपने जीवन को ऊपर उठा सकते हैं। इसका यह अभिप्राय भी है कि एक ही मातृभूमि के पुत्र होने के नाते सभी नागरिक भाई भाई हैं जिन्हें सुख और दुख में एक दूसरे का साथ निभाना चाहिए। भाई होने के नाते वह एक साथ जीएंगे और मरेंगे। इन भ्रातृगणों से मिलकर ही राष्ट्र बनता है।

उद्देशिका में बंधुता को दो बातों से जोड़ा गया है (क) व्यक्ति की गरिमा सुनिश्चित करना और (ख) राष्ट्र की एकता और अखंडता सुनिश्चित करना।

जिस समाज में समुदाय के कुछ सदस्यों को नीचा समझा जाता है वहां बंधुता की भावना नहीं होती। प्रत्येक को एक समान प्रतिष्ठा और गरिमा मिलनी चाहिए। इसी कारण अस्पृश्यता समाप्त कर दी गई है और अस्पृश्यता का व्यवहार अपराध बना दिया गया है (अनु. 17)। आनुवंशिक उपाधियां और पद प्रतिषिद्ध कर दिए गए हैं (अनु. 18)। किंतु यदि जीवनयापन के पर्याप्त साधन न हों या काम की मानवोचित दशाएं न हों तो समान गरिमा प्रदान करने वाले अधिकार व्यर्थ की नारेबाजी रह जाएंगे। सार्थक अधिकार की आवश्यक शर्तें अनु. 39(क), 42 और 43 में हैं। उच्चतम न्यायालय ने यह अभिनिर्धारित किया है कि गरिमा का अधिकार मूल अधिकार है।[18]

बंधुता की सामान्य भावना व्यक्ति और समाज के पूर्ण प्रस्फुटन के लिए अपर्याप्त होगी यदि भूमि के साथ भावनात्मक लगाव न हो। भूमि ही नहीं अपनी संस्कृति, परंपरा और समान पूर्वजों के प्रति भी आदर भाव आवश्यक है। राष्ट्रीयता की भावना ही वह बल है जो नागरिकों को एक होकर रहने की प्रेरणा देती है। इसी से नागरिकों को अपनी पहचान मिलती है। उद्देशिका में राष्ट्रीय समाज की एकता पर बल दिया गया है। यह भारत के राज्य क्षेत्र की भौतिक एकता और अखंडता नहीं है बल्कि राष्ट्र की एकता और अखंडता है। यदि कोई व्यक्ति यह कहता है कि भारत में एक से अधिक राष्ट्र हैं तो वह अपराध करता है। वे सब लोग जो धर्म, भाषा या किसी अन्य भावना के आधार पर पृथकता की भावना मन में रखते हैं उन्हें उद्देशिका ने राष्ट्रीय मुख्यधारा में सम्मिलित हो जाने का आह्वान किया है।

---

17. दुर्गादास बसु, *शार्टर कांस्टिट्यूशन आफ इंडिया,* 12वां संस्करण, पाद टिप्पण 1, पृ. 228।
18. *एल.आइ.सी.* बनाम *कंज़्यूमर सेंटर,* ए.आइ.आर. 1995 एस.सी. 1811।

अध्याय 5

संघ का राज्यक्षेत्र और राज्यों का निर्माण

राज्यों का अविनाशी संघ।

5.1 अनुच्छेद 1(1) में भारत को **राज्यों का संघ** कहा गया है।[1] इसे सोच समझकर संघ कहा गया। परिसंघ नहीं। प्रारूपण समिति यह स्पष्ट कर देना चाहती थी कि यद्यपि भारत एक परिसंघ है, यह परिसंघ राज्यों के साथ करार का परिणाम नहीं है।[2] राज्यों को विलग होने का अधिकार नहीं है। वे संघ से अलग नहीं हो सकते। परिसंघ नष्ट नहीं किया जा सकता इसलिए वह संघ है। प्रशासन की सुविधा के लिए देश को विभिन्न राज्यों में बांटा जा सकता है। किंतु देश एक अखंड इकाई है।

संयुक्त राज्य अमरीका में कुछ राज्य अलग होना चाहते थे। तत्कालीन राष्ट्रपति अब्राहम लिंकन ने उन राज्यों के विरुद्ध युद्ध करके सदा के लिए यह स्थापित कर दिया कि अमरीका का परिसंघ नष्ट नहीं किया जा सकता।

1950 में राज्यों की स्थिति।

5.2 संविधान के प्रारंभ के बाद से उन राज्यों और अन्य राज्य क्षेत्रों में जिनसे मिलकर संघ बना है, बहुत परिवर्तन हो गए हैं। मूल संविधान में राज्यों को तीन प्रवर्गों में बांटा गया था। ये पहली अनुसूची के भाग क, ख और ग में प्रगणित थे। इनकी संख्या क्रमशः 10, 8 और 9 थी। इस प्रकार कुल संख्या 27 थी। इनके प्रशासन में भी कुछ अंतर था। 1956 तक देशी रियासतों का धीरे-धीरे समामेलन हो गया, तब इन तीन प्रवर्गों को एक में परिवर्तित करके राज्यों की कुल संख्या 15 कर दी गई।

राज्यों के निर्माण के कारण।

5.3 राज्यों की सीमाओं को पुनः अंकित करने के लिए एक राज्य पुनर्गठन आयोग नियुक्त किया गया था। आयोग की सिफारिशों को लागू करने के लिए कुछ परिवर्तन किए गए। उदाहरण के लिए मध्य प्रांत के विदर्भ को महाराष्ट्र में मिला दिया गया। विंध्य प्रदेश और मध्य भारत का शेष क्षेत्र में विलय करके मध्य प्रदेश बनाया गया। कुछ राज्य भाषावार राज्यों की मांग की पूर्ति के लिए बनाए गए जैसे आंध्र प्रदेश, कर्नाटक और पंजाब। कुछ राज्य पूर्ववर्ती विदेशी साम्राज्यों के अवशेष हैं जैसे गोवा। कुछ राज्य बनाने का यह कारण दिया गया कि इससे विकास सुकर होगा। जैसे उत्तराखंड, झारखंड, छत्तीसगढ़ और तेलंगाना (2-6-2014)। कुछ अन्य राज्य इसलिए बनाए गए कि वहां जनजातियों का प्राधान्य था और वे अधिक स्वतंत्रता की मांग कर रहे थे जैसे मेघालय, नागालैंड, मिजोरम आदि। सिक्किम एक मात्र ऐसा राज्य है जो स्वतंत्र देश था किंतु जो 1975 में सिक्किम की जनता की इच्छानुसार भारत में विलीन हो गया। इस प्रकार राज्यों के निर्माण और उनकी सीमाओं के अंकन के लिए विभिन्न कारण हैं।

वर्तमान में राज्यों की स्थिति।

5.4 वर्तमान में 28 राज्य हैं।

---

1. अनुच्छेद 1(1) है—*भारत, अर्थात् इंडिया, राज्यों का संघ होगा।*
2. डा. भीमराव अंबेडकर का भाषण, सी.ए.डी. जिल्द 7, पृ. 48; *कांस्टिट्यूशन एंड दि कांस्टिट्यूएंट असेंबली,* लोक सभा सचिवालय में, पृ. 122।

आंध्र प्रदेश	नागालैंड
असम	हरियाणा
बिहार	हिमाचल प्रदेश
गुजरात	मणिपुर
केरल	त्रिपुरा
मध्य प्रदेश	मेघालय
तमिलनाडु	सिक्किम
महाराष्ट्र	मिजोरम
कर्नाटक	अरुणाचल प्रदेश
ओडिशा	गोवा
पंजाब	उत्तराखंड
राजस्थान	छत्तीसगढ़
उत्तर प्रदेश	झारखंड
पश्चिम बंगाल	तेलंगाना

इन राज्यों का क्षेत्रफल, जनसंख्या और साधन स्रोत समान नहीं हैं। सबसे अधिक जनसंख्या वाला उत्तर प्रदेश है जिसकी जनसंख्या लगभग 20 करोड़ है। इस दृष्टि से सिक्किम सबसे छोटा है। उसकी जनसंख्या लगभग 6 लाख है। राज्यों का एक कुटुंब है जिसके सदस्य असमान हैं।

संघ राज्यक्षेत्र।

5.5 भारत की भूमि को दो प्रकार की इकाइयों में बांटा गया है—राज्य और संघ राज्यक्षेत्र।

संघ राज्यक्षेत्र सात हैं। उनके नाम हैं: दिल्ली, अंदमान और निकोबार द्वीप, लक्षद्वीप, दादरा और नागर हवेली, दमण और दीव, पांडिचेरी, चंडीगढ़। जैसे राज्यों की विद्यमानता के अनेक कारण हैं वैसे ही इनके भी हैं।

अर्जित राज्यक्षेत्र।

5.6 भारत का राज्यक्षेत्र तीन प्रवर्गों में विभाजित किया जाता है (1) राज्य (2) संघ राज्यक्षेत्र (3) ऐसे अन्य राज्यक्षेत्र जो अर्जित किए जाएं। प्रत्येक प्रभुत्वसंपन्न राज्य का यह अंतर्निहित अधिकार होता है कि वह नए राज्यक्षेत्र अर्जित करे। ऐसे अर्जन के लिए किसी विधायन की आवश्यकता नहीं होती। राज्यक्षेत्र का अर्जन उसी रीति में किया जाता है जो अंतरराष्ट्रीय विधि द्वारा अनुमोदित हो। अर्जन, युद्ध में जीत कर, संधि के अनुसरण में, अध्यर्पण द्वारा या स्वामीविहीन भूमि पर कब्जा करके किया जा सकता है। अर्जन के परिणामस्वरूप राज्यक्षेत्र भारत का भाग हो जाएगा और उसी प्रकार शासित होगा जैसे कि कोई संघ राज्यक्षेत्र।

नए राज्यों का निर्माण।

5.7 संविधान का अनु. 3 संसद् को नए राज्य के निर्माण की शक्ति देता है। यह (क) किसी राज्य में से उसका राज्यक्षेत्र अलग करके (जैसे पंजाब से हरियाणा, मुंबई से गुजरात, उत्तर प्रदेश से उत्तराखंड, मध्य प्रदेश से छत्तीसगढ़, आदि) या (ख) दो या अधिक राज्यों को या राज्यों के भागों को मिलाकर (जैसे भोपाल, मध्य भारत और विंध्य प्रदेश को मिलाकर मध्य प्रदेश बना, अजमेर का राजस्थान में विलय हुआ, आदि) किया जा सकता है।

नए राज्यों का निर्माण सामान्य विधान द्वारा किया जा सकता है। संविधान ने संसद् को यह शक्ति दी है कि वह राज्यों की सहमति या अनुमति के बिना उनका राज्यक्षेत्र परिवर्तित कर दे। इस दृष्टि से हमारा संविधान अमरीकी संविधान से भिन्न है। अमरीका में राज्यों की विद्यमानता की प्रत्याभूति दी गई है। इसीलिए अमरीकी परिसंघ को अमिट राज्यों का अमिट संघ कहा जाता

है। अमरीका की परिसंघ सरकार किसी राज्य की सीमाओं को उस राज्य की अनुमति लिए बिना घटा बढ़ा नहीं सकती। अमरीकी परिसंघ के निर्माण के समय जो सीमाएं विद्यमान थीं वे पवित्र हैं और संबद्ध राज्य की अनुमति के बिना उन्हें बदला नहीं जा सकता।

सादी प्रक्रिया का कारण।

5.8 भारत में परिसंघ प्रशासनिक सुविधा और लोकतंत्रीकरण के उद्देश्य से बनाया गया था। इसका उद्भव इकाइयों के बीच की गई संधि में नहीं था। संविधान के प्रारंभ के समय राज्य की जो सीमाएं थीं उन्हें यथावत् बनाए रखने की कोई आवश्यकता नहीं थी। 1947 से सरकार ने राज्यों के आंतरिक और बाह्य तंत्र की पुनःरचना करके एक रक्तहीन क्रांति लाने का प्रयास किया था। यह राजतंत्र से लोकतंत्र की ओर बढ़ने का आंदोलन था। इसी के कारण विभिन्न इकाइयों का विलय करके विशाल भारत का निर्माण हुआ। इसी प्रक्रिया में लगभग 600 देशी रियासतों का संघ में विलय हो गया। संविधान के रचयिताओं को 1949 में यह भलीभांति विदित था कि उन्हें एक लंबी यात्रा करनी है। अतएव वे यह जानते थे कि नए राज्यों के निर्माण और सीमाओं की प्रक्रिया सादी और लचीली रखना आवश्यक है।

1949 में जो प्रांत और देशी रियासतें विद्यमान थीं वे ऐतिहासिक और राजनीतिक कारणों का परिणाम थे। जनता यह चाहती थी कि उन्हें भाषा, संस्कृति और अच्छे प्रशासन के आधार पर फिर से ढाला जाए।

क्षेत्रों, सीमाओं और नाम में परिवर्तन।

5.9 अनुच्छेद 3 संसद् को किसी भी राज्य के क्षेत्र को बढ़ाने या घटाने की, सीमाओं में परिवर्तन करने की या राज्य के नाम में परिवर्तन करने की शक्ति प्रदान करता है। संसद् विधि बनाकर यह कार्य कर सकती है।

अनुच्छेद 3 के अधीन विधि बनाने के लिए प्रक्रिया विहित की गई है। प्रक्रिया में ये अपेक्षाएं हैं (क) विधेयक को पुरःस्थापित करने के लिए राष्ट्रपति की सिफारिश होगी (ख) राष्ट्रपति द्वारा विधेयक को उस राज्य के विधान-मंडल को निर्दिष्ट किया जाएगा जो विधेयक द्वारा प्रभावित होगा।

राष्ट्रपति वह अवधि तय कर सकता है जिसके भीतर राज्य को अपना मत व्यक्त करना है। वह इस अवधि को बढ़ा सकता है। राज्य जो मत व्यक्त करता है उसे स्वीकार करना या उसके अनुसार कार्य करना संसद् के लिए अनिवार्य नहीं है।[3]

संघ राज्यक्षेत्र राज्य नहीं है। अतएव उनमें परिवर्तन के लिए निर्देश की आवश्यकता नहीं होती।

अनुच्छेद 3 और 4 में उल्लिखित परिवर्तन संसदीय विधान द्वारा ही किया जा सकता है। संसद् की मंजूरी प्राप्त किए बिना कार्यपालिका के आदेश से यह कार्य नहीं हो सकता।[3] 1954 में अधिनियम बनाकर चंद्रनगर का जो फ्रांस का उपनिवेश था पश्चिम बंगाल में विलय किया गया।

राज्यक्षेत्र का अध्यर्पण।

5.10 राज्यों के क्षेत्रों का परिवर्तन अनु. 3 में आता है और संसद् के अधिनियम द्वारा किया जा सकता है। भारत के राज्यक्षेत्र का अध्यर्पण करना हो तो संविधान का संशोधन करना होगा।[4] किंतु यदि सीमा विवाद को निपटाया जाता है तो यह राज्यक्षेत्र का अध्यर्पण नहीं होगा।[5]

---

3. *बाबूलाल* बनाम *मुंबई राज्य,* ए.आइ.आर. 1960 एस.सी. 51।
4. *बेरूबारी संघ का मामला,* ए.आइ.आर. 1900 एस.सी. 845।
5. *मगनभाई* बनाम *भारत संघ,* ए.आइ.आर. 1969 एस.सी. 783।

अनुपूरक, आनुषंगिक और पारिणामिक मामले।

5.11 अनुच्छेद 4 में यह स्पष्ट किया गया है कि अनु. 2 और 3 के अधीन बनाई गई विधि में ऐसे उपबंध हो सकते हैं जो विधि के उपबंधों को प्रभावी करने के लिए आवश्यक हों और उनमें ऐसे अनुपूरक, आनुषंगिक और पारिणामिक उपबंध हो सकते हैं जो आवश्यक समझे जाएं। ऐसे विधान द्वारा संसद् विधान सभा के सदस्यों की कुल संख्या को अनु. 170 में विहित सीमा से (60 सदस्य) भी नीचे कर सकती है।[6] यह गोवा और उत्तराखंड आदि के मामले में किया गया। बाद में परिवर्तन करके उत्तराखंड की सदस्य संख्या 70 कर दी गई।

संविधान का संशोधन नहीं है।

5.12 पूर्ववर्ती पैरा में उल्लिखित उपबंध संविधान का संशोधन करते हैं। किंतु अनु. 4 में ही यह घोषणा की गई है कि अनु. 2 और 3 के अधीन बनाई गई कोई विधि अनु. 368 के प्रयोजनों के लिए इस संविधान का संशोधन नहीं समझी जाएगी।

अनुच्छेद 3 और 4 के अधीन शक्ति की प्रकृति।

5.13 संविधान में अनुच्छेद 3 और 4 के द्वारा संसद् को सर्वोच्च शक्ति प्रदान की गई है। नए राज्यों का सृजन करते समय संसद् भूमि और अन्य साधन-स्रोत वितरण करने के लिए तथा संविदाओं और विधिक अधिकारों के बारे में विधि बना सकती है। अनु. 3 और 4 के अधीन बनाई गई विधि पर इस आधार पर आक्षेप नहीं किया जा सकता कि वह संसद् की विधायी क्षमता के बाहर है।[7]

अनुच्छेद 3 के अधीन विधान के कुछ उदाहरण।

5.14 अनुच्छेद 3 के अधीन जो अनेक विधान बनाए गए हैं उनमें से कुछ उदाहरणस्वरूप नीचे दिए गए हैं,—

(क) नए राज्यों का निर्माण

1. आंध्र राज्य अधिनियम, 1953 (आंध्र प्रदेश)।
2. राज्य पुनर्गठन अधिनियम, 1956 (केरल, मध्य प्रदेश आदि)।
3. मुंबई पुनर्गठन अधिनियम, 1960 (महाराष्ट्र और गुजरात)।

(ख) विलय

1. हिमाचल प्रदेश और बिलासपुर (नया राज्य) अधिनियम, 1954 (बिलासपुर का हिमाचल प्रदेश में विलय)।

2. अर्जित राज्यक्षेत्र (विलयन) अधिनियम, 1960 (कुछ राज्यक्षेत्रों का असम, पंजाब और पश्चिमी बंगाल में विलय)।

(ग) विभाजन

1. पंजाब पुनर्गठन अधिनियम, 1966। (पंजाब को, पंजाब और हरियाणा में विभाजित किया गया और चंडीगढ़ संघ राज्यक्षेत्र का निर्माण किया गया)।

2. पूर्वोत्तर क्षेत्र (पुनर्गठन) अधिनियम, 1971। (इसके द्वारा मणिपुर, त्रिपुरा, मेघालय, मिजोरम और अरुणाचल प्रदेश का निर्माण हुआ)।

(घ) अध्यर्पण

1. संविधान (9वां संशोधन) अधिनियम, 1960। भारत और पाकिस्तान के बीच करार के अनुसरण में कुछ राज्यक्षेत्र पाकिस्तान को अध्यर्पित किए गए।

---

6. *मंगलसिंह* बनाम *भारत संघ,* ए.आइ.आर. 1967 एस.सी. 944।
7. *मुल्लपेरियार* बनाम *भारत संघ* (2006) 3 एस.सी.सी. 643।

(ङ) अर्जन

1. संविधान (36वां संशोधन) अधिनियम, 1975। सिक्किम को भारत संघ में प्रविष्ट किया गया।

(च) नाम परिवर्तन

1. मद्रास राज्य (नाम परिवर्तन) अधिनियम, 1968 (मद्रास का नाम बदलकर तमिलनाडु किया गया)।

2. मैसूर राज्य (नाम परिवर्तन) अधिनियम, 1973 (मैसूर का नाम कर्नाटक कर दिया गया)।

प्रक्रिया का संक्षेप में वर्णन।

5.15 नए राज्यों का निर्माण या राज्यों की सीमाओं में परिवर्तन संसद् द्वारा सादे बहुमत से पारित विधि द्वारा किया जा सकता है।

(क) विधेयक के पुरःस्थापन के लिए राष्ट्रपति द्वारा सिफारिश की अपेक्षा है।

(ख) पुरःस्थापित किए जाने से पहले विधेयक को राष्ट्रपति द्वारा संबद्ध राज्य विधान-मंडल को अपना मत व्यक्त करने के लिए निर्दिष्ट किया जाएगा।

(ग) निर्देश में विहित अवधि के भीतर विधान-मंडल अपना मत संसूचित करेगा।

(घ) विहित अवधि को विस्तारित किया जा सकता है।

(ङ) यदि राज्य विधान-मंडल ने अपने विचार संसूचित नहीं किए हैं तो भी विधेयक पुरःस्थापित किया जा सकता है।

(च) संसद् विधान-मंडल के विचारों को स्वीकार करने या उनके अनुसार कार्य करने के लिए आबद्ध नहीं है।

(छ) यदि मूल विधेयक में कोई संशोधन किया जाना है तो यह आवश्यक नहीं है कि वह संशोधन राज्य विधान-मंडल को भेजा जाए।

अध्याय 6

नागरिकता

6.1 राज्य के दो तत्त्व होते हैं। एक तो राज्यक्षेत्र (जो भौतिक साधन स्रोत है) और दूसरा उस राज्यक्षेत्र में निवास करने वाला मानव समुदाय। इन निवासी व्यक्तियों से मिलकर राज्य बनता है। जो जनसंख्या राज्य में होती है उसमें तीन प्रकार के व्यक्ति हो सकते हैं,—

नागरिक।

1. **नागरिक**—अर्थात् वे व्यक्ति जो राज्य के पूर्ण सदस्य हैं और राज्य के प्रति निष्ठा रखते हैं। नागरिकों को सभी सिविल और राजनीतिक अधिकार होते हैं।

2. **अन्यदेशीय**—वे व्यक्ति जो किसी अन्य राज्य के नागरिक हैं। वे सभी सांविधानिक और अन्य अधिकारों के हकदार नहीं होते। उदाहरण के लिए, उन्हें भारत में प्राण और दैहिक स्वतंत्रता का अधिकार है, किंतु अनु. 19 में उल्लिखित स्वतंत्रताओं का नहीं। अन्यदेशीय मित्र हो सकते हैं या शत्रु। अन्यदेशीय शत्रु वे हैं जिनके साथ भारत युद्ध कर रहा है। ऐसे अन्यदेशीय पर विशेष निर्योग्यताएं लागू की जाती हैं। उन्हें अनु. 22 का लाभ उठाने का भी हक नहीं है।

3. **राष्ट्रिकताहीन व्यक्ति**—यह प्रवर्ग बहुत छोटा है और कुछ देश ऐसे भी हो सकते हैं जहां इस प्रवर्ग का कोई व्यक्ति न हो। ये ऐसे व्यक्ति हैं जो किसी देश के नागरिक नहीं हैं, इन्हें वही अधिकार हैं जो अन्यदेशीय व्यक्तियों को होते हैं।

6.2 संविधान ने उन लोगों की पहचान की है जो संविधान के प्रारंभ पर नागरिक बन गए। संविधान में नागरिकता के बारे में विधि अधिकथित नहीं की गई है। अर्थात् स्वयंपूर्ण ऐसी विधि जो इस विषय को पूरी तरह से आच्छादित करे। अनुच्छेद 11 में यह स्पष्ट किया गया है कि संसद् को नागरिकता के बारे में विधि बनाने की संपूर्ण शक्ति होगी। इस शक्ति के प्रयोग में संसद् ने नागरिकता अधिनियम, 1955 अधिनियमित किया है जिसमें नागरिकता के अर्जन और समाप्ति के बारे में विस्तार से उपबंध हैं। नागरिकता संबंधी विधि को समझने के लिए संविधान के उपबंधों को 1955 के अधिनियम के साथ पढ़ना चाहिए।

इस अध्याय में पूरी विधि नहीं है।

नागरिक के अधिकार।

6.3 संविधान के अधीन नागरिकों को निम्नलिखित अधिकार हैं जो अन्यदेशीय को उपलब्ध नहीं हैं,—

1. वे मूल अधिकार जो केवल नागरिकों को प्रदान किए गए हैं; उदाहरणार्थ अनु. 15, 16, 19 और 29।

2. अनुच्छेद 18(2) नागरिकों पर एक निर्बंधन लगाता है। (विदेशी राज्य से कोई उपाधि स्वीकार नहीं करना)।

3. केवल नागरिक ही कुछ पद धारण करने के पात्र हैं। यह पद हैं: राष्ट्रपति (अनु. 58), उपराष्ट्रपति (अनु. 66), उच्चतम न्यायालय का न्यायाधीश (अनु. 124), उच्च न्यायालय का न्यायाधीश (अनु. 217), राज्यपाल (अनु. 157), महान्यायवादी और महाधिवक्ता (अनु. 76 और 165)।

4. लोकसभा और राज्य विधान सभा के लिए मतदान करने के लिए केवल नागरिक ही पात्र होते हैं (अनु. 326)।

5. केवल नागरिक ही संसद् (अनु. 84) या राज्य विधान-मंडल के (अनु. 191) सदस्य होने के लिए अर्ह होते हैं।

निगम नागरिक नहीं है।

6.4 यह सुनिश्चित विधि है कि नागरिकता केवल नैसर्गिक व्यक्तियों के लिए ही है। निगम विधिक या कृत्रिम व्यक्ति हैं इसलिए वे नागरिक नहीं हो सकते।[1] चाहे निगम के सभी शेयरधारक नागरिक हों।[2]

वे व्यक्ति जो 26 जनवरी 1950 को नागरिक हो गए।

6.5 निम्नलिखित व्यक्ति संविधान के प्रारंभ पर भारत के नागरिक बन गए,—

1. वह व्यक्ति जो भारत में अधिवसित था और जिसका जन्म भारत के राज्यक्षेत्र में हुआ था। यह तात्त्विक नहीं है कि उसके माता पिता भारत के राष्ट्रिक रहे हों [अनु. 5(क)]।

2. वह व्यक्ति जिसका भारत के राज्यक्षेत्र में अधिवास था और जिसके माता पिता में से कोई भारत के राज्यक्षेत्र में जन्मा था। यदि ये दो शर्तें पूरी हो जाती हैं तो यह तात्त्विक नहीं है कि माता या पिता भारत के राष्ट्रिक थे या नहीं। ऐसे व्यक्ति का जन्मस्थान कहीं भी हो सकता है [अनु. 5(ख)]।

3. वह व्यक्ति जिसका भारत के राज्यक्षेत्र में अधिवास है और जो भारत के संविधान के प्रारंभ के ठीक पहले कम से कम पांच वर्षों तक भारत में मामूली तौर से निवास कर रहा था। इस दशा में भी माता पिता की राष्ट्रिकता तात्त्विक नहीं है।

अधिवास क्या है?

6.6 अधिवास एक मनुष्य और एक राज्यक्षेत्र के बीच संबंध है। यदि कोई व्यक्ति एक स्थान पर रहता है और उसका आशय उस स्थान को अपना स्थाई निवास बनाना है तो वह स्थान उस व्यक्ति का अधिवास हो जाता है। यदि वह व्यक्ति उस स्थान से हट जाता है किंतु उसका आशय वापस आकर स्थाई रूप से बस जाना है तो इसका अधिवास पर प्रभाव नहीं पड़ता।

अधिवास दो प्रकार का होता है। (क) उद्भव अधिवास और (ख) विकल्प अधिवास।

प्रत्येक व्यक्ति का जन्म से ही एक उद्भव अधिवास होता है। यह वह देश होता है जिसमें उसके जन्म के समय उसके पिता का अधिवास था। उद्भव का अधिवास एक विधिक संकल्पना है जो किसी मनुष्य के साथ तब तक जुड़ी रहती है जब तक कि वह उसका त्याग न करे।

विकल्प अधिवास (i) किसी विशेष स्थान में वास्तव में निवास करके और (ii) उस स्थान में स्थाई रूप से या अनिश्चित काल तक निवास करने के आशय द्वारा अर्जित किया जाता है। दूसरे शब्दों में विकल्प अधिवास, निवास के तथ्य और उसे स्थाई निवास बनाने के आशय के संयोजन से प्राप्त होता है।[3]

प्रव्रजन करने वालों के लिए नागरिकता।

6.7 4. वे व्यक्ति जो पाकिस्तान से भारत को प्रव्रजन करके आए वे भारत के नागरिक हो गए यदि निम्नलिखित शर्तें पूरी हो गईं,—

(i) यदि वह या उसके माता पिता में से कोई भारत शासन अधिनियम, 1935 में परिभाषित भारत में जन्मा था (मूल रूप में यथा अधिनियमित)—मोटे तौर पर अविभाजित भारत में [अनु. 6(क)]।

1. *स्टेट ट्रेडिंग कारपोरेशन* बनाम *सी.टी.ओ.*, ए.आइ.आर 1963 एस.सी. 1811।
2. *टाटा इंजीनियरिंग कंपनी* बनाम *बिहार राज्य*, ए.आइ.आर. 1965 एस.सी. 40।
3. *शंकरन गोविंदन* बनाम *लक्ष्मी भारती*, ए.आइ.आर. 1974 एस.सी. 1764।

(ii) (क) यदि उसने 19 जुलाई 1948 के पहले प्रव्रजन किया है और उस तारीख से भारत के राज्यक्षेत्र में मामूली तौर से निवासी रहा है।

(ख) यदि उसने 19 जुलाई 1948 को या उसके पश्चात् प्रव्रजन किया है और उसका इस प्रयोजन के लिए प्राधिकृत अधिकारी द्वारा भारत के नागरिक के रूप में रजिस्ट्रीकरण कर लिया गया है [अनु. 6(ख)]।

जो प्रव्राजक 19 जुलाई 1945 के पहले भारत में आए उनका रजिस्ट्रीकरण आवश्यक नहीं था। जो लोग उस तारीख को या उसके पश्चात् आए उनका रजिस्ट्रीकरण तभी किया जा सकता था जब आवेदन की तारीख से पूर्ववर्ती कम से कम छह मास के लिए वह भारत में निवास करता रहा हो।

5. वह व्यक्ति जो 1 मार्च 1947 के पश्चात् पाकिस्तान प्रव्रजन कर गया था परंतु भारत में पुनर्वास के लिए या स्थाई रूप से लौटने के लिए अनुज्ञा लेकर भारत वापस आया। ऐसे व्यक्ति को अनु. 6(ख)(ii) में बताई गई रीति में रजिस्ट्रीकरण प्राप्त करना आवश्यक है (अनु. 7)।

6. ऐसे व्यक्ति की दशा में जिसका भारत में जन्म हुआ था या जिसके माता या पिता में से कोई अथवा पितामह या पितामही या मातामह या मातामही में से कोई भारत शासन अधिनियम, 1935 में यथा परिभाषित भारत में जन्मा था और जो भारत के बाहर किसी देश में मामूली तौर से निवास कर रहा था। ऐसा व्यक्ति अभिहित प्राधिकारी द्वारा रजिस्टर किए जाने पर भारत का नागरिक हो जाएगा।

यह उपबंध उन भारतीय लोगों के लिए बनाया गया था जो संविधान के प्रारंभ पर किसी अन्य देश में निवास कर रहे थे (अनु. 8)।

दोहरी नागरिकता।

6.8 अनुच्छेद 5, 6 और 8 के अधीन आने वाला व्यक्ति भारत का नागरिक नहीं रहेगा यदि वह किसी विदेशी राज्य की नागरिकता स्वेच्छा से अर्जित कर लेता है। यदि कोई व्यक्ति स्वेच्छा से किसी अन्य राज्य की नागरिकता अर्जित कर लेता है तो सामान्यतया उसकी भारतीय नागरिकता समाप्त हो जाती है। वह एक ही समय में दो राज्यों का नागरिक नहीं हो सकता। कुछ वर्षों से भारतीय मूल के लोगों को जो विदेशी नागरिक बन गए हैं भारत की नागरिकता रखने का विकल्प दिया गया है। किंतु यह पाकिस्तान, बांग्लादेश आदि को लागू नहीं होता है।

26 जनवरी 1950 के पश्चात्।

6.9 नागरिकता से संबंधित विधि अब नागरिकता अधिनियम, 1955 में अंतर्विष्ट है। संविधान के अनु. 11 द्वारा संसद् को नागरिकता से संबंधित सभी विषयों पर विधान बनाने की शक्ति दी गई है।

नागरिकता अधिनियम में नागरिकता के अर्जन के लिए निम्नलिखित तरीके बताए गए हैं:

(क) **जन्म द्वारा**—प्रत्येक व्यक्ति जिसका भारत में 26 जनवरी 1950 को या उसके पश्चात् जन्म हुआ है जन्म से भारत का नागरिक है।

(ख) **उद्भव द्वारा**—कोई व्यक्ति जो भारत के बाहर 26 जनवरी 1950 को या उसके पश्चात् जन्मा था उद्भव से भारत का नागरिक होगा यदि उसके माता या पिता में से कोई उसके जन्म के समय भारत का नागरिक था।

(ग) **रजिस्ट्रीकरण द्वारा**—कोई व्यक्ति जो ऊपर (क) और (ख) में नहीं आता वह कुछ शर्तें पूरी करके नागरिकता अर्जित कर सकता है। ऐसे व्यक्ति अनेक प्रवर्गों के हो सकते हैं। उदाहरणार्थ वे व्यक्ति जिनका विवाह भारत के नागरिकों से हुआ है या वे व्यक्ति जो भारतीय मूल के हैं।

(घ) **देशीयकरण द्वारा**—जब किसी विदेशी का देशीयकरण के लिए आवेदन भारत सरकार द्वारा मंजूर कर लिया जाता है तो वह भारत का नागरिक बन जाता है।

(ङ) **राज्यक्षेत्र के सम्मिलित किए जाने पर**—यदि कोई नया राज्यक्षेत्र भारत का भाग बन जाता है तो सरकार यह विनिर्दिष्ट करेगी कि उस राज्यक्षेत्र के कौन से व्यक्ति नागरिक हो जाएंगे। जब पांडिचेरी का भारत में विलय हुआ तो नागरिकता अधिनियम, 1955 की धारा 7 के अधीन एक आदेश जारी किया गया [नागरिकता (पांडिचेरी) आदेश, 1962]।

केवल एक नागरिकता।

6.10 संपूर्ण भारत के लिए केवल एक नागरिकता है। राज्यों की अपनी कोई नागरिकता नहीं है। भारत के किसी एक राज्य में निवास करने वाले व्यक्ति को वही अधिकार और विशेषाधिकार हैं जो किसी अन्य राज्य में निवास करने वाले देशवासी को हैं। भारत में एक ही नागरिकता और एक ही अधिवास है।[4] अमरीका और स्विटजरलैंड में दोहरी नागरिकता है अर्थात्, राष्ट्रीय नागरिकता और राज्य की नागरिकता।

नागरिकता की समाप्ति।

6.11 नागरिकता की समाप्ति तीन प्रकार से होती है,—

(क) नागरिकता का त्यजन
(ख) नागरिकता का पर्यवसान
(ग) नागरिकता से वंचित किया जाना

त्यजन—कोई भी भारत का नागरिक जो वयस्क है और जिसमें विधिक क्षमता है घोषणा करके नागरिकता का त्याग कर सकता है। यह घोषणा वही व्यक्ति कर सकता है जो भारत से भिन्न किसी देश का नागरिक या राष्ट्रिक है।

पर्यवसान—भारत का कोई नागरिक जिसने देशीयकरण या रजिस्ट्रीकरण आदि द्वारा स्वेच्छा से नागरिकता अर्जित की थी और जो स्वेच्छा से किसी अन्य देश की नागरिकता अर्जित कर लेता है, भारत का नागरिक नहीं रह जाता।

वंचित करना—कोई व्यक्ति जो अनु. 5 के खंड (ग) के आधार पर या रजिस्ट्रीकरण द्वारा भारत का नागरिक है, केंद्रीय सरकार के आदेश द्वारा नागरिकता से वंचित किया जा सकता है।

वंचित किए जाने के प्रमुख आधार हैं,—

(क) रजिस्ट्रीकरण कपट द्वारा या तात्त्विक तथ्य को छिपाकर प्राप्त किया गया था।

(ख) उस नागरिक ने यह दर्शाया है कि वह भारत के संविधान के प्रति निष्ठा या आदर नहीं रखता।

(ग) नागरिक ने ऐसे युद्ध के दौरान जिसमें भारत सम्मिलित है शत्रु के साथ विधिविरुद्ध व्यापार किया है या शत्रु की सहायता की है।

क्या किसी राज्य के निवासियों को अधिमान दिया जा सकता है?

6.12 संघ के अधीन नियोजन के लिए किसी विशिष्ट राज्यक्षेत्र में निवास करने की कोई अर्हता नहीं होगी। किंतु किसी राज्य या संघ राज्यक्षेत्र में नियोजन के लिए उस राज्य या उस राज्यक्षेत्र में निवास को आवश्यक अर्हता बनाया जा सकता है। निवास से संबंधित अर्हता निहित करने की शक्ति केवल संसद् को दी गई है। राज्य सरकार को ऐसा करने की कोई शक्ति नहीं है। इसका उद्देश्य यह है कि राज्य अवांछनीय विभेद न कर सकें।

संसद् ने इस शक्ति का प्रयोग करते हुए लोक नियोजन (निवास की अपेक्षा) अधिनियम, 1957 अधिनियमित किया था। यह एक अस्थाई अधिनियम था जो 1974 में समाप्त हो गया। इस

4. *प्रदीप जैन* बनाम *भारत संघ,* (1984) 3 एस.सी.सी. 654।

अधिनियम के अधीन राज्य सरकारों को आंध्र प्रदेश, हिमाचल प्रदेश, मणिपुर और त्रिपुरा में अराजपत्रित पदों के लिए निवास की अपेक्षा विहित करने की शक्ति दी गई थी।

1974 में इस अधिनियम के समाप्त होने के पश्चात् किसी भी नागरिक को किसी भी राज्य में इस आधार पर नियोजन से वंचित नहीं किया जा सकता कि वह उस राज्य का नागरिक नहीं है।[5] (देखिए **पैरा 6.14**)।

निवास और अनुच्छेद 15(1)।

6.13 अनुच्छेद 15(1) धर्म, मूलवंश, जाति, लिंग या जन्मस्थान या इनमें से किसी आधार पर विभेद का प्रतिषेध करता है। प्रतिषेध की इस सूची में निवास नहीं है। संविधान राज्य को यह अनुमति देता है कि वह उसके निवासियों को उस विषय में अधिमान दे जिनके बारे में संविधान में सभी नागरिकों को अधिकार नहीं दिए हैं। *डी.पी. जोशी*[6] में उच्चतम न्यायालय ने मेडिकल कालेज को उन विद्यार्थियों से प्रतिव्यक्ति फीस लेने की अनुज्ञा दे दी थी जो उस राज्य के निवासी नहीं थे। निर्णय का आधार यह था कि जन्मस्थान और निवास दो अलग अलग बातें है। किंतु बाद *में प्रदीप जैन*[7] में उच्चतम न्यायालय ने यह कहा कि ऐसी शर्तें राष्ट्र की एकता और अखंडता से असंगत हैं। *नारायण शर्मा*[8] में बहुत से पूर्ववर्ती वादों का पुनर्विलोकन करके यह अधिकथित किया कि आरक्षण का उपबंध युक्तियुक्त सीमा के भीतर होना चाहिए। सामाजिक और शैक्षिक दृष्टि से पिछड़े क्षेत्र में रहने वाले व्यक्तियों के लिए आरक्षण हो सकता है। न्यायालय ने यह स्पष्ट किया कि स्नातकोत्तर पाठ्यक्रमों में प्रवेश केवल गुणागुण के आधार पर ही हो सकता है।

इस प्रकार मेडिकल कालेज में प्रवेश ही एकमात्र क्षेत्र है जिसमें निवास को आवश्यक अर्हता माना जा सकता है।

जम्मू-कश्मीर में निवास।

6.14 संविधान (जम्मू-कश्मीर को लागू होना) आदेश, 1954 [जो संविधान के अनु. 370 के खंड (1) द्वारा प्रदत्त शक्तियों के अधीन जारी किया गया है] ने जम्मू-कश्मीर के स्थाई निवासियों की बाबत विधियों की व्यावृत्ति के लिए अनु. 35क अंतःस्थापित किया है। यह अनुच्छेद जम्मू-कश्मीर राज्य विधान मंडल को शक्ति देता है कि,—

(क) यह परिभाषित करे कि कौन जम्मू-कश्मीर के स्थाई निवासी हैं।

(ख) जम्मू-कश्मीर के स्थाई निवासियों को निम्नलिखित के बारे में विशिष्ट अधिकार और विशेषाधिकार प्रदान करे,—

(i) राज्य सरकार के अधीन नियोजन,
(ii) राज्य में स्थावर संपत्ति का अर्जन,
(iii) राज्य में बस जाना,
(iv) छात्रवृत्ति या अन्य इसी प्रकार की सहायता जो राज्य सरकार प्रदान करे।

जन्म से नागरिक और देशीयकृत नागरिक के बीच अंतर।

6.15 जन्म से नागरिक और देशीयकरण द्वारा नागरिक बने व्यक्तियों के बीच केवल एक ही अंतर है, जो जन्म से नागरिक है उसे अपनी नागरिकता से कभी वंचित नहीं किया जा सकता।

---

5. *पांडुरंग राव* बनाम *ए.पी.पी.एस.सी.*, ए.आइ.आर. 1963 एस.सी. 268।
6. *डी.पी. जोशी* बनाम *मध्य प्रदेश राज्य*, ए.आइ.आर. 1955 एस.सी. 234।
7. *प्रदीप जैन* बनाम *भारत संघ* (1984) 3 एस.सी.सी. 654।
8. *नारायण शर्मा* बनाम *पंकज लहकर* (2000) एस.सी.सी. 44।

संविधान में इन दो वर्गों के नागरिकों के बीच कोई भिन्नता नहीं है। राज्य विधान-मंडल या संसद् के निर्वाचन के लिए अर्हता या पात्रता के बारे में दोनों एक से हैं। संविधान देशीयकृत नागरिक को निर्वाचन में अभ्यर्थी बनने से वर्जित नहीं करता (यदि अन्यथा अर्ह हो)। वे संविधान के अधीन सभी पदों के लिए पात्र हैं जैसे राष्ट्रपति, उपराष्ट्रपति, प्रधान मंत्री, राज्यपाल आदि।

अमरीका में संविधान देशीयकृत नागरिकों को सीनेट का सदस्य बनने की अनुमति देता है। सीनेट हमारी राज्य सभा के समान है। वे मंत्री के स्तर का कोई भी पद धारण कर सकते हैं। जैसे सेक्रेटरी आफ स्टेट, अटर्नी जनरल आदि। किंतु देशीयकृत नागरिक अमरीका का राष्ट्रपति नहीं बन सकता। जो व्यक्ति जन्म से अमरीका का नागरिक है वही वहां का राष्ट्रपति बनने का पात्र हो सकता है।

अध्याय 7
मूल अधिकार

साधारण

7.1 मूल अधिकारों का स्रोत बहुत प्राचीन है और इसमें अनेक श्रेष्ठ पुरुषों का योगदान रहा है। ये नैसर्गिक अधिकार हैं जो मानव को अपनी क्षमताओं को विकसित करने के लिए सर्वोत्तम भूमि और जलवायु उपलब्ध कराते हैं। इन प्रतिभूत और सुरक्षित दशाओं को मूल अधिकार कहा जाता है। यह भी कहा जा सकता है ये नैसर्गिक अधिकार हैं जिनका उद्गम नैसर्गिक विधि के सिद्धांतों से हुआ है। इस पर साधारणतया सभी विद्वान सहमत हैं कि नैसर्गिक अधिकार मानव में अंतर्निहित होते हैं और राज्य उन्हें छीन नहीं सकता। **मानव अधिकारों की सार्वभौम घोषणा 1948** में यह घोषित किया गया है[1],—

मानव अधिकार जिनका अपहरण नहीं हो सकता।

> मानव परिवार के सभी सदस्यों की अंतर्निहित गरिमा और समान तथा अभेद्य अधिकार विश्व में स्वतंत्रता, न्याय और शांति के आधार हैं,
>
> * * *
>
> संयुक्त राष्ट्र के लोगों ने चार्टर में मूल मानव अधिकारों में अपने विश्वास की पुनः पुष्टि की है ... तथा अधिकाधिक स्वतंत्रता के साथ उत्कृष्ट जीवन स्तर की प्राप्ति का निर्णय किया है...।

नैसर्गिक अधिकारों को अन्य अधिकारों से उच्चतर सम्मान दिया जाता है। उदाहरण के लिए संविदा पर आधारित अधिकारों से नैसर्गिक अधिकारों का सम्मान अधिक है। इसके पीछे कारण यह है कि नैसर्गिक अधिकारों की विद्यमानता किसी अधिनियम पर आधारित नहीं है।

7.2 1975 में आपात की घोषणा के दौरान बहुत से ऐसे मामले न्यायालय के समक्ष आए जिसमें अनु. 21 में प्रतिष्ठित प्राण और दैहिक स्वतंत्रता के अधिकार के प्रवर्तन की मांग की गई। एक निर्णय में[2] बहुमत से यह भी निर्धारित हुआ कि संविधान के अंगीकार किए जाने के पश्चात् प्राण और दैहिक स्वतंत्रता का अधिकार अनु. 21 में समाहित है। (इस निर्णय की विद्वानों ने एक स्वर से कड़ी आलोचना की है।)[3] इसलिए इस अनुच्छेद को जब निलंबित किया जाता है

बंदी प्रत्यक्षीकरण का मामला, 1976।

---

1. मानव अधिकारों की सार्वभौम घोषणा जिसका उद्घोषण संयुक्त राष्ट्र महासभा ने 10 दिसंबर 1948 को किया।

2. *ए.डी.एम. जबलपुर* बनाम *शिवकांत शुक्ला,* ए.आइ.आर. 1976 एस.सी. 1207।

3. एच.एम. सीरवई, *कांस्टिट्यूशनल ला आफ इंडिया,* तीसरा संस्करण, पृ. 1048। सीरवई ने यह लिखा है "बंदी प्रत्यक्षीकरण वाद में दिया गया निर्णय एक अनोखा दृष्टांत है। इसके द्वारा भारत के उच्चतम न्यायालय ने स्वयं पर प्रहार करके घाव कर लिया और व्यथा भी झेली।"

गोविंद दास ने *सुप्रीम कोर्ट इन क्वेस्ट आफ आइडेन्टिटी,* दूसरा संस्करण में पृ. 98 पर लिखा है "*शुक्ला* और *निरुद्ध व्यक्तियों वाले वाद* के निर्णय को सभी समीक्षकों ने भारतीय न्यायपालिका के इतिहास का ऐसा कलंकित पृष्ठ माना है जो कभी नहीं धुलेगा। भावी समीक्षक भी सदैव यही बात दुहराएंगे।"

तो वे अधिकार अस्तित्व में नहीं रहते। **न्या. खन्ना** ने अपने विसम्मत निर्णय में यह अभिनिर्धारित किया कि प्राण का अधिकार एक नैसर्गिक अधिकार है जिसका हरण नहीं किया जा सकता। यह अधिकार संविधान के किसी उपबंध का आश्रित नहीं है। न्या. खन्ना ने कहा,—

> संविधान का अनु. 21 यदि न होता तो भी राज्य को किसी व्यक्ति को उसके प्राण या स्वतंत्रता से वंचित करने की शक्ति विधि के प्राधिकार के बिना नहीं मिलती। यह सभी सभ्य राष्ट्रों में विधिसम्मत शासन की आवश्यक स्थापना और आधारभूत उपधारणा है।

यह तथ्य ध्यान में रखने योग्य है कि बंदी प्रत्यक्षीकरण मामले में विवाद के विषय बहुत से उच्च न्यायालयों के समक्ष रिट याचिकाओं में उठाए गए थे और 9[4] उच्च न्यायालयों ने याचियों के पक्ष में निर्णय दिया था।

44वें संशोधन से अनु. 359 को परिवर्तित कर दिया गया है। अब आपात के दौरान भी अनु. 20 और 21 को निलंबित नहीं किया जा सकता।

बंदी प्रत्यक्षीकरण वाद उलट दिया गया।

7.3 पोट्टूस्वामी[5] में उच्चतम न्यायालय ने *ए.डी.एम. जबलपुर*[2] को और *भानुदास कृष्ण गौड़*[6] को जिसमें *ए.डी.एम जबलपुर* का अनुसरण किया गया था अभिव्यक्त रूप से उलट दिया। **न्या. खन्ना** के तर्क और निष्कर्ष का समर्थन किया गया और उन्हें उद्धरित किया गया। यह अधिकथित किया गया कि प्राण और दैहिक स्वतंत्रता के अधिकार का सृजन विधि द्वारा नहीं किया गया। ये अधिकार तो प्रत्येक व्यक्ति में अंतर्निहित हैं। बंदी प्रत्यक्षीकरण की रिट जारी करने की न्यायालय की शक्ति एक बहुमूल्य अधिकार है। किसी को इससे वंचित नहीं किया जा सकता।[7]

मूल अधिकारों का इतिहास।

7.4 अमरीका की स्वतंत्रता की घोषणा (1786) में जिसका प्रारूप जेफरसन ने तैयार किया था, यह उद्घोषित किया गया था,—

> हम यह मानते हैं कि यह सत्य स्वयं प्रकट है कि सभी मनुष्य समान हैं, यह कि उन्हें उनके सर्जक ने कुछ अभेद्य अधिकार प्रदान किए हैं। इन अधिकारों में प्राण, स्वतंत्रता और सुख प्राप्ति के अधिकार हैं...।

1789 में फ्रांस की राष्ट्रीय विधान सभा ने **मानव के अधिकारों की घोषणा** की जिसमें यह कहा गया,—

> सभी राजनीतिक संगमों का अंतिम लक्ष्य मानव के नैसर्गिक और अनपहरणीय अधिकारों का परिरक्षण है।

संयुक्त राज्य अमरीका का जो संविधान मूलतः 1787 में बनाया गया था और 1789 में प्रवृत्त किया गया था उसमें अधिकार पत्र (बिल आफ राइट्स) नहीं था। इसलिए उसमें अनपहरणीय अधिकार प्रत्याभूत नहीं थे। किंतु उसके ठीक पश्चात् 1791 में अर्थात् संविधान के प्रवृत्त होने के 2 वर्ष पश्चात्, संविधान के पहले 10 संशोधन अंगीकार किए गए। इन्हें ही **अधिकार पत्र** कहते हैं।

---

4. 9 उच्च न्यायालय थे इलाहाबाद, आंध्र प्रदेश, मुंबई, दिल्ली, कर्नाटक, मद्रास, मध्य प्रदेश, पंजाब और हरियाणा, और राजस्थान। (सीरवई *वही* जिल्द 1, तीसरा संस्करण, पृ. 1020)।
5. *के.एस. पोट्टूस्वामी* बनाम *भारत संघ* (2017) 10 एस.सी.सी. 1, ए.आइ.आर. 2017 एस.सी. 4161।
6. *भारत संघ* बनाम *भानुदास कृष्ण गौड़* (1977) 1 एस.सी.सी. 834।
7. एक रोचक तथ्य यह है कि *पोट्टूस्वामी* में न्या. डी.वाय. चंद्रचूड़ ने ए.डी.एम. जबलपुर को उलटकर अपने पिता न्या. वाय.वी. चंद्रचूड़ के मत को अस्वीकार कर दिया।

7.5 ब्रिटेन ने अमरीकी प्रजा के साथ जो व्यवहार किया वैसा ही व्यवहार (या उससे भी निकृष्ट व्यवहार) भारतीयों के साथ किया गया। उसकी प्रतिक्रिया के फलस्वरूप अमरीकावासियों ने संविधान की रचना करके और अधिकार पत्र अधिनियमित करके स्वयं को कार्यपालिका और विधान-मंडल के अत्याचार से बचाने के उपाय किए। इसी प्रकार भारतवासियों ने भी अधिकारों की प्रत्याभूति की मांग की। साइमन आयोग ने खोखले तर्क देते हुए मांग को अस्वीकार कर दिया। आयोग ने कहा,—

ब्रिटेन के व्यवहार की प्रतिक्रिया।

> अनुभव से यह ज्ञात होता है कि उनका कोई व्यावहारिक महत्त्व नहीं है। जब तक कि उन्हें प्रभावी करने की इच्छा और साधन न हों तब तक इस प्रकार की अमूर्त घोषणाएं व्यर्थ रहती हैं।[8]

किंतु संविधान सभा का यह दृढ़ निश्चय था कि कुछ अधिकारों की रक्षा की जानी चाहिए, इसलिए उन्हें संविधान के भाग 3 में स्थान दिया गया।

7.6 1. सामान्य विधिक अधिकार देश की विधि द्वारा संरक्षित और प्रवृत्त किया जाता है। सामान्य विधिक अधिकार के उदाहरण हैं, उपभोक्ता के अधिकार, शेयरधारक के अधिकार, बंधककर्ता के अधिकार या संविदा के पक्षकारों के अधिकार, आदि। मूल अधिकार संविधान द्वारा रक्षित होता है और संविधान ही उसे प्रवृत्त करता है। सामान्य अधिकारों को साधारण विधायी प्रक्रिया द्वारा बदला जा सकता है। मूल अधिकार में परिवर्तन के लिए संविधान का संशोधन करना आवश्यक है। मूल अधिकार का निलंबन या न्यूनीकरण संविधान में विहित रीति से ही किया जा सकता है।

मूल अधिकार क्या हैं?

2. सामान्य अधिकार साधारणतः किसी अन्य व्यक्ति पर उसका प्रतिरूप कर्त्तव्य अधिरोपित करता है। मूल अधिकार ऐसा अधिकार है जिसमें किसी व्यक्ति को राज्य के विरुद्ध अधिकार प्राप्त होता है। अतएव मूल अधिकार राज्य को भी आबद्ध करते हैं।

3. सामान्य अधिकार व्यक्तियों के विरुद्ध उपलब्ध होता है और कुछ मामलों में राज्य के विरुद्ध भी। मूल अधिकार केवल राज्य के विरुद्ध प्रवर्तनीय है। सहकारी सोसाइटी के विरुद्ध प्रवर्तित नहीं किया जा सकता।[9]

4. मूल अधिकारों पर कार्यपालिका, विधायिका और न्यायपालिका आक्रमण न करें इसलिए सुरक्षा की व्यवस्था की जाती है। यदि कोई विधि या कार्यपालिका का कार्य ऐसे अधिकारों के प्रतिकूल होता है या अधिकारों को संक्षिप्त करता है तो वह विधि या कार्य शून्य और निष्प्रभावी होगा।

5. हमारे संविधान में मूल अधिकार के प्रवर्तन के लिए उच्चतम न्यायालय में समावेदन करने का अधिकार प्रत्याभूत है। इस प्रकार यह उपचार भी एक मूल अधिकार है। इससे यह ज्ञात होता है कि किस प्रकार यह अधिकार अन्य दूसरे अधिकारों से भिन्न है। उच्चतम न्यायालय मूल अधिकारों का संरक्षक है।

6. सभी सांविधानिक अधिकार मूल अधिकार नहीं होते। उदाहरण के लिए यह अधिकार कि विधि के प्राधिकार के बिना कराधान नहीं किया जाएगा (अनु. 265); संपत्ति का अधिकार (अनु. 300क), व्यापार और वाणिज्य का अधिकार (अनु. 301)।

7. सभी मूल अधिकार विधायी शक्ति को मर्यादित करते हैं।

7.7 मूल अधिकारों का प्रयोजन राज्य पर बंधन लगाकर मर्यादित शासन स्थापित करना है। इसे **विधिसम्मत शासन** कहते हैं। जो **मनुष्य के शासन** से भिन्न है। इंग्लैंड में यह मान्यता थी कि पार्लमेंट पर कोई

मूल अधिकारों की आवश्यकता।

8. *साइमन आयोग का प्रतिवेदन* (1930) जिल्द 1, पृ. 22-23।
9. *जोरोएस्ट्रियन कोआपरेटिव हाउसिंग सोसाइटी* बनाम *जिला रजिस्ट्रार* (2005) 5 एस.सी.सी. 632।

बंधन नहीं लगाया जा सकता। विधायी शक्तियों पर कोई निर्बंधन नहीं होता। पार्लमेंट द्वारा बनाई गई विधि को इस आधार पर शून्य घोषित नहीं किया जा सकता कि वह किसी स्वतंत्रता का उल्लंघन करती है। पार्लमेंट स्वतंत्रता इसलिए नहीं छीनती कि उसे ऐसा करने की शक्ति नहीं है बल्कि इसलिए कि पार्लमेंट की दीर्घकालिक परंपरा स्वतंत्रता की रक्षा करना रहा है। जब से ब्रिटेन यूरोपीय समुदाय का सदस्य बना है और उसने यूरोपीय मानव अधिकार आयोग की अधिकारिता स्वीकार की है तब से स्थिति में बहुत परिवर्तन आ गया है। ब्रिटेन ने सन् 2000 में मानव अधिकार अधिनियम लागू किया है।

अमरीका की जनता को ब्रिटेन की पार्लमेंट के विरुद्ध लड़ना पड़ा इसलिए जब उन्होंने अपने लिए संविधान बनाया तो उसमें इस प्रकार के निर्बंधन लगाए जिससे विधान-मंडल अत्याचार न कर सके। उन्होंने संविधान को सर्वोच्च स्थान प्रदान किया।

ब्रिटिश शासन के दौरान हमारा अनुभव दुखद रहा क्योंकि हमारे मूल अधिकार शासकों की मर्जी पर निर्भर थे। इसलिए हमारा संविधान जनता को कुछ आधारभूत अधिकार प्रदान करता है जिन्हें राज्य कुचल नहीं सकता। इस दृष्टि से हमने अमरीकी संविधान का अनुसरण किया है।

7.8 **मूल अधिकारों का अधित्यजन।** उच्चतम न्यायालय ने यह अभिनिर्धारित किया है[10] कि संविधान में मूल अधिकार रखने का प्रयोजन केवल व्यक्तियों को फायदा पहुंचाना नहीं था। यह अधिकार एक नीति के परिणामस्वरूप हैं। इसलिए **अधित्यजन का सिद्धांत** मूल अधिकारों पर लागू नहीं होता। राज्य किसी व्यक्ति के मूल अधिकार को इस आधार पर भंग नही कर सकता कि किसी व्यक्ति ने उसका अधित्यजन कर दिया था। अधित्यजन का सिद्धांत, विबंध (एस्टापेल) और ऐसे ही अन्य सिद्धांत मूल अधिकारों को लागू नहीं होते।

इस मामले में भारत की विधि अमरीका की विधि से भिन्न है। अमरीका में यह अभिनिर्धारित किया गया है कि मूल अधिकार का अधित्यजन किया जा सकता है।[11]

मूल अधिकारों का संशोधन

7.9 **पहला प्रक्रम।** **मूल अधिकारों का संशोधन।** 1951 में, संविधान के प्रवृत्त होने के एक वर्ष के भीतर, संविधान (पहला संशोधन) अधिनियम पारित किया गया। इस अधिनियम से अनु. 31 द्वारा प्रत्याभूत संपत्ति के अधिकार को सीमित किया गया। इस संशोधन की सांविधानिकता को *शंकरीप्रसाद*[12] में प्रश्नगत किया गया। याची ने यह तर्क प्रस्तुत किया कि अनु. 13(2) राज्य को ऐसी विधि बनाने से प्रतिषिद्ध करता है जो मूल अधिकार को छीनती है या न्यून करती है।[13] अनुच्छेद 13(2) में प्रयुक्त शब्द 'विधि' के अधीन सभी अधिनियम आते हैं अर्थात् उसमें संविधान संशोधन भी सम्मिलित है। इस तर्क को अस्वीकार करते हुए उच्चतम न्यायालय ने यह अभिनिर्धारित किया कि अनु. 368 द्वारा प्रदत्त शक्ति का प्रयोग करते हुए जो संविधान संशोधन अधिनियम पारित किया जाता है वह अनु. 13(2) के अंतर्गत **विधि** नहीं है। न्यायालय ने यह व्यवस्था दी कि इस अनुच्छेद में *विधि* का अर्थ है सामान्य विधि। संविधान संशोधन अधिनियम नहीं (अर्थात् सांविधानिक विधि नहीं)। मूल अधिकार, अनु. 368 के अधीन संसद् की संशोधन करने की शक्ति के अधीन हैं।

10. *बहराम* बनाम *मुंबई राज्य,* ए.आइ.आर. (1955) एस.सी. 123, *बशेशरनाथ* बनाम *आयकर आयुक्त,* ए.आइ.आर. 1959 एस.सी. 149।

11. *बायकिन* बनाम *अलाबामा,* 395 यू.एस. 238 (1969)।

12. *शंकरीप्रसाद* बनाम *भारत संघ,* ए.आइ.आर. 1951 एस.सी. 458।

13. अनुच्छेद 13(2) इस प्रकार है—"राज्य ऐसी कोई विधि नहीं बनाएगा जो इस भाग द्वारा प्रदत्त अधिकारों को छीनती है या न्यून करती है और इस खंड के उल्लंघन्न में बनाई गई प्रत्येक विधि उल्लंघन की मात्रा तक शून्य होगी।"

यदि दूसरे प्रकार से कहें तो यह कहना उचित होगा कि सामान्य विधियों से मूल अधिकारों का संशोधन नहीं किया जा सकता किंतु सांविधानिक विधियों द्वारा किया जा सकता है।

सज्जन सिंह[14] में उच्चतम न्यायालय अपने पूर्ववर्ती *शंकरीप्रसाद*[12] वाले निर्णय पर दृढ़ रहा।

7.10 दूसरा प्रक्रम। 1967 में न्यायालय ने *गोलकनाथ*[15] में अपने पूर्ववर्ती विनिश्चयों को उलट दिया। बहुमत ने यह दृष्टिकोण अपनाया कि संविधान ने मूल अधिकारों को एक परमोच्च स्थिति प्रदान की है। अनुच्छेद 368 के अधीन कार्य करते हुए संसद् या किसी अन्य प्राधिकारी को यह शक्ति नहीं है कि वह मूल अधिकारों को न्यून करे या छीन सके। न्यायालय ने विधायी शक्ति और संविधायी शक्ति के बीच भेद करने से इंकार कर दिया। यह निर्णय 11 न्यायाधीशों की पीठ ने दिया था। 6 न्यायाधीश बहुमत में थे और 5 अल्पमत में। अल्पमत वाले न्यायाधीशों ने यह माना कि मूल अधिकारों के संशोधन के बारे में जो मत पहले प्रकट किया गया है वह ठीक है अर्थात् मूल अधिकारों का संशोधन किया जा सकता है।

गोलकनाथ।

गोलकनाथ[15] की प्रतिक्रियास्वरूप संसद् ने संविधान (24वां संशोधन) अधिनियम, 1971 पारित किया। इस अधिनियम द्वारा अनु. 13 में खंड(4) और अनु. 368 में एक नया खंड(1) अंतःस्थापित किया गया। इस संशोधन द्वारा यह घोषणा की गई कि अनु. 368 के अनुसार पारित संविधान का संशोधन अनु. 13 के अर्थांतर्गत विधि नहीं होगा। इस प्रकार अनु. 13 संविधान का संशोधन करने वाले अधिनियमों को लागू नहीं होगा।

24वां संशोधन।

7.11 तीसरा प्रक्रम। 1973 में *केशवानंद भारती*[16] में यह विषय फिर से उच्चतम न्यायालय के समक्ष आया। जिस न्यायपीठ ने इसे सुना उसमें 13 न्यायाधीश थे। बहुमत (7 न्यायाधीश) ने 24वें संशोधन को विधिमान्य ठहराते हुए *गोलकनाथ*[15] को उलट दिया किंतु साथ ही एक नया सिद्धांत प्रतिपादित किया। न्यायालय ने यह कहा कि संसद् मूल अधिकारों वाले भाग का संशोधन करने के लिए उतनी ही सक्षम है जितनी कि संविधान के किसी अन्य भाग का। किंतु संविधान का संशोधन करके संसद् संविधान की आधारिक संरचना (जिसे आधारभूत लक्षण भी कहा गया है) को न तो संक्षिप्त कर सकती है, न समाप्त कर सकती है और न नष्ट कर सकती है। *गोलकनाथ*[15] के पश्चात् किसी भी मूल अधिकार को न तो छीना जा सकता था और न न्यून किया जा सकता था। *केशवानंद*[16] के पश्चात् न्यायालय को यह विनिश्चय करना है कि कोई मूल अधिकार आधारिक लक्षण है या नहीं। यदि वह आधारिक लक्षण है तो कदापि हटाया नहीं जा सकता (देखिए **पैरा 29.17 से 29.37**)

केशवानंद भारती।

7.12 न्यायपालिका ने जो **आधारिक लक्षण का सिद्धांत** बनाया था उसे विनष्ट करने के लिए संविधान (42वां संशोधन) अधिनियम, 1976 द्वारा अनु. 368 में खंड(4) अंतःस्थापित किया गया। इस खंड का उद्देश्य न्यायिक पुनर्विलोकन की शक्ति का अपहरण करना था। इस खंड से यह अधिनियमित किया गया **कि इस संविधान का (जिसके अंतर्गत भाग 3 के उपबंध हैं) इस अनुच्छेद के अधीन... किया गया... कोई संशोधन किसी न्यायालय में किसी भी आधार पर प्रश्नगत नहीं किया जाएगा**। किंतु उच्चतम न्यायालय ने *मिनर्वा मिल्स*[17] में यह अभिनिर्धारित

42वां संशोधन और *मिनर्वा मिल्स*।

14. *सज्जन सिंह* बनाम *राजस्थान राज्य,* ए.आइ.आर. 1965 एस.सी. 845।
15. *आइ.सी. गोलकनाथ* बनाम *पंजाब राज्य,* ए.आइ.आर. 1967 एस.सी. 1643।
16. *केशवानंद भारती* बनाम *केरल राज्य,* ए.आइ.आर. 1973 एस.सी. 1461।
17. *मिनर्वा मिल्स* बनाम *भारत संघ,* ए.आइ.आर. 1980 एस.सी. 1789।

किया कि अनु. 368 का खंड(4) शून्य था क्योंकि वह **न्यायिक पुनर्विलोकन** का विनाश करने के लिए तात्पर्यित था। न्यायिक पुनर्विलोकन संविधान का आधारभूत लक्षण है। *वामन राव*[18] में न्यायालय ने यह भी स्पष्ट कर दिया कि आधारिक लक्षण का सिद्धांत 24-4-1973[19] के पश्चात् पारित संविधान संशोधन अधिनियमों पर लागू होगा। अर्थात् भविष्यलक्षी रूप से लागू होगा। पूर्ववर्ती विधान को अर्थात् भूतलक्षी रूप से लागू नहीं होगा।

निष्कर्ष।

7.13 इन संशोधनों और विनिश्चयों का परिणाम यह है कि,—

(क) मूल अधिकारों का संशोधन किया जा सकता है।

(ख) प्रत्येक मामले में न्यायालय यह विचार करेगा कि क्या मूल अधिकारों के संशोधन से संविधान के किसी आधारिक लक्षण का निराकरण या विनाश या क्षय हो रहा है। यदि इसका उत्तर 'हां' में है तो संशोधन उस विस्तार तक शून्य होगा।

(ग) आधारिक लक्षणों के आधार पर उन्हीं अधिनियमों को अविधिमान्य किया जा सकेगा जो 24-4-1973[19] के पश्चात् पारित किए गए हैं।

(घ) नवीं अनुसूची में किसी अधिनियम के सम्मिलित किए जाने पर भी उस पर इस आधार पर आक्रमण किया जा सकता है कि वह आधारिक संरचना का विनाश करता है। विधान-मंडल किसी अधिनियम को नवीं अनुसूची में डालकर न्यायालय द्वारा उसकी परीक्षा की जाने से रक्षा नहीं कर सकता।[20]

क्या कोई विधि जो न्यायालय द्वारा शून्य घोषित की गई है 9वीं अनुसूची में सम्मिलित की जा सकती है?

7.14 यह प्रश्न कि क्या कोई विधि जिसके बारे में न्यायालय ने यह पाया है कि वह किसी मूल अधिकार को समाप्त करती है, या न्यून करती है, नवीं अनुसूची में रख दिए जाने से सुरक्षित हो जाती है, 1999 में एक अधिक संख्या वाली पीठ को निर्दिष्ट किया गया था।[21] इस प्रश्न पर 9 न्यायाधीशों वाली न्यायपीठ ने विचार किया और यह अधिकथित किया[20],—

(क) संसद् को भाग 3 का संशोधन करने की शक्ति है किंतु यदि संशोधनकारी विधि आधारिक संरचना को विनष्ट करती है तो वह अविधिमान्य हो जाएगी। यह विधि नवीं अनुसूची में अंतर्विष्ट कर दी जाए तब भी परिणाम यही होगा। वह शून्य बनी रहेगी।

(ख) 24 अप्रैल 1973 के पश्चात् नवीं अनुसूची में सम्मिलित प्रत्येक अधिनियम पर इस आधार पर आपत्ति की जा सकती है कि वह आधारिक संरचना को आघात पहुंचाता है।

(ग) आधारिक संरचना के सिद्धांत के प्रतिपादन के पश्चात् संसद् किसी अधिनियम को नवीं अनुसूची में सम्मिलित करके उस अधिनियम को उन्मुक्ति नहीं दे सकती और न्यायालय की संवीक्षा से बाहर नहीं कर सकती।

9 न्यायाधीशों की एक पीठ ने *केशवानंद* के प्रभाव को स्पष्ट करते हुए यह घोषित किया कि आधारिक संरचना एक सर्वमान्य सिद्धांत बन चुका है। इसका आधार यह है कि कुछ मूल अधिकारों पर जब भी कोई अतिक्रमण होगा तो उस कार्रवाई का पूरा औचित्य सिद्ध करना होगा। प्रत्येक अतिक्रमण को आधारिक संरचना का सिद्धांत लागू होगा।

---

18. *वामन राव* बनाम *भारत संघ,* ए.आइ.आर. 1981 एस.सी. 271।
19. यह *केशवानंद भारती* के निर्णय के सुनाए जाने की तारीख है।
20. *आइ.आर. कोइल्हो* (मृतक) बनाम *तमिलनाडु राज्य* (नौ न्यायाधीशों की पीठ का सर्वसम्मत निर्णय) जे.टी. 2007(2) एस.सी. 292।
21. *आइ.आर. कोइल्हो* बनाम *तमिलनाडु राज्य* (1999) 7 एस.सी.सी. 580।

7.15 यह ध्यान देने योग्य है कि उच्चतम न्यायालय ने स्पष्ट शब्दों में यह नहीं बताया है कि आधारिक संरचना क्या होती है। न्यायालय के निर्णयों से यह ज्ञात होता है कि निम्नलिखित आधारिक संरचना या लक्षण हैं,—

आधारिक संरचना परिनिश्चित नहीं है।

समता, न्यायिक पुनर्विलोकन, परिसंघवाद, पंथनिरपेक्ष चरित्र, संविधान की सर्वोच्चता, लोकतांत्रिक शासन, शक्तियों का पृथक्करण आदि।

7.16 अमरीका और आस्ट्रेलिया के संविधानों में मूल अधिकारों के निलंबन का कोई उपबंध नहीं है। हमारे संविधान में मूल अधिकारों के निलंबन के उपबंध हैं (अनु. 358 और 359)। अनुच्छेद 358, अनु. 19 के निलंबन के बारे में है। अनुच्छेद 359 अन्य मूल अधिकारों के बारे में है।

मूल अधिकारों का निलंबन।

इन अनुच्छेदों का प्रभाव इस प्रकार है,—

1. जब भी अनु. 352 के अधीन आपात की घोषणा की गई है तो राज्य अनु. 19 द्वारा लगाए गए बंधनों या मर्यादाओं से मुक्त हो जाएगा। राष्ट्रपति, अनु. 359 के अधीन आदेश निकालकर मूल अधिकारों के प्रवर्तन के लिए न्यायालय में समावेदन करने का अधिकार निलंबित कर सकता है। इस आदेश में वे अधिकार विनिर्दिष्ट किए जाएंगे जो प्रवृत्त नहीं कराए जा सकते।

2. अनुच्छेद 359 तब प्रवर्तन में आता है जब अनु. 352 के अधीन (युद्ध या बाह्य आक्रमण या सशस्त्र विद्रोह के आधार पर) आपात की घोषणा की जाती है किंतु अनु. 358 तब लागू होता है जब आपात की घोषणा युद्ध या बाह्य आक्रमण के आधार पर की जाए (सशस्त्र विद्रोह के आधार पर नहीं)।

3. अनुच्छेद 352 के अधीन आपात की घोषणा होने पर अनु. 358 स्वतः प्रवर्तित हो जाता है किंतु अनु. 359 तभी प्रवृत्त होगा जब राष्ट्रपति द्वारा कोई आदेश निकाला जाए। ऐसे आदेश में वह मूल अधिकार विनिर्दिष्ट किया जाना चाहिए जिसका प्रवर्तन निलंबित किया जा रहा है।

4. अनुच्छेद 359 में यह उपबंध किया गया है कि अनु. 20 और 21 का प्रवर्तन निलंबित नहीं किया जा सकता । अतएव जिस अवधि में आपात की घोषणा विद्यमान है उसमें भी प्रत्येक व्यक्ति का अपने प्राण और दैहिक स्वतंत्रता के संरक्षण का अधिकार बना रहता है।[22]

5. अनुच्छेद 358 और 359 में यह अपेक्षा है कि वे सुसंगत मूल अधिकार के प्रवर्तन का निलंबन तभी करेंगे जबकि उस विधि में जो अधिकार को प्रभावी करती है यह कथन हो कि वह आपात की घोषणा से संबंधित है। यदि विधि में ऐसा कथन नहीं है तो उस विधि या ऐसी विधि के अधीन कार्यपालिका द्वारा की गई कार्रवाई पर इस आधार पर आक्षेप किया जा सकता है कि वह मूल अधिकार छीनती है या न्यून करती है। इन अनुच्छेदों का उद्देश्य स्वतंत्रता पर आक्रमण को रोकना है।

मूल अधिकारों का वर्गीकरण

7.17 मूल अधिकारों का अनेक प्रकार से वर्गीकरण किया जा सकता है। संविधान में इन अधिकारों को छह शीर्षों में विभाजित किया गया है (मूलतः सात शीर्ष थे—संपत्ति के अधिकार को 44वें संशोधन द्वारा हटा दिया गया)।

मूल अधिकारों का वर्गीकरण।

22. यह उपबंध 44वें संशोधन द्वारा अंतःस्थापित किया गया जिससे उच्चतम न्यायालय ने *ए.डी.एम. जबलपुर* बनाम *शिवकांत शुक्ला,* ए.आइ.आर. 1976 एस.सी. 1207 में जो मत अभिव्यक्त किया वह निष्प्रभाव हो जाए।

1. समता का अधिकार (अनु. 14-18)
2. स्वतंत्रता का अधिकार (अनु. 19-22)
3. शोषण के विरुद्ध अधिकार (अनु. 23-24)
4. धर्म की स्वतंत्रता का अधिकार (अनु. 25-28)
5. संस्कृति और शिक्षा संबंधी अधिकार (अनु. 21क, 29-30)
6. सांविधानिक उपचारों का अधिकार (अनु. 32)

नागरिकों को उपलब्ध।

7.18 मूल अधिकारों का एक वर्गीकरण इस आधार पर किया जा सकता है कि वे कौन से व्यक्ति हैं जिन्हें अधिकारों का लाभ मिलता है।

कुछ अधिकार केवल नागरिकों को उपलब्ध हैं। ये अधिकार हैं,—

(क) अनु. 15—धर्म, मूलवंश, जाति, लिंग या जन्मस्थान के आधार पर विभेद का प्रतिषेध।

(ख) अनु. 16—लोकनियोजन के विषय में अवसर की समता।

(ग) अनु. 19—वाक्-स्वातंत्र्य, सम्मेलन, संगम, संचरण, निवास और वृत्ति की स्वतंत्रता।

(घ) अनु. 29 और 30—अल्पसंख्यकों के संस्कृति और शिक्षा संबंधी अधिकार।

सभी व्यक्तियों को उपलब्ध।

7.19 कुछ अधिकार भारत में नागरिक और विदेशी, दोनों को, समान रूप से उपलब्ध हैं (विदेशी शत्रु को नहीं)। ऐसे अधिकार हैं,—

(क) अनु. 14—विधि के समक्ष समता।

(ख) अनु. 20—अपराधों के लिए दोषसिद्धि के संबंध में संरक्षण (उदाहरणार्थः दोहरा दंड, स्वयं को अपराध में फंसाना)।

(ग) अनु. 21—प्राण और दैहिक स्वतंत्रता का संरक्षण।

(घ) अनु. 21क—शिक्षा का अधिकार।

(ङ) अनु. 23 और 24—शोषण के विरुद्ध अधिकार।

(च) अनु. 25, 26, 27 और 28—धर्म की स्वतंत्रता।

नकारात्मक और सकारात्मक।

7.20 जो अधिकार राज्य को यह आदेश देते हैं कि वह विशिष्ट प्रकार का कार्य न करे, उनका रूप नकारात्मक होता है। उदाहरण के लिए अनु. 14 इस प्रकार है,—

> राज्य, भारत के राज्यक्षेत्र में किसी व्यक्ति को विधि के समक्ष समता से या विधियों के समान संरक्षण से वंचित नहीं करेगा।

अनुच्छेद 15(1), 16(2), 18(1), 20, 21, 22(1), 27, और 28(1) की रचना भी निषेध के रूप में है।

कुछ अनुच्छेद अभिव्यक्त रूप से एक या अधिक अधिकारों का सृजन करते हैं और उन्हें प्रदान करते हैं। ये सकारात्मक हैं।

अनुच्छेद 19(1) इस प्रकार है,—

> सभी नागरिकों को—
>
> (क) वाक्-स्वातंत्र्य और अभिव्यक्ति-स्वातंत्र्य का,
>
> (ख) ... (ङ) ...
>
> अधिकार होगा

अनुच्छेद 25(1) यह कहता है,

...सभी व्यक्तियों को अंतःकरण की स्वतंत्रता का और... प्रचार करने का समान हक होगा।

अनुच्छेद 21क, 29, 30 और 32 की भाषा भी सकारात्मक है।

ऐसे अधिकार जिनकी अभिव्यक्त परिसीमाएं हैं।

7.21 साधारणतया प्रत्येक अधिकार की सीमा होती है चाहे संविधान में स्पष्ट शब्दों में ऐसा न कहा गया हो। कोई अधिकार असीम नहीं होता। सबकी सीमाएं और मर्यादाएं होती हैं। हमारे सामने अमरीकी और अन्य संविधानों के अनेक उदाहरण हैं जहां न्यायालय को अधिकारों को सीमा के भीतर बांधने के लिए मर्यादाओं का आविष्कार करना पड़ा। अमरीका के संविधान में इन मर्यादाओं के उदाहरण हैं—**पुलिस शक्ति, सर्वोपरि अधिकार, गंभीर और आसन्न खतरा**।

हमारे संविधान में कुछ अनुच्छेदों में वह आधार विनिर्दिष्ट किए गए हैं जिनका अवलंब लेकर युक्तियुक्त निर्बंधन अधिरोपित किए जा सकते हैं। अनुच्छेद 19(1) द्वारा प्रदत्त स्वतंत्रताओं पर लगाई जा सकने वाली अभिव्यक्त मर्यादाएं अनु. 19(2) से (6) तक के खंडों में दी गई हैं। ऐसी ही परिसीमाएं अनु. 16, 23, 25 और 26 में देखने को मिलती हैं।

भाग 3 में कुछ अधिकार ऐसे हैं जिन पर कोई अभिव्यक्त परिसीमा नहीं है जैसे अनु. 14, 17, 18, 20 और 24।

अधिकार जो स्वयं निष्पाद्य है।

7.22 कुछ ऐसे अधिकार हैं जिन्हें प्रवर्तनीय बनाने के लिए किसी विधान की अर्थात् कोई विधि बनाने की आवश्यकता नहीं होती। उदाहरण के लिए अनु. 14, 19 और 21 आदि। किंतु भाग 3 में कुछ अधिकार अपूर्ण हैं और उन्हें संपूर्ण करके प्रवर्तनीय बनाने के लिए आगे और विधान बनाने की आवश्यकता होती है। ऐसे अधिकार हैं अनु. 17 (जहां अस्पृश्यता को विधि द्वारा दंडनीय बनाया जाना है), अनु. 21क (ऐसी रीति से शिक्षा प्रदान करना जो राज्य, विधि द्वारा अवधारित करे), अनु. 23 (जहां मानव के दुर्व्यापार को विधि द्वारा अपराध बनाया जाना है), अनु. 24 (बाल श्रम)।

राज्य के विरुद्ध निदेश।

7.23 मूल अधिकार राज्य पर मर्यादाएं लगाते हैं और राज्य की कार्रवाई के विरुद्ध प्रत्याभूति देते हैं। यदि अनु. 19(1) के द्वारा दिया गया वाक्-स्वातंत्र्य राज्य द्वारा छीना जाता है या किसी व्यक्ति को उसकी दैहिक स्वतंत्रता से वंचित किया जाता है तो राज्य के विरुद्ध कार्रवाई की जा सकती है। मूल अधिकार राज्य द्वारा अधिकारों के उल्लंघन के विरुद्ध संरक्षण प्रदान करते हैं।

राज्य क्या है?

7.24 राज्य की परिभाषा धारा 12 में दी गई है। यह परिभाषा निःशेषकारी नहीं है, यह समावेशक है। इसका यह अर्थ हुआ कि इसमें जिन अंगों या निकायों के नाम गिनाए गए हैं उनके अतिरिक्त और भी निकाय **राज्य** की परिभाषा में आते हैं। जो नाम गिनाए गए हैं वे उदाहरणस्वरूप हैं।

राज्य की परिभाषा में अभिव्यक्त रूप से निम्नलिखित सम्मिलित हैं,—

(क) भारत की सरकार और संसद्,

(ख) प्रत्येक राज्य की सरकार और विधान-मंडल,

(ग) सभी स्थानीय प्राधिकारी, और

(घ) भारत के भीतर या भारत सरकार के नियंत्रण के अधीन सभी स्थानीय और अन्य प्राधिकारी।

उच्चतम न्यायालय ने यह अधिकथित किया है कि इसके अंतर्गत ऐसी सभी कार्रवाई आएंगी चाहे वह प्रशासनिक हों, न्यायिक हों या न्यायिक-कल्प हों अर्थात् ऐसी सभी कार्रवाई जिसे राज्य की कार्रवाई कहा जा सकता है।[23] न्यायपालिका, कार्यपालिका और विधायिका, ये तीनों ही, अनु. 12 के अर्थांतर्गत **राज्य** के अभिन्न अंग हैं।[24]

प्राधिकारी के अर्थ का निर्वचन करते हुए यह अभिनिर्धारित किया गया है कि इसके अंतर्गत वे सभी सांविधानिक और अन्य प्राधिकरण आते हैं जिनको विधि द्वारा शक्तियां प्रदान की गई हैं।[25] इसके अंतर्गत राज्य विद्युत बोर्ड और विमानपत्तन प्राधिकारी जैसे स्वशासी निकाय हैं। इस बात से कोई अंतर नहीं पड़ता कि उन पर सरकार नियंत्रण रखती है या नहीं या वे सरकार के अभिकर्ता या प्रत्यायोजिती हैं या नहीं। यदि किसी निकाय को नियम बनाने की और उन नियमों का पालन करने के लिए विवश करने की शक्ति है तो वह निकाय अनु. 12 के अधीन प्राधिकारी है। इस प्रकार धार्मिक विन्यास बोर्ड प्राधिकरण है।[26] इसके अंतर्गत मुख्य न्यायमूर्ति भी है क्योंकि उसे नियम बनाने की शक्ति है।[27] यह सुस्थापित हो गया है कि यदि कोई निकाय सरकार का अभिकरण या उपकरण है तो वह राज्य के अंतर्गत आता है।[28] तेल और प्राकृतिक गैस आयोग, जीवन बीमा निगम और राज्य वित्तीय निगम, राज्य की परिभाषा के अंदर आते हैं।[28] *अजय हाशिया*[29] में उच्चतम न्यायालय ने संक्षेप में वह कसौटी बताई जिसका प्रयोग करके यह बताया जा सकता है कि कोई निकाय राज्य है या नहीं। *प्रदीप कुमार बिस्वास*[30] में न्यायालय ने संपूर्ण विधि का पुनर्विलोकन करके निम्नलिखित सिद्धांत प्रतिपादित किए:

1. *अजय हाशिया* में जो सिद्धांत अधिकथित किए गए हैं वे कठोर नियम नहीं हैं।

2. प्रत्येक दशा में इस प्रश्न पर उपलब्ध तथ्यों के आधार पर विचार किया जाना चाहिए। यह देखा जाएगा कि वह निकाय वित्तीय रूप से, कृत्यों की दृष्टि से और प्रशासनिक दृष्टि से सरकार के आधिपत्य या नियंत्रण में है या नहीं।

3. यह नियंत्रण प्रश्नगत निकाय पर विशेषतः होना चाहिए।

4. यदि किसी अधिनियम के अधीन या अन्यथा विनियामक नियंत्रण है तो इतने मात्र से वह निकाय राज्य का भाग नहीं बनेगा।

निम्नलिखित को न्यायालय के निर्णयों द्वारा राज्य अभिनिर्धारित किया गया है,—

1. राज्य अधिनियम के अधीन रजिस्ट्रीकृत सोसाइटी द्वारा स्थापित प्रादेशिक इंजीनियरी महाविद्यालय
2. भारतीय सांख्यिकी संस्थान
3. भारतीय कृषि अनुसंधान परिषद्
4. भारतीय खाद्य निगम
5. भारतीय इस्पात प्राधिकरण
6. राष्ट्रीयकृत बैंक
7. राजस्थान विद्युत बोर्ड
8. अंतरराष्ट्रीय विमानपत्तन प्राधिकरण

---

23. *रामन* बनाम *अंतरराष्ट्रीय विमान पत्तन प्राधिकरण*, ए.आइ.आर. 1979 एस.सी. 1628।
24. *कामन काज* बनाम *भारत संघ* (2015) 7 एस.सी.सी. 1।
25. *राजस्थान राज्य विद्युत बोर्ड* बनाम *मोहनलाल*, ए.आइ.आर. 1967 एस.सी. 1857।
26. *नंबूद्रीपाद* बनाम *सी.डी. बोर्ड*, ए.आइ.आर. 1956 टी.सी. 19।
27. *परमात्मा* बनाम *मुख्य न्यायमूर्ति*, ए.आइ.आर. 1961 राज. 18।
28. *सुखदेव सिंह* बनाम *भगत राम*, ए.आइ.आर. 1975 एस.सी. 1331।
29. *अजय हाशिया* बनाम *खालिद सुहरावर्दी*, ए.आइ.आर. 1981 एस.सी. 487।
30. *प्रदीप कुमार बिस्वास बनाम इंडियन इंस्टिट्यूट आफ कैमिकल बायोलोजी* (2005) 5 एस.सी.सी. 111।

9. तेल और प्राकृतिक गैस आयोग
10. हैदराबाद स्टाक एक्सचेंज
11. कांउसिल फार इंडियन स्कूल सर्टिफिकेट इक्जामिनेशंस
12. यूनाइटेड इंडियन इंश्युरेंस कंपनी
13. वैज्ञानिक और औद्योगिक अनुसंधान परिषद्
14. उत्तर प्रदेश राज्य कर्मचारी कल्याण निगम
15. भारतीय निर्यात उधार गारंटी निगम (एक्सपोर्ट क्रेडिट गारंटी कॉरपोरेशन ऑफ इंडिया)
16. सभी राष्ट्रीयकृत बैंक
17. भारतीय बैंक संघ
18. मुंबई पोर्ट ट्रस्ट
19. राज्य वित्तीय निगम
20. सरकारी क्षेत्र के सभी बैंक
21. उत्तर प्रदेश गन्ना संस्थान।

यह ध्यान देने योग्य है कि जो इकाई या संस्था अनु. 12 के अधीन *राज्य* है वह उस आधार पर *राज्य सरकार* नहीं बन जाती। ऐसे निकाय के कर्मचारी राज्य के अधीन सिविल पद धारण नहीं करते। वे राज्य सरकार के कर्मचारी नहीं माने जा सकते। उन्हें वेतन देना सरकार का दायित्व नहीं है।[31]

किंतु भारत का क्रिकेट कंट्रोल बोर्ड राज्य नहीं है।[32] यद्यपि क्रिकेट कंट्रोल बोर्ड राज्य नहीं है किंतु वह उच्च न्यायालय की अधिकारिता के अधीन है क्योंकि वह लोक कृत्य करता है।[33] राज्य शैक्षिक अनुसंधान और प्रशिक्षण परिषद् राज्य नहीं है।[34]

उच्चतम न्यायालय ने **अन्य प्राधिकारी** पद को व्यापक अर्थ दिया है। **राज्य** के अर्थ के विस्तार से अनेक निगम मूल अधिकार के अनुशासन में आ गए हैं।

किसी निकाय को 'राज्य' अभिनिर्धारित किए जाने पर भी व्यक्ति को क्या अनुतोष दिया जाएगा यह प्रत्येक मामले में उस सोसाइटी की संरचना और वित्तीय स्थिति पर आधारित होगा।[35]

सरकार और निगम के बीच अंतर।

7.25 सरकार ऐसा संगठन है जिसका पूरा नियंत्रण और वित्त पोषण सरकार द्वारा होता है। उसकी अपनी कोई पहचान नहीं होती। निगम एक स्वशासी संस्था होती है। जो अपने नाम से संपत्ति का अर्जन, धारण और व्ययन कर सकती है। वह अपने नाम से वाद ला सकती है और उस नाम से उसके विरुद्ध वाद लाया जा सकता है। न्यायालय ने यह अभिनिर्धारित किया कि भारतीय खाद्य निगम, सरकारी विभाग नहीं है। इसी प्रकार बैंक और वित्तीय संस्थाएं स्वतंत्र हैं। यद्यपि वे विधान-मंडल द्वारा बनाए गए विनियमों के अधीन हैं वे लोगों पर शासन नहीं करते। नेशनल टेक्सटाइल कारपोरेशन सरकार नहीं है चाहे वह अनु. 12 के प्रयोजनों के लिए राज्य हो।[36]

अनुच्छेद 13।

7.26 संविधान का भाग 3 मूल अधिकार प्रगणित करता है और अनु. 13 उनमें से एक है। यह अनुच्छेद मूल अधिकारों को सर्वोच्च स्थान पर प्रतिष्ठित करता है। इसमें यह घोषणा की गई है कि वे सभी

31. *असम राज्य* बनाम *बरक उपत्यका डी.यू. कर्मचारी संस्था* (2009) 5 एस.सी.सी. 694।
32. *जी टेलीफिल्म्स* बनाम *भारत संघ* (2005) 4 एस.सी.सी. 649।
33. *बी.सी.सी.आइ.* बनाम *क्रिकेट एसोसिएशन आफ बिहार* (2015) 3 एस.सी.सी. 251।
34. *लेफ्टिनेंट गवर्नर दिल्ली* बनाम *वी.के. सोढी* (2007) 10 स्केल 41।
35. *वीरेंद्र कुमार श्रीवास्तव बनाम उत्तर प्रदेश राज्य कर्मचारी कल्याण निगम* (2005) 1 एस.सी.सी. 149।
36. *नेशनल टेक्सटाइल कारपोरेशन* बनाम *नरेश कुमार बद्रीकुमार जागड़* (2011) 12 एस.सी.सी. 695।

विधियां जो किसी मूल अधिकार से असंगत हैं या उसके प्रतिकूल हैं असंगतता की मात्रा तक शून्य होंगी। अमरीकी संविधान में ऐसा कोई उपबंध नहीं है किंतु *मार्बरी* बनाम *मेडिसन*[37] में अमरीका के उच्चतम न्यायालय ने (मु. न्या. मार्शल) यह अभिनिर्धारित किया कि यह लिखित संविधान का उपप्रमेय है। लिखित संविधान सामान्य विधियों से श्रेष्ठ होता है। न्यायपालिका को यह अधिकार है कि वह ऐसी विधि को जो संविधान के उपबंधों से असंगत है असांविधानिक घोषित करे। यहां यह कहना उचित होगा कि यह अनुच्छेद अत्यधिक सावधानी बरतने की दृष्टि से संविधान में रखा गया। यदि अनु. 13 संविधान में न होता तो भी परिणाम यही होता।

मूल अधिकार—मर्यादाएं हैं।

7.27 मूल अधिकार विधान-मंडल की शक्तियों को भी मर्यादित करते हैं। सभी विधियां चाहे वे विधान-मंडल द्वारा बनाई गई हों या प्रत्यायोजित प्राधिकारी द्वारा, मूल अधिकार के अनुरूप होनी चाहिए। इसी प्रकार कार्यपालिका के सभी कार्य मूल अधिकार से संगत होने चाहिए। राष्ट्रपति द्वारा अनु. 123 के अधीन और राज्यपाल द्वारा अनु. 213 के अधीन प्रख्यापित अध्यादेश मूल अधिकार से असंगत नहीं होने चाहिए।

न्यायिक पुनर्विलोकन।

7.28 अनुच्छेद 13 राज्य पर यह बाध्यता डालता है कि वह मूल अधिकारों का आदर करे और उनका अनुपालन करे। साथ ही यह अनुच्छेद न्यायालयों को यह शक्ति देता है कि वे ऐसे कार्य या विधि को शून्य घोषित कर दें जो मूल अधिकार का अतिलंघन करती है। इस शक्ति को **न्यायिक पुनर्विलोकन** की शक्ति कहते हैं।

अनु. 32, 226 और 227 आदि में न्यायिक पुनर्विलोकन की शक्ति अंतर्निहित है। इस शक्ति का प्रयोग अधीनस्थ विधान के संबंध में भी किया जा सकता है (देखिए **पैरा 32.12** और आगे)।

विश्वविद्यालय के कुलाधिपति को व्यापक शक्तियां दी गई हैं। किंतु कुलाधिपति स्वयं अधिनियम की सृष्टि है। वह उस अधिनियम की वैधता पर विचार नहीं कर सकता।[38]

पृथक्करण का सिद्धांत।

7.29 अनुच्छेद 13(1) और (2) में यह कहा गया है कि विधियां असंगत होने की या उल्लंघन की मात्रा तक शून्य होंगी। असंगतता या उल्लंघन का प्रभाव संपूर्ण विधि या कार्य पर नहीं पड़ता। अनुच्छेद 13 उसके प्रभाव को असंगतता की मात्रा तक बांधे रखता है। यदि ये शब्द नहीं होते तो असंगत विधि पूरी की पूरी शून्य हो जाती। किंतु इन शब्दों से यह स्पष्ट किया गया है कि विधि का वही भाग शून्य घोषित किया जाएगा जो मूल अधिकार के विरुद्ध हो। दूसरे शब्दों में **पृथक्करण का सिद्धांत** लागू होगा।

पृथक्करण का सिद्धांत यह है कि यदि किसी अधिनियम का अतिवर्तन करने वाला उपबंध जो मूल अधिकार के प्रतिकूल या असांविधानिक है शेष अधिनियम से पृथक् किया जा सकता है तो केवल अतिवर्तनकारी उपबंध को ही शून्य घोषित किया जाएगा संपूर्ण अधिनियम को नहीं। अतएव न्यायालय को यह देखना चाहिए कि क्या असंगत भाग शेष अन्य भाग से अलग किया जा सकता है या नहीं।[39]

पृथक्करण के लिए परीक्षण।

7.30 इसमें जो परीक्षण किया जाता है वह यह है कि क्या जो भाग बचा हुआ है वह उस भाग से जो अविधिमान्य घोषित किया गया है इतने जटिल ढंग से गुंथा हुआ है कि जो भाग शेष है वह स्वतंत्र रूप

---

37. (1803) 1 क्रेंच 137; 2 एल.एड. 60।
38. *मुमताज पी.जी. डिग्री कालेज* बनाम *वाइस चांसलर* (2009) 2 एस.सी.सी. 630।
39. *महेंद्र* बनाम *उत्तर प्रदेश राज्य* (1963) सप. 1 एस.सी.आर. 912।

में स्थित नहीं रह सकता। यदि पूरे विषय पर समग्र रूप से दृष्टिपात किया जाए तो यह उपधारणा की जा सकती है कि विधान-मंडल, जिस भाग को शक्ति बाह्य घोषित किया गया है उसको अधिनियमित किए बिना बचे हुए भाग को अधिनियमित नहीं करता।[40] यदि अच्छे और बुरे उपबंध जुड़े हुए हैं और अच्छे उपबंधों का प्रवर्तन बुरे उपबंधों के प्रवर्तन पर आश्रित नहीं है अर्थात् यदि बुरे उपबंध प्रवृत्त न किए जाएं तो भी अच्छे उपबंध प्रवृत्त किए जा सकते हैं तो दोनों उपबंध पृथक्करणीय हैं और जो अच्छा उपबंध है उसे विधिमान्य ठहराया जाएगा।[41]

किंतु यदि एक ही उपबंध है और उसमें ऐसे निर्बंधन हैं जिनमें से कुछ संविधान की सीमाओं में आते हैं और कुछ सीमा के बाहर, तो ऐसी विधि को विधिमान्य नहीं ठहराया जा सकता क्योंकि यहां दोनों प्रकार के उपबंध पृथक्करणीय नहीं हैं। यदि इस बात की संभावना है कि किसी विधि को ऐसे प्रयोजनों के लिए लागू किया जाएगा जिसकी मंजूरी संविधान नहीं देता है तो संपूर्ण अधिनियम को पूर्णतया अविधिमान्य और शून्य ठहराना होगा।[42]

पृथक्करण का सिद्धांत ऐसे विधान को लागू होता है जो भागतः शक्ति बाह्य है—अर्थात् विधान-मंडल की विधायी क्षमता के बाहर है। यह अनु. 254 में अनुध्यात है। यह सिद्धांत ऐसे अधिनियम को लागू होता है जो साधारणतया विधान-मंडल की विधायी क्षमता के भीतर है किंतु जिसके कुछ भाग विधायी प्रविष्टि के बाहर चले जाते हैं। न्यायालय ने इस बात पर बल दिया है कि यह अवधारण करने में कि क्या अधिनियम के विधिमान्य भाग को अविधिमान्य भाग से अलग किया जा सकता है या नहीं, विधान-मंडल का आशय निर्णायक होता है।[43]

यदि अविधिमान्य भाग को अधिनियम में से हटा दिए जाने के बाद जो बाकी रहता है उसे बिना परिवर्तन और रूपांतरण के प्रवृत्त नहीं किया जा सकता तो संपूर्ण अधिनियम को समाप्त करना होगा। पृथक्करणीयता के प्रश्न पर विधान-मंडल का आशय जानने के लिए, विधान का इतिहास, उसका उद्देश्य, उसका नाम और उसकी उद्देशिका को ध्यान में रखना उचित है।

संविधान के पूर्व की विधियों की विधिमान्यता।

7.31 अनुच्छेद 13(1) उन विधियों के संबंध में है जो संविधान के प्रारंभ के पूर्व प्रवृत्त थीं। अनुच्छेद 13(2) संविधान के पश्चात् की विधियों को लागू होता है। यदि संविधान के पश्चात् की कोई विधि मूल अधिकार का उल्लंघन करती है तो वह शून्य हो जाती है किंतु संविधान के पूर्व की विधि मूल अधिकार का उल्लंघन करने पर भी संविधान के प्रारंभ तक विधिमान्य बनी रहती है। संविधान के प्रारंभ के पश्चात् यह अनिवार्य है कि संविधान के पूर्व की प्रत्येक विधि भाग 3 के उपबंधों के अनुरूप हो।[44] उसका प्रवर्तन 26-1-1950 के पश्चात् नहीं हो सकता किंतु यदि मूल अधिकार का संशोधन कर दिया जाता है और विधि और अधिकार के बीच विरोध समाप्त हो जाता है तो ऐसी स्थिति में क्या होगा?

ग्रहण का सिद्धांत।

7.32 इसका उत्तर हमें **ग्रहण के सिद्धांत** से मिलता है। **ग्रहण का सिद्धांत** संविधान के पूर्व की ऐसी विधि को लागू होता है (अर्थात् ऐसी विधि जो 26 जनवरी 1950 के पहले अधिनियमित की गई हो) जो अधिनियमित किए जाने के समय विधिमान्य थी। जब संविधान प्रवृत्त हुआ तो ऐसी विधि पर छाया पड़ी क्योंकि वह संविधान से असंगत थी। दूसरे शब्दों में हम कहते हैं कि इस अधिनियम को ग्रहण लग गया। जब छाया हट जाती है तो संविधान पूर्व की विधि पूरी तरह से लागू हो

---

40. *बिहार राज्य* बनाम *कामेश्वर सिंह,* ए.आइ.आर. 1952 एस.सी. 252।
41. *सुपरिटेंडेंट* बनाम *राम मनोहर लोहिया,* ए.आइ.आर. 1960 एस.सी. 633।
42. *चिंतामणि राव* बनाम *मध्य प्रदेश राज्य,* ए.आइ.आर. 1951 एस.सी. 118।
43. *आर.एम.डी. चमारबागवाला* बनाम *भारत संघ,* ए.आइ.आर. 1957 एस.सी. 628, 699।
44. *डिस्ट्रिक्ट रजिस्ट्रार एंड कलेक्टर* बनाम *केनरा बैंक* (2005) 1 एस.सी.सी. 496, ए.आइ.आर. 2005 एस.सी. 186।

जाती है और उसका दोष दूर हो जाता है।[45] ऐसी विधियां संविधान के प्रारंभ होने के पश्चात् ही शून्य होती हैं। इसका कोई भूतलक्षी प्रभाव नहीं है।[46]

केवल संविधान-पूर्व विधि को ही लागू होता है।

7.33 ग्रहण का सिद्धांत संविधान के पहले की विधियों को ही लागू होता है [जो अनु. 13(1) से शासित होते हैं]। संविधान के बाद की विधियों को लागू नहीं होता [जो अनु. 13(2) से शासित होते हैं]। यदि संविधान के पश्चात् बनाई गई विधि संविधान से असंगत है तो वह प्रारंभ से ही शून्य होगी।[47]

मूल अधिकार विधान-मंडल की विधायी शक्ति पर संविधान द्वारा लगाई गई मर्यादाएं हैं। अनुच्छेद 13(2) में इस मर्यादा का अभिव्यक्त रूप से कथन किया गया है। अतएव संविधान के प्रवृत्त होने के पश्चात् इन दो प्रकार की विधियों के बीच अंतर नहीं किया जा सकता एक तो वह जो मूल अधिकार का उल्लंघन करती हैं और दूसरी वह जो विधान-मंडल की विधायी क्षमता के बाहर हैं। दोनों ही मामलों में विधान-मंडल ने अपनी सांविधानिक सीमाओं के बाहर जाकर काम किया है। संविधान के द्वारा लगाई गई सीमाओं के बाहर जाने का परिणाम यह होता है कि मूल अधिकार का उल्लंघन करने वाली संविधान के पश्चात् की विधि प्रारंभ से ही शून्य हो जाती है। संविधान का संशोधन करके ऐसी विधि को फिर से जीवित नहीं किया जा सकता। वह मृत और अप्रवर्तनीय बनी रहेगी।

आपात का प्रभाव।

7.34 अनुच्छेद 352 के अधीन आपात की घोषणा भविष्यलक्षी होती है। जब आपात घोषित किया जाता है तो जैसा कि अनु. 358 में उपबंधित है, अनु. 19 का निलंबन हो जाता है। किंतु आपात की उद्घोषणा का प्रभाव भूतलक्षी नहीं हो सकता। यदि कोई विधि उद्घोषणा से पहले अधिनियमित की गई थी और वह अनु. 13(2) का उल्लंघन करने के कारण अविधिमान्य थी तो उद्घोषणा के आधार पर ऐसी विधि मान्य नहीं हो सकती। वह विधि प्रारंभ से ही शून्य थी। पश्चात्‌वर्ती उद्घोषणा से वह वैध नहीं हो सकती। ऐसे अधिनियम के अधीन यदि कार्यपालिका ने कोई कार्रवाई की है तो वह भी शून्य होगी।[48]

विधि का अर्थ।

7.35 अनुच्छेद 13(3)(क) में विधि की परिभाषा की गई है। यह परिभाषा बहुत व्यापक है। इस परिभाषा के अंतर्गत विधि का बल रखने वाला कोई अध्यादेश, आदेश, उपविधि, नियम, विनियम, अधिसूचना, रूढ़ि या प्रथा है। इस परिभाषा में विधान-मंडल द्वारा अधिनियमित विधि नहीं है। इसका कारण यह है कि अधिनियमित विधि, विधि का ऐसा सर्वमान्य उदाहरण है जो सर्वाधिक स्पष्ट है। इसलिए उसे परिभाषा में रखने की आवश्यकता नहीं समझी गई।

केंद्रीय प्रत्यक्ष कर बोर्ड या केंद्रीय उत्पाद-शुल्क और सीमा-शुल्क बोर्ड द्वारा निकाले गए परिपत्र विधि नहीं हैं। इसी प्रकार 'ध्वजा संहिता' जिसमें हमारे राष्ट्र ध्वज के फहराए जाने के विषय में मार्गदर्शन है, विधि नहीं है।

सांविधानिक विधिमान्यता का निर्णय कैसे हो?

7.36 किसी विधि की विधिमान्यता का विनिश्चय करने में निम्नलिखित सिद्धांत मार्गदर्शक होते हैं।

1. यह उपधारणा है कि प्रत्येक विधि सांविधानिक है।

---

45. *भीकाजी नारायण* बनाम *मध्य प्रदेश राज्य* (1955) एस.सी.आर. 589।
46. *के.के. पुनाचा* बनाम *कर्नाटक राज्य* (2010) 9 एस.सी.सी. 671।
47. *दीपचंद* बनाम *उत्तर प्रदेश राज्य,* ए.आइ.आर. 1959 एस.सी. 649।
48. *मध्य प्रदेश राज्य* बनाम *भरत सिंह,* ए.आइ.आर. 1967 एस.सी. 1170।

2. किसी अधिनियम को तभी अविधिमान्य किया जाता है जब कोई सांविधानिक दोष पाया जाए।

3. न्यायालय विधि के पीछे जो प्रज्ञान है उसकी परीक्षा नहीं करता। विधान-मंडल इतना प्रज्ञावान है कि वह समाज की आवश्यकताओं को समझता है।

4. वित्तीय अधिनियम की परीक्षा करने में कठिनाई सुसंगत तथ्य नहीं है। कठिनाई का होने या न होने का कोई महत्त्व नहीं है।

5. कराधान के मामले में विधान-मंडल को बहुत छूट है।[49]

समता का अधिकार

समता का अधिकार।

7.37 संविधान में अनु. 14 से 18 तक के अनुच्छेदों के समूह को **समता का अधिकार** शीर्षक दिया गया है। इनमें अनु. 14 को **समता खंड** कहा जाता है। यह सबसे अधिक व्यापक है और विस्तृत क्षेत्र में लागू होता है, इसीलिए इसे यह नाम दिया गया है। अनुच्छेद 14 सभी व्यक्तियों पर लागू होता है जबकि अनु. 15 और अन्य अनुच्छेद केवल नागरिकों को लागू होते हैं। द्वितीय *इन्द्रा साहनी*[50] में यह अभिनिर्धारित हुआ कि अनु. 14 में प्रतिष्ठित समता का सिद्धांत संविधान का आधारिक लक्षण है। स्वतंत्रता और समता ये दो शब्द फ्रांस की क्रांति ने दिए हैं। अब्राहम लिंकन ने गैटिसबर्ग के अपने प्रसिद्ध भाषण में कहा था,—

> ...यह एक नया राष्ट्र है जिसका जन्म स्वतंत्रता से हुआ है और जो इस सिद्धांत को समर्पित है कि सभी मनुष्य समान हैं।

समता मानवता का एक पवित्र आदर्श है। ब्रिटिश संविधान के प्रतिष्ठित लेखक *ए.वी. डायसी*[51] **ने विधिसम्मत शासन** के सिद्धांत प्रतिपादित किए थे। डाइसी के अनुसार विधि के समक्ष समता **विधिसम्मत शासन** का अनिवार्य अंग है।

समता खंड के अपवाद।

7.38 अनुच्छेद 14 के अर्थ और प्रविषय को समझने के लिए हम यात्रा आरंभ करें इसके पहले इस बात पर ध्यान देना आवश्यक है कि समता खंड के कुछ अपवाद हैं जिन्हें संविधान में स्थान दिया गया है।

1. राष्ट्रपति या राज्यपाल अपने पद की शक्तियों के प्रयोग और कर्त्तव्य के पालन के लिए या उन शक्तियों का प्रयोग या पालन करते हुए अपने द्वारा किए गए या किए जाने के लिए तात्पर्यित किसी कार्य के लिए न्यायालय को उत्तरदायी नहीं होगा [अनु. 361(1)]।

2. राष्ट्रपति या किसी राज्य के राज्यपाल के विरुद्ध उसकी पदावधि के दौरान किसी न्यायालय में किसी प्रकार की दांडिक कार्यवाही संस्थित नहीं जाएगी या चालू नहीं रखी जाएगी। [अनु. 361(2)]।

3. राष्ट्रपति या किसी राज्य के राज्यपाल के विरुद्ध अपना पद ग्रहण करने से पहले या उसके पश्चात्, उसके द्वारा अपनी वैयक्तिक हैसियत में किए गए या किए जाने के लिए तात्पर्यित किसी कार्य के संबंध में कोई सिविल कार्यवाहियां, जिनमें राष्ट्रपति या ऐसे राज्य के राज्यपाल के विरुद्ध अनुतोष का दावा किया जाता है, उसकी पदावधि के दौरान किसी न्यायालय में तब तक संस्थित नहीं की जाएंगी जब तक कि विहित रूप में उसकी सूचना नहीं दे दी जाती [अनु. 361]।

4. कोई व्यक्ति संसद् के किसी सदन या, यथास्थिति, किसी राज्य की विधान-सभा या किसी राज्य के विधान-मंडल के किसी सदन की किन्हीं कार्यवाहियों के सारतः सही विवरण के

---

49. *मध्य प्रदेश राज्य* बनाम *राकेश कोहली* (2012) 6 एस.सी.सी. 313।

50. *इन्द्रा साहनी* II बनाम *भारत संघ* (2000) 1 एस.सी.सी. 168; साथ ही देखिए *इंदिरा नेहरू गांधी* बनाम *राजनारायण*, ए.आइ.आर. 1975 एस.सी. 2299।

51. ए.वी. डायसी, *ला आफ दि कांस्टिट्यूशन*, 10वां संस्करण, पृ. 202-203।

किसी समाचारपत्र, रेडियो या दूरदर्शन आदि द्वारा प्रकाशन के संबंध में किसी न्यायालय में किसी सिविल या दांडिक कार्यवाही का भागी नहीं होगा (अनु. 361क)।

5. विदेशों के शासक और उनके राजदूत आदि को दांडिक या सिविल कार्यवाहियों से उन्मुक्ति होती है।

6. संयुक्त राष्ट्र और उसके अभिकरणों को राजनयिक उन्मुक्ति प्राप्त है।

7. संसद् में या राज्य विधान-मंडल में कही गई किसी बात या कार्य के संबंध में संसद् या राज्य विधान-मंडल का सदस्य दायी नहीं है (अनु. 105 और 194)।

8. अनुच्छेद 31ग भी अनु. 14 का अपवाद है क्योंकि वह कुछ विधियों को अनु. 14 की परिधि से बाहर करता है (देखिए आगे **पैरा 7.42**)।

7.39 संविधान का अनु. 14 यह उपबंध करता है कि,—

विधियों का समान संरक्षण।

> राज्य, भारत के राज्यक्षेत्र में किसी व्यक्ति को विधि के समक्ष समता से या विधियों के समान संरक्षण से वंचित नहीं करेगा।

विधि का समान संरक्षण, ये शब्द, अमरीकी संविधान में भी पाए जाते हैं। अमरीका के संविधान के 14वें संशोधन का सुसंगत भाग इस प्रकार है,—

> कोई भी राज्य, अपनी अधिकारिता के भीतर किसी भी व्यक्ति को विधि के समान संरक्षण से वंचित नहीं करेगा।

मानव अधिकारों की सार्वभौम घोषणा के अनु. 7 में जिसे संयुक्त राष्ट्र संघ ने 10 दिसंबर 1948 को अंगीकार किया था इसी प्रकार की पदावली का प्रयोग है। उसमें कहा गया है,—

> सभी व्यक्ति विधि के समक्ष समान हैं और किसी विभेद के बिना विधि के समान संरक्षण के हकदार हैं।

संयुक्त राष्ट्र संघ के चार्टर की उद्देशिका में भी समता के प्रति निर्देश हैं। उसमें यह कहा गया है,—

> हम, संयुक्त राष्ट्र के लोग मूल मानव अधिकारों के प्रति, मानव की गरिमा और महत्व के प्रति, पुरुषों और स्त्रियों तथा बड़े और छोटे राष्ट्रों के समान अधिकारों के प्रति निष्ठा को पुनः अभिपुष्ट करने के लिए...।

7.40 **विधि के समक्ष समता** अभिव्यक्ति का प्रयोग *डायसी*[52] ने किया है। इस अभिव्यक्ति में विवक्षा है कि किसी भी व्यक्ति को कोई विशेष अधिकार नहीं है। इससे यह अभिप्रेत है कि कोई भी व्यक्ति विधि से ऊपर नहीं है और प्रत्येक व्यक्ति, ऊंच नीच का भेदभाव किए बिना, देश की सामान्य विधि के अधीन है और सामान्य न्यायालयों की अधिकारिता के अंतर्गत है। विधि मुख्यमंत्री और सामान्य व्यक्ति में अथवा मुख्य सचिव और साधारण लिपिक में अंतर नहीं करती है। प्रत्येक व्यक्ति अपने कार्य के लिए उत्तरदायी है। विधि के समक्ष समता को नकारात्मक संकल्पना कहा जाता है क्योंकि इससे यह प्रकट होता है कि किसी को विशेषाधिकार नहीं है।

विधि के समक्ष समता।

दूसरी अभिव्यक्ति है **विधि का समान संरक्षण** इस अभिव्यक्ति से यह अभिप्रेत होता है कि जो व्यक्ति समान परिस्थितियों में हैं उनको एक ही विधि लागू होगी। दूसरे शब्दों में वे सभी व्यक्ति जो एक सी परिस्थितियों में हैं एक से नियमों द्वारा शासित होंगे। यह समान व्यवहार की प्रत्याभूति है। जो व्यक्ति समान हैं उन्हें समान विधि लागू की जानी चाहिए और यह कि लागू करने वाले व्यक्ति का व्यवहार भी समान होना चाहिए। नियम यह है कि जो समान हैं उनके साथ समान व्यवहार होगा। इस अभिव्यक्ति को सकारात्मक संकल्पना माना जाता है क्योंकि उसमें राज्य से सकारात्मक कार्रवाई की अपेक्षा है।

---

52. *वही*।

दूसरी अभिव्यक्ति एक प्रकार से पहली अभिव्यक्ति का उपागम है। जब कभी समान संरक्षण का उल्लंघन होता है तो उसका प्रभाव विधि के समक्ष समता से वंचित किया जाना होता है। यद्यपि ये दोनों अभिव्यक्तियां देखने में भिन्न हैं किंतु उनका अर्थ एक ही है।

अवैध कार्य के आधार पर समान व्यवहार।

7.41 किसी अवैध कार्य के आधार पर समता का दावा नहीं किया जा सकता। किसी गलत आदेश या किसी पक्षकार के साथ पक्षपात करके दिए गए विनिश्चय से किसी अन्य को वही फायदा पाने का हक नहीं मिलता। अनु. 14 विधि के समक्ष समता की गारंटी देता है। विधि के विपरीत समता का नहीं।[53]

अनुच्छेद 31ग और समता।

7.42 संविधान (25वां संशोधन) अधिनियम, 1971 द्वारा अनु. 31ग अंतःस्थापित किया गया था। इस अनुच्छेद में यह उपबंध है कि यदि राज्य अनु. 39 के खंड (ख) या (ग) में विनिर्दिष्ट सिद्धांतों के अनुपालन के लिए कोई विधि बनाता है तो उस विधि को इस आधार पर शून्य घोषित नहीं किया जा सकता कि वह अनु. 14 का अतिलंघन करती है। 42वें संशोधन द्वारा इस अपवाद को विस्तारित करके उन सभी विधियों को छूट दी गई जो किसी भी नीति निदेशक तत्त्व को प्रभावी करने के लिए बनाई गई हों। उच्चतम न्यायालय ने *मिनर्वा मिल्स*[54] में इस विस्तार को शून्य घोषित कर दिया।

वर्गीकरण।

7.43 अनुच्छेद 14 में यह अधिकथित नहीं है कि सभी विधियां सार्वभौम रूप से लागू हों। यदि परिस्थितियों के अनुसार न्यायोचित हो तो राज्य विभिन्न व्यक्तियों से विभिन्न व्यवहार कर सकता है। समता का यह अर्थ नहीं है कि सभी व्यक्तियों पर एकसी दर से आय-कर लगाया जाए। किंतु यदि राज्य यह विधि बनाता है कि जिन व्यक्तियों की आय एक लाख रुपये से कम है उन्हें कर नहीं देना पड़ेगा तो यह सीमा सभी व्यक्तियों पर लागू होगी। राज्य को इस बात की छूट है कि वह सीमा तय करे और सीमा से ऊपर भिन्न-भिन्न सोपानों में संदेय कर की दरें तय करे।

राज्य को विधिसम्मत प्रयोजनों के लिए व्यक्तियों का वर्गीकरण करने की शक्ति है। विधान-मंडल को अनेक प्रकार की समस्याओं का हल ढूंढना पड़ता है। मानवीय संबंधों के अनंत प्रकार होते हैं। विधान-मंडल को यह शक्ति देना आवश्यक है कि वह विशेष उद्देश्यों की प्राप्ति के लिए व्यक्तियों, उद्देश्यों और संव्यवहारों के समूह बना सके।

न्यायालयों ने सदैव यह स्वीकार किया है कि युक्तियुक्त वर्गीकरण प्रतिषिद्ध नहीं है। कोई भी वर्गीकरण युक्तियुक्त कहा जा सकेगा यदि वह दो शर्तें पूरी करता हो[55],—

1. वर्गीकरण बोधगम्य अंतर पर आधारित होना चाहिए जो उन लोगों के बीच भेद करता है जो उस समूह में हैं और जो उस समूह में नहीं हैं।
2. अंतर का अधिनियम के उद्देश्य के साथ युक्तिसंगत संबंध होना चाहिए।

इस प्रकार वर्गीकरण के परीक्षण के दो अवयव हैं। समूहीकरण बोधगम्य होना चाहिए और उसका अधिनियम के उद्देश्य से युक्तिसंगत संबंध होना चाहिए। उदाहरण के लिए, यदि आय-कर देने का दायित्व इस आधार पर किया जाए कि करदाता के केश किस रंग के हैं तो इस प्रकार का वर्गीकरण विधिमान्य नहीं होगा। केश के रंग का आय के साथ कोई युक्तिसंगत संबंध नहीं है। ऐसी विधि अनु. 14 का उल्लंघन करेगी।

---

53. *बोंडु रामस्वामी* बनाम *बंगलोर डेवलपमेंट अथारिटी* (2010) 7 एस.सी.सी. 129।
54. *मिनर्वा मिल्स* बनाम *भारत संघ,* ए.आइ.आर. 1980 एस.सी. 1789।
55. *पश्चिमी बंगाल राज्य* बनाम *अनवर अली सरकार,* ए.आइ.आर. 1952 एस.सी. 75।

इस बिंदु पर अग्र निर्णय *रामकृष्ण डालमिया*[56] है। उस निर्णय से और अन्य निर्णयों[57] से निम्नलिखित सिद्धांत प्राप्त होते हैं,—

1. यदि कोई व्यक्ति अकेला ही किसी वर्ग में आता है तो ऐसे व्यक्ति से संबंधित विधि सांविधानिक होगी। यदि विशेष परिस्थितियां या कारण हैं तो एक अकेली संस्था को भी अलग वर्ग माना जा सकता है। केवल एक संस्था के लिए भी विधान बनाया जा सकता है।[58]

2. सदैव अधिनियम की सांविधानिकता की उपधारणा की जाती है। जो व्यक्ति विधि की सांविधानिकता पर आक्रमण करता है उसे यह दर्शाना होगा कि संविधान के उपबंधों का स्पष्ट उल्लंघन किया गया है।

3. इस उपधारणा का खंडन करने के लिए यह दर्शाया जा सकता है कि अधिनियम में कोई वर्गीकरण नहीं किया गया है या ऐसा कोई लक्षण नहीं दिखाया गया है जो किसी व्यक्ति या समूह का गुण हो।

4. सांविधानिकता की उपधारणा को बनाए रखने के लिए न्यायालय, सामान्य ज्ञान, सामान्य जानकारी के विषय और सामयिक घटनाओं पर विचार कर सकता है तथा सभी प्रकार के तथ्यों की विद्यमानता की उपधारणा कर सकता है।

5. यह उपधारणा की जानी चाहिए कि विधान-मंडल अपने लोगों की आवश्यकताओं को समझता है और उनका सही मूल्यांकन करता है। विधान-मंडल की विधियां ऐसी समस्याओं के हल के लिए होती हैं जो अनुभव से प्रकट होती हैं और विधान-मंडल जो विभेद करता है उसके पर्याप्त आधार होते हैं।

6. विधान-मंडल उपहति (क्षति) के परिमाण को देख सकता है और यदि वह चाहे तो ऐसे मामलों में निर्बंधन लगा सकता है जिनमें आवश्यकता सबसे अधिक प्रतीत हो।

7. यदि विधि को पढ़ने पर या आसपास की परिस्थितियों में ऐसी कोई बात नहीं है जिसे वर्गीकरण का आधार माना जाए तो उपधारणा को खींचते हुए यह अभिनिर्धारित नहीं किया जा सकता कि विभेदकारी विधान के कुछ अज्ञात कारण हैं।

8. वर्गीकरण के विभिन्न आधार हो सकते हैं जैसे भौगोलिक, व्यवसाय आधारित, या समय भेद के अनुसार।

9. केवल भाषा के आधार पर किया गया वर्गीकरण दृश्यतः मनमाना है।[59]

10. यह आवश्यक नहीं है कि वर्गीकरण वैज्ञानिक रूप से पूर्ण हो। विधि में पूर्ण समता या गणित के समान सूक्ष्म एकरूपता आवश्यक नहीं है।

11. अनुच्छेद 14 का आदेश अधिष्ठायी विधि और प्रक्रिया विधि दोनों को लागू होता है।

वर्ग विधायन।

7.44 अनुच्छेद 14 वर्ग विधायन का प्रतिषेध करता है। विधायन के प्रयोजन के लिए वर्गीकरण का नहीं।[60]

विधान-मंडल विधायन के प्रयोजनों के लिए व्यक्तियों का युक्तियुक्त रूप से वर्गीकरण कर सकता है जिससे उनका एक सुस्पष्ट वर्ग बन जाए। वर्गीकरण वैज्ञानिक दृष्टि से संपूर्ण या तर्क के आधार पर निर्दोष हो यह आवश्यक नहीं है। उसे मनमाना नहीं होना चाहिए।[60]

56. *रामकृष्ण डालमिया* बनाम *न्या. तेंदुलकर*, ए.आइ.आर. 1958 एस.सी. 538।

57. *आर.के. गर्ग* बनाम *भारत संघ*, ए.आइ.आर. 1981 एस.सी. 2138; *डी.एस. नकारा* बनाम *भारत संघ*, ए.आइ.आर. 1983 एस.सी. 130।

58. *धर्मदत्त* बनाम *भारत संघ* (2004) 1 एस.सी.सी. 712।

59. *आशीर्वाद फिल्म* बनाम *भारत संघ* (2007) 6 एस.सी.सी. 624

60. *आंध्र प्रदेश* राज्य बनाम *एन.आर. रेड्डि* (2001) एस.सी.सी. 708।

7.45 *रायप्पा*[61] में उच्चतम न्यायालय ने अनु. 14 को एक नई दिशा प्रदान की।

मनमानेपन का विलोम।

न्यायालय ने यह कहा कि अनु. 14 में स्वेच्छाचारी व्यवहार के विरुद्ध प्रत्याभूति दी गई है और यह अनुच्छेद अत्यंत सक्रियता की मांग करता है। न्यायालय ने यह संप्रेक्षण किया कि समता एक गतिशील संकल्पना है जो मनमानेपन (स्वेच्छाचार) का विलोम है। **समता और मनमानापन एक दूसरे के जन्मजात शत्रु** हैं।

इस संकल्पना को सभी लोगों की स्वीकृति नहीं मिली। *सीरवई*[62] ने इसकी आलोचना करते हुए यह कहा कि यह तर्क विरुद्ध, अपर्याप्त और अनावश्यक है। *बेयरर बांड के मामले*[63] में उच्चतम न्यायालय के एक न्यायाधीश (न्या. गुप्ता) ने यह टिप्पणी की,—

> युक्तियुक्तता के परीक्षण में सफल होने के लिए इतना पर्याप्त है कि कोई अंतर हो और उस अंतर का अधिनियम के उद्देश्य से संबंध हो। यदि ऐसा है तो *मेनका गांधी* और *रायप्पा* में जो संप्रेक्षण किए गए हैं वह व्यर्थ का वाक्‌जाल है।

इस संकल्पना को प्रतिपादित करते हुए न्यायालय ने यह माना कि वर्गीकरण का सिद्धांत एक न्यायिक सूत्र है जिससे यह अवधारित किया जा सकता है कि कोई विधायी या कार्यपालिका कार्रवाई मनमानी तो नहीं है। यदि वह मनमानी होगी तो समता का उल्लंघन होगा।

वर्गीकरण का परीक्षण अभी भी मान्य है उसे कूड़ेदान में नहीं डाला गया है।

7.46 हाल में उच्चतम न्यायालय ने उस परीक्षण को अपनाया है जिसे **न्या.** विवियन

न्या. विवियन बोस का दृष्टिकोण।

बोस ने *रामसिंह*[64] और बाद में अनवर अली सरकार[65] में प्रतिपादित किया था। न्यायालय ने यह कहा कि अनु. 14 के संबंध में परीक्षण करने पर राज्य की कार्रवाई ऋजु, युक्तियुक्त, अविभेदकारी पारदर्शी, अनौचित्य या पक्षपात रहित और भाई भतीजावाद से दूर होनी चाहिए। वह युक्तिसंगत और लोकहित में होनी चाहिए।[66]

7.47 नैसर्गिक न्याय अनु. 14 का एक अंग है।

अनुच्छेद 14 और नैसर्गिक न्याय।

राज्य का या राज्य के प्रत्येक अभिकरण और उपकरण का कार्य युक्तियुक्त होना चाहिए। यह आवश्यक है कि कार्य न्यायसंगत, ऋजु और युक्तियुक्त हो। उच्चतम न्यायालय ने *टाटा सेलुलर*[67] में जिस नियम का अनुमोदन किया है उसे *वेन्सबरी*[68] **नियम** कहा जाता है।

इस नियम में अधिकथित किया गया है कि,—

1. यदि तथ्यों पर उनकी समग्रता में विचार करने पर निर्णयकर्ता जिस निष्कर्ष पर पहुंचा उसका कोई तर्कपूर्ण कारण नहीं दिखाई देता या दूसरे शब्दों में यदि तथ्यों से एक दिशा में कार्रवाई करना उचित जान पड़ता है और निर्णय दूसरी दिशा में जाता है तो निर्णय को उचित नहीं ठहराया जा सकता।

---

61. *ई.पी. रायप्पा* बनाम *तमिलनाडु राज्य,* ए.आइ.आर. 1974 एस.सी. 555।
62. एच.एम. सीरवई, *कांस्टिट्यूशनल ला आफ इंडिया,* तीसरा संस्करण (1983) पृ. 272 और आगे।
63. *आर.के. गर्ग* बनाम *भारत संघ,* ए.आइ.आर. 1981 एस.सी. 2138, पृ. 2161।
64. *रामसिंह* बनाम *दिल्ली राज्य,* ए.आइ.आर. 1951 एस.सी. 270।
65. *पश्चिमी बंगाल राज्य* बनाम *अनवर अली सरकार,* ए.आइ.आर 1952 एस.सी. 75।
66. *2012 का विशेष निर्देश सं. 1 (2012)* 10 एस.सी.सी. 1। (2012) 10 एस.सी.सी. के पृष्ठ 10 से 13 और पृ. 79 पर जो सूचनादायी और काव्यात्मक टिप्पणियां दी गई हैं वे ज्ञानप्रद हैं। उक्त पत्रिका के संपादक मंडल की सुधी पाठक जितनी भी प्रशंसा करें वह थोड़ी है।
67. *टाटा सेलुलर* बनाम *भारत संघ* (1994) 6 एस.सी.सी. 651।
68. *एसोसिएटेड प्राविंशियल पिक्चर* बनाम *वेन्सबरी कारपोरेशन* (1948) 1 के.बी. 223।

2. यदि कोई विनिश्चय विभिन्न वर्गों के बीच पक्षपातपूर्ण और असमानता से कार्य करता हो तो ऐसा विनिश्चय अयुक्तियुक्त समझा जाएगा।

कोई भी कार्रवाई जो नैसर्गिक न्याय के नियमों के अनुरूप नहीं है अनु. 14 का अतिलंघन करती है। यदि निर्णय के पहले प्रभावित व्यक्ति को सुनवाई का अवसर नहीं दिया गया है तो नैसर्गिक न्याय की अपेक्षाओं का पालन नहीं होता। (नैसर्गिक न्याय के लिए देखिए **अध्याय 34**)।

अनुच्छेद 14 और संविदाएं।

7.48 जब न्यायालय यह पाते हैं कि राज्य का व्यवहार अऋजु और स्वेच्छाचारी है तो वे नए क्षेत्रों में भी प्रवेश करने में हिचकिचाते नहीं हैं। न्यायालय सामान्यतया यह देखते हैं कि याची का कोई अधिकार है या नहीं और राज्य का कोई विधिक कर्त्तव्य है या नहीं। किंतु यदि राज्य का कार्य पूर्णतया स्वेच्छाचारी या अऋजु है तो न्यायालय उसे सुधारने के लिए आगे आएंगे।

न्यायालय संविदा के रूप में संविदा को प्रवृत्त नहीं करेंगे किंतु यदि राज्य का कार्य स्वेच्छाचारी या विभेदकारी है और अनु. 14 का उल्लंघन करता है तो न्यायालय रिट निकालेगा।[69]

संविदाजात और अवैध नियुक्तियां आदि।

7.49 समुचित प्रतियोगिता के पश्चात् और नियमों के अनुसार की गई नियुक्ति से ही नियुक्त व्यक्ति को अधिकार प्राप्त होता है। संविदाजात नियुक्ति संविदा की अवधि के साथ ही समाप्त हो जाती है। अनियमित नियुक्ति को नियमित किया जा सकता है। अवैध नियुक्ति को नियमित नहीं किया जा सकता।[70]

अनुपात का सिद्धांत।

7.50 *वेन्सबरी* के अतिरिक्त एक और सिद्धांत है—*अनुपात का सिद्धांत।* यह सिद्धांत यह नियम बनाता है कि प्रशासनिक कार्रवाई वांछित परिणाम प्राप्ति के लिए जितना आवश्यक हो उससे अधिक कठोर न हो। न्यायालय आवश्यकता का और कार्रवाई के विस्तार का निर्णय करता है। यह सिद्धांत यूरोप में प्रचलित है। भारत में *वेन्सबरी* में ही *अनुपात* के नियम सम्मिलित हैं। कभी-कभी न्यायालय केवल *अनुपात* की बात करते हैं किंतु उससे कोई अंतर नहीं पड़ता।[71]

विशेष न्यायालय के उपबंध।

7.51 कोई विधि जो किन्हीं मामलों का विचारण विशेष न्यायालयों द्वारा या ऐसी प्रक्रिया द्वारा करना प्राधिकृत करती है जो सामान्य प्रक्रिया से बहुत भिन्न है और जिससे अभियुक्त पर प्रतिकूल प्रभाव पड़ता है तो ऐसी विधि अनु. 14 के विरुद्ध है किंतु यदि विधान-मंडल कुछ अपराध या अपराधों के वर्ग विहित करता है जिनका विचारण विशेष न्यायालय या विशेष प्रक्रिया द्वारा किया जा सकता है तो ऐसा वर्गीकरण युक्तियुक्त है।[72]

समान कार्य के लिए समान वेतन।

7.52 अब यह संदेह से परे और स्पष्ट हो गया है कि *समान कार्य के लिए समान वेतन* का सिद्धांत बहुत से कारकों पर आधारित होता है। इनमें हैं समान कार्य, नियुक्ति के समान मूल्य, स्रोत और पद्धति, समूहों में एकरूपता और समग्र या संपूर्ण एकरूपता। वेतन में समानता केवल इस आधार पर नहीं दी जा सकती कि पदों के नाम एक से हैं।[73]

---

69. *कर्नाटक स्टेट फारेस्ट इंडस्ट्रीज कारपोरेशन* बनाम *इंडियन राक्स* (2009) एस.सी.सी. 150 (न्या. एस.बी. सिन्हा)।

70. *उत्तर प्रदेश राज्य* बनाम *आनंद कुमार यादव* (2018) 13 एस.सी.सी. 560।

71. *अनुज गर्ग* बनाम *होटल एसोसिएशन* (2008) 3 एस.सी.सी. 1 (पृ. 19 पर)।

72. *विशेष न्यायालयों का मामला,* ए.आइ.आर. 1979 एस.सी. 478।

73. *पंजाब राज्य* बनाम *सुरजीत सिंह* (2009) 9 एस.सी.सी. 514।

7.53 कोई भी विधान जो विधि को लागू करने के मामले में कार्यपालिका या प्रशासनिक प्राधिकारी को अनियंत्रित दिशाहीन विवेकाधीन शक्ति प्रदान करता है या मामलों का चयन करने की शक्ति देता है तो ऐसा विधान अनु. 14 का उल्लंघन करता है।

कार्यपालिका का विवेक।

7.54 हर विवेकाधीन शक्ति विभेदकारी नहीं होती। विवेकाधीन शक्ति प्रदान करने मात्र से समता का उल्लंघन नहीं होता। उल्लंघन तब होता है जब शक्ति का मनमाना प्रयोग किया जाए। यहां *मार्गदर्शक शक्ति* का सिद्धांत लागू होता है। यदि शक्ति का प्रयोग मनमाने ढंग से किया जाता है तो न्यायालय उसे सुधार देंगे।[74]

कार्यपालिका का विवेक और मार्गदर्शक शक्ति का सिद्धांत।

विवेकाधिकार का प्रयोग पारदर्शी, न्यायपूर्ण और ऋजु होना चाहिए तथा मनमाना नहीं होना चाहिए। विशेषकर जब राज्य दान वितरित कर रहा हो (जैसे पेट्रोल पंप, मकानों और दुकानों का आबंटन)[75]।

अधिवक्ताओं के चयन के विषय में भी राज्य पर यह बाध्यता है कि वह सर्वोत्तम का चयन करने का प्रयास करे। चयन का ढंग ऋजु और युक्तियुक्त होना चाहिए। न्यायालय को यहः शक्ति है कि वह राज्य के ऐसे कार्य को जो मनमाना, अनियंत्रित, स्वेच्छाचारी, अऋजु या विभेदकारी हो शून्य घोषित कर दे।[76]

7.55 वर्गीकरण के सिद्धांत पर अत्यधिक बल नहीं दिया जाना चाहिए। अनु. 14 मनमानेपन पर प्रहार करता है और ऋजुता तथा समानता सुनिश्चित करता है। मनमानी न होना, ऋजुता और युक्तियुक्तता ये तीन परीक्षण हैं। ये राज्य के कार्यों को और संप्रभु और अधीनस्य दोनों प्रकार के विधानों को लागू किए जाते हैं।[77]

मनमानी और वर्गीकरण।

7.56 1. एक विशेष तारीख के पहले और उसके पश्चात् सेवानिवृत्त होने वाले पेंशन भोगियों का वर्गीकरण।

अनुच्छेद 14 के उल्लंघन के उदाहरण।

2. ग्रामीण विद्यालयों में शिक्षित विद्यार्थियों के लिए एम.बी.बी.एस. पाठ्यक्रम में प्रवेश के लिए स्थानों का आरक्षण।

3. उन व्यक्तियों के बीच वर्गीकरण जो आजीवन कारावास का दंड भुगतते समय हत्या करते हैं और वे जो हत्या करते समय ऐसे दंडादेश के अधीन नहीं हैं (भारतीय दंड संहिता की धारा 303)।[78]

4. मौखिक साक्षात्कार को कुल अंकों का एक तिहाई आबंटन करना।

5. यह तय करना कि विमान परिचारिकाएं 35 वर्ष की हो जाने पर या विवाह हो जाने पर सेवानिवृत हो जाएंगी।

6. आयुर्विज्ञान महाविद्यालयों में अधिवास के आधार पर या संस्था को अधिमान देकर प्रवेश देना और गुणागुण की अनदेखी करना।

7. उचित मूल्य की दुकान के आबंटन में अधिक शिक्षित लोगों की अपेक्षा कर कम शिक्षित लोगों को अधिमान देना।

8. बार काउंसिल का नियम कि जो 45 वर्ष की आयु पार कर चुके हैं उन्हें अधिवक्ता के रूप में प्रवेश नहीं दिया जाएगा।

---

74. *एम. नागराज* बनाम *भारत संघ* (2006) 8 एस.सी.सी. 212 (270)

75. *कामन काज* बनाम *भारत संघ* (1996) 6 एस.सी.सी. 530।

76. *पंजाब राज्य* बनाम *ब्रजेश्वर सिंह चहल* (2016) 6 एस.सी.सी. 1।

77. *शायरा बानो* बनाम *भारत संघ* (2017) 9 एस.सी.सी. 1 (5 न्यायाधीश), ए.आ.आर. 2017 एस.सी. 4609।

78. *मिट्टू* बनाम *पंजाब राज्य* (1983) 2 एस.सी.सी. 277।

9. प्राइवेट विधि महाविद्यालयों को अनुदान देने से इंकार करना और अन्य विषयों को पढ़ाने वाले महाविद्यालयों को अनुदान देना।

10. अनुसूचित जातियों का, विभेदकारी व्यवहार के लिए, उपवर्गीकरण (अर्थात् अनुसूचित जातियों में भी अगड़े पिछड़े की दृष्टि से वर्ग बनाना)।

11. असम में प्रवेश करने वाले अवैध प्रवासियों को विशेष अधिकार देना।

12. हिंदी फिल्मों पर 24% की दर से और तेलुगू फिल्मों पर 10% की दर से मनोरंजन कर लगाना।[79]

13. किसी मुख्य-मंत्री द्वारा अपना पद छोड़ने के पश्चात् सरकारी आवास रखे रहना।[80]

अनुज्ञेय वर्गीकरण के उदाहरण।

7.57 1. सेवानिवृत्ति की आयु को 58 वर्ष से घटाकर 55 वर्ष करना।

2. उन व्यक्तियों को जो जेल में या पुलिस अभिरक्षा में हैं मतदान से वंचित करना और उन्हें मताधिकार देना जो निवारक निरोध में हैं।

3. भारतीय स्टेट बैंक के और उसके अनुषंगी बैंकों के कर्मचारियों में अंतर करना।

4. एक अधिनियम जो राजस्थान के मारवाड़ प्रदेश को ही लागू होता है।

5. अधिनियम जो राज्य के पक्ष में एकाधिकार का सृजन करता है।

6. वर्जिनिया तम्बाकू पर कर लगाना और देशी तम्बाकू को करमुक्त रखना।

7. आभिजात्य क्षेत्रों में स्थित और अधिक दर्शक क्षमता वाले सिनेमाघरों पर अधिक दर से कर लगाना तथा निर्धन क्षेत्रों में स्थित और कम दर्शक क्षमता वाले सिनेमाघरों पर नीची दर से कर लगाना।

8. कंपनियों के स्वामित्व वाली कारों और मोटरसाइकिलों पर ऊंची दर से कर लगाना, व्यक्तियों के स्वामित्व वाली कारों आदि पर कम दर से कर लगाना।

9. लक्ज़री होटलों में भोजनादि पर ऊंची दर से विक्रय-कर लगाना और साधारण होटलों पर कम दर से।

10. एक मंत्री को चुनकर उसके विरुद्ध भ्रष्टाचार के आरोपों की जांच के लिए आयोग नियुक्त करना।

11. सरकार द्वारा आरोविल सोसाइटी का प्रबंध अपने हाथ में लेना। इंडियन काउंसिल आफ वर्ल्ड अफेयर्स का अर्जन।

जैसा ऊपर कहा गया है अनुच्छेद 14, 15 और 16 सामूहिक रूप से समता का सिद्धांत प्रतिपादित करते हैं और विभेद को प्रतिषिद्ध करते हैं।

समता के अधिकार का विशिष्ट रूप से लागू किया जाना

अनुच्छेद 15।

7.58 अनुच्छेद 14 में समता के सिद्धांत को सर्वग्राही रूप में प्रतिपादित किया गया है। अनुच्छेद 15 में समता के अधिकार को विशिष्ट क्षेत्र में लागू किया गया है। अनुच्छेद 14 सभी व्यक्तियों को सुरक्षा देता है। चाहे वे नागरिक हों या अन्यदेशीय। अनुच्छेद 15 और 16 केवल नागरिकों को अधिकार प्रदान करते हैं और वे समता के एक विशिष्ट पहलू से संबंधित हैं। अनुच्छेद 15 धर्म, मूलवंश, जाति, लिंग, जन्मस्थान या इनमें से किसी भी आधार पर कोई विभेद करने का प्रतिषेध करता है। अनुच्छेद 16 राज्य के अधीन नियोजन की दशा में लागू होता है।

---

79. *आशीर्वाद फिल्म* बनाम *भारत संघ* (2007) 6 एस.सी.सी. 624।

80. *लोक प्रहरी* बनाम *उत्तर प्रदेश राज्य* (2018) 6 एस.सी.सी. 1।

यदि विभेद अनु. 15 या 16 के अंतर्गत आता है तो विधि की मान्यता को उसी अनुच्छेद के प्रति निर्देश करते हुए चुनौती देना चाहिए। यदि विषय इन दोनों अनुच्छेदों में नहीं आता है तो उसे अनु. 14 के आधार पर चुनौती दी जा सकती है। अनुच्छेद 14 की व्याप्ति बहुत अधिक है।

अनुच्छेद 15 के खंड (1) में राज्य को यह आज्ञा दी गई है कि वह धर्म, मूलवंश, जाति, लिंग, जन्मस्थान या इनमें से किसी के आधार पर कोई विभेद नहीं करेगा। राज्य जो भी काम करेगा उसमें विभेद नहीं कर सकता। यह प्रतिषेध राज्य के विरुद्ध है। प्राइवेट व्यक्तियों के विरुद्ध नहीं।

अनुच्छेद 15 का खंड (2) राज्य और प्राइवेट व्यक्ति दोनों को आदेश देता है। इनमें से कोई भी दुकानों, सार्वजनिक भोजनालयों, होटलों और सार्वजनिक मनोरंजन के स्थानों में प्रवेश या कुओं, तालाबों और सार्वजनिक समागम के स्थानों के उपयोग में विभेद नहीं करेगा।

खंड (3) राज्य को स्त्रियों और बालकों के लिए विशेष उपबंध करने की शक्ति देता है।

खंड (4) संविधान (पहला संशोधन) अधिनियम द्वारा 18 जून 1951 से जोड़ा गया था। इस संशोधन का उद्देश्य राज्य को सामाजिक और शैक्षिक दृष्टि से पिछड़े हुए नागरिकों के वर्गों के लिए और अनुसूचित जाति और जनजातियों के लिए विशेष उपबंध बनाने के लिए समर्थ करना था जैसे सार्वजनिक शिक्षा संस्थाओं में स्थानों का आरक्षण। इसका उद्देश्य उच्चतम न्यायालय द्वारा *चंपकम्*[81] में दिए गए निर्णय का अध्यारोहण करना था। इस निर्णय में न्यायालय ने जाति के आधार पर स्थानों के वितरण को अवैध ठहराया था।

खंड (5), संविधान (93वां संशोधन) अधिनियम, 2005 द्वारा जोड़ा गया है। इसमें राज्य को ऐसी विधियां बनाने के लिए सशक्त किया गया है जो सामाजिक और शैक्षिक रूप से पिछड़े वर्ग के नागरिकों के लिए और अनुसूचित जातियों और जनजातियों के लिए विशेष उपबंध करती हों। किंतु इन उपबंधों का प्रयोजन शिक्षा संस्थाओं में प्रवेश दिलाना होना चाहिए। ऐसी शिक्षा संस्थाएं राज्य द्वारा चलाई जाती हों या निजी संस्थाएं हों। वे राज्य द्वारा सहायता प्राप्त हों या नहीं हों। किंतु ऐसी विधि उन अल्पसंख्यक संस्थाओं को स्पर्श नहीं कर सकती जो अनु. 30(1) में निर्दिष्ट हैं।

राज्य द्वारा विभेद।

7.59 संविधान ने जो प्रतिषेध किया है वह राज्य की सभी कार्रवाइयों पर लागू होता है चाहे ऐसी कार्रवाइयां विधायी हों या कार्यपालिक। राज्य का कार्य राजनीतिक भी हो सकता है या सिविल या किसी अन्य प्रकार का। कोई विधि जो मतदाताओं के धर्म के अनुसार बनाए गए पृथक् निर्वाचक मंडलों के आधार पर निर्वाचन के लिए उपबंध करती है, इस खंड का उल्लंघन करती है।[82] इसी प्रकार एक मामले में पुलिस अधिनियम के अधीन एक स्थान के निवासियों को अतिरिक्त पुलिस बल का खर्चा उठाने का आदेश दिया गया किंतु हरिजनों और मुसलमानों को छूट दी गई। न्यायालय ने यह अभिनिर्धारित किया कि छूट का एक मात्र आधार जाति और धर्म है। परिणामस्वरूप आदेश शून्य घोषित किया गया।[83]

यह ध्यान देने योग्य है कि ऐसा विभेद प्रतिषिद्ध है जो अनु. 15(1) में उल्लिखित किसी भी एक आधार पर आधारित है। उसके साथ कोई अन्य आधार नहीं है।

अनुच्छेद 15 का खंड (3), खंड (1) और खंड (2) में अंतर्विष्ट साधारण नियमों का अपवाद है। खंड (1) और खंड (2) विभेद का प्रतिषेध करते हैं। खंड (3) के आधार पर प्रसूति प्रसुविधा या स्त्रियों और बालकों की निःशुल्क शिक्षा के लिए उपबंध किया जा सकता है। इसी खंड के आधार पर उच्चतम न्यायालय ने भारतीय दंड संहिता की धारा 497 को विधिमान्य

---

81. *चंपकम्* बनाम *मद्रास राज्य,* ए.आइ.आर. 1951 मद्रास 120।
82. *नैनसुखदास* बनाम *उत्तर प्रदेश राज्य,* ए.आइ.आर. 1953 एस.सी. 384।
83. *राजस्थान राज्य* बनाम *प्रतापसिंह,* ए.आइ.आर. 1960 एस.सी. 1208।

ठहराया है। इस धारा में जारकर्म के लिए पुरुष को दंड दिया जा सकता है किंतु स्त्री को नहीं।[84] इसी प्रकार दंड प्रक्रिया संहिता की धारा 437 में जमानत देने में स्त्रियों और बालकों के प्रति जो पक्षपात किया गया है वह भी विधिसम्मत है। हिंदू उत्तराधिकार अधिनियम की धारा 14 और धारा 15 में जो हिंदू स्त्री के साथ पक्षपात किया गया है वह भी सांविधानिक है।

अनुच्छेद 16 का खंड (1) और खंड (2) राज्य के अधीन किसी पद या अन्य नियोजन में नियुक्ति के विषय में सभी नागरिकों को समान अवसर की प्रत्याभूति देते हैं। इसके अंतर्गत प्रारंभिक नियुक्ति, प्रोन्नति और अधिवर्षिता की आयु सभी आते हैं।[85] इन खंडों के पश्चात्‌वर्ती खंड इस साधारण नियम के अपवाद हैं। कुछ विशेष वर्गों के नियोजन के लिए निवास को एक आवश्यक शर्त के रूप में रखा जा सकता है किंतु ऐसा करने की शक्ति संसद् को दी गई है। राज्यों को यह शक्ति नहीं है।

राज्य नागरिकों के पिछड़े वर्गों के लिए पद आरक्षित कर सकते हैं। नागरिकों के पिछड़े वर्ग में अनुसूचित जाति और अनुसूचित जनजातियां आती हैं। किंतु जाति या सांप्रदायिक आधार पर कोई पद आरक्षित नहीं किए जा सकते। यदि 10 प्रतिशत पद ब्राह्मणों के लिए और 20 प्रतिशत मुसलमानों के लिए आरक्षित किए जाएं तो यह संविधान के विरुद्ध होगा।[86]

अनुच्छेद 16(4) और स्त्रियां।

7.60 अनुच्छेद 16 का खंड (4) पिछड़े वर्गों के पक्ष में आरक्षण करने की अनुमति देता है किंतु ऐसा स्त्रियों के पक्ष में नहीं किया जा सकता। स्त्रियों के प्रति नरमी दिखाते हुए भर्ती के नियमों में या अर्हताओं के बारे में नियम शिथिल नहीं किए जा सकते। यह नहीं माना जा सकता कि सभी स्त्रियां पिछड़े वर्ग में हैं।

ऊर्ध्व और क्षैतिज आरक्षण।

7.61 *ऊर्ध्व* या सामाजिक आरक्षण के लिए अनु. 16(4) में उपबंध किया गया है। *क्षैतिज आरक्षण* अनु. 16(1) में है। शारीरिक रूप से निःशक्त व्यक्तियों और स्त्रियों के लिए आरक्षण अनु. 16(1) या 15(3) में है।

यदि सिविल सेवा परीक्षा में साधारण वर्ग के शारीरिक रूप से निःशक्त व्यक्तियों को उतनी ही संख्या में प्रयास करने की छूट है जितनी पिछड़े वर्गों को दी गई है तो इससे कोई विभेद नहीं होता है।[87]

अनुच्छेद 15(4), 16(4), 331 और 332 का प्रयोजन।

7.62 अनुच्छेद 15(4) और 16(4) का और साथ ही अनुच्छेद 331 और 332 का प्रयोजन एक ही है भिन्न नहीं।[88] आरक्षण के उपबंध समर्थकारी उपबंध हैं। राज्य आरक्षण करने के लिए बाध्य नहीं है। उसे आरक्षण करने के लिए सशक्त किया गया है। अपने विवेकानुसार आरक्षण करे। भिन्न भिन्न राज्य अलग अलग ढंग अपना सकते हैं। यह न्यायालय का कार्य नहीं है कि वह देखे कि आरक्षण का कौन सा ढंग उपयुक्त या अनुपयुक्त है। न्यायालय वहीं हस्तक्षेप करेंगे जहां कोई अवैध कार्य हुआ है।[89] अनुच्छेद 15(4) विवेकाधीन है (राज्य की इच्छा पर है), आज्ञापक नहीं। आरक्षण का उपबंध करने के लिए राज्य को निदेश देने के लिए कोई रिट नहीं जारी की जा सकती।[90]

---

84. *युसुफ* बनाम *मुंबई राज्य,* ए.आइ.आर. 1954 एस.सी. 321।
85. *यू.पी.एस.सी.* बनाम *गिरीश जयंतीलाल वाघेला* (2006) 2 एस.सी.सी. 482।
86. *नायर सर्विस सोसाइटी* बनाम *जिला अधिकारी, केरल राज्य लोक सेवा आयोग* (2003) 12 एस.सी.सी. 101
87. *भारत संघ* बनाम *एम. सेल्व कुमार* (2017) 3 एस.सी.सी. 504।
88. *मीरा कांवरिया* बनाम *सुमीता* (2006) 1 एस.सी.सी. 344।
89. *नायर सर्विस सोसाइटी* बनाम *डा. टी. बीरमस्तान* (2009) 5 एस.सी.सी. 545।
90. *गुलशन प्रकाश* बनाम *हरियाणा राज्य* (2010) 1 एस.सी.सी. 477।

7.63 जो व्यक्ति जन्म से उच्च जाति का हिंदू है वह केवल विवाह के कारण (अर्थात् अनुसूचित जाति या जनजाति की महिला से विवाह करके) अनुसूचित जाति या जनजाति का सदस्य नहीं बन जाता।[90]

विवाह का जाति पर प्रभाव।

7.64 नियोजन में पिछड़े वर्गों के लिए आरक्षण से संबंधित विधि *इंद्रा साहनी* बनाम *भारत संघ*[91] में 9 न्यायाधीशों की एक पीठ ने अधिकथित की है। इस निर्णय को **मंडल आयोग के मामले** के नाम से जाना जाता है। यह निर्णय सर्वसम्मत नहीं था। 6 न्यायाधीशों का बहुमत था। उन्होंने नियोजन में आरक्षण के बारे में निम्नलिखित प्रस्थापनाएं प्रतिपादित की हैं।

मंडल आयोग का मामला।

1. विधान-मंडल द्वारा विधि बनाकर या कार्यपालिका द्वारा आदेश निकालकर आरक्षण किया जा सकता है।

2. अनुच्छेद 16(4), अनु. 16(1) का अपवाद नहीं है। दोनों एक ही क्षेत्र में कार्यरत हैं। अनुच्छेद 16(4) वर्गीकरण का उदाहरण है।

3. खंड (4) उन सभी बातों को अधिकथित करता है जो नियोजन के विषय में पिछड़े वर्ग के पक्ष में की जा सकती हैं।

4. अनुच्छेद 16(4) में जिस पिछड़ेपन की बात कही गई है वह मुख्यतया सामाजिक है। यह आवश्यक नहीं कि वह सामाजिक और शैक्षिक दोनों हो जैसी अपेक्षा अनु. 15(4) में है।

5. जाति को वर्ग माना जा सकता है। यदि कोई जाति सामाजिक रूप से पिछड़ी है तो अनु. 16(4) के प्रयोजनों के लिए वह पिछड़ा वर्ग होगी।

6. **साधन परीक्षा** में आय की सीमा निर्धारित की जाती है। जिन व्यक्तियों की आय सीमा से अधिक है वे पिछड़े वर्ग से बाहर हो जाते हैं। ऐसे व्यक्तियों को **मलाई की परत** कहा जाता है। **मलाई की परत** को निकाल देने पर पिछड़ा वर्ग वास्तव में पिछड़ा बनता है।

7. पिछड़े वर्ग की पहचान एक मात्र आर्थिक आधार पर नहीं की जा सकती।

8. अनुच्छेद 16(4) पिछड़े वर्गों को पिछड़े और अधिक पिछड़े के रूप में विभाजित करने की अनुमति देता है।

9. सामान्य नियम यह है कि आरक्षण 50 प्रतिशत से अधिक नहीं होना चाहिए। यह नियम प्रत्येक वर्ष लागू किया जाना चाहिए। इस नियम को कुल संख्याबल से नहीं जोड़ा जा सकता।

10. रिक्त स्थानों को अग्रेषित किया जा सकता है किंतु इसके परिणामस्वरूप 50 प्रतिशत वाला नियम भंग नहीं होना चाहिए।

11. 50 प्रतिशत के सामान्य नियम से अधिक आरक्षण असाधारण मामलों में किया जा सकता है किंतु इसका पूरा औचित्य होना चाहिए।

12. कुछ ऐसी सेवाएं और पद हैं जिनमें नियुक्ति का आधार केवल गुणागुण होना चाहिए। इन पदों के लिए आरक्षण की व्यवस्था करना उचित नहीं होगा। उदाहरण के लिए, विमान के पाइलट, नाभिकीय वैज्ञानिक, आचार्य, रक्षा सेवाएं, आयुर्विज्ञान में अतिविशेषताएं, अनुसंधान में लगी हुई संस्थाएं।

13. अनुच्छेद 16(4) आरंभिक नियुक्ति तक ही सीमित है उसे प्रोन्नति के विषय में आरक्षण पर लागू नहीं किया जा सकता क्योंकि इससे प्रशासन की दक्षता कम होगी।

14. पिछड़े वर्गों में सम्मिलित करने या उस वर्ग से बाहर निकालने के बारे में शिकायतों पर विचार करने के लिए एक स्थायी कानूनी निकाय नियुक्त किया जाना चाहिए।

15. केंद्र या राज्य सरकार जो नई कसौटी बनाएंगे उनके संबंध में विवाद केवल उच्चतम न्यायालय के समक्ष उठाया जा सकेगा। किसी उच्च न्यायालय या अधिकरण के समक्ष नहीं।

---

91. ए.आइ.आर. 1993 एस.सी. 477।

7.65 पिछड़ी जातियों को चार वर्गों में बांटा जा सकता है; (i) पिछड़े (ii) अधिक पिछड़े (iii) अनुसूचित जातियां (iv) अनुसूचित जनजातियां। किंतु अनुसूचितों का और विभाजन नहीं किया जा सकता।[92] जो स्थान अनुसूचित जाति के लिए आरक्षित किए गए हैं उन्हें इस आधार पर नहीं बांटा जा सकता कि उनमें से कुछ जातियां अधिक पिछड़ी हैं।[92]

अनुसूचित जातियों का सूक्ष्म वर्गीकरण और प्रव्रजन।

कोई व्यक्ति जो अपने मूल राज्य में किसी अनुसूचित जाति या जनजाति में है, किसी अन्य राज्य में प्रव्रजन करने पर उसी फायदे का दावा नहीं कर सकता।[93]

7.66 *इंद्रा साहनी*[85] में उच्चतम न्यायालय ने कहा था कि प्रोन्नति के मामले में आरक्षण नहीं हो सकता। आरक्षण के लिए यह जो बाधा थी उसे हटाने के लिए 77वें संशोधन अधिनियम द्वारा अनु. 16 में एक नया खंड (4क) अंतःस्थापित किया गया।[94]

मंडल के मामले का निराकरण करने के लिए चार संशोधन।

खंड (4क) इस प्रकार है,—

> इस अनुच्छेद की कोई बात राज्य को अनुसूचित जातियों और अनुसूचित जनजातियों के पक्ष में, जिनका प्रतिनिधित्व राज्य की राय में राज्य के अधीन सेवाओं में पर्याप्त नहीं है, राज्य के अधीन सेवाओं में किसी वर्ग या वर्गों के पदों पर प्रोन्नति के मामलों में आरक्षण के लिए उपबंध करने से निवारित नहीं करेगी।

इस संशोधन का प्रभाव यह है,—

(क) अनुसूचित जातियों और अनुसूचित जनजातियों के पक्ष में सरकारी नौकरियों में प्रोन्नति में आरक्षण किया जा सकता है। अन्य पिछड़े वर्गों के लिए नहीं।

(ख) राज्य आरक्षण के लिए उपबंध कर सकेगा अर्थात् राज्य यह निर्धारित करेगा कि आरक्षण कितना होगा और कैसा होगा।

(ग) राज्य को आरक्षण करने के पहले यह राय बनानी होगी कि ऐसी जाति या जनजाति का पर्याप्त प्रतिनिधित्व नहीं है।

उच्चतम न्यायालय ने यह मत व्यक्त किया कि प्रोन्नति में आरक्षण एक अनिष्टकर बात है क्योंकि जो कर्मचारी एक ही प्रवर्ग और ज्येष्ठता के हैं वे अपने सहकर्मियों द्वारा अतिष्ठित कर दिए जाते हैं। जबकि उन सहकर्मियों के दावे का एक मात्र आधार जाति है गुणागुण नहीं। इसके कारण असंतोष और कटुता का जन्म होता है। सरकार ने यह अधिनियम राजनीतिक कारणों से बनाया है। इसके पीछे व्यापक राष्ट्रीय विचार नहीं है।

81वें संशोधन से खंड (4ख) अंतस्थापित करके **मंडल वाले मामले**[95] में न्यायालय द्वारा घोषित इस नियम को अकृत किया गया है कि आरक्षित प्रवर्ग के लिए जो रिक्त स्थान बकाया हैं और जो किसी कारण से किसी पूर्ववर्ती वर्ष में भरे नहीं जा सके हैं उनको भी 50 प्रतिशत की अधिकतम सीमा लागू होगी। इस नए खंड में यह उपबंध किया गया है कि किसी वर्ष में रिक्त स्थानों की कुल संख्या की 50 प्रतिशत की सीमा का अवधारण करने के लिए जिस वर्ष में रिक्त स्थान भरे जा रहे हैं उस वर्ष की रिक्तियों में अनुसूचित जातियों, अनुसूचित जनजातियों और अन्य पिछड़े वर्ग की वे रिक्तियां नहीं जोड़ी जाएंगी जो विगत वर्षों में भरी नहीं गई हैं।

इस संशोधन का परिणाम यह है कि अग्रेषित किए गए रिक्त स्थान सदैव किसी विशिष्ट वर्ष में आने वाले रिक्त स्थान से अलग रहेंगे। 50 प्रतिशत के कोटे से अधिक आरक्षण हो गया है या नहीं यह पता करने के लिए इन दोनों को जोड़ा नहीं जाएगा। (देखिए **पैरा 7.70**)।

---

92. *ई.वी. चिन्नय्या* बनाम *आंध्र प्रदेश राज्य* (2005) 1 एस.सी.सी. 394।
93. *मेलविन चिराग कुजुर* बनाम *महाराष्ट्र राज्य* (2015) 17 एस.सी.सी. 549।
94. संविधान (77वां संशोधन) अधिनियम, 1995। 17-6-1995 से लागू।
95. संविधान (81वां संशोधन) अधिनियम, 2000। 9-6-2000 से लागू।

82वें संशोधन अधिनियम से अनु. 335 में एक परंतुक जोड़ा गया जिससे राज्य को मानकों को शिथिल करने और घटाने की शक्ति दी गई। इससे *मंडल* और *विनोद कुमार*[96] निष्प्रभाव हो गए। *विनोद कुमार* में उच्चतम न्यायालय ने यह अभिनिर्धारित किया था कि आरक्षित वर्गों के लिए मानकों का स्तर गिराना और अर्हक अंकों को कम करना अनु. 335 और *मंडल* के विपरीत है। यह संशोधन 8-9-2000 से लागू हुआ।

संविधान (85वां संशोधन) अधिनियम, 2001 द्वारा अनुच्छेद 16 के खंड (4क) में कुछ शब्द डाले गए। इसका उद्देश्य उच्चतम न्यायालय ने *वीरपाल सिंह चौहान*[97] और *अजित सिंह*[98] में जो विधि घोषित की थी उसे निष्प्रभाव करना था। उच्चतम न्यायालय ने यह कहा था कि अनुसूचित जाति और जनजाति के जिन सरकारी सेवकों की प्रोन्नति हो जाती है उन्हें प्रोन्नति के परिणामस्वरूप ज्येष्ठता का फायदा नहीं मिलेगा। 85वें संशोधन द्वारा न्यायालय द्वारा घोषित विधि को उलटते हुए यह अधिनियमित किया गया है कि ऐसे सरकारी सेवकों को प्रोन्नति के बाद पारिणामिक ज्येष्ठता का लाभ मिलेगा। यह संशोधन भूतलक्षी प्रभाव से 17 जून 1995 से लागू किया गया है।

ये संशोधन इस बात के उदाहरण हैं कि राष्ट्रीय हित और प्रशासन में दक्षता को तिलांजलि देकर तात्कालिक राजनीतिक समर्थन प्राप्त किया जा रहा है। हमारे राजनेता देश की एकता और अखंडता के हित में सही निर्णय लेने में असमर्थ दिखाई पड़ते हैं। यदि वर्तमान में उन्हें लाभ पहुंचता है तो वे ऐसा निर्णय लेते हैं जो देश को विभाजित कर सकता है।

77वें, 81वें, 82वें और 85वें संशोधनों की विधिमान्यता।

7.67 उच्चतम न्यायालय ने 77वें, 81वें, 82वें और 85वें संविधान संशोधन अधिनियमों को विधिमान्य ठहराया। निर्णय का आधार यह था कि ये समर्थकारी हैं। अर्थात् ये राज्य को विधि बनाने के लिए समर्थ करते हैं। संसद् ने अधिकार की अंतर्वस्तु का उपबंध नहीं किया है। यदि कोई राज्य आरक्षण के विषय में विधि बनाता है जो अनु. 16(4) और अनु. 335 द्वारा खींची गई सीमा रेखा का उल्लंघन करती है तो न्यायालय उस विधि को अपास्त कर देगा।

राज्य को अग्रनयन नियम (रिक्त स्थानों का आगामी वर्षों में ले जाने का नियम) में समय-सीमा लगानी होगी।[99]

अनु. 16(4क) और (4ख) समर्थकारी उपबंध हैं। ये राज्य को यह वैवेकिक शक्ति प्रदान करते हैं कि वह प्रोन्नति और परिणामस्वरूप ज्येष्ठता के लिए आरक्षण करे। राज्य यह करने के लिए बाध्य नहीं है।[100]

मंडल वाले निर्णय की आलोचना।

7.68 मंडल में बहुमत के निर्णय की अनेक विद्वानों ने आलोचना की है जिसमें प्रख्यात अधिवक्ता *नानी पालकीवाला*[101] भी हैं। पालकीवाला ने अल्पमत के दृष्टिकोण का समर्थन किया है (न्या. टामन, कुलदीप सिंह और सहाय)। अल्पमत के निर्णय का आधार यह था कि संविधान जातिवाद के विरुद्ध है और जाति को आरक्षण का आधार कदापि नहीं बनाया जा सकता। सरकार ने *काका कालेलकर* की अध्यक्षता में गठित पिछड़ा वर्ग आयोग के प्रतिवेदन को स्वीकार नहीं किया था क्योंकि सरकार पिछड़े वर्ग की सूचियों में जातियों को नहीं डालना चाहती थी। बहुमत ने अन्य आर्थिक रूप से पिछड़े समुदायों के लिए 10 प्रतिशत के अतिरिक्त आरक्षण के उपबंध को

---

96. *एस. विनोद कुमार* बनाम *भारत संघ,* (1996) 6 *एस.सी.सी.* 580।
97. *भारत संघ* बनाम *वीरपाल सिंह चौहान* (1995) 6 एस.सी.सी. 684।
98. *अजित सिंह जनूजा* बनाम *पंजाब राज्य,* ए.आइ.आर. 1996 एस.सी. 1189, (1996) 2 एस.सी.सी. 715।
99. *एम. नागराज* बनाम *भारत संघ,* (2006) 8 एस.सी.सी. 212।
100. *सुरेशचंद गौतम* बनाम *उत्तर प्रदेश राज्य* (2016) 11 एस.सी.सी. 113।
101. *टाइम्स आफ इंडिया,* तारीख 25 और 26 नवंबर 1992।

असांविधानिक माना। बहुमत के अनुसार जाति का पिछड़ापन सुसंगत है किंतु आर्थिक पिछड़ापन नहीं। इस विनिश्चय से राज्य को यह शक्ति मिल गई है कि वह जनसंख्या के अधिकांश भाग के लिए आरक्षण विहित करे। विश्व में ऐसी व्यवस्था का कहीं उदाहरण नहीं मिलता। हमारे जितने भी समाज सुधारक थे—स्वामी दयानंद, स्वामी विवेकानंद, पूज्य नारायण गुरु, महात्मा गांधी, डा. हेडगेवार और डा. अंबेडकर सभी ने यह माना कि जाति प्रथा हमारे समाज के लिए अभिशाप है। अपने पूर्ववर्ती निर्णयों में उच्चतम न्यायालय ने भी जाति को वर्ग मानने से इंकार कर दिया था। इस निर्णय ने जाति व्यवस्था में फिर से प्राण फूंक दिए हैं और राष्ट्र दो भागों में बंट गया है। अगड़े और पिछड़े। यह हमारी उद्देशिका में समाहित एकता और अखंडता के आह्वान के विरुद्ध है और संविधान की आधारभूत संरचना के प्रतिकूल है।

बहुमत के निर्णय से जातिवाद को नया जीवन मिलेगा। संविधान ने यह प्रयास किया था कि जाति विहीन समाज की स्थापना हो। अब हमारे नेता एक जाति के विरुद्ध दूसरी को, एक प्रदेश के विरुद्ध दूसरे प्रदेश को और हिंदुओं के विरुद्ध मुसलमान और ईसाइयों को लड़ने के लिए खड़ा करते हैं।

सीरवई ने उच्चतम न्यायालय के निर्वचन की आलोचना करते हुए लिखा है,—

> कुछ थोड़े से अपवादों को छोड़ दें तो यह दिखाई पड़ता है कि सांविधानिक विधि के मामलों में उच्चतम न्यायालय का स्तर निरंतर गिरता जा रहा है।...उच्चतम न्यायालय के 6 न्यायाधीशों ने न्यायपीठ, अधिवक्तागण और सामान्यजन का इतना अहित नहीं किया था जितना कि इस पीठ के बहुमत ने।[102]

न्यायालय ने इस पर ध्यान नहीं दिया कि अनु. 15(4) सामाजिक और शैक्षिक दृष्टि से पिछड़े हुए वर्गों की उन्नति की बात करता है। जबकि अनु. 16(4) नागरिकों के ऐसे वर्ग की बात करता है जिनका राज्य की सेवा में प्रतिनिधित्व पर्याप्त नहीं है। इनके लिए उपचार भिन्न हैं और विभिन्न अभिव्यक्तियों का प्रयोग किया गया है।

जब जाति को वर्ग का पर्याय मान लेते हैं तो उपबंध का अर्थ बिल्कुल परिवर्तित हो जाता है। कोई व्यक्ति जो निर्धनता की रेखा के नीचे है रातोंरात धनी बन सकता है। यह वास्तव में अनेक स्थानों पर हुआ है जहां औद्योगीकरण के लिए भूमि का अर्जन हुआ है। वह शिक्षा और अध्यवसाय से भी निर्धनता से ऊपर जा सकता है। वह अपना पुराना वर्ग छोड़ देता है। किंतु जाति तो सदा चिपकी रहती है। चाहे निर्धन हो या धनी।

आरक्षण का उद्देश्य, आरक्षण समाप्त करना है जिससे समाता की स्थापना हो सके। आरक्षण का प्रयोजन था कि जो पिछड़े हैं उन्हें आगे लाकर सबको एक पंक्ति में खड़ा कर दिया जाए। उद्देश्य यह नहीं था कि उन्हें चिरकाल तक पिछड़ा रखा जाए। ऐसा प्रतीत होता है कि इस उद्देश्य का विस्मरण हो गया है।

मंडल के नियमों का विध्वंस।

7.69 राज्यों ने मंडल के निर्णय को स्वीकार नहीं किया है और न्यायालय ने जो प्रतिबंध लगाए हैं उन्हें नष्ट करने के लिए अनेक प्रयास किए गए हैं। (ऊपर जो तीन संविधान संशोधन बताए गए हैं उनके अतिरिक्त)। तमिलनाडु ने तमिलनाडु आरक्षण आदि अधिनियम, 1994 अधिनियमित करके 69 प्रतिशत तक आरक्षण करने की शक्ति ले ली। संविधान (76वां संशोधन) अधिनियम द्वारा इस अधिनियम को 9वीं अनुसूची में डाल दिया गया है जिससे उस पर आक्रमण न किया जा सके। तमिलनाडु का अनुसरण करते हुए कर्नाटक ने एक विधेयक पुरःस्थापित किया जिसके द्वारा 80 प्रतिशत आरक्षण किए जाने थे, बाद में इसे मुल्तवी कर दिया गया।

102. सीरवई, *कांस्टिट्यूशन लॉ ऑफ इंडिया,* चौथा संस्करण जिल्द 3, पृ. 2928।

मलाई परत के नियम को जिसके द्वारा किसी जाति के धनी और सुप्रतिष्ठित सदस्यों को अपवर्जित किया जाना था अनेक राज्यों ने निष्प्रभावी कर दिया। *अशोक कुमार*[103] में उच्चतम न्यायालय ने बिहार और उत्तर प्रदेश में स्वीकार किए गए आर्थिक परीक्षण को अमान्य कर दिया। बिहार की नकल करते हुए केरल ने एक हास्यास्पद परीक्षण तैयार किया जिससे मलाई परत इतनी ऊंची बना दी गई कि शायद ही कोई उसमें आए और अपवर्जित हो। अर्थात् व्यवहार में कोई भी अपवर्जित नहीं हो। न्यायालय को विवश होकर यह संप्रेक्षण करना पड़ा[104] कि केरल ने जो विभेदकारी विधि बनाई है वह विधिसम्मत शासन के प्रतिकूल है और समता के सिद्धांत का ऐसा भंग है जो सर्वथा अनुचित है जबकि समता का सिद्धांत संविधान की आधारिक संरचना का भाग है। न्यायालय ने यह कहा कि पिछड़े वर्ग की सूची में से मलाई परत को बाहर नहीं निकालना या अगड़ी जातियों को उसमें डालना पूर्णतया अवैध है। न्यायालय ने यह चेतावनी दी कि संविधान के मूल पर प्रहार करने वाले ऐसे कार्य करने की अनुमति नहीं दी जा सकती चाहे वे संविधान के संशोधन के माध्यम से ही क्यों न किए जाएं।

इस प्रकार यह दिखाई देता है कि जाति आधारित आरक्षण अनुज्ञात करने के 10 वर्षों के भीतर ही उच्चतम न्यायालय यह अनुभव कर रहा है कि उसने समता के सांविधानिक अधिकार के उल्लंघन के लिए द्वार खुले छोड़ दिए हैं।

राष्ट्रीय आयोग और रामनंदन समिति।

7.70 मंडल वाले निर्णय में उच्चतम न्यायालय ने जो आदेश दिए थे उनके अनुसरण में संसद् ने राष्ट्रीय पिछड़ा वर्ग आयोग अधिनियम, 1993 अधिनियमित किया। इसका कार्य नागरिकों के किसी वर्ग को पिछड़े वर्ग के रूप में सम्मिलित किए जाने के अनुरोध की जांच करना और किसी पिछड़े वर्ग के सम्मिलित नहीं किए जाने या सम्मिलित किए जाने की शिकायतों को सुनना था।

संघ सरकार ने न्या. रामनंदन की अध्यक्षता में मलाई परत की पहचान के लिए एक समिति भी नियुक्त की थी। इस समिति ने 1993 में अपनी रिपोर्ट दी। इस रिपोर्ट को सरकार ने स्वीकार कर लिया।

आयुर्विज्ञान की संस्थाओं में विशेषज्ञों के स्तर पर आरक्षण।

7.71 उच्चतम न्यायालय ने स्पष्ट रूप से यह कहा है कि[105] आरक्षण बंधुता, एकता और व्यक्ति की गरिमा पर प्रहार करते हैं। एक के पक्ष में आरक्षण से दूसरों के अधिकार का अतिलंघन होता है। आयुर्विज्ञान में प्राथमिक या आधारिक स्तर पर आरक्षण अनुज्ञेय है। किंतु उसके आगे या ऊपर के स्तर पर आरक्षण समाप्त होना चाहिए।

भौगोलिक वर्गीकरण।

7.72 किसी विशेष जिले के निवासियों को अधिमान देकर नियोजन देना अनुच्छेद 16 का उल्लंघन है।[106] इसी प्रकार किसी जिले के ग्रामीण क्षेत्र के आवेदकों को बोनस अंक (अतिरिक्त अंक) देना विभेदकारी होगा। इससे उन्हें निकट के नगरों के निवासी अभ्यर्थियों की तुलना में अधिमान मिलेगा क्योंकि उन्हें अधिक अंक दिए जाएंगे। यह स्पष्ट रूप से अनुच्छेद 14 और 16 का उल्लंघन होगा।[107]

103. *अशोक कुमार ठाकुर* बनाम *बिहार राज्य* (1995) 5 एस.सी.सी. 403।
104. *इंद्रा साहनी II* बनाम *भारत संघ* (2000) 1 एस.सी.सी.168; ए.आइ.आर. 2000 एस.सी. 498।
105. *एम्स स्टूडेन्ट्स यूनियन* बनाम *एम्स* (2002)। एस.सी.सी. 428।
106. *कैलाशचंद्र शर्मा* बनाम *राजस्थान राज्य* (2002) 6 एस.सी.सी. 562।
107. *हर्षेंद्र चौबीसा* बनाम *राजस्थान राज्य* (2002) 6 एस.सी.सी. 393।

7.73 कोई राज्य या संघ राज्य क्षेत्र अनुसूचित जाति और अनुसूचित जनजाति के आरक्षण का लाभ राज्य या संघ राज्यक्षेत्र के बाहर की जातियों या जनजातियों को दे सकता है। इस नीति में विधि की दृष्टि से कोई दोष नहीं है।[108] किंतु *एस. पुष्पा* बनाम *शिवचानुगुवेलु*[109] में यह प्रश्न एक अधिक संख्या वाली न्यायपीठ को निर्दिष्ट कर दिया गया है।

क्या आरक्षण का लाभ राज्य के बाहर की अनुसूचित जातियों और जनजातियों को दिया जा सकता है?

7.74 ''शक्ति का विस्तार'' और राज्य द्वारा शक्ति के प्रयोग का न्यायनिर्णयन करने में दो अलग-अलग परीक्षण होते हैं। विस्तार का परीक्षण करते समय यह देखना होता है कि क्या प्रश्नगत संशोधन से अनु. 16(4) में जो मर्यादाएं लगाई गई हैं अर्थात् पिछड़ापन और अपर्याप्त प्रतिनिधित्व के कारण उन्हें मिटाया जा रहा है।[110]

शक्ति के विस्तार का परीक्षण।

शक्ति के विस्तार की सीमाएं हैं,—

1. 50 प्रतिशत की अधिकतम सीमा (संख्या की मर्यादा)
2. मलाई परत का सिद्धांत (गुणात्मक अपवर्जन)
3. अपरिहार्य कारण जैसे पिछड़ापन, अपर्याप्त प्रतिनिधित्व
4. प्रशासन में दक्षता बनाए रखना।

7.75 *अशोक कुमार ठाकुर*[111] में न्यायालय ने यह अभिनिर्धारित किया कि संविधान (तिरानबेवां) संशोधन जहां तक वह राज्य द्वारा पोषित और सहायता प्राप्त शिक्षा संस्थाओं से संबंधित है वहां तक वह विधिमान्य है।

93वें संशोधन और 2007 के अधिनियम 5 की विधिमान्यता।

न्यायालय ने यह प्रश्न अनुत्तरित छोड़ दिया कि क्या प्राइवेट और सहायता नहीं पाने वाली शिक्षा संस्थाओं को लागू किए जाने पर वह विधिमान्य होगा।

न्यायालय ने यह भी अभिनिर्धारित किया कि केंद्रीय शिक्षा संस्था (प्रवेश में आरक्षण) अधिनियम, 2006 (2007 का 5) विधिमान्य है। किंतु उन्होंने यह शर्त लगा दी कि यदि अन्य पिछड़ावर्ग का अवधारण जाति के प्रति निर्देश से किया जाता है तो उसमें से *मलाई परत* को अपवर्जित किया जाएगा। न्यायालय का मत था कि अन्य पिछड़े वर्ग के लिए 27% स्थानों का आरक्षण वैध है।

आरक्षण का पुनर्विलोकन करने की आवश्यकता।

7.76 2007 के अधिनियम 5 के बारे में न्यायाधीशों का यह मत था कि हर 5 वर्ष पश्चात् पुनर्विलोकन होना चाहिए जिससे आरक्षण के चालू रखने पर विचार हो।

अल्पमत।

7.77 **न्या. दलवीर भंडारी** ने *अशोक कुमार ठाकुर*[111] में भागतः विसम्मत निर्णय देते हुए यह कहा,—

(क) अभिनिर्धारित किया कि यदि *मलाई परत* को अपवर्जित नहीं किया जाता है तो 93वां संशोधन अविधिमान्य होगा क्योंकि तब अवधारण केवल जाति के आधार पर होगा।

(ख) यह अभिनिधारित किया कि *मलाई परत* की कसौटी की समय-समय पर पुनरीक्षा होनी चाहिए।

---

108. *चंडीगढ़ प्रशासन बनाम सुरिंदर कुमार* (2004) 1 एस.सी.सी. 530।
109. (2005) 3 एस.सी.सी. 1।
110. *एम. नागराज* बनाम *भारत संघ* (2006) 8 एस.सी.सी. 212।
111. *अशोक कुमार ठाकुर* बनाम *भारत संघ,* जे.टी. 2008 (5) एस.सी. 1 (2008) 6 एस.सी.सी. 1।

(ग) न्यायालय ने इस विषय पर कोई मत व्यक्त नहीं किया कि क्या *मलाई परत* का अपवर्जन अनुसूचित जाति और जनजाति को लागू होता है।

(घ) यदि 93वें संशोधन को गैर-सहायता प्राप्त संस्थाओं को लागू किया जाता है तो वह आधारिक संरचना को आघात पहुंचाएगा। अतएव न्यायाधीश यह निर्वचन करेंगे कि गैर-सहायता प्राप्त संस्थाओं पर यह लागू नहीं होता है।

(ङ) दस वर्ष पश्चात् जाति के आधार पर अवधारण नहीं होना चाहिए।

(च) अल्पसंख्यक संस्थाओं को यह आरक्षण लागू नहीं होगा।

(छ) जो विद्यार्थी स्नातक हो जाता है वह अन्य पिछड़े वर्ग में नहीं रहेगा और वह अनु. 15(5) के अधीन फायदों के लिए अपात्र होगा।

(ज) अन्य पिछड़े वर्ग के लिए अर्हक अंक कुछ नीचे स्तर पर हो सकते हैं किंतु 10% से अधिक नीचे नहीं।

आलोचना।

7.78 *पाइ फाउंडेशन*[112] में यह स्पष्ट कर दिया गया था कि अल्पसंख्यकों के अधिकार बहुसंख्यकों के अधिकारों से अधिक नहीं है। 2007 का अधिनियम 5 अल्पसंख्यक संस्थाओं को छूट देता है। यह केवल धर्म पर आधारित विभेद है जो संविधान के अनुच्छेद 14 के विरुद्ध और पंथनिरपेक्ष समाज को सर्वथा अमान्य है। यदि आरक्षण हिंदू संस्थाओं को लागू होते हैं तो उन्हें ईसाई या मुस्लिम संस्थाओं को भी लागू किया जाना चाहिए। उन्हें भी अपने पिछड़े भाइयों का भार उठाना चाहिए। क्या उद्देशिका में उल्लिखित *बंधुता* केवल हिंदुओं के लिए है।

पात्रता के लिए न्यूनतम अंक।

7.79 उच्चतम न्यायालय ने यह स्पष्ट कर दिया है कि *"न्यूनतम पात्रता अंक से 10% से अनधिक नीचे"* से क्या अभिप्रेत है। यदि किसी विश्वविद्यालय में अर्हक परीक्षा में न्यूनतम अपेक्षित अंक साधारण अभ्यर्थी के लिए 50% हैं तो अन्य पिछड़े वर्ग के लिए 45 और 50 के बीच कोई अंक तय किया जा सकता है किंतु इससे कम नहीं। साधारण वर्ग के जिस अंतिम अभ्यर्थी का चयन हुआ है उसके अंकों के आधार पर यह तय नहीं किया जा सकता। यदि न्यूनतम पात्रता वाले पिछड़े वर्ग के अभ्यर्थी नहीं मिलते हैं तो पिछड़े वर्ग के स्थानों को साधारण स्थानों में परिवर्तित कर दिया जाएगा।[113]

गुणागुण के आधार पर चयनित अन्य पिछड़े वर्ग।

7.80 न्यायालय ने इस प्रश्न का उत्तर नहीं दिया कि क्या उन पिछड़े वर्गों के अभ्यर्थियों को जो बिना आरक्षण का सहारा लिए, अपने गुणागुण के आधार पर चयनित किए गए हैं, 27% आरक्षण में गिना जाना चाहिए।[114]

राजनैतिक दबाव और अन्य पिछड़ा वर्ग।

7.81 राष्ट्रीय पिछड़ा वर्ग आयोग ने पिछड़े वर्ग की केंद्रीय सूची में जाटों को सम्मिलित करने की सिफारिश नहीं की। भारत सरकार ने एक अधिसूचना प्रकाशित करके जाटों को नौ राज्यों के लिए केंद्रीय सूची में सम्मिलित कर लिया। उच्चतम न्यायालय ने यह अभिनिर्धारित किया कि स्वयं घोषित पिछड़ेपन के आधार पर पिछड़ापन तय नहीं किया जा सकता। आवश्यकता इस बात की है कि राज्य संगठित समूहों के दबाव में न आए।[115]

---

112. *टी.एम.ए. पाइ फाउंडेशन* बनाम *कर्नाटक राज्य,* (1993) 4 एस.सी.सी. 286, (2002) 8 एस.सी.सी. 712।
113. *पी.वी. इंदिरेसन (2)* बनाम *भारत संघ* (2011) 8 एस.सी.सी. 441।
114. *वही*।
115. *रामसिंह* बनाम *भारत संघ* (2015) 4 एस.सी.सी. 697।

संविधान 103वां संशोधन अधिनियम द्वारा अनु. 16 में से एक नया खंड (6) 14-1-2019 जोड़ा गया है। इस खंड के अधीन राज्य आर्थिक रूप से निर्बल नागरिकों के वर्ग के लिए नियुक्तियों या पदों में आरक्षण कर सकता है। अधिकतम आरक्षण पदों के 10% तक हो सकेगा।

अनुच्छेद 17—अस्पृश्यता।

7.82 अनुच्छेद 17 और 18 समता के एक विशिष्ट पक्ष से जुड़े हैं। अनुच्छेद 17 अस्पृश्यता का उत्सादन करता है। हिंदुओं में बहुत दिनों से यह व्यवहार चला आ रहा था कि कुछ समुदाय या जातियां ऐसी हैं कि उनके शरीर के स्पर्श से दूसरे लोग प्रदूषित हो जाते हैं। ऐसी जातियों को अस्पृश्य कहा जाता था और उन्हें दूसरी जाति वालों के कुओं से पानी नहीं भरने दिया जाता था। वे उन तालाबों और पोखरों का प्रयोग नहीं कर सकते थे जिनका प्रयोग ऊंची जाति वाले लोग करते थे। उन्हें मंदिरों में प्रवेश नहीं करने देते थे। इस प्रकार उन्हें सार्वजनिक स्थानों पर तिरस्कार का सामना करना पड़ता था। यह हिंदू समाज पर कलंक था। स्वामी दयानंद, महात्मा फुले, वीर सावरकर, महात्मा गांधी और डा. अंबेडकर ने इस अमानवीय व्यवहार का विरोध किया। संविधान का अनु. 17 यह घोषणा करता है,—

> ''अस्पृश्यता'' का अंत किया जाता है और उसका किसी भी रूप में आचरण निषिद्ध किया जाता है। ''अस्पृश्यता'' से उपजी किसी निर्योग्यता को लागू करना अपराध होगा जो विधि के अनुसार दंडनीय होगा।

अनुच्छेद 17 अस्पृश्यता का अंत करता है और सभी रूपों में अस्पृश्यता के व्यवहार को निषिद्ध करता है। इस उपबंध के संविधान में सम्मिलित किए जाने से यह प्रकट होता है कि संविधान सभा ने इस कुरीति को समाप्त करना कितना महत्वपूर्ण समझा था। यह अधिकार प्राइवेट व्यक्तियों के विरुद्ध लागू किया जा सकता है। अस्पृश्यता की कुरीति की प्रकृति ऐसी है कि राज्य अस्पृश्यता का आचरण नहीं कर सकता। ऐसा आचरण केवल मनुष्य द्वारा ही किया जा सकता है। अनुच्छेद 17 के साथ पढ़े जाने पर अनु. 35 संसद् को अस्पृश्यता के आचरण के लिए दंड विहित करने के लिए विधि बनाने की शक्ति देता है। इस शक्ति का प्रयोग करते हुए संसद् ने अस्पृश्यता (अपराध) अधिनियम, 1955 अधिनियमित किया था। 1976 में इसे और कठोर बनाया गया और इसका नाम परिवर्तित करके इसे नया नाम, सिविल अधिकार संरक्षण अधिनियम, 1955 दिया गया। इस अधिनियम में निम्नलिखित के लिए दंड विहित किए गए हैं,—

1. किसी व्यक्ति को सार्वजनिक पूजा स्थल में प्रवेश करने से या ऐसे स्थान में पूजा करने से रोकना।
2. अस्पृश्यता के आधार पर अनुसूचित जाति के किसी सदस्य का अपमान करना।
3. प्रत्यक्ष या अप्रत्यक्ष रूप से अस्पृश्यता का उपदेश करना।
4. ऐतिहासिक, दार्शनिक, धार्मिक या अन्य आधार पर अस्पृश्यता को न्यायोचित ठहराना।
5. किसी दुकान, जलपान गृह, होटल या सार्वजनिक मनोरंजन के स्थान पर प्रवेश नहीं करने देना।
6. अस्पताल में प्रवेश से इंकार करना।
7. कोई माल बेचने या सेवाएं देने से इंकार करना।

एशियाई खेल के मामले[116] में यह अभिनिर्धारित किया कि अनु. 17 द्वारा दिया गया अधिकार प्राइवेट व्यक्तियों के विरुद्ध प्रवृत्त किया जा सकता है और यह सुनिश्चित करना राज्य का कर्त्तव्य है कि इस अधिकार का अतिलंघन न किया जाए।

अनुच्छेद 17 अपने उद्देश्य में बहुत सफल रहा। हमारे समाज से यह पारंपरिक कुरीति अब समाप्त हो चुकी है। यह दुख की बात है कि हिंदू समाज ने अपने ही कुछ सदस्यों को मनुष्यों से हीन समझा। इस अनुच्छेद से एक समतापूर्ण समाज का उदय हुआ है।

---

116. *पी.यू.डी.आर.* बनाम *भारत संघ,* ए.आइ.आर. 1982 एस.सी. 1473।

एक प्रकार से अनु. 15(2) अस्पृश्यता की समाप्ति का समर्थन करता है क्योंकि उसमें कहा गया है कि जाति के आधार पर किसी व्यक्ति को दुकानों, कुओं, तालाबों आदि में प्रवेश करने से नहीं रोका जा सकता।

अनुच्छेद 18—उपाधियां।

7.83 हमारा देश प्रजातंत्र है इसलिए हमारे समाज में उपाधियों के लिए कोई स्थान नहीं है। इंग्लैंड में राजतंत्र है इसलिए वहां पर बेरन, लार्ड, ड्यूक, नाइट आदि उपाधियां दी जाती हैं। स्वतंत्रता के पूर्व भारत में हिज हाइनेस, राजा, दीवान बहादुर, राय बहादुर और इसी प्रकार की अन्य उपाधियां थीं। जिनमें से कुछ आनुवंशिक थीं। अनुच्छेद 18 सभी उपाधियों के प्रदान का प्रतिषेध करता है केवल सेना या विद्या संबंधी सम्मान दिए जा सकते हैं। जैसे परमवीर चक्र, महावीर चक्र, पीएच.डी., एम.ए., एम.एससी. आदि। कोई भी नागरिक किसी भी विदेशी राज्य से उपाधि ग्रहण नहीं कर सकता।

1954 में भारत सरकार ने कुछ सम्मान प्रारंभ किए जिसमें एक मेडल और एक प्रमाण पत्र दिया जाता है। इनके चार वर्ग हैं: भारत रत्न, पद्‌म विभूषण, पद्‌म भूषण और पद्‌मश्री। भारत रत्न, कला, साहित्य और विज्ञान के क्षेत्र में सर्वोत्कृष्ट सेवाओं के लिए और सर्वोच्च कोटि की लोक सेवा की मान्यता के लिए प्रदान किया जाता है। पद्‌म पुरस्कार किसी भी क्षेत्र में विशिष्ट लोक सेवा के लिए प्रदान किए जाते हैं। ये सेवा की गुणवत्ता की कोटि के अनुसार दिए जाते हैं। ये पुरस्कार सरकारी कर्मचारियों को भी दिए जा सकते हैं।

कुछ लोग इन पुरस्कारों के विरुद्ध थे क्योंकि इनमें पंक्ति के आधार पर विभेद किया जाता है। कुछ लोग इनका उपयोग उपाधि के रूप में भी कर रहे थे। जब पहले महान्यायवादी मोतीलाल चिमनलाल सीतलवाड की पुस्तक *कामन ला इन इंडिया* प्रकाशित हुई तो उनके नाम के आगे पद्‌म विभूषण उपाधि के रूप में लगाया गया। मोरारजी भाई ने अपने प्रधान मंत्री काल में (1977-1979) सभी अलंकरण समाप्त कर दिए।

इन पुरस्कारों की विधिमान्यता पर *बालाजी राघवन* बनाम *भारत संघ*[117] में विचार हुआ। उच्चतम न्यायालय ने यह अभिनिर्धारित किया कि अनुच्छेद 18 में उन अभिजात्य उपाधियों का प्रतिषेध किया गया है जो आनुवंशिक होती हैं अर्थात् उपाधि जन्म से ही मिल जाती है कुछ कर्म नहीं करना पड़ता है। अनुच्छेद 18 के अनुसार भारत में नाम के आगे या पीछे कोई उपाधि नहीं लगाई जा सकती। भारत रत्न और पद्‌म अलंकरण, पाने वाले के नाम के आगे या पीछे प्रयोग नहीं किए जा सकते इसलिए वे उपाधि नहीं हैं और अनुच्छेद 18 का उल्लंघन नहीं करते। न्यायालय ने संप्रेक्षण भी किया कि इन पुरस्कारों को देते समय किसी भी सरकार ने विचारपूर्वक कार्य नहीं किया है। जो लोग पद पर आसीन होते हैं वे अपने राजनीतिक या संकीर्ण वर्गहित के अनुसार पुरस्कार देते हैं। न्यायालय ने यह आदेश दिया कि पुरस्कार देने के लिए स्पष्ट मार्गदर्शक नियम बनाए जाएं और इस कार्य के लिए एक उच्च स्तर की समिति नियुक्त की जाए।

स्वातंत्र्य अधिकार

स्वातंत्र्य अधिकार।

7.84 अनुच्छेद 19 से 22 तक के अनुच्छेदों के समूहों का शीर्ष है स्वातंत्र्य अधिकार।

इनमें से अनु. 19 में छह स्वतंत्रताओं का उल्लेख है। प्रारंभ में इसमें सात स्वतंत्रताएं थीं। खंड (च)—संपत्ति के अर्जन, धारण और व्ययन का अधिकार—44वें संशोधन अधिनियम, 1978 द्वारा 19-6-1979 से उत्सादित कर दिया गया।

117. (1996) 1 एस.सी.सी. 361।

अनुच्छेद 19।

7.85 अनुच्छेद 19 में जो छह मूल स्वतंत्रताएं प्रगणित की गईं हैं वे हैं,—

(क) वाक्-स्वातंत्र्य और अभिव्यक्ति-स्वातंत्र्य
(ख) शांतिपूर्वक और निरायुध सम्मेलन की स्वतंत्रता
(ग) संगम या संघ बनाने की स्वतंत्रता
(घ) भारत के राज्यक्षेत्र में सर्वत्र अबाध संचरण की स्वतंत्रता
(ङ) भारत के राज्यक्षेत्र के किसी भाग में निवास करने और बस जाने की स्वतंत्रता
(च) * * *
(छ) कोई वृत्ति, उपजीविका, व्यापार या कारबार करने की स्वतंत्रता

दो भाग।

7.86 अनुच्छेद 19 के दो भाग हैं। पहला भाग है खंड (1) जिसमें अधिकारों की घोषणा है। दूसरे भाग में—खंड (2) से (6)—वे मर्यादाएं दी गईं हैं जो अधिकारों पर लगाई जा सकती हैं। ये मर्यादा खंड विशिष्ट अधिकार से संबद्ध है। आगे इन्हें सारणी के रूप में दिया जा रहा है:

खंड	*अधिकार*	*मर्यादा खंड*
19(1)(क)	वाक्-स्वातंत्र्य	19(2)
19(1)(ख)	सम्मेलन की स्वतंत्रता	19(3)
19(1)(ग)	संगम की स्वतंत्रता	19(4)
19(1)(घ) और (ङ)	अबाध संचरण और भारत के किसी भाग में निवास करने की स्वतंत्रता	19(5)
19(1)(छ)	वृत्ति, उपजीविका और व्यापार का अधिकार	19(6)

केवल नागरिकों को संरक्षण।

7.87 अनुच्छेद 19 का उद्देश्य नागरिकों को राज्य की कार्रवाई से संरक्षण प्रदान करना है। कार्रवाई विधायी या कार्यपालिक हो सकती है। यह अनुच्छेद किसी प्राइवेट व्यक्ति द्वारा अधिकार के अतिक्रमण से संरक्षण नहीं देता है। किंतु यदि प्राइवेट व्यक्ति को राज्य का समर्थन है तो संरक्षण का लाभ उठाया जा सकता है। अनुच्छेद 19 द्वारा दिया गया अधिकार केवल नागरिकों को प्रदान किया गया है। अन्य व्यक्तियों को यह अधिकार नहीं हैं। कोई विदेशी, कोई कंपनी, नगरपालिका, या देवता (विधिक व्यक्ति के रूप में) इन अधिकारों को प्रवृत्त नहीं करा सकते। निगम नागरिक नहीं है इसलिए वह अनु. 19 में सम्मिलित अधिकारों का दावा नहीं कर सकता चाहे उसके सभी शेयरधारक नागरिक हों।[118] कंपनी तो अनु. 19 के अधीन अधिकार का दावा नहीं कर सकती किंतु उसका कोई भी शेयरधारक अनु. 19 द्वारा प्रत्याभूत अधिकार प्रवृत्त करा सकता है। कंपनी की रचना करके शेयरधारक अपना अधिकार खो नहीं देता।[119]

पुलिस शक्ति।

7.88 निर्दोष मामलों में भी किसी व्यक्ति की इच्छानुसार कार्य करने की स्वतंत्रता आत्यंतिक नहीं है। आधुनिक राज्य में कोई भी अधिकार आत्यंतिक या असीम नहीं होता। उनकी कुछ सीमाएं या मर्यादाएं होती हैं। अमरीकी संविधान में पहले दस संशोधनों में जिन अधिकारों की प्रत्याभूति दी गई है वे इस प्रकार

118. *टाटा इंजीनियरिंग कंपनी* बनाम *बिहार राज्य,* ए.आइ.आर. 1965 एस.सी. 40।
119. *बैनेट कोलमेन* बनाम *भारत संघ,* ए.आइ.आर. 1973 एस.सी. 106।

अभिव्यक्त हैं मानो वे आत्यंतिक हों। किंतु अमरीका के उच्चतम न्यायालय ने आवश्यकताओं को दृष्टि में रखते हुए उन पर निर्बंधन लगाने के लिए पुलिस शक्ति के सिद्धांत का आविष्कार किया। पुलिस शक्ति सरकार की अपनी रक्षा करने की शक्ति है। इसके अनुसार समाज को क्षति से बचाने के लिए अधिकारों और संपत्ति पर युक्तियुक्त बंधन लगाए जा सकते हैं।[120] पुलिस शक्ति के अधीन राज्य ध्वनिवर्द्धक यंत्रों का, राजमार्गों पर वाहनों की गति का, प्रदूषित खाद्य पदार्थों के वितरण का, विनियमन कर सकता है और जनता को आग से बचने के लिए उपाय करने के लिए विवश कर सकता है। पुलिस शक्ति के नाम पर इस प्रकार की अनेक मर्यादाएं स्वीकार की गई हैं।

निर्बंधनों की आवश्यकता।

7.89 हमारे संविधान में यह माना गया है कि स्वतंत्रता तभी प्रभावी हो सकती है जब उसे मर्यादा में बांधा जाए। संविधान सभा के अपने भाषण में डा. अंबेडकर ने निर्बंधनों की आवश्यकताओं पर बल देते हुए कहा था,—

> हम मूल अधिकारों को आत्यंतिक शब्दावली में रखकर उच्चतम न्यायालय से यह अपेक्षा कर सकते थे कि वह संसद् की सहायता करने के लिए पुलिस शक्ति के सिद्धांत का आविष्कार करे। हमने यह मार्ग नहीं अपनाया। हमारा संविधान राज्य को मूल अधिकारों पर मर्यादाएं लगाने की अनुमति सीधे सीधे प्रदान करता है।

मानव अधिकारों की सार्वभौम घोषणा।

7.90 मानव अधिकारों की सार्वभौम घोषणा का अनु. 29 अधिकारों का समुदाय के प्रति कर्त्तव्य से संतुलन करता है और अन्य व्यक्तियों के अधिकारों और स्वतंत्रताओं की सम्यक् मान्यता और सम्मान सुनिश्चित करने और प्रजातंत्रात्मक समाज में नैतिकता और लोक व्यवस्था और साधारण कल्याण की न्यायोचित अपेक्षाओं को पूरा करने के लिए अधिकारों पर मर्यादाएं लगाने की अनुमति देता है।

मर्यादाएं निःशेषकारी हैं।

7.91 अनुच्छेद 19(2) से (6) में जिन मर्यादाओं का उल्लेख है वे निःशेषकारी हैं। राज्य को उस अनुच्छेद द्वारा दी गई स्वतंत्रता को नियंत्रित करने के लिए केवल वही आधार उपलब्ध हैं जो खंड (2) से (6) में बताए गए हैं और कोई नहीं। निर्बंधन को इन खंडों में दिए गए आधार पर ही न्यायोचित ठहराया जा सकता है। प्रेस की स्वतंत्रता पर लगाए गए निर्बंधन को खंड (2) में बताए गए आधार पर ही विधिमान्य ठहराया जा सकता है। किसी अन्य खंड में बताई गई मर्यादाएं उसे लागू नहीं होंगी। न्यायालय इन निर्बंधनों का कठोरता से अर्थान्वयन करते हैं। अर्थात् उन्हें संकीर्ण अर्थ दिया जाता है व्यापक नहीं। न्यायालय का दृष्टिकोण अधिकार के पक्ष में और नियंत्रण के विरुद्ध होता है। मर्यादाएं निःशेषकारी समझी जाती हैं इस कारण राज्य को नए आधारों पर निर्बंधन अधिरोपित करने के लिए अनु. 19(2) और (6) का संशोधन करके आधारों में वृद्धि करनी पड़ी।

युक्तियुक्त निर्बंधन।

7.92 अनुच्छेद 19(2) से (6) में वे आधार गिनाए गए हैं जिन पर अनु. 19(1) में दिए गए अधिकारों को सीमित किया जा सकता है। ये निर्बंधन व्यक्ति की स्वतंत्रता और समाज के प्रति उसके कर्तव्यों का संतुलन करते हैं। समाज विधि के माध्यम से नियंत्रण करता है। विधि की विधिमान्यता का निर्णय करने के लिए **प्रत्यक्ष और अपरिहार्य प्रभाव** का परीक्षण लागू किया जाता है। संभाव्य, अप्रत्यक्ष या दूरवर्ती प्रभाव के आधार पर विचार नहीं होता।

खंड (2) से (6) तक सभी खंड **युक्तियुक्त निर्बंधन** अभिव्यक्ति का प्रयोग करते हैं। इससे अभिप्रेत है कि निर्बंधन न तो मनमाना हो, न अत्यधिक हो। निर्बंधन अनुज्ञात सीमाओं के

120. *पैनहैंडल* बनाम *स्टेट हाइवे कमीशन* (1935) 19 एल.एड. 1090।

बाहर नहीं जा सकता। विधान-मंडल के उद्देश्य के साथ निर्बंधन का युक्तियुक्त संबंध होना आवश्यक है।

युक्तियुक्त निर्बंधन के कुछ उदाहरण निम्नलिखित हैं,—

1. चमत्कार द्वारा रोग को ठीक करने के लिए किसी व्यक्ति के दावे के विज्ञापन का प्रतिषेध।

2. फिल्मों का प्रदर्शन से पहले सेंसर किया जाना।

3. दंड प्रक्रिया संहिता की धारा 144 के अधीन सभाओं या जुलूसों पर प्रतिबंध का अस्थाई आदेश।

4. भारत में प्रवेश के लिए पासपोर्ट की अपेक्षा।

युक्तियुक्तता का कोई सुनिश्चित मानक नहीं है। प्रत्येक मामले का गुणागुण के आधार पर विश्लेषण किया जाना चाहिए। मानक कुछ बातों को ध्यान में रखते हुए भिन्न भिन्न हो सकते हैं। ध्यान में रखने की बातें हैं—उस अधिकार की प्रकृति जिसका उल्लंघन किया गया है, मर्यादा का प्रयोजन, वह अनिष्टकर स्थिति जिसका उपचार किया जाना है, विद्यमान दशाएं, मर्यादा का विस्तार आदि। निर्बंधन अधिष्ठायी और प्रक्रिया दोनों ही दृष्टि से युक्तियुक्त होने चाहिए। सरकारी कर्मचारियों पर यह प्रतिबंध लगाना कि वे अपना संगठन नहीं बना सकते अधिष्ठायी दृष्टि से अयुक्तियुक्त निर्बंधन होगा। सरकारी कर्मचारियों के संगठन पर यह निर्बंधन लगाना कि वे सरकार की अनुमति लेकर ही संगठन बना सकते हैं प्रक्रिया के दृष्टिकोण से अविधिमान्य है। यदि राज्य की नीति के निदेशक तत्त्वों में से किसी की प्राप्ति के उद्देश्य से कोई निर्बंधन लगाया जाता है तो उसे साधारणतया युक्तियुक्त माना जाता है। उदाहरण के लिए शराब के विक्रय, रखने और उपभोग पर निर्बंधन लगाने वाली विधि अनु. 47 को दृष्टि में रखते हुए विधिमान्य होगी। इसी प्रकार गायों और बछड़ों की हत्या का प्रतिषेध अनु. 48 के प्रति निर्देश से न्यायोचित है।

प्रक्रियात्मक युक्तियुक्तता में नैसर्गिक न्याय के नियमों का पालन करना साधारणतया आता है। इन नियमों में सुनवाई का अवसर देना, पक्षपात का अभाव आदि आते हैं।

7.93 **पूर्ण प्रतिषेध की विधिमान्यता।** कुछ मामलों में पूर्ण प्रतिषेध प्रथम दृष्ट्या असांविधानिक होगा। उदाहरण के लिए वाक् और अभिव्यक्ति के स्वातंत्र्य का पूर्ण प्रतिषेध या सभी व्यक्तियों को स्थावर संपत्ति के क्रय और विक्रय के दलाल के रूप में कार्य करने से प्रतिबंधित करना। खतरनाक या अपायकर व्यापार या हानिकर माल या अनैतिक या अवैध जीविकाओं पर निर्बंधन पूर्ण प्रतिषेध के रूप में हो सकता है। इसके उदाहरण हैं, शराब का व्यापार,[121] स्वापक औषधियों की खेती, स्त्रियों का दुर्व्यापार, जुआ, न्यायालय में दलाली। जब भी कोई निर्बंधन बढ़ कर पूर्ण प्रतिषेध का रूप ले लेता है तो न्यायालय को विशेष सावधानी से यह देखना होता है कि निर्बंधन युक्तियुक्त है या नहीं।

जब भी कोई पूर्ण प्रतिषेध किया जाता है तब युक्तियुक्तता के सभी परीक्षणों में उत्तीर्ण होने के अतिरिक्त उसे यह भी दर्शाना चाहिए कि पूर्ण प्रतिषेध से कम निर्बंधन पर्याप्त नहीं होता।[122]

7.94 **गोहत्या पर प्रतिबंध।** (क) 7 न्यायाधीशों की एक न्यायपीठ ने यह अभिनिर्धारित किया कि गोहत्या पर प्रतिबंध दो आधारों पर अनुज्ञेय है (i) इसका लक्ष्य अनु. 48 में अंतर्विष्ट निदेशक तत्त्व को प्रवृत कराना है। और (ii) यह निषेध कसाइयों की संपूर्ण गतिविधि पर नहीं है। उन्हें उन सब पशुओं का वध करने की छूट है। जिन्हें विधि में विनिर्दिष्ट नहीं किया गया है।[123]

121. *कुवरजी* बनाम *एक्साइज कमिश्नर,* ए.आइ.आर. 1954 एस.सी. 220।

122. रामलीला मैदान की घटना (2012) 5 एस.सी.सी।

123. *गुजरात राज्य* बनाम *मिर्जापुर मोती कुरेशी कसब जमात,* ए.आइ.आर 2006 एस.सी. 212।

युक्तियुक्तता न्यायिक पुनर्विलोकन के अधीन है।

7.95 संविधान युक्तियुक्त निर्बंधन लगाने की अनुमति देता है और ऐसा करते समय व्यक्ति के हित और लोक कल्याण के बीच संगति बैठाने का प्रयास करता है। *युक्तियुक्तता* शब्द की अर्थव्याप्ति क्या है यह विवाद का विषय है। किसी भी मामले में युक्तियुक्त क्या होगा यह निर्धारित करने की शक्ति न्यायालय को दी गई है। किसी भी मामले में जहां कोई व्यक्ति किसी विधि द्वारा व्यथित है और न्यायालय के समक्ष इस आधार पर उस विधि पर आक्षेप करता है कि वह अयुक्तियुक्त निर्बंधन लगाती है तो न्यायालय को यह निर्णय देना होगा कि वह निर्बंधन युक्तियुक्त है या नहीं। कोई मर्यादा युक्तियुक्त है या नहीं इसका अंतिम निर्णय न्यायालय ही करता है। यदि न्यायालय का यह निष्कर्ष है कि निर्बंधन अयुक्तियुक्त है तो वह उस निर्बंधन वाली विधि या आदेश को असांविधानिक और शून्य घोषित करेगा। इस प्रकार निर्बंधन की युक्तियुक्तता न्यायिक पुनर्विलोकन का विषय है।

वाक् और अभिव्यक्ति स्वातंत्र्य।

7.96 लोकतंत्र की विद्यमानता के लिए वाक् और अभिव्यक्ति स्वातंत्र्य का होना अनिवार्य है। जब द्वितीय विश्वयुद्ध के बीच 1941 के नववर्ष के दिन अमरीकी राष्ट्रपति एफ.डी. रूजवेल्ट ने रेडियो से अपना ऐतिहासिक भाषण किया था तो उन्होंने यह कहा था कि मानव जाति को चार उद्देश्य प्राप्त करने हैं।[124] वे हैं—वाक् की स्वतंत्रता, उपासना की स्वतंत्रता, दरिद्रता से मुक्ति और भय से मुक्ति। अमरीकी उच्चतम न्यायालय के न्या. ओलिवर वेंडल होम्स ने संप्रेक्षण किया[125] था,—

> सत्य का सर्वोत्तम परीक्षण, विचार की शक्ति है कि वह बाजार की प्रतियोगिता में अपने आप को स्वीकार करा पाता है या नहीं।

वाक्-स्वातंत्र्य लगभग सभी स्वतंत्रताओं की एक अनिवार्य शर्त है। अन्य स्वतंत्रताओं की यह जननी है।

न्या. पतंजलि शास्त्री ने कहा था[126],—

> वाक् और प्रेस की स्वतंत्रता सभी लोकतांत्रिक संस्थाओं की नींव है। राजनीतिक विचार विमर्श के बिना लोक शिक्षा संभव नहीं है।

इस स्वतंत्रता से अभिप्रेत है अपने विचार और अपना मत बोलकर, लिखकर, छपवाकर, चित्र या इलैक्ट्रानिक या अन्य किसी विधि से (आंख या कान के माध्यम से) खुलकर प्रकाशित करना। यह अपना दृष्टिकोण प्रतिपादित करने की स्वतंत्रता है। वाक्-स्वातंत्र्य में न बोलने और चुप रहने की स्वतंत्रता समाहित है। उच्चतम न्यायालय इस अधिकार की सतर्कता से रक्षा करता है।[127] अनुच्छेद 19 में **प्रेस की स्वतंत्रता** अभिव्यक्ति का प्रयोग नहीं किया गया है किंतु अनु. 19(1)(क) के अंतर्गत प्रेस की स्वतंत्रता को लिया जाता है। प्रेस को वही अधिकार है जो किसी व्यष्टि को है। प्रेस उससे बेहतर अधिकारों का दावा नहीं कर सकता। अनुच्छेद 19 का खंड(2) इस स्वतंत्रता के प्रयोग पर युक्तियुक्त निर्बंधन लगाने के लिए अनुज्ञा देता है। निर्बंधनों के आधार निम्नलिखित हो सकते हैं,—

(क) भारत की प्रभुता और अखंडता
(ख) राज्य की सुरक्षा
(ग) विदेशी राज्यों के साथ मैत्रीपूर्ण संबंध

124. *टाइम* (एशिया संस्करण), 31-12-1999, पृ. 11।
125. *अब्राम्स* बनाम *यू.एस.* (1919) 250 यू.एस. 616।
126. *रमेश थापर* बनाम *मद्रास राज्य,* ए.आइ.आर. 1950 एस.सी. 70।
127. *जीवन बीमा निगम* बनाम *मनुभाई* (1992) 3 एस.सी.सी. 637।

(घ) लोक व्यवस्था
(ङ) शिष्टाचार या सदाचार
(च) न्यायालय-अवमान
(छ) मानहानि
(ज) अपराध-उद्दीपन

वाक्-स्वातंत्र्य की परिधि को जानने के लिए तीन पहलू महत्त्व के हैं। पहला है, वाद-विवाद, दूसरा है, पक्षपोषण और तीसरा है, उद्दीपन। वाद-विवाद और पक्षपोषण को, चाहे वह अलोकप्रिय कार्य का हो तो भी, अनु. 19(1)(क) का संरक्षण प्राप्त होता है। जब वाद-विवाद और पक्षपोषण, उद्दीपन के स्तर पर पहुंच जाता है तो अनु. 19(2) लागू हो जाता है।

सूचना प्रौद्योगिकी अधिनियम की धारा 66क का किसी अपराध को करने के लिए उद्दीपन से कोई संबंध नहीं है। क्षोभ, असुविधा, खतरा या तीव्र घृणोत्पादक होना दंड संहिता के अधीन अपराध नहीं है।

न्यायालय ने धारा 66क को अनु. 19(1)(क) का उल्लंघनकारी माना और शून्य घोषित कर दिया। इसे अनु. 19(2) की रक्षा नहीं मिली।[128]

युक्तियुक्त निर्बंधन के दृष्टांत।

7.97 युक्तियुक्त निर्बंधन के दृष्टांत हैं,—

(क) ऐसे ध्वनिवर्द्धक के उपयोग पर निर्बंधन जिससे न्यूसेन्स और लोक स्वास्थ्य को हानि होती है।
(ख) विधि जो अश्लीलता को प्रतिषिद्ध करती है।
(ग) न्याय में हस्तक्षेप करके न्यायालय का अवमान।
(घ) व्यक्तियों को हत्या जैसे गंभीर अपराध करने के लिए दुष्प्रेरित करना।
(ङ) फिल्म सेंसर।
(च) प्रेस को श्रमिक विधि और कारखाना अधिनियम लागू करना।

अयुक्तियुक्त निर्बंधन के दृष्टांत।

7.93 अयुक्तियुक्त निर्बंधन के दृष्टांत निम्नलिखित हैं,—

(i) राजद्रोह या सरकार के प्रति अप्रीति या दुर्भावनाएं मात्र उत्पन्न करना।

(ii) किसी मंत्री की आलोचना या मंत्री के प्रति गाली-गलौच करने वालों को दंडित करना।

(iii) शांतिपूर्ण प्रदर्शनों को प्रतिषिद्ध करना।

(iv) किसी बंदी को उसके द्वारा लिखी गई पुस्तक प्रकाशित करने की अनुमति न देना।

(v) किसी समाचार-पत्र से यह अपेक्षा करना कि वह विज्ञापनों का स्थान कम करे।

(vi) प्रेस पर कर अधिरोपित करना जिससे उसका परिचालन सीमित हो।

(vii) समाचार-पत्र प्रकाशन पर पूर्ण सेंसर या कोई अन्य निर्बंधन। (आपात की स्थितियों को छोड़कर जबकि सीमित अवधि के लिए शांतिभंग को रोकने के लिए ऐसा किया जाए।)

(viii) टेलीफोन चोरी से सुनना जब तक कि वह अनु. 19(2) में दिए गए आधारों के अंतर्गत न हो।

(ix) सेंसर बोर्ड द्वारा फिल्म की निकासी के पश्चात् राज्य सरकार यह प्रस्तावित नहीं कर सकती कि उस फिल्म के कुछ भाग काट दिए जाएं। राज्य को यह शक्ति नहीं है। किंतु यदि शांति भंग होती है तो वह फिल्म का प्रदर्शन निलंबित कर सकती है।[129]

---

128. *श्रेया सिंघल* बनाम *भारत संघ* (2015) 5 एस.सी.सी. 1।
129. *प्रकाश झा प्रोडक्शंस* बनाम *भारत संघ* (2011) 8 एस.सी.सी. 372।

7.98 विधि व्यवस्था, लोक व्यवस्था और राज्य की सुरक्षा सुभिन्न संकल्पनाएं हैं। विधि और व्यवस्था के हित में अधिरोपित निर्बंधन में राज्य का हस्तक्षेप सबसे कम होगा, लोक व्यवस्था में निर्बंधन इससे कठोर हो सकता है। राज्य की सुरक्षा के मामले में निर्बंधन सबसे कठोर होगा। किंतु सभी मामलों में निर्बंधन युक्तियुक्त होने चाहिए।[130]

लोक व्यवस्था।

7.99 इस अधिकार का उच्चतम न्यायालय ने विस्तार किया है जिससे कुछ नवोदय क्षेत्र इसमें आते हैं। *क्रिकेट ऐसोसिएशन*[131] के मामले में न्यायालय ने अभिनिर्धारित किया कि सरकार का इलक्ट्रोनिक माध्यम पर एकाधिकार नहीं है। वाक्-स्वातंत्र्य के अंतर्गत भारत के भीतर और भारत के बाहर व्यक्तियों को प्रभावी रूप से सूचना के आदान-प्रदान का अधिकार है। वायुतरंगें लोक संपत्ति हैं और उनका प्रयोग लोक हित में होना चाहिए। उन पर कुछ मर्यादाएं लगाई जा सकती हैं। वायुतरंगों को नियंत्रित और विनियमित करने के लिए सरकार को एक स्वतंत्र और स्वायत्त प्राधिकरण की स्थापना करनी चाहिए। एक अन्य महत्वपूर्ण निर्णय[132] में उच्चतम न्यायालय ने यह अभिनिर्धारित किया है कि वाणिज्यिक वाक् भी (विज्ञापन आदि) वाक् और अभिव्यक्ति स्वातंत्र्य का भाग है। विज्ञापन किसी उत्पाद या सेवा के बारे में सूचना का प्रसारण है। लोकतांत्रिक अर्थव्यवस्था में वाणिज्यिक सूचना का अबाध प्रवाह अपरिहार्य है।

वाक्-स्वातंत्र्य का विस्तार।

उच्चतम न्यायालय ने सामान्य व्यक्ति के दृष्टिकोण से **बंद** को देखा है। न्यायालय ने मौन होकर कष्ट उठाने वाले बहुमत को यह अभिनिर्धारित करके संरक्षण दिया है कि किसी राजनीतिक दल या संगठन द्वारा बंद का आह्वान करना और बंद करवाना असांविधानिक है।[133] यह अनु. 19(1)(क) द्वारा प्रत्याभूत स्वतंत्रता का उल्लंघन है। इससे राष्ट्रीय हानि होती है। किसी दल या संगठन को यह हक नहीं है कि वह उद्योग या वाणिज्य पर प्रहार करे। यही बात हड़ताल पर भी लागू होती है।[134]

लोकतंत्र में मतदाता को संसद् या विधान-मंडल के प्रत्याशी का पूर्ववृत्त जानने का अधिकार है।[135]

राष्ट्रध्वज फहराना अभिव्यक्ति की स्वतंत्रता का प्रतीक है और इसीलिए इस अधिकार की रक्षा की जाती है। तिरंगा ध्वज लहराना अनु. 19(1)(क) के अधीन मूल अधिकार है।[136]

सूचना का अधिकार, वाक् स्वातंत्र्य का ही एक आयाम है और यह भी युक्तियुक्त निर्बंधन के अधीन है। हर विद्यार्थी को यह अधिकार है कि वह अपनी उत्तर-पुस्तिका का निरीक्षण करे। किंतु उसे समय सीमा के भीतर आवेदन करना होगा और उसे परीक्षक, मुख्य परीक्षक आदि के नाम नहीं बताए जाएंगे।[137]

भारतीय दंड संहिता की धारा 499 और 500, जो आपराधिक मानहनि से संबंधित हैं, वाक्-स्वातंत्र्य के अधिकार का उल्लंधन नहीं करती हैं। अनु. 19(2) में मानहानि के अंतर्गत सिविल और आपराधिक मानहानि, दोनो हैं।[138]

---

130. रामलीला मैदान की घटना (2012) 5 एस.सी.सी.।
131. *सेक्रेटरी आई. एंड बी.* बनाम *क्रिकेट एसोसिएशन* (1995) 2 एस.सी.सी. 161।
132. *टाटा प्रेस लिमिटेड* बनाम *महानगर टेलीफोन* (1995) 5 एस.सी.सी. 139।
133. *सी.पी.आइ. (एम)* बनाम *भारत कुमार,* ए.आइ.आर. 1998 एस.सी. 184।
134. *जेम्स मार्टिन* बनाम *केरल राज्य* (2004) 2 एस.सी.सी. 203।
135. *भारत संघ* बनाम *एसोसिएशन फार डेमोक्रेटिक रिफार्मृस* (2002) 5 एस.सी.सी. 294।
136. *भारत संघ* बनाम *नवीन जिंदल* (2004) 2 एस.सी.सी. 510।
137. *सी.बी.एस.ई.* बनाम *आदित्य बंद्योपाध्याय* (2011) 8 एस.सी.सी. 497।
138. *सुब्रमण्यम् स्वामी* बनाम *भारत संघ* (2016) 7 एस.सी.सी. 221।

7.100 **सम्मेलन का अधिकार।** अनुच्छेद 19(1)(ख) में सम्मेलन का अधिकार रखा गया है। एकत्र होने का सबसे सामान्य तरीका है सभाएं करना। इसके अंतर्गत प्रदर्शन करना और जुलूस निकालना आता है। इस अधिकार का दावा वही सम्मेलन कर सकता है जो (क) शांतिपूर्वक और (ख) निरायुध हो। इस अधिकार पर (i) भारत की अखंडता और प्रभुता और (ii) लोक व्यवस्था के हित में युक्तियुक्त निर्बंधन लगाए जा सकते हैं। यह अनुच्छेद ऐसे सम्मेलन को संरक्षण प्रदान नहीं करता जो हिंसक हो या बल्वा करता हो या जो सशस्त्र सम्मेलन हो।

सार्वजनिक सभा करने और जुलूस निकालने का अधिकार, सम्मेलन के अधिकार से उद्भूत होता है। इसका यह अर्थ नहीं है कि कोई भी नागरिक किसी की भी संपत्ति पर कहीं भी सभा कर ले। सरकार को सभा का समय और स्थान नियंत्रित करने का अधिकार है। सार्वजनिक मार्ग पर जुलूस निकालने का अधिकार, यातायात प्राधिकारी के आदेश के अधीन है। यह बात सभी जुलूसों पर लागू होती है। चाहे वे धार्मिक हों या अन्य किसी प्रकार के।

दंड प्रक्रिया संहिता, 1973 की धारा 144 को विधिमान्य ठहराया गया है[139] क्योंकि वह शांति के आसन्न भंग को रोकने के लिए सभाओं या जुलूसों को प्रतिषिद्ध करने के लिए अस्थाई आदेश निकालने का प्राधिकार देती है। यह अभिनिर्धारित किया गया है कि ऐसा नियम जो सरकारी कर्मचारी को सेवा की शर्तों से संबंधित किसी भी विषय के बारे में प्रदर्शन करने से प्रतिषिद्ध करता है अनु. 19(2) का उल्लंघन करता है।[140]

7.101 **जुलूस निकालने का अधिकार।** नागरिकों के जुलूस निकालने के अधिकार का उद्गम अनु. 19(1)(ख) है। धार्मिक जुलूसों और अन्य जुलूसों में कोई अंतर नहीं किया जा सकता। यदि जुलूस में गाना बजाना हो रहा है तो इससे अधिकार पर कोई प्रभाव नहीं पड़ता। जुलूस एक चलायमान सभा है। सभा स्थिर होती है। धार्मिक जुलूसों को इसके अतिरिक्त अनु. 25 का संरक्षण भी मिलता है। जो व्यक्ति किसी अन्य व्यक्ति के मूल अधिकार के प्रयोग में बाधा करता है, वह दोषकर्ता है। राज्य का यह कर्त्तव्य है कि ऐसे दोषकर्ताओं से सख्ती से निपटे।[141]

7.102 **संगम का अधिकार।** अनुच्छेद 19(1)(ग) नागरिकों को संगम या संघ या सहकारी सोसाइटी बनाने का अधिकार देता है इसके अंतर्गत संगम प्रारंभ करने और उसे चालू रखने का अधिकार है। इसमें किसी संघ का सदस्य बनने से इंकार करने और उससे दूर रहने का नकारात्मक अधिकार भी है। इसी अनुच्छेद के अधीन कंपनी, सोसाइटी, भागीदारी, व्यवसाय संघ, क्लब आदि बनाने का अधिकार है।

जैसा अनु. 19(4) में उपबंधित है इस अधिकार को (क) भारत की प्रभुता और अखंडता, (ख) लोक व्यवस्था और (ग) नैतिकता के हित में युक्तियुक्त निर्बंधन लगाकर मर्यादित किया जा सकता है।

यदि कोई अधिनियम किसी सोसाइटी के गठन में नए सदस्य जोड़कर उस सोसाइटी का गठन परिवर्तित करता है तो वह अधिनियम अनु. 19(1)(ग) का उल्लंघन करेगा और परिणामस्वरूप असांविधानिक होगा। सरकार किसी नागरिक को किसी संघ की सदस्यता से त्यागपत्र देने के लिए विवश नहीं कर सकती है।

वही संगम इस अधिकार का फायदा उठा सकता है जिसका उद्देश्य विधिसम्मत हो।

---

139. *मधु लिमये* बनाम *एस.डी.एम.,* ए.आइ.आर. 1971 एस.सी. 1762।

140. *कामेश्वर* बनाम *बिहार राज्य,* ए.आइ.आर. 1962 एस.सी. 1166।

141. *रंगराजन* बनाम *जगजीवन* (1989) एस.सी.जे. 128।

आपराधिक विधि संशोधन अधिनियम, 1908 (मद्रास में यथा संशोधित) के अधीन सरकार को यह अधिकार दिया गया था कि वह व्यक्तिनिष्ठ रूप से अवधारित करे कि कोई संगम लोक शांति को खतरा है या नहीं। यह राय बनाने के जो आधार होंगे उनका न्यायिक जांच में परीक्षण नहीं किया जा सकता था। न्यायालय ने यह अभिनिर्धारित[142] किया कि उपबंध सम्मेलन के अधिकार पर निर्बंधन अधिरोपित करता है और उसे शून्य घोषित किया।

कोई भी सहकारी समिति यह तय कर सकती है कि किसी धर्म, संप्रदाय, पंथ या व्यवसाय के लोग ही उसके सदस्य बन सकेंगे। किसी नागरिक को उसका सदस्य बनने का मूल अधिकार नहीं है।[143]

सिनेमा के पोशाक कलाकारों के संगम ने यह नियम बनाया कि रूप सज्जा करने वाली महिलाएं, रूप सज्जा के कलाकार के रूप में रजिस्टर नहीं हो सकतीं। वे केवल केश सज्जा करने वाली के रूप में ही रजिस्टर हो सकेंगी। उच्चतम न्यायालय ने यह अभिनिर्धारित किया कि ट्रेड यूनियनों के रजिस्ट्रार का यह कर्त्तव्य है कि वह यह सुनिश्चित करे कि कोई ऐसा नियम नहीं बनाया जा सके जो अधिनियम या संविधान से असंगत हो। संगम का यह नियम अवैध और शून्य है, महिलाओं को सदस्य बनने से रोका नहीं जा सकता।[144]

7.103 सशस्त्र बलों और अनु. 33 में उल्लिखित अन्य सेवाओं को लागू करने में मूल अधिकार सीमित किए जा सकते हैं। रक्षा स्थापनाओं में नियोजित कुछ रसोइए, चौकीदार, मैकेनिक, दर्जी आदि सिविल कर्मचारियों ने संगम बनाने के अधिकार का दावा किया। उनकी दलील यह थी कि हम युद्ध नहीं करते। उनकी दलील को अस्वीकार करते हुए उच्चतम न्यायालय ने यह अभिनिर्धारित[145] किया कि वे अनु. 33 के अर्थांतर्गत रक्षा सेवाओं के सदस्य हैं इसलिए उनके अधिकारों को कम किया जा सकता है।

सशस्त्र बल और संगम का अधिकार।

संगम बनाने के अधिकार का यह अभिप्राय नहीं है कि संगम को मान्यता दी जाए या मान्यता चालू रखी जाए। संगम के लिए मान्यता प्राप्त करना मूल अधिकार नहीं है।

सरकार द्वारा बनाए गए एक नियम में यह अपेक्षा थी कि सरकारी कर्मचारी ऐसे संगम के सदस्य नहीं बनेंगे जिसे मान्यता न दी गई हो और ऐसे संगम से अपनी सदस्यता वापस ले लेंगे जिसकी मान्यता समाप्त कर दी गई है। इस नियम को अयुक्तियुक्त निर्बंधन मानते हुए विखंडित[146] कर दिया गया क्योंकि इस नियम द्वारा संगम के अधिकार को इस पर आश्रित कर दिया गया कि संगम को सरकार ने मान्यता दी है या नहीं। इससे अधिकार आभासी और निष्प्रभावी हो गया।

7.104 अनुच्छेद 19(1)(क) का चाहे जितना उदार निर्वचन किया जाए किंतु इससे यह निष्कर्ष नहीं निकलता कि व्यवसाय संघों (ट्रेड यूनियनों) को हड़ताल करने का अधिकार है।[147] उच्चतम न्यायालय ने यह स्पष्ट कहा है कि किसी व्यक्ति को यह अधिकार नहीं है कि वह बंद, हड़ताल या स्ट्राइक के बहाने किसी अन्य व्यक्ति की संपत्ति नष्ट करे या किसी को असुविधा उत्पन्न करे या किसी अन्य नागरिक के जीवन, स्वातंत्र्य या संपत्ति को या सार्वजनिक संपत्ति को जोखिम में डाले।[148]

हड़ताल, स्ट्राइक या बंद का अधिकार।

142. *मद्रास राज्य* बनाम *वी.जी. राव,* ए.आइ.आर. 1952 एस.सी. 196।
143. *जोरोएस्ट्रियन कोआपरेटिव हाउसिंग सोसाइटी* बनाम *डिस्ट्रिक्ट कलेक्टर* (2005) 5 एस.सी.सी. 632।
144. *चारु खुराना* बनाम *भारत संघ* (2015) 1 एस.सी.सी. 192।
145. *अच्युतन* बनाम *भारत संघ,* ए.आइ.आर. 1976 एस.सी. 1179।
146. *ओ.के. घोष* बनाम *एफ.एक्स. जोसफ,* ए.आइ.आर. 1963 एस.सी. 812।
147. *धर्मदत्त* बनाम *भारत संघ* (2004) 1 एस.सी.सी. 712।
148. *जेम्स मार्टिन* बनाम *केरल राज्य* (2004) 2 एस.सी.सी. 203।

किसी संस्था को चलाने के लिए संगम बनाना।

7.105 संगम बनाने के अधिकार में किसी विशिष्ट उद्देश्य की प्राप्ति के लिए या विशिष्ट संस्था को चलाने के लिए संगम बनाने का अधिकार सम्मिलित नहीं है।[134]

संचरण का अधिकार।

7.106 संचरण के अधिकार के तीन आयाम हैं,—

(क) देश के भीतर संचरण का अधिकार

(ख) देश के बाहर संचरण का अधिकार

(ग) देश में वापस आने का अधिकार

इनमें से पहला आयाम अनु. 19(1)(घ) के अंतर्गत आता है। दूसरा आयाम अनु. 21 में आएगा।

इस अधिकार में भारत में किसी स्थान से उसी राज्य में या किसी भिन्न राज्य में संचरण का अधिकार है।

इस अधिकार पर लगाई जाने वाली मर्यादाएं खंड (5) की सीमाओं के भीतर होनी चाहिए। यह खंड राज्य को दो आधारों पर निर्बंधन लगाने की शक्ति देता है,—

(क) साधारण जनता के हित में।

(ख) अनुसूचित जाति के हितों के संरक्षण के लिए।

जिला मजिस्ट्रेट या पुलिस आयुक्त द्वारा किसी व्यक्ति को यह आदेश दिया जाना कि वह तीन मास की अवधि के लिए उस जिले से बाहर चला जाए विधिमान्य होगा क्योंकि आदेश की अवधि युक्तियुक्त है।[149] किंतु यदि अवधि अनिश्चित है या आदेश स्थाई रूप से बाहर रहने को कहता है तो वह आदेश युक्तियुक्त नहीं होगा।

किसी संदिग्ध व्यक्ति के आने जाने पर पुलिस का नजर रखना अधिकार का उल्लंघन नहीं है।[150]

वेश्याओं के संचरण के अधिकार पर निर्बंधन लगाए जा सकते हैं।[151]

किसी जनजाति क्षेत्र में आने जाने को निर्बंधित करना अनुज्ञेय सीमाओं के भीतर है। जो लोग दो पहिए वाले वाहन की सवारी करते हैं उनके लिए हैलमेट पहनना अनिवार्य करना साधारण जनता के हित में लगाए गए निर्बंधन का उदाहरण है।[152]

निवास का अधिकार।

7.107 अनुच्छेद 19(1)(ङ) भारत के किसी भाग पर निवास करने और बस जाने की प्रत्याभूति देता है। कुछ सीमा तक यह अधिकार और संचरण का अधिकार परस्पर व्यापी हैं। इन दोनों का उद्देश्य भारत के भीतर से बाधाएं हटाना है यह एक दूसरे के पूरक माने जा सकते हैं।

इस स्वतंत्रता पर वे सब निर्बंधन लगाए जा सकते हैं जो कि संचरण की स्वतंत्रता पर लगाए जा सकते हैं क्योंकि इन दोनों स्वतंत्रताओं पर निर्बंधनों का आधार अनु. 19(5) में है। दोनों के लिए समान आधार हैं। कोई अधिनियम राज्य सरकार को ऐसा आदेश निकालने के लिए सशक्त करता है जिसमें किसी व्यक्ति से किसी विनिर्दिष्ट स्थान पर निवास करने या वहीं बने रहने की अपेक्षा की जाए या ऐसा आदेश जिसमें किसी व्यक्ति को एक स्थान छोड़कर किसी दूसरे स्थान पर जाने का आदेश दिया जाए अयुक्तियुक्त निर्बंधन अधिरोपित करता है।[153]

---

149. *एन.बी. खरे* बनाम *दिल्ली राज्य,* ए.आइ.आर. 1950 एस.सी. 211।
150. *मलक* बनाम *पंजाब राज्य,* ए.आइ.आर. 1981 एस.सी. 760।
151. *उत्तर प्रदेश राज्य* बनाम *कौशल्या,* ए.आइ.आर. 1964 एस.सी. 416।
152. *अजय* बनाम *भारत संघ* (1988) 4 एस.सी.सी. 156।
153. *मध्य प्रदेश राज्य* बनाम *भरत सिंह,* ए.आइ.आर. 1967 एस.सी. 1170।

7.108 अनुच्छेद 19(1)(च) का 44वें संशोधन अधिनियम 1978 द्वारा लोप कर दिया गया है। परिणामस्वरूप नागरिक को संपत्ति के अर्जन, धारण और व्ययन का कोई मूल अधिकार नहीं है। इसी संशोधन द्वारा अनु. 300क अंतःस्थापित किया गया है। इस अनुच्छेद से यह उपबंध किया गया है कि किसी भी व्यक्ति को उसकी संपत्ति से, विधान-मंडल द्वारा बनाई गई विधि द्वारा ही वंचित किया जा सकेगा, कार्यपालिका के आदेश से नहीं।

संपत्ति का अधिकार।

7.109 इस अधिकार की प्रत्याभूति अनु. 19(1)(छ) में है। इसमें 4 अभिव्यक्तियों का प्रयोग किया गया है जिनका अर्थ मिलता जुलता है। ये अभिव्यक्तियां हैं **वृत्ति, उपजीविका, व्यापार और कारबार**। इन शब्दों के प्रयोग से इस अधिकार को व्यापक और विस्तारवान बनाया गया है। इसके अंतर्गत वे सभी मार्ग और तरीके आते हैं जिनके द्वारा कोई व्यक्ति अपना जीविकोपार्जन करता है।

वृत्ति, उपजीविका आदि की स्वतंत्रता।

कारबार करने के अधिकार के अंतर्गत कारबार प्रारंभ न करने का या कारबार बंद करने का अधिकार है। पहला निषेधात्मक अधिकार आत्यंतिक है। परंतु दूसरे पर लोकहित के लिए निर्बंधन लगाए जा सकते हैं। उदाहरण के लिए कर्मकारों को प्रतिकर देने की अपेक्षा। औद्योगिक विवाद अधिनियम की धारा 25ण में यह अपेक्षा है कि नियोजक उद्योग बंद करने के पूर्व राज्य सरकार से अनुमति प्राप्त करेगा। यह उपबंध अयुक्तियुक्त नहीं है। जहां नियोजक न्यूनतम मजदूरी देने में असमर्थ है वहां भी अनुमति देने से इंकार करना अयुक्तियुक्त निर्बंधन नहीं है।[154]

किसी स्थापना के बंद हो जाने से कर्मचारियों को उनकी उपजीविका चलाने के अधिकार से वंचित नहीं किया जाता। वे कोई अन्य उपजीविका चलाने के लिए स्वतंत्र होते हैं। ऐसी प्राइवेट संस्थाएं जिन्हें सहायता प्राप्त नहीं होती है (अल्पसंख्यक और बहुसंख्यक दोनों) उन्हें वृत्ति का अधिकार है। किंतु फीस का या सामान्य प्रवेश परीक्षा द्वारा विनियमन किया जाना अनुज्ञेय है क्योंकि यह युक्तियुक्त निर्बंधन है।[155] इस स्वतंत्रता पर युक्तियुक्त निर्बंधन लगाने के आधार खंड (6) में दिए गए हैं। यह आधार हैं,—

(क) साधारण जनता का हित
(ख) आवश्यक वृत्तिक या तकनीकी अर्हताएं विहित करना
(ग) राज्य के पक्ष में पूर्णतया या भागतः एकाधिकार का सृजन

7.110 राज्य, यंत्रचालित मछली पकड़ने वाले ट्रालर को यह निदेश दे सकता है कि वह विनिर्दिष्ट मौसम में 44 दिन मछली न पकड़े। इसका उद्देश्य मछलियों का संरक्षण और पारंपरिक मछुआरों को सुरक्षा प्रदान करना है। यह निर्बंधन साधारण जनता के हित में है।[156] सरकार का नियम जो सरकार द्वारा चालित आयुर्विज्ञान महाविद्यालय में शिक्षक के रूप में कार्य करने वाले डाक्टरों को प्राइवेट प्रैक्टिस करने से रोकता है इस स्वतंत्रता का उल्लंघन नहीं करता। जो लोग सरकार की सेवा स्वीकार करते हैं वे सेवा नियमों का पालन करने की सहमति दे देते हैं।[157]

वृत्ति के अधिकार पर युक्तियुक्त निर्बंधन।

फेरी वालों को फुटपाथ पर अपना व्यापार करने का अधिकार है किंतु राज्य यह तय कर सकेगा कि कौन से स्थानों पर और किस समय उन्हें ऐसा करने की अनुमति दी जाए।[158]

---

154. *एक्सल वीयर* बनाम *भारत संघ,* ए.आइ.आर. 1979 एस.सी. 25।
155. *माडर्न डेन्टल कालेज* बनाम *मध्यप्रदेश राज्य* (2016) 7 एस.सी.सी. 353।
156. *केरल एस.एम.टी. फेडरेशन* बनाम *केरल टी.बी.ओ. एसोसिएशन* (1994) 5 एस.सी.सी. 28।
157. *सुकुमार मुखर्जी* बनाम *पश्चिमी बंगाल राज्य* (1993) 3 एस.सी.सी. 724।
158. *सोदानसिंह* बनाम *एन.डी.एम.सी.* (1992) 5 एस.सी.सी. 52।

इस अधिकार में ऐसी वृत्ति या व्यापार करने का अधिकार नहीं है जो अनैतिक हो या जनता के स्वास्थ्य, सुरक्षा या कल्याण के लिए हानिकारक हो। ऐसी बातों को **वाणिज्येतर वस्तु** (ऐसी वस्तु या बात जिसमें वाणिज्य या क्रय-विक्रय समाज के लिए हानिकर है) कहा जाता है।[159]

किसी व्यक्ति को किसी वेश्या की आमदनी पर जीवनयापन करने का अधिकार नहीं है। राज्य शराब या हानिकर औषधियों के विनिर्माण और विक्रय को प्रतिषिद्ध कर सकता है। शराब का व्यापार करना मूल अधिकार नहीं है। राज्य विस्फोटकों के विनिर्माण पर प्रतिबंध लगा सकता है। वह एस्बेस्टस के निर्माण को रोक सकता है क्योंकि इससे कर्मकारों का स्वास्थ्य खतरे में पड़ जाता है। मदिरा के व्यापार का एकाधिकार राज्य का है। अनुज्ञप्तिधारी को तो मदिरा के विनिर्माण और विक्रय का विशेषाधिकार मात्र होता है।[160] लाटरियां एक प्रकार का जुआ हैं। इसमें किसी प्रकार की कुशलता की आवश्यकता नहीं होती। जीत का एकमात्र आधार संभावना है। लाटरियों के विक्रय पर प्रतिबंध लगाना अनु. 19(6) की परिधि में आएगा।[161]

खेती के मौसम में बीड़ी बनाने पर पूर्ण प्रतिषेध इस स्वतंत्रता का उल्लंघन माना गया। इस प्रतिषेध से वे व्यक्ति प्रभावित होते हैं जिनका खेती से कोई संबंध नहीं है और वे बीड़ी बनाकर अपनी जीविका उपार्जन करने से वंचित हो जाते हैं।[162]

किसी आवश्यक वस्तु के प्रदाय और वितरण को नियंत्रित करने वाली अस्थाई विधि सांविधानिक और विधिमान्य होगी। किसी स्टाक एक्सचेंज की सदस्यता के लिए शर्तें लगाना अनुज्ञेय है।

शिक्षकों की नियुक्ति।

7.111 राज्य शिक्षकों की आधारिक अर्हताएं विहित कर सकता है। किंतु शिक्षकों का चयन और नियुक्ति शिक्षा संस्था का अधिकार है।[163]

टी.एम.ए. पाई[164] में यह स्वीकार किया गया कि शिक्षा प्रदान करना वृत्ति या व्यवसाय हो सकता है।

ऋषिकेश में अंडे बेचना।

7.112 ऋषिकेश की सीमा के भीतर अंडों के विक्रय पर पूर्ण प्रतिबंध अयुक्तियुक्त निर्बंधन नहीं है।[165] ऋषिकेश गंगा के तट पर स्थित एक पावन तीर्थस्थल है।

अपराधों के लिए दोषसिद्धि के संबंध में संरक्षण।

7.113 अनुच्छेद 20 के तीन खंड हैं। प्रत्येक खंड अपराधों के लिए दोषसिद्धि के संबंध में संरक्षण प्रदान करता है।

खंड (1) भूतलक्षी दांडिक विधियों को प्रतिषिद्ध करता है। विधान-मंडल को विधि बनाने का अधिकार है। ऐसी विधियों को उनके बनाए जाने से पहले की तारीख से प्रभावी किया जा सकता है। ऐसे अधिनियम को जो भूतकाल के संव्यवहार को लागू होता है भूत प्रभावी या भूतलक्षी कहा जाता है। कर संबंधी विधियां भी भूतलक्षी हो सकती हैं किंतु अनु. 20(1) में विधान-मंडल पर दो मर्यादाएं लगाई गई हैं।

भूतलक्षी दांडिक विधि।

7.114 (क) दांडिक विधि को भूतकालिक प्रभाव से अधिनियमित करने का प्रतिषेध है। दूसरे शब्दों में यदि कोई कार्य या लोप जब वह किया गया था तब वह दोषरहित था तो विधान-मंडल विधि बनाकर ऐसे कार्य

159. *खोडे डिस्टिलरीज* बनाम *कर्नाटक राज्य* (1995) 1 एस.सी.सी. 574।
160. *महाराष्ट्र राज्य* बनाम *नागपुर डिस्टिलरीज* (2005) 5 एस.सी.सी. 112।
161. *बी.आर. एंटरप्राइजेज* बनाम *उत्तर प्रदेश राज्य,* ए.आइ.आर. 1999 एस.सी. 1867।
162. *चिंतामणि राव* बनाम *मध्य प्रदेश राज्य,* ए.आइ.आर. 1955 एस.सी. 118।
163. *ब्रह्म समाज एजुकेशन सोसाइटी* बनाम *पश्चिमी बंगाल राज्य* (2004) 6 एस.सी.सी. 224।
164. (2002) 8 एस.सी.सी. 481।
165. *ओमप्रकाश* बनाम *उत्तर प्रदेश राज्य* (2004) 3 एस.सी.सी. 402।

या लोप को अपराध घोषित नहीं कर सकता। विधान-मंडल ऐसी विधि नहीं बना सकता जिसमें ऐसे कार्य या लोपों को दंडित करने का उपबंध हो जो उस अधिनियम के प्रवृत होने की तारीख से पहले किए गए हों। भारत में सोना लेकर आना कभी भी अपराध नहीं था। 1970 में एक विधि बनाकर भारत में स्वर्ण आयात करना अपराध बना दिया गया और इस विधि को 1960 से लागू कर दिया गया। यह विधि भूतलक्षी दांडिक विधि है। संविधान ऐसी विधि बनाने की अनुमति नहीं देता। संक्षेप में कोई नई विधि पुराने कार्य को दंडनीय नहीं बना सकती। जो कार्य जिस दिन किया गया उस दिन वह अपराध नहीं था तो उसे पश्चात्‌वर्ती तारीख को अपराध नहीं बनाया जा सकता।

(ख) कोई भी विधि अपराध की गंभीरता को बढ़ा नहीं सकती अर्थात् उसे गुरुतर नहीं बना सकती। कोई विधि दंड को इस प्रकार नहीं बढ़ा सकती कि बढ़ा हुआ दंड पूर्ववर्ती अपराधों पर लागू हो। नया दंड (यदि अधिक है) तो वह भविष्य में आने वाली तारीख से ही लागू किया जा सकता है। क ने 1970 में एक अपराध किया। इस अपराध के लिए तीन वर्ष के कारावास का दंड दिया जा सकता था। 1972 में विधान-मंडल ने विधि का संशोधन करके दंड को बढ़ाकर सात वर्ष कर दिया। यह पुनरीक्षित दंड क को नहीं दिया जा सकता क्योंकि उसने अपराध अधिनियम के पारित होने से पहले किया था। अनुच्छेद 20(1) बढ़ाई गई शास्ति को भूतलक्षी प्रभाव से लागू करने की अनुज्ञा नहीं देता।[166]

यह प्रतिषेध प्रक्रिया विधि में किए गए परिवर्तनों पर लागू नहीं होता। किसी भी व्यक्ति को यह मूल अधिकार नहीं है कि उसका किसी विशिष्ट प्रक्रिया द्वारा विचारण किया जाए। यदि अभियुक्त चाहे तो वह दंड में कटौती का फायदा उठा सकता है।

दोषसिद्धि के विरुद्ध प्रतिषेध।

7.115 अनुच्छेद 20(1) विधान-मंडल को इस अनुच्छेद के अधीन दिए गए संरक्षण से वंचित करने वाली भूतलक्षी विधि अधिनियमित करने का प्रतिषेध करता है। इसी अनुच्छेद में यह अधिकथित है कि किसी व्यक्ति को इस प्रकार के अपराध के लिए दोषसिद्ध नहीं ठहराया जाएगा। न्यायालय को भी अनुच्छेद 20(1) में दिए गए दोनों संरक्षणों का उल्लंघन करने वाली विधि के आधार पर किसी को दोषसिद्ध ठहराने पर प्रतिबंध लगाया गया है।

सिविल विधियों के भूतलक्षी प्रवर्तन पर कोई प्रतिबंध नहीं है। यही बात कर संबंधी विधियों पर भी लागू होती है।

दोहरा संकट।

7.116 अनुच्छेद 20(2) यह कहता है कि **किसी व्यक्ति को एक ही अपराध के लिए एक बार से अधिक अभियोजित और दंडित नहीं किया जाएगा**। इस खंड में कामन ला का यह नियम समाहित है कि किसी भी व्यक्ति को एक ही हेतुक के लिए दो बार दंड नहीं दिया जाना चाहिए। अमरीकी संविधान में यह उपबंध है कि किसी भी व्यक्ति को दो बार अपने प्राण या शरीर के संबंध में संकट में नहीं डाला जाएगा। इस सिद्धांत को दोहरा संकट या दोहरा जोखिम कहते हैं। दोहरा संकट के दो पहलू हैं (क) प्राक् दोषमुक्ति और (ख) पूर्व दोषसिद्धि। प्राक् दोषमुक्ति के अभिवचन में यह कहा जाता है कि प्रतिवादी पर पहले भी उसी अपराध का आरोप लगाया गया था जिसकी बाबत उसे अभियोजित किया जा रहा है और उसे दोषमुक्त कर दिया गया था। पूर्व दोषसिद्धि में यह अभिवचन होता है कि प्रतिवादी को उसी अपराध के लिए पूर्व में दोषसिद्ध ठहराया गया था। संविधान प्रत्येक व्यक्ति को यह संरक्षण देता है कि उसे एक अपराध के लिए एक ही बार अभियोजित और दंडित किया जाएगा। दूसरे शब्दों में अनु. (2) में **पूर्व दोषसिद्धि का सिद्धांत** है। प्राक् दोषमुक्ति का सिद्धांत इसमें नहीं है। इस दृष्टि से यह अमरीका में अपनाए गए

166. *केदारनाथ* बनाम *पश्चिमी बंगाल राज्य,* ए.आइ.आर. 1953 एस.सी. 404।

दोहरे संकट के सिद्धांत से संकीर्ण है। प्राक् दोषमुक्ति के विरुद्ध संरक्षण दंड प्रक्रिया संहिता की धारा 300(1) में दिया गया है। यह सांविधिक अधिकार है। मूल अधिकार नहीं।

7.117 अनुच्छेद 20(2) में यह कहा गया है कि किसी व्यक्ति को एक ही अपराध के लिए एक बार से अधिक अभियोजित और दंडित नहीं किया जाएगा। दंड प्रक्रिया संहिता की धारा 300(1) में किसी भी व्यक्ति का जिसका किसी अपराध के लिए विचारण किया जा चुका है और जिसे दोषसिद्ध किया जा चुका है उसका उसी अपराध के लिए या उन्हीं तथ्यों पर किसी अन्य अपराध के लिए विचारण नहीं किया जा सकता जिसके लिए उसके विरुद्ध धारा 221(1) के अधीन भिन्न आरोप लगाया जा सकता था।

दंड प्रक्रिया संहिता की धारा 300(1)।

इस प्रकार धारा 300(1) द्वारा दिया गया संरक्षण अधिक व्यापक है।[167]

7.118 इस अनुच्छेद में प्रयुक्त **अभियोजित और दंडित** शब्द यह दिखाते हैं कि कार्यवाहियां न्यायालय या न्यायिक अधिकरण के समक्ष होनी चाहिए। जिस व्यक्ति को सीमा-शुल्क अधिनियम के अधीन जुर्माना किया गया है उसे विदेशी मुद्रा विनियमन अधिनियम के अधीन अभियोजित किया जा सकता है क्योंकि सीमा-शुल्क प्राधिकारी न्यायालय नहीं है। यदि विभागीय कार्यवाही में जांच के पश्चात् किसी सरकारी सेवक को पदच्युत कर दिया जाता है तो इसका यह अर्थ नहीं है कि उसके विरुद्ध भ्रष्टाचार निवारण अधिनियम के अधीन अभियोजन नहीं किया जा सकता। विभागीय जांच न्यायालय में अभियोजन नहीं है और अनुशासनिक कार्रवाई न्यायालय द्वारा दिया गया दंड नहीं है।[168] इसी प्रकार किसी व्यक्ति को सेना अधिनियम के अधीन दंडित किया जा सकता है और सुसंगत आचरण नियमों के अधीन पदच्युत किया जा सकता है।

प्रशासनिक और विभागीय कार्यवाहियां।

7.119 संविधान उसी अपराध के लिए अर्थात् एक ही अपराध के लिए दोहरा दंड वर्जित करता है। एक अपराध के लिए दोषसिद्ध ठहराए जाने पर किसी अन्य अपराध के लिए विचारण और दोषसिद्धि पर कोई रोक नहीं है। यदि एक ही अधिनियम की विभिन्न धाराओं में विभिन्न अपराध हैं तो संविधान उनके लिए पृथक् विचारण पर रोक नहीं लगाता।

वही अपराध।

7.120 सिविल मामलों में नुकसानी के लिए कार्रवाई अभियोजन नहीं है और नुकसानी की डिक्री दंड नहीं है। इसलिए यदि नुकसानी के लिए किसी व्यक्ति के विरुद्ध डिक्री पारित हो जाती है तो भी उसका अभियोजन किया जा सकता है। इस मामले में दोहरा संकट का नियम लागू नहीं होगा।[169]

सिविल नुकसानी।

7.121 **पूर्व न्याय** (प्राङ्न्याय) का अर्थ है कि इस बात का पहले से विनिश्चय हो गया है। यह सिद्धांत सिविल प्रक्रिया संहिता की धारा 11 में समाहित है। पूर्व न्याय इस नियम पर आधारित है कि जब किसी विवाद्य तथ्य पर किसी न्यायालय ने पहले विचारण किया है और निष्कर्ष अंतिम हो गया है और दोनों पक्षकारों पर आबद्धकर है तो उस तथ्य पर दुबारा विवाद नहीं उठाया जा सकता। यह सिद्धांत दोनों प्रकार के विचारणों पर लागू होता है—सिविल और दांडिक। यह सिद्धांत विवाद्यकों के एक जैसे होने के आधार पर लागू होता है इसलिए उसे **विवाद्यक विबंध का सिद्धांत** कहते हैं।

पूर्व न्याय और विवाद्यक विबंध।

---

167. *कोल्ला वीर राघव राव* बनाम *जी. वेंकटेश्वर राव,* जे.टी. 2011(1) एस.सी. 612।
168. *वेंकटरामन* बनाम *भारत संघ,* ए.आइ.आर. 1954 एस.सी. 375।
169. *सूबा सिंह* बनाम *देवेंद्र कौर,* (2011) 13 एस.सी.सी. 296।

7.122 अनुच्छेद 20 का खंड (3) अन्वेषण अभिकरणों द्वारा अभियुक्त से संस्वीकृति प्राप्त करने के प्रयोजन के लिए उसे यातना देने को रोकने का प्रयास है। इंग्लैंड में 18वीं शताब्दी में, साम्यवादी रूस, नाजी जर्मनी और कई अन्य देशों में 20वीं शताब्दी में यातना विधिक प्रक्रिया का अंग थी। मानव अधिकारों की सार्वभौम घोषणा यह उद्घोषित करती है,—

स्वयं को अपराध में फंसाने के विरुद्ध संरक्षण।

> किसी भी व्यक्ति को यंत्रणा नहीं दी जाएगी या उसके साथ क्रूर, अमानवीय या अपमानजनक व्यवहार नहीं किया जाएगा या उसे ऐसा दंड नहीं दिया जाएगा (अनु. 5)।

यह खंड उन्मुक्तता प्रदान करता है,—

(क) किसी व्यक्ति को जो किसी अपराध के लिए अभियुक्त है

(ख) अपने विरुद्ध

(ग) साक्षी होने के लिए बाध्य करने के विरुद्ध।

यह उन्मुक्ति उसी व्यक्ति को मिलती है जो किसी अपराध के लिए अभियुक्त है।[170] यह अधिकार प्राकृतिक व्यक्तियों को भी है और निगमों आदि को भी। यह संरक्षण किसी न्यायालय या न्यायिक प्राधिकरण के समक्ष दांडिक कार्यवाहियों तक सीमित है। यह सिविल कार्यवाहियों या ऐसी कार्यवाहियों पर लागू नहीं होता जो दांडिक प्रकृति की नहीं है। जैसे सीमा-शुल्क अधिनियम या विदेशी मुद्रा विनियमन अधिनियम के अधीन कार्यवाहियां। इन कार्यवाहियों में कोई व्यक्ति इस आधार पर उत्तर देने से इंकार नहीं कर सकता कि इससे वह स्वयं को अपराध में फंसा देगा।

अवमान की कार्यवाही की सूचना या उसके लंबित होने से अनु. 20(3) लागू नहीं होता।[171] अवमानकर्ता किसी अपराध का अभियुक्त नहीं होता। अवमान की कार्यवाही अपराध के लिए दांडिक प्रकृति की कार्यवाही नहीं होती।

यह संरक्षण साक्षी होने के लिए बाध्य किए जाने के विरुद्ध है। इस अभिव्यक्ति में मौखिक साक्ष्य और लिखित कथन सम्मिलित हैं जिसके द्वारा उस अभियुक्त के विरुद्ध आरोप से संबंधित स्वयं अभियुक्त की व्यक्तिगत जानकारी दी जा रही है।[172] किंतु अभियुक्त को कोई तात्त्विक वस्तु या अपने हस्तलेख या अपने हस्ताक्षर या अंगुलि छाप आदि का नमूना देने के लिए बाध्य किया जा सकता है। यदि कोई अभियुक्त स्वेच्छा से अपराध में फंसाने वाला कथन करता है तो उस कथन का प्रयोग उसके विरुद्ध किया जा सकता है।

7.123 नर्को विश्लेषण, मिथ्या-परीक्षा (पॉलीग्राफ), मस्तिष्क चित्रण (पी. 300 वेव) और ऐसे ही अन्य सब परीक्षण जब विवश करके किए जाते हैं तो वे स्वयं को अपराध में फंसाने के विरुद्ध अधिकार का [अनु. 20(3)] और दैहिक स्वतंत्रता (अनु. 21) के अधिकार का उल्लंघन करते हैं। ये दंड प्रक्रिया संहिता की धारा 161(2) का भी उल्लंघन करते हैं।

नर्को विश्लेषण, मिथ्या-परीक्षा और अन्य परीक्षणों की अनुमति।

साक्ष्य देने के लिए विवश किया जाना विधि द्वारा प्रतिषिद्ध है। प्रत्येक व्यक्ति को यह अधिकार है कि वह ऐसे प्रश्नों पर मौन हो जाए जिनसे वह अपराध में फंस सकता है। ये सभी तकनीक साक्ष्य देने के लिए विवश करने वाली हैं। ये मानसिक एकांतता (प्राइवेसी) का भी उल्लंघन करते हैं जो अनु. 21 के अधीन दैहिक स्वतंत्रता का एक आयाम है।

यदि कोई स्वेच्छा से ये परीक्षण कराता है तो यह उल्लंघन नहीं होगा। किंतु इसकी अनुमति देते समय वे सब रक्षोपाय किए जाने चाहिए जिनकी राष्ट्रीय मानवाधिकार आयोग ने सिफारिश

---

170. *एम.पी. शर्मा* बनाम *सतीशचंद्र*, ए.आइ.आर. 1954 एस.सी. 300।

171. *दिल्ली न्यायिक सेवा एसोसिएशन* बनाम *गुजरात राज्य* (1991) 4 एस.सी.सी. 406।

172. *मुंबई राज्य* बनाम *काठी कालू*, ए.आइ.आर. 1961 एस.सी. 1808।

की है। यह होने पर भी इसके परिणाम साक्ष्य के रूप में ग्राह्य नहीं है। उनका उपयोग भारतीय साक्ष्य अधिनियम, 1872 की धारा 27 के सीमित प्रयोजनों के लिए किया जा सकेगा।[173]

प्राण और दैहिक स्वतंत्रता का संरक्षण

अनुच्छेद 21 का विस्तार।

7.124 अनुच्छेद 21 एक ऐसा अनुच्छेद है जिसका उच्चतम न्यायालय ने इतना रूप परिवर्तन कर दिया है कि अब उसकी परिधि में वे सभी मानव अधिकार आते हैं जिनकी कल्पना की जा सकती है। इसको सीधे सीधे पढ़ने पर यह प्रतीत होता है कि यह राज्य को दिया गया निदेश है कि राज्य किसी व्यक्ति के प्राण या दैहिक स्वतंत्रता का अतिलंघन न करे। न्यायालय ने उदार दृष्टिकोण अपना कर इसका कायापलट करके इस निषेध को सकारात्मक आदेश में बदल दिया है। इसके अंतर्गत वे सब बातें आती हैं जो जीवन को जीने योग्य बनाती हैं। उच्चतम न्यायालय ने *गोपालन*[174] से *मेनका गांधी*[175] तक की यात्रा में जो विचार परिवर्तन किया उसके फलस्वरूप सामान्य जन को अनेक उपलब्धियां हुईं। न्यायालय ने निदेशक तत्त्वों के महत्व को रेखांकित किया है और न्यायपालिका पर लगाम लगाई है। न्यायालय के प्रयत्नों की सभी दिशाओं से प्रशंसा हुई है। अब जनता न्यायालय को अपने मित्र के रूप में देखती है जहां अपने अधिकार को प्रवृत्त कराने के लिए पहुंचा जा सकता है। किंतु उच्चतम न्यायालय ने यह कदम उठाकर यश प्राप्ति की उसके ठीक पहले आपात के अंधकारमय दिनों में जब 9[176] उच्च न्यायालयों ने व्यक्ति के पक्ष में निर्णय दिया था तब *हेबियस कार्पस*[177] के मामले में एक क्षोभकारक निर्णय दिया था। न्यायालय ने यह व्यवस्था दी थी कि आपात के दौरान प्राण का अधिकार समाप्त हो गया था। इस निर्णय से सबको झटका लगा। यह निर्णय न्यायालय की ख्याति पर एक स्थाई कलंक बन गया है जिसे मिटाया नहीं जा सकता। *सीरवई*[178] ने लिखा है,—

> बहुमत के निर्णय से प्रत्येक तुच्छ सरकारी कर्मचारी को इस बात की पूरी छूट मिल गई कि वह असहाय जनता के विरुद्ध मनमानी करे क्योंकि उच्चतम न्यायालय ने जनता से विधि का संरक्षण छीन लिया था।

7.125 अनुच्छेद 21 इस प्रकार है,—

विधि की सम्यक् प्रक्रिया।

> किसी व्यक्ति को, उसके प्राण या दैहिक स्वतंत्रता से विधि द्वारा स्थापित प्रक्रिया के अनुसार ही वंचित किया जाएगा, अन्यथा नहीं।

अमरीकी संविधान में प्रयुक्त अभिव्यक्ति है विधि की **सम्यक् प्रक्रिया**। हमारे संविधान में **विधि द्वारा स्थापित प्रक्रिया** पद का प्रयोग किया गया है।

अमरीकी न्यायालयों ने धीरे-धीरे आगे बढ़ते हुए एक उदार दृष्टिकोण अपनाया है जो स्वतंत्रता का पक्षधर है। यह अभिनिर्धारित किया गया है कि यदि कोई विधि न्यायसम्मत, ऋजु या युक्तियुक्त नहीं है तो विधि की सम्यक् प्रक्रिया की अपेक्षाएं पूरी नहीं होतीं। सम्यक् प्रक्रिया केवल कार्यवाहियों तक ही सीमित नहीं है। विधि की विषयवस्तु को भी लागू होती है। अमरीका में इस उपबंध के द्वारा व्यक्ति को विधान-मंडल और कार्यपालिका दोनों से संरक्षण प्राप्त होता है। *गोपालन*[174] में हमारे उच्चतम न्यायालय ने हमारे संविधान और अमरीकी संविधान के बीच

---

173. *सेल्वी* बनाम *कर्नाटक राज्य* (2010) 7 एस.सी.सी. 263।
174. *ए.के. गोपालन* बनाम *मद्रास राज्य* (1950) एस.सी.आर. 88।
175. *मेनका गांधी* बनाम *भारत संघ*, ए.आइ.आर. 1978 एस.सी. 597।
176. इलाहाबाद, आंध्र प्रदेश, मुंबई, दिल्ली, कर्नाटक, मद्रास, मध्य प्रदेश, पंजाब और हरियाणा तथा राजस्थान।
177. *ए.डी.एम. जबलपुर* बनाम *शिवकांत शुक्ला*, ए.आइ.आर. 1976 एस.सी. 1207।
178. एच.एम. सीरवई, *कांस्टिट्यूशनल ला आफ इंडिया*, जिल्द I (1983) पृ. 1047।

शब्दों के अंतर को ध्यान में रखते हुए यह कहा कि यह अंतर जानबूझकर किया गया है और तात्त्विक है। अनुच्छेद 21 में केवल यही अपेक्षा है कि वंचित करने के लिए विधिमान्य विधि हो। न्यायालय विधि की अंतर्वस्तु की परीक्षा नहीं करेगा। इसकी ऋजुता और युक्तियुक्तता का निर्णय नहीं करेगा। इस दृष्टिकोण को इस अनुच्छेद के इतिहास से भी समर्थन मिलता है। संविधान के प्रारूप में यह खंड इस प्रकार था,—

> किसी व्यक्ति को उसके प्राण या स्वतंत्रता से विधि की सम्यक् प्रक्रिया के अनुसार ही वंचित किया जाएगा अन्यथा नहीं।

विचार विमर्श के पश्चात् **विधि की सम्यक् प्रक्रिया** अभिव्यक्ति को हटाकर उसके स्थान पर **विधि द्वारा स्थापित प्रक्रिया** पद रखा गया।

मेनका[175] में इस दृष्टिकोण को तिलांजलि दे दी गई। इस अधिकार को प्रस्फुटित और पल्लवित होने के लिए नई भूमि प्रदान कर दी गई। न्यायालय ने यह शक्ति ग्रहण कर ली है कि वह विधि का विश्लेषण करेगा और यह देखेगा कि किसी व्यक्ति को उसकी स्वतंत्रता से वंचित करने वाली विधि ऐसी प्रक्रिया विहित करती है या नहीं जो युक्तियुक्त, ऋजु और न्यायपूर्ण है तथा मनमानी या मनचाही नहीं है। इस प्रकार **सम्यक् प्रक्रिया** आयात कर ली गई है और संविधान के अंग के रूप में प्रतिष्ठापित कर दी गई है। यह कहा जा सकता है कि न्यायालय के दृष्टिकोण में जो परिवर्तन हुआ है वह 1975 के आपात के दौरान हुए अनुभव के कारण है।

वंचित शब्द से यह अभिप्रेत नहीं है कि स्वतंत्रता का पूरी तरह से अपहरण कर लिया गया हो। स्वतंत्रता पर अधिरोपित प्रत्येक निर्बंधन वंचित किया जाना है। यदि स्वतंत्रता पर संकट सन्निकट है तो भी न्यायालय उसे रोकने के लिए कदम उठा सकता है।

नितेश ताराचंद शाह[179] में उच्चतम न्यायालय ने यह घोषित किया कि यद्यपि हमारे संविधान में अभिव्यक्त रूप से विधि की सम्यक् प्रक्रिया का खंड नहीं है, फिर भी *मेनका गांधी*[161] के निर्णय के पश्चात् यह संकल्पना भारत में लागू होती है।

कोई विधि व्यक्तिगत स्वतंत्रता में हस्तक्षेप करती है या नहीं यह जानने के लिए तीन परीक्षण।

7.126 व्यक्तिगत स्वतंत्रता में हस्तक्षेप करने वाली विधि को तीन परीक्षणों से निकलना होगा (i) उस विधि में प्रक्रिया विहित की गई होनी चाहिए (ii) वह प्रक्रिया अनु. 19 में विहित परीक्षण के अनुरूप होनी चाहिए और (iii) उस विधि द्वारा अनु. 14 का अतिलंघन नहीं होना चाहिए।[180]

प्राण और दैहिक स्वतंत्रता का अर्थ।

7.127 प्राण का अर्थ केवल पशुवत् अस्तित्व या जीवित रहना नहीं है। इसके अंतर्गत मानवीय गरिमा के साथ जीने का अधिकार है और जीवन के वे सब आयाम हैं जिनसे मनुष्य का जीवन, सार्थक, संपूर्ण और जीने योग्य बनता है।

दैहिक स्वतंत्रता अभिव्यक्ति की परिधि में अनेक प्रकार के अधिकार आते हैं। इसमें मनुष्य की वे सब दैहिक स्वतंत्रताएं आती हैं जो पहले से अनु. 19 में सम्मिलित नहीं हैं। न्यायालयों ने इस अभिव्यक्ति को बहुत व्यापक अर्थ दिया है।

अनुच्छेद 21 के उदार निर्वचन के कारण वह एक प्रकार से अवशिष्ट अधिकार सा हो गया है। संविधान के निर्माताओं ने ऐसा कभी नहीं सोचा होगा।[181]

---

179. *नितेश ताराचंद शाह* बनाम *भारत संघ* (2018) 11 एस.सी.सी. 1।
180. *डिस्ट्रिक्ट रजिस्ट्रार एंड कलेक्टर* बनाम *केनरा बैंक* (2005) 1 एस.सी.सी. 496।
181. *नरेंद्रजीत सिंह साहनी* बनाम *भारत संघ* (2002) 2 एस.सी.सी. 210।

उच्चतम न्यायालय के निर्णयों के फलस्वरूप बहुत से अधिकार अनु. 21 के अंतर्गत माने गए हैं। उनमें से कुछ निम्नलिखित हैं,—

1. बंधित श्रमिक न बनाए जाने का अधिकार
2. ऐसे साधनों से जीविकोपार्जन का अधिकार जो अवैध, अनैतिक या लोक नीति के विरुद्ध नहीं हैं
3. अच्छे पर्यावरण का अधिकार
4. आश्रय का अधिकार
5. विदेश यात्रा का अधिकार
6. शीघ्र विचारण का अधिकार
7. विधिक सहायता का अधिकार
8. प्राइवेसी (एकांतता) का अधिकार
9. एकांत कारावास के विरुद्ध अधिकार
10. पैर में डंडा बेड़ी डालने के विरुद्ध अधिकार
11. हथकड़ी लगाने के विरुद्ध अधिकार
12. फांसी में विलंब के विरुद्ध अधिकार
13. अभिरक्षा में हिंसा के विरुद्ध अधिकार
14. शिक्षा का अधिकार (वृत्तिक या विशेष शिक्षा नहीं)
15. पीने योग्य शुद्ध जल का अधिकार
16. अच्छी सड़कों का अधिकार
17. प्रतिष्ठा का अधिकार
18. ध्वनि प्रदूषण से मुक्त रहने का अधिकार
19. पर्यावरण और मानव स्वास्थ्य के रक्षण का अधिकार।
20. रात्रि में सोने का अधिकार[182]
21. गरिमापूर्ण जीवन का अधिकार।

अनुच्छेद 21 के अधीन संरक्षण के उदाहरण।

7.128 अनुच्छेद 21 के संरक्षण का विस्तार करते हुए उच्चतम न्यायालय ने अनेक मामलों में व्यक्ति के पक्ष में निदेश दिए हैं। इसके कुछ उदाहरण नीचे दिए गए हैं,—

1. चोरी से टेलीफोन सुनना व्यक्ति के अधिकार का हनन है। लोक सुरक्षा के हित में इस प्रकार टेलीफोन सुना जा सकता है। परंतु इसमें भी रक्षोपाय होने चाहिए।

2. सभी चिकित्सकों पर, चाहे वे सरकारी हों या प्राइवेट, यह बाध्यता है कि वे आतुर व्यक्ति को तुरंत चिकित्सीय सहायता प्रदान करें।

3. सरकारी हस्पताल द्वारा क्षतिग्रस्त व्यक्ति को चिकित्सीय सहायता न देना अनु. 21 का उल्लंघन है।

4. राज्य और उद्योग (सार्वजनिक और प्राइवेट दोनों क्षेत्र के) दोनों को कर्मकारों के स्वास्थ्य प्रोन्नयन के लिए कदम उठाने चाहिए।

5. यदि कोई ईमानदार निर्णीत ऋणी अपना ऋण चुकाने में असमर्थ है तो उसे जेल नहीं भेजा जा सकता।

6. मृत्यु या आत्महत्या का अधिकार अनु. 21 में नहीं है। भारतीय दंड संहिता की धारा 309 विधिमान्य है और अनु. 21 का उल्लंघन नहीं करती।

182. रामलीला मैदान की घटना (2012) 5 एस.सी.सी.।

7. राज्य का यह कर्त्तव्य है कि वह प्राइवेट विधि महाविद्यालय की स्थापना की अनुमति दे और सहायता-अनुदान दे।

8. हथकड़ी तभी पहनाई जानी चाहिए जब भाग जाने की आशंका स्पष्ट और वर्तमान हो।

9. मृत्युदंड के निष्पादन में यदि बहुत विलंब होता है तो अनु. 21 का संरक्षण प्राप्त किया जा सकता है। मृत्युदंड को घटाकर आजीवन कारावास किया जा सकता है। इसके लिए कोई निश्चित अवधि तय नहीं की गई है। प्रत्येक मामले में न्यायालय यह देखेगा कि विलंब उचित है या नहीं।

10. अनुच्छेद 21 उन व्यक्तियों को भी प्राण और स्वतंत्रता की सुरक्षा देगा जो नागरिक नहीं हैं।

11. उपयुक्त मामलों में न्यायालय उस व्यक्ति को जिसे अधिकार से वंचित किया गया है प्रतिकर दे सकता है। जैसे, वे व्यक्ति जिन्हें यंत्रणा दी गई है, वे व्यक्ति जिनकी अभिरक्षा में मृत्यु हुई हो या जो नकली मुठभेड़ में मारे गए हों।

12. मृत्युदंड से अनु. 13, 19 और 21 का उल्लंघन नहीं होता।

13. फांसी के द्वारा मृत्युदंड देना ऋजु और न्यायपूर्ण है। यह अनु. 21 के प्रतिकूल नहीं है।

14. कार्य स्थान पर कार्य करने वाली स्त्रियों का यौन उत्पीड़न अनु. 21 का उल्लंघन है।

15. पेय जल को गंदा करके उसे पीने के अयोग्य बनाना या ध्वनि प्रदूषण करना अनु. 21 का उल्लघंन है।

16. पर्यावरण को ऐसा खतरा जिससे स्वस्थ जीवन जीने के अधिकार का हनन होता है।[183]

त्वरित विचारण का अधिकार।

7.129 अब्दुल रहमान अंतुले[184] के वाद में उच्चतम न्यायालय की 5 न्यायाधीशों की पीठ ने यह घोषित किया कि त्वरित विचारण अनुच्छेद 21 के अधीन आता है। उसमें कुछ मार्गदर्शक सिद्धांत प्रतिपादित किए गए जिनसे यह अवधारित किया जा सके क्या विचारण या कार्यवाही में अत्यधिक विलंब हुआ है। इसके बाद 2 और 3 न्यायाधीशों की पीठों ने[185] एक निश्चित अवधि अधिकथित कर दी अर्थात् यह कह दिया कि अमुक अवधि बीत जाने पर अभियुक्त को उन्मोचित या दोषमुक्त कर दिया जाना चाहिए। इस विषय पर 7 न्यायाधीशों[186] की एक पीठ ने विचार किया और यह निर्णय दिया कि,—

(क) अंतुले[184] का न्यायिक निर्णय सही है और प्रभावी है।

(ख) न्यायिक आदेश देकर कोई समय-सीमा तय नहीं की जा सकती।

(ग) *अंतुले* में जो मार्गदर्शन किया गया है वह उदाहरणस्वरूप है। वह निःशेषकारी नहीं है। वे सिद्धांत प्रत्येक मामले के तथ्यों के आधार पर ही लागू किए जा सकते हैं। न्यायालय को संपूर्ण परिस्थिति पर विचार करते हुए यह विनिश्चय करना होगा कि विलंब हुआ है या नहीं।

(घ) छोटे न्यायपीठों ने समय-सीमा तय करते हुए जो निर्णय दिए थे उन्हें उलट दिया गया अर्थात् वे निर्णय अमान्य घोषित कर दिए गए।

---

183. *टी.एन. गोदावर्मन तिरुमुलपाद* बनाम *भारत संघ* (2006) 1 एस.सी.सी. 1।

184. *ए.आर. अंतुले* बनाम *आर.एस. नायक* (1992) 1 एस.सी.सी. 225।

185. *राजदेव शर्मा* बनाम *बिहार राज्य* (1998) 7 एस.सी.सी. 507; *राजदेव शर्मा 11 बनाम बिहार राज्य* (1999) 7 एस.सी.सी. 604; *कामन काज* बनाम *भारत संघ* (1996) 4 एस.सी.सी. 33।

186. *पी. रामचंद्रराव* बनाम *कर्नाटक राज्य* (2002) 4 एस.सी.सी. 578।

7.130 पोट्टुस्वामी[187] में उच्चतम न्यायालय ने यह अभिनिर्धारित किया कि एकांतता का अर्थ है किसी व्यक्ति का अपने व्यक्तित्व पर नियंत्रण रखने का अधिकार। यह एक नैसर्गिक अधिकार है जो प्रत्येक मनुष्य में अंतर्निहित है इसे संक्रमित नहीं किया जा सकता। यह गरिमा का आवश्यक अंग है।

एकांतता का अधिकार।

एकांतता के अधिकार से अनेक अधिकार निकलते हैं जैसे अनन्यता का अधिकार, व्यक्तिगत जानकारी प्रसारित करने पर नियंत्रण का अधिकार, संतान की एकांतता, अज्ञात रहने का अधिकार, वाणिज्यिक जानकारी का अधिकार, आदि।

राज्य एकांतता के अधिकार को संक्षिप्त (छोटा) कर सकता है। ऐसा करने का आधार राष्ट्रीय सुरक्षा, आतंककारी और साइबर आक्रमण, अपराध का निवारण, राजस्व का हित, लोक स्वास्थ्य आदि हो सकते हैं।

एम.पी. शर्मा[188] और खड़कसिंह[189] के निर्णयों को उलट दिया गया किंतु उसी सीमा तक जहां वे यह अभिनिर्धारित करते थे कि एकांतता मूल अधिकार नहीं है।

1. एकांतता नैसर्गिक अधिकार है।
2. एकांतता की युक्तियुक्त प्रत्याशा, परिस्थितियों पर निर्भर करती है।
3. सूचना की एकांतता, एकांतता के अधिकार का ही एक आयाम है।
4. मूल अधिकार के रूप में एकांतता, अनु. 21 तक सीमित नहीं है।
5. एकांतता के अधिकार को ऐसी विधि न्यून कर सकती है जो न्यायपूर्ण, ऋजु और युक्तियुक्त हो।
6. मानव की गरिमा, एक सांविधानिक सिद्धांत है।

एकांतता के उल्लंघन का परीक्षण—आधार।

7.131 जब राज्य के कार्य पर एकांतता के उल्लंघन का आक्षेप लगाया जाता है तो न्यायालय यह सुनिश्चित करेगा कि—

(क) कार्रवाई विधि द्वारा मंजूर है

(ख) कार्रवाई विधिमान्य उद्देश्य के लिए है

(ग) हस्तक्षेप आनुपातिक है (आनुपातिकता का सिद्धांत)

(घ) कोई मनमानापन नहीं है।

आधार इन सभी परीक्षणों में खरा उतरता है। आधार एकांतता पर युक्तियुक्त निर्बंधन है।[190]

7.132 अनु. 21 के अधीन गरिमापूर्ण जीवन के अधिकार के अधीन कुछ दशाओं में जीवन समाप्त करने का अधिकर है। यदि कोई रोगी वनस्पति जैसी दशा या हालत में है और चिकित्सकों का यह समाधान हो गया है कि उसका रोग असाध्य है और उसके नीरोग होने की कोई आशा नहीं है तो उसे यह अधिकार प्राप्त हो जाता है। किंतु इस अधिकार का प्रयोग उच्चतम न्यायालय द्वारा सहज मृत्यु और जीवित विल के विषय में दिए गए मार्गदर्शक सिद्धांतों के अनुसार ही किया जा सकेगा।[191]

सहज मृत्यु और जीवित विल।

जीवित विल चिकित्सा समाप्त करने का अग्रिम निदेश है। यह अपना प्राणांत करने के अधिकार के प्रयोग में किया जाता है। इसे मृत्यु की प्रक्रिया को सरल बनाना भी कहा जा सकता है।

187. *के.एस. पोट्टुस्वमी* बनाम *भारत संघ* (2017) 10 एस.सी.सी. 1, ए.आइ.आर 2017 एस.सी. 4161।
188. *एम.पी. शर्मा* बनाम *सतीशचंद्र* ए.आइ.आर 1954 एस.सी. 300।
189. *खड़कसिंह* बनाम *उत्तर प्रदेश राज्य,* ए.आ.आर 1963 एस.सी. 1295।
190. *के.एस. पोट्टुस्वमी (आधार)* बनाम *भारत संघ* (2019) 1 सी.सी.सी. 1।
191. *कामन काज़* बनाम *भारत संघ* 2018 (4) स्केल 1।

सक्रिय सहजमृत्यु किसी व्यक्ति की सहमति से प्रत्यक्ष चिकित्सीय हस्तक्षेप द्वारा उसकी मृत्यु कारित करना है।

निष्क्रिय सहजमृत्यु भारत में विधिसम्मत है और विधि द्वारा अनुज्ञेय है। यह किसी अन्य व्यक्ति के जीवन का साशय समयपूर्व पर्यवसान है, जो सुखद मृत्यु करने के उसके अनुरोध पर किया जाता है।

44वां संशोधन।

7.133 *बंदी प्रत्यक्षीकरण वाद*[177] में यह निर्धारित हुआ कि अनु. 21 वह एक मात्र स्थान है जहां प्राण और दैहिक स्वतंत्रता प्रतिष्ठित हैं। जब आपात के दौरान अनु. 359 के अधीन आदेश निकालकर उस अधिकार को निलंबित कर दिया जाता है तो जिस व्यक्ति को स्वतंत्रता से वंचित किया जाता है उसे रिट याचिका दायर करने का अधिकार नहीं होता। आपात के पश्चात् जनता सरकार ने संविधान का संशोधन किया जिससे कि आपातकाल के दुखद अनुभव दुबारा न हों। 44वें संशोधन के प्रवृत्त होने के पश्चात् अनु. 21 को राष्ट्रपति आदेश द्वारा निलंबित नहीं किया जा सकता। दूसरे शब्दों में आपात के प्रवृत्त रहने के दौरान भी व्यक्ति को यह अधिकार है कि वह अनु. 21 के उल्लंघन के आधार पर किसी भी विधि या कार्यपालिका के आदेश को चुनौती दे सकता है। इस प्रकार *बंदी प्रत्यक्षीकरण वाद*[177] विद्यमान विधि नहीं है।

अनुच्छेद 14, 19 और 21 की त्रिमूर्ति।

7.134 अनुच्छेद 14, 19 और 21 की त्रिमूर्ति मूल अधिकार की नाभि हैं। इन तीन अनुच्छेदों को उदार निर्वचन द्वारा धीरे धीरे विस्तारित किया गया है। *ए.के. गोपालन*[192] में अनु. 19 और 21 के बारे में यह मत प्रकट किया गया था कि अनु. 19 और 21 का परस्पर संबंध नहीं है। इसे *मेनका गांधी*[193] में उलट दिया गया। *सदर्न रेलवे*[194] में उच्च न्यायालय ने यह अभिनिर्धारित किया कि ये अनुच्छेद मिलकर एक संहिता बनाते हैं और एक दूसरे के अनुपूरक हैं। यह स्पष्ट किया गया कि[195] अनु. 14, 19 और 21 परस्पर अपवर्जनकारी नहीं है, वे एक दूसरे को बल प्रदान करते हैं।

शिक्षा का अधिकार।

7.135 संविधान (86वां संशोधन) अधिनियम, 2002 के द्वारा अनु. 21क अंतःस्थापित करके एक नया मूल अधिकार बनाया गया है। इसके द्वारा राज्य को यह कर्त्तव्य सौंपा गया है कि वह 6 से 14 वर्ष की आयु के सभी बालकों को निःशुल्क और अनिवार्य शिक्षा प्रदान करेगा। इस अधिकार की अनुपूर्ति के लिए राज्य समुचित विधि बनाएगा। शिक्षा समवर्ती विषय है इसलिए राज्य और संघ दोनों ही विधि बना सकते हैं।

इसी 86वें संशोधन द्वारा अनुच्छेद 45 के स्थान पर दूसरा निदेशक तत्त्व रखा गया है। पुराना निदेशक तत्त्व बालकों की निःशुल्क और अनिवार्य शिक्षा के बारे में था। नए अनुच्छेद 45 द्वारा राज्य को यह निदेश दिया गया है कि वह 6 वर्ष से कम आयु के बच्चों की देखरेख और शिक्षा का प्रबंध करेगा।

86वें संशोधन से अनु. 51क में एक मूल कर्त्तव्य भी जोड़ा गया है। इसके अनुसार प्रत्येक माता–पिता या अभिभावक का यह कर्त्तव्य है कि वह अपने बालक या प्रतिपाल्य के लिए 6 से 14 वर्ष की आयु के बीच शिक्षा के अवसर प्रदान करे।

इस अनुच्छेद को निःशुल्क और अनिवार्य बाल शिक्षा का अधिकार अधिनियम, 2009 के साथ पढ़ा जाना चाहिए। राज्यों का यह कर्त्तव्य है कि वे विद्यालयों में आधारिक आवश्यकताओं

---

192. *ए.के. गोपालन* बनाम *मद्रास राज्य,* ए.आइ.आर. 1950 एस.सी. 27।
193. *मेनका गांधी* बनाम *भारत संघ* (1978) 1 एस.सी.सी. 248।
194. *सदर्न रेलवे* बनाम *रंगाचारी,* ए.आइ.आर 1962 एस.सी. 36, पृष्ठ 41 पर।
195. *टी.वी. वादीश्वरन* बनाम *तमिलनाडु राज्य* (1983) 2 एस.सी.सी. 68, पृष्ठ 70 पर।

की पूर्ति करें उदाहरणार्थ, पीने का पानी, शौचालय, विद्यालय भवन, चार दीवारी, मध्याह्न भोजन, पर्याप्त शिक्षक, शारीरिक रूप से अशक्त बालकों के लिए सुविधाएं।[196]

अनुच्छेद 22—गिरफ्तारी से संरक्षण।

7.136 अनुच्छेद 21 प्राण और दैहिक स्वतंत्रता का अधिकार प्रत्याभूत करता है। विधान-मंडल विधि अधिनियमित करके किसी व्यक्ति को उसके अधिकार से वंचित कर सकता है। अनुच्छेद 22 विधान-मंडल की शक्तियों पर कुछ मर्यादाएं लगाता है। यदि कोई विधि अनु. 22 द्वारा विहित शर्तों या मर्यादाओं का उल्लंघन करती है तो वह शून्य और अकृत होगी। अनुच्छेद 22 स्वयंपूर्ण संहिता नहीं है। इसका अर्थान्वयन अनु. 21 के साथ किया जाना चाहिए।

अनुच्छेद 22 के दो भाग हैं। पहले भाग में खंड (1) और (2) हैं।

खंड (1) और (2) निवारक निरोध को छोड़कर सभी गिरफ्तारियों को लागू होते हैं चाहे वे किसी भी विधि के अधीन की गई हों। सामान्य गिरफ्तारी के मामलों में इस अनुच्छेद से निम्नलिखित अधिकार प्राप्त होते हैं,—

1. गिरफ्तारी के आधार से अवगत कराए जाने का अधिकार।
2. विधि व्यवसायी से परामर्श करने और प्रतिरक्षा कराने का अधिकार।
3. गिरफ्तारी के 24 घंटे के भीतर (यात्रा के लिए आवश्यक समय को छोड़कर) मजिस्ट्रेट के समक्ष पेश किए जाने का अधिकार।
4. मजिस्ट्रेट के प्राधिकार के बिना 24 घंटे से अधिक के लिए निरुद्ध न किए जाने का अधिकार।

कब अनुच्छेद 22 का संरक्षण नहीं मिल पाएगा।

7.137 पूर्वोक्त अधिकार निम्नलिखित को उपलब्ध नहीं हैं,—

(क) अन्यदेशीय शत्रु, और

(ख) निवारक निरोध की विधि के अधीन निरुद्ध व्यक्ति

निवारक निरोध।

7.138 अनुच्छेद 22 के दूसरे भाग में खंड (4) और (5) आते हैं। इनमें निवारक निरोध की विधि के अधीन निरुद्ध व्यक्तियों के लिए रक्षोपाय का उपबंध किया गया है। यह ध्यान देने योग्य है कि यह रक्षोपाय अन्यदेशीय शत्रुओं को भी उपलब्ध हैं। निवारक निरोध ऐसा निरोध है जिसमें किसी व्यक्ति को जिसके विरुद्ध उपलब्ध साक्ष्य न्यायालय में उसकी दोषसिद्धि के लिए पर्याप्त नहीं है किंतु प्रतिरक्षा, विदेश कार्य, राज्य की सुरक्षा, लोक व्यवस्था बनाए रखना आदि के लिए उसके निरोध को न्यायोचित ठहराने के लिए पर्याप्त है। दंडस्वरूप निरोध में किसी व्यक्ति को उसके द्वारा किए गए किसी कार्य के लिए दंडित किया जाता है। निवारक निरोध किसी व्यक्ति को कोई कार्य करने से निवारित करता है। निवारक निरोध कार्यपालिका द्वारा किया गया पूर्वोपाय है। इसका औचित्य युक्तियुक्त आशंका या संभाव्यता है।

गोपालन के वाद[174] में उच्चतम न्यायालय के न्यायाधीशों ने जो संप्रेक्षण किए थे उन पर ध्यान देना शिक्षाप्रद होगा।

निवारक निरोध विधियां प्रजातांत्रिक संविधानों के प्रतिकूल हैं (**न्या.** महाजन)।

निवारक निरोध अमरीका में अज्ञात है। इंग्लैंड में युद्धकाल में इसका प्रयोग किया गया था किंतु विश्व में जहां तक मेरी जानकारी है किसी भी देश ने इसे अपने संविधान का अविभाज्य अंग नहीं बनाया है जैसा कि भारत में किया गया है। यह दुखद है।... (**न्या.** मुखर्जी)।

---

196. *एन्वायरमेंटल एंड कंज्यूमर प्रोटेक्शन फाउंडेशन* बनाम *दिल्ली प्रशासन* (2011) 3 एसी.सी.सी. 1।

हमारे संविधान में निवारक निरोध को आवश्यक समझा गया है किंतु उसका दुरुपयोग रोकने के लिए उस पर कुछ मर्यादाएं लगाना आवश्यक हो जाता है। निवारक निरोध का उपबंध करने वाली विधियों के कुछ उदाहरण निम्नलिखित हैं।

1. निवारक निरोध अधिनियम, 1950 (निरसित)
2. आंतरिक सुरक्षा अधिनियम, 1971 (मीसा) (निरसित)
3. विदेशी मुद्रा संरक्षण और तस्करी निवारण अधिनियम, 1974 (काफी पोसा)
4. राष्ट्रीय सुरक्षा अधिनियम, 1980
5. आतंकवाद निरोधक अधिनियम, 2002

ऐसी सभी विधियों को अनु. 22 के उपबंधों के अनुरूप होना चाहिए और उनमें वे सभी रक्षोपाय होने चाहिए जो अनु. 22 में उल्लिखित हैं।

ये रक्षोपाय इस प्रकार हैं,—

1. यदि निरोध तीन मास से अधिक के लिए है तो वह मामला सलाहकार बोर्ड को निर्दिष्ट किया जाना चाहिए। उस व्यक्ति को निरोध में तभी रखा जा सकेगा जब सलाहकार बोर्ड का यह मत हो कि निरोध के लिए पर्याप्त आधार हैं।

2. निरुद्ध व्यक्ति को निरोध के आधार संसूचित किए जाने चाहिए।

3. निरुद्ध व्यक्ति को निरोध आदेश के विरुद्ध अभ्यावेदन करने का अवसर दिया जाना चाहिए।

44वें संशोधन अधिनियम से सलाहकार बोर्ड को बिना निर्देश दिए निरोध में रखने की अवधि तीन मास से घटाकर 2 मास करना तात्पर्यित है। अर्थात् ऐसा उपबंध 44वें संशोधन में है किंतु 44वें संशोधन के इस उपबंध को अभी तक प्रवृत्त नहीं किया गया है।

शोषण के विरुद्ध अधिकार

7.139 अनुच्छेद 23 और 24 **शोषण के विरुद्ध अधिकार** शीर्ष के अधीन एक समूह गठित करते हैं। उद्देशिका में व्यक्ति की गरिमा की उद्घोषणा की गई है। शोषण उस गरिमा के और अनु. 39(ङ) और (च) के उपबंधों के विरुद्ध है।

अनुच्छेद 23—बेगार।

अनुच्छेद 23 मानव के दुर्व्यापार, बेगार और सभी प्रकार के बलातृश्रम को प्रतिषिद्ध करता है। दुर्व्यापार के उदाहरण हैं—किसी मनुष्य का विक्रय या किसी मनुष्य की सेवाओं को प्रतिफल के लिए गिरवी रखना या किसी वेश्या की आय से जीवन यापन करना। बेगार भारत की एक विशिष्ट प्रणाली रही है। अंग्रेज सामान ढोने के लिए व्यक्तियों की अध्यपेक्षा करते थे। बाद में उन्हें किसी भी प्रकार का काम करने के लिए विवश किया जाने लगा। उन्हें कोई पारिश्रमिक नहीं दिया जाता था। भारतीय जमींदारों ने भी यह प्रथा अपना ली। किसी भी व्यक्ति को उसकी इच्छा के विरुद्ध उसे बिना कुछ भुगतान किए काम करने को विवश करना दुर्बल व्यक्ति का शोषण है।

जो लोग इस आदेश का उल्लंघन करेंगे उन्हें दंडित करने के लिए संसद् ने अनैतिक व्यापार (निवारण) अधिनियम, 1956 और बंधित श्रम पद्धति (उत्सादन) अधिनियम, 1976 अधिनियमित किया है।

यह अनुच्छेद बंधित श्रम पर प्रतिबंध लगाता है। बंधित श्रम एक प्रकार का बलातृश्रम है जिसे प्रतिबंधित किया गया है। *एशियाड खेल वाले मामले*[197] में उच्चतम न्यायालय ने **बल** को व्यापक अर्थ प्रदान किया। बल, केवल शारीरिक या विधिक बल नहीं है बल्कि इसमें आर्थिक परिस्थितियों के कारण विवशता से उत्पन्न होने वाला बल भी है। जिस व्यक्ति को अपनी

197. *पी.यू.डी.आर.* बनाम *भारत संघ,* ए.आइ.आर. 1982 एस.सी. 1473।

आवश्यकताएं पूरी करनी हैं उसके पास कोई विकल्प नहीं रहता। वह विवश होकर न्यूनतम मजदूरी से कम पर भी काम करता है। वह अपनी मजदूरी का एक भाग किसी बिचौलिए को देने को तैयार भी हो जाता है।

जब राज्य दुर्भिक्ष सहायता कार्य करता है तब भी वह न्यूनतम मजदूरी से कम नहीं दे सकता। यदि राज्य ऐसा करता है तो वह अनु. 23 का उल्लंघन होगा। जब कठिन कारावास का दंडादेश पालन करते हुए बंदी काम करते हैं तो उन्हें युक्तियुक्त मजदूरी दी जानी चाहिए।

बंधित श्रम पद्धति (उत्सादन) अधिनियम, 1976 ने ऐसे व्यक्तियों को स्वतंत्रता प्रदान की है जिन्हें ठेकेदार काम करने के लिए विवश कर रहे थे। कहीं कहीं तो पूरे परिवार से बलपूर्वक काम लिया जा रहा था।

इस अनुच्छेद में ऐसी परिस्थितियों पर ध्यान दिया गया है जिनमें राज्य को लोक प्रयोजन के लिए अनिवार्य सेवा लेनी पड़ेगी। देश की रक्षा के लिए सेना में अनिवार्य भर्ती या कठिन परिस्थितियों में पुलिस की सहायता करने का आदेश देना बलात् श्रम नहीं है क्योंकि वह अनु. 23(2) के अधीन अनुज्ञेय हैं।

उच्चतम न्यायालय ने यह अभिनिर्धारित किया है[198] कि न्यायालय द्वारा जिस बंदी को कठिन कारावास का दंडादेश दिया गया है उससे जब कारावास में कठोर श्रम कराया जाता है तो इसे बेगार नहीं कहा जा सकता। यदि बंदी को मजदूरी नहीं दी जाती तो अनु. 23 का उल्लंघन नहीं होता। विचारणाधीन व्यक्ति, सादे कारावास से दंडादिष्ट व्यक्ति और निवारक निरोध अधिनियम के अधीन निरुद्ध व्यक्तियों को शारीरिक श्रम करने के लिए आदेश नहीं दिया जा सकता। किंतु ऐसे व्यक्तियों को उनकी इच्छानुसार कोई काम करने की अनुमति दी जा सकती है। बंदी जो काम करते हैं उसके लिए साम्यापूर्ण मजदूरी दी जानी चाहिए।

अनुच्छेद 24—बालकों का नियोजन।

7.140 अनुच्छेद 24, 14 वर्ष से कम आयु के किसी बालक को किसी,—

(क) कारखाने

(ख) खान या

(ग) किसी अन्य परिसंकटमय नियोजन में

नियोजन का प्रतिषेध करता है।

बालक नियोजन अधिनियम, 1938, बालक श्रम (प्रतिषेध और विनियमन) अधिनियम, 1986, कारखाना अधिनियम, 1948, खान अधिनियम, 1953 और इसी प्रकार के अन्य अधिनियम एक निश्चित आयु से कम के बालकों के नियोजन का प्रतिषेध करते हैं।

एम.सी. मेहता बनाम *तमिलनाडु*[199] में न्यायालय ने यह आदेश दिया कि शिवकाशी में माचिस के उद्योग में किसी बालक को नियोजित नहीं किया जाएगा। न्यायालय ने बालकों के कल्याण के लिए बालश्रम पुनर्वास कल्याण निधि बनाने के लिए विस्तृत मार्गदर्शन दिया। इसी प्रकार के निदेश कुछ और उद्योगों के लिए भी दिए गए हैं। उनमें से कुछ हैं—हीरा पालिश का काम, रत्न पालिशकरण, कांच उद्योग, पीतल पात्र उद्योग, कालीन उद्योग, ताला निर्माण उद्योग और स्लेट उद्योग।

धर्म की स्वतंत्रता

पंथनिरपेक्ष प्रकृति।

7.141 हमारे संविधान की उद्देशिका में प्रारंभ से ही यह उद्घोषणा की गई कि उसका प्रयोजन सभी नागरिकों को विचार, अभिव्यक्ति, विश्वास, धर्म और उपासना की स्वतंत्रता प्राप्त कराना है। उद्देशिका और अनु. 25 से 28 के उपबंध धर्म और उपासना के विषय में समानता की प्रत्याभूति देते हैं। 42वें

198. *गुजरात राज्य* बनाम *उच्च न्यायालय* (1998) 7 एस.सी.सी. 392।

199. (1996) 6 एस.सी.सी. 756।

संशोधन ने उद्देशिका में **पंथनिरपेक्ष**[200] शब्द जोड़कर इस बात को और स्पष्ट कर दिया है। इससे सांविधानिक स्थिति में कोई परिवर्तन नहीं हुआ है संभवतः यह शब्द राजनीतिक आवश्यकता के चलते जोड़ा गया है। पंथनिरपेक्षता का अर्थ है कि राज्य सभी धर्मों के प्रति तटस्थता और निष्पक्षता का व्यवहार करेगा। यूरोप में पंथनिरपेक्ष राज्य, पोप के प्राधिकार के विरुद्ध विद्रोह का परिणाम था। पोप का ईसाइयों में सर्वोच्च स्थान था और राजाओं को भी उसकी आज्ञा का पालन करना पड़ता था। धीरे धीरे शासकों ने पोप का जुआ उतार फेंका और स्वतंत्र हो गए। इस प्रक्रिया में कुछ शासक अपने देश के शीर्ष धार्मिक नेता बन गए। इंग्लैंड की महारानी, राज्य द्वारा स्थापित इंग्लैंड के चर्च की अध्यक्ष हैं।

भारत का स्वभाव हिंदू है। हिंदू भारत में बहुमत में हैं। सभी प्रकार के विचार, विश्वास और उपासना के प्रति आदर भाव होना चाहिए यह बात यहां की भूमि में है। यदि संविधान में अल्पसंख्यकों के लिए प्रत्याभूति नहीं होती तो भी उन्हें पूरी स्वतंत्रता होती। इसके विपरीत हमारे पड़ोसी पाकिस्तान, बांग्लादेश, अफगानिस्तान और मध्यपूर्व के देश ईरान, इराक, जार्डन, सऊदी अरब आदि जो मुस्लिम बहुमत वाले देश हैं उन सबने अपने आप को इस्लामी गणराज्य या राज घोषित कर दिया है और विधि या व्यवहार में हिंदुओं को धार्मिक स्वतंत्रता से वंचित कर दिया है। पंथनिरपेक्षता का यह अर्थ नहीं है कि राज्य धर्म के प्रति शत्रुभाव रखे। यदि कोई व्यक्ति धर्मनिष्ठ हिंदू है तो इसका यह अर्थ नहीं है कि वह पंथनिरपेक्ष नहीं है। धर्मनिष्ठ हिंदू पंथनिरपेक्ष होता है। उद्देशिका से संविधान के उपबंधों का अर्थ बदलता नहीं है। उद्देशिका में प्रयुक्त शब्द पंथनिरपेक्ष से अनु. 25 से 30 या अनु. 351 के स्पष्ट उपबंधों का अध्यारोहण नहीं होता।[201] उच्चतम न्यायालय ने यह कहा कि[202] अनु. 25 और 26 में इस्लाम और ईसाई मत जैसे अल्पसंख्यक धर्मों को स्वतंत्रता दी गई है। किंतु इसका यह आशय नहीं है कि हिंदुओं को धर्म की स्वतंत्रता से वंचित किया गया है।

सबरीमाल मंदिर में स्त्रियों का प्रवेश—अनुच्छेद 25(1)।

7.142 सबरीमाल मंदिर में अय्यप्पा स्वामी की अर्चना की जाती है। मंदिर में 10 और 50 वर्ष के बीच की आयु की स्त्रियों का प्रवेश वर्जित है। उनके प्रवेश पर यह प्रतिबंध एक रूढ़ि पर आधारित है जिसका अनेक शताब्दियों से पालन किया जा रहा था।

उच्चतम न्यायालय ने 4:1 के बहुमत से यह अभिनिर्धारित किया कि अनु. 25(1) के अधीन धार्मिक स्वतंत्रता, सांविधानिक नैतिकता के अधीन होती है। स्त्रियों को प्रवेश न करने देने की रूढ़ि सांविधानिक नैतिकता का उल्लंघन करती है। धार्मिक स्वतंत्रता का अधिकार आत्यंतिक नहीं है। यह अधिकार भाग-3 द्वारा प्रदत्त अधिकारों के (मूल अधिकारों के) अधीन है।[203]

न्या. श्रीमती इंदु मल्होत्रा ने अल्पमत में विसम्मत निर्णय दिया। उन्होंने यह अभिनिर्धारित किया कि अनु. 14 के अधीन समता का अधिकार अनु. 25 द्वारा प्रत्याभूत अधिकार का अध्यारोहण नहीं करता। पंथनिरपेक्ष राज्य में यह विवक्षा है कि प्रत्येक व्यक्ति को अपनी आस्था और विश्वास

200. '*सेकुलर*' शब्द की कई अर्थच्छायाएं हैं। संविधान में इसका प्रयोग दो विभिन्न अर्थों में किया गया है। उद्देशिका में इससे अभिप्रेत है कि राज्य किसी भी पंथ के विचारों के अनुसार शासन नहीं चलाएगा अर्थात् किसी पंथ को आधार मानकर राज्य कोई कार्य नहीं करेगा जैसा कि पाकिस्तान, बांग्ला देश, सऊदी अरब, लीबिया आदि देशों में है। राज्य सभी पंथों के प्रति पूर्णतया तटस्थ रहेगा। सेकुलर का दूसरा अर्थ है लौकिक, इस लोक का। अनुच्छेद 25(2)(क) में इस अर्थ में सेकुलर का प्रयोग हुआ है। वहां उसका अर्थ है ऐसी गतिविधियां जो सारवान धार्मिक कृत्य नहीं हैं किंतु लौकिक या इह लोक से संबंधित हैं जैसे चढ़ावे का क्या उपयोग हो, उसे कहां निवेश किया जाए, धार्मिक संस्था के जो कर्मचारी हैं उन्हें उचित मजदूरी देना आदि। देखिए पीछे **पैरा 4.13**।

201. *संतोष* बनाम *सचिव, मानव संसाधन विकास मंत्रालय* (1994) 6 एस.सी.सी. 579; ए.आइ.आर. 1995 एस.सी. 2 व 3।

202. *पन्नालाल पित्ती* बनाम *आंध्र प्रदेश राज्य,* ए.आइ.आर. 1996 एस.सी. 1023।

203. *इंडियन यंग लाइयर्स एसोसिएशन (सबरीमाल टेम्पल)* बनाम *केरल राज्य* (2019) 11 एस.सी.सी. 1.

के अनुसार आचरण करने का अधिकार है। चाहे वह आचरण युक्तिसंगत और तर्कसंगत हो या नहीं। अय्यप्पा भक्त एक धार्मिक संप्रदाय है और अनु. 26 का संरक्षण पाने के हकदार है।

न्यायालय के प्रति आदरपूर्वक निवेदन है कि इस निर्णय पर पुनर्विचार करने की आवश्यकता है। अय्यप्पा स्वामी नैष्ठिक ब्रह्मचारी हैं। इस कारण एक विशेष आयु समूह की स्त्री भक्तों को उन्हें स्पर्श करने की अनुमति नहीं है। शिवजी का भक्त उनके लिंग पर जल से अभिषेक करता है और भांग तथा धतूरा भी अर्पित करता है। भैरव और काली के कुछ मंदिरों में मदिरा भी चढ़ाई जाती है। किंतु इस रीति से भगवान राम या श्रीकृष्ण के मंदिर में पूजा नहीं की जा सकती। प्रतिषेध और पद्धति को भक्तजनों की दृष्टि से देखा जाना चाहिए। कहावत है, *जैसा देव वैसी पूजा*।

एक व्यक्ति का विश्वास किसी दूसरे के विचार में अंधविश्वास हो सकता है। न्यायालय को यह शक्ति कदापि नहीं है कि वह भक्तों पर अपने विचार अधिरोपित करें।

सबरीमाल के निर्णय के विरुद्ध पुनर्विलोकन के लिए आवेदन किया गया है[204] और संभावना है कि एक बड़ी न्यायपीठ में मामले की सुनवाई होगी। तब तक तो यह निर्णय प्रवृत्त रहेगा।

अनुच्छेद 26 के अधीन अधिकार।

7.143 अनुच्छेद 26(क) के अधीन अधिकार तभी उद्‌भूत होगा जब कोई संस्था किसी धार्मिक संप्रदाय द्वारा स्थापित की गई हो। अलीगढ़ मुस्लिम विश्वविद्यालय की स्थापना मुस्लिमों ने नहीं की है। अतएव उन्हें विश्वविद्यालय को चलाने का अधिकार नहीं है।[205]

सुब्रमण्यम् स्वामी बनाम *तमिलनाडु राज्य*[206] में उच्चतम न्यायालय ने यह अभिनिर्धारित किया कि यदि किसी मंदिर का प्रबंधन राज्य ने कुप्रबंध को हटाने के लिए लिया है तो इस अनिष्ट के दूर हो जाने पर प्रबंधन तुरंत संबद्ध व्यक्ति को सौंप दिया जाना चाहिए। प्रबंध ग्रहण सीमित अवधि के लिए होना चाहिए। प्रशासन के अधिकार का निलंबन स्थायी और सर्वकालिक नहीं हो सकता। यह केवल अस्थायी उपाय हो सकता है।

प्रत्याभूत धार्मिक अधिकार।

7.144 अनुच्छेद 25 से 28 तक के अनुच्छेदों का विश्लेषण करने पर और न्यायालय के निर्णयों का अवलोकन करने पर यह चित्र सामने आता है कि निम्नलिखित अधिकारों और गतिविधियों को संरक्षण दिया गया है,—

(क) राज्य न तो किसी धर्म की स्थापना करेगा और न उसका पोषण करेगा।

(ख) राज्य किसी भी व्यक्ति को ऐसे करों का संदाय करने के लिए बाध्य नहीं करेगा जिनका उपयोग किसी विशिष्ट धर्म के प्रोन्नयन या पोषण में किया जाए (अनु. 27)।

(ग) यह अधिकार सभी व्यक्तियों को उपलब्ध है। नागरिकों तक सीमित नहीं है (इसके विपरीत अनु. 19 केवल नागरिकों के फायदे के लिए है)।

(घ) राज्य द्वारा पोषित किसी शिक्षा संस्थान में कोई धार्मिक शिक्षा नहीं दी जाएगी। [अनु. 28(1)]।

(ङ) राज्य से मान्यता प्राप्त या राज्य से सहायता पाने वाले शिक्षा संस्थान में धार्मिक शिक्षा दी जा सकती है किंतु इन संस्थाओं में अध्ययन करने वाले किसी व्यक्ति को धार्मिक शिक्षा में उपस्थित होने या भाग लेने के लिए बाध्य नहीं किया जा सकता [अनु. 28(3)]।

---

204. *कांतारु राजीवारु* बनाम *इंडियन यंग लाइयर्स एसोसिएशन* 2019 एस.एस.सी. ऑन लाइन एस.सी. 1461।
205. *एस. अजीज बाशा* बनाम *भारत संघ,* ए.आइ.आर. 1968 एस.सी. 662।
206. (2014) 5 एस.सी.सी. 75।

(च) प्रत्येक व्यक्ति को अंतःकरण की स्वतंत्रता और धर्म के अबाध रूप से मानने, आचरण करने और प्रचार करने की स्वतंत्रता है [अनु. 25(1)]।

(छ) प्रत्येक धार्मिक संप्रदाय या उसके किसी अनुभाग को,—

(i) धार्मिक और पूर्त प्रयोजनों के लिए संस्थाओं की स्थापना और उनके पोषण का

(ii) अपने धार्मिक कार्यों के प्रबंध करने का

(iii) संपत्ति के अर्जन और स्वामित्व का

(iv) ऐसी संपत्ति के प्रशासन का

अधिकार है।

(ज) पंथनिरपेक्षता संविधान का आधारभूत लक्षण है।[207]

7.145 अनुच्छेद 25 और 26 द्वारा दिए गए अधिकार असीम या आत्यंतिक नहीं हैं।

अधिकारों पर निर्बधन।

एक तो वे **लोक व्यवस्था, नैतिकता और स्वास्थ्य के अधीन रहते हुए** दिए गए हैं। कोई भी व्यक्ति मनुष्य की बलि चढ़ाने के या राजमार्ग पर प्रार्थना करने के अधिकार का दावा नहीं कर सकता। **दूसरे** राज्य विधि बनाकर आर्थिक, वित्तीय या राजनीतिक या अन्य लौकिक क्रियाकलाप को विनियमित कर सकता है। ऐसे क्रियाकलाप धार्मिक आचरण से संबद्ध हो सकते हैं किंतु वे धर्म का मर्मभूत भाग नहीं होते। जैसे, धार्मिक कर्मकांड करने का अधिकार और धार्मिक कार्यों का प्रबंध करने का अधिकार संरक्षित हैं उसमें राज्य हस्तक्षेप नहीं करेगा। किंतु मंदिर के प्रबंध करने के अधिकार को नियंत्रित किया जा सकता है। **तीसरे** राज्य सामाजिक सुधार ला सकता है और सार्वजनिक हिंदू मंदिरों आदि को हिंदू समाज के सभी अंगों के लिए खोल सकता है।

7.146 *स्टेनिस्लास*[208] में उच्चतम न्यायालय के सामने यह दलील दी गई कि प्रचार करने के अंतर्गत धर्म परिवर्तन का अधिकार है। न्यायालय ने इसको

धर्म परिवर्तन का अधिकार।

अस्वीकार कर दिया। मध्य प्रदेश और उड़ीसा राज्य में विधान पारित करके किसी व्यक्ति का बलपूर्वक, कपटपूर्वक या लालच देकर धर्म परिवर्तन करना दांडिक अपराध बना दिया गया है। न्या. के.सी. नियोगी की अध्यक्षता में नियुक्त एक आयोग ने अपने प्रतिवेदन में यह कहा था कि ईसाई मिशनरी बल और कपट द्वारा धर्म परिवर्तन कराने में लगे हुए हैं। नियोगी आयोग की रिपोर्ट के आधार पर ये अधिनियम बनाए गए थे। स्टेनिस्लास एक मिशनरी था और उसने इन अधिनियमों की विधिमान्यता पर आक्षेप करते हुए यह तर्क दिया ये अधिनियम अनु. 25 और 26 के अधीन उसके अधिकार का अतिलंघन करते हैं। उच्चतम न्यायालय ने उसके तर्क को नामंजूर कर दिया। इसके पश्चात् अरुणाचल प्रदेश ने भी ऐसा ही अधिनियम पारित किया है। ये सभी अधिनियम सांविधानिक माने गए हैं। श्री ओमप्रकाश त्यागी ने 1977 में इन अवांछनीय गतिविधियों को रोकने के लिए एक विधेयक प्रस्तुत किया था। यदि वह विधेयक पारित हो जाता तो सम्पूर्ण भारत में लागू होता। किंतु कुछ तत्वों ने इस विधेयक के विरुद्ध बहुत शोर मचाया मानो इस विधेयक से ईसाई धर्म पर प्रतिबंध लगाया जा रहा हो। लोक सभा का विघटन हो जाने से यह विधेयक व्यपगत हो गया। यह विधेयक सिविल और राजनीतिक अधिकार की अंतरराष्ट्रीय प्रसंविदा के अनुरूप था। इस प्रसंविदा को संयुक्त राष्ट्र संघ ने अंगीकार किया है। इस प्रसंविदा का अनु. 18(2) इस प्रकार है,—

> किसी व्यक्ति को इस प्रकार प्रपीड़ित नहीं किया जाएगा जिससे उसकी अपनी रुचि का धर्म या विश्वास मानने या अपनाने की स्वतंत्रता कम होती हो।

---

207. *एस.आर. बोम्मई* बनाम *भारत संघ* (1994) 3 एस.सी.सी 1; ए.आइ.आर. 1994 एस.सी. 1918।

208. *स्टेनिस्लास* बनाम *मध्य प्रदेश राज्य,* ए.आइ.आर. 1977 एस.सी. 908।

7.147 संविधान में धर्म की कोई परिभाषा नहीं दी गई है। धर्म की कोई सर्वमान्य वैज्ञानिक परिभाषा नहीं दी जा सकती। यह एक आस्था और विश्वास का विषय है और इसमें बहुत से कर्मकांड और आचरण आते हैं जिन्हें उस धर्म के अनुयायी उस धर्म का अभिन्न भाग समझते हैं। कुछ धर्म ईश्वर के अस्तित्व में विश्वास नहीं रखते। जैन और बौद्ध अनीश्वरवादी धर्म हैं। रिलीजन और धर्म दोनों का एक अर्थ नहीं है। न्या. हंसारिया[209] ने यह संप्रेक्षण किया था कि,—

अधिकारों पर निर्बंधन।

> बहुधा *रिलीजन* और धर्म इन दोनों शब्दों का प्रयोग एक ही संकल्पना या विचार का द्योतन करने के लिए किया जाता है। दूसरे शब्दों में कहें, तो यह माना जाता है कि वे परस्पर परिवर्तनीय हैं। किंतु वास्तव में ऐसा नहीं है। संविधान के अनु. 25 और 26 में प्रयुक्त शब्द *रिलीजन* को दीवार में रखकर या बांध कर सीमित नहीं किया जा सकता और उसे छोटा बनाकर वह अर्थ नहीं दिया जा सकता जो साधारणतया *रिलीजन* शब्द में माना जाता है।... अंग्रेजी भाषा में धर्म शब्द का समानार्थी कोई शब्द नहीं है इसलिए इन दोनों अनुच्छेदों में *रिलीजन* शब्द का प्रयोग किया गया।
>
> धर्म के चिह्न और लक्षण यह हैं कि उसमें संकुचितता, सांप्रदायिकता, धर्मांधता और कटट्रपंथ के लिए कोई स्थान नहीं होता।... *रिलीजन* लोगों के एक सीमित समूह के लिए होता है जबकि धर्म की परिधि में सभी आते हैं कोई उससे बाहर नहीं होता। यह हमारे धर्म की नाभि और भाव पक्ष है।

7.148 मस्जिद, चर्च, मंदिर आदि उपासना स्थलों का राज्य द्वारा अर्जन किया जा सकता है। ऐसे अर्जन से अनु. 25 या 26 का उल्लंघन नहीं होता।[210]

उपासना स्थलों का अर्जन।

उपासना के अधिकार में कहीं भी और किसी भी स्थान पर उपासना का अधिकार नहीं है।

7.149 एक मामले में (जिसमें दिया गया निर्णय राष्ट्रीयता की भावना और संस्कृति आदि पर व्यक्त विचारों के लिए प्रशंसनीय है) उच्चतम न्यायालय के समक्ष भारत सरकार की ओर से यह तर्क दिया गया कि संस्कृत की शिक्षा देना पंथनिरपेक्षता के विरुद्ध है। न्यायालय ने अपने निर्णय में कहा कि संस्कृत का भारत के जीवन में विशिष्ट महत्व है और स्पष्ट शब्दों में इस तर्क का तिरस्कार करते हुए यह कहा[200],—

संस्कृत।

> हमारी सांस्कृतिक विरासत के पोषण में संस्कृत का बहुत महत्व है। इसी कारण हमारी शासकीय शिक्षा नीति में संस्कृत की आवश्यकता पर बल दिया गया है। संस्कृत को एक वैकल्पिक विषय के रूप में पढ़ाना और यह प्रतिष्ठा अरबी या फारसी को न देना पंथनिरपेक्षता के आधारभूत सिद्धांतों के विरुद्ध कदापि नहीं हो सकता।

7.150 **अंतःकरण** व्यक्ति की ईश्वर, मनुष्य और अन्य जीवधारियों से अपनी इच्छानुसार संबंध बनाने की आंतरिक स्वतंत्रता है। **धर्म को मानने** का अर्थ है निर्बाध होकर और खुलकर अपनी आस्था और विश्वास की घोषणा करना। **आचरण करने** से अभिप्रेत है अपने धर्म से जुड़े हुए कर्मकाण्ड करना और कर्तव्यों का पालन करना तथा अपने धार्मिक विश्वास को प्रदर्शित करना। **प्रचार करने** से अभिप्रेत है अपने विश्वास को दूसरे व्यक्ति को संसूचित करना और उस विश्वास के सिद्धांतों को प्रकट करना। किंतु इसके अंतर्गत किसी दूसरे व्यक्ति का धर्म परिवर्तन करा कर उसे अपने विश्वास में लाना नहीं है।[208]

अंतःकरण आदि का अर्थ।

---

209. *ए.एस. नारायण दीक्षितलु* बनाम *आंध्र प्रदेश राज्य* (1996) 9 एस.सी.सी. 548; ए.आइ.आर. 1996 एस.सी. 1765।

210. *एम. इस्माइल फारुकी* बनाम *भारत संघ* (1994) 6 एस.सी.सी. 360।

धार्मिक शिक्षा का अर्थ।

7.151 *डी.ए.वी. कालेज, जालंधर* बनाम *पंजाब राज्य*[211] में यह तर्क दिया गया था कि गुरु नानक विश्वविद्यालय पूर्णतः राज्य से वित्त पोषित है इसलिए यहां कोई धार्मिक शिक्षा नहीं दी जानी चाहिए। उच्चतम न्यायालय ने यह अभिवचन स्वीकार नहीं किया। यह अभिनिर्धारित किया कि धार्मिक शिक्षा वह है जो किसी संप्रदाय या वर्ग के सिद्धांत, कर्मकांड, पूजापाठ, उत्सव या उपासना की पद्धति को बढ़ावा देने के लिए दी जाए। भारत के किसी प्रसिद्ध संत के जीवन, उसके उपदेश, दर्शन और संस्कृति का शास्त्रीय अध्ययन करने की व्यवस्था करना धार्मिक शिक्षा नहीं है।

अनुज्ञेय निर्बंधन।

7.152 अनुच्छेद 25 और 26 आत्यंतिक नहीं हैं। इन दोनों अनुच्छेदों में प्रारंभिक शब्द हैं—**लोक व्यवस्था, सदाचार और स्वास्थ्य तथा इस भाग के अन्य उपबंधों के अधीन रहते हुए**। इस आधार पर जो निर्बंधन अनुज्ञेय माने गए हैं उनमें से कुछ निम्नलिखित हैं,—

1. राज्य अजान के लिए या कीर्तन के लिए लाउड स्पीकरों के प्रयोग पर निर्बंधन लगा सकता है। यह प्रतिषेध जनता के स्वास्थ्य की रक्षा के लिए है। लाउड स्पीकर का प्रयोग किसी भी धर्म का आवश्यक और अभिन्न अंग नहीं है।[212]

2. मुसलमानों को यह अधिकार नहीं है कि वे इस आधार पर किसी अन्य संप्रदाय के जुलूस को रोकें कि उस जुलूस के संगीत से उन्हें क्षोभ होता है या उनकी भावनाओं को आघात पहुंचता है।[213]

3. अर्चकों के आनुवंशिक अधिकार को समाप्त करने से धर्म के आवश्यक तत्व में हस्तक्षेप नहीं होता।

4. बकरीद के अवसर पर गाय की कुर्बानी देना मुस्लिम धर्म का अनिवार्य अंग नहीं है और राज्य गोहत्या पर प्रतिबंध लगा सकता है।[214]

5. अरविंद सोसाइटी का प्रबंध ग्रहण करने वाला अधिनियम विधिमान्य है क्योंकि सोसाइटी और आरोविल धार्मिक संस्थाएं नहीं हैं। श्री अरविंद की शिक्षाओं से किसी धर्म का जन्म नहीं हुआ।[215]

6. बहुविवाह हिंदू धर्म का आवश्यक अंग नहीं है इसलिए बहुविवाह को प्रतिषिद्ध किया जा सकता है।[216] यह हिंदुओं के सामाजिक सुधार के लिए है।

7. अलीगढ़ मुस्लिम विश्वविद्यालय की स्थापना संसद् द्वारा की गई थी। मुसलमान उस विश्वविद्यालय को चलाने के अधिकार का दावा नहीं कर सकते।[217]

8. जगन्नाथ मंदिर अधिनियम जिसके द्वारा कुछ लौकिक क्रियाकलाप एक समिति को सौंपे गए हैं विधिमान्य है क्योंकि वह अधिनियम धार्मिक कार्यों में हस्तक्षेप नहीं करता।[218]

9. मंदिर में किए जाने वाले कृत्य या कर्मकांड (पूजा, अर्चना और अन्य सेवाएं) केवल ब्राह्मण द्वारा ही किए जाने चाहिए ऐसा कोई अधिकार नहीं है।[219]

10. जहां किसी विशिष्ट मंदिर के शासी आगमों में यह अधिकथित है कि अर्चक किसी विशेष संप्रदाय के ही होने चाहिए तो यह धर्म का अनिवार्य अंग है। इसे अनु. 16(5) का संरक्षण मिलेगा।[220]

---

211. ए.आइ.आर 1971 एस.सी. 1737।
212. *मौलाना* बनाम *पश्चिमी बंगाल राज्य,* ए.आइ.आर. 1999 कलकत्ता 15।
213. *गुलाम* बनाम *उत्तर प्रदेश राज्य,* ए.आइ.आर. 1981 एस.सी. 2198।
214. *एम.एच. कुरैशी* बनाम *बिहार राज्य,* ए.आइ.आर. 1958 एस.सी. 731।
215. *एस.पी. मित्तल* बनाम *भारत संघ,* ए.आइ.आर. 1983 एस.सी. 1।
216. *मुंबई राज्य* बनाम *नरसू,* ए.आइ.आर. 1953 मुंबई 84।
217. *अजीज बाशा* बनाम *भारत संघ,* ए.आइ.आर. 1968 एस.सी. 662।
218. *बीर किशोर देव* बनाम *उड़ीसा राज्य,* ए.आइ.आर. 1964 एस.सी. 1501।
219. *एन. आदित्यन* बनाम *त्रावणकोर देवस्वाम बोर्ड* (2002) 8 एस.सी.सी. 106।
220. *आदि शैव शिवाचार्यगल नाल संगम* बनाम *तमिलनाडु राज्य* (2016) 2 एस.सी.सी. 725।

7.153 *दाऊदी बोहरा समुदाय के मामले में*[221] मुंबई राज्य के एक अधिनियम की सांविधानिकता पर आक्षेप किया गया। राज्य ने यह अधिनियम बनाकर संप्रदाय से निष्कासन पर रोक लगाई थी। बोहरा समुदाय के मुखिया ने यह दावा किया कि संप्रदाय से निष्कासित करने का उनका अधिकार उनके विश्वास का अभिन्न भाग है। उच्चतम न्यायालय ने 4:1 के बहुमत से इस दावे को स्वीकार करते हुए आक्षेपित अधिनियम के कुछ भागों को अविधिमान्य घोषित कर दिया। इस प्रकार धार्मिक आधार पर किसी व्यक्ति को समाज से निष्कासित किया जा सकता है किंतु इससे भिन्न किसी आधार पर नहीं। न्यायविदों ने इस निर्णय की आलोचना की है।[222] वास्तव में इस अधिकार का प्रयोग सुधार की आवाज उठाने वाले आलोचकों का मुंह बंद करने के लिए और बोहरा समुदाय को वाक्-स्वातंत्र्य से वंचित करने के लिए अनेक बार किया गया है।

धर्म से बहिष्कृत करने का अधिकार।

यह निर्णय एक संविधान पीठ को निर्दिष्ट किया गया है। संविधान पीठ उसे पुनर्विचार के लिए 7 न्यायाधीशों की पीठ को निर्दिष्ट कर सकती है।[223]

7.154 *शायरा बानो*[224] में न्यायालय ने यह अभिनिर्धारित किया कि 'तीन तलाक' (तलाक-ए-बिद्दत) धर्म का अनिवार्य अंग नहीं है। तीन तलाक में विवाह को स्वेच्छाचार से भंग कर दिया जाता है। इस प्रकार के तलाक से अनु. 14 का उल्लंघन होता है। इसलिए मुस्लिम स्वीय विधि (शरीयत) अधिनियम 1937 उस विस्तार तक शून्य है। मनमानेपन की कसौटी पर खरे न उतरने पर विधान और अधीनस्थ विधान दोनों ही अविधिमान्य किए जा सकते हैं।

तीन तलाक की वैधता।

सांस्कृतिक और शिक्षा संबंधी अधिकार

7.155 अनुच्छेद 29 और 30 अल्पसंख्यकों को कुछ अधिकार प्रदान करते हैं। अनुच्छेद 30 विशेष रूप से यह उल्लेख करता है कि अल्पसंख्यकों को अपनी रुचि की शिक्षा संस्थाओं की स्थापना और प्रशासन का अधिकार होगा। ऐसी संस्थाओं को सामान्यतया अल्पसंख्यक शिक्षा संस्था कहा जाता है। किंतु ऐसा प्रतीत होता है कि **अल्पसंख्यक** कौन है और कौन सी संस्था अल्पसंख्यक शिक्षा संस्था है इन प्रश्नों का कोई स्पष्ट उत्तर नहीं है।

कुछ संतापकारी प्रश्न।

इस विषय पर *केरल शिक्षा विधेयक*[225] से लेकर *सेंट स्टीफन्स कालेज*[226] तक बहुत से निर्णय हुए जिन पर विधिवेत्ताओं का ध्यान आकर्षित हुआ है। फिर भी इन दो अभिव्यक्तियों की कोई स्पष्ट परिभाषा सामने नहीं आई है। इन विनिश्चयों का एक दुखद प्रभाव यह है कि अल्पसंख्यकों को बहुसंख्यकों की तुलना में अधिक अधिकार दिए जा रहे हैं। अंग्रेजी के प्रसिद्ध लेखक जार्ज ओरविल के मुहावरे में कहें तो अल्पसंख्यकों को **अधिक समान** बना दिया गया है। इससे अल्पसंख्यकवाद का जन्म हुआ। यही नहीं हिंदू समाज के कुछ संप्रदायों ने भी विवश होकर यह मांग की कि उन्हें अल्पसंख्यक का दर्जा दिया जाए।[227] उच्चतम न्यायालय ने रामकृष्ण मिशन

221. *सैफुद्दीन* बनाम *मुंबई राज्य,* ए.आइ.आर. 1962 एस.सी. 853।

222. डा. पी.के. त्रिपाठी; *सेकुलरिज्मः कांस्टिट्यूशनल प्राविशन एंड जुडिशियल रिव्यू,* 8 जे.आइ.एल.आई 1 (1966) डा. विजय प्रकाश भारतीय, *रिलीजन-स्टेट रिलेशनशिप एंड कांस्टिट्यूशनल राइट्स इन इंडिया,* दीप एंड दीप 1987, पृ. 345-348।

223. *सेंट्रल बोर्ड आफ दाऊदी बोहरा कम्यूनिटि* बनाम *महाराष्ट्र राज्य* (2005) 2 एस.सी.सी. 673।

224. *शायरा बानो* बनाम *भारत संघ* (2017) 9 एस.सी.सी. 1, ए.आइ.आर. 2017 एस.सी. 4609।

225. *केरल शिक्षा विधेयक,* ए.आइ.आर. 1957 एस.सी. 956।

226. *सेंट स्टीफन्स कालेज* बनाम *दिल्ली विश्वविद्यालय,* ए.आइ.आर. 1992 एस.सी. 1630।

227. *ब्रह्मचारी सिद्धेश्वर* बनाम *पश्चिमी बंगाल राज्य,* ए.आइ.आर. 1995 एस.सी. 2089; (1995) 4 एस.सी.सी. 646।

के अल्पसंख्यक होने के दावे को अस्वीकार करते हुए यह कहा कि स्वामी रामकृष्ण और उनके शिष्य स्वामी विवेकानंद ने जो उपदेश दिया था वह हिंदू धर्म से भिन्न कोई धर्म नहीं था। वह हिंदू धर्म ही था। उद्देशिका में राष्ट्र की एकता और अखंडता का उद्घोष है। अनुच्छेद 14 में समता की प्रत्याभूति है। अनुच्छेद 15 धर्म के आधार पर विभेद को प्रतिषिद्ध करता है। फिर भी हमारे देश में यह स्थिति है कि अल्पसंख्यकों का अलग बने रहने और राष्ट्र की मुख्यधारा में न जुड़ने में निहित स्वार्थ है। अल्पसंख्यकों को कुछ विशेषाधिकार हैं जो बहुमत वाले हिंदू समाज को नहीं। विभाजन के मार्ग से एकता की प्राप्ति नहीं होती। अल्पसंख्यकों के प्रति न्याय करने का अर्थ बहुसंख्यकों के प्रति अन्याय करना नहीं है।

उच्चतम न्यायालय ने[228] (5 न्यायाधीशों की पीठ) 1993 में निम्नलिखित प्रश्न विशालतर न्यायपीठ को निर्दिष्ट किए,—

1. अनुच्छेद 30 में अल्पसंख्यक अभिव्यक्ति से क्या अभिप्रेत है और उसकी अंतर्वस्तु क्या है?

2. अल्पसंख्यक शिक्षा संस्था से क्या अभिप्रेत है और कोई संस्था अल्पसंख्यक है या नहीं इसको जांचने की कसौटी क्या है?

3. क्या *सेंट स्टीफन्स*[226] का निर्णय सही है?

सेंट स्टीफन्स में यह अभिनिर्धारित हुआ कि राज्य या विश्वविद्यालय यह उपबंध नहीं कर सकता कि अल्पसंख्यक शिक्षा संस्था में प्रवेश गुणागुण के आधार पर दिया जाएगा। न्यायपीठ[228] को ऐसा प्रतीत हुआ कि वह निर्णय गलत था। न्यायपीठ को यह निदेश उचित नहीं जान पड़ा कि अल्पसंख्यक संस्थाएं कुल स्थानों के 50 प्रतिशत तक अपने समुदाय के व्यक्तियों को प्रवेश दे सकती हैं।

तदनुसार मार्च 1994 में 7 न्यायाधीशों की एक पीठ गठित की गई थी। इस पीठ ने 7 प्रश्न बनाए। 1997 में कुछ अन्य पक्षकार भी न्यायालय के समक्ष प्रस्तुत हुए। उस न्यायपीठ ने मामले को 11 न्यायाधीशों की विशालतर पीठ को निर्दिष्ट किया। 1995 में यह मामला 11 न्यायाधीशों की पीठ के समक्ष रखा गया। किंतु कुछ सप्ताह बाद न्यायपीठ विघटित कर दी गई।[229]

ग्यारह न्यायाधीशों की पीठ का निर्णय।

7.156 लंबी प्रतीक्षा के बाद उच्चतम न्यायालय की 11 न्यायाधीशों की पीठ ने इस विषय की सुनवाई करके सन् 2002 में निर्णय दिया।[230] यह अभिनिर्धारित हुआ,—

1. शिक्षा संस्थाओं की स्थापना करने और उन्हें प्रशासित करने का अधिकार प्रत्येक नागरिक का है [अनु. 19(1)(छ) और 26]। यह अधिकार अल्पसंख्यकों को विनिर्दिष्ट रूप से अनुच्छेद 30 के अधीन दिया गया है। ये अधिकार केवल अल्पसंख्यकों के नहीं हैं। ये सबको उपलंब्ध हैं।

2. ''भाषिक अल्पसंख्यक'' और ''धार्मिक अल्पसंख्यक'' कौन हैं इसकी अवधारणा करने के लिए राज्य को इकाई मानना होगा।

3. न्यायपीठ ने इस प्रश्न का उत्तर नहीं दिया कि जहां किसी धर्म के मानने वाले बहुसंख्यक हैं वहां क्या उस धर्म की कोई शाखा या संप्रदाय अल्पसंख्यक की प्रास्थिति का दावा कर सकता है।

---

228. *टी.एम.ए. पाई फाउंडेशन* बनाम *कर्नाटक राज्य* (1993) 4 एस.सी.सी. 286।

229. न्या. कैलाशनाथ गोयल ने एक विद्वतापूर्ण लेख लिखा है जिसमें यह स्पष्ट किया है कि संविधान के इस क्षेत्र में दिए गए निर्णयों में किस प्रकार भूलें और सिद्धांतहीनता झलकती है, देखिए के.एन. गोयल; *मेजारिटीज़ राइट टु एस्टाब्लिश एंड एडमिनिस्टर एजुकेशनल इंस्टिट्यूशंस,* 38 जे.आइ.एल.आइ 283 (1996)।

230. *टी.एम.ए. पाई फाउंडेशन* बनाम *कर्नाटक राज्य* (2002) 8 एस.सी.सी. 712।

4. इस प्रश्न का उत्तर नहीं दिया गया कि वह कसौटी क्या हो जिस पर परीक्षा करके यह जांचा जा सके कि कोई शिक्षा संस्था अल्पसंख्यक संस्था है या नहीं।

5. अनु. 30 के अधीन अल्पसंख्यकों के अधिकार में वृत्तिक संस्थाएं (इंजीनियरी, आयुर्विज्ञान आदि) भी आती हैं।

6. जिन अल्पसंख्यक संस्थाओं को राज्य से वित्तीय सहायता नहीं मिलती है उनमें छात्रों के प्रवेश को राज्य या विश्वविद्यालय विनियमित नहीं कर सकता है किंतु वह अर्हताएं और पात्रता की न्यूनतम शर्तें विहित कर सकता है क्योंकि यह विद्या के स्तर के हित में है।

7. राज्य से सहायता प्राप्त अल्पसंख्यक शिक्षा संस्था को अल्पसंख्यक वर्ग के छात्रों को प्रवेश देने का अधिकार है किंतु राज्य सरकार उससे यह अपेक्षा कर सकती है कि युक्तियुक्त संख्या में अन्य छात्रों को भी प्रवेश दिया जाए। युक्तियुक्त संख्या क्या होगी यह संस्था किस प्रकार की है, क्या पाठ्यक्रम है, और अल्पसंख्यकों की क्या आवश्यकता है यह ध्यान में रखकर तय किया जाएगा।

8. अल्पसंख्यक वर्ग के बीच प्रवेश गुणागुण के आधार पर ही किया जाएगा।

9. सहायता प्राप्त व्यावसायिक संस्थाओं की दशा में राज्य यह विहित कर सकता है कि उन्हीं व्यक्तियों को प्रवेश दिया जाएगा जो सामान्य प्रवेश परीक्षा में उत्तीर्ण हुए हैं।

10. अल्पसंख्यक संस्था प्रवेश के लिए अपनी स्वयं की प्रक्रिया या पद्धति अपना सकती है किंतु यह प्रक्रिया ऋजु और पारदर्शी होनी चाहिए। व्यावसायिक और उच्च शिक्षा संस्थाओं में प्रवेश गुणागुण के आधार पर ही होना चाहिए।

11. राज्य यह उपबंध कर सकता है कि सहायता प्राप्त संस्थाओं में समाज के दुर्बल वर्गों का ध्यान रखा जाए।

12. जिन संस्थाओं को सहायता नहीं दी जाती है उन पर नियंत्रण न्यूनतम होना चाहिए। बोर्ड या विश्वविद्यालय द्वारा मान्यता के लिए या संबद्ध करने के लिए जो शर्तें रखी जाती हैं उनका अनिवार्यतः पालन होना चाहिए। किंतु शिक्षकों और अन्य कर्मचारियों की नियुक्ति प्रबंधन कर सकेगा और वही उन पर नियंत्रण रख सकेगा। राज्य विनियम बनाकर शिक्षकों और प्रधानाचार्यों की न्यूनतम अर्हताएं और उनकी सेवा की शर्तें विहित कर सकता है।

13. बिना सहायता वाली संस्थाएं कुछ भी फीस प्रभारित कर सकती हैं। किंतु कोई भी संस्था प्रति व्यक्ति (कैपिटेशन) फीस नहीं ले सकती।

14. सेंट स्टीफन महाविद्यालय[231] के निर्णय का आधार सही है किंतु प्रवेश के लिए कठोर प्रतिशत संख्या नहीं तय की जा सकती। (इसमें 50% स्थान अल्पसंख्यकों के लिए आरक्षित रखने की छूट दी गई थी। इसे अब समाप्त कर दिया गया। इस प्रकार इसे भागतः उलट दिया गया)।

15. उन्नीकृष्णन[232] में जो स्कीम बनाई गई वह संविधान विरुद्ध थी। किंतु यह सिद्धांत उचित है कि प्रति व्यक्ति फीस नहीं हो और शिक्षा का उद्देश्य लाभ कमाना नहीं हो। (इस निर्णय को भी भागतः उलट दिया)।

टी.एम.ए. पाई[230] और *इस्लामिक एकेडमी*[233] के पश्चात् भी यह प्रश्न कि क्या अल्पसंख्यक संस्था प्रवेश के लिए परीक्षा ले सकती है या नहीं और कुछ अन्य प्रश्नों का उत्तर भी स्पष्ट नहीं था। 2004 में ये प्रश्न एक वृहत्तर न्यायपीठ को निर्दिष्ट किए गए।[234]

231. *सेंट स्टीफन कालेज* बनाम *दिल्ली विश्वविद्यालय* (1992) 1 एस.सी.सी. 558।

232. *उन्नीकृष्णन* बनाम *आंध्र प्रदेश राज्य* (1993) 4 एस.सी.सी. 645।

233. *इस्लामिक एकेडमी आफ एजुकेशन* बनाम *कर्नाटक राज्य* (2003) 6 एस.सी.सी. 697।

234. *इस्लामिक एकेडमी आफ एजुकेशन (II)* बनाम *कर्नाटक राज्य* (2004) 8 एस.सी.सी. 217; *माडर्न डेंटल कालेज* बनाम *मध्य प्रदेश राज्य* (2004) 8 एस.सी.सी. 213; *पी.ए. इनामदार* बनाम *महाराष्ट्र राज्य* (2004) 8 एस.सी.सी. 139।

7.157 *पाई फाउंडेशन, इस्लामिक एकेडमी* और अन्य निर्णयों में जो अभिनिर्धारित किया गया था उसमें स्पष्टता नहीं थी। उनसे उत्पन्न संदेहों का निराकरण करते हुए मु. न्या. श्री लाहोटी ने *पी.ए. इनामदार*[235] के वाद में सात न्यायाधीशों की पीठ की ओर से अनेक बिंदुओं को स्पष्ट करते हुए निम्नलिखित सिद्धांत प्रतिपादित किए,—

सात न्यायाधीशों की पीठ—इनामदार का वाद।

1. भाषाई या धार्मिक अल्पसंख्यक कौन हैं यह राज्य की जनसंख्या के आधार पर तय होगा।
2. अल्पसंख्यक संस्थाओं को 3 प्रवर्गों में विभाजित किया जा सकता है,—
   (i) वे संस्थाएं जिन्हें सहायता या मान्यता नहीं चाहिए
   (ii) वे संस्थाएं जिन्हें सहायता चाहिए
   (iii) वे संस्थाएं जिन्हें केवल मान्यता चाहिए सहायता नहीं

प्रवर्ग (i) की संस्थाएं बिना किसी हस्तक्षेप के अपने अधिकार का प्रयोग कर सकती हैं। प्रवर्ग (ii) और (iii) पर शर्तें और निर्बंधन लगाए जा सकते हैं।

3. राज्य, पारदर्शिता और गुणागुण के आधार पर प्रवेश सुनिश्चित करने के लिए हस्तक्षेप कर सकता है।

4. प्रशासन के अधिकार में कुप्रशासन का अधिकार सम्मिलित नहीं है।

5. उच्च शिक्षा प्रदान करने वाले, विशेषकर तकनीकी और व्यावसायिक शिक्षा देने वाले, संस्थान एक भिन्न वर्ग में आते हैं।

6. शिक्षा संस्था स्थापित करने का अधिकार उपजीविका का अधिकार है। इसे अनुच्छेद 19(1)(छ) का संरक्षण है।

7. अनिवासी भारतीयों के लिए सीमित संख्या में स्थान, 15 प्रतिशत से अनाधिक, उपलब्ध कराए जा सकते हैं।

8. यदि संस्था सहायता प्राप्त नहीं है तो वह अल्पसंख्यक हो या गैर अल्पसंख्यक राज्य उस पर आरक्षण की नीति लागू नहीं कर सकता है।

9. संस्थाओं के समूह के लिए एक ही प्रवेश परीक्षा लेना अनुचित नहीं है।

10. व्यावसायिक संस्थाओं में प्रति मुंड (कैपिटेशन) फीस नहीं ली जा सकती। सभी संस्थाओं में प्रवेश के लिए एक ही द्वार तय किया जा सकता है।

11. फीस की संरचना युक्तियुक्त होनी चाहिए। लाभखोरी पर अंकुश होना चाहिए।

न्यायपीठ को ऐसा प्रतीत हुआ कि अब भी पाई फाउंडेशन से उठे कुछ प्रश्न अनुत्तरित हैं और उनका उत्तर *पाई फाउंडेशन* से अधिक संख्या वाली पीठ द्वारा दिया जाना चाहिए। किंतु यह कार्य भावी पीढ़ी पर छोड़ दिया गया।

अल्पसंख्यक संस्थाओं को लागू सिद्धांत।

7.158 अल्पसंख्यक शिक्षा संस्थाओं की स्थापना और प्रशासन को लागू होने वाले सिद्धांत संक्षेप में इस प्रकार हैं[236],—

1. (क) शासी निकाय का चयन करने का अधिकार
   (ख) शैक्षिक और अशैक्षिक कर्मचारियों की नियुक्ति करने का अधिकार
   (ग) पात्र छात्रों को प्रवेश देने का अधिकार
   (घ) युक्तियुक्त फीस संरचना बनाने का अधिकार
   (ङ) संस्था के फायदे के लिए अपनी संपत्ति और आस्तियों के उपयोग का अधिकार।

---

235. *पी.ए. इनामदार (II)* बनाम *महाराष्ट्र राज्य* (2005) 6 स्केल 471।
236. *सेक्रेटरी मावलंकर सीरियन कैथोलिक कालेज* बनाम *टी. जोसे* (2007) 1 एस.सी.सी. 386।

2. यह अधिकार केवल अल्पसंख्यकों की रक्षा के लिए और समता सुनिश्चित करने के लिए है। यह आशय कदापि नहीं है कि अल्पसंख्यकों की स्थिति बहुसंख्यकों की तुलना में अधिक लाभदायक हो जाए।

3. यह अधिकार आत्यंतिक नहीं है। इसे मर्यादित किया जा सकता है।

4. राज्य द्वारा अनुदान देने से अल्पसंख्यक संस्था के चरित्र में कोई अंतर नहीं होता।

5. राज्य, यह सुनिश्चित करने के लिए कि अनुदान का उपयोग उचित ढंग से हो रहा है, शर्तें लगा सकता है।

7.159 अनुच्छेद 29(1) अल्पसंख्यकों के संस्कृति संबंधी अधिकारों की रक्षा के लिए है। यदि नागरिकों के किसी भाग की कोई विशेष भाषा, लिपि या संस्कृति है तो उन्हें उसे बनाए रखने का अधिकार है। भाषा, लिपि और संस्कृति को प्रभावी रूप से संरक्षित रखने में शिक्षा संस्थाओं का योगदान महत्वपूर्ण होता है। इसलिए इस अनुच्छेद से शिक्षा संस्थाओं की स्थापना और प्रशासन का अधिकार निःसृत होता है। यह अधिकार अनु. 30(1) द्वारा अभिव्यक्त रूप से दिया गया है। किंतु यह अधिकार अनु. 29 के खंड (2) में उल्लिखित मर्यादाओं के अधीन है। यह खंड, (क) राज्य द्वारा पोषित या (ख) राज्य-निधि से सहायता पाने वाली किसी शिक्षा संस्था में प्रवेश से किसी भी नागरिक को धर्म, मूलवंश, जाति, भाषा या इनमें से किसी आधार पर वंचित करने का प्रतिषेध करता है।

अनुच्छेद 29।

अपनी भाषा का संरक्षण करना सांविधानिक अधिकार है। नागरिकों के एक अनुभाग की भाषा के संरक्षण के लिए राजनीतिक आंदोलन को निर्वाचन विधि के अधीन **भ्रष्ट आचरण** नहीं बनाया जा सकता।[237]

अनुच्छेद 29 का खंड (1) एक समूह के अधिकार की रक्षा करता है किंतु खंड (2) प्रत्येक नागरिक को अधिकार देता है। यह आवश्यक नहीं है कि नागरिक समूह में हो।

अनुच्छेद 29(2) वहां लागू नहीं होता जहां किसी व्यक्ति को इस आधार पर प्रवेश देने से इंकार किया जाता है कि उसके पास अपेक्षित अर्हताएं नहीं हैं या उसने विहित मात्रा में अंक प्राप्त नहीं किए हैं या उसने विहित समय के भीतर आवेदन नहीं किया था।

7.160 अल्पसंख्यकों को शिक्षा संस्थाओं की स्थापना और प्रशासन का अधिकार अनु. 30(1) से प्राप्त होता है। अल्पसंख्यक (क) धार्मिक हो सकते हैं या (ख) भाषिक। अल्पसंख्यक किस प्रकार की संस्था की स्थापना करना चाहते हैं यह विकल्प उन्हीं का है। राज्य को शिक्षा का माध्यम अवधारित करने की शक्ति है किंतु इस शक्ति का प्रयोग करके अल्पसंख्यकों के अपनी भाषा के माध्यम से शिक्षा देने के अधिकार को छीना नहीं जा सकता।[238]

अनुच्छेद 30।

जहां कोई राज्य प्राथमिक स्तर पर मातृभाषा को शिक्षा का माध्यम बनाता है और उच्च स्तर पर त्रिभाषा सूत्र को लागू करते हुए राज्य की भाषा को अनिवार्य बनाता है तो वह अनु. 29 और अनु. 30 का उल्लंघन नहीं करता।[239] राज्य अल्पसंख्यक संस्था से यह अपेक्षा कर सकता है कि वह राज्य की राजभाषा पढ़ाए। ऐसी विधि युक्तियुक्त है और इससे अल्पसंख्यकों के अधिकार का उल्लघंन नहीं होता।[240] यदि किसी शिक्षा संस्था की स्थापना किसी धार्मिक अल्पसंख्यक समुदाय ने नहीं की है तो वह समुदाय उसके प्रशासन के अधिकार का दावा नहीं कर सकता।[241]

यह आवश्यक नहीं है कि वह संस्था अनन्य रूप से अल्पसंख्यकों के फायदे के लिए हो। उस संस्था में ऐसे व्यक्तियों को भी प्रवेश दिया जा सकता है जो अल्पसंख्यक समुदाय के नहीं हैं।

---

237. *जगदेवसिंह* बनाम *प्रतापसिंह,* ए.आइ.आर. 1965 एस.सी. 183।
238. *डी.ए.वी. कालेज* बनाम *पंजाब राज्य,* ए.आइ.आर. 1971 एस.सी. 1731।
239. *इंग्लिश मीडियम पेरेंट्स एसोसिएशन* बनाम *कर्नाटक राज्य* (1994) 1 एस.सी.सी. 550।
240. *उषा मेहता* बनाम *महाराष्ट्र राज्य* (2004) 6 एस.सी.सी. 264।
241. *अजीज बाशा* बनाम *भारत संघ,* ए.आइ.आर. 1968 एस.सी. 662।

7.161 **अल्पसंख्यक संस्थाओं का विनियमन।** अनुच्छेद 30(1) द्वारा प्रदत्त अधिकार अमर्यादित नहीं हैं। राज्य शिक्षा के स्तर को बनाए रखने के लिए हस्तक्षेप कर सकता है। राज्य, शिक्षक और अन्य कर्मचारियों को सुरक्षा और संरक्षण दे सकता है। अनुशासन, स्वास्थ्य, स्वच्छता, नैतिकता, लोक व्यवस्था आदि के हित में विनियम बनाए जा सकते हैं।[242] विनियमित करने के लिए जो कदम उठाए जाते हैं उनसे प्रशासन का अधिकार क्षीण नहीं होना चाहिए। विनियम युक्तियुक्त होने चाहिए और उनके द्वारा संस्था के शिक्षा वाले पक्ष का विनियमन होना चाहिए।

यदि सरकार के आदेशों का क्रियान्वयन करने में कोई संस्था असफल रहती है और सरकार उसका प्रबंध अपने हाथ में ले लेती है तो यह कार्य अविधिमान्य होगा। क्योंकि ऐसी संस्था को अपने हाथ में लेकर सरकार ने अल्पसंख्यकों को अपने अधिकार से वंचित कर दिया है। अल्पसंख्यकों को शासी परिषद् के सदस्य और शिक्षकों को चुनने का अधिकार है। किंतु अल्पसंख्यकों को विश्वविद्यालय से सहबद्ध होने का मूल अधिकार नहीं है। सहबद्धता की अर्हताएं और शर्तों का उद्देश्य शिक्षा को उत्कृष्ट बनाना और एकरूपता लाना है। एक राज्य ने एक विद्यमान ईसाई लड़कों के स्कूल में बालिकाओं को प्रवेश देने के लिए इस आधार पर अनुमति देने से इंकार किया कि उसके निकट एक मुस्लिम बालिकाओं का स्कूल था जहां पर अन्य बालिकाएं प्रवेश ले सकती थीं। उच्चतम न्यायालय ने यह अभिनिर्धारित किया कि अल्पसंख्यकों को यह अधिकार है कि वे छात्राओं को प्रवेश दें। न्यायालय ने यह घोषित किया कि अनुमति देने से, इंकार करने से, अल्पसंख्यकों के अधिकार का उल्लंघन हुआ है।[243]

जिस संस्था की स्थापना वाणिज्यिक प्रयोजन से की गई है वह अनु. 30(1) के संरक्षण के लिए दावा नहीं कर सकती। राज्य को यह अधिकार है कि वह शिक्षकों और अन्य कर्मचारियों की सेवाओं के निर्बंधन और शर्तें अधिकथित करे। राज्य वेतनमान विनियमित कर सकता है और यह निदेश दे सकता है कि वेतन और भत्ते उससे कम नहीं होंगे जो सरकारी विद्यालयों के कर्मचारियों को दिए जाते हैं।[244]

अल्पसंख्यकों को यह छूट नहीं दी जा सकती कि वे अपने कर्मचारियों पर अत्याचार करें या उनका शोषण करें। उनके कर्मचारियों को भी सुरक्षा और अच्छे जीवन स्तर का उतना ही अधिकार है जितना कि अन्य लोगों को।

औद्योगिक विवाद अधिनियम श्रमिकों के कल्याण के लिए बनाया गया है। यह सभी संस्थाओं को लागू होता है। अल्पसंख्यक संस्थाएं इसका अपवाद नहीं हैं। औद्योगिक विवाद अधिनियम और अन्य श्रमिक कल्याण विधियां अल्पसंख्यक संस्थाओं को भी लागू होती हैं। अनुच्छेद 30(1) कुप्रशासन करने की अनुज्ञा नहीं है।[245]

सेंट स्टीफन्स कालेज[246] में उच्चतम न्यायालय ने यह अभिनिर्धारित किया कि कालेज अल्पसंख्यक संस्थान है इसलिए विश्वविद्यालय के निदेशों का पालन करना उसके लिए आवश्यक नहीं है। वह साक्षात्कार लेकर प्रवेश के लिए विद्यार्थियों का चयन कर सकता है और लिखित परीक्षा में प्राप्त अंकों के आधार पर विद्यार्थियों का चयन करने के विश्वविद्यालय के नियम की उपेक्षा कर सकता है। न्यायालय ने यह भी अधिकथित किया कि ईसाई छात्रों के लिए 50 प्रतिशत तक स्थान आरक्षित किए जा सकते हैं। शेष छात्र केवल गुणागुण के आधार पर प्रवेश पाएंगे। इस निर्णय को उच्चतम न्यायालय ने *पाइ फाउंडेशन* में उलट दिया।

---

242. *सिद्धराज भाई* बनाम *गुजरात राज्य,* ए.आइ.आर. 1963 एस.सी. 540।
243. *मार्क नेटो* बनाम *केरल राज्य,* ए.आइ.आर. 1979 एस.सी. 83।
244. *फ्रेंक एंथनी* बनाम *भारत संघ* (1986) 4 एस.सी.सी. 707।
245. *क्रिश्चियन मेडिकल कालेज एंप्लायीज* बनाम *सी.एम.सी. एसोसिएशन,* ए.आइ.आर. 1988 एस.सी. 37।
246. *सेंट स्टीफन्स कालेज* बनाम *दिल्ली विश्वविद्यालय,* ए.आइ.आर. 1992 एस.सी. 1630।

फ्रेंक एंथनी[244] और *क्रिश्चियन मेडिकल कालेज*[245] के विनिश्चय ध्यान देने योग्य और प्रशंसनीय हैं क्योंकि उनके कारण शिक्षकों और अन्य कर्मचारियों का शोषण रुक गया। जिन संस्थाओं में लौकिक शिक्षा दी जा रही है, उनका विनियमन उन शिक्षा संस्थाओं की अपेक्षा जो शुद्ध रूप से धर्म या संस्कृति संबंधी शिक्षा दे रही हैं, अधिक हो सकता है। लौकिक शिक्षा वाली संस्थाओं में विद्यार्थी केवल अल्पसंख्यक नहीं होते। वे राष्ट्र के होते हैं, उन्हीं से राष्ट्र गठित होता है।

अनुच्छेद 29 और 30 से संबंधित जो विनिश्चय हुए हैं उन पर पुनर्विचार करने की अत्यधिक आवश्यकता है क्योंकि *टी.एम.ए. पाई*[230] अनेक बिंदुओं पर अस्पष्ट है उसके एक से अधिक अर्थ किए जा सकते हैं। यह बात उच्चतम न्यायालय ने *इनामदार* में स्वीकार की है। (देखिए **पैरा 7.166**)

7.162 उच्चतम न्यायालय ने यह अभिनिर्धारित किया है कि राज्य को अल्पसंख्यक विद्यालयों में अनुसूचित जाति और अनुसूचित जनजाति के शिक्षकों के लिए आरक्षण अधिरोपित करने की अनुमति नहीं है। अल्पसंख्यक विद्यालयों को यह अधिकार है कि वे ऐसे व्यक्तियों को नियुक्त करें जो उनकी संस्था और संस्कृति से सुमेलित हों।[247]

अल्पसंख्यक विद्यालयों में अनुसूचित जाति/जनजाति के शिक्षकों के लिए आरक्षण।

इससे एक रोचक प्रश्न उठता है कि क्या बहुसंख्यकों द्वारा स्थापित संस्थाओं को (हिंदुओं के विभिन्न पंथों) अपनी संस्कृति के संरक्षण का कोई अधिकार नहीं है और उनमें राज्य चाहे जैसे हस्तक्षेप कर सकता है। अनु. 30 एक संरक्षण प्रदान करता है किंतु न्यायालयों ने उसे विशेषाधिकार बना दिया है। बहुसंख्यकों की स्थिति हीन है, वे नुकसान में हैं। उन्हें अपनी संस्कृति का अधिकार नहीं है।

7.163 आंध्र प्रदेश में ईसाई अल्पसंख्यक संस्थाओं में 85% स्थान ईसाइयों द्वारा भरने की अनुमति है। इनमें से बड़ी संख्या में स्थान झूठे धर्म परिवर्तन द्वारा भरे जाते थे। यह अभिनिर्धारित हुआ कि राज्य परामर्श देने की प्रक्रिया में एक सरकार द्वारा नामनिर्दिष्ट व्यक्ति रखने की अध्यपेक्षा कर सकता है। राज्य यह भी आदेश कर सकता है कि अवशिष्ट रिक्त स्थान मेरिट लिस्ट से भरे जाएंगे।[248]

नकली ईसाइयों के निवारण के लिए राज्य द्वारा कार्रवाई।

7.164 बहुल समाज में सभी संस्कृतियों और भाषाओं को प्रस्फुटित होने का अवसर मिलना चाहिए। आयुर्विज्ञान या इंजीनियरी के महाविद्यालय का संस्कृति के संरक्षण से कोई संबंध नहीं होता। जिस शिक्षा का धर्म या संस्कृति से कोई संबंध नहीं है उसे अल्पसंख्यक या बहुसंख्यक के घेरों में बांटा नहीं जा सकता। इस प्रकार का विभाजन पंथनिरपेक्ष और एकात्मक समाज के विकास में बाधा है। अल्पसंख्यक शिक्षा संस्थाओं के नाम का पर्दा उठाकर देखा जाए तो उसके पीछे ऐसे तत्त्वों का संसार है जो प्रति व्यक्ति फीस और अन्य अनैतिक संदाय वसूल करके धन एकत्र करने में लगा हुआ है। जो शिक्षा उद्योग के रूप में चलाई जा रही है और जिसका एकमात्र उद्देश्य लाभ कमाना है वह अल्पसंख्यकों को दिए जाने वाले संरक्षण की पात्र नहीं है। अब समय आ गया है कि इस पर्दे को उठाया जाए और देश को विभाजित करने वाली राष्ट्रविरोधी गतिविधियों को रोका जाए। अल्पसंख्यक और बहुसंख्यक का विभाजन केवल धर्म, संस्कृति और भाषा के क्षेत्र में ही अनुमत हो। शेष क्षेत्रों में विधि समान होनी चाहिए। अनुच्छेद 30 का उद्देशिका और अनु. 14, 15, 51(क) आदि के साथ समन्वय करते हुए अर्थान्वयन किया जाना चाहिए और

उच्चतम न्यायालय द्वारा पुनर्विचार की आवश्यकता।

247. *सिंधी एजुकेशन सोसाइटी* बनाम *गवर्नमेंट* (एन.सी.टी. आफ दिल्ली) (2010) 8.एस.सी.सी. 49.।
248. *आंध्र केसरी कॉलेज ऑफ एजुकेशन* बनाम *आंध्र प्रदेश राज्य*। (2019) 9.एस.सी.सी. 457।

इस तथ्य के प्रकाश में निर्वचन होना चाहिए कि शिक्षा एक मूल अधिकार और आधारभूत लक्षण है। अनुच्छेद 30 को अधिनियमित करने का उद्देश्य यह था कि अल्पसंख्यकों के अधिकार पर विधान-मंडल आक्रमण न कर पाए। इसके द्वारा यह आशंका दूर की जानी थी कि बहुसंख्यक अल्पसंख्यकों को अपनी संस्कृति और भाषा बनाए रखने के अधिकार से वंचित न करें। अभी तक के निर्णयों से यह निष्कर्ष निकलता था कि बहुमत को समान अधिकार नहीं है। किंतु *पाइ फाउंडेशन* से यह स्पष्ट हो गया कि बहुसंख्यकों को भी समान अधिकार है। बहुसंख्यकों और अल्पसंख्यकों के साथ समान व्यवहार होना चाहिए। अल्पसंख्यकों की सभी संस्थाएं अंग्रेजी के माध्यम से शिक्षा प्रदान कर रही हैं। भारत के मुसलमानों या ईसाइयों में से किसी की भी मातृभाषा अंग्रेजी नहीं है। ऐसी संस्थाओं का भारतीय भाषाओं पर अनिष्टकर प्रभाव पड़ता है। आज भारत हिंदुओं के विरुद्ध इस अवांछित और निराधार विभेद को रोकने के लिए और अखंड, एकात्म और सबल भारत के निर्माण के लिए उच्चतम न्यायालय की सहायता की प्रतीक्षा कर रहा है। विडंबना यह है कि भारत में निवास करने वाले जो व्यक्ति नागरिक नहीं हैं वह भी अनु. 30 का फायदा उठाने के हकदार हैं। संविधान निर्माताओं का यह आशय कदापि नहीं था।

डा. अंबेडकर और पं. नेहरू के विचार।

7.165 इस मोड़ पर यह स्मरण करना उचित और उपयोगी होगा जो डा. अंबेडकर ने संविधान सभा में कहा था[249],—

> बहुमत के लिए यह उचित नहीं है कि वह अल्पसंख्यकों की विद्यमानता अस्वीकार करे। उतना ही अनुचित यह होगा कि अल्पसंख्यक अलग थलग बने रहें। इसका ऐसा हल निकाला जाना चाहिए जिससे दो प्रयोजन सिद्ध हों। प्रारंभ में तो अल्पसंख्यकों के अस्तित्व को मान्यता दी जानी चाहिए किंतु हल ऐसा होना चाहिए कि अल्पसंख्यक और बहुसंख्यक आगे चलकर एक दिन एक दूसरे में विलीन हो जाएं।

पं. नेहरू के उद्‌गार भी इसी प्रकृति के थे[250],—

> मेरे विचार में जैसा हमारा देश भूतकाल में चलता रहा है और संरक्षण के नाम पर अवरोध बनाए जाते रहे हैं वैसा ही चलने देना ठीक नहीं होगा। वस्तुतः किसी अवरोध से जो अल्पसंख्यकों को बहुसंख्यकों से अलग करता है किसी अल्पसंख्यक समाज या समूह को कोई संरक्षण नहीं मिलता। इससे वे स्थाई रूप से पृथक् समूह बन जाते हैं और देश के अन्य समूहों के साथ निकट आने की प्रवृत्ति रुक जाती है।

अनुच्छेद 30।

7.166 वर्तमान विधि के पुनर्विलोकन के लिए सुदृढ़ आधार हैं। अल्पसंख्यकों के लिए एक और बहुसंख्यकों के लिए दूसरा—इस प्रकार के यह दोहरे मानक मिट जाने चाहिए। शिक्षा का अधिकार एक मूल अधिकार है। जिसका स्रोत अनु. 21 है। न्यायालयों से यह अपेक्षा है कि वे देखें कि राष्ट्र की कितनी हानि हुई है और यह स्पष्ट रूप से कहें कि जो अल्पसंख्यकों को दिया है वही और उतना ही बहुसंख्यकों को भी मिलेगा। इसका आधार है अनु. 14, 15, 19(1), (2) और 26(क)।

अल्पसंख्यकों का अधिकार ऐसा नहीं हो सकता जो समता के आधारिक अधिकार को नष्ट करे या जो राष्ट्रीयता और एकता को समाप्त करे। इससे क्षुद्र संकीर्णता की भावना का जन्म होगा। यह भी सत्य है कि इससे राजनेताओं को भाषिक और धार्मिक अल्पसंख्यकों को अपने वोट बैंक बनाने में सफलता मिलती है। इससे शिक्षा का भ्रष्ट वाणिज्यीकरण हो रहा है।

---

249. *दि कांस्टिट्यूशन एंड दि कांस्टिट्युएंट असेम्बली,* लोक सभा (1990) पृ. 117।

250. *वही,* पृ. 135।

संपत्ति का अधिकार और कुछ विधियों की व्यावृत्ति

अनुच्छेद 31 और संपत्ति के अधिकार का उत्सादन।

7.167 संविधान (44वां संशोधन) अधिनियम, 1978 द्वारा अनु. 19(1)(च) (संपत्ति के अर्जन, धारण और व्ययन का अधिकार), अनु. 31 के ऊपर **संपत्ति का अधिकार** उपशीर्ष और अनु. 31 का लोप किया गया। इस परिवर्तन का प्रभाव यह है कि संपत्ति का अधिकार अब मूल अधिकार नहीं है। संविधान के भाग 12 में एक नया अध्याय 4 अंतःस्थापित किया गया है और अनु. 31 में जो उपबंध था उसे उस अध्याय में अनु. 300क बना दिया गया है। इस प्रकार संपत्ति का अधिकार सांविधानिक अधिकार तो है किंतु मूल अधिकार नहीं है। यदि इस अधिकार का अतिलंघन होता है तो व्यथित व्यक्ति अनु. 32 के अधीन सीधे उच्चतम न्यायालय नहीं पहुंच सकता।

अनुच्छेद 31क और विधियों की व्यावृत्ति।

7.168 अनुच्छेद 31क मूलतः संपत्ति के अधिकार, (अनु. 31) अनु. 14 और 19(1)(छ) के अपवाद के रूप में अधिनियमित किया गया था। यद्यपि संपत्ति के अधिकार का उत्सादन कर दिया गया है फिर भी यह अपवाद अभी भी बना हुआ है। इसका निरसन करके संसद् जोखिम नहीं उठाना चाहती इसलिए सावधानी बरतते हुए इसे यथावत् रखा गया है। यह अनुच्छेद 1951 में संविधान में किए गए पहले संशोधन द्वारा अंतःस्थापित किया गया था। इसका उद्देश्य जमींदारी, मालगुजारी और इसी प्रकार के अन्य अधिकारों को समाप्त करने वाली विधियों की रक्षा करना और उन्हें विधिमान्य करना था। इस संशोधन को 26 जनवरी 1950 से भूतलक्षी प्रभाव दिया गया। आगे चौथे और सत्रहवें संशोधन द्वारा इसका संशोधन करके अपवाद की परिधि का विस्तार किया गया और कृषि भूमि सुधार और अन्य विधान, न्यायालयों की जांच की परिधि से बाहर कर दिए गए।

जिन विधानों को अनु. 31क का संरक्षण दिया गया है, वे हैं,—

(क) राज्य द्वारा किसी संपदा का अर्जन।

संपदा से अभिप्रेत है कोई *जागीर, इनाम* या *मुआफी* अथवा वैसा ही अन्य अनुदान जो कृषि प्रयोजनों के लिए धारित भूमि से संबंधित है।

(ख) किसी संपत्ति का प्रबंध राज्य द्वारा लिया जाना।

(ग) कंपनियों का समामेलन।

(घ) निदेशकों या शेयरधारकों के अधिकारों का निर्वापन या उपांतरण।

(ङ) खनिज पट्टे का निर्वापन या उपांतरण।

अनु. 31ख—कुछ अधिनियमों का विधिमान्यकरण।

7.169 अनुच्छेद 31ख प्रारूपकार द्वारा बनाई गई एक युक्ति है जो विधान को ऐसा कवच प्रदान करती है जिससे उस विधान को असांविधानिक और शून्य घोषित नहीं किया जा सकता। ऐसे अधिनियम जिन्हें न्यायालय ने शून्य घोषित कर दिया है अनु. 31ख के कारण फिर से प्राणवान हो जाते हैं। दूसरे शब्दों में यह अनुच्छेद ऐसी विधियों को भूतलक्षी प्रभाव से उनके अधिनियमन की तारीख से विधिमान्य करता है।

नवीं अनुसूची पहले संशोधन द्वारा अंतःस्थापित की गई थी और इसमें केवल 113 प्रविष्टियां थीं। इसके पश्चात् अनेक संशोधनों से (4था, 17वां, 39वां, 42वां, 44वां, 47वां, 66वां, 75वां, 78वां आदि) इसकी प्रविष्टियों की संख्या बढ़ाई गई।

जून 2011 तक 9वीं अनुसूची में 282 प्रविष्टियां थीं।[251]

7.170 अनुच्छेद 31ख में **'अधिनियमों और विनियमों'** अभिव्यक्ति का प्रयोग किया गया है। इस आधार पर यह अभिनिर्धारित हुआ है कि 9वीं अनुसूची में विनिर्दिष्ट अधिनियम संरक्षण के हकदार हैं। किंतु 9वीं अनुसूची में सम्मिलित किसी अधिनियम द्वारा प्रदत्त शक्ति के प्रयोग में निकाले गए आदेश या अधिसूचना को संरक्षण नहीं मिलेगा।[252] न्यायालय ने यह तर्क स्वीकार नहीं किया है कि जब किसी अधिनियम को संरक्षण दिया गया है तो उसके अधीन बनाया गया अधीनस्थ विधान (नियम, आदेश आदि) भी समान संरक्षण के हकदार होंगे। दूसरे शब्दों में **व्युत्पन्न उन्मुक्ति** का सिद्धांत नामंजूर कर दिया गया।

संरक्षण का विस्तार।

(ख) अनुच्छेद 31ख और वे अधिनियम जो *केशवानंद भारती* के विनिश्चय की तारीख के पश्चात् 9वीं अनुसूची में सम्मिलित किए गए हैं अर्थात् 24-4-1973 के बाद, उन पर इस आधार पर आक्षेप किया जा सकता है कि वे आधारिक संरचना के और समता के आदेश तथा मूल अधिकारों के विरुद्ध हैं।[253]

(ग) अनुच्छेद 31ख जो संरक्षण देता है वह अधिनियम के उस रूप को मिलता है जैसा वह 9वीं अनुसूची में सम्मिलित किए जाने की तारीख को था। उस तारीख तक उस अधिनियम में जो संशोधन किए गए हैं वे उसमें सम्मिलित होंगे। सम्मिलित किए जाने के पश्चात् जो संशोधन किए जाते हैं उन्हें उन्मुक्ति नहीं है। वे संशोधन मूल अधिकार और अन्य सांविधानिक मर्यादाओं के अनुरूप होने चाहिए।[254]

7.171 अनुच्छेद 31ख और 9वीं अनुसूची के अंतःस्थापन का मूल उद्देश्य कृषि भूमि सुधार और इसी प्रकार के कल्याणकारी अध्युपायों का प्रोन्नयन था। 1975 के आपात के दौरान कांग्रेस ने 9वीं अनुसूची में लोक प्रतिनिधित्व अधिनियम, 1951, उसका 1974 का संशोधन अधिनियम और निर्वाचन विधि (संशोधन) अधिनियम, 1975 डाल दिए जिससे कि प्रधान मंत्री श्रीमती इंदिरा गांधी के निर्वाचन को न्यायालय में प्रश्नगत नहीं किया जा सके। यह 39वें संशोधन अधिनियम द्वारा किया गया। जनता सरकार ने 44वें संशोधन द्वारा इन प्रविष्टियों का लोप कर दिया।

अनुच्छेद 31ख का दुरुपयोग।

संविधान (76वां संशोधन), अधिनियम, 1994 एक तमिलनाडु अधिनियम को संरक्षण प्रदान करने के लिए है जिसमें शिक्षा संस्थाओं और राज्य के अधीन नियुक्तियों में पिछड़े वर्गों के लिए 69 प्रतिशत स्थानों का आरक्षण किया गया है। इसका उद्देश्य उच्चतम न्यायालय द्वारा लगाई गई 50 प्रतिशत की सीमा से बचना है। संविधान में व्यक्तिगत या दलगत स्वार्थ के लिए छेड़छाड़ करने से संविधान के प्रति अनादर उत्पन्न होता है। यह सांविधानिक शक्ति का दुरुपयोग है।

7.172 अनुच्छेद 31ग संविधान के 25वें संशोधन द्वारा 20-4-1972 से संविधान में प्रविष्ट किया गया है। इसका उद्देश्य संपत्ति के अर्जन किए जाने पर जो प्रतिकर दिया गया है वह पर्याप्त है या नहीं यह अवधारित करने की न्यायालयों की अधिकारिता समाप्त करना और एक नया अनु. 31ग जोड़ना था। नए अनुच्छेद में यह अधिकथित किया गया

अनुच्छेद 31ग—कुछ निदेशक तत्त्वों को प्रभावी करने वाली विधियों की व्यावृत्ति।

---

251. अंतिम प्रविष्टि का संख्यांक है 284। कुछ लेखकों ने भ्रमवश इसे प्रविष्टियों की कुल संख्या मान लिया है। प्रविष्टि 87, 92 और 130 का लोप कर दिया गया है। एक प्रविष्टि का संख्यांक है 257क। अतएव वास्तविक संख्या है 282। यह भी ध्यान में रखना चाहिए कि कुछ प्रविष्टियों में अधिनियम पूरा नहीं है उसका कुछ भाग ही है। जैसे, प्रविष्टि 125, 179 और 209।

252. *प्राग आइस मिल* बनाम *भारत संघ,* ए.आइ.आर. 1978 एस.सी. 1296।

253. *वामन राव* बनाम *भारत संघ,* ए.आइ.आर. 1981 एस.सी. 271।

254. *रमणलाल* बनाम *गुजरात राज्य,* ए.आइ.आर. 1969 एस.सी. 168।

है कि कोई भी विधि जिसमें यह घोषणा है कि वह अनु. 39 के खंड (ख) और (ग) में विनिर्दिष्ट सिद्धांतों को प्रभावी करने के लिए है इस आधार पर प्रश्नगत नहीं की जाएगी कि वह मूल अधिकार से असंगत है।

42वें संशोधन अधिनियम, 1976 का उद्देश्य इस संरक्षण की परिधि को बढ़ाना था। इसलिए **अनु. 39 के खंड (ख) या खंड (ग) में विनिर्दिष्ट सिद्धांतों के** स्थान पर **'भाग 4 में अधिकथित सभी या किन्हीं तत्वों'** शब्द रखे गए।

मुकदमेबाजी की उपजाऊ भूमि।

7.173 यह अनुच्छेद (31ग) जिसमें एक खंड, और दो वाक्य हैं तथा जिसका विस्तार केवल 10 पंक्तियों में है अनेक वादों का जन्मदाता रहा है। इसके अर्थान्वयन में उच्चतम न्यायालय ने हजारों कार्य दिवस लगाए होंगे। जो समय उच्च न्यायालयों ने लगाया होगा उसकी हम गिनती नहीं कर रहे हैं। इस पर 13 न्यायाधीशों की न्यायपीठ ने (जो अभी तक गठित सबसे विशाल न्यायपीठ है।) *केशवानंद भारती*[255] में विचार किया। इसके पश्चात् जिन प्रमुख निर्णयों में इसके कुछ पक्षों पर विचार हुआ वे हैं *मिनर्वा मिल्स,*[256] *वामन राव,*[253] *और संजीव कोक*[257]। किंतु केशवानंद और अन्य विनिश्चयों में क्या निर्धारित हुआ, उसका क्या अर्थ है और क्या प्रभाव है इस पर मतभेद बना हुआ था। 1996 में इसे 5 न्यायाधीशों की एक न्यायपीठ को निर्दिष्ट किया गया।[258] इसका अर्थ 2007 में स्पष्ट कर दिया गया।[261]

1999 में एक अन्य न्यायपीठ[259] ने *वामन राव*[253] को पुनर्विचार के लिए (अनु. 31ख के संबंध में) एक वृहत्तर न्यायपीठ को निर्दिष्ट किया गया था। 2001 में उच्चतम न्यायालय की अन्य पीठ ने यह कहा[260] कि *संजीव कोक*[257] पर पुनर्विचार होना चाहिए। 9 न्यायाधीशों की एक पीठ ने इस निर्देश पर विचार कर अपना निर्णय दिया[261] (न्यायालय के निर्णय के लिए देखिए ऊपर **पैरा 7.14** और **7.15**)।

केशवानंद में सुनवाई 76 कार्य दिवसों तक चली।

अनुच्छेद 31ग और *केशवानंद*।

7.174 अनुच्छेद 31ग में यह शब्द हैं—**और कोई विधि जिसमें यह घोषणा है कि वह ऐसी नीति को प्रभावी** करने के लिए है, किसी न्यायालय में इस आधार पर प्रश्नगत नहीं की जाएगी कि वह ऐसी **नीति को प्रभावी नहीं करती है**। तत्कालीन सरकार न्यायालयों को एक दुखदायी बाधा मानती थी और अभ्यासतः अपना सारा दोष न्यायालयों के सिर पर मढ़ती रहती थी। इसलिए 25वें संशोधन अधिनियम द्वारा 1972 में अनु. 31ग में यह घोषणा डाली गई जिससे न्यायालयों की अधिकारिता संविधान के माध्यम से छीनी जा सके। इस घोषणा खंड का यह प्रभाव है कि यदि किसी अधिनियम में यह घोषणा है कि वह राज्य की ऐसी नीति को प्रभावी करने के लिए है जो उसमें उल्लिखित निदेशक तत्वों को सुनिश्चित करती है तो न्यायालय उस अधिनियम की सांविधानिकता की परीक्षा करने से वर्जित हो जाएंगे। न्यायालय इस बात की जांच भी नहीं कर सकते कि यह घोषणा तथ्यों पर आधारित है या मिथ्या है। उच्चतम न्यायालय ने *केशवानंद*[255] में अधिकारिता छीनने वाले इस खंड पर इस आधार पर प्रहार किया कि वह न्यायिक पुनर्विलोकन को विनष्ट करता है जबकि पुनर्विलोकन संविधान का आधारिक लक्षण है। उसने पूर्ववर्ती भाग को विधिमान्य

255. *केशवानंद भारती* बनाम *केरल राज्य,* ए.आइ.आर. 1973 एस.सी. 1461; (1973) 4 एस.सी.सी. 225।
256. *मिनर्वा मिल्स* बनाम *भारत संघ* (1980) 3 एस.सी.सी. 625।
257. *संजीव कोक कंपनी* बनाम *भारत कोकिंग* (1983) 1 एस.सी.सी. 147।
258. *प्रापर्टी ओनर्स एसोसिएशन* बनाम *महाराष्ट्र राज्य* (1996) 4 एस.सी.सी. 49।
259. *आइ.आर. कोइल्हो* बनाम *तमिलनाडु राज्य* (1999) 7 एस.सी.सी. 580।
260. *प्रापर्टी ओनर्स एसोसिएशन* बनाम *महाराष्ट्र राज्य,* 2001 (2) स्केल 523; (2001) 4 एस.सी.सी. 455।
261. *आइ.आर. कोइल्हो (मृतक)* बनाम *तमिलनाडु राज्य,* जे.टी. 2007 (2) एस.सी. 292।

ठहराया अर्थात् उस भाग को जिसमें यह कहा गया था कि यदि अधिनियम अनु. 39 के खंड (ख) और (ग) में अंतर्विष्ट नीति को प्रभावी करने के लिए है तो उसे इस आधार पर शून्य घोषित नहीं किया जाएगा कि वह अनु. 14, 19 या 31 का उल्लंघन करता है। इसलिए *केशवानंद*[255] के पश्चात् न्यायालय को अनु. 31क के अंतर्गत आने वाले अधिनियम के संबंध में न्यायिक पुनर्विलोकन की शक्ति बनी हुई है।

7.175 42वें संशोधन अधिनियम, 1976 की धारा 4 से अनु. 31ग का संरक्षण उन सभी अधिनियमों को विस्तारित किया गया जो भाग 4 में दिए गए किसी भी निदेशक तत्त्व को प्रभावी करने के लिए बनाए गए हों। इस विस्तार का बहुत दूरगामी परिणाम हुआ। व्यवहार में मूल अधिकार की तुलना में निदेशक तत्त्वों का महत्व बढ़ गया। मूल अधिकारों का अवमूल्यन हो गया और उन्हें विधान-मंडल की मर्जी पर छोड़ दिया गया।

अनुच्छेद 31ग और *मिनर्वा मिल्स*।

मिनर्वा मिल्स[256] में उच्चतम न्यायालय ने 42वें संशोधन की धारा 4 को असांविधानिक माना और परिणामतः शून्य घोषित किया। न्यायालय ने यह पाया कि विधान-मंडल संशोधन करने की शक्ति की सीमाओं के बाहर चला गया है। जो अधिनियम निदेशक तत्त्वों को प्रभावी करते हैं उन्हें न्यायालय की अधिकारिता से बाहर निकाल कर संविधान के आधारिक लक्षण का विनाश किया गया है। मूल अधिकार और निदेशक तत्त्वों के बीच समन्वय और संतुलन संविधान का आधारिक लक्षण है। यदि इनमें से किसी एक को दूसरे पर प्राथमिकता दी जाती है तो इससे समन्वय समाप्त होगा।

न्यायालय ने यह घोषित किया कि जिस रूप में 25वें संशोधन अधिनियम ने अनु. 31ग को मूलतः प्रविष्ट किया था उस रूप में 31ग विधिमान्य है। [केवल अनु. 39(ख) और (ग) को क्रियान्वित करने वाले अधिनियमों का संरक्षण]।

मिनर्वा मिल्स[256] का यह प्रभाव है कि हम अनु. 31ग के उसी पाठ पर पहुंच गए हैं जैसा वह 1976 के पहले था।

विधान-मंडल द्वारा की गई घोषणा निश्चायक नहीं है। न्यायालय उस पर विचार कर सकता है। न्यायालय पर्दा उठा कर इस बात की परीक्षा कर सकता है कि क्या घोषणा मिथ्या और आभासी है या शक्ति का दुरुपयोग है। किंतु राष्ट्रीयकरण के लिए आर्थिक आधार, प्रतिकर की मात्रा, राष्ट्रीयकरण की आवश्यकता आदि बातों का निर्णय न्यायालय नहीं करेगा।

7.176 *संजीव कोक*[257] में मिनर्वा मिल्स में निर्णीत सिद्धांतों पर संदेह व्यक्त किया गया। यह भी कहा गया कि विस्तारित घोषणा खंड को शून्य करने वाला विनिश्चय इतरोक्ति की तरह है। किंतु *आइ.आर. कोइल्हो*[261] में 9 न्यायाधीशों की पीठ ने यह स्पष्ट कर दिया है कि *मिनर्वा मिल्स* और *केशवानंद* के सिद्धांत संदेह से परे हैं और आबद्धकर हैं।

अनुच्छेद 31ग और *संजीव कोक*।

7.177 अनुच्छेद 31घ 42वें संशोधन द्वारा अंतःस्थापित किया गया और 43वें संशोधन द्वारा इसका लोप किया गया। इसके द्वारा उन विधियों की व्यावृत्ति की जानी थी जिनमें राष्ट्र विरोधी गतिविधियों का निवारण या प्रतिषेध करने का उपबंध था या राष्ट्र विरोधी संगम बनाने का निवारण करने या प्रतिषिद्ध करने का उपबंध था। ऐसी विधियों को अनु. 14, 19 या 31 के उल्लंघन के आधार पर आक्षेप से उन्मुक्ति दी गई थी। यह उन्मुक्ति केवल केंद्रीय विधियों को प्रदान की गई थी। यह अनुच्छेद केंद्र में बहुमत रखने वाले दल को यह सुविधा देता था कि वह अन्य दलों को विधिविरुद्ध घोषित करके एक दल का शासन और अधिनायकवाद का पथ प्रशस्त करे। 1975 के आपात का यह उपहार 43वें संशोधन द्वारा मिटा दिया गया।

अनुच्छेद 31घ।

सांविधानिक उपचारों का अधिकार

अनुच्छेद 32 का महत्व।

7.178 ऐसा अधिकार जिसके हनन का कोई उपचार नहीं है व्यर्थ की घोषणा मात्र है। अधिकार का महत्त्व तभी होता है जब उसे क्रियान्वित करने का प्रभावी साधन हो। अधिकार की विद्यमानता का अनुभव तभी होता है जबकि न्यायालय द्वारा अधिकार के पक्ष में निर्णय हो। मूल अधिकार यदि प्रवृत्त नहीं किए जा सकते तो वे खोखले शब्द मात्र रह जाएंगे। अनुच्छेद 32 कार्यपालिका और विधायिका द्वारा उल्लंघन के विरुद्ध पर्याप्त रक्षोपाय हैं। डा. अंबेडकर की यह मान्यता थी कि अनु. 32 संविधान का सर्वाधिक महत्त्वपूर्ण अनुच्छेद है। इसके बिना संविधान बेकार हो जाएगा ...**यह संविधान की आत्मा और उसका हृदय है।**[262]

जिन शब्दों से इस अनुच्छेद की रचना की गई है उनसे भी इस अनुच्छेद के महत्त्व को बल प्राप्त होता है। अनुच्छेद 32 का खंड (1) इस प्रकार है,—

> इस भाग द्वारा प्रदत्त अधिकारों को प्रवर्तित कराने के लिए समुचित कार्यवाहियों द्वारा उच्चतम न्यायालय में समावेदन करने का अधिकार प्रत्याभूत किया जाता है।

मूल अधिकार के अतिलंघन पर उच्चतम न्यायालय में समावेदन का अधिकार भी मूल अधिकार है। यह एक सांविधानिक उपचार है जिसकी प्रत्याभूति संविधान देता है। जिस बात की प्रत्याभूति दी गई है वह है समुचित कार्यवाहियों द्वारा उच्चतम न्यायालय में समावेदन करने का अधिकार।

समुचित कार्यवाहियां।

7.179 उच्चतम न्यायालय में समुचित कार्यवाहियों द्वारा समावेदन करना चाहिए। इसका अर्थ है कि ऐसी कार्यवाहियां जो उस आदेश, निदेश या रिट की प्रकृति को ध्यान में रखते हुए समुचित हों जो याची न्यायालय से प्राप्त करना चाहता है।[263] न्यायालय ने सदैव उदार और याची के प्रति सहानुभूतिपूर्ण दृष्टिकोण अपनाया है। जहां किसी निर्धन, निशक्त या अबोध के मूल अधिकार को प्रवृत कराने का प्रश्न उठता है वहां न्यायालय को भेजा गया पत्र भी समुचित कार्यवाही समझा जा सकता है। यह आवश्यक नहीं है कि पत्र किसी विशेष प्रारूप में हो। यह भी आवश्यक नहीं कि वह न्यायालय या मुख्य न्यायमूर्ति को संबोधित हो। न्यायाधीशों को भेजे गए पोस्ट कार्ड भी समुचित कार्यवाही के रूप में ग्रहण किए गए हैं। समुचित कार्यवाही प्रतिपक्षी कार्यवाही हो, यह आवश्यक नहीं है अर्थात् ऐसी कार्यवाही किसी विशिष्ट व्यक्ति के विरुद्ध उद्दिष्ट होना जरूरी नहीं है।[264] कार्यवाही समीक्षात्मक भी हो सकती है जहां न्यायालय यह पता लगाने के लिए साधारण जांच करेगा कि क्या कोई मूल अधिकार छीना गया है?

प्रत्याभूति का प्रभाव।

7.180 अनुच्छेद 32 के खंड (1) में प्रयुक्त शब्द **प्रत्याभूत किया जाता है** का यह प्रभाव है कि मूल अधिकार के अतिलंघन पर उच्चतम न्यायालय में समावेदन करने का अधिकार भी स्वयं एक मूल अधिकार है। इस प्रत्याभूति से निम्नलिखित परिणाम निकलते हैं,—

(i) इस अधिकार को अनु. 359 में उपबंधित रीति से ही निलंबित किया जा सकता है, अन्यथा नहीं।

---

262. सी.ए.डी. (कांस्टिट्यूएंट असेम्बली डिबेट्स), जिल्द 7, पृ. 953।
263. *दरयाव* बनाम *उत्तर प्रदेश राज्य,* ए.आइ.आर. 1961 एस.सी. 1457।
264. *बंधुआ मुक्ति मोर्चा* बनाम *भारत संघ* (1984) 3 एस.सी.सी. 161।

(ii) उच्चतम न्यायालय मूल अधिकारों का प्रत्याभूतिदाता है। उच्चतम न्यायालय का यह कर्त्तव्य है कि मूल अधिकार का उल्लंघन होने पर अनु. 32 के अधीन अनुतोष प्रदान करे।

(iii) व्यथित व्यक्ति सीधे अर्थात् प्रारंभ में ही उच्चतम न्यायालय जा सकता है। यह आवश्यक नहीं है कि पहले वह किसी उच्च न्यायालय में आवेदन करे। सेवा संबंधी मामले इसके अपवाद हैं।

(iv) अनुच्छेद 32 के अधीन अनुतोष से इस आधार पर इंकार नहीं किया जा सकता कि कोई दूसरा उपचार उपलब्ध है।

(v) उच्चतम न्यायालय की शक्तियों पर कोई राज्यक्षेत्रीय मर्यादा नहीं है।

(vi) रिट देना विवेकाधीन नहीं है। रिट साधिकार मांगी जा सकती है।

(vii) विधान द्वारा इस अधिकार को न तो क्षीण किया जा सकता है और न मिटाया जा सकता है।

सेवा संबंधी विवाद।

7.181 सेवा संबंधी मामलों में व्यथित व्यक्ति को पहले उच्च न्यायालय जाना चाहिए। वह सीधे उच्चतम न्यायालय में प्रवेश नहीं कर सकता।[265]

परिसीमा अधिनियम का लागू होना।

7.182 अनुच्छेद 32 को परिसीमा अधिनियम लागू नहीं होता किंतु उच्चतम न्यायालय ने यह अभिनिर्धारित[266] किया है कि जो पक्षकार न्यायालय से अनुतोष लेना चाहता है उसे शीघ्रतापूर्वक न्यायालय के समक्ष आना चाहिए। जो पक्षकार न्यायालय के समक्ष असम्यक् विलंब करके पहुंचता है उसे अनुतोष देने से इंकार किया जा सकता है। न्यायालय पुराने और बासी दावे ग्रहण नहीं करता। किसी मामले में गफलत या असम्यक् विलंब हुआ है या नहीं यह उस मामले के तथ्यों के आधार पर विनिश्चय किया जाता है। जहां याची ने ज्येष्ठता नियमों को 16 वर्ष पश्चात् चुनौती दी वहां न्यायालय ने इस आधार पर अनुतोष देने से इंकार कर दिया कि इसमें अत्यधिक विलंब हुआ है।[267]

पूर्व न्याय।

7.183 अनुच्छेद 32 के अधीन रिट याचिका को पूर्व न्याय के सिद्धांत लागू होते हैं।[263] किंतु बंदी प्रत्यक्षीकरण की रिट को पूर्व न्याय का नियम लागू नहीं होता। यदि किसी याची को उच्च न्यायालय में सफलता नहीं मिलती है तो वह उच्चतम न्यायालय में याचिका प्रस्तुत कर सकता है।[268]

न्यायालय में कौन समावेदन कर सकता है? अधिस्थिति।

7.184 साधारणतः यह कहा जा सकता है कि कोई भी व्यक्ति जिसके मूल अधिकार का अतिलंघन हुआ है उच्चतम न्यायालय में समावेदन करने का अधिकारी है। अनुच्छेद 32 द्वारा उच्चतम न्यायालय को दी गई शक्ति केवल मूल अधिकारों को प्रवृत्त कराने के लिए है। अन्य अधिकारों के उल्लंघन के लिए समुचित न्यायालयों में अनुतोष के लिए जाना चाहिए।

लोकहितवाद।

7.185 ऊपर जो पारंपरिक नियम बताया गया है उसे **अधिस्थिति या सुनवाई का अधिकार** कहा जाता है। उच्चतम न्यायालय ने अब इस नियम को शिथिल कर दिया है। अधिस्थिति से न्यायालय तक उन्हीं व्यक्तियों की पहुंच हो सकती थी जिनके अधिकार का हनन हुआ है। यह नियम अब तोड़ दिया गया है।

265. *सेंट्रल बैंक रिटायरीज एसोसिएशन* बनाम *भारत संघ* (2006) 1 एस.सी.सी. 497।

266. *त्रिलोकचंद मोतीचंद* बनाम *एच.बी. मुंशी,* ए.आइ.आर. 1970 एस.सी. 898।

267. *रवीन्द्र नाथ* बनाम *भारत संघ,* ए.आइ.आर. 1970 एस.सी. 470।

268. *गुलाम सरवर* बनाम *भारत संघ,* ए.आइ.आर. 1967 एस.सी. 1335।

यह अनुभव किया जा रहा था कि विधिक प्रक्रिया एक कठोर बंधन है जिसके कारण केवल धनवान ही न्यायालय में पहुंच सकते हैं। व्यंग्य में यह कहा जाता था कि न्यायालय और ताज होटल सबके लिए खुले हैं। केवल वही लोग प्रवेश पा सकते हैं जिनकी जेब भारी हो। न्यायालय ने नियम को शिथिल करके अपना द्वार निर्धन और अभावग्रस्त लोगों के लिए खोल दिया है और इस प्रक्रिया में सुनवाई के अधिकार के नियम को उखाड़ फेंका है। उच्चतम न्यायालय सामाजिक कार्य में रुचि रखने वाले नागरिक या सामाजिक संगठन को ऐसे व्यक्ति या व्यक्तियों के समूह के जो अपनी निर्धनता या अभावग्रस्त स्थिति के कारण स्वयं न्यायालय के द्वार पर नहीं पहुंच सकते हैं, सांविधानिक और अन्य विधिक अधिकारों को प्रवृत्त कराने की अनुमति देता है। लोकहित वाद (जिसे सामाजिक हित वाद भी कहते हैं) के लिए द्वार खुल जाने से एशियाई खेल के कर्मकारों को अपनी मजदूरी मिली। बंधुआ मजूदरों को स्वतंत्रता प्राप्त हुई। स्त्रियों और बालकों को विशेष व्यवहार और संरक्षण मिला, पटरी पर रहने वालों को आश्रय मिला, फेरी वालों को व्यापार का अधिकार मिला। मसूरी और अलवर को खतरनाक खनन उद्योग से संरक्षण मिला और जेल में रहने वाले बंदियों को भी यह अधिकार मिला कि उनके साथ मनुष्य जैसा व्यवहार किया जाए।

यह स्पष्ट रूप से और दृढ़ता से स्थापित हो चुका है कि जनता का कोई भी सदस्य जिसका पर्याप्त हित हो अन्य व्यक्तियों के अधिकार के प्रवर्तन के लिए और सामान्य व्यथा के परितोष के लिए न्यायालय में जा सकता है।[269] (देखिए आगे **अध्याय 34**)

उच्चतम न्यायालय ने यह अधिकथित करके अपने द्वार और खोल दिए हैं[270],—

1. लोकहित में अनु. 32 का आश्रय लिया जा सकता है। यह आवश्यक नहीं है कि मूल अधिकार का उल्लंघन होना दिखाया जाए।

2. वाद की पोषणीयता बहुत संकुचित तर्क है। इसकी उपेक्षा की जा सकती है।

3. पोषणीयता का प्रश्न प्रारंभिक प्रक्रम पर उठाया जाना चाहिए।

अधिस्थिति या सुनवाई का अधिकार मिटा नहीं है।

7.186 लोकहित वाद में जो उदार दृष्टिकोण अपनाया गया है उसका यह अर्थ नहीं है कि सुनवाई का अधिकार नष्ट हो गया है और उसे दफना दिया गया है। न्यायालय ऐसे व्यक्ति को विधिक प्रक्रिया का दुरुपयोग नहीं करने देते जो जनता की सेवा करने का ढोंग करता है। न्यायालय कार्यवाही की समीक्षा करके यह देखता है कि क्या उससे लोक प्रयोजन सिद्ध होगा? एक संसद् सदस्य *कृष्णास्वामी*[271] ने उच्चतम न्यायालय के समक्ष एक याचिका प्रस्तुत की जिसमें यह प्रार्थना की गई कि न्या. वी. रामास्वामी को हटाने के लिए जिस प्रस्ताव को 108 संसद् सदस्यों ने समर्थन दिया था उसे विखंडित कर दिया जाए। न्यायालय ने यह अभिनिर्धारित किया कि याची को याचिका प्रस्तुत करने का कोई अधिकार नहीं था। याचिका फाइल करने में कोई लोक प्रयोजन नहीं था।

जब जनरल वैद्य की हत्या के लिए दो व्यक्तियों को दोषी ठहराया गया तब एक राजनीतिक दल के अध्यक्ष सुरजीत सिंह मान ने उनकी दोषसिद्धि और दंड आदेश को चुनौती देते हुए याचिका फाइल की। न्यायालय इस निष्कर्ष पर पहुंचा कि याची को सुनवाई का अधिकार नहीं था। अभियोजन के लिए वह परव्यक्ति था और उसे दोषसिद्ध व्यक्तियों ने कोई प्राधिकार नहीं दिया था।[272]

---

269. *एस.पी. गुप्ता* बनाम *भारत का राष्ट्रपति*, ए.आइ.आर. 1982 एस.सी. 149।

270. *भारत संघ* बनाम *श्रीहरन*, 2015 (13) स्केल 629।

271. *कृष्णास्वामी* बनाम *भारत संघ* (1992) 4 एस.सी.सी. 605।

272. *एस.एस. मान* बनाम *भारत संघ* (1992) 4 एस.सी.सी. 653, साथ ही देखिए *जनता दल* बनाम *एच.एस. चौधरी* (1992) 4 एस.सी.सी. 305।

7.187 कुछ न्यायाधीशों और न्यायविदों ने लोकहित वाद के विरुद्ध चेतावनी दी है कि इसके कारण न्यायालयों का कार्यभार बढ़ जाता है और नियमित मामलों में विलंब होता है। एक प्रकार से लोकहितवाद ऐसे मामलों में न्यायालयों का हस्तक्षेप है जो कार्यपालिका के कार्यक्षेत्र में आते हैं। इसके कारण राज्य के विभिन्न अंगों के बीच संघर्ष होता है। न्यायालयों के पास अपना आदेश प्रवृत कराने के लिए कोई साधन नहीं है किंतु न्यायालयों ने अभावग्रस्त लोगों की सहायता करने में जो प्रतिबद्धता दिखाई है उस पर इन सब बातों से कोई अंतर नहीं पड़ता। साधारणतः लोकहित वादों का स्वागत हुआ है। इससे ऐसे लोगों को अनुतोष प्राप्त हुआ है जिन्हें यह ज्ञात भी नहीं था कि उनका संरक्षण करने और उनके कल्याण की चिंता करने के लिए कोई विधि है। अब लोक अधिकारी अपनी शक्तियों का प्रयोग करते समय अधिक सतर्क हो जाते हैं। जो शक्तियों का प्रयोग करते हैं उन्हें यह पता चल गया है कि हम जो काम करेंगे उसके लिए उत्तरदायी होंगे।

लोकहितवाद का प्रभाव।

लोकहितवाद का दुरुपयोग।

7.188 लोकहितवाद के संबंध में उच्चतम न्यायालय ने एक चेतावनी दी है। न्यायालय ने कहा[273],—

> यह अनुभव किया जा रहा है कि लोकहित वाद आज प्रचारहित वाद या निजीहित वाद बनता जा रहा है। लोकहितवाद सभी प्रकार के रोग दोष दूर करने के लिए रामबाण गोली या औषधि नहीं है। इसका उद्देश्य दुर्बल और विपन्न वर्ग के आधारिक मानव अधिकारों की रक्षा करना था। यह नवीन प्रक्रिया थी जिसमें लोकहित के निमित्त कार्य करने वाला व्यक्ति याचिका प्रस्तुत करता है। यह याचिका ऐसे व्यक्ति की ओर से की जाती है जो निर्धन, असहाय और आर्थिक तथा सामाजिक परिस्थितियों के कारण न्यायालय में प्रवेशकर अनुतोष नहीं मांग सकता...। इसका उद्देश्य यह नहीं था कि सरकार द्वारा लिए गए वित्तीय या आर्थिक निर्णय पर आक्षेप करने के लिए इसे अस्त्र के रूप में प्रयोग किया जाएगा।

उच्चतम न्यायालय ने यह कहा है कि शक्तियों के पृथक्करण का सम्मान किया जाना चाहिए। न्यायालयों को कार्यपालिका या विधायिका के क्षेत्र में प्रवेश नहीं करना चाहिए। उन्होंने यह बताया कि हाल ही में दिल्ली उच्च न्यायालय द्वारा पारित आदेशों के विषय थे नर्सरी में प्रवेश का आधार, अप्राधिकृत विद्यालय, हस्पतालों में निःशुल्क चिकित्सा, एंबुलेंस का दुरुपयोग, सार्वजनिक स्थान पर भिक्षा मांगना, भूमिगत पारपथ का उपयोग, ढहाने के लिए भवनों की पहचान, स्पीड ब्रेकर, सड़क जुर्माने में वृद्धि आदि। न्यायालय ने कहा कि ये सब विषय कार्यपालिका या विधायिका के थे। यदि कोई विधि विद्यमान है तो न्यायाधीश उसे प्रवृत्त करा सकते हैं। न्यायाधीश यह नहीं कर सकते कि पहले विधि निर्माण करें और फिर उसे प्रवृत्त कराएं।[274]

लोकहित वाद की जो बाढ़ आई थी वह कम नहीं हो रही है। उच्चतम न्यायालय ने यह कहा है कि अब समय आ गया है कि उन याचिकाओं की छंटनी की जाए जो कहने को तो लोकहित की है किंतु वास्तव में कुछ और ही हैं।[275] न्यायालय ने सावधान करते हुए यह कहा कि इन लोकहित वादों के कारण असंख्य दिन बर्बाद हो जाते हैं। लोकहित वाद एक शस्त्र है जिसका प्रयोग बड़ी सावधानी के साथ किया जाना चाहिए। न्यायपालिका को अत्यंत सावधानी के साथ यह देखना चाहिए कि लोकहितवाद के सुंदर पर्दे के पीछे कोई लोक अहित का कुरूप चेहरा न छिपा हो।[276] (देखिए आगे **अध्याय 36**)।

7.189 एक लोकहितवाद में याची ने पक्षपात आदि के अभिकथन किए और यह प्रार्थना की कि प्रथम इत्तिला रिपोर्ट (FIR) दर्ज की जाए, न्यायालय की देखरेख में अन्वेशन हो और राफेल वायुयान के क्रय का करार विखंडित कर दिया जाए। न्यायालय ने यह कहा कि इस मामले में

लोकहितवाद और राष्ट्रीय सुरक्षा, राफेल सौदा।

---

273. *बाल्को एम्प्लायीज यूनियन* बनाम *भारत संघ* (2002) 2 एस.सी.सी. 333।
274. *डिविजनल मैनेजर* बनाम *चंद्रहास* (2008), एस.सी.सी. 683 (पृ. 692 पर)।
275. *अशोक कुमार पांडे बनाम पश्चिमी बंगाल राज्य* (2004) 3 एस.सी.सी. 349।
276. *(डा.) बी. सिंह* बनाम *भारत संघ* (2004) 4 एस.सी.सी. 363।

अंतर्वलित संविदा राष्ट्र की प्रतिरक्षा और सुरक्षा के लिए निर्णायक महत्त्व की है। अतएव न्यायिक पुनर्विलोकन के लिए स्थान सीमित है। विषय-वस्तु से यह तय होता है कि न्यायालय किस स्तर की जांच कर सकता है। राष्ट्रीय सुरक्षा और विदेश नीति के विषयों में पुनर्विलोकन का क्षेत्र सीमित हो जाता है।[277]

राफेल मामले में सरकार ने सौदे की कीमत तय करने की प्रक्रिया का ब्यौरा एक सीलबंद लिफाफे में न्यायालय को प्रस्तुत कर दिया था। सरकार चाहती तो शासकीय गुप्त बात बताने से इन्कार कर सकती थी।

राष्ट्रीय सुरक्षा और विदेश नीति से संबंधित एक मामले में संयुक्त राज्य अमरीका के उच्चतम न्यायालय ने *ट्रंप* बनाम *हवाई*[278] में यह मत प्रकट किया कि ऐसे मामलों में न्यायिक पुनर्विलोकन का क्षेत्र बहुत सीमित है।

यह इस बात का उदाहरण है कि कुछ लोकहितवाद कुटिल उद्देश्य से किए जाते हैं।

7.190 **रिट।** अनुच्छेद 32 का खंड (2) उच्चतम न्यायालय को ऐसे निदेश, आदेश या रिट निकालने की शक्ति देता है जो समुचित हो। जो रिट उल्लिखित हैं वे हैं बंदी प्रत्यक्षीकरण, परमादेश, प्रतिषेध, अधिकार-पृच्छा और उत्प्रेषण।

संसद् को यह शक्ति है कि वह विधि बनाकर किसी न्यायालय को उपर्युक्त रिटें निकालने के लिए सशक्त कर दे। अभी तक ऐसी कोई विधि नहीं बनाई गई है अतएव केवल उच्चतम न्यायालय (अनु. 32) और उच्च न्यायालय (अनु. 226) ही ऐसी रिटें निकालने के लिए प्राधिकृत हैं।

7.191 **विशेषाधिकार रिट।** उपर्युक्त रिटों को इंग्लैंड में विशेषाधिकार रिटों और उच्च विशेषाधिकार रिटों के नामों से जाना जाता था। अधिकार रिट अर्थात् समन की रिट कोई भी वादकारी विहित फीस देकर प्राप्त कर सकता था। ये रिटें साधिकार प्राप्त की जा सकती थीं। विशेषाधिकार रिट तभी दी जाती थी जब न्यायालय का यह समाधान हो जाता था कि कोई हेतुक विद्यमान है और न्यायालय को अपनी असाधारण शक्ति का प्रयोग कर याची की सहायता करनी चाहिए।

ये रिटें सम्राट के विशेषाधिकार का प्रयोग करते हुए जारी की जाती थीं इसलिए इन्हें विशेषाधिकार रिट कहा जाता था।

अब हम विभिन्न रिटों पर विचार करेंगे।

7.192 **बंदी प्रत्यक्षीकरण।** इंग्लैंड में इसे *हैबियस कार्पस* कहते हैं जिसका शाब्दिक अर्थ है शरीर लेकर आओ। हिंदी नाम का भी यही अर्थ है कि बंदी को न्यायालय के समक्ष प्रत्यक्ष किया जाए। इस रिट के द्वारा न्यायालय ऐसे व्यक्ति को जिसे निरुद्ध किया गया है या कारावास में रखा गया है न्यायालय के समक्ष प्रत्यक्ष उपस्थित करा सकता है। ऐसा हो जाने पर न्यायालय उस व्यक्ति के निरुद्ध किए जाने के कारणों की परीक्षा करता है। यदि निरोध का कोई विधिक औचित्य नहीं है तो उसे स्वतंत्र कर दिया जाता है। उच्चतम न्यायालय ने यह अधिकथित किया है कि बंदी के शरीर को न्यायालय के समक्ष पेश करना इस रिट का सारवान लक्षण नहीं है।[279]

यह रिट निम्नलिखित परिस्थितियों में निकाली जाती है,—

(क) जहां निरोध प्रक्रिया के उल्लंघन में है जैसे, निरुद्ध व्यक्ति को विहित अवधि के भीतर मजिस्ट्रेट के समक्ष पेश नहीं किया गया है।

---

277. *मनोहरलाल शर्मा* बनाम *नरेन्द्र दामोदरदास मोदी* (2018) एस.सी.सी. ऑनलाइन 2807।

278. 585 यू.एस. (2018)।

279. *कानु सान्याल* बनाम *जिला मजिस्ट्रेट,* ए.आइ.आर. 1974 एस.सी. 510।

(ख) गिरफ्तारी का आदेश किसी विधि का उल्लंघन करता है। उदाहरण के लिए, आदेश मनमाना है।

(ग) किसी व्यक्ति को किसी प्राइवेट व्यक्ति ने निरुद्ध किया है।

(घ) किसी व्यक्ति को ऐसी विधि के अधीन निरुद्ध किया गया है जो असांविधानिक है।

(ङ) निरोध आदेश असद्‌भावी है।

यदि किसी व्यक्ति को वास्तव में निरुद्ध नहीं किया गया है तो यह रिट जारी नहीं की जाएगी।[280]

साधारण नियम यह है कि जो व्यक्ति रिट की याचिका करता है वह ऐसा व्यक्ति होना चाहिए जिसके अधिकार का अतिलंघन हुआ है। किंतु यह नियम बंदी प्रत्यक्षीकरण को लागू नहीं होता। जो व्यक्ति कारावास में निरुद्ध है उसके सामने बहुत सी अड़चनें हैं। विधि इस बात को समझती है और बंदी की ओर से उसके मित्र या किसी सामाजिक कार्यकर्ता या किसी अपरिचित व्यक्ति द्वारा भी याचिका पेश किए जाने की अनुमति देती है।

बंदी प्रत्यक्षीकरण की रिट तब नहीं निकाली जाएगी जब रिट के उत्तर में यह बताया गया है कि कोई व्यक्ति कारावास में इसलिए है कि उसे सक्षम न्यायालय ने कारावास का आदेश दिया है। यह रिट तब नहीं दी जाती जब किसी विधिमान्य विधि के अधीन शारीरिक निर्बंधन लगाए गए हैं। जहां यह दर्शाया जाता है कि याची को विधि के प्राधिकार के बिना गिरफ्तार किया गया और कारावास में रखा गया या विद्वेष के आशय से ऐसा किया गया तो न्यायालय धन के रूप में उपयुक्त प्रतिकर[281] दे सकता है या निदर्शक (अनुकरणीय) खर्चा लगा सकता है।[282] अर्थात् याची को दूसरे पक्षकार से खर्चे या प्रतिकर के रूप में पर्याप्त रकम दिला सकता है।

बंदी प्रत्यक्षीकरण से सेना न्यायालय के आदेशों के अधीन किसी व्यक्ति को इस सीमित आधार पर स्वतंत्र किया जा सकता है कि न्यायालय को अधिकारिता नहीं थी या नैसर्गिक न्याय के नियमों का उल्लंघन हुआ है।

यह रिट विधिक संरक्षक की सहायता के लिए दी जा सकती है जिससे वह किसी अन्य व्यक्ति से किसी बालक की अभिरक्षा प्राप्त कर सके। यह निवारक निरोध के मामलों में भी प्राप्त की जा सकती है।

बंदी प्रत्यक्षीकरण ऐसा उपचार है जो सबसे अशक्त या साधनहीन व्यक्ति को सर्वाधिक शक्तिमान प्राधिकारी के विरुद्ध उपलब्ध है। यह वह कुंजी है जो स्वतंत्रता के द्वार खोल देती है। यह इंग्लैंड में उपजी सबसे पुरानी रिट है जिससे प्रत्येक व्यक्ति की राज्य या किसी अन्य प्राइवेट व्यक्ति द्वारा निरुद्ध किए जाने पर रक्षा की जाती थी।[283]

परमादेश।

7.193 इंग्लैंड में इस रिट का नाम *मेंडमस* है जिसका अर्थ होता है समादेश या आदेश। यह एक समादेश है जिसमें किसी व्यक्ति, निगम, कनिष्ठ न्यायालय, सरकार या किसी लोक प्राधिकारी को रिट में विनिर्दिष्ट कोई काम करने या कृत्य संपादित करने के लिए निदेश दिया जाता है। यह रिट जागरण का शंखघोष है। यह सुप्त प्राधिकारी को उठकर, जागकर अपना सार्वजनिक कर्त्तव्य करने को कहती है। इसका उपयोग ऐसे प्राधिकारी को आदेश देने के लिए किया जाता है जो सार्वजनिक कर्त्तव्य करने से इंकार करता है। यह रिट सक्रियता की मांग करती है। यह प्राधिकारी को गतिमान बना देती है। परमादेश जारी किए जाने से पहले निम्नलिखित शर्तें पूरी होनी चाहिए,—

280. *महाराष्ट्र राज्य* बनाम *वी.पी. गवांडे* (2008) 3 एस.सी.सी. 613।

281. *रुदल शाह* बनाम *बिहार राज्य,* ए.आइ.आर. 1983 एस.सी. 1086।

282. *भीम सिंह* बनाम *जम्मू-कश्मीर राज्य,* ए.आइ.आर. 1986 एस.सी. 494।

283. *उम्मू सबीना* बनाम *केरल राज्य* (2011) 10 एस.सी.सी. 781।

1. याची को यह दिखलाना होगा कि उसका कोई विधिक अधिकार है और वह व्यक्ति जिसके विरुद्ध परमादेश की मांग की जा रही है उसका कोई विधिक कर्त्तव्य है।

2. यह कर्त्तव्य विधि द्वारा अधिरोपित होना चाहिए अर्थात् संविधान, अधिनियम, अधीनस्थ विधान आदि द्वारा।

3. याची ने विधिक कर्त्तव्य करने के लिए प्राधिकारी से समावेदन किया था किंतु प्राधिकारी ने न तो काम किया है और न करने से इंकार किया है। इसे संक्षेप में मांग और इंकार कहते हैं।

4. लोक प्राधिकारी ऐसी विधि के अधीन कार्य कर रहा है जो असांविधानिक है।

निम्नलिखित मामलों में परमादेश रिट जारी नहीं की जाएगी,—

(i) जहां कोई कार्य करने या न करने का विवेकाधिकार है अर्थात् प्राधिकारी का यह कर्त्तव्य नहीं है कि वह कार्य करे तो प्राधिकारी को अपने विवेकाधिकार का प्रयोग करने के लिए आदेश नहीं दिया जा सकता।[284]

(ii) किसी प्राइवेट व्यक्ति या संगठन के विरुद्ध परमादेश तभी किया जाएगा जबकि उन्हें कोई सार्वजनिक कर्त्तव्य सौंपा गया हो।

(iii) इस रिट का उपयोग सरकार के विरुद्ध किसी संविदा को प्रवृत्त कराने के लिए नहीं किया जा सकता। किंतु समुचित मामलों में सरकार द्वारा दिए गए किसी वचन को प्रवृत्त कराने के लिए जिस पर विश्वास करते हुए याची ने अपनी स्थिति इस प्रकार परिवर्तित कर दी है कि उसका अहित हो रहा है, विवाधक विबंध के रूप में यह रिट जारी की जा सकती है।[285]

(iv) किसी कंपनी के विरुद्ध चाहे वह सरकारी कंपनी ही क्यों न हों।

परमादेश निम्नलिखित के विरुद्ध नहीं किया जा सकता,—

(क) राष्ट्रपति या किसी राज्य के राज्यपाल के विरुद्ध अपने पद के कर्त्तव्य के प्रयोग या अनुपालन के लिए।

(ख) उच्च न्यायालय या न्यायिक हैसियत में काम करते हुए किसी मुख्य न्यायमूर्ति या न्यायाधीश के विरुद्ध। किंतु न्यायाधीश या मुख्य न्यायमूर्ति के विरुद्ध तब दी जा सकती है जब वह प्रशासनिक हैसियत में काम कर रहे हों और इसके माध्यम से नियुक्ति या अनुशासनिक आदेश आदि प्रश्नगत किए जा सकते हैं।[286]

(ग) कार्यपालिका को कि वह अधीनस्थ विधान की पुनः रचना करे।[287]

(घ) सरकार को कि वह कोई कर लगाए। कर उद्ग्रहण करने की शक्ति विधायी शक्ति है। न्यायालय उसके लिए आदेश नहीं दे सकता।[286]

(ङ) विधायिका को कि वह कोई विधि अधिनियमित करे।[286]

(च) रेल विभाग को कि वह डिब्बे जोड़े या घटाए अथवा रेलों के आवर्तन या समय सारणी की पुनरीक्षा करे।

(छ) प्राइवेट विद्यालयों को जिन्हें वित्तीय सहायता नहीं मिलती है कि वे शिक्षकों को सरकारी विद्यालयों के समान वेतन दें। यह संविदा का विषय है।

(ज) नियम बनाने वाले प्राधिकारी को कि वह एक विशिष्ट प्रकार के नियम बनाए।[288]

---

284. *भारत संघ* बनाम *एंग्लो अफगान एजेंसीज,* ए.आइ.आर. 1968 एस.सी. 718।

285. *मध्य प्रदेश राज्य* बनाम *जी.सी. मंडावर,* ए.आइ.आर. 1954 एस.सी. 493।

286. *मुख्य न्यायमूर्ति* बनाम *दीक्षितलु* (1979) 2 एस.सी.सी. 34।

287. *उत्तर प्रदेश राज्य* बनाम *महिंद्रा एंड महिंद्रा* (2011) 12 एस.सी.सी. 77।

288. *अशोक पांडे* बनाम *सुप्रीम कोर्ट आफ इंडिया* (2018) 5 एस.सी.सी. 341।

7.194 सामान्यतः न्यायालय परमादेश देता है और मामला अंतिम रूप से समाप्त हो जाता है। किंतु उच्चतम न्यायालय ने एक नया उपकरण **निरंतर परमादेश** का आविष्कार किया है। इसका उपयोग वहां करते हैं जहां न्यायालय को यह प्रतीत होता है कि किसी विषय को लगातार निगरानी या दृष्टि में रखना आवश्यक है और एक आदेश से न्याय नहीं हो सकेगा। इस प्रकार न्यायालय ने एक विशेष-अन्वेषण दल (SIT) गठित किया जिसे कुछ विशेष अन्वेषण करने का कार्य सौंपा गया। इसकी निगरानी न्यायालय ने की।

निरंतर परमादेश और विशेष अन्वेषण दल।

जब एक बार विशेष अन्वेषण दल अपनी अंतिम रिपोर्ट दे देता है तो वह रिपोर्ट विधि के अनुसार समुचित कार्रवाई के लिए सक्षम न्यायालय को भेज दी जाती है।[289]

7.195 प्रतिषेध की रिट किसी वरिष्ठ न्यायालय द्वारा किसी कनिष्ठ न्यायालय या अधिकरण को जारी की जाती है जिससे वह ऐसी अधिकारिता का प्रयोग करने की चेष्टा न करे जो उसमें निहित नहीं है। यह कनिष्ठ न्यायालय या अधिकरण को अपनी विधिक सीमाओं या अधिकारिता से बाहर जाने से प्रतिबंधित करती है और नैसर्गिक न्याय के नियमों का उल्लंघन करने से रोकती है।

प्रतिषेध।

न्यायालय प्रतिषेध की रिट निम्नलिखित परिस्थितियों में तुरंत प्रदान करता है,—

(क) जहां अधिकारिता का दोष अभिलेख को देखने से ही प्रकट हो जाता है अर्थात् वह बहुत स्पष्ट है और उसे दिखाने के लिए कोई बहस की आवश्यकता नहीं है।

(ख) जहां मूल अधिकार का उल्लंघन होता है।

(ग) जहां कनिष्ठ न्यायालय या अधिकरण ने अपील ग्रहण की है किंतु अधिनियम के अधीन कोई अपील नहीं हो सकती।

(घ) कनिष्ठ न्यायालय पक्षपात कर रहा है या पूर्वग्रह से ग्रस्त है।

(ङ) कोई प्राधिकारी ऐसी विधि के अधीन कार्य कर रहा है जो असांविधानिक या शक्ति बाह्य है।

यह ध्यान देने योग्य है कि प्रतिषेध की रिट न्यायिक या न्यायिक-कल्प कृत्यों के विरुद्ध ही दी जा सकती है अर्थात् न्यायालयों और अधिकरणों के विरुद्ध। यह रिट विधायी या कार्यपालिका कृत्यों के विरुद्ध नहीं दी जा सकती। प्राइवेट व्यक्तियों या संगमों के विरुद्ध यह रिट जारी नहीं होती।

प्रतिषेध की रिट उसी काल में जारी हो सकती है जबकि कार्यवाहियां किसी न्यायालय या अधिकरण के समक्ष लंबित हों। यदि न्यायालय या अधिकरण ने उस विषय में अंतिम आदेश पारित कर दिया है तो प्रतिषेध का आदेश नहीं होगा। जहां निर्वाचन अधिकरण ने अपना निष्कर्ष सुना दिया और निर्वाचन अर्जी को अंतिम रूप से निपटा दिया वहां यह अभिनिर्धारित हुआ कि प्रतिषेध की रिट जारी नहीं की जा सकती।[290]

7.196 जब भी कोई व्यक्ति-निकाय जिसे,—

उत्प्रेषण।

(क) जनता के अधिकार को प्रभावित करने वाले किसी प्रश्न को अवधारित करने का

(ख) विधिक प्राधिकार है, और

(ग) जिसका कर्त्तव्य है कि वह न्यायिक रीति से कार्य करे

(घ) अपने विधिक प्राधिकार के बाहर जाकर कार्य करता है

289. *जाकिया नसीम अहसान* बनाम *गुजरात राज्य* (2011) 12 एस.सी.सी. 302।

290. *हरि विष्णु कामथ* बनाम *सैयद अहमद* (1955) 1 एस.सी.आर. 1104।

तो उस विनिश्चय को विखंडित करने के लिए जो अधिकारिता के बाहर है उत्प्रेषण की रिट निकाली जाती है।[291]

ऊपर बताई गईं चारों दशाएं एक साथ विद्यमान होने पर ही उत्प्रेषण रिट निकाली जा सकती है। इन चारों दशाओं पर हम विचार करेंगे—

(क) **जनता के अधिकार को प्रभावित करने वाले किसी प्रश्न को अवधारित करने का**—प्राधिकारी के अवधारण से जनता के अधिकारों पर प्रभाव पड़ना आवश्यक है। अधिकार कुछ भी हो सकते हैं। वैयक्तिक, धन-संबंधी, स्वामित्व संबंधी या किसी अन्य प्रकार के। अधिकार कामन ला अधिकार या सांविधिक[292] अधिकार हो सकते हैं। जांच आयोग किसी व्यक्ति के अधिकार अवधारित नहीं करता इसलिए उसके विरुद्ध उत्प्रेषण की रिट जारी नहीं हो सकती।

(ख) **विधिक प्राधिकार है**—उत्प्रेषण ऐसे निकाय के विरुद्ध जारी होती है जिसमें विधिक प्राधिकार निहित हो। यह प्राइवेट व्यक्ति के विरुद्ध या घरेलू अधिकरण के विरुद्ध जिसे सांविधिक शक्ति नहीं है, जारी नहीं की जा सकती।

(ग) **जिसका कर्त्तव्य है कि वह न्यायिक रीति से कार्य करे**—इसका अर्थ है कि नैसर्गिक न्याय के नियमों का पालन किया जाना चाहिए और विनिश्चय करने वाले प्राधिकारी को ऋजु और युक्तियुक्त रीति से कार्य करना चाहिए। किसी भी प्रकार का पक्षपात या पूर्वग्रह नहीं होना चाहिए।

(घ) **अपने विधिक प्राधिकार के बाहर जाकर कार्य करता है**—न्यायिक या न्यायिक-कल्प प्राधिकारी बिना अधिकारिता के कार्य करता है या अधिकारिता की सीमा के बाहर कार्य करता है। नैसर्गिक न्याय के नियमों का उल्लंघन अधिकारिता के बाहर काम करना है। यदि कोई प्राधिकारी ऐसी भूल करता है जो अभिलेख के देखने मात्र से प्रकट हो जाती है तो ऐसे प्राधिकारी की भूल को उत्प्रेषण से सुधारा जा सकता है। उत्प्रेषण जारी करते समय न्यायालय अधीक्षण अधिकारिता का प्रयोग करता है अपीली अधिकारिता का नहीं। यदि अधिकरण अपने विनिश्चय में कोई भूल करता है तो उसका उपचार अपील से होगा उत्प्रेषण से नहीं। इसका कारण है कि उत्प्रेषण केवल विधि की भूल को ठीक करने के लिए जारी नहीं होगी। इसका एक मात्र अपवाद है अभिलेख के देखने मात्र से प्रकट होने वाली भूल। यह तब भी जारी होता है जब कोई आदेश कपट या दुरभिसंधि से प्राप्त किया गया हो या विनिश्चय में असद्भाव का दोष हो।

उत्प्रेषण केवल वरिष्ठ न्यायालय द्वारा जारी किया जा सकता है। उत्प्रेषण में कनिष्ठ न्यायालय या अधिकरण के आदेशों के विरुद्ध निदेश होता है। कोई न्यायालय स्वयं को या किसी ऐसे अधिकरण को जो उससे कनिष्ठ या उसके अधीनस्थ नहीं है उत्प्रेषण की रिट जारी नहीं कर सकता। उच्च न्यायालय स्वयं को अपने प्रशासनिक हैसियत के विरुद्ध रिट जारी कर सकता है किंतु न्यायिक हैसियत के विरुद्ध नहीं।[293] उच्च न्यायालय अपनी अधिकारिता के भीतर स्थित अधिकरण को ही उत्प्रेषण जारी कर सकता है।

एक उच्च न्यायालय दूसरे उच्च न्यायालय को रिट नहीं जारी कर सकता। उच्च न्यायालय की एक पीठ उसी न्यायालय की दूसरी पीठ को रिट जारी नहीं कर सकती।[294]

7.197 **नैसर्गिक न्याय।** उत्प्रेषण ऐसे प्राधिकारी के विरुद्ध जारी हो सकता है जो अधिकारिता के भीतर कार्य कर रहा है किंतु जिसने नैसर्गिक न्याय के सिद्धांतों के विरुद्ध कार्य किया है। (इस विषय का अध्याय 33—**नैसर्गिक न्याय** में विस्तार से विवेचन किया गया है।) नैसर्गिक न्याय के निम्नलिखित नियम हैं,—

291. *मुंबई प्रांत* बनाम *खुशालदास* (1950) एस.सी.आर. 621।
292. *सगीर अहमद* बनाम *उत्तर प्रदेश राज्य* (1955) 1 एस.सी.आर. 707।
293. *प्रद्योत* बनाम *मुख्य न्यायमूर्ति* (1955) 2 एस.सी.आर. 1331।
294. *रूपा अशोक हुर्रा* बनाम *अशोक हुर्रा* (2004) 4 एस.सी.सी. 388।

1. प्राधिकारी को चाहिए कि उस पक्षकार को युक्तियुक्त सूचना दे जिस पर प्रभाव पड़ना संभाव्य है जिससे वह अपने विरुद्ध जो अभिकथन किया गया है उसका ठीक प्रकार से उत्तर दे सके।

2. ऐसे पक्षकार को सुनवाई का युक्तियुक्त अवसर मिलना चाहिए। युक्तियुक्त क्या है यह प्रत्येक मामले की परिस्थिति पर निर्भर होगा। इस बात पर साधारण सहमति है कि प्रभावित पक्षकार को वह साक्ष्य प्रस्तुत करने का पूरा अवसर दिया जाना चाहिए जिसका वह अवलंब लेता है। प्रत्येक पक्षकार का साक्ष्य उसकी उपस्थिति में अभिलिखित किया जाना चाहिए। किसी पक्षकार की पीठ के पीछे कोई साक्ष्य नहीं लिया जाना चाहिए। किसी भी पक्षकार से कोई दस्तावेज छुपाए नहीं जाने चाहिए। विरोधी पक्षकार को साक्षियों की प्रतिपरीक्षा करने का अवसर दिया जाना चाहिए। इस नियम को **'दूसरे पक्ष को भी सुनो'** का नियम कहते हैं।

3. प्राधिकारी को उसके समक्ष सामग्री और गुणागुण पर विनिश्चय देना चाहिए। किसी वरिष्ठ अधिकारी के अनुदेश पर या पहले से निश्चित नीति के आधार पर निर्णय देना नैसर्गिक न्याय के नियम के विरुद्ध है।

4. जो व्यक्ति सुनवाई करता है उसे ही निर्णय करना चाहिए।

5. कोई भी व्यक्ति अपने मामले में स्वयं निर्णायक नहीं हो सकता।

पक्षपात।

7.198 पक्षपात या पूर्वग्रह से सभी विधिक कार्यवाहियां दूषित हो जाती हैं और परिणामस्वरूप अकृत हो जाती है। जो व्यक्ति निर्णय करता है उसका उस मामले में कोई हित नहीं होना चाहिए। यह हित 3 प्रकार का हो सकता है।

(i) **प्रत्यक्ष हित**—जहां न्यायाधीश एक पक्षकार है या साक्षी है या उसे तथ्यों की व्यक्तिगत जानकारी है तो उसे मामले की सुनवाई नहीं करना चाहिए क्योंकि कोई भी व्यक्ति अपने वाद में स्वयं निर्णायक नहीं हो सकता।

(ii) **धन संबंधी हित**—जहां निर्णायक का मामले में वित्तीय हित है। उदाहरणार्थ—न्यायाधीश को ऐसी कंपनी का वाद नहीं सुनना चाहिए जिसका वह शेयरधारक हो।

(iii) **व्यक्तिगत हित या पक्षपात**—व्यक्तिगत पक्षपात तब होता है जब निर्णायक एक पक्षकार का नातेदार है या विचारण के दौरान या उसके पहले किसी घटना के कारण वह किसी पक्षकार के प्रति शत्रुभाव रखता है।

ये सभी नियम एक सर्वमान्य सिद्धांत पर आधारित हैं। यह सिद्धांत है कि **न्याय केवल किया ही नहीं जाए बल्कि स्पष्ट रूप से और संदेह से परे दिखाई पड़ना चाहिए कि न्याय किया गया है।** न्यायाधीशों को संदेह से ऊपर होना चाहिए।

सकारण आदेश।

7.199 उच्चतम न्यायालय ने यह अधिकथित किया है[295] कि प्रत्येक न्यायिक या न्यायिक-कल्प प्राधिकारी को अपने विनिश्चय के कारण अभिलिखित करने चाहिए। यदि कोई कारण नहीं दिए जाते हैं तो अधीक्षण की अधिकारिता अर्थहीन हो जाएगी अर्थात् अधीक्षण नहीं हो पाएगा।

प्रतिषेध और उत्प्रेषण में अंतर।

7.200 प्रतिषेध और उत्प्रेषण की रिटों में कुछ समानताएं हैं। ये रिटें न्यायिक और न्यायिक-कल्प अधिकारियों के विरुद्ध दी जाती हैं। इनका उद्देश्य उन प्राधिकारियों को अपनी अधिकारिता की सीमा में बांधे रखना है, जिन आधारों पर वे निकाली जाती हैं वे भी मिलते जुलते हैं किंतु इन दोनों रिटों के प्रविषयों में तात्त्विक अंतर है।

ये कार्यवाही के विभिन्न प्रक्रमों पर जारी की जाती है। यदि कोई कनिष्ठ न्यायालय जिसे किसी मामले की अधिकारिता नहीं है उसे सुनवाई के लिए ग्रहण कर लेता है तो व्यथित व्यक्ति प्रतिषेध के लिए याचिका दे सकता है। यदि ऐसा न्यायालय मामले की सुनवाई पूरी करके अपना

295. *महाराष्ट्र एस.बी.* बनाम *गांधी* (1991) 2 एस.सी.आर. 716।

निर्णय दे देता है तो उचित रिट उत्प्रेषण की होगी प्रतिषेध की नहीं। उत्प्रेषण की रिट अधिकारिता के अभाव या अधिकारिता से बाहर जाने के आधार पर विनिश्चय विखंडित कर देती है। प्रतिषेध तब जारी की जाती है जब न्यायालय विनिश्चय देने के प्रक्रम तक नहीं पहुंचा है। विनिश्चय देना बाकी है। प्रतिषेध तब जारी होती है जब मामला निलंबित हो और कोई ऐसी बात हो जिसका निवारण किया जा सकता हो। विनिश्चय के बाद मामला निपट जाता है इसलिए उचित उपचार उत्प्रेषण ही होता है।

अधिकार-पृच्छा।

7.201 अधिकार-पृच्छा को अंग्रेजी में *को वारंटो* कहते हैं। अंग्रेजी के इस पद का अर्थ होता है कि आपकी नियुक्ति का आधार क्या है? हिंदी का पद भी यही अर्थ देता है। इस रिट द्वारा न्यायालय किसी व्यक्ति के किसी लोक पद या विशेषाधिकार के दावे की वैधता की परीक्षा करता है। यदि वह अपना विधिक अधिकार नहीं दिखा पाता है तो न्यायालय उसे हटा सकता है।

अधिकार-पृच्छा की रिट निम्नलिखित शर्तें पूरी करने पर जारी की जाती है,—

1. पद, लोकपद होना चाहिए अर्थात् सार्वजनिक प्रकृति का पद। ऐसा पद जिसमें जनता हितबद्ध है। किसी सोसाइटी या पूर्त न्यास के कोषागार का पद लोकपद नहीं है। महाधिवक्ता का पद लोकपद है और इसी प्रकार उच्च न्यायालय के न्यायाधीश का पद भी लोकपद है।

2. पद अधिष्ठायी पद होना चाहिए। इसका अर्थ यह है कि वह पद स्वतंत्र होना चाहिए। एक अनुसचिवीय पद जहां किसी व्यक्ति को किसी के सेवक के रूप में किसी अन्य के प्रसाद पर्यंत कृत्यों का निर्वहन करना होता है अधिष्ठायी पद नहीं है।

3. अधिकार-पृच्छा में याची अपने किसी अधिकार को प्रवृत्त नहीं कराना चाहता है।[296] यह आवश्यक नहीं है कि याची उस पद का दावेदार हो या उसका उस पद में व्यक्तिगत हित हो। अधिकार-पृच्छा की कार्यवाही इस नियम का अपवाद है कि केवल व्यथित व्यक्ति ही रिट के लिए आवदेन कर सकता है। इस रिट के लिए कोई भी सार्वजनिक कार्य करने वाला व्यक्ति न्यायालय में समावेदन कर सकता है।

यह आवश्यक नहीं है कि कार्यवाही में नियुक्ति करने वाले प्राधिकारी को पक्षकार बनाया जाए। यदि राज्यपाल ने किसी व्यक्ति को मुख्य मंत्री नियुक्त किया है तो मुख्य मंत्री के विरुद्ध अधिकार पृच्छा की रिट की याचिका में केवल मुख्य मंत्री का पद धारण करने वाला ही पक्षकार होगा। राज्यपाल को न्यायालय के समक्ष उत्तर देने के लिए बुलाना आवश्यक नहीं है।[297]

विभिन्न रिटों का एक दूसरे से भेद।

7.202 1. परमादेश सक्रिय होने का आदेश देता है। प्रतिषेध निष्क्रिय बनाता है। प्रतिषेध किसी प्राधिकारी को कार्यवाहियों के बीच में ही रोक देता है। वह अधिकारिता के हथियाए जाने को रोकता है।

2. परमादेश साधारणतः प्रशासनिक प्राधिकारियों को संबोधित होता है। उत्प्रेषण और प्रतिषेध साधारणतः न्यायालयों और अधिकरणों को नियंत्रित करते हैं।

3. उत्प्रेषण और प्रतिषेध कनिष्ठ अधिकरणों को नियंत्रित करने के उपकरण हैं। ऐसे अधिकरण को वे नियंत्रित करते हैं जो अधिकारिता से बाहर चला गया है या जिसने अपन अधिकारिता का गलत प्रयोग किया है। परमादेश ऐसे कनिष्ठ न्यायालय के विरुद्ध दिया जाता है जिसने अपनी अधिकारिता का प्रयोग करने से इंकार कर दिया है।

4. परमादेश किसी अधिकरण को यह निदेश देता है कि वह विधि के अनुसार कार्यवाही करे। उत्प्रेषण कार्यवाहियों को विखंडित कर देता है या अधिकारिता के अभाव के आधार पर या अभिलेख से देखते ही प्रकट होने वाली भूल के आधार पर कार्यवाही को अपने समक्ष मंगा लेता है।

---

296. *करकरे* बनाम *शेवड़े*, ए.आइ.आर. 1952 एस.सी. 333।

297. *बी.आर. कपूर* बनाम *तमिलनाडु राज्य* (2001) 7 एस.सी.सी. 231।

5. उत्प्रेषण और प्रतिषेध के जारी किए जाने के आधार बिल्कुल एक समान हैं। प्रतिषेध पूर्ववर्ती प्रक्रम पर जारी किया जाता है जब मामला समाप्त नहीं हुआ है जिससे कि अधिकरण आगे कार्यवाही न कर सके। उत्प्रेषण की रिट तब जारी की जाती है जब किसी अधिकरण ने जिसे अधिकारिता नहीं थी अधिकारिता का प्रयोग करके या जहां अधिकारिता थी वहां उसकी सीमाओं से आगे बढ़ कर कोई अंतिम विनिश्चय दे दिया है।

6. प्रतिषेध का उद्देश्य निवारण या रोकना है। उत्प्रेषण का उद्देश्य निवारण और उपचार करना दोनों हैं।

7. परमादेश किसी व्यक्ति को ऐसा कृत्य करने को कहता है जिसे करना विधिक कर्त्तव्य है। अधिकार-पृच्छा एक जांच है जो यह पता लगाने के लिए की जाती है कि उस व्यक्ति को जो कोई पद धारण कर रहा है वह पद धारण करने का प्राधिकार है या नहीं। यदि वह अपने दावे का समर्थन नहीं कर पाता है तो उसे पद रिक्त करने का आदेश दिया जा सकता है।

7.203 अनुच्छेद 32 द्वारा उच्चतम न्यायालय को मूल अधिकारों के प्रवर्तन के लिए निदेश, आदेश आदि जारी करने की शक्ति दी गई है। अनु. 226 के अधीन उच्च न्यायालय को मूल अधिकारों के प्रवर्तन के अतिरिक्त किसी अन्य प्रयोजन के लिए भी रिट जारी करने की शक्ति है।

अनुच्छेद 32 और 226।

इस प्रकार उच्च न्यायालय की शक्ति का विस्तार अपेक्षाकृत अधिक है।

उच्च न्यायालय की शक्ति किसी अन्य प्रयोजन के लिए भी काम आ सकती है। जबकि अनु. 32 के अधीन उच्चतम न्यायालय केवल मूल अधिकार को प्रवृत्त कराने के लिए प्रयोजन के लिए रिट निकाल सकता है।

अनुच्छेद 32 संविधान का आधारिक लक्षण है। संविधान का संशोधन करके इसका लोप नहीं किया जा सकता इसलिए व्यथित व्यक्ति सीधे उच्चतम न्यायालय पहुंच सकता है। यह आवश्यक नहीं है कि वह पहले उच्च न्यायालय का द्वार खटखटाए।

7.204 अनुच्छेद 33 मूल अधिकारों का अपवाद है। कार्यपालिका के कुछ अंग ऐसे हैं जहां स्वतंत्रता को नियंत्रित करना आवश्यक है। सैन्य बल, पुलिस, आसूचना अभिकरण ऐसे ही संगठन हैं जहां स्वतंत्रता को सीमित करना आवश्यक है। यह अनुच्छेद संसद् को यह शक्ति देता है कि वह विधि बनाकर वह सीमा तय करे जिसके भीतर अनु. 33 में विनिर्दिष्ट संगठनों के सदस्यों को मूल अधिकार उपलब्ध होंगे।[298]

अनुच्छेद 33।

सेना अधिनियम, नौ सेना अधिनियम, वायु सेना अधिनियम, सीमा सुरक्षा बल अधिनियम, और इसी प्रकार के अन्य अधिनियम अनु. 19(1)(ग) के अधीन संगम के अधिकार को सीमित करते हैं। पुलिस बल (अधिकारों का निर्बंधन) अधिनियम, 1966 में यह घोषित किया गया है कि पुलिस बल का कोई सदस्य किसी व्यवसाय संघ या श्रमिक संघ या राजनीतिक संगम का सदस्य नहीं हो सकता।

अनुच्छेद 33 के अधीन विधि बनाने की शक्ति केवल संसद् को है राज्य विधान-मंडलों को नहीं।

7.205 अनुच्छेद 34 ऐसी परिस्थिति अनुध्यात करता है जहां देश के किसी भाग में सेना विधि घोषित की गई है। यदि सेना विधि के दौरान व्यवस्था बनाए रखने में कोई अवैध बात की गई है तो संसद् को यह शक्ति दी गई है कि वह क्षतिपूर्ति अधिनियम पारित कर सकेगी। सेना विधि, अनु. 352(1) के अधीन उद्घोषणा से भिन्न है।

अनुच्छेद 34।

298. *भारत संघ* बनाम *एल.डी. बालम सिंह* (2002) 9 एस.सी.सी. 73।

अध्याय 8

राज्य की नीति के निदेशक तत्त्व

8.1 मूल अधिकार और निदेशक तत्त्वों का एक ही उद्‌भव है। 1928 के *नेहरू प्रतिवेदन*[1] में जिसमें भारत के लिए स्वराजी विधान बनाया गया था मूल अधिकारों को स्थान दिया गया था। इन अधिकारों में प्रारंभिक शिक्षा का अधिकार भी सम्मिलित था। 1945 के *सप्रू*[2] प्रतिवेदन में मूल अधिकारों को स्पष्ट रूप से दो भागों में बांटा गया था—न्यायालय द्वारा प्रवर्तनीय और अप्रवर्तनीय। संविधान सभा के सांविधानिक सलाहकार सर बी.एन. राव ने यह सलाह दी थी कि व्यक्तियों के अधिकारों को दो प्रवर्गों में विभाजित किया जाए। वे जिन्हें न्यायालय द्वारा प्रवृत्त कराया जा सकता है और वे जो इस प्रकार प्रवृत्त नहीं कराए जा सकते। उनके विचार में दूसरा प्रवर्ग राज्य के प्राधिकारियों के लिए नैतिक उपदेश के रूप में था। उनका सुझाव प्रारूप समिति ने भी स्वीकार किया। इसके परिणामस्वरूप न्यायालय द्वारा प्रवर्तनीय मूल अधिकार भाग 3 में हैं और निदेशक तत्त्व, जो अप्रवर्तनीय हैं, भाग 4 में हैं।

निदेशक तत्त्वों का इतिहास।

इन दोनों का उद्देश्य सामाजिक, आर्थिक और राजनीतिक न्याय तथा व्यक्ति की गरिमा और कल्याण की प्राप्ति है।

हमारे संविधान निर्माताओं ने आयरलैंड के संविधान के नमूने का अनुसरण किया। आयरलैंड के संविधान में राज्य के मार्गदर्शन के लिए सामाजिक नीति के सिद्धांत उल्लिखित हैं किंतु कोई भी न्यायालय उनका संज्ञान नहीं ले सकता।

8.2 अनुच्छेद 38 से 51 तक 17 निदेशक तत्त्व हैं। अनुच्छेद 39क, 43क, और 48क, 1976 में 42वें संशोधन अधिनियम द्वारा अंतःस्थापित किए गए। 44वें संशोधन अधिनियम से अनु. 38 में परिवर्तन किया गया। 2002 में पारित 86वें संविधान संशोधन अधिनियम द्वारा अनुच्छेद 45 के स्थान पर एक नया अनुच्छेद रखा गया है।

निदेशक तत्त्वों का वर्गीकरण।

निदेशक तत्त्वों का अनेक प्रकार से वर्गीकरण किया गया है। निदेशक तत्त्व की परिधि बहुत विस्तारवान है और वे जीवन के अनेक पहलुओं से संबद्ध है इसलिए कोई सर्वमान्य वर्गीकरण संभव नहीं है। हम उन्हें तीन समूहों में बांटेंगे। **(क)** वे तत्त्व जो कल्याणकारी राज्य के आधार हैं, **(ख)** वे निदेशक तत्त्व जो प्रतिष्ठा और अवसर की समानता सुनिश्चित करते हैं, और **(ग)** वे तत्त्व जो व्यक्ति के अधिकार जैसे हैं।

समूह **(क)** में अनु. 38(1), 38(2), 43, 47, 39(ख) और 39(ग) तथा 51 हैं। समूह **(ख)** में 40, 43ख, 44, 45, 46, 47, 48, 48क, 49 और 50 हैं, और तीसरे समूह **(ग)** में अनु. 39, 41, 42, 43क और अनु. 43 और 45 के कुछ भाग आएंगे।

---

1. *आल पार्टीज़ कांफ्रेंस कमेटी रिपोर्ट,* 1928। इसके अध्यक्ष मोतीलाल नेहरू थे इसलिए इसे नेहरू कमेटी रिपोर्ट कहा जाता है।

2. *सर तेजबहादुर सप्रू कमेटी के संविधान संबंधी प्रस्ताव,* 1945।

निदेश जो अन्य भागों में हैं।

8.3 संविधान में भाग 4 से भिन्न कुछ स्थानों में भी निदेश अंतर्विष्ट हैं। इन निदेशों का भी उतना ही महत्त्व है। अनुच्छेद 335 में यह कहा गया है कि सरकार में सेवाओं और पदों के लिए नियुक्तियां करने में अनुसूचित जातियों और अनुसूचित जनजातियों के दावों का, प्रशासन की दक्षता बनाए रखने की संगति के साथ, विचार किया जाएगा। अनुच्छेद 350क प्रत्येक राज्य और स्थानीय प्राधिकारी को यह आदेश देता है कि वह भाषाई अल्पसंख्यकों के लिए प्राथमिक स्तर पर मातृभाषा में शिक्षा की पर्याप्त व्यवस्था करे। अनुच्छेद 351 यह कहता है कि संघ का यह कर्तव्य होगा कि हिंदी भाषा का प्रसार बढ़ाए, विकास करे और उसकी समृद्धि सुनिश्चित करे।

मूल अधिकार और निदेशक तत्त्वों में अंतर।

8.4 मूल अधिकार और निदेशक तत्त्वों के उद्देश्य समान हैं किंतु दोनों के बीच महत्त्वपूर्ण अंतर है।

1. मूल अधिकार अधिकतर राजनीतिक अधिकार हैं जो राज्य पर लगाम लगाते हैं। इन्हें निषेधात्मक अधिकार भी कहा जाता है। अनुच्छेद 14 और 21 का रूप भी नकारात्मक है। निदेशक तत्त्व सामाजिक अधिकार हैं जो राज्य की सकारात्मक बाध्यता के रूप में है और जिनका संबंध आर्थिक क्षेत्र से है।
2. मूल अधिकारों का प्रविषय सीमित है किंतु निदेशक तत्त्वों का क्षेत्र बहुत विस्तृत है।
3. मूल अधिकारों को न्यायालय प्रवृत्त करा सकते हैं। न्यायालय उनकी रक्षा करते हैं और राज्य को विवश करते हैं कि वह अधिकारों का आदर करे। किंतु न्यायालय राज्य को यह निदेश नहीं दे सकते कि वह किसी निदेशक तत्त्व को प्रभावी करे। ये ऐसे अधिकार हैं जो न्यायालय के माध्यम से प्रवर्तनीय नहीं हैं।

मूल अधिकार और निदेशक तत्त्वों में संबंध।

8.5 मूल अधिकार विधि के माध्यम से प्रवर्तनीय हैं क्योंकि वे प्रत्याभूत अधिकार हैं किंतु निदेशक तत्त्वों को इस प्रकार प्रवृत्त नहीं कराया जा सकता। इस कारण दो परिस्थितियां उत्पन्न होती हैं,—

(क) किसी व्यक्ति द्वारा मूल अधिकार का प्रयोग निदेशक तत्त्व से असंगत हो सकता है—एक कसाई का अपना कारबार चलाने का अधिकार और अनु. 48 जिसमें गोवध का प्रतिषेध किया गया है।

(ख) किसी निदेशक तत्त्व को प्रभावी करने वाला विधान किसी मूल अधिकार का अतिलंघन करता है या उसे क्षीण करता है। न्यूनतम मजूदरी तय करने वाला विधान अनु. 19(1)(छ) के अधीन व्यापार के अधिकार का उल्लंघन करता है।

अनुच्छेद 31ग यह स्वीकार करता है कि ऐसी परिस्थितियां आ सकती हैं जिसमें मूल अधिकार और निदेशक तत्त्वों में संघर्ष हो। उसमें यह अधिकथित है कि यदि संविधान के भाग 4 में अंतर्विष्ट सिद्धांतों को क्रियान्वित करने के लिए कोई विधि अधिनियमित की जाती है तो उस पर इस आधार पर आक्रमण नहीं किया जा सकता है कि वह मूल अधिकार से असंगत है। ऐसी विधि मूल अधिकार पर अभिभावी होगी। इस प्रकार अनु. 31ग निदेशक तत्त्वों को क्रियान्वित करने वाली सभी विधियों को मूल अधिकारों पर प्राथमिकता देता है।

चंपकम्[3] में उच्चतम न्यायालय ने यह स्पष्ट रूप से कथन किया है,—

> निदेशक तत्त्वों को मूल अधिकार के अध्याय के अनुरूप और उनके सहायक के रूप में कार्य करना होगा।

डा. पी.के. त्रिपाठी ने न्यायालय के विचारों से असहमति प्रकट करते हुए यह कहा कि मूल अधिकारों को श्रेष्ठ कहना सही नहीं है। दोनों का समन्वित अर्थान्वयन किया जाना चाहिए।[4]

---

3. *मद्रास राज्य* बनाम *चंपकम्*, ए.आइ.आर. 1951 एस.सी. 228।
4. डा. पी.के. त्रिपाठी, *स्पाटलाइट्स आन कांस्टिट्यूशनल इंटरप्रेटेशन*, पृ. 291-322।

केरल शिक्षा विधेयक[5] में उच्चतम न्यायालय ने 1959 में समन्वयकारी निर्वचन का नियम अंगीकार किया। न्यायालय ने यह संप्रेक्षण किया कि समन्वयकारी अर्थान्वयन का सिद्धांत स्वीकार किया जाना चाहिए और मूल अधिकार तथा निदेशक तत्त्व, दोनों को, प्रभावी करने का प्रयास किया जाना चाहिए। *केशवानंद*[6] में न्यायालय ने एक बार फिर यह कहा कि इन दोनों में ऊंच-नीच का भेदभाव नहीं किया जाना चाहिए। न्यायालय ने दो सिद्धांत प्रतिपादित किए,—

1. मूल अधिकार और निदेशक तत्त्व दोनों समान रूप से मौलिक हैं यद्यपि निदेशक तत्त्वों को न्यायालय द्वारा प्रवर्तित नहीं किया जा सकता।

2. मूल अधिकार और निदेशक तत्त्व एक दूसरे के अनुपूरक हैं और एक दूसरे को पूर्णता प्रदान करते हैं।

मिनर्वा मिल्स[7] में न्यायालय ने फिर से यह कहा कि मूल अधिकार और निदेशक तत्त्वों के बीच समन्वय और संतुलन संविधान की आधारिक संरचना का आवश्यक लक्षण है। *मिनर्वा मिल्स*[7] के परिणामस्वरूप अनु. 31ग की अंतःस्थापना के पश्चात् भी निदेशक तत्त्वों को मूल अधिकारों पर प्राथमिकता नहीं दी जा सकती। उच्चतम न्यायालय ने पूर्ववर्ती निर्णयों में मूल अधिकारों की श्रेष्ठता बताते हुए जो मत अभिव्यक्त किया था वह अब बदल गया है। मूल अधिकार और निदेशक तत्त्व एक ही धरातल पर हैं। यदि उनमें कोई संघर्ष दिखाई पड़ता है तो न्यायालय को चाहिए कि न्यायिक पुनर्विलोकन की अपनी शक्ति का प्रयोग करते हुए उसका समाधान निकाले।

न्यायालय किसी विधि को जो निदेशक तत्त्वों से असंगत है शून्य घोषित नहीं कर सकते किंतु न्यायालयों ने ऐसी विधि को विधिमान्य ठहराया है जो निदेशक तत्त्व को क्रियान्वित करने के लिए अधिनियमित की गई थी।

संजीव कोक[8] में उच्चतम न्यायालय ने यह मत प्रकट किया कि *मिनर्वा मिल्स*[7] में न्यायालय की राय का यह प्रभाव है कि अनु. 31ग उस रूप में विद्यमान है जिसमें वह 42वें संशोधन के पहले था। वह केवल उन्हीं विधियों को सुरक्षा देता है जो अनु. 39(ख) और (ग) को क्रियान्वित करने के लिए बनाई गई हैं। *प्रापर्टी ओनर्स*[9] में उच्चतम न्यायालय की एक पीठ ने यह राय दी है कि *संजीव कोक*[8] पर पुनर्विचार किया जाना चाहिए।

मूल अधिकारों पर युक्तियुक्त निर्बंधन का निर्णय करने में निदेशक तत्त्वों की भूमिका।

8.6 मूल अधिकारों पर युक्तियुक्त निर्बंधन लगाए गए हैं या नहीं इसका निर्णय करने में सुसंगत आधार केवल वे ही नहीं हैं जो अनु. 19 या भाग 3 में दिए गए हैं। इसमें निदेशक तत्त्व भी सुसंगत हैं। यदि किसी मूल अधिकार पर कोई निर्बंधन निदेशक तत्त्व के पालन के उद्देश्य से लगाया गया है तो उसे युक्तियुक्त अभिनिर्धारित किया जाएगा।

तदनुसार न्यायालय ने यह अभिनिर्धारित किया कि मुंबई पशु परिरक्षण अधिनियम, 1954 जो अनु. 48 को प्रवृत्त करने के लिए पारित किया गया था और जिसके द्वारा गौ और गोवंश के वध पर प्रतिबंध लगाया गया है, मूल अधिकारों से असंगत नहीं है।[10]

निदेशक तत्त्वों का क्रियान्वयन।

8.7 केंद्र और राज्य के अनेक विधान ऐसे हैं जिनका जन्म इसलिए हुआ कि राज्य किसी निदेशक तत्त्व को क्रियान्वित करना चाहता था। संविधान के प्रारंभ होते ही पूरे देश में कृषि भूमि सुधार की लहर आई।

5. *केरल शिक्षा विधेयक* (1959) एस.सी.आर. 995।
6. *केशवानंद भारती* बनाम *केरल राज्य*, ए.आइ.आर. 1973 एस.सी. 1461।
7. *मिनर्वा मिल्स* बनाम *भारत संघ*, ए.आइ.आर. 1980 एस.सी. 1789।
8. *संजीव कोक कंपनी* बनाम *भारत कोकिंग*, ए.आइ.आर. 1983 एस.सी. 239।
9. *प्रापर्टी ओनर्स एसोसिएशन* बनाम *महाराष्ट्र राज्य*, 2001(2) स्केल 533।
10. *गुजरात राज्य* बनाम *मिर्जापुर मोती कुरेशी कसब जमात*, ए.आइ.आर. 2006 एस.सी. 212 (7 न्यायाधीश)।

अधिकांश राज्यों ने मध्यवर्ती (जिन्हें जमींदार, जागीरदार, मालगुजार, इनामदार आदि कहा जाता था) और अन्य आनुवंशिक स्वामित्व का उत्सादन कर दिया और भूमि कृषक की संपत्ति हो गई। कृषि भूमि अधिकतम सीमा अधिनियम पारित किए गए। ये सब अनु. 39(ख) से संबंध रखते हैं। इस निदेशक तत्त्व को क्रियान्वित करने के लिए संविधान का कई बार संशोधन किया गया। संविधान का 73वां संशोधन अधिनियम और उसके अधीन बनाए गए विधानों का उद्देश्य पंचायती राज्य की स्थापना है। इनके द्वारा जिला परिषदों, नगरपालिकाओं और पंचायतों को शक्तियां प्रदान की गई हैं। यह सब अनु. 40 को प्रभावी करते हैं।

1970 में 14 बैंकों का राष्ट्रीयकरण हुआ। 70 के दशक में सरकार ने बहुत से उद्योगों का प्रबंध अपने हाथ में ले लिया। यह सब अनु. 39(ख) और (ग) में अंतर्विष्ट निदेशक तत्त्वों को क्रियान्वित करने के लिए था। समान काम के लिए समान वेतन देने की गारंटी देने वाला अधिनियम, अनु. 39(घ) से संबंधित है। 1971 में संविधान के 26वें संशोधन से देशी रियासतों के शासकों को दिए गए प्रिवी पर्स बंद कर दिए गए। इस अवधि में संविधान के 28वें संशोधन द्वारा संसद् को इंडियन सिविल सर्विस के सदस्यों की सेवा की शर्तों में परिवर्तन करने की शक्ति दी गई।

ये सभी अनु. 39 में प्रतिष्ठित आदर्शों की प्राप्ति के लिए थे।

अनुच्छेद 43 में यह कहा गया है कि राज्य, ग्रामीण क्षेत्रों में कुटीर उद्योगों की अभिवृद्धि के लिए नीति बनाएगा। महात्मा गांधी कुटीर उद्योगों के पक्षधर थे। सरकार ने अपनी औद्योगिक नीति में बहुत सी मदें लघु उद्योगों के लिए आरक्षित कर दी हैं। राज्य द्वारा स्थापित बहुत से बोर्ड और आयोग इस निदेशक तत्त्व को क्रियान्वित करने के लिए काम कर रहे हैं। इनमें से कुछ हैं खादी और ग्रामोद्योग आयोग, अखिल भारतीय हस्तकला बोर्ड, अखिल भारतीय हस्तकरघा बोर्ड, रेशम बोर्ड और कयर बोर्ड। कुछ राज्यों में विधान बनाकर प्राथमिक शिक्षा को अनिवार्य बनाया गया है (अनु. 45)। अनुसूचित जातियों और जनजातियों के लिए तथा समाज के अन्य दुर्बल वर्गों के लिए प्रशिक्षण संस्थान, शिक्षा संस्थाएं, छात्रावास आदि स्थापित किए गए हैं।

जनता के जीवन स्तर को सुधारने के लिए, विशेषतया ग्रामीण क्षेत्रों में, कई स्कीमें प्रारंभ की गई हैं। जवाहर रोजगार योजना, एकीकृत ग्रामीण विकास कार्यक्रम, इंदिरा आवास योजना, मरुभूमि विकास कार्यक्रम, शिक्षा प्रत्याभूति स्कीम, सर्वशिक्षा अभियान आदि।

सहकारी सोसाइटियों का संवर्धन।

8.8 संविधान (97वां संशोधन) अधिनियम द्वारा एक नया निदेश, अनुच्छेद 43ख, जोड़ा गया है। इस अनुच्छेद में यह कहा गया है,—

> **अनुच्छेद 43ख** राज्य, सहकारी सोसाइटियों की स्वैच्छिक विरचना, उनके स्वशासी कार्यकरण, लोकतांत्रिक नियंत्रण और वृत्तिक प्रबंधन का संवर्धन करने का प्रयास करेगा।

मद्यनिषेध और नशाबंदी (अनु. 47) को गांधीजी बहुत महत्व देते थे। स्वतंत्रता के पश्चात् बहुत से राज्यों ने नशाबंदी लागू की। इसके क्रियान्वयन में असफलता के कारण भ्रष्टाचार खूब बढ़ा और नशे की बुराई घट नहीं पाई। हरियाणा ने 1996 में मद्यनिषेध किया और 2000 में उसे वापस ले लिया। धीरे धीरे गुजरात को छोड़कर सभी राज्यों ने विवश होकर मद्यनिषेध विधियों का निरसन कर दिया है। जनता ने अपने आचरण में गांधीजी के आदर्शों का पालन नहीं किया। मद्यनिषेध भारत में उतना ही असफल हुआ जितना कि अमरीका में हुआ था।

दंड प्रक्रिया संहिता, 1973 के द्वारा न्यायपालिका को कार्यपालिका से अलग कर दिया गया (अनु. 50)। इसके पहले भारतीय दंड संहिता के अधीन आने वाले मामलों का विचारण कार्यपालिका के अधिकारी करते थे। अब सभी दांडिक विचारण, न्यायाधीशों द्वारा न्यायालयों में किए जाते हैं और न्यायाधीशों का नियंत्रण उच्च न्यायालय के हाथ में होता है।

बहुत से राज्यों ने अनु. 48 का पालन करते हुए गाय, बैल और बछड़ों के वध को प्रतिषिद्ध करने के लिए अधिनियम बनाए हैं।

श्रमिकों से संबंधित अनेक अधिनियम अनु. 41, 42, 43, 43क आदि को लागू करने के उद्देश्य से बनाए गए हैं। इनके उदाहरण हैं: न्यूनतम मजदूरी अधिनियम, कर्मकार प्रतिकर अधिनियम, प्रसूति प्रसुविधा अधिनियम, औद्योगिक नियोजन (स्थायी आदेश) अधिनियम, कारखाना अधिनियम, आदि। संसद् द्वारा पारित जल प्रदूषण, वायु प्रदूषण, पर्यावरण प्रदूषण से संबंधित अधिनियम, वन (संरक्षण) अधिनियम और वन्य जीव (संरक्षण) अधिनियम संविधान के अनु. 48क को अग्रसर करने के लिए बनाए गए हैं।

अनुच्छेद 44—समान सिविल संहिता।

8.9 अनुच्छेद 44 एक ऐसा अनुच्छेद है जिसे क्रियान्वित करने में राज्य आनाकानी कर रहा है। इसमें पहला कदम 1954 में उठाया गया था जब विशेष विवाह अधिनियम पारित किया गया था। इसके बाद हिंदुओं की वैयक्तिक विधि में एकरूपता लाने के लिए 4 अधिनियम पारित किए गए। अनुच्छेद 44 इस संकल्पना पर आधारित है कि सभ्य समाज में धर्म और वैयक्तिक विधि के बीच कोई अनिवार्य संबंध नहीं है।[11] राज्य द्वारा हिंदू और मुसलमानों में विभेद किया जाना अन्याय है। हिंदुओं की पारंपरिक विधि को आधुनिक रूप देकर उसका संहिताकरण कर दिया गया है। मुस्लिम स्त्रियों को उन अधिकारों से वंचित करना जो हिंदू, ईसाई या अन्य महिलाओं को प्राप्त हैं उनके प्रति अन्याय है। अनुच्छेद 25 धार्मिक स्वतंत्रता की प्रत्याभूति देता है। अनुच्छेद 44 धर्म को वैयक्तिक विधि से अलग रखता है। अपराध या साक्ष्य से संबंधित मुस्लिम विधि अब लागू नहीं होती। सबको एक ही दंड और साक्ष्य विधि लागू होती है चाहे वे किसी भी धर्म को मानते हों। अब समय आ गया है कि विवाह, विवाह-विच्छेद, दत्तक-ग्रहण और उत्तराधिकार से संबंधित एक ही विधि सभी नागरिकों को लागू हो, चाहे वे किसी भी धर्म के अनुयायी हों। जब तक समान संहिता नहीं होगी तब तक भारत के लोग समामेलित होकर एकीकृत राष्ट्र नहीं बनेंगे। पंथनिरपेक्षता जो संविधान का आधारिक लक्षण है संविधान के उपबंधों को क्रियान्वित करके ही प्राप्त की जा सकती है और अनु. 44 की इसमें प्राणवान भूमिका है। अनुच्छेद 44 वह मार्ग दिखाता है जिससे सभी लोग, मुसलमानों सहित, मुख्यधारा में आ जाएंगे। यह स्पष्ट रूप से समझा जाना चाहिए कि समान सिविल संहिता का यह अर्थ नहीं है कि हिंदू विधि सभी को लागू होगी। इसका यह अर्थ है कि एक संहिता अधिनियमित की जाएगी जो सभी को लागू होगी।

स्त्रियों के विरुद्ध विभेद।

8.10 *टाइम्स आफ इंडिया* द्वारा किए सर्वेक्षण में (23 जून 1995) 84 प्रतिशत लोगों ने समान सिविल संहिता के पक्ष में मत दिया। 29 अगस्त 2005 को *इंडिया टुडे* में प्रकाशित सर्वेक्षण में 57 प्रतिशत लोग चाहते हैं। कि भारत में समान सिविल संहिता हो। सन् 2000 में संयुक्त राष्ट्र के तत्त्वावधान में समाहूत *"स्त्रियों के विरुद्ध सभी प्रकार के विभेदों का उन्मूलन करने के लिए अंतरराष्ट्रीय अभिसमय"* ने संकल्प पारित करके यह कहा कि भारत ने अपनी स्त्री जाति और उस सिद्धांत के प्रति विश्वासघात किया है जिस पर उसने 1953 में हस्ताक्षर किए थे। भारत को समान कौटुंबिक विधि की रचना करनी चाहिए। उक्त अभिसमय के अधीन भारत अपनी राष्ट्रीय विधि के अधीन स्त्री पुरुष में समानता सुनिश्चित करने के लिए बाध्य है। संसद को ऐसा अधिनियम बनाना चाहिए जिसके पंथ का वैयक्तिक विधि से कोई संबंध न रहे।

---

11. *सरला मुद्गल* बनाम *भारत संघ* (1995) 3 एस.सी.सी. 635।

मोहम्मद करीम छागला और एम.यू. बेग की राय।

8.11 यहां पर मुंबई उच्च न्यायालय के पूर्व मुख्य न्यायमूर्ति **न्या. मोहम्मद करीम छागला** के कथन का स्मरण करना उचित होगा।[12]

(अनुच्छेद 44) एक आज्ञापक उपबंध है जो सरकार पर आबद्धकर है।... संविधान संपूर्ण देश के लिए अधिनियमित किया गया था। वह संपूर्ण देश पर आबद्धकर है और प्रत्येक वर्ग तथा संप्रदाय को उसके उपबंधों और निदेशों को स्वीकार करना चाहिए।...

भारत के मुख्य न्यायमूर्ति **न्या. एम.यू. बेग** ने इस संबंध में यह लिखा[13]—

विवाह और उत्तराधिकार जैसे वैयक्तिक प्रश्न धर्म के विषय नहीं हैं। यह कहना तर्कविरुद्ध होगा कि उत्तराधिकार का जो नियम किसी हिंदू या सिक्ख कुटुंब के लिए न्यायपूर्ण है... वह किसी अन्य कुटुंब के लिए अन्यायकारी है क्योंकि वह किसी अन्य धर्म को मानता है।

मुस्लिम देशों द्वारा मुस्लिम विधि में परिवर्तन।

8.12 जब जब यह प्रश्न उठाया गया कि इस निदेशक तत्त्व को क्रियान्वित करने के लिए कोई विधि क्यों नहीं बनाई जाती तो एक के बाद एक आने वाली सरकारें यही उत्तर देती रही हैं कि यह तब तक नहीं होगा जब तक कि मुस्लिम समाज से यह मांग नहीं उठे। अनुच्छेद 44 में ऐसा कोई उपबंध नहीं है। एक महत्त्वपूर्ण निदेशक तत्त्व का क्रियान्वयन जनसंख्या के 12 प्रतिशत की राय पर आश्रित नहीं किया जा सकता। यह सांविधानिक विधि के सभी सिद्धांतों के प्रतिकूल है। यह ध्यान देने योग्य है कि बहुत से मुस्लिम देशों ने एक विवाह का नियम अपना लिया है और मुस्लिम विधि के अनेक नियम बदल दिए हैं। जिन देशों ने ऐसा किया है उनमें हैं, ईरान, ईजिप्त, मरक्को, जार्डन, सीरिया, तुर्की, ट्यूनिशिया और पाकिस्तान। मुख्य न्यायमूर्ति छागला बहुविवाह को स्त्री जाति का अपमान और हिंदू स्त्रियों और मुस्लिम स्त्रियों के बीच विभेद मानते थे। उच्चतम न्यायालय ने अनेक बार सरकार से यह अनुरोध किया है कि वह एक समान सिविल संहिता बनाए।[14]

ऐसा प्रतीत होता है कि भारत सरकार की नीति मुसलमानों की राय के अनुसार चलती है संविधान के सिद्धांतों के अनुसार नहीं। गत वर्षों में राजनीतिक दल अल्पसंख्यकों को वोट बैंक मानते रहे हैं और उनके पुरोहित वर्ग के माध्यम से उन्हें खुश रखने का प्रयत्न करते हैं।[15] इस पुरोहित वर्ग का अपने अनुयायियों को पिछड़ा रखने में निहित स्वार्थ है। तलाक-उल-बिद्दा या तीन तलाक को पैगंबर मोहम्मद साहब ने प्रतिबंधित कर दिया था। मुस्लिम देशों ने इसका उत्सादन कर दिया है, किंतु भारत में इसे वैधता प्राप्त है।

किशोर न्याय (बालकों की देखरेख और संरक्षण) अधिनियम।

8.13 किशोर न्याय (बालकों की देखरेख और संरक्षण) अधिनियम, 2000 एक पंथनिरपेक्ष विधि है जिसके द्वारा प्रत्येक व्यक्ति को चाहे वह किसी भी धर्म को मानता हो, एक बालक को दत्तक ग्रहण करने के लिए सशक्त किया गया है। यह अधिनियम विधिमान्य है। यह वैकल्पिक विधि है। यह किसी व्यक्ति को दत्तक लेने के लिए विवश नहीं करता है।

---

12. मोहम्मद करीम छागला, *प्ली फार ए यूनिफार्म सिविल कोड* मोतीलाल नेहरू व्याख्यान।

13. एम.यू. बेग, *इम्पैक्ट आफ सेक्युलरिज्म आन लाइफ एंड ला,* वर्ल्ड राउंड टेबल, 1973।

14. *अहमद* बनाम *शाह बानो* (1985) 2 एस.सी.सी. 556, *जार्डन* बनाम *चोपड़ा* (1985) 3 एस.सी.सी. 62, *सरला मुद्गल* बनाम *भारत संघ* (1995) 3 एस.सी.सी. 635।

15. अरुणा आसफ अली, *रिसर्जेंस आफ इंडियन विमेन*। श्रीमती अरुणा आसफ अली को उनकी मृत्यु के उपरांत भारत रत्न से सम्मानित किया गया।

अनुच्छेद 44 में जो लक्ष्य निर्धारित किया गया है, उसकी प्राप्ति के लिए यह एक छोटा सा पग है।[16]

8.14 अंत में यह कहना उचित होगा कि अब तक की सभी सरकारों ने अपने कर्तव्य की उपेक्षा की है। संविधान के अनु. 44 में दिए गए समादेश को क्रियान्वित करना राज्य का कर्त्तव्य है।

निष्कर्ष।

16. *शबनम हाशमी* बनाम *भारत संघ* (2014) 4 एस.सी.सी. 1।

अध्याय 9
मूल कर्त्तव्य

साधारण।

9.1 मूल कर्त्तव्य (अनु. 51क) मूलतः अंगीकृत संविधान के भाग नहीं थे। इन्हें 42वें संशोधन द्वारा 1976 में सम्मिलित किया गया। विश्व के प्रमुख प्रजातंत्रों में इस प्रकार की कर्त्तव्य सारणी नहीं है। उदाहरण के लिए अमरीका, आस्ट्रेलिया, कनाडा, फ्रांस, जर्मनी आदि में ऐसी कोई कर्त्तव्यों की सूची नहीं है। मानव अधिकारों की सार्वभौम घोषणा के अनु. 29(1) में कर्त्तव्यों के बारे में एक छोटा सा कथन है। वह इस प्रकार है,—

> प्रत्येक व्यक्ति के उस समुदाय के प्रति कर्त्तव्य हैं, जिसमें उसके व्यक्तित्व का उन्मुक्त और पूर्ण विकास संभव है।

निदेशक तत्त्वों से तुलना।

9.2 मूल कर्त्तव्यों की निदेशक तत्वों से तुलना की जा सकती है। ये कर्त्तव्य नागरिकों को संबोधित हैं। देश नागरिकों से यह अपेक्षा करता है कि वे कुछ कर्त्तव्यों का पालन करें। वे राष्ट्र के लक्ष्यों की प्राप्ति के लिए सक्रिय सहभागी हैं मात्र दर्शक नहीं। निदेशक तत्त्व संविधान द्वारा सभी सरकारों के लिए बताए गए ध्येय हैं। राज्य का यह कर्त्तव्य है कि विधि के निर्माण में उन सिद्धांतों को लागू करे (अनु. 37) किंतु यदि कोई राज्य किसी निदेशक तत्त्व को लागू नहीं करता है तो उसे दंडित नहीं किया जा सकता। इसके लिए कोई विधिक अनुशास्ति नहीं है। एक मात्र अनुशास्ति जनता की राय है। इसी प्रकार कर्त्तव्यों के साथ भी कोई अनुशास्ति नहीं जुड़ी है। प्रत्येक नागरिक को चाहिए कि वह अंतर्मुखी होकर विचार करे और इन कर्त्तव्यों को करने का प्रयास करे। अनुशास्ति उसे स्वयं लगानी होगी। ये कर्त्तव्य न्यायालय द्वारा प्रवृत्त नहीं किए जा सकते।

विधि की सांविधानिकता अवधारित करने के लिए न्यायालय निदेशक तत्त्वों पर दृष्टि डालते हैं। इसी प्रकार उचित मामलों में न्यायालय मूल कर्त्तव्यों पर भी समुचित ध्यान देंगे। न्यायालय ऐसी विधि को विधिमान्य ठहराएंगे जो ऐसे कार्य को प्रतिषिद्ध करती है जो कर्त्तव्यों के उल्लंघन में है।

प्रवर्तनीय तो नहीं हैं किंतु उत्तम मार्गदर्शक हैं।

9.3 मूल कर्त्तव्य न्यायालय के माध्यम से प्रवृत्त नहीं कराए जा सकते। किंतु वे बहुत मूल्यवान दिशादर्शन करते हैं और संविधान के निर्वचन में सहायक हो सकते हैं। न्यायालय ने यह अभिनिर्धारित किया है कि जब राज्य सांविधानिक मूल्यों को छोड़कर भटकने लगे तो इन कर्त्तव्यों को उपकरण बनाकर उस पर नियंत्रण करना चाहिए।[1]

कर्त्तव्यों की सूची।

9.4 अनुच्छेद 51क में प्रत्येक नागरिक के यह कर्त्तव्य बताए गए हैं,—

---

1. *एम्स स्टूडेंट्स यूनियन* बनाम *एम्स* (2002), एस.सी.सी. 428।

(क) संविधान का पालन करे और उसके आदर्शों, संस्थाओं, राष्ट्र ध्वज और राष्ट्र गान का आदर करे;

(ख) स्वतंत्रता के लिए हमारे राष्ट्रीय आंदोलन को प्रेरित करने वाले उच्च आदर्शों को हृदय में संजोए रखे और उनका पालन करे;

(ग) भारत की प्रभुता, एकता और अखंडता की रक्षा करे और उसे अक्षुण्ण रखे;

(घ) देश की रक्षा करे और आह्वान किए जाने पर राष्ट्र की सेवा करे;

(ङ) भारत के सभी लोगों में समरसता और समान भ्रातृत्व की भावना का निर्माण करे जो धर्म, भाषा और प्रदेश या वर्ग पर आधारित सभी भेदभाव से परे हो, ऐसी प्रथाओं का त्याग करे जो स्त्रियों के सम्मान के विरुद्ध हैं;

(च) हमारी सामासिक संस्कृति की गौरवशाली परंपरा का महत्व समझे और उसका परिरक्षण करे;

(छ) प्राकृतिक पर्यावरण की, जिसके अंतर्गत वन, झील, नदी और वन्य जीव हैं, रक्षा करे और उसका संवर्धन करे तथा प्राणिमात्र के प्रति दयाभाव रखे;

(ज) वैज्ञानिक दृष्टिकोण, मानववाद और ज्ञानार्जन तथा सुधार की भावना का विकास करे;

(झ) सार्वजनिक संपत्ति को सुरक्षित रखे और हिंसा से दूर रहे;

(ञ) व्यक्तिगत और सामूहिक गतिविधियों के सभी क्षेत्रों में उत्कर्ष की ओर बढ़ने का सतत् प्रयास करे जिससे राष्ट्र निरंतर बढ़ते हुए प्रयत्न और उपलब्धि की नई ऊंचाइयों को छू ले।

[2](ट) यदि माता-पिता या संरक्षक है, छह वर्ष तक की आयु वाले अपने, यथास्थिति, बालक या प्रतिपाल्य के लिए शिक्षा के अवसर प्रदान करे।

---

2. संविधान (86वां संशोधन) अधिनियम, 2002 द्वारा अंतः स्थापित।

अध्याय 10
संघ की कार्यपालिका

कार्यपालिका की शक्ति राष्ट्रपति में निहित है।

10.1 अनुच्छेद 52 में कहा गया है कि भारत में एक राष्ट्रपति होगा। अनुच्छेद 53 में यह घोषणा है कि संघ की कार्यपालिका शक्ति राष्ट्रपति में निहित होगी।

संघ की कार्यपालिका शक्ति अभिव्यक्त रूप से राष्ट्रपति में निहित की गई है। संविधान में इसके तत्समान कोई उपबंध नहीं है जिसके द्वारा विधायी और न्यायिक शक्ति राज्य के किसी विशिष्ट अंग में निहित की गई हो। न्यायिक शक्ति राज्य के किसी एक अंग में विहित नहीं की गई है इसलिए राज्य, न्यायालयों और अधिकरणों को न्यायिक शक्ति प्रदान कर सकता है।

विधायी शक्ति प्राथमिक रूप से विधान-मंडलों में विहित की गई है। संघ की विधायी शक्ति संसद् में और राज्य की राज्य के विधान-मंडलों में। किंतु यह माना जाता है कि विधान-मंडल अपनी विधायी शक्ति समुचित प्राधिकरण को प्रत्यायोजित कर सकते हैं। इसमें एक मात्र बंधन यह है कि विधान-मंडल अपनी सभी शक्तियां देकर स्वयं शक्तिहीन नहीं बन सकता। साथ ही जब शक्तियों का प्रत्यायोजन किया जाता है तो कुछ मार्गदर्शक नियम बनाए जाने चाहिए।

शक्तियों का पृथक्करण।

10.2 राज्य की शक्ति को तीन अंगों में विभाजित किया जाता है—कार्यपालिका, विधायिका और न्यायपालिका। सभी आधुनिक संविधानों में यह लक्षण है। शक्तियों के इस ऊर्ध्व विभाजन को **शक्तियों के पृथक्करण का सिद्धांत** कहते हैं। कुछ संविधानों में यह पृथक्करण बहुत स्पष्ट रूप से किया गया है जैसे अमरीका का संविधान। कुछ संविधानों में यह उतना स्पष्ट नहीं है।

शक्तियों के पृथक्करण के सिद्धांत का **जन्मदाता मान्टेस्क्यू**[1] को माना जाता है। उन्होंने इस सिद्धांत को इस प्रकार प्रतिपादित किया है,—

> जब विधायी और कार्यपालिका शक्तियां एक ही व्यक्ति या एक ही निकाय या अधिकारियों में एकत्र हो जाती हैं तो स्वतंत्रता बनी नहीं रह सकती। यदि न्यायिक शक्ति को विधायी और कार्यपालिका शक्ति से पृथक् नहीं किया जाता है तो भी स्वतंत्रता का अंत हो जाएगा। जब उसे विधायी शक्ति से जोड़ दिया जाता है तो जनता के प्राण और स्वतंत्रता पर मनमाने नियंत्रण का संकट आ जाता है क्योंकि जो विधायक है वही निर्णायक होगा। जब न्यायपालिका शक्ति को कार्यपालिका से संयुक्त कर दिया जाता है तो न्यायाधीश हिंसा और दमन का मार्ग अपना सकता है।

ब्लैकस्टोन को भी शक्तियों के एक ही हाथ में केंद्रित हो जाने की आशंका थी। उन्होंने संप्रेक्षण किया है।[2]

> जहां भी विधि को बनाने और प्रवृत्त करने का अधिकार एक ही व्यक्ति या मनुष्यों के एक ही निकाय में निहित होता है वहां जनता की स्वतंत्रता जीवित नहीं रह सकती।

---

1. मांटेस्क्यू, *ल'स्प्री दे लाय* (1748)।
2. ब्लेकस्टोन, *कमेंटरीज,* जिल्द 1, पृ. 269।

10.3 अमरीकावासियों को ब्रिटिश संसद् के व्यवहार का दुखद अनुभव हुआ। ब्रिटेन की संसदीय प्रणाली में कार्यपालिका और विधायिका के बीच कोई कठोर पृथक्करण नहीं है। प्रधान मंत्री कार्यपालिका में शीर्षस्थ होता है और बहुमत वाले दल का नेता होने के कारण संसद् पर नियंत्रण रखता है। ब्रिटेन की पार्लमेंट ने अमरीकी उपनिवेशों को प्रतिनिधित्व नहीं दिया और मनमाने ढंग से कर लगाए। इसके कारण उपनिवेशों को अपनी स्वतत्रंता के लिए संघर्ष करना पड़ा जिसके परिणामस्वरूप संयुक्त राज्य अमरीका स्वतंत्र राष्ट्र हो गया। अमरीकावासी विधायी और कार्यपालिका शक्ति को मिश्रित करना एक दुर्गुण या खतरा मानता है, जिससे बचा जाना चाहिए। मेडिसन ने, जो अमरीका के संविधान के रचयिताओं में से एक थे, यह मत व्यक्त किया है कि विधायी, कार्यपालिका और न्यायिक—इन सभी शक्तियों का एकत्रीकरण चाहे वह एक के या कुछ के या बहुतों के हाथ में हो, अंत में चलकर अत्याचार का रूप ले लेता है।

अमरीका का अनुभव।

अमरीकी संविधान के निर्माताओं ने संविधान के तीन भिन्न भिन्न अनुच्छेदों द्वारा तीन सुभिन्न प्राधिकारियों में ये तीन शक्तियां विहित की। सभी विधायी शक्तियां, कांग्रेस में निहित हैं। कार्यपालिका शक्ति राष्ट्रपति में और न्यायिक शक्ति उच्चतम न्यायालय में निहित है।

10.4 यह ध्यान देने योग्य है कि व्यवहार में इन शक्तियों को दीवार खींच कर अलग नहीं रखा जा सकता। इन शक्तियों की परस्पर अभिक्रिया और अंतर्भाव आवश्यक है यद्यपि इनके प्रवाह को सीमित किया जा सकता है। अमरीकी संविधान में राष्ट्रपति कांग्रेस को संदेश भेज सकता है और उसे वीटो का अधिकार है। यह विधायी शक्तियां हैं। कांग्रेस को कुछ व्यक्तियों का विचारण करने का अधिकार है। इस विचारण को महाभियोग कहते हैं। यह न्यायिक शक्ति है। अमरीकी सीनेट कुछ नियुक्तियों और संधियों का अनुमोदन करती है वास्तव में यह कार्यपालिका शक्ति है। सरकार कोई मशीन नहीं है वह एक जीवंत संस्था है। सरकार के सभी अंगों के समक्ष एक सामान्य कार्य और प्रयोजन है। यह अनिवार्य है कि वे एक दूसरे से सहकार करें। इसलिए शक्तियों का पृथक्करण एक सीमा तक ही हो सकता है। इसे मतांध होकर अधिरोपित नहीं किया जा सकता।

संपूर्ण पृथक्करण संभव नहीं है।

गत वर्षों में इस नियम के कुछ अपवाद निकले हैं जिन्हें मान्यता मिली है। सरकार के प्रत्येक विभाग को कुछ अनुषंगी शक्तियों का प्रयोग करना पड़ता है जो उसके सारवान कृत्यों से भिन्न हैं। न्यायालयों को नियम बनाने की शक्ति दी जाती है। बहुत से विनियामक और प्रशासनिक अभिकरण नियम भी बनाते हैं और शिकायतों और विवादों का निपटारा भी करते हैं। यह स्वीकार किया जाता है कि प्रशासनिक प्राधिकारियों द्वारा अधीनस्थ विधान और न्यायिक कार्य किया जाना विधायी-कल्प और न्यायिक-कल्प कार्य हैं।

शक्तियों के पृथक्करण के सिद्धांत से केवल इतना अभिप्रेत है कि सरकार का कोई अंग या विभाग किसी अन्य अंग के कृत्यों को हथियाए नहीं। उदाहरण के लिए, विधान-मंडल का यह कर्त्तव्य है कि वह विधायी नीति निर्धारित करे और विधि के साधारण सिद्धांत अधिकथित करे। यह विधान-मंडल का न्यूनतम सारवान कृत्य है जो किसी अन्य अंग को अंतरित नहीं किया जा सकता या उसके द्वारा लिया नहीं जा सकता।

10.5 हमारे संविधान में शक्तियों का कठोरता से पृथक्करण नहीं किया गया है। *दिल्ली लाज एक्ट वाले वाद*[3] में उच्चतम न्यायालय ने यह स्पष्ट रूप से कहा कि राज्य का कोई भी अंग संविधान द्वारा उसे दिए गए सारवान कृत्यों को किसी और को नहीं सौंप सकता। यह **सांविधानिक न्यास के सिद्धांत** पर आधारित है। विधायी और न्यायिक शक्तियां विशिष्ट निकायों में निहित नहीं की गई हैं। किंतु

कठोर पृथक्करण नहीं है।

3. *दिल्ली विधि अधिनियम का मामला* (1951) एस.सी.आर. 747।

संविधान यह बताता है कि प्रत्येक सांविधानिक इकाई की शक्तियां और कृत्य क्या हैं। विधि बनाने का कार्य साधारणतः विधान-मंडल में निहित है किंतु अनु. 123 और अनु. 213 अध्यादेश जारी करने की शक्ति क्रमशः राष्ट्रपति और राज्यपाल को प्रदान करते हैं। इस शक्ति का प्रयोग सुसंगत दशाओं और शर्तों के अनुसार किया जाना चाहिए। हमारा संविधान विभिन्न अंगों को विभाजित करने के लिए उनके बीच चीन की दीवार नहीं खड़ी करता। *केशवानंद*[4] में उच्चतम न्यायालय ने यह अधिकथित किया है कि पृथक्करण की शक्ति संविधान का आधारिक लक्षण है जिसे संविधान का संशोधन करके क्षीण नहीं किया जा सकता।

शासन की राष्ट्रपतीय और संसदीय प्रणालियां।

10.6 हमारा संविधान राष्ट्रपति के पद का सृजन करता है किंतु शासन की प्रणाली राष्ट्रपतीय नहीं है।

शासन की राष्ट्रपतीय और संसदीय प्रणाली को समझना चाहिए और उनमें क्या भेद हैं यह ध्यान में रखना चाहिए। राष्ट्रपति प्रणाली के मुख्य लक्षण इस प्रकार हैं,—

1. राष्ट्रपति राज्य का अध्यक्ष होता है और साथ ही शासनाध्यक्ष का भी। वह राज्य व्यवस्था में शीर्षस्थ होता है और राष्ट्र के जीवन में भी। वह वास्तव में कार्यपालक होता है नाममात्र का नहीं। उसमें जो शक्तियां निहित हैं उनका वह व्यवहार में और वास्तव में उपयोग करता है।

2. सभी कार्यपालिका शक्तियां राष्ट्रपति में निहित होती हैं। राष्ट्रपति द्वारा नियुक्त मंत्रिमंडल उसे केवल सलाह देता है। यह आवश्यक नहीं है कि वह उनकी सलाह माने। वह उनकी सलाह लेकर अपने विवेक के अनुसार कार्य कर सकता है।

3. राष्ट्रपति जनता द्वारा प्रत्यक्ष रूप से निर्वाचित होता है। राष्ट्रपति के पद की अवधि विधान-मंडल की इच्छा पर आश्रित नहीं है। विधान-मंडल न तो राष्ट्रपति का निर्वाचन करता है और न उसे उसके पद से हटा सकता है।

4. राष्ट्रपति और मंत्रिमंडल के सदस्य, विधान-मंडल के सदस्य नहीं होते। राष्ट्रपति विधान-मंडल की अवधि के अवसान के पूर्व उसका विघटन नहीं कर सकता। विधान-मंडल राष्ट्रपति की अवधि को महाभियोग द्वारा ही समाप्त कर सकता है अन्यथा नहीं। इस प्रकार राष्ट्रपति और विधान-मंडल नियत अवधि के लिए निर्वाचित होते हैं और एक दूसरे से स्वतंत्र होते हैं। एक का दूसरे में हस्तक्षेप नहीं होता।

(संसदीय प्रणाली के लिए देखिए पैरा 11.1 और 11.2)।

राष्ट्रपतीय प्रणाली के लाभ।

10.7 राष्ट्रपति प्रणाली से निम्नलिखित लाभ होते हैं।

क. **स्थायित्व**—राष्ट्रपति नियत अवधि तक पद धारण करता है। वह पद में बने रहने के लिए विधान-मंडल पर आश्रित नहीं होता इसलिए सरकार को स्थायित्व मिलता है।

ख. **त्वरित निर्णय**—सभी कार्यपालिका शक्तियां एक ही व्यक्ति में अर्थात् राष्ट्रपति में निहित होती हैं। युद्ध या आपात या अन्य किसी राष्ट्रीय संकट के समय वह तुरंत निर्णय ले सकता है। उसे मंत्रिमंडल की सहमति प्राप्त करने में अपनी ऊर्जा लगाने की आवश्यकता नहीं होती।

ग. **विशेषज्ञों की भूमिका**—राष्ट्रपति ऐसे व्यक्तियों को अपना सलाहकार बनाने के लिए स्वतंत्र है जिन्हें वह ठीक समझे। वह विभिन्न विभागों के अध्यक्ष के रूप में काम करने के लिए विशेषज्ञों को चुन सकता है। इन अध्यक्षों से ही उसका मंत्रिमंडल बनता है या दूसरे शब्दों में ये अध्यक्षगण ही मंत्रिमंडल होते हैं। संसदीय प्रणाली में मंत्रीगण उनकी किसी क्षेत्र में प्रशासनिक योग्यता या विशेषज्ञता के आधार पर नियुक्त नहीं किए जाते। उनकी नियुक्ति के पीछे राजनीतिक कारण होते हैं।

---

4. *केशवानंद भारती* बनाम *केरल राज्य*, ए.आइ.आर. 1461।

घ. **दलों का विभाजन प्रमुख नहीं होता**—राष्ट्रपति जब पद धारण कर लेता है तब राष्ट्र के नेता के रूप में स्वीकार कर लिया जाता है। वह किसी एक दल का नेता नहीं रह जाता। वह प्रत्येक समस्या को राष्ट्रीय समस्या के रूप में देखता है। दल के दृष्टिकोण से नहीं। इससे राष्ट्र में एकता और समरसता का निर्माण होता है। संसदीय प्रणाली में दल के विभाजन कभी समाप्त नहीं होते। प्रधान मंत्री सदैव अपने आप को एक विशेष दल का नेता समझता है।

ङ. **विधायिका और कार्यपालिका शक्तियों का पृथक्करण**—राष्ट्रपतीय प्रणाली की सरकार शक्तियों के पृथक्करण के सिद्धांत पर आधारित होती है। इसमें राज्य के विभिन्न अंगों को उनके लिए आबंटित क्षेत्र में रखने के लिए अवरोध और संतुलन की व्यवस्था रहती है। इस व्यवस्था में स्वतंत्रता अधिक सुरक्षित रहती है। संसदीय प्रणाली में विधायी और कार्यपालिका शक्तियां प्रधान मंत्री की अध्यक्षता में मंत्रिमंडल में संकेंद्रित होती है। इसके कारण कभी कभी मानव अधिकारों पर संकट छा सकता है।

राष्ट्रपतीय प्रणाली के दोष।

10.8 राष्ट्रपतीय प्रणाली में पूरे राष्ट्र के लिए विचार करने और योजना बनाने का उत्तरदायित्व एक ही व्यक्ति पर होता है, अर्थात् राष्ट्रपति पर। शक्ति के इस संकेंद्रण से कभी कभी अधिनायकवाद जन्म ले लेता है। सामूहिक नेतृत्व में अपना सुधार स्वयं कर लेने का सामर्थ्य होता है। राष्ट्रपति प्रणाली में यह गुण नहीं होता।

राष्ट्रपति को हो सकता है ऐसे विधान-मंडल से व्यवहार करना पड़े जो उसके प्रति मैत्री भाव न रखता हो और उसके अनुकूल न हो। संसदीय प्रणाली में प्रधान मंत्री द्वारा उद्घोषित नीतियों का विधान-मंडल अनुसरण करता है। यदि संसद् नीति को अस्वीकार कर देती है तो उसके परिणामस्वरूप या तो नया प्रधान मंत्री आएगा या नई संसद्। राष्ट्रपति प्रणाली में विधान-मंडल राष्ट्रपति की नीतियों पर मोहर नहीं लगाता। राष्ट्रपति को प्रयासपूर्वक विधान-मंडल को मनाना पड़ता है जिससे वह राष्ट्रपति की नीतियों का अनुसरण करे। राष्ट्रपति और विधान-मंडल के बीच तनाव और मतभेद दैनंदिन की राजनीतिक घटनाएं हैं। विधान-मंडल और राष्ट्रपति के बीच सहकारिता का अभाव विधान-मंडल को निर्बल बनाता है।

राष्ट्रपति प्रणाली में उत्तरदायित्व का निर्धारण सावधिक है। जनता राष्ट्रपति से उत्तर तभी मांग सकती है जबकि नए राष्ट्रपति का चुनाव होने वाला हो। संसदीय प्रणाली में सरकार को प्रतिदिन उत्तर देना होता है क्योंकि विधान-मंडल के प्रत्येक सत्र में सरकार को अपने कार्य का औचित्य बताना पड़ता है।

भारत का राष्ट्रपति।

10.9 भारत में राष्ट्रपति कार्यपालिका का अध्यक्ष भी है। वह पांच वर्ष की नियत अवधि के लिए निर्वाचित होता है। उसे संसद् महाभियोग की प्रक्रिया के अनुसार ही हटा सकती है। हमने संसदीय प्रणाली अपनाई है इसलिए राष्ट्रपति सांविधानिक अध्यक्ष है। वास्तविक कार्यपालिका शक्ति मंत्रिमंडल में निहित है। प्रधान मंत्री मंत्रिमंडल का अध्यक्ष होने के नाते कार्यपालिका का वास्तविक अध्यक्ष है। राष्ट्रपति लगभग ब्रिटेन के सम्राट जैसा है।[5] वह कार्यपालिका का औपचारिक अध्यक्ष है। वास्तविक शक्तियां प्रधान मंत्री में निहित होती हैं।

राष्ट्रपति को मंत्रि-परिषद् की सहायता और सलाह से कार्य करना होता है।

10.10 राष्ट्रपति की स्थिति का सही सही आंकलन करने के लिए अनु. 53, 74 और 75 के प्रति निर्देश करना आवश्यक है। अनुच्छेद 53 संघ की कार्यपालिका शक्ति राष्ट्रपति में निहित करता है। अनुच्छेद 74 यह समादेश करता है कि राष्ट्रपति को सहायता और सलाह देने के

5. *रामजवाया कपूर* बनाम *पंजाब राज्य* (1956) 2 एस.सी.आर. 225।

लिए एक मंत्रि-परिषद् होगी। आगे यह भी विहित है कि **राष्ट्रपति ऐसी सलाह के अनुसार** कार्य करेगा। अनुच्छेद 75(3) में यह कथित है कि मंत्रि-परिषद् लोक सभा के प्रति सामूहिक रूप से उत्तरदायी होगी। संविधान में ऐसा कोई अनुच्छेद नहीं है जिसमें यह कहा गया हो कि राष्ट्रपति लोक सभा के प्रति उत्तरदायी है। अनुच्छेद 75(3) में जो अभिव्यक्त उपबंध है वह संसदीय प्रणाली की सरकार की आधारशिला है। संघ के क्रियाकलापों के बारे में निर्णय लेने के लिए मंत्रि-परिषद् को सर्वोच्च प्राधिकार है क्योंकि उसमें यह प्राधिकार विहित किया गया है और उसे लोक सभा के प्रति उत्तरदायी बनाया गया है। राष्ट्रपति पदनाम से या औपचारिक रूप से अध्यक्ष होने के नाते अपनी समस्त शक्तियों और कृत्यों का प्रयोग मंत्रि-परिषद् की सहायता और सलाह से करता है। *यू.एन. राव* बनाम *इंदिरा गांधी*[6] में उच्चतम न्यायालय ने स्पष्ट रूप से यह अधिकथित किया कि मंत्रि-परिषद् का कार्यपालिका और विधायिका दोनों पर वास्तविक नियंत्रण होता है। अनुच्छेद 74(1) को अनु. 75(2) और 75(3) के साथ पढ़ने पर यह स्पष्ट हो जाता है कि राष्ट्रपति मंत्रि-परिषद् की सहायता और सलाह के बिना कार्यपालिका शक्ति का प्रयोग नहीं कर सकता। इस प्रस्थापना को *शमशेर सिंह*[7] में स्पष्ट किया गया है। उस मामले में उच्चतम न्यायालय ने यह कहा कि राष्ट्रपति और राज्यपाल, दोनों ही, औपचारिक अध्यक्ष हैं जब कभी संविधान राष्ट्रपति या राज्यपाल के समाधान की अपेक्षा करता है तो उसका तात्पर्य मंत्रि-परिषद् का समाधान होता है जिसकी सहायता और सलाह से राष्ट्रपति या राज्यपाल अपनी शक्तियों और कृत्यों का प्रयोग करते हैं।

अपवाद।

10.11 ऐसा प्रतीत होता है कि राष्ट्रपति सदैव मंत्रि-परिषद् की सलाह से कार्य करेगा। इस नियम के कुछ अपवाद हैं। ये अपवाद निम्नलिखित हैं,—

(क) *प्रधान मंत्री की नियुक्ति*—प्रधान मंत्री का चयन करने में राष्ट्रपति को यह पता लगाना है कि कौन सा दल लोक सभा में बहुमत में है। यदि किसी दल का स्पष्ट बहुमत है तो राष्ट्रपति के पास कोई विकल्प नहीं है। किंतु यदि स्पष्ट बहुमत नहीं है और बहुत से छोटे-छोटे दल मिलकर एक संयुक्त दल, गठबंधन या मोर्चा बनाते हैं तो राष्ट्रपति को अपनी विवेक बुद्धि और न्यायपूर्ण ऋजु और निष्पक्ष रीति से काम करना होगा।

(ख) जब कोई प्रधान मंत्री जिसने लोक सभा का विश्वास खो दिया है राष्ट्रपति को लोक सभा का विघटन करने की सलाह देता है तो राष्ट्रपति को स्वतंत्र बुद्धि से यह निर्णय लेना होगा कि क्या ऐसा करना राष्ट्र के हित में होगा। राष्ट्रपति को ऐसी मंत्रि-परिषद् की सलाह को आंख मूंदकर स्वीकार नहीं करना चाहिए जिसे लोक सभा का विश्वास प्राप्त नहीं है। यदि अनुकल्पी सरकार बनाना संभव है तो राष्ट्रपति को विघटन नहीं करना चाहिए। किंतु यदि सदन की अवधि का छह मास के भीतर ही अवसान होने वाला है तो राष्ट्रपति सदन का विघटन कर सकता है।

(ग) अनुच्छेद 74(1) के परंतुक के अनुसार राष्ट्रपति मंत्रि-परिषद् से अपनी सलाह पर पुनर्विचार करने की अपेक्षा कर सकता है। मंत्रि-परिषद् को वापस भेजने का निर्णय राष्ट्रपति को स्वयं ही करना होगा।

(घ) राष्ट्रपति अनुच्छेद 78(ख) के अधीन प्रशासन और विधान संबंधी जानकारी मांग सकता है। इस शक्ति का प्रयोग भी मंत्रि-परिषद् की सहायता और सलाह के बिना किया जाएगा। इसी प्रकार राष्ट्रपति किसी विषय को जिस पर किसी मंत्री ने विनिश्चय कर दिया है किंतु मंत्रि-परिषद् में विचार नहीं किया है, अपने आप ही मंत्रि-परिषद् के विचार के लिए रखवा सकता है। [अनु. 78(घ)]।

---

6. ए.आइ.आर. 1971 एस.सी. 1002।
7. *शमशेर सिंह* बनाम *पंजाब राज्य,* ए.आइ.आर. 1974 एस.सी. 2192।

(ङ) अनुच्छेद 352(3) राष्ट्रपति पर यह सुनिश्चित करने का कर्त्तव्य डालता है कि आपात की उद्‌घोषणा करने का विनिश्चय उसे लिखित रूप में संसूचित किया गया है और वह विनिश्चय संघ के मंत्रिमंडल ने लिया है। इस अनुच्छेद के अधीन राष्ट्रपति का यह कर्त्तव्य है कि वह सुनिश्चित करे कि यह दोनों शर्तें पूरी की गई हैं। यह भी राष्ट्रपति का व्यक्तिगत कर्त्तव्य है।

(च) प्रधान मंत्री की मृत्यु से मंत्रि-परिषद् स्वयं ही विघटित हो जाती है। राष्ट्रपति की सहायता और सलाह के लिए कोई मंत्रि-परिषद् विद्यमान नहीं रहती। ऐसे समय में राष्ट्रपति एक नया प्रधान मंत्री चुनता है जो लोक सभा में बहुमत प्राप्त कर सके। यह निर्णय राष्ट्रपति अकेले करता है।

राष्ट्रपति की अर्हताएं।

10.12 कोई व्यक्ति राष्ट्रपति निर्वाचित होने का पात्र तभी होगा जब वह,—

(क) भारत का नागरिक हो।
(ख) पैंतीस वर्ष की आयु पूरी कर चुका हो, और
(ग) लोक सभा का सदस्य निर्वाचित होने के लिए अर्हित हो।[8]

अनुच्छेद 84 यह विहित करता है कि कोई व्यक्ति लोक सभा के लिए निर्वाचित तभी हो सकता है जब वह भारत का नागरिक हो और ऐसी अन्य अर्हताएं रखता हो जो किसी विधि द्वारा या उसके अधीन विहित हों।

लोक प्रतिनिधित्व अधिनियम, 1951 लोक सभा के सदस्य के रूप में निर्वाचित होने के लिए कुछ और अर्हताएं अधिकथित करता है।

राष्ट्रपति के पद के लिए अभ्यर्थी को भारत सरकार या किसी राज्य या अन्य प्राधिकारी के अधीन जो इनमें से किसी सरकार के नियंत्रण में हो कोई लाभ का पद नहीं धारण करना चाहिए।

संविधान यह स्पष्ट करता है कि राष्ट्रपति या उपराष्ट्रपति या किसी राज्य के राज्यपाल या संघ या किसी राज्य के मंत्री का पद लाभ का पद नहीं समझा जाएगा।

राष्ट्रपति का निर्वाचन।

10.13 हमारे राष्ट्रपति के निर्वाचन का ढंग अमरीका या फ्रांस के राष्ट्रपति के निर्वाचन की पद्धति से भिन्न है। राष्ट्रपति का निर्वाचन एक निर्वाचकगण के सदस्य करते हैं। इस निर्वाचकगण में होते हैं,—

(क) लोक सभा और राज्य सभा के निर्वाचित सदस्य (लोक सभा और राज्य सभा के नाम निर्दिष्ट सदस्य निर्वाचक नहीं होते)।

(ख) राज्यों की विधान सभाओं के निर्वाचित सदस्य (नामनिर्दिष्ट सदस्य अपवर्जित किए जाते हैं)।

(ग) दिल्ली राष्ट्रीय राजधानी क्षेत्र और पांडिचेरी संघ राज्यक्षेत्र की विधान सभा के सदस्य। इन सदस्यों को 1 जून 1995 से 70वें संविधान संशोधन के पश्चात् जोड़ा गया है।

निर्वाचन की रीति।

10.14 राष्ट्रपति का निर्वाचन आनुपातिक प्रतिनिधित्व पद्धति के अनुसार एकल संक्रमणीय मत द्वारा होगा [अनु. 55(3)]। मतदान गुप्त होगा।

निर्वाचन की एक पद्धति है **पहले खंभा छूने वाली पद्धति**। इस पद्धति में जो व्यक्ति संख्या के अनुसार बहुमत प्राप्त कर लेता है या संख्या में सबसे अधिक मत प्राप्त करता है उसे निर्वाचित घोषित किया जाता है यदि एक स्थान के लिए चार प्रत्याशी हैं और उन्हें प्राप्त मत इस प्रकार बंटे हुए हैं।

8. अनुच्छेद 58।

क — 32%
ख — 26%
ग — 25%
घ — 17%

तो सामान्य प्रणाली में **क** निर्वाचित हो जाएगा यद्यपि 68% निर्वाचकों ने उसे अपना मत नहीं दिया था। आनुपातिक प्रतिनिधित्व पद्धति में यह असंगति नहीं होती। इस पद्धति में क को 50% से अधिक मत प्राप्त करना होगा। यह न्यूनतम संख्या, स्थानों की संख्या पर विचार करके तय की जाती है। इसे कोटा कहते हैं। इसका सूत्र है।

$$\frac{\text{डाले गए मतों की कुल संख्या}}{\text{स्थानों की संख्या } + 1} + 1 = \text{कोटा}$$

कोटा तय करना इस पद्धति का पहला प्रक्रम है।

मतदाता अपना अधिमान इंगित करता है अर्थात् वह मतदान पत्र में प्रत्याशियों के नाम के आगे 1, 2, 3 आदि लिखकर अपना अधिमान प्रकट करता है।

जब कोई अभ्यर्थी कोटा प्राप्त कर लेता है तो उसके अधिशेष (अतिरिक्त) मत अन्य प्रत्याशियों को अंतरित हो जाते हैं। प्रत्येक मतदाता का एक मत होता है किंतु उसका मत उस प्रत्याशी से जिसे उसकी आवश्यकता नहीं है उस प्रत्याशी को अंतरित हो जाता है जो कोटा तक नहीं पहुंच पाया है। इस प्रक्रिया के कारण ही इसे **एकल संक्रमणीय मत** कहते हैं।

दूसरा पद जो इस संबंध में प्रयुक्त है वह है **आनुपातिक प्रतिनिधित्व**। इस पद का उपयोग यहां उचित नहीं है। आनुपातिक प्रतिनिधित्व तब होता है जब दो या अधिक स्थान भरे जाने हों। राष्ट्रपति के निर्वाचन में रिक्त स्थान केवल एक होता है। इसे आनुकल्पिक मत पद्धति कहना अधिक ठीक होता। मत का संक्रमण और कोटा तय करने के लिए विस्तृत रीति राष्ट्रपतीय और उपराष्ट्रपतीय निर्वाचन नियम, 1952 में विहित है।

मत का मूल्य और मापमान में एकरूपता।

10.15 अनुच्छेद 55 में एक तरीका अपनाया गया है जिससे प्रत्येक संसद् सदस्य और विधान सभा के सदस्य के मत को एक मूल्य दिया जाता है। यह राष्ट्रपति के पद के परिसंघीय चरित्र को रेखांकित करने का प्रयास है। **विधान सभा सदस्य के मत का मूल्य** इस प्रकार निकाला जाता है।

$$\frac{\text{राज्य की जनसंख्या}}{\text{विधान सभा के निर्वाचित सदस्यों की कुल संख्या}} \times \frac{1}{100} = \text{एक मत का मूल्य}$$

संसद् सदस्य के मत का मूल्य

$$\frac{\text{सभी राज्यों के विधान सभा सदस्यों के मत का मूल्य}}{\text{संसद् के निर्वाचित सदस्यों की कुल संख्या}} = \text{एक मत का मूल्य}$$

प्रत्येक राज्य के विधान सभा के सदस्य के मत का मूल्य अलग अलग होता है। इस रीति से राज्यों के बीच एकरूपता और संघ और राज्यों के बीच समतुल्यता आ जाती है।

''राज्य'' के अंतर्गत दिल्ली और पांडिचेरी संघ राज्यक्षेत्र सम्मिलित हैं।

पद के लिए शर्तें।

10.16 राष्ट्रपति संसद् के किसी सदन का या किसी राज्य के विधान-मंडल के किसी सदन का सदस्य नहीं होगा। यदि संसद् या राज्य विधान-मंडल का कोई सदस्य राष्ट्रपति निर्वाचित हो जाता है तो यह समझा जाएगा

कि उसने उस सदन में अपना स्थान राष्ट्रपति के रूप में अपने पद ग्रहण की तारीख से रिक्त कर दिया है।

राष्ट्रपति को दिए जाने वाली उपलब्धियां और भत्ते उसकी पदावधि के दौरान कम नहीं किए जाएंगे। वह ऐसी उपलब्धियों, भत्तों और विशेषाधिकारों का हकदार होता है जो संसद् द्वारा विधि द्वारा अवधारित किए जाएं। पद छोड़ देने के पश्चात् राष्ट्रपति को अपनी प्रतिमास उपलब्धियों की 50% की दर पर पेंशन पाने का अधिकार है।

पद की अवधि।

10.17 राष्ट्रपति अपने पद ग्रहण की तारीख से 5 वर्ष की अवधि तक पद धारण करता है (अनु. 56)। राष्ट्रपति पुनःनिर्वाचन के लिए पात्र है। वह चाहे जितनी बार निर्वाचित हो सकता है। संविधान में पुनःनिर्वाचन के बारे में कोई सीमा नहीं लगाई गई है। अमरीका में राष्ट्रपति केवल एक बार पुनःनिर्वाचित हो सकता है। हमारे पहले राष्ट्रपति डा. राजेंद्र प्रसाद दो अवधि के लिए राष्ट्रपति चुने गए। शेष सभी राष्ट्रपति एक अवधि तक ही रहे।

राष्ट्रपति का पद 5 वर्ष की अवधि के अवसान के पूर्व इस प्रकार समाप्त हो सकता है—

(क) राष्ट्रपति द्वारा, उपराष्ट्रपति को संबोधित लिखित त्याग-पत्र देकर।

(ख) राष्ट्रपति के अनु. 61 में उपबंधित रीति से महाभियोग की प्रक्रिया द्वारा पद से हटाए जाने पर।

यदि किसी कारणवश राष्ट्रपति का उत्तराधिकारी पद ग्रहण नहीं करता है तो राष्ट्रपति 5 वर्ष की अवधि के अवसान के पश्चात् भी तब तक पद धारण करता रहेगा जब तक कि उसका उत्तराधिकारी पद की शपथ ग्रहण नहीं कर लेता।

राष्ट्रपति पर महाभियोग।

10.18 संविधान के अनु. 61 में राष्ट्रपति पर महाभियोग चलाने की प्रक्रिया दी गई है। यह प्रक्रिया न्यायिक-कल्प भी है और राजनीतिक भी। महाभियोग के लिए अनु. 61 में एक ही आधार विनिर्दिष्ट है और वह है संविधान का अतिक्रमण।

अमरीकी संविधान के अधीन महाभियोग राजद्रोह, रिश्वत लेने या अन्य गंभीर अपराधों के लिए चलाया जा सकता है। राष्ट्रपति के विरुद्ध आरोप संसद् के किसी भी सदन में प्रारंभ किए जा सकते हैं। आरोप एक प्रस्थापना के रूप में होगा और प्रस्थापना संकल्प में होगी। संकल्प को प्रस्तावित करने की सूचना पर सदन की कुल सदस्य संख्या के कम से कम एक चौथाई सदस्यों के हस्ताक्षर होंगे। 14 दिनों की अग्रिम सूचना देना आवश्यक है। संकल्प उस सदन की कुल सदस्य संख्या के कम से कम दो तिहाई बहुमत से पारित किया जाना चाहिए।

जब एक सदन द्वारा इस प्रकार आरोप लगाया जाता है तो दूसरे सदन द्वारा उसका अन्वेषण होगा। राष्ट्रपति को ऐसे अन्वेषण में उपस्थित होने का तथा अपना प्रतिनिधित्व कराने का अधिकार होगा। अर्थात् राष्ट्रपति के प्रतिनिधि के रूप में कोई अधिवक्ता या अन्य व्यक्ति उपस्थित हो सकता है। सदन अन्वेषण का काम किसी न्यायालय या अधिकरण को प्रत्यायोजित कर सकता है। यदि अन्वेषण के पश्चात् सदन दो तिहाई बहुमत से संकल्प पारित करके यह घोषित कर देता है कि आरोप साबित हो गया है तो ऐसे संकल्प का प्रभाव उसके पारित किए जाने की तारीख से राष्ट्रपति को उसके पद से हटाना होगा।

अमरीका में सीनेट को महाभियोग के विचारण का अधिकार है। कांग्रेस को नहीं। विचारण की अध्यक्षता उच्चतम न्यायालय का मुख्य न्यायमूर्ति करता है। हटाए जाने का संकल्प विचारण में उपस्थित सदस्यों के दो तिहाई बहुमत से पारित होता है।

10.19 अनुच्छेद 71 यह उपबंध करता है कि राष्ट्रपति या उपराष्ट्रपति के निर्वाचन से संबंधित सभी विवादों की जांच और विनिश्चय उच्चतम न्यायालय करेगा। जहां राष्ट्रपति या उपराष्ट्रपति का निर्वाचन शून्य घोषित कर दिया जाता है वहां राष्ट्रपति या उपराष्ट्रपति के पद की शक्तियों के प्रयोग और कर्त्तव्यों के पालन में विनिश्चय की तारीख को या उससे पहले किए गए कार्य अवैध नहीं होंगे।[9]

निर्वाचन के बारे में विवाद।

10.20 यदि राष्ट्रपति के निर्वाचन के निर्वाचकगण में रिक्तियां हैं तो ऐसी रिक्ति के आधार पर निर्वाचन को प्रश्नगत नहीं किया जा सकता। राष्ट्रपति के पद का निर्वाचन इस आधार पर मुल्तवी नहीं किया जा सकता कि कुछ विधान सभाओं का विघटन हो गया है और उनके लिए निर्वाचन होना है क्योंकि अनु. 62 में यह आदेश है कि रिक्ति को भरने के लिए निर्वाचन राष्ट्रपति की अवधि की समाप्ति के पूर्व हो जाना चाहिए।

रिक्तियों की विद्यमानता।

10.21 अनुच्छेद 53 संघ की कार्यपालिका शक्ति राष्ट्रपति में निहित करता है। संविधान में कार्यपालिका शक्ति की कोई परिभाषा नहीं दी गई है। मौटे तौर से इसमें नीति का निर्धारण और निष्पादन दोनों ही आते हैं। सरकार के कार्यक्षेत्र के विस्तार और राज्य के कृत्यों में वृद्धि के कारण यह साधारणतः स्वीकार किया जाता है कि कार्यपालिका शक्ति में वे सभी शक्तियां हैं जो विधान-मंडल या न्यायपालिका में निहित नहीं है। दूसरे शब्दों में कार्यपालिका शक्ति अवशिष्ट कृत्य है। इसके अंतर्गत विधान प्रारंभ करना, विधि और व्यवस्था बनाए रखना, सामाजिक कल्याण की अभिवृद्धि, आर्थिक न्याय प्रदान करना, विदेश नीति निर्धारण करना और साधारणतः राज्य के क्रियाकलाप चलाना है। राष्ट्रपति में कार्यपालिका शक्ति के आधार के रूप में जो विभिन्न शक्तियां निहित की गई हैं तथा जो संविधान के अभिव्यक्त उपबंधों द्वारा दी गई हैं उन्हें इस प्रकार वर्गीकृत किया जा सकता है,—

राष्ट्रपति की शक्तियां।

क. प्रशासनिक
ख. सैनिक
ग. राजनयिक
घ. विधायी
ङ. न्यायिक
च. आपात
छ. प्रकीर्ण

10.22 ऐसे कार्यपालिक कृत्य जो प्रशासनिक प्रकृति के हैं, सरकार के विभिन्न मंत्रालयों और विभागों द्वारा किए जाते हैं। राष्ट्रपति सरकार के विभागों का नियंत्रण या अधीक्षण स्वयं नहीं करता। अमरीका का राष्ट्रपति सभी विभागों का स्वयं नियंत्रण करता है। संघ का सभी कार्यपालिक कार्य राष्ट्रपति के नाम से किया जाता है, किंतु यह अभिव्यक्ति केवल औपचारिक है। राष्ट्रपति के नाम से किए गए सभी आदेशों को ऐसी रीति से अधिप्रमाणित किया जाता है जो राष्ट्रपति द्वारा बनाए गए नियमों द्वारा विहित की जाए (अनु. 77)। सभी संविदाएं और संपत्ति संबंधी हस्तांतरण पत्र, पट्टा, विक्रय विलेख आदि दस्तावेज जो भारत सरकार की ओर से किए जाते हैं या लिखे जाते हैं राष्ट्रपति के नाम से किए या लिखे जाने चाहिए और विहित रीति से निष्पादित होने चाहिए (अनु. 299)।

प्रशासनिक शक्तियां।

राष्ट्रपति को संघ के क्रियाकलापों के बारे में जानकारी लेने का अधिकार है। यह उपधारणा की जा सकती है कि राष्ट्रपति को ब्रिटिश सम्राट् के समान जानकारी लेने का तथा

9. *राष्ट्रपतीय निर्वाचन का मामला,* ए.आइ.आर. 1974 एस.सी. 1982।

परामर्श और चेतावनी देने का अधिकार है। प्रशासनिक शक्ति में संविधान के अधीन कुछ पदों के लिए नियुक्ति करने की शक्ति सम्मिलित है। ये पद निम्नलिखित हैं,—

1. भारत का प्रधान मंत्री और संघ के अन्य मंत्री
2. भारत का महान्यायवादी
3. भारत का नियंत्रक-महालेखापरीक्षक
4. उच्चतम न्यायालय और उच्च न्यायालय के न्यायाधीश
5. राज्यपाल, उपराज्यपाल और प्रशासक
6. वित्त आयोग
7. संघ लोक सेवा आयोग के अध्यक्ष और सदस्य
8. मुख्य निर्वाचन आयोग और निर्वाचन आयोग के अन्य सदस्य
9. अनुसूचित जातियों और जनजातियों के लिए विशेष अधिकारी
10. भाषाई अल्पसंख्यकों के लिए विशेष अधिकारी

ये सभी नियुक्तियां राष्ट्रपति द्वारा मंत्रि-परिषद् की सलाह पर या संविधान के संबंधित उपबंध में विनिर्दिष्ट प्राधिकारी या व्यक्तियों से परामर्श करने के पश्चात् की जाती हैं। उदाहरण के लिए उच्चतम न्यायालय के न्यायाधीश की नियुक्ति के लिए राष्ट्रपति को भारत के मुख्य न्यायमूर्ति से परामर्श करना होता है।

राष्ट्रपति को उपर्युक्त अधिकारियों को हटाने की शक्ति है।

सैनिक शक्तियां।

10.23 राष्ट्रपति अपने पद के आधार पर रक्षा बलों का सर्वोच्च समादेष्टा होता है (अनु. 53) उसे युद्ध और शांति की घोषणा करने की और सैन्य बलों के प्रविस्तारण का समादेश करने की शक्ति होती है। किंतु हमारे राष्ट्रपति की शक्तियां अमरीका के राष्ट्रपति की शक्तियों के समतुल्य नहीं हैं। अमरीका में राष्ट्रपति के कार्य पर विधान-मंडल का कोई नियंत्रण नहीं होता। हमारे संविधान में रक्षा बलों पर समादेश का प्रयोग विधि द्वारा विनियमित होता है। जब तक संसद् विनियोग विधेयक पारित न करे तब तक कोई व्यय उपगत नहीं किया जा सकता। इस प्रकार संसद् बजट पर नियंत्रण से सशस्त्र बलों के प्रशिक्षण और उनके बनाए रखने को अपने नियंत्रण में रखती है।

राजनयिक शक्तियां।

10.24 राजनयिक शक्तियों के अंतर्गत वे सभी संबंध आते हैं जो सभी सभ्य राष्ट्र किसी विदेश के साथ रखते हैं। इसमें संयुक्त राष्ट्र और उसके अभिकरण तथा अन्य अंतरराष्ट्रीय संगठनों की सदस्यता सम्मिलित है। राजनयिक शक्ति में संधि करना और अभिसमय (कन्वेंशन) का अनुमोदन करना भी है। इसमें संदेह नहीं कि विदेश नीति निश्चित करने में संसद् सर्वोपरि है। किंतु द्विपक्षीय या बहुपक्षीय संधियों के लिए वार्ता करने का काम राष्ट्रपति पर निर्भर होता है। इन सभी विषयों में राष्ट्रपति मंत्रि-परिषद् की सलाह पर कार्य करता है।

राष्ट्रपति विभिन्न देशों के लिए भारत के प्रतिनिधि (राजदूत, उच्च आयुक्त, कौंसिल आदि) नियुक्त करता है। वह अन्य देश के राजनयिक प्रतिनिधियों का औपचारिक स्वागत करता है।

विधायी शक्तियां।

10.25 यह बात ध्यान में रखी जानी चाहिए कि राष्ट्रपति संसद् का अंग है। अनुच्छेद 79 में कहा गया है कि संसद् राष्ट्रपति और दो सदनों से मिलकर बनती है जिनके नाम हैं राज्य सभा और लोक सभा। संसद् के अंग होने के नाते राष्ट्रपति बहुत सी शक्तियों का प्रयोग करता है और बहुत से कृत्यों का अनुपालन करता है। इनमें से कुछ विशेष उल्लेखनीय कृत्य निम्नलिखित हैं,—

I. आहूत और सत्रावसान आदि करने की शक्ति—राष्ट्रपति को संसद् के प्रत्येक सदन को आहूत करने या उसका सत्रावसान करने की शक्ति है। वह लोक सभा का विघटन कर सकता है (अनु. 85)। राष्ट्रपति दोनों सदनों के बीच अंतिम रूप से असहमति होने की दशा में विधेयक पर विचार विमर्श करने के लिए दोनों सदनों की संयुक्त बैठक बुला सकता है (अनु. 108)।

II. अभिभाषण और संदेश—प्रत्येक साधारण निर्वाचन के पश्चात् पहले सत्र के प्रारंभ पर और प्रत्येक वर्ष के पहले सत्र के प्रारंभ पर राष्ट्रपति एक साथ समवेत संसद् के दोनों सदनों में अभिभाषण करता है। इस अभिभाषण का प्रयोजन संसद् को उसके आह्वान के कारण बताना है (अनु. 87)। इसके अतिरिक्त राष्ट्रपति को केवल एक सदन या एक साथ दोनों सदनों में अभिभाषण करने का अधिकार है। वह किसी भी सदन को किसी विधेयक के संबंध में या अन्यथा संदेश भेज सकता है।

हमने संसदीय प्रणाली अपनाई है। इसमें विधान बनाने का प्रारंभ प्रधान मंत्री और मंत्रिमंडल करता है। इसलिए इस बात की संभावना बहुत क्षीण है कि राष्ट्रपति किसी विधेयक के बारे में सुझाव दे। सैद्धांतिक रूप से राष्ट्रपति अपने मंत्रियों के माध्यम से विधान-मंडल में उपस्थित रहता है।

यही कारण है कि अभी तक राष्ट्रपति ने संसद् को कोई संदेश नहीं भेजा। इसकी तुलना में अमरीकी राष्ट्रपति संदेश भेजने की अपनी शक्ति का प्रयोग बहुत अधिक करता है।

III. नाम निर्देशन—लोक सभा 5 वर्ष की अवधि के लिए प्रत्यक्ष मतदान पद्धति से निर्वाचित होती है। राज्य सभा एक स्थायी निकाय है जिसका विघटन नहीं होता किंतु इसके एक तिहाई सदस्य हर दो वर्ष पश्चात् निवृत्त हो जाते हैं। राज्य सभा में 12 सदस्यों को राष्ट्रपति द्वारा नामनिर्दिष्ट किए जाने का उपबंध है (अनु. 80)। राष्ट्रपति को यह शक्ति भी है कि वह आंग्ल-भारतीय समुदाय के अधिक से अधिक दो सदस्यों को लोक सभा में नामनिर्दिष्ट करे (अनु. 331)।

IV. प्रतिवेदन और कथन रखना—संविधान और कुछ अधिनियम राष्ट्रपति पर यह कर्त्तव्य भार डालते हैं कि वह कुछ प्रतिवेदन और कथन संसद् के समक्ष रखवाएगा। इसका प्रयोजन यह है कि इससे संसद् को उस प्रतिवेदन पर और उसके अनुसरण में की गई कार्रवाई पर विचार करने का अवसर प्राप्त होगा। राष्ट्रपति का यह कर्त्तव्य है कि वह संसद् के समक्ष निम्नलिखित कागज-पत्र रखवाए,—

(क) वार्षिक वित्तीय वितरण (जिसे सामान्यतः बजट करते हैं) (अनु. 112)
(ख) नियंत्रक-महालेखापरीक्षक का प्रतिवेदन (अनु. 151)
(ग) वित्त आयोग की सिफारिशें (अनु. 281)
(घ) संघ लोक सेवा आयोग का प्रतिवेदन (अनु. 323)
(ङ) पिछड़ा वर्ग आयोग का प्रतिवेदन (अनु. 340)
(च) राष्ट्रीय अनुसूचित जाति और जनजाति आयोग का प्रतिवेदन (अनु. 348)।

(छ) इसके अतिरिक्त राष्ट्रपति संविधान के अंग्रेजी भाषा में किए गए प्रत्येक संशोधन का हिंदी भाषा में अनुवाद अपने प्राधिकार से प्रकाशित कराएगा (अनु. 394क)।

V. पूर्व मंजूरी—संविधान में यह अपेक्षा है कि कुछ विषयों से संबंधित विधान राष्ट्रपति की पूर्व मंजूरी या सिफारिश के बिना पुरःस्थापित नहीं किया जाएगा। ये विषय हैं—नए राज्य की रचना के लिए या विद्यमान राज्य की सीमा में परिवर्तन के लिए विधेयक (अनु. 3)। ऐसे विधेयक के लिए जो धन विधेयक है। [अनु. 117(1)] ऐसा विधेयक जिसके अधिनियमित किए जाने पर भारत की संचित निधि में से व्यय करना पड़ेगा। [अनु. 117(3)] ऐसा विधेयक जो उन करों के बारे में है जिनमें राज्य हितबद्ध है या जो उन सिद्धांतों को प्रभावित करता है जिनसे

राज्यों को धन वितरित किया जाता है या जो **कृषि-आय** की परिभाषा में परिवर्तन करता है। [अनु. 274(1)] राज्यों के ऐसे विधेयक जो व्यापार और वाणिज्य की स्वतंत्रता को प्रभावित करते हैं (अनु. 304)।

VI. विधेयकों पर अनुमति देना या अनुमति रोकना—वीटो—कोई विधेयक जो संसद् के दोनों सदनों द्वारा पारित कर दिया जाता है तब तक अधिनियम नहीं बनता जब तक कि उसे राष्ट्रपति की अनुमति नहीं मिलती। प्रत्येक विधेयक जो दोनों सदनों द्वारा पारित किया गया है राष्ट्रपति को प्रस्तुत किया जाता है। राष्ट्रपति,—

1. यह घोषित कर सकता है कि उसने विधेयक को अनुमति दे दी है, या
2. विधेयक को अनुमति विधारित कर ली है, या
3. वह विधेयक को सदनों द्वारा पुनर्विचारण के लिए लौटा सकता है।

यह बात ध्यान में रखनी चाहिए कि धन विधेयक पुनर्विचार के लिए नहीं लौटाया जा सकता। यदि कोई विधेयक जिसे राष्ट्रपति ने पुनर्विचार के लिए लौटाया है दोनों सदनों द्वारा पुनःपारित किया जाता है और राष्ट्रपति को प्रस्तुत किया जाता है तो राष्ट्रपति विधेयक पर अनुमति रोक नहीं सकता।

मई 2006 में राष्ट्रपति श्री ए.पी.जे. अब्दुल कलाम ने संसद् (निरर्हता निवारण) विधेयक, 2006 पुनर्विचार के लिए लौटाया। (देखिए नीचे **पैरा 10.27** और **11.50**)।

वीटो और इसका प्रयोजन।

10.26 विधान को अनुमति रोकने या अनुमति देने से इंकार करने की कार्यपालिका की शक्ति को वीटो कहा जाता है किंतु इस शब्द का प्रयोग उस परिस्थिति में भी किया जाता है जहां अनुमति तुरंत नहीं दी जाती है।

वीटो का प्रयोजन ऐसे विधान को रोकना है जिस पर भलीभांति विचार नहीं किया गया है या जो शक्ति बाह्य या असांविधानिक है। 1953 में एक राज्य पेप्सू (अब यह हिमाचल प्रदेश है) अनु. 356 के अधीन उद्घोषणा के आधार पर राष्ट्रपति शासन के अधीन था। संसद् ने पेप्सू विनियोग विधेयक पारित किया किंतु उस विधेयक को राष्ट्रपति की अनुमति प्राप्त होने के पहले ही उद्घोषणा वापस ले ली गई। राष्ट्रपति को यह सलाह दी गई कि वह अनुमति रोक ले।

वीटो के प्रयोग के उदाहरण।

10.27 संसद् सदस्य वेतन, भत्ता और पेंशन (संशोधन) विधेयक 1991 लोक सभा के विघटन के पूर्व अंतिम दिन पारित किया गया। अनुच्छेद 117(1) के अधीन राष्ट्रपति की सिफारिश प्राप्त नहीं की गई। यह विधेयक अनुमति के लिए राष्ट्रपति को 18 मार्च 1991 को प्रस्तुत किया गया। राष्ट्रपति ने विधेयक को अनुमति नहीं दी। यह राज्यसभा के 9 मार्च 1992 के बुलेटिन में घोषित किया गया।

1986 में भारतीय डाकघर (संशोधन) विधेयक पारित किया गया। इसके कुछ उपबंध वाक् और अभिव्यक्ति की स्वतंत्रता पर निर्बंधन अधिरोपित करते थे और उनकी कड़ी आलोचना हुई थी। राष्ट्रपति (ज्ञानी जैल सिंह) ने विधेयक को अपने मेज़ पर पड़ा रहने दिया और इस बात का कोई निर्णय नहीं किया कि अनुमति दी जाए या रोक ली जाए।

उनके पश्चात् 1989 में जब एस. वेंकटरामन राष्ट्रपति हुए तो उन्होंने वह विधेयक 7 जनवरी 1990 को अनुच्छेद 111 के परंतुक के अधीन पुनर्विचार के लिए लौटा दिया। उसे राज्यसभा के पटल पर 12 मार्च 1990 को रखा गया। सरकार ने विधेयक को पारित करने का इरादा छोड़ दिया।

वीटो के प्रकार।

10.28 वीटो को इस प्रकार वर्गीकृत किया जाता है,—

(क) आत्यंतिक

(ख) विशेषित

(ग) निलंबनकारी

(घ) जेबी

आत्यंतिक वीटो संसद् के दोनों सदनों द्वारा पारित विधेयक को अनुमति देने से इंकार करने की शक्ति है। अर्थात् यह कहना कि अनुमति नहीं दी जाएगी। ऐसा करने पर विधेयक अधिनियम नहीं बन सकता। विधान-मंडल इस शक्ति का अध्यारोहण नहीं कर सकता। राष्ट्रपति को सभी विधेयकों के बारे में यह शक्ति है किंतु धन विधेयकों के बारे में नहीं है।

विशेषित वीटो, वीटो की ऐसी शक्ति है जिसका विधान-मंडल विशेष बहुमत द्वारा अध्यारोहण कर सकता है। अमरीका का राष्ट्रपति किसी विधेयक को 10 दिन के भीतर लौटाते हुए उस विधेयक पर जो आक्षेप है वह बता सकता है। यदि दोनों सदन उस विधेयक को दो तिहाई बहुमत से (उपस्थित और मतदान करने वाले) फिर से पारित कर देते हैं तो वीटो का अध्यारोहण हो जाता है। यदि अपेक्षित बहुमत प्राप्त नहीं होता है तो वीटो बना रहता है। भारत में विशेष बहुमत की अपेक्षा नहीं है। यदि विधेयक को दोनों सदन फिर से पारित कर देते हैं तो राष्ट्रपति अनुमति नहीं रोक सकता। अतएव भारत में विशेषित वीटो नहीं है।

निलंबनकारी वीटो—जिस वीटो का अध्यारोहण सामान्य या सादे बहुमत से किया जा सकता है उसे निलंबनकारी वीटो कहते हैं। हमारे राष्ट्रपति जब किसी विधेयक को पुनर्विचार के लिए लौटाते हैं तो वे इस वीटो का प्रयोग करते हैं (अनु. 111)।

जेबी वीटो—जब कोई विधेयक राष्ट्रपति को प्रस्तुत किया जाता है तो वह या तो अनुमति देगा या अनुमति देने से इंकार करेगा। संविधान यह नहीं बताता कि कितने समय के भीतर राष्ट्रपति को अपनी अनुमति की घोषणा करनी है। राष्ट्रपति, विधेयक को अनिश्चित काल तक अपनी मेज पर रख सकता है। ऐसी कार्यवाही जो न तो नकारात्मक है और न सकारात्मक जेबी वीटो कहलाती है। अर्थात् इसमें राष्ट्रपति हां भी नहीं कहता है और नहीं भी नहीं कहता। यदि राष्ट्रपति चाहे तो विधेयक कभी भी लौटा सकते हैं। अमरीकी संविधान में राष्ट्रपति को विधेयक 10 दिन के भीतर लौटाना पड़ता है किंतु यदि 10 दिन की अवधि के भीतर कांग्रेस का स्थगन हो जाता है और बिल मेज पर ही पड़ा रहता है तो वह अधिनियम नहीं बनता। इस प्रकार अमरीकी जेबी वीटो भारत के जेबी वीटो से कुछ भिन्न है। अमरीका में विधेयक को पुनर्विचार के लिए 10 दिन के भीतर लौटाया जाना चाहिए।

राज्यों के विधान के बारे में शक्ति।

10.29 VII. संविधान का अनुच्छेद 200 राज्य के राज्यपाल को किसी विधेयक को अनुमति देने या अनुमति रोकने की शक्ति देता है। राज्यपाल को एक तीसरा विकल्प भी उपलब्ध है। वह राष्ट्रपति के विचार के लिए विधेयक आरक्षित कर सकता है। जब विधेयक राष्ट्रपति के विचार के लिए आरक्षित किया गया है तो राष्ट्रपति या तो यह घोषणा करेगा कि अनुमति दी गई है या अनुमति रोक ली गई है। राष्ट्रपति राज्यपाल को यह निदेश भी दे सकता है कि विधेयक को पुनर्विचार के लिए लौटा दिया जाए। यदि राज्य का विधान-मंडल विधेयक पुनः पारित करता है तो उसे फिर से राष्ट्रपति को प्रस्तुत किया जाएगा। किंतु यह आवश्यक नहीं है कि राष्ट्रपति विधेयक को अनुमति दे (अनु. 201)। यह प्रक्रिया सामान्य विधेयक पर लागू होती है। धन विधेयक को नहीं। राष्ट्रपति राज्य के विधान की बाबत भी जेबी वीटो का प्रयोग कर सकता है। केंद्रीय विधान की दशा में यदि राष्ट्रपति किसी विधेयक को सदनों द्वारा पुनर्विचार के लिए लौटाता है और सदन उसे दुबारा पारित कर देते हैं तो वीटो का अध्यारोहण हो जाता है। किंतु राज्य विधान की दशा में राष्ट्रपति को उन सभी विधेयकों पर जो राज्यपाल द्वारा राष्ट्रपति की अनुमति के लिए आरक्षित किए जाते हैं आत्यंतिक वीटो का अधिकार है।

10.30 **VIII.** अनुच्छेद 123 राष्ट्रपति को उन सभी विषयों पर अध्यादेश द्वारा विधान बनाने की शक्ति देता है जो संघ की विधायी शक्ति में आते हैं। इस शक्ति का प्रयोग संविधान का संशोधन करने के लिए नहीं किया जा सकता। राष्ट्रपति की विधान बनाने की शक्ति पर वे सभी मर्यादाएं लागू होती हैं जो संसदीय विधान पर लागू होती हैं।

अध्यादेश निकालने की शक्ति।

अनुच्छेद 13 में विधि की जो परिभाषा दी गई है उसमें अध्यादेश को अभिव्यक्त रूप से सम्मिलित किया गया है। अतएव अध्यादेश मूल अधिकार का न तो अतिलंघन कर सकता है और न उसे छीन सकता है। किंतु अध्यादेश, अन्य विधान के समान, भूतलक्षी हो सकता है अर्थात् वह किसी पिछली तारीख से प्रभावी हो सकता है। अध्यादेश किसी केंद्रीय अधिनियम को संशोधित, उपांतरित या निरसित कर सकता है। राष्ट्रपति द्वारा विधायिका शक्ति का प्रयोग कुछ निर्बंधनों के अधीन है।

1. अध्यादेश तभी प्रख्यापित किया जा सकता है जब संसद् के दोनों सदन सत्र में न हों। जब एक सदन सत्र में नहीं होता है तब भी इस शक्ति का प्रयोग किया जा सकता है।

2. राष्ट्रपति का यह समाधान हो जाना चाहिए कि ऐसी परिस्थितियां विद्यमान हैं जिनमें तुरंत कार्रवाई करना आवश्यक है। *आर.सी. कूपर* बनाम *भारत संघ*[10] में उच्चतम न्यायालय की प्रवृत्ति यह मत स्वीकार करने की ओर थी कि राष्ट्रपति के समाधान को न्यायालय में असद्भाव के आधार पर प्रश्नगत किया जा सकता है। न्यायालय के हस्तक्षेप से बचने के लिए संविधान (38वां संशोधन) अधिनियम द्वारा अनु. 123 में खंड (4) अंतःस्थापित किया गया। इस खंड में यह अधिकथित किया गया कि राष्ट्रपति का समाधान अंतिम होगा और किसी भी आधार पर किसी भी न्यायालय में प्रश्नगत नहीं किया जा सकेगा। इसके पश्चात् 44वें संशोधन द्वारा यह खंड निरसित कर दिया गया। अतएव यह कहा जा सकता है कि राष्ट्रपति के समाधान पर सीमित आधार पर न्यायालय विचार कर सकते हैं।

3. राष्ट्रपति द्वारा प्रख्यापित अध्यादेश का वही बल और प्रभाव होता है जो संसद् के अधिनियम का। किंतु अध्यादेश का जीवन काल सीमित होता है। वह संसद् के पुनः समवेत होने की तारीख से छह सप्ताह की समाप्ति पर प्रवृत्त नहीं रहेगा। यदि दोनों सदनों द्वारा अध्यादेश का निरनुमोदन करते हुए संकल्प पारित कर दिया जाता है तो दूसरे संकल्प के पारित होने की तारीख से वह प्रवृत्त नहीं रहेगा।

राष्ट्रपति किसी भी समय अध्यादेश वापस ले सकता है। उच्चतम न्यायालय ने यह अभिनिर्धारित किया है कि राष्ट्रपति कर संबंधी विधियों को संशोधित या परिवर्तित करने के लिए अध्यादेश निकालने में सक्षम है।[11]

अध्यादेश को दोनों सदनों के समक्ष रखने का जो उपबंध है उससे ऐसे विधान पर संसदीय नियंत्रण सुनिश्चित हो जाता है। साधारणतः अध्यादेश पर विचार विमर्श होता है और सरकार अध्यादेश का स्थान लेने के लिए एक विधेयक पुरःस्थापित करती है। लोक सभा के एक नियम में यह अपेक्षा है कि सरकार सदन के पटल पर एक कथन रखेगी जिसमें उन परिस्थितियों का स्पष्टीकरण होगा जिनके कारण अध्यादेश द्वारा तुरंत विधान बनाना आवश्यक हो गया था।

यह एक रोचक तथ्य है कि भारत को छोड़कर किसी भी देश में कार्यपालिका को इस प्रकार व्यापक विधायी शक्ति नहीं दी गई है। इस शक्ति को इस आधार पर उचित ठहराया जाता है कि सरकार को प्रत्येक परिस्थिति, से जो सामने आए, निपटने की शक्ति होनी चाहिए। ऐसी परिस्थिति भी हो सकती है जिसमें संसद् के सदनों का आह्वान करने और उनमें विचार विमर्श

10. ए.आइ.आर. 1970 एस.सी. 564।
11. *आर.के. गर्ग* बनाम *भारत संघ,* ए.आइ.आर. 1981 एस.सी. 2139।

होने तक रुकना संभव न हो। भारत शासन अधिनियम, 1935 में गवर्नर जनरल को अध्यादेश निकालने की शक्ति दी गई थी। हमारे संविधान ने उस उपबंध को अपना लिया है।

अध्यादेश निकालने की शक्ति का अनु. 352 में अनुज्ञात आपात से कोई अपरिहार्य संबंध नहीं है। अध्यादेश उस समय भी प्रख्यापित किया जा सकता है जब कोई युद्ध या बाह्य आक्रमण या सशस्त्र विद्रोह न हो।

अनुच्छेद 123 में केवल इतनी ही अपेक्षा है—**ऐसी परिस्थितियां विद्यमान हैं जिनके कारण तुरंत कार्रवाई करना आवश्यक हो गया है**। दूसरे शब्दों में सामान्य अनुक्रम में दोनों सदनों द्वारा विधेयक पारित होने तक प्रतीक्षा नहीं की जा सकती। किंतु यदि अध्यादेशों के स्थान पर बार बार नए अध्यादेश नेमी तरीके से लाए जाते हैं तो यह उपधारणा होगी कि जो कार्य विधान-मंडल को सौंपा गया था उसे कार्यपालिका ने हड़प लिया है।

डी.सी. वाधवा[12] में उच्चतम न्यायालय के ध्यान में यह बात लाई गई कि 1967 से 1981 के बीच बिहार के राज्यपाल ने 256 अध्यादेश प्रख्यापित किए। इन अध्यादेशों को एक वर्ष से लेकर 14 वर्ष तक की अवधि तक प्रवृत्त रखा गया। उच्चतम न्यायालय ने यह अभिमत प्रकट किया कि ऐसा प्रख्यापन अध्यादेश की शक्ति का दुरुपयोग और संविधान के साथ कपट है। इससे लोकतांत्रिक सिद्धांत का विध्वंस होता है।

अध्यादेश द्वारा किसी नागरिक के पक्ष में कोई सदा विद्यमान या अनुत्क्रमणीय (जिसे उलटा नहीं जा सकता) अधिकार का सृजन नहीं किया जा सकता।

अध्यादेशों को अस्थायी अधिनियमों के समकक्ष नहीं रखा जा सकता। अनुत्क्रमणीय अधिकार का सिद्धांत अध्यादेशों को लागू नहीं होता।[13]

10.31 IX. क्षमादान की शक्ति। निर्वाचित सरकार और राजतंत्र दोनों में यह माना जाता है कि कार्यपालिका के पास ऐसी शक्ति होनी चाहिए जिससे दांडिक न्यायालय द्वारा दिए गए दंड को कम करने या दंड से मुक्ति देने का उपबंध होना चाहिए। संविधान के अनु. 72 में राष्ट्रपति को किसी अपराध के लिए सिद्धदोष ठहराए गए किसी व्यक्ति के दंड को क्षमा, उसका प्रविलंबन, विराम या परिहार करने की अथवा दंडादेश के निलंबन, परिहार या लघूकरण की शक्ति दी गई है। निम्नलिखित परिस्थितियों में इस शक्ति का प्रयोग किया जा सकता है,—

1. जहां दंड सेना न्यायालय ने दिया है।
2. जहां दंड ऐसे विषय संबंधी किसी विधि के विरुद्ध अपराध के लिए दिया जाता है जिस विषय तक संघ की कार्यपालिका शक्ति का विस्तार है; और
3. उन सभी दशाओं में जहां किसी व्यक्ति को मृत्युदंड दिया जाता है।

इस शक्ति का प्रयोग भी, अन्य शक्तियों के समान, मंत्रि-परिषद् की सलाह पर किया जाता है।

राष्ट्रपति में अनु. 72 के अधीन और राज्यपाल में अनु. 161 के अधीन निहित शक्ति, अनुकंपा या कृपा का विषय नहीं है। यह एक महत्त्वपूर्ण सांविधानिक उत्तरदायित्व है जिसका निर्वहन लोकहित में किया जाता है।

अनुच्छेद 72 के अधीन शक्ति का प्रयोग करते समय राष्ट्रपति मंत्रि-परिषद् की सहायता और सलाह पर कार्य करता है। सरकार का यह कर्त्तव्य है कि वह अपराध की प्रकृति, समाज पर उसका प्रभाव और अन्य सुसंगत परिस्थितियों पर वस्तुपरक विचार कर सलाह दे।[14]

---

12. *डी.सी. वाधवा* बनाम *बिहार राज्य* (1987) 1 एस.सी.सी. 378।
13. *कृष्ण कुमार सिंह* बनाम *बिहार राज्य* (2017) 3 एस.सी.सी. 1।
14. *देवेंद्रपाल सिंह भुल्लर* बनाम *राज्य* (2013) 6 एस.सी.सी. 195।

अनुच्छेद 72 और 161 के अधीन शक्ति का प्रयोग एक सांविधानिक बाध्यता है, केवल परमाधिकार नहीं। इन अनुच्छेदों में कोई समय सीमा नहीं है जिसके भीतर दया की याचिका का व्ययन किया जाए। इसका अर्थ यह हुआ कि याचिका पर युक्तियुक्त समय के भीतर विनिश्चय होना चाहिए। जब विलंब अयुक्तियुक्त है और उसका कोई कारण नहीं है तो न्यायालय का कर्त्तव्य है कि वह हस्तक्षेप करे। क्षमा की याचना करना सांविधानिक अधिकार है। यह कार्यपालिका के विवेक पर निर्भर नहीं है।[15]

सांविधानिक अध्यक्ष को शक्ति देने के पीछे यह उद्देश्य है कि न्यायालय के द्वारा यदि कोई भूल हो जाती है तो उसे सुधारने की गुंजाइश रहे और यदि दंड बहुत कठोर है तो उसे कुछ कम किया जा सके या विधि के प्रवर्तन में यदि कोई भूल स्पष्ट दिखाई देती है तो उसे ठीक किया जा सके।

न्यायाधीश भी मनुष्य ही होते हैं इसलिए इस बात की संभावना है कि वे भूल करेंगे। *केहरसिंह*[16] में उच्चतम न्यायालय ने राष्ट्रपति की क्षमादान की शक्ति पर विचार करके निम्नलिखित सिद्धांत अधिकथित किए,—

(क) जो याची राष्ट्रपति से क्षमा की प्रार्थना करता है उसे राष्ट्रपति द्वारा मौखिक सुनवाई किए जाने का अधिकार नहीं है।

(ख) इस बात की कोई आवश्यकता नहीं है कि न्यायालय अनु. 72 के अधीन शक्ति के प्रयोग के लिए मार्गदर्शक सिद्धांत प्रतिपादित करे।

(ग) इस शक्ति का प्रयोग केंद्रीय सरकार की सलाह पर किया जाएगा।

(घ) राष्ट्रपति इस बात के लिए स्वतंत्र है कि वह अभिलेख पर जो साक्ष्य है उसकी संवीक्षा करे और न्यायालय द्वारा अपनाए गए मत से भिन्न मत अपनाए।

(ङ) राष्ट्रपति द्वारा प्रयुक्त शक्ति का न्यायिक पुनर्विलोकन नहीं किया जा सकता।

(च) राष्ट्रपति अपने आदेश का कारण बताने के लिए बाध्य नहीं है।

क्षमादान का न्यायिक पुनर्विलोकन।

10.32 अनुच्छेद 72 और अनु. 161 के अधीन राष्ट्रपति या राज्यपाल के क्षमादान आदेश का पुनर्विलोकन निम्नलिखित आधारों पर किया जा सकता है,—

(क) कि आदेश पारित करने में अपनी बुद्धि नहीं लगाई गई है।

(ख) कि आदेश असद्भावपूर्वक दिया गया है।

(ग) कि आदेश बाहरी और पूर्णतया असंगत बातों पर आधारित है।

(घ) कि सुसंगत सामग्री पर विचार नहीं किया गया है।

(ङ) आदेश मनमाना है।

एक व्यक्ति को इस आधार पर क्षमादान दिया गया कि वह *'कांग्रेस का अच्छा कार्यकर्ता'* था और उसे झूठे मामले में फंसाया गया और मिथ्या साक्षी प्रस्तुत किए गए। न्यायालय ने अभिनिर्धारित किया कि निर्णय में बाहरी और असंगत बातों पर ध्यान दिया गया है। अतएव विनिश्चय दोषपूर्ण है। क्षमादान के आदेश को अपास्त कर दिया गया।[17]

यह सिद्धांत प्रविलंबन, परिहार आदि के न्यायिक पुनर्विलोकन को भी लागू होगा।[18]

न्यायालय केवल असम्यक् विलंब के आधार पर न्यायिक पुनर्विलोकन की शक्ति का प्रयोग नहीं कर सकता।

15. *शत्रुघ्न चौहान* बनाम *भारत संघ* (2014) 3 एस.सी.सी. 1।
16. *केहरसिंह* बनाम *भारत संघ,* ए.आइ.आर. 1989 एस.सी. 653।
17. *ईपुरु सुधाकर* बनाम *आंध्र प्रदेश सरकार* (2006) 10 स्केल 98।
18. *उत्तर प्रदेश राज्य* बनाम *संजय कुमार* (2012) 8 एस.सी.सी. 537।

मृत्युदंड के निष्पादन में अति विलंब के आधार पर मृत्युदंड को आजीवन कारावास में परिवर्तित किया जा सकता है। किंतु जिस व्यक्ति को आतंकवाद या इसी प्रकार के किसी अपराध के लिए दोषसिद्ध ठहराया गया है उसकी स्थिति भिन्न होती है। जो किसी पर दया नहीं करते हैं वे दया की याचना नहीं कर सकते।

न्यायिक पुनर्विलोकन की शक्ति बहुत सीमित है। न्यायालय तभी हस्तक्षेप कर सकेगा जब बुद्धि से विचार नहीं किया गया हो या विनिश्चय असंगत बातों पर आधारित है या दुर्भावपूर्ण है।[19]

क्षमा, लघूकरण आदि का अर्थ।

10.33 अब हम अनु. 72 में सम्मिलित अन्य शक्तियों के अर्थ और अंतर्वस्तु पर विचार करेंगे। **क्षमा** किए जाने पर अपराधी को सभी दंडादेश, दंड और निरर्हताओं से मुक्ति मिल जाती है। वह ऐसी स्थिति में पहुंच जाता है मानो उसने वह अपराध कभी किया ही न हो। **प्रविलंबन** मृत्युदंड का अस्थाई निलंबन है। साधारणतः क्षमा या लघूकरण की कार्रवाई के लंबित रहने पर ऐसा किया जाता है। **विराम** का अर्थ है मूलतः दिए गए दंडादेश के स्थान पर उससे छोटा दंडादेश देना। जैसे किसी महिला अपराधी को उसके गर्भवती होने के आधार पर। **परिहार** से दंडादेश की अवधि घट जाती है किंतु उसकी प्रकृति नहीं बदलती। जैसे, दो वर्ष के कठिन कारावास को परिहार करके एक वर्ष कर देना। **लघूकरण** में एक प्रकार के दंड के स्थान पर दूसरे प्रकार का उससे हल्का दंड दिया जाता है। जैसे मृत्युदंड के स्थान पर आजीवन कारावास। कठिन कारावास का लघूकरण करके सादा कारावास दिया जा सकता है। इसी तरह सादे कारावास के स्थान पर जुर्माना किया जा सकता है।

राज्यपाल की क्षमादान की शक्ति से तुलना।

10.34 यह ध्यान देने योग्य है कि राज्य के राज्यपालों को भी अनु. 161 के अधीन क्षमादान आदि की शक्तियां दी गई हैं। राष्ट्रपति और राज्यपाल की शक्तियों में अंतर है। राज्यपाल को सेना न्यायालय द्वारा दिए गए दंड की बाबत कोई शक्ति नहीं है। राज्यपाल उस विषय से संबंधित किसी अपराध की बाबत शक्ति का प्रयोग कर सकता है जिस विषय पर उस राज्य की कार्यपालिका शक्ति का विस्तार है। राज्यपाल को ऐसे किसी मामले में क्षमादान की शक्ति नहीं है जिसमें मृत्युदंड दिया गया हो। यदि राज्य विधि में मृत्युदंड विहित किया जाता है तो भी क्षमादान की शक्ति राष्ट्रपति में ही निहित होगी राज्यपाल में नहीं। किंतु यदि मृत्युदंड के निलंबन, परिहार या लघूकरण की शक्ति किसी विधि द्वारा राज्यपाल को प्रदान की गई है तो राज्यपाल मृत्युदंड का निलंबन, परिहार या लघूकरण कर सकता है। ऐसी शक्तियां दंड प्रक्रिया संहिता, 1973 की धारा 432 और 433 द्वारा प्रदान की गई हैं।

प्रकीर्ण शक्तियां।

10.35 X. राष्ट्रपति कार्यपालिका का अध्यक्ष है और इस नाते उसे संविधान या संसद् के अधिनियमों द्वारा प्रदत्त शक्तियों का प्रयोग और कर्त्तव्यों का निर्वहन करना होता है। ऐसी शक्तियां अनेकों हैं। हम यहां केवल ऐसी शक्तियों पर विचार करेंगे जो महत्त्वपूर्ण हैं।

(क) *नियम बनाने की शक्ति*—अनुच्छेद 309 का परंतुक राष्ट्रपति को केंद्रीय सरकार के अधीन लोक सेवाओं और पदों के लिए भर्ती का और नियुक्त व्यक्ति की सेवा की शर्तों का विनियमन करने वाले नियम बनाने के लिए सशक्त करता है। राष्ट्रपति को संसद् के सदनों की संयुक्त बैठक के संबंध में प्रक्रिया के नियम बनाने की शक्ति है। राष्ट्रपति, उच्चतम न्यायालय के आदेशों को प्रवृत्त करने के लिए भी नियम बनाता है। राष्ट्रपति, नियम बनाकर यह विनिर्दिष्ट करता है कि कौन से मामलों में भारत सरकार को संघ लोक सेवा आयोग से परामर्श करना आवश्यक नहीं होगा।

---

19. *देवेंद्रपाल सिंह भुल्लर* बनाम *राज्य* (2013) 6 एस.सी.सी. 195।

(ख) अनुच्छेद 143 के अधीन राष्ट्रपति को विधि या तथ्य के किसी प्रश्न पर उच्चतम न्यायालय की राय प्राप्त करने की शक्ति है।

(ग) अनुच्छेद 213 के अधीन राष्ट्रपति को अध्यादेश प्रख्यापित करने के बारे में राज्यपाल को अनुदेश देने की शक्ति है।

(घ) राष्ट्रपति कुछ आयोग नियुक्त करता है जैसे, निर्वाचन आयोग, वित्त आयोग, राष्ट्रीय अनुसूचित जाति और जनजाति आयोग तथा अंतरराज्य परिषद्।

(ङ) संघ राज्य क्षेत्रों का प्रशासन राष्ट्रपति के नाम से चलाया जाता है। राष्ट्रपति को इन राज्यक्षेत्रों के लिए विनियम बनाने की शक्ति है। विनियम निम्नलिखित के लिए बनाए जा सकते हैं,—

(i) अंदमान और निकोबार द्वीप
(ii) लक्षद्वीप
(iii) दादरा और नागर हवेली
(iv) दमन और दीव (अनु. 240)

(च) राष्ट्रपति को अनुसूचित क्षेत्रों के प्रशासन के बारे में प्रतिवेदन देने के लिए और पिछड़े वर्गों की दशाओं के अन्वेषण और उनको सुधारने के लिए उपाय के बारे में प्रतिवेदन करने के लिए एक आयोग नियुक्त करने की शक्ति है। (अनु. 339 और 340)।

(छ) राष्ट्रपति को यह शक्ति है कि वह ऐसी जातियां और मूलवंश या जनजातियां विनिर्दिष्ट करे जिन्हें अनुसूचित जाति या अनुसूचित जनजाति समझा जाएगा (अनु. 341 और 342)।

10.36 XI. **आपात शक्तियां।** संविधान कुछ ऐसी घटनाओं और परिस्थितियों की परिकल्पना करता है जिन्हें सामान्यतः आपात कहते हैं। राष्ट्रपति को युद्ध, बाह्य आक्रमण या सशस्त्र विद्रोह से भारत की सुरक्षा पर संकट आने पर आपात की उद्घोषणा करने की शक्ति है (अनु. 352)। जब राष्ट्रपति का यह समाधान हो जाता है कि किसी राज्य का शासन संविधान के उपबंधों के अनुसार नहीं चलाया जा सकता है तो वह उद्घोषणा द्वारा राज्य की सरकार के सभी या कोई कृत्य अपने हाथ में ले सकता है (अनु. 356)। राष्ट्रपति को यह घोषित करने की शक्ति है कि भारत का वित्तीय स्थायित्व या प्रत्यय संकट में है (अनु. 360)।

10.37 **राष्ट्रपतियों के अविवेकपूर्ण कार्य।** राष्ट्रपति एक सांविधानिक प्रमुख है जिसे विनिर्ष्दिट शक्तियां प्रदान की गई हैं। सामान्यतया इस पद पर ऐसा व्यक्ति आसीन होता है जिसे विशाल अनुभव होता है। फिर भी कुछ अवसर ऐसे आए हैं कि राष्ट्रपतियों ने इस प्रकार कार्य किया है कि उनके कार्य पर जनता और न्यायालय ने उंगली उठाई है।

जून 1975 में राष्ट्रपति श्री फखरुद्दीन अली अहमद ने आपात की उद्घोषणा पर मंत्रि-परिषद् द्वारा सिफारिश की जाने के पहले ही, हस्ताक्षर कर स्वीकृति दे दी। 1984 में श्री ज्ञानी जैलसिंह ने कांग्रेस संसदीय दल की बैठक होने और बैठक में नेता का निर्वाचन होने के पहले ही श्री राजीव गांधी को प्रधानमंत्री पद की शपथ दिला दी। 1996 में श्री के.आर. नारायणन ने श्रीमती सोनिया गांधी को सरकार बनाने के लिए बहुत लंबा समय दे दिया। अंत में वे सरकार बना नहीं पाईं। श्री अब्दुल कलाम ने, जाने-अनजाने, मई 2005 में मध्यरात्रि में अनु. 356 के अधीन उद्घोषणा पर हस्ताक्षर करके स्वयं को प्रजातंत्र पर प्रहार करने वालों का उपकरण बना दिया।[20]

20. *रामेश्वर प्रसाद* (5) बनाम *भारत संघ* (2005) 7 एस.सी.सी. 625, ए.आइ.आर. 2005 एस.सी. 430।

10.38 अनुच्छेद 361 और राष्ट्रपति और राज्यपालों को विधिक कार्रवाई से व्यक्तिगत उन्मुक्ति प्रदान करता है। कोई न्यायालय राज्य के प्रमुख को किसी शक्ति का प्रयोग करने या कर्त्तव्य का पालन करने के लिए बाध्य नहीं कर सकता या करने से विरत नहीं कर सकता। यह संरक्षण बहुत विस्तृत है। यह कवच शासकीय कार्य और लोप के लिए तो है कि संविधान के बाहर के कार्यों के लिए भी है। प्रत्येक कार्य, जो संविधान के अनुसरण में किया जाना तात्पर्यित है, पूर्णतया संरक्षित है। अनुच्छेद 361 राष्ट्रपति या राज्यपाल को पक्षकार बनाने या उन्हें सूचना जारी करने के विरुद्ध पूरी रक्षा प्रदान करता है। वे अपनी शक्ति के प्रयोग के लिए किसी न्यायालय में उत्तरदायी नहीं है।

उन्मुक्ति।

किंतु अनु. 361 द्वारा प्रदत्त व्यक्तिगत उन्मुक्तता का यह अर्थ नहीं है कि उनके कार्यों पर आक्षेप नहीं किया जा सकता। चुनौती का आधार असद्‌भाव हो सकता है। जब आक्षेप किया जाए तो उसका प्रतिवाद संघ या राज्य को करना होगा। यदि व्यक्तिगत असद्‌भाव का अभिकथन है और वह साबित किया जा रहा है तो उसका प्रतिवाद होना चाहिए। राज्यपाल चाहे तो शपथ पत्र फाइल कर सकता है। इस पर कोई प्रतिबंध नहीं है। न्यायालय को सूचना देने और राष्ट्रपति या राज्यपाल को उत्तरदायी बनाने से पारित किया गया है। उन्मुक्ति का यह परिणाम नहीं है कि न्यायालय को कार्य की विधिमान्यता पर और असद्‌भाव के आधार पर विचार करने की शक्ति नहीं है।[21]

जब राज्यपाल को कृत्य पदेन सौंपे जाते हैं जैसे विश्वविद्यालय के कुलाधिपति का पद तो वह यह कार्य राज्यपाल होने के नाते नहीं करता। वह कार्य कुलाधिपति की हैसियत से करता है। वह मंत्रि-परिषद् की सलाह से कार्य नहीं करता और राज्य उसके कार्यों के लिए दायी नहीं है। कुलाधिपति के रूप में उसे वह उन्मुक्ति नहीं मिलती जो राज्यपाल को मिलती है।[22]

10.39 अनुच्छेद 74(1) में यह कहा गया है कि राष्ट्रपति को सहायता और सलाह देने के लिए एक मंत्रि-परिषद् होगी जिसका प्रधान, प्रधान मंत्री होगा। हमारा संविधान मंत्रि-परिषद् को मान्यता देता है। राष्ट्रपति, प्रधान मंत्री का चयन करता है। वह अनिवार्यतः ऐसे व्यक्ति को नियुक्त करता है जो उस दल का नेता है जिसका लोक सभा में बहुमत है या ऐसा व्यक्ति है जो अन्य राजनीतिक दलों का समर्थन प्राप्त करके लोक सभा का विश्वास जीत लेगा। अन्य सभी मंत्री, राष्ट्रपति द्वारा प्रधान मंत्री की सलाह पर नियुक्त किए जाते हैं। प्रधान मंत्री अन्य मंत्रियों को विभाग आबंटित करता है। प्रधान मंत्री किसी भी समय किसी भी मंत्री से त्याग-पत्र मांग सकता है। यदि मंत्री त्याग-पत्र देने से इंकार करे तो वह राष्ट्रपति को यह सलाह दे सकता है कि उस मंत्री को पदच्युत किया जाए।

मंत्रि-परिषद्।

10.40 सन् 2003 तक संविधान में यह नहीं लिखा था कि मंत्रि-परिषद् में कितने मंत्री होंगे। प्रधान मंत्री उतने मंत्री नियुक्त कर सकता था जितने वह ठीक समझे। 2003 में पारित संविधान 91वें संशोधन अधिनियम से[23] अब स्थिति बदल गई है। प्रधान मंत्री सहित मंत्रियों की कुल संख्या लोक सभा की सदस्य संख्या के 15 प्रतिशत से अधिक नहीं हो सकती।

मंत्रियों की संख्या पर बंधन।

मंत्रि-परिषद् के सभी मंत्री एक ही पंक्ति या श्रेणी के नहीं होते। संविधान में मंत्रियों का विभिन्न पंक्तियों में वर्गीकरण नहीं किया गया है किंतु व्यवहार में चार श्रेणियां स्वीकार की जाती हैं।

(i) **कैबिनेट मंत्री**—ऐसे मंत्री को मंत्रिमंडल (कैबिनेट) की प्रत्येक बैठक में उपस्थित होने

---

21. *रामेश्वर प्रसाद* (6) बनाम *भारत संघ* (2006) एस.सी.सी. 1।
22. *बूलचंद* बनाम *चांसलर,* ए.आइ.आर. 1968 एस.सी. 292।
23. संविधान (91वां संशोधन) अधिनियम, 2003।

और भाग लेने का अधिकार है। अनुच्छेद 352 के अधीन आपात की उद्‌घोषणा के लिए सलाह प्रधान मंत्री और अन्य कैबिनेट मंत्री मिलकर देंगे।

(ii) **राज्य मंत्री जिसे स्वतंत्र प्रभार** है। यह एक राज्य मंत्री है जो किसी कैबिनेट मंत्री के अधीन काम नहीं करता। जब उसके विभाग से संबंधित कोई विषय मंत्रिमंडल की कार्यसूची में होता है तो उसे बैठक में उपस्थित होने के लिए आमंत्रित किया जाता है।

(iii) **राज्य मंत्री**—इस मंत्री के पास किसी विभाग का स्वतंत्र प्रभार नहीं होता और वह कैबिनेट मंत्री के अधीन कार्य करता है। ऐसे मंत्री को उसका कैबिनेट मंत्री कार्य आबंटित करता है।

(iv) **उप मंत्री**—ऐसा मंत्री कैबिनेट मंत्री या स्वतंत्र प्रभार वाले राज्य मंत्री के अधीन कार्य करता है। जिस मंत्री के अधीन वह कार्य करता है वही उसे कार्य आबंटित करता है।

प्रधान मंत्री कैबिनेट मंत्रियों को और स्वतंत्र प्रभार वाले राज्य मंत्री को विभाग आबंटित करता है। अन्य मंत्रियों को कार्य का आबंटन उनके कैबिनेट मंत्री करते हैं।

मंत्री लोक सभा या राज्य सभा से चुने जा सकते हैं। जो मंत्री एक सदन का सदस्य है वह दूसरे सदन में बोल सकता है और उसकी कार्यवाहियों में भाग ले सकता है। किंतु मंत्री मतदान उसी सदन में कर सकता है जिसका वह सदस्य है।

10.41 **ऐसे व्यक्ति को मंत्री नियुक्त करना जो विधायक नहीं है।** ऐसा व्यक्ति भी मंत्री नियुक्त किया जा सकता है जो किसी सदन का सदस्य नहीं है। किंतु वह केवल छह मास तक मंत्री बना रह सकता है। यह अवधि अनु. 75(5) द्वारा नियत की गई है। यदि वह मंत्री बना रहना चाहता है तो उसे 6 मास की अवधि के समाप्त होने के पूर्व संसद् के किसी सदन का सदस्य बनना होगा।

जो व्यक्ति विधान मंडल का सदस्य बनने के लिए अर्ह नहीं है उसे अनु. 75(5) के अधीन मंत्री नियुक्त नहीं किया जा सकता।[24]

(इस विषय पर और देखिए **पैरा 12.15** और **12.17**)।

10.42 **मंत्रियों का सामूहिक उत्तरदायित्व।** इंग्लैंड में मंत्रिमंडल प्रणाली अभिसमय पर आधारित है। हमारे संविधान निर्माताओं ने यह उचित समझा कि इस प्रणाली को संविधान में स्थान दिया जाए। अनुच्छेद 75(3) में सामूहिक उत्तरदायित्व का नियम प्रतिष्ठित है। वहां यह कहा गया है कि मंत्रि-परिषद् लोक सभा के प्रति सामूहिक रूप से उत्तरदायी होगी। दूसरे शब्दों में इस उपबंध का अर्थ यह है कि जो मंत्रिमंडल लोक सभा का विश्वास खो देता है उसे त्याग-पत्र देना अनिवार्य है। विश्वास का अभाव अनेक प्रकार से अभिव्यक्त किया जा सकता है। जैसे धन विधेयक या वित्त विधेयक या किसी अन्य महत्त्वपूर्ण नीति संबंधी विधेयक या संकल्प को नामंजूर करना या अविश्वास का प्रस्ताव पारित करना या मंत्रिमंडल में विश्वास अभिव्यक्त करने वाले प्रस्ताव को नामंजूर करना। जब कोई मंत्रिमंडल लोक सभा का विश्वास खो देता है तो पूरे मंत्रिमंडल को त्याग-पत्र देना होगा। इसमें वे मंत्री भी होते हैं जो राज्य सभा के सदस्य हैं। मंत्री एक साथ खड़े होते हैं और एक साथ गिरते हैं। कुछ दशाओं में मंत्रिमंडल राष्ट्रपति को यह सलाह दे सकता है कि लोक सभा का विघटन करके नए निर्वाचन कराए जाएं।

सामूहिक उत्तरदायित्व का यह भी अर्थ है कि जब कैबिनेट कोई निर्णय करती है तो सभी मंत्री उससे बंध जाते हैं। संसद् के भीतर और संसद् के बाहर उन्हें उसकी रक्षा करनी होगी। जो मतभेद हैं वे कैबिनेट में, दल की बैठकों में या प्रधानमंत्री के समक्ष ही प्रकट किए जाने चाहिए। यदि किसी मंत्री को ऐसा प्रतीत होता है कि वह कैबिनेट के निर्णय से सहमत नहीं हो सकता तो

24. *बी.आर. कपूर* बनाम *तमिलनाडु राज्य* (2001) 7 एस.सी.सी. 231।

उसे मंत्रि-परिषद् से त्याग पत्र दे देना चाहिए। 1956 में श्री चिंतामणि देशमुख ने त्याग पत्र दे दिया था क्योंकि वे मुंबई की प्रास्थिति के बारे में प्रधानमंत्री से सहमत नहीं थे।

10.43 मंत्री का व्यक्तिगत उत्तरदायित्व अनु. 75(2) में पाया जाता है। वहां यह कहा गया है कि मंत्री, राष्ट्रपति के प्रसादपर्यंत अपने पद धारण करेंगे। मंत्री सामूहिक रूप से तब तक बने रहते हैं जब तक उन्हें लोक सभा का अपेक्षित समर्थन मिलता है। कोई भी मंत्री तब तक मंत्रि-परिषद् का सदस्य बना रहता है जब तक प्रधान मंत्री का उस पर विश्वास रहता है। जब प्रधान मंत्री किसी मंत्री के कार्य से असंतुष्ट हो या जब प्रधान मंत्री का उससे मतभेद हो या जब राजनीतिक आवश्यकता हो तब वह किसी भी मंत्री से त्याग-पत्र मांग सकता है। यदि प्रधान मंत्री के अनुरोध को स्वीकार नहीं किया जाता है तो इसका परिणाम राष्ट्रपति द्वारा पदच्युत किया जाना हो सकता है। राष्ट्रपति की पदच्युत करने की शक्ति व्यवहार में प्रधान मंत्री के हाथों में एक शक्तिशाली शस्त्र है जिसका प्रयोग वह अपने सहकर्मियों को अनुशासित करने और विसम्मति या मतभेद को नियंत्रित करने में करता है। अनुच्छेद 311 में सिविल सेवा या पद पर नियुक्त किए गए व्यक्ति को कुछ अधिकार दिए गए हैं। परंतु मंत्रियों को इसके समकक्ष कोई अधिकार नहीं हैं।

मंत्री का व्यक्तिगत उत्तरदायित्व।

मंत्री अपने विभागों के कार्यकरण के विषय में संसद् में और प्रधान मंत्री व्यक्तिगत रूप से उत्तरदायी हैं। उसे अपने अधीन विभागों के सभी कार्य और लोपों के लिए उत्तर देना होगा। जब उसकी गंभीर आलोचना होती है तो वह या तो स्वयं त्याग-पत्र दे देता है या प्रधानमंत्री उसकी छुट्टी कर देता है। 1962 में चीनी आक्रमण के पश्चात् देश की रक्षा की घोर उपेक्षा के कारण रक्षामंत्री वी.के. कृष्ण मेनन को त्याग-पत्र देना पड़ा। उन्हें रक्षा बलों के तैयार न रहने के लिए उत्तरदायी माना गया। प्रधानमंत्री नेहरू के समर्थन के बाद भी वे पद पर टिके नहीं रह सके।

10.44 इंग्लैंड की विधि के सिद्धांतों के अनुसार सम्राट् मंत्री के प्रतिहस्ताक्षर के बिना कोई सार्वजनिक कृत्य नहीं कर सकता। यदि उस कार्य से किसी विधि का उल्लंघन होता है तो उत्तरदायित्व मंत्री का होगा। सम्राट् किसी न्यायालय के समक्ष उत्तरदायी नहीं होगा। इंग्लैंड की विधि का सुविख्यात सिद्धांत है कि **सम्राट् कोई दोषपूर्ण कृत्य नहीं करता**। इस नियम को मंत्री का विधिक उत्तरदायित्व कहा जाता है। हमारे संविधान में कहा गया है कि राष्ट्रपति कार्यपालिका शक्ति का प्रयोग स्वयं या अपने अधीनस्थ अधिकारियों द्वारा करेगा। अनुच्छेद 77 में यह उपबंध है कि आदेश और अन्य लिखत ऐसी रीति से अधिप्रमाणित किए जाएंगे जो राष्ट्रपति द्वारा बनाए गए नियमों में विनिर्दिष्ट किए जाएं। राष्ट्रपति द्वारा बनाए गए नियम यह अपेक्षा नहीं करते कि राष्ट्रपति केवल मंत्रियों के माध्यम से ही कार्य करेगा। अनुच्छेद 74(2) यह उपबंध करता है कि इस प्रश्न की किसी न्यायालय में जांच नहीं की जाएगी कि मंत्रियों ने राष्ट्रपति को क्या सलाह दी है। यदि कोई आदेश या अनुदेश राष्ट्रपति के नाम से निकाला गया है, नियमों के अनुसार बनाया गया है और भारत सरकार द्वारा अभिहित अधिकारी द्वारा अधिप्रमाणित किया गया है तो मंत्री को विधिक रूप से उत्तरदायी नहीं ठहराया जा सकता। इस दृष्टि से हमारी विधि इंग्लैंड की विधि से भिन्न है।

विधिक उत्तरदायित्व।

10.45 एक समय में इंग्लैंड के प्रधान मंत्री का वर्णन करते हुए कहा जाता था कि वह **समकक्ष मंत्रियों में प्रथम** है। यह माना जाता था कि सभी मंत्री समान हैं। उनमें से प्रत्येक सम्राट् का सलाहकार है और संसद् के प्रति उत्तरदायी है। एक और भी मत व्यक्त किया जाता था जिसमें प्रधान मंत्री को मंत्रिमंडल के मेहराब की चाबी कहा जाता था। (मेहराब में बीच का पत्थर जिसके कारण मेहराब स्थिर रहता है।)

प्रधान मंत्री की स्थिति।

कैबिनेट प्रणाली और प्रधानमंत्री के पद का विकास बहुत रोचक है। इंग्लैंड के सम्राट जार्ज प्रथम और जार्ज द्वितीय अंग्रेजी नहीं जानते थे और उनके मंत्री जर्मन भाषा नहीं जानते थे। इसलिए सम्राट कैबिनेट की बैठकों की अध्यक्षता नहीं करता था। सर राबर्ट वालपोल एक मंत्री थे और वे ही 20 वर्षों तक (1721-1742) अध्यक्षता करते रहे क्योंकि उन्हें कुछ लेटिन आती थी और वे राजा से बात कर सकते थे। वह अन्य मंत्रियों पर भारी पड़ते थे। इसलिए उनको प्रधानमंत्री कहा जाने लगा। वालपोल इस संबोधन को पसंद नहीं करते थे। वे मंत्री ही कहलाते थे। किंतु आगे यह रूढ़ि हो गया।

मंत्रिमंडल की बैठकें राजा के शयनकक्ष से जुड़े हुए एक छोटे से कमरे में (जिसे अंग्रेजी में कैबिनेट कहते हैं) होती थी। उन्हें कैबिनेट की बैठकें कहा जाता था। इसी से आगे मंत्रियों का सामूहिक नामक कैबिनेट हो गया।

पहले प्रधान मंत्री पंडित जवाहरलाल नेहरू के समय से ही भारत में प्रधान मंत्री को अन्य मंत्रियों के समकक्ष नहीं माना गया। प्रधान मंत्री को मंत्रियों से ऊंचे आसन पर रखा जाता है। प्रधान मंत्री की प्रधानता का कारण यह है कि मंत्रिमंडल में उसकी स्थिति सर्वोच्च होती है। इसके साथ यह तथ्य भी जुड़ जाता है कि वह बहुमत वाले दल का नेता होता है। केंद्र में जब कांग्रेस का शासन था तब प्रधान मंत्री सामान्यतः दल का अध्यक्ष भी होता था और निर्वाचन में मतदाताओं को आकर्षित करने में उसकी प्रमुख भूमिका होती थी। जब यह सब बातें एक ही व्यक्ति में एकत्र हो जाती हैं तो अपने आप ही उसका स्थान सामान्य मंत्रियों से ऊंचा हो जाता है। प्रधान मंत्री की मृत्यु या त्याग-पत्र से मंत्रि-परिषद् का विघटन स्वयं हो जाता है। उसके हटते ही शून्य बन जाता है। किसी मंत्री की मृत्यु, त्याग-पत्र या पदच्युति से केवल मंत्री का स्थान खाली होता है जिसे प्रधान मंत्री चाहे तो भरे चाहे तो न भरे। सरकार बिना प्रधान मंत्री के नहीं चल सकती किंतु मंत्री का अभाव सरलता से पूरा हो जाता है।

प्रधान मंत्री के कृत्य।

10.46 प्रधान मंत्री निम्नलिखित कृत्य करता है,—

(क) वह साधारणतया लोक सभा में बहुमत वाले दल का नेता होता है।[25]

(ख) वह अन्य मंत्रियों का चयन कर सकता है और उन्हें कार्य आबंटित करता है। उन्हें पंक्ति प्रदान करता है और उनके कार्य की परिवीक्षा करता है। आवश्यकता पड़ने पर उन्हें मार्गदर्शन और नेतृत्व प्रदान करता है।

(ग) वह किसी भी मंत्री से त्याग-पत्र की मांग कर सकता है। यदि तुरंत त्याग-पत्र नहीं दिया गया तो उसे पदच्युत करा सकता है।

(घ) वह मंत्रिमंडल की बैठकों की अध्यक्षता करता है और विभिन्न मंत्रालयों के कार्यों में समन्वय स्थापित करता है।

(ङ) प्रधान मंत्री राष्ट्रपति और मंत्रि-परिषद् को जोड़ने वाली कड़ी होता है। अनुच्छेद 78 के अनुसार यह प्रधान मंत्री का कर्त्तव्य है कि वह मंत्रि-परिषद् के सभी विनिश्चय राष्ट्रपति को संसूचित करे और जो जानकारी राष्ट्रपति मांगे वह दे।

(च) यदि राष्ट्रपति यह चाहता है कि किसी बात पर मंत्रि-परिषद् विचार करे तो वह प्रधान मंत्री को संसूचना देता है।

राष्ट्रपति और मंत्रि-परिषद्।

10.47 राष्ट्रपति का निर्वाचन 5 वर्ष की अवधि के लिए होता है। राष्ट्रपति का पद, त्यागपत्र, मृत्यु या महाभियोग से ही रिक्त होता है। भारत में वास्तविक कार्यपालिका मंत्रि-परिषद् है जिसकी पदावधि निश्चित

25. 2004 में श्री मनमोहन सिंह प्रधान मंत्री बने। वे लोक सभा के सदस्य नहीं थे इसलिए श्री प्रणव मुखर्जी को लोक सभा में बहुमत वाले दल का नेता चुना गया।

नहीं होती। मंत्रि-परिषद् तभी तक बनी रहती है जब तक कि वह लोक सभा में अपने पक्ष में बहुमत बनाए रख सकती है। मंत्रि-परिषद् को पदावधि की सुरक्षा नहीं होती। उन्हें प्रतिदिन लोक सभा के समक्ष उत्तरदायी होना पड़ता है। शासन में उत्तरदायित्व का होना नियत पदावधि या स्थिरता से बेहतर है।

हम ऊपर **पैरा 10.11** में इस बात पर विचार कर चुके हैं कि किन क्षेत्रों में और परिस्थितियों में राष्ट्रपति को अपने विवेक से कार्य करना होता है और उसे मंत्रि-परिषद् की सहायता और सलाह उपलब्ध नहीं होती।

यह विवाद कि क्या राष्ट्रपति सलाह से आबद्ध है।

10.48 1960 में, हमारे प्रथम राष्ट्रपति ने, जो संविधान सभा के सभापति भी थे, एक विद्वत्सभा[26] में यह संप्रेक्षण किया कि संविधान में ऐसा कोई उपबंध नहीं है जिसमें कि यह कहा गया हो कि राष्ट्रपति मंत्रि-परिषद् की सलाह पर कार्य करने के लिए बाध्य है। इस संप्रेक्षण की ओर तुरंत ही विद्वानों और राजनीतिज्ञों का ध्यान केंद्रित हो गया। यह एक रोचक तथ्य है कि डा. राजेंद्र प्रसाद ने संविधान सभा में अंतिम दिन भाषण देते हुए यह कहा था कि मैं आशा करता हूं कि हम इंग्लैंड के अभिसमय का अनुसरण करेंगे जिसके अनुसार सम्राट् सदैव मंत्रियों की सलाह पर कार्य करता है और राष्ट्रपति सभी मामलों में सांविधानिक राष्ट्रपति बनेगा। डा. राजेंद्र प्रसाद ने चाहे जो मत व्यक्त किया हो उन्होंने राष्ट्रपति के रूप में लगातार दो अवधि तक कार्य करते हुए सदैव मंत्रि-परिषद् की सलाह पर काम किया।

प्रधान मंत्री नेहरूजी ने राष्ट्रपति के संप्रेक्षण को महान्यायवादी (एम.सी. सीतलवाड) को उनकी राय जानने के लिए निर्दिष्ट किया। महान्यायवादी ने यह राय दी कि राष्ट्रपति पदनाम से अध्यक्ष है और मंत्रि-परिषद् की सलाह के अनुसार कार्य करने के लिए बाध्य है। उच्चतम न्यायालय ने *रामजवाया*[5] में इस विषय को बिल्कुल स्पष्ट कर दिया। उस वाद में न्यायालय ने यह भी अभिनिर्धारित किया कि राष्ट्रपति कार्यपालिका का औपचारिक या सांविधानिक अध्यक्ष है। वास्तविक शक्तियां मंत्रिमंडल में निहित हैं। *शमशेर सिंह*[7] में इस निर्णय की पुष्टि की गई।

श्रीमती इंदिरा गांधी द्वारा अधिरोपित आपात के दौरान 42वें संशोधन द्वारा 3-1-1977 से अनु. 74 में निम्नलिखित शब्द जोड़े गए,—

> और राष्ट्रपति अपने कृत्यों का प्रयोग करने में ऐसी सलाह के अनुसार कार्य करेगा।

यह इस प्रश्न को संदेह से परे रखने का प्रयास था। श्रीमती गांधी का वास्तविक प्रयोजन अपने नेतृत्व और प्रधान मंत्री पद पर संभावित हमलों को रोकना था। इसके पहले श्रीमती गांधी ने स्वर्ण सिंह समिति के माध्यम से यह विवाद खड़ा किया था कि भारत को संसदीय प्रणाली के स्थान पर राष्ट्रपति प्रणाली अपनाना चाहिए। राष्ट्रपति के रूप में श्रीमती गांधी की स्थिति पांच वर्ष तक सुरक्षित रहती। इसके अनुकल्प के रूप में वे राष्ट्रपति को यह बताना चाहती थी कि आप केवल रबर की मोहर हैं और प्रधान मंत्री के फर्मानों का पालन करने के लिए बाध्य हैं।

मोरारजी देसाई की अध्यक्षता में जब जनता सरकार बनी तो आपात के दिनों में विभिन्न संविधान संशोधनों द्वारा पूर्ववर्ती सरकार ने जो परिवर्तन किए थे उन्हें पुरानी स्थिति में लाने का प्रयत्न किया गया। किंतु उस सरकार ने भी अनु. 74 में जो शब्द जोड़े गए थे उनका लोप नहीं किया। यदि उन शब्दों का लोप कर दिया जाता तो न्यायालय के समक्ष यह तर्क देना संभव हो जाता कि राष्ट्रपति मंत्रि-परिषद् की सलाह मानने के लिए बाध्य नहीं है। क्योंकि यदि ऐसा नहीं होता तो उन शब्दों का लोप करने की आवश्यकता ही नहीं थी जिनके द्वारा यह दर्शाया गया था कि राष्ट्रपति मंत्रि-परिषद् की सलाह पर कार्य करने के लिए बाध्य है। इस दुविधा से बचने के लिए

26. दिल्ली में इंडियन ला इंस्टिट्यूट भवन के शिलान्यास के अवसर पर 28-11-1960 को नई दिल्ली में दिया गया भाषण।

उन शब्दों को हटाया नहीं गया और एक परंतुक जोड़ दिया गया जिसके द्वारा राष्ट्रपति को यह शक्ति दी गई कि वह मंत्रिमंडल से यह अपेक्षा कर सकेगा कि सलाह पर पुनर्विचार किया जाए।

उच्चतम न्यायालय द्वारा दी गई व्यवस्थाओं[5,7] और सांविधानिक संशोधनों को देखते हुए जो प्रश्न डा. राजेंद्र प्रसाद ने उठाया था उसका उत्तर दिया जा चुका है और अब वह बहस का विषय नहीं रहा।

उपराष्ट्रपति।

10.49 संविधान ने भारत के उपराष्ट्रपति के पद का सृजन किया है (अनु. 63)।

उपराष्ट्रपति का निर्वाचन।

10.50 उपराष्ट्रपति का निर्वाचन एक निर्वाचक मंडल द्वारा किया जाता है जिसमें,—

(i) लोक सभा के सदस्य और

(ii) राज्य सभा के सदस्य होते हैं।

उपराष्ट्रपति के निर्वाचन में नामनिर्दिष्ट सदस्य भी मतदान करते हैं। राष्ट्रपति के निर्वाचन में उन्हें मताधिकार नहीं है। निर्वाचन आनुपातिक प्रतिनिधित्व पद्धति के अनुसार एकल संक्रमणीय मत द्वारा होता है। यह पद्धति क्या है यह ऊपर **पैरा 10.14** में बताया जा चुका है। राष्ट्रपति और उपराष्ट्रपति के निर्वाचन में एक महत्वपूर्ण अंतर यह भी है कि उपराष्ट्रपति के निर्वाचन में राज्य की विधान सभाओं के सदस्यों को मत देने का अधिकार नहीं है।

अर्हताएं।

10.51 कोई व्यक्ति उपराष्ट्रपति निर्वाचित होने का पात्र होगा यदि वह,—

(क) भारत का नागरिक है,

(ख) पैंतीस वर्ष की आयु पूरी कर चुका है; और

(ग) राज्य सभा का सदस्य निर्वाचित होने के लिए अर्हित है।

यह भी अपेक्षा है कि उसे भारत सरकार के या किसी राज्य की सरकार के अधीन या उक्त सरकारों में से किसी के नियंत्रण के अधीन किसी प्राधिकारी के नियंत्रण के अधीन कोई लाभ का पद धारण नहीं करना चाहिए (अनु. 66)।

विधायक का उपराष्ट्रपति या राष्ट्रपति के रूप में निर्वाचन।

10.52 संसद् या किसी राज्य विधान सभा का सदस्य राष्ट्रपति या उपराष्ट्रपति के पद के लिए प्रत्याशी हो सकता है। यदि वह राष्ट्रपति या उपराष्ट्रपति के रूप में निर्वाचित हो जाता है तो यह समझा जाएगा कि उसने, यथास्थिति, संसद् या राज्य विधान-मंडल में अपना स्थान जिस दिन उसने पद धारण किया उस तारीख को रिक्त कर दिया है। दूसरे शब्दों में संविधान, राष्ट्रपति या उपराष्ट्रपति को संसद् या राज्य विधान-मंडल का सदस्य होने की अनुमति नहीं देता।

पदावधि।

10.53 उपराष्ट्रपति पदभार ग्रहण की तारीख से पांच वर्ष की अवधि के लिए पद धारण करता है। उपराष्ट्रपति का पद अवधि के अवसान के पूर्व रिक्त हो सकता है,—

(क) **त्याग-पत्र द्वारा**—उपराष्ट्रपति, राष्ट्रपति को संबोधित अपने हस्ताक्षर सहित लेख द्वारा अपना पद त्याग सकता है।

(ख) **पद से हटाए जाने पर**—उपराष्ट्रपति को उसके पद से राज्य सभा के ऐसे संकल्प द्वारा हटाया जा सकेगा जिसे राज्य सभा के समस्त सदस्यों ने पारित किया हो और जिससे लोक सभा सहमत हो।

(ग) **मृत्यु द्वारा**

उपराष्ट्रपति पुनर्निर्वाचन के लिए पात्र है। स्वतंत्र भारत के प्रथम उपराष्ट्रपति डा. सर्वपल्ली राधाकृष्णन लगातार दो पदावधि तक इस पद पर रहे।

10.54 उपराष्ट्रपति को प्रतिमास वेतन और ऐसे दैनिक भत्ते पाने का हक है जो संसद् के सदस्यों को मिलते हैं। राष्ट्रपति के रूप में कार्य करते हुए या राष्ट्रपति के कृत्यों का निर्वहन करते हुए उसे राष्ट्रपति के पद की परिलब्धियां, भत्ते और विशेषाधिकार पाने का हक है।

परिलब्धियां।

10.55 उपराष्ट्रपति के कोई कृत्य नहीं हैं। उपराष्ट्रपति राज्य सभा का पदेन सभापति होता है। अतएव उपराष्ट्रपति का सामान्य कृत्य राज्यसभा की अध्यक्षता करना है किंतु कुछ परिस्थितियों में उपराष्ट्रपति या तो,—

उपराष्ट्रपति के कृत्य।

(i) राष्ट्रपति के रूप में कार्य करता है या
(ii) राष्ट्रपति के कृत्यों का निर्वहन करता है।

जब राष्ट्रपति का पद रिक्त होता है तब उपराष्ट्रपति **राष्ट्रपति के रूप में कार्य करता है**। यह रिक्तता मृत्यु, पद-त्याग, महाभियोग द्वारा पद से हटाए जाने या किसी अन्य कारण से हो सकती है। जब राष्ट्रपति अनुपस्थिति, बीमारी या अन्य किसी कारण से अपने कृत्यों का निर्वहन करने में असमर्थ है तो उपराष्ट्रपति **राष्ट्रपति के कृत्यों का निर्वहन करता है**। यह राष्ट्रपति के भारत से बाहर रहने या अस्वस्थ होने के कारण या अन्य किसी कारण से हो सकता है। संविधान में ऐसा कोई उपबंध नहीं है जिसमें यह बताया गया हो कि किस रीति से यह अवधारित किया जाएगा कि राष्ट्रपति अपने कर्त्तव्यों का निर्वहन करने में असमर्थ है।

1960 में जब डा. राजेंद्र प्रसाद रूस की राजकीय यात्रा पर गए थे तब उपराष्ट्रपति डा. राधाकृष्णन ने राष्ट्रपति के कृत्यों का निर्वहन किया। 1961 में जब डा. राजेंद्र प्रसाद गंभीर रूप से बीमार हुए तब उनके सुझाव पर उपराष्ट्रपति ने तब तक राष्ट्रपति के कृत्यों का निर्वहन किया जब तक राष्ट्रपति ने कार्यभार फिर से नहीं संभाला।

10.56 ऐसी स्थिति उत्पन्न हो सकती है जिसमें राष्ट्रपति और उपराष्ट्रपति दोनों पद मृत्यु, पद त्याग, हटाए जाने द्वारा या अन्यथा रिक्त हो जाएं। अनुच्छेद 70 में संसद् को ऐसी आकस्मिकताओं के लिए उपबंध करने की शक्ति दी गई है। संसद् ने इस शक्ति के प्रयोग से राष्ट्रपति (कृत्यों का निर्वहन) अधिनियम, 1969 पारित करके एक ही समय में होने वाली रिक्तियों के लिए उपबंध किया है। मई 1969 में जब राष्ट्रपति डा. जाकिर हुसैन का देहांत हुआ तब उपराष्ट्रपति वी.वी. गिरि राष्ट्रपति के रूप में कार्य कर रहे थे। कुछ ही समय बाद श्री वी.वी. गिरि ने अपने पद से त्याग-पत्र दे दिया। इस प्रकार दोनों पद एक साथ रिक्त हो गए। संसद् ने उस स्थिति को संभालने के लिए पूर्वोक्त अधिनियम बनाया। इस अधिनियम के अधीन जब दोनों पद रिक्त हो जाते हैं तो भारत का न्यायमूर्ति राष्ट्रपति के रूप में कार्य करता है यदि भारत का न्यायमूर्ति न हो तो भारत के उच्चतम न्यायालय का ज्येष्ठतम न्यायाधीश तब तक राष्ट्रपति के कार्यों का निर्वहन करेगा जब तक कि नया राष्ट्रपति निर्वाचित न हो। मुख्य न्यायमूर्ति मो. हिदायतुल्ला ने 20 जुलाई 1969 से 24 अगस्त 1969 तक राष्ट्रपति के कृत्यों का निर्वहन किया।

दोनों पदों में रिक्तियां।

10.57 जो व्यक्ति राष्ट्रपति के कृत्यों का निर्वहन करता है उसे अनु. 58 के अधीन अर्हताओं को पूरा करना आवश्यक नहीं है। कारण यह है कि ऐसा व्यक्ति राष्ट्रपति के रूप में निर्वाचित नहीं होना चाहता है वह केवल कृत्यों का निर्वहन कर रहा है।

अर्हताओं का लागू होना।

राष्ट्रपति और उपराष्ट्रपति के पदों की तुलना।

10.58 राष्ट्रपति और उपराष्ट्रपति के पदों की तुलना।

निर्वाचन

राष्ट्रपति	*उपराष्ट्रपति*
राष्ट्रपति का निर्वाचन एक निर्वाचक मंडल द्वारा होता है जो संसद् के दोनों सदनों के और राज्यों की विधान सभाओं के निर्वाचित सदस्यों से मिलकर बनता है।	निर्वाचक मंडल संसद् के दोनों सदनों तक ही सीमित है। राज्य विधान सभाओं के सदस्य इसमें भाग नही लेते।

दोनों दशाओं में निर्वाचन गुप्त मतदान द्वारा आनुपातिक प्रतिनिधित्व पद्धति के अनुसार एकल संक्रमणीय मत द्वारा होगा।

अर्हताएं

क. भारत का नागरिक है।	क. भारत का नागरिक है।
ख. 35 वर्ष की आयु पूरी कर चुका है।	ख. 35 वर्ष की आयु पूरी कर चुका है।
ग. लोक सभा के लिए निर्वाचित होने के लिए अर्हित है।	ग. राज्य सभा के लिए निर्वाचित होने के लिए अर्हित है।

दोनों दशाओं में कोई लाभ का पद धारण नहीं करना चाहिए।

पदावधि

पद ग्रहण करने की तारीख से 5 वर्ष।	पद ग्रहण करने की तारीख से 5 वर्ष।

पद त्याग

उपराष्ट्रपति को संबोधित अपने हस्ताक्षर सहित लेख द्वारा पद त्याग सकता है।	राष्ट्रपति को संबोधित अपने हस्ताक्षर सहित लेख द्वारा पद त्याग सकता है।

हटाया जाना

महाभियोग द्वारा हटाया जा सकता है।	महाभियोग नहीं होता किंतु राज्य सभा के समस्त सदस्यों के बहुमत से पारित संकल्प द्वारा, जिससे लोक सभा सहमत हो, हटाया जा सकता है।

पुनर्निर्वाचन

चाहे जितनी बार निर्वाचित हो सकता है।	चाहे जितनी बार निर्वाचित हो सकता है।

कृत्य

संविधान के अधीन अनेक कृत्य	केवल एक ही कृत्य है, राज्य सभा के सभापति के रूप में कृत्य करना। जब राष्ट्रपति का पद रिक्त हो तब वह राष्ट्रपति के रूप में कार्य करता है या राष्ट्रपति के कृत्यों का निर्वहन करता है।

भारत का महान्यायवादी।

10.59 महान्यायवादी भारत सरकार का विधि अधिकारी होता है। यह पद इस दृष्टि से विलक्षण है कि इसका सृजन संविधान द्वारा हुआ है। जो व्यक्ति महान्यायवादी नियुक्त किया जाता है वह उच्चतम न्यायालय का न्यायाधीश नियुक्त किए जाने के लिए अर्हित होना चाहिए।

महान्यायवादी के कर्त्तव्य,—

(i) भारत सरकार को ऐसे विधिक मामलों में सलाह देना जो उसे विनिर्दिष्ट किए जाएं।

(ii) विधिक प्रकृति के ऐसे अन्य कृत्यों का निर्वहन करना जो राष्ट्रपति द्वारा सौंपे जाएं।

(iii) संविधान या किसी अधिनियमिति द्वारा उसे प्रदत्त कृत्यों का निर्वहन [अनु. 76(2)]।

महान्यायवादी को अपने कर्त्तव्यों के पालन में भारत के राज्यक्षेत्र में सभी न्यायालयों में सुनवाई का अधिकार होगा। महान्यायवादी साधारणतः भारत सरकार की ओर से उच्चतम न्यायालय में उपस्थित होता है। ऐसे मामलों की संख्या बहुत अधिक है जिनमें भारत सरकार पक्षकार होती है इसलिए सभी मामलों में उसके लिए उपस्थित होना संभव नहीं है। भारत के महा सोलिसिटर और कुछ अपर सोलिसिटर उसकी सहायता के लिए और भारत सरकार की ओर से उपसंजात होने के लिए नियुक्त किए जाते हैं। भारत सरकार महान्यायवादी से किसी भी उच्च न्यायालय में उपस्थित होने की अपेक्षा कर सकती है। वह भारत सरकार के विरुद्ध न तो सलाह दे सकता है और न मुकदमा ले सकता है। जिस मामले में भारत सरकार ने उसकी सलाह ली है उस मामले में भी वह सरकार के विरुद्ध मुकदमा नहीं ले सकता। वह अभियुक्त व्यक्ति की प्रतिरक्षा नहीं कर सकता। किसी कंपनी में निदेशक नहीं बन सकता।

सरकार महत्त्वपूर्ण मामलों में महान्यायवादी से परामर्श करती है। विधि मंत्रालय के अधीन, विधि कार्य विभाग केंद्रीय सरकार को परामर्श देता है। महान्यायवादी से सलाह लेने के लिए मामले विधि मंत्रालय के माध्यम से भेजे जाते हैं। वह सिविल मामलों में किसी प्राइवेट पक्षकार की ओर से उपस्थित हो सकता है यदि दूसरा पक्षकार राज्य न हो।

महान्यायवादी को प्रतिमास प्रतिधारण दिया जाता है जिसका अवधारण राष्ट्रपति करते हैं। इसके अतिरिक्त उन्हें हर राय और उपस्थिति के लिए फीस दी जाती है।

संसद् में भाग लेने का अधिकार।

10.50 महान्यायवादी को यह अधिकार है कि वह संसद् के किसी सदन में, सदनों की संयुक्त बैठक में और संसद् की किसी समिति में जिसका वह सदस्य है, बोले और उसकी कार्यवाहियों में अन्यथा भाग ले (अनु. 88)।

महान्यायवादी को सदन में मत देने का अधिकार नहीं हैं। वह एक मात्र अधिकारी है जिसे संसद् की बैठकों में भाग लेने की अनुमति है। यह एक बड़ा रोचक तथ्य है कि इंग्लैंड में अटर्नी जनरल का पद राजनीतिक और विधिक दोनों का मिश्रण है। अटर्नी जनरल मंत्रिमंडल का सदस्य होता है। भारत में महान्यायवादी मंत्रि-परिषद् का सदस्य नहीं है। वह राष्ट्रपति द्वारा नियुक्त किया जाता है और राष्ट्रपति के प्रसादपर्यंत पद धारण करता है।

संविधान के प्रारंभ से इस अभिसमय का अनुसरण किया जा रहा है कि जिस मंत्रिमंडल ने महान्यायवादी की नियुक्ति की थी उसके पद त्याग करने या प्रतिस्थापित किए जाने पर महान्यायवादी अपना पद त्याग देता है।

अध्याय 11

संघ का विधान-मंडल

11.1 भारत ने संसदीय लोकतंत्र अपनाया है। इसे वेस्टमिंस्टर (इंग्लैंड) के नमूने या आदर्श पर ढाला गया है। भारत शासन अधिनियम, 1935 ने परिसंघ की स्थापना की और इंग्लैंड की संसदीय प्रणाली की नकल की। हमारे संविधान निर्माताओं ने भी 1935 के अधिनियम द्वारा बनाए गए मार्ग का अनुसरण करना ही उचित समझा। संसदीय प्रणाली में संसद् अनेक प्रकार के कृत्य करती है।

संसद् और उसकी भूमिका।

1. **मंत्रि-परिषद् संसद् का भाग होता है**—संसद् ही मंत्रि-परिषद् बनाती है। कोई भी व्यक्ति जो संसद् के किसी सदन का सदस्य नहीं है छह मास से अधिक मंत्री नहीं बना रह सकता। मंत्रि-परिषद् सामूहिक रूप से लोक सभा के प्रति उत्तरदायी होती है। मंत्रि-परिषद् के विरुद्ध अविश्वास का प्रस्ताव केवल लोक सभा में ही लाया जा सकता है।

2. **मंत्रि-परिषद् पर नियंत्रण**—लोक सभा का सर्वाधिक महत्त्व का कृत्य यह सुनिश्चित करना है कि मंत्रि-परिषद् तभी तक अपने पद पर रहे जब तक कि उसे लोक सभा में बहुमत का समर्थन प्राप्त है [अनु. 75(3)]।

3. **दैनिक उत्तरदायित्व**—शासन की संसदीय प्रणाली में मंत्रियों को प्रश्नों का उत्तर देना पड़ता है, ध्यानाकर्षण प्रस्ताव का उत्तर देना होता है, विधान प्रस्तावित करना होता है, और जब सरकार के विभिन्न विभागों के कार्यकरण पर विचार होता है तब सरकार के कार्यों का औचित्य बताना पड़ता है। जब अनुदान की मांगों पर विचार होता है तो संसद् सरकार के प्रत्येक विभाग की समीक्षा करती है।

बहुत से विधेयक और अनुदान की मांगें संसद् की समितियों को निर्दिष्ट की जाती हैं। मंत्रि-परिषद् को समिति के समक्ष स्पष्टीकरण देना होता है। सभी विधान का प्रारंभ मंत्रि-परिषद् करती है किंतु संसद् की प्रवर और संयुक्त समितियां जिन्हें विधेयक निर्दिष्ट किया जाता है विधेयकों में बहुमूल्य योगदान करती हैं।

संसद् द्वारा जो परिवीक्षा की जाती है उसके कारण सरकार की नीतियों और योजनाओं में परिवर्तन होता है और वे अधिक प्रभावी बनती हैं। संसद् के दोनों सदन इन कृत्यों में सहभागी होते हैं। संसदीय प्रणाली में विधान-मंडल का आलोचना और विचार-विमर्श करने का कार्य प्रत्येक सत्र में चलता रहता है। इसी कारण से यह कहा जाता है कि संसद् प्रत्येक दिन सरकार का मूल्यांकन करती है।

4. **वित्तीय नियंत्रण**—धन विधेयक के संबंध में लोक सभा की भूमिका प्रधान होती है। सरकार को जो व्यय उपगत करना है और कर के रूप में जो राजस्व संगृहीत करना है उसका लोक सभा द्वारा अनुमोदन आवश्यक है।

5. **विधि निर्माण के कृत्य**—जब हम किसी विधायी निकाय की चर्चा करते हैं तो जो कृत्य सर्वप्रथम हमारे मस्तिष्क में आता है वह है विधि निर्माण। शासन की संसदीय पद्धति में सभी विधान-परिषद् द्वारा प्रारंभ किए जाते हैं। सचेतक जारी करके यह सुनिश्चित किया जाता है कि

विधेयक को सदस्यों के बहुमत का समर्थन प्राप्त होगा। इन दिनों इस महत्वपूर्ण कृत्य की ओर ध्यान निरंतर कम दिया जा रहा है। पीछे की बैंचों पर बैठने वाले तभी भाग लेते हैं जब कोई विभाजन हो। ऐसे महत्त्वपूर्ण विधेयक जिनके दूरगामी परिणाम होने वाले हैं एक घंटे के भीतर पारित कर दिए जाते हैं। 1989 से विभागों से संबंधित समितियों के बनाए जाने पर विधायन को फिर से अपेक्षित महत्त्व मिल रहा है। यह पग स्वागत योग्य है। (विस्तार के लिए देखिए **पैरा. 11.108**)

कभी-कभी संसद् अधिनियम में केवल नीति अधिकथित करती है और एक संरचना बना देती है तथा शेष कार्य करने के लिए कार्यपालिका को नियम, विनियम आदि बनाने की शक्ति दे देती है। जब कार्यपालिका संसद् के प्रत्यायोजिती के रूप में विधान बनाती है तो उसे प्रत्यायोजित विधान कहते हैं। प्रत्येक अधिनियम के अधीन बनाए गए नियम संसद् के प्रत्येक सदन के समक्ष रखे जाने चाहिए। सदनों को यह शक्ति है कि वे नियमों को उपांतरित या निरसित कर सकते हैं। प्रत्येक सदन की अधीनस्थ विधान समिति प्रत्यायोजित विधान की समीक्षा करती है और आवश्यकतानुसार उसमें परिवर्तन का सुझाव देती है। इस प्रकार संसद् मूल अधिनियम पर और उसके अधीन बनाए गए अधीनस्थ विधान पर नियंत्रण रखती है। (देखिए आगे **पैरा. 11.115 से 11.118**)।

6. **सतर्कता**—संसद् कार्यपालिका के दैनंदिन कार्य की परिवीक्षा करती है। सदस्यों को यह हक है वे संबद्ध मंत्री को संबोधित करते हुए प्रश्न पूछें। वे अनेक प्रकार से मंत्री से जानकारी की मांग कर सकते हैं। जानकारी लेने की यह शक्ति एक प्रकार का उपकरण है जिसके माध्यम से सदस्य संसद् पर निगरानी रखते हैं।

संसदीय लोकतंत्र के आधारिक तत्त्व।

11.2 संसदीय लोकतंत्र प्रणाली के साधारणतया तीन आधारिक लक्षण होते हैं (i) जनता का प्रतिनिधित्व (ii) उत्तरदायित्वपूर्ण सरकार (iii) मंत्रि-परिषद् का विधान-मंडल के प्रति उत्तरदायी होना।[1]

संसद् का गठन।

11.3 संसद् राष्ट्रपति और दोनों सदनों से मिलकर बनती है। संविधान में इन सदनों को लोक सभा और राज्य सभा कहा गया है। इनके हिंदी के नाम इतने लोकप्रिय हो गए हैं कि अंग्रेजी के *हाउस आफ दि पीपुल* और *काउंसिल आफ स्टेट* इन नामों का प्रचलन बहुत कम है।

राष्ट्रपति किसी सदन का सदस्य नहीं होता। वह अपना अभिभाषण करने के लिए ही सदन में प्रवेश करता है।

नव निर्वाचित लोक सभा के प्रथम सत्र के प्रारंभ पर और प्रत्येक वर्ष के प्रथम सत्र के प्रारंभ पर राष्ट्रपति एक साथ समवेत दोनों सदनों में अभिभाषण करता है। दोनों सदनों द्वारा पारित विधेयक तब तक विधि नहीं बनता जब तक कि उसे राष्ट्रपति की अनुमति न मिले। राष्ट्रपति किसी भी सदन का सदस्य न होते हुए भी संसद् का अविभाज्य अंग है।

राज्य सभा की संरचना।

11.4 राज्य सभा में अधिक से अधिक 250 सदस्य हो सकते हैं। इनमें से 238 राज्यों और संघ राज्य क्षेत्रों के प्रतिनिधि होते हैं और 12 राष्ट्रपति द्वारा नामनिर्दिष्ट किए जाते हैं। जो व्यक्ति नामनिर्दिष्ट किए जाते हैं उनके बारे में यह अपेक्षा है कि उन्हें, साहित्य, विज्ञान, कला और समाज सेवा का विशेष ज्ञान या व्यावहारिक अनुभव हो। वास्तव में वर्तमान में राज्य सभा में 245 सदस्य हैं। 233 निर्वाचित और 12 नामनिर्दिष्ट। नाम निर्देशन का उद्देश्य यह है कि प्रतिष्ठित लोगों को निर्वाचन में भाग लिए बिना राज्य सभा में स्थान मिले।

---

1. *एस.आर. चौधरी* बनाम *पंजाब राज्य* (2001) 7 एस.सी.सी. 126।

राज्यों के प्रतिनिधि राज्य की विधान सभाओं के निर्वाचित सदस्यों द्वारा आनुपातिक प्रतिनिधित्व पद्धति के अनुसार एकल संक्रमणीय मत द्वारा चुने जाते हैं। मतदान की इस प्रणाली को *हेयर योजना* कहते हैं। इसके जन्मदाता थे श्री टामस हेयर जिन्होंने 1859 में इसे प्रस्तुत किया। इसे अनेक देशों में अंगीकार किया है। भारत में राष्ट्रपति और राज्यसभा के निर्वाचन में इसे अपनाया गया है। राज्य सभा में संघ राज्यक्षेत्रों के प्रतिनिधियों के निर्वाचन की रीति तय करने के लिए संसद् विधि बनाती है।

संसद् ने लोक प्रतिनिधित्व अधिनियम, 1950 में निर्वाचन की रीति के बारे में उपबंध किया है। वे उस राज्यक्षेत्र के निर्वाचक मंडल के सदस्यों द्वारा अप्रत्यक्ष रूप से आनुपातिक प्रतिनिधित्व पद्धति से एकल संक्रमणीय मत के अनुसार चुने जाते हैं।

राज्य सभा की पद्धति परिसंघीय है। राज्य विधान सभा के सदस्य अपने राज्य के प्रतिनिधि चुनते हैं। अमरीका में सभी राज्यों का सीनेट में समान प्रतिनिधित्व होता है। चाहे उनका क्षेत्रफल या जनसंख्या कुछ भी हो। अमरीका की सीनेट के 100 सदस्य हैं। एक तिहाई सदस्य हर दो वर्ष बाद निवृत्त हो जाते हैं। आस्ट्रेलिया में सीनेट के 60 सदस्य हैं। प्रत्येक राज्य से 10। इनमें से आधे हर तीन वर्ष पश्चात् निवृत्त हो जाते हैं। भारत में प्रत्येक राज्य को आबंटित स्थान उसकी जनसंख्या के अनुपात में है। उत्तर प्रदेश की जनसंख्या सर्वाधिक है और उसके 31 स्थान हैं। मणिपुर, गोवा, मेघालय आदि छोटे राज्यों को केवल 1 स्थान दिया गया है। राज्य सभा के सदस्य की अवधि 6 वर्ष है। इतनी ही अवधि अमरीका और आस्ट्रेलिया के सीनेटर के लिए है।

राज्यसभा के लिए अर्ह होने के लिए राज्य में निवास।

11.5 लोक प्रतिनिधित्व अधिनियम 1951 में यह उपबंध था कि किसी राज्य से राज्यसभा के लिए निर्वाचित होने के लिए प्रत्याशी का उस राज्य में मामूली तौर से निवास होना चाहिए। यह अर्हता सन् 2003 में हटा दी गई। राज्यसभा के लिए निर्वाचन गुप्त मतदान द्वारा होता था। उसी संशोधन अधिनियम द्वारा 2003 में इसे खुला मतदान कर दिया गया। इन संशोधनों के विरुद्ध न्यायालय में अभ्यावेदन किया गया। उच्चतम न्यायालय ने निम्नलिखित आधार पर इन संशोधनों को विधिमान्य ठहराया[2],—

(क) परिसंघ का ऐसा कोई सिद्धांत नहीं है कि राज्य के प्रतिनिधि उसी राज्य के निवासी हों।

(ख) निवास और गुप्त मतदान कोई सांविधानिक अपेक्षा नहीं है।

(ग) राज्यसभा, राज्यों के स्थानीय हितों का प्रतिनिधित्व नहीं करती। यह एक राष्ट्रीय संस्था है।

(घ) राज्यसभा के सदस्य, संबंधित राज्य के निदेशानुसार मतदान नहीं करते। वे अपने विचारों के अनुसार या अपने दल के अनुसार मत देते हैं।

(ङ) गुप्त मतदान का सिद्धांत कोई आत्यंतिक सिद्धांत नहीं है। यदि गोपनीयता के कारण भ्रष्टाचार पनपता है तो प्रकट मतदान का विकल्प श्रेष्ठ है।

लोक सभा की संरचना।

11.6 संविधान में लोक सभा के स्थानों की अधिकतम संख्या विहित है। इन स्थानों को राज्यों और संघ राज्यक्षेत्रों में विभाजित किया गया है। किसी राज्य को लोक सभा में स्थानों का आबंटन और प्रत्येक राज्य को प्रादेशिक निर्वाचन क्षेत्र में विभाजित करने का काम परिसीमन आयोग की सिफारिश पर किया जाता है। यह आयोग प्रत्येक जनगणना के पश्चात् नियुक्त किया जाता है। 1976 में संविधान के संशोधन द्वारा वर्ष 2000 तक स्थानों का आबंटन और निर्वाचन क्षेत्रों का विभाजन स्थिर कर

2. *कुलदीप नायर* बनाम *भारत संघ* (2006) 7 एस.सी.सी. 1।

दिया गया था। अर्थात् संविधान में यह उपबंध रखा गया कि इनमें कोई परिवर्तन वर्ष 2000 तक नहीं होगा। सन् 2002 में संविधान संशोधन द्वारा (87वां संशोधन) यह आदिष्ट किया गया कि यह रोक 2026 तक बनी रहेगी किंतु राज्य में जो निर्वाचन क्षेत्र हैं उन्हें 2001 की जनगणना के आधार पर समायोजित किया जाएगा। वर्तमान में 530 स्थान राज्यों को आबंटित किए गए हैं और 13 संघ राज्यक्षेत्रों को। स्थानों की संख्या पर यह प्रतिबंध इसलिए लगाया गया कि राज्य परिवार नियोजन से संबंधित आदर्श प्राप्त करें। वरना जो राज्य परिवार नियोजन लागू नहीं करेंगे उनकी सदस्य संख्या बढ़ जाएगी।

लोक सभा में नामनिर्दिष्ट सदस्य।

11.7 संविधान के अनु. 331 में यह उपबंध है कि राष्ट्रपति आंग्ल-भारतीय समुदाय के अधिक से अधिक दो सदस्य लोक सभा में नामनिर्दिष्ट कर सकता है। मूलतः यह उपबंध 10 वर्ष की अवधि तक प्रवृत्त रहना था। किंतु अनु. 334 को बार-बार संशोधित करके यह आरक्षण बढ़ाया जाता रहा है। अब इसकी अवधि संविधान के प्रारंभ से 70 वर्ष के समाप्त होने तक है। अर्थात् 2020 तक।

वयस्क मताधिकार।

11.8 लोक सभा का निर्वाचन वयस्क मताधिकार से होता है। प्रत्येक व्यक्ति जो भारत का नागरिक है और कम से कम 18 वर्ष की आयु का है और संविधान या किसी विधि के उपबंधों के अधीन निरर्हित नहीं किया गया है निर्वाचन में मत देने का हकदार है (अनु. 326)।

1988 के पहले अर्हता की आयु 21 वर्ष थी। संघ राज्यक्षेत्र के सदस्य भी इस रीति से चुने जाते हैं। अनुसूचित जाति और अनुसूचित जनजातियों के लिए स्थानों का आरक्षण होता है। धर्म के आधार पर कोई आरक्षण नहीं है। भारत शासन अधिनियम, 1935 के अधीन मुसलमानों, भारतीय ईसाइयों और सिक्खों के लिए स्थान आरक्षित किए गए थे।

प्रादेशिक निर्वाचन क्षेत्र।

11.9 लोक सभा का निर्वाचन प्रत्यक्ष होता है। इसका यह अर्थ है कि मतदाता प्रत्यक्ष रूप से अभ्यर्थी को मत देता है। अप्रत्यक्ष निर्वाचन में मतदाता स्वयं मतदान में भाग नहीं लेता। राज्य सभा के सदस्य राज्य की विधान सभा के सदस्यों द्वारा निर्वाचित होते हैं। विधान सभा के सदस्य मतदाता द्वारा निर्वाचित होते हैं। इस प्रकार राज्य सभा के निर्वाचन अप्रत्यक्ष हैं। मतदाता अप्रत्यक्ष रूप से भाग लेता है। लोक सभा के निर्वाचन के प्रयोजन के लिए प्रत्येक राज्य को प्रादेशिक निर्वाचन क्षेत्रों में विभाजित किया जाता है। निर्वाचन क्षेत्रों का आबंटन इस प्रकार होता है कि स्थानों की संख्या और राज्य की जनसंख्या में अनुपात राज्यों में यथासंभव, एक ही हो। राज्य के भीतर प्रादेशिक निर्वाचन क्षेत्र इस प्रकार काटे जाते हैं कि प्रत्येक निर्वाचन क्षेत्र की जनसंख्या और उसे आबंटित स्थानों का अनुपात पूरे राज्य में यथासाध्य एक ही हो (अनु. 81)। संविधान में यह सुनिश्चित करने के लिए उपबंध है कि प्रतिनिधित्व में एकरूपता हो। यह एकरूपता दो प्रकार से है,—

1. विभिन्न राज्यों के बीच, और
2. एक ही राज्य में विभिन्न निर्वाचन क्षेत्रों के बीच।

राज्यों को निर्वाचन क्षेत्रों में विभाजित करने के प्रयोजन के लिए जनसंख्या ठीक पूर्ववर्ती जनगणना से ली जाती है। भारत में जनगणना हर 10 वर्ष पर होती है।

प्रत्येक जनगणना के पश्चात् समायोजन।

11.10 अनुच्छेद 82 में यह आदेश है कि प्रत्येक जनगणना की समाप्ति पर राज्यों को लोक सभा में स्थानों के आबंटन और प्रत्येक राज्य के निर्वाचन क्षेत्रों में विभाजन का पुनःसमायोजन किया

जाएगा। संसद् विधि द्वारा इस कार्य के लिए प्राधिकरण गठित करेगी और वह रीति अवधारित करेगी जिससे ऐसा किया जाए। संसद् इस प्रयोजन के लिए परिसीमन आयोग अधिनियम अधिनियमित करती हैं।

स्थानों और निर्वाचन क्षेत्रों को अपरिवर्तनीय करना।

11.11 1976 में पारित 42वें संशोधन अधिनियम द्वारा यह अधिनियमित किया गया था कि जब तक सन् 2000 के पश्चात् की गई पहली जनगणना के सुसंगत आंकड़े प्रकाशित नहीं हो जाते तब तक राज्यों को लोक सभा में आबंटित स्थानों का और राज्य के प्रादेशिक निर्वाचन क्षेत्रों में विभाजन का पुनरीक्षण नहीं किया जाएगा। इस प्रकार राज्यों को आबंटित स्थान और राज्य में निर्वाचन क्षेत्रों के सीमांकन को सन् 2000 के पश्चात् पहली जनगणना तक अपरिवर्तनीय बना दिया गया। समायोजन पर लगाया गया यह प्रतिबंध अब सन् 2026 तक बना रहेगा क्योंकि संविधान (87वां संशोधन) अधिनियम, 2002 द्वारा प्रतिबंध की अवधि को बढ़ा दिया गया है। (देखिए **पैरा 11.5**)

अवधि।

11.12 लोक सभा अपने पहले सत्र के प्रारंभ होने की तारीख से 5 वर्ष के लिए निर्वाचित होती है। किंतु उसे इस अवधि के पहले राष्ट्रपति द्वारा विघटित किया जा सकता है। जब अनु. 352 के अधीन आपात की उद्‌घोषणा की जाती है तब 5 वर्ष की सामान्य अवधि को विस्तारित किया जा सकता है। यह विस्तार एक बार में एक वर्ष से अधिक नहीं हो सकता। अवधि का विस्तार, संसद् द्वारा विधि अधिनियमित करके किया जाएगा। संसद् कितनी बार अपने जीवन का विस्तार करे इसकी कोई सीमा नहीं है। जब आपात की उद्‌घोषणा प्रवृत्त नहीं रहती तब लोक सभा की अवधि उद्‌घोषणा के वापस लिए जाने की तारीख से छह मास की समाप्ति पर अपने आप समाप्त हो जाएगी। दूसरे शब्दों में अवधि का विस्तार उद्‌घोषणा की समाप्ति की तारीख से छह मास से आगे नहीं जा सकता।

अर्हताएं।

11.13 कोई व्यक्ति संसद् के किसी स्थान को भरने के लिए चुने जाने के लिए अर्हित तभी होगा जब,—

(क) वह भारत का नागरिक है।

(ख) राज्य सभा में स्थान के लिए कम से कम 30 वर्ष की आयु का और लोक सभा में स्थान के लिए कम से कम 25 वर्ष की आयु का है (अनु. 84)।

अनुच्छेद 84 द्वारा संसद् को यह शक्ति दी गई है कि वह अतिरिक्त अर्हताएं विहित करे।

लोक प्रतिनिधित्व अधिनियम, 1951 में संसद् के सदस्य के रूप में चुने जाने के लिए अतिरिक्त अर्हताएं दी गई हैं। निम्नलिखित के आधार पर कोई भी व्यक्ति चुने जाने से निरर्हित हो जाता है,—

(क) निर्वाचन के संबंध में भ्रष्ट आचरण का दोषी होने पर।

(ख) किसी अपराध के लिए दोषसिद्ध किए जाने के परिणामस्वरूप दो या अधिक वर्षों के लिए कारावास से दंडादिष्ट किए जाने पर।

(ग) निर्वाचन व्यय का लेखा दाखिल करने में असफल रहने पर।

(घ) सरकार के साथ किसी संविदा में हितबद्ध होने पर।

(ङ) किसी निगम में जिसमें सरकार का कम से कम 25 प्रतिशत अंश है निदेशक होने पर या लाभ का पद धारण करने पर।

(च) सरकार की सेवा से पदच्युत किए जाने पर।

संविधान संसद् की सदस्यता की अर्हताएं (अनु. 84) और सदस्य के रूप में चुने जाने के लिए तथा सदस्य होने के लिए निरर्हताएं अधिकथित करता है (अनु. 102)।

अनुच्छेद 102 में यह कथन है कि निम्नलिखित व्यक्ति संसद् के किसी सदन का सदस्य चुने जाने और सदस्य होने के लिए निरर्हित होंगे।

(क) कोई व्यक्ति जो संघ या राज्य सरकार के अधीन कोई लाभ का पद धारण करता है। किंतु संसद् को यह शक्ति है कि वह यह घोषणा कर सकती है कि उस पद को धारण करने वाला व्यक्ति निरर्हित नहीं होगा।

(ख) कोई व्यक्ति जो विकृतचित्त है।

(ग) कोई व्यक्ति जो दिवालिया है।

(घ) कोई व्यक्ति जो भारत का नागरिक नहीं है।

(ङ) कोई व्यक्ति जो संसद् द्वारा बनाई गई विधि के अधीन निरर्हित है।

लाभ का पद।

11.14 *लाभ का पद* ऐसा पद है जिससे कुछ लाभ या धन की प्राप्ति होती है। किसी भी सरकार के अधीन ऐसा पद धारण करना जिसके साथ कोई वेतन, संबलम्, उपलब्धि या अप्रतिकरात्मक भत्ता जुड़ा हुआ है, *लाभ का पद* धारण करना है। संदाय की प्रकृति बहुत महत्त्वपूर्ण बात मानी जाती है। उसे क्या नाम दिया गया है यह महत्त्वहीन है। यदि मानदेय या मानधन नाम दे दिया जाता है और पदधारी को कुछ धन की प्राप्ति होती है तो मानदेय नामकरण से कोई अंतर नहीं पड़ेगा। सुसंगत बात तो यह है कि क्या उस पद से कोई लाभ हो सकता है या धन की प्राप्ति होती है या हो सकती है। इसका कोई महत्त्व नहीं है कि वास्तव में कुछ धन मिला या नहीं। कोई लाभ उठाया या नहीं।[3]

दल परिवर्तन के आधार पर निरर्हता।

11.15 1985 में पारित 52वें संशोधन द्वारा यह उपबंध किया गया है कि यदि कोई व्यक्ति 10वीं अनुसूची के अधीन निरर्हित हो जाता है तो वह संसद् का सदस्य होने के लिए निरर्हित होगा।

कोई व्यक्ति 10वीं सूची के अधीन निरर्हित हो जाता है,—

1. यदि उसने जिस राजनीतिक दल के टिकट पर वह निर्वाचित हुआ था उसकी सदस्यता स्वेच्छा से छोड़ दी है।

2. यदि वह अपने राजनीतिक दल के द्वारा दिए गए किसी निदेश के विरुद्ध ऐसे दल की अनुमति प्राप्त किए बिना, मतदान करता है या मतदान करने से विरत रहता है और ऐसे मतदान या मतदान करने से विरत रहने को उस दल ने मतदान या मतदान करने से विरत रहने की तारीख से 15 दिन के भीतर माफ नहीं किया है।

3. यदि कोई नामनिर्दिष्ट सदस्य अपना स्थान ग्रहण की तारीख से छह मास की समाप्ति के पश्चात् कोई राजनीतिक दल का सदस्य बन जाता है।

4. कोई सदस्य जो निर्दलीय सदस्य के रूप में निर्वाचित हुआ है किसी भी राजनीतिक दल की सदस्यता स्वीकार करने पर निरर्हित हो जाएगा।

दल परिवर्तन के नियम के अपवाद।

11.16 दल परिवर्तन के परिणामस्वरूप निरर्हता लागू नहीं होगी,—

---

3. *रावन्ना* बनाम *जी.एस. कग्गीरप्पा,* ए.आइ.आर. 1954 एस.सी. 653, *जया बच्चन* बनाम *भारत संघ* (2006) 5 एस.सी.सी. 266।

91 वें संशोधन[4] के पहले विभाजन भी अपवाद था। अर्थात् विभाजन के कारण दल बदलने पर निरर्हता नहीं होती थी। विभाजन तब हुआ माना जाता था। जब किसी दल के कम से कम एक तिहाई सदस्य एक नया समूह या दल बना लेते थे (आगे देखिए **अध्याय 29 दल परिवर्तन—दसवीं अनुसूची**) इसे 91वें संशोधन द्वारा निरसित कर दिया गया।

यदि सदस्य का मूल राजनीतिक दल किसी अन्य दल में विलीन हो जाता है और वह विलय के परिणामस्वरूप राजनीतिक दल बदल लेता है या विलय को स्वीकार नहीं करके पृथक् समूह के रूप में काम करने का निश्चय करता है। मूल राजनीतिक दल का विलय हुआ तभी समझा जाएगा जब संबंधित विधान-दल के दो तिहाई से अधिक सदस्य विलय के लिए सहमत हो गए हों।

10वीं अनुसूची के अधीन निरर्हता का प्रश्न।

11.17 यदि यह प्रश्न उठता है कि क्या कोई सदस्य 10वीं अनुसूची के अधीन दल परिवर्तन के आधार पर निरर्हित हो गया है तो यह प्रश्न सदन के सभापति या अध्यक्ष द्वारा विनिश्चित किया जाएगा।

10वीं अनुसूची के पैरा 7 की विधिमान्यता।

11.18 10वीं अनुसूची के पैरा 7 में कहा गया है कि किसी न्यायालय को इस अनुसूची के अधीन किसी सदस्य की निरर्हता से संबंधित किसी विषय के बारे में कोई अधिकारिता नहीं होगी। *किहोता हालोहन*[5] में उच्चतम न्यायालय ने यह मत अभिव्यक्त किया है कि दल परिवर्तन रोकने वाली विधि को लागू करने और निर्वचन करने में अध्यक्ष एक अधिकरण के रूप में कार्य करता है और उसके विनिश्चय का न्यायिक पुनर्विलोकन हो सकता है। न्यायालय ने यह अभिनिर्धारित किया कि 10वीं अनुसूची का पैरा 7 अवैध है। ऐसा होने का आधार यह है कि उक्त पैरा उच्चतम न्यायालय और उच्च न्यायालयों की न्यायिक पुनर्विलोकन की अधिकारिता छीनता है। अतएव 10वीं अनुसूची के अधीन निरर्हता के प्रश्न का विनिश्चय अध्यक्षता करने वाला अधिकारी करेगा। किंतु विनिश्चय का न्यायिक पुनर्विलोकन हो सकता है।

(10वीं अनुसूची पर विस्तृत विचार-विमर्श के लिए देखिए अध्याय 30)।

अन्य निरर्हताओं पर विनिश्चय।

11.19 अध्यक्षता करने वाला अधिकारी 10वीं अनुसूची के अधीन यह विनिश्चय करता है कि कोई सदस्य 10वीं अनुसूची में उल्लिखित आधारों पर निरर्हित हो गया है या नहीं। किंतु अन्य निरर्हताओं के बारे में यह प्रश्न राष्ट्रपति को निर्दिष्ट किया जाएगा। अनुच्छेद 103(2) में यह अधिकथित है कि इस प्रश्न पर राष्ट्रपति निर्वाचन आयोग की राय लेगा और ऐसी राय के अनुसार कार्य करेगा।

स्थानों का रिक्त होना।

11.20 संविधान का अनु. 101 यह घोषणा करता है कि कोई व्यक्ति संसद् के दोनों सदनों का सदस्य नहीं होगा। यदि कोई व्यक्ति इस प्रकार चुन लिया जाता है तो उसके द्वारा स्थान रिक्त करने के बारे में संसद् विधि अधिनियमित करेगी। निम्नलिखित दशाओं में समझा जाता है कि सदस्य ने स्थान रिक्त कर दिया है।

(क) **दोहरी सदस्यता**—यदि कोई व्यक्ति दोनों सदनों के लिए निर्वाचित हो जाता है तो उसे परिणाम घोषित किए जाने के 10 दिन के भीतर यह संसूचित करना होगा कि वह किस सदन में कार्य करना चाहता है। यदि वह ऐसी घोषणा नहीं करता है तो दोनों में से एक सदन में उसका स्थान लोक प्रतिनिधित्व अधिनियम, 1951 की धारा 68 और 69 के अनुसार रिक्त हो जाएगा। यदि कोई व्यक्ति लोक सभा या राज्य सभा के लिए और साथ ही राज्य विधान-मंडल

4. संविधान (इक्यानवेवां संशोधन) अधिनियम, 2003।
5. *किहोता हालोहन* बनाम *जाचिल्हू* (1992) 1 एस.सी.सी. 309।

के लिए निर्वाचित हो जाता है और राज्य विधान-मंडल से त्याग-पत्र नहीं देता है तो 14 दिन के पश्चात् संसद् में उसका स्थान रिक्त हो जाएगा।

(ख) **निरर्हताएं**—यदि कोई व्यक्ति अनु. 102 में उल्लिखित निरर्हता उपगत कर लेता है तो उसका स्थान तुरंत रिक्त हो जाएगा।

(ग) कोई भी संसद् सदस्य सभापति या अध्यक्ष को संबोधित अपने हस्ताक्षर सहित लेख द्वारा अपने स्थान का त्याग कर सकता है। यह पदत्याग तभी अंतिम होगा जब त्याग-पत्र स्वीकार कर लिया जाए। त्याग-पत्र स्वीकार करते ही स्थान रिक्त हो जाता है।

(घ) **अनुपस्थिति**—यदि कोई संसद् सदस्य 60 दिन की अवधि तक सदन की अनुज्ञा के बिना उसकी सभी बैठकों से अनुपस्थित रहता है तो सदन उसके स्थान को रिक्त घोषित कर सकता है।

11.21 **संसद् के सत्र।** अनुच्छेद 85 के अधीन राष्ट्रपति को समय समय पर संसद् के प्रत्येक सदन को आहूत करने उसका सत्रावसान करने और लोक सभा का विघटन करने की शक्ति है। इसी में यह उपबंध है कि एक सत्र की अंतिम बैठक और उसके बाद के सत्र की पहली बैठक के बीच छह मास का अंतराल नहीं होगा। दूसरे शब्दों में दो अधिवेशनों का अंतराल छह मास से अधिक नहीं होना चाहिए। इस उपबंध से यह सुनिश्चित होता है कि एक वर्ष में संसद् के कम से कम दो अधिवेशन होंगे और सत्रावसान तथा नए सत्र के प्रारंभ की तारीख के बीच की दूरी छह मास से अधिक की नहीं होगी। उच्चतम न्यायालय ने यह अभिनिर्धारित किया है कि[6] यह छह मास की अधिकतम अवधि जीवंत, विद्यमान और कार्यरत विधान सभा को लागू होती है। उस विधान सभा को नहीं जो विघटित हो गई है। अर्थात् पुरानी विधान सभा के विघटन और नई विधान सभा के गठन के बीच छह मास से अधिक का अंतराल हो सकता है।

संसद् के प्रायः वर्ष में तीन सत्र होते हैं।

11.22 **बजट सत्र।** 1. **बजट सत्र** जनवरी में आरंभ होता है। यह वर्ष का पहला अधिवेशन होता है इसलिए इसके प्रारंभ पर दोनों सदन पहले दिन समवेत होते हैं और उसमें राष्ट्रपति का अभिभाषण होता है। इसके दो तीन दिन बाद सरकार लोक सभा के समक्ष आर्थिक सर्वेक्षण रखती है जो राष्ट्र की अर्थव्यवस्था का सर्वेक्षण होता है। फरवरी मास के प्रथम दिन बजट (जिसे साधारण बजट कहते हैं) प्रस्तुत किया जाता है। इसके प्रस्तुत किए जाने का समय संध्या के पांच बजे का था किंतु सन् 2001 से अब बजट दिन में 11 बजे प्रस्तुत किया जा रहा है। बजट प्रस्तुत किए जाने के पश्चात् सदन राष्ट्रपति के अभिभाषण के लिए धन्यवाद प्रस्ताव पारित करते हैं। इसके पश्चात् अनुदान की मांगों पर विचार होता है। मांगों पर विचार होने के पश्चात् बजट के प्रस्तावों को प्रभावी करने के लिए वित्त विधेयक और सुसंगत विनियोग विधेयक पारित किए जाते हैं। इस सत्र में अधिकतर समय और ध्यान बजट पर ही लगाया जाता है इसलिए इस सत्र को बजट सत्र कहते हैं।

11.23 **वर्षा सत्र।** 2. **वर्षा सत्र**—यह सत्र सामान्यतः जुलाई के तीसरे सप्ताह में प्रारंभ होता है। हमारे देश के लिए यह वर्षा ऋतु है इसलिए इसे वर्षा सत्र या वर्षाकालीन सत्र कहते हैं। इस सत्र में मुख्यतया विधायी कार्य होता है। अर्थात् अधिनियम पारित करने का काम।

6. *गुजरात विधान सभा के निर्वाचन का मामला,* (2002) 8 एस.सी.सी. 237।

11.24 3. **शीत सत्र**—शीत सत्र नवंबर के दूसरे या तीसरे सप्ताह में आरंभ होता है और दिसंबर के तीसरे सप्ताह के साथ समाप्त होता है। इस सत्र में भी प्रश्न काल, ध्यानाकर्षण और अन्य प्रस्तावों के अलावा संसद् का अधिकतर समय विधायी कार्य में लगता है।

शीत सत्र।

11.25 **स्थगन** किसी बैठक के कार्य का निलंबन है, जिसकी घोषणा अध्यक्षता करने वाला अधिकारी करता है। स्थगन दो चार मिनट से लेकर कुछ दिनों का हो सकता है। जब सदन में गंभीर अव्यवस्था होती है तो अध्यक्षता करने वाला अधिकारी यह घोषित कर देता है कि इतने समय के लिए सदन स्थगित रहेगा या बैठक निलंबित रहेगी। दिन के समय वह घोषणा करता है कि सदन भोजनावकाश के लिए स्थगित होता है और दुबारा इतने बजे समवेत होगा। दिन की समाप्ति पर अध्यक्षता करने वाला अधिकारी यह घोषित करते हुए सदन को स्थगित करता है कि सदन आगामी कार्य दिवस पर नियत समय पर समवेत होगा।

स्थगन।

11.26 जब अध्यक्षता करने वाला अधिकारी सदन को स्थगित करते हुए आगामी बैठक की तारीख या समय की घोषणा नहीं करता है तो कहा जाता है कि सदन **अनिश्चित काल के लिए** स्थगित कर दिया गया। अंग्रेजी में इसे *साइन डाइ* कहते हैं जिसका अर्थ होता है—आगामी बैठक का दिन तय किए बिना। दूसरे शब्दों में इस स्थगन की अवधि अनिश्चित होती है। सामान्यतः सदन के अंतिम दिन सदन अनिश्चित काल के लिए स्थगित किया जाता है।

अनिश्चित काल के लिए।

11.27 सदन का **सत्रावसान** राष्ट्रपति द्वारा किया जाता है। राष्ट्रपति यह कार्य मंत्रि-परिषद् की सलाह पर करता है। जब सदन अनिश्चित काल के लिए स्थगित होता है तो उसके पश्चात् ही साधारणतः सत्रावसान किया जाता है किंतु जो सदन सत्र में है उसका राष्ट्रपति द्वारा सत्रावसान किए जाने पर कोई प्रतिबंध नहीं है। सत्रावसान से सत्र समाप्त हो जाता है।

सत्रावसान।

11.28 **विघटन** करना भी राष्ट्रपति की शक्ति में है। आपवादिक परिस्थितियों को छोड़कर राष्ट्रपति यह काम भी मंत्रि-परिषद् की सलाह पर करता है। राज्य सभा एक स्थायी सदन है इसलिए उसका विघटन नहीं हो सकता। केवल लोक सभा का ही विघटन हो सकता है। विघटन, लोक सभा के जीवन का अंत है। विघटन के पश्चात् नए निर्वाचन होते हैं और नई लोक सभा बनती है।

विघटन।

11.29 सत्र वह कालावधि है जो सदन के पहले अधिवेशन की तारीख को प्रारंभ होती है और उसके सत्रावसान या विघटन की तारीख पर समाप्त होती है। सदन के सत्रावसान और उसके पश्चात् नए सत्र के प्रारंभ के बीच की अवधि को **विश्रांतिकाल** कहते हैं। जब सत्र प्रारंभ हो जाता है तो सदन का हर दिन **अधिवेशन** होता है। अधिवेशन को साधारणतः **दो बैठकों** में बांटा जाता है एक तो प्रातः से लेकर भोजनावकाश तक और दूसरे भोजनावकाश से स्थगित किए जाने तक। प्रत्येक बैठक में विशिष्ट कामकाज के लिए समय आबंटित किया जाता है। यह कार्य मंत्रणा समिति की सलाह पर किया जाता है। प्रातःकाल जब लोक सभा या राज्य सभा 11 बजे समवेत होती है तो सबसे पहले एक घंटे तक प्रश्नों के उत्तर दिए जाते हैं। इसे **प्रश्नकाल** कहते हैं। इसी प्रकार विचार विमर्श, संकल्प, सरकारी कामकाज, प्राईवेट सदस्यों के विधेयकों आदि के लिए समय दिया जाता है।

सत्र, विश्रांतिकाल, अधिवेशन आदि का स्पष्टीकरण।

11.30 संसद् के प्रत्येक सदन के अपने अधिकारी होते हैं जो उसके अधिवेशनों की अध्यक्षता करते हैं। लोक सभा की दशा में अनु. 93 में दो अधिकारियों का उल्लेख है। अध्यक्ष और उपाध्यक्ष। लोक सभा के सदस्य अपने में से एक को अध्यक्ष और एक को उपाध्यक्ष चुनते हैं। जब कभी अध्यक्ष या उपाध्यक्ष का पद रिक्त होता है तब सदन उस स्थान को भरने के लिए अपने सदस्यों में से चुनता है। प्रत्येक साधारण निर्वाचन के पश्चात् राष्ट्रपति द्वारा नियत दिन लोक सभा अध्यक्ष का निर्वाचन करती है (नियम 7)। उपाध्यक्ष का निर्वाचन अध्यक्ष द्वारा नियत तारीख को होता है। लोक सभा के विघटन पर अध्यक्ष अपना पद रिक्त नहीं करता है। वह विघटन के पश्चात् होने वाले लोक सभा के प्रथम अधिवेशन के ठीक पूर्व तक अध्यक्ष बना रहता है। अध्यक्ष और उपाध्यक्ष का पद निम्नलिखित परिस्थितियों में रिक्त हो जाता है,—

संसद् के अधिकारी।

(क) जब वह लोक सभा का सदस्य न रहे।

(ख) अध्यक्ष उपाध्यक्ष को संबोधित अपने हस्ताक्षर सहित लेख द्वारा पद त्याग सकता है। इसी प्रकार उपाध्यक्ष अध्यक्ष को संबोधित त्यागपत्र देकर अपना पद त्याग सकता है।

(ग) अपने पद से लोक सभा के तत्कालीन समस्त सदस्यों के बहुमत से पारित संकल्प द्वारा हटाया जा सकता है।

11.31 अध्यक्ष को हटाने का संकल्प प्रस्तावित करने के 14 दिन पहले संकल्प प्रस्तावित करने के आशय की सूचना दी जानी चाहिए। जब अध्यक्ष को हटाने के संकल्प पर विचार चल रहा हो तब अध्यक्ष पीठासीन नहीं होगा किंतु उसे सभा में बोलने और कार्यवाहियों में अन्यथा भाग लेने का अधिकार होगा। उसे संकल्प पर प्रथमतः मत देने का अधिकार होगा। यदि मत बराबर हों तो उसे निर्णायक मत देने का अधिकार नहीं होगा (अनु. 96)। अध्यक्ष को तभी हटाया जा सकता है जब लोक सभा सदन के समस्त सदस्यों को बहुमत से हटाने का संकल्प पारित करे। सामान्य बहुमत से नहीं।

अध्यक्ष का हटाया जाना।

11.32 अध्यक्ष सदन के अधिवेशनों का सभापति होता है। उसके अनुपस्थित होने पर या जब अध्यक्ष का पद रिक्त है तब उपाध्यक्ष लोक सभा का पीठासीन अधिकारी होता है। लोक सभा अपने प्रक्रिया के नियमों के अनुसार (नियम 9) सदस्यों की एक सूची बनाती है जिसमें अधिकतम 10 नाम हो सकते हैं। जब अध्यक्ष और उपाध्यक्ष दोनों अनुपस्थित होते हैं तब उस सूची में से जो भी सदस्य उपलब्ध हो वह पीठासीन होता है। जब उपाध्यक्ष या अन्य सदस्य पीठासीन होता है तब उसे वही शक्तियां होती हैं जो अध्यक्ष की हैं।

पीठासीन अधिकारियों की सूची।

11.33 प्रत्येक साधारण निर्वाचन के पश्चात् राष्ट्रपति निर्वाचित सदस्यों में से ज्येष्ठतम को तात्कालिक अध्यक्ष घोषित करता है। जब तक सदन अध्यक्ष का स्थान नहीं भरता तब तक वह अध्यक्ष के पद के कर्त्तव्यों का वहन करता है। सामान्यतः तात्कालिक अध्यक्ष केवल एक ही कर्त्तव्य करता है और वह है नव निर्वाचित सदस्यों को शपथ दिलाना। सन 2005 में झारखंड के राज्यपाल ने विधान सभा के एक कनिष्ठ सदस्य को तात्कालिक अध्यक्ष नियुक्त किया। उच्चतम न्यायालय के अनुसार यह उचित नहीं था।[7]

तात्कालिक अध्यक्ष।

11.34 अध्यक्ष लोक सभा का मुख्य अधिकारी होता है। उसकी सहायता के लिए एक पृथक् सचिवालय होता है जिसे लोक सभा सचिवालय के नाम से जाना जाता है।

अध्यक्ष के कर्त्तव्य और कृत्य।

---

7. *अनिल कुमार झा* बनाम *भारत संघ* (2005) 3 एस.सी.सी. 150।

11.35 अध्यक्ष लोक सभा की बैठकों में पीठासीन होता है (अर्थात् अध्यक्ष के आसन पर बैठता है) और उसके कार्य को नियंत्रित करता है। वह सदन की गरिमा और विशेषाधिकार बनाए रखने के लिए उत्तरदायी होता है। जब कोई व्यवस्था का प्रश्न उठाया जाता है या लोक सभा के नियमों और पूर्व दृष्टांतों के निर्वचन से संबंधित प्रश्न उठाया जाता है तो अध्यक्ष नियम का निर्वचन करता है और व्यवस्था देता है। पूर्ववर्ती अध्यक्ष द्वारा दी गई व्यवस्थाएं पूर्व दृष्टांत माने जाते हैं और उनका अनुसरण किया जाता है। इंग्लैंड में यह परंपरा है कि अध्यक्ष निर्वाचित होने के पश्चात् अपने राजनीतिक दल से त्याग-पत्र दे देता है। अपने दल से दूर होकर वह यह दिखाता है कि वह सभी सदस्यों के प्रति ऋजु, न्यायपूर्ण और पक्षपातरहित व्यवहार करेगा क्योंकि वह किसी दल का सदस्य नहीं है। भारत में इस प्रकार की कोई परंपरा स्थापित नहीं की गई है। अध्यक्ष का वेतन भारत की संचित निधि पर भारित होता है। संसद् में उस पर मतदान नहीं होता। अध्यक्ष को ऐसे संकल्प द्वारा ही हटाया जा सकता है जिसको सदन के समस्त सदस्यों के बहुमत का समर्थन हो। उसे उपस्थित और मतदान करने वाले सदस्यों के बहुमत के संकल्प से नहीं हटाया जा सकता। इसलिए अध्यक्ष को पदावधि की सुरक्षा है। अध्यक्ष निष्पक्ष भाव से कार्यवाहियों का संचालन कर सकता है। उसे निरंतर यह भय नहीं रहता कि उसे हटा दिया जाएगा।

1. कार्यवाहियों की अध्यक्षता करना और उनका संचालन करना।

11.36 अनुच्छेद 100 में यह उपबंध है कि अध्यक्ष प्रथमतः मत नहीं देगा। दूसरे शब्दों में जब सदन के समक्ष कोई प्रश्न होता है और विभाजन की घोषणा की जाती है तो सदस्य प्रस्ताव के पक्ष या विपक्ष में मत दे सकते हैं या मत देने से विरत रह सकते हैं। इस प्रक्रम पर अध्यक्ष भाग नहीं ले सकता अर्थात् पहली बार में वह मतदान में भाग नहीं ले सकता। यदि मतगणना के पश्चात् यह पाया जाता है कि पक्ष और विपक्ष में मत समान हैं तो अध्यक्ष को अपना मत डालने का हक होता है। इस मत को **निर्णायक मत** कहते हैं। इस प्रकार अध्यक्ष उसी स्थिति में मत देने का अधिकार रखता है जबकि दोनों पक्षों के मत बराबर हों। कुछ कंपनियों और सोसाइटियों के नियमों के अधीन पीठासीन अधिकारी प्रथमतः मतदान करता है और एक बराबर मत होने पर दूसरा मत भी देता है। इस दूसरे मत को **निर्णायक मत** कहते हैं। किंतु अध्यक्ष पद पर यह निर्बंधन है कि वह केवल एक बार मत देगा, वह भी समान मत होने की दशा में। निर्णायक मत देने का प्रयोजन गतिरोध को दूर करना है।

2. निर्णायक मत।

11.37 लोक सभा के अधिवेशन में गणपूर्ति के लिए कुल सदस्य संख्या का 1/10 होना आवश्यक है। यदि गणपूर्ति नहीं है तो अध्यक्ष का यह कर्त्तव्य है कि वह सदन को स्थगित करे या जब तक गणपूर्ति न हो तब तक अधिवेशन को निलंबित करे।

3. गणपूर्ति।

11.38 संसद् के सदनों की संयुक्त बैठक की अध्यक्षता लोक सभा का अध्यक्ष करता है।

4. संयुक्त बैठक।

11.39 जब लोक सभा द्वारा पारित होकर धन विधेयक राज्य सभा को पारेषित किया जाता है तो अध्यक्ष यह प्रमाणित करता है कि वह धन विधेयक है। जब धन विधेयक राष्ट्रपति को अनुमति के लिए प्रस्तुत किया जाता है तब भी अध्यक्ष यह प्रमाणपत्र देता है कि यह धन विधेयक है। इस प्रश्न पर कि क्या कोई विधेयक धन विधेयक है या नहीं, अध्यक्ष का विनिश्चय अंतिम होता है। यदि किसी विधेयक पर पृष्ठांकन होता है कि वह धन विधेयक है तो वे सभी उपबंध लागू हो जाते हैं जो धन विधेयक को लागू होते हैं।

5. धन विधेयक।

11.40 उपाध्यक्ष लोक सभा का सदस्य होता है जिसे सदन उपाध्यक्ष के रूप में निर्वाचित करता है। उपाध्यक्ष का निर्वाचन अध्यक्ष के निर्वाचन के पश्चात् होता है। 11वीं लोक सभा (1996) के बाद से सभी दल इस बात पर सहमत हुए कि उपाध्यक्ष का पद विपक्षी दल के सदस्य को दिया जाना चाहिए। इसके पहले अध्यक्ष और उपाध्यक्ष दोनों ही सत्ताधारी दल के सदस्य होते थे। उपाध्यक्ष, अध्यक्ष को संबोधित त्याग-पत्र देकर अपना पद त्याग सकता है। यदि वह लोक सभा का सदस्य नहीं रहता तो उसका पद रिक्त हो जाएगा। उपाध्यक्ष को, लोक सभा के समस्त सदस्यों के बहुमत से पारित संकल्प द्वारा अपने पद से हटाया जा सकता है। जब अध्यक्ष का पद रिक्त होता है या अध्यक्ष बैठक में अनुपस्थित होता है तो उपाध्यक्ष सदन में पीठासीन होता है। जब अध्यक्ष का पद रिक्त होता है तो उपाध्यक्ष अध्यक्ष के पद से जुड़े हुए सभी कृत्यों का निर्वहन करता है और कर्त्तव्यों का पालन करता है। जब उपाध्यक्ष सदन में पीठासीन होता है तो प्रथमतः मत देने का हकदार नहीं होता। किंतु बराबर मत होने की दशा में निर्णायक मत दे सकता है। सदन के पीठ पर रहते हुए उपाध्यक्ष को व्यवस्था बनाए रखना होता है और नियमों का निर्वचन करना पड़ता है।

उपाध्यक्ष।

11.41 संसद् का सर्वाधिक महत्त्वपूर्ण कृत्य अधिनियम बनाना है। वर्तमान में इस कार्य को बहुत कम समय दिया जा रहा है। आधुनिक युग में विधान बहुत जटिल हो गए हैं। बहुत से सदस्य इस कारण बहस में सार्थक भागीदारी नहीं कर पाते। विधेयक की अंतर्वस्तु को देखते हुए विधायी प्रक्रिया को चार प्रकार की माना जा सकता है।

विधायी प्रक्रिया।

प्रक्रिया के प्रकार।

11.42 विधायी प्रक्रिया विधेयक के प्रवर्ग के अनुसार चार प्रकार की होती है,—

(क) सामान्य विधेयक
(ख) धन विधेयक—अनु. 110 में यथा परिभाषित
(ग) वित्तीय विधेयक (अनु. 117)
(घ) संविधान संशोधन विधेयक

सामान्य विधेयक

11.43 जो विधेयक ऊपर बताए गए प्रवर्ग (ख), (ग) और (घ) में नहीं आता उसे सामान्य विधेयक कहते हैं। यह विधेयक संसद् के किसी भी सदन में प्रारंभ किया जा सकता है (अनु. 107)। विधेयक को किसी मंत्री द्वारा या किसी अन्य सदस्य द्वारा पुरःस्थापित किया जा सकता है। जब कोई विधेयक मंत्री से भिन्न किसी सदस्य द्वारा पुरःस्थापित होता है तो उसे गैर सरकारी सदस्य विधेयक कहते हैं। यदि कोई गैर सरकारी सदस्य कोई विधेयक पुरःस्थापित करना चाहता है तो उसे विधेयक को पुरःस्थापित करने के लिए सदन की अनुमति लेने के अपने आशय की सूचना देनी पड़ती है। सूचना की विहित अवधि एक मास है। मंत्रियों के लिए सूचना की अपेक्षा नहीं है। यदि विधेयक पुरःस्थापन से पूर्व राजपत्र में प्रकाशित हो गया है तो पुरःस्थापन के लिए अनुमति के प्रस्ताव की आवश्यकता नहीं रहती। जो विधेयक पुरःस्थापन के पहले प्रकाशित नहीं हुआ है उसे पुरःस्थापन के पश्चात् प्रकाशित किया जाता है। पुरःस्थापन के लिए अनुमति के प्रस्ताव का विरोध असामान्य है अर्थात् सामान्यतः विरोध नहीं किया जाता।

सामान्य विधेयक।
1. पुरःस्थापन।

2. पुरःस्थापन के पश्चात् प्रस्ताव।

11.44 विधेयक के पुरःस्थापित किए जाने के पश्चात् किसी भी समय या अन्य किसी अवसर पर विधेयक का प्रभारी सदस्य विधेयक के संबंध में निम्नलिखित में से कोई प्रस्ताव कर सकता है,—

(i) कि विधेयक पर विचार किया जाए;
(ii) कि विधेयक को प्रवर समिति को निर्दिष्ट कर दिया जाए;
(iii) कि विधेयक को दोनों सदनों की संयुक्त समिति को निर्दिष्ट कर दिया जाए;
(iv) कि उसे राय जानने के लिए परिचालित किया जाए;

(राज्य सभा का नियम 69 और लोक सभा का नियम 74)।

3. सिद्धांतों पर विचार-विमर्श।

11.45 उस दिन जिस दिन उपर्युक्त प्रस्तावों में से कोई प्रस्ताव किया जाता है या यदि विचार विमर्श मुल्तवी किया जाता है तो बाद के किसी दिन विधेयक के सिद्धांतों पर और उसके उपबंधों पर साधारणतः विचार-विमर्श होता है। इस प्रक्रम पर विधेयक में कोई संशोधन प्रस्तावित नहीं किया जाता। इंग्लैंड में हाउस आफ कामन्स में इसे प्रथम वाचन (फर्स्ट रीडिंग) कहते हैं।

4. समिति को निर्देश।

11.46 जब प्रभारी सदस्य यह प्रस्ताव करता है कि विधेयक पर विचार किया जाए तो कोई भी सदस्य यह प्रस्ताव कर सकता है कि विधेयक को प्रवर समिति या संयुक्त समिति को निर्दिष्ट किया जाए। जब समिति को विधेयक निर्दिष्ट करने का प्रस्ताव पारित हो जाता है तो समिति विधेयक पर खंडशः विचार करती है और विधेयक में लोप, अंतःस्थापन और वृद्धि के लिए सुझाव देती है। जब समिति का प्रतिवेदन सदन को प्रस्तुत किया जाता है तब विधेयक का प्रभारी सदस्य यह प्रस्ताव करता है कि समिति द्वारा प्रतिवेदित रूप में विधेयक पर विचार किया जाए।

5. खंडशः विचार।

11.47 जब प्रभारी सदस्य ने यह प्रस्ताव किया है कि विधेयक पर विचार किया जाए, या जब उसे समिति को निर्दिष्ट किया गया था, कि समिति द्वारा प्रतिवेदित विधेयक पर विचार किया जाए, तब खंडशः विचार प्रारंभ होता है और खंडों के संशोधन ग्रहण किए जाते हैं।

पीठासीन अधिकारी को विधेयक खंडशः रखने की शक्ति है। वह प्रत्येक खंड को अलग अलग रखता है। जब उस खंड से संबंधित संशोधन पर विचार हो जाता है तो वह यह प्रश्न करता है "कि यह खंड विधेयक का अंग बने।" इस प्रक्रम को द्वितीय वाचन (सेकंड रीडिंग) कहते हैं। जब सब खंड और अनुसूचियां अंगीकार हो जाते हैं तब यह प्रश्न रखा जाता है कि "खंड 1, अधिनियम सूत्र और नाम विधेयक का अंग बने"।

6. विधेयक का पारित किया जाना और दूसरे सदन में कार्यवाही।

11.48 द्वितीय वाचन के पश्चात् प्रभारी सदस्य यह प्रस्ताव करता है कि विधेयक पारित किया जाए या विधेयक संशोधित रूप से पारित किया जाए। इसे तृतीय वाचन कहते हैं। जब कोई विधेयक एक सदन द्वारा पारित किया जाता है तो उसे सहमति के लिए दूसरे सदन को पारेषित किया जाता है। दूसरे सदन द्वारा प्राप्त किए जाने पर उसे पटल पर रखा जाता है। उसके पश्चात् यदि वह सरकारी विधेयक है तो कोई भी मंत्री विधेयक पर विचार किया जाए इस आशय के अपने प्रस्ताव की सूचना दे सकता है।

दूसरे सदन में विधेयक पुरःस्थापन को छोड़कर बाकी सभी प्रक्रमों से निकलेगा। दूसरा सदन निम्नलिखित में से कोई भी मार्ग अपना सकता है।

1. वह विधेयक को बिना संशोधनों के पारित कर दे।
2. वह विधेयक को संशोधनों के साथ पारित करे।

यदि वह सदन जहां विधेयक प्रारंभ हुआ था संशोधित रूप में विधेयक को स्वीकार कर लेता है तो वह राष्ट्रपति को अनुमति के लिए प्रस्तुत किया जाता है। यदि आरंभ करने वाला

सदन संशोधनों से सहमत नहीं होता है और असहमति अंतिम है तो राष्ट्रपति गतिरोध को दूर करने के लिए संयुक्त बैठक बुला सकता है (अनु. 108)।

3. वह विधेयक को नामंजूर कर सकता है। इससे गतिरोध उत्पन्न हो जाएगा और राष्ट्रपति उसे दूर करने के लिए संयुक्त बैठक आहूत कर सकता है (अनु. 108)।

4. वह विधेयक को पड़ा रहने दे और कोई कार्यवाही न करे। ऐसा होने की संभावना बहुत क्षीण है क्योंकि जिस सरकार ने एक सदन में विधेयक पारित किया है वह यह नहीं चाहेगी कि वह पड़ा रहे। किंतु यदि ऐसा होता है और विधेयक के दूसरे सदन में प्राप्त होने की तारीख से छह मास बीत गए हैं तो राष्ट्रपति संयुक्त बैठक बुला सकता है।

7. प्रमाणीकरण।

11.49 जब कोई विधेयक दोनों सदनों द्वारा पारित कर दिया जाता है तो पीठासीन अधिकारी (अध्यक्ष या सभापति) विधेयक पर हस्ताक्षर करता है। यदि विधेयक में प्रत्यक्ष गलतियां हैं या कुछ संशोधन स्वीकार किए जाने के कारण कुछ पारिणामिक संशोधन आवश्यक हो गए हैं तो पीठासीन अधिकारी को ऐसी गलतियों को शुद्ध करने और ऐसे परिवर्तन करने की शक्ति है। (**लोक सभा का नियम 95**)

8. अनुमति।

11.50 विधेयक को अध्यक्ष या सभापति द्वारा सम्यक् रूप से प्रमाणित करके राष्ट्रपति को अपनी अनुमति देने के लिए प्रस्तुत किया जाता है। राष्ट्रपति,—

(क) विधेयक को अनुमति दे सकता है। ऐसा होने पर विधेयक अधिनियम बन जाता है।

(ख) अपनी अनुमति रोक सकता है। ऐसा होने पर विधेयक समाप्त हो जाता है और वह अधिनियम नहीं बनता।

(ग) विधेयक को पुनर्विचार के लिए लौटा सकता है। यदि दोनों सदन विधेयक को बिना संशोधन के या संशोधन सहित पुनःपारित कर देते हैं और वह राष्ट्रपति को फिर से प्रस्तुत किया जाता है तो राष्ट्रपति अनुमति देने के लिए बाध्य है (अनु. 111)।

विधेयकों को लौटाने के उदाहरण।

11.51 1986 में भारतीय डाकघर (संशोधन) विधेयक पारित किया गया। उसे राष्ट्रपति जैलसिंह ने अपनी मेज पर ही रहने दिया। उनके उत्तराधिकारी (श्री एस. वेंकटरामन) ने विधेयक को अनु. 111 के अधीन पुनर्विचार के लिए 1990 में लौटा दिया। सरकार ने यह तय किया कि विधेयक को छोड़ दिया जाए।

2006 में संसद् (निरर्हता निवारण) विधेयक, 2006 (लाभ के पद के विषय में) पारित हुआ। इसे राष्ट्रपति (श्री अब्दुल कलाम) ने लौटा दिया। पुनर्विचार के बाद इसे 1-8-2006 को पुनः राष्ट्रपति को भेजा गया। कोई परिवर्तन नहीं किए गए। राष्ट्रपति ने उसे अनुमति दे दी।

धन विधेयक

धन विधेयक।

11.52 अनुच्छेद 110 में यह कहा गया है कि कोई विधेयक धन विधेयक समझा जाएगा यदि उसमें निम्नलिखित सभी या किन्हीं विषयों से संबंधित उपबंध हैं।

(क) किसी कर का अधिरोपण, उत्सादन, परिहार, परिवर्तन या विनियमन;

(ख) भारत सरकार द्वारा धन उधार लेने का या कोई प्रत्याभूति देने का विनियमन अथवा भारत सरकार द्वारा अपने ऊपर ली गई या ली जाने वाली किन्हीं वित्तीय बाध्यताओं से संबंधित विधि का संशोधन;

(ग) भारत की संचित निधि या आकस्मिकता निधि की अभिरक्षा, ऐसी किसी निधि में धन जमा करना या उसमें से धन निकालना;

(घ) भारत की संचित निधि में से धन का विनियोग;

(ङ) किसी व्यय को भारत की संचित निधि पर भारित व्यय घोषित करना या ऐसे किसी व्यय की रकम को बढ़ाना;

(च) भारत की संचित निधि या भारत के लोक लेखे मद्धे धन प्राप्त करना अथवा ऐसे धन की अभिरक्षा या उसका निर्गमन अथवा संघ या राज्य के लेखाओं की संपरीक्षा; या

(छ) उपखंड (क) से उपखंड (च) में विनिर्दिष्ट किसी विषय का आनुषंगिक कोई विषय।

कोई भी विधेयक केवल इस कारण धन विधेयक नहीं समझा जाएगा कि उसमें,—

(क) जुर्मानों या शास्तियों के अधिरोपण का,

(ख) अनुज्ञप्तियों या सेवाओं के लिए फीसों का या,

(ग) किसी स्थानीय प्राधिकारी द्वारा कर के अधिरोपण, उत्सादन या विनियमन का उपबंध है।

विधेयक की प्रकृति का विनिश्चय कौन करेगा?

11.53 यदि यह प्रश्न उठता है कि कोई विधेयक धन विधेयक है या नहीं तो उस पर लोक सभा अध्यक्ष का विनिश्चय अंतिम होगा [अनु. 110(3)]। अध्यक्ष को प्रत्येक धन विधेयक पर यह पृष्ठांकित करना पड़ता है कि वह धन विधेयक है। यह पृष्ठांकन दो बार होता है,—

(क) जब विधेयक राज्य सभा को पारेषित किया जाता है।

(ख) जब वह राष्ट्रपति को अनुमति के लिए प्रस्तुत किया जाता है।

साधारणतया अध्यक्ष द्वारा दिए गए प्रमाण-पत्र को किसी भी न्यायालय में प्रश्नगत नहीं किया जा सकता। किंतु यदि अध्यक्ष का कार्य तर्कसंगत नहीं है या किसी भी मनुष्य की बुद्धि से स्वीकार्य नहीं हो सकता तो उसे शक्ति के आभासी प्रयोग के आधार पर चुनौती दी जा सकती है। बांग्लादेश में मामलों के शीघ्र विचारण के लिए बनाई गई विधि को धन विधेयक का प्रमाण-पत्र दिया गया। न्यायालय ने प्रमाण-पत्र को अमान्य घोषित कर दिया।[8]

प्रक्रिया—1. पुरःस्थापन।

11.54 धन विधेयक केवल लोक सभा में ही पुरःस्थापित किया जा सकता है। अनुच्छेद 109 और 117 में यह स्पष्ट है कि धन विधेयक राज्य सभा में पुरःस्थापित नहीं किया जाएगा। धन विधेयक राष्ट्रपति की सिफारिश से ही पुरःस्थापित या प्रस्तावित किया जा सकता है। [अनु. 117]

2. राज्य सभा में प्रक्रिया।

11.55 धन विधेयक, लोक सभा द्वारा पारित किए जाने के पश्चात् राज्य सभा को पारेषित किया जाता है। सभी विधेयक राज्य सभा में **विचार-विमर्श और पारित करने** के लिए रखे जाते हैं। किंतु धन विधेयक **विचार-विमर्श करके लौटाने** के लिए रखा जाता है। सामान्य विधेयकों में राज्य सभा संशोधन कर सकती है। धन विधेयक में राज्य सभा संशोधन नहीं कर सकती। संशोधनों की सिफारिश कर सकती है। अनुच्छेद 119(2) में यह उल्लेख है कि धन विधेयक राज्य सभा को उसकी सिफारिशों के लिए पारेषित किया जाता है। राज्य सभा के लिए यह आवश्यक है कि विधेयक को उसकी प्राप्ति की तारीख से 14 दिन की अवधि के भीतर लौटा दे।

यदि विधेयक 14 दिन के भीतर नहीं लौटाया जाता तो यह समझा जाता है कि वह उक्त

8. 46 जे.आइ.एल.आइ. (2004) 79, पृ. 83।

अवधि की समाप्ति पर उस रूप में पारित कर दिया गया है जिसमें वह लोक सभा द्वारा पारित किया गया था [अनु. 109(5)]।

यदि राज्य सभा विधेयक को सिफारिशों के साथ लौटाती है तो लोक सभा,—

(क) सभी या किन्हीं सिफारिशों को स्वीकार कर सकती है, या

(ख) सभी या किन्हीं सिफारिशों को अस्वीकार कर सकती है।

यदि लोक सभा सिफारिशें स्वीकार कर लेती है तो यह समझा जाएगा कि धन विधेयक दोनों सदनों द्वारा उस रूप में पारित किया गया है जिस रूप में उसे लोक सभा ने स्वीकार किया है। यदि लोक सभा धन विधेयक के बारे में सिफारिशों को स्वीकार नहीं करती है तो यह समझा जाएगा कि धन विधेयक दोनों सदनों द्वारा उस रूप में पारित किया गया है जिसमें वह लोक सभा में पारित किया गया था।

राज्य सभा धन विधेयक में न तो संशोधन कर सकती है और न उसे नामंजूर कर सकती है। वह केवल लोक सभा को सिफारिश कर सकती है। लोक सभा चाहे तो राज्य सभा द्वारा दी गई सिफारिशों को स्वीकार करे या अस्वीकार करे। राज्य सभा विधेयक को 14 दिन तक रख सकती है अर्थात् 14 दिन का विलंब कर सकती है। धन विधेयक के विषय में संविधान ने लोक सभा को प्रमुखता दी है। संविधान के धन विधेयक से संबंधित उपबंध ब्रिटिश संसद् द्वारा पारित पार्लमेंट ऐक्ट, 1911 और पार्लमेंट ऐक्ट, 1949 पर आधारित है।

अनुमति।

11.56 ऊपर वर्णित रीति से पारित धन विधेयक को राष्ट्रपति के समक्ष अनुमति के लिए प्रस्तुत किया जाता है। राष्ट्रपति या तो अनुमति दे या अनुमति रोक ले। इस मामले में राष्ट्रपति मंत्रि-परिषद् की सलाह से कार्य करेगा। विधेयक के पुरःस्थापित किए जाने से पहले राष्ट्रपति अनुच्छेद 117 के अधीन अपनी सिफारिश देता है। इसलिए इस बात की संभावना बहुत क्षीण है कि मंत्रिमंडल राष्ट्रपति को यह सलाह देगा कि वह वीटो का प्रयोग करे। राष्ट्रपति धन विधेयक को पुनर्विचार के लिए लौटा नहीं सकता (अनु. 111 का परंतुक)।

राष्ट्रपति के समक्ष विधेयक प्रस्तुत करते समय अध्यक्ष विधेयक पर यह प्रमाणपत्र पृष्ठांकित करता है कि वह विधेयक धन विधेयक है।

वित्तीय विधेयक

वित्तीय विधेयक।

11.57 संविधान में **वित्तीय विधेयक** पद को पारिभाषित किया गया है। सामान्य बोलचाल में वित्तीय विधेयक ऐसा विधेयक है जिसका संबंध धन संबंधी विषयों से है। अनुच्छेद 110 में धन विधेयक की परिभाषा देते हुए कहा गया है कि धन विधेयक ऐसा विधेयक है जिसमें अनु. 110 के खंड (क) से खंड (छ) में उल्लिखित विषयों में से सभी या किन्हीं से संबंधित उपबंध है।

वित्तीय विधेयक ऐसा विधेयक है जिसमें अनु. 110 में उल्लिखित एक या अधिक विषयों के साथ साथ साधारण विधान के उपबंध भी हैं। किंतु यह एक प्रकार से सैद्धांतिक प्रस्थापना है। विधेयक की प्रकृति क्या है इसका अवधारण अध्यक्ष के प्रमाण पत्र से होता है। वार्षिक वित्त विधेयक में बहुत से उपबंध होते हैं। परंतु उसे धन विधेयक समझा जाता है क्योंकि अध्यक्ष के प्रमाण पत्र और पृष्ठांकन में उसे धन विधेयक कहा जाता है।

धन विधेयक से समानता।

11.58 वित्तीय विधेयक के दो लक्षण धन विधेयक के समान होते हैं—(क) दोनों लोक सभा में ही आरंभ हो सकते हैं और (ख) उन्हें राष्ट्रपति की सिफारिश के बिना पुरःस्थापित नहीं किया जा सकता।

वित्तीय विधेयक और अध्यक्ष का प्रमाणपत्र।

11.59 दो प्रकार के वित्तीय विधेयकों को अध्यक्ष का यह प्रमाण पत्र नहीं मिलता कि वह धन विधेयक है।

(क) कोई विधेयक जिसमें केवल अनु. 110 में प्रगणित विषयों के बारे में उपबंध नहीं है, उसमें कुछ अन्य विषय भी हैं। जैसे कोई विधेयक जिसमें लौह अयस्क के बारे में उपबंध है और अयस्क पर उपकर भी लगाया गया है, वित्तीय विधेयक है [अनु. 117(1)]।

(ख) ऐसा विधेयक जिसमें ऐसे उपबंध हैं जिनके कारण भारत की संचित निधि में से व्यय करना पड़ेगा [अनु. 117(3)]।

वित्तीय विधेयकों के लिए विशेष प्रक्रिया।

11.60 अनुच्छेद 117(1) के अधीन आने वाले प्रथम प्रकार के वित्तीय विधेयक को (जिसमें अनु. 110 में प्रगणित विषयों के साथ कुछ अन्य उपबंध भी हैं।) राज्य सभा में पुरःस्थापित नहीं किया जा सकता और साथ ही राष्ट्रपति की सिफारिश के बिना पुरःस्थापित नहीं किया जा सकता। जैसा ऊपर कहा गया है यह दोनों बातें धन विधेयकों को भी लागू होती हैं। दूसरे प्रकार का वित्तीय विधेयक अर्थात् जिसके कारण भारत की संचित निधि में से व्यय करना पड़ेगा, अनु. 117(3) में आता है यह किसी भी सदन में पुरःस्थापित किया जा सकता है और पुरःस्थापन के लिए राष्ट्रपति की सिफारिश की अपेक्षा नहीं होती। किंतु दोनों सदनों में विचार किए जाने के लिए *राष्ट्रपति की सिफारिश की अपेक्षा होती है* और सिफारिश के बिना उसे पारित नहीं किया जा सकता।

राज्य सभा की भूमिका।

11.61 राज्य सभा को वित्तीय विधेयक के बारे में वही शक्ति है जो सामान्य विधेयक के बारे में है। वह विधेयक को संशोधित या नामंजूर कर सकती है। अनुच्छेद 117(3) के अधीन आने वाला विधेयक (जिससे भारत की संचित निधि से व्यय होता है) राज्य सभा द्वारा तभी पारित किया जा सकता है जब राष्ट्रपति ने वित्तीय विधेयक पर विचार करने की सिफारिश की हो। लोक सभा की प्रधानता धन विधेयक तक ही सीमित है।

वित्तीय विधेयक राज्य सभा द्वारा पारित किए जाने चाहिए। यदि अंतिम रूप से असहमति हो जाती है तो अनु. 108 के, संयुक्त बैठकों के बारे में उपबंध लागू होंगे। धन विधेयकों के संबंध में संयुक्त बैठक नहीं होती।

समाहार।

11.62 इस प्रकार वित्तीय विषयों से संबंधित विधेयक तीन प्रकार के होते हैं,—

(क) धन विधेयक।

(ख) वित्तीय विधेयक जो अनु. 117(1) के अधीन आते हैं।

(ग) वित्तीय विधेयक जो अनु. 117(3) के अधीन आते हैं।

धन विधेयक अनन्य रूप से लोक सभा का विषय है। जैसा ऊपर वर्णन किया गया है इसमें राज्य सभा की भूमिका न्यूनतम है। राज्य सभा सिफारिश कर सकती है और विधेयक को 14 दिन तक अपने पास रख सकती है।

वर्ग (ख) के वित्तीय विधेयक धन विधेयक के समान, केवल लोक सभा में ही पुरःस्थापित किए जा सकते हैं। धन विधेयक के समान उनके पुरःस्थापन के लिए राष्ट्रपति की सिफारिश अनिवार्य है परंतु उसके पश्चात् उनके साथ सामान्य विधेयक के रूप में व्यवहार किया जाता है और राज्य सभा को संशोधित या नामंजूर करने की शक्ति होती है।

वर्ग (ग) के वित्तीय विधेयक किसी भी सदन में पुरःस्थापित किए जा सकते हैं मानो वे सामान्य विधेयक हों। किंतु विधेयक तभी पारित किया जाएगा जब *राष्ट्रपति संबद्ध सदन*

को उस विधेयक पर विचार करने की सिफारिश करे। पुरःस्थापन के लिए कोई सिफारिश की आवश्यकता नहीं है।

वित्तीय विधेयकों को अनुमति।

11.63 वित्तीय विधेयकों की दशा में अनुमति देने के लिए राष्ट्रपति के पास 3 विकल्प हैं। (क) अनुमति घोषित करना (ख) अनुमति रोकना और (ग) पुनर्विचार के लिए लौटाना।

यह विकल्प वही है जो सामान्य विधेयक की दशा में होते हैं। धन विधेयक को या तो अनुमति दी जाएगी या वीटो किया जाएगा। उसे पुनर्विचार के लिए लौटाया नहीं जा सकता।

सिफारिश न होने पर क्या होगा?

11.64 संविधान का अनु. 255 एक उपचार है जो विधान को अविधिमान्य होने से बचाता है। संविधान के अधीन सिफारिश और पूर्व मंजूरी को प्रक्रिया का विषय माना जाएगा। यदि राष्ट्रपति ऐसे विधेयक को जो राष्ट्रपति की सिफारिश के बिना पारित किया गया है अनुमति प्रदान कर देता है तो अनुमति देने का प्रभाव यह होगा कि प्रक्रिया की अनियमितता दूर हो जाएगी। अनुमति के पश्चात् विधेयक विधिमान्य अधिनियम बन जाएगा। प्रक्रिया के पालन न करने का कोई परिणाम नहीं होगा।

संविधान संशोधन विधेयक

संविधान संशोधन विधेयक।

11.65 संविधान के कुछ उपबंध ऐसे हैं जिन्हें सामान्य विधेयक द्वारा संशोधित किया जा सकता है क्योंकि संविधान में यह घोषणा की गई है कि ऐसी किसी विधि को संविधान का संशोधन नहीं समझा जाएगा। उदाहरण के लिए अनु. 4, 5 और 244क। हम यहां संक्षेप में उन संविधान संशोधन विधेयकों पर विचार करेंगे जो अनु. 368 के अधीन आते हैं।

पुरःस्थापन।

11.66 संविधान संशोधन विधेयक संसद् के किसी भी सदन में पुरःस्थापित किया जा सकता है। राष्ट्रपति की पूर्व सिफारिश की कोई अपेक्षा नहीं होती।

पारित किया जाना।

11.67 संविधान संशोधन विधेयक प्रत्येक सदन द्वारा अलग अलग और प्रत्येक प्रक्रम पर विशेष बहुमत से पारित किए जाने चाहिए। अर्थात् तीनों वाचनों के लिए विशेष बहुमत होना चाहिए। विशेष बहुमत में दो अपेक्षाएं होती हैं। **पहली**, वह सदन की कुल सदस्य संख्या के बहुमत से पारित किया जाना चाहिए और **दूसरी** उपस्थित और मतदान करने वाले सदस्यों के दो तिहाई बहुमत से पारित किया जाना चाहिए। यदि संशोधन अनु. 368 में उल्लिखित संविधान के कुछ भागों में संशोधन करने के लिए हैं जैसे उच्चतम न्यायालय और उच्च न्यायालय के बारे में, संघ और राज्य के संबंधों के बारे में आदि, तो विधेयक को दोनों सदनों द्वारा पारित किए जाने के पश्चात् कम से कम आधे राज्यों के विधान मंडलों का अनुसमर्थन प्राप्त करना होगा।

अनुमति।

11.68 संविधान संशोधन विधेयक अनुमति के लिए राष्ट्रपति को प्रस्तुत किया जाता है। राष्ट्रपति के लिए अनुमति देना अनिवार्य है। राष्ट्रपति को दूसरा कोई विकल्प नहीं है। संविधान (24वां संशोधन) विधेयक, 1971 के पहले राष्ट्रपति को विकल्प था किंतु अब उक्त अधिनियम के पश्चात् राष्ट्रपति अनुमति देने के लिए बाध्य है।

11.69 संविधान संशोधन विधेयक प्रत्येक सदन द्वारा अनु. 368 में विहित विशेष बहुमत से पारित किया जाना चाहिए। संयुक्त बैठक का इस संबंध में कोई उपबंध नहीं है। अर्थात् दोनों सदनों में मतभेद होने पर संयुक्त बैठक नहीं की जा सकती।

संयुक्त बैठक नहीं होती।

11.70 सरकार के मंत्री द्वारा प्रस्तावित विधेयक को सरकारी विधेयक कहते हैं। किसी अन्य सदस्य द्वारा प्रस्तावित विधेयक को गैर सरकारी सदस्य का विधेयक कहते हैं। ये विधेयक भी धन विधेयक, वित्तीय विधेयक, संविधान विधेयक या सामान्य विधेयक के रूप में वर्गीकृत किए जाने चाहिए। यह उनकी विषय-वस्तु पर निर्भर करेगा। उनकी प्रक्रिया कैसी होगी यह उनकी अंतर्वस्तु से तय होगा। सरकारी विधेयक अनुमति के बिना पुरःस्थापित किया जा सकता है किंतु प्राइवेट सदस्य का विधेयक नहीं। उसके लिए सदन की अनुमति आवश्यक है।

सरकारी विधेयक और प्राइवेट सदस्यों के विधेयक।

संयुक्त बैठक

11.71 कोई विधेयक अधिनियम तभी बनता है जब वह दोनों सदनों द्वारा पारित कर दिया जाए। **धन विधेयक इसका अपवाद** है। यदि दोनों सदन दूसरे सदन द्वारा प्रस्तावित संशोधनों पर सहमत नहीं होते या यदि वे विधेयक के उपबंधों पर (जिस रूप में पुरःस्थापित किए गए हैं) असहमत हैं तो गतिरोध उत्पन्न हो जाता है। इस गतिरोध को दूर करने के लिए संविधान ने संयुक्त बैठक का उपबंध किया है।

संयुक्त बैठक।

यदि किसी विधेयक के एक सदन से पारित किए जाने और दूसरे को पारेषित किए जाने के पश्चात्,—

(क) विधेयक दूसरे सदन द्वारा अस्वीकार कर दिया जाता है।

(ख) संशोधनों के बारे में दोनों सदन अंतिम रूप से असहमत हो जाते हैं।

(ग) विधेयक दूसरे सदन में छह मास से लंबित है।

इन तीनों परिस्थितियों में राष्ट्रपति सदनों को संयुक्त बैठक के लिए आहूत करेगा। जैसा ऊपर बताया जा चुका है। संयुक्त बैठक (क) धन विधेयक और (ख) संविधान संशोधन विधेयक की दशा में नहीं हो सकती।

यदि लोक सभा के विघटन के कारण कोई विधेयक व्यपगत हो गया है तो उसके लिए संयुक्त बैठक नहीं हो सकती। किंतु यदि राष्ट्रपति ने सदन की संयुक्त बैठक आहूत करने के अपने आशय की सूचना दे दी है और उसके पश्चात् लोक सभा का विघटन हो जाता है तो भी संयुक्त बैठक हो सकेगी और विधेयक व्यपगत नहीं होगा। उसे पारित किया जा सकेगा।

प्रक्रिया।

11.72 अनुच्छेद 118(4) यह अधिकथित करता है कि अध्यक्ष दोनों सदनों की संयुक्त बैठक का सभापति होगा।

राष्ट्रपति ने अनु. 118(3) के अधीन संसद् सदन (संयुक्त बैठक और संसूचना) नियम बनाए हैं। इस नियमों के नियम 5 में यह उपबंध है कि अध्यक्ष की अनुपस्थिति में संयुक्त बैठक में उपाध्यक्ष पीठासीन होगा। यदि वह भी अनुपस्थित है तो राज्य सभा का उपसभापति अध्यक्षता करेगा। यदि वह भी अनुपस्थित है तो ऐसा व्यक्ति पीठासीन होगा जो बैठक में उपस्थित सदस्यों द्वारा तय किया जाए।

संयुक्त बैठक में लोक सभा की प्रक्रिया ऐसे उपांतरणों के साथ लागू होगी जो अध्यक्ष द्वारा आवश्यक समझे जाएं।

गणपूर्ति।

11.73 संयुक्त बैठक के लिए गणपूर्ति सदनों की कुल सदस्य संख्या के एक बटा दस से होगी।

विधेयक का पारित किया जाना।

11.74 यदि विधेयक संयुक्त बैठक में दोनों सदनों के उपस्थित और मतदान करने वाले सदस्यों के बहुमत से पारित कर दिया जाता है तो वह दोनों सदनों द्वारा पारित समझा जाएगा।

अभी तक केवल तीन संयुक्त बैठकें।

11.75 अभी तक दोनों सदनों को संयुक्त बैठक के लिए केवल तीन बार आहूत किया गया है। पहली बार यह अवसर तब आया जब राज्य सभा ने दहेज प्रतिषेध विधेयक 1960 में संशोधन किए और लोक सभा उनसे सहमत नहीं हुई। तत्पश्चात् 6 मई 1961 को संयुक्त बैठक उन संशोधनों पर विचार करने के लिए हुई जिन पर असहमति थी।

दूसरा अवसर तब आया जब राज्य सभा ने लोक सभा द्वारा पारित बैंकिंग सेवा आयोग (निरसन) विधेयक अस्वीकार कर दिया। संयुक्त बैठक 16 मई 1978 को हुई।

तीसरी संयुक्त बैठक आतंकवाद निवारण विधेयक, 2002 पर विचार करने और पारित करने के लिए 26 मार्च 2002 को हुई। कांग्रेस (आइ) और कुछ अन्य दलों द्वारा इस विधेयक को समर्थन न देने से सत्तारूढ़ दल इसे राज्य सभा में पारित नहीं करा पाया। संयुक्त अधिवेशन में विधेयक पारित हो गया। राज्य सभा में सत्तारूढ़ दल का बहुमत नहीं था।

नए विषयों की अनुमति नहीं होती।

11.76 संयुक्त बैठक में केवल उन संशोधनों को प्रस्तावित किया जाता है और उन्हीं पर विचार किया जाता है जिनके कारण अंतिम रूप से असहमति हुई थी। यदि कोई विधेयक अस्वीकार कर दिया जाता है तो केवल वही संशोधन किए जा सकेंगे जो विधेयक के पारित किए जाने में विलंब के कारण आवश्यक हो गए हों।

विधेयकों का व्यपगत होना।

11.77 अनुच्छेद 107 में कुछ ऐसी परिस्थितियों का उल्लेख है जिनमें कोई विधेयक व्यपगत हो जाता है। जो विधेयक व्यपगत हो गया है वह संसद् के समक्ष नहीं है ऐसा माना जाता है। उसे फिर से पुरःस्थापित करना होगा और सभी कदम फिर से उठाने होंगे। हमारे संविधान ने इंग्लैंड की विधि से इस बारे में विचलन किया है। भारत में सत्रावसान का लंबित विधेयकों पर कोई प्रभाव नहीं पड़ता। इंग्लैंड में हाउस आफ कामन्स के सत्रावसान से विधेयक व्यपगत हो जाते हैं।

विधेयकों के व्यपगत हो जाने की स्थिति को संक्षेप में इस प्रकार रखा जा सकता है।

(क) लोक सभा में लंबित विधेयक लोक सभा के विघटन पर व्यपगत हो जाता है चाहे विधेयक का आरंभ लोक सभा में हुआ हो या वह राज्य सभा से पारेषित होकर लोक सभा में आया हो।

(ख) लोक सभा द्वारा पारित विधेयक जो राज्य सभा में लंबित है, लोक सभा के विघटित होने पर व्यपगत हो जाएगा।

(ग) कोई विधेयक जिसका आरंभ राज्य सभा में हुआ है और जो राज्य सभा में लंबित है तथा लोक सभा द्वारा पारित नहीं हुआ है व्यपगत नहीं होगा।

(घ) कोई विधेयक जो दोनों सदनों द्वारा पारित कर दिया गया है और राष्ट्रपति को अनुमति के लिए प्रस्तुत कर दिया गया है, व्यपगत नहीं होगा।

(ङ) राष्ट्रपति द्वारा पुनर्विचार के लिए लौटाया गया विधेयक व्यपगत नहीं होगा।

(च) कोई विधेयक जिसके बारे में राष्ट्रपति ने सदनों की संयुक्त बैठक आहूत करने के अपने आशय की सूचना दे दी है लोक सभा के विघटन से व्यपगत नहीं होगा।

(छ) लोक सभा के विघटन पर उसमें लंबित सभी प्रस्ताव, संकल्प, संशोधन आदि व्यपगत हो जाते हैं।

संसद् और उसके सदस्यों की शक्तियां, विशेषाधिकार और उन्मुक्तियां।

11.78 अनुच्छेद 105 संसद् और उसके सदस्यों की शक्तियां, विशेषाधिकार और उन्मुक्तियों के बारे में है। इसी प्रकार अनु. 194 राज्य विधान मंडलों और उनके सदस्यों की शक्तियों, विशेषाधिकार और उन्मुक्तियों के बारे में है। मूलतः इन अनुच्छेदों के उपअनुच्छेद (3) में इंग्लैंड की पार्लमेंट के हाउस आफ कामन्स के और उसके सदस्यों और समितियों के संविधान के प्रारंभ पर विद्यमान विशेषाधिकारों के प्रति निर्देश था। संसद् और राज्य विधान मंडलों को वही विशेषाधिकार और शक्तियां दी गई थीं जो ब्रिटिश पार्लमेंट और उसके सदस्यों की थीं। संविधान के 44वें संशोधन अधिनियम द्वारा ब्रिटिश संसद् के प्रति निर्देश हटा दिया गया। इन्हीं अनुच्छेदों द्वारा अर्थात् अनु. 105(3) और 194(3) द्वारा संसद् और राज्य विधान मंडलों को यह शक्ति दी गई कि वे अपनी शक्तियां, विशेषाधिकार और उन्मुक्तियां परिनिश्चित करें।

ऐतिहासिक दृष्टि से यदि कोई व्यक्ति यह जानना चाहता है कि 26 जनवरी 1950 के तुरंत पश्चात् संसद् की क्या शक्तियां और विशेषाधिकार थे तो उसे यह पता करना होगा कि उस तारीख को ब्रिटिश पार्लमेंट की क्या शक्तियां और विशेषाधिकार थे। 1979 के पश्चात् शक्तियां और विशेषाधिकारों को अभिनिश्चित करने के लिए हमें हमारी संसद् के प्रारंभ से उसके अभिलेखों का अध्ययन करना होगा। अनुच्छेद 105(3) में संसद् को यह सुझाव दिया गया है कि वह सदनों की शक्तियों, विशेषाधिकारों और उन्मुक्तियों को परिनिश्चित करने वाली विधि बनाए। यदि ऐसी विधि निर्मित की जाती है तो शक्तियां और विशेषाधिकार क्या हैं यह उस अधिनियम को पढ़कर सरलता से ज्ञात हो सकेगा। अभी तक न तो संसद् ने और न 28 राज्य विधान मंडलों में से किसी ने अपनी शक्तियां, विशेषाधिकार और उन्मुक्तियों को संहिताबद्ध किया है।

विशेषाधिकारों का वर्गीकरण।

11.79 संसद् के सदनों की शक्तियों और विशेषाधिकारों को दो वर्गों में विभाजित किया जा सकता है,—

1. वे जो सामूहिक रूप से सदनों के हैं।
2. वे जो व्यक्तिगत रूप से सदस्यों के हैं।

सामूहिक विशेषाधिकार।

11.80 सदनों के सामूहिक विशेषाधिकार निम्नलिखित हैं,—

(क) *बहस और कार्यवाहियों की स्वतंत्रता*—इंग्लैंड में यह अधिकार धीरे-धीरे स्थापित हुआ। अंत में जाकर बिल आफ राइटस, 1688 के अनुच्छेद 9 से यह घोषणा हुई कि संसद् के भाषण और बहस या कार्यवाही की स्वतंत्रता को किसी न्यायालय में प्रश्नगत नहीं किया जाएगा। ट्यूडर सम्राटों ने कामन्स में बहस पर प्रतिबंध लगाने का प्रयत्न किया था। आज भी कामन्स में अपने अधिकार का प्राख्यान करने के लिए प्रत्येक सत्र के प्रारंभ में सम्राट/सम्राज्ञी के अभिभाषण पर विचार करने के पहले एक विधेयक का वाचन किया जाता है।

(ख) *बहस और कार्यवाहियों के प्रकाशन का अधिकार और अन्य लोगों को प्रकाशन से रोकने का अधिकार*—इंग्लैंड में हेन्सर्ड नाम के एक व्यक्ति ने हाउस आफ कामन्स के आदेशों के अधीन संसदीय विचार विमर्श और कार्यवाहियां प्रकाशित कीं। एक दूसरे व्यक्ति स्टाकडेल ने हेन्सर्ड के विरुद्ध उसके द्वारा प्रकाशित रिपोर्टों में अपमानलेख के लिए कार्यवाही की। यह 1836 में हुआ। अंत में जाकर यह स्वीकार किया गया कि प्रत्येक सदन को अपनी कार्यवाहियों पर संपूर्ण शक्ति है। वह किसी को भी उसे प्रकाशित करने का प्राधिकार दे सकता है और किसी को भी प्रकाशित करने से प्रतिषिद्ध कर सकता है। भारत में संसद् ने संविधान का संशोधन करके अनु. 361क अंतःस्थापित किया है। इसके पहले संसद् ने अपनी कार्यवाहियों के प्रकाशन के लिए संरक्षण देने के लिए विधि बनाई थी। यह विधि कुख्यात आपात के दौरान 1976 में निरसित

कर दी गई। इसके निरसन के परिणामस्वरूप जो लोग संसद् की बहस को सही सही प्रकाशित कर रहे थे उनको भी कोई संरक्षण नहीं रह गया था। कार्यवाहियों के प्रकाशकों को अभेद्य कवच प्रदान करने के लिए अनु. 361क अंतःस्थापित किया गया। उसमें यह उपबंध है कि कोई व्यक्ति संसद् के या किसी राज्य के विधान-मंडल के किसी सदन की कार्यवाहियों के सारतः सही विवरण के प्रकाशन की बाबत किसी न्यायालय में किसी भी प्रकार की कार्रवाई का दायी नहीं होगा। *सर्चलाइट*[9] में एम.एस.एम. शर्मा ने एक समाचार पत्र में जिसका वह संपादक था बिहार विधान सभा की कार्यवाहियों का प्रकाशन किया। इसमें वे भाग भी सम्मिलित थे जिन्हें अध्यक्ष ने कार्यवाही से निकाले जाने का आदेश दिया था। अध्यक्ष ने इसे विशेषाधिकार का भंग माना। शर्मा का तर्क यह था कि उसे वाक्-स्वातंत्र्य के मूल अधिकार के अधीन प्रकाशन का अधिकार है। उच्चतम न्यायालय ने यह अभिनिर्धारित किया कि सदन को अपनी कार्यवाहियों के प्रकाशन का प्रतिषेध करने का विशेषाधिकार था और यह विशेषाधिकार नागरिक के मूल अधिकार के अधीन नहीं है।

(ग) *सदन से बाहरी व्यक्तियों को अपवर्जित करने का विशेषाधिकार*—मूलतः अपवर्जन करने की शक्ति स्वयं के संरक्षण के लिए थी। सदन को यह अधिकार है कि वह अपनी बैठक को गुप्त अधिवेशन बना ले। लोक सभा के प्रक्रिया तथा कार्य संचालन नियमों का अध्याय 25 (नियम 248) और राज्य सभा का नियम 265 अभिव्यक्त रूप से यह दर्शाते हैं कि सदन को बाहरी व्यक्ति को हटाने का आदेश देने की शक्ति है।

(घ) *आंतरिक विषयों को विनियमित करने का अधिकार* और अपनी चारदीवारी के भीतर उत्पन्न विषयों का विनिश्चय करने का अधिकार।

(ङ) *विशेषाधिकार भंग के लिए अपने सदस्यों और बाहरी व्यक्तियों को दंड देने का अधिकार*—प्रत्येक सदन को यह शक्ति है। इसमें भर्त्सना करने, धिग्दंड देने और कारावास देने की शक्ति है। ब्लिट्ज साप्ताहिक के संपादक को सदन (लोक सभा) के समक्ष बुलाकर उसे सदन के सदस्य की गरिमा के प्रतिकूल लेख प्रकाशित करने के लिए धिग्दंड दिया गया था। 1951 में श्री एच.जी. मुद्गल को घूस लेने के आरोप में लोक सभा से निष्कासित किया जाना था किंतु उन्होंने त्याग-पत्र दे दिया। सुब्रह्मण्यम स्वामी को राज्यसभा से 15 नवंबर 1976 को निष्कासित किया गया। वे राज्यसभा से निष्कासित किए जाने वाले पहले सदस्य थे। *श्रीमती इंदिरा गांधी*[10] को सदन (लोक सभा) से निष्कासित करके उनका स्थान 19-12-1978 को रिक्त घोषित कर दिया गया था क्योंकि उनके पूर्ववर्ती आचरण से सदन कलंकित हुआ था। 1990 में एक पूर्व मंत्री के.के. तिवारी को राज्य सभा द्वारा धिग्दंड दिया गया। 23-12-2005 को लोक सभा ने 10 सदस्यों को और राज्य सभा ने 1 सदस्य को निष्कासित किया। इन सदस्यों ने सदन में कुछ प्रश्न पूछने के लिए प्रतिफल के रूप में धन स्वीकार किया था। एक प्राइवेट टेलीविजन सरणी ने इन्हें धन लेते हुए दिखाया था। प्रत्येक सदन ने एक जांच समिति गठित की। समिति का प्रतिवेदन सदन के पटल पर रखा गया। इसके बाद सदन ने सदस्यों के निष्कासन का संकल्प पारित किया। सदस्यों ने निष्कासन पर आक्षेप करते हुए उच्चतम न्यायालय में याचिका दायर की। उच्चतम न्यायालय ने यह अभिनिर्धारित किया कि[11],—

(क) अनुच्छेद 105(3) में निष्कासन करने की शक्ति सम्मिलित है।

(ख) निष्कासन की शक्ति से संविधान के किसी उपबंध का उल्लंघन नहीं होता। अर्थात् अनु. 19(1)(6) या अनु. 21 अथवा मतदाताओं का प्रतिनिधि भेजने के अधिकार पर कोई प्रभाव नहीं पड़ता।

---

9. *एम.एस.एम. शर्मा* बनाम *श्रीकृष्ण सिंह,* ए.आइ.आर. 1959 एस.सी. 395।

10. सातवीं लोक सभा ने श्रीमती गांधी को निष्कासित करने का संकल्प विखंडित किया (यह संकल्प छठी लोक सभा ने पारित किया था)।

11. *राजाराम पाल* बनाम *लोक सभा के माननीय अध्यक्ष* (2007) 3 एस.सी.सी. 184।

(ग) न्यायालयों को विधान-मंडल के किसी सदन द्वारा पारित संकल्प का न्यायिक पुनर्विलोकन करने के लिए दी गई याचिका को ग्रहण करने की अधिकारिता है। अनुच्छेद 329 इस अधिकारिता को वारित नहीं करता।

(घ) भारत के विधान-मंडलों को वे सब अधिकार नहीं हैं जो इंग्लैंड के हाउस ऑफ कामन्स को हैं।

(ङ) न्यायालय, सदन के विनिश्चय के विरुद्ध अपील की सुनवाई नहीं करता।

(च) *साधारण वारंट द्वारा सुपुर्द करने का विशेषाधिकार— केशवसिंह*[12] में न्यायालय ने इस बात को मान्यता दी कि विधान-मंडल को अपने अवमान के लिए साधारण वारंट द्वारा जिसमें आधार नहीं बताए गए हैं जेल के सुपुर्द करने का अधिकार है।

राष्ट्रपति द्वारा किए गए निर्देश से[12] यह स्पष्ट हो गया है कि मूल अधिकार और विधान-मंडल के विशेषाधिकार में संघर्ष होने पर समन्वित अर्थान्वयन किया जाना चाहिए। विधान-मंडल के विशेषाधिकार साधारण अधिकारों की तुलना में श्रेष्ठ हैं।

(छ) संसद् की कार्यवाहियों को किसी न्यायालय में प्रश्नगत नहीं किया जा सकता (अनु. 122)।

(ज) सदन का यह अधिकार कि उसे अपने किसी सदस्य की गिरफ्तारी, निरोध, दोषसिद्धि, कारावास और छोड़ दिए जाने की तुरंत सूचना प्राप्त होनी चाहिए।

(झ) सदन के परिसर के भीतर अध्यक्ष की अनुमति के बिना किसी विधिक आदेशिका की तामील करने और गिरफ्तारी करने का प्रतिषेध।

(ञ) किसी भी संसदीय समिति के समक्ष दिया गया साक्ष्य और समिति का प्रतिवेदन और कार्यवाही किसी के द्वारा तब तक प्रकट नहीं की जा सकती या प्रकाशित नहीं की जा सकती जब तक कि वह संसद् के पटल पर नहीं रख दी जाती।

(ट) लोकहितवाद में स्थायी संसदीय समिति के प्रतिवेदन पर निर्भर हुआ जा सकता है। यह साक्ष्य अधिनियम की धारा 74 के अधीन ग्राह्य है। साक्ष्य अधिनियम की धारा 57(क) के अधीन ऐसे प्रतिवेदन की न्यायिक अवेक्षा की जा सकती है।[13]

निष्कासन की शक्ति की सीमाएं हैं।

11.81 *अमरिंदर सिंह*[14] में उच्चतम न्यायालय ने यह स्पष्ट कर दिया है कि निष्कासन की शक्ति सीमा रहित स्वेच्छाचारी शक्ति नहीं है। इस वाद में पूर्व मुख्य मंत्री को इस आधार पर विधान सभा से निष्कासित कर दिया गया कि उन्होंने मुख्य मंत्री के पद पर रहते हुए कुछ अनियमितताएं की थीं। न्यायालय ने यह अवधारित किया कि वर्तमान विधान सभा के पूर्व की अवधि में किए गए कार्य के लिए दंडित करना उचित नहीं था। विशेषाधिकार का प्रयोग पिछली विधान सभा की अवधि में किए गए कार्यपालक कार्य के लिए सदस्य के विरुद्ध कार्यवाही करने के लिए नहीं किया जा सकता।

पुनर्विचार के लिए कुछ बिंदु।

11.82 *एम.एस.एम. शर्मा*[6] और *केशवसिंह*[12] के निर्णयों से उत्पन्न कुछ बिंदुओं को पुनर्विचार के लिए 7 न्यायाधीशों की न्यायपीठ को सौंपा गया है।[15]

सदस्यों के विशेषाधिकार।

11.83 *व्यक्तिगत विशेषाधिकार*—वे विशेषाधिकार जिनका उपभोग सदस्य व्यक्तिगत रूप से करते हैं, निम्नलिखित हैं,—

12. *राष्ट्रपति का 1964 का निर्देश सं. 1,* ए.आइ.आर. 1965 एस.सी. 745।
13. *कल्पना मेहता* बनाम *भारत संघ* (2018) 7 एस.सी.सी. 1।
14. *अमरिंदर सिंह* बनाम *स्पेशल कमेटी, पंजाब विधान सभा,* जे.टी. 2010 (4) एस.सी. 350; (2010) 6 एस.सी.सी. 113।
15. *एन. रवि* बनाम *स्पीकर, लेजिस्लेटिव असेम्बली,* चेन्नई (2005) 1 एस.सी.सी. 603।

(क) *सिविल गिरफ्तारी से मुक्ति*—यह विशेषाधिकार सिविल प्रक्रिया में समाविष्ट है। संहिता की धारा 135क के अनुसार किसी भी सदस्य को सदन के या उसकी किसी समिति के अधिवेशन के दौरान और ऐसे अधिवेशन या बैठक के पहले या पश्चात् 40 दिन की अवधि के दौरान गिरफ्तार नहीं किया जा सकता। यह विशेषाधिकार केवल सिविल गिरफ्तारी के विरुद्ध है। किसी आपराधिक मामले में या निवारक निरोध के अधीन गिरफ्तारी से छूट का कोई विशेषाधिकार नहीं है।

(ख) *साक्षी के रूप में उपस्थित होने से मुक्ति*—किसी सदस्य को जब सदन का सत्र चल रहा हो तब साक्ष्य देने के लिए सदन की अनुमति के बिना समन नहीं किया जा सकता।

(ग) *वाक्-स्वातंत्र्य*—सदन में जो भी कहा जाता है उसके लिए पूर्ण उन्मुक्ति है। सदन में जो संकल्प और अन्य प्रस्ताव लाए जाते हैं उन्हें भी न्यायालय में प्रत्येक कार्यवाही से उन्मुक्ति है। यह बात सदन की समितियों को भी लागू होती है।

संविधान इस वाक्-स्वातंत्र्य को सीमित करता है। अनुच्छेद 121 में यह कहा गया है कि उच्चतम न्यायालय या उच्च न्यायालय के किसी न्यायाधीश के अपने कर्त्तव्यों के निर्वहन में किए गए किसी आचरण के विषय में संसद् में कोई चर्चा नहीं होगी।

किंतु यह प्रतिबंध उस समय लागू नहीं होता जब न्यायाधीश पर महाभियोग चलाया जाता है।

किंतु इस स्वतंत्रता को सदन अपने नियमों द्वारा और पीठासीन अधिकारी द्वारा नियंत्रित करता है। उदाहरण के लिए राज्य सभा का नियम 238 और लोक सभा के नियमों का नियम 352 कुछ निर्बंधन लगाता है। इन नियमों में यह कहा गया है कोई सदस्य किसी उच्च प्राधिकारी के आचरण पर आक्षेप नहीं करेगा। देशद्रोही, राजद्रोही या मानहानिकारक शब्दों का प्रयोग नहीं करेगा या किसी सदस्य के विरुद्ध कोई लांछन नहीं लगाएगा।

पी.वी. नरसिम्ह राव बनाम *राज्य*[16] में उच्चतम न्यायालय ने अनु. 105(2) की विवक्षा पर विचार किया। श्री नरसिम्ह राव को भारतीय दंड संहिता और भ्रष्टाचार निवारण अधिनियम के अधीन और जब वे प्रधान मंत्री थे उस समय षड्यंत्र करने और अविश्वास प्रस्ताव के विरुद्ध मतदान करने के लिए प्रेरित करने के लिए कुछ सदस्यों को रिश्वत देने का आरोप लगाया गया। उच्चतम न्यायालय अनु. 105(2) के निर्वचन के बारे में विभाजित था। 3:2 के बहुमत से यह अभिनिर्धारित हुआ कि संसद् सदस्य को रिश्वत देने का काम संसद् में उसके द्वारा की गई बात या दिए गए किसी मत की बाबत है और इसलिए उसे न्यायालय में अभियोजित नहीं किया जा सकता। न्यायालय ने बहुमत से यह विचार व्यक्त किया कि यदि सदस्य रिश्वत लेने के पश्चात् सक्रिय होकर मतदान नहीं करता है तो उसे अभियोजित किया जा सकता है क्योंकि तब मतदान और रिश्वत में कोई संबंध नहीं रह जाएगा।

संसद् सदस्य रिश्वत वाद पर टिप्पणी।

11.84 न्यायालय के प्रति पूर्ण सम्मान के साथ यह निवेदन है कि न्यायालय ने संकीर्ण विधिक दृष्टिकोण अपनाया है। बहुमत ने रिश्वत लेने वाले और रिश्वत देने वाले के बीच अंतर किया। जो संसद् सदस्य किसी प्रस्ताव के पक्ष या विपक्ष में मत देने के लिए रिश्वत लेता है उसे अभियोजित नहीं किया जा सकता। किंतु जो रिश्वत देता है उसे अभियोजित किया जा सकता है। यही नहीं जो सदस्य मतदान के लिए रिश्वत लेकर वास्तव में मत देता है उस पर अभियोग नहीं लगाया जा सकता। किंतु जो रिश्वत लेकर मत नहीं देता है उस पर अभियोग लगाया जा सकेगा। अल्पमत वाले न्यायाधीशों ने इस निर्णय के विचित्र परिणामों की ओर संकेत किया है। मत देने के लिए रिश्वत लेना अपराध नहीं है किंतु मत नहीं देने के लिए रिश्वत लेना अपराध है। साधारणतया सदस्य को संसद् में अपनी इच्छानुसार कार्य करने की पूरी छूट होगी।

16. ए.आइ.आर. 1998 एस.सी. 2120।

उसे किसी भी दांडिक न्यायालय में अभियोजन का भय नहीं होगा किंतु इस विशेषाधिकार को भ्रष्टाचार का अनुज्ञा पत्र नहीं बनाया जा सकता। यदि कोई सदस्य सदाचार के मार्ग से हटकर अवैध परितोष (रिश्वत) स्वीकार करता है तो उसे न्यायालय में अन्य व्यक्तियों के समान परिणाम भुगतना होगा। अनुच्छेद 105(2) का उद्देश्य सदस्यों को अपने कृत्यों से संबंधित कार्य और आचरण के लिए संरक्षण प्रदान करना है। इसका उद्देश्य विशेषाधिकार के परदे में भ्रष्टाचार फैलाना नहीं हो सकता। संसदीय विशेषाधिकार का उद्गम राजाओं की शक्ति से सदस्यों को संरक्षण प्रदान करने की आवश्यकता रही है। सदस्य जनता का कार्य करते थे। इस कार्य में उन्हें शासक का विरोध करना पड़ता था जिससे उन्हें शासक का कोप सहना पड़ता था। भारत में कोई राजा नहीं है जिससे संरक्षण की आवश्यकता हो। यदि किसी विधायक ने देश की विधि का उल्लंघन करके रिश्वत ली है और आपराधिक षड्यंत्र में भाग लिया है तो वह संरक्षण का हकदार कदापि नहीं हो सकता। वह संरक्षण दिए जाने योग्य नहीं है। जैसे *गोपालन* का अल्पमत का निर्णय कुछ समय बाद आगे चलकर *मेनका* में बहुमत का निर्णय हो गया उसी प्रकार यह आशा की जाती है कि न्यायालय भविष्य में *नरसिम्ह राव* के अल्पमत के निर्णय को अपनाएगा।

क्या विधान-मंडल के अधिकारियों के भी कोई विशेषाधिकार हैं?

11.85 ये विशेषाधिकार केवल विधान-मंडल के सदस्यों को ही उपलब्ध हैं। अध्यक्ष के अधीन कार्य करने वाले अधिकारियों को नहीं। वे लोक सेवक हैं और सुसंगत अधिनियमों से शासित होते हैं।[17]

लोक सभा और राज्य सभा की शक्तियों और कृत्यों की तुलना

लोक सभा और राज्य सभा की तुलना।

11.86 1. संविधान संशोधन के संबंध में दोनों सदन एक बराबर हैं। विधेयक प्रत्येक सदन द्वारा अपेक्षित बहुमत से पारित किया जाना चाहिए।

2. सामान्य विधेयकों के बारे में दोनों सदन लगभग बराबर हैं। यदि संयुक्त बैठक आहूत की जाती है तो सदस्य संख्या अधिक होने के कारण लोक सभा का पलड़ा कुछ भारी हो जाता है।

3. वित्तीय विधेयक केवल लोक सभा में ही पुरःस्थापित किए जा सकते हैं। पुरःस्थापित किए जाने के पश्चात् दोनों सदन बराबरी पर आ जाते हैं।

4. धन विधेयक केवल लोक सभा में ही पुरःस्थापित किए जा सकते हैं। राज्य सभा को धन विधेयक को अस्वीकार करने या संशोधित करने का अधिकार नहीं है। राज्य सभा संशोधनों के लिए सिफारिश कर सकती है। लोक सभा उसकी सिफारिशों में से किन्हीं या सभी को स्वीकार या अस्वीकार कर सकती है। राज्य सभा धन विधेयक को 14 दिन तक लंबित रख सकती है। यदि विधेयक उसकी प्राप्ति से 14 दिनों के भीतर नहीं लौटाया जाता तो यह समझा जाता है कि वह दोनों सदनों द्वारा पारित कर दिया गया है।

5. संयुक्त बैठक की अध्यक्षता लोक सभा का अध्यक्ष करता है।

6. अध्यक्ष को यह प्राधिकार है कि वह यह पृष्ठांकन करे कि अमुक विधेयक धन विधेयक है। उसका निर्णय अंतिम है और प्रश्नगत नहीं किया जा सकता।

7. लोक सभा विभिन्न मंत्रालयों की अनुदान की मांगों पर विचार करती है मतदान करती है और पारित करती है। राज्य सभा उन पर बहस करती है। किंतु मतदान नहीं करती और पारित नहीं करती।

8. मंत्रि-परिषद् सामूहिक रूप से लोक सभा के प्रति उत्तरदायी है। वह तब तक सत्ता में बनी रहती है जब तक उसे लोक सभा का विश्वास प्राप्त हो।

---

17. *लोकायुक्त* बनाम *मध्य प्रदेश राज्य* (2014) 4 एस.सी.सी. 473।

9. अनुच्छेद 249 संसद् को राष्ट्र के हित में राज्य की सूची के किसी विषय पर अस्थायी अधिनियम पारित करने की अनुज्ञा देता है। संसद् ऐसा तब कर सकती है जब राज्य सभा ने उपस्थित और मत देने वाले सदस्यों के कम से कम दो तिहाई सदस्यों द्वारा समर्थित संकल्प द्वारा यह घोषित किया हो कि राष्ट्रीय हित में यह आवश्यक या समीचीन है कि संसद् संपूर्ण भारत या उसके किसी भाग के लिए ऐसी विधि बनाए। लोक सभा को ऐसी कोई शक्ति नहीं है।

10. अनुच्छेद 312 के अधीन संसद् विधि द्वारा अखिल भारतीय सेवाओं का सृजन कर सकती है जो संघ और राज्यों के लिए सम्मिलित हों। संसद् ऐसा तभी कर सकती है जब राज्य सभा ने अपने उपस्थित और मतदान करने वाले सदस्यों में से कम से कम दो तिहाई सदस्यों द्वारा समर्थित संकल्प द्वारा यह घोषित किया हो कि राष्ट्रीय हित में ऐसा करना आवश्यक या समीचीन है।

संविधान में अनु. 249 और 312 द्वारा राज्य सभा को यह विशेष कृत्य सौंपा गया है जो उसकी परिसंघीय प्रकृति के अनुकूल है। 1953 में राज्य सभा के उत्सादन के लिए प्रयास किया गया था किंतु प्रधान मंत्री पं. नेहरू[18] ने उसका विरोध किया।

राज्य सभा धीरे-धीरे परिवर्तित होती है।

11.87 राज्य सभा एक स्थाई सदन है जो धीरे-धीरे दो वर्षों में परिवर्तित होती है। लोक सभा की संरचना साधारण निर्वाचन के पश्चात् कभी कभी एकदम से बदल जाती है। जब मंत्रि-परिषद् को राज्य सभा में बहुमत का समर्थन नहीं होता है तब उसे राज्य सभा में विधान पारित करवाने में कठिनाई होती है। जब गठबंधन वाली सरकारों का सूक्ष्म बहुमत होता है तो राज्य सभा में अस्वीकृति के डर से बहुत से प्रस्ताव नहीं लाए जाते। 1977 में जनता पार्टी को लोक सभा में 2/3 बहुमत मिल गया था किंतु वह राज्य सभा में संविधान 43वां संशोधन अधिनियम को उस रूप में पारित नहीं करा सकी जिस रूप में वह लोक सभा में पारित हुआ था। राज्य सभा में बहुमत के अभाव में 45वें संशोधन में भी परिवर्तन किए गए। संविधान (64वां संशोधन)और संविधान (65वां संशोधन) विधेयक दोहरा बहुमत न होने के कारण राज्य सभा से पारित नहीं किए जा सके यद्यपि लोक सभा ने उन्हें पारित कर दिया था।

संसद् में वार्षिक वित्तीय विवरण

बजट।

11.88 अनुच्छेद 112 में राष्ट्रपति को यह कर्त्तव्य सौंपा गया है कि वह प्रत्येक वित्तीय वर्ष के संबंध में संसद् के दोनों सदनों के समक्ष भारत सरकार की उस वर्ष के लिए प्राक्कलित प्राप्तियों और व्यय का विवरण रखवाएगा। संविधान में इसे **वार्षिक वित्तीय विवरण** कहा गया है। सामान्य बोलचाल में इसे **बजट** कहते हैं। बजट में व्यय की पूर्ति के लिए अर्थोपाय सम्मिलित हैं। राजस्व लेखे के व्यय को अन्य व्यय से सुभिन्न रखा जाता है।

बजट सरकार का ऐसा क्रियाकलाप है जिस पर बहुत अधिक बहस होती है। केंद्र सरकार के बजट से देश की अर्थव्यवस्था की दिशा तय होती है।

संविधान में कहीं भी 'बजट' शब्द नहीं आता है। बजट शब्द का उद्गम फ्रेंच भाषा के 'बूजेत' (bougette) से है जिसका अर्थ होता है चमड़े का थैला। इंग्लैंड के वित्त मंत्री (वहां उन्हें चांसलर ऑफ दि एक्सचेकर कहा जाता है) हाउस ऑफ कामन्स में बजट भाषण और अन्य कागत-पत्र एक थैले में रखकर लाए। 1733 में एक समाचारपत्र में एक कार्टून प्रकाशित किया जिसमें चांसलर वालपोल को बैग खोलते दिखाया गया था। उसका शीर्षक था 'बजट खोला गया'। तब से यह शब्द अंग्रेजी में चला गया। वहीं से हिंदी में इसे अपनाया गया।

18. राज्य सभा में 6-5-1953 को और लोक सभा में 12-5-1953 को किया गया कथन।

केंद्रीय वित्त मंत्री द्वारा बजट प्रस्तुत करने का अर्थ है लोकसभा में बजट भाषण, वार्षिक वित्तीय विवरण को पटल पर रखना और वित्त विधेयक का पुरःस्थापन। लोकसभा में भाषण के पश्चात् पूर्वोक्त विवरण राज्यसभा में रखा जाता है।

बजट फरवरी के प्रथम दिन प्रस्तुत किया जाता है।[19] ब्रिटिश शासक बजट सायं 5 बजे प्रस्तुत करते थे क्योंकि तब लंदन में 11.30 बजते थे। हमने यह प्रथा 1999 में बदल दी। अब बजट भाषण 11 बजे दिन में प्रारंभ होता है।

बजट भाषण के कुछ दिन बाद लोकसभा बजट पर समग्र रूप से विचार करती है। यह बहस 3-4 दिन चलती है। अंत में वित्तमंत्री उत्तर देते हैं।

आने वाले अप्रैल और मई के लिए लेखानुदान पारित किया जाता है। इसके बाद लोकसभा स्थगित हो जाती है। विभिन्न मंत्रालयों की स्थायी समितियों की बैठकें होती हैं और वे मांगों पर विचार करती हैं।

दूसरे प्रक्रम पर लोकसभा का अधिवेशन होता है। इसमें स्थायी समितियों के प्रतिवेदन पर अनुदान की मांगों पर बहस और विचार होता है। लोकसभा दो-तीन मंत्रालयों की मांग पर ही विचार कर पाती है। शेष मांगों को मुखबंध (guillotine) द्वारा बंद कर दिया जाता है। (मुखबंध का तात्पर्य है कि पहले से निश्चित समय सीमा के पश्चात् कोई बहस नहीं होगी।)

राज्यसभा में साधारण विचार-विमर्श होता है। अनुदान की मांगों पर मतदान नहीं होता।

तीसरे प्रक्रम पर अनेक विनियोजन विधेयक पारित किए जाते हैं। ये विधेयक सरकार को भारत की संचित निधि से धन का आहरण करने और व्यय उपगत करने के लिए प्राधिकृत करते हैं।

प्रत्येक विधेयक प्रस्तावित पुरःस्थापन के दिन से दो दिन पूर्व सदस्यों को परिचालित किया जाता है किंतु वित्त विधेयक लोकसभा के बजट भाषण के पश्चात् स्थगन हो जाने के पश्चात् परिचालित किया जाता है।

अनंतिम कर संग्रहण अधिनियम 1931 के अधीन वित्त विधेयक के कुछ उपबंध तुरंत प्रवृत्त हो जाते हैं। ये उपबंध अधिकतर सीमा शुल्क और उत्पाद शुल्क से संबंधित होते हैं। प्रत्यक्ष कर (आय कर, धन कर आदि) से जुड़े उपबंध साधारणतया आगामी वर्ष के अप्रैल की पहली तारीख से लागू होते हैं।

स्वतंत्र भारत का प्रथम बजट श्री आर.के. षड्मुखम् चेट्टी ने 26 नवंबर 1947 को प्रस्तुत किया था। यह अंतरिम बजट था।

अंतरिम बजट तब पारित किए जाते हैं जब लोकसभा का विघटन निकट होता है या नई सरकार निर्वाचित होकर आई है और उसके पास बजट की तैयारी के लिए पर्याप्त समय नहीं है।

11.89 **वित्तीय नीति।** बजट प्रस्तुत करने के दो चार दिन पूर्व सरकार दोनों सदनों के पटल पर उस वर्ष के लिए एक आर्थिक सर्वेक्षण रखती है। वित्त मंत्री अपने भाषण में सरकार की वित्तीय नीति का पुनर्विलोकन करता है तथा आने वाले वित्तीय वर्ष के लिए क्या कार्यक्रम है यह बताता है। बजट में निम्नलिखित महत्वपूर्ण अंग होते हैं,—

1. व्यय का प्राक्कलन
2. राजस्व और पूंजी प्राप्तियों का प्राक्कलन
3. राजस्व वृद्धि के लिए अर्थोपाय

19. केंद्रीय सरकार ने 21.9.2016 को यह विनिश्चय किया कि रेल बजट को साधारण बजट में सम्मिलित कर लिया जाएगा। 1924 से रेल बजट अलग से प्रस्तुत किया जाता रहा है। फरवरी के अंतिम दिन के स्थान पर बजट फरवरी के प्रथम सप्ताह में प्रस्तुत किया जाएगा। अनुदान की मांगें 31 मार्च से पहले पारित कर दी जाएंगी। इन प्रस्तावों को 2017 से प्रवृत्त किया गया।

4. समाप्त होने वाले वर्ष के लिए वास्तविक प्राप्ति और व्यय का विश्लेषण और उस वर्ष में कमी या वृद्धि के कारणों की समीक्षा

5. आर्थिक नीति की घोषणा—करों का आपतन और दरें, व्यय के कार्यक्रम और जनता के फायदे के लिए नई स्कीमें।

भारित व्यय।

11.90 बजट में समाविष्ट प्राक्कलन में निम्नलिखित पृथक् रूप से दर्शाए जाते हैं,—

(क) भारत की संचित निधि पर भारित व्यय और

(ख) भारत की संचित निधि में से किए जाने के लिए अपेक्षित राशियां।

भारत की संचित निधि पर भारित व्यय के अंतर्गत निम्नलिखित हैं,—

1. राष्ट्रपति की उपलब्धियां और भत्ते तथा उसके पद से संबंधित अन्य व्यय;

2. राज्य सभा के सभापति और उपसभापति के तथा लोक सभा के अध्यक्ष और उपाध्यक्ष के वेतन और भत्ते;

3. उच्चतम न्यायालय के न्यायाधीशों को या उनके संबंध में संदेय वेतन, भत्ते और पेंशन;

4. भारत के नियंत्रक-महालेखापरीक्षक को, या उसके संबंध में, संदेय वेतन, भत्ते और पेंशन;

5. ऐसे ऋण भार, जिनका दायित्व भारत सरकार पर है;

6. किसी न्यायालय या माध्यस्थम् अधिकरण के निर्णय, डिक्री या पंचाट की तुष्टि के लिए अपेक्षित राशियां;

7. कोई अन्य व्यय जो इस संविधान द्वारा या संसद् के अधिनियम द्वारा इस प्रकार भारित घोषित किया जाता है।

11.91 जो व्यय भारत की संचित निधि पर भारित है उस पर मतदान नहीं किया जाता। अनुच्छेद 113 में यह कहा गया है कि ऐसा प्राक्कलन संसद् में मतदान के लिए नहीं रखा जाएगा। अन्य सभी व्यय को लोक सभा में अनुदान की मांगों के रूप में प्रस्तुत किया जाता है। केवल लोक सभा को ही यह शक्ति है कि वह किसी मांग को अनुमति देने से इंकार कर दे। वह किसी विनिर्दिष्ट मांग की रकम को कम भी कर सकती है। जो मांगें भारित नहीं होतीं उन पर लोक सभा में मतदान हो सकता है। राष्ट्रपति की सिफारिश के बिना कोई मांग नहीं की जा सकती। बजट पर तीन प्रक्रमों में विचार विमर्श करके उसे पारित किया जाता है। **पहले प्रक्रम** में साधारण विचार विमर्श होता है। **दूसरे प्रक्रम** में अनुदान की मांगों पर विचार करके उन्हें पारित किया जाता है। **तीसरे प्रक्रम** में विनियोग विधेयक पारित किए जाते हैं।

मतदान पर किया जाने वाला व्यय और अनुदान।

11.92 अनुच्छेद 114 यह अधिकथित करता है कि संचित निधि में से कोई राशि विनियोग अधिनियम द्वारा ही निकाली जा सकेगी, अन्यथा नहीं। लोक सभा द्वारा अनुदान की मांगों पर मतदान होने और उन्हें पारित करने के तुरंत पश्चात् लोक सभा में विनियोग विधेयक पुरःस्थापित किए जाते हैं जिनमें वह रकम भी विनिर्दिष्ट होती है जो भारत की संचित निधि में से विनियोजित की जाएगी। वह प्रयोजन या सेवा दिखाई जाती है जिसके लिए अनुदान अपेक्षित है। इसमें दोनों प्रकार के व्यय सम्मिलित होते हैं; जो भारित हैं और जो भारित नहीं हैं।

विनियोग विधेयक।

प्रत्येक विनियोग विधेयक धन विधेयक होता है। वह धन विधेयक के रूप में पारित किया जाता है। किंतु विनियोग पर कुछ अतिरिक्त निर्बंधन हैं। विनियोग विधेयक में कोई ऐसा संशोधन प्रस्थापित नहीं किया जाएगा जिसका प्रभाव,—

(i) अनुदान की रकम में परिवर्तन हो, या

(ii) अनुदान के लक्ष्य को बदलना हो (अर्थात् अनुदान का प्रयोजन बदलना हो)

(iii) भारित व्यय की रकम में परिवर्तन करना हो।

इन निर्बंधनों के कारण विनियोग विधेयक में संशोधन प्रस्तावित करने के लिए कोई स्थान शेष नहीं रहता।

वार्षिक वित्त विधेयक।

11.93 किसी वित्तीय वर्ष के संबंध में सरकार की वित्तीय प्रस्थापनाओं को प्रभावित करने के लिए एक वित्त विधेयक वित्त मंत्री के बजट भाषण के तुरंत बाद पुरःस्थापित किया जाता है। यह एक धन विधेयक है और इसे बजट सत्र में विनियोग विधेयकों के साथ-साथ पारित किया जाता है।

अनुपूरक, अतिरिक्त या अधिक अनुदान।

11.94 सरकार प्रत्येक वित्तीय वर्ष के प्रारंभ के पहले संविधान के उपबंधों के अनुसार अनुदान प्राप्त कर लेती है। पर कभी कभी वर्ष की समाप्ति के पहले यह अनुभव होता है कि अनुदान उस प्रयोजन के लिए अपर्याप्त है। यह भी हो जाता है कि वर्ष के मध्य में सरकार किसी नई सेवा पर, जिस पर पहले ध्यान नहीं दिया गया था, धन व्यय करना आवश्यक समझे। ऐसी दशा में सरकार लोक सभा के समक्ष **अनुपूरक या अतिरिक्त** मांगें लेकर आती है।

कभी कभी किसी आवश्यकता के कारण सरकार को उस रकम से अधिक खर्च करना पड़ता है जो लोक सभा ने अनुदत्त की है। ऐसी दशा में सरकार लोक सभा से **अधिक अनुदान** की मांग करती है।

इन सभी मामलों में उसी प्रक्रिया का अनुसरण किया जाता है जो वार्षिक अनुदान के मामलों में होता है।

अवधि।

11.95 जैसा ऊपर **पैरा 11.88** में कहा गया है भारत की संचित निधि से कोई धन, विनियोग अधिनियम के द्वारा ही निकाला जा सकता है।

यदि किसी कारणवश लोक सभा पहली अप्रैल के पहले विनियोग अधिनियम पारित नहीं करा पाती तो सरकार निधि में से कोई धन नहीं निकाल सकती। यह भी हो सकता है कि लोक सभा का फरवरी में विघटन हो गया हो और नई लोक सभा अप्रैल या मई तक समवेत न हो। ऐसी दशा में लोक सभा विघटन के पहले एक विधेयक पारित करती है। जिसमें नई लोक सभा और नई सरकार के गठन होने तक वित्तीय वर्ष के एक भाग के लिए व्यय की बाबत अग्रिम अनुदान दिया जाता है। इसको **लेखा अनुदान** पारित करना कहते हैं। यह **अग्रिम अनुदान** है।

यदि किसी सेवा के अति विशाल होने या अनिश्चित होने के कारण मांग निश्चित रूप में नहीं रखी जा सकती या ब्यौरे के साथ नहीं रखी जा सकती तो लोक सभा अप्रत्याशित मांग की पूर्ति के लिए अनुदान कर सकती है। इसे **प्रत्ययानुदान** कहते हैं।

संसद् की समितियां

संसद् की समितियां।

11.96 संसद् के लिए यह सुविधाजनक होता है कि गहराई से अध्ययन और सिफारिश करने के लिए कुछ समितियां गठित कर दी जाएं। विधेयकों के संबंध में यह विचार किया जा चुका है कि कोई सदन यह संकल्प पारित कर सकता है कि विधेयक को उसके सदस्यों की प्रवर समिति को या अन्य सदन की सहमति से दोनों सदनों की संयुक्त समिति को निर्दिष्ट किया जाए। किंतु कुछ अन्य प्रयोजन हैं जिनके लिए सदन की स्थाई समितियां हैं। लोक सभा में इस प्रकार की 33 समितियां हैं। इनमें

से कुछ समितियों में सदस्यों का निर्वाचन आनुपातिक प्रतिनिधित्व पद्धति से एकल संक्रमणीय मत द्वारा किया जाता है। जैसे लोक लेखा समिति और लोक उपक्रम समिति।

कुछ समितियों के सदस्य अध्यक्ष द्वारा नामनिर्दिष्ट किए जाते हैं, जैसे याचिका समिति और अधीनस्थ विधान समिति। लोक सभा के नियमों में निम्नलिखित समितियों के बारे में उपबंध हैं,—

1. कार्य मंत्रणा समिति 2. गैर सरकारी सदस्यों के विधेयकों तथा संकल्पों संबंधी समिति 3. सभा-पटल पर रखे गए पत्रों संबंधी समिति 4. याचिका समिति 5. लोक-लेखा समिति 6. प्राक्कलन समिति 7. सरकारी उपक्रमों संबंधी समिति 8. विशेषाधिकार समिति 9. अधीनस्थ विधान संबंधी समिति 10. सरकारी आश्वासनों संबंधी समिति 11. सभा की बैठकों से सदस्यों की अनुपस्थिति संबंधी समिति 12. नियम समिति 13. अनुसूचित जातियों तथा अनुसूचित जनजातियों के कल्याण संबंधी समिति 14. साधारण प्रयोजन समिति 15. आवास समिति 16. पुस्तकालय समिति।

1989 में लोक सभा के नियमों का संशोधन करके विभागों से संबद्ध स्थाई समितियां बनाई गईं। इस प्रकार की 17 समितियां गठित की गई हैं। वे भारत सरकार के सभी विभागों से जुड़ी हुई हैं। इन समितियों का प्रयोजन यह है कि सरकार के विभिन्न विभागों के कार्यकरण में संसद् के सदस्य अधिकाधिक भाग लें और मार्गदर्शन प्रदान करें। इससे सदस्यों को कार्यपालिका के कार्य करने के संबंध में अंतर्दृष्टि प्राप्त होती है और वे सरकार की समस्याओं को अधिक अच्छी प्रकार से समझ सकते हैं और उनके लिए हल सुझा सकते हैं।

अब हम लोक सभा की महत्त्वपूर्ण समितियों पर विचार करेंगे।

11.97 1. **लोक-लेखा समिति**—इस समिति के कृत्य सरकार के वार्षिक लेखाओं की और लोक सभा द्वारा अनुदत्त विभिन्न राशियों का विनियोग दिखाने वाले लेखाओं की जांच करना है।

कृत्य।

यह समिति विशेष रूप से भारत सरकार के विनियोग लेखाओं पर नियंत्रक महालेखा परीक्षक के प्रतिवेदन की समीक्षा करती है। समिति को अपना यह समाधान करना होता है कि जिस राशि का व्यय किया गया है वह उसी सेवा या प्रयोजन के लिए किया गया है जिसके लिए वह उपलब्ध थी या भारित थी। उसे यह भी देखना होता है कि व्यय प्राधिकार के अनुसार है और यदि कोई पुनर्विनियोग किया गया है तो वह सक्षम अधिकारी द्वारा किया गया था। समिति, सरकार के निगमों के लाभ हानि लेखाओं और तुलन पत्रों, को भी देख सकती है। समिति विभिन्न परियोजनाओं और संस्थाओं के लेखाओं को देखती है और ऐसे लेखाओं के बारे में नियंत्रक के प्रतिवेदन पर विचार करती है। समिति स्वायत्तशासी और अर्धस्वायत्तशासी निकायों के बारे में नियंत्रक के प्रतिवेदन का भी अवलोकन करती है।

11.98 समिति में 22 से अधिक सदस्य नहीं होते। इनमें से 15 सदस्य लोक सभा से होते हैं। सदस्यों का निर्वाचन आनुपातिक प्रतिनिधित्व पद्धति से एकल संक्रमणीय मत द्वारा होता है। समिति में राज्य सभा द्वारा नामनिर्दिष्ट 7 सदस्य सहयोजित किए जाते हैं। कोई भी मंत्री समिति का सदस्य निर्वाचित नहीं हो सकता। यदि कोई सदस्य समिति के लिए निर्वाचित होने के पश्चात् मंत्री बन जाता है तो वह मंत्री बनने की तारीख से समिति का सदस्य नहीं रहेगा।

गठन।

11.99 समिति के सदस्यों की अवधि 1 वर्ष से अधिक नहीं होती। पिछले कुछ वर्षों के दौरान यह अभिसमय विकसित हुआ है कि विपक्ष के किसी सदस्य को समिति का अध्यक्ष नियुक्त किया जाता है। साधारणतः अध्यक्ष को दूसरे वर्ष फिर से चुना जाता है। इस समिति का कार्य जनता की चर्चा का विषय तब बना जब बोफोर्स तोप के बारे में नियंत्रक महालेखापरीक्षक के प्रतिवेदन पर विचार हुआ। सन् 2011 में इस समिति ने 2 जी घोटाले पर विचार-विमर्श किया जिसमें एक मंत्री, ए. राजा संलिप्त था।

अवधि।

कृत्य।

11.100 2. **प्राक्कलन समिति**—तत्कालीन सरकार आर्थिक नीतियां बनाती है और नीतियों को क्रियान्वित करने के लिए संसद् के समक्ष मांग प्रस्तुत करती है। सरकार द्वारा प्रस्तावित व्यय की समीक्षा करने के लिए एक प्राक्कलन समिति गठित की जाती है। इसका गठन लोक सभा में बजट प्रस्तुत किए जाने के पश्चात् होता है। समिति में दल की भावना को छोड़कर अनौपचारिक वातावरण में काम किया जाता है। लोक सभा की यह समिति प्रकरणों की जांच करके निम्नलिखित के बारे में सुझाव देती है,—

क. किस प्रकार मितव्ययिता की जा सकती है और संगठन में दक्षता लाने के लिए कौन से सुधार या प्रशासनिक सुधार किए जा सकते हैं जो प्राक्कलनों से संबंधित नीति से संगत हों।

ख. प्रशासन में दक्षता और मितव्ययिता लाने के लिए वैकल्पिक नीतियों का सुझाव।

ग. यह जांच करना कि प्राक्कलन में जो नीति निर्धारित की गई है उसकी सीमाओं में रहते हुए धन ठीक से लगाया गया है।

घ. प्राक्कलन संसद् को किस रूप में प्रस्तुत किए जाएंगे।

समिति के कृत्यों में सरकारी उपक्रम सम्मिलित नहीं है क्योंकि सरकारी उपक्रमों के लिए एक पृथक् समिति है।

गठन।

11.101 समिति में 30 से अधिक सदस्य नहीं होंगे। सदस्यों का निर्वाचन आनुपातिक प्रतिनिधित्व पद्धति से एकल संक्रमणीय मत द्वारा किया जाता है। कोई मंत्री समिति का सदस्य निर्वाचित नहीं हो सकता यदि निर्वाचन के पश्चात् कोई सदस्य मंत्री नियुक्त हो जाता है तो वह समिति का सदस्य नहीं रहेगा।

अवधि।

11.102 सदस्य अधिक से अधिक एक वर्ष के लिए नियुक्त किए जा सकते हैं।

समिति के प्रतिवेदन पर सदन में बहस नहीं होगी। समिति वर्ष भर कार्य करती है और अपने विचार सदन के समक्ष रखती जाती है। सरकार की अनुदान की मांगें प्राक्कलन समिति के प्रतिवेदन की प्रतीक्षा नहीं करती। प्राक्कलन समिति उपयोगी सुझाव देती है और आगामी वित्तीय वर्ष में सरकार को बढ़ी-चढ़ी मांग करने से रोकती है।

कृत्य।

11.103 3. **लोक उपक्रम समिति**—इस समिति के कृत्य हैं,—

(क) लोक सभा के नियमों में विनिर्दिष्ट सरकारी उपक्रमों के प्रतिवेदन और लेखाओं की जांच करना, अर्थात्,—

(i) दामोदर घाटी निगम
(ii) औद्योगिक वित्त निगम
(iii) भारतीय आद्यौगिक विकास बैंक
(iv) इंडियन एयर लाइन्स
(v) एयर इंडिया
(vi) जीवन बीमा निगम
(vii) भारतीय खाद्य निगम, आदि

समिति ऐसी सरकारी कंपनी के लेखाओं की भी जांच करती है जिसके लेखा कंपनी अधिनियम के अधीन सदन के पटल पर रखे जाते हैं।

(ख) सरकारी उपक्रमों के संबंध में नियंत्रक महालेखापरीक्षक के प्रतिवेदनों की जांच करना।

(ग) यह देखना कि क्या सरकारी उपक्रम समुचित व्यापारिक सिद्धांतों और विवेकपूर्ण वाणिज्यिक प्रादर्शों के अनुरूप चल रहे हैं या नहीं।

(घ) ऐसे विषयों की जांच करना जो अध्यक्ष द्वारा समिति को निर्दिष्ट किए जाएं।

गठन।

11.104 समिति में 22 से अधिक सदस्य नहीं होते। इनमें से 15 लोक सभा द्वारा आनुपातिक प्रतिनिधित्व पद्धति के अनुसार एकल संक्रमणीय मत द्वारा निर्वाचित किए जाते हैं। राज्य सभा द्वारा नामनिर्दिष्ट 7 सदस्य समिति में सहयोजित किए जाते हैं।

अन्य समितियों के समान इस समिति में भी मंत्री सदस्य नहीं हो सकता। यदि कोई सदस्य मंत्री बन जाता है तो वह सदस्य नहीं रह जाता।

अवधि।

11.105 सदस्यता की अवधि 1 वर्ष से अधिक नहीं होती।

कृत्य।

11.106 4. **अनुसूचित जातियों तथा अनुसूचित जनजातियों के कल्याण संबंधी समिति**—इस समिति के कृत्य हैं,—

(क) अनुसूचित जातियों और अनुसूचित जनजातियों के आयुक्त द्वारा दिए गए प्रतिवेदन पर विचार।

(ख) समिति द्वारा प्रस्तावित उपायों पर संघ सरकार द्वारा की गई कार्रवाई।

(ग) अनुसूचित जातियों और जनजातियों के संघ के अधीन सेवाओं और पदों में प्रतिनिधित्व की परीक्षा और अनु. 35 के उपबंधों का पालन सुनिश्चित करना। संघ राज्य क्षेत्रों में अनुसूचित जातियों और जनजातियों के कल्याण संबंधी कार्यक्रमों का पुनर्विलोकन।

(घ) कोई अन्य विषय जिस पर विचार करना समिति ठीक समझे या जो अध्यक्ष द्वारा समिति को विशेष रूप से सौंपा जाए।

गठन।

11.107 इस समिति में 30 से अधिक सदस्य नहीं होते। 20 लोक सभा द्वारा आनुपातिक प्रतिनिधित्व पद्धति से एकल संक्रमणीय मत द्वारा निर्वाचित होते हैं। राज्य सभा द्वारा नामनिर्दिष्ट 10 सदस्य समिति में सहयोजित किए जाते हैं।

अन्य समितियों के समान मंत्री का सदस्य होना वर्जित है। यदि सदस्य के रूप में निर्वाचित व्यक्ति मंत्री बन जाता है तो वह सदस्य नहीं रहता।

अवधि।

11.108 सदस्यता की अवधि 1 वर्ष से अधिक नहीं हो सकती।

5. **विभागों से संबद्ध स्थायी समितियां**—विभागीय स्थायी समितियों की कुल संख्या 24 है। लोकसभा की 16 और राज्यसभा की 8। प्रत्येक समिति एक या अधिक विभागों का काम देखती है। रक्षा और रेल जैसे बड़े विभागों के लिए उनकी अपनी स्थायी समिति है। सामान्यतया एक समिति के अधीन दो या दो से अधिक विभाग हैं।

11.109 इस समिति के कृत्य हैं,—

कृत्य।

(क) संबंधित मंत्रालयों/विभागों की अनुदान की मांगों पर विचार करना और उनके संबंध में प्रतिवेदन करना। प्रतिवेदन में कटौती का सुझाव नहीं होगा।

(ख) संबंधित मंत्रालयों/विभागों से संबंधित ऐसे विधेयकों की जांच करना जो राज्य सभा के सभापति या लोक सभा अध्यक्ष द्वारा समिति को सौंपे जाएं।

(ग) मंत्रालयों/विभागों के वार्षिक प्रतिवेदनों पर विचार करना और उस पर प्रतिवेदन देना।

(घ) दोनों सदनों में प्रस्तुत राष्ट्रीय आधारभूत दीर्घावधि नीति दस्तावेजों पर विचार करना और उन पर प्रतिवेदन देना। (यदि ऐसे दस्तावेज सभापति या अध्यक्ष द्वारा निर्दिष्ट किए गए हों)

स्थाई समिति पर यह प्रतिबंध है कि वह दैनंदिन प्रशासन के मामलों पर विचार नहीं करेगी।

गठन।

11.110 प्रत्येक समिति में 45 से अधिक सदस्य नहीं होंगे। लोक सभा का अध्यक्ष सभा के सदस्यों में से 30 और राज्य सभा का अध्यक्ष सभा के सदस्यों में से 15 नामनिर्दिष्ट करेगा।

कोई व्यक्ति जो मंत्री है सदस्य के रूप में नामनिर्दिष्ट नहीं किया जाएगा या सदस्य नहीं रहेगा।

इन समितियों में से 8 के अध्यक्ष राज्य सभा के सभापति द्वारा नियुक्त किए जाते हैं। ये समितियां हैं: वाणिज्य, गृहकार्य, मानव संसाधन विकास, उद्योग, विज्ञान और प्रौद्योगिकी, परिवहन और पर्यटन स्वास्थ्य और परिवार कल्याण, कार्मिक, लोक शिकायत विधि और न्याय। शेष 16 समितियों के अध्यक्षों की नियुक्ति लोक सभा का अध्यक्ष करता है।

प्रक्रिया।

11.111 सदनों में बजट पर सामान्य चर्चा हो चुकने के पश्चात् सदन एक निश्चित अवधि के लिए स्थगित कर दिए जाते हैं। इस अवधि में समितियां संबंधित मंत्रालय की अनुदान की मांगों पर विचार करती हैं और विनिर्दिष्ट अवधि के भीतर अपना प्रतिवेदन देती हैं। प्रत्येक मंत्रालय के लिए एक पृथक् प्रतिवेदन दिया जाता है।

समिति केवल ऐसे ही विधेयकों की जांच करती है जो पुरःस्थापित हो गए हैं और जिन्हें सभापति या अध्यक्ष ने सौंपा है। समिति ऐसे विधेयकों के साधारण सिद्धांतों और खंडों पर विचार करती है और सभापति या अध्यक्ष द्वारा निहित अवधि के भीतर अपना प्रतिवेदन देती है।

प्रतिवेदन।

11.112 प्रतिवेदन सामान्य सहमति पर आधारित होंगे। सदस्य अपनी विसम्मति प्रकट कर सकते हैं। प्रतिवेदन दोनों सदनों के समक्ष प्रस्तुत किए जाएंगे। स्थायी समिति के प्रतिवेदन सिफारिश के रूप में होते हैं। सरकार उसका अनुसरण करने के लिए बाध्य नहीं है।

स्थायी समितियों का महत्त्व।

11.113 ये समितियां कार्यपालिका के कार्यकरण में सदस्यों की विवेकयुक्त सहभागिता सुनिश्चित करती हैं। सदस्य विभाग के निकट आते हैं। उसकी समस्याओं को समझते हैं कठिनाइयों को देखते हैं और इन सबका ध्यान रखते हुए अपने सुझाव देते हैं। इन समितियों से संसद् का नियंत्रण भी बढ़ता है। समिति मांग की गहराई से परीक्षा करके ब्यौरेवार विचार कर सकती है। वे मंत्रालय के वार्षिक प्रतिवेदन की बेहतर परीक्षा कर सकते हैं। मंत्रालय का बेहतर मूल्यांकन कर सकते हैं। साथ ही यह सुनिश्चित किया जाता है कि प्रतिवेदन उसके लिए तय समय के भीतर प्रस्तुत किए जाएं और विभाग के दैनंदिन प्रशासन में हस्तक्षेप न हो। इस प्रकार प्रत्येक मंत्रालय की मांगों पर समिति विचार विमर्श करती है।

इस पद्धति के अंगीकार किए जाने के पहले लोक सभा में केवल तीन या चार मंत्रालयों की मांगों पर ही विचार विमर्श हो पाता था। शेष विभागों की मांगों पर बहस काट दी जाती थी।

राज्य सभा की समितियां।

11.114 विभागों से संबद्ध स्थायी समितियों के अतिरिक्त जिनमें लोक सभा और राज्य सभा सहभागी हैं, राज्य सभा की कुछ अपनी पृथक् समितियां भी हैं। वे हैं,—

1. अधीनस्थ विधान समिति

2. सरकारी आश्वासन समिति
3. सभा पटल पर रखे गए पत्रों संबंधी समिति
4. नियम समिति
5. आवास समिति
6. साधारण प्रयोजन समिति

कृत्य।

11.115 6. **अधीनस्थ विधान समिति**—यह समिति संविधान या संसद् द्वारा किसी अधीनस्थ प्राधिकारी को प्रत्यायोजित विधायी कृत्यों के अनुसरण में बनाए गए प्रत्येक नियम, विनियम, उपविधि आदि का जिसको संसद् के समक्ष रखे जाने की अपेक्षा है, समीक्षा करती है।

गठन।

11.116 समिति में 15 से अधिक सदस्य नहीं होते। सभी सदस्य सभापति द्वारा नामनिर्दिष्ट होते हैं। आकस्मिक रिक्तियां सभापति द्वारा भरी जाती हैं। गणपूर्ति के लिए 5 सदस्य होने चाहिए।

अवधि।

11.117 यह समिति तब तक कार्य करती है जब तक कि नई समिति का गठन न हो।

प्रतिवेदन।

11.118 समिति समय समय पर अपने प्रतिवेदन प्रस्तुत करती है। यदि समिति की यह राय है कि किसी नियम, विनियम आदि को अकृत (निरसित) किया जाना चाहिए या उपांतरित या संशोधित किया जाना चाहिए तो वह अपनी राय और उसके आधार राज्य सभा को प्रस्तुत करेगी।

समिति को अपनी प्रक्रिया अवधारित करने का प्राधिकार है।

प्रस्ताव और संकल्प

प्रस्ताव।

11.119 प्रस्ताव संसदीय प्रक्रिया की एक युक्ति है जिससे संसद् का कोई कृत्य किया जाता है। सादे शब्दों में प्रस्ताव संसद् को चलायमान करता है या चालना देता है। साधारणतः प्रत्येक प्रस्ताव में किसी कार्य की दिशा विचार के रूप में सदन के समक्ष रखी जाती है।

संकल्प।

11.120 संकल्प एक प्रस्ताव है जो स्वयं पूर्ण होता है। अर्थात् इसमें एक समग्र विचार होता है। संकल्प में साधारणतया कोई विचार या मत या राय प्रकट की जाती है और वह अनुनय के रूप में होता है (आदेश नहीं) या उद्देश्य की प्रकृति का होता है। विधेयक के अधिनियमन खंड की शब्दावली **संसद् द्वारा यह अधिनियमित हो,** संकल्प के रूप में होती है। जब यह खंड पारित होता है तो विधेयक अधिनियम का लक्षण प्राप्त कर लेता है।

कुछ महत्त्वपूर्ण प्रस्ताव।

11.121 **(क) लोक हित के किसी विषय पर चर्चा**—यह लोक सभा के नियम 124 के अधीन होती है।

(ख) अविश्वास का प्रस्ताव

मंत्रि-परिषद् में अविश्वास का प्रस्ताव लोक सभा के नियम 198 के अधीन आता है।

अनुच्छेद 75 में यह उल्लेख है कि मंत्रि-परिषद् लोक सभा के प्रति सामूहिक रूप से उत्तरदायी होगी इसलिए अविश्वास का प्रस्ताव केवल लोक सभा में ही पुरःस्थापित किया जा सकता है।

इस प्रस्ताव की प्रकृति ही ऐसी है कि कोई विपक्ष का सदस्य ही यह प्रस्ताव ला सकता है। जब यह प्रस्ताव सदन के समक्ष आ जाता है तो सदस्य सरकार के कार्यकरण के प्रत्येक पहलू पर विस्तार से चर्चा कर सकते हैं। इस प्रस्ताव को जो समय आबंटित किया जाता है वह अन्य प्रस्तावों की तुलना में बहुत लंबा होता है। यह समय एक दिन या एक सप्ताह भी हो सकता है। यह सदन की सहमति पर आधारित होगा। अविश्वास के प्रस्ताव को सदन के समक्ष लंबित सभी कार्यों के ऊपर पूर्विकता दी जाती है। यदि सदन अविश्वास का प्रस्ताव पारित कर देता है तो प्रधान मंत्री को अनिवार्यतः त्याग-पत्र देना होगा।

(ग) विश्वास प्रस्ताव

लोक सभा के प्रक्रिया संबंधी नियमों में विश्वास प्रस्ताव के बारे में कोई विनिर्दिष्ट उपबंध नहीं है। इंग्लैंड की संसदीय प्रणाली में इस प्रकार के किसी प्रस्ताव का उल्लेख नहीं मिलता। विश्वास का प्रस्ताव सत्ताधारी दल लाता है जिससे वह दिखा सके कि उसे सदन के बहुमत का समर्थन है। इस नए प्रकार के प्रस्ताव की आवश्यकता इसलिए हुई कि संसदीय प्रणाली में राष्ट्रपति को ऐसे दल या समूह के नेता को मंत्रि-परिषद बनाने के लिए आमंत्रित करना होता है जिसके पीछे लोक सभा में बहुमत हो। इस संदर्भ में बहुमत का अर्थ है लोक सभा में कुल स्थानों में बहुमत। उपस्थित और मतदान करने वाले सदस्यों का सादा बहुमत नहीं। विश्वास प्रस्ताव का पहला अवसर तब आया जब 1979 में राष्ट्रपति ने प्रधान मंत्री चरण सिंह को यह निदेश दिया कि वह लोक सभा का विश्वास प्राप्त करे। प्रस्ताव पर विचार होने के पहले ही श्री चरण सिंह ने त्याग-पत्र दे दिया क्योंकि वह पर्याप्त समर्थन प्राप्त करने में असमर्थ थे। 10वीं लोक सभा में प्रधान मंत्री पी.वी. नरसिम्ह राव को राष्ट्रपति ने लोक सभा में अपना बहुमत प्रदर्शित करने को कहा। नरसिम्ह राव विश्वास का प्रस्ताव इसलिए पारित करा सके कि कुछ दलों ने मतदान में भाग नहीं लिया। नरसिम्ह राव यह साबित नहीं कर सके कि उन्हें सदन की कुल सदस्य संख्या के बहुमत का समर्थन था। किंतु उन्हें प्रधान मंत्री के रूप में बने रहने दिया गया और उन्होंने पूरी अवधि तक वह पद धारण किया। श्री विश्वनाथ प्रताप सिंह (1990) और श्री देवेगौड़ा (1997) के नेतृत्व की सरकार को त्याग-पत्र देना पड़ा क्योंकि वह अपने पक्ष में विश्वास का प्रस्ताव पारित नहीं करा सके।

(घ) स्थगन प्रस्ताव

जब कोई लोक महत्व का आवश्यक प्रश्न प्रस्तुत होता है तो कोई सदस्य यह प्रस्थापना कर सकता है कि उस विषय पर विचार करने के लिए सदन का कार्य स्थगित किया जाए। यह प्रस्ताव अध्यक्ष की अनुमति से प्रस्तावित किया जा सकता है। साधारणतया ऐसे प्रस्ताव पर विचार अपराह्न 4 बजे किया जाता है।

बजट के बारे में प्रस्ताव।

11.122 बजट के संबंध में सदस्यों द्वारा सर्वाधिक प्रयोग किए जाने वाले और सुज्ञात प्रस्ताव तीन हैं।

अनुदान की मांगों पर लोक सभा में ही विचार होता है और लोक सभा ही उन्हें पारित कर सकती है। इसलिए यह प्रस्ताव लोक सभा में ही किए जा सकते हैं।

1. नीति अनुमोदन कटौती

सदस्य यह प्रस्ताव करता है कि मांग की राशि में से एक रुपया घटा दिया जाए। वास्तव में जो सदस्य यह प्रस्ताव करता है वह मांग के पीछे जो नीति है उस पर विस्तार से विचार करना चाहता है और आनुकल्पिक नीति का सुझाव देता है।

2. मितव्ययिता कटौती

इस प्रस्ताव में मांग की रकम में कटौती अधिक होती है जो राशि घटाई जानी है उसका स्पष्ट रूप से कथन किया जाता है और इसका उद्देश्य व्यय में मितव्ययिता लाना होता है।

3. सांकेतिक कटौती

इस प्रस्ताव में मांग की राशि में से ₹100 की कमी करने का प्रस्ताव होता है। इस प्रस्ताव का उद्देश्य ऐसी विशिष्ट शिकायत को प्रकट करना होता है जो सरकार के उत्तरदायित्व के क्षेत्र में हो।

गैर सरकारी सदस्यों के संकल्प (प्राइवेट सदस्यों के संकल्प)

प्राइवेट सदस्यों के संकल्प।

11.123 कोई भी संकल्प किसी मंत्री द्वारा या सदस्य द्वारा प्रस्तावित किया जा सकता है। गैर सरकारी सदस्यों के संकल्पों के लिए एक शुक्रवार छोड़कर दूसरा शुक्रवार आरक्षित रखा जाता है। सामान्यतया एक शुक्रवार को गैर सरकारी सदस्यों के विधेयकों को समय दिया जाता है और दूसरे शुक्रवार को संकल्पों को। शुक्रवार को अंतिम ढाई घंटे प्राइवेट सदस्यों के काम के लिए समर्पित होते हैं। संकल्प का चयन शलाका द्वारा किया जाता है।

लोक सभा अध्यक्ष को हटाने का संकल्प।

11.124 लोक सभा के नियम 200 के अधीन अध्यक्ष या उपाध्यक्ष को हटाने के लिए संकल्प लाया जा सकता है।

राज्य सभा में महत्त्वपूर्ण संकल्प।

11.125 राज्य सभा में पारित किए जाने वाले संकल्पों के प्रमुख वर्ग हैं,—

1. लोक महत्त्व के विषय पर विचार के लिए संकल्प।
2. ध्यानाकर्षण प्रस्ताव।

संसद् में प्रयोग की जाने वाली भाषा।

11.126 अनुच्छेद 120 में यह अधिकथित है कि संसद् में कार्य हिंदी या अंग्रेजी में किया जाएगा। उप-अनु. (2) में यह भी अधिनियमित किया गया था जब तक **संसद् विधि द्वारा अन्यथा उपबंध न करे** तब तक इस संविधान के प्रारंभ से पंद्रह वर्ष की अवधि की समाप्ति के पश्चात् यह अनुच्छेद ऐसे प्रभावी होगा मानो "या अंग्रेजी में" शब्दों का उसमें से लोप कर दिया गया हो। यह समझा गया था कि 15 वर्ष के पश्चात् केवल हिंदी का प्रयोग किया जाएगा किंतु संसद् ने राजभाषा अधिनियम, 1963 अधिनियमित करके हिंदी के साथ-साथ अंग्रेजी का प्रयोग जारी रखा है।

इस अनुच्छेद में पीठासीन अधिकारी को यह प्राधिकार दिया गया है कि वह ऐसे सदस्य को जो हिंदी या अंग्रेजी में अपने आप को पर्याप्त रूप से अभिव्यक्त नहीं कर सकता है अपनी मातृभाषा में सदन को संबोधित करने की अनुमति दे।

वस्तुतः सदनों ने तत्काल भाषांतर के प्रबंध कर लिए हैं। यदि कोई सदस्य हिंदी या अंग्रेजी में बोलता है तो उसके भाषण का उसी समय दूसरी भाषा में रूपांतर हो जाता है। यदि कोई सदस्य हिंदी से भिन्न किसी भारतीय भाषा में बोलना चाहता है तो उसे सभापति या अध्यक्ष को पूर्व सूचना देनी होती है। सदन में भाषण की भाषा से हिंदी और अंग्रेजी में अनुवाद की व्यवस्था कर दी जाती है। ऐसी व्यवस्था दोनों सदनों में संविधान की आठवीं सूची में अंतर्विष्ट लगभग सभी भारतीय भाषाओं के लिए उपलब्ध है।

राज्य सभा की उपयोगिता।

11.127 हम इस बात पर पहले विचार कर चुके हैं कि राज्य सभा एक स्थायी सदन है। उसे कुछ विशेष कृत्य सौंपे गए हैं जैसे अनु. 249 (राज्य सूची के विषय पर विधान बनाना) और अनु. 312 (अखिल भारतीय सेवाएं)।

धन विधेयकों के विषय में राज्य सभा की शक्तियां सीमित हैं। अविश्वास प्रस्ताव राज्य सभा में न तो लाया जा सकता है और न पारित किया जा सकता है। सामान्य विधेयकों की दशा में गतिरोध समाप्त करने के लिए जब संयुक्त बैठक होती है तो राज्य सभा की स्थिति कुछ दुर्बल हो जाती है क्योंकि लोक सभा की तुलना में उसके सदस्यों की संख्या कम है। यद्यपि लोक सभा की तुलना में राज्य सभा की शक्तियां कम हैं किंतु राज्य सभा को बनाए रखने के समर्थन में कुछ कारण हैं जिन्हें संक्षेप में इस प्रकार रखा जा सकता है,—

1. परिसंघ विधान में दूसरा सदन आवश्यक समझा जाता है।

2. वरिष्ठ राजनीतिज्ञ और ऐसे व्यक्ति जिन्हें किसी विशिष्ट क्षेत्र का ज्ञान या अनुभव है अप्रत्यक्ष निर्वाचन से राज्य सभा में प्रवेश पा सकते हैं। लोक सभा के लिए प्रत्यक्ष निर्वाचन में जनता का समर्थन प्राप्त करना प्रत्येक के लिए संभव नहीं है।

3. कभी-कभी प्रतिनिधि सदन जो प्रत्यक्ष निर्वाचन से बनता है अपने मतदाताओं को लुभाने के लिए कुछ लोक लुभावने कार्य करना चाहता है। ऐसी दशा में राज्य सभा उस पर अंकुश लगाती है और उसमें विलंब करती है।

अध्याय 12

राज्य की कार्यपालिका

12.1 हमारे संविधान में संघ की सरकार के साथ साथ सभी राज्यों की सरकारों के बारे में उपबंध है (राज्यों की कुल संख्या 28 है)। जम्मू-कश्मीर राज्य को अपना संविधान बनाने की अनुमति दी गई थी। किंतु 5 अगस्त 2019 से उस संविधान का अधिक्रमण कर दिया गया है। जम्मू-कश्मीर को संघ राज्य क्षेत्र बना दिया गया है। अब वह राज्य नहीं है।

भाग 6 पर एक विहंगम दृष्टि।

संविधान के भाग 6 में सभी 28 राज्यों के लिए एक सी संरचना है। अंतर बहुत अल्प है। 5 राज्यों में विधान-मंडल में दो सदन हैं (बिहार, उत्तर प्रदेश, महाराष्ट्र, आंध्र प्रदेश और कर्नाटक)। शेष राज्यों में केवल एक सदन है। इसलिए यह कहा जा सकता है कि साधारणतः राज्यों का विधान-मंडल एक सदन वाला है। तमिलनाडु, पश्चिमी बंगाल, और पंजाब ने अपनी अपनी विधान परिषद् का उत्सादन कर दिया। (देखिए आगे **पैरा 13.1**) कुछ राज्यों में राज्यपाल को विशेष उत्तरदायित्व सौंपे गए हैं।

राज्यपाल

12.2 सभी राज्यों में कार्यपालिका का अध्यक्ष राज्यपाल है। साधारणतः प्रत्येक राज्य में एक राज्यपाल होता है किंतु अनु. 153 के परंतुक के अधीन एक ही व्यक्ति को दो या अधिक राज्यों का राज्यपाल नियुक्त किया जा सकता है। राज्य की कार्यपालिका शक्ति राज्यपाल में निहित होती है। राज्य की कार्यपालिका के सभी काम राज्यपाल के नाम से किए जाते हैं। राज्यपाल, कार्यपालिका शक्ति का प्रयोग या तो स्वयं या अपने अधीनस्थ अधिकारियों के माध्यम से करता है।

राज्यपाल।

12.3 राज्यपाल निर्वाचित नहीं होता। केंद्र में कार्यपालिका का अध्यक्ष राष्ट्रपति होता है और वह निर्वाचित होता है। राज्यपाल की नियुक्ति राष्ट्रपति द्वारा की जाती है (अनु. 155)। वह राष्ट्रपति के प्रसादपर्यंत पद धारण करता है। एक प्रकार से वह केंद्रीय सरकार का नामनिर्देशिती होता है। किंतु राज्यपाल का पद भारत सरकार के अधीन नियोजन नहीं है।[1] कोई व्यक्ति जो राज्य लोक सेवा आयोग का सदस्य रहा हो राज्यपाल के रूप में नियुक्त किया जा सकता है क्योंकि यह पद ऐसा पद नहीं है जिसके धारण करने का प्रतिषेध अनु. 319(घ) में किया गया है। यह एक स्वतंत्र सांविधानिक पद है जो न तो संघ सरकार के नियंत्रण में है और न उसके अधीनस्थ है।[1]

नियुक्ति।

संविधान में राज्यपाल की नियुक्ति के लिए केवल दो अर्हताएं विहित की गई हैं। वह भारत का नागरिक होना चाहिए और 35 वर्ष की आयु पूरी कर चुका होना चाहिए (अनु. 157)। वह कोई लाभ का पद धारण नहीं करेगा। संघ या राज्य के विधान-मंडल का सदस्य नहीं होगा। किंतु यदि किसी विधान-मंडल का सदस्य राज्यपाल नियुक्त किया जाता है तो यह समझा जाता

---

1. *हरगोविंद पंत* बनाम *रघुकुल तिलक,* ए.आइ.आर. 1979 एस.सी. 1109।

है कि उसने राज्यपाल के रूप में पद ग्रहण करने की तारीख से उस सदन में अपना स्थान रिक्त कर दिया है। राज्यपाल ऐसी उपलब्धियां, भत्ते आदि का हकदार है जो विधि द्वारा विहित की जाएं।[2] ऐसी उपलब्धियां उसकी पदावधि के दौरान कम नहीं की जा सकतीं।

12.4 राज्यपाल अपने पद ग्रहण की तारीख से 5 वर्ष की अवधि के लिए पद धारण करता है किंतु उसकी नियुक्ति अवधि के पहले ही समाप्त की जा सकती है क्योंकि वह राष्ट्रपति के प्रसादपर्यंत पद धारण करता है। अनुच्छेद 311 के अधीन सरकारी सेवक को जो रक्षोपाय और सुरक्षा मिलती है वह राज्यपाल को नहीं मिलती। 1989 में संघ सरकार ने सभी राज्यपालों से यह अनुरोध किया था कि वह अपना त्यागपत्र दे दें क्योंकि सरकार उन पदों पर अपनी रुचि के लोगों को नियुक्त करना चाहती थी। अंत में कुछ राज्यपालों के स्थान पर नए राज्यपाल नियुक्त किए गए और कुछ बने रहे। राज्यपाल को राष्ट्रपति के आदेश द्वारा हटाया जा सकता है। राष्ट्रपति एक राज्य में नियुक्त राज्यपाल को दूसरे राज्य में स्थानांतरित कर सकता है जहां वह शेष अवधि तक कार्य करेगा। जिस राज्यपाल की पदावधि समाप्त हो गई है उसे उसी राज्य में या किसी अन्य राज्य में नियुक्त किया जा सकता है। एक से अधिक बार राज्यपाल नियुक्त किए जाने के बारे में कोई प्रतिबंध नहीं है।

पदावधि।

राज्यपाल राष्ट्रपति को संबोधित अपने हस्ताक्षर सहित लेख द्वारा पद त्याग सकता है।

12.5 राष्ट्रपति को यह शक्ति दी गई है कि वह ऐसी आकस्मिकता में जो संविधान में उपबंधित नहीं है राज्यपाल के कृत्यों के निर्वहन के लिए व्यवस्था कर सकेगा (अनु. 160)। इस शक्ति के अधीन राष्ट्रपति राज्यपाल को दो राज्यों का प्रभारी बना देता है। कुछ राज्यों में राज्य के उच्च न्यायालय के मुख्य न्यायमूर्ति को कार्यकारी राज्यपाल बनाया गया था।

कृत्यों के निर्वहन के लिए व्यवस्था।

12.6 साधारणतः परिसंघ संविधानों में घटक राज्यों का अध्यक्ष निर्वाचित होता है। अमरीका और आस्ट्रेलिया में ऐसा ही है। कनाडा में राज्यपाल संघ सरकार द्वारा नियुक्त किया जाता है। संविधान सभा ने यह निर्णय लिया कि राज्यपाल का निर्वाचन नहीं होगा उसे नियुक्त किया जाएगा। इसके निम्नलिखित कारण थे,—

क्या राज्यपाल का निर्वाचन होना चाहिए?

1. राज्यपाल के निर्वाचन के मुद्दे बिल्कुल व्यक्तिगत होंगे। मतदाताओं की संख्या बहुत अधिक होगी। इसमें जो कष्ट और व्यय होगा उसकी तुलना में फायदा कुछ नहीं होगा।

2. जो राज्यपाल प्रत्यक्ष रूप से निर्वाचित होकर आएगा उसका मुख्य मंत्री से मतभेद और संघर्ष होने की संभावना अधिक होगी। स्थिति ऐसी होनी चाहिए कि संघर्ष न हो।

3. जनता द्वारा प्रत्यक्ष रूप से निर्वाचित राज्यपाल यह चाहेगा कि वह मुख्य मंत्री बने जिससे वास्तविक शक्ति उसके पास रहे। यदि वह मुख्य मंत्री बन जाता है तो राज्यपाल का पद खाली हो जाएगा। मुख्य मंत्री चाहेगा कि उसका नामनिर्देशिती राज्यपाल बने। यह स्थिति वांछनीय नहीं होगी।

4. निर्वाचित राज्यपाल तटस्थ व्यक्ति नहीं होगा। वह किसी भी बात पर राजनीति के क्षेत्र में कूदने को तैयार होगा और मुख्य मंत्री के कामों में कठिनाइयां उत्पन्न करेगा।

5. नामनिर्देशित राज्यपाल सामान्यतः दूसरे राज्य से होगा। इससे विलगाव की वृत्तियों पर अंकुश लगेगा। संघ का राज्यों के ऊपर नियंत्रण बना रहेगा।

---

2. संसद् ने राज्यपाल (उपलब्धियां, भत्ते, और विशेषाधिकार) अधिनियम, 1982 पारित किया गया है। राज्यपाल 1-1-2006 से ₹ 1,10,000 मासिक वेतन पाने का हकदार है।

12.7 जब तक एक ही दल की केंद्र और राज्य में सरकारें थीं तब तक राज्यपाल के काम समारोहों से ही संबंधित रहे। जब केंद्र और राज्य में भिन्न दलों की सरकारें होती हैं और विशेष रूप से राज्यों में स्पष्ट बहुमत नहीं होता है तब राज्यपाल की भूमिका महत्त्व की हो जाती है। कुछ राज्यपालों ने पक्षपातपूर्ण ढंग से कार्य किया है मानो वह संघ सरकार के अभिकर्ता हों। इसका आरंभ 1952 में हुआ जब तत्कालीन मद्रास के राज्यपाल श्रीप्रकाश ने चक्रवर्ती राजगोपालाचारी को सरकार बनाने के लिए निमंत्रण दिया। यद्यपि विधान सभा में कांग्रेस को स्पष्ट बहुमत नहीं था। 1959 में केरल में ई.एम.एस. नंबूद्रीपाद के नेतृत्व वाली साम्यवादी सरकार को राज्यपाल की रिपोर्ट के आधार पर बर्खास्त कर दिया गया। इस मंत्रि-परिषद् को विधान सभा में बहुमत का समर्थन था। इस कार्य को उचित ठहराते हुए यह कहा गया कि सरकार ने जनता का विश्वास खो दिया है। यह आधार तथ्यों से परे और विधिविरुद्ध था। नंबूद्रीपाद मंत्रिमंडल के विरुद्ध आंदोलन कांग्रेस ने चलाया था। उस समय कांग्रेस की अध्यक्ष श्रीमती इंदिरा गांधी थीं और आंदोलन का सूत्रचालन प्रधान मंत्री के निवास से हो रहा था। यह तथ्य महत्त्वपूर्ण है।

राज्यपाल की भूमिका।

आंध्र प्रदेश के राज्यपाल रामलाल ने नंतारा रामाराव के मंत्रिमंडल को यह कहकर बर्खास्त कर दिया कि मंत्रिमंडल ने विधान सभा का विश्वास खो दिया है। कुछ ही दिनों बाद विधान सभा ने मंत्रिमंडल में विश्वास का प्रस्ताव पारित कर दिया। गोवा में राज्यपाल ने डिसूजा मंत्रिमंडल को बर्खास्त करके रवि नाइक को मुख्य मंत्री बनाया। इस कार्य का कोई औचित्य नहीं था। 1998 में उत्तर प्रदेश में राज्यपाल रमेश भंडारी ने मंत्रिमंडल को बर्खास्त करके एक दूसरे मंत्रिमंडल को शपथ दिला दी। उच्चतम न्यायालय को यह निदेश देना पड़ा[3] कि विधान सभा का विशेष सत्र बुलाया जाए जिसमें एक मात्र कार्यसूची मुख्य मंत्री पद के दावेदारों के समर्थकों की संख्या पता करना होगा। विधान सभा में मतदान का परिणाम बर्खास्त किए गए मुख्य मंत्री कल्याण सिंह के पक्ष में रहा। निर्वाचन आयोग को मध्य प्रदेश में सतना विधान सभा के निर्वाचन को मुल्तवी करना पड़ा क्योंकि हिमाचल प्रदेश के राज्यपाल गुलशेर अहमद उस विधान सभा क्षेत्र में अपने पुत्र के लिए समर्थन जुटाने के लिए सक्रिय होकर काम कर रहे थे। फलस्वरूप राज्यपाल को त्यागपत्र देना पड़ा।

2005 में झारखंड के राज्यपाल (श्री सिब्ते रजी) ने घोर अलोकतांत्रिक रीति से व्यवहार किया। उनकी भूल को उच्चतम न्यायालय ने तुरंत सुधारा[4] और तात्कालिक अध्यक्ष को यह निदेश दिया कि वह सदन में शक्ति परीक्षा कराएं और ईमानदारी तथा सच्चाई से परिणाम की घोषणा करें। सदन में मतदान से यह साबित हो गया कि राज्यपाल गलत थे। उन्हें कुछ समाचार पत्रों ने "सुपारी हत्यारा" तक कह डाला। इसी वर्ष गोवा के राज्यपाल (श्री एस.सी. जमीर) ने पक्षपात किया। राज्यपाल ने भारतीय जनता पार्टी की सरकार इस आधार पर बर्खास्त कर दी कि विधान सभा के अध्यक्ष का निर्णय गलत था। राज्यपाल को अध्यक्ष के निर्णय की वैधता या औचित्य पर विचार करने का कोई प्राधिकार नहीं है। इस पुस्तक के तीसरे संस्करण में लेखक ने यह कहा था कि बिहार के राज्यपाल का आचरण बोम्मई[5] और सरकारिया आयोग के प्रतिवेदन (देखिए पैरा 12.16) के विपरीत था। यह दृष्टिकोण उचित था। यह उच्चतम न्यायालय के निर्णय[6] से स्पष्ट हो गया। उच्चतम न्यायालय ने *रामेश्वर प्रसाद*[6] में यह अभिनिर्धारित किया कि राज्यपाल बहुमत के दावे को नकार कर सरकार बनाने से इस आधार पर इंकार नहीं कर सकता कि उसकी व्यक्तिगत राय या अनुमान के अनुसार बहुमत अवैध या अनैतिक साधनों से जोड़ तोड़कर जुटाया गया है। राज्यपाल को ऐसी कोई शक्ति प्राप्त नहीं है।

---

3. *जगदंबिका पाल* बनाम *भारत संघ,* ए.आइ.आर. 1998 एस.सी. 998।
4. *अनिल कुमार झा* बनाम *भारत संघ* (2005) 3 एस.सी.सी. 150।
5. *एस.आर. बोम्मई* बनाम *भारत संघ* (1994) 3 एस.सी.सी. 1।
6. *रामेश्वर प्रसाद* (6) बनाम *भारत संघ* (2006) 2 एस.सी.सी. 1।

राज्यपाल को तटस्थता बनाए रखने के लिए यह श्रेयस्कर होगा कि ऐसे व्यक्तियों को ही नियुक्त किया जाए जो निकट भूत में सक्रिय राजनीति में नहीं थे या जिनका सक्रिय राजनीति में आने का कोई इरादा नहीं है।

राज्य के बाहर से किसी व्यक्ति को नियुक्त करने की परंपरा से देश की एकता और अखंडता को लाभ पहुंचा है। स्थानीय राज्यपाल से राष्ट्रीय एकता को बल नहीं मिलेगा।

राज्यपाल की शक्तियां

राज्यपाल और राष्ट्रपति की शक्तियों की तुलना।

12.8 राष्ट्रपति और राज्यपाल दोनों कार्यपालिका के अध्यक्ष हैं इसलिए उनकी शक्तियां सदृश्य हैं। संघ की कार्यपालिका शक्ति का विस्तार अधिक है। उसकी तुलना में राज्यपाल की शक्ति सीमित है। राष्ट्रपति के पास कार्यपालिका, विधायी, वित्तीय और अन्य शक्तियों के अतिरिक्त राजनयिक और सैन्य शक्तियां भी हैं। राज्यपाल को राजनयिक और सैन्य शक्ति नहीं है। संघ और राज्य के बीच कार्य विभाजन को देखते हुए राज्यपाल में यह शक्तियां नहीं हो सकतीं।

कार्यपालिका।

12.9 राज्य की कार्यपालिका शक्ति राज्यपाल में निहित होती है। वह उसका प्रयोग स्वयं या अपने अधीनस्थ कर्मचारियों के माध्यम से करता है। यह अभिनिर्धारित हुआ है कि मंत्री राज्यपाल के अधीनस्थ अधिकारी है।[7] राज्य की कार्यपालिका शक्ति का विस्तार उन सभी विषयों की बाबत है जिन पर राज्य के विधान-मंडल को विधि बनाने की शक्ति है। कार्यपालिका का सभी काम राज्यपाल के नाम से किया जाता है। सभी आदेश, विलेख आदि ऐसी रीति से अधिप्रमाणित किए जाते हैं जैसे राज्यपाल द्वारा बनाए गए नियमों में विनिर्दिष्ट किए जाएं। राज्यपाल मंत्रि-परिषद् की नियुक्ति करता है वही महा अधिवक्ता और लोक सेवा आयोग के अध्यक्ष और सदस्य नियुक्त करता है। राज्यपाल मुख्य मंत्री नियुक्त करता है और अन्य मंत्री मुख्य मंत्री की सलाह पर राज्यपाल द्वारा नियुक्त किए जाते हैं। यदि राज्यपाल की यह राय है कि आंग्ल भारतीय समुदाय का प्रतिनिधित्व विधान सभा में होना चाहिए तो वह उस समुदाय के एक व्यक्ति को नामनिर्दिष्ट कर सकता है।

राज्यपाल को राज्य के उच्च न्यायालय के न्यायाधीश नियुक्त करने की शक्ति नहीं है किंतु अनु. 127 में यह उपबंध है कि न्यायाधीश की नियुक्ति के पहले राष्ट्रपति राज्यपाल से परामर्श करेगा। राज्यपाल को राज्य की विधान परिषद् के 1/12 सदस्य नामनिर्दिष्ट करने की शक्ति है। जो व्यक्ति नामनिर्दिष्ट किए जाते हैं उन्हें साहित्य, विज्ञान और कला आदि के क्षेत्र में विशेष ज्ञान और अनुभव होना चाहिए। उच्चतम न्यायालय ने *शमशेर सिंह*[8] में यह अभिनिर्धारित किया कि राज्यपाल सांविधानिक अध्यक्ष है। वह मंत्रि-परिषद् की सलाह और सहायता से अपनी शक्तियों का प्रयोग करता है। राज्यपाल कोई कार्य अपने विवेकानुसार तभी करता है जब संविधान में ऐसी अपेक्षा हो। जब संविधान में राज्यपाल के समाधान की अपेक्षा होती है तो यह राज्यपाल का व्यक्तिगत समाधान नहीं होता, वह मंत्रि-परिषद् का समाधान होता है।

विधायी और अध्यादेश जारी करने की शक्तियां।

12.10 राज्यपाल विधान-मंडल का अंग होता है (अनु. 168)। राज्यपाल को यह अधिकार है कि वह विधान-मंडल में अभिभाषण दे और उसे संदेश भेजे। राज्यपाल समय समय पर विधान सभा को आहूत करता है, उसका सत्रावसान करता है या उसे विघटित करता है। राज्यपाल को यह शक्ति है कि वह विधान-मंडल के समक्ष वार्षिक वित्तीय विवरण (बजट) रखवाए। राज्यपाल की सिफारिश के बिना विधान-मंडल के समक्ष अनुदान के लिए कोई मांग नहीं की जा सकती। राज्यपाल राष्ट्रपति की अनुमति के लिए विधेयक आरक्षित करता है।

---

7. *सम्राट* बनाम *शिबनाथ बनर्जी,* ए.आइ.आर. 1942 पी.सी. 102।
8. *शमशेर सिंह* बनाम *पंजाब राज्य,* ए.आइ.आर. 1974 एस.सी. 2193।

विधान-मंडल के विश्रांति के समय राज्यपाल की अध्यादेश प्रख्यापित करने की शक्ति (अनु. 213) राष्ट्रपति को प्रदत्त (अनु. 123) शक्ति के समान है। (देखिए **पैरा 10.30**)

न्यायिक शक्ति या क्षमादान की शक्ति।

12.11 अनुच्छेद 161 राज्यपाल को जिस विषय पर उस राज्य की कार्यपालिका शक्ति का विस्तार है उस विषय से संबंधित, किसी विधि के विरुद्ध किसी अपराध के लिए सिद्धदोष ठहराए गए किसी व्यक्ति के दंड को क्षमा करने की, उसका प्रविलंबन, विराम या परिहार करने की अथवा दंडादेश के निलंबन, परिहार या लघूकरण की शक्ति प्रदान करता है। यह बात ध्यान में रखी जानी चाहिए कि राज्य की कार्यपालिका शक्ति का विस्तार उन विषयों पर है जिनके बारे में राज्य विधान-मंडल को अधिनियम बनाने की शक्ति है।

अनुच्छेद 72 राष्ट्रपति को क्षमा, प्रविलंबन, विराम आदि प्रदान करने की शक्ति देता है। राष्ट्रपति की क्षमादान की शक्ति और राज्यपाल की क्षमादान की शक्ति के बीच जो अंतर है उसे ध्यान में रखना चाहिए। जहां किसी व्यक्ति को मृत्युदंड दिया गया है वहां राष्ट्रपति को क्षमादान का अनन्य अधिकार है। मृत्युदंड के मामले में राज्यपाल क्षमादान नहीं कर सकता। जब सेना न्यायालय द्वारा किसी को दंड दिया जाता है तो राष्ट्रपति ही क्षमा कर सकता है। सेना न्यायालय के संबंध में भी राज्यपाल को कोई शक्ति नहीं है। मृत्युदंड को निलंबित करने, उसका परिहार करने और लघूकरण की शक्ति राज्यपाल और राष्ट्रपति दोनों को है। यह शक्तियां समवर्ती हैं। *नानावटी*[9] में उच्चतम न्यायालय ने यह अभिनिर्धारित किया कि अनु. 161 के अधीन राज्यपाल की दंडादेश को निलंबित करने की शक्ति उच्चतम न्यायालय के अपने समक्ष फाइल की गई अपीलों के बारे में बनाए गए नियमों के अधीन है। उच्चतम न्यायालय द्वारा बनाए गए नियमों में यह उपबंध है कि जब उच्चतम न्यायालय किसी मामले पर विचार कर रहा हो तब अभियुक्त को दंडादेश के लिए अभ्यर्पण कर देना चाहिए। ऐसे मामले में राज्यपाल दंडादेश का निलंबन नहीं कर सकता। (**पैरा 10.31** भी देखिए)

आपात शक्तियां।

12.12 किसी भी राज्यपाल को आपात की घोषणा करने की शक्ति नहीं है। आपात की घोषणा करने की शक्ति अनु. 352, 356 और 360 के अधीन राष्ट्रपति को प्रदान की गई है। इसका एक मात्र अपवाद जम्मू-कश्मीर का राज्यपाल है। जम्मू-कश्मीर के संविधान की धारा 92 के अधीन राज्यपाल को आपात की घोषणा करने की शक्ति है। वह आपात की घोषणा करके राज्यपाल शासन लागू कर सकता है। राज्यपाल को अनु. 356 के अधीन यह शक्ति है कि जब कभी उसका यह समाधान हो जाता है कि ऐसी परिस्थिति उत्पन्न हुई है जिसमें राज्य का शासन संविधान के उपबंध के अनुसार नहीं चलाया जा सकता तो वह राष्ट्रपति को एक प्रतिवेदन देगा। राज्यपाल इस प्रकार का प्रतिवेदन करके राष्ट्रपति को अनु. 356 के अधीन उद्घोषणा करने के लिए और राज्य की सरकार अपने हाथ में लेने के लिए आमंत्रित करता है। दूसरे शब्दों में राज्यपाल अपने प्रतिवेदन द्वारा राष्ट्रपति शासन लागू या अधिरोपित करने का आधार बनाता है।

उन्मुक्ति।

12.13 (अनुच्छेद 361 के अधीन) राज्यपाल की उन्मुक्ति के लिए देखिए **पैरा 10.38**।

राज्यपाल और मंत्रि-परिषद्

राज्यपाल और मंत्रि-परिषद्।

12.14 राज्यपाल कार्यपालिका का शीर्षस्थ है। अनुच्छेद 163 में यह अनुध्यात है कि राज्यपाल को उसके कृत्यों के प्रयोग के लिए सहायता और सलाह देने के लिए एक मंत्रि-परिषद् होगी। राज्यपाल से साधारणतः यह

9. *के.ए. नानावटी* बनाम *मुंबई राज्य,* ए.आइ.आर. 1961 एस.सी. 112।

अपेक्षा होती है कि वह मंत्रि-परिषद् की सलाह से कार्य करेगा क्योंकि संसदीय प्रणाली का यही नियम है। राष्ट्रपति की दशा में अनु. 74 में यह अभिव्यक्त रूप से कहा गया है कि राष्ट्रपति मंत्रि-परिषद् की सलाह पर कार्य करेगा। राज्यपाल के लिए इसके समानांतर कोई उपबंध नहीं है। इसके विपरीत अनु. 163 में यह कहा गया है कि यदि संविधान द्वारा या उसके अधीन राज्यपाल से यह अपेक्षित है कि वह अपने विवेकानुसार कोई कार्य करेगा तो वह ऐसा ही करेगा।

12.15 संविधान में मूलतः यह नहीं बताया गया था कि मंत्रि-परिषद् में कितने मंत्री हो सकते हैं। कुछ बड़े राज्यों में 40 प्रतिशत सदस्य विधायक मंत्री बना दिए गए थे। छोटे राज्यों में तो यह प्रतिशत इससे भी अधिक था। सन् 2003 में संसद् ने संविधान का संशोधन करके यह अधिकथित किया कि राज्य में मंत्रियों की संख्या (इसमें मुख्य मंत्री सम्मिलित है) राज्य की विधान सभा की कुल सदस्य संख्या के 15 प्रतिशत से अधिक नहीं होगी।[10]

मंत्रि-परिषद् का आकार।

12.16 राज्यपाल, मुख्य मंत्री की नियुक्ति करता है और अन्य मंत्रियों की नियुक्ति मुख्य मंत्री की सलाह पर राज्यपाल द्वारा की जाती है। जब किसी एक राजनीतिक दल का विधान सभा में स्पष्ट बहुमत होता है तो राज्यपाल को कोई विकल्प नहीं होता। उसे बहुमत वाले दल के नेता को मुख्य मंत्री बनाना होता है। किंतु यदि बहुमत वाला दल किसी ऐसे व्यक्ति को चुनता है जो विधायक नहीं है और विधायक के रूप में निर्वाचित होने के लिए निरर्हित है तो राज्यपाल को चाहिए कि उस व्यक्ति को मुख्य मंत्री नियुक्त करने से मना कर दे। राज्यपाल का यह कर्त्तव्य है कि वह संविधान का आदर करे और संविधान तथा विधियों के अनुसार कार्य करे।[11] जब स्पष्ट बहुमत नहीं होता या दो या अधिक दल मिलकर बहुमत का दावा करते हैं तो राज्यपाल को अपनी विवेकबुद्धि से मुख्य मंत्री का चयन करना होता है।

मुख्य मंत्री और अन्य मंत्रियों की नियुक्ति।

राज्यपालों ने उनमें विहित विवेकाधिकार का प्रयोग सदैव ऋजु और युक्तियुक्त रीति से नहीं किया। 1967 में राजस्थान के राज्यपाल डा. संपूर्णानंद ने सबसे बड़े दल के नेता को मुख्य मंत्री बनने का निमंत्रण दिया और संयुक्त मोर्चा के दावे की अनदेखी की। जबकि संयुक्त मोर्चा को कांग्रेस की अपेक्षा अधिक संख्या में सदस्यों का समर्थन था। इसके पहले 1951 में लगभग यही बात तत्कालीन मद्रास राज्य में हुई। 1982 में हरियाणा में यही दोहराया गया। कुछ मामलों में राज्यपाल ने मुख्य मंत्री पद के दावेदार से यह कहा कि वह अपने समर्थक विधायकों की सूची दे। कुछ मामलों में राज्यपाल ने विधायकों से साक्षात्कार किया। राजभवन में सदस्यों की परेड के लिए संविधान या संसदीय परंपरा में कोई स्थान नहीं है।

1998 में उत्तर प्रदेश के राज्यपाल ने ऐसे व्यक्ति को मुख्यमंत्री नियुक्त किया जिसका बहुमत का दावा खोखला था और विधान सभा के अधिवेशन में मतदान होते ही दावे की कलई खुल गई। 2005 में झारखंड के राज्यपाल ने ऐसे व्यक्ति को मुख्यमंत्री पद दिया जो विधान सभा में एक दिन भी बहुमत में नहीं रह सका। 10 मार्च 2008 को मेघालय के राज्यपाल ने सर्वाधिक सदस्य वाले दल के नेता को मुख्य मंत्री बनाया। उन्होंने बहुदलीय गठबंधन के दावे को नहीं माना। 10 दिन बाद जब विधानसभा का सम्मेलन हुआ तो मुख्य मंत्री ने त्याग पत्र दे दिया क्योंकि विधानसभा में उनका बहुमत नहीं था। गठबंधन का मुख्य मंत्री बना।

12.17 अनुच्छेद 164(4) ऐसे व्यक्ति को जो विधायक नहीं है मुख्य मंत्री या मंत्री के पद पर नियुक्त करने की अनुमति देता है। किंतु यदि वह 6 मास के भीतर विधान-मंडल का सदस्य नहीं बन जाता तो वह मंत्री या मुख्य मंत्री पद पर बना नहीं रह सकता। जो व्यक्ति इस प्रकार

गैर विधायक की मंत्री पद पर नियुक्ति।

10. संविधान (इक्यानवेवां संशोधन) अधिनियम, 2003।
11. *बी.आर. कपूर* बनाम *तमिलनाडु राज्य* (2001) 7 एस.सी.सी. 231।

नियुक्त किया जाता है वह विधान-मंडल के लिए निर्वाचन के लिए अभ्यर्थी के रूप में खड़े होने के लिए अर्ह होना चाहिए। यह वह व्यक्ति अर्हित नहीं है या निरर्हित हो गया है तो उसे मुख्य मंत्री या मंत्री नियुक्त नहीं किया जा सकता।[11] इस आधार पर उच्चतम न्यायालय ने सुश्री जयललिता की मुख्य मंत्री के पद पर नियुक्ति को अवैध घोषित कर दिया।[11] किसी व्यक्ति को जो विधायक नहीं है मंत्री नियुक्त किए जाने के पश्चात् 6 मास की अवधि समाप्त होने पर फिर से नियुक्त नहीं किया जा सकता। इस 6 मास वाले खंड का उपयोग केवल एक बार हो सकता है।[12] बार-बार नहीं। (**पैरा 10.41** भी देखिए)

सरकारिया आयोग का मत।

12.18 अंतरराज्य संबंधों पर *सरकारिया आयोग*[13] ने अपने प्रतिवेदन में राज्यपाल की भूमिका पर चर्चा की है। उसमें यह सुझाव दिया गया है कि मुख्य मंत्री को चुनने में राज्यपाल को निम्नलिखित सिद्धांतों से मार्गदर्शन प्राप्त करना चाहिए,—

(i) जिस दल को या दलों के गठबंधन को विधान सभा में सर्वाधिक समर्थन प्राप्त हो उसे ही सरकार बनाने के लिए निमंत्रण दिया जाना चाहिए।

(ii) राज्यपाल का काम यह है कि वह सरकार बन जाए यह सुनिश्चित करे। उसका काम यह नहीं है कि वह ऐसी सरकार बनाए जो राज्यपाल द्वारा अनुमोदित नीतियों के अनुसार कार्य करेगी।

(iii) यदि एक ही दल को स्पष्ट बहुमत है तो उस दल के नेता को बिना कुछ सोचे मुख्य मंत्री बनने के लिए आमंत्रित किया जाना चाहिए।

अगर ऐसा कोई दल नहीं है तो राज्यपाल आमंत्रित करेगा,—

(क) दलों के ऐसे गठबंधन को जो निर्वाचन के पहले बना है।

(ख) सबसे बड़े एक दल को जो अन्य सदस्यों का समर्थन लेकर बहुमत पाने में समर्थ है।

(ग) किसी निर्वाचन के बाद बने किसी गठबंधन को जिसके साथ अपेक्षित संख्या में सदस्य हैं।

(घ) निर्वाचन के बाद बने गठबंधन को जिसमें कुछ भागीदार सरकार में भाग नहीं लेंगे किंतु सरकार के बाहर रहकर समर्थन देने के लिए तैयार हैं।

आयोग ने यह भी सुझाव दिया कि जब कोई मुख्य मंत्री किसी गठबंधन का नेता है तो उसे मुख्य मंत्री बनने के 30 दिन के भीतर विश्वास मत प्राप्त कर लेना चाहिए।

सरकारिया आयोग ने राज्यपाल को चेतावनी देते हुए यह कहा कि राज्यपाल को विधान सभा के बाहर बहुमत के समर्थन के मुद्दे का निर्णय करने का जोखिम नहीं उठाना चाहिए। राज्यपाल के लिए बुद्धिमानी इसी में है कि वह परस्पर विरोधी दावों की परीक्षा सदन के भीतर होने दे।

मंत्रि-परिषद् का पदच्युत किया जाना और अनु. 356 के अधीन कार्रवाई।

12.19 मुख्य मंत्री नियुक्त करने में राज्यपालों के आचरण की बहुत आलोचना हुई है। मंत्रि-परिषद् को पदच्युत करने में भी उनका कार्य उतना ही अशोभनीय और पक्षपातपूर्ण रहा है। विवादग्रस्त पदच्युति का पहला मामला 1967 में हुआ जब राज्यपाल धर्मवीर ने अजय मुखर्जी के नेतृत्व वाले पश्चिमी बंगाल मंत्रि-परिषद् को पदच्युत कर दिया। राज्यपाल का यह मत था कि संयुक्त मोर्चा सरकार के कुछ सदस्यों के दल परिवर्तन के कारण सरकार ने अपना बहुमत खो दिया है। राज्यपाल ने मुख्य मंत्री को यह सुझाव दिया कि वह बहुमत की परीक्षा करने के लिए यथाशक्य शीघ्र विधान सभा का अधिवेशन बुलाए। मुख्य मंत्री

12. *एस.आर. चौधरी* बनाम *पंजाब राज्य* (2001) 7 एस.सी.सी. 126।
13. आर.एस. सरकारिया—*केंद्र राज्य संबंधों पर आयोग का प्रतिवेदन* 1988।

ने ऐसा करने से इंकार कर दिया। राज्यपाल ने मंत्रि-परिषद् भंग कर दी। राज्यपाल के इस कार्य की आलोचना हुई और कहा गया कि वह मनमाना था और जल्दबाजी में किया गया था।

राज्यपाल यह निर्णय करने का अधिकारी नहीं है कि मुख्य मंत्री को विधान सभा में अपेक्षित समर्थन है या नहीं। 1979 में राज्यपाल बी. गोपाल रेड्डी ने उत्तर प्रदेश के मुख्य मंत्री चरण सिंह को बर्खास्त कर दिया। चरण सिंह को सदन में बहुमत साबित करने का अवसर तक नहीं दिया गया। राज्यपाल का यह कार्य अपनी शक्तियों का दुरुपयोग और संसदीय प्रणाली के शासन के नियमों के पूर्णतया विरुद्ध था। विधान सभा आहूत कर दी गई थी और मुख्य मंत्री विधान सभा में अपना समर्थन साबित करने के लिए तैयार था।

पदच्युत करने की शक्ति के दुरुपयोग का सर्वाधिक स्पष्ट दृष्टांत आंध्र प्रदेश में प्रस्तुत किया गया जब 1984 में राज्यपाल रामलाल ने नंतारा रामाराव को पदच्युत करके भास्कर राव को मुख्य मंत्री की शपथ दिला दी। रामाराव 48 घंटे के भीतर अपना बहुमत साबित करने के लिए तैयार थे। उनका अनुरोध अस्वीकार किया गया। राज्यपाल ने नए मुख्य मंत्री को अपना बहुमत साबित करने के लिए 30 दिन का समय दिया। रामाराव ने अपने सर्मथकों को राष्ट्रपति और प्रेस के समक्ष प्रस्तुत किया जिससे कि उनकी सार्वजनिक गिनती कर ली जाए। भास्कर राव बहुमत साबित करने में असफल रहे और रामाराव को पुनः नियुक्त किया गया। मुख्य मंत्री होने के 4 दिन के भीतर रामाराव ने अपना बहुमतं साबित कर दिया।

उत्तर प्रदेश के राज्यपाल रमेश भंडारी ने 1997 में सबसे बड़े अकेले राजनीतिक दल (भारतीय जनता पार्टी) को सरकार बनाने का निमंत्रण नहीं दिया और राज्यपाल के प्रतिवेदन पर अनु. 356 के अधीन राष्ट्रपति शासन लागू किया गया। इलाहाबाद उच्च न्यायालय ने यह अभिनिर्धारित किया कि राज्यपाल का कार्य असांविधानिक था। जब उच्चतम न्यायालय में इस निर्णय के विरुद्ध अपील की सुनवाई की जा रही थी तभी भारतीय जनता पार्टी को सरकार बनाने के लिए निमंत्रण दिया गया। मुख्य मंत्री विधान सभा में बहुमत का समर्थन प्रदर्शित करने में सफल रहा।

फरवरी 1998 में राज्यपाल रमेश भंडारी ने कल्याण सिंह मंत्रिमंडल भंग कर दिया और जगदंबिका पाल को मुख्य मंत्री बनने के लिए निमंत्रित किया। कारण यह बताया गया कि कल्याण सिंह का विधान सभा में बहुमत नहीं है। जगदंबिका पाल को रात्रि में 10 बजे शपथ दिलाई गई। कल्याण सिंह को अपना बहुमत साबित करने का अवसर नहीं दिया गया। इलाहाबाद उच्च न्यायालय ने राज्यपाल के आदेश पर रोक लगा दी। उच्चतम न्यायालय ने यह आदेश दिया कि विधान सभा केवल यह जानने के प्रयोजन के लिए आहूत की जाए कि सदस्य किस को समर्थन दे रहे हैं। सदस्यों का बहुमत कल्याण सिंह के पक्ष में निकला। राज्यपाल रमेश भंडारी ने त्याग पत्र दे दिया। कहा जाता है कि राज्यपाल को यह सूचित कर दिया गया था कि उन्हें पदच्युत किया जा रहा है।

गुजरात के राज्यपाल कृष्णपाल सिंह का कार्य भी निंदनीय था। कृष्णपाल सिंह ने 1996 में केशूभाई पटेल को बर्खास्त कर दिया। राज्यपाल ने दिलीप पारिख की सलाह पर विधान सभा का विघटन कर दिया। दिलीप पारिख ने सभा का विश्वास खो दिया था और भारतीय जनता पार्टी मंत्रिमंडल बनाने और विधान सभा में अपना बहुमत साबित करने के लिए तैयार थी। नए निर्वाचन में भारतीय जनता पार्टी को स्पष्ट बहुमत प्राप्त हो गया।

सरकारिया आयोग और राज्यपालों की समिति ने कुछ सिद्धांत प्रतिपादित करने का प्रयत्न किया है जिनके अनुसार चलकर राज्यपाल को मंत्रिमंडल बनाना या भंग करना चाहिए। उच्चतम न्यायालय ने *बोम्मई*[14] में मूल्यवांन मार्गदर्शक सिद्धांत रखे हैं। ऐसे अनेक अवसर आए हैं जब राज्यपालों ने इस प्रकार कार्य किया है मानो वे प्राचीन काल के राजा हों जिन पर विधि या सिद्धांतों का कोई बंधन न हो। *बोम्मई*[14] में न्या. सावंत ने कर्नाटक के राज्यपाल के बारे में यह संप्रेक्षण किया,—

14. *एस.आर. बोम्मई* बनाम *भारत संघ* (1994) 3 एस.सी.सी. 1।

हमारा यह मत है कि इस मामले में औचित्य के सभी नियमों को तिलांजलि दे दी गई और राज्यपाल ने जिस अनुचित जल्दबाजी से राष्ट्रपति को अनु. 356(1) के अधीन उद्घोषणा करने के लिए आमंत्रित किया उसमें असद्भाव की गंध आती है।

मेघालय के राज्यपाल के आचरण के बारे में **न्या.** सावंत कहते हैं,—

इस अशोभनीय घटना से यह स्पष्ट प्रकट होता है कि मंत्रिमंडल को पदच्युत करने और विधान सभा को विघटित करने के लिए राज्यपाल अनावश्यक रूप से चिंतित था। सांविधानिक पद धारण करते हुए भी वह यह अनुभव नहीं कर पाया कि न्यायालय के आदेश आबद्धकर होते हैं और उन्हें प्रभावी किया जाना चाहिए।

बोम्मई[14] का निर्णय 9 न्यायाधीशों की पीठ ने सुनाया है। उस मामले में यह स्पष्ट रूप से संप्रेक्षण किया गया कि जब कभी यह संदेह उत्पन्न होता है कि किसी मंत्रिमंडल को सदन का विश्वास है या नहीं तो उसकी परीक्षा का एक मात्र स्थान सदन है। मंत्रिमंडल के समर्थन का निर्धारण किसी एक व्यक्ति की निजी राय से नहीं किया जा सकता चाहे वह व्यक्ति राज्यपाल हो या राष्ट्रपति।

रामेश्वर प्रसाद[6] में उच्चतम न्यायालय ने यह अभिनिर्धारित किया कि राज्यपाल बहुमत के दावे को नकारकर सरकार बनाने से इस आधार पर इंकार नहीं कर सकता कि उसकी राय या अनुमान के अनुसार बहुमत अवैध या अनैतिक साधनों से जोड़-तोड़ कर जुटाया गया है। राज्यपाल को ऐसी कोई शक्ति नहीं है।

राज्यपाल के विवेकाधीन कृत्य।

12.20 अनुच्छेद 163 अभिव्यक्त रूप से यह मानता है कि कुछ ऐसे क्षेत्र हैं जिनमें राज्यपाल को मंत्रि-परिषद् की सलाह और सहायता के बिना काम करना है। दो प्रकार की परिस्थितियों में राज्यपाल से यह अपेक्षा है कि वह अपने विवेक का प्रयोग करेगा,—

(क) जो संविधान और संसदीय लोकतंत्र की प्रकृति से विवक्षित हैं।

(ख) जहां संविधान ने राज्यपाल पर अभिव्यक्त रूप से विशेष उत्तरदायित्व डाला है।

परिस्थितियां जहां राज्यपाल स्वविवेक से कार्य कर सकता है।

12.21 राज्यपाल को निम्नलिखित परिस्थितियों में मंत्रिपरिषद् की सलाह पर ध्यान न देकर अपने विवेक से कार्य करना चाहिए (i) जहां सलाह में पक्षपात अंतर्निहित है, (ii) जहां विनिश्चय अयुक्तिसंगत और अनुचित है, (iii) जहां मंत्रि-परिषद् सलाह देने की हकदार नहीं है या योग्य नहीं है, (iv) जहां औचित्य की यह मांग है कि राज्यपाल अपने विवेक के अनुसार कार्य करे।[15] उदाहरणार्थ : जहां लोक आयुक्त ने, जो पूर्व में उच्चतम न्यायालय का न्यायाधीश था, यह अभिनिर्धारित किया कि किसी मंत्री के अभियोजन के लिए पर्याप्त आधार है वहां मंत्रि-परिषद् उस मंत्री के अभियोजन के लिए मंजूरी देने के इंकार करती है। इस निर्णय में न्यायालय ने राज्यपाल के मंजूरी देने के निर्णय को वैध और उचित माना जबकि मंत्रि-परिषद् ने मंजूरी देने से मना कर दिया था।

संविधान द्वारा विवक्षित।

12.22 पहले प्रकार की परिस्थिति में निम्नलिखित आते हैं,—

1. मुख्य मंत्री चुनना।
2. सरकार को विधान सभा में अपना संख्या बल साबित करने के लिए कहना।

---

15. *मध्य प्रदेश स्पेशल पुलिस एस्टाब्लिशमेंट* बनाम *मध्य प्रदेश राज्य* (2004) 8 एस.सी.सी. 788।

3. मुख्य मंत्री को पदच्युत करना ।
4. विधान सभा का विघटन करना।
5. राष्ट्रपति शासन की सिफारिश करना (अनु. 356)।
6. राष्ट्रपति के विचार के लिए विधेयक आरक्षित करना (अनु. 200)।
7. पुनर्विचार के लिए विधेयक लौटाना (अनु. 200)।

राज्यपाल में जो विवेकाधिकार निहित किया गया है उसका प्रयोग न्यायपूर्ण और पक्षपात रहित रीति से किया जाना चाहिए। उसका उद्देश्य संविधान और उसके आदर्श और संस्थाओं का संरक्षण होना चाहिए। राज्यपाल को यह कभी नहीं सोचना चाहिए कि उसे किसी दल, समूह या व्यक्ति के हित में काम करना है। हम ऊपर सरकारिया आयोग और उच्चतम न्यायालय द्वारा बताए गए मार्गदर्शक सिद्धांतों के प्रति निर्देश कर चुके हैं (**पैरा 12.18** और **12.19**)। यह विवेकशक्ति राज्य के सांविधानिक अध्यक्ष में निहित की गई है और इसके साथ यह अपेक्षा है कि वह शक्ति का प्रयोग समझबूझ से और उत्तरदायित्वपूर्ण रीति से करेगा। इस शक्ति के साथ कर्त्तव्य जुड़ा हुआ है। यह किसी अधिनायक या निरंकुश शासक की बंधनहीन शक्ति नहीं है जिसका वह अपनी इच्छानुसार प्रयोग करे। यह शक्ति संविधान की और उत्तरदायी सरकार की विरासत की रक्षा के लिए दी गई शक्ति है उनके विनाश के लिए नहीं।

संविधान द्वारा अभिव्यक्त रूप से प्रदत्त।

12.23 दूसरे प्रवर्ग में ऐसी विवेकाधीन शक्तियां हैं जो संविधान के विनिर्दिष्ट अनुच्छेदों द्वारा अभिव्यक्त रूप से प्रदान की गई हैं। इन्हें विभिन्न अनुच्छेदों में **विशेष उत्तरदायित्व** कहा गया है।

1. अनुच्छेद 371(2)—महाराष्ट्र और गुजरात राज्यों के राज्यपाल का विशेष उत्तरदायित्व (यदि राष्ट्रपति द्वारा निर्देश किया गया हो) विदर्भ, मराठवाड़ा, सौराष्ट्र और कच्छ आदि के लिए विकास बोर्डों की स्थापना।

2. अनुच्छेद 371क—नागालैंड के राज्यपाल का विशेष उत्तरदायित्व।

(i) जब तक उस राज्य के कुछ क्षेत्रों में आंतरिक अशांति रहती है तब तक विधि और व्यवस्था के संबंध में।

(ii) त्युएनसांग जिले के लिए परिषद् की स्थापना।

(iii) त्युएनसांग जिला और शेष नागालैंड के बीच धन का साम्यापूर्ण आबंटन।

3. अनुच्छेद 371ग—मणिपुर के राज्यपाल का उस राज्य के पहाड़ी क्षेत्रों से निर्वाचित सदस्यों से मिलकर बनने वाली समिति का उचित कार्यकरण सुनिश्चित करने के लिए।

4. अनुच्छेद 371च—सिक्किम के राज्यपाल का विशेष उत्तरदायित्व—शांति के लिए और सिक्किम की जनता के विभिन्न अनुभागों की उन्नति सुनिश्चित करने के लिए साम्यापूर्ण व्यवस्था करने के लिए।

5. अनुच्छेद 371ज—अरुणाचल प्रदेश के राज्यपाल का विधि और व्यवस्था की बाबत विशेष उत्तरदायित्व है।

इन तथ्यों के निर्वहन में संबद्ध राज्यपाल मंत्रि-परिषद् की सलाह मांगने या उसे स्वीकार करने के लिए बाध्य नहीं है। यह होते हुए भी सरकारिया आयोग ने यह सिफारिश की है कि,—

> अपने विवेकानुसार अंतिम विनिश्चय करने के पहले यह श्रेयस्कर होगा कि राज्यपाल यदि संभव हो तो अपने मंत्रियों से परामर्श करे। ऐसे मामलों में भी जो सारवान रूप से राज्य के प्रशासन से संबंधित हैं।

12.24 राष्ट्रपति और राज्यपाल के पदों की तुलना।

राष्ट्रपति	राज्यपाल
1. यह एक सांविधानिक पद है। राष्ट्रपति के कृत्य अधिकांशतः समारोहिक हैं। राष्ट्रपति की विवेकाधीन शक्तियां प्रधान मंत्री की नियुक्ति और आपवादिक परिस्थितियों में लोक सभा के विघटन के संबंध में है। साधारणतः राष्ट्रपति को मंत्रि-परिषद् की सलाह के अनुसार कार्य करना होता है।	1. यह एक सांविधानिक पद है। राज्यपाल अधिकांशतः समारोहिक कार्य करता है किंतु संविधान ने अभिव्यक्त रूप से कुछ विवेकाधीन शक्तियां उसे सौंपी हैं। उदाहरण के लिए राष्ट्रपति की अनुमति के लिए विधेयकों का आरक्षण। अनुच्छेद 371 से 371ज तक के अनुच्छेदों में उल्लिखित कुछ राज्यों के बारे में विशेष उत्तरदायित्व हैं। अनुच्छेद 356 के अधीन राष्ट्रपति को प्रतिवेदन करना, आदि।
2. संविधान में अभिव्यक्त रूप से कोई ऐसा क्षेत्र नहीं बताया गया है जिसमें राष्ट्रपति को मंत्रि-परिषद् की सलाह के बिना कार्य करना हो।	2. अनुच्छेद 163 में यह अभिव्यक्त रूप से वर्णित है कि कुछ क्षेत्रों में राज्यपाल को अपने विवेकानुसार कार्य करना है। यदि यह प्रश्न उपस्थित होता है कि कोई कार्य विवेकाधीन है या नहीं तो इस पर राज्यपाल का अपने विवेकानुसार किया गया निर्णय अंतिम होगा।
3. राष्ट्रपति, किसी राज्य विधान-मंडल द्वारा पारित विधेयक को अपने द्वारा विचार किए जाने के लिए स्वयं ही आरक्षित नहीं कर सकता।	3. राज्यपाल, राज्य विधान-मंडल द्वारा पारित किसी विधेयक को राष्ट्रपति के विचार के लिए आरक्षित कर सकता है (अनु. 200)।
4. केंद्र में संविधान में एक भी परिस्थिति ऐसी नहीं बताई गई है जिसमें राष्ट्रपति मंत्रि-परिषद् की सलाह के बिना कार्य करे। राष्ट्रपति संघ की कार्यपालिका शक्ति अपने हाथ में नहीं ले सकता।	4. अनुच्छेद 356 के अधीन जब उद्घोषणा की जाती है तो राज्य की कार्यपालिका शक्ति राष्ट्रपति में निहित हो जाती है। वास्तव में उद्घोषणा के बाद शक्तियों का प्रयोग राज्यपाल द्वारा किया जाता है और उसकी सहायता के लिए कुछ सलाहकार नियुक्त कर दिए जाते हैं। राज्यपाल मंत्रि-परिषद् के बिना कार्य करता है।
5. संविधान में कहीं भी कोई ऐसा विशेष उत्तरदायित्व नहीं बताया गया है जिसमें राष्ट्रपति व्यक्तिगत निर्णय लेकर कार्य करे।	5. अनुच्छेद 371, 371क आदि के अधीन राज्यपाल को कुछ राज्यों में कुछ विषयों के बारे में विशेष उत्तरदायित्व है। राज्यपाल इन मामलों में अपने विवेकानुसार कार्य करता है। राज्यपाल के व्यक्तिगत निर्णय को न्यायालय में प्रश्नगत नहीं किया जा सकता।
6. राष्ट्रपति की क्षमादान की शक्ति बहुत व्यापक है। इसके अंतर्गत मृत्युदंड और सेना न्यायालय है।	6. राज्यपाल की क्षमादान की शक्तियां राज्य सूची में आने वाली विधियों के विरुद्ध अपराधों तक सीमित हैं। इसमें मृत्युदंड नहीं है।
7. राष्ट्रपति को अनु. 352, 356 और 360 में यथा परिभाषित आपात शक्तियां हैं।	7. जम्मू-कश्मीर के राज्यपाल को छोड़कर जिसे राज्य संविधान के अधीन राज्यपाल का शासन अधिरोपित करने की शक्ति है, किसी अन्य राज्यपाल को आपात शक्तियां नहीं हैं। राज्यपाल को केवल इतनी ही शक्ति है कि वह राष्ट्रपति को प्रतिवेदन कर सकता है।
8. राष्ट्रपति सैन्य बलों का सर्वोच्च समादेष्टा होता है।	8. राज्यपाल को सशस्त्र बलों के संबंध में न तो शक्तियां हैं और न कोई कृत्य।

12.25 राष्ट्रपति राज्यपाल को नियुक्त करने, उसका स्थानांतरण करने और हटाने के लिए सक्षम प्राधिकारी है। वस्तुतः, राज्यपाल के नियुक्त किए जाने के लिए किसी व्यक्ति को चुनने उसको नियुक्त करने और राष्ट्रपति को अपना प्रसाद वापस लेने के लिए सलाह देने की शक्ति प्रधान मंत्री में निहित होती है। राष्ट्रपति प्रधान मंत्री की सलाह पर कार्य करता है। प्रधान मंत्री की शक्ति पर कोई बंधन नहीं है। 1980 में तमिलनाडु के राज्यपाल प्रभुदास पटवारी को पदच्युत किया गया। 1990 में उत्तर प्रदेश के राज्यपाल यूनुस सलीम को हटाया गया। उसी के साथ तमिलनाडु के राज्यपाल सुरजीत सिंह बरनाला को बिहार स्थानांतरित कर दिया गया। बरनाला ने वहां जाना ठीक नहीं समझा और त्यागपत्र दे दिया। पूर्व राष्ट्रपति आर. वेंकटरामन[16] की यह राय है कि राज्यपालों की नियुक्ति, पदावधि और केंद्र के प्रति उत्तरदायित्व के बारे में नियम बनाए जाने चाहिए। हर सरकार ने राज्यपालों को या तो हटाया है या स्थानांतरित किया है। वर्ष 1999 में राज्यपाल सूरजभान को उत्तर प्रदेश से हिमाचल प्रदेश भेजा गया और हिमाचल प्रदेश के राज्यपाल विष्णुकांत शास्त्री को उत्तर प्रदेश का राज्यपाल बनाया गया। 2004 में बिहार के राज्यपाल, श्री रामा जाइस, उत्तर प्रदेश के श्री विष्णुकांत शास्त्री, गोवा के श्री केदारनाथ साहनी और गुजरात के श्री सुंदर सिंह भंडारी इस आधार पर हटाए गए कि वे भारतीय जनता पार्टी के थे। भारतीय जनता पार्टी द्वारा नियुक्त अन्य राज्यपालों को अपने पद पर रहने दिया गया।

क्या राष्ट्रपति राज्यपाल को नियंत्रित करता है?

केंद्रीय सरकार का राज्यपालों पर औपचारिक रूप से कोई नियंत्रण नहीं है किंतु राजनेता लचीले व्यक्ति चुनते हैं और उनसे काम करवाने के लिए मार्ग ढूंढ लेते हैं। ऐसे राज्यपालों की कोई कमी नहीं है जो केंद्र में सत्ताधारी दल के आदेशों का पालन करने के लिए कुछ भी कर सकते हैं। वस्तुस्थिति यह है कि राज्यपाल अपनी नियुक्ति के लिए प्रधान मंत्री के नेतृत्व में मंत्रि-परिषद् का आभारी होता है।

12.26 अनुच्छेद 156(1) में यह कहा गया है कि राज्यपाल अपना पद राष्ट्रपति के प्रसादपर्यंत धारण कर सकता है। राष्ट्रपति बिना कारण बताए और बिना सुनवाई का अवसर दिए उसे हटा सकता है। उच्चतम न्यायालय ने *बी.पी. सिंघल*[17] में इस शक्ति पर कुछ बंधन लगा दिए हैं। इस शक्ति का प्रयोग स्वेच्छाचारी ढंग से या अयुक्तियुक्त ढंग से नहीं किया जा सकता। इस शक्ति का प्रयोग बहुत कम और विवशकारी कारणों से ही किया जाना चाहिए। विवशकारी कारण क्या है यह प्रत्येक मामले के तथ्य और परिस्थितियों पर निर्भर करेगा। किसी राज्यपाल को इस आधार पर नहीं हटाया जा सकता कि वह केंद्र में सत्ताधारी शासक दल के सिद्धांतों से सहमत नहीं है। केंद्र में सरकार परिवर्तन राज्यपाल को हटाने का आधार नहीं हो सकता।

राज्यपाल का पद से हटाया जाना।

यदि निम्नलिखित आधार हों जो न्यायालय हटाये जाने का पुनरीक्षण करके हस्तक्षेप कर सकेगा,—

(क) हटाया जाना मनमाना, दुर्भावनायुक्त और स्वेच्छाचारी था।

(ख) न्यायालय ने जब सरकार से कारण प्रकट करने के लिए कहा तो सरकार ने कारण नहीं बताए या तो कारण बताए गए वे असंगत हैं, मनमाने हैं और स्वेच्छाचारी हैं।

बी.पी. सिंघल[17] के पश्चात् केंद्र में शासक दल के परिवर्तन के साथ राज्यपाल को नहीं हटाया जा सकेगा। इससे राज्यपाल की प्रतिष्ठा में वृद्धि होगी।

---

16. आर. वेंकटरामन; *माय प्रेसिडेंशियल ईयर्स*, 1994, पृ. 470।
17. *बी.पी. सिंघल* बनाम *भारत संघ* (2010) 6 एस.सी.सी. 331।

12.27 प्रत्येक राज्य का महाधिवक्ता राज्य का विधि अधिकारी होता है। उसकी नियुक्ति राज्यपाल करता है। यह पद संविधान द्वारा बनाया गया है (अनु. 165)। वही व्यक्ति महाधिवक्ता के पद पर नियुक्त किया जा सकता है जो उच्च न्यायालय के न्यायाधीश के पद के लिए अर्ह है।

महाधिवक्ता।

जी.डी. करकरे बनाम *टी.एल. शेवड़े*[18] में यह अभिनिर्धारित हुआ कि आयु संबंधी उपबंध महाधिवक्ता को लागू नहीं होते क्योंकि यह उपबंध अनु. 217 के खंड (2) में नहीं है।

उच्चतम न्यायालय[19] ने नागपुर उच्च न्यायालय के पूर्वोक्त निर्णय का अनुमोदन करते हुए यह अभिनिर्धारित किया है कि उच्च न्यायालय के न्यायाधीश से संबंधित सभी उपबंध महाधिवक्ता को लागू नहीं होते।

12.28 अनुच्छेद 165(3) में यह स्पष्ट उल्लेख है कि महाधिवक्ता की नियुक्ति कितनी अवधि के लिए होगी। इसमें कहा गया है कि वह राज्यपाल के प्रसादपर्यंत पद धारण करेगा। कोई आयु की सीमा नहीं रखी गई है। न्यायाधीशों को पदावधि की गारंटी दी गई है किंतु महाधिवक्ता को नहीं।

पदावधि।

महाधिवक्ता के कर्त्तव्य।

12.29 महाधिवक्ता के कर्त्तव्य हैं,—

(i) राज्य सरकार को उन विधिक विषयों पर सलाह देना जो उसे निर्दिष्ट किए जाएं।
(ii) विधिक प्रकृति के वे कर्त्तव्य करना जो उसे राज्यपाल द्वारा सौंपे जाएं।
(iii) संविधान या किसी अन्य अधिनियम द्वारा उसे प्रदत्त कृत्यों का निर्वहन करना।

महाधिवक्ता को यह अधिकार है कि वह उस राज्य के विधान-मंडल में या उसकी किसी समिति की जिसमें उसका नाम सदस्य के रूप में दिया गया है कार्यवाहियों में बोले या अन्यथा भाग ले (अनु. 177)। किंतु महाधिवक्ता को मतदान का अधिकार नहीं है। वह सदस्य नहीं है। वह एक अधिकारी है जिसे राज्य विधान-मंडल के अधिवेशनों में भाग लेने की अनुज्ञा दी गई है।

कार्य का भार अधिक होने के कारण कुछ राज्यों ने अपर महाधिवक्ता के पद बनाए हैं। यह अभिसमय है कि जिस मंत्रिमंडल ने महाधिवक्ता को नियुक्त किया था उसके त्याग-पत्र देने या बदले जाने पर महाधिवक्ता भी त्याग-पत्र दे देता है।

---

18. ए.आइ.आर. 1952 नाग 330।
19. *उत्तरांचल राज्य* बनाम *बलवंतसिंह चौफाल*, जे.टी. 2010(1) एस.सी. 329; (2010) 3 एस.सी.सी. 402।

अध्याय 13
राज्य विधान-मंडल

राज्य जिनमें विधान-मंडल दो सदन वाले हैं।

13.1 हमारे संविधान में केंद्र और राज्य दोनों के शासन के लिए संसदीय प्रणाली अपनाई गई है। केंद्रीय विधान-मंडल में दो सदन हैं। संविधान में मूलतः यह उपबंध था कि अधिक जनसंख्या वाले राज्यों में विधान-मंडल द्विसदनीय होगा। यह उपबंध किया गया था कि आंध्र प्रदेश, बिहार, मध्य प्रदेश, तमिलनाडु, महाराष्ट्र, कर्नाटक, पंजाब, उत्तर प्रदेश और पश्चिमी बंगाल में दो सदन होंगे। शेष राज्यों में एक ही सदन होना था। कुछ राज्यों ने यह अनुभव किया कि विधान परिषद् अनावश्यक पुछल्ला है। ऐसे राज्यों के अनुरोध पर संसद् ने विधि बनाकर विधान परिषद् का उत्सादन कर दिया। ये राज्य हैं: आंध्र प्रदेश, तमिलनाडु, पंजाब और पश्चिमी बंगाल।

2005 में संसद् ने आंध्र प्रदेश विधान परिषद् अधिनियम अधिनियमित किया। इसके द्वारा आंध्र प्रदेश विधान परिषद् को जिसे 1985 में समाप्त कर दिया गया था, पुनर्जीवित करने का उपबंध किया गया। 22 वर्ष के अंतराल के बाद 4 अप्रैल 2007 को परिषद् का पुनर्गठन हुआ। मध्य प्रदेश में कोई विधान परिषद् नहीं है क्योंकि विधान परिषद् के गठन के लिए जिस संशोधन को प्रवृत किया जाना था उसे प्रवृत नहीं किया गया।

इसके परिणामस्वरूप अब दो सदन वाले राज्य 5 हैं—आंध्र प्रदेश, बिहार, उत्तर प्रदेश, महाराष्ट्र और कर्नाटक। छठा राज्य जिसमें दो सदन हैं वह है, जम्मू-कश्मीर। इस राज्य ने अपने संविधान में दो सदन वाले विधान-मंडल की रचना की है।

विधान परिषदों का उत्सादन और सृजन।

13.2 अनुच्छेद 169 के अधीन संसद् विधि द्वारा किसी राज्य में विधान परिषद् के उत्सादन का उपबंध कर सकती है। संसद् को यह शक्ति है कि वह किसी राज्य में जिसमें विधान परिषद् नहीं है परिषद् का सृजन करे। संसद् परिषद् के उत्सादन या सृजन के लिए विधि तभी बना सकती है जब राज्य की विधान सभा एक विनिर्दिष्ट संकल्प पारित करे। राज्य विधान सभा को परिषद् के सृजन या उत्सादन के लिए संकल्प दोहरे बहुमत से पारित करना होता है अर्थात् सभा की समस्त सदस्य संख्या का बहुमत और उपस्थित और मतदान करने वाले सदस्यों का कम से कम दो तिहाई सदस्यों का बहुमत।

जब राज्य विधान सभा इस प्रकार का संकल्प पारित करती है तो संसद् सक्रिय होकर विधान परिषद् का उत्सादन या सृजन कर सकती है। संसद् का इस उद्देश्य से बनाया गया अधिनियम अनु. 368 के प्रयोजन के लिए संविधान का संशोधन नहीं समझा जाता। यह अधिनियम उपस्थित और मतदान करने वाले सदस्यों के सादे बहुमत द्वारा सामान्य विधेयक के समान पारित किया जा सकता है [अनु. 169(3)]।

विधान परिषद् के उत्सादन और सृजन का जो तंत्र है वह सादा है और उसमें पारिभाषिक अर्थ में संविधान का संशोधन नहीं होता। संविधान में यह युक्ति इसलिए रखी गई जिससे राज्य अपने निर्णय के अनुसार परिषद् का उत्सादन या सृजन कर सकें। आंध्र प्रदेश राज्य ने 1957 में परिषद् की स्थापना की और 1985 में उसका उत्सादन करा दिया तथा 2007 में उसे पुनः जीवनदान दिया। पश्चिमी बंगाल और पंजाब ने 1971 में अपनी विधान परिषद् का उत्सादन कर दिया।

विधान सभाएं

13.3 विधान सभाओं के सदस्यों का निर्वाचन प्रत्यक्ष रूप से होता है। अर्थात् मतदाता स्वयं उन्हें चुनते हैं। अनुच्छेद 170 में यह विहित है कि विधान सभा के सदस्यों की अधिकतम संख्या 500 और न्यूनतम 60 हो सकेगी। कुछ अपेक्षाकृत छोटे राज्यों के निर्माण के बाद उन राज्यों के लिए यह न्यूनतम संख्या घटा दी गई है। सिक्किम, अरुणाचल प्रदेश और गोवा के लिए न्यूनतम संख्या 30 है। [अनु. 371(च)], [अनु. 371(ज)], [अनु. 371(झ)] मिजोरम के लिए यह संख्या 40 है [अनु. 371(छ)]। वर्तमान में सबसे छोटी विधान सभा सिक्किम की है जिसमें केवल 32 सदस्य हैं। सबसे विशाल विधान सभा उत्तर प्रदेश की है जिसमें 403 सदस्य हैं।[1]

विधान सभाओं की संरचना।

विधान सभाओं का निर्वाचन प्रादेशिक निर्वाचन क्षेत्रों से प्रत्यक्ष निर्वाचन द्वारा होता है। नागालैंड [अनु. 371(क)] और सिक्किम में [अनु. 371(च)] कुछ सदस्य अप्रत्यक्ष रूप से निर्वाचित होते हैं। निर्वाचन वयस्क मताधिकार के आधार पर राज्य के प्रादेशिक निर्वाचन क्षेत्रों से होता है। राज्य के प्रादेशिक निर्वाचन क्षेत्र इस प्रकार बांटे जाते हैं कि राज्य के भीतर प्रत्येक निर्वाचन क्षेत्र की जनसंख्या जहां तक हो सके समान हो। ऐसे परिसीमन के लिए जनसंख्या का आधार वह ठीक पूर्ववर्ती जनगणना होती है जिसके आंकड़े प्रकाशित हो चुके हैं। प्रत्येक जनगणना की समाप्ति के पश्चात् निर्वाचन क्षेत्रों का विभाजन समायोजित किया जाता है। जनगणना 10 वर्ष के अंतराल पर होती है। इसलिए निर्वाचन क्षेत्रों का समायोजन हर 10 वर्ष बाद होता है। 1976 में 42वें संशोधन अधिनियम द्वारा निर्वाचन क्षेत्रों को स्थिर कर दिया गया। यह निदेश हुआ कि जब तक वर्ष 2000 के पश्चात् पहली जनगणना के आंकड़े उपलब्ध नहीं होते तब तक परिसीमन नहीं होगा। सन् 2002 में किए गए 87वें संशोधन अधिनियम ने यह रोक लगा दी है कि सदस्यों की संख्या 2026 तक जितनी है उतनी ही बनी रहेगी किंतु राज्य में निर्वाचन क्षेत्र 2001 की जनगणना के आधार पर समायोजित किए जा सकते हैं। इस रोक का प्रयोजन परिवार नियोजन को बढ़ावा देना है। आशंका यह है कि जिन **राज्यों में** परिवार नियोजन नहीं होगा उनके लोक सभा में सदस्य बढ़ जाएंगे और जिन **क्षेत्रों में** नहीं होगा उनकी विधान सभाओं में सदस्य बढ़ जाएंगे। जो परिवार नियोजन लागू करेंगे उनका प्रतिनिधित्व कम हो जाएगा।

13.4 विधान सभाओं में जनसंख्या के आधार पर अनुसूचित जातियों और अनुसूचित जनजातियों के लिए स्थानों का आरक्षण किया जाता है (अनु. 332)। यदि राज्यपाल की यह राय है कि आंग्ल भारतीय

आरक्षण।

---

1. विधान सभा की राज्यवार सदस्य संख्या इस प्रकार है,—

आंध्र प्रदेश	175	मणिपुर	60
अरुणाचल प्रदेश	60	मेघालय	60
असम	126	मिजोरम	60
बिहार	243	नागालैंड	40
छत्तीसगढ़	90	ओडिशा	147
गोवा	40	पंजाब	117
गुजरात	182	सिक्किम	32
हरियाणा	90	तेलंगाना	119
राजस्थान	200	हिमाचल प्रदेश	68
तमिलनाडु	234	जम्मू-कश्मीर	76
त्रिपुरा	60	झारखंड	81
उत्तर प्रदेश	403	कर्नाटक	224
उत्तराखंड	70	केरल	140
पश्चिमी बंगाल	294	मध्य प्रदेश	230
महाराष्ट्र	288		

आंग्ल भारतीय समुदाय का जो सदस्य नामनिर्दिष्ट किया जाएगा। (अनु. 333) वह उपर्युक्त संख्या के अतिरिक्त होगा।

समुदाय का विधान सभा में पर्याप्त प्रतिनिधित्व नहीं है तो वह उस समुदाय के एक व्यक्ति को नामनिर्दिष्ट कर सकता है (अनु. 333)।

अरुणाचल प्रदेश, मेघालय, मिजोरम और नागालैंड में अनुसूचित जनजातियां भारी बहुमत में हैं फिर भी संविधान में उनके लिए स्थान आरक्षित रखे गए हैं। **विश्व में कहीं भी बहुसंख्यकों के लिए आरक्षण का उदाहरण नहीं मिलता।**

अनुसूचित जातियों और अनुसूचित जनजातियों के लिए स्थानों का आरक्षण तथा आंग्ल भारतीयों के लिए विशेष प्रतिनिधित्व मूलतः संविधान के प्रारंभ से 10 वर्षों के लिए था। वर्तमान में यह वर्ष 2020 तक चलेगा।

सभा की अवधि।

13.5 विधान सभा की अवधि 5 वर्ष होती है। राज्यपाल अवधि समाप्त होने के पहले सभा का विघटन कर सकता है। राज्यपाल की सभा को विघटित करने की शक्ति का कभी कभी दुरुपयोग भी हुआ है। कुछ अवसरों पर केंद्र सरकार ने अनु. 356 के अधीन कार्रवाई करके उद्घोषणा करने के पश्चात् सभा विघटित कर दी। 3 बार ऐसा हुआ कि अनु. 356 को अस्त्र बनाकर सामूहिक रूप से विधान सभाएं भंग कर दी गईं। 1977 में केंद्र में सत्ताधारी जनता पार्टी की सरकार ने 9 राज्यों की कांग्रेस सरकारों से यह कहा कि वे त्यागपत्र दें, विधान सभा विघटित करें और नए निर्वाचन कराएं। कांग्रेस सरकारें इस पर सहमत नहीं हुईं। केंद्र ने राष्ट्रपति शासन लागू करके सभाओं का विघटन कर दिया। 1980 में जब कांग्रेस ने केंद्र में शासन की बागडोर संभाली तो उसने भी वही कार्य किया। उसने उन 9 राज्यों की विधान सभाएं भंग कर दीं जहां कांग्रेस का शासन नहीं था। 1992 में वे 4 विधान सभाएं विघटित कर दी गईं जिनमें भारतीय जनता पार्टी का बहुमत था। 1977 में *राजस्थान*[2] में 7 न्यायाधीशों की न्यायपीठ ने सरकार के निर्णय को उचित ठहराया। किंतु 1994 में *बोम्मई*[3] में 9 न्यायाधीशों की पीठ ने सरकार को यह सलाह दी कि वह सरकारिया आयोग की सिफारिशों पर सम्यक् ध्यान दे और विघटन न करे क्योंकि कुछ मामलों में न्यायालय यह अभिनिर्धारित कर सकता है कि अनु. 356 के अधीन शक्ति का प्रयोग अनुचित और संविधान के प्रतिकूल था। ऐसा होने पर न्यायालय यह आदेश दे सकता है कि यथापूर्व स्थिति कायम की जाए। यह भी हो सकता है कि संसद् उद्घोषणा को अनुमोदित न करे। *बोम्मई* में न्यायालय ने यह अभिनिर्धारित किया कि नागालैंड (1988), कर्नाटक (1989) और मेघालय (1991) की विधान सभाओं का विघटन और सरकारों की पदच्युति असांविधानिक थी।

यदि अनु. 352 के अधीन आपात की उद्घोषणा प्रवर्तन में है तो 5 वर्ष की अवधि का विस्तार किया जा सकता है। विधान सभा का जीवन काल बढ़ाने के लिए संसद् को विधि बनानी होगी। विस्तार एक बार में एक वर्ष का ही हो सकता है। किंतु जिस तारीख को उद्घोषणा प्रवृत्त नहीं रहती है उस तारीख से यह विस्तार छह मास से अधिक नहीं हो सकता।

विधान परिषद्

विधान परिषद् की संरचना।

13.6 अनुच्छेद 171 में विधान परिषद् की न्यूनतम संख्या 40 रखी गई है। अधिकतम संख्या विधान सभा के संख्या बल के प्रति निर्देश से तय की जाती है। विधान परिषद् की समस्त सदस्य संख्या राज्य की विधान सभा की समस्त सदस्य संख्या के एक तिहाई से अधिक नहीं होगी।

विधान परिषद् का गठन इस प्रकार होगा,—

---

2. *राजस्थान राज्य* बनाम *भारत संघ,* ए.आइ.आर. 1977 एस.सी. 1361।
3. *एस.आर. बोम्मई* बनाम *भारत संघ* (1944) 3 एस.सी.सी. 1।

(क) कुल सदस्यों का 1/3 भाग नगरपालिकाओं, जिला बोर्डों और अन्य स्थानीय प्राधिकारियों के सदस्यों से मिलकर बनने वाले निर्वाचक मंडलों द्वारा निर्वाचित होगा।

(ख) 1/12 भाग उस राज्य में रहने वाले ऐसे व्यक्तियों द्वारा निर्वाचित होगा जो किसी विश्वविद्यालय के कम से कम तीन वर्ष से स्नातक हैं।

(ग) 1/12 भाग शिक्षकों के निर्वाचक मंडल द्वारा निर्वाचित होंगे। जो शिक्षक उस राज्य के भीतर की किसी शिक्षा संस्था में 3 वर्ष से पढ़ाने के काम में लगे हुए हैं वे निर्वाचक होने के लिए पात्र हैं। यह शिक्षा संस्थाएं माध्यमिक पाठशाला से नीचे की नहीं हो सकतीं।

(घ) 1/3 भाग राज्य की विधान सभा के निर्वाचित सदस्यों द्वारा ऐसे व्यक्तियों में से चुने जाएंगे जो सभा के सदस्य नहीं हैं।

(ङ) शेष (1/6) राज्यपाल द्वारा ऐसे व्यक्तियों में से नामनिर्दिष्ट किए जाएंगे जिन्हें साहित्य, विज्ञान, कला, सहकारी आंदोलन और समाज सेवा का विशेष ज्ञान या व्यावहारिक अनुभव है।

संसद् को अनु. 171 के अधीन विधान परिषद् की संरचना के लिए उपबंध करने वाली विधि का निर्माण करने की शक्ति है। अभी तक संसद् ने कोई विधि नहीं बनाई है। जब ऐसी विधि बना दी जाएगी तब वह विद्यमान उपबंधों का स्थान ले लेगी या उन्हें उपांतरित कर देगी।

अवधि।

13.7 राज्य सभा के समान विधान परिषद् का भी विघटन नहीं हो सकता। परिषद् एक स्थायी सदन है उसके एक तिहाई सदस्य हर दो वर्ष बाद निवृत्त हो जाते हैं। इसलिए प्रत्येक सदस्य छह वर्ष तक सदस्य बना रहता है। यदि कोई व्यक्ति किसी सदस्य की मृत्यु या त्यागपत्र द्वारा हुई आकस्मिक रिक्ति को भरने के लिए निर्वाचित होता है तो वह उस सदस्य की शेष अवधि के लिए ही सदस्य रहेगा। छह वर्ष के लिए नहीं।

सदस्यता के लिए अर्हता।

13.8 कोई व्यक्ति राज्य के विधान-मंडल के लिए किसी स्थान को भरने के लिए चुने जाने के लिए अर्ह तभी होगा,—

(क) जब वह भारत का नागरिक है। उसे तीसरी अनुसूची में दिए गए प्रारूप के अनुसार शपथ लेना आवश्यक है।[4]

(ख) विधान सभा के स्थान के लिए कम से कम 25 वर्ष की आयु और विधान परिषद् के स्थान के लिए कम से कम 30 वर्ष की आयु होनी चाहिए।

(ग) उसके पास ऐसी अर्हताएं हैं जो इस निमित्त संसद् द्वारा बनाई गई विधि द्वारा या उसके अधीन विहित की जाएं (अनु. 173)।

लोक प्रतिनिधित्व अधिनियम, 1951 में यह विहित है कि केवल ऐसा व्यक्ति ही राज्य विधान-मंडल का सदस्य होने का पात्र होगा जो स्वयं राज्य के किसी विधान सभा क्षेत्र में मतदाता है। अर्थात् उसका नाम राज्य के किसी विधान सभा क्षेत्र की निर्वाचक नामावली में है।

सदस्यता के लिए निरर्हता।

13.9 निरर्हताएं अनुच्छेद 191 में दी गई हैं और संसद् सदस्यों के लिए अनु. 102 में जो निरर्हताएं हैं उनके समान हैं।

कोई व्यक्ति किसी राज्य की विधान सभा या विधान परिषद् का सदस्य चुने जाने के लिए या सदस्य होने के लिए निरर्हित होगा,—

(क) यदि वह केंद्र या राज्य सरकार के अधीन कोई लाभ का पद धारण करता है। संघ या राज्य के मंत्री का पद लाभ का पद नहीं है। राज्य विधि बनाकर यह घोषित कर सकती है कि कौन से लाभ के पद को धारण करने वाला निरर्हित नहीं होगा। वास्तव में बहुत से राज्यों

4. नामनिर्देशन पत्र प्रस्तुत करते समय विहित शपथ लेना आज्ञापक अपेक्षा है। शपथ लेना अनिवार्य है वरना नामनिर्देशन पत्र विधिमान्य नहीं होगा। *हरजीत सिंह* बनाम *उमरावसिंह*, ए.आइ.आर. 1980 एस.सी. 701।

ने विधियां बनाकर ऐसे पदों की सूचियां प्रकाशित कर दी हैं जिनका धारक राज्य विधान-मंडल का सदस्य होने से निरर्हित नहीं होता।

(ख) यदि वह विकृतचित्त है।

(ग) यदि वह अनुन्मोचित दिवालिया है।

(घ) यदि वह भारत का नागरिक नहीं है या उसने किसी विदेशी राज्य की नागरिकता स्वेच्छा से अर्जित कर ली है या वह किसी विदेशी राज्य के प्रति निष्ठा या अनुषक्ति को अभिस्वीकार किए हुए हैं।

(ङ) यदि वह संसद् द्वारा बनाई गई किसी विधि द्वारा या उसके अधीन इस प्रकार निरर्हित कर दिया गया है।

संसद् को ऐसी विधि बनाने की शक्ति है जिसमें यह अधिकथित हो कि किन दशाओं में कोई व्यक्ति निरर्हित हो जाएगा। लोक प्रतिनिधित्व अधिनियम, 1951 में निरर्हित किए जाने के कुछ आधार बताए गए हैं उदाहरणार्थ, न्यायालय द्वारा दोषसिद्ध ठहराया जाना, निर्वाचन में भ्रष्ट आचरण का दोषी होना, ऐसे निगम में निदेशक होना जिसमें सरकार का वित्तीय हित है।

13.10 **दोहरी सदस्यता से निरर्हता।** अनुच्छेद 190 में जो अधिकथित है वह सही अर्थ में निरर्हता नहीं है किंतु उसके परिणामस्वरूप स्थान रिक्त हो जाता है। कोई व्यक्ति एक ही समय में विधान सभा और परिषद् का सदस्य नहीं होगा। यदि कोई व्यक्ति किसी राज्य में दोनों सदनों के लिए निर्वाचित हो जाता है तो एक स्थान रिक्त हो जाएगा। जिन राज्यों में दो सदन हैं उन्होंने इस स्थिति के लिए विधि बना ली है।

अनुच्छेद 190 का खंड (2) ऐसी परिस्थिति अनुध्यात करता है जिसमें कोई व्यक्ति दो या अधिक राज्यों के विधान मंडलों के लिए निर्वाचित हो जाता है। ऐसी दशा में उसे 10 दिनों के भीतर[5] एक राज्य को छोड़कर शेष से अपना त्यागपत्र दे देना चाहिए। यदि वह ऐसा नहीं करता है तो उसके द्वारा धारित सभी स्थान रिक्त हो जाएंगे।

13.11 **अनुपस्थिति के कारण निरर्हता।** यदि कोई सदस्य 60 दिन की अवधि तक सदन की अनुमति के बिना उसके सभी अधिवेशनों से अनुपस्थित रहता है तो सदन उसके स्थान को रिक्त घोषित कर सकेगा [अनु. 190(4)]। पूर्ववर्ती मामलों में परिस्थितियों के कारण अपने आप रिक्ति हो जाती है। किंतु अनुपस्थिति के कारण स्थान अपने आप रिक्त नहीं होता। रिक्ति तभी होगी जब सदन कार्रवाई करना ठीक समझे और स्थान को रिक्त घोषित करे।

13.12 **दल परिवर्तन के आधार पर निरर्हता।** विधान सभा या परिषद् का सदस्य दल परिवर्तन के आधार पर निरर्हित हो जाता है यदि उसका आचरण संविधान की 10वीं अनुसूची के प्रतिकूल है। दल परिवर्तन और 10वीं अनुसूची पर अध्याय 31 में विस्तार से विचार किया गया है।

13.13 **निरर्हता के बारे में विनिश्चय।** यदि यह प्रश्न उठता है कि किसी सदन का कोई सदस्य निरर्हता से ग्रस्त हो गया है या नहीं तो यह प्रश्न राज्यपाल को विनिश्चय के लिए निर्देशित किया जाएगा। राज्यपाल निर्वाचन आयोग की राय लेगा। आयोग की राय राज्यपाल पर आबद्धकर है। राज्यपाल को आयोग की राय के अनुसार कार्य करना पड़ेगा [अनु. 192(2)]।

---

5. समसामयिक सदस्यता प्रतिषेध नियम, 1950 का नियम 3।

त्यागपत्र।

13.14 कोई सदस्य अध्यक्ष (विधान सभा की दशा में) या सभापति (परिषद् की दशा में) को संबोधित अपने हस्ताक्षर सहित लेख द्वारा अपने स्थान का त्याग कर सकता है। उसका त्यागपत्र स्वीकार हो जाने पर स्थान रिक्त हो जाएगा। 1974 में अनु. 190 का संशोधन करके यह उपबंध किया गया कि त्यागपत्र प्राप्त होने पर अध्यक्ष या सभापति यह जांच करके अपना समाधान कर लेगा कि त्यागपत्र स्वैच्छिक है (प्रपीड़न के अधीन नहीं दिया गया है) और असली है (कूटरचित नहीं है)। जब तक पीठासीन अधिकारी का समाधान नहीं हो जाता तब तक वह त्यागपत्र स्वीकार नहीं करेगा। यह संशोधन इसलिए किया गया क्योंकि कुछ राज्यों में विशेषकर गुजरात में 1974 में चिम्मनभाई सरकार के विरुद्ध नव निर्माण आंदोलन के दौरान कुछ सदस्यों पर दबाव डालकर उनसे त्यागपत्र दिलवाया गया था।

सत्र।

13.15 राज्यपाल विधान सभा के सदन को ऐसे समय और स्थान पर अधिविष्ट होने के लिए आहूत करता है जो वह ठीक समझे। सदन साधारणतः राजधानी में उसके लिए आरक्षित भवन में अधिवेशन करता है। किंतु कुछ सभाओं का अधिवेशन अन्य भवनों में भी हुआ है। राजस्थान राज्य के निर्माण के पश्चात् लगभग 40 वर्ष तक विधान सभा का अधिवेशन जयपुर के टाउन हाल में होता रहा। उड़ीसा में विधान सभा का अधिवेशन भुवनेश्वर में विधान सभा का भवन बनने तक कटक के एक महाविद्यालय में होता रहा। उत्तराखंड, झारखंड और छत्तीसगढ़ के नए राज्यों की विधान सभाओं के अधिवेशन कामचलाऊ भवनों में हो रहे हैं। सभी विधान सभाओं के अधिवेशन एक ही नगर में होते हैं। इसके अपवाद हैं महाराष्ट्र विधान सभा जिसका वर्ष में एक बार शीतकालीन अधिवेशन, नागपुर में होता है और जम्मू-कश्मीर विधान सभा जिसका शीतकालीन सत्र जम्मू में होता है।

सदन के एक सत्र की अंतिम बैठक और आगामी सत्र की पहली बैठक के लिए नियत तारीख के बीच छह मास का अंतर नहीं होगा। दूसरे शब्दों में विधान सभा का अधिवेशन वर्ष में कम से कम दो बार होगा। सदन का सत्रावसान राज्यपाल द्वारा किया जा सकता है।

राज्यपाल का अभिभाषण।

13.16 राज्यपाल दो अवसरों पर विधान-मंडल में अभिभाषण करता है (अनु. 176)।

(क) प्रत्येक साधारण निर्वाचन के पश्चात् प्रथम सत्र के आरंभ पर।
(ख) प्रत्येक वर्ष के प्रथम सत्र के आरंभ पर।

राज्यपाल को विधान-मंडल में अभिभाषण करने का अधिकार है अर्थात् यदि दोनों सदन हैं तो एक साथ समवेत दोनों सदनों में या केवल विधान सभा है तो एक ही सदन में। इस प्रयोजन के लिए राज्यपाल सदस्यों की उपस्थिति की अपेक्षा कर सकेगा।

राज्यपाल राज्य के विधान-मंडल में लंबित किसी विधेयक के संबंध में संदेश या कोई अन्य संदेश भेज सकेगा। संदेश की प्राप्ति पर उस सदन का यह कर्त्तव्य हो जाता है कि वह सुविधानुसार शीघ्रता से उस पर विचार करे।

यह शक्तियां वैसी ही हैं जैसी संसद् के संबंध में राष्ट्रपति में निहित है (अनु. 86 और 87)।

विधायी प्रक्रिया

विधायी प्रक्रिया।

13.17 मोटे तौर से राज्य के विधान-मंडल में जिस प्रक्रिया का विधायी कार्य के लिए अनुसरण किया जाता है वह वैसी ही है जिसका अनुसरण संसद् में किया जाता है।

13.18 अनुच्छेद 199 में धन विधेयक की जो परिभाषा दी गई है वह संसद् के संबंध में अनु. 110 में दी गई परिभाषा के समान है। धन विधेयक केवल विधान सभा में ही पुरःस्थापित किया जा सकता है। वह विधान परिषद् में आरंभ नहीं हो सकता। जब धन विधेयक राज्य सभा द्वारा पारित कर दिया जाता है तो विधान परिषद् को उसकी सिफारिश के लिए पारेषित किया जाता है। विधान परिषद् से यह अपेक्षा है कि वह विधेयक को अपनी सिफारिशों के साथ उसकी प्राप्ति की तारीख से 14 दिन की अवधि के भीतर विधान सभा को लौटा दे। विधान सभा, विधान परिषद् द्वारा की गई किन्हीं या सभी सिफारिशों को स्वीकार या अस्वीकार कर सकती है। यदि विधान सभा, परिषद् द्वारा की गई सिफारिशों को स्वीकार कर लेती है तो यह समझा जाएगा कि धन विधेयक दोनों सदनों द्वारा उन संशोधनों के साथ पारित किया गया है जिन्हें विधान सभा ने स्वीकार किया है। यदि विधान सभा विधान परिषद् की किसी सिफारिश को नहीं मानती है तो यह समझा जाएगा कि धन विधेयक दोनों सदनों द्वारा उस रूप में पारित कर दिया गया है जिसमें वह विधान सभा द्वारा पारित किया गया था।

धन विधेयक।

यदि धन विधेयक विधान परिषद् द्वारा उसकी प्राप्ति की तारीख से 14 दिन की अवधि के भीतर नहीं लौटाया जाता है तो यह समझा जाएगा कि वह उस अवधि के अवसान के पश्चात् दोनों सदनों द्वारा उस रूप में पारित कर दिया गया है जिसमें उसे विधान सभा ने पारित किया था (अनु. 198)।

13.19 यदि यह प्रश्न उठता है कि क्या कोई विधेयक धन विधेयक है या नहीं तो उस पर विधान सभा के अध्यक्ष का विनिश्चय अंतिम होगा। जब कोई धन विधेयक विधान परिषद् को पारेषित किया जाता है या राज्यपाल को अनुमति के लिए प्रस्तुत किया जाता है तो विधान सभा के अध्यक्ष द्वारा यह पृष्ठांकित किया जाएगा कि वह धन विधेयक है [अनु. 199(3) और (4)]।

अध्यक्ष का प्रमाण पत्र।

13.20 सभी विनियोग विधेयक धन विधेयक होते हैं। उन्हें केवल विधान सभा में पुरःस्थापित किया जा सकता है और विधान परिषद् उनमें संशोधन की सिफारिश कर सकती है जिसके लिए परिषद् के पास 14 दिन का समय होता है। जो प्रक्रिया धन विधेयक को लागू होती है वही विनियोग विधेयक को लागू होती है। इसके अतिरिक्त एक बंधन और लगाया जाता है वह यह कि विनियोग विधेयक में कोई ऐसा संशोधन प्रस्तावित नहीं किया जाएगा जो किसी अनुदान की रकम में परिवर्तन करेगा या अनुदान के लक्ष्य को बदलेगा या राज्य की संचित निधि पर भारित व्यय की रकम में परिवर्तन करेगा। कोई संशोधन ग्रहण किया जा सकता है या नहीं इसके बारे में पीठासीन अधिकारी का विनिश्चय अंतिम होगा।

विनियोग विधेयक।

13.21 सामान्य विधेयकों को जो प्रक्रिया लागू होती है वह लगभग वैसी ही है जिसका अनुसरण संसद् में किया जाता है। सामान्य विधेयक (ऐसे विधेयक जो धन विधेयक या वित्तीय विधेयक नहीं है) राज्य विधान-मंडल के किसी भी सदन में आरंभ किए जा सकते हैं। विधान परिषद् को धन विधेयक की तुलना में सामान्य विधेयक के संबंध में अधिक शक्तियां हैं। परिषद् में विधेयक पर विचार किया जाता है और उसे पारित किया जाता है। परिषद् उसे बिना संशोधन के या संशोधन सहित पारित कर सकती है।

सामान्य विधेयक।

यदि विधान परिषद् को पारेषित कोई विधेयक,—

(क) परिषद् द्वारा अस्वीकार कर दिया जाता है, या

(ख) विधान परिषद् के समक्ष विधेयक रखे जाने की तारीख से तीन मास से अधिक समय बीत गया है और परिषद् ने उसे पारित नहीं किया है, या

(ग) विधान परिषद् द्वारा संशोधन सहित पारित किया जाता है और विधान सभा संशोधनों से सहमत नहीं होती है।

ऐसी दशा में विधान सभा, परिषद् द्वारा किए गए संशोधनों से सहमत होकर या बिना सहमत हुए विधेयक को दुबारा पारित करके विधान परिषद् को पारेषित करेगी।

जब विधान सभा द्वारा दुबारा पारित किया विधेयक परिषद् को प्राप्त होता है तो विधान परिषद्,—

(क) फिर से विधेयक को अस्वीकार कर सकती है, या

(ख) विधेयक को बिना पारित किए एक मास तक रख सकती है, या

(ग) विधेयक को ऐसे संशोधनों सहित पारित कर सकती है जिनसे विधान सभा सहमत नहीं होती है।

इन तीनों दशाओं में यह समझा जाएगा कि विधेयक दोनों सदनों द्वारा उस रूप में पारित किया गया जिसमें वह विधान सभा में दुबारा पारित किया गया था और उसमें विधान परिषद् द्वारा किए गए ऐसे संशोधन होंगे जिनसे विधान सभा सहमत हो गई है।

परिषद् की शक्तियां।

13.22 ऊपर किए गए विचार-विमर्श से यह स्पष्ट हो जाता है कि सामान्य विधेयक के संबंध में परिषद् की भूमिका प्रभावी पुनरीक्षणकर्ता की नहीं है। उसे सलाहकारी सदन कहा जा सकता है जिसे विलंब करने की शक्ति है। पहले प्रक्रम पर परिषद् विधेयक को पारित करने में तीन मास का विलंब कर सकती है जब विधेयक विधान सभा द्वारा दुबारा पारित किया जाता है तो विधान परिषद् उसे एक मास तक रोक सकती है। किंतु यह निश्चित है कि अंत में विधान सभा का विनिश्चय अभिभावी होगा।

गतिरोध दूर करना।

13.23 लोक सभा और राज्य सभा के बीच सामान्य विधि के संबंध में असहमति होने पर संयुक्त बैठक का उपबंध है। राज्य के विधान-मंडल के दोनों सदनों के बीच मतभेद को सुलझाने के लिए संविधान में संयुक्त बैठक के लिए कोई उपबंध नहीं है। किंतु शक्तियों का वितरण इस प्रकार किया गया है कि अंत में जाकर विधान सभा की बात ही स्वीकार होती है।

संसद् और राज्य विधान-मंडलों की तुलना

संसद् और राज्य विधान-मंडलों में सामान्य विधेयकों के बारे में गतिरोध दूर करने की प्रक्रिया की तुलना।

13.24 यदि लोक सभा द्वारा पारित सामान्य विधेयक जो राज्य सभा को पारेषित किया गया है,—

(क) राज्य सभा द्वारा अस्वीकार कर दिया जाता है, या

(ख) दोनों सदन विधेयक में किए जाने वाले संशोधनों के बारे में असहमत हो जाते हैं, या

(ग) विधेयक लौटाया नहीं गया है और छह मास से अधिक बीत गए हैं, तो

राष्ट्रपति विधेयक पर विचार करने और उसे पारित करने के प्रयोजन के लिए सदनों की संयुक्त बैठक आहूत कर सकता है। दोनों सदनों की संयुक्त बैठक में विधेयक दोनों सदनों में उपस्थित और मतदान करने वाले सदस्यों की कुल संख्या के बहुमत द्वारा पारित किया जाता है और यह समझा जाता है कि विधेयक दोनों सदनों द्वारा ऐसे संशोधनों सहित पारित किया गया है जिस पर बहुमत की सहमति थी। विधेयक को इस प्रकार संयुक्त बैठक में पारित करके राष्ट्रपति को अनुमति के लिए प्रस्तुत किया जाता है (अनु. 108)।

राज्य विधान-मंडल में जब कोई सामान्य विधेयक विधान सभा द्वारा पारित होकर विधान परिषद् को भेजा जाता है और विधान परिषद्

(क) विधेयक को अस्वीकार कर देती है, या

(ख) विधेयक को अपने पास रखती है और जिस तारीख को परिषद् के समक्ष रखा गया था उस तारीख से 3 मास के भीतर उसे पारित नहीं करती है, या

(ग) उसे ऐसे संशोधनों के साथ पारित करती है जिससे विधान सभा सहमत नहीं होती है तो विधान सभा विधेयक को संशोधनों सहित या बिना संशोधनों के दुबारा पारित कर सकती है और पुनः परिषद् को पारेषित कर सकती है।

जब विधेयक दूसरी बार परिषद् में पहुंचता है तो परिषद्,—

(क) विधेयक को अस्वीकार कर देती है, या

(ख) विधेयक को लंबित रखती है और परिषद् के समक्ष विधेयक के रखे जाने की तारीख से एक मास तक लंबित रखती है, या

(ग) संशोधन प्रस्तावित करती है।

इन सभी परिस्थितियों में यह समझा जाएगा कि विधेयक दोनों सदनों द्वारा उस रूप में पारित किया गया जिस रूप में उसे विधान सभा ने दूसरी बार पारित किया था।

इस प्रकार यदि परिषद् सामान्य विधेयक का विरोध करती है तो विधेयक विधान सभा से परिषद् की यात्रा दो बार करेगा। पहली यात्रा में परिषद् विलंब कर सकती है और विधेयक को अधिक से अधिक तीन मास तक लंबित रख सकती है। दूसरी यात्रा में विधेयक को एक मास तक रोक सकती है। इस अवधि की समाप्ति पर विधेयक विधि बन जाएगा चाहे परिषद् ने उसकी उपेक्षा करके उसे डाले रखा हो।

अनुच्छेद 197 उन सामान्य विधेयकों को लागू होता है जो विधान सभा में आरंभ होते हैं और परिषद् को पारेषित किए जाते हैं। यदि कोई सामान्य विधेयक परिषद् में प्रारंभ होता है, परिषद् द्वारा पारित किया जाता है और सभा को पारेषित किया जाता है तथा सभा द्वारा अस्वीकार कर दिया जाता है तो विधेयक का जीवन समाप्त हो जाता है। परिषद् ऐसे विधेयक को दुबारा पारित नहीं कर सकती।

संसद् और राज्य विधान-मंडल दोनों सदनों की स्थिति की तुलना करने से उनके कृत्यों को समझने के लिए अंतर्दृष्टि मिलेगी।

13.25 हमने ऊपर यह देखा कि संघ और राज्य विधान-मंडलों के बारे में गतिरोध दूर करने के लिए प्रक्रियाएं अलग-अलग हैं। इस अंतर के पीछे कारण यह है कि राज्य सभा और विधान परिषद् की प्रकृति भिन्न है। राज्य सभा, राज्यों की प्रतिनिधि है और उसके सृजन का आधार संविधान की परिसंघीय प्रकृति है। राज्य सभा के सदस्य अपने राज्य का प्रतिनिधित्व करते हैं। किसी विशिष्ट निर्वाचन क्षेत्र का नहीं। उन्हें संविधान के परिसंघीय चरित्र का संरक्षण करने के लिए पर्याप्त शक्ति होनी चाहिए। इसलिए वह मात्र विलंब करने वाली संस्था नहीं हो सकती। राज्य सभा की परिसंघीय भूमिका को मान्यता देते हुए संविधान में दोनों की संयुक्त बैठक के लिए उपबंध है। जब भी किसी विधेयक के संशोधनों के बारे में दोनों सदन अंतिम रूप से असहमत हो जाते हैं तो संयुक्त बैठक की जा सकती है। लोक सभा की सदस्य संख्या राज्य सभा की सदस्य संख्या से दो गुनी से भी अधिक है इसलिए इस बात की संभावना रहती है कि संयुक्त बैठक में लोक सभा का बोलबाला होगा।

गतिरोध को दूर करने के लिए प्रक्रिया में अंतर के कारण।

विधान परिषदें परिसंघ प्रणाली के लिए आवश्यक संस्था नहीं है। परिषद् के सदस्य विभिन्न निर्वाचकगणों से अप्रत्यक्ष रूप से निर्वाचित होते हैं। ये निर्वाचकगण हैं शिक्षक, स्नातक

विधान सभा के सदस्य आदि। इस बात को ध्यान में रखते हुए परिषदों को जो शक्तियां दी गई हैं वे इंग्लैंड के हाउस आफ लार्ड्स की शक्तियों के समान हैं। इंग्लैंड में पार्लमेंट एक्ट, 1911 और 1948 के पश्चात् हाउस आफ लार्ड्स की शक्तियां घटा दी गई हैं। यह इस सिद्धांत पर आधारित है कि विधान सभा, हाउस आफ कामन्स के समान, जनता का प्रतिनिधित्व करती है। वह प्रत्यक्षतः निर्वाचित सदन है। परिषद् को सभा का विरोध करने और उसे रोकने की भी शक्ति नहीं है। वह विधेयक को पारित करने में विलंब कर सकती है, इससे अधिक कुछ नहीं। इस विलंब के समय हो सकता है कि विधान सभा उस विषय पर पुनर्विचार करना चाहे और कुछ मामलों में परिषद् द्वारा प्रस्थापित संशोधनों से सहमत होकर उन्हें स्वीकार कर ले। इन दोनों सदनों की भूमिका में जो अंतर है वह लोकतंत्र और गणराज्य के सिद्धांतों के अनुरूप है।

धन विधेयक के बारे में तुलना।

13.26 धन विधेयकों के बारे में निचले सदन (लोक सभा और विधान सभा) को निर्णायक शक्ति दी गई है।

1. धन विधेयक ज्येष्ठ सदन (राज्य सभा या विधान परिषद्) में आरंभ नहीं हो सकता।

2. ज्येष्ठ सदन को विधेयक में संशोधन करने या उसे अस्वीकार करने की शक्ति नहीं है। राज्य सभा और विधान परिषद् विधेयक पर विचार करके सिफारिश कर सकते हैं। निर्वाचित सदन (लोक सभा या विधान सभा) ज्येष्ठ सदन द्वारा की गई सिफारिश को चाहे तो स्वीकार करे या अस्वीकार करे। यदि लोक सभा या विधान सभा सिफारिशों से सहमत नहीं होती है तो यह समझा जाता है कि विधेयक विधान-मंडल द्वारा उस रूप में पारित किया गया है जिस रूप में वह कनिष्ठ सदन (लोक सभा या विधान सभा) में पारित किया गया था। उसे राष्ट्रपति या राज्यपाल की सहमति के लिए प्रस्तुत किया जाता है। यदि ज्येष्ठ सदन द्वारा की गई सिफारिशों से कनिष्ठ सदन सहमत हो जाता है तो यह समझा जाता है कि विधेयक विधान-मंडल द्वारा उस रूप में पारित किया गया है जिसमें वह कनिष्ठ सदन द्वारा सिफारिशों को स्वीकार करने के पश्चात् पारित किया गया था।

3. संविधान में यह अपेक्षा है कि ज्येष्ठ सदन धन विधेयक को, निर्वाचित सदन से प्राप्ति की तारीख से 14 दिन की अवधि के भीतर लौटाएगा। यदि विधेयक 14 दिन की विहित अवधि के भीतर नहीं लौटाया जाता है तो यह समझा जाएगा कि वह 14 दिन की अवधि के अवसान पर दोनों सदनों द्वारा पारित कर दिया गया है। यद्यपि ज्येष्ठ सदन ने विधेयक को स्वीकार नहीं किया है और कोई सिफारिश भी नहीं की है, फिर भी विधेयक को, यथास्थिति, राष्ट्रपति या राज्यपाल की अनुमति के लिए प्रस्तुत किया जा सकता है।

संविधान में दोनों सदनों के बीच धन विधेयक को लेकर गतिरोध को दूर करने का कोई उपबंध नहीं है। वास्तव में देखा जाए तो संविधान के उपबंध इस प्रकार हैं कि धन विधेयक के बारे में गतिरोध हो ही नहीं सकता। संसद् में और राज्य विधान-मंडल में, दोनों ही स्थानों पर, निर्वाचित सदन (लोक सभा और विधान परिषद्) अभिभावी होगा।

सामान्य विधेयकों के बारे में तुलना।

13.27 सामान्य विधेयकों के बारे में तुलना।

संसद्	**राज्य विधान-मंडल**
1. सामान्य विधेयक किसी भी सदन में पुरःस्थापित किया जा सकता है। अर्थात्, लोक सभा में या राज्य सभा में।	1. सामान्य विधेयक किसी भी सदन में पुरःस्थापित किया जा सकता है। अर्थात्, विधान सभा में या विधान परिषद् में।
2. यदि दोनों सदन किसी विधेयक पर बिना संशोधनों के या संशोधनों के साथ सहमत हो जाते हैं तो विधेयक संसद् द्वारा पारित हो जाता है।	2. अगर दोनों सदन किसी विधेयक पर बिना संशोधनों के या संशोधनों के साथ सहमत हो जाते हैं तो विधेयक राज्य विधान-मंडल द्वारा पारित हो जाता है।

(क्रमशः)

संसद्	राज्य विधान-मंडल
3. जहां कोई सदन दूसरे सदन द्वारा पारित विधेयक को प्राप्त करने के पश्चात्,— (क) विधेयक को अस्वीकार करता है, या (ख) संशोधन प्रस्तावित करता है जिनको दूसरा सदन स्वीकार नहीं करता, या (ग) छह मास की अवधि के भीतर पारित नहीं करता। तो यह कहा जाता है कि दोनों सदन अंतिम रूप से असहमत हो गए हैं।	3. जहां कोई सदन दूसरे सदन द्वारा पारित विधेयक को प्राप्त करने के पश्चात्,— (क) विधेयक को अस्वीकार करता है, या (ख) संशोधन प्रस्तावित करता है जिनको दूसरा सदन स्वीकार नहीं करता, या (ग) तीन मास की अवधि के भीतर पारित नहीं करता। तो यह कहा जाता है कि दोनों सदन अंतिम रूप से असहमत हो गए हैं।
4. ऊपर पैरा 3 में वर्णित अंतिम असहमति हो जाने पर गतिरोध उत्पन्न हो जाता है। ऐसी स्थिति का समाधान निकालने के लिए लोक सभा और राज्य सभा की संयुक्त बैठक बुलाई जाती है।	4. ऊपर पैरा 3 में वर्णित परिस्थिति में राज्य विधान-मंडल की दशा में संयुक्त बैठक के लिए कोई उपबंध नहीं है।
5. लोक सभा विधेयक को दूसरी बार पारित करके राज्य सभा का अध्यारोहण नहीं कर सकती। गतिरोध दूर करने का एक मात्र तरीका संयुक्त बैठक है।	5. यदि विधान सभा विधेयक को दूसरी बार पारित करके परिषद् को भेज देती है तो परिषद् उसे इस दूसरी बार की यात्रा में एक मास की अवधि तक विधारित कर सकती है। यदि परिषद् विधेयक को अस्वीकार करती है या उसके द्वारा प्रस्तावित संशोधन विधान सभा को स्वीकार्य नहीं है तो यह समझा जाएगा कि विधेयक राज्य विधान-मंडल द्वारा पारित कर दिया गया है।
6. गतिरोध को दूर करने की यह प्रक्रिया सभी सामान्य विधेयकों को लागू होती है चाहे वे लोक सभा में आरंभ हुए हों या राज्य सभा में।	6. विधेयक को दो बार पारित करने की प्रक्रिया केवल ऐसे विधेयक के मामले में लागू होती है जो विधान सभा में आरंभ हुआ था। यदि कोई विधेयक जो परिषद् में आरंभ हुआ था और विधान सभा को पारेषित किया गया था, विधान सभा द्वारा अस्वीकार किया जाता है तो इस अस्वीकृति से विधेयक समाप्त हो जाता है। विधेयक प्राणहीन हो जाता है।

विधान परिषद् की उपयोगिता।

13.28 जब हम संविधान द्वारा विधान सभा और विधान परिषद् को दी गई शक्तियों पर दृष्टि डालते हैं तो हम यह पाते हैं कि विधान सभा की तुलना में विधान परिषद् कहीं नहीं ठहरती। कुछ सीमा तक इसका कारण परिषद् के निर्वाचन की रीति है। परिषद् भागतः निर्वाचित और भागतः नामनिर्दिष्ट होती है, यद्यपि नामनिर्दिष्ट सदस्य कुल सदस्य संख्या के केवल 1/12 होते हैं। एक प्रकार से विधान सभा से ही

विधान परिषद् का जन्म होता है क्योंकि उसके 1/3 सदस्य विधान सभा द्वारा निर्वाचित होते हैं। विधान परिषद् की विद्यमानता और बने रहना पूरी तौर से विधान सभा पर निर्भर है। विधान सभा कभी भी विधान परिषद् के उत्सादन के लिए संकल्प पारित कर सकती है। ऐसा संकल्प विशेष बहुमत से पारित होना चाहिए किंतु यह तथ्य महत्व का है कि विधान सभा कभी भी परिषद् का बोरिया बिस्तर बांध सकती है। मंत्रि-परिषद् विधान सभा के प्रति उत्तरदायी होती है। परिषद् के प्रति नहीं। परिषद् धन विधेयक न तो अस्वीकार कर सकती है और न उसमें कोई संशोधन प्रस्थापित कर सकती है। वह विधान सभा को मात्र सिफारिश कर सकती है। वह अधिक से अधिक इतना कर सकती है कि विधेयक को 14 दिन तक डाले रखे। अन्य विधेयकों के बारे में भी परिषद् के लिए यही कहा जा सकता है कि वह एक सलाहकारी सदन है जिसे विलंब करने की शक्ति है। जब विधेयक पहली बार सभा से परिषद् की यात्रा करता है, तब विलंब 3 मास हो सकता है। दूसरी यात्रा में एक मास। किंतु अंत में जो विधान सभा चाहती है वही होगा।

जो विधेयक परिषद् में आरंभ होते हैं उनके बारे में अंतिम निर्णय विधान सभा का होता है। यदि विधान सभा ऐसे विधेयक को अस्वीकार कर देती है तो उस विधेयक का प्राणांत हो जाता है।

विधान सभा और परिषद् के विधायी कृत्यों की परीक्षा करने से यह प्रकट होता है कि परिषद् को राज्य सभा की तुलना में कम शक्तियां दी गई हैं। राज्य सभा गतिरोध उत्पन्न कर सकती है जिसके फलस्वरूप विधेयक पर विचार करने और उसे पारित करने के लिए दोनों सदनों की संयुक्त बैठक करनी होगी। संविधान के प्रारंभ के दिनों में यह अपेक्षा थी कि सुप्रतिष्ठित, चरित्रवान और विद्वान व्यक्ति विधान परिषद् को सुशोभित करेंगे किंतु अभी तक के अनुभव से दिखाई पड़ता है कि विधान परिषद् के सदस्यों की योग्यता और पात्रता विधान सभा के सदस्यों जैसी ही है। परिषद् श्रेष्ठता का दावा नहीं कर सकती।

संविधान के प्रवृत्त होने के पश्चात् आंध्र प्रदेश, तमिलनाडु, पश्चिमी बंगाल और पंजाब में विधान परिषद् का उत्सादन कर दिया गया है। मध्य प्रदेश ने विधान परिषद् की स्थापना से संबंधित उपबंध को प्रभावी करने के लिए कोई तारीख तय नहीं की है। जिस प्रकार से राज्यों ने परिषद् का उत्सादन किया है उससे यह दिखाई देता है कि वे परिषद् को व्यर्थ की संस्था मानते हैं। उपयोगी संगठन नहीं।

13.29 **राज्यपाल की विधान-मंडल में शक्ति और भूमिका।**

राज्य विधान-मंडल 5 राज्यों में राज्यपाल और दो सदनों से मिलकर बनता है और शेष में राज्यपाल और एक सदन से मिलकर बनता है। कोई विधेयक अधिनियम तभी बनता है जब उसे राज्यपाल की अनुमति मिल जाए। राज्यपाल राज्य विधान-मंडल का अंग है। जब कोई विधेयक राज्य विधान-मंडल द्वारा सम्यक् रूप से पारित कर दिया जाता है तो उसे राज्यपाल को प्रस्तुत किया जाता है। राज्यपाल के पास 4 विकल्प होते हैं।

1. वह विधेयक को अनुमति की घोषणा कर सकता है। यदि वह ऐसा करता है तो विधेयक तुरंत अधिनियम बन जाता है। कुछ दशाओं में वह किसी पश्चात्वर्ती तारीख को प्रवृत्त किया जाता है किंतु अधिनियम उसी दिन अस्तित्व में आ जाता है जिस दिन अनुमति की घोषणा होती है। अनुमति की घोषणा करने के लिए कोई समय सीमा नियत नहीं है[6] (अनु. 200)।

2. वह यह घोषित कर सकता है कि मैंने अनुमति रोक ली है। यदि वह ऐसा करता है तो विधेयक अधिनियम नहीं बन पाता (अनु. 200)।

3. वह इस संदेश के साथ विधेयक लौटा सकता है कि सदन विधेयक पर पुनर्विचार करे या यदि दो सदन हैं तो दोनों पुनर्विचार करें। धन विधेयक पुनर्विचार के लिए नहीं लौटाया जा

---

6. *पुरुषोतमन* बनाम *केरल राज्य,* ए.आइ.आर. 1962 एस.सी. 694।

सकता। किंतु यदि विधेयक को संशोधनों सहित या बिना संशोधनों के दुबारा पारित किया जाता है और राज्यपाल को अनुमति के लिए प्रस्तुत किया जाता है तो राज्यपाल अनुमति विधारित नहीं कर सकता (अनु. 200 परंतुक)।

4. वह विधेयक को राष्ट्रपति के विचार के लिए आरक्षित कर सकता है। यदि विधेयक के पारित हो जाने से संविधान के अधीन उच्च न्यायालय को दी गई शक्तियां कम हो जाएंगी तो राज्यपाल विधेयक को राष्ट्रपति के विचार के लिए आरक्षित करने के लिए बाध्य है। अन्य सभी मामलों में राज्यपाल किसी विधेयक को अपने विवेकानुसार आरक्षित कर सकता है। राज्यपाल की राष्ट्रपति के विचार के लिए विधेयक को आरक्षित करने की शक्ति को न्यायालय में प्रश्नगत नहीं किया जा सकता।

13.30 **राष्ट्रपति की शक्ति और भूमिका।** जब राज्यपाल किसी धन विधेयक को राष्ट्रपति के विचार के लिए आरक्षित करता है तो राष्ट्रपति पर यह बाध्यता है कि वह या तो अनुमति दे या विधारित करे (अनु. 201)। राष्ट्रपति को कोई और विकल्प नहीं है।

यदि राष्ट्रपति के विचार के लिए आरक्षित विधेयक धन विधेयक नहीं है तो राष्ट्रपति राज्यपाल को यह निदेश दे सकता है कि विधेयक को सदन या सदनों द्वारा पुनर्विचार के लिए लौटाया जाए। विधान-मंडल का यह कर्त्तव्य है कि वह संदेश की प्राप्ति से छह मास के भीतर विधेयक पर पुनर्विचार करे। यदि विधान-मंडल विधेयक दुबारा पारित कर देता है तो वह राष्ट्रपति को उसके विचार के लिए पुनः प्रस्तुत किया जाएगा। किंतु यह ध्यान देने योग्य है कि राष्ट्रपति अनुमति देने के लिए बाध्य नहीं है (अनु. 201)।

कोई विधेयक जो राष्ट्रपति के विचार के लिए आरक्षित रखा जाता है अधिनियम तभी बनता है जब राष्ट्रपति की अनुमति प्राप्त हो जाए। संविधान में कोई निश्चित अवधि नहीं बताई गई जिसके भीतर अनुमति देने या विधारित करने की घोषणा करना आवश्यक हो। राष्ट्रपति किसी विधेयक को अपनी मेज पर लंबित भी रख सकता है।

13.31 **कोई मार्गदर्शक नियम नहीं।** संविधान में राज्यपाल को इस बात पर कोई मार्गदर्शन नहीं दिया गया है कि किन मामलों में उसे अनुमति देनी चाहिए या विधारित करनी चाहिए। इसी प्रकार (अनु. 200 में उपबंधित एक मामले को छोड़कर) संविधान में इस बात का कोई मार्गदर्शन नहीं है कि राज्यपाल कौन से विधेयक राष्ट्रपति के विचार के लिए आरक्षित करे। इन सब बातों की न्यायालय समीक्षा नहीं कर सकते।[7] इस प्रकार विधेयक को अनुमति देने या विधारित करने के बारे में राज्यपाल और राष्ट्रपति को व्यापक विवेकाधिकार हैं।

13.32 **आरक्षण के कारण।** राज्य विधेयकों के राष्ट्रपति द्वारा विचार के लिए आरक्षण का उपबंध संघ और राज्य के बीच बेहतर समझ और सहकार्य उत्पन्न करने के लिए है। इनका उद्देश्य यह है कि पूरा तंत्र समग्र देश की आवश्यकताओं के प्रति संवेदनशील बने। इसका आशय एक राष्ट्रीय नीति की रचना करना है। केंद्र सरकार आरक्षित विधेयकों के बारे में राज्यों को उपयोगी सलाह और मार्गदर्शन देती है। राज्य सामान्यतः सलाह को मानते हैं और आवश्यकतानुसार विधेयकों में संशोधन करते हैं। केंद्र सरकार ने इस शक्ति का प्रयोग बहुत सावधानी से और आवश्यकतानुसार ही किया है। इस बारे में राज्यों से शिकायतें सुनने को नहीं मिलतीं।

---

7. *हेक्स्ट फार्मास्युटिकल्स* बनाम *बिहार राज्य,* ए.आइ.आर. 1983 एस.सी. 1019 ।

13.33 सरकारिया आयोग[8] ने यह मत प्रकट किया कि अनु. 200 के अधीन (विधेयकों पर अनुमति) विधेयक को निपटाते समय राज्यपाल को मंत्रि-परिषद् की सलाह के विरुद्ध कार्य नहीं करना चाहिए और यह कि उसे एक मास के भीतर यह कार्य करना चाहिए। इस सिफारिश से मंत्रि-परिषद् के हाथों को शक्ति मिलती है। मंत्रिमंडल के हाथों में विधान-मंडल का नियंत्रण होता है और वे सभी विधेयक जो मंत्रिमंडल प्रारंभ करता है विधान-मंडल द्वारा आज्ञानुसार पारित कर दिए जाते हैं। राष्ट्रपति और राज्यपाल सांविधानिक पद धारण करते हैं और मंत्रि-परिषद् के अधीन नहीं होते। यह धारणा की जानी चाहिए कि वे उन शक्तियों को धारण करने के लिए विश्वासपात्र हैं जो उन्हें सौंपी गई हैं। पिछले 50 वर्षों में इन शक्तियों का कोई ऐसा दुरुपयोग नहीं हुआ है कि सुधार की आवश्यकता समझी जाए। मुख्य मंत्री को यह शक्ति देना उचित नहीं होगा क्योंकि तब तो वह अधिनायक बन जाएगा जिसके आदेशों का पालन करना विधान-मंडल और राज्य के अध्यक्ष का कर्त्तव्य है। इतने उच्च अधिकारी को स्वतंत्र रूप से अपने विवेक के अनुसार काम करने की शक्ति होनी चाहिए। यदि आयोग की सिफारिश मान ली जाए तो विधान-मंडल एक ऐसी मशीन बन जाएगा जिसे एक व्यक्ति या एक दल की इच्छा के अनुसार परिणाम देने के लिए प्रोग्राम किया गया है।

सरकारिया आयोग के विचार।

13.34 राष्ट्रपति के पास विधेयक को अनुमति देने या विधारित करने के अतिरिक्त एक और विकल्प है—वह उच्चतम न्यायालय की राय जानने के लिए अनु. 143 के अधीन न्यायालय को निर्दिष्ट कर सकता है। *केरल शिक्षा विधेयक*[9] को इस प्रकार निर्दिष्ट किया गया था। जब न्यायालय ने विधेयक पर अपनी राय दी तब विधेयक आवश्यक परिवर्तन करने के लिए राज्य को लौटाया गया जिससे कि वह अंश सुधारे जा सकें जो असांविधानिक हैं। इसी प्रकार दिल्ली विधि अधिनियम, 1950 और विशेष न्यायालय विधेयक (1977) अनु. 143 के अधीन निर्दिष्ट किए गए थे।

राष्ट्रपति के लिए अन्य विकल्प।

राष्ट्रपति और राज्यपाल की वीटो शक्तियों की तुलना।

13.35 वीटो शक्तियां।

राष्ट्रपति	**राज्यपाल**
1. संसद् द्वारा पारित किसी विधेयक को अपनी अनुमति की घोषणा कर सकता है।	1. राज्य विधान-मंडल द्वारा पारित किसी विधेयक को अपनी अनुमति की घोषणा कर सकता है।
2. अपनी अनुमति विधारित कर सकता है।	2. अपनी अनुमति विधारित कर सकता है।
3. किसी भी विधेयक को (धन विधेयक से भिन्न) संसद् द्वारा पुनर्विचार के लिए लौटा सकता है।	3. किसी भी विधेयक को (धन विधेयक से भिन्न) विधान-मंडल द्वारा पुनर्विचार के लिए लौटा सकता है।
यदि विधेयक सदनों द्वारा पुनःपारित किया जाता है और राष्ट्रपति की अनुमति के लिए प्रस्तुत किया जाता है तो राष्ट्रपति अपनी अनुमति देने के लिए बाध्य है। जो विधेयक दोनों सदनों द्वारा पुनः पारित किया जाता है उस पर वह अनुमति रोक नहीं सकता (अनु. 111)।	यदि विधेयक सदन या सदनों द्वारा पुनः पारित किया जाता है और राज्यपाल की अनुमति के लिए प्रस्तुत किया जाता है तो राज्यपाल अपनी अनुमति देने के लिए बाध्य है। जो विधेयक दोनों सदनों द्वारा पुनः पारित किया जाता है उस पर वह अनुमति रोक नहीं सकता (अनु. 200)।

(*क्रमशः*)

8. *केंद्र राज्य संबंधों पर आयोग का प्रतिवेदन* (1988)।
9. *केरल शिक्षा विधेयक,* ए.आइ.आर. 1958 एस.सी. 956।

राष्ट्रपति	राज्यपाल
राज्य विधेयक राज्यपाल राज्य विधेयकों को राष्ट्रपति के विचार के लिए आरक्षित कर सकता है (अनु. 201)।	
4. यदि राज्य विधेयक धन विधेयक है तो राष्ट्रपति अपनी अनुमति की घोषणा कर सकता है या अनुमति विधारित कर सकता है।	4. राज्यपाल अपनी अनुमति की घोषणा नहीं करता है और न उसे लौटाता है किंतु उसे राष्ट्रपति के विचार के लिए आरक्षित कर सकता है यदि विधेयक उच्च न्यायालय को संविधान द्वारा प्रदत्त शक्तियों पर प्रतिकूल प्रभाव डालता है तो राज्यपाल विधेयक को राष्ट्रपति के विचार के लिए आरक्षित करने के लिए बाध्य है। अन्य सभी मामलों में राज्यपाल को अपने विवेक का प्रयोग करना होगा। यदि वह ठीक समझे तो वह विधेयक को आरक्षित कर सकता है।
5. यदि राज्य विधेयक सामान्य विधेयक है (धन विधेयक नहीं है), तो राष्ट्रपति,— (क) अनुमति दे सकता है। (ख) अनुमति विधारित कर सकता है। (ग) विधेयक को पुनर्विचार के लिए राज्य को लौटा सकता है। जब विधेयक इस प्रकार लौटाया जाता है तो राज्य का विधान-मंडल छह मास के भीतर उस पर पुनर्विचार करेगा। यदि वह दुबारा पारित किया जाता है तो उसे राष्ट्रपति की अनुमति के लिए पुनः प्रस्तुत किया जाएगा। राष्ट्रपति चाहे तो अनुमति दे या विधारित करे। यद्यपि विधेयक दुबारा पारित किया गया है फिर भी राष्ट्रपति अपनी अनुमति देने के लिए बाध्य नहीं है।	5. जब कोई विधेयक राष्ट्रपति के विचार के लिए आरक्षित कर लिया गया है तो उसे अनुमति देने या विधारित करने की घोषणा केवल राष्ट्रपति ही कर सकता है। विधेयक को अनुमति के लिए आरक्षित करने के पश्चात् राज्यपाल की शक्ति समाप्त हो जाती है। यदि विधेयक पुनः पारित किया जाता है तो उसे पुनः राष्ट्रपति की अनुमति के लिए प्रस्तुत करना होगा। राष्ट्रपति को यह अधिकार है कि वह अनुमति दे या न दे।

राष्ट्रपति और राज्यपाल की अध्यादेश निकालने की शक्ति की तुलना।

13.36 अध्यादेश निकालने की शक्ति।

राष्ट्रपति	राज्यपाल
1. अध्यादेश तब प्रख्यापित किया जा सकता है जब संसद् का कोई सदन या दोनों सदन सत्र में नहीं हैं।	1. अध्यादेश तब प्रख्यापित किया जा सकता है जब राज्य विधान सभा या जहां विधान-मंडल में दो सदन हैं वहां विधान सभा या विधान परिषद् में से कोई एक या दोनों सत्र में नहीं हैं।

(क्रमशः)

राष्ट्रपति	राज्यपाल
2. राष्ट्रपति का यह समाधान हो जाना चाहिए कि ऐसी परिस्थितियां विद्यमान हैं जिनके कारण तुरंत कार्रवाई करना आवश्यक हो गया है।	2. राज्यपाल का यह समाधान हो जाना चाहिए कि ऐसी परिस्थितियां विद्यमान हैं जिनके कारण तुरंत कार्रवाई करना आवश्यक हो गया है।
3. अध्यादेश जारी करने और उसे वापस लेने की शक्ति का प्रयोग मंत्रि-परिषद् की सहायता और सलाह से किया जाना चाहिए।	3. अध्यादेश जारी करने और उसे वापस लेने की शक्ति का प्रयोग मंत्रि-परिषद् की सहायता और सलाह से किया जाना चाहिए।
4. अध्यादेश प्रख्यापित करने के लिए राष्ट्रपति को किसी अनुदेश की आवश्यकता नहीं होती।	4. तीन दशाओं में राज्यपाल राष्ट्रपति से अनुदेश प्राप्त करने के पश्चात् ही अध्यादेश प्रख्यापित कर सकता है। ये दशाएं हैं,— (क) वैसे ही उपबंध अंतर्विष्ट करने वाले विधेयक को विधान-मंडल में पुनः-स्थापित किए जाने के लिए राष्ट्रपति की पूर्व मंजूरी की अपेक्षा होती। (ख) राज्यपाल वैसे ही उपबंध अंतर्विष्ट करने वाले विधेयक को राष्ट्रपति के विचार के लिए आरक्षित करना आवश्यक समझता। (ग) वैसे ही उपबंध अंतर्विष्ट करने वाला राज्य के विधान-मंडल का अधिनियम तब तक अविधिमान्य होता जब तक राष्ट्रपति के विचार के लिए आरक्षित रखे जाने पर उसे राष्ट्रपति की अनुमति प्राप्त नहीं हो गई होती।
5. अध्यादेश का वही बल और प्रभाव होता है जो संसद् के अधिनियम का।	5. अध्यादेश का वही बल और प्रभाव होता है जो राज्य विधान-मंडल के अधिनियम का।
6. अध्यादेश को संसद् के दोनों सदनों के समक्ष रखा जाएगा।	6. अध्यादेश को राज्य विधान-मंडल के समक्ष रखा जाएगा (यथास्थिति, विधान सभा या दोनों सदन)।
7. संसद् के पुनः समवेत होने से छह सप्ताह के अवसान के पश्चात् अध्यादेश प्रवर्तन में नहीं रहता। यदि दोनों सदन अध्यादेश का निरनुमोदन करते हुए संकल्प पारित कर देते हैं तो वह इसके पहले ही प्रवर्तन में नहीं रहेगा। इसके लिए तात्त्विक तारीख निरनुमोदन के दूसरे संकल्प की तारीख है।	7. विधान-मंडल के पुनः समवेत होने से छह मास की अवधि के अवसान पर अध्यादेश प्रवर्तन में नहीं रहता। यदि अध्यादेश का निरनुमोदन करते हुए संकल्प विधान सभा द्वारा पारित किया जाता है तो वह इसके पूर्व प्रवर्तन में नहीं रहेगा। यदि विधान-मंडल में दो सदन हैं तो निरनुमोदन करने वाला संकल्प विधान सभा द्वारा पारित किया जाता है और परिषद् उससे सहमति प्रकट करती है। तात्विक तिथि पर यदि विधान-मंडल में एक सदन है तो सभा के संकल्प की तारीख है और यदि दो सदन हैं तो विधान परिषद् की सहमति की तारीख है।

13.37 अनुच्छेद 194 राज्य विधान-मंडल के विशेषाधिकारों के संबंध में है। यह उपबंध अनु. 105 के जैसा है। अनुच्छेद 105 संसद् के विशेषाधिकारों के बारे में है। विशेषाधिकारों से संबंधित सामग्री और विश्लेषण के बारे में कृपया **पैरा 11.78 से 11.85** देखें।

राज्य विधान-मंडल के विशेषाधिकार।

13.38 अनुच्छेद 201 में अधिकथित है कि राज्य के विधान-मंडल में कार्य राज्य की राजभाषा या राजभाषाओं में या हिंदी में या अंग्रेजी में किया जाएगा। आगे यह भी उपबंध है कि संविधान के प्रारंभ से 15 वर्ष की समाप्ति के पश्चात् यह समझा जाएगा कि **या अंग्रेजी** इन दो शब्दों का लोप कर दिया हो। राज्य को यह शक्ति दी गई है कि वह विधि बनाकर अंग्रेजी को आनुकल्पिक भाषा के रूप में चलाते रहने के लिए विधि बना सकती है। उन राज्यों के लिए जो 26 जनवरी 1950 को विद्यमान नहीं थे और जिनकी रचना बाद में हुई 15 वर्ष की अवधि को बढ़ा कर 25 वर्ष (हिमाचल प्रदेश, मणिपुर, मेघालय और त्रिपुरा के लिए) या 40 वर्ष (अरुणाचल प्रदेश, गोवा और मिजोरम के लिए) कर दिया गया है। विधान सभा के अध्यक्ष या विधान परिषद् के सभापति को यह शक्ति है कि वह किसी सदस्य को जो राज्य की राजभाषा या हिंदी या अंग्रेजी में अपने को पर्याप्त रूप से अभिव्यक्त नहीं कर पाता है, अपनी मातृभाषा में सदन को संबोधित करने की अनुज्ञा दे सकता है।

विधान-मंडल में प्रयुक्त की जाने वाली भाषा।

वास्तविक स्थिति यह है कि अधिकांश विधान-मंडलों में सभी विचार-विमर्श राज्य की राजभाषा में होता है। कुछ राज्यों में विधेयक भी राज्य की राजभाषा में पुरःस्थापित किए जाते हैं।

अध्याय 14
न्यायपालिका

14.1 कुछ परिसंघों में न्यायालयों के दो समूह होते हैं एक परिसंघ विधियों के प्रशासन के लिए और दूसरे राज्य विधियों के लिए। परिसंघ न्यायालयों और उनके न्यायाधीशों की नियुक्ति परिसंघ द्वारा की जाती है। अमरीका में न्यायालयों की दो धाराएं हैं। हमारे संविधान में भारत शासन अधिनियम, 1935 का अनुसरण किया गया है। हमारे यहां न्यायालयों की एक ही धारा है। संसद् द्वारा बनाए गए अधिनियमों के और राज्य द्वारा बनाए गई विधियों के प्रवर्तन के लिए एक ही न्यायालय में जाना पड़ता है। संविधान में उच्चतम न्यायालय और विभिन्न राज्यों के उच्च न्यायालयों की स्थापना, शक्ति और अन्य विषयों के बारे में उपबंध हैं। सभी राज्यों के अपने अपने पृथक् उच्च न्यायालय नहीं हैं। राज्यों की संख्या 29 है किंतु उच्च न्यायालय केवल 24 हैं। गुवाहाटी उच्च न्यायालय की अधिकारिता में असम, मणिपुर, मेघालय, नागालैंड, त्रिपुरा, अरुणाचल प्रदेश और मिजोरम आते हैं। चंडीगढ़ स्थित न्यायालय पंजाब और हरियाणा राज्यों के लिए और चंडीगढ़ संघ राज्य-क्षेत्र के लिए हैं। महाराष्ट्र और गोवा का एक ही सम्मिलित न्यायालय है। दिल्ली एक मात्र संघ राज्य-क्षेत्र है जिसका अपना एक अलग न्यायालय है।

न्यायालयों का केवल एक समूह।

14.2 संविधान में अधीनस्थ न्यायालयों के लिए भी एक रूपरेखा दी गई है। अनुच्छेद 233 में यह कहा गया है कि किसी राज्य में जिला न्यायाधीशों की नियुक्ति, पदस्थापना और प्रोन्नति सरकार द्वारा ऐसे राज्य के संबंध में अधिकारिता का प्रयोग करने वाले उच्च न्यायालय से परामर्श करके की जाएगी।

अधीनस्थ न्यायालय।

अनुच्छेद 234 में यह कहा गया है कि जिला न्यायाधीशों से भिन्न अन्य व्यक्तियों की न्यायिक सेवा में नियुक्ति राज्यपाल द्वारा राज्य लोक सेवा आयोग और ऐसे राज्य के संबंध में अधिकारिता का प्रयोग करने वाले उच्च न्यायालय से परामर्श करने के पश्चात् की जाएगी।

उच्च न्यायालय, जिला न्यायालय और उनके अधीनस्थ न्यायालयों पर नियंत्रण रखता है।

जिला न्यायाधीश के न्यायालय को और सोपान क्रम में उससे निचले न्यायालयों को अधीनस्थ न्यायालय कहा जाता है। दूसरे शब्दों में उच्चतम न्यायालय और उच्च न्यायालय को छोड़कर सभी न्यायालय अधीनस्थ न्यायालय हैं।

इन न्यायालयों की शक्तियां और कृत्य साधारणतया सिविल प्रक्रिया संहिता और दंड प्रक्रिया संहिता में दिए गए हैं। इसके अतिरिक्त संसद् द्वारा बनाए गए अनेक अधिनियम हैं जिनके द्वारा इन न्यायालयों को अधिकारिता दी गई है। उदाहरण के लिए, हिंदू विवाह अधिनियम, प्रेसिडेंसी, नगर दिवाला अधिनियम, प्रांतीय दिवाला अधिनियम, मोटर यान अधिनियम, औद्योगिक विवाद अधिनियम आदि। राज्य विधियां मुख्यतया किराया नियंत्रण, कृषि या नगर पालिकाओं आदि से संबंधित हैं।

अधीनस्थ न्यायपालिका का गठन पूरे देश में आधारिक रूप से एक सा है। किंतु कुछ छोटे-छोटे अंतर हैं। कुछ महानगरों में नगर सिविल और सेशन न्यायालय हैं। कुछ थोड़े से राज्यों में लघुवाद न्यायालय हैं। अधीनस्थ न्यायपालिका के न्यायाधीशों के पदनाम में बहुत अधिक समानता

है। *आल इंडिया जजेस एसोसिएशन*[1] में उच्चतम न्यायालय ने संघ सरकार को यह निदेश दिया कि वह अखिल भारतीय न्यायिक सेवा का गठन करे जिससे पदनाम समान हों और वेतन मान और सेवा की शर्तें एक सी हों। यदि न्याय का प्रशासन जनता की भाषा में किया जाना है जो साधारणतया राज्य की राजभाषा है तो अखिल भारतीय न्यायपालिका से इस उद्देश्य की पूर्ति नहीं होगी। राज्य की न्याय प्रदान प्रणाली में ऐसे अधिकारी होने चाहिए जो राज्य की भाषा में काम करने की क्षमता रखते हों। व्यथित व्यक्ति को उस भाषा में न्याय दिया जाना चाहिए जिसे वह समझता है। लोकतांत्रिक गणराज्य का यह आधारभूत सिद्धांत है। अखिल भारतीय न्यायिक सेवा बनाए बिना भी सेवा की शर्तों और पदनामों में एकरूपता लाई जा सकती है। लोकतांत्रिक गणराज्य में जनता सर्वोपरि होती है। न्यायपालिका को जनता की भाषा बोलना चाहिए। अखिल भारतीय न्यायपालिका भारतीय भाषाओं के स्थान पर फिर से अंग्रेजी को प्रतिष्ठित कर देगी।

कार्यपालिका और न्यायपालिका का पृथक्करण।

14.3 संविधान के अनु. 50 में यह लिखा है कि राज्य न्यायपालिका को कार्यपालिका से पृथक् करने के लिए कदम उठाएगा। इस निदेश के अनुसरण में संसद् ने विधि बनाकर न्यायिक कृत्य अनन्य रूप से न्यायपालिका को सौंप दिए हैं। इस पृथक्करण से पहले कुछ राज्यों में कार्यपालिका के अधिकारी भारतीय दंड संहिता के अधीन मामले निपटाते थे। वे जमानत के आवेदनों की सुनवाई भी करते थे। दंड प्रक्रिया संहिता, 1973 के अधिनियमित किए जाने के पश्चात् न्यायिक प्रणाली में कार्यपालिका के अधिकारियों को कोई काम नहीं सौंपा गया है। न्यायपालिका को पूरी तौर से कार्यपालिका से अलग कर दिया गया है।

प्रिवी कौंसिल के स्थान पर उच्चतम न्यायालय।

14.4 कोलकाता, मुम्बई और चेन्नई के उच्च न्यायालय एक राजकीय चार्टर द्वारा 1860 में अस्तित्व में आए। इसके ठीक एक वर्ष बाद उच्च न्यायालय अधिनियम बना और अधिनियम के अधीन सबसे पहले इलाहाबाद उच्च न्यायालय गठित किया गया। इसके पश्चात् ब्रिटिश भारत में प्रत्येक प्रांत में एक उच्च न्यायालय बनाया गया जो प्रांतों में अपीलों की सुनवाई के लिए सर्वोच्च न्यायालय था।

उच्च न्यायालयों के निर्णयों से अपील इंग्लैंड में प्रिवी कौंसिल में होती थी। भारत शासन अधिनियम, 1935 ने परिसंघ न्यायालय की स्थापना की। इस न्यायालय को प्रांतों के बीच तथा प्रांत और परिसंघ के बीच विवाद के मामलों में आरंभिक अधिकारिता प्रदान की गई। उसे संविधान से संबंधित विषयों का निर्णय करने की शक्ति दी गई। केंद्रीय सरकार को यह शक्ति दी गई कि वह उच्च न्यायालयों द्वारा विनिश्चित सिविल मामलों से अपील सुनने की अधिकारिता परिसंघ न्यायालय को दे।

1949 में ब्रिटिश पार्लमेंट ने एक अधिनियम पारित करके प्रिवी कौंसिल की अधिकारिता समाप्त कर दी।

जब संविधान प्रवृत्त हुआ तो उच्च न्यायालय को प्रिवी कौंसिल और परिसंघ न्यायालय दोनों की अधिकारिता और शक्तियां विरासत में मिलीं। उच्चतम न्यायालय भारत में अपील की सुनवाई का सर्वोच्च न्यायालय है। उच्चतम न्यायालय जितनी विस्तृत अधिकारिता विश्व में किसी न्यायालय की नहीं है।

सिविल अधिकारिता।

14.5 न्यायिक अधिक्रम में सबसे नीचे की सीढ़ी पर मुंसिफ न्यायालय है। इन न्यायालयों को सिविल और दांडिक अधिकारिताएं हैं। पीठासीन अधिकारी का पदनाम मुंसिफ मजिस्ट्रेट है। कुछ स्थानों पर विशेषतया बड़े नगरों

1. *आल इंडिया जजेस एसोसिएशन* बनाम *भारत संघ,* ए.आइ.आर. 1992 एस.सी. 165।

में मुंसिफ केवल सिविल मामले निपटाता है दांडिक मामले मजिस्ट्रेट के सामने जाते हैं। अधीनस्थ न्यायाधीशों से अपील पहली बार में जिला न्यायाधीश के समक्ष होती है। जिला न्यायाधीश की सिविल अधिकारिता असीमित है। दिल्ली में उसकी अधिकारिता ऐसे मामलों तक सीमित है जो ₹20 लाख मूल्य तक के हैं। मुम्बई, चेन्नई और कोलकाता में नगर सिविल न्यायालय सीमित मूल्य के वाद ग्रहण करता है। उस मूल्य से अधिक के वाद उच्च न्यायालय के समक्ष आते हैं। इस प्रकार चार उच्च न्यायालय ऐसे हैं जिन्हें आरंभिक सिविल अधिकारिता है। मुम्बई, चेन्नई, कोलकाता और दिल्ली। यह विशृंखलता है और इसे समाप्त करना ही उचित होगा।

दांडिक अधिकारिता।

14.6 एक समय में कोलकाता, चेन्नई और मुम्बई उच्च न्यायालय को दांडिक मामलों में आरंभिक अधिकारिता थी। दंड प्रक्रिया संहिता, 1973 द्वारा इसका उत्सादन कर दिया गया। इस संहिता के अधिनियमित होने के पश्चात् जिले में सबसे नीचे स्तर का दांडिक न्यायालय उपखंड मजिस्ट्रेट का न्यायालय होता है। जिले में दांडिक न्यायालय का शीर्षस्थ मुख्य न्यायिक मजिस्ट्रेट होता है। महानगरों में उसका तत्स्थानी मुख्य महानगर मजिस्ट्रेट होता है।

जिला न्यायाधीश और मुख्य मजिस्ट्रेट से अपीलें राज्य के उच्च न्यायालय को होती हैं। संविधान के निर्वचन से संबंधित कोई विषय जिला न्यायालय में ग्रहण नहीं किया जा सकता। संविधान से संबंधित विषय उच्च न्यायालय या उच्चतम न्यायालय में ही आरंभ हो सकता है कुछ राज्यों और प्रेसिडेंसी नगरों में लघुवाद न्यायालय स्थापित किए गए हैं जिनमें संक्षिप्त विचारण पद्धति से सिविल मामले निपटाए जाते हैं। इन न्यायालयों से पुनरीक्षण उच्च न्यायालय में होता है।

अनु. 323क और 323ख के अधीन अधिकरण।

14.7 कुछ विनिर्दिष्ट क्षेत्रों के लिए विशेष अधिकरणों की स्थापना की गई है। जैसे, मोटर दुर्घटना प्रतिकर अधिकरण, किराया नियंत्रण अधिकरण (भूस्वामी और किराएदार के बीच विवाद के बारे में), आय-कर अपील अधिकरण, सीमा-शुल्क, स्वर्ण नियंत्रण और उत्पाद-शुल्क अधिकरण, विक्रय कर अधिकरण, राज्य प्रशासनिक अधिकरण, केंद्रीय प्रशासनिक अधिकरण, आदि। इन अधिकरणों की अपील उच्च न्यायालयों में सुनी जाती है।

पिरामिड।

14.8 उच्च न्यायालय का जिला न्यायालयों पर प्रशासनिक नियंत्रण होता है। ऊपर **पैरा 14.7** में बताए गए अधिकरणों में से कुछ राज्य सरकार के प्रशासनिक नियंत्रण में होते हैं और कुछ केंद्र सरकार के।

न्यायिक पिरामिड के कूट (शिखर बिंदु) पर उच्चतम न्यायालय है। वह अपील की सुनवाई का सर्वोच्च न्यायालय है। कुछ विषयों में उसे अनन्य आरंभिक अधिकारिता है (जैसे अंतर राज्य विवाद)। उसे परामर्श अधिकारिता भी है जो उच्च न्यायालयों को नहीं है। उच्चतम न्यायालय का उच्च न्यायालयों पर कोई प्रशासनिक नियंत्रण नहीं होता किंतु न्यायाधीशों की नियुक्ति और स्थानांतरण पर भारत के मुख्य न्यायमूर्ति की राय का सर्वाधिक बल होता है और उसका अनिवार्यतः पालन किया जाता है।

हम उच्च न्यायालय और भारत के उच्चतम न्यायालय से संबंधित सभी विषयों पर आगामी अध्यायों में विचार करेंगे।

अध्याय 15

भारत का उच्चतम न्यायालय

15.1 भारत के उच्चतम न्यायालय की स्थापना संविधान के अनु. 124 द्वारा हुई है। 1950 में जो संविधान बना था उसके अनुसार इस न्यायालय में एक मुख्य न्यायमूर्ति और 7 अन्य न्यायाधीश होते थे। 1956 में न्यायाधीशों की संख्या बढ़ाकर 10, 1960 में 13, और 1977 में 17 कर दी गई। नवीनतम वृद्धि के पश्चात् न्यायालय मुख्य न्यायमूर्ति और 33 अन्य न्यायाधीशों से मिलकर बनता है। संसद् को यह शक्ति है कि वह विधि बनाकर न्यायाधीशों की संख्या विहित करे।

गठन।

15.2 यदि किसी समय उच्चतम न्यायालय के लिए न्यायाधीशों की गणपूर्ति न हो तो राष्ट्रपति की पूर्व सहमति से मुख्य न्यायमूर्ति उच्च न्यायालय के किसी न्यायाधीश से न्यायालयों की बैठकों में उपस्थित रहने के लिए लिखित रूप में अनुरोध कर सकेगा। जिस न्यायाधीश को निमंत्रित किया जाता है वह उच्चतम न्यायालय का न्यायाधीश होने के लिए अर्हित होना चाहिए। अनुरोध से पहले उच्च न्यायालय के मुख्य न्यायमूर्ति से परामर्श करना आवश्यक है (अनु. 127)।

तदर्थ न्यायाधीश।

15.3 मुख्य न्यायमूर्ति राष्ट्रपति की पूर्व सहमति से उच्चतम न्यायालय के या उच्च न्यायालय के सेवानिवृत्त न्यायाधीश से जो उच्चतम न्यायालय का न्यायाधीश होने के लिए अर्हित है, उच्चतम न्यायालय के न्यायाधीश के रूप में बैठने और कार्य करने के लिए अनुरोध कर सकेगा (अनु. 128)।

सेवानिवृत्त न्यायाधीशों की उपस्थिति।

15.4 अनुच्छेद 137 ने उच्चतम न्यायालय को अपने निर्णयों और आदेशों के पुनर्विलोकन की शक्ति प्रदान ही है। यह संसद् द्वारा पारित अधिनियमों और उच्चतम न्यायालय द्वारा अनु. 145 के अधीन विरचित नियमों के अधीन है।

निर्णय और आदेशों का पुनर्विलोकन।

न्यायालय ने यह अधिकथित किया है[1] कि पुनर्विलोकन की शक्ति का प्रयोग केवल निम्नलिखित परिस्थितियों में किया जाएगा।

1. नए और महत्त्वपूर्ण साक्ष्य के कारण जो साक्ष्य याची की जानकारी में नहीं था।
2. ऐसी स्पष्ट भूल है जो अभिलेख से प्रकट हो जाती है, या
3. ऐसा कोई कारण है जो सिविल प्रक्रिया संहिता के आदेश 47 नियम 1 के समकक्ष है।

15.5 उच्चतम न्यायालय का प्रत्येक न्यायाधीश राष्ट्रपति द्वारा नियुक्त किया जाता है। अनुच्छेद 124(2) में यह उपबंध है कि राष्ट्रपति उच्चतम न्यायालय के और राज्यों के उच्च न्यायालयों के ऐसे न्यायाधीशों से परामर्श

न्यायाधीशों की नियुक्ति।

---

1. *भारत संघ* बनाम *संदूर मनानीस* (2013) 8 एस.सी.सी. 337।

करेगा जिनसे वह परामर्श करना आवश्यक समझे। मुख्य न्यायमूर्ति से भिन्न किसी न्यायाधीश की नियुक्ति की दशा में भारत के मुख्य न्यायमूर्ति से सदैव परामर्श किया जाएगा। राष्ट्रपति मंत्रि-परिषद् की सलाह पर ही यह कार्य करेगा।

इस सरल और सादे उपबंध का जिसमें मुख्य न्यायमूर्ति और अन्य न्यायाधीशों को परामर्शदाता की भूमिका देकर निर्णय का अधिकार कार्यपालिका को दिया गया था उच्चतम न्यायालय ने भिन्न रीति से निर्वचन किया है। **न्यायाधीशों वाले पहले निर्णय में**[2] न्यायालय ने यह कहा था कि परामर्श का अर्थ सहमति नहीं है। किंतु 1993 में **न्यायाधीशों वाले दूसरे निर्णय**[3] में (9 न्यायाधीशों की पीठ) न्यायालय ने यह अभिनिर्धारित किया कि उच्चतम न्यायालय या उच्च न्यायालय में किसी भी न्यायाधीश की नियुक्ति भारत के मुख्य न्यायमूर्ति की राय के अनुरूप ही की जा सकती है अन्यथा नहीं। भारत के मुख्य न्यायमूर्ति के दृष्टिकोण को सर्वोपरि मानना होगा। मुख्य न्यायमूर्ति अपने दो ज्येष्ठतम सहकर्मियों के मत पर विचार करेगा और उनकी राय लेना आवश्यक होगा। मुख्य न्यायमूर्ति की राय उसकी और अन्य ज्येष्ठ न्यायाधीशों की सामूहिक राय होगी। **न्यायाधीशों वाले दूसरे निर्णय** के पश्चात् न्यायाधीशों की नियुक्ति में कार्यपालिका की भूमिका निर्णायक नहीं है। कार्यपालिका भारत के मुख्य न्यायमूर्ति की सलाह मानने के लिए बाध्य है। अनुच्छेद 124 में प्रयुक्त शब्द हैं **परामर्श करने के पश्चात्। न्यायाधीशों वाले दूसरे निर्णय** में इसका अर्थ बदल दिया है **परामर्श का अर्थ आदेश हो गया है।** इस विनिश्चय में अधिकथित विधि वह है जो बहुसंख्यक न्यायाधीशों के विचार में होनी चाहिए थी। वह नहीं जो संविधान में विद्यमान थी। न्यायाधीशों ने नियुक्ति की शक्ति ग्रहण करने के लिए इस उपबंध की पुनर्रचना कर दी।

राष्ट्रपति द्वारा निर्देश।

15.6 1998 में उच्चतम न्यायालय ने अनु. 143 के अधीन **राष्ट्रपति द्वारा किए गए निर्देश में**[3] अपने पूर्ववर्ती दृष्टिकोण को दोहराया और यह कहा कि उच्चतम न्यायालय और उच्च न्यायालयों के न्यायाधीशों की नियुक्ति के मामले में भारत के मुख्य न्यायमूर्ति की राय सर्वोपरि है। किंतु न्यायालय ने उसमें यह और जोड़ दिया कि मुख्य न्यायमूर्ति को उच्चतम न्यायालय के 4 ज्येष्ठतम न्यायाधीशों से परामर्श करना चाहिए और यदि इन चारों न्यायाधीशों में मुख्य न्यायमूर्ति का उत्तरवर्ती नहीं है तो उसे उस न्यायाधीश से भी परामर्श करना चाहिए जो मुख्य न्यायमूर्ति के सेवानिवृत होने पर उसका स्थान लेगा। यह भी अधिकथित किया गया है कि इस चयन मंडल के सभी सदस्यों की राय लिखित होनी चाहिए। सर्वोपरिता के सिद्धांत का तनूकरण (पतला) करते हुए न्यायालय ने यह कहा कि यदि मंडल की यह राय है कि किसी विशिष्ट व्यक्ति को नियुक्त नहीं किया जाना चाहिए तो उसे नियुक्त नहीं किया जाएगा। इस प्रकार उच्चतम न्यायालय के न्यायाधीशों की नियुक्ति के उपबंध को उच्चतम न्यायालय ने एक प्रकार से फिर से लिख दिया है। अब न्यायाधीशों की नियुक्ति कार्यपालिका का कृत्य नहीं है। **न्यायाधीशों वाले दूसरे निर्णय**[3] के पश्चात् सब कुछ भारत के मुख्य न्यायमूर्ति की राय पर अवलंबित हो गया था। **न्यायाधीशों वाले तीसरे निर्णय के पश्चात्**[4] भारत के मुख्य न्यायमूर्ति और चार ज्येष्ठतम न्यायाधीशों से मिलकर बनने वाले मंडल में जो बहुमत की राय होगी वही निर्धारक होगी। **न्यायाधीशों वाले दूसरे निर्णय** में भारत के मुख्य न्यायमूर्ति को सर्वोपरि स्थान दिया गया था तीसरे निर्णय में उसे वहां से उठाकर अब चयन मंडल के अन्य सदस्यों के बराबर कर दिया गया है।

---

2. *एस.पी. गुप्ता* बनाम *भारत संघ,* ए.आइ.आर. 1982 एस.सी. 149। 1981 सप. एस.सी.सी. 87।
3. *सुप्रीम कोर्ट एडवोकेट्स* बनाम *भारत संघ* (1993) 4 एस.सी.सी. 441।
4. *1998 का विशेष निर्देश सं. 1* (1998) 7 एस.सी.सी. 739।

15.7 अनुच्छेद 124(2) में जिस प्रक्रिया का वर्णन किया गया है वह भारत के मुख्य न्यायमूर्ति को भी लागू होती है। **न्यायाधीशों वाले दूसरे निर्णय में**[4] यह स्पष्ट रूप से कहा गया था कि यदि उच्चतम न्यायालय का ज्येष्ठतम न्यायाधीश पद धारण करने के लिए उपयुक्त समझा जाता है तो उसे ही भारत के मुख्य न्यायमूर्ति के पद पर नियुक्त किया जाना चाहिए। यह अब गुणागुण (मेरिट) के आधार पर चयन का विषय नहीं है। ज्येष्ठता को पहला स्थान दिया गया है। योग्यता को दूसरा।

भारत के मुख्य न्यायमूर्ति की नियुक्ति।

15.8 25 अप्रैल 1973 तक बिना अपवाद के ज्येष्ठतम न्यायाधीश को मुख्य न्यायमूर्ति के पद पर नियुक्त किया जाता रहा। इसके पहले न्या. जाफर इमाम को नियुक्त नहीं किया गया था क्योंकि वह मानसिक और शारीरिक रूप से अशक्त थे। बाद में उन्होंने त्यागपत्र दे दिया और कभी भी सामान्य होकर नहीं जी सके। 1956 में भारत के विधि आयोग ने न्यायिक प्रशासन पर अपने प्रतिवेदन में ज्येष्ठतम न्यायाधीश को आंख मूंदकर मुख्य न्यायमूर्ति नियुक्त करने की परंपरा से असहमति प्रकट की। आयोग ने यह कहा कि न्यायाधीश के गुणों और योग्यताओं पर विचार किया जाना चाहिए। एकमात्र ज्येष्ठता ही नियुक्ति का आधार नहीं होना चाहिए। सरकार ने इस प्रतिवेदन के अनुसार कोई काम नहीं किया। किंतु *केशवानंद भारती*[5] (13 न्यायाधीशों की पीठ) में न्यायालय द्वारा निर्णय सुनाए जाने के कुछ ही घंटों के भीतर न्या. ए.एन. रे को मुख्य न्यायमूर्ति नियुक्त कर दिया गया जबकि तीन न्यायाधीश उनसे ज्येष्ठ थे। इन तीनों ने तुरंत ही त्यागपत्र दे दिया। बहुत सी बार एसोसिएशनों, अधिवक्ताओं और सेवानिवृत न्यायाधीशों ने यह कहा कि इस नियुक्ति से न्यायपालिका की स्वतंत्रता पर गंभीर प्रहार किया गया है।[6]

चयन करने की शक्ति से उठने वाली आशंकाएं।

3 वर्ष पश्चात् उच्चतम न्यायालय ने *बंदी प्रत्यक्षीकरण के मामले में*[7] अपनी राय अभिव्यक्त की। 5 न्यायाधीशों की पीठ में अकेले न्या. एच.आर. खन्ना ने विसम्मत निर्णय दिया। उन्होंने यह मत प्रकट किया कि आपात के दौरान प्राण का अधिकार विद्यमान रहता है। सरकार को यह मत रुचिकर नहीं लगा। न्या. खन्ना को अपने विचारों की कीमत मुख्य न्यायमूर्ति के पद से वंचित होकर चुकानी पड़ी।[8]

उनकी ज्येष्ठता की अनदेखी करते हुए उनसे कनिष्ठ न्या. एम.यू. बेग को मुख्य न्यायमूर्ति बनाया गया। 1977 में जब निर्वाचन में कांग्रेस की करारी हार हुई और जनता पार्टी इस घोषणा पर चुनाव लड़कर जीती कि वह मूल अधिकारों को फिर से प्रतिष्ठित करेगी और भारत के मुख्य न्यायमूर्ति के पद पर नियुक्ति के लिए ज्येष्ठता के नियम का पालन करेगी। इसके बाद जो भी सरकारें आई हैं सभी इस नियम का पालन करती रही हैं। इन उदाहरणों से यह पता चलता है कि चयन करने की शक्ति का उपयोग किस प्रकार ऐसे व्यक्तियों को चुनने के लिए किया जा सकता है जिन्हें कार्यपालिका अपने विचारों का समर्थक समझती है। कांग्रेस ने यह सिद्धांत प्रतिपादित किया था कि न्यायपालिका को सत्ताधारी दल के सिद्धांतों के प्रति प्रतिबद्ध होना चाहिए (प्रतिबद्ध न्यायपालिका)। ज्येष्ठता का सिद्धांत दुरुपयोग से रक्षा करता है किंतु गुणवत्ता के लिए जगह नहीं रहती।

---

5. *केशवानंद भारती* बनाम *केरल राज्य,* ए.आइ.आर. 1973 एस.सी. 1461। इस निर्णय में 7 न्यायाधीश एक ओर थे और 6 दूसरी ओर। जिन तीन न्यायाधीशों की ज्येष्ठता की उपेक्षा करके चौथे क्रमांक के न्यायाधीश को मुख्य न्यायमूर्ति बनाया गया वे थे न्या. जे.एम. शेलात, के.एस. हेगड़े और ए.एन. ग्रोवर।

6. देखिए एन.ए. पालकीवाला; *ए जुडिशियरी मेड टु मेजर;* कुलदीप नायर, *सुपरसेशन आफ जजेस*।

7. *ए.डी.एम. जबलपुर* बनाम *शिवकांत शुक्ला,* ए.आइ.आर. 1976 एस.सी. 1207।

8. "किंतु उन्हें विश्व भर से सम्मान मिला जिसका कारण उनका साहस तो था ही न्यायाधीश के रूप में अदम्य स्वाधीन वृत्ति भी थी"—एच.एम. सीरवई—*कांस्टिट्यूशनल ला आफ इंडिया* (1983), जिल्द 1, पृ. 1048।

न्यायिक आयोग की आवश्यकता।

15.9 *न्यायाधीशों वाले पहले निर्णय*[2] तक नियुक्ति की शक्ति कार्यपालिका में थी। *न्यायाधीशों वाले दूसरे निर्णय*[3] में पलड़ा झुक गया और न्यायपालिका को नियुक्ति का प्राधिकार मिल गया। इस बंधनरहित शक्ति का निहित किया जाना विवेकपूर्ण नहीं है। यह आशंकाओं को जन्म देता है। इस पर बंधन लगाए जाने चाहिए। यह सुझाव दिया गया है कि नियुक्त करने के लिए एक मंडल बनाया जाए जिसमें विभिन्न क्षेत्रों के व्यक्ति हों। आस्ट्रेलिया में ऐसी नियुक्तियों को अंतिम रूप न्यायिक आयोग देता है। 1990 में राष्ट्रीय न्यायिक आयोग के गठन के लिए विधेयक भी पुरःस्थापित किया गया था। भारत के विधि आयोग ने 1987 में दिए गए अपने एक प्रतिवेदन में न्यायिक आयोग बनाने का सुझाव दिया था। इस आयोग का अध्यक्ष भारत का मुख्य न्यायमूर्ति होगा। इसके सदस्य उच्चतम न्यायालय के न्यायाधीश, उच्च न्यायालय के न्यायाधीश, सेवानिवृत मुख्य न्यायमूर्ति, महान्यायवादी और कुछ लोग कार्यपालिका से हो सकते हैं।

संविधान (99वां) संशोधन और राष्ट्रीय न्यायिक नियुक्ति आयोग अधिनियम के पश्चात् न्यायाधीशों की नियुक्ति

न्यायाधीशों की नियुक्ति।

15.10 उच्चतम न्यायालय के न्यायाधीश की नियुक्ति की प्रक्रिया अनु. 124 में अधिकथित है। उच्चतम न्यायालय ने तीन निर्णयों की एक शृंखला में निर्णय देकर इस उपबंध को फिर से गढ़ डाला। परिणामतः भारत के मुख्य न्यायमूर्ति और 4 ज्येष्ठतम न्यायाधीशों से मिलकर एक मंडल बन गया। यह मंडल न्यायाधीशों का चयन करता था। प्ररूपिक नियुक्ति राष्ट्रपति करता था। इसमें मंत्रि परिषद की भूमिका नगण्य सी रह गई थी।

संविधान (99वां) संशोधन अधिनियम 2014 और राष्ट्रीय न्यायिक नियुक्ति आयोग अधिनियम, 2014 ने नियुक्ति की पूरी प्रक्रिया को पूर्णतः परिवर्तित कर दिया था। इन दोनों अधिनियमों के 13 अप्रैल 2015 से प्रवृत्त हो जाने पर न्यायाधीश की नियुक्ति राष्ट्रीय न्यायिक नियुक्ति आयोग की सिफारिश पर होनी थी।

राष्ट्रीय न्यायिक नियुक्ति आयोग।

15.11 राष्ट्रीय न्यायिक नियुक्ति आयोग निम्नलिखित से मिलकर बनना था, अर्थात्,—

(क) भारत का मुख्य न्यायमूर्ति, पदेन अध्यक्ष

(ख) भारत के मुख्य न्यायमूर्ति से ज्येष्ठता में ठीक नीचे के दो अन्य न्यायाधीश, पदेन सदस्य

(ग) विधि और न्याय मंत्री, पदेन सदस्य

(घ) दो विख्यात व्यक्ति जो एक समिति द्वारा न्यायनिर्दिष्ट किए जाएंगे। यह समिति निम्नलिखित से मिलकर बनेगी,—

(i) प्रधान मंत्री

(ii) भारत के मुख्य न्यायमूर्ति

(iii) लोकसभा में विरोधी दल के नेता (यदि कोई नेता नहीं है तो एकल सबसे बड़े विरोधी दल का नेता)

विख्यात व्यक्तियों में से एक, अनुसूचित जाति, अनुसूचित जनजाति, अन्य पिछडे वर्ग, अल्पसंख्यक या महिलाओं में से होना था।

विख्यात व्यक्ति 3 वर्ष के लिए नामनिर्दिष्ट किया जाना था और वह पुनः नामनिर्देशन का पात्र नहीं था।

आयोग के कृत्य। **15.12** आयोग के दो मुख्य कृत्य थे,—

(क) भारत के मुख्य न्यायमूर्ति, उच्चतम न्यायालय के न्यायाधीश, उच्च न्यायालय के मुख्य न्यायमूर्ति और उच्च न्यायालय के न्यायाधीशों की नियुक्ति के लिए व्यक्तियों की सिफारिश करना;

(ख) एक उच्च न्यायालय से किसी अन्य उच्च न्यायालय में उच्च न्यायालयों के मुख्य न्यायमूर्तियों और अन्य न्यायाधीशों के स्थानांतरण की सिफारिश करना।

राष्ट्रीय न्यायिक नियुक्ति आयोग द्वारा अनुसरण की जाने वाली प्रक्रिया

नामों की सिफारिश करने के लिए निर्देश। **15.13** (क) केंद्रीय सरकार, उच्चतम न्यायालय या उच्च न्यायालय के न्यायाधीश की पदावधि पूरी होने के कारण होने वाली रिक्ति की तारीख के छह मास पूर्व नियुक्ति आयोग को निर्देश करेगी;

(ख) यदि रिक्ति न्यायाधीश की मृत्यु या त्यागपत्र दिए जाने के कारण होती है तो निर्देश तीस दिन के भीतर किया जाएगा।

उच्चतम न्यायालय के न्यायाधीशों के चयन की प्रक्रिया। **15.14** (क) उच्चतम न्यायालय के ज्येष्ठतम न्यायाधीश की, भारत के मुख्य न्यायमूर्ति के पद पर नियुक्ति की सिफारिश की जाएगी;

(ख) ऐसे व्यक्ति की जो योग्यता, गुणता और उपयुक्तता के आधार पर सुपात्र हो उच्चतम न्यायालय के न्यायाधीश के पद पर नियुक्ति की सिफारिश की जाएगी।

ऐसा व्यक्ति अनु. 124(3) के अधीन पात्र होना चाहिए।

जब किसी उच्च न्यायालय के न्यायाधीश के नाम पर विचार किया जा रहा है तो उसकी ज्येष्ठता पर भी ध्यान दिया जाएगा।

यदि किसी सदस्य के नाम पर विचार किया जा रहा है तो वह बैठक में भाग नहीं लेगा।

यदि आयोग के कोई दो सदस्य किसी व्यक्ति के पक्ष में सहमत नहीं हैं तो उसके नाम की सिफारिश नहीं की जाएगी।

उच्च न्यायालय के न्यायाधीशों का चयन। **15.15** (क) उच्च न्यायालय के न्यायाधीश की, मुख्य न्यायमूर्ति के पद पर नियुक्ति की सिफारिश, परस्पर ज्येष्ठता, योग्यता, गुणता और उपयुक्तता पर विचार करके की जाएगी।

(ख) आयोग, संबंधित उच्च न्यायालय के मुख्य न्यायमूर्ति से उच्च न्यायालय के न्यायाधीश के पद पर नियुक्ति के लिए नाम भेजने का अनुरोध करेगा।

(ग) आयोग, अनु. 217(2) के अधीन पात्र व्यक्तियों के नामों का चयन करके उन नामों को संबंधित उच्च न्यायालय के मुख्य न्यायमूर्ति को उसके विचारार्थ अग्रेषित करेगा।

(घ) संबंधित मुख्य न्यायमूर्ति अपने विचार प्रकट करने के पूर्व,—

(i) उच्च न्यायालय के दो ज्येष्ठतम न्यायाधीशों से और

(ii) ऐसे अन्य न्यायाधीशों से और अधिवक्ताओं से,

परामर्श करेगा जो विनियमों द्वारा विनिर्दिष्ट किए जाएं।

(ङ) आयोग सिफारिश करने से पूर्व, उस राज्य के राज्यपाल और मुख्य मंत्री के विचार लिखित में प्राप्त करेगा।

यदि दो सदस्य किसी व्यक्ति के नाम पर सहमत नहीं है तो उसके नाम की सिफारिश नहीं की जाएगी।

15.16 राष्ट्रपति सामान्यतया सभी नियुक्तियां आयोग की सिफारिश के अनुसार करेगा। किंतु राष्ट्रपति को यह शक्ति है कि वह आयोग से अपनी सिफारिश पर पुनर्विचार करने की अपेक्षा कर सकेगा।

राष्ट्रपति की पुनर्विचार की अपेक्षा करने की शक्ति।

परंतु यदि आयोग पुनर्विचार करने के पश्चात् सिफारिश करता है तो राष्ट्रपति तदनुसार नियुक्ति करेगा।

न्यायिक नियुक्ति आयोग वाला निर्णय[9]

उच्चतम न्यायालय द्वारा संविधान का 99वें संशोधन और न्यायिक नियुक्ति आयोग शून्य घोषित।

15.17 न्यायिक नियुक्ति वाले निर्णय[9] में उच्चतम न्यायालय ने बहुमत से 99वें संशोधन और राष्ट्रीय न्यायिक नियुक्ति आयोग, दोनों को शून्य घोषित कर दिया। निर्णय के आधार इस प्रकार हैं,—

1. अनुच्छेद 124, 217 और 222 में प्रयुक्त पद *'परामर्श'* का अर्थ इस प्रकार लगाया जाना चाहिए कि इसमें न्यायपालिका को प्राथमिकता है। यह प्राथमिकता भारत के मुख्य न्यायमूर्ति में निहित है जिसका आधार न्यायाधीशों के मंडल की सामूहिक प्रज्ञा है।

2. जिस प्रक्रिया में न्यायपालिका की प्राथमिकता सुनिश्चित न हो वह प्रक्रिया स्वीकार नहीं की जा सकती।

3. राजनैतिक कार्यपालिका की न्यायाधीशों के चयन में कोई भूमिका नहीं होनी चाहिए क्योंकि अधिकांश वादों में उनका स्वार्थ होता है। संघ के विधि मंत्री का समिति का सदस्य होने पर अनु. 124क(1)(ग) असांविधानिक हो जाएगा।

4. प्रधानमंत्री और विपक्ष के नेता का भाग लेना स्वीकार्य नहीं हो सकता।

5. दो विख्यात व्यक्तियों का चयन नाम निर्देशित करने वाले प्राधिकारी की इच्छा पर निर्भर होगा क्योंकि इसके लिए कोई अर्हताएं विहित नहीं है। यह स्वीकार्य नहीं है।

6. कोई भी दो व्यक्ति इतने सशक्त हैं कि वे सभी सिफारिशें नामंजूर कर सकते हैं। इस प्रकार का प्राधिकार दिया जाना सर्वथा अमान्य है।

7. न्यायपालिका की स्वाधीनता, संविधान का आधारिक लक्षण है।

8. उच्चतम न्यायालय में ज्येष्ठता के आधार पर न्यायाधीशों की नियुक्ति से वर्तमान में प्रचलित इस परिपाटी पर कि विभिन्न उच्च न्यायालयों का प्रतिनिधित्व होना चाहिए प्रतिकूल प्रभाव पड़ेगा। यह स्वीकार्य नहीं है।

न्यायालय ने यह स्पष्ट कर दिया कि 99वें संशोधन के अपास्त किए जाने पर मूल अनुच्छेद पुनः जीवित हो जाएंगे।

15.18 न्या. चलमेश्वर के विसम्मत निर्णय में पूरी समस्या को सही परिप्रेक्ष्य में देखा गया है। उनका कथन है कि न्यायालय को यह विनिश्चय करना है कि कौन सी प्रक्रिया अनुज्ञेय है जिसमें न्यायपालिका की स्वाधीनता सुनिश्चित रहे। उन्होंने 99वें संशोधन और आयोग वाले अधिनियम का समर्थन निम्नलिखित आधार पर किया,—

विसम्मत निर्णय।

1. कार्यपालिका किसी भी अभ्यर्थी के लिए दबाव नहीं डाल पाएगी जब तक कि न्यायपालिका के कम से कम दो सदस्य उसके विरुद्ध एक होकर खड़े हों। एक विख्यात व्यक्ति और एक न्यायाधीश भी मिलकर अयोग्य व्यक्ति के प्रवेश को रोक सकते हैं। इसी प्रकार न्यायिक सदस्य भी अपने अभ्यर्थी घुसेड़ नहीं सकते हैं।

---

9. *सुप्रीम कोर्ट एडवोकेट्स आन रिकार्ड एसोसिएशन* बनाम *भारत संघ* (2016) 5 एस.सी.सी. 1।

2. विधि मंत्री का (कार्यपालिका शाखा का) अपवर्जन करने से अवरोध और संतुलन के आधारिक लक्षण का विनाश हो जाएगा। कार्यपालिका की उपस्थिति के बिना चयन संविधान से असंगत होगा। इस के समानांतर अपवर्जन किसी भी लोकतंत्र में नहीं है।

3. किसी भी शक्ति का दुरुपयोग किया जा सकता है। इसका उपचार शक्ति न देना नहीं है, दुरुपयोग का निरसन करना है।

4. अनुच्छेद 124ख(ग) न्यायिक आयोग को यह सुनिश्चित करने का निदेश देता है कि चयनित व्यक्ति योग्य और ईमानदार हो। इस पर आक्षेप यह है कि इसके लिए कोई मार्गदर्शन नहीं है। निकाय का गठन, नियुक्ति की प्रकृति और अन्य उपबंधों को ध्यान में रखते हुए यह बाध्यता तो अंतर्निहित है। यह आक्षेप अस्वीकार्य है।

5. गत बीस वर्षों में उच्च न्यायालयों के न्यायमंडलों द्वारा की गई अनेक संस्तुतियां उच्चतम न्यायालय के न्यायमंडल ने नामंजूर कर दीं। कुछ मामलों में उच्चतम न्यायालय ने अपनी संस्तुतियां वापस ले लीं। इसमें कोई जवाबदारी नहीं है।

निर्णय पर टिप्पणियां।

15.19 1. उच्चतम न्यायालय के निर्णय में *ए.के. गोपालन*[10] से प्रारंभ होकर निर्णयों की एक लंबी शृंखला पर विचार नहीं किया गया है।

पूर्व में न्यायालय ने यह कहा था,—

> इस न्यायालय ने अनेकों निर्णयों में यह कथन किया था... कि किसी अधिनियम में अंतर्विष्ट किसी उपबंध के अधीन प्रदत्त शक्ति के दुरुपयोग की संभावना के आधार पर किसी उपबंध को असांविधानिक या शून्य घोषित नहीं किया जा सकता।[11]

एक अन्य वाद में यह अभिनिर्धारित हुआ था,—

> न्यायालय को किसी विधि को शक्तिवाह्य केवल इस आधार पर घोषित नहीं करना चाहिए कि यह दृष्टिकोण अपनाया जा सकता है। यह तभी किया जा सकता है जब असांविधानिकता सुनिश्चित है और कोई अन्य निर्वचन संभव नहीं है।[12]

2. संविधान के पाठ में कोई भी बात ऐसी नहीं है जो न्यायमंडल प्रणाली का समर्थन करती हो। निर्वचन करने के बहाने न्यायाधीश विधायक बन गए हैं। न्यायिक शक्ति के अंतर्गत संविधान का पुनर्लेखन करने का प्रधिकार नहीं है।

3. न्यायिक आयोग के गठन की पद्धति केनेडा से अपनाई गई। केनेडा में यह 2006 से प्रवर्तन में है।

4. न्यायालय ने इस पर तो विचार किया है कि नियुक्त करने की शक्ति किसके पास होनी चाहिए किंतु नियुक्त किए जाने वालों के गुण, चरित्र आदि पर विचार नहीं किया।

5. अनुच्छेद 217 में तीन व्यक्ति बताए गए हैं जिनसे परामर्श किया जाना चाहिए। वे तीनों समान हैं। उनमें से एक को प्राथमिकता देने का कोई कारण नहीं है।

6. नियुक्ति संबंधी निर्णयों से *'परामर्श'* और [अनु. 124(2) में प्रयुक्त] रूपांतरित होकर *सहायता और सलाह* [अनु. 74(1) में प्रयुक्त] बन गया है।

7. न्यायाधीशों की संख्या तय करने की शक्ति अभी तक कार्यपालिका में ही निहित है (अनु. 124)। भारत के न्यायमूर्ति में नहीं।

8. न्यायालय ने न्यायपालिका की स्वाधीनता को न्यायाधीशों की नियुक्ति का समकक्ष मान लिया है। स्वाधीनता सेवा की शर्तों, सेवा निवृत्ति की निश्चित आयु, पर्यवसान आदि द्वारा सुनिश्चित होती है। इससे नहीं कि किसको नियुक्ति करने का अधिकार है।

---

10. *ए.के. गोपालन* बनाम *मद्रास राज्य*, ए.आइ.आर. 1950 एस.सी. 28।
11. *कलक्टर आफ कस्टम* बनाम *नाथेला संपत्तु चेट्टि*, ए.आइ.आर. 1962 एस.सी. 316।
12. *आंध्र प्रदेश सरकार* बनाम *पी. लक्ष्मी देवी* (2008) 4 एस.सी.सी. 720।

9. उच्चतम न्यायालय के विषय में कुछ अर्हताएं ऐसी हैं जिन पर विचार तो किया जाता है किंतु जिन्हें प्रकाश में नहीं लाया जाता। इनका गुणागुण से कोई संबंध नहीं है। ये हैं,—

(क) केवल 55 वर्ष से अधिक आयु के व्यक्ति ही पात्र माने जाते हैं।
(ख) साधारणतः केवल मुख्य न्यायमूर्ति के नाम पर ही विचार होता है।
(ग) भौगोलिक क्षेत्र, जाति और धर्म पर भी ध्यान दिया जाता है।

(स्वाधीनता का समर्थन करने वाले उपबंधों के लिए देखिए **पैरा 16.14**)
(न्यायमंडल प्रणाली की आलोचना के लिए देखिए **पैरा 16.7**)

न्यायाधीश के रूप में नियुक्ति के लिए अर्हताएं।

15.20 कोई भी व्यक्ति उच्चतम न्यायालय के न्यायाधीश के रूप में नियुक्ति के लिए तभी अर्हित होगा जब वह,—

(क) भारत का नागरिक है।
(ख) किसी उच्च न्यायालय का कम से कम 5 वर्ष तक न्यायाधीश रहा है, या
(ग) कम से कम 10 वर्ष तक किसी उच्च न्यायालय का अधिवक्ता रहा है, या
(घ) राष्ट्रपति की राय में पारंगत विधिवेत्ता है।

पदावधि।

15.21 उच्चतम न्यायालय का न्यायाधीश तब तक पद धारण करेगा जब तक वह 65 वर्ष की आयु प्राप्त नहीं कर लेता। नियुक्ति के लिए कोई न्यूनतम आयु तय नहीं की गई है। न्यायाधीश कभी भी राष्ट्रपति को संबोधित अपने हस्ताक्षर सहित लेख द्वारा अपना पद त्याग सकता है। न्यायाधीश को संसद् के प्रत्येक सदन द्वारा विशेष बहुमत द्वारा (जिसे दोहरा बहुमत कहते हैं) पारित समावेदन राष्ट्रपति को प्रस्तुत किए जाने पर राष्ट्रपति द्वारा हटाया जा सकता है। उसे दो आधारों पर ही हटाया जा सकता है। (क) साबित कदाचार या (ख) असमर्थता।

महाभियोग।

15.22 न्यायाधीश को उसके पद से (क) कदाचार या (ख) असमर्थता के आधार पर संविधान में विहित प्रक्रिया के अनुसार हटाया जा सकता है [अनु. 124(4)]। संसद् ने संविधान के उपबंधों की अनुपूर्ति के लिए अपनी शक्ति का प्रयोग करते हुए न्यायाधीश (जांच) अधिनियम, 1968 अधिनियमित किया है। महाभियोग की प्रक्रिया की रूपरेखा इस प्रकार है,—

1. इसके लिए राष्ट्रपति को एक समावेदन देकर यह प्रार्थना करनी होगी कि न्यायाधीश को हटाया जाए। यदि प्रस्ताव लोक सभा में लाया जाना है तो उस पर लोक सभा के कम से कम 100 सदस्यों के और यदि राज्य सभा में लाया जाना है तो राज्य सभा के कम से कम 50 सदस्यों के हस्ताक्षर होने चाहिए।

2. सभापति या अध्यक्ष (यथास्थिति) ऐसे व्यक्तियों से परामर्श ले सकता है जो वह ठीक समझे और ऐसी सामग्री पर विचार कर सकता है जो उपलब्ध हो और प्रस्ताव को ग्रहण कर सकेगा या ग्रहण करने से इंकार कर सकेगा।

3. यदि प्रस्ताव ग्रहण कर लिया जाता है तो 3 व्यक्तियों की एक समिति गठित की जाएगी जिसमें से,—

(i) एक उच्चतम न्यायालय का मुख्य न्यायमूर्ति या न्यायाधीशों में से होगा।
(ii) एक उच्च न्यायालयों के मुख्य न्यायमूर्तियों में से होगा।
(iii) एक व्यक्ति पारंगत विधिवेत्ता होगा।

4. यदि समिति इस निष्कर्ष पर पहुंचती है कि न्यायाधीश कदाचार का दोषी है या असमर्थता से ग्रस्त है तो न्यायाधीश के हटाए जाने का प्रस्ताव और साथ ही समिति के प्रतिवेदन पर उस सदन में विचार किया जाएगा जिसमें वह लंबित है।

5. प्रस्ताव प्रत्येक सदन द्वारा अपनी कुल सदस्य संख्या के बहुमत द्वारा तथा उपस्थित और मत देने वाले सदस्यों के कम से कम दो तिहाई बहुमत द्वारा पारित किया जाना चाहिए। इस प्रकार पारित समावेदन राष्ट्रपति को प्रस्तुत किया जाता है।

6. राष्ट्रपति न्यायाधीश को हटाने का आदेश करता है।

न्या. वी. रामास्वामी का मामला।

15.23 1991 में 9वीं लोक सभा की अवधि जब समाप्त हो रही थी तब 108 सदस्यों ने उच्चतम न्यायालय के एक न्यायाधीश वी. रामास्वामी को हटाने के प्रस्ताव की सूचना दी। प्रस्ताव ग्रहण किया गया और न्यायाधीश (जांच) अधिनियम, 1968 के अधीन एक समिति गठित की गई। 9वीं लोक सभा के विघटन के पश्चात् उच्चतम न्यायालय के समक्ष कुछ प्रश्न उठाए गए जिनका उत्तर न्यायालय ने[13] इस प्रकार दिया,—

1. न्यायाधीश को हटाने का प्रस्ताव लोक सभा के विघटन से व्यपगत नहीं होता है।
2. हटाने की प्रक्रिया के दो प्रक्रम होते हैं,—

(क) पहला प्रक्रम है कार्यवाही का प्रारंभ, अन्वेषण और न्यायाधीश (जांच) अधिनियम के अधीन साबित किया जाना। इस प्रक्रम का न्यायिक पुनर्विलोकन हो सकता है।

(ख) दूसरा प्रक्रम आरोप साबित कर दिए जाने के पश्चात् आरंभ होता है। वह संसदीय प्रक्रिया का भाग है और उसका न्यायिक पुनर्विलोकन नहीं हो सकता।

3. उच्चतम न्यायालय को न्यायाधीश के अभिकथित कदाचार या असमर्थता की जांच करने की अधिकारिता नहीं है। न्यायालय ऐसे न्यायाधीश को जिसके विरुद्ध अभिकथन है न्यायाधीश के रूप में कार्य करने से रोक नहीं सकता।

अध्यक्ष द्वारा नियुक्त समिति में न्या. पी.बी. सावंत, न्या. पी.बी. देसाई और न्या. चिन्नप्पा रेड्डि थे। *सरोजिनी रामास्वामी*[14] (न्यायाधीश की पत्नी) द्वारा फाइल की गई याचिका में यह अभिनिर्धारित किया गया कि न्यायाधीश को समिति के प्रतिवेदन की प्रति, अध्यक्ष को प्रस्तुत किए जाने से पहले, पाने का अधिकार नहीं है। सदन को चाहिए कि संकल्प पारित करने के पहले न्यायाधीश को सुनवाई का अवसर दे।

समिति ने यह पाया कि न्यायाधीश कदाचार का दोषी था। उसे हटाने का प्रस्ताव लोक सभा में अपेक्षित विशेष बहुमत से पारित नहीं किया जा सकता क्योंकि कांग्रेस दल ने मतदान में भाग नहीं लिया। प्रस्ताव के पक्ष में 176 मत थे और उसके विरुद्ध एक भी मत नहीं था।

प्रक्रिया दोषपूर्ण है।

15.24 यह बहुत विचित्र है जब सदन न्यायालय के रूप में कार्य कर रहा था तब सदस्य मतदान से प्रविरत रहे। न्यायालय या अधिकरण में ऐसा कभी नहीं होता। हमारा सुझाव है कि उपयुक्त संशोधन करके यह उपबंध किया जाना चाहिए कि प्रत्येक सदस्य को पक्ष या विपक्ष में मतदान करना अनिवार्य है। इस घटना से यह स्पष्ट हो जाता है कि अभियोग की प्रक्रिया प्रभावी नहीं है और राजनीतिक दांवपेंच लगाकर अभियुक्त प्रक्रिया को अपने पक्ष में कर सकता है। हमें चाहिए कि न्यायाधीश पर अभियोग चलाने की ऐसी पद्धति बनाएं जो व्यावहारिक और प्रभावी हो। गत कुछ वर्षों में उच्च न्यायालय के न्यायाधीशों के भ्रष्टाचार के मामले प्रकाश में आए हैं। (दिल्ली उच्च न्यायालय के बनर्जी, सिक्किम उच्च न्यायालय के मुख्य न्यायाधीश दिनकरन,[15] कोलकाता के सौमित्र सेन, पंजाब की श्रीमती निर्मला यादव और इलाहाबाद उच्च न्यायालय के छह न्यायाधीश)। ऐसा प्रतीत होता है कि

13. *सब कमिटी* बनाम *भारत संघ* (1991) 4 एस.सी.सी. 699; ए.आइ.आर. 1992 एस.सी. 320।

14. *सरोजिन्री रामास्वामी* बनाम *भारत संघ,* ए.आइ.आर. 1992 एस.सी. 2218।

15. न्यायाधीश दिनकरन ने 29 जुलाई 2011 को त्यागपत्र दे दिया। उन्होंने अपने विरुद्ध कार्रवाई से बचने के लिए यह मार्ग चुना।

संविधान ने संसद में और महाभियोग की प्रक्रिया में जो विश्वास किया था वह सही नहीं था। भ्रष्ट न्यायाधीशों के नियंत्रण के लिए कुछ अधिक प्रभावशील प्रक्रिया होनी चाहिए।

संविधान में 'महाभियोग' पद का प्रयोग राष्ट्रपति को हटाने के संबंध में किया गया है। किंतु प्रचलन में यह शब्द न्यायाधीशों के लिए भी प्रयुक्त हो रहा है।

न्या. भट्टाचार्जी का मामला, या सदन में प्रक्रिया।

15.25 न्या. वी. रामास्वामी के महाभियोग के असफल हो जाने के पश्चात् समाचार पत्रों में यह अभिकथन छपा कि मुंबई उच्च न्यायालय के मुख्य न्यायमूर्ति ए.एन. भट्टाचार्जी को एक विदेशी प्रकाशक ने उनकी लिखी दो पुस्तकें प्रकाशित करने के लिए स्वामिस्व के रूप में एक बहुत बड़ी रकम दी। बार एसोसिएशन ने न्यायाधीश के विरुद्ध एक संकल्प पारित करके उनसे त्यागपत्र की मांग की। उच्चतम न्यायालय ने[16] बार एसोसिएशन के आचरण को ठीक नहीं माना। न्यायालय ने यह कहा कि संविधान संसद् को छोड़कर किसी अन्य अभिकरण को न्यायाधीश के विरुद्ध कार्रवाई प्रारंभ करने की अनुमति नहीं देता है।

न्यायालय ने यह अभिनिर्धारित किया कि यदि किसी न्यायाधीश का आचरण संदेहास्पद है तो उस न्यायाधीश के विरुद्ध आवश्यक साम्रगी के साथ भारत के मुख्य न्यायमूर्ति को अवगत कराना चाहिए।

न्यायालय ने इसे न्यायपालिका के आत्म नियंत्रण की आंतरिक प्रक्रिया कहा। यह प्रक्रिया खुली और पारदर्शी नहीं है। इससे विश्वास उत्पन्न नहीं होगा। यह प्रक्रिया दो न्यायाधीशों की न्यायपीठ ने निर्धारित की थी। इसे संविधान पीठ में प्रश्नगत किया जा सकता है क्योंकि संविधान ने मुख्य न्यायमूर्ति को ऐसी कोई शक्ति नहीं दी है।

न्या. सौमित्र सेन और दिनकरन के मामले।

15.26 18 अगस्त 2011 को राज्य सभा ने पहली बार उच्च न्यायालय के न्यायाधीश को हटाने के लिए (कलकत्ता उच्च न्यायालय के **न्या.** सौमित्र सेन) मतदान किया। प्रस्ताव के पक्ष में 189 और विपक्ष में 17 मत थे। इसके पहले मई 1993 में लोकसभा में **न्या.** वी. रामस्वामी को हटाने का प्रस्ताव पारित नहीं हो सका क्योंकि उसके पक्ष में पर्याप्त मत नहीं थे। लोक सभा में कांग्रेस के सदस्यों ने मतदान में भाग नहीं लिया था। रामस्वामी ने प्रधान मंत्री पी.वी. नरसिम्हराव से यह समझौता कर लिया था कि यदि उन्हें हटाया नहीं जाएगा तो वे तुरंत त्याग-पत्र दे देंगे। सिक्किम के मुख्य न्यायमूर्ति दिनकरन ने 29 जुलाई 2011 को त्याग-पत्र दे दिया जिससे उन पर महाभियोग की कार्रवाई नहीं की जाए।

न्यायाधीश का अभियोजन।

15.27 *के. वीरस्वामी*[17] में उच्चतम न्यायालय के 5 न्यायाधीशों की एक पीठ ने यह अभिनिर्धारित किया कि उच्चतम न्यायालय या उच्च न्यायालय के न्यायाधीश का आपराधिक कदाचार के लिए अभियोजन किया जा सकता है और उसे दोषसिद्ध ठहराया जा सकता है। इस मामले में वीरस्वामी को जो मद्रास उच्च न्यायालय के मुख्य न्यायमूर्ति के पद से सेवानिवृत हो गए थे भ्रष्टाचार निवारण अधिनियम के अधीन अभियोजित किया गया। वीरस्वामी ने यह अभिवचन किया कि न्यायाधीश का अभियोजन नहीं किया जा सकता। उसके विरुद्ध एक ही कार्रवाई हो सकती है जिसका उपबंध अनु. 124 में है अर्थात् महाभियोग।[17]

न्यायालय ने यह अभिवचन नामंजूर कर दिया। अनुच्छेद 124 ऐसा कवच नहीं है जिसे पहनकर न्यायाधीश को भ्रष्टाचार के आरोप पर अभियोजन से उन्मुक्ति मिल जाए।

---

16. *सी. रविचंद्रन नायर* बनाम *न्या. ए.एम. भट्टाचार्जी* (1995) 5 एस.सी.सी. 457।
17. *के. वीरस्वामी* बनाम *भारत संघ* (1991) 3 एस.सी.सी. 655।

उच्चतम न्यायालय और उच्च न्यायालय की स्वाधीनता सुनिश्चित करने वाले उपबंध।

15.28 संविधान में उच्चतम न्यायालय और उच्च न्यायालय के न्यायाधीशों की स्वाधीनता और निष्पक्षता सुनिश्चित करने के लिए निम्नलिखित उपबंध हैं,—

1. नियुक्तियां राष्ट्रपति द्वारा भारत के मुख्य न्यायमूर्ति (उच्चतम न्यायालय और उच्च न्यायालय के न्यायाधीश की दशा में) और उच्च न्यायालय के मुख्य न्यायमूर्ति (उच्च न्यायालय के न्यायाधीश की दशा में) से परामर्श के पश्चात् की जाती है। इससे यह सुनिश्चित हो जाता है कि नियुक्तियां राजनीतिक आधार पर या निर्वाचन में लाभ के लिए नहीं की जा रही हैं और राजनीतिक तत्त्व समाप्त हो जाता है।

2. न्यायाधीशों को भयमुक्त होकर काम करने की छूट है। निर्णय में चाहे जितनी गंभीर भूल हो जाए उसे कदाचार नहीं माना जाता।[18] न्यायाधीश को कदाचार या असमर्थता के लिए राष्ट्रपति द्वारा हटाया जा सकता है। राष्ट्रपति, न्यायाधीश को हटाने का आदेश तभी देगा जब संसद् के दोनों सदनों द्वारा समस्त सदस्य संख्या के बहुमत से और प्रत्येक सदन में उपस्थित और मत देने वाले कम से कम दो तिहाई सदस्यों द्वारा समावेदन पारित किया जाए और राष्ट्रपति को प्रस्तुत किया जाए। यह एक जटिल और कष्टसाध्य प्रक्रिया है। अभी तक केवल एक न्यायाधीश के विरुद्ध यह प्रक्रिया हुई किंतु उसमें भी समावेदन अपेक्षित बहुमत से पारित नहीं किया जा सका।

3. कार्यपालिका राष्ट्रपति के प्रसादपर्यंत पद धारण करती है। यह नियम सिविल सेवकों और सैन्य बलों के लिए लागू होता है। राज्यपालों की भी यही स्थिति है। किंतु प्रसाद का सिद्धांत न्यायाधीशों को लागू नहीं होता। यदि वे कदाचरण नहीं करते हैं तो उन्हें पद से नहीं हटाया जा सकता। प्रसाद का सिद्धांत स्वतंत्रता के लिए घातक है।

4. उच्चतम न्यायालय और उच्च न्यायालय के अधिकारी और सेवक संबद्ध मुख्य न्यायमूर्ति द्वारा नियुक्त किए जाते हैं और न्यायालय का प्रशासनिक व्यय भारत की संचित निधि पर भारित होता है (अनु. 146 और 229)।

5. न्यायाधीशों के वेतन, भत्ते, पेंशन और छुट्टी संसद् द्वारा बनाई गई विधि द्वारा अवधारित किए जाते हैं और उसमें न्यायाधीश के लिए अलाभकारी परिवर्तन नहीं किया जा सकता। न्यायाधीश की पदावधि के दौरान उसका वेतन और भत्ते घटाए नहीं जा सकते (केवल अनु. 360 के अधीन वित्तीय आपात में कम किए जा सकते हैं)।

6. किसी न्यायाधीश के अपने कर्त्तव्यों के निर्वहन में किए गए आचरण के विषय में संसद् या राज्य विधान-मंडल में कोई चर्चा नहीं हो सकती (अनु. 121 और 211)।

7. उच्चतम न्यायालय का सेवानिवृत न्यायाधीश भारत के किसी न्यायालय या प्राधिकारी के समक्ष अभिवचन या कार्य नहीं कर सकता। कोई व्यक्ति जो किसी उच्च न्यायालय का स्थायी न्यायाधीश रहा हो उच्चतम न्यायालय या जिस न्यायालय में वह नियुक्त किया गया था उससे भिन्न किसी उच्च न्यायालय के समक्ष अभिवचन या कार्य कर सकता है (अनु. 124 और 220)।

8. उच्चतम न्यायालय और उच्च न्यायालय को अपने अवमान के लिए दंड देने की शक्ति है।

सुझाव।

15.29 न्यायाधीशों की स्वाधीनता और निष्पक्षता सुनिश्चित करने के लिए संविधान के उपबंधों को सुदृढ़ करने या उनमें कुछ और जोड़ने की आवश्यकता है। हमारा यह सुझाव है कि,—

1. उच्चतम न्यायालय और उच्च न्यायालय के न्यायाधीशों की नियुक्ति के लिए एक आयोग होना चाहिए जिसका पृथक् सचिवालय हो।

---

18. *सी.के. दफ्तरी* बनाम *गुप्ता*, ए.आइ.आर. 1971 एस.सी. 1132।

2. न्यायाधीशों का स्थानातंरण नहीं होना चाहिए। न्यायाधीशों के स्थानांतरण के लिए न तो कोई मार्गदर्शक सिद्धांत है और न कोई नियम। पारदर्शिता न होने से मनमानी कार्रवाई होती है जिससे न्यायपालिका की स्वाधीनता पर प्रभाव पड़ता है।

3. *वी. रामास्वामी* के वाद से यह प्रकट हो गया है कि महाभियोग पर विचार करते समय भी सदन राजनीतिक प्रभाव से मुक्त नहीं होते। न्याय में उनकी कोई प्रतिबद्धता नहीं दिखाई पड़ती। जब किसी न्यायाधीश को न्यायाधीश (जांच) अधिनियम के अधीन नियुक्त समिति द्वारा दोषी पाया जाता है तो उसे तब तक न्यायाधीश के रूप में कार्य नहीं करने देना चाहिए जब तक कि महाभियोग की कार्रवाई से वह निर्दोष साबित न हो जाए।[19]

4. भारत का मुख्य न्यायमूर्ति ज्येष्ठता के अनुसार नियुक्त किया जाना चाहिए। इसी प्रकार उच्च न्यायालय के ज्येष्ठतम न्यायाधीश को उस न्यायालय का मुख्य न्यायमूर्ति नियुक्त करना चाहिए।

5. किसी भी न्यायाधीश को उसकी सेवानिवृति या पदत्याग के पश्चात् सरकार के अधीन किसी पद पर नियोजित नहीं किया जाना चाहिए। इसके अंतर्गत राज्यपाल या राजदूत या किसी अधिकरण के अध्यक्ष या सदस्य के रूप में नियुक्ति है।

अमरीका के उच्चतम न्यायालय से तुलना।

15.30 अमरीका के उच्चतम न्यायालय से तुलना करने पर हम यह पाते हैं कि हमारे उच्चतम न्यायालय की अधिकारिता बहुत व्यापक है और उसे अनेक प्रकार की शक्तियां हैं। अमरीका का उच्चतम न्यायालय परिसंघ से संबंधित विषयों के बारे में अपील सुनता है और विधियों और संधियों की सांविधानिकता पर विचार करता है। हमारे उच्चतम न्यायालय की अनेक प्रकार की भूमिकाएं हैं। वह एक परिसंघ न्यायालय है और अपनी आरंभिक अधिकारिता में एक राज्य द्वारा दूसरे राज्य के विरुद्ध या संघ के विरुद्ध मामलों की सुनवाई करता है। वह मूल अधिकारों का संरक्षक है और सभी सिविल और दांडिक मामलों में अपील का सर्वोच्च न्यायालय है। वह अमरीका के उच्चतम न्यायालय के समान संविधान का अंतिम निर्वचन करने वाला पीठ है।

अनुच्छेद 136 उच्चतम न्यायालय को किसी न्यायालय या अधिकरण के विनिश्चय से उत्पन्न किसी विषय में अपील की इजाजत देने की अनंत शक्ति प्रदान करता है। अमरीका के उच्चतम न्यायालय को ऐसी शक्ति नहीं है। संसद् विधि द्वारा उच्चतम न्यायालय की अधिकारिता को विस्तारित कर सकती है। अमरीका के उच्चतम न्यायालय की अधिकारिता वही है जो संविधान ने प्रदान की है। उसमें वृद्धि नहीं हो सकती।

अमरीका के उच्चतम न्यायालय को परामर्श अधिकारिता नहीं है वह वास्तविक वाद या विवाद में अपनी राय देता है। हमारा उच्चतम न्यायालय राष्ट्रपति द्वारा निर्दिष्ट मामलों में अपनी राय दे सकता है।

हमारे उच्चतम न्यायालय के पास बहुत अधिक कार्यभार है। न्यायालय में एक मुख्य न्यायमूर्ति और 30 न्यायाधीश हैं। अमरीका के उच्चतम न्यायालय में 1869 से केवल 9 न्यायाधीश हैं।

उच्चतम न्यायालय अभिलेख न्यायालय है।

15.31 उच्चतम न्यायालय अभिलेख न्यायालय है (अनु. 129)। अभिलेख न्यायालय ऐसा न्यायालय होता है जिसे विधि द्वारा अभिव्यक्त रूप से इस प्रकार घोषित किया जाए। अभिलेख न्यायालय की निम्नलिखित विशेषताएं होती हैं,—

19. मुख्य न्यायमूर्ति सब्यसाची मुखर्जी ने न्या. वी. रामास्वामी के विरुद्ध आरोपों का संज्ञान लिया था और अपने ज्येष्ठ सहकर्मियों से परामर्श करके खुले न्यायालय में यह घोषित किया कि मैंने न्या. वी. रामास्वामी से अनुरोध किया है कि जब तक जांच पूरी नहीं हो जाती तब तक छुट्टी पर रहें।

(क) इसके निर्णय और कार्यवाहियां शाश्वत स्मृति और साक्ष्य के लिए रखी जाती हैं। उसके अभिलेख का साक्ष्य की दृष्टि से महत्त्व होता है। जब वह न्यायालय में पेश किया जाता है तो उसे प्रश्नगत नहीं किया जा सकता। अभिलेख में जो अंतर्विष्ट होता है उसका वह निश्चायक साक्ष्य होता है।

(ख) अभिलेख न्यायालय को अवमान के लिए दंड देने की शक्ति होती है।

अवमान के लिए दंड देने की शक्ति।

15.32 हमारे संविधान ने उच्चतम न्यायालय को अभिव्यक्त रूप से अवमान के लिए दंड देने की शक्ति दी है (अनु. 129)।[20] वास्तव में अनुच्छेद 129 और 215 ने पहले से विद्यमान स्थिति को मान्यता दी है। ये अनुच्छेद कोई नई शक्ति प्रदान नहीं करते। न्यायालय अवमान अधिनियम, 1971 इन अनुच्छेदों के अतिरिक्त है। वह इनका अल्पीकरण नहीं करता।[21] अवमान दो प्रकार का होता है—सिविल अवमान और दांडिक अवमान। जब कोई व्यक्ति जानबूझकर न्यायालय के किसी निर्णय, डिक्री, आदेश या आदेशिका की अवज्ञा करता है या न्यायालय में दिए गए किसी वचन को भंग करता है या उसका सम्मान नहीं करता है तो सिविल अवमान होता है।

दांडिक अवमान तब होता है जब कोई ऐसी बात प्रकाशित की जाए या कोई ऐसा कार्य किया जाए जिससे न्यायालय का प्राधिकार कम होता है या न्यायिक कार्रवाई पर प्रतिकूल प्रभाव पड़ता है या उसके सम्यक् अनुक्रम में हस्तक्षेप होता है या किसी अन्य रीति से न्याय प्रशासन में हस्तक्षेप होता है। न्यायाधीश की मानहानि से अवमान नहीं होता। मानहानि से अवमान तभी होगा जब वह उचित टिप्पणी की सीमा पार कर दे और न्यायालय की गरिमा और प्रतिष्ठा पर कलंक लगाए।[22]

उच्चतम न्यायालय की अवमान के लिए दंड देने की शक्ति अपने अवमान तक ही सीमित नहीं है। न्यायालय पूरे देश में किसी भी न्यायालय या अधिकरण के अवमान के लिए दंड दे सकता है।[23] उच्चतम न्यायालय ने एक न्यायिक अधिकारी को निरुद्ध करने, उसके साथ मारपीट करने और सड़क पर उसे प्रदर्शित करने के लिए गुजरात के कुछ पुलिस अधिकारियों को दंडित किया।[23] *मोहम्मद असलम* बनाम *भारत संघ*[24] में उत्तर प्रदेश के मुख्य मंत्री कल्याण सिंह को राम जन्मभूमि वाद के संबंध में न्यायालय को दिए गए वचन का पालन न करने के लिए दंडित किया गया।

श्री सी.एस. कर्णन, उच्च न्यायालय के पदस्थ न्यायाधीश को गंभीर प्रकृति के आपराधिक अवमान के लिए दंडित किया गया।[25]

मणिपुर विधान सभा के अध्यक्ष का मामला।

15.33 मणिपुर विधान सभा के अध्यक्ष ने विधान सभा के सचिव को अनिवार्यतः सेवानिवृत्त कर दिया क्योंकि सचिव उच्चतम न्यायालय के आदेशों का अनुपालन करने के लिए कदम उठा रहा था। अनिवार्य निवृत्ति के आदेश को न्यायालय ने रोक दिया। इस पर भी अध्यक्ष ने सचिव को काम नहीं करने दिया। उसे कोई वेतन नहीं दिया गया। न्यायालय के समन, आदेश आदि प्राप्त न करने के उद्देश्य से अध्यक्ष इधर उधर छिपता रहा। अंत में न्यायालय ने संघ सरकार को यह निदेश दिया कि वह अध्यक्ष को सशरीर न्यायालय के समक्ष प्रस्तुत करे। न्यायालय

---

20. *आइ. मणिलाल सिंह* बनाम *एच. बोरोबाबू सिंह,* ए.आइ.आर. 1994 एस.सी. 505।
21. *टी. सुधाकर प्रसाद* बनाम *आंध्र प्रदेश सरकार* (2001) 1 एस.सी.सी. 516।
22. *अश्विनी कुमार घोष* बनाम *अरविंद बोस,* ए.आइ.आर. 1951 एस.सी. 75।
23. *दिल्ली न्यायिक सेवा एसोसिएशन* बनाम *गुजरात राज्य* (1991) 4 एस.सी.सी. 406।
24. (1994) 6 एस.सी.सी. 442। मुख्य मंत्री के दंडित किए जाने का एक और उदाहरण है *ई.एम.एस. नंबूद्रीपाद* बनाम *टी. नारायणन,* ए.आइ.आर. 1970 एस.सी. 2015।
25. *सी.एस. कर्णन का मामला* (2017) 7 एस.सी.सी. 1, (7 न्यायाधीश)।

ने यह स्पष्ट किया कि 10वीं अनुसूची के अधीन विनिश्चय करते समय अध्यक्ष एक सांविधिक प्राधिकरण होता है और उस हैसियत से न्यायालय की अधिकारिता में आता है। अंत में अध्यक्ष ने क्षमा याचना की और न्यायालय ने उदारतापूर्वक उसे स्वीकार कर लिया।[20]

बार कौंसिल के अध्यक्ष का मामला।

15.34 भारत की बार कौंसिल के अध्यक्ष को जो ज्येष्ठ अधिवक्ता भी था उच्चतम न्यायालय ने उच्च न्यायालय के अवमान के लिए दंडित किया। अधिवक्ता ने उच्च न्यायालय में एक वाद में बहस करते समय न्यायाधीश के साथ दुर्व्यवहार किया[26] था। बाद में न्यायालय ने यह अभिनिर्धारित किया कि न्यायालय के अवमान के लिए दंडित करने की शक्ति बहुत विस्तृत तो है किंतु उसकी कुछ सीमाएं भी हैं। इस शक्ति का प्रयोग करके यह अभिनिर्धारित नहीं किया जा सकता कि अवमानकर्ता ने वृत्तिक कदाचार किया है। न्यायालय ने पहले यह पाया था कि अभियुक्त अधिवक्ता कदाचार का दोषी है और उसे अधिवक्ता के रूप में विधि व्यवसाय करने से रोक दिया था। पश्चात्‌वर्ती वाद में[27] एक वृहत्तर न्यायपीठ ने यह व्यवस्था दी कि अधिवक्ता के लाइसेंस का निलंबित किया जाना उचित नहीं था। सरकारी कर्मचारी कभी कभी अपनी सीमा के बाहर चले जाते हैं और न्याय के कार्य में हस्तक्षेप करने का प्रयास करते हैं। न्यायालय ने अनेक मामलों में ऐसे कदाचारियों को चेतावनी दी है और दंडित भी किया है। भारत सरकार के विधि सचिव को भी न्यायालय ने यह बताया कि उन्होंने जो किया है वह सही नहीं है।[28]

उच्चतम न्यायालय की अधिकारिताएं

साधारण।

15.35 जैसा ऊपर बताया जा चुका है हमारे उच्चतम न्यायालय में उसके पूर्ववर्ती दो न्यायालयों की सम्मिलित शक्तियां हैं। वे न्यायालय थे प्रिवी कौंसिल और परिसंघ न्यायालय। वह अमरीकी उच्चतम न्यायालय के समान परिसंघ और सांविधानिक न्यायालय है और इंग्लैंड के हाउस आफ लार्ड्स के समान सभी सिविल और दांडिक मामलों में अपील का सर्वोच्च न्यायालय है। संविधान और अन्य अधिनियमों द्वारा हमारे उच्चतम न्यायालय को बहुत सी अभिव्यक्त और अंतर्निहित शक्तियां प्रदान की गई हैं।

आरंभिक अधिकारिताएं।

15.36 परिसंघ का संविधान विभिन्न सरकारों के बीच न्यायकर्ता के रूप में एक न्यायालय की व्यवस्था करता है। अनुच्छेद 131 द्वारा यह भूमिका और अधिकारिता उच्चतम न्यायालय को सौंपी गई है। उसे निम्नलिखित विवादों में आरंभिक अधिकारिता है जो किसी अन्य न्यायालय को नहीं है,—

(क) भारत सरकार और एक या अधिक राज्यों के बीच, या

(ख) एक ओर भारत सरकार और किसी राज्य या राज्यों और दूसरी ओर एक या अधिक अन्य राज्यों के बीच, या

(ग) दो या अधिक राज्यों के बीच विवाद।

विवाद में विधि या तथ्य का कोई ऐसा प्रश्न अंतवर्लित होना चाहिए जिस पर किसी विधिक अधिकार का अस्तित्व या विस्तार निर्भर है।

विधिक अधिकार।

15.37 विधिक अधिकार का राजनीतिक अधिकार से भेद किया जाना चाहिए। न्यायालय राजनीतिक अधिकार के बारे में विवाद ग्रहण नहीं करेगा। अधिकार इस प्रकार का होना चाहिए कि वह न्यायालय द्वारा प्रवृत्त कराया

26. *विनयचंद्र मिश्रा का मामला* (1995) 2 एस.सी.सी. 584। 25
27. *सुप्रीम कोर्ट बार एसोसिएशन* बनाम *भारत संघ* (1998) 4 एस.सी.सी. 409।
28. *आइ.टी.ए.टी.* बनाम *वी.के. अग्रवाल* (1991) 1 एस.सी.सी. 16।

जा सके। वह अधिरचित विधि के नियम पर आधारित होना चाहिए। राजनीति पर आधारित नहीं। अनुच्छेद 131 के संबंध में विधिक अधिकार में निम्नलिखित आते हैं,—

(क) संघ या राज्य की किसी विधि की सांविधानिक विधिमान्यता का प्रश्न। *पश्चिमी बंगाल* बनाम *भारत संघ*[29] में राज्य सरकार ने संसद् द्वारा पारित कोयला धारक क्षेत्र (अर्जन और विकास) अधिनियम, 1957 की विधिमान्यता पर आक्षेप किया था।

(ख) यह प्रश्न कि क्या किसी राज्य द्वारा या संघ द्वारा की गई कोई कार्रवाई या किया गया कार्य उसकी क्षमता में है। जहां संघ सरकार ने जांच आयोग अधिनियम के अधीन एक आयोग गठित किया था जिसे कर्नाटक के मुख्य मंत्री और अन्य मंत्रियों के विरुद्ध लगाए गए भ्रष्टाचार आदि के आरोपों पर प्रतिवेदन देना था वहां राज्य ने यह प्रश्न उठाया कि क्या संघ ऐसा करने के लिए सक्षम है।[30]

(ग) संघ का अनु. 356 के अधीन आदेश प्रख्यापित करने और राज्य की विधान सभा का विघटन करने का अधिकार।[31]

विधिक अधिकार अभिव्यक्ति का उदारता से निर्वचन किया गया है। यह सांविधानिक अधिकारों तक ही सीमित नहीं है।

राजनीतिक विवाद।

15.38 विवाद ऐसा होना चाहिए जो किसी विधिक अधिकार की विद्यमानता या उसके विस्तार से जुड़ा हुआ हो। राजनीतिक खींचतान या विवाद ऐसे विषय नहीं हैं जिनकी सुनवाई उच्चतम न्यायालय करे।[32]

अपवाद।

15.39 यदि विधिक अधिकार अनु. 131 के परंतुक के अंतर्गत है या संविधान के किसी अन्य उपबंध में ऐसे अधिकार के लिए विशेष उपबंध है तो उच्चतम न्यायालय अनु. 131 के अधीन उस अधिकार का विनिश्चय नहीं करेगा। उदाहरण के लिए यदि विवाद किसी ऐसी संधि, करार, सनद, आदि से उत्पन्न हुआ है जो इस संविधान के प्रारंभ से पहले की गई थी तो उसे अनु. 131 के अधीन नहीं उठाया जा सकता। अंतरराज्य जल विवाद और वित्त आयोग को विनिर्दिष्ट किए गए मामलों को यह अनुच्छेद लागू नहीं होता।

अनन्य अधिकारिता।

15.40 अनुच्छेद 131 द्वारा जिस अधिकारिता का सृजन किया गया है वह अनन्य है। उच्चतम न्यायालय से भिन्न किसी न्यायालय को ऐसे विवाद ग्रहण करने और निपटाने की अधिकारिता नहीं है।

जहां राज्य और प्राइवेट संयुक्त पक्षकार हैं।

15.41 अनुच्छेद 131 वहां लागू नहीं होता जहां नागरिक या प्राइवेट व्यक्ति, राज्य या संघ के साथ संयुक्त या आनुकल्पिक पक्षकार हैं। कानूनी निगम अनु. 131 के अर्थांतर्गत राज्य नहीं है चाहे वह अनु. 12 के अधीन राज्य हों।[33]

राज्य, व्यक्ति के रूप में।

15.42 उन मामलों में जहां राज्य ऐसे अधिकार का दावा करता है जो समान परिस्थितियों में कोई अन्य वादकारी कर सकता है तो राज्य को उच्चतम न्यायालय में समावेदन करने का अधिकार नहीं होगा। जहां राज्य ने संघ के विरुद्ध दावा करके राज्य द्वारा पारेषित माल को संघ के स्वामित्व की रेल द्वारा वहन किए जाते

---

29. ए.आइ.आर., 1963 एस.सी. 1241 ।
30. *कर्नाटक राज्य* बनाम *भारत संघ*, ए.आइ.आर. 1978 एस.सी. 68।
31. *राजस्थान राज्य* बनाम *भारत संघ*, ए.आइ.आर. 1977 एस.सी. 1361।
32. *हरियाणा राज्य* बनाम *पंजाब राज्य* (2004) एस.सी.सी. 673।
33. *ताशी डेलक गेमिंग सोलुशंस लि.* बनाम *कर्नाटक राज्य* (2006) 1 एस.सी.सी. 442।

समय हुई हानि या नुकसान के लिए दावा किया वहां यह अभिनिर्धारित हुआ कि अनु. 131 लागू नहीं होगा। याची राज्य को अन्य वादकारियों के समान सामान्य न्यायालय में उपचार के लिए जाना चाहिए।

15.43 जो दूसरे प्रकार की आरंभिक अधिकारिता उच्चतम न्यायालय में निहित की गई है वह अनु. 32 द्वारा प्रदान की गई है। यह अधिकारिता अपवर्जक नहीं है। उच्च न्यायालय को भी मूल अधिकारों के प्रवर्तन के लिए रिट जारी करने की शक्ति है। अनुच्छेद 131 के अधीन अधिकारिता उन विषयों तक सीमित है जिसमें राज्य और संघ ही पक्षकार हैं। किसी प्राइवेट व्यक्ति को अनु. 131 के अधीन कोई अधिकार नहीं है किंतु अनु. 32 के अधीन अधिकार प्राइवेट व्यक्ति को दिया गया है और वह राज्य के विरुद्ध प्रवृत्त किया जा सकता है। अनुच्छेद 32 के अधीन अधिकारिता आरंभिक अधिकारिता है क्योंकि व्यथित व्यक्ति मूल अधिकार के प्रवर्तन के लिए पहली बार में ही सीधे उच्चतम न्यायालय में समावेदन कर सकता है। (विस्तार के लिए देखिए **पैरा 7.178** और आगे)।

अनुच्छेद 32 के अधीन रिट अधिकारिता।

अपीली न्यायालय

15.44 उच्चतम न्यायालय देश का सर्वोच्च अपीली न्यायालय है। न्यायालय में अनेक प्रकार की अधिकारिताएं निहित हैं। इनका इस प्रकार वर्गीकरण किया जा सकता है।

अपीलों के प्रकार।

1. सांविधानिक मामलों में अपील
2. सिविल मामलों में अपील
3. दांडिक मामलों में अपील
4. उच्चतम न्यायालयों द्वारा दी गई विशेष इजाजत से अपील
5. प्रकीर्ण अधिनियमों द्वारा अनुज्ञात अपील

15.45 किसी भी उच्च न्यायालय के निर्णय, डिक्री या अंतिम आदेश से उच्चतम न्यायालय को अपील हो सकती है यदि दो शर्तें पूरी की जाती हैं (अनु. 132)। वे शर्तें हैं,—

सांविधानिक अपीलें।

(क) उस मामले में संविधान के निर्वचन के बारे में विधि का सारवान प्रश्न अंतर्वलित है और
(ख) उच्च न्यायालय इस प्रभाव का प्रमाण पत्र देता है।

ऐसा प्रश्न जिसके बारे में न्यायालयों में मतभिन्नता है, सारवान प्रश्न माना जाता है। इसी प्रकार यह भी सारवान प्रश्न है कि क्या उच्च न्यायालय का कोई पूर्ववर्ती निर्णय जिसे अभिव्यक्त रूप से उलटा नहीं किया है उच्चतम न्यायालय के किसी निर्णय को देखते हुए मान्य है या नहीं। किंतु यदि कोई प्रश्न उच्चतम न्यायालय के विनिश्चय द्वारा तय किया जा चुका है तो वह सारवान प्रश्न नहीं है।

15.46 अनुच्छेद 133 में सिविल मामलों में उच्चतम न्यायालय की अपीली अधिकारिता परिनिश्चित की गई है। सांविधानिक अपीलों के समान ही दो शर्तें पूरी किए जाने पर अपील का अधिकार उत्पन्न होता है। वे दो शर्तें हैं,—

सिविल अपीलें।

(क) उस मामले में विधि के व्यापक महत्व का कोई सारवान् प्रश्न अंतर्वलित है; और
(ख) उच्च न्यायालय की राय में उस प्रश्न का उच्चतम न्यायालय द्वारा विनिश्चय आवश्यक है।

अनुच्छेद 132 में विधि का सारवान प्रश्न एक शर्त है। अनुच्छेद 133 में सारवान प्रश्न व्यापक महत्व का होना चाहिए। वाद के पक्षकारों के अतिरिक्त बहुत से अन्य व्यक्ति भी उच्चतम न्यायालय द्वारा उस प्रश्न के अंतिम रूप से अवधारण में हितबद्ध होने चाहिए। उसका प्रभाव बहुत अधिक व्यक्तियों पर या बड़ी संख्या में लंबित वादों या आवेदनों पर होना चाहिए। संविधान (30वां संशोधन) अधिनियम, 1972 के पहले अनु. 133 ऐसी अपीलें करना अनुज्ञात करता था जहां सिविल कार्यवाही में रकम या विषयवस्तु का मूल्य ₹20,000 या उससे अधिक हो। इस धन संबंधी अपेक्षा को निकाल दिया गया है और उसकी जगह विधि का सारवान प्रश्न रखा गया। इससे न्यायालय पर बोझ कुछ कम हुआ है यह एक सही कदम था। अपील ग्रहण करने के लिए वाद का रुपए में मूल्य अब विचारणीय वस्तु नहीं है।

एकल न्यायाधीश से अपील।

15.47 बहुत से उच्च न्यायालयों में एकल न्यायाधीश के अंतिम निर्णय से उसी उच्च न्यायालय की खंड पीठ में अपील होती है।[34] एकल न्यायाधीश के निर्णय से कूद कर उच्चतम न्यायालय नहीं पहुंचा जा सकता। कारण यह है कि अनु. 133(3) में यह उपबंध है कि एक न्यायाधीश के निर्णय, डिक्री या अंतिम आदेश से उच्चतम न्यायालय को कोई अपील नहीं होगी। संसद् को यह शक्ति दी गई है कि वह विधि बनाकर एकल न्यायाधीश के निर्णयों से अपील के लिए उपबंध करे।

दांडिक अपीलें।

15.48 अनुच्छेद 132 और 133 पर उच्चतम न्यायालय में अपील की एक अनिवार्य शर्त यह है कि न्यायालय द्वारा यह प्रमाण पत्र दिया जाए कि प्रश्न का उच्चतम न्यायालय द्वारा विनिश्चय आवश्यक है। दांडिक मामलों में जिसमें मृत्यु दंड दिया गया हो बिना प्रमाण पत्र के भी अपील हो सकती है। इसलिए प्रमाण पत्र की अपेक्षा प्रत्येक मामले में अनिवार्य नहीं है।

बिना प्रमाण-पत्र के अपील।

15.49 उच्च न्यायालय के प्रमाण पत्र के बिना उच्चतम न्यायालय में अपील हो सकती है (अनु. 134)। यदि उच्च न्यायालय ने (क) अपील में किसी अभियुक्त व्यक्ति की दोषमुक्ति के आदेश को उलट दिया है और उसको मृत्यु दंडादेश दिया है (दूसरे शब्दों में सेशन न्यायाधीश ने किसी व्यक्ति को दोषमुक्त कर दिया था। उच्च न्यायालय ने उसे सिद्धदोष ठहराकर मृत्युदंड का आदेश दिया है।)

(ख) अपने प्राधिकार के अधीनस्थ किसी न्यायालय से किसी मामले को विचारण के लिए अपने पास मंगा लिया है और ऐसे विचारण में अभियुक्त को सिद्धदोष ठहराया है और उसको मृत्यु दंडादेश दिया है (दूसरे शब्दों में उच्च न्यायालय ने स्वयं विचारण किया है जिससे अभियुक्त का पहली अपील का अधिकार समाप्त हो गया है और अभियुक्त को सिद्धदोष ठहराकर उसे मृत्युदंड दिया है।)

ध्यान दें कि जहां दोषसिद्धि का आदेश उलट दिया जाता है और अभियुक्त दोषमुक्त कर दिया जाता है वहां उच्चतम न्यायालय में अपील करने का अधिकार नहीं होता।

प्रमाण-पत्र सहित।

15.50 अनुच्छेद 134 के खंड (ग) के अधीन उच्चतम न्यायालय में अपील हो सकती है यदि उच्च न्यायालय यह प्रमाणित करता है कि मामला उच्चतम न्यायालय में अपील किए जाने के योग्य है।

उच्चतम न्यायालय तभी प्रमाण-पत्र देता है जब असाधारण परिस्थितियां विद्यमान हों। यदि केवल तथ्य का प्रश्न अंतर्वलित है तो वह प्रमाण-पत्र नहीं देगा। न्यायालय प्रमाण-पत्र तभी देगा जब विधि का सारवान प्रश्न अंतर्वलित हो या जहां गंभीर अन्याय होने की आशंका हो।

---

34. सरकार इस प्रकार की अपीलों को समाप्त करने पर विचार कर रही है। इंग्लैंड में न्यायालय की एकल पीठ से उसी न्यायालय में अपील नहीं होती है।

15.51 अनुच्छेद 134(2) संसद् को यह शक्ति देता है कि वह दांडिक मामलों में अपील की सुनवाई करने की उच्चतम न्यायालय की अधिकारिता का विस्तार कर सके। संसद् सामान्य विधि द्वारा दांडिक अपील अधिकारिता को कम या छोटा नहीं कर सकती किंतु उसमें कुछ जोड़कर उसके क्षेत्र को बढ़ा सकती है।

अधिकारिता का विस्तार।

1970 में संसद् ने विधि बनाकर उच्चतम न्यायालय की दांडिक अधिकारिता में वृद्धि की है। अधिनियम में दो मामले विनिर्दिष्ट हैं जहां उच्चतम न्यायालय में साधिकार अपील होगी। इन दोनों मामलों में प्रमाण-पत्र की आवश्यकता नहीं है। यह दो मामले हैं,—

(क) यदि उच्च न्यायालय ने अपील में किसी अभियुक्त की दोषमुक्ति के आदेश को उलट कर उसे आजीवन कारावास या कम से कम 10 वर्ष की अवधि के कारावास की अवधि का दंडादेश दिया है।

(ख) यदि उच्च न्यायालय ने अपने अधीनस्थ किसी न्यायालय से कोई मामला विचारण के लिए अपने पास मंगा लिया है और ऐसे विचारण में अभियुक्त व्यक्ति को दोषसिद्ध ठहराते हुए आजीवन कारावास या कम से कम 10 वर्ष की अवधि के कारावास का दंडादेश दिया है। इस अधिनियम द्वारा अनु. 134(1)(क) और (ख) के समान फायदा उससे कुछ कम कठोर मामलों में भी दिया गया है। अनुच्छेद 134 के उपर्युक्त खंडों में अपील का अधिकार उसी व्यक्ति को है जिसके विरुद्ध मृत्युदंड का आदेश दिया गया है किंतु 1970 के अधिनियम के पश्चात् अपील का अधिकार उन अभियुक्तों को भी दिया गया है जिनको 10 वर्ष के कारावास का दंड दिया गया है।

15.52 अनुच्छेद 131, 132 और 133 क्रमशः सांविधानिक, सिविल और दांडिक मामलों में उच्चतम न्यायालय में अपील का उपबंध करते हैं। यह अनुच्छेद इस बात की अनुमति देते हैं कि यदि उपर्युक्त तीन अनुच्छेदों में विहित शर्तें पूरी हो जाती हैं तो उच्चतम न्यायालय में अपील की जा सकती है। किंतु बहुत स्वाभाविक है कि ऐसे कुछ मामले हों जो उन अनुच्छेदों की शर्तों को पूरा न करते हों किंतु घोर अन्याय हो रहा हो और इस बात की प्रचंड आवश्यकता हो कि उच्चतम न्यायालय हस्तक्षेप करके स्थिति में सुधार करे। वे मामले जिनमें उच्चतम न्यायालय से हस्तक्षेप की आवश्यकता हो भारत के राज्यक्षेत्र में स्थित किसी भी न्यायालय या अधिकरण के निर्णय, डिक्री, आदेश आदि से उत्पन्न हो सकते हैं। संविधान ने उच्चतम न्यायालय को यह शक्ति दी है कि वह ऐसे मामलों में न्याय की रक्षा के लिए आगे कदम बढ़ाकर सक्रिय हो जाए। इस अनुच्छेद की व्याप्ति बहुत अधिक है। यह शक्ति अपील सुनने की अवशिष्ट शक्ति है अर्थात् न्यायालय किसी भी मामले में जिसे वह उचित समझे सुनवाई के लिए अपील ग्रहण कर सकता है।

अपील की विशेष इजाजत—अनुच्छेद 136।

अनुच्छेद 136 के अधीन उच्चतम न्यायालय को विशेष इजाजत देने की शक्ति है। यह शक्ति तीन तथ्यों के आधार पर प्रयोग की जा सकती है। ये तीन बातें इस प्रकार हैं,—

(क) **भारत के राज्यक्षेत्र में किसी न्यायालय या अधिकरण द्वारा**—पूर्ववर्ती अनुच्छेदों में अपीलें उच्च न्यायालय के निर्णयों से होती हैं। अनुच्छेद 136 में इस प्रकार का कोई निर्बंधन नहीं है। इस अनुच्छेद के अधीन उच्चतम न्यायालय किसी भी न्यायालय या अधिकरण से अपील सुन सकता है। जहां विधि के द्वारा अपील का कोई उपबंध नहीं किया गया हो वहां भी अपील सुनी जा सकती है। उदाहरण के लिए औद्योगिक अधिकरण, निर्वाचन अधिकरण, केंद्रीय राजस्व बोर्ड, केंद्रीय सरकार, रेल दर अधिकरण आदि से अपीलें।

(ख) **किसी वाद या मामले में पारित किए गए या दिए गए**—पूर्वगामी अनुच्छेदों में अपीलें उन्हीं वाद या मामलों से होती हैं जो उनके अंतर्गत हैं। किंतु अनु. 136 में प्रयुक्त शब्द बहुत

व्यापक हैं। उनके अंतर्गत सभी मामले आ जाते हैं। ऐसे मामले भी जो सिविल या दांडिक नहीं हैं जैसे, स्टाम्प अधिनियम, आय-कर अधिनियम, कंपनी अधिनियम, अधिवक्ता अधिनियम के अधीन मामले आदि।

(ग) **किसी निर्णय, डिक्री, अवधारण, दंडादेश या आदेश**—यह आवश्यक नहीं है कि निर्णय, डिक्री आदि अंतिम हों। अंतर्वर्ती आदेश से भी अपील सुनी जा सकती है। अनुच्छेद 131, 132 और 133 के अधीन नियमानुसार जो अपीलें होती हैं वे अंतिम आदेश के विरुद्ध ही हो सकती हैं।

अनुच्छेद 136 की प्रकृति।

15.53 अनुच्छेद 136 के द्वारा अपील के अधिकार का सृजन नहीं होता। वह उच्चतम न्यायालय को एक शक्ति प्रदान करता है। इस शक्ति से न्यायालय को अपने विवेकानुसार, असाधारण और गंभीर मामलों में हस्तक्षेप करने का अधिकार मिलता है। इस विवेकाधिकार का प्रयोग नेमी या नैत्यिक रीति से नहीं किया जाना चाहिए। इस शक्ति का प्रयोग यदा कदा ही होना चाहिए। अर्थात् बहुत थोड़े से मामलों में। उच्चतम न्यायालय ने अनेक प्रकार के मामलों में विशेष इजाजत देने के लिए मानक अधिकथित करने का प्रयास किया है।

सिविल मामलों में विशेष इजाजत तभी दी जाती है जब विधि का व्यापक महत्व का सारवान प्रश्न अंतर्वलित है। **दांडिक मामलों** में उच्चतम न्यायालय तभी कोई कदम उठाता है जब उसका यह समाधान हो जाता है कि आपवादिक और विशेष परिस्थितियां विद्यमान हैं और सारवान और घोर अन्याय हुआ है। अधिकरणों के मामलों में न्यायालय तभी हस्तक्षेप करता है जब अधिकरण अपनी अधिकारिता से बाहर चला जाए या प्रश्न को इस प्रकार ग्रहण करे कि उससे बहुत अन्याय हो जाएगा या ऐसी प्रक्रिया अपना ले जो नैसर्गिक न्याय के नियमों का उल्लंघन करती है।

अनुच्छेद 136 के अधीन हस्तक्षेप के कुछ दृष्टांत।

15.54 *यूनियन कार्बाइड के वाद में*[35] (जिसे भोपाल गैस रिसाव वाद भी कहा जाता है) न्यायालय ने सभी न्यायालयों और अधिकरणों के समक्ष जितने सिविल और दांडिक मामले निलंबित थे उन्हें अपने पास मंगा लिया और पक्षकारों के बीच एक समझौता करा दिया। *नड़ियाद मामले*[36] में उच्चतम न्यायालय ने उन पुलिस अधिकारियों को दंड दिया जिन्होंने मजिस्ट्रेट के न्यायालय का अवमान किया था और मजिस्ट्रेट के विरुद्ध फाइल की गई दांडिक कार्रवाई को विखंडित कर दिया। *सदानंदन में*[37] न्यायालय ने एक प्राइवेट पक्षकार को दांडिक मामले में विशेष इजाजत दी क्योंकि न्यायालय इस निष्कर्ष पर पहुंचा था कि राज्य द्वारा दोषमुक्ति के विरुद्ध अपील नहीं करने के पीछे असद्भाव और किसी व्यक्ति का असर है। इस अपील के परिणामस्वरूप अभियुक्त को दोषसिद्ध ठहराया गया। *तारापुर एंड कंपनी* बनाम *ट्रेक्टर एक्सपोर्ट*[38] में उच्चतम न्यायालय ने एक विचारण न्यायाधीश के द्वारा पारित अंतरिम आदेश में हस्तक्षेप करके उसे सुधारा। *यूनाइटेड कमर्शियल बैंक*[39] में न्यायालय ने हस्तक्षेप करके न्याय किया क्योंकि उसका यह समाधान हो गया था कि एक बैंक द्वारा दूसरे बैंक को उधार दी गई रकम वापस लेने के लिए दावा करने से रोकने के लिए उच्च न्यायालय ने जो अस्थायी व्यादेश दिया था उसका कोई औचित्य नहीं था।

---

35. *यूनियन कार्बाइड* बनाम *भारत संघ* (1991) 4 एस.सी.सी. 584।
36. *दिल्ली न्यायिक सेवा एसोसिएशन* बनाम *गुजरात* राज्य, ए.आर.आर. 1991 एस.सी. 406।
37. *पी.एस.आर. सदानंदन* बनाम *अरुणाचलम,* ए.आइ.आर. 1980 एस.सी. 856।
38. (1969) 1 एस.सी.सी. 233।
39. *यूनाइटेड कमर्शियल बैंक* बनाम *बैंक आफ इंडिया,* ए.आइ.आर. 1981 एस.सी. 1426।

15.55 यदि उच्चतम न्यायालय को यह प्रतीत होता है कि किसी मामले में पर्याप्त न्याय नहीं हो पाया है या घोर अन्याय हो गया है या मामला ऐसा है कि न्यायालय की अंतर्चेतना को झकझोर देता है तो न्यायालय उस मामले की सुनवाई करता है। न्यायालय ने यह कहा है वह तकनीकी बातों की परवाह नहीं करते हुए यह सुनिश्चित करेगा कि अन्याय न हो।[40]

न्याय करना ही एकमात्र उद्देश्य है।

15.56 संविधान और संसद् द्वारा बनाए गए कुछ अधिनियम उच्चतम न्यायालय को अधिकारिता प्रदान करते हैं। यह अधिकारिता अधिकांशतः अपीली होती है। किंतु कहीं-कहीं आरंभिक भी है। अनुच्छेद 317(1) यह विहित करता है कि राष्ट्रपति कदाचार के आधार पर लोक सेवा आयोग के अध्यक्ष या किसी सदस्य को हटाने के लिए उच्चतम न्यायालय को निर्देश कर सकता है। उच्चतम न्यायालय अपने नियमों के अनुसार जांच करेगा और राष्ट्रपति को प्रतिवेदन देगा। आय-कर अधिनियम की धारा 257, एकाधिकार तथा अवरोधक व्यापारिक व्यवहार अधिनियम की धारा 7(2), सीमा शुल्क अधिनियम की धारा 130क आदि में उच्चतम न्यायालय को निर्देश करने का उपबंध है।

अधिनियमों द्वारा अनुज्ञात अपीलें।

लोक प्रतिनिधित्व अधिनियम, अधिवक्ता अधिनियम, न्यायालय अवमान अधिनियम, आतंकवादी और विध्वंसकारी क्रियाकलाप (निवारण) अधिनियम, और कुछ अन्य अधिनियमों में उच्चतम न्यायालय को अपील किए जाने का उपबंध है।

राष्ट्रपति या उपराष्ट्रपति के निर्वाचन पर आक्षेप करने के लिए निर्वाचन अर्जी राष्ट्रपतीय और उपराष्ट्रपतीय निर्वाचन अधिनियम के अधीन उच्चतम न्यायालय में फाइल की जाती है, सुनी जाती है और विनिश्चित की जाती है।

15.57 अनुच्छेद 143 हमारे उच्चतम न्यायालय को ऐसी अधिकारिता प्रदान करता है जिसे परामर्श या सलाहकारी अधिकारिता कहते हैं। भारत शासन अधिनियम, 1935 द्वारा परिसंघ न्यायालय को भी इसी प्रकार की अधिकारिता दी गई थी। अमरीका का उच्चतम न्यायालय केवल वास्तविक वाद और विवाद में निर्णय देता है। उसने काल्पनिक प्रश्नों पर सलाह देने से इंकार कर दिया है। अर्थात् सलाहकारी अधिकारिता स्वीकार नहीं की है। आस्ट्रेलिया के उच्च न्यायालय को (वहां का शीर्षस्थ न्यायालय) सलाहकारी अधिकारिता नहीं है।

परामर्श अधिकारिता।

अनुच्छेद 143 में यह कहा गया है कि यदि राष्ट्रपति को प्रतीत होता है कि,—

(क) विधि या तथ्य का कोई प्रश्न उपस्थित हुआ है या उत्पन्न होने की संभावना है,

(ख) ऐसा प्रश्न ऐसी प्रकृति का या ऐसे व्यापक महत्त्व का है कि,

(ग) उस पर उच्चतम न्यायालय की राय प्राप्त करना समीचीन है,

तो वह उस प्रश्न को विचार करने के लिए न्यायालय को निर्देशित कर सकेगा। न्यायालय ऐसी सुनवाई करने के पश्चात् जो वह ठीक समझे अपनी राय राष्ट्रपति को प्रतिवेदित कर सकेगा।

अनुच्छेद 143 के दूसरे भाग के अधीन राष्ट्रपति उस प्रकार के विवाद को जो अनु. 131 के परंतुक में वर्णित है उच्चतम न्यायालय को निर्देशित कर सकेगा। उक्त परंतुक में वर्णित मामले हैं: संविधान के प्रारंभ से पहले की गई कोई संधि, करार, सनद आदि। इन सबको उच्चतम न्यायालय की आरंभिक अधिकारिता से अपवर्जित किया गया है। इन दोनों अनुच्छेदों का संयुक्त प्रभाव यह है कि प्रभावित पक्षकार ऐसे संधि या करार से उद्भूत होने वाले किसी मामले को निपटाने के लिए न्यायालय में समावेदन नहीं कर सकते किंतु राष्ट्रपति उच्चतम न्यायालय से यह

---

40. *जमशेद होर्मुसजी वाडिया* बनाम *बोर्ड आफ ट्रस्टी, मुंबई पोर्ट* (2004) 3 एस.सी.सी. 214।

अनुरोध कर सकता है कि वह अपनी राय दे। यह आशा करना उचित और युक्तियुक्त होगा कि राष्ट्रपति उस राय के अनुसार कार्य करेगा। अभी तक इस प्रकार का कोई मामला राष्ट्रपति द्वारा निर्दिष्ट नहीं किया गया है।

दिसंबर 2018 तक किए गए निर्देश।

15.58 दिसंबर 2018 तक राष्ट्रपति ने उच्चतम न्यायालय को अनु. 143 के अधीन 15 निर्देश किए थे। वे इस प्रकार हैं,–

1. *दिल्ली विधि अधिनियम*[41]–प्रत्यायोजित विधान की दृष्टि से इस अधिनियम की विधिमान्यता पर विचार करने के लिए।

2. *केरल शिक्षा विधेयक*[42]–यह विधेयक राष्ट्रपति के विचार के लिए आरक्षित किया गया था। राष्ट्रपति ने उच्चतम न्यायालय को इसकी विधिमान्यता पर राय देने के लिए निर्देशित किया था।

3. *बेरूबाड़ी यूनियन*[43]–भारत के राज्यक्षेत्र के किसी भाग को पाकिस्तान को अंतरित करने की क्या रीति है यह जानने के लिए राय मांगी गई थी।

4. *समुद्री सीमा-शुल्क अधिनियम*[44]–संविधान के अनु. 289 के प्रकाश में समुद्री सीमा शुल्क विधेयक की विधिमान्यता पर विचार करने के लिए।

5. *1964 का विशेष निर्देश सं. 1*[45]–इसे *केशवसिंह का मामला* भी कहते हैं। इस निर्देश का उद्देश्य विधान-मंडल के विशेषाधिकारों का विस्तार कितना है और उसके बारे में न्यायिक पुनर्विलोकन की शक्ति कितनी है यह जानना था।

6. *1974 के राष्ट्रपतीय निर्वाचन*[46]–निर्वाचन के बारे में कुछ संदेहों के संबंध में।

7. *विशेष न्यायालय विधेयक 1978*[47]–आपात के दौरान (जून 1975 से मार्च 1977) जिन उच्च पदाधिकारियों ने अपराध किए थे उनके विचारण के लिए विशेष न्यायालयों की स्थापना करने वाले विधेयक की विधिमान्यता के बारे में न्यायालय की राय जानने के लिए यह निर्देश दिया गया था।

8. *कावेरी जल विवाद अधिकरण*[48]–यह विचार करने के लिए कि क्या अधिकरण अंतरिम आदेश दे सकता है और उसी से संबंधित कुछ अन्य मामले।

9. *1982 का विशेष निर्देश सं. 1*–यह जम्मू-कश्मीर राज्य द्वारा पारित पुनःस्थापन अधिनियम की विधिमान्यता के संबंध में था। यह 6-11-2000 को लौटाया गया। (यह प्रकाशित नहीं हुआ है।) न्यायालय ने सलाह देने से मना कर दिया।

10. *1993 का विशेष निर्देश सं. 1*[49]–इसका संबंध राम जन्मभूमि के निकट कुछ विवादित भूमि के अर्जन के लिए अध्यादेश जारी किए जाने के बारे में और इस बात पर राय लेने के लिए कि क्या राम जन्मभूमि के नाम से ज्ञात स्थान पर कभी कोई मंदिर स्थित था।

11. *1998 का विशेष निर्देश सं. 1*[50]–न्यायाधीशों की नियुक्ति के बारे में भारत के मुख्य न्यायमूर्ति से परामर्श के बारे में और पत्राचार पद्धति के बारे में कुछ संदेहों को दूर करने के लिए।

---

41. ए.आइ.आर. 1951 एस.सी. 332।
42. ए.आइ.आर. 1958 एस.सी. 956।
43. ए.आइ.आर. 1960 एस.सी. 845।
44. ए.आइ.आर. 1963 एस.सी. 1760।
45. ए.आइ.आर. 1965 एस.सी. 745।
46. ए.आइ.आर. 1974 एस.सी. 1682।
47. ए.आइ.आर. 1979 एस.सी. 478।
48. ए.आइ.आर. 1992 एस.सी. 1183।
49. (1994) 6 एस.सी.सी. 360 और (1994) 1 एस.सी.सी. 680।
50. (1998) 7 एस.सी.सी. 739।

12. *2002 का विशेष निर्देश सं. 1* (गुजरात विधान सभा के निर्वाचन का मामला)[51]। गुजरात राज्य विधान सभा को समयपूर्व विघटित कर दिया गया था। यह प्रश्न निर्देशित किया गया कि क्या विधान सभा का अधिवेशन छह मास के भीतर होना चाहिए इसमें अनु. 174, 324 और 356 का निर्वचन किया जाना था।

13. *2001 का विशेष निर्देश सं. 1*[52]—क्या राज्यों को अनुसूची 7 की सूची 2 की प्रविष्टि 25 के अधीन प्राकृतिक गैस और द्रवीकृत गैस विषय पर विधान बनाने की क्षमता है या क्या केवल संघ को प्राकृतिक गैस पर चाहे वह किसी भी भौतिक रूप में हो सूची 1 की प्रविष्टि 53 के अधीन अधिनियम बनाने की क्षमता है?

14. पंजाब करार का पर्यवसान अधिनियम, 2004 जो पंजाब राज्य द्वारा पारित किया गया था जुलाई 2004 में यह राय जानने के लिए निर्दिष्ट किया गया कि राज्य यह अधिनियम बनाने के लिए सक्षम है या नहीं। अभी राय नहीं दी गई।

15. *2012 का विशेष निर्देश सं. 1*—यह 2G स्पेक्ट्रम आबंटन के संबंध में था।[53]

1993 में जो निर्देश किया गया था उसको छोड़कर सभी निर्देश विधि के प्रश्न से संबंधित थे। 1993 के निर्देश में एक तथ्य के प्रश्न पर न्यायालय की राय मांगी गई थी। न्यायालय ने ऐसे आधारों पर अपनी राय देने से इंकार कर दिया जो किसी भी दृष्टि से उचित नहीं माने जा सकते। राष्ट्रपति द्वारा किए गए निर्देश को बिना उत्तर दिए लौटाना राष्ट्र के अध्यक्ष का तिरस्कार है। यदि न्यायालय ने विचारपूर्वक निर्णय दे दिया होता तो देश की एक समस्या का हल निकल जाता। इसी प्रकार 1982 में किए गए निर्देश को लगभग 20 वर्षों तक लंबित रखने के पश्चात् बिना राय दिए न्यायालय ने लौटा दिया। यह किसी भी दृष्टि से उचित नहीं कहा जा सकता। अब इसी अधिनियम की विधिमान्यता पर आक्षेप करते हुए एक रिट याचिका न्यायालय के समक्ष फाइल की गई है।

सलाहकारी अधिकारिता के बारे में कुछ प्रश्न।

15.59 अनुच्छेद 143 के विस्तार और प्रविषय के बारे में कुछ प्रश्न उपस्थित होते हैं। उन पर नीचे संक्षेप में विचार किया गया है।

(क) **क्या उच्चतम न्यायालय उसे दिए गए निर्देश या उसके किसी भाग पर अपनी राय देने से इंकार कर सकता है।** यदि न्यायालय का यह विचार है कि किसी प्रश्न पर उत्तर देना उचित नहीं है या संभव नहीं है तो उसे अधिकार है कि वह प्रश्न का उत्तर देने से इंकार कर दे। *रामजन्म भूमि निर्देश*[48] में न्यायालय ने इस प्रश्न पर राय देने से इंकार कर दिया कि उस स्थान पर जहां बाबर ने मस्जिद बनाई थी पहले कोई मंदिर विद्यमान था या नहीं। न्यायालय ने 1982 के निर्देश सं. 1 को भी (**पैरा 15.58**) बिना राय दिए लौटा दिया।

(ख) **क्या काल्पनिक प्रश्न निर्देशित किए जा सकते हैं।** यह आवश्यक नहीं है कि तथ्य वास्तव में विद्यमान हो। जब कोई प्रश्न उत्पन्न होने की संभावना है तब पहले से ही निर्देश किया जा सकता है। केरल शिक्षा विधेयक और विशेष न्यायालय विधेयक के मामले में ऐसा ही था। अभी तक कोई ऐसा प्रश्न निर्दिष्ट नहीं किया गया है जो काल्पनिक या शास्त्रीय हो।

(ग) **क्या साधारण प्रश्न निर्देशित किए जा सकते हैं।** प्रश्न विनिर्दिष्ट होने चाहिए। साधारण या अस्पष्ट नहीं। अभी तक जितने निर्देश दिए गए हैं वह वास्तविक तथ्यों पर आधारित थे और यह संभाव्यता थी कि उनका व्यापक प्रभाव होगा। राय लेने का कारण यह था कि इससे

51. (2002) 8 एस.सी.सी. 237।
52. *2001 का विशेष निर्देश सं. 1* (2004) 4 एस.सी.सी. 489। न्यायालय की राय 25-3-2004 को दी गई।
53. *2012 का विशेष निर्देश सं. 1* (2012) 10 एस.सी.सी. 1।

समय और बेकार की परेशानी दोनों से बचा जा सकेगा। राय के लिए प्रश्न विधि मंत्रालय द्वारा सावधानी से तैयार किए जाते हैं और महान्यायवादी उनकी विधीक्षा करता है।

(घ) **क्या उच्चतम न्यायालय राय देकर विधान बनाता है।** इसका उत्तर नहीं में है। न्यायालय अपनी सुविचारित राय देता है और किसी भी प्रकार से विधान-मंडल के कृत्यों में अतिक्रमण नहीं करता। उदाहरण के लिए न्यायालय ने विशेष न्यायालय विधेयक पर अपनी राय दी थी। राय के अनुसार विधेयक का संशोधन करके संसद् में पारित किया गया।

2012 के विशेष निर्देश सं. 1[53] में न्यायालय ने निम्नलिखित सिद्धांत अधिकथित किए,—

(क) निर्देश अस्पष्ट नहीं होना चाहिए।

(ख) न्यायालय लिखित कथन और तर्क को पढ़कर निर्देश की परिधि को सीमित कर सकता है।

(ग) यह प्रश्न विनिर्दिष्ट नहीं है तो न्यायालय निर्देश को लौटा सकता है।

(घ) निर्देश की रचना के लिए कोई प्ररूप विहित नहीं है।

उच्चतम न्यायालय के विनिश्चयों का आबद्धकर होना।

15.60 अनुच्छेद 141 यह उद्‌घोषणा करता है कि उच्चतम न्यायालय द्वारा घोषित विधि भारत के राज्यक्षेत्र के भीतर सभी न्यायालयों पर आबद्धकर होगी। उच्चतम न्यायालय के विनिश्चय उच्च न्यायालय पर आबद्ध कर हैं। उच्च न्यायालय किसी भी आधार पर उनकी उपेक्षा नहीं कर सकता। यह नियम सभी वादों पर लागू होता है चाहे वे लंबित हों या भविष्य में लाए जाएं। राज्य और उसके अधिकारी न्यायालय की राय का समादर करने और उसका अनुसरण करने के लिए बाध्य हैं। उच्चतम न्यायालय द्वारा अधिकथित विधि सभी व्यक्तियों पर आबद्धकर है (उन पर भी जो उसके समक्ष पक्षकार नहीं थे) केवल उन्हीं पर नहीं जो उसके समक्ष पक्षकार थे।[54] उच्चतम न्यायालय स्वयं अपने विनिश्चयों से आबद्ध नहीं है। *बंगाल इम्यूनिटी*[55] में न्यायालय ने इस प्रश्न पर विशेष रूप से विचार किया और इस निष्कर्ष पर पहुंचा कि संविधान में ऐसी कोई बात नहीं है जो न्यायालय को अपने पूर्ववर्ती विनिश्चय से विचलन करने या हटने से रोकती हो। सामान्यतः उच्चतम न्यायालय के निर्णय अंतिम होते हैं। न्यायालय अपने पूर्व दृष्टांतों से सरलता से विचलन नहीं करता। ऐसा वह तभी करता है जब विचलन के लिए सारवान और गंभीर कारण हो। *निर्णीतानुसरण* का सिद्धांत एक उपयोगी नियम है किंतु ऐसा नहीं कि उसका हर परिस्थिति में पालन किया जाए। यदि कोई ऐसी भूल हुई है जिनसे साधारण जन के कल्याण पर प्रतिकूल प्रभाव पड़ रहा हो तो उस भूल को शाश्वत बनाने से अच्छा है कि उसे सुधारा जाए।

गोलकनाथ[56] में न्यायालय ने *शंकरी प्रसाद*[57] और *सज्जन सिंह*[58] को उलट दिया। बाद में *केशवानंद*[59] में *गोलकनाथ* पलट दिया गया।

उच्चतम न्यायालय के भीतर बड़ी न्यायपीठ का निर्णय उससे छोटी न्यायपीठ पर आबद्ध कर है।[60] 3 न्यायाधीशों की पीठ का निर्णय 2 न्यायाधीशों की पीठ पर आबद्धकर है। समान संख्या वाली न्यायपीठ पूर्व के किसी विनिश्चय का अध्यारोहण नहीं कर सकती।

इतरोक्ति।

15.61 **इतरोक्ति** निर्णय का वह भाग है जो न्यायालय के समक्ष किसी वाद या मामले को निपटाने के लिए सर्वथा आवश्यक

54. *उत्तर प्रदेश प्रदूषण* बनाम *कानोडिया* (2001) 2 एस.सी.सी. 549।
55. *बंगाल इम्यूनिटी कंपनी* बनाम *बिहार राज्य,* ए.आइ.आर. 1955 एस.सी. 661।
56. *आइ.सी. गोलकनाथ* बनाम *पंजाब राज्य,* ए.आइ.आर. 1967 एस.सी. 1643।
57. *शंकरीप्रसाद* बनाम *भारत संघ,* ए.आइ.आर. 1951 एस.सी. 458।
58. *सज्जन सिंह* बनाम *राजस्थान राज्य,* ए.आइ.आर. 1965 एस.सी. 845।
59. *केशवानंद भारती* बनाम *केरल राज्य,* ए.आइ.आर. 1973 एस.सी. 1461।
60. *पी.सी. पारिजा* बनाम *पी.सी. पटनायक* (2002) 1 एस.सी.सी. 1।

नहीं था। जो बातें मामले को निपटाने के लिए आवश्यक होती हैं और विनिश्चय के लिए नाभि या केंद्र के रूप में होती हैं उन्हें **विनिश्चय आधार** कहते हैं। न्यायालय ने यह प्रख्यापित किया है कि उच्चतम न्यायालय की इतरोक्ति भी आबद्धकर है और यह अपेक्षा है कि न्यायालय उसका पालन और अनुसरण करेंगे।[61]

किंतु बाद में न्यायालय ने इस मत में कुछ उपांतरण कर दिया है। यह अभिनिर्धारित किया है कि कोई विनिश्चय उसी बात के लिए प्राधिकार रखता है जो वास्तव में निर्णय की गई है। विनिश्चय का सार वह आधार है जिस पर निर्णय आधारित है। निर्णय में किया गया संप्रेक्षण उसका सार नहीं है।[62]

क्या अनुच्छेद 141 विधि का स्रोत है?

15.62 न्यायालय यथाविद्यमान विधि का केवल निर्वचन नहीं करता वह विधि की घोषणा करता है और यह घोषणा आबद्धकर है। इस घोषणा का पालन करना भी उतना ही आवश्यक है जितना विधान-मंडल द्वारा बनाई गई विधि का। न्यायालय विधि का स्रोत है।[63]

निर्णय का संविधि के समान अर्थान्वयन नहीं करना चाहिए। उसका संपूर्णता में अर्थान्वयन करना चाहिए।[64]

अनवधानता के कारण हुआ विनिश्चय।

15.63 अनवधानता के कारण हुआ विनिश्चय ऐसा निर्णय होता है जो ध्यान न देने के कारण हो जाता है। ऐसा निर्णय तब होता है जब,—

(क) किसी अधिनियम, नियम या विनियम का कोई उपबंध न्यायालय की अवेक्षा या जानकारी में नहीं लाया जाता है।

(ख) यदि किसी पूर्ववर्ती समान संख्या वाली या अधिक संख्या वाली पीठ के निर्णय के आधार का उस निर्णय के साथ सामंजस्य नहीं है। अर्थात् एक नहीं कहता है तो दूसरा हां।

(ग) यदि उच्च न्यायालय का कोई निर्णय उच्चतम न्यायालय के विचारों के अनुरूप नहीं है।

जिस निर्णय को अनवधानता के कारण हुआ घोषित किया जाता है उसका पूर्वनिर्णय के रूप में कोई उपयोग नहीं हो सकता। उसका कोई मूल्य नहीं रह जाता।[65]

न्यायालय की पूर्ण न्याय करने की शक्ति।

15.64 अनुच्छेद 142 उच्चतम न्यायालय को उसके समक्ष लंबित किसी वाद या विषय में पूर्ण न्याय करने के लिए आवश्यक कोई डिक्री या आदेश करने की व्यापक शक्ति प्रदान करता है। जब तक उच्चतम न्यायालय ने *भोपाल गैस कांड*[66] में अपना विनिश्चय नहीं दिया था तब तक इस अनुच्छेद की ओर किसी का ध्यान नहीं गया था। भोपाल के एक कारखाने से विषैले धुएं के रिसाव से लगभग 4,000 व्यक्तियों की मृत्यु हो गई और अनेक लोगों का स्वास्थ्य प्रभावित हुआ। केंद्र सरकार ने एक अधिनियम पारित करके कारखाने के मालिक, यूनियन कार्बाइड, के विरुद्ध दुर्घटनाग्रस्त सभी व्यक्तियों की ओर से नुकसानी का दावा करने का अधिकार ले लिया। यूनियन कार्बाइड के विरुद्ध भारत में बड़ी संख्या में और कुछ मात्रा में अमरीका में भी सिविल और दांडिक कार्यवाहियां आरंभ की गईं।

---

61. *एस.एस. लांबा* बनाम *भारत संघ,* ए.आइ.आर. 1995 एस.सी. 1729।
62. *उड़ीसा राज्य* बनाम *मोहम्मद इलियास* (2006) 1 एस.सी.सी. 275।
63. *नंदकिशोर* बनाम *पंजाब राज्य* (1995) 6 एस.सी.सी 614।
64. *शरच्चंद्र मिश्रा* बनाम *उड़ीसा राज्य* (2006) 1 एस.सी.सी. 638।
65. *संदीप कुमार बाफना* बनाम *महाराष्ट्र राज्य* (2014) 16 एस.सी.सी. 623।
66. *यूनियन कार्बाइड* बनाम *भारत संघ* (1989) 1 एस.सी.सी. 674।

भोपाल के मुख्य न्यायिक मजिस्ट्रेट के समक्ष बहुत से दांडिक मामले लंबित थे। जिला न्यायाधीश ने सिविल मामलों में अंतरिम आदेश पारित करके 350 करोड़ का अंतरिम अनुतोष दिया था। इस आदेश पर उच्चतम न्यायालय के समक्ष अपील के द्वारा आक्षेप किया गया। इस अपील पर 4 मास तक सुनवाई होती रही। एकाएक न्यायालय ने यह घोषित किया कि पक्षकारों ने समझौता कर लिया है कि यूनियन कार्बाइड सभी व्यथित व्यक्तियों के दावे को निपटाने के लिए 47 करोड़ डालर देगी।

उच्चतम न्यायालय ने यह कहा कि सभी सिविल कार्यवाहियां वे चाहे जहां लंबित हों इस समझौते के अनुसार समाप्त हो जाएंगी। उस दुर्घटना से उत्पन्न सभी कार्यवाहियां विखंडित कर दी गईं। न्यायालय ने अपने अधिमत के समर्थन में अनु. 142 को उद्धृत किया जिसमें पक्षकारों के बीच पूर्ण न्याय करने के लिए न्यायालय को शक्ति प्रदान की गई है। इस मामले में न्यायालय की बहुत आलोचना हुई और कीचड़ भी उछाला गया। इस निर्णय के कारण हजारों लोगों की चिकित्सा हो सकी और प्रतिकर मिल सका वरना प्रतिकर पाने में 15-20 वर्ष तो लग ही जाते और न्यायालय का खर्च उठाना भी हर एक के लिए संभव नहीं था।

अंतुले का मामला।

15.65 *आर.एस. नाइक* बनाम *ए.आर. अंतुले*[67] में न्यायालय ने यह आदेश दिया कि शीघ्र विचारण की दृष्टि से भ्रष्टाचार से संबंधित सभी विशेष मामले मुंबई उच्च न्यायालय को अंतरित हो जाएंगे और वहीं उनका विचारण होगा। इस आदेश का आधार भी अनु. 142 को बताया गया।

विनयचंद्र मिश्रा का मामला।

15.66 *विनयचंद्र मिश्रा के मामले*[68] में न्यायालय ने मिश्रा को न्यायालय के अवमान के लिए दोषसिद्ध ठहराया और साथ ही यह आदेश दिया कि विधि व्यवसायी के रूप में काम करने की उनकी सनद वापस ले ली जाए। इस आदेश का आधार भी अनु. 142 था।

दृष्टिकोण का पुनरीक्षण—अनु. 142 की परिसीमाएं।

15.67 बाद में उच्चतम न्यायालय ने यह स्वीकार किया है कि अनु. 142 के अधीन शक्ति की भी कुछ परिसीमाएं हैं और बंधन हैं। *सुप्रीम कोर्ट बार एसोसिएशन*[69] में एक संविधान पीठ ने यह अभिनिर्धारित किया कि अनु. 142 के अधीन शक्ति का प्रयोग करते समय न्यायालय को विद्यमान विधि के अधीन वादकारी के अधिष्ठायी अधिकारों की उपेक्षा नहीं करनी चाहिए। इस शक्ति का प्रयोग करके किसी मामले को लागू विधि के स्थान पर कोई दूसरी अधिष्ठायी विधि स्थापित नहीं की जा सकती। विधि के जो अभिव्यक्त उपबंध हैं उन्हें अनदेखा नहीं किया जाना चाहिए।

उच्चतम न्यायालय ने यह स्वीकार किया कि अंतुले के विरुद्ध जो मामले विशेष न्यायाधीश के समक्ष लंबित थे उन्हें उच्च न्यायालय में अंतरित करना उचित नहीं था। यह भी घोषित किया गया कि न्यायालय ने मिश्रा के विरुद्ध कार्रवाई करके उचित नहीं किया क्योंकि अनुशासनिक कार्रवाई करने की शक्ति अधिवक्ता अधिनियम के अधीन बार कौंसिल को है। जब कोई आनुकल्पिक उपचार उपलब्ध है तो अनु. 142 की शक्ति का सहारा नहीं लिया जा सकता।

यह स्पष्ट कर दिया गया है कि कोई भी न्यायालय विधि के विरुद्ध निदेश देने के लिए सक्षम नहीं है। न्यायालयों का गठन विधिसम्मत शासन को प्रवृत्त कराने के लिए किया गया है।

---

67. (1984) 2 एस.सी.सी 183।
68. *विनयचंद्र मिश्रा का मामला* (1995) 2 एस.सी.सी. 584।
69. *एस.सी. बार एसोसिएशन* बनाम *भारत संघ,* 1998 (3) एस.सी.सी. 184।

विधि के विरुद्ध आदेश पारित करने के लिए नहीं। समवेदना से चालित होकर इस शक्ति का प्रयोग नहीं किया जाना चाहिए।[70]

अनु. 142 उच्चतम न्यायालय को विशाल शक्ति प्रदान करता है किंतु

(क) न्यायालय किसी अधिनियम द्वारा विहित अवधि का अधित्यजन या उपेक्षा नहीं कर सकता।

(ख) वह किसी अधिनियम द्वारा विहित न्यूनतम दंड से कम दंड अधिरोपित नहीं कर सकता।

(ग) न्यायालय का आदेश मूल अधिकारों से संगत होना चाहिए।

(घ) उसका आदेश किसी अधिनियम के विपरीत नहीं होना चाहिए।

(ङ) इस शक्ति का प्रयोग केवल समवेदना के आधार पर नहीं किया जाना चाहिए।[71]

उच्चतम न्यायालय अनु. 142 के अधीन विवाह विच्छेद का आदेश भी दे रहा है। अनुच्छेद 142 न्यायालय को व्यापक शक्ति प्रदान करता है किंतु इसका यह अर्थ नहीं है कि हम संविधान की ही उपेक्षा कर दें।

लेखक की राय में न्याय, वस्तुपरक नियमों के अनुसार होने चाहिए। प्रत्येक व्यक्ति, प्राधिकरण, न्यायालय और अधिकरण विधि से आबद्ध है। जब न्यायाधीश अपनी बुद्धि के अनुसार न्याय की कल्पना करके विनिश्चय करते हैं तो इससे सबसे पहले न्याय का ही विनाश होता है। अपने देश की विधि का आधार छोड़कर न्याय की खोज करना मृग मरीचिका के पीछे भागना है।

दोषहारी याचिका।

15.68 उच्चतम न्यायालय ने न्याय के प्रति अपने लगाव को यह संप्रेक्षण करके रेखांकित किया है कि यदि कहीं पर स्पष्ट रूप से अन्याय हुआ है तो यह दोष दूर किया जाना चाहिए। यदि अन्याय समाप्त नहीं होगा तो न्यायालय की प्रतिष्ठा गिर जाएगी। इस निमित्त एक नए उपकरण का आविष्कार किया गया है जिसे दोषहारी *याचिका* नाम दिया गया है। ऐसी याचिका ठोस और सुदृढ़ आधार पर ही ग्रहण की जाएगी। जैसे—जहां नैसर्गिक न्याय के सिद्धांतों का उल्लंघन हुआ है या जहां न्यायाधीश पक्षपात से ग्रस्त है। याचिका को ज्येष्ठ अधिवक्ता प्रमाणित करेगा। उसके बाद उसे तीन ज्येष्ठतम न्यायाधीशों को और जिस निर्णय के विरुद्ध याचिका है वह निर्णय देने वाले न्यायाधीशों को (यदि वे उपलब्ध हों) परिचालित की जाएगी। वह सूचीबद्ध तभी की जाएगी जब न्यायाधीशों के बहुमत की यह राय है कि वह सुनवाई की सूची में रखे जाने योग्य है। दोषहारी याचिका मुख्य निर्णय के विरुद्ध फाइल की जाती है। पुनर्विलोकन आदेश के विरुद्ध नहीं।[72] यदि पीठ की यह राय है कि याचिका तंग करने के लिए और निराधार है तो वह याची को यह आदेश दिया जाएगा कि वह खर्चे के रूप में एक बड़ी रकम दे।[73]

जकारिया लाकरा बनाम *भारत संघ* में[74] न्यायालय ने दोषहारी याचिका इस आधार पर स्वीकार की कि स्कूल के प्रमाणपत्र से यह प्रकट होता था कि अभियुक्त, जिसे मृत्युदंड दिया गया था, अपराध किए जाने के समय अवयस्क था।

---

70. *मनीष गोयल* बनाम *रोहिणी गोयल* (2010) 4 एस.सी.सी. 393।
71. *ए.बी. भास्कर राव* बनाम *सी.बी.आइ.* (2011) 10 एस.सी.सी. 259।
72. *याकूब मेनन* बनाम *महाराष्ट्र राज्य,* 2015 (8) स्केल 335।
73. *रूपा अशोक हुर्रा* बनाम *अशोक हुर्रा* (2002) 4 एस.सी.सी. 388।
74. (2005) 3 एस.सी.सी. 161।

उच्चतम न्यायालय की भूमिका का मूल्यांकन

अभिनंदन और प्रशंसा।

15.69 ऊपर किए गए विचार-विमर्श से यह स्पष्ट हो जाता है कि उच्चतम न्यायालय की भूमिका और उसकी शक्तियों का विस्तार महत्त्वपूर्ण और व्यापक है। विश्व के किसी भी न्यायालय को इतनी मात्रा में न्यायिक प्राधिकार प्राप्त नहीं हैं।

न्यायालय ने सदैव यह प्रयत्न किया है कि वह समय की मांग को समझे और उसके अनुसार कार्य करे। न्यायालय ने राज्य के अत्याचारी शासन से सामान्य व्यक्ति की रक्षा की है। *वी.जी. राव,*[75] *डा. नारायण भास्कर खरे*[76] और *रमेश थापर*[77] में ऐसा किया गया। *एक्सप्रेस न्यूजपेपर्स*[78] में न्यायालय ने प्रेस को संरक्षण दिया।

उसने सरकारी सेवकों को पदावधि की सुरक्षा दी और *प्रसाद के सिद्धांत* को कम किया।[79] जब राजाओं के अधिकार को अन्यायपूर्ण ढंग से छीना गया तो न्यायालय ने उनकी पुकार सुनकर राज्य को रोका।[80] *क्राइपाक*[81] में यह नियम बनाया कि प्रशासनिक प्रक्रिया ऋजु और युक्तियुक्त होनी चाहिए। *मेनका गांधी*[82] में न्यायालय ने विधि द्वारा स्थापित प्रक्रिया को विधि की सम्यक् प्रक्रिया बना दिया (अनु. 21) और यह अभिनिर्धारित किया कि सभी विधियां न्यायपूर्ण, ऋजु और युक्तियुक्त होनी चाहिए। मूल अधिकारों के संरक्षण के लिए न्यायालय ने आगे बढ़कर विधान-मंडल द्वारा मूल अधिकारों के कम किए जाने पर अंकुश लगा दिया और यह घोषित कर दिया कि मूल अधिकारों में कोई परिवर्तन नहीं हो सकता और उन्हें संशोधित नहीं किया जा सकता।[83] बाद में कुछ पीछे हटते हुए यह अभिनिर्धारित किया कि संविधान के कुछ आधारिक लक्षण हैं जिनको बदला नहीं जा सकता।[84]

जब संविधान का संशोधन करके यह घोषित करने का प्रयास किया गया कि संसद् संविधान के किसी भी भाग का संशोधन कर सकती है तो न्यायालय ने संविधान संशोधन के एक तात्त्विक भाग को शून्य घोषित कर दिया। इससे संसद् को यह अधिकार नहीं मिल पाया कि वह संविधान के किसी भी भाग का संशोधन कर दे।[85] न्यायालय ने लोकहित वाद को छूट देकर अपने द्वार निर्धन और दरिद्र लोगों के लिए खोल दिए। यही नहीं न्यायालय ने अपनी प्रक्रिया के बंधनों को ढीला करते हुए यह व्यवस्था दी कि डाक द्वारा भेजे गए पोस्टकार्ड को भी रिट याचिका समझा जा सकता है। बंधित श्रमिकों की मुक्ति के लिए न्यायालय ने देवदूत का काम किया। न्यायालय ने यह सुनिश्चित किया कि जो असंगठित मजदूर एशिया खेलों के लिए काम कर रहे थे उन्हें न्यूनतम मजदूरी दी जाए। उसमें से बिचौलिए कुछ न लें। उन्हें वे सब फायदे और प्रसुविधाएं दिलाई गईं जिनके वे विधि के अनुसार हकदार थे। न्यायालय ने फेरी वालों और रिक्शे वालों को कुछ अधिकार दिए। न्यायालय ने यह बात मानी कि सामान्य व्यक्ति को सरकार से वार्ता करके संविदा करने की शक्ति नहीं होती। इसलिए यदि राज्य कोई दुर्भर शर्त लगाता है तो ऐसी संविदा अमान्य होगी। उच्चतम न्यायालय के आदेशों के अधीन हजारों बंदी जिनके मामले

---

75. *मद्रास राज्य* बनाम *वी.जी. राव,* ए.आइ.आर. 1952 एस.सी. 196।
76. *(डा.) एन.बी. खरे* बनाम *दिल्ली राज्य,* ए.आइ.आर. 1950 एस.सी. 211।
77. *रमेश थापर* बनाम *मद्रास राज्य,* ए.आइ.आर. 1950 एस.सी. 124।
78. *इंडियन एक्सप्रेस* बनाम *भारत संघ* (1985) 1 एस.सी.सी. 641।
79. *पी.एल. धींगड़ा* बनाम *भारत संघ,* ए.आइ.आर. 1958 एस.सी. 36।
80. *माधवराव* बनाम *भारत संघ* (1971) 1 एस.सी.आर. 85।
81. *ए.के. क्राइपाक* बनाम *भारत संघ* (1969) 2 एस.सी.सी. 262।
82. *मेनका गांधी* बनाम *भारत संघ* (1978) 1 एस.सी.सी. 248।
83. *आइ.सी. गोलकनाथ* बनाम *पंजाब राज्य,* ए.आइ.आर. 1967 एस.सी. 1643।
84. *केशवानंद भारती* बनाम *केरल राज्य* (1973) 4 एस.सी.सी. 225।
85. *मिनर्वा मिल्स* बनाम *भारत संघ* (1980) 3 एस.सी.सी. 625।

विचाराधीन थे और जो जेल में पड़े हुए थे जेल के बाहर आ गए। हवाला मामले में न्यायालय ने यह सुनिश्चित किया कि पुलिस मामले का अन्वेषण उचित रूप से करेगी। अभियुक्तों के विरुद्ध कार्रवाई रोकी नहीं जाएगी। न्यायालय ने जब यह देखा कि राज्यपाल और विधान सभा के अध्यक्ष अपनी शक्तियों का प्रयोग स्वयं के या दल के स्वार्थ के लिए कर रहे हैं तो उन्हें भी सही मार्ग दिखाया। न्यायालय ने केंद्रीय सरकार के दो मंत्रियों को शक्ति के दुरुपयोग के लिए दंडित किया।

पर्यावरण के संरक्षण के लिए उच्चतम न्यायालय ने जो किया है वह प्रशंसनीय है। न्यायालय ने ताजमहल को पीला पड़ने और जीर्ण होने से बचाया। उसने मसूरी और अलवर की खान उद्योग के विनाशकारी परिणामों से रक्षा की।

कुछ राज्यों में जो वन हैं उनका अस्तित्व उच्चतम न्यायालय के आदेश से ही बचा है। उच्चतम न्यायालय ने आरा मशीनों पर रोक लगा दी। न्यायालय ने नदियों के जल को स्वच्छ रखने के लिए उन उद्योगों को आड़े हाथों लिया जो गंगा, यमुना और गोमती में प्रदूषण फैला रहे थे। न्यायालय ने दुराचारी नियोजकों द्वारा शोषण से कामकाजी महिलाओं को सुरक्षा प्रदान की है। *सरला मुद्गल* में न्यायालय ने दूसरा विवाह करने के प्रयोजन के लिए धर्म परिवर्तन पर रोक लगाने का प्रयत्न किया।

न्यायालय ने सरकार का मार्गदर्शन करते हुए उसे प्रोत्साहन देकर अपनी वन संपदा की संरक्षा करने और विकास के लिए आधुनिक नीति अंगीकार करने की दिशा में बढ़ाया गया है। न्यायालय ने मतदान का पक्ष लेकर यह अधिकथित किया कि उसे उन सब प्रत्याशियों का पूर्णवृत्त जानने का अधिकार है जो संसद् या राज्य विधान-मंडल के लिए प्रत्याशी हैं। उसने बांग्लादेश के अवैध आव्रजन के असम की यह घोषित करके रक्षा की है कि अवैध प्रवासी (अधिकरणों द्वारा अवधारण) अधिनियम, 1983 शून्य है क्योंकि वह समता खंड का उल्लंघन करता है। उसने सरकार को विवश किया कि वह दिल्ली में बड़े पैमाने पर जो अवैध निर्माण हुए हैं उनके विरुद्ध कार्रवाई करे।

उच्चतम न्यायालय ने विभिन्न क्षेत्रों में जो सत्कार्य किए हैं उन सबका उल्लेख करने के लिए बहुत अधिक स्थान की आवश्यकता होगी।

15.70 उच्चतम न्यायालय की कुछ कार्रवाइयों और आदेशों की आलोचना हुई है और उन पर टिप्पणियां की गईं हैं। उच्चतम न्यायालय ने संविधान के आधारिक लक्षण क्या हैं इसे परिनिश्चित करने का कोई प्रयास नहीं किया। आधारिक लक्षणों की निःशेषकारी सूची के बारे में कोई सर्वसम्मति नहीं है। आधारिक लक्षणों की संकल्पना के लचीलेपन के कारण संसद् की संविधान का संशोधन करने की शक्ति अनिश्चित है और पूर्णरूप से न्यायाधीशों के विवेक पर आश्रित है। इसका सुखद परिणाम तो यह रहा कि संसद् संविधान को नष्ट नहीं कर पाई।

उच्चतम न्यायालय की आलोचना।

उच्चतम न्यायालय और उच्च न्यायालयों के समक्ष बहुत बड़ी मात्रा में वाद लंबित हैं। जिसके कारण न्यायालय की यह प्रवृति हो गई है कि किसी न किसी बहाने मामले को निपटाया जाए। उच्चतम न्यायालय ने बहुत से मामलों में उच्च न्यायालय के उत्प्रेषण या प्रतिषेध की रिट जारी करने के आदेश को इस आधार पर उलट दिया कि आनुकल्पिक उपचार उपलब्ध है। कर संबंधी मामलों में यह बहुत हुआ। इससे वादकारी को अनु. 226 के अधीन उच्च न्यायालय की असाधारण अधिकारिता का लाभ उठाने के अधिकार से वंचित होना पड़ा।

उच्चतम न्यायालय में यह प्रवृति भी दिखाई पड़ रही है कि मूल अधिकार के प्रवर्तन के लिए अनु. 32 के अधीन आने वाले वादकारियों को हतोत्साहित किया जाए। इस बात पर बल देने की आवश्यकता नहीं है कि अनु. 32 स्वयं एक मूल अधिकार है और संसद् न तो उस अधिकार का संशोधन कर सकती है और न उसे छीन सकती है। उच्चतम न्यायालय को उस अधिकार की रक्षा के लिए प्रहरी की भूमिका प्रदान की गई है। फिर भी न्यायालय में यह सामान्य

घटना है कि रिट याचिकाओं को यह आदेश देकर खारिज किया जाता है कि वह वापस ले ली गईं और याची को उच्च न्यायालय में समावेदन करने की स्वतंत्रता होगी। कुछ न्यायाधीशों ने मूल अधिकारों के संरक्षण के लिए न्यायालय में समावेदन करने के लिए वादकारियों पर बहुत बड़ी रकम खर्चे के रूप में डाल दी। जिस अधिकार की संसद् के प्रहारों से रक्षा की गई थी उस अधिकार से वही न्यायालय वंचित कर रहा है जिसे रक्षक बनाया गया था।

न्यायाधीशों वाले दूसरे वाद से[86] उच्चतम न्यायालय ने उच्च न्यायपालिका में न्यायाधीशों की नियुक्ति के संबंध में स्वयं को सर्वशक्तिमान बना लिया है। उसने यह घोषित किया है कि मुख्य न्यायमूर्ति की राय अन्य व्यक्तियों की राय से श्रेष्ठ होगी और उसे प्राथमिकता दी जाएगी। मुख्य न्यायमूर्ति से जो परामर्श की बात कही गई थी उसे सहमति का अर्थ दे दिया गया। संविधान के उपबंध में कोई संदिग्धता नहीं थी। संविधान का समुचित उपबंध सादा, स्पष्ट और एकार्थी था। उपर्युक्त वाद में यह जोर दिया गया कि मुख्य न्यायमूर्ति की राय से अभिप्रेत है मुख्य न्यायमूर्ति और दो ज्येष्ठतम न्यायाधीशों की राय। बाद में न्यायालय ने अपनी राय कुछ बदलते हुए यह कहा[87] कि उससे अभिप्रेत है कि मुख्य न्यायमूर्ति और 4 ज्येष्ठतम न्यायाधीशों के मंडल की राय। आगे यह भी कहा कि कुछ मामलों में बहुमत की राय अभिभावी होगी। यह संविधान का निर्वचन नहीं है। उच्चतम न्यायालय संविधान को पुनः लिखकर अपनी शक्ति और अधिकार में वृद्धि कर रहा है।

हमारे लोकतंत्र के लिए सर्वाधिक अंधकारमय दिन तब थे जब उस समय की प्रधान मंत्री श्रीमती इंदिरा गांधी थीं, जिनके निर्वाचन को निर्वाचन अर्जी में अपास्त कर दिया गया था, कुर्सी को बचाने के लिए आपात की घोषणा की गई।[88] उच्चतम न्यायालय के लिए वह सर्वाधिक सुखद और यशदायी समय था जब उसने यह घोषित किया अनु. 329क(4) शून्य है।[89] इस अनुच्छेद में यह अधिकथित किया गया था कि किसी प्रधान मंत्री के निर्वाचन को निर्वाचन अर्जी द्वारा प्रश्नगत नहीं किया जाएगा। यह एक प्रकार से विधान-मंडल द्वारा श्रीमती इंदिरा गांधी के पक्ष में सुनाया गया फैसला था। इसी निर्णय के ठीक पश्चात् हजारों नागरिकों को जेल में बंद कर दिया गया। स्वतंत्रता पर खतरा मंडराने लगा। प्रेस को पंगु और गूंगा बना दिया गया। संसद् की कार्यवाहियां भी सेंसर हुए बिना प्रकाशित नहीं की जा सकती थीं। जिन लोगों को स्वतंत्रता से वंचित किया गया था उन्होंने न्यायालय में समावेदन किया। 9 उच्च न्यायालयों ने व्यथित व्यक्तियों को राहत दी। जब इनकी अपील उच्चतम न्यायालय में आई तब उच्चतम न्यायालय महान्यायवादी के इस तर्क से सहमत होता हुआ दिखाई पड़ा कि प्राण का अधिकार छीन लिया गया है। यदि कोई पुलिस वाला दुर्भावपूर्वक किसी नागरिक की हत्या कर देता है तो भी यह न्यायालय कुछ नहीं कर सकता। यह निर्णय जल्दबाजी में दिया गया। इलाहाबाद उच्च न्यायालय का निर्णय हिंदी में दिया गया था। उसका अंग्रेजी अनुवाद जब उच्चतम न्यायालय पहुंचा तब तक निर्णय सुनाया जा चुका था। न्यायाधीशों ने जो निर्णय लिखे उसमें कहीं भी उच्च न्यायालय के तर्कों का उत्तर देने का प्रयास नहीं दिखाई देता।[90]

मुख्य न्या. रे ने अपने निर्णय में यह लिखा कि **स्वतंत्रता विधि द्वारा प्रदान की जाती है और उसे कभी भी छीना जा सकता है या कम किया जा सकता है**। न्यायालय ने अपने आंख और कान मूंद लिए जिससे जिन व्यक्तियों पर अत्याचार हो रहे थे वे उसे दिखाई नहीं पड़े और उनकी आर्त पुकार न्यायालय के कानों तक नहीं पहुंची। न्या. चंद्रचूड़ ने **हीरे के समान पैनी और हीरे के समान कांति वाली** आशा प्रकट की ऐसी कोई बात कभी नहीं होगी।[91] इसके एक मात्र

86. *सुप्रीम कोर्ट एडवोकेट्स* बनाम *भारत संघ* (1993) 4 एस.सी.सी. 441।
87. *1988 का विशेष निर्देश सं. 1* (1998) 7 एस.सी.सी. 739; ए.आइ.आर. 1999 एस.सी. 1।
88. जून 1975 में।
89. *इंदिरा नेहरू गांधी* बनाम *राजनारायण*, ए.आइ.आर. 1975 एस.सी. 2299।
90. *ए.डी.एम. जबलपुर* बनाम *शिवकांत शुक्ला* ए.आइ.आर. 1976 एस.सी. 1207।
91. *भारत संघ* बनाम *भानुदास* (1977) 1 एस.सी.सी. 834।

अपवाद न्या. खन्ना थे। जिन्होंने साहस के साथ यह घोषित किया कि **भारत की विधि प्राण और स्वतंत्रता को कार्यपालिका की निरंकुश शक्ति की दया पर नहीं छोड़ती है**। वही एक मात्र न्यायाधीश थे जिन्होंने विधि के सर्वत्र, सर्वकाल में विद्यमान होने पर बल देते हुए यह कहा कि भविष्य में बुद्धिमान लोग इस पर विचार करेंगे। परंतु न्यायालय ने आवश्यकता की घड़ी में राष्ट्र के साथ विश्वासघात किया। *भानुदास*[91] में निरुद्ध व्यक्ति कुछ सुविधाएं चाहते थे जैसे नहाने का साबुन, कुटुंब के सदस्यों से भेंट, श्राद्ध करने की अनुमति, चिकित्सीय सुविधा आदि। न्यायालय ने यह छोटी सुविधाएं भी निरुद्ध व्यक्तियों को दिलाने में कोई सहायता नहीं की। न्या. बेग को यह संदेह था कि जो अभिकथन किए गए हैं वे असत्य हैं और राजनीतिक प्रचार के उद्देश्य से किए गए हैं। जब आपातकाल की समाप्ति हुई तब सच्चाई सामने आई। उच्चतम न्यायालय की भूमिका पर प्रश्नचिन्ह लगा और उसकी आलोचना हुई। न्यूयार्क टाइम्स ने अपने अग्रलेख में भारत के लोगों का आह्वान किया कि वे आपातकाल के दुर्दिनों में नागरिकों के पक्ष में बोलने वाले न्या. हंसराज खन्ना के लिए एक स्मारक बनाएं।[92]

किंतु समस्त परिप्रेक्ष्य में देखें तो उच्चतम न्यायालय को सामान्य व्यक्ति अपना संरक्षक मानता है जो विधिसम्मत शासन को बनाए रखेगा। यह एक ऐसी संस्था है जिसने सड़क पर खड़े आदमी को, फेरी वाले को, रिक्शा चालक को और दैनिक मजदूर को गरिमा प्रदान की। यदि वह कभी असफल रहा है तो असफलता का कारण यह है कि उसे चलाने वाले न्यायाधीश भी मनुष्य हैं और प्रत्येक मनुष्य पतनशील है।[93]

दुर्बल कार्यपालिका का प्रभाव।

15.71 1991 के पश्चात् यह देखने में आया है कि केंद्र में एक के बाद एक सरकारें शक्तिहीन मिली-जुली सरकारें रही हैं। इसका परिणाम यह हुआ कि कार्य करने में असमर्थ सरकार के लिए न्यायपालिका एक सुरक्षा वाल्व बन गई। संयुक्त सरकारों के युग में विकास संबंधी निर्णय भी न्यायपालिका ले रही है (उदाहरणार्थ—वन नीति, दिल्ली में अप्राधिकृत निर्माण, सरदार सरोवर बांध की ऊंचाई)।

भारतीय न्यायपालिका में भारतीयता का अभाव।

15.72 भारत की उच्चतर न्यायपालिका में भारतीयता कहीं नहीं है। उच्चतर न्यायपालिका की भाषा अंग्रेजी है, वेशभूषा और संबोधन करने की पद्धति दोनों ब्रिटिश हैं।

उच्चतम न्यायालय की अधिकारिता का विस्तार।

15.73 संविधान में राज्य के तीनों अंगों की शक्तियों की सीमाएं बहुत स्पष्ट की गई थीं। उद्देश्य यह सुनिश्चित करना था कि प्रत्येक अंग अपने अपने आबंटित क्षेत्र में ही काम करे। किंतु उच्चतम न्यायालय ने न्यायिक सक्रियता की आड़ में अपनी अधिकारिता का विस्तार कर लिया है। उच्चतर न्यायालयों के न्यायाधीशों का चयन संविधान में अधिलिखित पद्धति से नहीं होता। उच्चतम न्यायालय द्वारा आदेशित पद्धति से होता है। जो न्यायमंडल न्यायाधीशों का चयन करता है उसका रंच मात्र भी आधार संविधान के पाठ में नहीं है।[94]

---

92. कुछ और टिप्पणियों के लिए देखिए पैरा 7.2 और उस पैरा के नीचे पाद टिप्पण 3।

93. उच्चतम न्यायालय के गहन मूल्यांकन के लिए देखिए; 1. गोविंददास, *सुप्रीम कोर्ट इन सर्च ऑफ आइडेन्टिटी*, ईस्टर्न बुक कंपनी, लखनऊ, 1987।

2. अरुण शोरी, कोर्ट्स एंड देयर जजमेन्ट्स, रूपा एंड कं., नई दिल्ली, 2001।

3. माधव गोडबोले, दि जुडिशयरी एंड गवर्नेन्स इन इंडिया, रूपा एंड कं, 2009।

94. *सुप्रीम कोर्ट एडवोकेट आन रिकार्ड ऐसोसिएशन* बनाम *भारत संघ* (1993) 4 एस.सी.सी. 41, *1998 का विशेष निर्देश सं. 1* (1998) 7 एस.सी.सी. 739।

ऐसा प्रतीत होता है कि संविधान के अधीन जो भी करना तात्पर्यित है वह न्यायिक पुनर्विलोकन के अधीन है।

सर्वोपरि कार्यपालिका—धीरे-धीरे एक प्रवृत्ति दिखाई पड़ रही है। उच्चतम न्यायालय शक्तियों के पृथक्करण की अवहेलना करके उस क्षेत्र में पंहुच रहा है जो कार्यपालिका का है। उसने यह विचार किया कि कोरोना के समय कपाटबंदी (लॉकडाउन) में प्रवासी श्रमिकों को पर्याप्त सहायता दी गई या नहीं। उच्चतम न्यायालय ने अपना समय इस पर विचार करने में लगाया कि कोरोना के समय JEE और NEET की परीक्षाएं हों या नहीं। आश्चर्य तो यह है कि विद्यार्थी यह नहीं चाहते थे कि परीक्षाएं रद्द हों। न्यायालय ने इस पर भी सुनवाई की कि *पी.एम. केयर्स* से धन अंतरित करके *डिजास्टर रिलीफ* को दिया जाए। इन सभी मामलों में न्यायालय ने अनुतोष देने से मना कर दिया। किंतु प्रश्न यह है कि क्या न्यायालय अपना बहुमूल्य समय इस प्रकार के वादों को सुनने में लगाए जो कार्यपालिका के प्रदेश में आते हैं।

न्यायालय इस पर भी सहमत हो गया है कि वह सरकार के अपने कार्यालयों और संसद भवन के पुनर्निमाण के प्रस्ताव पर सुनवाई करेगा। सरकार को अपनी आवश्यकताओं की जानकारी है और उसके पास उपयुक्त सलाह देने के लिए योग्य वास्तुविद् और इंजीनियर हैं। न्यायपालिका की इसमें कोई भूमिका नहीं है।

मूख्य न्यायमूर्ति तालिका का निर्माता है।

15.74 न्यायपीठ गठित करना और उन्हें कार्य आबंटित करना मुख्य न्यायमूर्ति का परमाधिकार है। वह तालिका का निर्माता है।[95]

95. *कैम्पेन फार जुडिशियल एकाउन्टेबिलिटी एंड रिफार्मस* बनाम *भारत संघ* (2018) 1 एस.सी.सी. 196।

अध्याय 16
उच्च न्यायालय

16.1 राज्य में न्यायपालिका के शीर्ष पर उच्च न्यायालय है। उसके नीचे जिला और सेशन न्यायाधीश का न्यायालय, नगर सिविल और सेशन न्यायालय, मुख्य न्यायिक मजिस्ट्रेट, मुख्य महानगर मजिस्ट्रेट, मुंसिफ और अन्य मजिस्ट्रेट हैं। राज्य में जितने अधिकरण काम करते हैं वे राज्य के उच्च न्यायालय की अधीक्षण अधिकारिता और रिट अधिकारिता के अधीन होते हैं। *चंद्रकुमार*[1] के पश्चात् यह स्पष्ट हो गया है कि अनु. 323क और 323ख के अधीन बनाए गए सभी अधिकरणों के विनिश्चयों की समीक्षा राज्य के उच्च न्यायालय की खंडपीठ द्वारा की जा सकती है। संविधान में न्यायपालिका की जो साधारण रूपरेखा दी गई है उसके अनुसार प्रत्येक राज्य में न्यायपालिका के शीर्ष स्थान पर उच्च न्यायालय है।

साधारणतया प्रत्येक राज्य के लिए एक उच्च न्यायालय।

16.2 सभी राज्यों की जनसंख्या समान नहीं होती। एक ओर उत्तर प्रदेश है जिसकी जनसंख्या 20 करोड़ से अधिक है और दूसरी ओर सिक्किम है जिसकी जनसंख्या 6 लाख के आसपास है। पूर्व में जितने राज्य हैं अर्थात् मिजोरम, मेघालय, नागालैंड, त्रिपुरा, मणिपुर और अरुणाचल प्रदेश उनमें जिलों में न्याय-प्रशासन उस प्रकार का नहीं है जैसा शेष भारत में है। इन राज्यों में आरंभ की जाने वाली कार्यवाहियों की संख्या एक वर्ष में भी उतनी नहीं होती जितनी कि इलाहाबाद उच्च न्यायालय में एक दिन में संस्थित की जाती हैं। इन वास्तविकताओं को ध्यान में रखते हुए संविधान में यह उपबंध किया गया है कि संसद् विधि द्वारा दो या अधिक राज्यों के लिए एक उच्च न्यायालय स्थापित कर सकेगी (अनु. 231)।

अपवाद।

इसी प्रकार संसद् विधि द्वारा किसी उच्च न्यायालय की अधिकारिता का विस्तार संघ राज्यक्षेत्र पर कर सकती है। वह संघ राज्यक्षेत्र से किसी उच्च न्यायालय की अधिकारिता हटा भी सकती है। इसी कारण हम देखते हैं कि गुवाहाटी स्थित उच्च न्यायालय एक समय 7 राज्यों के लिए उच्च न्यायालय था। पंजाब और हरियाणा का उच्च न्यायालय पंजाब, हरियाणा और चंडीगढ़ संघ राज्यक्षेत्र का न्यायालय है। दिल्ली राष्ट्रीय राजधानी क्षेत्र का अपना उच्च न्यायालय है। भारत में **25 उच्च न्यायालय हैं**।[2]

16.3 उच्च न्यायालयों की न्यायपीठों की स्थापना करने में कोई एक नीति नहीं दिखाई पड़ती। कुछ न्यायपीठ ऐतिहासिक कारणों से हैं। लखनऊ में पहले अवध चीफ कोर्ट था। उसी के स्थान पर इलाहाबाद उच्च न्यायालय की लखनऊ न्यायपीठ है। कुछ न्यायपीठ राजनीतिक समझौते से बने हैं। इनके उदाहरण हैं नागपुर, औरंगाबाद और जयपुर की न्यायपीठें। कुछ न्यायपीठ इसलिए

न्यायपीठ और न्यायाधीशों की संख्या।

1. *एल. चंद्रकुमार* बनाम *भारत संघ,* ए.आइ.आर. 1997 एस.सी. 1125।

2. 31 दिसंबर 2015 तक उच्च न्यायालयों के न्यायाधीशों के स्वीकृत पद 1018 थे। इलाहाबाद उच्च न्यायालय में स्वीकृत पदों की संख्या 160 है।

अस्तित्व में आईं कि वहां पहले उच्च न्यायालय का स्थान था। जैसे ग्वालियर और इंदौर। मुंबई उच्च न्यायालय की प्रधान पीठ के अतिरिक्त 3 न्यायपीठ हैं। मध्य प्रदेश में प्रधान न्यायपीठ के अतिरिक्त 2 हैं। किंतु सबसे बड़े उच्च न्यायालय इलाहाबाद की मुख्य स्थान के अतिरिक्त केवल 1 पीठ है।

31-12-2012 तक उच्च न्यायालयों में न्यायाधीशों के कुल 895 पद थे।

इलाहाबाद न्यायालय देश का सबसे बड़ा न्यायालय है। इसमें न्यायाधीशों की संख्या 160 है।

उच्च न्यायालय का गठन।

16.4 प्रत्येक उच्च न्यायालय, एक मुख्य न्यायमूर्ति और ऐसे अन्य न्यायाधीशों से मिलकर बनेगा जो राष्ट्रपति द्वारा समय समय पर नियुक्त किए जाएं (अनु. 216)। इन न्यायाधीशों के अतिरिक्त अपर और कार्यकारी न्यायाधीशों की नियुक्ति के लिए भी उपबंध है। यदि किसी उच्च न्यायालय में कार्यभार अस्थायी रूप से बढ़ जाता है या लंबित मामले बड़ी संख्या में इकट्ठा हो जाते हैं तो उन्हें निपटाने के लिए अपर न्यायाधीश नियुक्त किए जाते हैं। कार्यकारी न्यायाधीश तब नियुक्त किए जाते हैं जब कोई न्यायाधीश अनुपस्थिति के कारण या किसी अन्य कारणवश अपने कर्त्तव्य करने में असमर्थ होता है। उच्च न्यायालय का मुख्य न्यायमूर्ति राष्ट्रपति की पूर्व अनुमति से उच्च न्यायालय के सेवानिवृत न्यायाधीश से उच्च न्यायालय के न्यायाधीश के रूप में बैठने और कार्य करने का अनुरोध कर सकता है।

संविधान के 99वें संशोधन अधिनियम के पहले की प्रक्रिया

न्यायाधीशों की नियुक्ति। (पुरानी प्रक्रिया)

16.5 उच्च न्यायालय के न्यायाधीशों की नियुक्ति राष्ट्रपति द्वारा की जाती है। अनुच्छेद 217 यह आदेश देता है कि नियुक्ति करने से पहले,—

(क) भारत के मुख्य न्यायमूर्ति से,

(ख) राज्य के राज्यपाल से, और

(ग) उच्च न्यायालय के मुख्य न्यायमूर्ति से भिन्न किसी न्यायाधीश की नियुक्ति की दशा में, उस उच्च न्यायालय के मुख्य न्यायमूर्ति से परामर्श किया जाएगा।

न्यायाधीशों के तीसरे मामले[3] के पश्चात् भारत के मुख्य न्यायमूर्ति के स्थान पर परामर्श एक मंडल से किया जाएगा जिसमें मुख्य न्यायमूर्ति के अतिरिक्त उच्चतम न्यायालय के दो ज्येष्ठतम न्यायाधीश होंगे। अकेले भारत के मुख्य न्यायमूर्ति की राय पर्याप्त नहीं है। इस मंडल को उच्च न्यायालय के न्यायमूर्ति की राय पर ध्यान देना होगा और उसे सर्वाधिक महत्त्व दिया जाएगा। उन्हें उच्च न्यायालय के उन न्यायाधीशों की राय पर भी विचार करना चाहिए जिनके साथ परामर्श किया गया हो और उच्चतम न्यायालय के उन न्यायाधीशों की राय लेनी चाहिए जो उस उच्च न्यायालय के क्रिया कलाप से परिचित हों। इस अंतिम प्रवर्ग में वे न्यायाधीश आते हैं जो उस उच्च न्यायालय में न्यायाधीश या मुख्य न्यायमूर्ति के रूप में कार्य कर चुके हों। ये सभी मत लिखित होने चाहिए और सिफारिश के साथ भारत सरकार को भेजे जाने चाहिए।

जो अपर न्यायाधीश, स्थायी न्यायाधीश के पद के लिए उपयुक्त नहीं पाया जाता है वह राज्य उपभोक्ता अधिकरण के अध्यक्ष के पद के लिए नियुक्त किए जाने का पात्र नहीं है। अपर न्यायाधीश को स्थायी न्यायाधीश का समकक्ष नहीं माना जा सकता। अपर न्यायाधीश सेवानिवृत्त नहीं होता।[4]

---

3. *1988 का विशेष निर्देश सं. 1* (1988) 7 एस.सी.सी. 739।
4. *के. कन्नदासन* बनाम *अजय खोसे* (2009) 7 एस.सी.सी. 1।

न्यायाधीश का अंतरण। (पुरानी प्रक्रिया)

16.6 एक उच्च न्यायालय के न्यायाधीश को दूसरे उच्च न्यायालय को अंतरित किया जा सकेगा [अनु. 222]। अंतरण होने पर वह प्रतिकरात्मक भत्ते का हकदार हो जाता है।

न्यायाधीश को अंतरित करने के पहले राष्ट्रपति भारत के मुख्य न्यायमूर्ति से परामर्श करने के लिए बाध्य है। न्यायाधीशों के तीसरे मामले[3] के पश्चात् इसका अर्थ है निम्नलिखित से परामर्श,—

(क) उच्चतम न्यायालय के 4 ज्येष्ठतम न्यायाधीश।
(ख) उस उच्च न्यायालय के मुख्य न्यायमूर्ति से जहां से अंतरित किया जाना है।
(ग) उस उच्च न्यायालय के मुख्य न्यायमूर्ति से जहां अंतरित किया जाना है।

न्यायमंडल द्वारा नियुक्ति की आलोचना।

16.7 न्यायाधीशों द्वारा न्यायाधीशों की नियुक्ति की प्रणाली सफल नहीं हुई। डा. अंबेडकर ने संविधान सभा में यह कहा था कि नियुक्तियों के लिए मुख्य न्यायमूर्ति की सहमति अनिवार्य करने से उसे भारत के राष्ट्रपति के निर्णय पर वीटो की शक्ति मिल जाएगी। इसलिए मुख्य न्यायमूर्ति को यह शक्ति नहीं दी गई।

न्यायमंडल प्रक्रिया की असफलता के अनेक कारण हैं। **प्रथम**, उपयुक्त व्यक्तियों की खोज करने के लिए कोई तंत्र नहीं है। **दूसरे**, अभ्यर्थियों के चयन के लिए कोर्ट वस्तुपरक मानक नहीं है। **तीसरे**, न्यायमंडल के पास कोई ऐसी रीति या सुविधा नहीं है जिसमें वह विभिन्न उच्च न्यायालयों में कार्यरत लाखों अधिवक्ताओं से परिचित हो सके।

इसका परिणाम यह है कि न्यायमंडल निम्नलिखित प्रवर्गों में से सिफारिश करता है (क) न्यायाधीशों की संतान या निकट के नातेदार, (ख) न्यायाधीशों के अन्य नातेदार और राजनेताओं के नातेदार (ग) न्यायाधीशों की जाति के व्यक्ति (घ) वे अधिवक्ता जिनकी न्यायाधीशों से मित्रता है, (ङ) वे अधिवक्ता जो न्यायाधीशों के कनिष्ठ रह चुके हैं।

1971 में और उसके पश्चात् न्यायपालिका को यह आशंका थी कि शासक वर्ग अपने गुट के लोगों से न्यायालय को भर देगा। यदि ऐसा हो जाता तो न्यायपालिका की स्वतंत्रता समाप्त हो जाती। ऐसा प्रतीत होता है कि इस आशंका की प्रतिक्रिया में न्यायपालिका ने नियुक्ति करने का अधिकार अपने अधीन कर लिया। किंतु इस परिवर्तन से दक्षता कम हो गई, जाति का महत्त्व हो गया, वादों का निपटारा कम हो गया, भाई भतीजावाद और अन्य तत्त्वों को प्रश्रय मिला।

भारत एकमात्र देश है जहां न्यायाधीशों की नियुक्ति न्यायाधीश करते हैं। पहले यह कहा जाता था कि दो प्रकार के अधिवक्ता हैं—एक वे जो विधि के ज्ञाता हैं और दूसरे वे जो विधि मंत्री को जानते हैं। न्याय मंडल प्रणाली के बाद कहा जाता है कि विधि मंत्री का स्थान मुख्य न्यायमूर्ति ने ले लिया है।

संविधान के 99वें संशोधन के पश्चात् उच्च न्यायालय के न्यायाधीशों की नियुक्ति

न्यायाधीशों की नियुक्ति की नई प्रक्रिया।

16.8 अनुच्छेद 217(2) में उच्च न्यायालय के न्यायाधीश की नियुक्ति और उसके पद की शर्तें दी गई हैं। **पैरा 16.5** और **16.6** में जो प्रक्रिया बताई गई है वह संविधान (99वां संशोधन) अधिनियम 2014 द्वारा परिवर्तित कर दी गई। इस संशोधन अधिनियम के साथ ही संसद् ने राष्ट्रीय न्यायिक नियुक्ति आयोग अधिनियम भी पारित किया। ये दोनों अधिनियम 13 अप्रैल 2015 से प्रवृत्त हो गए।

राष्ट्रीय न्यायिक नियुक्ति आयोग के गठन, उसके कृत्य, न्यायाधीशों की नियुक्ति और उनके स्थानांतरण की प्रक्रिया के लिए देखिए **पैरा 15.11 से पैरा 15.16**।

16.9 न्यायिक नियुक्ति आयोग के निर्णय[5] में 99वें संशोधन अधिनियम और राष्ट्रीय न्यायिक नियुक्ति आयोग अधिनियम को शून्य घोषित कर दिया गया। इसके परिणामस्वरूप **पैरा 16.5** और **16.6** में दी गई प्रक्रिया पुनर्जीवित हो गई अर्थात् वही फिर से लागू होगी। **पैरा 16.8** में दी गई प्रक्रिया लागू नहीं होगी।

न्यायिक नियुक्ति आयोग वाले निर्णय के बाद प्रक्रिया।

16.10 अपर या तदर्थ न्यायाधीश अपने नियुक्ति पत्र में विनिर्दिष्ट अवधि के लिए ही पद धारण करता है। अपर न्यायाधीश दो वर्ष से अनधिक की ऐसी अवधि के लिए नियुक्त किया जा सकता है जो विनिर्दिष्ट की जाए। स्थायी न्यायाधीश 62 वर्ष की आयु प्राप्त करने तक पद धारण करता है।

पदावधि।

यह कहना उचित नहीं है कि अपर न्यायाधीश, स्थायी न्यायाधीश के रूप में नियुक्ति के प्रयोजन के लिए परिवीक्षाधीन होता है। अपर न्यायाधीश को स्थायी न्यायाधीश बनाने के लिए न्यायाधीश मंडल से पुनः परामर्श करने की आवश्यकता नहीं होती। किंतु यदि यह पाया जाता है कि कोई व्यक्ति, स्थायी न्यायाधीश नियुक्त किए जाने के लिए उपयुक्त नहीं है तो उसे अपर न्यायाधीश के रूप में विस्तार नहीं दिया जा सकता।[6]

न्यायाधीश राष्ट्रपति को संबोधित अपने हस्ताक्षर सहित लेख द्वारा पद त्याग सकता है। जब एक न्यायाधीश को दूसरे उच्च न्यायालय में स्थानांतरित कर दिया जाता है या वह उच्चतम न्यायालय में नियुक्त हो जाता है तो उसका पद रिक्त हो जाता है।

न्यायाधीश अपना पद राष्ट्रपति के प्रसादपर्यंत नहीं धारण करता। प्रसाद का सिद्धांत सरकारी सेवकों, सैन्य बलों और राज्यपाल आदि को लागू होता है। उच्च न्यायालय के न्यायाधीश को साबित कदाचार या असमर्थता के आधार पर ही हटाया जा सकता है। इसके लिए महाभियोग की प्रक्रिया वही है जो अनु. 124(4) के अधीन उच्चतम न्यायालय के न्यायाधीश की दशा में लागू होती है। यह प्रक्रिया क्या है यह जानने के लिए देखिए **पैरा 15.23**।

16.11 पद त्याग तब होता है जब कोई न्यायाधीश अपनी इच्छा से अपने पद से संबंध तोड़ने का निर्णय करता है। यदि वह यह लिखता है कि उसने तुरंत प्रभाव से अपना पद त्याग दिया है तो उसका पद तत्काल समाप्त हो जाता है। ऐसे त्यागपत्र को वापस नहीं लिया जा सकता। किंतु यदि न्यायाधीश यह लिखता है कि वह भविष्य की किसी तारीख से पद छोड़ देगा तो यह भविष्यलक्षी त्यागपत्र है। यह तब तक प्रभावी नहीं होगा जब तक वह तारीख न आ जाए। न्यायाधीश उस तारीख से पहले किसी भी समय अपना त्यागपत्र वापस ले सकता है।[7]

भविष्यलक्षी पद त्याग का प्रभाव।

नियुक्ति के लिए अर्हताएं।

16.12 कोई व्यक्ति उच्च न्यायालय के न्यायाधीश के रूप में नियुक्ति के लिए तभी अर्हित होगा जब,—

(क) वह भारत का नागरिक हो और

(ख) उसने भारत में कम से कम 10 वर्ष तक न्यायिक पद धारण किया हो या

(ग) कम से कम 10 वर्षों तक किसी उच्च न्यायालय का अधिवक्ता रहा हो।

स्पष्टीकरण देकर यह बताया गया है कि न्यायिक पद धारण करने की अवधि की संगणना करने में वह अवधि भी सम्मिलित की जाएगी जिसके दौरान किसी व्यक्ति ने अधिवक्ता के रूप में व्यवसाय किया है या अधिकरण के सदस्य के रूप में कार्य किया है या संघ या राज्य के अधीन ऐसा पद धारण किया है जिसके लिए विधि का विशेष ज्ञान अपेक्षित है।

---

5. *सुप्रीम कोर्ट एडवोकेट्स आन रिकार्ड एसोसिएशन* बनाम *भारत संघ* (2016) 5 एस.सी.सी. 1।
6. *शांतिभूषण* बनाम *भारत संघ* (2009) 1 एस.सी.सी. 657।
7. *भारत संघ* बनाम *गोपालचंद्र मिश्रा,* ए.आइ.आर. 1978 एस.सी. 694।

उदाहरण: एक व्यक्ति 7 वर्ष तक विधि व्यवसाय करता है और जिला न्यायाधीश बन जाता है और 5 वर्ष तक जिला न्यायाधीश का पद धारण करता है। वह उच्च न्यायालय का न्यायाधीश बनने के लिए पात्र है क्योंकि ये दोनों अवधियां 10 वर्ष से अधिक हैं। ऐसे ही यदि कोई व्यक्ति 7 वर्ष तक न्यायाधीश था और उसके पश्चात् वह किसी राज्य में 6 वर्ष तक विधि सचिव रहा तो वह उच्च न्यायालय में नियुक्त होने के लिए पात्र है [अनु. 217(2) का स्पष्टीकरण]। 10 वर्ष की अवधि की संगणना करने के प्रयोजन के लिए वह अवधि भी जोड़ दी जाती है जिसके दौरान कोई व्यक्ति किसी अधिकरण का सदस्य रहा हो।

उच्चतम न्यायालय ने एक व्यक्ति की उच्च न्यायालय के न्यायाधीश पद पर नियुक्ति को इस आधार पर विखंडित कर दिया कि उसके पास अपेक्षित अर्हताएं नहीं थीं।[8] जब न्यायालय ने विचार प्रारंभ किया तब नियुक्ति अधिपत्र पर राष्ट्रपति ने हस्ताक्षर कर दिए थे किंतु पद की शपथ नहीं दिलाई गई थी।

आयु का अवधारण।

16.13 यदि उच्च न्यायालय के न्यायाधीश की आयु के बारे में कोई प्रश्न उठता है तो उसका विनिश्चय भारत के मुख्य न्यायमूर्ति से परामर्श करने के पश्चात् राष्ट्रपति द्वारा किया जाएगा। राष्ट्रपति का विनिश्चय अंतिम होगा [अनु. 217(3)]। ऐसा प्रतीत होता है कि इस मामले में राष्ट्रपति मंत्रिमंडल की सलाह से कार्य नहीं करेगा यद्यपि कार्य आबंटन नियमों के अनुसार कोई मंत्रालय संबंधित फाइल चलाए।

उच्चतम न्यायालय के न्यायाधीश की आयु का अवधारण ऐसे प्राधिकरण द्वारा और ऐसी रीति से किया जाएगा जो संसद् विधि द्वारा उपबंधित करे [अनु. 124(2क)]। इसका कोई तर्कसम्मत कारण नहीं दिखाई देता कि क्यों उच्च न्यायालय और उच्चतम न्यायालय के न्यायाधीशों के बीच अंतर रखा गया है।

न्यायाधीशों की स्वाधीनता।

16.14 संविधान अनेक प्रकार से न्यायाधीशों की स्वाधीनता बनाए रखने का प्रयत्न करता है। इस दृष्टि से कुछ उपबंध महत्त्वपूर्ण हैं। उन पर नीचे विचार किया गया है,—

1. न्यायाधीश की नियुक्ति भारत के मुख्य न्यायमूर्ति और उच्चतम न्यायालयों के दो ज्येष्ठतम न्यायाधीशों के परामर्श के पश्चात् राष्ट्रपति द्वारा की जाती है। नियुक्ति का प्रस्ताव संबंधित उच्च न्यायालय के मुख्य न्यायमूर्ति द्वारा आरंभ किया जाता है। इस प्रक्रिया से यह सुनिश्चित किया गया है कि नियुक्ति केवल गुणागुण के आधार पर हो। राज्य सरकार से परामर्श किया जाता है किंतु राजनीतिक प्रभाव निर्णायक नहीं होता।

2. न्यायाधीशों को कार्यपालिका के हस्तक्षेप के बिना काम करने दिया जाता है और उनसे यह अपेक्षा की जाती है कि वे भय और पक्षपात से मुक्त होकर कार्य करेंगे।

3. न्यायाधीश को साबित कदाचार या असमर्थता के लिए ही हटाया जा सकता है। हटाने की प्रक्रिया ठीक वैसी है जैसी अनु. 124 में उच्चतम न्यायालय के न्यायाधीश के लिए विहित है। राष्ट्रपति, संसद् के दोनों सदनों द्वारा अपनी समस्त सदस्य संख्या के बहुमत से प्रत्येक सदन में उपस्थित और मतदान करने वाले सदस्यों के दो तिहाई मत से पारित समावेदन प्राप्त करने के पश्चात् आदेश देकर न्यायाधीश को हटाता है। न्यायाधीश की पदावधि कार्यपालिका के प्रसाद पर आधारित नहीं है।

4. न्यायाधीश सेवानिवृत होने तक या पद त्याग करने तक अपना पद धारण करता है। प्रसाद का सिद्धांत न्यायाधीश को लागू नहीं होता।

---

8. *श्रीकुमार पद्मप्रसाद* बनाम *भारत संघ* (1992) 2 एस.सी.सी. 228।

5. उच्च न्यायालय के अधिकारी और सेवक मुख्य न्यायमूर्ति द्वारा नियुक्त किए जाते हैं। उन्हें संदेय वेतन और भत्ते राज्य की संचित निधि पर भारित होते हैं।

6. न्यायाधीशों के वेतन, भत्ते, पेंशन, छुट्टी और अन्य उपलब्धियां संसद् द्वारा विधि द्वारा तय की जाती हैं। न्यायाधीश के नियुक्त किए जाने के पश्चात् उसके वेतन भत्ते आदि में उसके लिए अलाभकारी परिवर्तन नहीं किया जा सकता।

7. किसी न्यायाधीश के अपने कर्त्तव्यों के निर्वहन में किए गए आचरण के विषय में संसद् या किसी राज्य विधान-मंडल में कोई चर्चा नहीं की जा सकती।

8. सेवानिवृत्त न्यायाधीश उच्चतम न्यायालय और अन्य उच्च न्यायालयों के सिवाय भारत में किसी न्यायालय या किसी प्राधिकरण के समक्ष अभिवचन या कार्य नहीं कर सकता।

9. न्यायाधीश की आयु के बारे में विवाद भारत के मुख्य न्यायमूर्ति की सलाह के अनुसार निपटाया जाता है। इसमें कार्यपालिका की कोई भूमिका नहीं होती।

अधिकारिता और शक्तियां

राज्यक्षेत्रीय अधिकारिता।

16.15 उच्च न्यायालय की अधिकारिता (राज्य विधान-मंडल के समान) राज्य की सीमाओं तक ही होती है। किंतु यदि संसद् दो या अधिक राज्यों के लिए एक उच्च न्यायालय का सृजन करती है (जैसे गुवाहाटी उच्च न्यायालय) या अधिकारिता का विस्तार किसी संघ राज्यक्षेत्र पर करती है (जैसे चेन्नई उच्च न्यायालय की अधिकारिता का विस्तार पुडुचेरी पर किया गया है) तो उसकी अधिकारिता उन सम्मिलित राज्यक्षेत्रों तक बढ़ जाती है। संविधान में उच्च न्यायालय की अधिकारिता और न्यायाधीशों की शक्ति और न्याय प्रशासन से संबंधित विस्तृत उपबंध नहीं किए गए हैं। अनुच्छेद 225 में यह अधिकथित है कि अधिकारिता, शक्तियां और नियम आदि वही होंगे जो संविधान के प्रारंभ से ठीक पहले थे।

ऐतिहासिक अंतर।

16.16 संविधान के प्रारंभ के समय चेन्नई, कोलकाता, और मुंबई के उच्च न्यायालयों को कुछ सिविल और दांडिक मामलों में अधिकारिता थी। उन्हें नवाधिकरण (एडमिरलिटी) अधिकारिता भी थी। दंड प्रक्रिया संहिता, 1973 के पश्चात् उनकी दांडिक अधिकारिता समाप्त कर दी गई। चेन्नई उच्च न्यायालय के उत्तरवर्ती के रूप में आंध्र प्रदेश न्यायालय को भी नावधिकरण की अधिकारिता है।[9]

उपर्युक्त तीन उच्च न्यायालयों की आरंभिक सिविल अधिकारिता अभी भी बनी हुई है। इन तीन उच्च न्यायालयों के अतिरिक्त दिल्ली उच्च न्यायालय को भी आरंभिक सिविल अधिकारिता है।

राज्यक्षेत्रीय अधिकारिता का उदारीकरण।

16.17 उच्चतम न्यायालय[10] ने अनु. 226 का निर्वचन करते हुए यह मत प्रकट किया था कि उच्च न्यायालय को अपने राज्यक्षेत्र के बाहर स्थित किसी प्राधिकरण या न्यायालय को रिट या आदेश जारी करने की शक्ति नहीं है। राज्य के भीतर स्थित होने या निवास करने से उच्च न्यायालय को राज्यक्षेत्रीय अधिकारिता प्राप्त होती है। इस निर्णय का यह परिणाम हुआ कि भारत संघ और दिल्ली में स्थित अन्य निकायों के विरुद्ध याचिकाएं ग्रहण करने की शक्ति केवल पंजाब उच्च न्यायालय तक ही सीमित हो गई (उस समय दिल्ली में उच्च न्यायालय नहीं था। पंजाब उच्च न्यायालय की एक न्यायपीठ दिल्ली में थी)। संविधान के 15वें संशोधन से इस स्थिति में

9. *एम.वी. अलकमान* बनाम *तसवलिरिस*, ए.आइ.आर. 2000 एस.सी. 2826।

10. *निर्वाचन आयोग* बनाम *साका वेंकटराव* (1953) एस.सी.आर. 1145।

परिवर्तन किया गया। अब उन स्थानों पर जहां वाद हेतुक पूर्णतया या भागतः उत्पन्न होता है वाद प्रस्तुत किया जा सकता है। इस संशोधन के पश्चात् याचिका ग्रहण की जाएगी या नहीं यह इस पर निर्भर करेगा कि वाद हेतुक, पूर्णतया या भागतः, राज्यक्षेत्रीय अधिकारिता के भीतर उत्पन्न हुआ या नहीं।[11]

अपीली अधिकारिता।

16.18 सिविल मामलों में उच्च न्यायालय में अपील, पहली अपील भी हो सकती है और दूसरी भी।

(i) जहां कोई मामला जिला न्यायाधीश द्वारा या किसी अधीनस्थ न्यायाधीश द्वारा विनिश्चित किया गया है और विषय वस्तु का मूल्य विहित मूल्य से अधिक है या जहां अधिनियम में इस प्रकार का उपबंध है वहां ऐसे विनिश्चय से अपील सीधे उच्च न्यायालय को की जा सकती है।

(ii) जहां जिला न्यायाधीश या अधीनस्थ न्यायाधीश ने किसी कनिष्ठ न्यायालय के विनिश्चय से अपील सुनकर विनिश्चय किया है वहां विनिश्चय से सिविल प्रक्रिया संहिता की धारा 100 के उपबंधों के अधीन उच्च न्यायालय में दूसरी अपील की जा सकती है।

(iii) अनुच्छेद 323क और 323ख के अधीन स्थापित सभी अधिकरणों की अपील उच्च न्यायालय की खंडपीठ में की जा सकती है।

(iv) कुछ उच्च न्यायालयों में न्यायालयों के भीतर ही अपील का उपबंध है। एकल न्यायाधीश के निर्णय की अपील उसी उच्च न्यायालय में खंडपीठ द्वारा सुनी जाती है। यह एक विचित्र सा उपबंध है। इंग्लैंड में और कुछ देशों में उसी न्यायालय से उसी न्यायालय में अपील नहीं होती। अपील सदैव उच्चतर न्यायालय में होती है।

दांडिक मामलों में अपील दंड प्रक्रिया संहिता, 1973 के विभिन्न उपबंधों द्वारा शासित होती है (धारा 374, धारा 376, धारा 376छ आदि)। बहुत विस्तार में न जाकर संक्षेप में यह कहा जा सकता है कि उच्च न्यायालय में दांडिक अपीलें निम्नलिखित विनिश्चयों से होती हैं,—

(क) सेशन न्यायाधीश या अपर सेशन न्यायाधीश के निर्णय से जहां 7 वर्ष या उससे अधिक के कारावास का दंडादेश दिया गया है।

(ख) सहायक सेशन न्यायाधीश, महानगर मजिस्ट्रेट या अन्य मजिस्ट्रेट के निर्णय से उन मामलों जो दंड प्रक्रिया संहिता में विनिर्दिष्ट हैं।

16.19 रिट अधिकारिता को असाधारण अधिकारिता भी कहा जाता है क्योंकि इंग्लैंड में उन्हें असाधारण रिट या विशेषाधिकार रिट कहा जाता था। एक दूसरे प्रकार की रिटें भी थीं जिन्हें प्रक्रिया रिट कहते थे। रिट अधिकारिता का प्रयोग करते हुए उच्च न्यायालय किसी कनिष्ठ न्यायालय या अधिकरण को या किसी राज्य को या किसी ऐसे प्राधिकरण को या व्यक्ति को जो राज्य के अभिकर्ता या उपकरण के रूप में कार्य करता है या राज्य की शक्तियों का प्रयोग करता है रिट, निदेश या आदेश जारी कर सकता है। यह शक्ति अनु. 226 द्वारा विनिर्दिष्ट रूप से प्रदान की गई है। इसे न तो छोटा किया जा सकता है और न छीना जा सकता है। उच्चतम न्यायालय ने *चंद्रकुमार*[1] में यह स्पष्ट रूप से अधिकथित किया है कि अनु. 226 और 227 के अधीन उच्च न्यायालयों को और अनु. 32 के अधीन उच्चतम न्यायालय को जो अधिकारिता दी गई है वह संविधान की आधारिक संरचना का भाग है जिसे नष्ट नहीं किया जा सकता। इसका यह अर्थ है कि संसद् संविधान में परिवर्तन या संशोधन करके अनु. 226 द्वारा दी गई अधिकारिता को क्षीण नहीं कर सकती या समाप्त नहीं कर सकती।

रिट अधिकारिता।

11. *एन.एन. मजीठिया* बनाम *महाराष्ट्र राज्य* (2000) 7 एस.सी.सी. 640।

उच्च न्यायालय को अधिनियम के उपबंधों का ध्यान रखना चाहिए। वह प्राधिकारियों को विधि के विरूद्ध कार्य करने का निदेश नहीं दे सकता।[12]

न्यायालय को किसी भी न्यायाधिकरण के अधिनिर्णय में हस्तक्षेप तभी करना चाहिए जब वह अधिनिर्णय अनुचित हो। अर्थात् न्यायाधिकरण ने साक्ष्य के अभाव में काम किया हो। न्यायालय अपील सुनने वाला न्यायालय नहीं है। वह साक्ष्य का विवेचन नहीं कर सकता।[13]

उच्चतम न्यायालय से तुलना।

16.20 जैसा हम पहले देख चुके हैं उच्चतम न्यायालय को भी अनु. 32 के अधीन इसी के समानांतर रिट अधिकारिता है। उच्चतम न्यायालय और उच्च न्यायालय जो रिटें निकालते हैं वह एक ही प्रकृति की हैं। उच्चतम न्यायालय की रिट संपूर्ण भारत में मान्य है। उच्च न्यायालय की रिट इस बात पर आश्रित होती है कि न्यायालय की राज्यक्षेत्रीय सीमाएं क्या हैं और दूसरे इस बात पर कि क्या वाद हेतुक न्यायालय के राज्यक्षेत्र के भीतर उत्पन्न हुआ है या नहीं। उच्चतम न्यायालय की रिट अधिकारिता स्वयं एक मूल अधिकार है। यदि राज्य ने किसी व्यक्ति के मूल अधिकार का हनन किया है तो उसे उच्चतम न्यायालय में समावेदन करने का मूल अधिकार है। वह सीधे उच्चतम न्यायालय पहुंच सकता है। अनुच्छेद 226 में जो उपचार दिया गया है वह किसी व्यक्ति का मूल अधिकार नहीं है इसलिए अनुतोष देना न्यायालय के विवेक पर आधारित है। किंतु साथ ही यह नहीं भूलना चाहिए कि विवेकाधिकार का प्रयोग न्यायसंगत होता है मनमाने ढंग से नहीं। एक पहलू से देखें तो उच्च न्यायालय की शक्ति का विस्तार अधिक है। अनुच्छेद 226 में शक्ति का उद्देश्य बताया गया है—**भाग 3 द्वारा प्रदत्त अधिकारों में से किसी को प्रवर्तित कराने के लिए और किसी अन्य प्रयोजन के लिए**। किसी अन्य प्रयोजन के लिए—इन शब्दों से उच्च न्यायालय को यह शक्ति मिलती है कि वह किसी भी विधिक अधिकार को प्रवृत करने के लिए रिट निकाल सकता है। अनुच्छेद 226 के अधीन उसकी अधिकारिता मूल अधिकारों तक ही सीमित नहीं है। इसके विपरीत अनुच्छेद 32 के अधीन उच्चतम न्यायालय की अधिकारिता केवल मूल अधिकारों के संबंध में है।

आनुकल्पिक उपचार की विद्यमानता से अनु. 226 के अधीन उच्च न्यायालय की अधिकारिता का वर्जन नहीं होता। किंतु यदि समान प्रभावकारी आनुकल्पिक उपचार है तो न्यायालय याचिका ग्रहण नहीं करेगा।[14] जहां आनुकल्पिक उपचार दुर्भर है वहां न्यायालय को रिट याचिका ग्रहण करनी चाहिए। संविदा के अधीन दावे को प्रवृत्त कराने के लिए याचिका ग्रहण नहीं की जाती।[15]

उच्चतम न्यायालय और उच्च न्यायालयों के बीच संबंध।

16.21 उच्च न्यायालय, उच्चतम न्यायालय के अधीनस्थ न्यायालय नहीं है। दोनों अभिलेख न्यायालय हैं। उच्च न्यायालय अधीनस्थ न्यायालयों और अधिकरणों पर अपनी अधीक्षण की शक्ति का प्रयोग करता है (अनु. 227)। उच्चतम न्यायालय को ऐसी कोई शक्ति नहीं दी गई है। उच्च न्यायालय की अधिकारिता का अधिक विस्तार है किंतु उच्चतम न्यायालय ज्येष्ठ भ्राता है। उच्चतम न्यायालय को उच्च न्यायालय के ठीक ऊपर रखा गया है। संविधान के कुछ उपबंध उच्चतम न्यायालय को वरिष्ठ या उच्चतर स्थान प्रदान करते हैं।[16]

---

12. *भारत संघ* बनाम *कन्कर्ड फारच्यून मिनरल्स* (2018) 12 एस.सी.सी. 279।
13. *कृष्ण नारायण वंजारी* बनाम *जय भारती* (2018) 12 एस.सी.सी. 620।
14. *बिहार राज्य* बनाम *जैन प्लास्टिक* (2002) 1 एस.सी.सी. 216।
15. *जीवन बीमा निगम* बनाम *आशा गोयल,* ए.आइ.आर. 2001 एस.सी. 549।
16. *तिरुपति बालाजी डेवलपर्स लिमिटेड* बनाम *बिहार राज्य* (2004) 5 एस.सी.सी. 1।

16.22 अनुच्छेद 226 में निदेश, आदेश या रिट निकालने की शक्ति दी गई है। प्रारंभिक वर्षों में न्यायालय यह ढूंढा करते थे कौन सी समुचित रिट दी जा सकती है और उच्चतम न्यायालय ने बहुत से मामलों में विभिन्न प्रकार की रिटों के लक्षण और प्रयोजन पर गहराई से विचार किया। 80 के दशक के बाद से न्यायालयों ने अधिस्थिति पर ध्यान न देकर लोकहित वाद को प्रोत्साहन दिया है। न्यायालय ने वे सभी ऐतिहासिक बंधन तोड़कर फेंक दिए हैं जिनसे रिटें बंधी हुई थीं। अब साधारणतया निदेश और आदेश दिए जाते हैं। कोई विशिष्ट रिट नहीं निकाली जाती। विधि का नई दिशा में यह पग स्वागत योग्य है और समय के अनुकूल है। प्रक्रिया की अपेक्षा अंतर्वस्तु का महत्व अधिक है।

रिटों की प्रकृति पर ध्यान नहीं दिया जाना।

अनुच्छेद 226 में उल्लिखित पांचों रिटों पर **पैरा 7.202** से **7.205** में विचार किया जा चुका है।

16.23 *पश्चिमी बंगाल* बनाम *कमेटी फार प्रोटेक्शन ऑफ डेमोक्रेटिक राइट्स*[17] में उच्चतम न्यायालय की एक संविधान पीठ ने इस प्रश्न पर विचार किया कि क्या कोई उच्च न्यायालय अनु. 226 के अधीन केंद्रीय अन्वेषण ब्यूरो (सी.बी.आइ.) को किसी संज्ञेय अपराध का अन्वेषण करने का निदेश, राज्य सरकार की सहमति के बिना, दे सकता है। न्यायालय ने यह अभिनिर्धारित किया कि अनु. 32 और 226 के अधीन उच्चतम न्यायालय और उच्च न्यायालय को न्यायिक पुनर्विलोकन की शक्ति प्रदान की गई है। यह शक्ति संविधान की आधारिक संरचना का भाग है। संसद् का कोई अधिनियम, सांविधानिक न्यायालयों की शक्ति को न तो अपवर्जित कर सकता है और न सीमित कर सकता है।

केंद्रीय अन्वेषण ब्यूरो को निदेश देने की उच्च न्यायालय की शक्ति।

उच्चतम न्यायालय या उच्च न्यायालय संविधान की मर्यादा बनाए रखने के लिए जब कोई निदेश देता है तो यह नहीं कहा जा सकता कि इससे परिसंघ संरचना का उल्लंघन होता है। संविधान में जो संसद् पर निर्बंधन लगाए गए हैं या संसद् जो निर्बंधन कार्यपालिका पर लगाती है उससे अनु. 32 और 226 द्वारा प्रदत्त शक्तियां सीमित नहीं होती हैं।

विशेष पुलिस स्थापना अधिनियम की धारा 6 उच्च न्यायालय की शक्ति को छोटा नहीं कर सकती। उच्च न्यायालय, संपृक्त राज्य सरकार की सहमति के बिना, सी.बी.आइ. को किसी भी संज्ञेय अपराध के अन्वेषण के लिए निदेश दे सकता है। यह निदेश परिसंघ की संरचना पर आघात नहीं करता। यह शक्तियों के पृथक्करण के सिद्धांत के विरुद्ध नहीं है। ऐसा निदेश विधिमान्य है।

उच्च न्यायालय को चाहिए कि वह केंद्रीय अन्वेषण ब्यूरो (CBI) द्वारा अन्वेषण का निदेश बहुत सीमित मामलों में, सावधानी से और आपवादिक परिस्थितियों में ही दे। नेमी या सामान्यतः नहीं।[18]

16.24 अनुच्छेद 227 के अधीन प्रत्येक उच्च न्यायालय को उन राज्यक्षेत्रों में जिनके संबंध में वह अपनी अधिकारिता का प्रयोग करता है सभी न्यायालयों और अधिकरणों का अधीक्षण करने की शक्ति है। यह ध्यान देने योग्य है कि उच्चतम न्यायालय को अधीक्षण की शक्ति नहीं है। अधीक्षण की यह शक्ति अनु. 226 के अधीन रिट द्वारा नियंत्रित करने की शक्ति से अधिक व्यापक और प्रभावी है। यह आवश्यक नहीं है कि विधि में यह उपबंध हो कि उच्च न्यायालय में अपील की जा सकती है। यदि विधि में अपील का उपबंध होता है तो वह अपीली

अधीक्षण की शक्ति— अनुच्छेद 227।

17. जे.टी. (2010) 2 एस.सी. 351 (2010) 3 एस.सी.सी. 571।
18. *टी.सी. तंगराज* बनाम *इंगम्माल* (2011) 12 एस.सी.सी. 328।

अधिकारिता होगी। रिट व्यथित पक्षकार के समावेदन पर दी जाती है और जो अनुतोष दिया जाता है वह उन्हीं तथ्यों और पक्षकारों तक सीमित रहता है, किंतु अधीक्षण की शक्ति के प्रयोग में स्वप्रेरणा से आदेश दिए जा सकते हैं। शक्ति के प्रयोग के लिए नियम बनाए जा सकते हैं। अधीक्षण में दोनों प्रकार के कार्य आते हैं—प्रशासनिक और न्यायिक।

अधीक्षण की शक्ति एक असाधारण शक्ति है जिसका प्रयोग बहुत कम किया जाना चाहिए और ऐसे समुचित मामलों में ही किया जाना चाहिए जहां अधीनस्थ न्यायालयों को उनके प्राधिकार की सीमाओं के भीतर रखना आवश्यक हो। छोटी मोटी भूलों के सुधार के लिए इस शक्ति का प्रयोग नहीं किया जाता। उच्च न्यायालय तभी हस्तक्षेप करते हैं जब घोर अन्याय हुआ है या अधिकारिता का प्रयोग नहीं किया गया है या दुरुपयोग किया गया है और अपील या पुनरीक्षण के लिए कोई उपबंध नहीं है।

अनुच्छेद 227 केवल यह देखने के लिए है कि निचले न्यायालय अपने प्राधिकार या अधिकारिता की सीमा के भीतर कार्य कर रहे हैं या नहीं। यह अपीलीय शक्ति नहीं है। इससे अधीनस्थ न्यायालयों और अधिकरणों के निर्णयों को सुधारा नहीं जा सकता। यह केवल अधीक्षण की शक्ति है।[19]

उच्च न्यायालय ने निम्नलिखित मामलों में अनु. 227 के अधीन अधिकारिता का प्रयोग किया है,—

(i) अधिकारिता के बाहर जाना
(ii) भूल से अधिकारिता ग्रहण करना
(iii) अधिकारिता का प्रयोग करने से अनुचित रूप से इंकार करना
(iv) अभिलेख से प्रकट स्पष्ट भूल
(v) नैसर्गिक न्याय के नियमों का उल्लंघन
(vi) अनुचित निष्कर्ष
(vii) उच्चतम न्यायालय या उच्च न्यायालय द्वारा अधिकथित विधि की उपेक्षा
(viii) घोर अन्याय

अधिकरणों का अधीक्षण।

16.25 अधिकरण एक निकाय है जो न्यायनिर्णयन का काम करता है। सभी न्यायालय अधिकरण होते हैं, किंतु सभी अधिकरण न्यायालय नहीं होते। अधिकरण की स्थापना किसी सोसाइटी या गैर सरकारी संस्था द्वारा भी की जा सकती है। ऐसे अधिकरण को घरेलू अधिकरण कहते हैं। आधुनिक राज्य के उदय के साथ अब राज्य अनेक प्रकार के कृत्य कर रहा है। इसके परिणामस्वरूप अधिकरणों की संख्या में भी वृद्धि हुई है। यह अधिकरण अधिनियमों द्वारा बनाए जाते हैं और उस अधिनियम के क्षेत्र में आने वाले विवादों और न्यायिककल्प विषयों पर निर्णय देने का काम उन्हें सौंपा जाता है। कुछ सुपरिचित अधिकरण हैं,—

1. राज्य परिवहन प्राधिकरण
2. किराया नियंत्रक
3. श्रम अधिकरण
4. निर्वाचन अधिकरण
5. भूमि अर्जन अधिनियम के अधीन कार्य करते हुए कलक्टर
6. विन्यास आयुक्त।

---

19. *नगेंद्रनाथ बोरा* बनाम *कमिश्नर*, ए.आइ.आर. 1958 एस.सी. 398; *निवारण चंद्र बेग* बनाम *महेंद्रनाथ घुग्घू*, ए.आइ.आर. 1963 एस.सी. 1895।

16.26 42वां संशोधन संसद् द्वारा उस कुख्यात आपात के दौरान पारित किया गया था जिसकी घोषणा श्रीमती इंदिरा गांधी ने की थी। उससे संविधान में इतने परिवर्तन और उपांतरण किए गए कि उसने अपनी पहचान खो दी थी। आपात के तुरंत बाद अधिकांश संशोधन या तो निरसित कर दिए गए या प्रतिस्थापित कर दिए गए जिससे संविधान (लगभग) पूर्ववत् हो गया। किंतु भाग 14क (अधिकरणों से संबंधित) जिसे 42वें संशोधन द्वारा 3-1-1977 से अंतःस्थापित किया गया था, हटाया नहीं गया—उसे बनाए रखा गया।

42वां संशोधन और अनु. 226 तथा 227।

इस भाग में दो अनुच्छेद हैं अनु. 323क और अनु. 323ख। इन दोनों ही अनुच्छेदों में संसद् को यह शक्ति दी गई कि वह विधि अधिनियमित करके अधिकरण बना सकती है। संसद् द्वारा बनाई गई विधि से अनु. 136 के अधीन उच्चतम न्यायालय की अधिकारिता को छोड़कर सभी न्यायालयों की अधिकारिता अपवर्जित की जा सकती है। इस उपबंध का प्रभाव यह हुआ कि उच्च न्यायालय के अनु. 226 और 227 के अधीन शक्तियां किसी अधिकरण के संबंध में समाप्त की जा सकती थीं। एक प्रकार से इन अधिकरणों को उच्च न्यायालय के समक्ष रखा गया।

16.27 *चंद्रकुमार*[1] में उच्चतम न्यायालय ने, उच्च न्यायालय की शक्तियों के कम किए जाने पर विचार किया और इस प्रकार अधिकथित किया,—

चंद्रकुमार का वाद।

1. अनुच्छेद 226 और 227 के अधीन उच्च न्यायालयों को और अनु. 32 के अधीन उच्चतम न्यायालय को जो अधिकारिता दी गई है वह संविधान की उस आधारिक संरचना का भाग है जिसको नष्ट नहीं किया जा सकता। यह अधिकारिता समाप्त नहीं की जा सकती।

2. अधिकरणों के विनिश्चय अनु. 226 और अनु. 227 के अधीन उच्च न्यायालय की रिट अधिकारिता के अधीन होंगे किंतु उनकी सुनवाई उच्च न्यायालय के खंडपीठ में होगी, एकल पीठ में नहीं।

3. अनुच्छेद 323क और 323ख के सुसंगत खंड जो उच्च न्यायालय और उच्चतम न्यायालय की अधिकारिता को अपवर्जित करते हैं, शून्य हैं।

16.28 उच्च न्यायालय राज्य के सभी न्यायालयों और अधिकरणों के शीर्ष बिंदु पर स्थित है। अनुच्छेद 227 उच्च न्यायालय को अन्य न्यायालयों के संबंध में व्यापक अधीक्षण की शक्ति के अतिरिक्त कुछ और शक्तियां प्रदान करता है। ये शक्तियां हैं,—

अधीनस्थ न्यायालयों पर नियंत्रण।

(क) उच्च न्यायालय अधीनस्थ न्यायालयों से विवरणी मंगा सकता है।

(ख) निचले न्यायालयों के लिए नियम बना सकता है और प्रारूप विहित कर सकता है।

(ग) न्यायालय के अधिकारियों द्वारा रखे जाने वाले अभिलेखों के लिए प्रारूप भी विहित कर सकता है।

16.29 उच्च न्यायालय के अधिकारियों और कर्मचारिवृंद की नियुक्ति के लिए मुख्य न्यायमूर्ति ही सर्वोच्च प्राधिकारी है। अन्य न्यायाधीशों की इसमें कोई भूमिका नहीं होती। (अनु. 229)।[20]

उच्च न्यायालय के अधिकारी और कर्मचारिवृंद।

---

20. *राजस्थान उच्च न्यायालय* बनाम *रमेश चंद पालीवाल* (1998) 3 एस.सी.सी. 72।

16.30 यदि किसी अधीनस्थ न्यायालय में लंबित किसी वाद में संविधान के निर्वचन के बारे में विधि का कोई सारवान् प्रश्न अंतर्वलित है तो न्यायालय उस मामले को अपने पास मंगवा सकेगा और स्वयं निपटा सकेगा (अनु. 228)।

अन्य अनुच्छेद।

जिला न्यायाधीशों या अपर न्यायाधीशों की आरंभिक नियुक्ति राज्यपाल करेगा। राज्यपाल इस मामले में उच्च न्यायालय से परामर्श करके काम करेगा। जिला न्यायाधीश के नियुक्त हो जाने के पश्चात् उसका पदस्थापन और पदोन्नति उच्च न्यायालय के परामर्श से राज्यपाल द्वारा की जाती है (अनु. 233)। सामान्यतः उच्च न्यायालय की सिफारिश स्वीकार की जानी चाहिए। सिफारिश से विचलन बहुत ही कम मामलों में होना चाहिए और ऐसा करने के तर्कपूर्ण और तात्त्विक कारण होने चाहिए।

जिला न्यायाधीशों का पदस्थापन और प्रोन्नति राज्यपाल द्वारा उच्च न्यायालय से परामर्श करके की जाती है किंतु राज्य न्यायिक सेवाओं के (जिला न्यायाधीश से भिन्न) व्यक्तियों की पदस्थापना और प्रोन्नति का कार्य पूरी तौर से उच्च न्यायालय के पास है (अनु. 235)।

अनुच्छेद 235 में अभिव्यक्त रूप से यह कहा गया है कि जिला न्यायालयों और उनके अधीनस्थ न्यायालयों का नियंत्रण उच्च न्यायालय में निहित होगा। नियंत्रण प्रशासनिक, न्यायिक और अनुशासनिक है। वह पदच्युति, पद से हटाना या पंक्ति में अवनत करने से भिन्न दंड दे सकता है। उच्च न्यायालय पदच्युति, पद से हटाने और पंक्ति में अवनत करने की सिफारिश करेगा किंतु यह दंड राज्यपाल ही दे सकता है।

अधीनस्थ न्यायपालिका के मामलों में अनुशासनिक कार्यवाही प्रारंभ करने के लिए और दंड अधिरोपित करने के लिए एकमात्र प्राधिकरण, उच्च न्यायालय है। राज्य या कार्यपालिका की इसमें कोई भूमिका नहीं होती। राज्यपाल को उच्च न्यायालय की सिफारिश पर कार्य करना होगा। ऐसे मामलों में मंत्रि परिषद् राज्यपाल को सहायता या सलाह नहीं दे सकती। राज्यपाल, उच्च न्यायालय के मत की उपेक्षा या अवहेलना नहीं कर सकता।[21]

उच्च न्यायालय, अधीनस्थ न्यायालयों के कर्मचारिवृंद को भी नियंत्रित करता है। यह नियंत्रण उच्च न्यायालय में समग्र रूप से विहित होता है। किंतु पूर्ण न्यायालय, मुख्य न्यायमूर्ति को किसी भी विषय की बाबत प्राधिकार दे सकता है जैसे—सतर्कता, स्थानांतरण आदि।[22]

16.31 प्रत्येक उच्च न्यायालय अभिलेख न्यायालय है और उसे अपने अवमान के लिए दंड देने की शक्ति है। अभिलेख न्यायालय के गुण और अवमान के लिए दंड देने की शक्ति के बारे में देखिए, **पैरा 15.33, 15.34, 15.35** और **15.36**।

अभिलेख न्यायालय।

21. *राजेंद्र सिंह वर्मा* बनाम *लेफ्टिनेंट गवर्नर* (2011) 10 एस.सी.सी. 1।
22. *मद्रास उच्च न्यायालय* बनाम *आर. पिराची* (2011) 12 एस.सी.सी. 137।

अध्याय 17
संघ राज्यक्षेत्र

17.1 संविधान के मूल अंगीकृत रूप में चार प्रकार के राज्य थे। उन्हें भाग क, ख, ग और घ राज्य कहा गया था। भाग क राज्य वे थे जो भारत शासन अधिनियम, 1935 के अधीन प्रांत कहे जाते थे। भाग ख राज्य उन देशी रियासतों को बनाया गया था जिनका क्षेत्रफल अधिक था (हैदराबाद, मैसूर आदि)। भाग ग के राज्य वे थे जो छोटी रियासतें थीं या ब्रिटिश साम्राज्य के अधीन मुख्य आयुक्त के प्रांत थे, (भोपाल, बिलासपुर, त्रिपुरा, मणिपुर, दिल्ली, अजमेर आदि)। भाग घ राज्य पहले मुख्य आयुक्त के प्रांत के नाम से जाने जाते थे (अंदमान और निकोबार द्वीप)।

ऐतिहासिक विकास।

1956 में राज्यों का पुनर्गठन हुआ और नए राज्यों के सृजन के लिए विधान (7वां संशोधन अधिनियम, 1956) पारित किया गया और साथ ही पुनर्गठन से संबंधित अन्य बातों के लिए उपबंध करने के लिए राज्य पुनर्गठन अधिनियम, 1956 पारित किया गया। इन अधिनियमों से राज्यों के जो चार प्रवर्ग थे उनके स्थान पर केवल 1 प्रवर्ग हो गया। कुछ भाग ग राज्य और घ राज्यों को मिलाकर एक नया प्रवर्ग बना दिया गया और उसे संघ राज्यक्षेत्र नाम दिया गया। धीरे-धीरे इनमें से बहुत से संघ राज्यक्षेत्र राज्य बना दिए गए हैं। हिमाचल प्रदेश, मणिपुर, त्रिपुरा, गोवा, मिजोरम और अरुणाचल प्रदेश आज राज्य हैं किंतु ये सभी पहले संघ राज्यक्षेत्र थे।

वर्तमान में संघ राज्यक्षेत्रों की संख्या 9 है। दिल्ली, अंदमान और निकोबार द्वीप, लक्षद्वीप, दादरा और नागर हवेली, दमण और दीव, पुडुचेरी, चंडीगढ़, जम्मू-कश्मीर और लद्दाख।

17.2 संघ राज्यक्षेत्र का प्रशासन राष्ट्रपति द्वारा किया जाता है। राष्ट्रपति यह कार्य एक प्रशासक के माध्यम से करता है जिसकी नियुक्ति राष्ट्रपति द्वारा की जाती है। प्रशासक को ऐसा पदाभिधान दिया जाता है जो राष्ट्रपति निर्दिष्ट करे। प्रशासक के पदाभिधान में कोई एकरूपता नहीं है। कुछ स्थानों में उसे उप राज्यपाल कहते हैं (जैसे दिल्ली और पुडुचेरी) कहीं उसे मुख्य आयुक्त (चंडीगढ़) या प्रशासक कहा जाता है (जैसे लक्षद्वीप)। किसी राज्य के राज्यपाल को निकटवर्ती संघ राज्यक्षेत्र का प्रशासक नियुक्त किया जा सकता है।

संघ राज्यक्षेत्रों का प्रशासन।

संसद् इन राज्यक्षेत्रों के प्रशासन के लिए कोई अन्य व्यवस्था करने के लिए विधि बना सकती है। संघ राज्यक्षेत्र का प्रशासक राज्यपाल के समकक्ष राज्य का अधिपति नहीं होता वह राष्ट्रपति का अभिकर्ता होता है।

1962 में संविधान में अनु. 239क अंतःस्थापित करके संसद् को यह शक्ति दी गई कि वह संघ राज्यक्षेत्रों के लिए मंत्रि-परिषद् या विधान-मंडल या दोनों का सृजन कर सकेगी। इस शक्ति का प्रयोग करते हुए संसद् ने संघ राज्यक्षेत्र शासन अधिनियम, 1963 पारित किया। इसके द्वारा कुछ संघ राज्यक्षेत्रों के लिए विधान-मंडल और मंत्रि-परिषद् का सृजन किया गया। उन राज्यक्षेत्रों में से कुछ राज्य हो गए हैं इसलिए अब इस वर्ग में केवल दो संघ राज्यक्षेत्र हैं—दिल्ली और पुडुचेरी। अधिनियम बनाकर विधान सभा या विधान परिषद् का सृजन करना अनु. 368 के प्रयोजन के लिए संविधान का संशोधन नहीं समझा जाता।

दिल्ली के लिए विधान सभा का उपबंध करने के लिए और मंत्रि-परिषद् के सृजन के लिए और इससे संबंधित अन्य विषयों की व्यवस्था करने के लिए संविधान (69वां संशोधन) अधिनियम द्वारा अनु. 239कक और 239कख अंतःस्थापित किए गए। यह संशोधन 1-2-1992 से प्रवृत्त हुआ।

राष्ट्रपति और प्रशासक की स्थिति।

17.3 सब राज्यक्षेत्रों का प्रशासन अनुच्छेद 239 के अधीन केंद्र द्वारा चलाया जाता है। वे केंद्र सरकार में विलीन नहीं हो जाते और किसी राज्य के भाग के रूप में भी नहीं होते। वे केंद्र सरकार के नियंत्रण में रहते हैं किंतु इससे उनका पृथक् अस्तित्व समाप्त नहीं हो जाता। राष्ट्रपति संघ राज्यक्षेत्र के अधिपति के रूप में कार्य करता है केंद्र सरकार के अधिपति के रूप में नहीं। प्रशासक, राष्ट्रपति के प्रत्यायोजिती के रूप में कार्य करता है और उसे राष्ट्रपति के (अर्थात् केंद्र सरकार के) आदेशों के अनुसार कार्य करना होगा।[1]

दिल्ली के लिए विशेष उपबंध।

17.4 दिल्ली के लिए जो विशेष उपबंध किए गए हैं वे संक्षेप में इस प्रकार हैं,—

1. इस राज्यक्षेत्र का नाम होगा दिल्ली राष्ट्रीय राजधानी राज्यक्षेत्र और उसके प्रशासक को उप राज्यपाल कहा जाएगा।

2. इस राज्यक्षेत्र की एक विधान सभा होगी।

3. विधान सभा के निर्वाचन भारत के निर्वाचन आयोग द्वारा संचालित किए जाएंगे।

4. विधान-मंडल को कुछ विषयों को छोड़कर राज्य सूची में या समवर्ती सूची में सम्मिलित सभी विषयों पर विधि बनाने की शक्ति होगी। जो विषय विधान-मंडल की शक्ति से बाहर रखे गए हैं वे हैं: राज्य सूची की प्रविष्टि 1 (लोक व्यवस्था), 2 (पुलिस) और 18 (भूमि) और राज्य सूची की प्रविष्टि 64, 65 और 66 उस विस्तार तक जहां तक उनका संबंध प्रविष्टि 1, 2 और 18 से है।

5. संसद् की संघ राज्यक्षेत्र के लिए विधान बनाने की शक्ति निरंतर बनी रहेगी।

6. विधान सभा द्वारा बनाई गई विधि और संसद् द्वारा बनाई गई विधि में विरोध होने की दशा में विधान सभा द्वारा बनाई गई विधि विरोध की मात्रा तक शून्य होगी। किंतु यदि विधान सभा द्वारा पारित विधि राष्ट्रपति के विचार के लिए आरक्षित की गई थी और उसे राष्ट्रपति की अनुमति मिल गई है तो ऐसी विधि दिल्ली में अभिभावी होगी।

7. उप राज्यपाल की सहायता और सलाह के लिए एक मंत्रि-परिषद् होगी।

इस बारे में दो बातें विशेष रूप से ध्यान देने योग्य हैं,—

(i) उप राज्यपाल और मंत्रि-परिषद् के बीच किसी विषय पर मतभेद होने पर उप राज्यपाल उस विषय को राष्ट्रपति को निर्देशित करेगा और राष्ट्रपति द्वारा किए गए विनिश्चय के अनुसार कार्य करेगा किंतु यदि विषय बहुत आवश्यक है तो उप राज्यपाल तुरंत कार्रवाई कर सकता है।

(ii) एक विशेष उपबंध यह भी था कि मंत्रि-परिषद् में विधान सभा की कुल सदस्य संख्या के 10 प्रतिशत से अधिक सदस्य नहीं होंगे।

8. मुख्य मंत्री और अन्य मंत्री राष्ट्रपति द्वारा नियुक्त किए जाते हैं (उप राज्यपाल द्वारा नहीं)।

---

1. *दिल्ली सरकार* बनाम *ए.आइ.सी.सी.ए. एसोसिएशन* (2002) 1 एस.सी.सी. 344।

9. मंत्रि-परिषद् विधान सभा के प्रति सामूहिक रूप से उत्तरदायी है।

10. संसद् को दिल्ली के प्रशासन के लिए अनुपूरक विधान बनाने की शक्ति है।

11. उप राज्यपाल को अध्यादेश प्रख्यापित करने की शक्ति है।

संसद् ने अनु. 239कक के अनुबंधों की पूर्ति के लिए दिल्ली राष्ट्रीय राजधानी राज्यक्षेत्र अधिनियम 1991 अधिनियमित किया है।

सांविधानिक तंत्र की विफलता।

17.5 यदि ऐसी परिस्थिति उत्पन्न हो जाती है जिससे राष्ट्रीय राजधानी का प्रशासन अनु. 239कक या 1991 के अधिनियम के अनुसार नहीं चलाया जा सकता है तो राष्ट्रपति उप राज्यपाल से प्रतिवेदन की प्राप्ति पर या अन्यथा उक्त विधियों के प्रवर्तन को निलंबित कर सकता है और ऐसे अनुषंगी या पारिणामिक उपबंध कर सकता है जो उसे आवश्यक प्रतीत हों (अनु. 239कख)।

राष्ट्रपति उप राज्यपाल के प्रतिवेदन पर या अन्यथा कार्रवाई कर सकता है। यह उपबंध अनु. 356 से मिलता जुलता है।

अध्यादेश निकालने की शक्ति।

17.6 अनुच्छेद 239ख प्रशासक को जब विधान सभा सत्र में नहीं हो तब अध्यादेश प्रख्यापित करने की शक्ति देता है किंतु यदि विधान सभा का विघटन हो गया है या विधान सभा संघ राज्यक्षेत्र अधिनियम या राष्ट्रीय राजधानी अधिनियम के अधीन निलंबित कर दी गई है तो ऐसे विघटन या निलंबन के दौरान कोई अध्यादेश प्रख्यापित नहीं किया जाएगा। अध्यादेश प्रख्यापित करने से पहले राष्ट्रपति से अनुदेश प्राप्त करना अनिवार्य है।

आदेश को विधि का वही बल प्राप्त होता है जो उस राज्यक्षेत्र के विधान-मंडल के अधिनियम को होता है।

अध्यादेश को विधान-मंडल के समक्ष रखना आवश्यक है। विधान-मंडल चाहे तो उसका निरनुमोदन कर सकता है। अध्यादेश विधान-मंडल के पुनःसमवेत होने से छह सप्ताह की समाप्ति पर प्रवर्तन में नहीं रहेगा और यदि अनुमोदित न करने का संकल्प पारित किया जाता है तो संकल्प की तारीख को ही समाप्त हो जाएगा।

विनियम बनाने की शक्ति।

17.7 राष्ट्रपति को निम्नलिखित संघ राज्यक्षेत्रों की शांति, प्रगति और सुशासन के लिए विनियम बनाने की शक्ति है अर्थात्,—

(क) अंदमान और निकोबार द्वीप

(ख) लक्षद्वीप

(ग) दादरा और नागर हवेली

(घ) दमण और दीव

इन राज्यक्षेत्रों में विधान-मंडल नहीं है इसलिए विधायी कार्य राष्ट्रपति को सौंप दिए गए हैं।

पांडिचेरी की दशा में भी यदि विधान सभा का विघटन हो गया है या वह निलंबित है तो राष्ट्रपति विनियम बना सकता है। किंतु जब विधान सभा कार्य करती हो तो विनियम बनाने की शक्ति का प्रयोग नहीं किया जा सकता।

राष्ट्रपति द्वारा बनाए गए विनियमों का प्रभाव वैसा ही होता है जैसा उस राज्यक्षेत्र में लागू संसद् के अधिनियमों का।

17.8 संसद् संघ राज्यक्षेत्र के लिए एक उच्च न्यायालय गठित कर सकती है। जो उच्च न्यायालय संघ राज्यक्षेत्र पर अधिकारिता का प्रयोग करते रहे हैं वे तब तक ऐसा करते रहेंगे जब तक कि विधि में परिवर्तन न हो। पंजाब और हरियाणा उच्च न्यायालय की अधिकारिता चंडीगढ़ पर है। केरल उच्च न्यायालय की परिधि में लक्षद्वीप आता है। अंदमान और निकोबार द्वीप, कोलकाता उच्च न्यायालय के अधीन हैं। पुडुचेरी, चेन्नई उच्च न्यायालय के अंतर्गत है। मुंबई उच्च न्यायालय की अधिकारिता में दादरा और नागर हवेली तथा दमण और दीव आते हैं।

उच्च न्यायालय।

1966 से दिल्ली का अपना उच्च न्यायालय है।

17.9 जम्मू-कश्मीर संघ राज्यक्षेत्र में भी वैसी विधान-सभा होगी जैसी पुडुचेरी में है। यह उपबंध नियत दिन से प्रवृत्त होगा। नियत दिन तय किया जाना है।

जम्मू-कश्मीर।

अध्याय 18
स्थानीय शासन

अनोखा उपबंध।

18.1 संविधान में राज्य के तीन अंगों में शक्तियों का वितरण किया गया है। ये तीन अंग हैं कार्यपालिका, विधायिका और न्यायपालिका। यदि संविधान की संरचना परिसंघीय है तो शक्तियों का वितरण दो सरकारों के बीच होता है। एक तो केंद्र सरकार जिसे संघ सरकार या परिसंघ सरकार भी कहते हैं। दूसरे राज्य या प्रांतों की सरकारें। परिसंघ संविधान में दो स्तरों पर दो प्रकार की सरकारें काम करती हैं। हमारा संविधान 73वें और 74वें संशोधन अधिनियम पारित होने तक इसी प्रकार था। इन दोनों संविधान संशोधनों द्वारा हमारा संविधान एक अनोखा संविधान हो गया है जिसमें सरकार के 3 स्तर है: (क) संघ (ख) राज्य (ग) स्थानीय।

पृष्ठभूमि।

18.2 कुछ राज्यों का क्षेत्रफल बहुत बड़ा है इस कारण सरकार में जनता की भागीदारी बहुत ही कम हो पाती है। नगरपालिका और पंचायत जैसे स्थानीय स्वायत्त शासन में निचले स्तर तक—तृणमूल स्तर तक—जनता की भागीदारी होती है। इससे जनता में जागृति आती है और उसे स्थानीय समस्याओं के समाधान ढूंढने की प्रेरणा मिलती है। स्थानीय विकास में जनता भागीदार बनती है, किंतु बहुत से राज्यों में स्थानीय निकायों के निर्वाचन अनेक वर्षों से नहीं हुए थे। कुछ महानगरों में नगरपालिकाओं के निर्वाचन भी 10-12 वर्षों से नहीं हुए थे। कुछ राज्यों में तो नगरपालिकाएं व्यवहार में समाप्त हो गई थीं और उनका काम नौकरशाही द्वारा किया जा रहा था। कुछ राज्यों में राज्य सरकारें जब चाहे तब नगरपालिकाओं को निलंबित कर देती थीं।

गांधी-विनोबा का ग्राम स्वराज्य।

18.3 महात्मा गांधी और आचार्य विनोबा भावे ने प्रशासन की इकाई के रूप में ग्राम स्वराज्य को बहुत महत्व दिया। उनका विचार था कि विकास स्थानीय लोगों द्वारा प्रारंभ किया जाना चाहिए और उसमें स्थानीय लोगों की पूरी सहभागिता होनी चाहिए। संविधान निर्माता इससे सहमत नहीं थे किंतु फिर भी उन्होंने पंचायती राज को निदेशक तत्त्व के रूप में स्थान दिया (अनु. 40)। 1956 में बलवंतराय मेहता समिति ने पंचायती राज की स्थापना का सुझाव दिया। सरकार ने उसकी सिफारिशें स्वीकार कीं। सबसे पहले राजस्थान में पंचायती राज का श्रीगणेश हुआ, किंतु जब आशा के अनुरूप परिणाम नहीं निकले तो 1964 में सादिक अली की अध्यक्षता में एक समिति नियुक्त की गई जिसे राजस्थान में पंचायत प्रणाली के कार्यकरण पर प्रतिवेदन देने के लिए कहा गया। यह पाया गया कि मुख्य कारण जनता की भागीदारी का न होना था। भागीदारी न होने के कारण थे—अज्ञान, निर्धनता, जातियों में विभाजन और वित्तीय साधनों की कमी। धीरे-धीरे पंचायती राज के प्रति उत्साह ठंडा पड़ता गया। 1978 में पंचायत राज से संबंधित अशोक मेहता समिति ने इस प्रणाली का मूल्यांकन करके अपना प्रतिवेदन दिया। 1985 में योजना आयोग ने जी.वी.के. राव की अध्यक्षता में एक समिति गठित की जिसका उद्देश्य गरीबी उन्मूलन और ग्रामीण विकास कार्यक्रमों का पुनर्विलोकन करना था। इसने पंचायत प्रणाली में सुधार कर उसे सुदृढ़

बनाने के लिए सुझाव दिए। एक वर्ष पश्चात् 1985 में डॉ लक्ष्मीमल्ल सिंघवी की अध्यक्षता में एक समिति बनी जिसने पंचायत प्रणाली को पुनर्जीवित करने के लिए सिफारिशें कीं। 1987 में सरकार पंचायत और नगरपालिकाओं के प्रति पुनः सचेत हुई और संसद् ने यह आवश्यक समझा कि स्थानीय शासन की रूपरेखा बनाई जाए और यह सुनिश्चित किया जाए कि निर्वाचन नियमित हों और निर्वाचित संस्थाओं को पूरी अवधि तक काम करने दिया जाए। यह ध्यान देने योग्य है कि स्थानीय प्रशासन राज्य सूची की प्रविष्टि 5 में आने वाला विषय है इसलिए संसद् को इस बारे में विधि बनाने की शक्ति नहीं है। 1988 में संसदीय परामर्श समिति की एक उपसमिति ने जिसके अध्यक्ष पी.के. थुंगन थे यह सिफारिश की कि पंचायतों को सांविधानिक दर्जा दिया जाना चाहिए। संसद् ने संविधान में स्थानीय प्रशासन से संबंधित कुछ महत्व की बातें रख दी हैं और अनुपूरक विधि बनाने का काम राज्यों पर छोड़ दिया गया है।

उद्देश्यों की प्राप्ति नहीं हुई।

18.4 यह प्रयोग बहुत सफल नहीं हुआ क्योंकि,—(क) शक्ति का अंतरण वास्तविक नहीं है और (ख) पिछड़े वर्गों और स्त्रियों के लिए आरक्षण से चुनने का लोकतांत्रिक अधिकार बहुत सीमित हो गया है। जहां अध्यक्ष का पद अनुसूचित जाति या जनजाति या पिछड़े वर्ग की महिलाओं के लिए आरक्षित होता है वहां अनेक बार केवल एक ही अभ्यर्थी होता है जो चुनाव लड़ सकता है। (ग) जनसंख्या के अनुपात में स्थानों के आरक्षण से लोगों की निष्ठा राष्ट्र के प्रति न होकर जाति के प्रति हो गई है। इससे विभाजनकारी प्रवृत्तियों को बढ़ावा मिला है। (घ) गांवों में जो प्रधान जाति है उसके हाथों में शक्ति आ गई है और वह उसका प्रयोग अपने स्वार्थ के लिए कर रही है समूचे गांव के फायदे के लिए नहीं। (ङ) कुछ राज्यों में अभी भी निर्वाचन नियमित रूप से नहीं हो रहे हैं।

क—पंचायत

73वां संशोधन।

18.5 संविधान (73वां संशोधन) अधिनियम, 1992 द्वारा भाग 9 अंतःस्थापित किया गया जिसमें पंचायतों से संबंधित उपबंध हैं। इसमें पंचायतों को सांविधानिक मान्यता दी गई है और अनुपूरक विधि बनाने के लिए राज्यों का मार्गदर्शन किया गया है। जम्मू-कश्मीर, दिल्ली और अरुणाचल प्रदेश को छोड़कर सभी राज्य और संघ राज्यक्षेत्रों ने ऐसी विधियां बनाई हैं। नागालैंड, मेघालय और मिजोरम में संविधान की 5वीं और 6ठी अनुसूची के अधीन समानांतर संस्थाएं विद्यमान हैं। इसलिए संविधान का यह भाग उन्हें लागू नहीं होता। देश के शेष भाग में पंचायती संस्थाएं बना दी गई हैं।

पंचायत प्रणाली।

18.6 पंचायत प्रणाली में 3 स्तर के प्रतिनिधि शासन की बात है। किंतु जिन राज्यों की जनसंख्या 20 लाख से अधिक नहीं है उनके लिए मध्यवर्ती स्तर आज्ञापक नहीं है।

1. सबसे नीचे की सीढ़ी पर ग्राम सभा और ग्राम पंचायत है।
2. सबसे ऊपर की सीढ़ी पर जिला स्तर पर जिला पंचायत है।
3. जिन राज्यों की जनसंख्या 20 लाख से अधिक है वहां जिला पंचायत और ग्राम पंचायत के बीच में मध्यवर्ती पंचायत है।

पंचायतों की संरचना।

18.7 किसी ग्राम की निर्वाचक नामावली में जो नाम दर्ज होते हैं उन व्यक्तियों को सामूहिक रूप से ग्राम सभा कहा जाता है। ग्राम पंचायत ग्राम की निर्वाचित कार्यपालिका है। पंचायत का निर्वाचन प्रत्यक्ष रूप से होता है। इस प्रकार लोकतंत्र सबसे नीचे स्तर तक पहुंच जाता है। राज्यों द्वारा बनाई गई विधियों में निम्नलिखित के प्रतिनिधित्व का उपबंध किया जाता है,—

(क) ग्राम पंचायत का अध्यक्ष मध्यवर्ती पंचायत का सदस्य होता है। यदि किसी राज्य में मध्यवर्ती स्तर नहीं है तो वह जिला पंचायत का सदस्य होगा।

(ख) मध्यवर्ती स्तर का अध्यक्ष जिला पंचायत का सदस्य होता है।

(ग) उस राज्य के लोक सभा के सदस्य और विधान सभा के सदस्य अपने अपने निर्वाचन क्षेत्रों में जिला और मध्यवर्ती पंचायतों के सदस्य होते हैं।

(घ) राज्य के राज्य सभा के सदस्य और विधान परिषद् के सदस्य उस क्षेत्र की जिला और मध्यवर्ती पंचायत के सदस्य होते हैं जिसमें वे मतदाता के रूप में रजिस्टर हैं। अध्यक्ष, संसद् सदस्य और विधान सभा के सदस्यों को पंचायत की बैठकों में मत देने का अधिकार है।

अध्यक्ष का निर्वाचन।

18.8 ग्राम स्तर पर अध्यक्ष ऐसी रीति से निर्वाचित किया जाता है जो विधि द्वारा उपबंधित हो। साधारणतः निर्वाचन प्रत्यक्ष होता है किंतु इससे दो उच्चतर स्तरों के अध्यक्ष का निर्वाचन निर्वाचित सदस्य अपने में से करते हैं।

स्थानों का आरक्षण।

18.9 आरक्षण नीति बहुत विस्तृत है। राज्य विधान-मंडल और संसदीय निर्वाचन के लिए स्थानों का आरक्षण अनुसूचित जाति और अनुसूचित जनजाति के लिए किया जाता है किंतु पंचायतों में इन दो वर्गों के अतिरिक्त स्त्रियों और नागरिकों के पिछड़े वर्ग के लिए स्थान आरक्षित किए जा सकते हैं।

अनुसूचित जातियों और अनुसूचित जनजातियों के लिए आरक्षण उनकी जनसंख्या के अनुपात में होगा। उदाहरण के लिए यदि अनुसूचित जाति जनसंख्या का 30 प्रतिशत है तो उनके लिए 30 प्रतिशत स्थान आरक्षित किए जाएंगे। ऐसा ही अनुसूचित जनजातियों के लिए भी किया जाएगा। पिछड़े वर्गों के लिए आरक्षण को जनसंख्या के साथ जोड़ना आवश्यक नहीं है।

अनुसूचित जाति और जनजातियों के लिए आरक्षित स्थानों में से 1/3 आरक्षित प्रवर्ग की महिलाओं के लिए आरक्षित किए जाएंगे।

प्रत्येक पंचायत में प्रत्यक्ष निर्वाचन में भरे जाने वाले कुल स्थानों में से कम से कम 1/3 स्थान स्त्रियों के लिए आरक्षित होंगे।

अध्यक्ष पद के लिए आरक्षण।

18.10 आरक्षण अनेक स्तर पर है। सदस्यों के स्थानों के लिए तो आरक्षण है ही। राज्य विधान-मंडल विधि द्वारा यह उपबंध कर सकता है कि अध्यक्ष का पद अनुसूचित जाति या जनजाति, पिछड़े वर्ग या स्त्री के लिए आरक्षित होगा।

आरक्षण की अवधि।

18.11 स्थानों के लिए आरक्षण अनु. 334 के विनिर्दिष्ट अवधि के अवसान के पश्चात् समाप्त हो जाएगा। वर्तमान में यह अवधि वर्ष 2026 तक है।

पंचायत की अवधि।

18.12 प्रत्येक पंचायत उसके पहले अधिवेशन की तारीख से पांच वर्ष तक चलती रहेगी। पंचायत को विधि के अनुसार इसके पहले विघटित किया जा सकता है। इस संशोधन के पहले यदि कोई पंचायत विद्यमान है तो वह संशोधन के बाद विघटित हो जाएगी।

निर्वाचनों का समय।

18.13 पंचायत को गठित करने के लिए निर्वाचन विद्यमान पंचायत की अवधि के समाप्त होने के पहले कर लिया जाएगा। यदि पंचायत का विघटन हो जाता है तो निर्वाचन उसके विघटन की तारीख से छह मास के भीतर पूरा हो जाना चाहिए। विघटन के पश्चात् जो पंचायत बनती है वह पांच वर्ष की पूर्ण

अवधि तक काम नहीं करती। वह शेष अवधि तक ही काम करेगी। यदि शेष अवधि छह मास से कम हो तो चुनाव नहीं होंगे।

अवशिष्ट अवधि के बारे में इस उपबंध का प्रयोजन यह है कि पंचायत के तीनों स्तर सदा एक ही समय में गठित किए जाएं।

सदस्यता के लिए अर्हता।

18.14 कोई व्यक्ति सदस्य के रूप में चुना जा सकता है यदि,—

(क) वह राज्य विधान-मंडल के सदस्य के रूप में चुने जाने के लिए अर्हित है। केवल 25 वर्ष की आयु की अर्हता लागू नहीं होगी।

(ख) वह राज्य विधान-मंडल द्वारा बनाई गई किसी विधि द्वारा निरर्हित नहीं है।

(ग) उसने 21 वर्ष की आयु प्राप्त कर ली है।

निरर्हता का प्रश्न।

18.15 यदि यह प्रश्न उठता है कि किसी पंचायत का कोई सदस्य **पैरा** 18.14 में उल्लिखित किसी निरर्हता से ग्रस्त हो गया है या नहीं तो यह प्रश्न ऐसे प्राधिकारी को विनिश्चय के लिए निर्देशित किया जाएगा जो राज्य द्वारा विधि द्वारा उपबंधित किया गया हो।

शक्तियां, कृत्य आदि।

18.16 राज्य विधान-मंडल को यह शक्ति है कि वह पंचायतों को ऐसी शक्तियां और प्राधिकार दे जो उन्हें स्वायत शासन की संस्थाओं के रूप में कार्य करने में समर्थ बनाने के लिए आवश्यक हो। ये शक्तियां निम्नलिखित के संबंध में हो सकती हैं,—

(i) आर्थिक विकास और सामाजिक न्याय के लिए योजनाएं तैयार करना।

(ii) आर्थिक विकास और सामाजिक न्याय की स्कीमों को कार्यान्वित करना।

(iii) 11वीं अनुसूची में सूचीबद्ध विषय।

11वीं अनुसूची।

18.17 11वीं अनुसूची में 29 प्रविष्टियां हैं। उनमें से कुछ हैं, कृषि, भूमि विकास और भूमि संरक्षण, लघु सिंचाई, पशु पालन, मत्स्य उद्योग, सामाजिक वानिकी, ग्रामोद्योग, आवासन, पेय जल, सड़कें, शिक्षा, बाजार और मेले, स्वास्थ्य और स्वच्छता आदि।

साधारणतः कहा जा सकता है कि पंचायतें गांव में सफाई रखती हैं। सड़कों, पुलियाओं, कुओं और तालाबों की देखरेख करती हैं। पेयजल की सुविधाओं का निर्माण करती हैं। पाठशाला और पुस्तकालय चलाती हैं। ग्रामीण मेलों का प्रबंध करती हैं और दुर्भिक्ष और बाढ़ के समय राहत पहुंचाती हैं। पंचायत पर पंचायती उद्योग चलाने का और चौकीदार रखने का उत्तरदायित्व है। पंचायत जन्म और मृत्यु का रजिस्टर और अन्य आंकड़े रखती है। जिला और मध्यवर्ती स्तर पर पंचायत सरकार को विकास के मामले में सलाह देती है और विकास अधिकारी, मुख्य कार्यपालक अधिकारी आदि के काम का अधीक्षण करती है। वह अस्पताल, सड़क, भवन, जलप्रदाय आदि की देखरेख करती है।

आय के स्रोत।

18.18 पंचायतों को निम्नलिखित स्रोतों से वित्त प्राप्त होता है,—

(क) राज्य अधिनियम द्वारा अनुज्ञात कर अधिरोपित करके।

(ख) राज्य सरकार द्वारा संगृहीत कर, पथकर, फीस आदि जो पंचायत को सौंप दिए जाते हैं।

(ग) राज्य सरकार द्वारा सहायता अनुदान।
(घ) केंद्र या राज्य सरकार द्वारा विकास कार्यक्रमों के लिए आबंटित निधि।

पंचायत वित्त आयोग।

18.19 राज्य सरकार प्रत्येक 5 वर्ष बाद पंचायतों की वित्तीय स्थिति का पुनर्विलोकन करने के लिए एक वित्त आयोग का गठन करेगी और यह आयोग निम्नलिखित के बारे में सिफारिश करेगा,—

(क) राज्य द्वारा उद्गृहीत करों, शुल्कों, पथकरों आदि के शुद्ध आगमों का राज्य और पंचायत के बीच वितरण और किस प्रकार पंचायत के विभिन्न स्तरों पर निधियां आबंटित की जाएंगी।
(ख) कौन से कर, शुल्क, पथकर आदि पंचायतों को समनुदेशित किए जाएंगे।
(ग) पंचायतों के लिए सहायता अनुदान।
(घ) पंचायतों की वित्तीय स्थिति सुधारने के लिए आवश्यक पग।

आयोग का प्रतिवेदन और उस पर की गई कार्रवाई की रिपोर्ट राज्य विधान-मंडल के पटल पर रखी जाएगी।

निर्वाचन।

18.20 निर्वाचन स्वतंत्र हो और उसमें गड़बड़ी न हो यह सुनिश्चित करने के लिए अनु. 243ट में यह कहा गया है कि निर्वाचनों के लिए निर्वाचक नामावली तैयार कराने का और सभी निर्वाचनों के संचालन का, अधीक्षण, निदेशन और नियंत्रण एक राज्य निर्वाचन आयोग में निहित होगा। निर्वाचन आयुक्त को उसके पद से कदाचार या असमर्थता के आधार पर ही हटाया जाएगा और हटाने की रीति वही होगी जो उच्च न्यायालय के न्यायाधीश को हटाने की है। उसकी सेवा की शर्तों में नियुक्ति के पश्चात् उसके लिए अलाभकारी परिवर्तन नहीं किया जाएगा। पंचायतों के निर्वाचन को निर्वाचन अर्जी द्वारा प्रश्नगत किया जा सकता है। यह अर्जी ऐसे प्राधिकरण को और ऐसी रीति में प्रस्तुत की जाएगी जो राज्य विधान-मंडल द्वारा बनाई गई विधि में उपबंधित की जाए।

ख—नगरपालिकाएं

74वां संशोधन अधिनियम।

18.21 जैसे 73वें संशोधन अधिनियम ने भाग 9 अंतःस्थापित किया जिससे ग्रामीण भारत में स्थानीय शासन की सांविधानिक रूपरेखा तैयार हुई उसी प्रकार 74वें संशोधन द्वारा भाग 9क अंतःस्थापित करके एक आधार स्थापित किया गया जिस पर विधि की रचना करके नगरीय भारत के लिए स्थानीय स्वायत्त शासन की संस्थाएं खड़ी की गईं। इस संशोधन के पहले भी नगरपालिका समितियां और नगर निगम अस्तित्व में थे।

भाग 9क में दो प्रकार के निकाय अनुध्यात हैं,—

(क) स्थानीय लोगों की सेवा की लिए संस्थाएं
(ख) विकास की योजना के लिए संस्थाएं।

नगरपालिकाओं का गठन।

18.22 अनुच्छेद 243थ के अनुसार नगरपालिकाएं तीन प्रकार की हो सकती हैं। पंचायतें एक दूसरे में गुंथी होती हैं इसलिए वे एक जिले में एक प्रणाली के तीन स्तरों का गठन करती हैं। नगरपालिकाएं एक दूसरे से पृथक् इकाइयां होती हैं। वे एक दूसरे के काम में हिस्सा नहीं बंटाती। नगरपालिकाएं 3 प्रकार की हैं।

1. ग्रामीण क्षेत्र से नगरीय क्षेत्र में संक्रमणशील क्षेत्र के लिए नगर पंचायत—साधारणतया 10,000 से 20,000 की जनसंख्या के लिए।

2. छोटे नगरीय क्षेत्र के लिए नगर परिषद्—साधारणतया 20,000 से 3 लाख की जनसंख्या के लिए।

3. बड़े नगरीय क्षेत्र के लिए नगर निगम—साधारणतया 3 लाख से अधिक की जनसंख्या के लिए।

18.23 **अपवाद।** यदि कोई औद्योगिक नगर है जहां उस क्षेत्र के किसी औद्योगिक स्थापन द्वारा नगरपालिका सेवाएं दी जा रही हैं तो ऐसे नगर क्षेत्र के लिए नगरपालिका गठित करना आवश्यक नहीं है। उदाहरण के लिए बिहार में जमशेदपुर और छत्तीसगढ़ में भिलाई।

18.24 **नगरपालिकाओं की संरचना।** प्रत्येक नगरपालिका को प्रादेशिक निर्वाचन क्षेत्रों में विभाजित किया जाता है जिन्हें वार्ड कहते हैं। नगरपालिका के सदस्य ऐसे प्रादेशिक क्षेत्रों से प्रत्यक्ष निर्वाचन द्वारा चुने जाते हैं। राज्य का विधान-मंडल विधि द्वारा निम्नलिखित वर्ग के व्यक्तियों के लिए नगरपालिका में प्रतिनिधित्व के लिए उपबंध कर सकता है। अर्थात्,—

(i) नगरपालिका प्रशासन का विशेष ज्ञान या अनुभव रखने वाले व्यक्ति।

(ii) लोक सभा और उस राज्य की विधान सभा के सदस्य जिनके निर्वाचन क्षेत्र में नगरपालिका आती है।

(iii) राज्य सभा के और राज्य की विधान सभा के ऐसे सदस्य जो नगरपालिका क्षेत्र के भीतर निर्वाचक के रूप में रजिस्ट्रीकृत हैं।

(iv) अनुच्छेद 243ध के खंड (5) के अधीन गठित समितियों के अध्यक्ष।

किंतु पैरा (i) में निर्दिष्ट सदस्यों को नगरपालिका के अधिवेशनों में मत देने का अधिकार नहीं होगा।

18.25 **वार्ड समितियां।** यदि नगरपालिका की जनसंख्या 3 लाख या उससे अधिक है तो एक या अधिक वार्डों के लिए समितियां गठित की जा सकती हैं। राज्य का विधान-मंडल विधि द्वारा,—

(क) वार्ड समिति की संरचना और उसके प्रादेशिक क्षेत्र की बाबत और

(ख) उस रीति की बाबत जिससे किसी वार्ड समिति में स्थान भरे जाएंगे, उपबंध कर सकेगा।

18.26 **अन्य समितियां।** राज्य विधान-मंडल वार्ड समितियों के अतिरिक्त भी समितियां गठित कर सकता है। ऐसी समितियों के अध्यक्षों को नगरपालिका का सदस्य बनाया जा सकता है।

18.27 **स्थानों का आरक्षण।** अनुच्छेद 243न में यह अधिकथित है कि प्रत्येक नगरपालिका में अनुसूचित जातियों और जनजातियों के लिए स्थान आरक्षित रहेंगे। आरक्षित स्थानों की संख्या का अनुपात स्थानों की कुल संख्या से वही होगा जो उस नगरपालिका क्षेत्र में अनुसूचित जातियों की अथवा अनुसूचित जनजातियों की जनसंख्या का उस क्षेत्र की कुल जनसंख्या से है। यह अनुपात प्रत्यक्ष निर्वाचन द्वारा भरे जाने वाले स्थानों के लिए ही है। आरक्षित स्थान भिन्न-भिन्न निर्वाचन क्षेत्रों के लिए चक्रानुक्रम से आबंटित किए जाएंगे। आरक्षित स्थानों की कुल संख्या के कम से कम एक तिहाई स्थान अनुसूचित जातियों और जनजातियों की स्त्रियों के लिए आरक्षित होंगे।

प्रत्यक्ष निर्वाचन द्वारा भरे जाने वाले स्थानों की कुल संख्या के कम से कम एक तिहाई स्थान स्त्रियों के लिए आरक्षित रहेंगे। इसमें वे स्थान भी सम्मिलित होंगे जो अनुसूचित जातियों और अनुसूचित जनजातियों की स्त्रियों के लिए आरक्षित हैं। महिलाओं के लिए आरक्षित स्थान भी विभिन्न निर्वाचन क्षेत्रों में चक्रानुक्रम से आबंटित किए जाएंगे।

राज्य विधान-मंडल, अनुसूचित जातियों और अनुसूचित जनजातियों तथा स्त्रियों के लिए आरक्षण के अतिरिक्त नागरिकों के पिछड़े वर्गों के लिए स्थानों का आरक्षण कर सकता है।

अध्यक्ष के लिए आरक्षण।

18.28 आरक्षण सदस्यों तक ही सीमित नहीं है। नगरपालिकाओं में अध्यक्ष का पद भी अनुसूचित जातियों, अनुसूचित जनजातियों और स्त्रियों के लिए आरक्षित किया जाएगा। राज्य विधि द्वारा उपबंधित करेगा कि अध्यक्ष के पद का आरक्षण किस प्रकार होगा।

आरक्षण की अवधि।

18.29 अनुच्छेद 334 में विनिर्दिष्ट अवधि के अवसान पर आरक्षण समाप्त हो जाएगा। अभी यह अवधि सन् 2026 तक है।

नगरपालिकाओं की अवधि।

18.30 प्रत्येक नगरपालिका अपने पहले अधिवेशन की तारीख से 5 वर्ष तक बनी रहेगी। किंतु विधि के अनुसार इससे पहले भी उसका विघटन किया जा सकता है। विघटन के पहले नगरपालिका को सुनवाई का युक्तियुक्त अवसर दिया जाना चाहिए।

निर्वाचन का समय।

18.31 नगरपालिका के गठन के लिए निर्वाचन उसकी अवधि के समाप्त होने के पहले पूरे हो जाने चाहिए। यदि उसका विघटन हो जाता है तो विघटन की तारीख से छह मास के भीतर चुनाव पूरे हो जाने चाहिए।

विघटन के पश्चात् विघटित नगरपालिका उस शेष अवधि के लिए ही काम करेगी जिसके लिए मूलतः वह बनी रहती। यदि शेष अवधि छह मास से कम है तो निर्वाचन कराना आवश्यक नहीं होगा।

अर्हताएं।

18.32 कोई व्यक्ति सदस्य के रूप में चुने जाने के लिए अर्हित होगा यदि वह राज्य विधान-मंडल के लिए निर्वाचन की अर्हताएं पूरी करता है। किंतु आयु संबंधी अपेक्षाएं पूरी करना आवश्यक नहीं है।

नगरपालिका की सदस्यता के लिए न्यूनतम आयु 21 वर्ष है। उसे राज्य विधान-मंडल द्वारा बनाई गई किसी विधि द्वारा या उसके अधीन निरर्हित नहीं होना चाहिए।

निरर्हता के विषय में प्रश्न।

18.33 यदि यह प्रश्न उठता है कि कोई सदस्य निरर्हता से ग्रस्त हो गया है या नहीं तो यह प्रश्न ऐसे प्राधिकरण को विनिश्चय के लिए निर्देशित किया जाएगा जो राज्य विधान-मंडल उपबंधित करे।

शक्तियां और कृत्य आदि।

18.34 राज्य विधान-मंडल विधि बनाकर नगरपालिकाओं को ऐसी शक्तियां और प्राधिकार प्रदान कर सकेगा जो उन्हें स्वायत्त शासन की संस्थाओं के रूप में कार्य करने में समर्थ बनाने के लिए आवश्यक हों। उन्हें आर्थिक विकास और सामाजिक न्याय के लिए योजनाएं तैयार करने और उन्हें सौंपी गई स्कीमों को कार्यान्वित करने के लिए शक्तियां दी जा सकती हैं। इन स्कीमों में वे विषय भी सम्मिलित हो सकते हैं जो 12वीं अनुसूची में सूचीबद्ध हैं।

इसी प्रकार विधान-मंडल नगरपालिका की समितियों को ऐसी शक्तियां और प्राधिकार दे सकता है जो उन्हें अपने उत्तरदायित्वों को कार्यान्वित करने के लिए आवश्यक हों।

18.35 11वीं अनुसूची में वे विषय सूचीबद्ध हैं जिनके बारे में पंचायतों को शक्तियां प्रदान की जा सकती हैं। ये कृत्य पंचायत के कार्यक्षेत्र के नाभि केंद्र हैं। इसी प्रकार 12वीं अनुसूची में नगरपालिका के कृत्य सूचीबद्ध हैं। उनके अंतर्गत हैं नगरीय योजना, भूमि उपयोग, भवन, सड़क और पुलों का निर्माण, जल प्रदाय, लोक स्वास्थ्य, अग्निशमन सेवा, गंदी बस्तियां, उद्यान, उपवन, खेल के मैदान, सड़क प्रकाश, पार्किंग स्थल आदि।

12वीं अनुसूची।

18.36 नगरपालिकाओं के राजस्व के स्रोत निम्नलिखित हैं,—

आय के स्रोत।

(क) ऐसे कर, शुल्क आदि जिन्हें उद्गृहीत और संगृहीत करने के लिए विधान-मंडल द्वारा नगरपालिका को प्राधिकृत किया गया हो।

(ख) ऐसे कर, शुल्क आदि जो राज्य द्वारा उद्गृहीत या संगृहीत किए जाते हैं और नगरपालिका को समनुदिष्ट किए जाते हैं।

(ग) राज्य की संचित निधि में से नगरपालिका को सहायता अनुदान।

18.37 अनुच्छेद 243झ के अधीन नियुक्त वित्त आयोग (जो पंचायतों के संबंध में नियुक्त किया जाता है)। राज्यपाल को नगरपालिकाओं से जुड़ी निम्नलिखित बातों के बारे में सिफारिश करेगा,—

वित्त आयोग।

(i) राज्य और नगरपालिका के बीच कर, शुल्क आदि के शुद्ध आगमों का वितरण और विभिन्न नगरपालिकाओं के बीच उनके हिस्सों का आबंटन।

(ii) उन करों, शुल्कों आदि का अवधारण जो नगरपालिकाओं को समनुदेशित किए जा सकते हैं।

(iii) नगरपालिकाओं को सहायता अनुदान।

वह नगरपालिकाओं की वित्तीय स्थिति को सुधारने के लिए आवश्यक उपायों की सिफारिश करेगा। आयोग की सिफारिश उस पर की गई कार्रवाई के विवरण के साथ विधान-मंडल के पटल पर रखी जाएगी।

18.38 नगरपालिकाओं के लिए निर्वाचन के लिए निर्वाचन नामावली तैयार करने का और निर्वाचनों के संचालन का काम एक निर्वाचन आयोग में निहित किया जाएगा। राज्य विधि बनाकर नगरपालिकाओं के निर्वाचनों से संबंधित विवादों के निपटारे के लिए उपबंध कर सकेगा।

निर्वाचन।

18.39 भाग 9क के उपबंध संघ राज्यक्षेत्रों को लागू होंगे किंतु राष्ट्रपति यह निदेश दे सकेगा कि वे ऐसे अपवादों और रूपांतरणों के साथ लागू होंगे जो विनिर्दिष्ट किए जाएं। ये उपबंध उन अनुसूचित क्षेत्रों को लागू नहीं होंगे जिन्हें संविधान की पांचवीं अनुसूची लागू होती है। असम, मेघालय, त्रिपुरा और मिजोरम के जिन जनजाति क्षेत्रों को छठी अनुसूची के उपबंध लागू होते हैं उन्हें भी ये उपबंध लागू नहीं होंगे। किंतु संसद् को ऐसे क्षेत्रों पर इन उपबंधों का विस्तार करने की शक्ति है।

लागू होना।

18.40 अनुच्छेद 243यघ में जिला योजना और महानगर योजना के लिए समितियां गठित करने के लिए उपबंध हैं। राज्य विधान-मंडल द्वारा बनाई गई विधि में जिला योजना समिति के गठन और उसमें स्थानों के भरे जाने के बारे में उपबंध होंगे।

योजना समितियां।

(क) जिला।

इस समिति के कुल सदस्यों में से 4/5 जिला स्तर की पंचायत और जिले की नगरपालिकाओं के सदस्यों में से निर्वाचित होंगे। स्थानों का आबंटन जिले की नगरीय और ग्रामीण जनसंख्या के अनुपात में होगा। राज्य की विधि में यह बताया जाएगा कि समिति के कृत्य क्या होंगे और किस रीति से अध्यक्ष का निर्वाचन होगा।

(ख) महानगर।

18.41 प्रत्येक महानगर क्षेत्र के लिए एक महानगर समिति का गठन किया जाएगा। राज्य की विधि द्वारा निम्नलिखित के लिए उपबंध किया जाएगा,

(क) समितियों की संरचना

(ख) स्थान भरने की रीति

(ग) ऐसी समितियों में केंद्र और राज्य सरकारों का तथा ऐसे संगठनों का प्रतिनिधित्व जो आवश्यक समझे जाएं

(घ) ऐसी समितियों को सौंपे गए कृत्य

(ङ) अध्यक्ष का निर्वाचन

यह भी उपबंध किया गया है कि समिति के दो तिहाई सदस्य नगरपालिकाओं के सदस्य और पंचायत के अध्यक्षों में से चुने जाएंगे। स्थानों का आबंटन उस क्षेत्र की नगरपालिकाओं और पंचायतों की जनसंख्या के अनुपात में किया जाएगा।

ग—अनुसूचित और जनजाति क्षेत्र

हमारे संविधान में कुछ क्षेत्रों के प्रशासन और नियंत्रण के लिए विशेष उपबंध है। इन क्षेत्रों को अनुसूचित क्षेत्र नाम दिया गया है। इसी प्रकार के विशेष उपबंध अनुसूचित जनजातियों के लिए हैं। यह ध्यान देने योग्य है कि ये क्षेत्र किसी न किसी राज्य या संघ राज्यक्षेत्र के भाग हैं। इसके पीछे कारण यह है कि ये क्षेत्र तुलनात्मक दृष्टि से पिछड़े हुए थे और इनमें जनजातियां निवास कर रहीं थीं। यह कदम उठाकर जनजातियों की संस्कृति को परिरक्षित रखा गया और शोषण से उनकी रक्षा की गई। किंतु इस के साथ-साथ सरकार ने विदेशी मिशनरियों को खुली छूट दे दी कि वे उन जातियों की निर्धनता, अज्ञान और अन्य भारतवासियों से दूरी का लाभ उठाते हुए उन्हें ईसाई धर्म में दीक्षित करें। इस नीति के परिणामस्वरूप ये जनजातियां संविधान के प्रारंभ के इतने वर्ष बाद भी मुख्य धारा से दूर हैं और पृथक् रहने में इनका निहित स्वार्थ उत्पन्न हो गया है। उनमें से कुछ को विदेशी शक्तियां शस्त्र प्रदान कर रही हैं जिनका उपयोग वे अपने बंधु नागरिकों को मारने में कर रहे हैं। इस नीति के परिणामस्वरूप जो विकृतियां उत्पन्न हुई हैं उनके स्पष्ट उदाहरण नागालैंड और त्रिपुरा में दिखाई पड़ रहे हैं।

5वीं अनुसूची।

18.42 5वीं अनुसूची असम, मेघालय, त्रिपुरा और मिजोरम राज्यों को छोड़कर सभी राज्यों में अनुसूचित क्षेत्रों और अनुसूचित जनजातियों को लागू होती हैं। राज्य की कार्यपालिका शक्ति 5वीं अनुसूची के अधीन है। राष्ट्रपति को किसी भी क्षेत्र को **अनुसूचित क्षेत्र** घोषित करने की शक्ति है। अनुसूचित क्षेत्रों को परिनिश्चित करते हुए समय समय पर नए आदेश निकाले जा सकते हैं। जिन राज्यों में अनुसूचित क्षेत्र हैं वे हैं आंध्र प्रदेश, बिहार, गुजरात, हिमाचल प्रदेश, मध्य प्रदेश, महाराष्ट्र, उड़ीसा और राजस्थान। राज्यपाल का इन क्षेत्रों के बारे में विशेष उत्तरदायित्व है। राज्यपाल से यह अपेक्षा है कि वह अनुसूचित क्षेत्रों के बारे में प्रत्येक वर्ष एक प्रतिवेदन देगा। यदि राष्ट्रपति द्वारा अपेक्षा की जाती है तो अपेक्षानुसार प्रतिवेदन दिए जाएंगे। ऐसे क्षेत्रों के प्रशासन के बारे में संघ द्वारा राज्यों को निदेश दिए जा सकते हैं। प्रत्येक राज्य में एक जनजाति सलाहकार परिषद् है जिसमें कम से

कम 20 सदस्य होते हैं। इनमें 3/4 राज्य की विधान सभा में अनुसूचित जनजाति के प्रतिनिधि होंगे। जनजाति सलाहकार परिषद् का यह कर्त्तव्य है कि वह राज्यपाल द्वारा निर्दिष्ट अनुसूचित जनजातियों के कल्याण और उनकी प्रगति से संबंधित मामलों में सलाह दे। राज्यपाल को यह निदेश देने का प्राधिकार है कि संसद् का या राज्य विधान-मंडल का कोई विशिष्ट अधिनियम किसी अनुसूचित क्षेत्र को लागू नहीं होगा या ऐसे उपांतरणों के साथ लागू होगा जो विनिर्दिष्ट किए जाएं। राज्यपाल, अनुसूचित जनजाति के सदस्यों द्वारा या उनके बीच भूमि के अंतरण को प्रतिषिद्ध या निर्बंधित करने के लिए विनियम बना सकेगा।

संसद् सामान्य विधान बनाकर अनुसूची 5 का संशोधन कर सकती है। ऐसा संशोधन संविधान का संशोधन नहीं समझा जाता है इसलिए इसमें विशेष बहुमत की आवश्यकता नहीं होती है।

छठी अनुसूची।

18.43 छठी अनुसूची असम, मेघालय, त्रिपुरा और मिजोरम राज्यों के जनजाति क्षेत्रों के प्रशासन को लागू होती है। इस अनुसूची में अनेक परिवर्तन हुए। अंतिम परिवर्तन 1995 में हुआ।

अनुसूचित जनजाति क्षेत्रों का उल्लेख पैरा 20 में है। इस पैरे के 4 भाग हैं जिनमें असम, मेघालय, त्रिपुरा और मिजोरम इन चार राज्यों के जनजाति क्षेत्र विनिर्दिष्ट किए गए हैं।

प्रत्येक जनजाति क्षेत्र को स्वायत्त जिले के रूप में प्रशासित किया जाता है। ये जिले राज्य की कार्यपालिका के अधीन होते हैं किंतु उनमें जिला परिषदें और प्रादेशिक परिषदें बनाई जाती हैं जो कुछ विधायी और न्यायिक कृत्य करती हैं। इन परिषदों में जनता के प्रतिनिधि होते हैं और उन्हें कुछ विनिर्दिष्ट विषयों के बारे में विधि बनाने की शक्ति होती है। सामान्यतः ये विषय हैं भूमि का उपयोग, भूमि का अधिभोग, वन प्रबंधन, जल स्रोतों का उपयोग, झूम और अन्य प्रकार की खेती का विनियमन, संपत्ति का उत्तराधिकार, विवाह और विवाह-विच्छेद और सामाजिक रूढ़ियां आदि।

प्रादेशिक परिषद्, ग्रामीण परिषद् या न्यायालय गठित कर सकती है जो ऐसे पक्षकारों के बीच विवादों और मामलों का विचारण करती है जो उस क्षेत्र की अनुसूचित जनजाति के हैं। इन परिषदों को भू-राजस्व का निर्धारण और संग्रहण करने की और कुछ विनिर्दिष्ट कर अधिरोपित करने की शक्ति है। जो कर लगाए जा सकते हैं वे हैं वृत्ति कर, पशुओं और यानों पर कर, माल की प्रविष्टि पर कर आदि।

राज्य विधान-मंडल द्वारा जो विधियां बनाई जाती हैं यदि वे ऐसे विषय के बारे में हैं जिन पर विधि बनाने की शक्ति परिषद् को है तो विधान-मंडल की विधि उन क्षेत्रों पर विस्तारित नहीं होगी जो परिषद् की अधिकारिता में हैं। किंतु परिषद् अधिसूचना द्वारा ऐसी विधियों को लागू करने का निदेश दे सकती है। केंद्रीय अधिनियम के बारे में राष्ट्रपति और राज्य अधिनियम के बारे में राज्यपाल यह निदेश दे सकता है कि कोई केंद्रीय अधिनियम या राज्य अधिनियम किसी स्वायत्त शासी जिले को लागू नहीं होगा या ऐसे उपांतरणों के साथ लागू होगा जो विनिर्दिष्ट किए जाएं। परिषदों को व्यापक सिविल और दांडिक शक्तियां दी जा सकती हैं (पैरा 5)। परिषदें उच्च न्यायालय की अधिकारिता के अधीन होंगी।

अध्याय 19

सहकारी सोसाइटी

19.1 सहकारी सोसाइटियों ने अनेक क्षेत्रों में उल्लेखनीय योगदान किया है, उदाहरणार्थ, बैंककारी, कृषि, गृहनिर्माण, विपणन आदि। इसकी संख्या में तीव्र गति से वृद्धि हुई है। किंतु जो विद्यमान विधियां हैं वे सदस्यों के हित की रक्षा करने के लिए अपर्याप्त हैं। अनेक बार निर्वाचन लंबी अवधि तक नहीं होते हैं। कुछ सोसाइटियों का प्रबंधन योग्य हाथों में नहीं होता जिससे उनके कार्यकरण पर विपरीत प्रभाव पड़ता है। आवश्यकता यह है कि वे लोकतांत्रिक सिद्धांतों पर कार्य करें तथा स्वतंत्र और निष्पक्ष निर्वाचन, उचित समय पर हों।

सहकारी क्षेत्र।

इन उद्देश्यों की पूर्ति के लिए संविधान (97वां संशोधन) अधिनियम द्वारा संविधान में सहकारी सोसाइटियों के विषय में एक नया भाग 9ख अंतःस्थापित किया गया है।[1]

19.2 सहकारी सोसाइटी विषय के रूप में राज्य सूची की प्रविष्टि 32 में दर्शाई गई है। गत वर्षों में राज्यों ने यह पाया है कि उनकी विधियों में अनेक प्रकार की कमियां हैं जिनका सहकारी क्षेत्र पर बहुत प्रभाव पड़ता है। इसमें सुधार लाने के लिए 97वें संशोधन द्वारा एक नया भाग जोड़ा गया है। यह नया भाग संसद् को बहुराज्य सहकारी सोसाइटियों के लिए और राज्यों को अन्य सोसाइटियों के लिए विधि बनाने के लिए सशक्त करता है।

97वें संशोधन का उद्देश्य।

19.3 97वें संशोधन अधिनियम द्वारा,—

97वें संशोधन में अंतर्विष्ट उपबंध।

(क) अनुच्छेद 19(1)(ग) का संशोधन किया गया है। संशोधन के पश्चात् वह इस प्रकार है,—

(1) **सभी नागरिकों को,**

(क) * * *

(ख) * * *

(ग) संगम या संघ या सहकारी सोसाइटी बनाने का

(घ) * * *

अधिकार होगा।

सहकारी सोसाइटी बनाने का अधिकार मूल अधिकार बना दिया गया है। इस संशोधन के पहले भी यह समझा जाता था कि यह अधिकार संगम बनाने के अधिकार में समाहित है।

(ख) राज्य की नीति के निदेशक तत्त्व में एक नया निदेश 43ख जोड़ा गया है। इसमें यह कहा गया है कि राज्य, सहकारी सोसाइटियों की स्वैच्छिक विरचना, उनके स्वशासी कार्यकरण, लोकतांत्रिक नियंत्रण और वृत्तिक प्रबंधन का संवर्धन करने का प्रयास करेगा।

---

1. यह संशोधन अधिनियम 15-2-2012 को प्रवृत्त हुआ।

(ग) समुचित विधान-मंडल (देखिए पैरा **19.2**) सहकारी सोसाइटियों की बाबत निम्नलिखित विषयों के बारे में समुचित विधि बनाएगी, अर्थात्,—

(i) स्वशासी कार्यकरण के सिद्धांतों पर आधारित सोसाइटियों का निगमन, विनियमन और परिसमापन।

(ii) निदेशकों की अधिकतम संख्या उपबंधित करना किंतु 21 से अधिक नहीं।

(iii) बोर्ड के सदस्यों और पदाधिकारियों की पदावधि पांच वर्ष की रखना।

(iv) कोई भी बोर्ड छह मास से अधिक की अवधि के लिए निलंबित या अतिष्ठित नहीं किया जाएगा।

(v) स्वतंत्र, वृत्तिक संपरीक्षा।

(vi) सोसाइटी के सदस्यों का सूचना प्राप्त करने का अधिकार।

(vii) राज्य सरकार को सोसाइटी के क्रियाकलाप और लेखाओं की सावधि रिपोर्ट प्राप्त करने की शक्ति।

(viii) बोर्ड में एक स्थान अनुसूचित जातियों और जनजातियों के लिए और दो स्थान स्त्रियों के लिए आरक्षित करना। यह उन्हीं सोसाइटियों में होगा जिनमें व्यष्टि सदस्य हैं। अर्थात् विधिक व्यक्ति नहीं नैसर्गिक व्यक्ति (मनुष्य) सदस्य हैं।

(ix) सहकारी सोसाइटी के उद्देश्य और क्रियाकलाप से संबंधित किसी क्षेत्र में विशेषज्ञता रखने वाले व्यक्तियों का सहयोजन।

(x) निर्वाचन ऐसे प्राधिकरण या निकाय द्वारा कराया जाएगा जो विधि द्वारा गठित किया जाए।

(xi) सदस्यों द्वारा बैठकों में उपस्थित रहने की न्यूनतम अपेक्षा।

(xii) सदस्यों के लिए सहकारी शिक्षा और प्रशिक्षण का प्रबंध।

(xiii) सहकारी सोसाइटियों से संबंधित अपराधों और ऐसे अपराधों के लिए शास्ति का उपबंध।

अध्याय 20

संघ और राज्यों के बीच संबंध

क—विधायी संबंध

शक्तियों का विभाजन—परिसंघ का लक्षण।

20.1 हम पहले यह अवलोकन कर चुके हैं कि भारत एक परिसंघ है और उसका संविधान परिसंघीय है। परिसंघ में शासन के दो स्तर होते हैं। सभी शक्तियां इन स्तरों में विभाजित की जाती हैं। भारत में संघ, 29 राज्य और 7 संघ राज्यक्षेत्र सभी संविधान से शक्तियां प्राप्त करते हैं। राज्यों को शक्ति प्रदान करने वाला संघ नहीं है। सब की शक्ति का एक ही स्रोत है और वह है संविधान। संविधान में सभी शक्तियों का विभाजन संघ और राज्यों के बीच किया गया है। प्रत्येक परिसंघीय राज्य व्यवस्था का यह चिह्न और आवश्यक लक्षण है कि शक्तियों का विभाजन और वितरण राष्ट्रीय सरकार और राज्य सरकारों के बीच किया जाता है। जिन शक्तियों को इस प्रकार विभाजित किया जाता है वे साधारणतया चार प्रकार की होती हैं। (क) विधायी (ख) कार्यपालिका (ग) वित्तीय (घ) न्यायिक। जब देश को युद्ध या बाह्य आक्रमण के कारण खतरा होता है या देश की आंतरिक स्थिति यह मांग करती है कि संविधान की रक्षा की जाए तो ऐसी असाधारण परिस्थितियों में शक्तियों का वितरण उपांतरित हो जाता है। यह उपांतरण अस्थाई होता है और उसी अवधि तक बना रहता है जब तक कि असाधारण परिस्थितियां हों। सामान्य समय में भी कुछ सेवाएं ऐसी होती हैं जो राज्यों की इच्छा पर आश्रित नहीं होनी चाहिए। जैसे, रेल यातायात, संसूचना आदि। इसलिए शक्तियों के विभाजन में कुछ मात्रा में लचीलापन होना बहुत आवश्यक है। इससे यह भी स्पष्ट हो जाता है कि संघ और राज्य में से कोई भी प्रभुत्वसंपन्न नहीं है। दोनों संविधान के अधीन हैं और दोनों संविधान द्वारा नियंत्रित होते हैं। प्रत्येक को संविधान द्वारा खींची गई सीमाओं के भीतर ही अपने कृत्यों का निर्वहन और शक्तियों का प्रयोग करना होगा।

न्यायिक शक्ति का विभाजन नहीं।

20.2 भारत में एकीकृत न्यायपालिका है। दूसरे शब्दों में न्यायपालिका शक्ति का, संघ और राज्य के बीच विभाजन नहीं किया गया है। संघ और राज्य दोनों के लिए काम करने वाले न्यायालय समान हैं। ऐसा नहीं है कि राज्य के लिए न्यायालय अलग हों और केंद्र के लिए अलग।

विधायी शक्तियों के वितरण की आधारिक धारणाएं।

20.3 संघ और राज्य के बीच विधायी शक्तियों का वितरण सभी परिसंघ विधानों में पाया जाता है। वास्तविक वितरण में प्रत्येक देश में भिन्नता है। वितरण इस पर निर्भर करता है कि उस देश का इतिहास क्या था और वहां किस प्रकार की राजनीतिक शक्तियां काम कर रही थीं। किंतु सभी संविधानों में यह सामान्य गुण है कि विभाजन दो बातों को ध्यान में रख कर किया जाता है,—

(क) **राज्यक्षेत्र**—संघ और राज्य किस राज्यक्षेत्र पर अपने प्राधिकार का प्रयोग करेंगे यह बताया जाता है।

(ख) **विषय**—वे विषय बताए जाते हैं जिन पर संघ और राज्य विधान बना सकते हैं।

20.4 **राज्यक्षेत्रीय सीमाएं।** अनुच्छेद 245 संघ और राज्यों में निहित विधायी शक्तियों की राज्यक्षेत्रीय सीमाएं अंकित करता है। दूसरे शब्दों में वह उस क्षेत्र को चिह्नित करता है जिसके भीतर प्रत्येक राज्य और संघ द्वारा बनाई गई विधियां प्रवृत्त होंगी। अनुच्छेद 246 यह परिनिश्चित करता है कि संसद् और राज्य के विधान-मंडलों को कौन से विषयों के बारे में विधि बनाने की शक्ति होगी।

संसद् भारत के संपूर्ण राज्यक्षेत्र या उसके किसी भाग के लिए विधि बना सकती है। राज्य का विधान-मंडल संपूर्ण राज्य या उसके किसी भाग के लिए विधि निर्मित कर सकता है। किंतु विधि बनाने की यह शक्ति संविधान के अन्य उपबंधों के अधीन रहते हुए है। उदाहरण के लिए, कोई भी विधान-मंडल किसी मूल अधिकार का हनन नहीं कर सकता या उसे क्षीण नहीं कर सकता। विधान-मंडल ऐसे विषय पर विधान नहीं बना सकता जो उसकी परिधि में नहीं आते हैं (अनु. 246)।

अनुच्छेद 245(2) में यह स्पष्ट कथन है कि संघ द्वारा बनाई गई कोई विधि इस आधार पर अविधिमान्य नहीं समझी जाएगी कि उसका राज्यक्षेत्रातीत प्रवर्तन होगा। अर्थात् संघ की बनाई गई विधि भारत के बाहर भी प्रवृत्त हो सकती है। इसके द्वारा संघ को राज्यक्षेत्रातीत अधिकारिता प्रदान की गई है। यह माना जाता है कि प्रत्येक प्रभुत्वसंपन्न विधान-मंडल को यह अधिकार होता है।

किंतु राज्य विधान-मंडल को राज्य के बाहर के क्षेत्र के लिए विधान बनाने का प्राधिकार नहीं है। राज्य की विधियां राज्य की सीमा के भीतर ही लागू हो सकती हैं। उनका प्रवर्तन राज्य के बाहर नहीं हो सकता।

20.5 **राज्यक्षेत्रीय संबंध।** हम पहले यह देख चुके हैं कि राज्य का विधान उन्हीं व्यक्तियों और उद्देश्यों तक सीमित होता है जो राज्य की प्रादेशिक सीमाओं के भीतर हैं। किंतु इसका यह अर्थ नहीं है कि यदि विधान का तनिक भी संबंध राज्य के बाहर किसी व्यक्ति, उद्देश्य या गतिविधि से है तो वह अविधिमान्य हो जाएगा। ऐसी स्थिति में न्यायालय राज्य से यह अपेक्षा करते हैं कि वह विधान के प्रयोजन और राज्यक्षेत्र से जुड़े होने के बीच संबंध साबित करें। इसे **राज्यक्षेत्रीय संबंध का सिद्धांत** कहते हैं। यदि विधान की विषयवस्तु और विधान बनाने वाले राज्य के बीच पर्याप्त निकटता है तो राज्य की विधि अविधिमान्य नहीं होगी। इस सिद्धांत का संरक्षण प्राप्त करने के लिए राज्य और विधि की विषयवस्तु के बीच संबंध वास्तविक होना चाहिए, काल्पनिक नहीं।

एक राज्य विधान-मंडल ने धार्मिक न्यासों के शासन के लिए एक अधिनियम पारित किया। उस पर इस आधार पर आक्षेप किया गया कि न्यास की संपत्ति का कुछ भाग राज्य के बाहर स्थित था। इस तर्क को अस्वीकार करते हुए उच्चतम न्यायालय ने यह अभिनिर्धारित किया[1] कि धार्मिक विन्यास राज्य में स्थित है। न्यासी राज्य में कार्य करते हैं। न्यास और उसकी संपत्ति के बीच का संबंध वास्तविक है, काल्पनिक नहीं। किंतु राज्य को ऐसे न्यास के लिए विधि बनाने का प्राधिकार नहीं है जो राज्य में स्थित नहीं है।[2]

गुजरात के एक अधिनियम में यह उपबंध था कि गुजरात में भूमि के अधिकतम क्षेत्र की संगणना के लिए भारत के अन्य भाग में धारित भूमि को भी हिसाब में लिया जाएगा और तब

1. *बिहार राज्य* बनाम *चारुशीला दासी,* ए.आइ.आर. 1959 एस.सी. 1002।
2. *अनंतप्रसाद* बनाम *आंध्र प्रदेश राज्य,* ए.आइ.आर. 1963 एस.सी. 853।

यह देखा जाएगा कि भूमि अनुज्ञेय सीमा के भीतर है या नहीं। यह अभिनिर्धारित हुआ[3] कि अधिनियम वैध है क्योंकि राज्य और विधि के उद्देश्य के बीच पर्याप्त राज्यक्षेत्रीय संबंध है।

आर.एम.डी.सी.[4] में मुंबई राज्य द्वारा बनाई गई विधि पर इस आधार पर आक्षेप किया गया कि उसका प्रवर्तन राज्य के बाहर है। एक कंपनी जो मुंबई के बाहर निगमित थी मुंबई में अभिकर्ताओं और विक्रेताओं के माध्यम से वर्ग पहेली पुरस्कार प्रतियोगिता चलाती थी और एक समाचार पत्र निकालती थी जिसका परिचालन मुंबई में होता था। यह पत्र मुंबई राज्य के बाहर मुद्रित और प्रकाशित होता था। उच्चतम न्यायालय ने मुंबई के अधिनियम को विधिमान्य ठहराया क्योंकि स्थाई आमंत्रण, प्रारूपों का भरा जाना और धन का संदाय सभी राज्य के भीतर होते थे और राज्य ने मुंबई में कंपनी द्वारा संगृहीत रकम पर कर लगाया था। राज्यक्षेत्रीय संबंध सुसंगत और वास्तविक था।

20.6 **केंद्रीय विधियों का राज्यक्षेत्रातीत प्रवर्तन।** अनुच्छेद 245 का खंड (2) संघ की संसद् को असीमित राज्यक्षेत्रीय अधिकारिता प्रदान करता है। निर्वचन का सामान्य नियम है कि सभी विधान प्रथम दृष्ट्या राज्यक्षेत्रीय होते हैं। साथ ही यह नियम भी है कि जब कोई प्रभुत्वसंपन्न विधान-मंडल कोई अधिनियम बनाता है तो उस राष्ट्र के न्यायालयों में यह नहीं कहा जा सकता कि राज्यक्षेत्रातीत होने के कारण वह अधिनियम विधिमान्य नहीं है। भारत के न्यायालय ऐसी विधियों का पालन करने के लिए बाध्य हैं। न्यायालय इस बात की चिंता नहीं करते कि राज्यक्षेत्रातीत विधि को निष्पादित किया जा सकता है या नहीं।

भारतीय दंड संहिता का विस्तार संपूर्ण भारत पर है। यह अधिनियमित किया गया है कि इस संहिता के उपबंध ऐसे अपराध पर लागू होंगे जो भारत के किसी नागरिक द्वारा भारत के भीतर या भारत के बाहर किसी स्थान पर किया जाए। यह स्पष्ट है कि दंड संहिता का प्रवर्तन राज्यक्षेत्रातीत है।

संघ सूची की प्रविष्टि 57 है **राज्यक्षेत्रीय सागरखंड से परे मछली पकड़ना और मीन क्षेत्र।** संघ भारत के राज्यक्षेत्र के बाहर के सागरखंड के लिए विधान बनाने के लिए सक्षम है।

20.7 **राज्यक्षेत्र के बारे में मर्यादा।** संविधान में संसद् को असीम राज्यक्षेत्रीय अधिकारिता तो दी गई है किंतु कुछ ऐसे प्रदेश या क्षेत्र हैं जो उसको दी गई अधिकारिता में नहीं आते हैं,—

(i) अनु. 240 में सूचीबद्ध संघ राज्यक्षेत्रों के बारे में (जैसे, अंदमान और निकोबार द्वीप, लक्षद्वीप आदि) राष्ट्रपति को विनियम बनाने की शक्ति है। इन विनियमों का वही बल होता है जो संसद् के अधिनियम का। विनियम संघ राज्यक्षेत्र के संबंध में संसद् द्वारा बनाई गई किसी विधि का निरसन या संशोधन भी कर सकते हैं।

(ii) राज्यपाल यह निदेश दे सकता है कि संसद् का कोई अधिनियम किसी अनुसूचित क्षेत्र को लागू नहीं होगा (पांचवीं अनुसूची, पैरा 2)।

(iii) इसी प्रकार असम का राज्यपाल यह निदेश दे सकता है कि संसद् का कोई अधिनियम किसी स्वायत्त शासी जिले को लागू नहीं होगा या ऐसे अपवादों और उपांतरणों के साथ लागू होगा जो अधिसूचित किए जाएं (छठी अनुसूची, पैरा 12)।

(iv) इसी प्रकार की शक्ति राष्ट्रपति को मेघालय, त्रिपुरा और मिजोरम के स्वायत्तशासी जिलों के बारे में दी गई है।

---

3. *श्रीकांत* बनाम *गुजरात राज्य* (1994) 5 एस.सी.सी 459।
4. *मुंबई राज्य* बनाम *आर.एम.डी. चमारबागवाला*, ए.आइ.आर. 1957 एस.सी. 699।

20.8 अनुच्छेद 245 संघ और राज्यों के बीच विधायी शक्तियों का वितरण राज्यक्षेत्र के आधार पर करता है। अनुच्छेद 246 विधान की विषयवस्तु को विभाजित करता है।

विषयों का वितरण।

अमरीका और आस्ट्रेलिया में संविधान में संघ के विधान-मंडल की शक्तियां गिनाई गईं हैं। अवशिष्ट शक्तियां राज्यों में निहित हैं। कनाडा में दो सूचियां हैं संघ सूची और राज्य सूची। भारत शासन अधिनियम, 1935 में एक अभिनव प्रयोग हुआ। उसमें विधान के जितने संभावित विषय हो सकते थे उन्हें 3 सूचियों में वर्गीकृत किया गया। परिसंघ सूची, प्रांतीय सूची और समवर्ती सूची। हमने इस बारे में भारत शासन अधिनियम, 1935 की 3 सूचियों वाली प्रणाली अपना ली है।

अनुसूची 7 की सूची 1 को **संघ सूची** कहते हैं। उसमें 99 प्रविष्टियां हैं।[5] इन प्रविष्टियों में राष्ट्रीय महत्व के विषय सम्मिलित हैं जैसे भारत की रक्षा, संघ के सशस्त्र बल, विदेश कार्य, युद्ध और शांति, रेल, वायु मार्ग, डाक और तार, टेलीफोन, करेंसी और सिक्का, भारतीय रिजर्व बैंक, आदि।

अनुसूची 7 की सूची 2 को **राज्य सूची** कहते हैं। उसमें 61 प्रविष्टियां हैं।[6] इस सूची में वे शीर्षक हैं जिन पर राज्य को विधान बनाने की अनन्य शक्ति है। इनके अंतर्गत है लोक व्यवस्था, पुलिस, स्थानीय शासन, कृषि, कारागार, दांव और द्यूत, नाट्यशाला, संपदा-शुल्क, एल्कोहाली लिकर पर उत्पाद-शुल्क।

अनुसूची 7 की सूची 3 का नाम **समवर्ती सूची** है। इसमें 52 प्रविष्टियां हैं।[7] संविधान का संशोधन करके 5 प्रविष्टियों को समवर्ती बनाया गया है। ये हैं न्याय प्रशासन, जनसंख्या नियंत्रण, बाट और माप, वन और शिक्षा। संघ और राज्य दोनों ही इन प्रविष्टियों पर विधि बनाने में सक्षम हैं। किंतु संघ को यह शक्ति है कि वह राज्य विधि को निरसित कर दे या उसके स्थान पर दूसरी विधि प्रतिस्थापित कर दे।

20.9 संसद् और राज्य विधान-मंडल विधान बनाने की अपनी शक्ति क्रमशः अनु. 246(1) और (3) से प्राप्त करते हैं। समवर्ती सूची की दशा में शक्ति का स्रोत अनु. 246(2) है। संविधान में कुछ अन्य उपबंध भी हैं जो संसद् को विधान बनाने की शक्ति देते हैं जैसे अनु. 2 और 3 (नए राज्यों की रचना), अनु. 11 (नागरिकता), अनु. 247 (अतिरिक्त न्यायालयों की स्थापना), अनु. 262 (नदी जल विवाद), अनु. 343 (राजभाषा), अनु. 348 (उच्चतम न्यायालय और उच्च न्यायालयों की भाषा)। इसी प्रकार अनु. 194 राज्य विधान-मंडल को राज्य विधान-मंडल के सदनों के विशेषाधिकार और उन्मुक्तियों को परिभाषित करने के लिए सशक्त करता है। प्रविष्टियां विधान-मंडलों के विधायी क्षेत्र की सीमाएं दर्शाती हैं। प्रविष्टियां विधि बनाने की शक्ति का स्रोत नहीं हैं।[8]

सूचियां शक्ति का स्रोत नहीं हैं।

20.10 जब **संघ सूची** और **राज्य सूची** के बीच अतिव्याप्ति है तो संघ सूची को प्रधानता दी जाएगी। अनुच्छेद 246(1) और (3) इस मामले में बहुत स्पष्ट हैं और संदेह के लिए कोई स्थान नहीं है। दूसरे शब्दों में संघ सूची और राज्य सूची में स्पर्धा होने पर संघ सूची को अधिमान दिया जाएगा।

अतिव्याप्ति और प्रधानता।

---

5. अंतिम प्रविष्टि का संख्यांक 97 है। इस सूची को सावधानी से पढ़ने पर यह दिखाई देगा कि प्रविष्टि संख्यांक 2क, 92क, 92ख और 92ग जोड़ी गई है। प्रविष्टि 33 का लोप कर दिया गया है। इस प्रकार प्रविष्टियों की कुल संख्या 100 है।

6. अंतिम प्रविष्टि का संख्यांक 66 है। यह ध्यान देने योग्य है कि 7वें संशोधन द्वारा प्रविष्टि 36 का लोप किया गया। इसके पश्चात् 42वें संशोधन द्वारा प्रविष्टि 11, 19, 20 और 29 का लोप किया गया। इस प्रकार प्रविष्टियों की कुल संख्या 61 है।

7. मूलतः इस सूची में 47 प्रविष्टियां थीं। बाद में संशोधन करके 5 प्रविष्टियां जोड़ी गईं। जो जोड़ी गईं वे हैं,—11क, 17क, 17ख, 20क और 33क। कुल प्रविष्टियां 52 हैं।

8. *विजय* बनाम *कर्नाटक राज्य* (1990) 2 एस.सी.सी 562, *इंडियन एलुमिनियम* बनाम *कर्नाटक इलेक्ट्रिसिटी बोर्ड* (1992) 3 एस.सी.सी. 580।

संघ और समवर्ती सूची में अतिव्याप्ति होने पर भी संघ सूची को वरीयता मिलेगी। जहां समवर्ती सूची और राज्य सूची में संघर्ष है वहां समवर्ती सूची को प्रधानता दी जाएगी।[9]

माल और सेवा कर के लिए विशेष उपबंध।

20.11 संविधान (101वां संशोधन) अधिनियम ने एक नए कर उद्ग्रहण और अधिरोपण के लिए विशेष विधिक उपबंधों की रचना की है। इस नए कर का नाम है "माल और सेवा कर"। अनु. 366(12) में इस कर की यह परिभाषा दी गई है,—

मानवीय उपभोग के लिए एल्कोहाली लिकर के प्रदाय पर कर के सिवाय माल या सेवाओं अथवा दोनों के प्रदाय पर कोई कर अभिप्रेत है।

"सेवाओं" से माल से भिन्न कुछ भी अभिप्रेत है।

प्रत्येक राज्य को माल और सेवा कर की बाबत विधि बनाने की शक्ति होगी। कर संघ द्वारा अधिरोपित हो या उस राज्य द्वारा। (अनु. 246क)

राज्य को माल और सेवा कर के संबंध में विधि बनाने की शक्ति होगी जहां ऐसा कर संघ या उस राज्य द्वारा अधिरोपित किया गया है। (अनु. 246क)

किंतु केवल संघ को 'माल सेवा कर' के संबंध में विधि बनाने की शक्ति होगी जहां माल या सेवा अथवा दोनों का प्रदाय अंतरराज्यिक व्यापार या वाणिज्य के अनुक्रम में होता है। भारत में आयात के अनुक्रम में प्रदाय को अंतरराज्यिक व्यापार या वाणिज्य के अनुक्रम में प्रदाय समझा जाएगा।

राज्य सभा अनु. 249 के अधीन संकल्प पारित करके संसद को, भारत के संपूर्ण राज्य क्षेत्र या उसके भाग के लिए, माल सेवा कर के संबंध में विधि बनाने के लिए प्राधिकृत कर सकती है। यह आवश्यक है कि ऐसे संकल्प को उपस्थित और मतदान करने वाले सदस्यों के 2/3 का समर्थन प्राप्त हो।

परिसंघ की सर्वोच्चता का सिद्धांत।

20.12 संक्षेप में यदि कोई विषय सूची 1 की किसी प्रविष्टि के अधीन और साथ ही सूची 2 के अधीन भी आता है तो सूची 1 की प्रविष्टि को अधिमान दिया जाएगा। इसे परिसंघ की सर्वोच्चता का सिद्धांत कहते हैं। परिसंघ की विधायी शक्ति को प्रधानता है। राज्य सूची और समवर्ती सूची उसके अधीन हैं।

छत्तीसगढ़ राज्य ने एक अधिनियम पारित किया जिसके अधीन प्रायोजित करने वाली निकाय (सोसाइटी, ट्रस्ट आदि) को ही विश्वविद्यालय अधिसूचित किया जा सकता था। यह अधिनियम सूची 2 की प्रविष्टि 32 के अधीन बनाया गया था। किंतु यह अधिनियम, विश्वविद्यालय अनुदान आयोग, अधिनियम, 1956 (केंद्रीय अधिनियम) के विपरीत था। केंद्रीय अधिनियम सूची 1 की प्रविष्टि 66 से जुड़ा था। उच्चतम न्यायालय ने राज्य अधिनियम के कुछ उपबंध शक्तिबाह्य घोषित कर दिए और 92 विश्वविद्यालयों का सजृन करने वाली अधिसूचनाओं को विखंडित कर दिया।[10]

समन्वयकारी अर्थान्वयन।

20.13 परिसंघ की सर्वोच्चता का नियम सबसे अंत में लागू किया जाता है। न्यायालय का यह कर्तव्य है कि वह दोनों सूचियों की प्रविष्टियों को एक साथ पढ़े, भाषा का युक्तियुक्त और व्यावहारिक अर्थान्वयन करे, प्रविष्टियों की एक दूसरे से संगति बैठाए और समन्वय स्थापित करे। जब इस प्रकार समन्वय

---

9. *प्रफुल्ल कुमार* बनाम *बैंक आफ कामर्स*, ए.आइ.आर. 1947 पी.सी. 60; *भारत संघ* बनाम *एच.एस. ढिल्लों*, ए.आइ.आर. 1972 एस.सी. 1061।

10. *डा. यशपाल* बनाम *छत्तीसगढ़ राज्य* (2005) 5 एस.सी.सी. 420।

असंभव हो जाता है तब संसद् की अध्यारोहण करने की शक्ति को अधिमान दिया जाएगा।[11] इसे समन्वयकारी अर्थान्वयन का सिद्धांत कहते हैं।

अवशिष्ट शक्तियां।

20.14 मनुष्य की अभिव्यक्ति दोषरहित नहीं हो सकती और सभी विधायी प्रारूपकार भूल कर सकते हैं। सूचियों को निःशेषकारी या ऐसी बनाने का चाहे जितना प्रयास किया जाए कि उसके भीतर सभी विषय आ जाएं तो भी कुछ विषय छूट जाने स्वाभाविक हैं। ऐसा भी हो सकता है कि कुछ विषय भविष्य में उत्पन्न हों जिनके बारे में पहले से अनुमान नहीं किया जा सकता था। ऐसी परिस्थितियों से निपटने के लिए विधान बनाने की अवशिष्ट शक्ति संघ या राज्यों को दी जा सकती है। अर्थात् ऐसे किसी विषय पर विधान बनाने की शक्ति जो किसी सूची में नहीं आया है। अमरीका और आस्ट्रेलिया में अवशिष्ट शक्ति राज्यों को दी गई है। कनाडा में यह शक्ति संघ में है। भारत शासन अधिनियम 1935 में अवशिष्ट शक्तियां न तो परिसंघ को दी गईं और न राज्य को। ये शक्तियां गवर्नर जनरल में निहित की गईं। हमारे संविधान में संघ को उन सभी विषयों पर विधान बनाने की अनन्य शक्ति दी गई है जो किसी सूची में प्रगणित नहीं हैं (अनु. 248)। अवशिष्ट शक्ति का प्रयोग करते हुए संसद् ने दान-कर अधिनियम, धन-कर अधिनियम और कुछ अन्य अधिनियम बनाए। सूची 1 की प्रविष्टि 97, अनु. 248 को प्रभावी करती है।

सूचियों के निर्वचन के सिद्धांत।

20.15 न्यायालयों ने प्रविष्टियों का अर्थ और उनके प्रविषय को खोजने का प्रयत्न करते हुए कुछ सिद्धांत विकसित किए हैं। उनका आगे वर्णन किया जा रहा है।

1. संघ सूची की प्रधानता है।

इस पर ऊपर पैरा **20.10** और **20.12** में विचार किया जा चुका है।

2. प्रत्येक प्रविष्टि को अधिकतम व्यापक अर्थ दिया जाना चाहिए।

प्रत्येक प्रविष्टि का उदारता से निर्वचन करना चाहिए और उसे अधिकतम व्यापक अर्थ देना चाहिए। उसके शब्दों को जितना संभव हो उतना विस्तारित किया जाए किंतु इस प्रकार नहीं कि कोई अन्य प्रविष्टि व्यर्थ हो जाए।

3. प्रविष्टि के अंतर्गत आनुषंगिक और समनुषंगी विषय आते हैं।

यदि किसी प्रविष्टि में किसी साधारण शब्द का प्रयोग किया गया है तो उसका इस प्रकार अर्थान्वयन किया जाना चाहिए कि उसके अंतर्गत सभी आनुषंगिक और समनुषंगी विषय हैं।

4. समन्वयकारी अर्थान्वयन।

न्यायालय को प्रविष्टियों के बीच तालमेल बैठाना चाहिए और उनके बीच समन्वय करना चाहिए जिससे संघर्ष से बचा जा सके। इस पर ऊपर **पैरा 20.13** में विचार किया जा चुका है।

5. सार और तत्त्व।

6. अनुषंगी शक्तियां (पैरा 20.17)

7. आभासी विधायन (पैरा 20.18)

8. अर्थ का अल्पीकरण या अर्थ संकोच (पैरा 20.19)

सार और तत्त्व का सिद्धांत।

20.16 जब न्यायालय के समक्ष विधान-मंडल की विधान अधिनियमित करने की क्षमता का प्रश्न उठता है तो न्यायालय को यह देखना चाहिए कि वह किस सूची से संबद्ध है। सभी मामलों में ऐसा करना सरल नहीं

11. *कलकत्ता गैस कंपनी* बनाम *पश्चिमी बंगाल राज्य,* ए.आइ.आर. 1962 एस.सी. 1044; *2001 का विशेष निर्देश सं. 1* (2004) 4 एस.सी.सी. 489।

होता क्योंकि प्रत्येक समस्या के बहुत से आयाम होते हैं और प्रविष्टियां एक दूसरे का स्पर्श करती हैं। बंगाल साहूकारी अधिनियम में ऋणी लोगों को सुरक्षा प्रदान की गई। इस उद्देश्य की प्राप्ति के लिए उसमें यह आदेश दिया गया कि कोई साहूकार मूलधन और ब्याज दोनों को मिलाकर एक निश्चित रकम से अधिक वसूल नहीं कर सकता। इस अधिनियम का प्रभाव **वचनपत्रों** पर भी पड़ा। वचनपत्र संघ सूची में आते हैं। प्रिवी कौंसिल ने इस आधार पर अधिनियम को विधिमान्य ठहराया कि अधिनियम का **सार और तत्त्व** साहूकारी से संबद्ध है।[12] मुंबई मद्यनिषेध अधिनियम पर इस आधार पर आक्षेप किया गया कि वह अप्रत्यक्ष रूप से लिकर (शराब) का आयात प्रतिषिद्ध करता है। आयात का विषय संघ को सौंपा गया है इसलिए राज्य को यह विधि अधिनियमित करने की क्षमता नहीं है। उच्चतम न्यायालय ने यह तर्क नामंजूर करते हुए यह उद्घोष किया कि यह अधिनियम वास्तव में और सारवान रूप से ऐसा अधिनियम है जिसका उद्देश्य मद्यनिषेध है।[13] न्यायालय अधिनियम के प्रयोजन, उसके उद्देश्य, और उसके प्रविषय तथा उसके उपबंधों के प्रभाव को ध्यान में रखते हुए उसका सही चरित्र और प्रकृति खोजने का प्रयास करता है।[13] तत्व और सार का सिद्धांत उस सूची की पहचान करता है जिससे प्रश्नगत विधि को जोड़ा जा सकता है।

इस बात का कोई महत्त्व नहीं है कि विधान-मंडल ने अधिनियम को क्या नाम दिया है। आनुषंगिक या सतही अतिक्रमण पर ध्यान नहीं दिया जाता। कर संबंधी विधि में न्यायालय को यह खोजना होगा कि उदग्रहण (कर) का भार किस पर पड़ रहा है।[14]

20.17 **अनुषंगी शक्तियों का सिद्धांत।** यदि आक्षेपित अधिनियम के कुछ उपबंध उस प्रविष्टि के प्रविषय या अर्थ के घेरे के बाहर हैं तो वास्तविक चरित्र और प्रकृति की खोज करना पर्याप्त नहीं होगा। न्यायालय इस बात का विवेचन करता है कि क्या वह उपबंध अधिनियम के उद्देश्य के लिए आवश्यक है। वादों की एक लंबी शृंखला के पश्चात् अब यह सुस्थापित हो चुका है कि किसी विषय पर विधान बनाने की शक्ति में ऐसे अनुषंगी विषय पर विधान बनाने की शक्ति समाहित होती है जिसके बारे में युक्तियुक्त रूप से यह कहा जा सकता है कि वह उस शक्ति में सम्मिलित है।[15] किसी प्रविष्टि में प्रयुक्त साधारण शब्द का इस प्रकार अर्थान्वयन किया जाना चाहिए कि वह ऐसे सभी अनुषंगी और समनुषंगी विषय को अपने में समेट लेती है जो युक्तियुक्त और उचित रूप से उसमें सम्मिलित किए जा सकते हैं। राज्य की भूमि की बाबत विधि बनाने की शक्ति के अंतर्गत भूमि का बंधक रखना, कृषि सुधार और नगर योजना आएगा। यदि संघ या राज्य को कराधान की शक्ति है तो उसके अंतर्गत तलाशी, जब्ती या अभिग्रहण द्वारा कर का अपवंचन रोकने की शक्ति भी होगी। किंतु बैंककारी से संबंधित शक्ति में गैर बैंकिंग या व्यापारिक गतिविधियां नहीं आ सकतीं।[16] कर लगाने की शक्ति विनिर्दिष्ट प्रविष्टियों में विशेष रूप से सम्मिलित की गई हैं इसलिए यह नहीं कहा जा सकता कि किसी प्रविष्टि में दी गई विधान बनाने की साधारण शक्ति में कराधान की शक्ति उसके अनुषंगी शक्ति के रूप में है।

20.18 **आभासी विधायन का सिद्धांत।** जब कोई वस्तु वास्तव में वह नहीं है जो दिखाई पड़ती है तो उसे आभासी कहते हैं अर्थात् वह कुछ होने का आभास तो देती है किंतु सत्य तो यह है कि जो दिखाई पड़ता है वह भ्रम है। यह सिद्धांत एक दूसरे व्यापक सिद्धांत पर आधारित है जिसे **संविधान के साथ कपट** का सिद्धांत कहते हैं।

---

12. *वही,* पाद टिप्पण 9।
13. *मुंबई राज्य* बनाम *एफ.एन. बलसारा,* ए.आइ.आर. 1951 एस.सी. 318।
14. *पश्चिमी बंगाल राज्य* बनाम *केसोराम इंडस्ट्रीज़ लिमिटेड* (2004) 10 एस.सी.सी. 201।
15. *राजस्थान राज्य* बनाम *जी. चावला,* ए.आइ.आर. 1959 एस.सी. 544।
16. *आर.सी. कूपर* बनाम *भारत संघ,* ए.आइ.आर. 1970 एस.सी. 564।

इसे इस सूक्ति के माध्यम से भी अभिव्यक्त करते हैं कि **जो प्रत्यक्ष रूप से नहीं किया जा सकता उसे परोक्ष रीति से भी नहीं किया जा सकता**। जब कोई विधान-मंडल किसी अन्य विधान-मंडल के कार्यक्षेत्र में आने वाले किसी विषय पर सीधे सीधे विधान बनाता है तो वह विधि शक्ति बाह्य होती है और परिणामतः शून्य होती है। कभी कभी विधान-मंडल यह कार्य छिपाकर, अप्रत्यक्ष या छद्म रूप से करता है। वह यह दिखावा करता है कि वह अपने क्षेत्र में कार्य कर रहा है किंतु वास्तव में दूसरे के प्रदेश में अतिक्रमण करता है। इस छद्म विधायन को **आभासी विधायन** कहते हैं। इसे **विधायी कपट** भी कहते हैं। कहने का अर्थ यह है कि ऊपर से दिखाई देता है कि कोई विधान-मंडल ऐसा अधिनियम पारित कर रहा है जो उसकी शक्तियों के क्षेत्र के भीतर है किंतु वास्तव में वह उसके क्षेत्र के बाहर है।

उच्चतम न्यायालय ने यह जांच करने के लिए कोई अधिनियम आभासी विधायन है या नहीं कुछ परीक्षण बताए हैं।[17]

(क) न्यायालय को विधि के सार या मर्म को देखना चाहिए, उसके प्ररूप को नहीं या विधान-मंडल द्वारा उस पर चिपकाए गए लेबल को नहीं।

(ख) न्यायालय को विधि के उद्देश्य और उसके प्रभाव का अनुशीलन करना चाहिए।

(ग) यदि विधान-मंडल ने कोई विधायी योजना बनाकर उसके अनुसार कार्य किया है तो न्यायालय को उस योजना में आने वाले सभी अधिनियमों का अर्थान्वयन करके उनके संयुक्त प्रभाव का अवधारण करना चाहिए।

बिहार भूमि सुधार अधिनियम, 1950 को आभासी विधान मानकर शून्य घोषित किया गया। उसका आधार यह था कि इस अधिनियम ने प्रतिकर के संदाय के सिद्धांत अधिकथित किए किंतु वास्तव में उसमें कोई सिद्धांत थे ही नहीं।[17]

आभासी विधायन के सिद्धांत में सद्भाव या दुर्भाव का प्रश्न नहीं होता। विधान-मंडल का उद्देश्य नहीं देखा जाता। यह देखा जाता है कि उस विषय पर विधान बनाने की क्षमता है या नहीं।[18]

अर्थ संकोच का सिद्धांत।

20.19 जहां विधान-मंडल ने व्यापक या अस्पष्ट शब्दों का प्रयोग किया है जिससे अधिनियम का प्रवर्तन ऐसे विषय पर हो सकता है जो सुसंगत प्रविष्टि के बाहर हो तो न्यायालय व्यापक पदों को सीमित अर्थ देकर निर्वचन करता है। इसे **अर्थ संकोच** कहते हैं। इस प्रकार का अर्थ देने के पश्चात् अधिनियम शक्ति के भीतर आ जाता है। न्यायालय का यह प्रयत्न होता है कि किसी अधिनियम को शून्य घोषित न करना पड़े।

असंगतता या विरोध।

20.20 संघ और राज्य दोनों समवर्ती सूची (सूची 3) में प्रगणित विषयों की बाबत विधान बनाने के लिए सक्षम हैं। स्वभावतः यह प्रश्न उपस्थित होता है कि यदि दोनों ने एक ही प्रविष्टि की बाबत विधियां अधिनियमित की हैं और दोनों विधियां एक साथ विद्यमान नहीं रह सकतीं तो उन दोनों विधियों में से कौन सी अभिभावी होगी इसका उत्तर अनु. 254 में है। उस अनुच्छेद में यह कहा गया है कि संसद् द्वारा बनाई गई विधि चाहे वह राज्य विधि के पहले बनाई गई हो या बाद में अभिभावी होगी और राज्य के विधान-मंडल द्वारा बनाई गई विधि **विरोध की मात्रा** तक शून्य होगी।

किंतु इसका एक अपवाद है। यदि राज्य विधि को राष्ट्रपति के विचार के लिए आरक्षित रखा गया है और उसे राष्ट्रपति की अनुमति मिल गई है तो उस राज्य में राज्य की विधि अभिभावी

17. *बिहार राज्य* बनाम *कामेश्वरसिंह,* ए.आइ.आर. 1952 एस.सी. 252।
18. *धर्मदत्त* बनाम *भारत संघ* (2004) 1 एस.सी.सी. 712।

होगी। दंड प्रक्रिया संहिता में गिरफ्तारी से पूर्व जमानत का उपबंध है। उत्तर प्रदेश राज्य ने सुसंगत धारा निरसित कर दी है और उत्तर प्रदेश के अधिनियम को राष्ट्रपति की अनुमति मिल गई है। अतएव उत्तर प्रदेश राज्य में अग्रिम जमानत का उपबंध नहीं है।

यह आवश्यक नहीं है कि हर मामले में राष्ट्रपति की अनुमति विनिर्दिष्ट रूप से प्राप्त की जाए और प्रत्येक उपबंध के लिए कारण दिए जाएं। यह पर्याप्त है कि साधारण रूप से अनुमति की अपेक्षा की जाए और दी जाए। ऐसी अनुमति सब प्रयोजनों के लिए प्रभावी होगी।[19]

राष्ट्रपति की अनुमति का यह अर्थ नहीं है कि जिस अधिनियम को अनुमति मिली है वह संसद् की प्रत्येक विधि पर अभिभावी होगा। यदि कोई राज्य केंद्रीय अधिनियम **क** और **ख** से असंगतता के संबंध में अनुमति प्राप्त करता है तो राज्य विधि अधिनियम **क** और **ख** के विरुद्ध ही अभिभावी होगी। अन्य अधिनियम **ग, घ, ङ** आदि के विरुद्ध नहीं। इन अधिनियमों की असंगतता का प्रश्न उठाया नहीं गया था। राष्ट्रपति ने उन पर विचार ही नहीं किया था।[20]

असंगतता साबित करने का भार उस पक्ष पर होता है जो अधिनियम की विधिमान्यता पर आक्षेप करता है।

शक्तिबाह्यता और विरोध।

20.21 शक्ति बाह्य का अर्थ है शक्ति की सीमा से बाहर। जब कोई काम शक्ति की सीमा से बाहर होता है तो वह बिना शक्ति के होता है। इस पद से यह प्रकट होता है कि जिसने वह कार्य किया था वह अक्षम था। यदि राज्य संघ सूची के किसी विषय पर कोई विधान बनाता है तो जो अधिनियम बनाया गया है वह शक्ति बाह्य होगा और परिणामस्वरूप शून्य होगा। विरोध से असंगति प्रकट होती है। यदि समवर्ती सूची के किसी विषय पर राज्य द्वारा बनाई गई विधि संघ द्वारा बनाई गई विधि से असंगत है तो विरोध का प्रश्न उत्पन्न होता है। ऐसे में संपूर्ण विधि शून्य नहीं होगी। वह विरोध की मात्रा तक ही शून्य होगी। निम्नलिखित मामलों में यह माना जाएगा कि राज्य की विधि विरोधी है,—

1. जब संघ विधि की अवज्ञा किए बिना राज्य की विधि का पालन करना संभव न हो। जब एक विधि कहती है करो और दूसरी कहती है मत करो।

2. जब दोनों एक ही क्षेत्र में प्रवृत्त होती हैं और दोनों एक साथ विद्यमान नहीं रह सकतीं। जैसे दोनों एक ही अपराध को दंडनीय बनाती हैं किंतु जो अधिकतम दंड विहित किया गया है वह भिन्न है। (संघ की विधि में तीन वर्ष और राज्य की विधि में एक वर्ष।)

3. जहां संसद् संपूर्ण क्षेत्र को आच्छादित करने के लिए विधि बनाती है और एक स्वयंपूर्ण और निःशेषकारी संहिता अधिनियमित कर देती है।

4. विरोध वास्तव में विद्यमान होना चाहिए। किसी विधि को शून्य घोषित करने के लिए इतना ही पर्याप्त नहीं है कि विरोध होने की संभावना है।

अधिभुक्त क्षेत्र का सिद्धांत।

20.22 जब संघ विधि और राज्य विधि में कोई विरोध नहीं है। तब भी यदि संसद् का यह आशय है कि किसी भी विषय से संबंधित पूरे क्षेत्र को अपने अधिभोग में रखा जाए तो संघ विधि किसी राज्य की विधि को अपने साथ खड़ा नहीं रहने देगी। उदाहरण के लिए, असम के एक अधिनियम में यह उपबंध था कि किसी व्यक्ति को औद्योगिक अधिकरण का सदस्य उच्च न्यायालय के परामर्श से नियुक्त किया जाएगा। बाद में संसद् ने एक विधि बनाई जिसमें सदस्य की अर्हताएं थीं। किंतु उच्च न्यायालय से परामर्श के बारे में कोई उल्लेख नहीं था। यह अभिनिर्धारित हुआ कि केंद्रीय विधान को एक सर्वव्यापी संहिता बनाने का आशय था और परामर्श की कोई आवश्यकता

---

19. *राजीव सरीन* बनाम *उत्तराखंड राज्य* (2011) 8 एस.सी.सी. 708।

20. *कृषि उपज मंडी समिति* बनाम *शिव शक्ति खांडसारी उद्योग* (2012) 9 एस.सी.सी. 368।

नहीं थी।[21] *दीपचंद*[22] में उच्चतम न्यायालय ने यह अभिनिर्धारित किया कि मोटर यान संशोधन अधिनियम, 1956 को अधिनियमित करते समय संसद् का आशय मोटर परिवहन के राष्ट्रीयकरण के पूरे क्षेत्र का अधिभोग करना था। अतएव उत्तर प्रदेश का अधिनियम जिसमें परिवहन सेवाओं के राष्ट्रीयकरण का उपबंध है उसके साथ विद्यमान नहीं रह सकता।

संपूर्ण क्षेत्र का अधिभोग करने का आशय स्पष्ट रूप से स्थापित होना चाहिए। यदि ऐसा आशय पाया जाता है तो संघ की विधि अभिभावी होगी।

अधिभुक्त क्षेत्र का सिद्धांत केवल सूची 3 (समवर्ती सूची) की प्रविष्टियों को लागू होता है।[23]

पृथक्करण का सिद्धांत।

20.23 अनेक बार न्यायालय विधि की संवीक्षा करते हैं। यदि न्यायिक पुनर्विलोकन के पश्चात् किसी अधिनियम को असांविधानिक घोषित किया जाता है तो वह शून्य हो जाता है। यदि वह विधान-मंडल की शक्तियों की सीमा से परे है तो वह **शक्ति बाह्य** हो जाता है। यदि वह किसी मूल अधिकार या संविधान के किसी अन्य उपबंध से असंगत है तो भी वह शून्य हो जाता है। इस घोषणा का प्रभाव भूतलक्षी होता है जिससे वह अधिनियम प्रारंभ से ही शून्य हो जाता है। किंतु न्यायालय यह प्रयत्न करते हैं कि अधिनियम के वही भाग शून्य घोषित किए जाएं जो शक्ति बाह्य हैं या संविधान के विरुद्ध हैं। शेष भाग जो **शक्त्याधीन** (शक्ति के भीतर है) हैं विधिमान्य और प्रवृत्त बने रहते हैं। जिन सिद्धांतों के आधार पर अच्छे भाग को खराब भाग से अलग किया जाता है उन्हें पृथक्करण का सिद्धांत कहते हैं। उच्चतम न्यायालय ने यह सिद्धांत संक्षेप में इस प्रकार प्रतिपादित किया है।[24]

1. यदि विधिमान्य और अविधिमान्य उपबंध एक दूसरे के साथ ऐसे गुंथे हुए हैं कि उनको एक दूसरे से अलग नहीं किया जा सकता तो संपूर्ण अधिनियम ही अविधिमान्य हो जाएगा।
2. यदि विधिमान्य और अविधिमान्य भाग एक ही स्कीम के अंग हैं और यह आशय था कि पूरी स्कीम ही प्रवृत्त हो तो एक भाग के अविधिमान्य होने से पूरी स्कीम ही अविधिमान्य हो जाएगी।
3. जब विधिमान्य और अविधिमान्य भाग स्वतंत्र हैं और किसी स्कीम के अंग नहीं है किंतु अविधिमान्य भाग का लोप करने से जो शेष रह जाएगा वह उससे बिल्कुल भिन्न होगा जिसकी रचना विधान-मंडल ने की थी तो वह पूरा ही अविधिमान्य होगा।
4. यदि अविधिमान्य भाग को मिटाने के पश्चात् जो शेष बचता है वह प्रवृत्त नहीं किया जा सकता तो संपूर्ण अधिनियम अविधिमान्य हो जाएगा।
5. यदि अविधिमान्य भाग का प्रवर्तन अन्य भागों से भिन्न है तो केवल उसी भाग को अविधिमान्य घोषित किया जाएगा। शेष भाग को पृथक् कर दिया जाएगा और वह प्रवर्तन में रहेगा।

इस सिद्धांत को लागू करने का प्रभाव यह होता है कि अधिनियम का कुछ भाग शून्य होता है। जो शून्य नहीं होता वह जीवित रहता है। (**पैरा 7.30** और **7.31** भी देखिए)

संघ की विधायी शक्तियों की वृद्धि

संघ की विधायी शक्तियों की वृद्धि।

20.24 ऊपर हमने विधायी शक्तियों के वितरण पर विचार किया। यह वितरण तभी तक बना रहता है जब तक कि परिस्थितियां सामान्य हों। संविधान में ऐसी परिस्थितियों की भी परिकल्पना की गई है जो असामान्य हों। ऐसी असाधारण परिस्थितियों का सामना करने के

21. *असम राज्य* बनाम *होराइजन यूनियन,* ए.आइ.आर. 1967 एस.सी. 442।
22. *दीपचंद* बनाम *उत्तर प्रदेश राज्य,* ए.आइ.आर. 1959 एस.सी. 650।
23. *हिंदुस्तान लीवर* बनाम *महाराष्ट्र राज्य* (2004) 9 एस.सी.सी. 438।
24. *आर.एम.डी. चमारबागवाला* बनाम *भारत संघ,* ए.आइ.आर. 1957 एस.सी. 628।

लिए शक्तियों का वितरण अपने आप ही बदल जाता है। संघ की शक्तियों की वृद्धि हो जाती है। वृद्धि (क) राज्य की सहमति पर आधारित हो सकती है। (ख) राज्य सभा के संकल्प पर आधारित हो सकती है या (ग) किसी संधि के पालन के लिए हो सकती है।

सहमति द्वारा।

20.25 अनुच्छेद 252 के अधीन दो या अधिक राज्य संकल्प पारित करके संसद् से ऐसे विषय पर विधि बनाने का अनुरोध कर सकते हैं जो संघ की सूची में सम्मिलित नहीं है। तब संसद् उस विषय को विनियमित करने के लिए विधि बना सकती है। इस प्रकार पारित विधि उन्हीं राज्यों को लागू होगी जिन्होंने संकल्प पारित किया था। विधि उन राज्यों को भी लागू हो सकती है जो बाद में संकल्प पारित करके उसे अंगीकार कर लें। अनुच्छेद 252 के अधीन पारित अधिनियमों के उदाहरण हैं,—

वन्य जीव (संरक्षण) अधिनियम, 1972; नगर भूमि (अधिकतम सीमा और विनियमन) अधिनियम, 1976; मानव अंग प्रतिरोपण अधिनियम, 1994।

राज्य सभा के संकल्प द्वारा।

20.26 अनुच्छेद 249 संसद् को राज्य सूची में प्रगणित किसी विषय की बाबत विधान बनाने के लिए सशक्त करता है। इस शक्ति का प्रयोग अस्थाई अवधि के लिए किया जा सकता है। जब राज्य सभा 2/3 बहुमत से यह संकल्प पारित करती है कि ऐसा विधान राष्ट्रीय हित में आवश्यक या समीचीन है तो संसद् को अधिनियम बनाने की शक्ति मिल जाती है। यह संकल्प एक वर्ष से अनधिक ऐसी अवधि के लिए प्रवृत्त रहता है जो विनिर्दिष्ट की जाए। अवधि का विस्तार करने के लिए फिर से संकल्प पारित किया जा सकता है। यह विस्तार एक बार में एक वर्ष से अधिक नहीं हो सकता। जिस तारीख को संकल्प की अवधि समाप्त हो जाती है उस तारीख से छह मास के अवसान के पश्चात् अधिनियम प्रवृत्त नहीं रह जाता।

राष्ट्रीय महत्त्व की संस्था।

20.27 जब संसद् विधि द्वारा किसी संस्था को राष्ट्रीय महत्त्व की संस्था घोषित करती है। (अनुसूची 7, सूची 1, प्रविष्टि 62 और 63) तो संसद् ऐसी संस्था से संबंधित सभी विषयों पर विधि बनाने के लिए सक्षम हो जाती है।[25]

संधियों का कार्यान्वयन।

20.28 अनुच्छेद 253 के अधीन संसद् को किसी अन्य देश या देशों के साथ की गई किसी संधि, करार या अभिसमय अथवा किसी अंतरराष्ट्रीय सम्मेलन या निकाय में किए गए किसी विनिश्चय के कार्यान्वयन के लिए विधि बनाने की शक्ति है। यह अनुच्छेद संविधान के अन्य उपबंधों का अध्यारोहण करता है। संसद् संधि को कार्यान्वित करने के लिए राज्य सूची में प्रगणित किसी विषय पर भी विधान बना सकती है। किंतु संसद् मूल अधिकारों का उल्लंघन नहीं कर सकती और भारत के राज्यक्षेत्र का अध्यर्पण नहीं कर सकती।[26]

अनुच्छेद 352 के अधीन आपात की घोषणा।

20.29 अनुच्छेद 352 युद्ध या बाह्य आक्रमण या सशस्त्र विद्रोह के कारण भारत की सुरक्षा संकट में होने पर आपात की उद्‌घोषणा अनुध्यात करता है। आपात की उद्‌घोषणा से शक्तियों का सामान्य विभाजन बदल जाता है। संसद् को राज्य की सूची के विषयों की तथा माल और सेवा कर की बाबत अधिनियम बनाने की शक्ति मिल जाती है। जब संसद् कोई विधि बनाती है जो वह उद्‌घोषणा न होने पर नहीं बना सकती थी तो ऐसी विधि उद्‌घोषणा के प्रवृत्त न रहने के पश्चात् छह मास के अवसान पर निष्प्रभावी हो जाएगी।

25. *धर्मदत्त* बनाम *भारत संघ* (2004) 1 एस.सी.सी. 712।
26. *बेरूबाड़ी संघ का मामला,* ए.आइ.आर. 1960 एस.सी. 845।

20.30 अनुच्छेद 356 के अधीन उद्घोषणा तब की जाती है जब ऐसी स्थिति उत्पन्न हो जाती है जिसमें किसी राज्य का शासन संविधान के उपबंधों के अनुसार नहीं चलाया जा सकता है। इसे सामान्यतया सांविधानिक तंत्र की विफलता कहते हैं। जब ऐसी उद्घोषणा की जाती है तब उस विधान-मंडल की शक्तियों का प्रयोग संसद् द्वारा या संसद् के प्राधिकार के अधीन किया जा सकता है।

अनुच्छेद 356 के अधीन उद्घोषणा।

ख—प्रशासनिक संबंध

20.31 संघ और राज्य के बीच प्रशासनिक संबंध एक बहुत सुकोमल संतुलन है। राष्ट्रीय हित के साथ राज्यों की स्वायत्तता को संतुलित किया जाता है। हमारे संविधान में संघर्ष से बचने और सौमनस्य की संवृद्धि के लिए विस्तार से प्रबंध किए गए हैं। अनुच्छेद 256 से 263 तक के अनुच्छेदों में सामान्य स्थितियों में संघ को राज्य पर नियंत्रण का अधिकार दिया गया है।

संघ राज्य को निदेश दे सकता है।

संघ राज्य को निम्नलिखित के विषय में निदेश दे सकता है,—

(क) संसद् द्वारा बनाई गई विधियों का अनुपालन सुनिश्चित करने के लिए (अनु. 256)।

(ख) यह सुनिश्चित करने के लिए कि राज्य की कार्यपालिका शक्ति का प्रयोग संघ की कार्यपालिका शक्ति के प्रयोग में कोई अड़चन न डाले (अनु. 257)।

(ग) यह सुनिश्चित करने के लिए कि राष्ट्रीय महत्व के संचार साधनों का निर्माण हो और वे बनाए रखे जाएं। इसके अंतर्गत राष्ट्रीय राजमार्ग और जलमार्ग हैं।

(घ) रेलों का संरक्षण सुनिश्चित करने के लिए।

(ङ) प्राथमिक स्तर पर मातृभाषा में शिक्षा की सुविधाएं उपलब्ध करने के लिए (अनु. 350क)।

(च) यह सुनिश्चित करने के लिए कि प्रत्येक राज्य की सरकार संविधान के उपबंधों के अनुसार चल रही है (अनु. 355)।

(छ) अनुसूचित जनजातियों के कल्याण के लिए स्कीमें बनाने और उनके निष्पादन के बारे में (अनु. 339)।

अतिरिक्त कारक।

20.32 इनके अतिरिक्त प्रशासनिक संबंधों में दो और कारक हैं।

(क) संघ द्वारा राज्यों के राजस्वों को सहायता अनुदान (अनु. 275)।

(ख) अखिल भारतीय सेवाओं के अधिकारी राज्य के काडर में आबंटित किए जाते हैं किंतु उनका नियंत्रण संघ करता है।

20.33 अनुच्छेद 352 के अधीन आपात की उद्घोषणा के प्रवृत्त रहने के दौरान संघ की शक्ति में राज्य को यह निदेश देना आ जाता है कि राज्य की कार्यपालिका शक्ति का प्रयोग किस प्रकार किया जाएगा (अनु. 353)।

आपात के दौरान।

जब अनु. 356 के अधीन उद्घोषणा की जाती है तो राष्ट्रपति राज्य की सभी या किन्हीं कार्यपालिका शक्तियों को अपने हाथ में ले सकता है (अनु. 356)।

अनुच्छेद 360 के अधीन जब वित्तीय आपात बना रहता है तब संघ राज्य को निम्नलिखित के विषय में निदेश दे सकता है।

(क) वित्तीय औचित्य के सिद्धांतों का पालन करने के लिए,

(ख) राज्य द्वारा नियोजित सभी या किसी वर्ग के व्यक्तियों के वेतन या भत्तों में कमी करने के लिए,

(ग) यह अपेक्षा करने के लिए कि सभी धन विधेयक और वित्तीय विधेयक पारित किए जाने के पश्चात् राष्ट्रपति के विचार के लिए आरक्षित किए जाएंगे।

कार्यपालक संबंधों में नमनीयता।

20.34 विधायी शक्तियों का विभाजन अधिक कठोर है। संघ अपनी विधायी शक्ति राज्यों को प्रत्यायोजित नहीं कर सकता। कोई एक राज्य संघ को राज्य सूची के किसी विषय पर विधान बनाने के लिए आमंत्रित नहीं कर सकता। प्रशासनिक शक्तियों के बारे में थोड़ी नमनीयता है। अनुच्छेद 258 के अधीन संघ, राज्य की सहमति से संघ की शक्ति के अधीन आने वाले किसी विषय के बारे में कोई भी कृत्य राज्य को सौंप सकता है। इसी प्रकार राज्य भी संघ की सहायता से कोई भी कृत्य संघ को सौंप सकता है (अनु. 258क)। कृत्य सशर्त या बिना शर्त सौंपे जा सकते हैं।

अंतरराज्य परिषद्

अंतरराज्य परिषद् की स्थापना।

20.35 राज्यों के बीच सार्थक समन्वय स्थापित करने के लिए अनु. 263 एक अंतरराज्य परिषद् की स्थापना का उपबंध करता है। सरकारिया आयोग ने केंद्र और राज्यों की समस्याओं को सुलझाने के लिए अंतरराज्य परिषद् की स्थापना की सिफारिश की थी। यह परिषद् 28 मई 1990 को निकाले गए एक आदेश द्वारा स्थापित की गई है। इसमें प्रधान मंत्री, सभी राज्यों और संघ राज्यक्षेत्रों के मुख्य मंत्री और कैबिनेट स्तर के छह मंत्री होते हैं। यदि किसी स्वतंत्र प्रभार वाले राज्य मंत्री के विभाग से संबंधित मद कार्य सूची में है तो उस मंत्री को आमंत्रित किया जा सकता है। परिषद् की अध्यक्षता प्रधान मंत्री करता है। यह अपेक्षा है कि परिषद् का अधिवेशन वर्ष में 3 बार होगा। परिषद् के विनिश्चय सहमति पर आधारित होते हैं। यह एक सलाहकारी निकाय है (जो केवल सिफारिश करती है) जिसकी स्थापना संविधान के प्रारंभ के 40 वर्ष बाद की गई है। इसकी स्थापना के पश्चात् सरकारों के बीच परामर्श, समन्वय और सहकार के लिए एक मंच बन गया है।

परिषद् के निम्नलिखित कर्तव्य हैं,—

(क) जिन विषयों पर एक या अधिक राज्यों का सामान्य हित है उनका अन्वेषण और उन पर विचार-विमर्श।

(ख) ऐसे विषयों पर सिफारिश करना और ऐसे विषयों के बारे में नीति और कार्रवाई का बेहतर समन्वय।

(ग) राज्यों के सामान्य हित के अन्य विषयों पर विचार-विमर्श करना जो अध्यक्ष द्वारा निर्दिष्ट किए जाएं।

वर्तमान परिस्थिति में जब अनेक राज्यों में अलग-अलग राजनीतिक दल सत्तारूढ़ हैं और केंद्र में एक गठबंधन की सरकार है अंतरराज्य परिषद् मतभेदों को सुलझाने के लिए एक उपयोगी उपकरण है। इसमें सहमति पर आधारित राष्ट्रीय दृष्टिकोण अपनाया जा सकता है।

ग—वित्तीय संबंध

साधारण।

20.36 भारत में बहुत दिनों से दिखाई पड़ता है कि राज्यों के पास पर्याप्त वित्तीय स्रोत नहीं हैं। कुछ राज्य तो पूर्ण रूप से केंद्रीय अनुदानों पर आश्रित हैं और शेष बड़ी मात्रा में केंद्रीय अनुदान पर अवलंबित

हैं। कोई भी राज्य वित्तीय दृष्टि से अपने पैरों पर नहीं खड़ा है। 5वें वेतन आयोग (1995) की सिफारिशों के क्रियान्वयन के पश्चात् कुछ राज्यों के पास इतना राजस्व नहीं है कि वे सरकारी कर्मचारियों के वेतन पर होने वाला खर्च चुका सकें। कनाडा और आस्ट्रेलिया में भी राज्यों का जीवन केंद्रीय अनुदान से चलता है। अमरीका में भी धीरे धीरे संघ के वित्तीय स्रोतों में वृद्धि होती गई है और राज्यों को अपना काम चलाने के लिए केंद्रीय अनुदान की आवश्यकता होती है। इस वित्तीय असंतुलन के कारण यह कहा जा सकता है कि परिसंघ असमान घटकों के बीच भागीदारी है। इसके कारण राज्यों की स्वाधीनता घटी है और उनकी स्वायत्तता भी कम हुई है।

हमारे संविधान में संघ और राज्यों के बीच वित्तीय स्रोतों के आबंटन के लिए विस्तार से उपबंध किए गए हैं। वित्तीय स्रोतों का वितरण साम्यापूर्ण बनाने के लिए एक जटिल तंत्र की रचना की गई है। यह भी सुनिश्चित किया गया है कि यह विभाजन स्थाई न हो। निश्चित अंतरालों पर उसका पुनर्विलोकन हो और समायोजन किया जाए। संविधान में कर के उद्ग्रहण और संग्रहण तथा संगृहीत कर के विनियोजन के बीच भेद किया गया है। आय-कर संघ द्वारा उद्गृहीत और संगृहीत किया जाता है। किंतु आय-कर के आगम संघ और राज्यों के बीच बांटे जाते हैं।

कर उद्ग्रहण की शक्ति।

20.37 विधि के प्राधिकार के बिना कोई कर अधिरोपित या संगृहीत नहीं किया जाएगा (अनु. 265)। कार्यपालिका के आदेश से कोई कर अधिरोपित नहीं किया जा सकता। कर समुचित विधान-मंडल के अधिनियम द्वारा ही लगाया जा सकता है। विधान-मंडल की विधि विधिमान्य होनी चाहिए। न्यायालय विधि की परीक्षा तीन कोणों से करते हैं। (क) विधान-मंडल सुसंगत सूची में किसी प्रविष्टि के संबंध में विधि बनाने के लिए सक्षम है। (ख) संविधान के किसी विनिर्दिष्ट उपबंध द्वारा वह विधि बनाना प्रतिषिद्ध नहीं है जैसे अनु. 276, 285, 286, 287 आदि। (ग) विधि किसी मूल अधिकार का उल्लंघन करने के कारण अनु. 13 के अधीन शून्य नहीं है।

अनु. 366(28) के साथ सहपठित अनु. 265 के अधीन **कर** अभिव्यक्ति में **फीस** सम्मिलित है। फीस के संग्रहण के लिए विधि का प्राधिकार अपेक्षित है।[27]

कर का प्रतिदाय।

20.38 अनुच्छेद 265 का निर्वचन करते हुए उच्चतम न्यायालय ने यह अभिनिर्धारित किया है[28] कि यदि विनिर्दिष्ट कर से अधिक कर संदाय किया गया है तो आधिक्य में वसूल किया गया कर वापस किया जाना चाहिए। यह बात वहां नहीं लागू होगी जहां न्यायविरुद्ध धनलाभ का सिद्धांत लागू होता है। उदाहरणार्थ एक विनिर्माता **क** कर संदाय करता है और संदत्त कर क्रेताओं से वसूल कर लेता है। यदि यह कर प्रतिदाय किया गया तो वह क्रेताओं को नहीं लौटाया जा सकेगा। इस कर का लाभ विनिर्माता को मिलेगा। किसी कर अधिनियम का निर्वचन इस प्रकार नहीं किया जाना चाहिए कि कर न देने वालों को प्रोत्साहन मिले और विधि का पालन करने वाले कर दाता दंडित हों।

यदि अधिनियम में कर प्रतिदाय करने का उपबंध है तो उसके अधीन बनाए गए नियमों में यह उपबंध नहीं किया जा सकता कि जो अधिक कर दिया गया है वह प्रतिदाय नहीं किया जाएगा।[28]

कर और फीस।

20.39 संविधान में यह स्वीकार किया गया है कि कर और फीस एक दूसरे से अलग हैं। तीनों सूचियों में यह देखने में आता है कि कर और फीस का उल्लेख अलग-अलग किया गया है कुछ प्रविष्टियां कर अधिरोपित करने के लिए हैं और कुछ फीस के लिए। अनुच्छेद 265 में जो प्रतिषेध है वह करों की बाबत है। फीस उसके अंतर्गत नहीं आती।

---

27. *टिस्को लिमिटेड* बनाम *बिहार राज्य* (2018) 12 एस.सी.सी. 107।
28. *कारपोरेशन बैंक* बनाम *सरस्वती आभरणशाला* (2009) एस.सी.सी. 540।

इन दोनों के बीच अंतर यह है कि कर एक अनिवार्य आहरण है जो साधारण जन के फायदे के लिए किया जाता है। यह एक सामान्य भार के रूप में अधिरोपित किया जाता है। इसका प्रयोजन राजस्व का संग्रह है। फीस भी अनिवार्य आहरण है किंतु इसका संबंध फीस देने वाले व्यक्ति को प्राप्त होने वाले किसी विशेष फायदे या विशेषाधिकार से होता है। इनके बीच अंतर इस प्रकार दर्शाया जा सकता है,—

कर	फीस
1. एक अनिवार्य आहरण है जो उन सब व्यक्तियों से लिया जाता है जो कर के जाल में आते हैं।	1. उन व्यक्तियों से अनिवार्य आहरण है जो कोई फायदा लेते हैं या सेवा प्राप्त करते हैं।
2. कराधान लोक प्रयोजन के लिए अधिरोपित किया जाता है।	2. फीस का संबंध विनिर्दिष्ट प्रयोजनों और उद्देश्यों से होता है।
3. करदाता और लोक प्राधिकरण के बीच कोई *तत् प्रति तत्* (कुछ के बदले में कुछ) नहीं होता।	3. *तत् प्रति तत्* होना चाहिए। यह संबंध बहुत नाजुक और सूक्ष्म हो सकता है। लाइसेंस फीस जैसे मामलों में संबंध का अभाव होता है।
4. कराधान सामान्य भार का अंग है।	4. यह समझा जाता है कि फीस, सरकार या उसके किसी अधिकरण द्वारा दी गई विनिर्दिष्ट सेवा के लिए प्रभार है।
5. कर संचित निधि में जमा किए जाते हैं।	5. फीस को साधारणतया संचित निधि से अलग रखा जाता है किंत उसे निधि में जमा किया जा सकता है। इस प्रकार जमा किए जाने पर उसकी विधिमान्यता पर प्रभाव नहीं पड़ता। पृथक् निधि का सृजन आवश्यक नहीं है।
6. करों का सेवाओं से कोई संबंध नहीं होता।	6. यह संभव है कि फीस किसी सेवा से संबंधित न हो जैसे कुछ गतिविधियों का विनियमन करने के लिए भारित लाइसेंस फीस। गतिविधियां कुछ भी हो सकती हैं जैसे होटल, परिचर्या गृह, ब्यूटी पार्लर, शेयर दलाली, स्टाक एक्सचेंज। किंतु साधारणतः फीस के उद्‌ग्रहण और सेवा प्रदान के बीच संबंध होता है।

न्यायालयों की प्रवृत्ति कर और फीस के बीच भेद को मिटाने की है। धीरे-धीरे इस भेद को कम किया गया है। *होटल स्वामियों के मामले में*[29] उच्चतम न्यायालय ने यह कहा कि कर और फीस के बीच कोई प्रजातीय अंतर नहीं है। राज्य धन संग्रह करने की अपनी शक्ति के प्रयोग द्वारा कर भी अधिरोपित कर सकता है और फीस भी। जब किसी गतिविधि के लिए अनुज्ञप्ति (लाइसेंस) दी जाती है और उसका विनियमन करने की अपेक्षा है तो जो फीस ली जाती है वह विनियामक होती है। जब कोई विनिर्दिष्ट सेवा प्रदान करने के लिए फीस प्रभारित की जाती है तो दी गई सेवा और प्रभारी फीस के बीच कुछ *तत् प्रति तत्* विद्यमान होना चाहिए। किंतु विधि यह अपेक्षा नहीं करती कि इसमें अंकगणित जैसा समीकरण हो परंतु यह भी है कि फीस अत्यधिक नहीं हो सकती।

यदि फीस समस्त उद्योग के लिए है या विनियमनकारी है तो *तत् प्रति तत्* की अपेक्षा पीछे खिसक जाती है।[30] किसी उद्‌ग्रहण को जो नाम दिया जाता है वह निर्णायक नहीं होता। न्यायालय नाम नहीं प्रकृति देखता है।[31]

29. *सिकंदराबाद हैदराबाद होटल ओनर्स एसोसिएशन* बनाम *हैदराबाद म्युनिसिपल कारपोरेशन*, ए.आर.आर. 1999 एस.सी. 635।

30. *बी.एस.ई. ब्रोकर्स फोरम* बनाम *सेबी*, ए.आइ.आर. 2001 एस.सी. 1010।

31. *म्युनिसिपल काउंसिल* बनाम *डी.सी. एंड जी. मिल्स*, ए.आइ.आर 2001 एस.सी. 1060।

मोशन पिक्चर वाले मामले में[32] सरकार द्वारा सिनेमा दिखाने वालों से शुद्ध साप्ताहिक संग्रह का 1 प्रतिशत किराए के रूप में भारित किया गया था। इस पर आपत्ति की गई। सिनेमा घरों से यह अपेक्षा है कि वे वैज्ञानिक और शैक्षणिक वृत्त चित्र दिखाएंगे और उन्हें ऊपर बताई गई रकम सरकार को संदाय करना पड़ता है। न्यायालय ने यह अभिनिर्धारित किया कि यह किराया एक फीस है जो फिल्मों को तैयार करने और वितरण के लिए पैक करने में खर्च किया जाता है।

यह आवश्यक नहीं है कि फीस एकमुश्त रकम हो। फीस को श्रेणीकृत या क्रमिक भी किया जा सकता है।[33] **(पैरा 23.7** भी देखिए)

संविधान (80वां संशोधन) अधिनियम, 2000।

20.40 संविधान (80वां संशोधन) अधिनियम, 2000 भूतलक्षी रूप से 1 अप्रैल 1996 से लागू किया गया। इससे संघ और राज्य के बीच राजस्व के वितरण में अभूतपूर्व परिवर्तन हो गया। इस संशोधन से पहले आय पर कर (कृषि आय से भिन्न) और उत्पाद-शुल्क संघ द्वारा अधिरोपित और संगृहीत किए जाते थे। किंतु उस पर संघ और राज्य दोनों को हिस्सा मिलता था। हिस्सा क्या होगा यह वित्त आयोग की सिफारिश करने पर राष्ट्रपति द्वारा अवधारित किया जाता था। 80वें संशोधन के पश्चात् संघ सूची में निर्दिष्ट सभी कर और शुल्कों का विभाजन संघ और राज्यों के बीच होगा। इसके अपवाद हैं कर या शुल्क पर अधिभार या विशेष प्रयोजन के लिए लगाया गया उपकर। सीमा-शुल्क और निगम-कर आदि भी विभाज्य हो गए हैं। पहले वे केवल संघ के खाते में जाते थे। यह 10वें वित्त आयोग की सिफारिश पर आधारित है। संसद् द्वारा यह संशोधन पारित करने के पीछे तत्कालीन बहुदलीय सरकार के घटक राजनीतिक दलों का प्रभाव रहा है।

संघ द्वारा उद्गृहीत किंतु राज्यों द्वारा संगृहीत और विनियोजित किए जाने वाले कर।

20.41 कुछ कर संघ द्वारा उद्गृहीत और संगृहीत किए जाते हैं। किंतु राज्य द्वारा विनियोजित किए जाते हैं। वे हैं संघ सूची में उल्लिखित स्टांप शुल्क। ये संघ द्वारा अधिरोपित किए जाते हैं। ऐसे स्टांप शुल्कों के उदाहरण हैं—वचन पत्रों पर, शेयर अंतरण पर, डिबेंचर और रसीदों पर स्टांप शुल्क। ये राज्यों द्वारा संगृहीत किए जाते हैं और राज्यों के खाते में चले जाते हैं। इनके आगमों में केंद्र का कोई भाग नहीं होता (अनु. 268)।

101वें संशोधन अधिनियम ने औषधीय और प्रसाधन निर्मितियों को संघ सूची से निकाल दिया है इसलिए वे अब अनु. 268 के अंतर्गत नहीं हैं।

सेवा कर संघ द्वारा उद्गृहीत तथा संघ और राज्यों द्वारा संगृहीत और विनियोजित।

20.42 वित्त अधिनियम, 1994 द्वारा सेवा कर अधिरोपित किया गया था। बाद में इसे सांविधानिक प्रतिष्ठा दी गई। सन् 2003 में 88वें संशोधन द्वारा एक नया अनुच्छेद 268क अंतःस्थापित किया गया। इस अनुच्छेद द्वारा यह उपबंध किया गया कि भारत सरकार सेवाओं पर कर उद्गृहीत करेगी। यह कर माल और सेवा कर (GST) में समहित कर लिया गया है।

101वें संशोधन अधिनियम द्वारा अनु. 268क का लोप कर दिया गया है।

संघ द्वारा उद्गृहीत और संगृहीत किंतु राज्यों को सौंपे जाने वाले कर।

20.43 कुछ कर संघ द्वारा उद्गृहीत किए जाते हैं और संघ द्वारा ही संगृहीत किए जाते है। किंतु राज्यों के खाते में जमा होते हैं। इस प्रवर्ग में दो कर हैं।

32. *भारत संघ* बनाम *मोशन पिक्चर एसोसिएशन,* ए.आइ.आर. 1999 एस.सी. 2334।
33. *भीमसिंह* बनाम *भारत संघ* (2010) 5 एस.सी.सी. 538।

(क) अंतरराज्य विक्रय-कर
(ख) पारेषण कर

ये कर संघ द्वारा उद्‌गृहीत और संगृहीत किए जाते हैं तथा राज्यों को सौंप दिए जाते हैं। सौंपने के लिए सिद्धांत संसद् द्वारा विधि बनाकर उद्‌घोषित किए जाते हैं (अनु. 269)।

अंतरराज्यिक व्यापार या वाणिज्य के अनुक्रम में माल और सेवा कर का उद्‌ग्रहण और संग्रहण।

20.44 1 जुलाई 2017 से अंतराज्यीय माल और सेवा प्रदाय पर माल और सेवा कर संघ द्वारा उद्‌गृहीत और संगृहीत किया जाएगा। इस कर का विभाजन एकीकृत माल और सेवा कर अधिनियम, 2017 की धारा 17 के अनुसार, संघ और राज्यों के बीच किया जाएगा।

अन्य करों की दशा में करों का वितरण वित्त आयोग की सिफारिशों के आधार पर किया जाता है।

संघ द्वारा उद्‌गृहीत और संगृहीत तथा संघ और राज्यों के बीच वितरित किए जाने वाले कर।

20.45 अनुच्छेद 270 में यह अधिकथित है कि संघ सूची में निर्दिष्ट सभी कर और शुल्क जो संघ द्वारा उद्‌गृहीत और संगृहीत किए जाते हैं संघ और राज्यों के बीच वितरणीय होंगे। इसके अपवादस्वरूप वे कर और शुल्क हैं जो अनु. 268, 269 और 269क में उल्लिखित हैं। (देखिए ऊपर **पैरा 20.40, 20.43 और 20.44**।) करों का आगम किस प्रकार बांटा जाएगा यह वित्त आयोग की सिफारिश करने के पश्चात् निकाले गए राष्ट्रपति आदेश में इंगित होगा। यह नया अनुच्छेद 270 सन् 2000 में अंतःस्थापित किया गया। इसे 1996 से भूतलक्षी प्रभाव दिया गया। इसके कारण राज्यों के वित्तीय स्रोतों में वृद्धि हुई है।

संघ के लिए अधिभार।

20.46 अनुच्छेद 271 शुल्कों और करों पर अधिभार उद्‌गृहीत करने का प्रबंध करता है। ऐसे अधिभारों के आगम अनन्य रूप से संघ को जाते हैं। समय-समय पर सरकार आय-कर, निगम-कर आदि पर अधिभार अधिरोपित करती है। सरकार ने सीमा-शुल्क और उत्पाद-शुल्क पर संघ के प्रयोजनों के लिए अधिभार और अतिरिक्त अधिभार उद्‌गृहीत किए हैं। राज्यों को अधिभार में से कोई अंश नहीं मिलता। किंतु माल और सेवा कर पर कोई अधिभार नहीं लगाया जा सकेगा।

सहायता अनुदान।

20.47 संविधान में अनुदान के बारे में 3 अलग-अलग अनुच्छेद हैं और वे भिन्न-भिन्न अनुदानों के बारे में हैं।

(क) असम, बिहार, उड़ीसा और पश्चिमी बंगाल को जूट और जूट उत्पादों पर निर्यात शुल्क के स्थान पर अनुदान। यह उपबंध 26 जनवरी 1960 से निष्प्रभावी हो गया है। इस उपबंध की आयु संविधान के प्रारंभ से 10 वर्ष तक थी (अनु. 273)।

(ख) अनुच्छेद 275 में राज्यों को अनुदान का उपबंध है। विभिन्न राज्यों की आवश्यकता को देखते हुए भिन्न राशियां अनुदान के रूप में दी जा सकती हैं। अनुसूचित जनजातियों के कल्याण की अभिवृद्धि करने के लिए और अनुसूचित क्षेत्रों के प्रशासन को उन्नत करने के लिए विशेष अनुदान दिए जा सकते हैं।

(ग) अनुच्छेद 282 संघ और राज्यों को लोक प्रयोजन के लिए अनुदान देने की शक्ति देता है। ऐसे प्रयोजन के लिए भी अनुदान दिया जा सकता है जिसके बारे में विधि बनाने की शक्ति न हो।

इस अनुच्छेद के अधीन संघ, इंदिरा आवास योजना, जवाहर रोजगार योजना, राष्ट्रीय साक्षरता मिशन, पोलियो उन्मूलन आदि के लिए अनुदान देता है। कुछ राज्यों द्वारा गुजरात में सन् 2001 में आए भूकंप के पीड़ितों को राहत देने के लिए दिया गया अभिदान इसी वर्ग में आता है।

20.48 सांसद् स्थानीय क्षेत्र विकास स्कीम के अधीन प्रत्येक संसद् सदस्य अपने क्षेत्र में प्रतिवर्ष लोक प्रयोजन के किसी कार्य पर निर्धारित धन सीमा के अंदर व्यय करने की सिफारिश कर सकता है। उच्चतम न्यायालय ने यह अभिनिर्धारित किया है कि यह स्कीम सांविधानिक है, शक्तियों के पृथक्करण के सिद्धांत के विपरीत नहीं है और अनु. 275 और 282 से अनुमत है।[32]

सांसद् स्थानीय क्षेत्र विकास स्कीम।

20.49 अनुच्छेद 280 में वित्त आयोग के गठन का उपबंध है। यह आयोग हर 5 वर्ष पश्चात् गठित किया जाता है। 15वें वित्त आयोग की नियुक्ति सन् 2017 में हुई। श्री एन.के. सिंह इसके अध्यक्ष हैं।

वित्त आयोग।

आयोग में 1 अध्यक्ष और 4 अन्य सदस्य होते हैं। ये सभी राष्ट्रपति द्वारा नियुक्त किए जाते हैं। संसद् ने अनु. 280(2) के अधीन एक विधि बनाकर आयोग के सदस्यों की नियुक्ति के लिए अर्हताएं विहित की हैं। यह उपबंधित किया गया है कि अध्यक्ष ऐसा व्यक्ति होगा जिसे लोक कार्य का अनुभव होगा। जो अन्य 4 सदस्य होंगे वे ऐसे व्यक्तियों में से चंयन किए जाएंगे जो (1) उच्च न्यायालय के न्यायाधीश होने के लिए अर्ह हो या (2) जिसे सरकार के वित्त और लेखाओं का विशेष ज्ञान हो या (3) जिसे वित्तीय मामलों और प्रशासन का व्यापक अनुभव हो या (4) जिसे अर्थशास्त्र का विशेष ज्ञान हो।

सदस्य राष्ट्रपति आदेश में विनिर्दिष्ट अवधि के लिए पद धारण करते हैं। आयोग को साक्षियों को समन करने और हाजिर कराने तथा दस्तावेज को पेश कराने के मामले में सिविल न्यायालय की शक्तियां होती हैं।

आयोग का यह कर्त्तव्य है कि वह राष्ट्रपति को निम्नलिखित के बारे में सिफारिश करे।

(क) संघ और राज्यों के बीच करों के वितरण और राज्यों के बीच ऐसे आगमों के आबंटन के बारे में।

(ख) संघ द्वारा राज्यों को दिए जाने वाले सहायता अनुदान को शासित करने वाले सिद्ध ांतों के बारे में।

(ग) राज्यों के वित्त आयोग द्वारा की गई सिफारिशों के आधार पर पंचायतों के संसाधनों की अनुपूर्ति के लिए राज्य की निधि में संवर्धन के लिए आवश्यक अध्युपायों के बारे में।

(घ) नगरपालिकाओं की निधि की आपूर्ति के लिए पूर्ववर्ती पैरा (ग) के समान प्रस्तावों के बारे में।

(ङ) कोई अन्य विषय जो राष्ट्रपति द्वारा निर्दिष्ट किया जाए।

राष्ट्रपति, वित्त आयोग द्वारा की गई प्रत्येक सिफारिश को उस पर की गई कार्रवाई के स्पष्टीकारक ज्ञापन सहित संसद् के प्रत्येक सदन के समक्ष रखवाएगा।

20.50 वित्त आयोग संविधान के अनु. 280 के अधीन नियुक्त किया जाता है और उसके कर्त्तव्य संविधान में वर्णित हैं। किंतु इसके अतिरिक्त एक और आयोग था जिसे सरकार के संकल्प द्वारा बनाया गया था और जो केंद्र द्वारा राज्यों को दिए जाने वाले अनुदान का नियंत्रण और वितरण करता था। यह योजना आयोग था। इसका कार्य निरंतर चलता रहता था। योजना आयोग एक स्थाई निकाय था। आयोग का अध्यक्ष प्रधान मंत्री होता था और आयोग की सहायता के लिए एक विशाल सचिवालय था। राज्यों को दिए जाने वाले जो विवेकाधीन अनुदान हैं उनमें से लगभग 70 प्रतिशत योजना आयोग की सिफारिश पर दिए जाते थे। पंचवर्षीय योजना और राज्यों की वार्षिक योजना, आयोग को अनुमोदन के लिए प्रस्तुत की जाती थी। योजना आयोग एक संविधानेतर निकाय था जो महत्त्वपूर्ण वित्तीय कृत्य करता था। 2014 में इसे उत्सादित कर दिया गया।

योजना आयोग।

20.51 अनुच्छेद 279क में माल और सेवा कर परिषद की स्थापना का उपबंध है। यह अनुच्छेद संविधान के 101वें संशोधन द्वारा अंतःस्थापित किया गया।

माल और सेवा कर परिषद्।

संघ का वित्त मंत्री इस परिषद का अध्यक्ष होगा।

संघ का राज्य मंत्री, जो वित्त और कराधान का प्रभारी होगा, परिषद का सदस्य होगा।

प्रत्येक राज्य का वित्त या कराधान मंत्री या राज्य द्वारा नामनिर्दिष्ट मंत्री इसका सदस्य होगा।

माल और सेवाकर परिषद निम्नलिखित के विषयों में सिफारिश करेगी।

1. संघ, राज्यों और स्थानीय निकायों द्वारा उद्गृहीत कर, उपकर आदि जो माल और सेवा कर में समाहित किए जा सकेंगे।

2. माल और सेवाएं जो माल और सेवा कर के अध्यधीन हों।

3. अंतरराज्यिक व्यापार और वाणिज्य के अनुक्रम में माल और सेवा कर के उद्ग्रहण और प्रभाजन के सिद्धांत।

4. आवर्त की न्यूनतम सीमा जिसके नीचे माल और सेवा कर नहीं लगाया जाएगा।

5. कर की दरें।

6. किसी विनिर्दिष्ट अवधि के लिए विशेष दरें।

7. उत्तर पूर्व के आठ राज्यों और जम्मू-कश्मीर, उत्तराखंड तथा हिमाचल प्रदेश के लिए विशेष उपबंध।

8. कोई अन्य विषय जो परिषद् विनिश्चित करे।

इस परिषद् के दो महत्त्वपूर्ण कृत्य हैं, अर्थात्

1. उस तारीख की सिफारिश करना जिसको अपरिष्कृत पेट्रोलियम और उसके उत्पादों पर माल और सेवाकर उद्गृहीत किया जाए।

2. भारत सरकार और एक या अधिक राज्यों के बीच या एक ओर भारत सरकार और एक या अधिक राज्य और दूसरी ओर एक या अधिक राज्यों के बीच अथवा दो या अधिक राज्यों के बीच विवादों के न्यायनिर्णयन के लिए एक तंत्र की स्थापना।

परिषद् का प्रत्येक निर्णय उपस्थित और मतदान करने वाले अधिमान प्राप्त मतों के कम से कम तीन चौथाई बहुमत से किया जाएगा।

केंद्रीय सरकार के मत को डाले गए कुल मतों के एक तिहाई का अधिमान प्राप्त होगा।

सभी राज्य सरकारों के कुल मतों का अधिमान 2/3 होगा।

20.52 संघ को प्राप्त सभी राजस्व एक निधि में जमा किए जाते हैं जिसे भारत की संचित निधि कहा जाता है। प्रत्येक राज्य के लिए राज्य की संचित निधि होती है (अनु. 286)। सभी कर, फीस और उपकर आदि इन्हीं निधियों में जाते हैं। सरकार द्वारा दिए गए सभी उधार और उधारों के प्रतिसंदाय (वापस चुकाने) में प्राप्त सभी धन इसी निधि में जमा होते हैं। संचित निधि में से धन निकालने के लिए सक्षम विधान-मंडल विनियोग अधिनियम पारित करता है। यह अधिनियम विधान-मंडल द्वारा पारित अनुदानों के संदाय के लिए और संचित निधि में भारित व्यय के लिए धन के आहरण को प्राधिकृत करता है।[34]

संचित निधि।

34. विनियोग अधिनियम के बारे में देखिए अनु. 114 और 204।

20.53 संघ और प्रत्येक राज्य में एक अन्य निधि होती है जिसे आकस्मिकता निधि कहते हैं। यह एक अग्रदाय निधि होती है जिसमें विधि द्वारा नियत एक रकम संचित निधि में से अंतरित कर दी जाती है। जहां ऐसा व्यय करने की आवश्यकता पड़ती है जिसके लिए विधान-मंडल ने मंजूरी नहीं दी है तो आकस्मिकता निधि में से धन निकाला जाता है। बाद में जब विधान-मंडल से प्राधिकार प्राप्त हो जाता है तो निकाली गई रकम की भरपाई कर दी जाती है। समुचित विधान-मंडलों ने आकस्मिकता निधि की स्थापना और प्रवर्तन को विनियमित करने के लिए विधियां अधिनियमित की हैं।

आकस्मिकता निधि।

20.54 सरकार कभी कभी ऐसा धन प्राप्त करती है जिस पर उसका स्वामित्व नहीं होता जैसे न्यायालय में याची द्वारा किया गया निक्षेप या सरकार के किसी अधिकारी द्वारा प्राप्त धन जैसे भविष्य निधि, डाकघर बचत बैंक निक्षेप आदि। कोई भी अधिकारी ऐसा धन जो उसने संगृहीत किया है या जो उसके पास जमा किया गया है अपनी अभिरक्षा में नहीं रखेगा। वह, यथास्थिति, संघ के या राज्य के लोक लेखा में जमा किया जाएगा। दूसरे शब्दों में वह धन जो संचित निधि में नहीं जाता है लोक लेखा में जाएगा।

लोक लेखा।

20.55 परिसंघ में सरकार के दो स्तर होते हैं। यदि उन्हें एक दूसरे पर कर लगाने की अनुमति दे दी जाए तो इससे उनके कार्यकरण में अवरोध उत्पन्न होगा। सभी संविधान इस बात पर सहमत हैं कि दोनों को कराधान के मामले में एक दूसरे से उन्मुक्ति देना आवश्यक है। यह कहा गया है कि कर लगाने की शक्ति विनाश करने की शक्ति है। कर से उन्मुक्ति से संबंधित उपबंध अनु. 285 से 289 में अंतर्विष्ट हैं।

अंतरशासन कर उन्मुक्ति।

अमरीका में यह उन्मुक्ति उच्चतम न्यायालय के एक विनिश्चय पर आधारित है।[35] यह भारत में दी गई उन्मुक्ति से अधिक व्यापक है। अमरीका में इसे **परिकरणों की उन्मुक्ति का सिद्धांत** कहते हैं।

20.56 संघ को अपनी संपत्ति की बाबत उन्मुक्ति है। संपत्ति का व्यापक निर्वचन किया जाना चाहिए। इसके अंतर्गत भूमि, भवन, जंगम संपत्ति, शेयर, ऋण आदि प्रत्येक वस्तु आएगी जिसका मूल्य है। सभी संपत्ति को कर से छूट है। संपत्ति का उपयोग प्रभु प्रयोजन के लिए (सशस्त्र बलों के लिए) हो सकता है या वाणिज्यिक प्रयोजन के लिए। यदि संपत्ति का स्वामित्व संघ में है तो उसे कराधान से छूट होगी (अनु. 285)। यदि कर संपत्ति पर अधिरोपित नहीं है किंतु किसी अन्य संव्यवहार पर लगाया गया है तो कर अनुज्ञेय होगा। जैसे माल के क्रय या विक्रय पर कर या माल के प्रवेश पर कर।

संघ की उन्मुक्ति।

जहां संघ ने किसी निगम का सृजन किया है वहां निगम में विहित संपत्ति पर कर लगाया जा सकता है। इसका कारण यह है कि निगम एक पृथक् विधिक इकाई है।[36]

किंतु संसद् विधि द्वारा राज्य को या राज्य के भीतर किसी प्राधिकरण को संघ की संपत्ति पर कर लगाने का प्राधिकार दे सकती है। यह अधिकार केवल संसद् को है। राज्य या नगरपालिकाओं को नहीं। यह केवल विधि द्वारा किया जा सकता है प्रशासनिक आदेश या परिपत्र द्वारा नहीं।

---

35. *मेक्यूलाक* बनाम *मेरीलेंड* (1819) 4 बी. 316।
36. *वेस्टर्न कोलफील्ड्स* बनाम *एस.ए.डी.ए.*, ए.आइ.आर. 1982 एस.सी. 697।

अनुच्छेद 285 का खंड (2) एक व्यावृत्ति उपबंध है। यदि कोई संपत्ति संविधान के प्रारंभ से पहले (क) विद्यमान थी और (ख) कराधान के अधीन थी तो जब तक संसद् विधि बनाकर परिवर्तन न करे तब तक कर लगाया जाता रहेगा। नए कर उद्‌गृहीत नहीं किए जा सकते किंतु कर की दर में परिवर्तन किया जा सकता है।

राज्यों की उन्मुक्ति।

20.57 अनुच्छेद 285 और अनु. 289 में कुछ समानताएं हैं। किंतु वे एक जैसे नहीं हैं। राज्यों की संपत्ति और आय को संघ के कराधान से छूट है। ऐसी आय सरकारी या गैर सरकारी (वाणिज्य) कृत्यों से प्राप्त हो सकती है। खंड (2) में यह कहा गया है कि संसद् विधि अधिनियमित करके व्यापार या वाणिज्य से होने वाली आय पर कर लगा सकती है। संसद् को शक्ति दी गई है कि वह यह घोषित करे कि कोई विशेष व्यापार या कारबार सरकार के सामान्य कृत्यों का आनुषंगिक है। यदि ऐसी घोषणा की जाती है तो उस आय को कर से छूट मिलेगी।

यह छूट राज्य की (क) संपत्ति को और (ख) आय को है। किसी स्थानीय प्राधिकारी या सांविधिक निगम को यह छूट नहीं मिलेगी।

सीमा-शुल्क या निर्यात-शुल्क संपत्ति पर कर नहीं है किंतु माल के आयात या निर्यात पर कर है। किसी राज्य द्वारा आयात माल को सीमा-शुल्क से छूट नहीं है।[37] राज्य के स्वामित्व या नियंत्रण के अधीन निगम की आय यदि व्यापार या कारबार से होने वाली आय है तो उस आय पर आय-कर लगेगा चाहे ऐसी निगम किसी अधिनियम द्वारा बनाई गई हो। राज्य सड़क परिवहन निगम आय-कर के दायित्व के अधीन है।[38]

अनुच्छेद 285 और 289 की तुलना।

20.58 अनुच्छेद 285 और 289 की तुलना।

अनुच्छेद 285	अनुच्छेद 289
1. संघ की संपत्ति को कर से छूट है। (यहां आय का उल्लेख करने की आवश्यकता नहीं है। क्योंकि राज्य को आय पर कर लगाने की शक्ति नहीं है।)	1. संघ की संपत्ति और आय को (जो व्यापार या वाणिज्य से होने वाली आय नहीं है) कर से छूट है।
2. संघ की समस्त संपत्ति को छूट है।	2. केवल उसी संपत्ति को छूट है जिसका उपयोग व्यापार या कारबार के प्रयोजन के लिए नहीं किया जा रहा है।

आपात का प्रभाव।

20.59 ऊपर जिन वित्तीय संबंधों का वर्णन किया गया है वे सामान्य समय या परिस्थितियों को लागू होते हैं। विभिन्न आपात के समय इन संबंधों में परिवर्तन हो जाता है।

1. जब अनु. 352 के अधीन घोषित आपात की उद्घोषणा प्रवृत्त रहती है तो राष्ट्रपति यह आदेश दे सकता है कि अनु. 268 से अनु. 279 तक के उपबंध (करों के विभाजन और सहायता अनुदानों के बारे में) या तो निलंबित रहेंगे या उपांतरित हो जाएंगे। इससे संघ को राष्ट्रीय आपात के दौरान अपने वित्तीय स्रोतों की वृद्धि करने की शक्ति मिलती है।

2. जब अनुच्छेद 360 के अधीन घोषित वित्तीय आपात की घोषणा प्रवृत्त रहती है तब संघ किसी भी राज्य को निम्नलिखित के बारे में निदेश दे सकता है।

---

37. *सी. कस्टम एक्ट का मामला,* ए.आइ.आर. 1963 एस.सी. 1760।

38. *ए.पी.एस.आर.टी.सी.* बनाम *आई.टी.ओ.,* ए.आइ.आर. 1964 एस.सी. 1486।

(क) वित्तीय औचित्य संबंधी सिद्धांतों का और अन्य ऐसे निदेशों का जो विनिर्दिष्ट किए जाएं पालन करने के लिए।

(ख) राज्य के अधीन सेवा करने वाले सभी व्यक्तियों के वेतनों और भत्तों में कमी करने के लिए (इसमें उच्च न्यायालय के न्यायाधीश भी हैं)।

(ग) सभी धन विधेयकों और वित्तीय विधेयकों को राष्ट्रपति के विचार के लिए आरक्षित करने के लिए।

अविधिमान्य कर को विधिमान्य बनाना।

20.60 विधान-मंडल ऐसे कर को विधिमान्य कर सकता है जिसके बारे में न्यायालय ने यह घोषित किया है कि वह अविधिमान्य विधि के अधीन अवैध रूप से संगृहीत किया गया है। किंतु,

(i) अविधिमान्यता का कारण हटाया जाना चाहिए।

(ii) विधान-मंडल को कर उद्ग्रहण की शक्ति होनी चाहिए।

केवल इस घोषणा से काम नहीं चलेगा कि न्यायालय का निर्णय आबद्धकर नहीं होगा क्योंकि न्यायालय को यह शक्ति नहीं है कि वह न्यायालय के विनिश्चय को उलट दे।[39]

विधान-मंडल उस आधार को बदल सकता है जिस पर वह विनिश्चय आधारित है। वह साधारण विधि को भी बदल सकता है। किंतु वह पक्षकारों के बीच दिए गए व्यक्तिगत निर्णयों को अपास्त नहीं कर सकता।[40]

39. *श्री पृथ्वी कॉटन मिल्स* बनाम *भड़ौंच बारो म्युनिसिपलिटी* (1969) 2 एस.सी.सी. 283, ए.आइ.आर. 1970 एस.सी. 192।

40. *कावेरी वाटर डिस्प्यूट ट्रिब्यूनल का मामला,* ए.आइ.आर. 1992 एस.सी. 522।

अध्याय 21

संपत्ति, संविदाएं और वाद–सरकार का दायित्व

21.1 इस शीर्षक को स्पष्ट करना आवश्यक है। इसमें संपत्ति के अर्जन, धारण और व्ययन के अधिकार की विवेचना नहीं की गई है। इसमें भारत संघ और विभिन्न राज्यों पर संपत्ति के न्यागमन पर विचार किया गया है। इसमें इस पर भी विचार किया जाएगा कि कुछ मामलों में संपत्ति का उत्तराधिकार सरकार को कैसे होता है। इसी में समुद्र के भीतर की भूमि और खनिज आदि के स्वामित्व पर विचार-विमर्श किया गया है।

संपत्ति।

21.2 ईस्ट इंडिया कंपनी की संपत्ति, आस्तियां, अधिकार और दायित्व आदि भारत सरकार के प्रयोजन के लिए हिज मजेस्टी में न्यागत हो गए। सरकार ऐकिक प्रणाली की थी इसलिए सभी संपत्ति भारत सरकार में निहित हो गईं। उस समय प्रांत प्रशासन की इकाई थे। भारतीय स्वतंत्रता अधिनियम, 1947 के अधीन भारत डोमिनियन और प्रांत उस संपत्ति के उत्तराधिकारी बने (उस संपत्ति को छोड़कर जो पाकिस्तान डोमिनियन पर न्यागत हुई)। अनुच्छेद 294 और 295 के अधीन वह सभी संपत्ति और आस्तियां आदि जो डोमिनियन और प्रांतों में निहित थीं संघ और तत्स्थानी राज्य में निहित हो गईं।

संपत्ति का उत्तराधिकार।

बहुत सी देशी रियासतों का संघ में विलय हो गया। इसलिए अनु. 295 में यह उपबंध किया गया कि देशी राज्यों की संपत्ति और आस्तियां आदि संघ में या तत्स्थानी राज्यों में निहित होंगी।

यह ध्यान देने योग्य है कि निहित होने का प्रयोजन से संबंध है। भूमि, कोयला, लोहा आदि खनिज प्राप्त करने के लिए संघ में निहित होती है। वही भूमि सड़क या पुलिस थाना निर्माण करने के प्रयोजन के लिए राज्य में निहित होती है। सरकार के स्वामित्व के विद्यालय राज्य की संपत्ति बन गए क्योंकि शिक्षा राज्य का विषय था।

जितने अधिकार, दायित्व और बाध्यताएं थीं वे दोनों सरकारों के अधिकार, दायित्व आदि हो गए। दोनों सरकारों का अर्थ है संघ और राज्य की सरकारें।

21.3 अनुच्छेद 296 में 3 प्रकार की परिस्थितियों का वर्णन है जिसमें राज्य उत्तराधिकारी हो जाता है वे हैं राजगामी संपत्ति, व्यपगत संपत्ति, स्वामीविहीन संपत्ति।

राजगामी या व्यपगत संपत्ति का उत्तराधिकार।

राजगामित्व—प्राचीन काल से यह नियम रहा है कि जो व्यक्ति बिना वारिस के और बिना वसीयत के संपत्ति छोड़कर मर जाता है उसकी संपत्ति का उत्तराधिकारी राज्य होता है। ऐसा

समझा जाता है कि प्रभुत्व का यह एक आवश्यक गुण है। राजगामित्व का अर्थ है किसी व्यक्ति के निर्वसीयत और बिना वारिस के मरने पर संपत्ति का राज्य में न्यागत होना।

व्यपगत संपत्ति—कुछ विधियों और नियमों के अधीन यदि कुछ करों और निधियों के वास्तविक स्वामी निश्चित समय के भीतर दावा नहीं करते हैं तो संपत्ति व्यपगत हो जाती है। जैसे न्यायालय में किए गए निक्षेप।

स्वामीविहीन संपत्ति—जिस संपत्ति का कोई दावेदार नहीं है उसे स्वामीविहीन संपत्ति कहते हैं। जब भूमि के अंदर दबी हुआ निखात निधि प्रगट होती है तो राज्य उसका स्वामी होता है। जिस संपत्ति का त्याग कर दिया गया है या विघटित कंपनियों की आस्तियां आदि राज्य में निहित होती हैं। अनुच्छेद 296 के अधीन संपत्ति केवल एक सरकार में निहित होती है। संपत्ति उस सरकार में निहित होती है जो उस स्थान की सरकार है जहां संपत्ति स्थित है या पाई जाती है। राज्य की दशा में संपत्ति राज्य में निहित होगी और संघ राज्यक्षेत्र की दशा में संघ में।

21.4 **राज्यक्षेत्रीय सागर खंड या महाद्वीपीय मग्नतट भूमि आदि के भीतर मूल्यवान चीज़ें।**

राज्यक्षेत्रीय सागर खंड, महाद्वीपीय मग्नतट भूमि आदि अंतरराष्ट्रीय विधि के सुज्ञात पद हैं। 1954 में अमरीका के राष्ट्रपति ट्रूमेन ने यह प्राख्यान किया कि उनके देश को महाद्वीपीय मग्नतट भूमि पर अधिकारिता का प्रयोग करने का अधिकार है। मात्स्यिकी आदि के बारे में जिनेवा अभिसमय (1958) में ट्रूमेन के सिद्धांत को स्वीकार किया गया। 1956 में भारत ने एक राष्ट्रपतीय घोषणा की जिसके द्वारा महाद्वीपीय मग्नतट भूमि के संबंध में कुछ अधिकारों का दावा किया गया। 1976 में संविधान (40वां संशोधन) अधिनियम द्वारा अनु. 297 को उपांतरित करके उसके प्रविषय और प्रवर्तन में वृद्धि की गई। संसद् ने अनु. 297 के अधीन दी गई शक्ति का प्रयोग करते हुए राज्यक्षेत्रीय सागर खंड, महाद्वीपीय मग्नतट भूमि, अनन्य आर्थिक क्षेत्र और अन्य सामुद्रिक क्षेत्र अधिनियम, 1976 में पारित किया।

राज्यक्षेत्रीय सागर खंड समुचित आधार रेखा से नापकर 12 समुद्री मील की दूरी का क्षेत्र होता है। राज्यक्षेत्रीय सागर खंड के अधीन (क) वह वेलांचली और सीमांत समुद्र भी आता है जो खुले समुद्र का भाग है और (ख) वे अंतर्गम भी आते हैं जिनमें पोताश्रय, वेलासंगम, और भूमि से बंधी खाड़ियां हैं। (ग) इसमें जलडमरूमध्य भी आते हैं।

1976 के अधिनियम में संस्पर्शी क्षेत्र की परिभाषा दी गई है। यह क्षेत्र 24 समुद्री मील की दूरी का राज्यक्षेत्रीय सागर खंड की सीमा के बाहर और उससे लगा हुआ क्षेत्र है।

महाद्वीपीय मग्नतट भूमि समुद्र का वह तल और उपमृदा है जो राज्यक्षेत्रीय सागर खंड की आधार रेखा से 200 समुद्री मील तक समुद्र के नीचे के क्षेत्र में आती है। भारत ने इस महाद्वीपीय मग्नतट भूमि पर अनन्य प्रभु अधिकारों का प्राख्यान किया है अर्थात् सभी स्रोतों की खोज करने और उनका विदोहन करने, उनका परीक्षण और प्रबंध करने का अधिकार और अपतट अंतस्थ, कृत्रिम द्वीप, स्थापनाएं आदि का निर्माण करने और उनका अनुरक्षण करने का अधिकार।

भारत का अनन्य आर्थिक क्षेत्र वह क्षेत्र है जो राज्यक्षेत्रीय सागर खंड के बाहर है किंतु ऐसे सागर खंड की आधार रेखा से 200 समुद्री मील के भीतर है। इस क्षेत्र में भी भारत ने प्रभु और अनन्य अधिकारों का दावा किया है।

उपर्युक्त अंचलों और क्षेत्रों के सभी संसाधन संघ के प्रयोजनों के लिए संघ में निहित होते हैं। राज्यक्षेत्रीय सागर खंड पर विधायी शक्ति का विभाजन विधायी सूचियों के अनुसार संघ और राज्यों के बीच होगा। जैसे मात्स्यिकी राज्य सूची में है।

प्रौद्योगिकी के विकास के साथ बहुत से देश समुद्र तल का विदोहन कर रहे हैं। उत्तरी समुद्र से जो कच्चा तेल प्राप्त किया जा रहा है वह बहुत मूल्यवान है। अंतरराष्ट्रीय न्यायालय ने

उत्तरी समुद्र महाद्वीपीय मग्नतट भूमि के मामले[1] में विभिन्न राष्ट्रों के उत्तरी समुद्र के दावों का निपटारा किया। भारत ने अपने हितों की रक्षा के लिए अनुच्छेद 297 का 1963 और 1976 में संशोधन किया और 1976 में एक अधिनियम बनाया जिसका इसी पैरा में ऊपर उल्लेख किया गया है।

21.5 सरकार प्रतिदिन करार करती है और इन संविदाओं का मूल्य अति विशाल होता है। अनुच्छेद 299 में एक निश्चित रीति विहित की गई है जिसके अनुसार संविदा करना आवश्यक है। उस प्रक्रिया का अनुसरण न करने पर संविदा शून्य होगी और सरकार पर आबद्धकर नहीं होगी। यह बताया गया है कि सरकार के साथ प्रत्येक संविदा लिखित होनी चाहिए। मौखिक संविदाएं शून्य होंगी। सरकार के साथ विधिमान्य संविदा में निम्नलिखित अपेक्षाएं होती हैं,—

सरकारी संविदाएं।

(क) संविदा, यथास्थिति, राष्ट्रपति या राज्यपाल द्वारा सम्यक् रूप से प्राधिकृत व्यक्ति द्वारा निष्पादित की जानी चाहिए।

(ख) संविदा, यथास्थिति, राष्ट्रपति या राज्यपाल द्वारा की गई कही जानी चाहिए। दूसरे शब्दों में संविदा में स्पष्ट रूप से यह उल्लेख होना चाहिए कि संघ की दशा में राष्ट्रपति या राज्य की दशा में राज्यपाल संविदा का पक्षकार है।

(ग) संविदा प्राधिकृत व्यक्ति द्वारा राष्ट्रपति या राज्यपाल की ओर निष्पादित की जानी चाहिए।

किंतु इसका यह अर्थ नहीं है कि सभी संविदाएं पूरी औपचारिकता के साथ लिखी जाएं। निविदा के द्वारा या पक्षकारों में पत्राचार द्वारा की गई संविदा विधिमान्य होगी यदि निविदा का प्रतिग्रहण किया जाता है या पत्राचार पर राष्ट्रपति या राज्यपाल की ओर से हस्ताक्षर किए जाते हैं।[2]

किंतु ये औपचारिकताएं सांविधिक निगमों पर लागू नहीं होती। अनुच्छेद 299 के आधार पर ऐसी संविदा अविधिमान्य नहीं होगी जिसमें सरकारी निगम पक्षकार है। अर्थात् इस आधार पर कि अपेक्षित औपचारिकताएं पूरी नहीं की गईं हैं।

अनुच्छेद 299 उन संविदाओं को लागू नहीं होता है जो सांविधिक प्रकृति की हैं। जहां पंजाब आबकारी अधिनियम के अधीन कानूनी शक्ति का प्रयोग करते हुए नीलामी में शराब की दुकान चलाने का अनन्य विशेषाधिकार बेचा गया वहां यह अभिनिर्धारित हुआ कि अनु. 299 का अनुपालन आवश्यक नहीं है।[3]

अनुच्छेद 299 में यह नहीं बताया गया कि किस रीति से किसी व्यक्ति को संविदा निष्पादित करने का प्राधिकार दिया जाए। साधारणतया सरकार वित्तीय नियमों में इसके लिए उपबंध करती है या राजपत्र में सूचना निकालकर प्राधिकार देती है। किंतु यह अधिकार किसी व्यक्ति को तदर्थ रूप में भी दिया जा सकता है।

21.6 जहां कोई संविदा अपेक्षित औपचारिकता के अभाव में अविधिमान्य है किंतु सरकार ने उससे फायदा उठाया है और दूसरे पक्षकार ने संविदा के अधीन अपना काम पूरा किया है तो संविदा अधिनियम की धारा 70 लागू होगी और सरकार दूसरे पक्षकार को प्रतिकर देने के लिए बाध्य होगी। उचित मामलों में सरकार के विरुद्ध वचन-विबंध का आदेश दिया जा सकता है। जहां अनु. 299 की

वचन-विबंध।

1. (1969) आइ.सी.जे. 3।
2. *भारत संघ* बनाम *रलिया राम,* ए.आइ.आर. 1963 एस.सी. 1685।
3. *हरियाणा राज्य* बनाम *लालचंद,* ए.आइ.आर. 1984 एस.सी. 1326।

अपेक्षानुसार संविदा निष्पादित नहीं की गई है, वहां भी उचित मामलों में सरकार के विरुद्ध वचन-विबंध का सिद्धांत लागू होगा।

राष्ट्रपति या राज्यपाल का संविदा में दायित्व।

21.7 राष्ट्रपति या राज्यपाल उसके नाम से की गई किसी संविदा या लिखे गए हस्तांतरण पत्र के लिए व्यक्तिगत रूप से दायी नहीं होगा। इसी प्रकार जिस प्राधिकृत व्यक्ति ने संविदा की है उसका भी कोई व्यक्तिगत दायित्व नहीं होता। यदि संविदा के भंग के लिए कोई कार्रवाई की जाती है तो संघ या संबद्ध राज्य के विरुद्ध अनुतोष के लिए दावा होना चाहिए।

वाद और कार्यवाहियां।

21.8 अनुच्छेद 300 में सरकार द्वारा या सरकार के विरुद्ध वाद और कार्यवाहियों से संबंधित विधि है। इसमें 3 पहलुओं पर विचार किया गया है। (क) वाद या कार्यवाही का प्ररूप (ख) सरकार के दायित्व का विस्तार और (ग) संसद् या राज्य विधान-मंडल को उपर्युक्त के बारे में विधि अधिनियमित करने की शक्ति।

वाद का प्ररूप।

21.9 भारत सरकार, भारत संघ के नाम से वाद ला सकेगी या उस पर वाद लाया जा सकेगा। राज्य की सरकार, उस राज्य के नाम से वाद ला सकेगी या उस पर वाद लाया जा सकेगा। राष्ट्रपति के नाम से या किसी विभाग के सचिव के नाम से वाद संस्थित करना अनुचित है।

साधारण दायित्व।

21.10 अनुच्छेद 300 में यह उपबंध है कि सिविल कार्रवाइयों—संविदा या अपकृत्य में—सरकार का दायित्व वही है जो भारत डोमिनियन के तत्स्थानी प्रांतों का था। भारत शासन अधिनियम, 1935 ने डोमिनियन को उन सब मामलों में दायी बना दिया जिसमें सपरिषद् सेक्रेटरी आफ स्टेट दायी था। यदि पीछे मुड़कर देखें तो हम यह पाते हैं कि भारत शासन अधिनियम, 1915 में यह उपबंध था कि उन सब मामलों में सेक्रेटरी आफ स्टेट के विरुद्ध वाद लाया जा सकेगा जहां ईस्ट इंडिया कंपनी के विरुद्ध उपचार उपलब्ध था। इस लंबी श्रृंखला से यह छोटा सा निष्कर्ष निकलता है कि यदि पूर्व में ईस्ट इंडिया कंपनी के विरुद्ध वाद लाया जा सकता था तो भारत संघ या किसी राज्य के विरुद्ध भी वैसा ही वाद लाया जा सकता है।

ईस्ट इंडिया कंपनी दो हैसियत में काम करती थी। (क) कारबार करने वाली व्यापारिक निगम के रूप में और (ख) सम्राट के प्रतिनिधि के रूप में। दूसरे रूप में वह सम्राट की ओर से प्रभुता का प्रयोग करती थी।

पहली भूमिका में कंपनी सभी न्यायालयों की अधिकारिता के अधीन थी। दूसरी हैसियत में राष्ट्रीय न्यायालयों को उसके विरुद्ध अधिकारिता नहीं थी।

संविदा में दायित्व।

21.11 जैसा ऊपर कहा गया है संविदा के लिए ईस्ट इंडिया कंपनी साधारण व्यक्ति के समान सामान्य न्यायालयों में वाद ला सकती थी और उसके विरुद्ध वाद लाया जा सकता था। अनुच्छेद 299 और 300 का संयुक्त प्रभाव यह है कि यदि संविदा विधिमान्य है अर्थात् अनु. 299 द्वारा अपेक्षित औपचारिकताओं का पालन किया गया है तो राज्य संविदा में उसी तरह दायी है जैसा कि कोई साधारण व्यक्ति होता है। यदि किसी अधिनियम में विनिर्दिष्ट रूप से शर्तें अभिव्यक्त की गईं हैं तो वे आबद्ध कर होंगी। उदाहरण के लिए सरकार के विरुद्ध वाद लाने के पहले सरकार को सिविल प्रक्रिया संहिता की धारा 80 के अधीन सूचना देकर सरकार को मामले को निपटाने के लिए 60 दिन की अवधि दी जानी चाहिए। परिसीमा विधि भी लागू होती है।

21.12 *पी. एंड ओ. स्टीम नेविगेशन कंपनी के मामले*[4] में वादी कंपनी ने सरकार के कर्मचारियों की उपेक्षा से हुई क्षति और नुकसान के लिए प्रतिकर का दावा किया था। न्यायालय ने यह अभिनिर्धारित किया कि अपने कर्मचारियों के इस प्रकार के कार्य के लिए सेक्रेटरी आफ स्टेट उतना ही दायी था जितना कि अन्य नियोजक होता है। किंतु न्यायालय ने अपने निर्णय में प्रभु कृत्य और प्रभुताहीन कृत्य के बीच भेद किया।

अपकृत्य में दायित्व।

विद्यावती[5] में उच्चतम न्यायालय में राज्य को दायी ठहराया। इस वाद में राजस्थान राज्य के एक ड्राइवर ने उपेक्षापूर्वक जीप चलाते हुए एक व्यक्ति की मृत्यु कारित की थी। न्यायालय ने यह अभिनिर्धारित किया कि ड्राइवर अपने नियोजन के अंतर्गत काम कर रहा था और नियोजक के नाते राज्य अपने सेवक के कार्य के लिए दायी है। न्यायालय ने राज्य की प्रभुता पर आधारित उन्मुक्ति के दावे को नामंजूर कर दिया।

कस्तूरीलाल[6] में उच्चतम न्यायालय ने प्रभुतावान और प्रभुताहीन कृत्यों के बीच भेद किया। इस मामले में एक व्यक्ति को पुलिस ने अपनी अभिरक्षा में लिया और उसके कब्जे में पाए गए सोना चांदी और अन्य संपत्ति पुलिस थाने में जमा कर दी गई। पुलिस के एक सिपाही ने वह मूल्यवान संपत्ति अपने कब्जे में ले ली और पाकिस्तान चला गया। व्यथित व्यक्ति ने सोना चांदी आदि लौटाए जाने के लिए और अनुकल्प के रूप में नुकसानी का दावा किया। उच्चतम न्यायालय ने उसे अनुतोष देने से इंकार कर दिया। न्यायालय ने यह कहा कि यह अपकृत्य प्रभुतावान कर्त्तव्यों के निर्वहन में किया गया था। न्यायालय ने सरकार को यह सुझाव दिया कि वह इंग्लैंड में क्राउन प्रोसीडिंग एक्ट के समानांतर राज्य की उन्मुक्ति के दावे को विनियमित और नियंत्रित करने के लिए विधान पारित करे। कुछ विद्वानों और विधि आयोग ने विधान का सुझाव भी दिया था किंतु कोई विधि संसद् द्वारा अधिनियमित नहीं की जा सकी।

21.13 *नागेंद्र राव*[7] में पुलिस ने आवश्यक वस्तु अधिनियम के अधीन शक्तियों का प्रयोग करते हुए नागेंद्र राव से बड़ी मात्रा में उर्वरक और अनाज ले लिए। अंत में प्राधिकारियों ने यह पाया कि जो जब्ती की गई थी वह न्यायोचित नहीं थी। जब्त किया हुआ माल छोड़ दिया गया और राव से कहा गया कि वह उसे ले जाए। राव ने यह पाया कि माल की मात्रा कम हो गई थी और जो बचा हुआ था उसे नुकसान हो गया था। जब उसने राज्य के विरुद्ध नुकसानी का दावा किया तो राज्य ने **प्रभु उन्मुक्ति** के सिद्धांत की ओट लेनी चाही।

प्रभुतावान और प्रभुताहीन कृत्यों के बीच सीमा रेखा का मिट जाना।

उच्चतम न्यायालय ने यह अधिकथित किया कि आधुनिक न्यायिक दृष्टिकोण राज्य को यह पुरातनपंथी संरक्षण दिए जाने के विरुद्ध है। सरकार को अन्य विधिक व्यक्तियों के स्तर पर ही रखा जाना चाहिए। राज्यों के प्रभुतावान और प्रभुताहीन कृत्यों के बीच अभेद्य दीवार खड़ी नहीं की जा सकती। न्यायालय ने आगे यह भी कहा कि प्रभुतावान उन्मुक्ति वहां उपलब्ध नहीं होगी जहां अधिकारीगण नागरिक के प्राण और स्वतंत्रता में ऐसा हस्तक्षेप करते हैं जो विधि द्वारा अनुज्ञात नहीं है। प्रभुता अब जनता में निहित है। प्रभुता पर आधारित उन्मुक्ति का सिद्धांत पुराना पड़ गया है। राज्य उन्मुक्ति का दावा नहीं कर सकते। न्यायालय ने *कस्तूरीलाल*[6] को उलटा नहीं किंतु वह भिन्न है यह दिखाते हुए यह कहा कि वह बहुत सीमित और बिरले मामलों को ही लागू होगा।

---

4. *पी. एंड ओ. स्टीम नेविगेशन कं.* बनाम *सेक्रेटरी आफ स्टेट फार इंडिया* (1861) बांबे एच.सी.आर. अपील 5।
5. *राजस्थान राज्य* बनाम *विद्यावती,* ए.आइ.आर. 1962 एस.सी. 933।
6. *कस्तूरीलाल* बनाम *उत्तर प्रदेश राज्य,* ए.आइ.आर. 1965 एस.सी. 1039।
7. *एन. नागेंद्र राव* बनाम *आंध्र प्रदेश राज्य,* ए.आइ.आर. 1994 एस.सी. 2663।

बंदी की हत्या वाले मामले[8] में उच्चतम न्यायालय ने यह उद्घोषित किया कि न्यायिक प्रक्रिया की प्रगति में *कस्तूरीलाल*[6] महत्त्वहीन हो गया है और अब वह आबद्धकर नहीं रहा। इस मामले में एक कैदी ने कारागार के अधिकारियों को यह सूचना दी कि उसके जीवन को खतरा है। अधिकारियों ने उसकी सुरक्षा के लिए कोई सावधानी नहीं बरती। कारागार में ही उस बंदी की हत्या कर दी गई। यह भी पाया गया कि बंदी की हत्या का षड्यंत्र कारागार में रचा गया था और एक पुलिस अधिकारी भी उसमें शामिल था। न्यायालय ने इस बात पर बल दिया कि प्रभुतावान कार्यों के बारे में उन्मुक्ति के पुरातनपंथी प्रतिवाद का अभिवचन करके मूल अधिकारों का हनन नहीं किया जा सकता।

अनेक मामलों में न्यायालय ने पुलिस और सरकार को आदेश दिया है कि वह यातना से पीड़ित लोगों को प्रतिकर दे। न्यायालय ने प्रभुता आधारित उन्मुक्ति के प्रतिवाद को खारिज करते हुए उन लोगों को प्रतिकर दिलवाया है जिनकी स्वतंत्रताओं का बिना विधिक औचित्य के अपहरण किया गया था।

---

8. *आंध्र प्रदेश राज्य* बनाम *चला रामकृष्ण रेड्डि*, ए.आइ.आर. 2000 एस.सी. 2083।

अध्याय 22
संपत्ति का अधिकार

22.1 अनुच्छेद 300 का संविधान में एक अनोखा स्थान है। संविधान के भाग 12 के अध्याय 6 में यह अकेला अनुच्छेद है और इसमें केवल 13 शब्दों का एक वाक्य है। यह एकमात्र अनुच्छेद है जिसे ऐसे विधिक अधिकार के सृजन के प्रयोजन के लिए संविधान का संशोधन करके अंतःस्थापित किया गया है जो मूल अधिकार नहीं है।

संपत्ति के अधिकार का अनोखापन।

22.2 यह अनुच्छेद जनता सरकार द्वारा 44वें संशोधन से अंतःस्थापित किया गया। यह 20-6-1979 को प्रभावी हुआ। जनता पार्टी ने अपने घोषणा पत्र में यह कहा था कि वह 42वें और अन्य संशोधनों को निरसित करके संविधान को अपने मूल रूप में वापस ले आएगी। इसके पहले संपत्ति का अधिकार अनु. 31 में प्रत्याभूत किया गया था। यह अनुच्छेद सभी व्यक्तियों को लागू होता था। नागरिकों को संपत्ति के अर्जन, धारण और व्ययन का अधिकार अनु. 19(1)(च) द्वारा दिया गया था। अनुच्छेद 31 और 19 दोनों ही मूल अधिकार थे। संपत्ति के अधिकार को पहले, 4थे, 7वें, 25वें, 39वें, 40वें और 42वें संशोधन द्वारा परिवर्तित और उपांतरित किया गया। इन सबका उद्देश्य न्यायालय के निर्णयों को निष्प्रभावी करना और प्रतिकर देने की राज्य की बाध्यता को समाप्त करना था।

संपत्ति के अधिकार का संक्षिप्त इतिहास।

44वें संशोधन द्वारा अनु. 19(1)(च) और 31 का निरसन किया गया है। इसी के द्वारा अनु. 300क अंतःस्थापित किया गया।

22.3 उच्चतम न्यायालय ने यह संप्रेक्षण किया है[1] कि फ्रांस में 1789 में जो मानव और नागरिक अधिकारों की घोषणा हुई थी और 1948 की मानवाधिकार की सार्वभौम घोषणा (संयुक्त राष्ट्र द्वारा) हुई, उसमें संपत्ति के अधिकार को मानव अधिकार माना गया है। वह अब मूल अधिकार नहीं रहा किंतु वह एक महत्त्वपूर्ण विधिक अधिकार है। इस प्रकार न्यायालय ने इस अधिकार को ऊंचे आसन पर बैठा दिया है।

संपत्ति के अधिकार का उन्नयन।

22.4 44वें संशोधन ने 19(1)(च) और 31 का लोप किया। इसी के द्वारा अनु. 30(1क) और एक नया अनु. 300क अंतःस्थापित किए गए। अनुच्छेद 30(1क) यह विहित करता है कि यदि राज्य किसी अल्पसंख्यक शिक्षा संस्था की संपत्ति का अनिवार्य अर्जन करता है तो वह यह सुनिश्चित करेगा कि ऐसी संपत्ति के अर्जन के लिए दी जाने वाली रकम संपत्ति का न्यायपूर्ण समतुल्य हो। इसी प्रकार का अधिकार उस दशा में भी दिया गया है जहां राज्य किसी ऐसे व्यक्ति की भूमि अनिवार्य रूप से अर्जित करता है जो उस व्यक्ति की अपनी जोत में है और उसका क्षेत्रफल उसको लागू अधिकतम सीमा के भीतर है। इन दशाओं में राज्य से यह अपेक्षा है कि वह बाजार मूल्य के बराबर प्रतिकर

44वें संशोधन का प्रभाव।

1. *चेयरमेन, इंदौर विकास प्राधिकरण* बनाम *प्योर इंडस्ट्रियल कोक एंड केमिकल्स* (2007) 8 एस.सी.सी. 705।

देगा। ये दोनों ऐसे मामले हैं जिनमें प्रतिकर देना आवश्यक है। इनके अतिरिक्त प्रतिकर देने का बंधन किसी मामले में नहीं है।

नया अनु. 300क इस प्रकार है,—

किसी व्यक्ति को उसकी संपत्ति से विधि के प्राधिकार से ही वंचित किया जाएगा, अन्यथा नहीं।

कुछ विद्वानों[2,3] ने यह मत प्रकट किया था कि इस अनुच्छेद से यह विवक्षा होती है कि राज्य संपत्ति के प्रत्येक अर्जन के लिए प्रतिकर का संदाय करने के लिए बाध्य है। *दुर्गादास बसु*[4] का यह मत था कि राज्य प्रतिकर का संदाय करने के लिए बाध्य नहीं है।

प्रतिकर का अधिकार पुनरुज्जीवित नहीं हुआ।

22.5 उच्चतम न्यायालय ने *जीलूभाई*[5] में यह अभिनिर्धारित किया कि अनु. 300क के अधीन प्रतिकर का अधिकार नहीं है। न्यायालय ने यह स्पष्ट किया कि अनु. 300क के माध्यम से प्रतिकर के सिद्धांत को वापस प्रतिष्ठापित नहीं किया जा सकता।

संक्षेप में इस अनुच्छेद का प्रभाव इस प्रकार है,—

(क) संपत्ति का अधिकार मूल अधिकार नहीं है इसलिए कोई भी व्यक्ति उसके प्रवर्तन के लिए अनु. 32 के अधीन उच्चतम न्यायालय में समावेदन नहीं कर सकता।

(ख) किसी व्यक्ति को उसकी संपत्ति से विधिमान्य विधि के अनुसार ही वंचित किया जा सकता है। विधि के अधिकार के बिना संपत्ति नहीं ली जा सकती। विधि से अभिप्रेत है संसद् या राज्य विधान-मंडल द्वारा बनाई गई विधि या ऐसा नियम या आदेश जिसे विधि का बल है।

(ग) किसी व्यक्ति को केवल कार्यपालिका के आदेश द्वारा संपत्ति से वंचित नहीं किया जा सकता। इससे विधि सम्मत शासन के सिद्धांत का उल्लंघन होगा। राज्य केवल ऐसी रीति से ही कार्य कर सकता है जो विधि को ज्ञात हो (अर्थात् विधि के अनुसार ही कार्य कर सकता है।)[6]

(घ) यदि किसी व्यक्ति को बिना प्रतिकर दिए उसकी संपत्ति से वंचित किया जाता है तो उसे विधि में कोई उपचार नहीं मिलेगा।

(ङ) संपत्ति का अधिकार एक विधिक अधिकार है। इसे सांविधानिक अधिकार भी कहा जा सकता है। किंतु यह मूल अधिकार या संविधान का मूल लक्षण नहीं है।

(च) यह अधिकार सभी व्यक्तियों को उपलब्ध है अर्थात् ऐसा नहीं है कि केवल नागरिकों को इसका लाभ है।

संपत्ति क्या है?

22.6 संपत्ति शब्द से ऐसी प्रत्येक वस्तु का द्योतन होता है जो स्वामित्व का विषय हो सकती है। संपत्ति मूर्त या अमूर्त हो सकती है, साकार या अरूप हो सकती है, दृश्य या अदृश्य हो सकती है, भूमि संबंधी या वैयक्तिक हो सकती है। प्रत्येक वस्तु जिसका विनिमय मूल्य है या जिसके संग्रह को धन कहते हैं वह संपत्ति है। इसके अंतर्गत सभी प्रकार की प्राइवेट संपत्ति है।

वंचित किया जाना।

22.7 वंचित किए जाने का निर्बंधनों या परिसीमाओं से भेद करना आवश्यक है। जब संपत्ति को गठित करने वाले अधिकारों का पर्याप्त भाग छीन लिया जाता है तो उसे वंचित करना कहते हैं। उदाहरण के लिए जब स्वामी से कब्जा ले लिया जाता है या संपत्ति जब्त या अभिगृहीत कर ली जाती है या जहां राज्य कोई कारबार अपने हाथ में ले लेता है या जहां न्यासी को न्यास से हटा दिया जाता है।

2. सीरवई, *कांस्टिट्यूशनल ला आफ इंडिया,* दूसरा संस्करण, जिल्द 3, पैरा 15ए.28; 15ए.34 आदि।
3. डा. पी.के. त्रिपाठी—ए.आइ.आर 1980 जर्नल 49-52 में प्रकाशित लेख।
4. डा. दुर्गादास बसु—*शार्टर कांस्टिट्यूशन आफ इंडिया,* 12वां संस्करण, पृ. 873 और आगे।
5. *जीलूभाई* बनाम *गुजरात राज्य,* ए.आर.आर. 1995 एस.सी. 142।
6. *मेघमाला* बनाम *जी. नरसिम्ह रेड्डि* (2010) 8 एस.सी.सी 383।

वंचित किए जाने में यह अनिवार्यतः अभिप्रेत नहीं है कि राज्य ने संपत्ति का अर्जन कर लिया है। यदि आग को फैलने से रोकने के लिए सरकार किसी मकान को गिराती है या ढहाती है तो संपत्ति अर्जित नहीं की जाती। ऐसी परिस्थिति में राज्य अपनी पुलिस शक्ति का प्रयोग करके किसी व्यक्ति को उसकी संपत्ति से वंचित करता है। माल का अभिग्रहण और जब्ती भी इसी प्रवर्ग में आते हैं।

संपत्ति से केवल लोक प्रयोजन के लिए या लोक हित में वंचित किया जाना चाहिए। यदि कोई विधि जो किसी व्यक्ति को उसकी संपत्ति से किसी अन्य व्यक्ति के निजी हित के लिए वंचित करती है तो वह विधि अमान्य होगी। लोक प्रयोजन क्या है, यह तो न्यायालय ही तय करेगा।

किसी व्यक्ति को उसकी संपत्ति से वंचित करने वाली विधि (क) युक्तियुक्त (ख) संविधान के उपबंधों के अनुरूप और (ग) न्यायसम्मत, ऋजु और युक्तियुक्त होनी चाहिए तथा (घ) अनुपात से अधिक और अत्यधिक नहीं होनी चाहिए।

किसी व्यक्ति को उसकी संपत्ति से वंचित करने वाली विधि पर यह आक्षेप किया जा सकता है कि वह अनु. 14 या 21 का या विधिसम्मत शासन का जो हमारे संविधान के आधारभूत लक्षण हैं उल्लंघन करती है।[7]

पुलिस शक्ति का सिद्धांत।

22.8 संविधान वह सीमाएं परिनिश्चित करता है जिसके भीतर मूल अधिकारों पर निर्बंधन अधिरोपित किए जाते हैं। अमरीकी संविधान में केवल अधिकार पत्र है निर्बंधन नहीं बताए गए हैं। धीरे धीरे न्यायालयों ने कुछ सिद्धांत विकसित किए हैं जिनके द्वारा यह पता चलता है कि उन अधिकारों पर किस प्रयोजन के लिए और किस विस्तार तक निर्बंधन लगाए जा सकते हैं। इन निर्बंधनों के विकास के क्रम में अमरीकी न्यायालयों ने राज्य की नियामक शक्ति को **पुलिस शक्ति** नाम दिया है। यदि कोई व्यक्ति ऐसा माल आयातित करता है जिस पर प्रतिबंध लगा हुआ है तो राज्य विधिमान्य विधि के अनुसार ऐसे माल को अभिगृहीत कर सकता है। यह **पुलिस शक्ति** का प्रयोग है। आग को फैलने से रोकने के लिए किसी भवन को नष्ट करना **पुलिस शक्ति** के प्रयोग में आता है। **पुलिस शक्ति** प्रभुता का एक अनिवार्य लक्षण है।

सर्वोपरि अधिकार।

22.9 **सर्वोपरि अधिकार** इस आधिकारिक संकल्पना से उद्भूत होता है कि सभी संपत्तियों का स्वामी राज्य है। राज्य में यह अंतर्निहित प्रभुतावान अधिकार है कि वह अपनी अधिकारिता में स्थित निजी संपत्ति सार्वजनिक उपयोग के लिए ले सकता है और विनियोजित कर सकता है। इसका उद्गम राजनीतिक आवश्यकता है। राज्य को, जन-साधारण के कल्याण के लिए निजी संपत्ति का अर्जन करने का अधिकार है। लोक प्रयोजन के कुछ उदाहरण हैं पुल, उद्यान, विद्यालय, राजमार्ग, रेलवे आदि का निर्माण, मलिन बस्तियों की सफाई और नालियां बनाना। साधारणतया इस शक्ति के प्रयोग पर तीन शर्तें लगाई जाती हैं: (1) लोक प्रयोजन की विद्यमानता (2) प्रतिकर का संदाय (3) विधि के प्राधिकार द्वारा लिया जाना। अनुच्छेद 300क में केवल तीसरी शर्त है—विधि का प्राधिकार। प्रतिकर का संदाय और लोक प्रयोजन की शर्त हटा दी गई है। सर्वोपरि अधिकार का सिद्धांत भारत में लागू नहीं होता। हमारा संविधान लिखित है और उसमें संपत्ति के विषय में स्पष्ट उपबंध है। इसलिए अमरीका की न्यायपालिका द्वारा विकसित **पुलिस शक्ति** और **सर्वोपरि अधिकार** जैसे सिद्धांत भारत में लागू नहीं होते।

अनुच्छेद 300क पर टिप्पणी।

22.10 संविधान के 43वें और 44वें संशोधन अधिनियमों द्वारा संविधान का पुनर्निर्माण किया गया। श्रीमती इंदिरा गांधी की सरकार ने अनेक संशोधन करके संविधान को विरूपित और भ्रष्ट कर दिया था। ऐसा जिन संशोधनों द्वारा किया गया था उनमें 39वें और 42वें संशोधन की भूमिका महत्त्व की थी किंतु 44वें

7. *के.टी. प्लांटेशंस (प्रा.) लिमिटेड* बनाम *कर्नाटक राज्य* (2011) 9 एस.सी.सी. 1।

संशोधन अधिनियम द्वारा संपत्ति के अधिकार का उत्सादन और उसे मूल अधिकारों के अध्याय से हटाकर इस दुर्बल रूप में वर्तमान स्थान पर रखना (अनु. 300क) जनता सरकार द्वारा लिया गया एक प्रतिगामी कदम था जिसकी अनेक विद्वानों ने कड़ी आलोचना की है। वर्तमान विधि में यदि बहुमत वाले समाज द्वारा चलाई जाने वाली किसी शिक्षा संस्था का अर्जन किया जाता है तो राज्य प्रतिकर देने के लिए बाध्य नहीं है अर्थात् राज्य हिंदुओं द्वारा चलाई जाने वाली किसी भी शिक्षा संस्था का स्वामित्व बिना प्रतिकर दिए अपने हाथ में ले सकता है। यदि किसी निर्धन व्यक्ति की छोटी सी कुटिया राज्य ले लेता है तो राज्य पर यह बाध्यता नहीं है कि उस गरीब व्यक्ति को कोई प्रतिकर दे। हम लोग साम्यवादी रूस और वर्तमान चीन से भी कुछ कदम आगे आ गए हैं। इन दोनों राज्यों के संविधान में प्रतिकर के अधिकार को स्थान दिया गया था।

मुख्यतया धर्म के आधार पर बहुसंख्यक और अल्पसंख्यक के बीच यह विद्वेषकारी विभेद न्यायसंगत नहीं कहा जा सकता। इसी प्रकार अधिकतम सीमा से कम कृषि भूमि के स्वामी और जिसके पास तनिक भी कृषि भूमि नहीं है ऐसे झुग्गी के मालिक के बीच अंतर तर्कसम्मत या न्यायपूर्ण नहीं है।

विधि का अर्थ।

22.11 अनुच्छेद 300क में प्रयुक्त पद "विधि" का अर्थ है संसदीय अधिनियम या राज्य अधिनियम या विधि का बल रखने वाला सांविधिक आदेश। राज्य अपनी कार्यपालिका शक्ति का प्रयोग करके किसी व्यक्ति को अपनी संपत्ति से वंचित नहीं कर सकता। इस शक्ति का प्रयोग विधि के प्राधिकार से ही किया जा सकता है केवल कार्यपालिका के आदेश से नहीं।[8]

यह अधिकार किसे प्राप्त है ?

22.12 अनुच्छेद 300क का संरक्षण प्रत्येक व्यक्ति को प्राप्त है। इसमें विधिक व्यक्ति भी आते हैं। यह संरक्षण नागरिकों तक ही सीमित नहीं है।[9]

संपत्ति का अधिकार मानव अधिकार है।

22.13 उच्चतम न्यायालय ने यह संप्रेक्षण करके इस अधिकार का महत्त्व बढ़ा दिया है कि संपत्ति अर्जित करने का अधिकार यद्यपि मूल अधिकार नहीं है किंतु वह सांविधानिक और मानव अधिकार है।[10] यह सभी स्वीकार करते हैं कि इस अधिकार के बिना अन्य सभी अधिकार कोरी कल्पना बन जाते हैं।[11]

राज्य द्वारा संपत्ति का अधिग्रहण।

22.14 संपत्ति का अधिकार अब मूल अधिकार नहीं रहा। अनु. 300क के अधीन राज्य विनिर्दिष्ट उपयोग के लिए भूमि-अर्जित कर सकता है। किंतु यह राज्य या केंद्र की विधि के अधीन और विधि में उपबंधित रीति से ही किया जा सकता है।

सभी आधुनिक लोकतांत्रिक संविधानों में यह उपबंध होता है कि स्वत्वहरण (संपत्ति ग्रहण) बिना प्रतिकर का संदाय किए नहीं किया जाएगा।

अर्जन के लिए यह पुरोभावी शर्त नहीं है कि बाजार मूल्य का संदाय किया जाए। प्रतिकर पर्याप्त है या नहीं इस पर विचार नहीं किया जा सकता। परंतु यह भी है कि प्रतिकर भ्रामक नहीं हो सकता।[12]

---

8. *हिंदुस्तान टाइम्स* बनाम *उत्तर प्रदेश राज्य* (2003) 1 एस.सी.सी. 591।
9. *धर्मदत्त* बनाम *भारत संघ* (2004) 1 एस.सी.सी. 712।
10. *चंडीगढ़ हाउसिंग बोर्ड* बनाम *मेजर जनरल देवेंद्र सिंह* (2007) 9 एस.सी.सी. 67।
11. *लालाराम* बनाम *जयपुर डेवलपमेंट अथारिटी* (2016) 11 एस.सी.सी. 31.
12. *राजीव सरीन* बनाम *उत्तराखंड राज्य* (2011) 8 एस.सी.सी. 708।

अध्याय 23

व्यापार, वाणिज्य और समागम की स्वतंत्रता

प्रास्ताविक।

23.1 प्रत्येक परिसंघ में दो प्रकार के बल कार्य करते हैं। एक तो वह जो एकता के पक्ष में होता है (अभिकेंद्रीय) और दूसरा जिसका झुकाव राज्यों और प्रदेशों की ओर होता है (अपकेंद्रीय)। परिसंघ को सदैव इन दोनों बलों के बीच संतुलन बनाने का प्रयास करना पड़ता है और जो हित राष्ट्र के विरुद्ध होते हैं उन पर अंकुश भी लगाना पड़ता है। सभी परिसंघों में कुछ ऐसे विधिक उपबंध रखने आवश्यक होते हैं जिनसे यह सुनिश्चित हो कि देश अखंड रहे। देश को राज्यों का समूह नहीं बनाया जा सकता। यदि ऐसा किया गया तो राज्य अपने स्वार्थ के लिए खींचतान करते रहेंगे और अन्य राज्यों और देश का हित गौण हो जाएगा।

आस्ट्रेलिया के संविधान में यह उद्घोषणा है,—

> समान रूप से सीमाशुल्क लागू करके राज्यों के बीच व्यापार, वाणिज्य और समागम पूर्णतया अबाध होगा (धारा 92)।

हमारे संविधान निर्माताओं ने इस अनुच्छेद में सुधार करके उसे अपनाने का प्रयास किया। अनुच्छेद 301 इस प्रकार है,—

> इस भाग के अन्य उपबंधों के अधीन रहते हुए, भारत के राज्यक्षेत्र में सर्वत्र व्यापार, वाणिज्य और समागम अबाध होगा।

हमने *पूर्णतया* शब्द छोड़ दिया है और इसके बाद के अनुच्छेदों में इस अनुच्छेद के अपवाद बताए हैं और वह रीति बताई है जिसके अनुसार अपवाद या निर्बंधन बनाए जाएंगे। हमारा संविधान राज्यों के बीच और प्रत्येक राज्य के भीतर व्यापार और वाणिज्य को संरक्षण देता है। आस्ट्रेलिया में संरक्षण केवल अंतर राज्य (राज्यों के बीच) व्यापार को है।

इस स्वतंत्रता का उद्देश्य।

23.2 इस स्वतंत्रता का उद्देश्य राज्यों के बीच और राज्यों की सीमाओं के भीतर अवरोधों को हटाना है जिससे भारत एक इकाई बने और व्यापार और वाणिज्य की वृद्धि के लिए उपर्युक्त वातावरण का सृजन हो। देश के स्थायित्व और प्रगति के लिए आर्थिक एकता आवश्यक तत्त्व है। प्रादेशिक आकांक्षाओं और आशंकाओं से प्रेरित और प्रभावित होकर राज्य विधान-मंडल अपने हित के लिए विधि बना सकते हैं। यदि सभी राज्य इस प्रकार करने लगे तो यह राष्ट्र की अर्थव्यवस्था के लिए घातक होगा। यदि ऐसा होता है तो इसका परिणाम राज्यों को भी भुगतना पड़ेगा क्योंकि वे भी देश का ही एक भाग हैं।

अनुच्छेद 301 का प्रविषय।

23.3 अनुच्छेद 301 राज्यों के बीच और प्रत्येक राज्य के भीतर व्यापार, वाणिज्य और समागम की स्वतंत्रता को सांविधानिक संरक्षण प्रदान करता है। यह स्वतंत्रता भी अन्य अधिकारों के समान असीम या निर्बंध नहीं है। यह अनु. 302 से अनु. 305 तक के उपबंधों के अधीन है। इसका उद्देश्य संपूर्ण भारत में

व्यापार और वाणिज्य का निर्बाध प्रवाह सुनिश्चित करना है और उन सब आंतरिक बाधाओं को तोड़ना है जो राज्य की सीमा पर या राज्य के भीतर खड़ी की गईं हों। इस स्वतंत्रता का,—

(क) तब अतिलंघन होता है **जब कोई निर्बंधन अधिरोपित किया जाता है।** जो नियम व्यापार, वाणिज्य और समागम को सुकर बनाते हैं वे अनुज्ञेय हैं और लागू किए जा सकते हैं। यातायात के नियम, मोटरयानों का अनुज्ञापन, बाजार का विनियमन, स्वास्थ्य संबंधी नियम, कीमत नियंत्रण, न्यूनतम मजदूरी, काम के घंटे आदि से संबंधित विधि, यह सभी अनुज्ञेय हैं। इसके पीछे दो कारण हैं एक तो यह कि वे व्यापार को सुकर बनाते हैं और दूसरे व्यापार आदि के अबाध प्रवाह पर उनका प्रभाव अप्रत्यक्ष है।

(ख) अतिलंघन तब होता है **जब निर्बंधन का प्रत्यक्ष और अव्यवहित प्रभाव व्यापार, वाणिज्य और समागम के मुक्त प्रवाह पर पड़ता है।** जो विधि अप्रत्यक्ष रूप से या बहुत दूर से प्रभाव डालती है वह अनु. 301 का उल्लंघन नहीं करती। यात्री यानों पर सड़क कर लगाने से यात्रा की लागत बढ़ जाती है किंतु समागम के मुक्त प्रवाह पर उसका प्रभाव अप्रत्यक्ष और दूरवर्ती है। यदि कोई राज्य पड़ोसी राज्य से आने वाली तम्बाकू पर कर लगाता है और अपने राज्य में उगाई जाने वाली तम्बाकू पर कोई कर नहीं लगाता तो व्यापार के अबाध प्रवाह पर इसका प्रभाव प्रत्यक्ष और अव्यवहित होगा।

(ग) अतिलंघन **ऐसी विधि से नहीं होता जो नियामक है।** [ऊपर पैरा (क) देखिए)] **या ऐसे कर जो प्रतिकरात्मक हैं क्योंकि उनसे व्यापार, वाणिज्य आदि की स्वतंत्रता का उल्लंघन नहीं होता।** राज्य सड़कें बनाता है, बाजारों का निर्माण करता है और अनेक ऐसी सुविधाओं का परिरक्षण करता है जिनका उपयोग वे लोग करते हैं जो व्यापार और वाणिज्य में लगे हुए हैं। राज्य को यह अधिकार है कि इन गतिविधियों को चलाने के लिए निधि एकत्र करने के लिए कर उद्गृहीत करे। ये कर प्रतिकरात्मक होते हैं। यह आवश्यक नहीं है कि इस धन को एक अलग निधि के रूप में रखा जाए।

(घ) **अतिलंघन नहीं होता है** यदि निर्बंधन अनु. 302 से अनु. 305 के उपबंधों के अधीन अनुज्ञेय हैं।

व्यापार, वाणिज्य और समागम का अर्थ।

23.4 **व्यापार** से सामान्यतया लाभ अर्जन के उद्देश्य से क्रय और विक्रय की क्रिया का बोध होता है। **कारबार** को व्यापार का पर्याय माना जाता है। किंतु कारबार में क्रमबद्ध और व्यवस्थित रीति से लाभ पाने के आशय से गतिविधि की जाती है। माल का परिवहन व्यापार या कारबार हो सकता है यद्यपि इसमें क्रय-विक्रय नहीं होता। फिर भी यह लाभ के लिए किया जाने वाला क्रियाकलाप है।

वाणिज्य का अर्थविस्तार अधिक है। वाणिज्य में पारेषण या संचलन आवश्यक है। लाभ कमाने का आशय आवश्यक नहीं है। अपने उपभोग के लिए कोई वस्तु लाना भी वाणिज्य माना गया है। अमरीका में संविधान के **वाणिज्य खंड** का अर्थ सीमा के आर पार परिवहन या संचलन लिया जाता है। चाहे वह भौतिक रूप से हो या संकल्पना हो। **वाणिज्य** का निर्वचन करके यह कहा गया है उसमें भूमि, वायु या जल द्वारा अथवा तार, टेलीफोन या बेतार के माध्यम से सभी प्रकार का परिवहन है जिसके कारण संचलन होता है। परिवहन की जाने वाली वस्तु कोई मूर्त चीज़ हो सकती है या ऐसी अमूर्त चीज़ हो सकती है जैसे टेलीफोन पर वार्तालाप।

समागम एक व्यापक पद है। इसके अंतर्गत वाणिज्यिक और गैर वाणिज्यिक दोनों प्रकार का समागम आता है। व्यापार को वाणिज्यिक समागम की एक उपजाति माना जाता है जहां प्रधान तत्त्व लाभ कमाने का आशय है। समागम से ऐसे संचरण और व्यवहार का भी द्योतन होता है जो वाणिज्य नहीं है। इसके अंतर्गत यात्रा है और अन्य व्यक्तियों के साथ किए जाने वाले व्यवहार हैं। ये व्यवहार वाचिक हो सकते हैं अथवा संगीत, रेडियो या दूरदर्शन आदि के द्वारा हो सकते हैं।

आर.एम.डी.सी.[1] में उच्चतम न्यायालय ने यह अभिनिर्धारित किया कि जिन गतिविधियों को अनु. 301 द्वारा संरक्षण दिया गया है वे ऐसी गतिविधियां हैं जिन्हें विधिसम्मत व्यापारिक गतिविधि कहा जा सकता है। यह संरक्षण ऐसी गतिविधि को नहीं मिलेगा जो व्यापार नहीं है। (ऐसी गतिविधि को **वाणिज्येतर वस्तु** कहा जाता है।) इसमें वे गतिविधियां नहीं आतीं जिनको सभी लोग समाज के लिए हानिकर समझते हैं या जो लोकनीति के विरुद्ध हैं जैसे मानव का दुर्व्यापार (गुलामों का व्यापार), स्त्रियों का दुर्व्यापार, चकला, जुआ आदि के अड्डे चलाना या करार करके हत्या करवाना आदि। *आर.एम.डी.सी.*[1] में एक मुंबई के अधिनियम पर जो पुरस्कार प्रतियोगिताओं पर बंधन लगाने और कर अधिरोपित करने के लिए था आक्षेप किया गया। आक्षेप के मुख्य आधार अनु. 19(1)(छ) और 301 का उल्लंघन था। न्यायालय ने यह अभिनिर्धारित किया कि पुरस्कार प्रतियोगिताएं एक प्रकार का जुआ हैं। उन्हें विधिसम्मत व्यापार या वाणिज्य नहीं माना जा सकता। वे **वाणिज्येतर वस्तु** हैं।

कृष्ण कुमार[2] में यह तर्क दिया गया कि शराब का व्यापार कारबार नहीं है। उच्चतम न्यायालय ने इस तर्क को अस्वीकार करते हुए यह अभिनिर्धारित किया कि व्यवहार के नैतिक होने या न होने से गतिविधि की गुणवत्ता पर प्रभाव नहीं पड़ता। वह उस पर निर्बंधन अधिरोपित करने का आधार हो सकता है।

फतेहचंद[3] में उच्चतम न्यायालय के समक्ष यह प्रश्न था कि क्या साहूकारी व्यापार है और क्या उस पर अनु. 301 का उल्लंघन किए बिना निर्बंधन लगाए जा सकते हैं। उच्चतम न्यायालय ने बैंकों और वित्तीय संस्थाओं और अन्य व्यक्तियों द्वारा धन उधार देने के व्यवस्थित कारबार और ग्रामीण भारत में अनैतिक तत्त्वों द्वारा धन उधार दिए जाने के बीच भेद किया। यह दूसरे प्रकार की साहूकारी समुदाय के दुर्बल वर्ग का विदोहन करने का साधन है जो निदेशक तत्त्वों के विरुद्ध है। न्यायालय ने यह निष्कर्ष दिया कि निर्धन और दुर्बल लोगों को धन उधार देकर उनका शोषण करना व्यापार नहीं कहा जा सकता।

वाणिज्येतर वस्तु का सिद्धांत।

23.5 वाणिज्येतर वस्तु के सिद्धांत में जिस पर ऊपर **पैरा 23.4** में विचार किया गया है, कठिनाई यह है कि सभी वस्तुओं या गतिविधियों को ऐसा माना जाता है कि उनमें कोई अंतर्निहित गुण है जो सरलता से दिखाई पड़ता है। इस गुण की खोज कर लेने पर न्यायालय इस निष्कर्ष पर पहुंच सकता है कि वे वाणिज्य की परिधि में आती हैं या उसके बाहर हैं। यह गुण नैतिकता के मानकों पर आधारित होता है और उन्हीं के अनुसार परिवर्तित होता है। यह कभी भी स्थिर नहीं हो सकता किंतु समय और स्थान के अनुसार परिवर्तनशील होगा। इस सिद्धांत का जन्म आस्ट्रेलिया में हुआ किंतु वहां भी इसका जीवन शांतिपूर्ण नहीं रहा। इसके कारण उस पर परस्पर विरोधी निर्णय हुए। इससे यह बेहतर है कि यह विचार किया जाए कि किसी गतिविधि का समाज पर क्या प्रभाव पड़ेगा और फिर यह निष्कर्ष निकाला जाए कि क्या उसे विनियमित करना या प्रतिषिद्ध करना समाज के हित में होगा। जो व्यापार समाज के लिए क्षतिकारक है उसे पूर्णतया प्रतिषिद्ध किया जा सकता है या दबाया जा सकता है (स्वापक पदार्थों का या चोरी के माल का व्यापार)। किसी गतिविधि में गुण या दुर्गुण का अन्वेषण व्यर्थ और अनावश्यक कार्य है।

अनुच्छेद 301 और कर संबंधी विधियां।

23.6 प्रारंभिक उतार चढ़ाव के पश्चात् *आटोमोबोइल ट्रांसपोर्ट*[4] में उच्चतम न्यायालय के निर्णय द्वारा यह सुस्थापित हो चुका है कि कर संबंधी विधियां भी भाग 13 के अधीन आती हैं। कर लगाने की शक्ति का प्रयोग संविधान के अन्य उपबंधों का अनुपालन करते हुए ही

1. *मुंबई राज्य* बनाम *आर.एम.डी. चमारबागवाला,* ए.आइ.आर. 1957 एस.सी. 699।
2. *कृष्ण कुमार* बनाम *जम्मू-कश्मीर राज्य,* ए.आइ.आर. 1967 एस.सी. 1368।
3. *फतेहचंद* बनाम *महाराष्ट्र राज्य,* ए.आइ.आर. 1977 एस.सी. 1825।
4. *आटोमोबाइल ट्रांसपोर्ट* बनाम *राजस्थान राज्य,* ए.आइ.आर. 1962 एस.सी. 1406।

किया जा सकता है। इन उपबंधों में भाग 13 भी है। किंतु अनु. 302 द्वारा संसद् को पूरी छूट दी गई है। केवल दो अपेक्षाएं हैं: (क) ऐसा विधि अधिनियमित करके किया जाना चाहिए और (ख) लोकहित में किया जाना चाहिए। प्रत्येक कर का अनु. 301 पर अप्रत्यक्ष प्रभाव पड़ता है। किंतु कोई कर व्यापार और वाणिज्य की स्वतंत्रता पर हस्तक्षेप करने वाला तभी माना जाता है जब वह प्रत्यक्ष और अव्यवहित रूप से वाणिज्य के अबाध प्रवाह में रुकावट डालता है। *आटोमोबोइल ट्रांसपोर्ट*[4] में राजस्थान राज्य द्वारा मोटरयानों पर अधिरोपित कर को चुनौती दी गई। उच्चतम न्यायालय ने कर को विधिमान्य ठहराते हुए यह निर्णय दिया कि व्यापार की सुविधाओं का उपयोग करने के लिए प्रतिकरात्मक या नियामक विधियां अनुच्छेद 301 का अतिलंघन नहीं करती। अनुच्छेद 301 में जिस स्वतंत्रता का प्रतिपादन किया गया है उसे एक सुव्यवस्थित समाज के संदर्भ में देखना चाहिए। नियामक नियंत्रण आवश्यक भी है और विधिक भी।

विक्रय कर माल के विक्रय के संव्यवहार पर लगाया जाता है। उनके संचरण पर नहीं। इसलिए उससे माल का मुक्त संचरण बाधित नहीं होता। किंतु विक्रय कर चाहे संसद् द्वारा लगाया गया हो या किसी राज्य के विधान-मंडल द्वारा एक राज्य और दूसरे राज्य के बीच विभेद नहीं कर सकता। यदि किसी राज्य द्वारा बनाई गई विधि राज्य के भीतर विनिर्मित माल पर 4 प्रतिशत विक्रय कर लगाती है और अन्य राज्यों से आयात किए गए माल पर 8 प्रतिशत तो इससे अनु. 301 का उल्लंघन होगा।

कर, फीस और प्रतिकारी कर।

23.7 "कर" एक उद्ग्रहण है जो संदाय करने की सामर्थ्य और योग्यता के आधार पर लगाया गया समान्य भार है। फीस इससे भिन्न है। फीस का आधार है संदायकर्ता को होने वाला विशेष फायदा। यह समतुल्यता के सिद्धांत पर आधारित होता है। जब कोई कर विनियमित करने के लिए लगाया जाता है तो आधार परिवर्तित हो जाता है। तब वह फायदे की मात्रा में जुड़ जाता है और वह *प्रतिकारी कर* बन जाता है। वह राजस्व के लिए नहीं होता वह सेवा प्रदान करने वाले के लिए प्रतिकर के रूप में होता है। यह वर्णसंकर कर है। इसकी प्रकृति कर की तुलना में फीस के निकट है। यदि विधि का प्रभाव व्यापार और वाणिज्य में बाधा करना है तो अनु. 301 का उल्लंघन होगा। कराधान विधियां अनु. 301 के प्रवर्तन से बाहर नहीं हैं।[5] (**पैरा 20.39** भी देखिए)

व्यापार, वाणिज्य आदि की स्वतंत्रता पर निर्बधन।

23.8 अनुच्छेद 301 द्वारा प्रदत्त स्वतंत्रता अनु. 302 से अनु. 305 के उपबंधों के अधीन है। इन अनुच्छेदों में यह बताया गया है कि किस प्रकार के निर्बंधन लगाए जा सकते हैं, कौन से प्राधिकारी निर्बंधन लगा सकते हैं और किस रीति में लगा सकते हैं।

अनुच्छेद 302 में यह कहा गया है कि संसद् (क) एक राज्य या दूसरे राज्य के बीच या (ख) भारत के राज्यक्षेत्र में किसी भाग के भीतर व्यापार, वाणिज्य या समागम की स्वतंत्रता पर निर्बंधन अधिरोपित कर सकती है। शर्त यह है कि निर्बंधन लोकहित में होना चाहिए।

अनुच्छेद 304 राज्य विधान-मंडल को राज्य से या राज्य के भीतर, व्यापार, वाणिज्य और समागम की स्वतंत्रता पर ऐसे युक्तियुक्त निर्बंधन अधिरोपित करने की अनुज्ञा देता है जो लोकहित में आवश्यक हों। ऐसे निर्बंधन अधिरोपित करने वाला विधेयक राष्ट्रपति की पूर्व अनुमति प्राप्त करने के पश्चात् ही पुरःस्थापित किया जा सकता है।

इन दोनों अनुच्छेदों के संयुक्त प्रभाव का इस प्रकार वर्णन किया जा सकता है,—

(क) संघ को विधि बनाकर संपूर्ण भारत में ऐसे निर्बंधन अधिरोपित करने की शक्ति है जो लोकहित में हों।

(ख) राज्य को विधि बनाकर राज्य के साथ या राज्य के भीतर वाणिज्य के प्रवाह पर निर्बंधन लगाने की शक्ति है।

(ग) राज्य को ऐसी विधि अधिनियमित करने के पहले संघ से अनुमति लेनी पड़ती है।

5. *जिंदल स्टेनलेस लिमिटेड* (II) बनाम *हरियाणा राज्य* (2006) 7 एस.सी.सी. 241।

23.9 अनुच्छेद 304 में **युक्तियुक्त निर्बंधन** पद का प्रयोग है। अनुच्छेद 302 में केवल *निर्बंधन* लिखा गया है। उच्चतम न्यायालय द्वारा *मेनका*[6] के विनिश्चय के पश्चात् यह आवश्यक है कि प्रत्येक विधि ऋजु, न्यायसंगत और युक्तियुक्त हो। सैकड़ों निर्णयों में *मेनका*[6] का अनुसरण किया गया है इसलिए यह स्वीकृत सिद्धांत है कि सभी विधियां युक्तियुक्त होनी चाहिए। इसलिए अनुच्छेद 302 में **युक्तियुक्त** विशेषण के अभाव से यह विवक्षा नहीं होती कि संघ को अयुक्तियुक्त निर्बंधन लगाने की शक्ति है। यदि किसी भी विधि में युक्तियुक्तता का गुण नहीं है तो वह न्यायिक पुनर्विलोकन के पश्चात् विद्यमान नहीं रह पाएगी। इसलिए संघ और राज्य की विधियां जो निर्बंधन अधिरोपित करती हैं वे (क) युक्तियुक्त और (ख) लोकहित में होनी चाहिए।

निर्बंधन युक्तियुक्त होने चाहिए।

23.10 विधिमान्य निर्बंधनों के उदाहरण,—

विधिमान्य निर्बंधन।

(i) युद्ध के समय सेना के वाहनों को मुक्त रूप से आने जाने के लिए कुछ सड़कों पर अन्य लोगों के लिए निर्बंधन।

(ii) जहां गेहूं की कमी है उस क्षेत्र से गेहूं के निर्यात पर लगाया गया निर्बंधन (आवश्यक वस्तु अधिनियम के अधीन)।

(iii) वनों से लकड़ी के अवैध काटे जाने को रोकने के लिए निर्बंधन।

(iv) ऐसी वस्तुओं के विक्रय पर निर्बंधन जो स्वास्थ्य के लिए हानिकर है जैसे तम्बाकू, शराब, अफीम आदि।

23.11 अनुच्छेद 303 में यह स्पष्ट किया गया है कि संसद् या राज्य विधान-मंडल को ऐसी विधि बनाने की शक्ति नहीं है जो (क) एक राज्य को दूसरे राज्य से अधिमान देती है या जो (ख) एक राज्य या दूसरे राज्य के बीच विभेद करना प्राधिकृत करती है।

अधिमान या विभेद।

सातवीं अनुसूची की प्रविष्टियों का इस प्रकार अर्थान्वयन नहीं किया जा सकता वे ऐसी शक्तियां प्रदान करती है। दूसरे शब्दों में समानता ही मार्गदर्शक सिद्धांत है।

23.12 ऐसी परिस्थितियां उत्पन्न हो सकती हैं जहां देश के किसी भाग में दुर्भिक्ष या माल की कमी के कारण ऐसी विधि अधिनियमित करना समीचीन हो जाए जिसमें उस क्षेत्र के मनुष्य और पशुओं के प्राणों की रक्षा के लिए उस क्षेत्र को अधिमान दिया जाए। अनुच्छेद 303 का खंड (2) एक अपवाद गढ़ता है। यह ध्यान देने योग्य है कि समान व्यवहार की अपेक्षा संघ और राज्य दोनों से है। किंतु अपवाद केवल संघ के लिए है। राज्य को दुर्भिक्ष की दशा में भी ऐसी शक्ति नहीं होती। संसद् दुर्भिक्ष या कमी की परिस्थिति का सामना करने के लिए अधिमान दे सकती है जैसे, कमी के क्षेत्र में अन्य राज्यों की तुलना में नीचे स्तर पर चावल की कीमत तय करना।

समानता के नियम का अपवाद।

कमी है या नहीं अर्थात् दुर्भिक्ष की विद्यमानता का निर्णय संसद् द्वारा किया जाएगा। न्यायालय इस घोषणा पर प्रश्नचिह्न नहीं लगा सकते।

23.13 अनुच्छेद 304(क) राज्यों को अविभेदकारी कर उद्गृहीत करने की अनुमति देता है। दूसरे शब्दों में कोई राज्य अन्य राज्यों से आयात माल पर उतना ही कर लगा सकते हैं जो स्थानीय माल पर लगाया जाता है। *भाईलाल भाई*[7] में एक राज्य विधि में अन्य राज्यों से आयात की गई तम्बाकू पर विक्रय कर लगाया गया किंतु उसी राज्य के भीतर उपजाई गई तम्बाकू पर कोई कर नहीं लगाया गया। न्यायालय ने यह पाया कि यह कर विभेदकारी था और परिणामस्वरूप इसे शून्य घोषित किया।

अविभेदकारी कराधान।

6. *मेनका गांधी* बनाम *भारत संघ,* ए.आइ.आर. 1978 एस.सी. 579।

7. *मध्य प्रदेश राज्य* बनाम *भाईलाल भाई,* ए.आइ.आर. 1964 एस.सी. 1006।

विभेद का प्रश्न वहीं उपस्थित होगा जहां राज्य में निर्मित माल और आयातित माल एक ही प्रकार के हों। यदि वे विभिन्न प्रकार और क्वालिटी के हैं तो उन पर विभिन्न दर से कर लगाया जा सकता है।

राज्य प्रतितुलन शुल्क भी लगा सकता है। उदाहरण के लिए राज्य क ने राज्य के भीतर बनाई गई शराब पर 30 प्रतिशत शुल्क लगाया है। राज्य ख ने राज्य के भीतर उत्पादित शराब पर 60 प्रतिशत कर लगाया है। इस स्थिति में राज्य ख आयातित शराब पर 30 प्रतिशत शुल्क लगा सकता है जिससे कर का भार समान हो जाए। यह सूची 2 की प्रविष्टि 51 के साथ पठित अनु. 304(ख) के अधीन अनुज्ञेय है। यदि किसी राज्य में जो लिकर आयात की जाती है उसके समान कोई लिकर उस राज्य में नहीं बनाई जाती तो आयातित माल पर प्रतितुलन शुल्क अधिरोपित करने का अधिकार उत्पन्न नहीं होगा।[8]

आतियाबाड़ी[9] में पांच न्यायाधीशों की पीठ ने और *आटोमोबाइल ट्रांसपोर्ट*[10] में सात न्यायाधीशों की पीठ ने इन प्रश्नों पर विचार किया था कि क्या अनु. 304(क) और 304(ख) एक ही विषय से संबंधित हैं या भिन्न विषयों से, अनु. 302 में 'निर्बंधन' शब्द का क्या अर्थ है, अनु. 301 और अनु 303 का परस्पर क्या संबंध है?

अनु. 301 के अधीन व्यापार, वाणिज्य और समागम की स्वतंत्रता **आत्यंतिक** नहीं है। यदि कोई कर अविभेदकारी है तो यह धारणा नहीं की जा सकती कि वह व्यापार, वाणिज्य और समागम की स्वतंत्रता पर निर्बंधन है। राज्य की अन्य राज्यों से आयातित माल पर कर उद्‌गृहीत करने की शक्ति की कोई परिसीमा नहीं है। इसका एकमात्र अपवाद अनु. 304(क) में दिया गया है।

जब तक कर अविभेदकारी हैं तब तक राज्य की अन्य राज्यों से आयात किए गए माल पर कर लगाने की शक्ति की कोई सीमा नहीं है।

राज्य प्रवेश कर लगा सकते है।[11]

विभेदकारी कराधान।

23.14 उत्तर प्रदेश सरकार ने उन व्यक्तियों को जो फ्लाइएश का उपयोग करके उत्तर प्रदेश में सीमेंट बना रहे थे कर में रिबेट दी। उच्चतम न्यायालय ने यह अभिनिर्धारित किया इससे स्थानीय माल के साथ पक्षपातपूर्ण व्यवहार हो रहा है और बाहर के व्यक्तियों के साथ जो उसी सामग्री का उपयोग कर रहे हैं विभेद किया गया है। न्यायालय ने यह अभिनिर्धारित किया कि शर्त शून्य है और आदेश दिया कि रिबेट सभी को दी जाए।[12]

विद्यमान विधियों पर इन अनुच्छेदों का प्रभाव।

23.15 अनुच्छेद 305 एक व्यावृत्तिकारक उपबंध है अर्थात् वह विद्यमान विधियों की रक्षा करता है। वह (क) सभी विद्यमान विधियों को और (ख) राज्यों के एकाधिकार का उपबंध करने वाली विधियों को संरक्षण प्रदान करता है और उन्हें इस आधार पर आक्रमण से बचाता है कि वे अनु. 301 का उल्लंघन करती हैं। भावी विधियों को तभी संरक्षण मिलेगा जब वे अनु. 302, 303 और 304 के अनुरूप हों।

अनुच्छेद 366 में **विद्यमान विधि** की परिभाषा दी गई है। उससे अभिप्रेत है ऐसी विधि, आदेश, उपविधि, नियम आदि जो किसी विधान-मंडल या प्राधिकरण द्वारा संविधान के प्रारंभ के पहले पारित किया गया है या बनाया गया है।

8. *कल्याणी स्टोर्स* बनाम *उड़ीसा राज्य,* ए.आइ.आर. 1966 एस.सी. 1686।
9. *आतियाबाड़ी टी कंपनी* बनाम *असम राज्य,* ए.आइ.आर. 1961 एस.सी. 232।
10. *आटोमोबाइल ट्रांसपोर्ट (राजस्थान) लिमिटेड* बनाम *राजस्थान राज्य,* ए.आइ.आर. 1962 एस.सी. 1406।
11. *जिंदल स्टेनलेस लिमिटेड* बनाम *हरियाणा राज्य* (2017) 12 एस.सी.सी. 1।
12. *उत्तर प्रदेश राज्य* बनाम *जे.पी. एसोसिएट्स* (2014) 4 एस.सी.सी. 720।

यदि कोई अधिनियम 26 जनवरी 1950 के पहले बनाया गया है तो उसे अनुच्छेद 305 द्वारा दिया गया संरक्षण प्राप्त होगा।

यदि मूल विद्यमान विधि में संविधान के प्रारंभ के पश्चात् भारी परिवर्तन कर दिए जाते हैं तो वह परिवर्तित विधि संरक्षण की पात्र नहीं होगी। यदि कोई अधिनियम विद्यमान विधि है किंतु उस अधिनियम के अधीन बनाए गए नियम संविधान के पश्चात् बनाए गए हैं तो नियमों को अनु. 305 का संरक्षण नहीं मिलेगा।[13]

एकाधिकार का सृजन करने वाली विधि।

23.16 राज्य के पक्ष में एकाधिकार का सृजन करने वाली विधि को इस आधार पर प्रहार से उन्मुक्ति है कि वह अनु. 301 से 303 का उल्लंघन करती है। किंतु यह संरक्षण वहीं मिलेगा जहां,—

(क) विधि 27-4-1955 के पहले बनाई गई हो; और

(ख) एकाधिकार राज्य के या राज्य के स्वामित्व या नियंत्रणाधीन किसी निगम के पक्ष में सर्जित हो।

यदि इनमें से एक भी शर्त पूरी नहीं होती है तो यह माना जाएगा कि वह विधि अनु. 301 का उल्लंघन करती है।

---

13. *मैसूर राज्य* बनाम *संजीवय्या,* ए.आइ.आर. 1967 एस.सी. 1189।

अध्याय 24

संघ और राज्यों के अधीन सेवाएं

24.1 स्थायी सिविल सेवा को भारत में ब्रिटिश साम्राज्य की इस्पात की संरचना कहा जाता था। स्वतंत्रता के पश्चात् यह संरचना बनी हुई है यद्यपि समय समय पर इसे गणतंत्र के नए उद्देश्यों के अनुरूप दृष्टि प्रदान करने के लिए कुछ प्रयास किए जाते हैं।

साधारण सर्वेक्षण।

संविधान में सेवाओं के बारे में विस्तार से उपबंध हैं। अनुच्छेद 309, 310, 311 और 312 में विभिन्न सेवाओं के सदस्यों को और संघ या राज्य के अधीन सिविल पद धारण करने वाले व्यक्तियों को कुछ आधारभूत अधिकार और संरक्षण दिए गए हैं। इसमें सेवाओं के संबंध में राज्य की शक्तियां भी बताई गई हैं। प्रायः ऐसे विषयों को सामान्य विधान द्वारा विनियमित किया जाता है। उन्हें संविधान में सम्मिलित नहीं किया जाता।

भारत में सरकारी सेवाओं से संबंधित विधि अनेक स्थानों पर फैली हुई है। यह संविधान में है, संसद् के अधिनियमों में है और राज्य विधान-मंडल द्वारा बनाई गई विधियों में है। समुचित सरकारों द्वारा बनाए गए नियमों और विनियमों में है, विभिन्न प्राधिकारियों द्वारा दिए गए निदेश और स्पष्टीकरणों में है और न्यायालयों के निर्णयों में है। इन सबको नैसर्गिक न्याय के सिद्धांतों और संविधान द्वारा प्रदत्त मूल अधिकार और अन्य अधिकारों के साथ संयुक्त करना पड़ता है।

न्यायालयों का कार्य बहुत सूक्ष्म और कोमल है। न्यायालयों का कर्त्तव्य है कि वे कर्मचारियों को कुछ मात्रा में सुरक्षा प्रदान करें और साथ ही यह भी सुनिश्चित करें कि वह सावधानी से अपना कर्त्तव्य करता है। नियोजक के रूप में सरकार को अपने कर्मचारियों को अनुशासन में रखने के लिए आवश्यक शक्ति होनी चाहिए। विशेषकर ऐसे कर्मचारियों को जो अपने कर्त्तव्य की उपेक्षा करते हैं या भ्रष्ट हैं। किंतु इस शक्ति का प्रयोग न्यायोचित रीति से होना चाहिए, निरंकुश या मनमाने ढंग से नहीं।

24.2 अनुच्छेद 309 में यह उपबंध है कि संसद् और राज्य विधान-मंडल संघ या किसी राज्य के क्रियाकलाप से संबंधित लोक सेवाओं और पदों के लिए भर्ती और सेवा की शर्तों को विनियमित करने के लिए नियम बना सकते हैं। यह विधान संविधान के उपबंधों के अधीन होगा।

भर्ती नियम बनाने की शक्ति।

इस अनुच्छेद का एक परंतुक है जो राष्ट्रपति या उसके द्वारा निर्दिष्ट व्यक्ति अथवा राज्यपाल या उसके द्वारा निर्दिष्ट व्यक्ति को जब तक संसद् या राज्य विधान-मंडल द्वारा विधि न बनाई जाए तब तक नियम बनाने का प्राधिकार देता है। यदि कोई अधिनियम पारित किया जाता है तो जो नियम बनाए गए हैं वे अधिनियम के अधीन होंगे अर्थात् अधिनियम अभिभावी होगा। यह अभिनिर्धारित हुआ है कि अनु. 309 के परंतुक द्वारा प्रदत्त शक्ति विधायी शक्ति हैं।[1] जो नियम बनाए गए हैं वे सांविधानिक नियम हैं और उन्हें विधि का बल प्राप्त है। वे सरकार और कर्मचारी दोनों पर आबद्धकर हैं। इस शक्ति के अधीन नियमों को भूतलक्षी प्रभाव दिया जा सकता है।

1. *बी.एस. यादव* बनाम *हरियाणा राज्य,* ए.आइ.आर. 1981 एस.सी. 561।

इस परंतुक के अधीन जो शक्ति दी गई है उसे प्रदान करने का आशय यह था कि जब तक विधान-मंडल विधि न बनाए कार्यपालिका इस शक्ति का प्रयोग करे। अर्थात् यह शक्ति अंतरिम काल के लिए थी।

यह कार्य कार्यपालिका को क्यों सौंपा गया?

24.3 वास्तविकता यह है कि विधान-मंडल ने यह क्षेत्र कार्यपालिका के लिए छोड़ दिया है। संघ और राज्य बहुत बड़ी संख्या में पदों के लिए भर्ती करते हैं। प्रत्येक पद के लिए आवश्यक और वांछनीय अर्हताएं और अनुभव की अपेक्षित अवधि अलग अलग होती है। भर्ती का ढंग—खुला चयन, प्रतिनियुक्ति, प्रोन्नति, सीमित विभागीय परीक्षा आदि कार्यपालिका पर छोड़ देना सर्वोत्तम होता है क्योंकि पिछले अनुभव के आधार पर नियमों में परिवर्तन करना सुविधाजनक होता है। अनुच्छेद 320 के अधीन लोक सेवा आयोग (यथास्थिति, संघ या राज्य लोक सेवा आयोग) से भर्ती की रीति से संबंधित सभी विषयों पर और नियुक्ति में अनुसरण किए जाने वाले सिद्धांतों के विषय में परामर्श करना आवश्यक है। सरकार को यह सुविधाजनक लगता है कि नियम बनाते समय आयोग से परामर्श कर लिया जाए। किंतु यदि विधान बनाया जाता है तो प्रक्रिया बड़ी जटिल हो जाएगी और समय भी बहुत लगेगा। सेवाओं में भर्ती के संबंध में बहुत थोड़े से अधिनियम हैं और इन अधिनियमों में हल्की सी रूपरेखा ही दी गई है। शेष कार्य प्रत्यायोजित विधान द्वारा किया जाता है।

नियम बनाना बाध्यकर नहीं है।

24.4 किसी सेवा या पद के सृजन के लिए या अर्हताएं, अनुभव और वेतनमान आदि विहित करने के लिए नियम बनाने के लिए सरकार बाध्य नहीं है। अनुच्छेद 309 राज्य के अनु. 73 या 162 के अधीन अधिकार पर बंधन नहीं लगाता है। राज्य अपनी कार्यपालिका शक्ति का प्रयोग करके व्यक्तियों की भर्ती कर सकता है।[2] यदि नियुक्तियां सांविधिक नियमों के उल्लंघन में की जाती हैं तो उन्हें अनु. 162 द्वारा प्रदत्त शक्तियों का प्रयोग करके विनियमित नहीं किया जा सकता।[3] कार्यपालक आदेश, अधिनियम या अनु. 309 के अधीन बनाए गए नियमों पर अभिभावी नहीं हो सकता।

वादलब्ध नियोजन।

24.5 जिन लोगों ने नियमित प्रक्रिया का अनुसरण किए बिना नियोजन प्राप्त कर लिया है ऐसे लोग न्यायालय से निदेश प्राप्त करना चाहते हैं कि उन्हें स्थायी कर दिया जाए।

न्यायालय भी अनेक बार उनकी सेवा में स्थायी करने का निदेश दे देते हैं। इस प्रकार के नियोजन को *वादलब्ध-नियोजन* कहा जाता है। न्यायालय ने यह स्पष्ट रूप से अधिकथित किया है कि विधि की सम्यक् प्रक्रिया या भर्ती के नियमों का पालन किए बिना की गई नियुक्ति से नियुक्त व्यक्ति को कोई अधिकार प्राप्त नहीं होता है। कोई न्यायालय उनको आमेलित करने या विनियमित करने के लिए निदेश नहीं दे सकता। इस नियम के विरुद्ध जितने भी मामले थे उन्हें उलट दिया गया। वे निष्प्रभाव हो गए।[4]

कार्यपालिका के अनुदेश।

24.6 यदि कोई नियम या अधिनियम विद्यमान है तो सरकार उसका पालन करने के लिए बाध्य है। यदि नियम किसी विशेष बिंदु पर मौन है तो सरकार उस रिक्त स्थान की पूर्ति के लिए या किसी संदेह के निराकरण के लिए नियमों की अनुपूर्ति के लिए समुचित निदेश दे सकती है। किंतु जो निदेश दिए जाते हैं वे किसी भी नियम या विधि से असंगत नहीं होने चाहिए। अनुदेश द्वारा किसी नियम को

2. *रमेश प्रसाद* बनाम *बिहार राज्य,* ए.आइ.आर. 1978 एस.सी. 327।
3. *उत्तर प्रदेश राज्य* बनाम *नीरज अवस्थी* (2006) 1 एस.सी.सी. 667।
4. *सचिव, कर्नाटक राज्य* बनाम *उमा देवी* (3) (2006) 4 एस.सी.सी. 1।

संशोधित या परिवर्तित नहीं किया जा सकता।[5] केंद्रीय सरकार के वित्तीय नियम, पेंशन नियम और आरक्षण नियमों में वित्त मंत्रालय और कार्मिक विभाग ने अनेकों अनुदेश जोड़ दिए हैं।

नियम और मूल अधिकार।

24.7 विधि बनाने की और अनुच्छेद 309 के परंतुक के अधीन नियम बनाने की शक्ति किसी अन्य नियम या अधिनियम के समान ही मूल अधिकारों के अधीन है। नियम ऋजु, युक्तियुक्त और न्यायसंगत होने चाहिए। यही बात अनुदेशों को भी लागू होती है। केवल नियम ही नहीं सरकार का व्यवहार भी मनमाना नहीं होना चाहिए। जहां एक राज्य सरकार ने यह प्रणाली अपना ली थी कि शिक्षकों को तदर्थ आधार पर केवल एक सत्र के लिए रखा जाएगा जिससे उन्हें गर्मी की छुट्टियों का वेतन और अन्य फायदे नहीं देने पड़ें। वहां यह अभिनिर्धारित हुआ कि यह पद्धति अन्यायपूर्ण और अनुचित है। सरकार को एक आदर्श नियोजक के रूप में कार्य करना चाहिए।[6]

विशेष नियम।

24.8 यह ध्यान देने योग्य है कि अधीनस्थ न्यायपालिका के लिए, उच्चतम न्यायालय के अधिकारियों के लिए, संपरीक्षा और लेखा विभाग के लिए भर्ती आदि के नियम बनाने की शक्ति संविधान के अन्य अनुच्छेदों में दी गई है (जैसे अनु. 146, 148, 234 आदि)।

प्रसाद का सिद्धांत।

24.9 अनुच्छेद 310 का मूल इंग्लैंड की विधि में है। इंग्लैंड में नियम यह है कि सम्राट के अधीन सभी सेवाएं चाहे वे सैन्य सेवाएं हों या सिविल, सम्राट के प्रसादपर्यंत धारण की जाती हैं। किसी भी लोक सेवक की सेवाएं इच्छानुसार समाप्त की जा सकती है और उसे पदच्युत किया जा सकता है। ऐसा करने के लिए सरकार को कारण देने की आवश्यकता नहीं है। हमारे संविधान में प्रसाद के सिद्धांत को मान्यता दी गई है किंतु उसे अनु. 311 के अधीन रखा गया है। इसके कारण सिविल सेवकों को कुछ सांविधानिक सुरक्षा प्राप्त होती है। किंतु यह सुरक्षा सैन्य बलों को नहीं मिलती। यदि किसी सिविल सेवक को पद से हटाया जाता है, पदच्युत किया जाता है या पंक्ति में अवनत किया जाता है तो अनु. 311 में विहित प्रक्रिया का अनिवार्यतः अनुसरण किया जाना चाहिए।

प्रसाद का सिद्धांत एक सांविधानिक आवश्यकता है। कारण यह है कि न्यायालय के समाधानपर्यंत सब बातों को साबित करने से लोक सेवाओं के कार्यकरण में बाधा पहुंचेगी। जिन सरकारी कर्मचारियों का अपने पद पर बने रहना राज्य के लिए हानिकर है, उन्हें पदच्युत करना कठिन नहीं होना चाहिए।[7]

नियम के अपवाद।

24.10 संविधान में कुछ विशेष उपबंध हैं जो उस पद को धारण करने वाले को नियत अवधि के लिए पद पर बने रहने का हक देते हैं। इस पदावधि के अधीन वह पद सदाचरण के दौरान धारण किया जाता है और प्रसाद का सिद्धांत लागू नहीं होता जैसे, उच्च या उच्चतम न्यायालय का न्यायाधीश, नियंत्रक महालेखा परीक्षक, मुख्य निर्वाचन आयुक्त, लोक सेवा आयोग के अध्यक्ष और सदस्य।

***तुलसीराम पटेल* और प्रसाद का सिद्धांत।**

24.11 *तुलसीराम पटेल*[8] सेवा संबंधी विधि की विभाजक रेखा है। इस निर्णय के पहले तक न्यायालयों की प्रवृत्ति कर्मचारी के पक्ष में स्पष्ट दिखाई पड़ती थी। उच्चतम न्यायालय ने

5. *बी.एन. नागराजन* बनाम *मैसूर राज्य*, ए.आइ.आर. 1966 एस.सी. 1942।
6. *रतनलाल* बनाम *हरियाणा राज्य* (1985) 4 एस.सी.सी. 43।
7. *भारत संघ* बनाम *एस.पी. शर्मा* (2014) 6 एस.सी.सी. 351।
8. *भारत संघ* बनाम *तुलसीराम पटेल* (1985) 3 एस.सी.सी. 398।

मोतीराम[9] में एक प्रकार से प्रसाद के सिद्धांत को विनष्ट करके दफना दिया था। सरकारी कर्मचारी अदक्ष या कर्त्तव्यविमुख होकर भी अधिवर्षिता तक सेवा में बने रह सकता था। इस निर्णय की आलोचना करते हुए **सीरवई** ने यह प्रश्न किया था कि अधिवर्षिता तक पद धारण रखने का अधिकार कौन से स्रोत से प्राप्त होता है? ऐसी कौन सी विधि, नियम या संविदा है जो ऐसा अधिकार देती है?

तुलसीराम[8] में उच्चतम न्यायालय ने इस प्रवृत्ति को उलट दिया। न्यायालय ने यह कहा कि अनु. 311 प्रसाद के सिद्धांत का अपवाद है। अनुच्छेद 309 जो सेवा की शर्तें विहित करने के लिए नियम बनाने की विधायी शक्ति देता है प्रसाद के सिद्धांत का अपवाद नहीं है। सही दृष्टिकोण तो यह है कि अनु. 309 भी अनु. 310 (प्रसाद का सिद्धांत) के अध्यधीन है और अनु. 309 द्वारा दी गई शक्ति के प्रयोग में बनाई गई विधि का कोई भी उपबंध जो राष्ट्रपति के प्रसाद को निर्बंधित करता है असांविधानिक होगा।

अधिनियम या नियम बनाकर प्रसाद के सिद्धांत के प्रभाव को सीमित नहीं किया जा सकता। न्यायालय ने यह स्पष्ट किया कि जिस प्रकार लोक सेवकों को पदावधि की सुरक्षा देना लोक हित में है, ऐसे ही यह भी लोक हित में है कि जो अदक्ष या भ्रष्ट है या जो देश की सुरक्षा के लिए जोखिम है उन्हें संविधान द्वारा संरक्षण नहीं दिया जाना चाहिए। प्रसाद के सिद्धांत को बिना सोचे विचारे इंग्लैंड की विधि से लेकर यहां लागू नहीं किया गया था। किंतु यह लोक नीति की अपेक्षा है, लोकहित की आवश्यकता है और लोक कल्याण की मांग है कि ऐसा सिद्धांत होना चाहिए। न्यायालय ने *तुलसीराम*[8] के सिद्धांत को *सत्यवीर सिंह*[10] में लागू किया।

सत्यवीर सिंह[10] में रा (रिसर्च एंड एनालिसिस विंग—भारत सरकार का एक आसूचना अभिकरण जो भारत के बाहर कार्य करता है) के बहुत से कर्मचारी कदाचरण के विभिन्न कार्य कर रहे थे। वे अपने सहकर्मियों को प्रपीड़ित कर रहे थे और धमकी दे रहे थे। सरकार ने उन कर्मचारियों को बिना जांच के पदच्युत कर दिया। यह बताया गया कि प्रपीड़न और धमकी के कारण कोई भी कर्मचारी साक्ष्य देने के लिए सामने नहीं आएगा। अनुशासनिक अधिकारी ने यह निर्णय दिया कि जांच करना युक्तियुक्त रूप से व्यावहारिक नहीं है। न्यायालय ने *तुलसीराम*[8] को लागू करते हुए पदच्युति के आदेश को वैध ठहराया। न्यायालय ने सरकार की अपने ही अपचारी कर्मचारियों से रक्षा की।

क्या प्रसाद पर बंधन लगाया जा सकता है?

24.12 प्रसाद का सिद्धांत संविधान के अनु. 310 में समाहित है। इस सांविधानिक उपबंध का प्रभाव यह है कि,—

(क) कि उसे संविदा द्वारा बांधा नहीं जा सकता है और न सीमित किया जा सकता है।

(ख) कि उसे अनु. 309 के अधीन बनाए गए नियमों द्वारा या संसद् या राज्य विधान-मंडल के अधिनियम द्वारा बांधा या सीमित नहीं किया जा सकता है। अनुच्छेद 309, अनु. 310 के अध्यधीन है अर्थात् अनु. 310 को अधिमान दिया जाता है।

विधिमान्य बंधन।

24.13 अनुच्छेद 311 प्रसाद के सिद्धांत पर बंधन है। यह एक सांविधानिक रक्षोपाय है। अनुच्छेद 14, 15 और 16 द्वारा प्रदत्त मूल अधिकार प्रसाद के सिद्धांत के प्रयोग की रीति को नियंत्रित करते हैं। सिद्धांत का प्रयोग विभेदकारी या अनुचित रीति से नहीं किया जा सकता।

क्या प्रसाद का प्रयोग व्यक्तिगत रूप से किया जाना चाहिए?

24.14 विधि यह अपेक्षा नहीं करती कि अनु. 310 के अधीन प्रसाद का प्रयोग राष्ट्रपति या राज्यपाल द्वारा व्यक्तिगत रूप से किया जाए। इसका प्रयोग,—

9. *मोतीराम* बनाम *एन.ई.एफ. रेलवे,* ए.आइ.आर. 1964 एस.सी. 600।

10. *सत्यवीर सिंह* बनाम *भारत संघ* (1985) 4 एस.सी.सी. 252।

(क) राष्ट्रपति या राज्यपाल द्वारा मंत्रि-परिषद् की सलाह से किया जाता है, या

(ख) अनुच्छेद 309 के अधीन बनाए गए अधिनियमों में या नियमों में विनिर्दिष्ट प्राधिकारी द्वारा किया जाता है।

यह आवश्यक नहीं है कि राष्ट्रपति या राज्यपाल स्वयं उस विषय पर विचार करें।

सिविल सेवकों के सांविधानिक रक्षोपाय

किसको उपलब्ध है?

24.15 अनुच्छेद 311 सरकारी सेवकों को कुछ रक्षोपाय और संरक्षण प्रदान करता है यह ध्यान देने योग्य है कि वे केवल निम्नलिखित को उपलब्ध हैं,—

(क) संघ या राज्य की सिविल सेवा के सदस्य

(ख) अखिल भारतीय सेवा के सदस्य

(ग) वे व्यक्ति जो संघ या राज्य के अधीन कोई सिविल पद धारण करते हैं।

ये अधिकार सशस्त्र बलों के सदस्यों को उपलब्ध नहीं है।

रक्षोपाय क्या हैं?

24.16 अनुच्छेद 311 में दो रक्षोपायों का वर्णन है,—

1. अनुच्छेद 311 का खंड (1) यह कहता है कि जिस व्यक्ति को अनु. 311 का संरक्षण प्राप्त है उसे ऐसे प्राधिकारी द्वारा पदच्युत नहीं किया जाएगा या पद से नहीं हटाया जाएगा जो उसकी नियुक्ति करने वाले अधिकारी के अधीनस्थ हो।

2. ऐसे व्यक्ति को बिना जांच के पदच्युत नहीं किया जाएगा या पद से हटाया नहीं जाएगा या पद से अवनत नहीं किया जाएगा।

जांच में उसे,—

(क) उसके विरुद्ध क्या आरोप है यह सूचित किया जाएगा और

(ख) सुनवाई का युक्तियुक्त अवसर दिया जाएगा।

केवल एक सुनवाई।

24.17 42वें संशोधन अधिनियम, 1976 के पूर्व सुनवाई का अवसर दो बार दिया जाता था। *पहले,* उसके विरुद्ध आरोप की बाबत और *दूसरे* जब शास्ति अधिरोपित करने का प्रस्ताव होता था तब। 42वें संशोधन के पश्चात् नियम यह है कि जांच के दौरान जो साक्ष्य पेश किया जाता है उसके आधार पर शास्ति अधिरोपित की जा सकती है। दूसरी सुनवाई का अवसर देना विधि की अनिवार्यता नहीं है। विधि को परिवर्तित कर दिया गया है।

सिविल पद का अर्थ।

24.18 जैसा ऊपर बताया गया है सांविधानिक रक्षोपाय का दावा व्यक्तियों के उसी वर्ग द्वारा किया जा सकता है जो सिविल पद धारण करता है। यह अधिकार सेनाओं में काम करने वाले कर्मचारियों को उपलब्ध नहीं है। रक्षा सेवाओं में जो सिविल कर्मचारी होते हैं उन्हें भी यह अधिकार नहीं मिलते। सशस्त्र बलों के लिए विशेष अधिनियम हैं जैसे सेना अधिनियम, नौसेना अधिनियम और वायु सेवा अधिनियम।

सिविल पद से अभिप्रेत है प्रशासन के सिविल पक्ष में कोई नियुक्ति या पद या नियोजन। राज्य और पद धारण करने वाले व्यक्ति के बीच स्वामी और सेवक का संबंध होना चाहिए। पुलिस में नियोजित व्यक्ति सिविल पद धारण करता है किंतु सांविधिक निगमों या सरकारी

कंपनियों के कर्मचारी सिविल सेवक नहीं हैं। जो संस्था अनु. 12 के अधीन राज्य मानी जाती है उसके कर्मचारी सिविल पद नहीं धारण करते। उन्हें सरकार के कर्मचारी नहीं माना जा सकता (**पैरा 7.24** भी देखिए)।[11] जो व्यक्ति मिथ्या प्रमाण पत्र के आधार पर नियुक्ति प्राप्त कर लेता है वह ऐसा व्यक्ति नहीं है जो सिविल पद धारण करता है।

अस्थायी कर्मचारी और परिवीक्षाधीन।

24.19 *पुरुषोत्तम लाल धींगरा*[12] में यह अभिनिर्धारित हुआ कि स्थायी और अस्थायी दोनों प्रकार के सेवकों को युक्तियुक्त सुनवाई का अधिकार है। इसके पश्चात् न्यायालय के सामने अनेक परिस्थितियां आईं जिनमें कुछ साधारण नियम बनाना आवश्यक हो गया। उदाहरण के लिए, यदि सरकार किसी विनिर्दिष्ट परियोजना के लिए किसी व्यक्ति को नियोजित करती है और परियोजना समाप्त हो जाने पर उसकी सेवाएं समाप्त कर देती है तो ऐसे में कोई सुनवाई आवश्यक नहीं है। इसके पीछे कारण यह है कि नियोजन की प्रकृति ही ऐसी थी। ये नियम उच्चतम न्यायालय ने *पंजाब राज्य* बनाम *सुखराज बहादुर*[13] में सूत्रबद्ध किए।

1. अस्थायी कर्मचारी या परिवीक्षाधीन की सेवाएं उसके नियोजन के नियमों के अनुसार समाप्त की जा सकती हैं। ऐसे पर्यवसान में जांच की कोई आवश्यकता नहीं है।

2. समाप्ति के पहले क्या परिस्थितियां थी इनकी परीक्षा की जानी चाहिए। उसके पीछे जो भी हेतु रहा हो वे तात्त्विक नहीं है। अर्थात् उसका कोई महत्त्व नहीं है।

3. यदि आदेश से लोक सेवक को दुष्परिणाम भुगतने पड़ेंगे या उसके चरित्र या ईमानदारी पर लांछन लगाया गया है तो वह आदेश दंडस्वरूप दिया गया है। ऐसे मामलों में अस्थायी सेवक या परिवीक्षाधीन की दशा में अनु. 311 लागू होगा।

5. यदि आदेश सादे प्ररूप में है और सिविल सेवक पर कोई दोषारोपण नहीं किया गया है तो अनु. 311 आकर्षित नहीं होगा चाहे वरिष्ठ प्राधिकारियों ने लोकसेवक उपयुक्त है या नहीं यह पता लगाने के लिए और उसे सेवा में रखा जाए या नहीं यह तय करने के लिए जांच की थी।

6. यदि जांच की जाती है अर्थात् आरोप पत्र दिया जाता है, जांच अधिकारी नियुक्त किया जाता है और स्पष्टीकरण मांगा जाता है तो अनु. 311 लागू होगा।

पदच्युत किया जाना, पद से हटाया जाना, या पंक्ति में अवनत किया जाना।

24.20 जो व्यक्ति **पदच्युत** किया जाता है वह सरकार के अधीन पुनर्नियोजन का पात्र नहीं होता। जो व्यक्ति **पद से हटाया** जाता है वह निरर्हित नहीं होता और उसे फिर से नियोजन में रखा जा सकता है। दोनों स्थितियों में सेवाओं का पर्यवसान हो जाता है। अनुच्छेद 311 दोनों के साथ एक जैसा व्यवहार करता है। सेवाओं का पर्यवसान सभी परिस्थितियों में हटाया जाना या पदच्युति नहीं होता।

पद से हटाना और पदच्युत करना दोनों ही शास्तियां हैं जो कदाचार या अदक्षता के आधार पर दी जा सकती हैं। इनके फलस्वरूप कुछ दंड होता है जो सुसंगत नियमों में विहित होता है। दोनों दशाओं में अनु. 311(2) लागू होता है।

पंक्ति में अवनत किए जाने का अर्थ है किसी अधिकारी को उस पंक्ति या प्रास्थिति से नीचे ले जाना। यह कार्य शास्ति के रूप में किया जाता है। सरकारी सेवक को निचले पद या पंक्ति में भेज दिया जाता है या वेतनमान में निचले स्तर तक पहुंचा दिया जाता है। यह

---

11. *असम राज्य* बनाम *बरक उपत्यका डी.यू. कर्मचारी संस्थान* (2009) 5 एस.सी.सी. 694।
12. *पुरुषोत्तम लाल धींगरा* बनाम *भारत संघ,* ए.आइ.आर. 1958 एस.सी. 36।
13. ए.आइ.आर. 1968 एस.सी. 1089।

सब दंडस्वरूप किया जाता है। इसमें आदेश का प्ररूप निश्चायक नहीं होता। प्रत्येक मामले में न्यायालय को आसपास की परिस्थितियों को देखना चाहिए और यह अवधारित करना चाहिए कि क्या आदेश दंडस्वरूप है।

निलंबन।

24.21 सरकारी सेवक का निलंबन न तो पदच्युति है न पद से हटाया जाना अतएव जो कर्मचारी निलंबित किया गया है वह अनु. 311 के संरक्षण का दावा नहीं कर सकता।

अनिवार्य सेवानिवृत्ति।

24.22 साधारणतया नियोजन के नियमों में यह उपबंध होता है कि जब कोई सरकारी सेवक विहित अवधि तक सेवा कर लेता है तो उसे अनिवार्य रूप से सेवानिवृत्त किया जा सकता है। समय पूर्व सेवानिवृत्ति लोक हित में की जाती है। इससे कोई लांछन नहीं लगता। यह दंडस्वरूप नहीं होती। यदि सेवानिवृत्त करने का निश्चय सद्भावपूर्वक लिया गया है तब न्यायालय में यह आक्षेप नहीं किया जा सकता कि निर्णय सही नहीं है। अनिवार्य सेवानिवृत्ति से अनु. 311(2) के रक्षोपाय आकर्षित नहीं होते क्योंकि उसे दंड नहीं माना जाता।

अनिवार्य सेवानिवृत्ति को दंड नहीं माना जाता। पदच्युति का आदेश, दंड है। यह दंड है क्योंकि इसके पश्चात् पेंशन नहीं मिलती। पद से हटाने का आदेश भी दंडस्वरूप है। इसके भी परिणाम वही हैं। बस अंतर यह है कि जिस सेवक को पदच्युत किया जाता है वह पुनः नियुक्ति के लिए पात्र नहीं होता। जो पद से हटाया जाता है वह नियुक्त किया जा सकता है। जो व्यक्ति अनिवार्य सेवानिवृत्त किया जाता है वह पेंशनी फायदों का हकदार होता है।[14]

कारण बताने का युक्तियुक्त अवसर।

24.23 अनुच्छेद 311(2) सरकारी सेवक को एक मूल्यवान अधिकार देता है। उसे जांच के पश्चात् ही पदच्युत किया जा सकता है, पद से हटाया जा सकता है या पंक्ति से अवनत किया जा सकता है। जांच में,—

(क) उसे यह सूचित किया जाना चाहिए कि उसके विरुद्ध क्या आरोप है।
(ख) उसे आरोपों के संबंध में सुनवाई का युक्तियुक्त अवसर दिया जाना चाहिए।

स्वाभाविक ही यह प्रश्न उपस्थित होता है कि **युक्तियुक्त अवसर क्या है**? न्यायालय ने अनेक मामलों में इस पर विचार किया है और इसकी अंतर्वस्तु निश्चित करने का प्रयास किया है। जांच ऋजु होनी चाहिए। नैसर्गिक न्याय के सिद्धांतों के अनुसार होनी चाहिए। इस संदर्भ में **युक्तियुक्त अवसर** के लिए साधारणतया निम्नलिखित बातों का होना आवश्यक है।

(क) अपचारी सेवक को यह सूचित करना चाहिए कि उसके विरुद्ध क्या आरोप है।
(ख) आरोप स्पष्ट, प्रमित और सटीक होने चाहिए।
(ग) उसे उस साक्ष्य की सूचना दी जानी चाहिए जिसके द्वारा आरोप साबित किए जाएंगे।
(घ) यदि सरकारी सेवक व्यक्तिगत सुनवाई की मांग करता है तो ऐसी सुनवाई की जानी चाहिए।
(ङ) उसे उन साक्षियों की प्रतिपरीक्षा का अवसर दिया जाना चाहिए जो उसके विरुद्ध पेश किए गए हैं।
(च) सभी साक्ष्य उसकी उपस्थिति में लिए जाने चाहिए।
(छ) किसी भी सामग्री का कर्मचारी के विरुद्ध अवलंब करने से पहले उसे उस संबंध में स्पष्टीकरण का अवसर दिया जाना चाहिए।

---

14. *राजेंद्र सिंह वर्मा* बनाम *लेफ्टिनेंट गवर्नर* (2011) 10 एस.सी.सी. 1।

(ज) कर्मचारी को साक्ष्य पेश करने और साक्षियों को उपस्थित करने का पूरा अवसर दिया जाना चाहिए।

(झ) कर्मचारी को अपने मामले में स्वयं बहस करने का अधिकार है।

(ञ) जांच अधिकारी का मामले में कोई पूर्वाग्रह या पक्षपात नहीं होना चाहिए।

(ट) जांच अधिकारी स्वयं साक्षी नहीं हो सकता।

(ठ) यदि जांच अधिकारी का जांच में कोई व्यक्तिगत लाभ है तो वह जांच करने से निरर्हित हो जाएगा अर्थात् वह जांच नहीं कर सकता।

नैसर्गिक न्याय।

24.24 उपर्युक्त नियम नैसर्गिक न्याय के सिद्धांतों से निकलते हैं (**नैसर्गिक न्याय** पर विस्तृत विचार विमर्श के लिए **अध्याय 34** देखिए)। प्रधान सिद्धांत इस प्रकार हैं,—

1. कोई भी व्यक्ति अपने मामले में स्वयं निर्णायक या निर्णयकर्ता नहीं हो सकता।
2. दोनों पक्षकारों को सुनना चाहिए।
3. युक्तियुक्त सूचना दी जानी चाहिए।
4. कोई पक्षपात नहीं होना चाहिए।

कब जांच की आवश्यकता नहीं होगी?

24.25 अनुच्छेद 311 का परंतुक तीन परिस्थितियां प्रगणित करता है जिनमें जांच करना आवश्यक नहीं होगा। वे हैं,—

(क) जहां सरकारी सेवक को आपराधिक आरोप पर सिद्धदोष ठहराया गया है, और इस आधार पर उसे पदच्युत किया जा रहा है या पद से हटाया जा रहा है या पंक्ति में अवनत किया जा रहा है।

(ख) जहां समुचित प्राधिकारी का समाधान हो गया है कि किसी कारण से जांच करना युक्तियुक्त रूप से साध्य नहीं है। ऐसे कारण लेखबद्ध किए जाएंगे।

(ग) यथास्थिति, राष्ट्रपति या राज्यपाल का समाधान हो गया है कि राज्य की सुरक्षा के हित में जांच करना समीचीन नहीं है।

सेवा अधिकरण।

24.26 42वें संशोधन से एक नई बात जोड़ी गई। इसमें सरकार की सेवाओं में व्यक्तियों की भर्ती और सेवा शर्तों के बारे में विवादों के न्यायनिर्णयन के लिए अधिकरणों की स्थापना का प्रबंध किया गया (अनु. 323क)। अनुच्छेद 323क द्वारा प्रदत्त शक्तियों का प्रयोग करते हुए संसद् ने प्रशासनिक अधिकरण अधिनियम, 1985 अधिनियमित किया। इस अधिनियम के अधीन अधिकरण की प्रधान पीठ दिल्ली में है और न्यायपीठ 14 अन्य स्थानों पर हैं। अनुच्छेद 323क के खंड (2)(घ) में यह उपबंध किया गया था कि संसद् अनु. 136 के अधीन उच्चतम न्यायालय की अधिकारिता के सिवाय सभी न्यायालयों की अधिकारिता का अपवर्जन कर सकेगी। प्रशासनिक अधिकरण अधिनियम के साथ पढ़े जाने पर इस उपखंड का प्रभाव यह था कि अधिकरण से अपील उच्च न्यायालय में नहीं हो सकती थी। अपील केवल उच्चतम न्यायालय में हो सकती थी वह भी तब जब अनु. 136 के अधीन अपील की विशेष इजाजत दी जाए।

चंद्रकुमार[15] में उच्चतम न्यायालय ने उच्च न्यायालयों की न्यायिक पुनर्विलोकन की अधिकारिता पर लगाए गए इस निर्बंधन को असांविधानिक घोषित कर दिया। उच्चतम न्यायालय

---

15. *एल. चंद्रकुमार* बनाम *भारत संघ,* ए.आइ.आर. 1997 एस.सी. 1125।

ने यह अधिकथित किया कि प्रशासनिक अधिकरण के सभी विनिश्चयों से अपील उच्च न्यायालय की खंडपीठ में होगी।

प्रशासनिक अधिकरण निम्नलिखित से संबंधित वादों और परिवादों का न्यायनिर्णयन नहीं कर सकता,—

(क) सशस्त्र बलों के सदस्य

(ख) उच्चतम न्यायालय या उच्च न्यायालय के अधिकारी और सेवक

(ग) संसद् या किसी राज्य या संघ राज्यक्षेत्र के विधान-मंडल के सचिवालय के कर्मचारी।

अखिल भारतीय सेवा।

24.27 अनुच्छेद 312 अखिल भारतीय सेवाओं के सृजन के विषय में है। संविधान के प्रारंभ पर केवल दो अखिल भारतीय सेवाएं थीं,—

भारतीय प्रशासनिक सेवा, और भारतीय पुलिस सेवा। अनुच्छेद 312 में यह उपबंध है कि यदि राज्य सभा उपस्थित और मत देने वाले सदस्यों में से कम से कम दो तिहाई सदस्यों द्वारा समर्थित संकल्प द्वारा यह घोषित करती है कि राष्ट्रीय हित में ऐसा करना आवश्यक या समीचीन है तो संसद् विधि बनाकर अखिल भारतीय सेवा का सृजन कर सकती है। अखिल भारतीय सेवा, संघ और राज्य दोनों के लिए होती है। अधिकारी किसी न किसी राज्य को आबंटित किया जाता है और प्रतिनियुक्ति पर संघ की सेवा करता है। अखिल भारतीय सेवा में भर्ती और सेवा की शर्तें संसद् के अधिनियम द्वारा विनियमित होती हैं। अधिकारियों की नियुक्ति राष्ट्रपति करता है। संसद् ने 1951 में अखिल भारतीय सेवा अधिनियम बनाया है। अखिल भारतीय सेवा में निम्नलिखित हैं,—भारतीय प्रशासनिक सेवा, भारतीय पुलिस सेवा, और भारतीय वन सेवा।

अनुच्छेद 312 में अखिल भारतीय न्यायिक सेवा को भी दृष्टिपथ में रखा गया है किंतु अभी तक उसकी स्थापना के लिए कोई कदम नहीं उठाया गया है। अखिल भारतीय सेवाओं को काम करने में अधिक स्वतंत्रता होती है क्योंकि यद्यपि वे राज्य में काम करते हैं फिर भी वे राज्य के नियंत्रण के अधीन नहीं होते। अखिल भारतीय सेवाओं के व्यक्ति राज्य में महत्त्वपूर्ण पदों पर नियुक्त किए जाते हैं। राज्यों में प्रशासन और पुलिस में कुछ पदों को संवर्ग पद के रूप में चिह्नित किया जाता है और ये पद प्रशासनिक या पुलिस सेवा के संवर्ग अधिकारियों द्वारा ही भरे जा सकते हैं।

अध्याय 25
लोक सेवा आयोग

भर्ती के लिए स्वतंत्र अभिकरण की आवश्यकता।

25.1 प्रजातंत्र के परिरक्षण के लिए यह आवश्यक है कि स्थायी सिविल सेवकों की नियुक्ति केवल गुणागुण के आधार पर हो। हमारे संविधान में पुरस्कार प्रणाली (स्पाइल्स सिस्टम) के लिए कोई स्थान नहीं है। पुरस्कार प्रणाली में बड़ी संख्या में सिविल सेवक इस आधार पर नियुक्त किए जाते हैं कि वे सत्ताधारी राजनीतिक दल के साथ जुड़े हैं या उसे समर्थन देते हैं। भारत एक विशाल देश है। यहां भाषा, जाति और धर्म के आधार पर समाज विभाजित है। यहां सरकार सबसे बड़ा नियोजक है और लोग सरकारी सेवा को शक्ति और प्रतिष्ठा के साथ जोड़ते हैं। इसलिए यह बहुत आवश्यक है कि भर्ती न्यायपूर्ण हो जिससे देश की एकता और प्रशासन की दक्षता बनी रहे। नागरिकों के कुछ वर्गों के लिए रिक्तियों का आरक्षण करने की अनुमति संविधान ने दे रखी है। आरक्षण अनुसूचित जाति, अनुसूचित जनजाति और पिछड़े वर्गों के लिए किए जा सकते हैं।

संविधान ने स्वतंत्र रूप से, न्यायसंगत और ऋजु रीति से, सब प्रकार के दबाव और प्रभाव से विचलित हुए बिना काम करने के लिए विशेषज्ञों के निकाय के रूप में लोक सेवा आयोगों का सृजन किया है।

संघ और राज्य आयोग।

25.2 संविधान में संघ के लिए एक लोक सेवा आयोग और प्रत्येक राज्य के लिए एक लोक सेवा आयोग गठित करने का विचार है।

यदि दो या अधिक राज्य इस बात पर सहमत हो जाते हैं कि उनके लिए एक संयुक्त लोक सेवा आयोग हो और उनके विधान-मंडल इस प्रभाव के संकल्प पारित कर देते हैं तो संसद् विधि बनाकर उनकी आवश्यकताओं के लिए संयुक्त राज्य लोक सेवा आयोग नियुक्त कर सकती है (अनु. 315)।

यदि किसी राज्य के राज्यपाल द्वारा अनुरोध किया जाता है तो संघ लोक सेवा आयोग राष्ट्रपति के अनुमोदन से राज्य की सभी या किन्हीं आवश्यकताओं की पूर्ति कर सकता है (अनु. 315)।

एक आयोग में एक अध्यक्ष और कुछ सदस्य होते हैं। संघ लोक सेवा आयोग और संयुक्त आयोग की दशा में सदस्यों की संख्या और सेवा की शर्तें राष्ट्रपति द्वारा अवधारित होंगी और राज्य लोक सेवा आयोग की दशा में राज्यपाल द्वारा। यह कार्य विनियम बनाकर किया जाता है। आयोग के सदस्य की सेवा की शर्तों में उसकी पदावधि के दौरान उसके लिए अलाभकारी परिवर्तन नहीं किया जाएगा (अनु. 318)।

नियुक्ति, पदावधि आदि।

25.3 संघ लोक सेवा आयोग या संयुक्त आयोग के अध्यक्ष और सदस्य राष्ट्रपति द्वारा नियुक्त किए जाते हैं। राज्य आयोग के अध्यक्ष आदि की नियुक्ति उस राज्य का राज्यपाल करता है। सदस्य या अध्यक्ष बनने के

लिए कोई अर्हताएं विहित नहीं है किंतु अनु. 316 में यह कहा गया है कि यथाशक्ति निकटतम आधे ऐसे व्यक्ति होंगे जो भारत सरकार या किसी राज्य के अधीन 10 वर्ष तक पद धारण कर चुके हैं। इस खंड के अधीन भारतीय प्रशासनिक सेवा, भारतीय पुलिस सेवा, भारतीय विदेश सेवा, संघ में कार्यरत इंजीनियर और सैन्य बल के अधिकारियों को जो सेवा निवृत्त हो चुके हैं या जो अधिवर्षिता के निकट हैं सदस्य नियुक्त किया जा रहा है। इससे यह सुनिश्चित हो जाता है कि जिन लोगों को सरकार की सेवा में काम करने का प्रत्यक्ष अनुभव है वे आयोग द्वारा अपनाई जाने वाली नीति तय करेंगे। वे यह समझने में समर्थ होते हैं कि सरकार की क्या आवश्यकताएं हैं और प्रत्याशी में कौन से गुण होने चाहिए। साधारणतया ज्येष्ठतम सदस्य को अध्यक्ष नियुक्त किया जाता है। किंतु ऐसी कोई विधिक अनिवार्यता नहीं है।

आयोग का सदस्य अपने पद का कार्यभार ग्रहण करने की तारीख से छह वर्ष की अवधि के लिए या संघ लोक सेवा आयोग की दशा में 65 वर्ष की आयु प्राप्त कर लेने तक और राज्य आयोग या संयुक्त आयोग की दशा में 62 वर्ष की आयु प्राप्त करने तक अपना पद धारण करता है। यदि कोई सदस्य अध्यक्ष नियुक्त किया जाता है तो उसे अध्यक्ष के रूप में 6 वर्ष की पूरी अवधि मिलेगी किंतु आयु की सीमा बनी रहेगी। उसे छह वर्ष की अवधि के समाप्त होने पर या विहित आयु प्राप्त करने पर, इनमें से जो भी पहले हो, अपना पद छोड़ना पडेगा।[1]

यह अपेक्षा कि सदस्यों में से 50 प्रतिशत सिविल सेवक होंगे निदेशात्मक है।[2] अर्थात् 50 प्रतिशत का अनुपात वांछनीय है, अनिवार्य नहीं। आयोग की कुल संख्या समय समय पर सेवा निवृत्ति या मृत्यु के कारण कम या अधिक हो सकती है। सेवानिवृत्ति के परिणामस्वरूप होने वाली रिक्ति हो सकता है कि तुरंत न भरी जा सके। किसी सदस्य की नियुक्ति की वैधता पर इस आधार पर आक्षेप नहीं किया जा सकता कि वह उस प्रवर्ग का नहीं है जो 50 प्रतिशत के अनुपात को पूरा करने के लिए आवश्यक है।[2]

नियुक्ति के नियमों की आवश्यकता।

25.4 लोक सेवा आयोग के अध्यक्ष की नियुक्ति एक सांविधानिक पद पर नियुक्ति है। यह कोई सेवा से संबंधित विषय नहीं है। इस पर लोक हितवाद के माध्यम से आक्षेप किया जा सकता है। नियुक्ति करने के पूर्व यह सुनिश्चित कर लेना चाहिए कि अभ्यर्थी में पद के लिए अपेक्षित योग्यता है। राज्यों को चाहिए कि वे लोक सेवा आयोग में नियुक्तियों के लिए उचित नियम बनाएं।[3]

पदत्याग और पद से हटाया जाना।

25.5 आयोग का सदस्य अपने हस्ताक्षर सहित लेख द्वारा अपना पद त्याग सकता है। यह लेख,—

(क) संघ लोक सेवा आयोग या संयुक्त आयोग की दशा में राष्ट्रपति को संबोधित होगा और

(ख) राज्य आयोग की दशा में राज्यपाल को संबोधित होगा।

सदस्य को उसकी पदावधि के अवसान के पूर्व हटाने के लिए संविधान में उपबंध है। सदस्यों को कदाचार के आधार पर राष्ट्रपति द्वारा हटाया जा सकता है। उच्चतम न्यायालय को राष्ट्रपति द्वारा निर्देश किए जाने पर कदाचार की जांच करने का अधिकार है। किसी अन्य न्यायालय को यह अधिकार नहीं है। यह ध्यान देने योग्य है कि राज्य आयोग का सदस्य भी राष्ट्रपति द्वारा हटाया जा सकता है। राज्यपाल द्वारा नहीं। जब उच्चतम न्यायालय अपने प्रतिवेदन में यह कहता है कि कोई सदस्य कदाचार का दोषी है तो राष्ट्रपति के पास उस सदस्य को हटाने के अतिरिक्त

1. *मैसूर राज्य* बनाम *बिदाप*, ए.आइ.आर. 1973 एस.सी. 2555।
2. *जय* बनाम *बिहार राज्य* (1993) 2 एस.सी.सी. 597।
3. *पंजाब राज्य* बनाम *सलिल सबलोक* (2013) 5 एस.सी.सी. 1।

कोई विकल्प नहीं होता।[4] कदाचार की परिभाषा नहीं दी गई है। साधारणतया रिश्वत लेना, पक्षपात करना, अंकों में छेड़छाड़ करना, कदाचार की श्रेणी में आएंगे। एक मामले में जहां एक सदस्य ने अध्यक्ष को चांटा मारा (अध्यक्ष महिला थी) वहां यह अभिनिर्धारित हुआ कि उसका आचरण कदाचार था।[4] किंतु संविधान में कदाचार के प्रकार सीमित नहीं हैं। कदाचार का अर्थान्वयन विषयवस्तु और संदर्भ के प्रति निर्देश से किया जाना चाहिए।[5] यदि कोई सदस्य भारत सरकार या किसी राज्य सरकार के साथ किसी संविदा में हितबद्ध है या ऐसी संविदा के लाभ में वह भागीदार है तो ऐसा आचरण कदाचार होगा [अनु. 317(4)]। कुछ दशाओं में राष्ट्रपति उच्चतम न्यायालय को निर्देश किए बिना सदस्य को हटा सकता है। ये दशाएं हैं,—

(क) जहां सदस्य दिवालिया न्यायनिर्णीत किया जाता है।

(ख) सदस्य पद धारण करते हुए किसी अन्य नियोजन में लग जाता है।

(ग) सदस्य मानसिक या शारीरिक शैथिल्य के कारण अपने पद पर बने रहने के लिए अयोग्य है।

क्या शैथिल्य इस प्रकार का है कि सदस्य अपने कर्त्तव्यों का निर्वहन करने में असमर्थ है इसका निर्णय राष्ट्रपति को करना होगा। सभी दशा में अंधापन ऐसा शैथिल्य नहीं हो सकता।

स्वतंत्रता सुनिश्चित करने का उपबंध।

25.6 संविधान में सदस्यों की स्वाधीनता बनाए रखने के उपबंध किए गए हैं। हमने **पैरा 15.29** में यह देखा है कि किस प्रकार न्यायपालिका की स्वतंत्रता सुनिश्चित की गई है आयोगों के संबंध में इसके लिए यह उपबंध किए गए हैं,

1. अध्यक्ष और सदस्यों की पदावधि प्रसादपर्यंत नहीं होती। वे नियत अवधि के लिए पद धारण करते हैं।
2. सदस्य को केवल राष्ट्रपति द्वारा हटाया जा सकता है। वह भी संविधान में उपबंधित आधारों पर और दी गई रीति से।
3. सदस्य की सेवा की शर्तों में उसकी नियुक्ति के पश्चात् उसके लिए अलाभकारी परिवर्तन नहीं किया जा सकता।
4. आयोग के खर्चे भारत की या राज्य की संचित निधि पर भारित होते हैं।
5. सदस्य अपनी अवधि के अवसान के पश्चात् फिर से नियुक्त नहीं किया जा सकता।
6. सदस्य जब सदस्य नहीं रहता तो वह सरकार के अधीन कोई नियोजन नहीं ले सकता।

25.7 पद पर न रह जाने पर,

सदस्य न रहने पर पद धारण के संबंध में प्रतिषेध।

(क) संघ लोक सेवा आयोग का अध्यक्ष भारत सरकार या किसी राज्य सरकार के अधीन किसी भी और नियोजन का पात्र नहीं होगा।

(ख) राज्य लोक सेवा आयोग का अध्यक्ष संघ लोक सेवा आयोग के अध्यक्ष या अन्य सदस्य के रूप में या किसी अन्य राज्य लोक सेवा आयोग के अध्यक्ष के रूप में नियुक्ति का पात्र होगा। वह भारत सरकार या राज्य सरकार के अधीन किसी अन्य नियोजन का पात्र नहीं होगा।

(ग) संघ लोक सेवा आयोग का सदस्य संघ लोक सेवा आयोग के अध्यक्ष के रूप में या किसी राज्य लोक सेवा आयोग के अध्यक्ष के रूप में नियुक्त होने का पात्र होगा। किंतु वह भारत सरकार या किसी राज्य सरकार के अधीन कोई अन्य नियोजन नहीं ले सकता।

---

4. अनुच्छेद 317(1) के अधीन निर्देश (1990) एस.सी.सी. 262।
5. भारत के संविधान के अनु. 317(1) के अधीन निर्देश (2009) एस.सी.सी. 337।

(घ) राज्य सेवा आयोग का सदस्य संघ लोक सेवा आयोग के अध्यक्ष या सदस्य के रूप में या किसी राज्य सेवा आयोग के अध्यक्ष के रूप में नियुक्ति का पात्र होगा। वह जिस आयोग का सदस्य होगा उस आयोग में भी अध्यक्ष नियुक्त किया जा सकता है। किंतु वह भारत सरकार या राज्य सरकार के अधीन किसी अन्य नियोजन का पात्र नहीं होगा।

ऊपर बताए गए उपबंधों को संक्षेप में प्रस्तुत करते हुए यह कहा जा सकता है कि संघ लोक सेवा आयोग के अध्यक्ष के लिए सभी नियोजन वर्जित हैं। अन्य सभी अध्यक्ष या सदस्य किसी न किसी आयोग में तो नियोजित हो सकते हैं किंतु और किसी सरकारी पद पर नहीं।

जब आयोग के पूर्व सदस्य को राज्यपाल नियुक्त किया गया तब उच्चतम न्यायालय ने यह अभिनिर्धारित[6] किया कि यह नियुक्ति अनु. 319 द्वारा प्रतिषिद्ध नहीं है क्योंकि राज्यपाल का पद सरकार के अधीन नियोजन नहीं है। वह एक सांविधानिक पद है।

यह विनिश्चय उचित नहीं जान पड़ता। इससे यह निष्कर्ष निकलता है कि कोई सदस्य सरकार का सचिव नियुक्त नहीं किया जा सकता क्योंकि यह प्रलोभन होगा जिसके कारण सदस्य लालच में पड़कर अपनी स्वतंत्रता खो देगा। किंतु राज्यपाल का पद ऐसा नहीं है जिसे प्रलोभन माना जा सके। यह स्थिति न तो व्यावहारिक है न तर्कसंगत।

आयोग के कृत्य।

25.8 अनुच्छेद 320 लोक सेवा आयोग के कृत्य अधिकथित करता है। अनुच्छेद 321 में यह उपबंध है कि संसद् या राज्य के विधान-मंडल कृत्यों की सूची में कुछ नए कृत्य जोड़ सकते हैं। कृत्य दो प्रकार के हैं,– (क) कर्त्तव्य और (ख) सलाहकारी कृत्य।

कर्त्तव्य।

25.9 लोक सेवा आयोग के कर्त्तव्य अनु. 320 में गिनाए गए हैं वे हैं,–

1. संघ की सेवाओं (संघ लोक सेवा आयोग की दशा में) और राज्य की सेवाओं (राज्य लोक सेवा आयोग की दशा में) में नियुक्तियों के लिए परीक्षाओं का संचालन करना।

परीक्षा चयन के लिए हो सकती है या प्रतियोगी। अभ्यर्थियों की पात्रता की परीक्षा के लिए लिखित परीक्षा ली जाती है। लिखित परीक्षा के अतिरिक्त मौखिक परीक्षा भी ली जा सकती है। जहां समुचित सरकार के भर्ती नियमों में भर्ती का ढंग विहित किया गया है वहां उसी का अनुसरण किया जाना चाहिए। साधारणतया नियमों द्वारा यह विहित किया जाता है कि लिखित परीक्षा में कितने प्रतिशत अंक होंगे और साक्षात्कार में कितने। यह सब बातें विशेषज्ञों द्वारा तय की जाती हैं और इसमें न्यायालय हस्तक्षेप नहीं करते। न्यायालय तभी हस्तक्षेप करेगा जब कार्य दुर्भावपूर्ण या मनमाना हो। संघ लोक सेवा आयोग द्वारा जो विभिन्न परीक्षाएं संचालित की जाती हैं उसमें सबसे अधिक प्रतिष्ठा सिविल सेवा परीक्षा की है। यह परीक्षा तीन प्रक्रम में होती है—प्रारंभिक परीक्षा, लिखित परीक्षा और मौखिक परीक्षा। प्रत्येक प्रक्रम पर प्रत्याक्षियों की छंटनी होती है।

2. यदि दो या अधिक राज्य संघ लोक सेवा आयोग से यह अनुरोध करते हैं कि वह किन्हीं सेवाओं के लिए जिनके लिए विशेष अर्हताएं चाहिए संयुक्त भर्ती की स्कीम बनाने और उसका प्रवर्तन करने में उन राज्यों की सहायता करे तो संघ लोक सेवा आयोग का कर्त्तव्य होगा कि वह ऐसा करे।

3. कोई अन्य विषय जो राष्ट्रपति या राज्यपाल द्वारा आयोग को परामर्श के लिए निर्दिष्ट किया जाए।

---

6. *हरगोविंद पंत* बनाम *रघुकुल तिलक*, ए.आइ.आर. 1979 एस.सी. 1109।

सलाहकारी कृत्य।

25.10 आयोग के बहुत से सलाहकारी कृत्य हैं। आयोग से परामर्श किया जाएगा,—

(क) सिविल सेवाओं और पदों के लिए भर्ती से संबंधित विषयों पर।

(ख) सिविल सेवाओं और पदों में नियुक्ति करने के लिए और एक सेवा से दूसरी सेवा में प्रोन्नति और अंतरण करने में अनुसरण किए जाने वाले सिद्धांतों पर और अभ्यर्थियों की उपयुक्तता पर।

(ग) ऐसे सभी अनुशासनिक मामलों या प्रकरणों पर जिनसे भारत सरकार या किसी राज्य सरकार की सिविल हैसियत में सेवारत कोई व्यक्ति प्रभावित होता है। इसके अंतर्गत ऐसे विषयों से संबंधित अभ्यावेदन और याचिकाएं हैं।

(घ) ऐसे व्यक्ति द्वारा या उसके संबंध में जो भारत सरकार या किसी राज्य सरकार के अधीन कार्य कर रहा है इस दावे पर कि अपने कर्त्तव्य के निष्पादन में किए गए किसी कार्य के संबंध में उसके विरुद्ध संस्थित विधिक कार्यवाहियों की प्रतिरक्षा में उसके द्वारा उपगत खर्च का सरकार द्वारा संदाय किया जाना चाहिए।

(ङ) सरकार के अधीन सिविल हैसियत में सेवा करते हुए किसी व्यक्ति को हुई क्षतियों के बारे में पेंशन दिए जाने के लिए दावे पर।

परामर्श न करने का प्रभाव।

25.11 *मनबोधन लाल*[7] में उच्चतम न्यायालय ने अभिनिर्धारित किया कि लोक सेवा आयोग से परामर्श करने में की गई अनियमितता से या बिना परामर्श कार्यवाही करने से सरकार का अंतिम आदेश अविधिमान्य नहीं होता। व्यथित अधिकारी को इस आधार पर कोई उपचार नहीं मिलेगा कि आयोग से परामर्श नहीं किया गया था या अनियमित रीति से परामर्श किया गया था।[8]

सलाह आबद्धकर नहीं।

25.12 *डी सिल्वा*[9] में यह अभिनिर्धारित हुआ कि अनु. 320(3) निदेशात्मक है आज्ञापक नहीं। उसका अनुपालन न करने पर कोई कार्य या आदेश अविधिमान्य नहीं होता। आयोग का कृत्य केवल सलाह देना है। यह सलाह सरकार पर आबद्धकर नहीं है। विधि की यह अपेक्षा है कि सरकार आंख मूंदकर सलाह नहीं मानेगी। सरकार को अपनी बुद्धि और विवेक से उस विषय का उत्तर खोजना होगा।[8] यदि सरकार बिना विचार किए आंख मूंदकर सलाह स्वीकार कर लेती है तो उसके द्वारा दिया गया आदेश असद्भाव के आधार पर शून्य होगा।

यदि सरकार आयोग की कोई सलाह या सिफारिश स्वीकार नहीं करती है तो उन मामलों के संबंध में अस्वीकृति के कारणों को स्पष्ट करने वाले ज्ञापन सहित एक प्रतिवेदन, यथास्थिति, संसद् या विधान सभा के समक्ष रखना होगा।

विनियम द्वारा परामर्श का अपवर्जन।

25.13 अनुच्छेद 320 के खंड (3) के परंतुक में राष्ट्रपति और राज्यपाल को यह शक्ति दी गई है कि वे विनियम बनाकर ऐसे विषय विनिर्दिष्ट करें जिनमें या तो (क) साधारणतया, या (ख) विशिष्ट वर्ग के मामलों में या (ग) विशिष्ट परिस्थितियों में लोक सेवा आयोग से परामर्श करने की अनिवार्यता नहीं होगी। विनियम भूतलक्षी भी हो सकते हैं। ये नियम संसद् के या राज्य विधान-मंडल के प्रत्येक सदन के समक्ष रखे जाएंगे और समुचित विधान-मंडल उन्हें उपांतरित या निरसित कर सकता है।

---

7. *उत्तर प्रदेश राज्य* बनाम *मनबोधन लाल श्रीवास्तव,* ए.आइ.आर. 1957 एस.सी. 922।
8. *डी. सिल्वा* बनाम *भारत संघ,* ए.आइ.आर. 1962 एस.सी. 1130।
9. *जतिंदर* बनाम *पंजाब राज्य,* ए.आइ.आर. 1984 एस.सी. 1850।

संविधान द्वारा परामर्श का अपवर्जन।

25.14 संविधान में ही यह उपबंध है कि दो मामलों में संघ लोक सेवा आयोग से परामर्श करना आवश्यक नहीं है [अनु. 320(4)]। ये दो मामले हैं,—

1. अनुच्छेद 16(4) में अनुध्यात नागरिकों के पिछड़े वर्ग के पक्ष में नियुक्तियों या पदों के आरक्षण के विषय में।

2. अनुच्छेद 335 में अनुध्यात अनुसूचित जातियों और अनुसूचित जनजातियों के नियुक्तियों में दावों पर विचार के विषय पर।

लोक सेवा आयोग के प्रतिवेदन।

25.15 लोक सेवा आयोग का यह कर्त्तव्य है कि वह राष्ट्रपति को आयोग द्वारा किए गए कार्य के बारे में प्रतिवर्ष एक प्रतिवेदन प्रस्तुत करे।

राष्ट्रपति संसद् के समक्ष,—

(क) प्रतिवेदन की एक प्रति, और

(ख) जहां आयोग की सलाह स्वीकार नहीं की गई है वहां अस्वीकृति के कारणों को स्पष्ट करने वाला ज्ञापन रखवाएगा।

राज्य आयोग अपना प्रतिवेदन राज्यपाल को देते हैं जो संबंधित मामलों में अस्वीकृति के कारणों को स्पष्ट करने वाले ज्ञापन सहित प्रतिवेदन की प्रति विधान-मंडल के समक्ष रखवाता है।

सरकार को यह शक्ति नहीं है कि वह लोक सेवा आयोग की सलाह को मनमाने ढंग से अस्वीकार कर दे। किंतु यदि सरकार का आदेश मनमाना या असद्भावपूर्ण है तो न्यायालय हस्तक्षेप कर सकते हैं। यदि आयोग ने नियमों का अनुसरण नहीं किया है या भ्रष्टाचार या पक्षपात हुआ है तो आयोग की सलाह अस्वीकार की जा सकती है। यदि सरकार ने अपनी नीति में परिवर्तन किया है और भरे जाने वाले पदों की संख्या घटा दी है तो उसे यह अधिकार है कि वह कम संख्या में अभ्यर्थियों की नियुक्ति करे। यदि सरकार यह तय करती है कि उसे कोई पद नहीं भरना है तो उसे यह शक्ति है कि वह किसी व्यक्ति को नियुक्त न करे।

अध्याय 26

निर्वाचन

26.1 संविधान की उद्देशिका में यह घोषणा है कि भारत **लोकतंत्रात्मक गणराज्य** है।

लोकतंत्र और निर्वाचन।

इससे यह विवक्षा है कि उन सभी नागरिकों को जो मतदान कर सकते हैं निर्वाचन में भाग लेने का अधिकार है। संविधान ने संसदीय प्रणाली का शासन अपनाया है इसलिए जिस दल को या दलों के समूह को नागरिकों के बहुमत का समर्थन प्राप्त होता है वे सरकार बनाते हैं। यहां बहुमत से अर्थ है प्रतिनिधि सदन में विधायकों के बहुमत का समर्थन। प्रतिनिधि सदन केंद्र में लोक सभा है और राज्यों में विधान सभा। लोकतंत्र में निर्वाचन में मत देने का अधिकार प्रत्येक नागरिक का बहुमूल्य अधिकार होता है। भारत विश्व का सबसे विशाल लोकतंत्र है।

संविधान में निर्वाचन की विधि और निर्वाचन आयोग की शक्तियों और कृत्यों की केवल रूपरेखा है। निर्वाचन से संबंधित विस्तृत उपबंध निम्नलिखित अधिनियमों में हैं,—

1. राष्ट्रपतीय और उपराष्ट्रपतीय निर्वाचन अधिनियम, 1952
2. लोक प्रतिनिधित्व अधिनियम, 1950
3. लोक प्रतिनिधित्व अधिनियम, 1951
4. परिसीमन अधिनियम

इनके अतिरिक्त बहुत से उपबंध विभिन्न नियमों और आदेशों में है जो पूर्वोक्त अधिनियमों के अधीन बनाए गए या जारी किए गए हैं। यह ध्यान में रखना चाहिए कि निर्वाचन करने या मत देने का अधिकार सांविधिक अधिकार है। यह मूल अधिकार नहीं है।[1] यद्यपि यह कहा जा सकता है कि लोकतंत्र के लिए इसका मौलिक महत्व है।

निर्वाचनों के बारे में सांविधानिक उपबंध।

26.2 नीचे जिन उपबंधों पर विचार किया जा रहा है वे संसद् और राज्य विधान-मंडल दोनों के निर्वाचनों को लागू होते हैं।

(क) प्रत्येक प्रादेशिक निर्वाचन क्षेत्र के लिए एक साधारण निर्वाचक नामावली होगी (अनु. 325)। भारत शासन अधिनियम, 1935 के अधीन मुसलमानों, सिक्खों, भारतीय ईसाई आदि के लिए पृथक् निर्वाचक नामावलियां थीं। हमारे देश के विभाजन का एक प्रमुख कारण सांप्रदायिक प्रतिनिधित्व और पृथक् निर्वाचक नामावलियों का होना भी था। संविधान निर्माताओं ने अपने अनुभव से सीख लेते हुए इस कुप्रथा को प्रतिषिद्ध कर दिया।

(ख) कोई भी व्यक्ति केवल धर्म, मूलवंश, जाति, लिंग या इनमें से किसी के आधार पर ऐसी नामावली में सम्मिलित किए जाने का **अपात्र** नहीं होगा। दूसरे शब्दों में यदि कोई नागरिक अन्य अर्हताएं पूरी कर लेता है तो यह नहीं कहा जा सकता कि उसका नाम निर्वाचक नामावली में इसलिए सम्मिलित नहीं किया जाएगा क्योंकि वह किसी विशिष्ट धर्म का मानने वाला है या

1. *पी. नला थंपी* बनाम *बी.एल. शंकर,* ए.आइ.आर. 1984 एस.सी. 135।

किसी विशेष जाति का है। किसी नागरिक को इस आधार पर सूची में सम्मिलित करने से इंकार नहीं किया जा सकता कि वह स्त्री है। अमरीका और इंग्लैंड में प्रारंभ में स्त्रियों को मतदान का अधिकार नहीं था। भारत में उन्हें प्रारंभ से ही समान अधिकार है (अनु. 325)।

(ग) कोई व्यक्ति धर्म, मूलवंश, जाति आदि के आधार पर विशेष निर्वाचक नामावली में सम्मिलित किए जाने का दावा नहीं कर सकता (अनु. 325)।

(घ) निर्वाचकों के लिए सामान्य नियम वयस्क मताधिकार है। दूसरे शब्दों में यदि कोई नागरिक,—

(i) विधान-मंडल द्वारा नियत तारीख को 18 वर्ष की आयु का है और
(ii) विधि द्वारा निरर्हित नहीं है।

तो वह मतदाता के रूप में रजिस्टीकृत होने का हकदार है।

सामान्य निरर्हताएं, विकृतचित्तता, अपराध के लिए दोषसिद्धि, निर्वाचन में भ्रष्ट आचरण आदि पर आधारित हैं। ये निरर्हताएं लोक प्रतिनिधित्व अधिनियम में बताई गईं हैं। वयस्क मताधिकार से अभिप्रेत है कि कुछ अपवादों को छोड़कर प्रत्येक वयस्क नागरिक को मत देने का अधिकार है। कोई व्यक्ति मतदाता के रूप में एक ही निर्वाचन क्षेत्र में रजिस्ट्रीकृत हो सकता है। वह जिस निर्वाचन क्षेत्र में रजिस्टर होना चाहता है वहां उसे सामान्यतया निवासी होना चाहिए।

अनुसूचित जातियों और अनुसूचित जनजातियों के लिए स्थानों का आरक्षण किया गया है। लोक सभा में अधिक से अधिक दो आंग्ल भारतीय समुदाय के सदस्य और राज्य विधान सभा में इसी समुदाय के एक सदस्य के नामनिर्देशित किए जाने का उपबंध है। इनको छोड़कर किसी अन्य धर्म या समुदाय के लिए कोई आरक्षण नहीं है।

26.3 **विधान-मंडल की शक्तियां।** संसद् को निर्वाचनों के सभी पहलुओं के बारे में विधि बनाने की शक्ति है (अनु. 327)। यह शक्ति संविधान के उपबंधों के अधीन है (जैसे अनु. 325, 326 आदि)। संसद् केवल संसद् के निर्वाचनों के लिए ही नहीं अन्य विधान मंडलों के निर्वाचनों के लिए भी विधान बना सकती है। राज्य विधान मंडलों की इसमें भूमिका गौण है। राज्य विधान-मंडल केवल राज्य विधान-मंडल के निर्वाचनों के संबंध में विधि बना सकता है वह भी केवल उस विस्तार तक जहां तक संसद् ने कोई उपबंध न किया हो। दूसरे शब्दों में वह संसदीय विधान की अनुपूर्ति कर सकता है। राज्य के अधिनियम संविधान के उपबंधों के और संसदीय अधिनियमों के अधीन होते हैं।

संसद् ने 1950 और 1951 में लोक प्रतिनिधित्व अधिनियम और 1962 और 1972 में परिसीमन आयोग अधिनियम बनाए हैं।

लोक सभा और राज्य विधान सभाओं के निर्वाचन के लिए सभी निर्वाचन क्षेत्र एक सदस्यीय निर्वाचन क्षेत्र हैं। प्रत्येक मतदाता का एक मत है। मत अंतरणीय नहीं है। जिस अभ्यर्थी को सर्वाधिक संख्या में मत प्राप्त होते हैं उसे निर्वाचित घोषित किया जाता है।

26.4 **निर्वाचन आयोग।** स्वतंत्र और निष्पक्ष निर्वाचन सुनिश्चित करने के लिए संविधान ने एक निर्वाचन आयोग की स्थापना की है। प्रारंभ से ही यह उपबंध था कि एक से अधिक आयुक्त हो सकते हैं। किंतु 1989 तक आयोग में केवल एक मुख्य निर्वाचन आयुक्त था। 1989 में एक और आयुक्त नियुक्त किया गया। 1990 में राष्ट्रीय मोर्चा की सरकार ने आयोग को फिर से एक सदस्य वाला बना दिया। 1-10-1993 को दो और आयुक्त नियुक्त करने का उपबंध किया गया तब से निर्वाचन आयोग में एक मुख्य निर्वाचन आयुक्त और दो निर्वाचन आयुक्त होते हैं।

आयोग के कृत्य।

26.5 आयोग निम्नलिखित 3 निर्वाचनों के बारे में उसे आबंटित कृत्य करता है,—

1. संसद् के लिए निर्वाचन।
2. राज्य विधान मंडलों के लिए निर्वाचन (इसमें संघ राज्यक्षेत्र सम्मिलित है)।
3. राष्ट्रपति और उपराष्ट्रपति पद के लिए निर्वाचन।

आयोग निम्नलिखित कृत्य करता है,—

(क) निर्वाचक नामावली तैयार करना।

(ख) निर्वाचनों का संचालन।

(ग) मतगणना और परिणामों की घोषणा।

(घ) राष्ट्रपति को इस प्रश्न के बारे में सलाह देना कि क्या कोई संसद् सदस्य (अनु. 103) या राज्य विधान-मंडल का सदस्य (अनु. 192) किसी निरर्हता से ग्रस्त हो गया है।

(ङ) राष्ट्रपति को प्रादेशिक आयुक्त की नियुक्ति के लिए सलाह देना।

आयोग की स्वतंत्रता सुनिश्चित करने के लिए उपबंध।

26.6 निर्वाचन आयोग की भूमिका बहुत महत्त्व की है। निर्वाचनों की निष्पक्षता और आयोग की स्वाधीनता का एक दूसरे से गहरा संबंध है। संविधान में और मुख्य निर्वाचन आयुक्त और अन्य निर्वाचन आयुक्त (सेवा की शर्तें) अधिनियम में यह उपबंध है कि,—

(क) निर्वाचन आयुक्त की नियुक्ति **प्रसाद** पर आधारित नहीं है। यह नियुक्ति छह वर्ष की अवधि के लिए या 65 वर्ष की आयु के लिए होती है, इनमें से जो भी पहले हो।

(ख) निर्वाचन आयुक्त को उन्हीं आधारों पर और उसी रीति से हटाया जा सकता है जो उच्चतम न्यायालय के न्यायाधीश को लागू होते हैं।

(ग) आयुक्त की सेवा की शर्तों में उसकी नियुक्ति के पश्चात् उसके लिए अलाभकारी परिवर्तन नहीं किया जाएगा।

(घ) किसी निर्वाचन आयुक्त या प्रादेशिक आयुक्त को अपने पद से मुख्य निर्वाचन आयुक्त की सिफारिश के बिना नहीं हटाया जाएगा।

(ङ) संघ और राज्य सरकारें आयोग को अपने कृत्यों के निर्वहन के लिए आवश्यक कर्मचारी उपलब्ध कराने के लिए बाध्य है।

निर्वाचन विवाद।

26.7 अनुच्छेद 329 एक विशेष उपबंध है इसमें निर्वाचन क्षेत्रों के परिसीमन से संबंधित विधियों को संपूर्ण संरक्षण दिया गया है। इसके परिणामस्वरूप जब परिसीमन आयोग, प्रादेशिक निर्वाचन क्षेत्रों की सीमाएं बनाता है और परिसीमन के बारे में उसके आदेश प्रकाशित हो जाते हैं तो वे अंतिम हो जाते हैं और उन्हें किसी भी न्यायालय में प्रश्नगत नहीं किया जा सकता [अनु. 329(क)]।

अनुच्छेद 329 में यह उपबंध है कि संसद् के प्रत्येक सदन या राज्य विधान-मंडल के किसी सदन के लिए कोई निर्वाचन ऐसी निर्वाचन अर्जी पर ही प्रश्नगत किया जाएगा जो ऐसे प्राधिकारी को और ऐसी रीति से प्रस्तुत की गई है जिसका समुचित विधि में उपबंध किया गया है।

इस अनुच्छेद का निर्वचन करते हुए उच्चतम न्यायालय ने यह अधिकथित किया है[2,3] कि यह खंड निर्वाचनों से संबंधित कोई भी विषय ग्रहण करने से न्यायालयों को वर्जित करता है। ऐसे विषयों को समुचित विधान-मंडल द्वारा बनाई गई विधि के अधीन निर्वाचन अर्जी के द्वारा

2. *पुन्नुस्वामी* बनाम *रिटर्निंग आफिसर,* ए.आइ.आर. 1952 एस.सी. 64।
3. *महिन्दर सिंह* बनाम *मुख्य निर्वाचन आयुक्त,* ए.आइ.आर. 1978 एस.सी. 851।

ही प्रश्नगत किया जा सकता है। इस संदर्भ में **निर्वाचन** शब्द को बहुत व्यापक अर्थ दिया गया है इसमें सभी प्रक्रियाएं आ जाती हैं और प्रारंभ से लेकर अभ्यर्थी के निर्वाचित घोषित किए जाने तक सभी प्रक्रम आ जाते हैं।

निर्वाचन अर्जी के बारे में वर्तमान अधिकारिता।

26.8 1966 से केवल उच्च न्यायालय को निर्वाचन अर्जी की सुनवाई करने की अधिकारिता है। इसकी अपील उच्चतम न्यायालय में होती है। उसी उच्च न्यायालय में एकल न्यायपीठ से खंड न्यायपीठ को अपील नहीं होती।

संविधान का अनुच्छेद 323ख जो 1976 में अंतःस्थापित किया गया है यह उपबंध करता है कि संसद् के प्रत्येक सदन और राज्य विधान-मंडल के प्रत्येक सदन के निर्वाचन के बारे में अधिकरणों की नियुक्ति के लिए विधि अधिनियमित की जा सकती है। खंड (घ) में यह भी उपबंध है कि ऐसी विधि उच्चतम न्यायालय के सिवाय अन्य न्यायालयों की अधिकारिता का अपवर्जन कर सकेगी।

अभी तक ऐसी कोई विधि अधिनियमित नहीं की गई है। यह ध्यान देने योग्य है कि *चंद्र कुमार*[4] में उच्चतम न्यायालय ने यह अभिनिर्धारित किया है कि उच्च न्यायालय की अधिकारिता का अपवर्जन असांविधानिक और शून्य है। इसका परिणाम यह है कि यदि कभी निर्वाचन अधिकरण का सृजन करने के लिए कोई विधि अधिनियमित की जाती है तो ऐसे अधिकरण की अपील उच्च न्यायालय में होगी।

निरसित अनुच्छेद 329क।

26.9 संविधान (39वां संशोधन) अधिनियम, 1975 द्वारा अनु. 329क अंतःस्थापित करके प्रधान मंत्री और लोक सभा के अध्यक्ष के संसदीय निर्वाचन के बारे में विवादों का निपटारा करने के लिए उपबंध किया गया था। इस संशोधन का प्रयोजन श्रीमती इंदिरा गांधी के विरुद्ध फाइल की गई निर्वाचन अर्जी को निष्फल बनाना था। श्रीमती गांधी अपने उद्देश्य में सफल हुई और सांसद के रूप में उनका निर्वाचन अवैध घोषित नहीं किया गया।

जनता सरकार ने 44वें संशोधन द्वारा इस अनुच्छेद का 1978 में लोप कर दिया।

यह निरसित अनुच्छेद हमें यह स्मरण दिलाता है कि प्रबल विधायी बहुमत का उपयोग करके एक व्यक्ति के आसन को बचाने के लिए संविधान का संशोधन किया जा सकता है।

---

4. *एल. चंद्रकुमार* बनाम *भारत संघ,* ए.आइ.आर. 1997 एस.सी. 1125।

अध्याय 27

राजभाषा

27.1 हिंदी भाषा हमारे देश में गोदावरी के उत्तर वाले लगभग समस्त भाग में बोली जाती है। ब्रिटिश शासकों ने प्रशासन और न्यायालय में सीमित प्रयोजन के लिए स्थानीय भाषाओं का प्रयोग करने की अनुमति दे दी थी किंतु उन्होंने हिंदी के प्रयोग को अनुज्ञात नहीं किया। समस्त उत्तर भारत में उर्दू को न्यायालयों की भाषा के रूप में थोपा गया। इस प्रकार न्यायालयों में और हस्तांतरण पत्र आदि (विक्रय विलेख, बंधक विलेख, पट्टे आदि) लिखने में उर्दू का प्रयोग किया जाने लगा। जब 1906 में मुस्लिम लीग की स्थापना की गई तब से यह कहा जाने लगा कि उर्दू भारत के मुसलमानों की भाषा है यह कथन तथ्यों को देखते हुए तब भी सही नहीं था और आज भी मिथ्या है। केरल का मुसलमान मलयालम और तमिलनाडु का तमिल बोलता है। पाकिस्तान में पंजाबी मुसलमान की मातृभाषा पंजाबी है और सिंधी मुसलमान अपनी मातृभाषा के लिए **जिये सिंध** आंदोलन चला रहा है। बांग्ला देश पाकिस्तान से इसलिए अलग हुआ क्योंकि वहां का मुसलमान बंगाली को अपनी राष्ट्रभाषा मानता है।

ऐतिहासिक पृष्ठभूमि।

1916 में जब लखनऊ में कांग्रेस और मुस्लिम लीग के बीच एकता करार (यूनिटी पैक्ट) हुआ तब से कांग्रेस यही दिखाने का प्रयत्न करती रही कि वह मुसलमानों सहित संपूर्ण भारत का प्रतिनिधित्व करने वाली संस्था है। मुस्लिम लीग यह दावा करती थी कि केवल उसे ही मुसलमानों की ओर से बोलने का अधिकार है। कांग्रेस को लीग हिंदू कांग्रेस कहती थी। लीग यह मानती थी कि कांग्रेस में जो मुस्लिम नेता हैं वे दिखावे के लिए रखे गए हैं। अंग्रेजों ने भी कांग्रेस के इस दावे को कभी स्वीकार नहीं किया कि कांग्रेस मुसलमानों का प्रतिनिधित्व करती है।

27.2 गांधीजी के नेतृत्व में कांग्रेस ने जो भाषा नीति अपनाई वह कांग्रेस की हिंदू मुस्लिम एकता लाने की पद्धति से मेल खाती थी। इस नीति के अंग के रूप में गांधीजी ने यह कहा कि कांग्रेस हिंदुस्तानी का समर्थन करती है। हिंदुस्तानी न तो हिंदी होगी और न उर्दू बल्कि दोनों का मिश्रण होगी। उसे देवनागरी और फारसी दोनों लिपियों में लिखा जा सकेगा। हिंदुस्तानी भाषा कहीं भी नहीं बोली जाती थी। वह साहित्य और विज्ञान की भाषा भी नहीं थी। यह एक ऐसी भाषा थी जिसे प्रयोगशाला में कृत्रिम रूप से बनाया जाना था। इसका बहुत से देशभक्त विद्वानों ने विरोध किया। इनमें से प्रमुख थे पुरुषोत्तम दास टंडन, रविशंकर शुक्ल, सेठ गोविंददास, घनश्यामदास गुप्त और बालकृष्ण शर्मा 'नवीन'। जिन लोगों ने हिंदुस्तानी भाषा विकसित करने का प्रयत्न किया उनमें सुंदरलाल और श्रीमन्नारायण प्रमुख थे। हिंदी और हिंदुस्तानी के विवाद में गांधीजी ने 1945 में हिंदी साहित्य सम्मेलन से त्यागपत्र दे दिया। गांधीजी सम्मेलन के अध्यक्ष रह चुके थे और दक्षिण भारत में हिंदी के प्रसार के प्रयोजन के लिए दक्षिण भारत हिंदी प्रचार सभा के गठन में उनका विशेष योगदान था।

एकता के उपकरण के रूप में हिंदुस्तानी।

जब स्वतंत्रता के साथ-साथ देश का विभाजन हो गया तो जनसाधारण ने यह अनुभव किया कि हिंदुस्तानी एक मृगतृष्णा है जो हिंदू और मुसलमानों के बीच एकता उत्पन्न करने का

साधन नहीं हो सकती। हिंदी साहित्य सम्मेलन ने एक संकल्प पारित करके यह कहा कि हिंदी को राष्ट्रभाषा का स्थान दिया जाना चाहिए।

नियम समिति में हिंदुस्तानी।

27.3 संविधान सभा की नियम समिति ने एक नियम बनाया था (नियम 29) जिसमें यह अधिकथित था कि,—

> सभा में काम काज हिंदुस्तानी (हिंदी या उर्दू) या अंग्रेजी में किया जाएगा। ... सभापति की अनुमति से कोई भी सदस्य सदन को अपनी मातृभाषा में संबोधित कर सकता है।

मूल अधिकार उप-समिति ने एक प्रारूप तैयार किया था जिसके अनुसार हिंदुस्तानी को राजभाषा का स्थान दिया गया था जो नागरिक के विकल्प पर देवनागरी या फारसी लिपि में लिखी जा सकती थी।

कांग्रेस संसदीय दल ने हिंदी को अधिमान दिया।

27.4 संविधान सभा में कुल 298 सदस्य थे (विभाजन के पश्चात्) जिनमें से 208 कांग्रेस दल के सदस्य थे। कोई भी प्रस्ताव या प्रारूप संविधान सभा के समक्ष रखे जाने के पहले उस पर कांग्रेस संसदीय दल में विचार विमर्श किया जाता था। 16 जुलाई 1947 को कांग्रेस संसदीय दल में इस बात पर विचार किया गया कि राजभाषा किसे बनाया जाए—हिंदी को या हिंदुस्तानी को। हिंदुस्तानी के समर्थकों में जवाहरलाल नेहरू, मौलाना आजाद और सरदार पटेल थे। किंतु, जब मतदान हुआ तो हिंदी के पक्ष में 63 और हिंदुस्तानी के पक्ष में 32 मत पड़े। देवनागरी लिपि के पक्ष में 63 और विपक्ष में 18 मत थे। इस मतदान का परिणाम संविधान के प्रारूप में तुरंत प्रतिबिंबित हुआ। फरवरी 1948 में जब संविधान का प्रारूप परिचालित किया गया तो उसमें हिंदी शब्द था, हिंदुस्तानी (हिंदी या उर्दू), शब्द हटा दिए गए।

संविधान सभा में राजभाषा से संबंधित भाग का अंगीकार किया जाना।

27.5 संविधान सभा में संघ की राजभाषा के रूप में हिंदी के बारे में कोई विवाद नहीं था। जो संघर्ष और ताप उत्पन्न हुआ वह दो बातों के बारे में था। एक तो वह अवधि जिसके दौरान अंग्रेजी बनी रहेगी और दूसरे देवनागरी अंकों का प्रयोग। राजभाषा से संबंधित भाग का प्रारूप तैयार करने के लिए एक प्रारूप समिति का गठन किया गया जिसमें 16 सदस्य थे। इनमें बाबा साहेब अंबेडकर, मौलाना आजाद और श्यामाप्रसाद मुखर्जी भी थे। किंतु 2 सदस्यों ने मुख्य रूप से यह कार्य किया। वे थे गोपालस्वामी आयंगर और कन्हैयालाल माणिकलाल मुंशी। इन्होंने परिश्रमपूर्वक एक प्रारूप तैयार किया जिसे अन्य सदस्यों ने अनुमोदित किया। इसीलिए इस भाग को **मुंशी आयंगर सूत्र** कहते हैं।

झूठ का परिचालन।

27.6 कुछ अंग्रेजी के चाहने वाले और राष्ट्रविरोधी तत्त्वों ने एक झूठी बात फैलाई जिसको अज्ञानवश लोग दोहराते हैं। यह प्रचार किया गया है कि संविधान सभा में हिंदी को राजभाषा के रूप में जब स्वीकार किया गया तो हिंदी के पक्ष में केवल एक मत अधिक था। कुछ लोग तो इससे भी आगे बढ़कर यह झूठ कहते हैं कि संविधान सभा के सभापति ने अपना निर्णायक मत देकर हिंदी को राजभाषा बनाया क्योंकि दोनों को एक बराबर मत मिले थे।[1] इन व्यक्तियों और संगठनों को सत्य के प्रति कोई लगाव या आदर नहीं है। *ग्रेनविल आस्टिन*[2] ने अपनी पुस्तक में सही तथ्यों का उल्लेख किया है। *ए.जी. नूरानी*[3] ने भी तथ्यों को यथावत् प्रस्तुत किया है। कोई भी व्यक्ति जो संविधान सभा की

1. उदाहरण के लिए *मलयाल मनोरमा, ईयर बुक,* यह मिथ्या कथन अनेक वर्षों तक दुहराती रही।
2. ग्रेनविल आस्टिन, *इंडियन कांस्टिट्यूशन—कार्नर स्टेन आफ ए नेशन*।
3. ए.जी. नूरानी, *फ्रंटलाइन,* तारीख 4 अप्रैल 1997।

बहस को पढ़ेगा वह यह जान जाएगा कि संविधान सभा में किसी भी प्रश्न पर कोई विभाजन नहीं हुआ। राजभाषा से संबंधित भाग सर्वसम्मति से स्वीकार किया गया।[4] हिंदी में यह भी कह सकते हैं कि वह एकमत से स्वीकार हुआ अर्थात् इसके बारे में पूर्ण मतैक्य था।

27.7 **भाग 17 का संक्षेप।** भाग 17 राजभाषा के विषय में है। इसमें 4 अध्याय हैं। (1) संघ की भाषा (2) प्रादेशिक भाषाएं, (3) उच्चतम न्यायालय और उच्च न्यायालय आदि की भाषा और (4) विशेष निदेश।

27.8 **संघ की राजभाषा।** अनुच्छेद 343 यह घोषित करता है कि संघ की राजभाषा हिंदी और लिपि देवनागरी होगी। किंतु अंक देवनागरी लिपि में नहीं लिखे जाएंगे। अंकों के जिस रूप का शासकीय प्रयोजनों के लिए प्रयोग किया जाएगा उसे**भारतीय अंकों का अंतरराष्ट्रीय रूप** कहा गया है।

27.9 **लिपि और अंक।** यह एक रोचक तथ्य है कि रोम वाले अंकों को I, II, III, ... IX, X के रूप में लिखते थे। इन्हें अभी भी रोम वाले अंक कहते हैं। दाशमिक प्रणाली, स्थान मूल्य प्रणाली और 1, 2, 3, 4 आदि अंकों का आविष्कार और विकास भारत में हुआ। भारतीयों से संपर्क में आने पर अरबों ने यह अंक भारत से सीखे। अरब में इन अंकों को हिंदसा (हिंद का) कहा जाता है। यूरोपवासियों ने ये अंक अरबों से सीखे और इसलिए उन्हें अरबी अंक नाम दिया। हमारे संविधान में इन्हीं अंकों को भारतीय अंकों का अंतरराष्ट्रीय रूप कहा है। मूलतः ये अंक देवनागरी हैं किंतु कुछ अंकों के लिखने के रूप में परिवर्तन हो गया है।

संविधान सभा में इन अंकों को स्वीकार किए जाने के बारे में मतभेद था। अनुच्छेद 343 के परंतुक में यह कहा गया है कि राष्ट्रपति भारतीय अंकों के अंतरराष्ट्रीय रूप के अतिरिक्त देवनागरी रूप का प्रयोग प्राधिकृत कर सकेगा। यह ध्यान देने योग्य है कि उत्तर प्रदेश, मध्य प्रदेश आदि राज्यों ने देवनागरी लिपि स्वीकार की है जिसके अंतर्गत देवनागरी अंक आते हैं। केंद्र में तथाकथित अंतरराष्ट्रीय अंकों का प्रयोग लिपि के लिए अपवादस्वरूप है।

अनुच्छेद 343 के खंड (3) में संसद् को यह शक्ति दी गई है कि वह विधि बनाकर अंकों के देवनागरी रूप का प्रयोग ऐसे प्रयोजनों के लिए उपबंधित कर सकेगी जो विनिर्दिष्ट किए जाएं।

27.10 **अंग्रेजी का प्रयोग चालू रहना।** अनुच्छेद 343 का खंड (2) एक अध्यारोही उपबंध है। वह खंड (1) में की गई घोषणा को नकारता है और उसका प्रभाव समाप्त सा कर देता है। खंड (1) में हिंदी को संघ की राजभाषा घोषित किया गया है। खंड (2) में यह कहा गया है कि संविधान के प्रारंभ से 15 वर्ष की अवधि तक संघ के उन सभी शासकीय प्रयोजनों के लिए अंग्रेजी भाषा का प्रयोग चालू रहेगा जिनके लिए उस तारीख से पहले प्रयोग किया जा रहा था।

खंड (3) में यह उपबंध है कि 15 वर्ष की अवधि के पश्चात् अंग्रेजी भाषा का ऐसे प्रयोजनों के लिए प्रयोग किया जा सकेगा जो संसद् विधि बनाकर विनिर्दिष्ट करेगी। संविधान निर्माताओं के ध्यान में यह था कि 15 वर्ष पश्चात् हिंदी समस्त क्षेत्र पर छा जाएगी और अपवादस्वरूप कुछ छोटे छोटे द्वीप रह जाएंगे जिनमें अंग्रेजी के प्रयोग की अनुमति देने के लिए संसद् विधि बनाएगी। संसद् ने राजभाषा अधिनियम, 1963 अधिनियमित किया। इसका 1967 में संशोधन किया गया। इस अधिनियम की धारा 3 में अंग्रेजी के प्रयोग के पक्ष में एक खुली छूट सदैव के लिए दे दी गई। अंग्रेजी का उन सभी प्रयोजनों के लिए अनिश्चित काल तक प्रयोग किया जा

4. सी.ए.डी. जिल्द 9, पृष्ठ 1490-91।

सकेगा जिनके लिए उसका प्रयोग संविधान के प्रारंभ पर किया जाता था। अंग्रेजी के प्रयोग पर कोई निर्बंधन नहीं लगाया गया। संविधान के अनुसार अंग्रेजी राजभाषा नहीं है किंतु व्यवहार में वह राजभाषा है। अनुच्छेद 343 और राजभाषा अधिनियम, 1963 के उपबंधों को पढ़ने के बाद यही निष्कर्ष निकलता है।

राजभाषा आयोग।

27.11 अनुच्छेद 344 में यह कथन है कि संविधान के प्रारंभ से 5 वर्ष की समाप्ति पर और उसके पश्चात् ऐसे प्रारंभ से 10 वर्ष की समाप्ति पर राष्ट्रपति एक आयोग का गठन करेगा। आयोग में एक अध्यक्ष और आठवीं अनुसूची में विनिर्दिष्ट विभिन्न भाषाओं का प्रतिनिधित्व करने वाले सदस्य होंगे।

आयोग का यह कर्त्तव्य होगा कि वह राष्ट्रपति को,—

(क) संघ के शासकीय प्रयोजनों के लिए हिंदी भाषा के अधिकाधिक प्रयोग,

(ख) संघ के सभी या किन्हीं शासकीय प्रयोजनों के लिए अंग्रेजी भाषा के प्रयोग पर निर्बंधनों,

(ग) अनुच्छेद 348 में उल्लिखित सभी या किन्हीं प्रयोजनों के लिए प्रयोग की जाने वाली भाषा,

(घ) संघ के किसी एक या अधिक विनिर्दिष्ट प्रयोजनों के लिए प्रयोग किए जाने वाले अंकों के रूप,

(ङ) संघ की राजभाषा तथा संघ और किसी राज्य के बीच या एक राज्य और दूसरे राज्य के बीच पत्रादि की भाषा और उनके प्रयोग के संबंध में राष्ट्रपति द्वारा आयोग को निर्देशित किए गए किसी अन्य विषय,

के बारे में सिफारिश करे।

आयोग अपनी सिफारिशें करने में,—

(i) भारत की औद्योगिक सांस्कृतिक और वैज्ञानिक उन्नति का और

(ii) लोक सेवाओं के संबंध में अहिंदी भाषी क्षेत्रों के व्यक्तियों के न्यायसंगत दावों और हितों का सम्यक् ध्यान रखेगा।

7 जून, 1955 को राजभाषा आयोग का गठन किया गया। श्री बी.जी. खेर इसके अध्यक्ष थे। इसमें विभिन्न भारतीय भाषाओं का प्रतिनिधित्व करने वाले 20 सदस्य थे।

दूसरा आयोग।

27.12 संविधान के अनु. 344(1) के अनुसार 1960 में एक और आयोग की नियुक्ति होनी थी किंतु सरकार ने आयोग का गठन नहीं किया। तत्कालीन विधि मंत्री श्री अशोक सेन ने 12-3-1960 को एक नोट लिखकर यह राय अभिव्यक्त की कि अनु. 344(1) में प्रयुक्त shall का निर्वचन may के रूप में किया जाना चाहिए। उनके मतानुसार इस खंड में shall आज्ञापक नहीं है। राष्ट्रपति को आयोग की नियुक्ति करने का विवेकाधिकार है। चाहे तो करे या न करें। उन्होंने अपने मत के समर्थन में प्रिवी कौंसिल का एक निर्णय उद्धृत किया।[5]

संसदीय समिति।

27.13 अनुच्छेद 344 में राजभाषा आयोग की सिफारिशों की परीक्षा करने और उस पर अपने विचार राष्ट्रपति को प्रतिवेदित करने के लिए एक संसदीय समिति की नियुक्ति का उपबंध है।

1957 में गृह मंत्री द्वारा प्रस्तावित संकल्प द्वारा संसद् ने एक समिति का गठन किया इसमें

5. *पंजाब कोआपरेटिव बैंक* बनाम *आइ.टी. कमिश्नर,* 67 आइ.ए. 464(477)।

लोक सभा के 20 और राज्य सभा के 10 सदस्य थे। श्री गोविंदबल्लभ पंत (गृह मंत्री) इसके अध्यक्ष थे।

यह परिकल्पना की गई थी कि अंग्रेजी से हिंदी में भाषिक परिवर्तन धीरे-धीरे होगा। आयोग और समिति वह रीति अधिकथित करेगी जिससे एक निश्चित योजना के अनुसार यह कार्य होगा। यह परिवर्तन जनवरी 1965 तक पूरा हो जाना था।

राष्ट्रपति आदेश।

27.14 संविधान में ही यह समादेश है कि संसदीय समिति के प्रतिवेदन पर विचार करने के पश्चात् राष्ट्रपति उस प्रतिवेदन के अनुसार निदेश दे सकेगा [अनु. 344(6)]। पहला राष्ट्रपति आदेश 27-4-1960 को निकाला गया। इसके पश्चात् कुछ अन्य आदेश भी निकाले गए। राष्ट्रपति की आदेश देने की शक्ति बहुत विस्तृत और व्यापक है। अनुच्छेद 343 में किसी बात के होते हुए भी यह शक्ति अभिभावी होगी।[6] इस शक्ति का प्रयोग हिंदी भाषा के प्रसार की अभिवृद्धि के लिए किया जाना था।[6] आदेश अनु. 343 से भिन्न हो सकता है और उसके प्रतिकूल भी हो सकता है।

अनुच्छेद 343, 344 और 351 का संयुक्त प्रभाव।

27.15 अनुच्छेद 343, 344 और 351 का संयुक्त प्रभाव एक मार्गदर्शक मानचित्र और कार्ययोजना बनाना है जिसके अनुसार अंग्रेजी के स्थान पर हिंदी और अन्य भारतीय भाषाओं को प्रतिष्ठित किया जा सके। यह संसदीय समिति की सिफारिश के आधार पर होना था और संसदीय समिति को विशेषज्ञों के आयोग (राजभाषा आयोग) के प्रतिवेदन के आधार पर अपनी राय बनानी थी। समिति के दृष्टिकोण पर विचार करने के पश्चात् राष्ट्रपति निदेश देगा। संसद्, अनु. 343 में उल्लिखित प्रयोजनों के लिए विधियां अधिनियमित करेगी।

सांविधानिक लक्ष्य और वास्तविक व्यवहार।

27.16 हम ऊपर देख चुके हैं कि संविधान का लक्ष्य यह था कि अंग्रेजी का स्थान हिंदी और अन्य भारतीय भाषाएं लेंगी। राजभाषा आयोग और राजभाषा से संबंधित संसदीय समिति ने एक योजना तैयार की। 1960 के राष्ट्रपति आदेश द्वारा कुछ निदेश दिए गए। किंतु इसके पश्चात् राजभाषा अधिनियम, 1963 अधिनियमित किया गया। 1967 में इस अधिनियम का संशोधन करके अंग्रेजी को सदैव के लिए स्थापित कर दिया गया। वास्तविक व्यवहार में संघ के शासकीय प्रयोजन के लिए अंग्रेजी का प्रयोग चल रहा है। हिंदी का शासकीय प्रयोजनों के लिए प्रयोग वहीं पर हो रहा है जहां पर राजभाषा अधिनियम और उसके अधीन बनाए गए नियमों के अधीन हिंदी का प्रयोग अनिवार्य है। अन्यथा संघ में सरकारी काम काज में हिंदी का स्थान अत्यंत गौण है।

यह इस बात का उदाहरण है कि किस प्रकार राजनेता संविधान के उद्देश्यों को विफल कर देते हैं और किस प्रकार अंग्रेजी जानने वाला अभिजात्य वर्ग जो सत्ता को नियंत्रित करता है एक विदेशी भाषा में प्रशासन चला रहा है जिसे जनता समझ भी नहीं पाती है। यह लोकतंत्र का उपहास है। भारत एक ऐसा लोकतंत्रात्मक गणराज्य है जिसकी संघ सरकार पूर्ववर्ती शासकों की भाषा के माध्यम से कार्य करती है।

प्रादेशिक भाषाएं

राज्य की राजभाषा।

27.17 संविधान में यह घोषित नहीं किया गया कि विभिन्न राज्यों की अपनी राजभाषा क्या होगी। अनुच्छेद 345 में राज्यों को यह शक्ति दी गई कि वे राज्य में प्रयोग होने वाली भाषाओं में से किसी एक या अधिक को

6. *भारत संघ* बनाम *मुरासोली मारन,* ए.आइ.आर. 1977 एस.सी. 225।

या हिंदी को राज्य की राजभाषा के रूप में अंगीकार कर सकेंगे। ऐसा करने के लिए विधि अधिनियमित करना आवश्यक है। अधिकतर बड़े-बड़े राज्यों ने राज्य की प्रमुख भाषा को अपनी राजभाषा बना दिया है। उदाहरण के लिए महाराष्ट्र ने मराठी को राजभाषा बनाया है। तमिलनाडु ने तमिल को और उत्तर प्रदेश ने हिंदी को। पंजाब और गुजरात ने क्रमशः पंजाबी और गुजराती के साथ हिंदी को भी राजभाषा स्वीकार किया है। आश्चर्य की बात है कि पूर्वोत्तर के कुछ छोटे राज्यों ने अर्थात् नागालैंड, मिजोरम, मेघालय और अरुणाचल प्रदेश ने अंग्रेजी को अपनी राजभाषा स्वीकार किया है। किसी विशिष्ट भारतीय भाषा को राजभाषा घोषित करने से अंग्रेजी का प्रयोग प्रतिषिद्ध नहीं हो जाता और अंग्रेजी में लिखा गया कोई आदेश या कार्यवाही अविधिमान्य नहीं हो जाते।[7]

उत्तर प्रदेश सरकार ने (अनु. 345 के अधीन) 1951 में हिंदी को राजभाषा घोषित किया था। राज्य ने 1989 में द्वितीय राजभाषा अधिनियम द्वारा उर्दू को द्वितीय राजभाषा घोषित किया। उच्चतम न्यायालय ने यह अभिनिर्धारित किया कि द्वितीय राजभाषा घोषित करना अनुज्ञेय है। राजभाषा अधिनियम पारित करने पर अनु. 345 निःशेष नहीं हो जाता। इस अनुच्छेद के अधीन राजभाषा घोषित करने की शक्ति का उपयोग समय समय पर किया जा सकता है।[8]

अनुच्छेद 347 के अधीन राष्ट्रपति द्वारा दिए गए निदेशों के अभाव में कोई भी राज्य, उस राज्य में प्रयोग की जाने वाली भाषाओं में से किसी एक भाषा को अनु. 345 के अधीन अपनी राजभाषा के रूप में अपना सकता है। उस पर कोई निर्बंधन नहीं है।[8]

एक राज्य और दूसरे राज्य के बीच या संघ और किसी राज्य के बीच पत्रादि की भाषा।

27.18 जब संघ ने किसी राजभाषा को प्राधिकृत कर दिया है तो,—

(क) एक राज्य और दूसरे राज्य के बीच, और

(ख) एक राज्य और संघ के बीच,

पत्रादि की भाषा वही राजभाषा होगी (अनु. 346)। हिंदी ऐसी राजभाषा है और राजभाषा अधिनियम के अनुसार अंग्रेजी का प्रयोग अनुज्ञात है।

अनुच्छेद 346 के परंतुक के अनुसार दो या अधिक राज्य यह करार कर सकते हैं कि उनके बीच शासकीय पत्रादि की भाषा हिंदी होगी।

उत्तर प्रदेश, बिहार, मध्य प्रदेश और राजस्थान कुछ ऐसे राज्य हैं जिन्होंने ऐसे करार किए हैं।

27.19 अनुच्छेद 345 इन शब्दों से प्रारंभ होता है,—

अतिरिक्त राजभाषा के लिए राष्ट्रपति द्वारा निदेश।

अनुच्छेद 346 और अनुच्छेद 347 के उपबंधों के अधीन रहते हुए किसी राज्य का विधान-मंडल ... भाषा या भाषाओं के रूप में अंगीकार कर सकेगा।

इस घोषणा से अभिप्रेत है कि राज्य द्वारा बनाई गई विधि अनु. 347 के अधीन राष्ट्रपति द्वारा दिए गए निदेशों के (यदि कोई हो) अधीन होगी। यदि कोई निदेश है तो राज्य को उसका अनुपालन करना होगा।[8]

अनुच्छेद 347 संघ को, राजभाषा के बारे में राज्य के विनिश्चय में हस्तक्षेप करने की शक्ति देता है। यदि मांग की जाती है और राष्ट्रपति का यह समाधान हो जाता है कि किसी राज्य की जनसंख्या का पर्याप्त भाग यह चाहता है कि उनकी भाषा को राज्य द्वारा मान्यता दी जाए तो

7. *डाह्याभाई* बनाम *नटवरलाल*, ए.आइ.आर. 1957 एम.पी. 1।
8. *उत्तर प्रदेश हिंदी साहित्य सम्मेलन* बनाम *उत्तर प्रदेश राज्य* (2014) 9 एस.सी.सी. 716।

राष्ट्रपति यह निदेश दे सकेगा कि ऐसी भाषा को भी उस राज्य में सर्वत्र या उसके किसी भाग में ऐसे प्रयोजन के लिए जो वह विनिर्दिष्ट करे शासकीय मान्यता दी जाएगी।

जनसंख्या का पर्याप्त भाग क्या है?

27.20 संविधान में यह नहीं बताया गया है कि जनसंख्या का पर्याप्त भाग गठित करने के लिए कितना प्रतिशत होना आवश्यक है। कांग्रेस की कार्यकारी समिति ने 5 अगस्त 1949 को एक संकल्प पारित करके यह कहा था कि पर्याप्त भाग के लिए कम से कम 20% जनसंख्या होनी चाहिए।[9] राज्य पुनर्गठन आयोग ने यह सुझाव दिया था कि ऐसे राज्य को एकभाषी राज्य मानना चाहिए जिसकी जनसंख्या के 70% या उससे अधिक की भाषा एक है। यदि 30% या उससे अधिक की भाषा कोई और है तो राज्य प्रशासनिक प्रयोजन के लिए द्विभाषी हो सकता है।[10] 30% को मानक के रूप में स्वीकार करना युक्तियुक्त होगा।

उच्चतम न्यायालय और उच्च न्यायालयों में और अधिनियमों, विधेयकों आदि के लिए प्रयोग की जाने वाली भाषा

अनुच्छेद 348 में यह कहा गया है कि जब तक संसद् विधि द्वारा अन्यथा उपबंध न करे तब तक उच्चतम न्यायालय और उच्च न्यायालयों की समस्त कार्यवाहियां अंग्रेजी भाषा में होंगी। न्यायालयों में माध्यम परिवर्तन में अधिक तैयारी की आवश्यकता होती है इसलिए समय तय करने का काम संसद् पर छोड़ दिया गया। 15 वर्ष की समय सीमा न्यायालयों पर लागू नहीं होगी।

उच्च न्यायालयों की भाषा—निर्णय, डिक्री आदि की भाषा।

27.21 राजभाषा अधिनियम, 1963 (धारा 7) में यह उपबंध है कि राष्ट्रपति की पूर्व अनुमति से हिंदी या उस राज्य की राजभाषा का उच्च न्यायालय के निर्णय, डिक्री या आदेश के लिए उपयोग किया जा सकेगा।

अब तक केवल 4 न्यायालयों ने राष्ट्रपति की अनुमति प्राप्त की थी। वे हैं,—बिहार, मध्य प्रदेश, राजस्थान और उत्तर प्रदेश। इन राज्यों के पुनर्गठन से जो तीन राज्य बने छत्तीसगढ़, उत्तराखंड और झारखंड, उनके उच्च न्यायालय को यह अनुमति उत्तराधिकार में मिली है। इन न्यायालयों में कार्यवाही हिंदी में हो सकती है और निर्णय हिंदी में दिए जा सकते हैं।

संघ सरकार ने उच्च न्यायालय में तमिल के प्रयोग के लिए तमिल राज्य को अनुमति देने से मना कर दिया है।[10] यह कहा गया है कि भारत के मुख्य न्यायमूर्ति की सहमति नहीं है। यह कारण बड़ा विचित्र है। संविधान या राजभाषा अधिनियम, 1963 दोनों में ही इस संबंध में मुख्य न्यायमूर्ति की कोई भूमिका नहीं है। वह सरकार का सलाहकार नहीं है। यह इस बात का एक और उदाहरण है कि कार्यपालिका स्वयं अपना कर्त्तव्य करने से कतराती है और फिर यह कहती है कि न्यायपालिका अतिसक्रिय है या अपने क्षेत्र से बाहर चली जाती है।[11]

उच्च न्यायालय की कार्यवाहियों की भाषा।

27.22 राजभाषा अधिनियम उच्च न्यायालय द्वारा पारित निर्णय, डिक्री या आदेश की भाषा के बारे में है। अनुच्छेद 348(2) राज्यपाल को उच्च न्यायालय की कार्यवाहियों में हिंदी या राज्य की राजभाषा का उपयोग प्राधिकृत करने की शक्ति देता है। इस संदर्भ में कार्यवाहियों के अंतर्गत अर्जियां, आवेदन, अपील, मौखिक और लिखित प्रस्तुतियां और फाइल किए जाने वाले दस्तावेज हैं। यह आदेश द्वारा किया जा सकता है। विधि बनाना आवश्यक नहीं है।

---

9. *रिजाल्यूशन आन लैंग्वेज पालिसी* (1949-57) इंडियन नेशनल कांग्रेस द्वारा प्रकाशित।
10. राजभाषा आयोग ने अपने प्रतिवेदन के पृ. 54 पर उद्धरित किया है।
11. *पायनियर* (नई दिल्ली संस्करण) तारीख 12-3-2007।

उच्च न्यायालय के नियम प्रक्रिया की प्रकृति के हैं। ये अधिष्ठायी विधि नहीं है, प्रक्रियात्मक विधि हैं। इनसे अनु. 348(2) के उपबंधों का आशय प्रभावित नहीं हो सकता। अनुच्छेद 348(2) द्वारा प्रदत्त शक्तियों का प्रयोग करते हुए मध्य प्रदेश के राज्यपाल ने तारीख 18-9-1971 की अधिसूचना द्वारा उच्च न्यायालय की सभी कार्यवाहियों में (डिक्री, आदेश या निर्णय को छोड़कर) हिंदी के प्रयोग को प्राधिकृत किया है। इस आधार पर उच्चतम न्यायालय ने यह निर्धारित किया कि हिंदी में लिखी गई अपीलें, याचिकाएं आदि अनुज्ञेय हैं। हिंदी में प्रस्तुत निर्वाचन पिटीशन स्वीकार किए जाने योग्य है और उसे इस आधार पर खारिज नहीं किया जा सकता कि वह मध्य प्रदेश उच्च न्यायालय के किसी नियम का उल्लंघन करती है।[12]

इलाहाबाद उच्च न्यायालय के निर्णय से भी विधि स्पष्ट हो जाती है।[13] उत्तर प्रदेश सरकार ने तारीख 5-9-1969 को अनुच्छेद 348(2) के अधीन एक अधिसूचना जारी करके उच्च न्यायालय की कार्यवाहियों में, उदाहरणार्थ, शपथ पत्र, कथन, दस्तावेज आदि में, हिंदी के प्रयोग की अनुमति दी। इसमें वाद-पत्र, अभिवचन और लिखित कथन भी आते हैं। इस बारे में कोई संदेह नहीं है कि हिंदी में तैयार की गई पिटीशन वैध और स्वीकार्य है।

इलाहाबाद उच्च न्यायालय के किसी न्यायाधीश को विधि ने यह शक्ति नहीं दी है कि वह किसी वादकारी या अधिवक्ता को हिंदी में बहस करने से रोक दे। यह भी स्पष्ट है कि इलाहाबाद उच्च न्यायालय का न्यायाधीश अपना निर्णय डिक्री या आदेश हिंदी में पारित कर सकता है।[13]

उच्च न्यायालयों में हिंदी।

27.23 उच्च न्यायालयों में हिंदी के शासकीय प्रयोग की अनुमति निम्नलिखित सारणी में दर्शाई गई तारीख से दी गई है

	संविधान के अनु. 348(2) के अधीन कार्यवाहियों के लिए	*राजभाषा अधिनियम की धारा 7 के अधीन निर्णय, डिक्री और आदेश के लिए*
राजस्थान	14-02-1950	17-02-1971
उत्तर प्रदेश	05-09-1969	28-10-1970
मध्य प्रदेश	18-09-1971	24-09-1973
बिहार	09-05-1972	09-05-1972

छत्तीसगढ़, उत्तराखंड और झारखंड के उच्च न्यायालयों को उनके राज्य पुनर्गठन अधिनियम के उपबंधों के आधार पर वही नियम (और हिंदी के उपयोग की अनुमति) लागू है जो उनके गठन के पूर्व उनके पूर्वज न्यायालय को लागू थे। अतएव इन तीन न्यायालयों में भी सभी प्रयोजनों के लिए हिंदी का प्रयोग किया जा सकता है।

उत्तरवर्ती राज्यों के उच्च न्यायालयों की भाषा।

27.24 प्रत्येक न्यायालय के समय समय पर जारी किए गए बड़ी संख्या में नियम और आदेश होते हैं। ये नियम विधि का बल रखते हैं। मध्य प्रदेश पुनर्गठन अधिनियम, 2000 की धारा 25 (ऐसे ही उपबंध उत्तराखंड और झारखंड राज्यों का सृजन करने वाली विधि में भी हैं) में यह उपबंध है,—

> 25 **छत्तीसगढ़ उच्च न्यायालय में पद्धति और प्रक्रिया**—मध्य प्रदेश उच्च न्यायालय में पद्धति और प्रक्रिया की बाबत नियत दिन से ठीक पूर्व प्रवृत विधि इस भाग के उपबंधों के अधीन रहते हुए आवश्यक उपांतरणों सहित छत्तीसगढ़ उच्च न्यायालय के संबंध में लागू होगी...।
>
> परंतु ऐसे कोई नियम या आदेश जो मध्य प्रदेश उच्च न्यायालय में पद्धति और प्रक्रिया की बाबत नियत दिन के ठीक पूर्व प्रवृत्त हैं जब तक कि छत्तीसगढ़ उच्च न्यायालय द्वारा बनाए गए नियमों

---

12. *डा. विजयलक्ष्मी साधो* बनाम *जगदीश*, ए.आइ.आर. 2001 एस.सी. 600।
13. *प्रबंधक समिति* बनाम *जिला विद्यालय निरीक्षक*, ए.आइ.आर. 1977 इलाहाबाद 164।

और आदेशों द्वारा परिवर्तित या प्रतिसंहृत नहीं कर दिए जाते छत्तीसगढ़ उच्च न्यायालय में पद्धति और प्रक्रिया की बाबत आवश्यक उपांतरणों सहित ऐसे लागू होंगे मानो वे उस न्यायालय द्वारा बनाए गए हों।

सभी राज्य पुनर्गठन अधिनियमों में इसी आशय के उपबंध होते हैं। अतएव इन तीन उत्तरवर्ती राज्यों को उन सब प्रयोजनों के लिए, उसी रीति से और उसी विस्तार तक हिंदी का प्रयोग करने की अनुमति है। जैसा प्रयोग पूर्वज उच्च न्यायालय में नए राज्य के सृजन की तारीख को हो रहा था।

उच्चतम न्यायालय की भाषा।

27.25 संसद् ने अभी तक कोई ऐसी विधि अधिनियमित नहीं की है जिससे हिंदी को उच्चतम न्यायालय के द्वार के भीतर प्रवेश करने की अनुमति मिले। उच्चतम न्यायालय केवल उन्हीं लोगों की सुनवाई करता है जो अंग्रेजी में अपील करते हैं या याचिका देते हैं। *मधु लिमये* बनाम *वेदमूर्ति*[14] में उच्चतम न्यायालय ने याची को जो स्वयं हिंदी में बहस करना चाहता था इस आधार पर सुनने से इंकार कर दिया कि ऐसा करना असांविधानिक होगा।

अनुच्छेद 348(3) और विधेयकों और अधिनियमों का अंग्रेजी में प्राधिकृत पाठ।

27.26 अनुच्छेद 348(3) और राजभाषा अधिनियम आदि के प्राधिकृत पाठ से संबंधित उपबंधों को अनेक बार ठीक से नहीं समझा गया है और गलत निर्वचन किया गया है। अनुच्छेद 348 का प्रयोजन यह सुनिश्चित करना था कि संसद् और राज्य विधान-मंडलों द्वारा पारित अधिनियम अंग्रेजी भाषा में तब तक उपलब्ध रहें जब तक कि उच्च न्यायालय और उच्चतम न्यायालय अंग्रेजी के माध्यम से कार्य कर रहे हैं। यदि कोई विधि हिंदी या किसी अन्य राजभाषा में अधिनियमित की जाती है तो यह संभव है कि उच्च न्यायालय और उच्चतम न्यायालय बिना बाहरी सहायता के उसका निर्वचन न कर पाएं। इसलिए यह उपबंध किया गया कि वह राज्य जो अंग्रेजी से भिन्न किसी भाषा में कोई विधि अधिनियमित करता है उस अधिनियम का अंग्रेजी भाषा में अनुवाद प्रकाशित करेगा। यह प्रकाशन राज्यपाल के प्राधिकार से उस राज्य के राजपत्र में होगा। इस प्रकार से प्रकाशित अनुवाद को उस अधिनियम का अंग्रेजी भाषा में प्राधिकृत पाठ समझा जाएगा। यही बात अध्यादेशों और विधेयकों को तथा आदेशों, नियमों आदि को लागू होती है।

जे.के. जूट मिल्स[15] के वाद में उच्चतम न्यायालय ने यह संप्रेक्षण किया कि उत्तर प्रदेश विक्रय (विधिमान्यकरण) अधिनियम हिंदी और अंग्रेजी दोनों में प्रकाशित किया गया था और दोनों ही प्राधिकृत पाठ हैं। उच्चतम न्यायालय ने संशोधन का निर्वचन हिंदी पाठ के अनुसार किया जिसमें इसका अर्थ संदेह से परे स्पष्ट हो जाता था। अतएव सही दृष्टिकोण यह है कि दोनों को प्राधिकृत पाठ माना जाना चाहिए और संदेह होने पर दोनों के प्रति निर्देश करना चाहिए। निर्वचन में समन्वयकारी अर्थान्वयन का सिद्धांत लागू होगा।

ऐसा ही उपबंध संघ के विधेयकों, अधिनियमों, अध्यादेशों, नियमों, विनियमों आदि के बारे में राजभाषा अधिनियम की धारा 5 में है। संघ की दशा में प्रकाशन राष्ट्रपति के प्राधिकार से भारत के राजपत्र में होगा।

इलाहाबाद उच्च न्यायालय ने प्राधिकृत पाठ और अनु. 348(3) से संबंधित उपबंधों पर *रामरती*[16] और *माताबदल पांडे*[17] में विचार किया था किंतु उसे सही अर्थ नहीं दे पाया। किंतु

14. ए.आइ.आर. 1971 एस.सी. 2608।
15. *जे.के. जूट मिल्स कं. लि.* बनाम *उत्तर प्रदेश राज्य,* ए.आइ.आर 1961 एस.सी. 1534 (1538), और देखिए *हाजी लाल मोहम्मद बीड़ी वर्क्स* बनाम *सेल्स टेक्स आफिसर,* ए.आइ.आर 1959 इला. 208।
16. *रामरती* बनाम *ग्राम समाज,* ए.आइ.आर. 1974 इला. 106 (5 न्यायाधीशों की पीठ)।
17. *माताबदल पांडे* बनाम *बोर्ड आफ रेवेन्यू* (1974) यू.पी. टेक्स केसेस 570 (7 न्यायाधीशों की पीठ)।

माताबदल पांडे II[18] में न्यायालय ने अपने पिछले निर्णयों पर पुनर्विचार कर सही निर्वचन किया है। अब यह सुस्थापित हो गया है कि संविधान का अनु. 348 अधिनियम के हिंदी पाठ को मिटा नहीं देता। अंग्रेजी में प्राधिकृत पाठ के प्रकाशित हो जाने पर भी हिंदी पाठ विद्यमान रहता है। न्यायालय हिंदी के मूल पाठ की अनेदखी नहीं कर सकते। ऐसा करने का परिणाम यह होगा कि अनुवादक विधान बनाएगा। विधान मंडल नहीं। विधान मंडल हिंदी के शब्दों का प्रयोग करता है। विधि का मूल पाठ हिंदी में है। किसी भी अधिनियम का वास्तविक अर्थ क्या है यह जानने के लिए कुंजी है हिंदी पाठ।

इस विषय पर मध्यप्रदेश उच्च न्यायालय का भी यही मत है।[19] उच्च न्यायालय ने यह अभिनिर्धारित किया है कि राज्य की भाषा हिंदी है। सभी विधेयक हिंदी में पारित किए जाते हैं। अंगेजी पाठ तो कार्यपालिका का कार्य है। वह विधान मंडल द्वारा हिंदी में पारित विधायन पर अभिभावी नहीं हो सकता। संदेह के निराकरण के लिए हिंदी पाठ का ही अवलंब लेना होगा।[20]

एक से अधिक प्राधिकृत पाठ।

27.27 किसी भी अधिनियम का प्राधिकृत पाठ एक से अधिक भाषाओं में हो सकता है। संविधान, राजभाषा अधिनियम, 1963, प्राधिकृत पाठ (केंद्रीय विधि) अधिनियम, 1973 और राज्यों के विभिन्न अधिनियमों में एकाधिक पाठों की व्यवस्था है। 1973 के अधिनियम[21] के अधीन भारतीय दंड-संहिता, भारतीय संविदा अधिनियम और सैकड़ो केंद्रीय अधिनियमों के भारतीय भाषाओं में प्रधिकृत पाठ प्रकाशित किया गया है।

संविधान का हिंदी पाठ अनु. 394क के अनुसरण में बनाया गया है। संसद के अधिनियम हिंदी और अनेक भाषाओं में अनूदित हुए हैं। इसका यह अर्थ नहीं है कि केवल हिंदी पाठ या अन्य भाषा का पाठ ही एकमात्र प्राधिकृत पाठ है।[22]

संयुक्त राष्ट्र संघ का चार्टर 5 भाषाओं में उपलब्ध है और प्रत्येक भाषा का पाठ प्राधिकृत है।

अनुच्छेद 348(3) का प्रयोजन अंग्रेजी में प्राधिकृत पाठ उपलब्ध कराने के लिए एक संस्थागत व्यवस्था करना है। इसी प्रकार दोनों केंद्रीय अधिनियम और अनेक राज्य अधिनियम अन्य भाषाओं में प्राधिकृत पाठ उपलब्ध कराने के लिए उपबंध करते हैं। इस उपबंध का यह प्रयोजन या प्रभाव नहीं है कि सभी विधियां केवल अंग्रेजी भाषा में अधिनियमित की जाएं।

यदि अंग्रेजी पाठ तैयार नहीं किया जाए तो क्या होगा?

27.28 यदि कोई अधिनियम या नियम मूलतः अंग्रेजी से भिन्न किसी भाषा में बनाया गया है और उस अधिनियम या नियम का प्राधिकृत पाठ अंग्रेजी भाषा में प्रकाशित नहीं किया गया है तो ऐसे प्रकाशन के न होने से मूल विधान की विधिमान्यता पर कोई प्रभाव नहीं पड़ता।[22, 23] भारतीय भाषा वाला पाठ अनुमति प्राप्त करते ही तुरंत प्रवृत्त हो जाता है। अंग्रेजी पाठ के अभाव में भारतीय भाषा वाला पाठ अकेला ही प्रवृत्त रहेगा।

विशेष निदेश

व्यथा के निवारण के लिए भाषा।

27.29 अनुच्छेद 350 एक महत्त्वपूर्ण अधिकार प्रदान करता है। व्यथित व्यक्ति को यह अधिकार है कि वह व्यथा

18. ए.आइ.आर. 1976 इला. 420।
19. *चीफ म्युनिसिपल आफिसर* बनाम *हिंदुस्तान कापर लिमिटेड* (2018) 2 जे.एल.जे. 210।
20. *टेकनोलोजिकल इंजीनियरिंग लिमिटेड* बनाम *भारत हेवी इलेक्ट्रिकलस लिमिटेड,* (2015) 3 जे.एल.जे. 326; (2015) 4 एम.पी.एल.जे. 426।
21. प्राधिकृत पाठ (केंद्रीय विधि) अधिनियम, 1973।
22. *कानोडिया केमिकल्स* बनाम *उत्तर प्रदेश राज्य* (1992) 2 एस.सी.सी. 124।

के निवारण के लिए संघ या राज्य के किसी अधिकारी या प्राधिकारी को, यथास्थिति, संघ में या राज्य में प्रयोग होने वाली किसी भाषा में अभ्यावेदन दे।

हिंदी भाषा के विकास के लिए निदेश।

27.30 अनुच्छेद 351 संघ को संबोधित निदेश है। यह निदेश संविधान के भाग 4 में सम्मिलित नहीं किया गया है। इस निदेश में हिंदी के विकास और प्रसार के लिए दिशादर्शन है। शब्दावली के निर्माण के लिए मुख्यतः संस्कृत से शब्द लिए जाने चाहिए। गौणतः अन्य भाषाओं से शब्द ग्रहण किए जा सकते हैं।

जहां हिंदी के विरुद्ध आंदोलन में भाग लेने के लिए कुछ व्यक्तियों को पेंशन दी गई थी वहां उच्चतम न्यायालय ने अनु. 351 के प्रति निर्देश करते हुए उस आदेश को असांविधानिक घोषित कर दिया।[23]

यदि कोई सरकारी सेवक हिंदी सीखकर अतिरिक्त अर्हता अर्जित कर लेता है तो यह अनु. 351 का उल्लंघन नहीं है।[6]

अनुच्छेद 351 का अवलंब लेते हुए उच्चतम न्यायालय ने यह अभिनिर्धारित किया कि अरबी या फारसी को विहित किए बिना संस्कृत को एक वैकल्पिक विषय के रूप में विहित करने से पंथनिरपेक्षता की हानि नहीं होती। संस्कृत शिक्षा को सांप्रदायिक नहीं माना जा सकता।[24]

आठवीं अनुसूची

आठवीं अनुसूची।

27.31 संविधान में आठवीं अनुसूची है। इसके प्रति निर्देश अनुच्छेद 344(1) और 351 में है। अनुच्छेद 344 में यह कहा गया है कि राष्ट्रपति एक राजभाषा आयोग गठित करेंगे जिसमें एक अध्यक्ष और आठवीं अनुसूची में विनिर्दिष्ट भाषाओं का प्रतिनिधित्व करने वाले सदस्य होंगे।

अनुच्छेद 351 में हिंदी भाषा के विकास और प्रसार के लिए निदेश है। यह निदेश दिया गया है कि हिंदी भाषा का विकास उसकी प्रकृति में हस्तक्षेप किए बिना किया जाए और उसमें आठवीं अनुसूची में विनिर्दिष्ट भारत की अन्य भाषाओं में प्रयुक्त रूप, शैली और पदों को आत्मसात करते हुए किया जाए। जब संविधान 1950 में लागू किया गया था। उसमें आठवीं अनुसूची में 14 भाषाएं थीं। बाद में संशोधन द्वारा यह संख्या बढ़कर 22 हो गई है।[25]

ये 22 भाषाएं हैं,–

1. असमिया	12. मणिपुरी
2. बंगला	13. मराठी
3. बोडो	14. नेपाली
4. डोगरी	15. उड़िया
5. गुजराती	16. पंजाबी
6. हिंदी	17. संथाली
7. कन्नड़	18. संस्कृत
8. कश्मीरी	19. सिंधी
9. कोंकणी	20. तमिल
10. मैथिली	21. तेलुगू
11. मलयालम	22. उर्दू

23. *दलवी* बनाम *तमिलनाडु राज्य,* ए.आइ.आर. 1976 एस.सी. 1559।
24. *संतोष* बनाम *सचिव, मानव संसाधन विकास मंत्रालय* (1994) 6 एस.सी.सी. 579।
25. संविधान (बानवेवां संशोधन) अधिनियम, 2003।

अनुच्छेद 344 के अधीन आयोग 1955 में नियुक्त किया गया था। 31 जुलाई 1956 को अपना प्रतिवेदन देने पर वह समाप्त हो गया। संविधान के अधीन अब कोई आयोग नियुक्त नहीं होना है। शब्दावली निर्माण का मुख्य कार्य समाप्त हो चुका है। ऐसे में अनुसूची 8 में नई भाषाओं को जोड़ना निरर्थक है। संविधान पढ़े बिना इस प्रकार की मांगें होती रहती हैं। आश्चर्य यह है कि सरकार उन्हें मान भी लेती है।

अध्याय 28

आपात उपबंध

परिसंघ संविधान और युद्ध।

28.1 परिसंघ संविधान एक जटिल दस्तावेज होता है। इसमें सरकार के दो सवर्गों के बीच शक्ति का विभाजन होता है। कुछ विषयों के बारे में शक्तियां संघ में संकेंद्रित होती हैं जैसे सैन्य बल और विदेशों से संबंध, संधि आदि। कुछ ऐसे विषय हैं जिनके बारे में सभी शक्तियां राज्यों में निहित होती हैं। जैसे, कृषि, लोक व्यवस्था, पुलिस, कारागार आदि। सामान्य काल में परिसंघ के कार्य करने में कोई कठिनाई नहीं होती। किंतु जब कोई शत्रु दरवाजे पर खड़ा हो जाए तो एकजुट होकर प्रभावी उत्तर तुरंत देना आवश्यक हो जाता है। द्वितीय विश्व युद्ध के दौरान अमरीका और आस्ट्रेलिया ने अपने संविधानों को उपांतरित कर दिया था और इस कार्य में उन्हें न्यायपालिका से विशेष सहायता भी मिली। युद्ध के पश्चात् जो परिसंघ संविधान बनाए गए उनमें साधारणतया ऐसी व्यवस्था है जिससे आपात के दौरान संविधान अस्थायी रूप से ऐकिक हो जाते हैं। देश की रक्षा के लिए कुछ समय के लिए परिसंघ के सिद्धांतों को त्याग दिया जाता है।

हमारे संविधान निर्माता द्वितीय विश्व युद्ध की समाप्ति के ठीक पश्चात् संविधान की रचना कर रहे थे। उन्होंने यह उचित समझा कि असाधारण संकट की स्थिति में इस व्यवस्था को बदलने के लिए संविधान में ही उपबंध होने चाहिए। संकट के समय परिसंघ की शक्ति का विस्तार हो जाना चाहिए क्योंकि देश को संकट के समय अपने अस्तित्व को बनाए रखने के लिए संयुक्त होकर प्रयास करना होगा। ऐसे समय में विभाजन रेखाएं मिट जाएंगी किंतु जैसे ही विपत्ति टल जाएगी वैसे ही सामान्य उपबंध फिर से अपने स्थान पर कार्य करने लग जाएंगे।

तीन प्रकार के आपात।

28.2 संविधान में तीन प्रकार के आपात की परिकल्पनाएं की गई हैं,—

क. युद्ध या बाह्य आक्रमण या सशस्त्र विद्रोह के कारण आपात। कुछ लेखक इस आपात को **राष्ट्रीय आपात** की संज्ञा देते हैं। यह ध्यान देने योग्य है कि संविधान में इस प्रकार के आपात का द्योतन करने के लिए **आपात की उद्घोषणा** अभिव्यक्ति का प्रयोग किया गया है (अनु. 352)।

ख. राज्यों में सांविधानिक तंत्र के विफल हो जाने की दशा से उत्पन्न परिस्थिति को **राज्य आपात** की संज्ञा दी जा सकती है (अनु. 356)। संविधान में इस परिस्थिति के लिए आपात शब्द का प्रयोग **नहीं** किया गया है।

ग. ऐसी परिस्थिति जिसमें भारत का वित्तीय स्थायित्व संकट में है। संविधान में इसे **वित्तीय आपात** कहा गया है (अनु. 360)।

क—राष्ट्रीय आपात

आपात की उद्घोषणा के आधार।

28.3 अनुच्छेद 352 राष्ट्रपति को आपात की उद्घोषणा करने की शक्ति देता है। शक्ति का प्रयोग करने के पहले राष्ट्रपति का यह समाधान हो जाना चाहिए कि,—

(क) युद्ध
(ख) बाह्य आक्रमण, या
(ग) सशस्त्र विद्रोह

के कारण भारत या उसके राज्यक्षेत्र के किसी भाग की सुरक्षा संकट में है।

ऊपर बताए गए तीन आधारों पर ही आपात की उद्‌घोषणा की जा सकती है। वास्तविक युद्ध या आक्रमण या सशस्त्र विद्रोह आवश्यक नहीं है। यदि राष्ट्रपति का यह समाधान हो जाता है कि युद्ध या आक्रमण आदि का संकट सन्निकट है तो उद्‌घोषणा की जा सकती है।

आभ्यंतरिक अशांति अब आधार नहीं है।

28.4 संविधान में आभ्यंतरिक अशांति को तीसरा आधार बताया गया था। तत्कालीन प्रधान मंत्री श्रीमती इंदिरा गांधी के नेतृत्व में कांग्रेस सरकार ने 1975 में इलाहाबाद उच्च न्यायालय द्वारा श्रीमती इंदिरा गांधी के लोक सभा के निर्वाचन को शून्य घोषित किए जाने के पश्चात् आभ्यंतरिक अशांति के मिथ्या आधार पर आपात की उद्‌घोषणा की थी। श्रीमती गांधी और कांग्रेस दल के चुनाव में हार जाने के पश्चात् संविधान के 44वें संशोधन अधिनियम द्वारा 20-6-1979 से **आभ्यंतरिक अशांति** के स्थान पर **सशस्त्र विद्रोह** शब्द रखे गए।

भूतकाल में की गई उद्‌घोषणा के उदाहरण।

28.5 अनुच्छेद 352 के अधीन पहली उद्‌घोषणा 26-10-1962 को की गई जब चीन का आक्रमण हुआ। इसे 10-1-1968 को वापस लिया गया। पाकिस्तान द्वारा अघोषित युद्ध के आधार पर 3-12-1971 को दूसरी उद्‌घोषणा की गई। 1971 में की गई दूसरी उद्‌घोषणा जब प्रवर्तन में थी तभी आभ्यंतरिक अशांति के नाम पर तीसरी उद्‌घोषणा 25-6-1975 को की गई। दूसरी और तीसरी उद्‌घोषणाओं को 21 मार्च 1977 को वापस लिया गया। 44वें संशोधन अधिनियम, 1978 के पश्चात् आभ्यंतरिक अशांति के नाम पर आपात की उद्‌घोषणा नहीं की जा सकती।

उद्‌घोषणा की प्रक्रिया।

28.6 जब युद्ध, बाह्य आक्रमण या सशस्त्र विद्रोह के कारण देश के लिए गंभीर संकट की परिस्थिति विद्यमान है या युद्ध या बाह्य आक्रमण आदि का संकट सन्निकट है तो संघ का मंत्रिमंडल (प्रधान मंत्री और मंत्रिमंडल स्तर के अन्य मंत्री) यह विनिश्चय करेगा कि अनु. 352 के अधीन उद्‌घोषणा जारी की जाए। इस विनिश्चय की संसूचना लिखित रूप में राष्ट्रपति को दी जाएगी। इस संसूचना की प्राप्ति पर राष्ट्रपति उद्‌घोषणा करेगा।

संविधान में यह कठोर प्रक्रिया 1975 के कुख्यात आपात के पश्चात् लिखी गई। प्रधान मंत्री श्रीमती इंदिरा गांधी ने राष्ट्रपति को एक संसूचना भेजी थी और आपात की उद्‌घोषणा गुप्त रूप से कर दी गई। मंत्रिमंडल को उद्‌घोषणा हो जाने के पश्चात् सूचित किया गया। इस विनिश्चय में मंत्रिमंडल की कोई भागीदारी नहीं थी। उन्हें तो केवल यह बताया गया कि यह कार्य हो गया है। श्रीमती इंदिरा गांधी ने आपात उपबंध का प्रयोग स्वयं को पद पर बनाए रखने के लिए किया था। 44वें संशोधन ने यह रक्षोपाय बनाया है जिससे आपात की उद्‌घोषणा करने का विनिश्चय संघ के मंत्रिमंडल का सामूहिक संकल्प हो।

राज्यक्षेत्रीय विस्तार।

28.7 यह आवश्यक नहीं है कि उद्‌घोषणा भारत के संपूर्ण राज्यक्षेत्र के लिए हो। उद्‌घोषणा संपूर्ण भारत या उसके राज्यक्षेत्र के ऐसे भाग के संबंध में हो सकती है जो उद्‌घोषणा में विनिर्दिष्ट किया जाए। राष्ट्रपति को आपात के प्रवर्तन को भारत के विनिर्दिष्ट भागों तक सीमित रखने की शक्ति 42वें संशोधन द्वारा दी गई है। यह संशोधन तर्कपूर्ण और युक्तियुक्त है। यदि लद्दाख पर संकट मंडरा रहा है तो यह

आवश्यक नहीं है कि केरल या तमिलनाडु में भी आपात लागू किया जाए। संशोधन के पश्चात् केंद्रीय शक्तियों का विस्तार और व्यक्ति की स्वतंत्रता पर बंधन उसी क्षेत्र तक सीमित रहेगा जिस पर संकट है। कौन से क्षेत्र पर संकट है इस का अवधारण राष्ट्रपति करेगा।

आपात की अवधि।

28.8 44वें संशोधन अधिनियम, 1978 के पूर्व उद्घोषणा दो मास की अवधि तक विधिमान्य और प्रवर्तन में रहती थी। किंतु यदि दो मास की अवधि के समाप्त होने के पूर्व संसद् के दोनों सदन संकल्प द्वारा उद्घोषणा का अनुमोदन कर देते थे तो वह अनिश्चित काल के लिए प्रवृत्त रह सकती थी। जब तक मंत्रिमंडल चाहे तब तक वह बनी रह सकती थी।

44वें संशोधन अधिनियम, 1978 के पश्चात् कार्यपालिका की शक्ति सीमित कर दी गई है। प्रारंभ में उद्घोषणा एक मास की अवधि तक प्रवृत्त रहेगी। यदि संसद् के दोनों सदन उसका अनुमोदन कर देते हैं तो वह दूसरे संकल्प पारित किए जाने की तारीख से छह मास तक बनी रहेगी। यदि उद्घोषणा को आगे और प्रवृत्त रखना आवश्यक है तो छह मास की पूर्व अवधि के अवसान के पूर्व दोनों सदनों का अनुमोदन फिर से प्राप्त करना होगा। प्रत्येक अनुमोदन से उद्घोषणा का जीवनकाल केवल छह मास के लिए बढ़ जाता है। इस छह मास की अवधि के समाप्त होने के पूर्व उसे नया जीवन प्राप्त होना चाहिए।

अनुमोदन किस प्रकार किया जाता है?

28.9 अनुच्छेद 352(6) में यह अपेक्षा है कि पहली बार में या उसके बाद कभी भी उद्घोषणा का अनुमोदन करने वाला संकल्प प्रत्येक सदन द्वारा विशेष बहुमत से पारित किया जाएगा। अनुमोदन को,—

(क) सदन की कुल सदस्य संख्या के बहुमत का, और

(ख) उस सदन के उपस्थित और मत देने वाले सदस्यों में से कम से कम दो तिहाई का,

समर्थन प्राप्त होना चाहिए।

मूलतः संकल्प पारित करने के लिए सादा बहुमत पर्याप्त था। विशेष बहुमत वाला उपबंध 44वें संशोधन अधिनियम, 1978 द्वारा अंतःस्थापित किया गया है।

उद्घोषणा का वापस लिया जाना।

28.10 उद्घोषणा को किसी भी समय राष्ट्रपति द्वारा दूसरी उद्घोषणा करके वापस लिया जा सकता है। वापस लेने वाली उद्घोषणा का संसद् से अनुमोदन कराने की आवश्यकता नहीं होती।

यदि लोक सभा संकल्प पारित करके ऐसी उद्घोषणा के जारी रहने का अननुमोदन करती है तो राष्ट्रपति उद्घोषणा वापस लेने के लिए बाध्य है। यदि लोक सभा की कुल सदस्य संख्या के 1/10 सदस्य उद्घोषणा का अननुमोदन करने वाले संकल्प को प्रस्तावित करने के अपने आशय की सूचना देते हैं तो ऐसी सूचना के प्राप्त होने की सूचना से 14 दिन के भीतर लोक सभा की विशेष बैठक आयोजित की जाएगी [अनु. 352(7) और (8)]।

संकल्पों में अंतर।

28.11 उद्घोषणा को प्रवृत्त रखने का **अनुमोदन करने वाला संकल्प**,—

(क) दोनों सदनों द्वारा और

(ख) विशेष बहुमत द्वारा पारित किया जाना चाहिए (जैसा पैरा 28.9 में बताया गया है।)

उद्घोषणा को वापस लेने वाला संकल्प,—

(क) केवल लोक सभा द्वारा,

(ख) सादे बहुमत से पारित किया जाना चाहिए जिस प्रकार सामान्य संकल्प पारित किए जाते हैं।

28.12 आपात की उद्घोषणा का राजव्यवस्था पर बहुत व्यापक प्रभाव पड़ता है। इससे संघ और राज्य के बीच शक्तियों का वितरण परिवर्तित हो जाता है। संघ की शक्तियों में बहुत वृद्धि हो जाती है। मूल अधिकारों को ग्रहण लग जाता है और कार्यपालिका को अपूर्व शक्तियां मिल जाती हैं।

आपात की उद्घोषणा का प्रभाव।

आपात की उद्घोषणा के प्रभावों को 5 शीर्षों में बांट कर उन पर विचार किया जाएगा। यह शीर्ष हैं (क) कार्यपालिका (ख) विधायिका (ग) वित्तीय शक्तियां (घ) मूल अधिकार (ङ) प्रकीर्ण।

28.13 **कार्यपालिका शक्ति का विस्तार**—जब आपात की उद्घोषणा प्रवर्तन में होती है तब राज्य की कार्यपालिका शक्ति का विस्तार किसी राज्य को इस बारे में निदेश देने तक होगा कि वह राज्य अपनी कार्यपालिका शक्ति का किस रीति से प्रयोग करे। यदि उद्घोषणा किसी विनिर्दिष्ट क्षेत्र तक सीमित है तो निदेश देने की शक्ति उस क्षेत्र के राज्यों तक ही सीमित नहीं होगी। अन्य राज्यों को भी निदेश दिए जा सकते हैं। इस प्रकार राज्य सरकारों को केंद्र के नियंत्रण के अधीन रखा जाता है। सामान्य समय और परिस्थितियों में निदेश केवल कुछ थोड़े से विषयों के बारे में ही दिए जा सकते हैं। किंतु आपात के समय निदेश किसी भी विषय के बारे में दिए जा सकते हैं [अनु. 353(क)]।

(क) कार्यपालिका पर प्रभाव।

28.14 **विधायी शक्ति का विस्तार**—जहां आपात की उद्घोषणा प्रवर्तन में है वहां संसद् को राज्य सूची में के किसी भी विषय के बाबत विधि बनाने की शक्ति मिल जाती है। राज्य सूची (सातवीं अनुसूची की सूची 2) द्वारा जो बंधन लगाए गए हैं वे टूट जाते हैं। राज्य की विधायी शक्तियां राज्य के पास बनी रहती हैं किंतु संसद् को उन शक्तियों का अध्यारोहण करने की शक्ति मिल जाती है। संसद् आवश्यकता पड़ने पर राष्ट्र के हित में तुरंत कार्य कर सकती है। उसे राज्य द्वारा आवश्यक कदम उठाए जाने की प्रतीक्षा नहीं करनी होती। संविधान एक प्रकार से ऐकिक हो जाता है [अनु. 353(ख)]।

(ख) विधान-मंडल पर प्रभाव।

28.15 वित्तीय वितरण पर प्रभाव—जब आपात की उद्घोषणा प्रवर्तन में है तब राष्ट्रपति को यह शक्ति होती है कि वह संघ और राज्यों के बीच राजस्व के वितरण से संबंधित संविधान के उपबंधों को परिवर्तित और उपांतरित कर दे। यह उपांतरण उस वित्तीय वर्ष के अंत तक चालू रहेगा जिसमें उद्घोषणा वापस ली जाती है। यह परिवर्तन राष्ट्रपति आदेश जारी करके किए जाते हैं। प्रत्येक आदेश संसद् के प्रत्येक सदन के समक्ष रखा जाएगा।

(ग) वित्त पर प्रभाव।

28.16 **मूल अधिकारों पर प्रभाव**—अनुच्छेद 358 और 359 में यह वर्णन किया गया है कि आपात की उद्घोषणा का मूल अधिकारों पर क्या प्रभाव होगा। अनुच्छेद 358 राज्य पर अनु. 19 द्वारा लगाए गए सभी बंधन खोल देता है। राज्य विधि बनाकर अनु. 19 द्वारा प्रदत्त किसी भी स्वतंत्रता को कम कर सकता है। कोई भी व्यक्ति न्यायालय में यह समावेदन नहीं कर सकता है कि किसी विधि को इस आधार पर शून्य घोषित कर दिया जाए कि वह अनु. 19 में प्रतिष्ठापित मूल अधिकार का उल्लंघन करती है। उन अधिकारों का अस्तित्व ही नहीं रह जाता। अधिकारों पर निर्बंधन उन क्षेत्रों में भी अधिरोपित किया जा सकता है जिनके संबंध में उद्घोषणा प्रवर्तन में नहीं है। जब उद्घोषणा प्रवृत्त रहती है तब अनु. 19 अपने आप निलंबित हो जाता है। उसे निलंबित करने के लिए कोई पृथक् आदेश जारी करना आवश्यक नहीं है।

(घ) मूल अधिकारों पर प्रभाव।

(i) अनुच्छेद 358।

यह ध्यान में रखना चाहिए कि आपात की घोषणा के 3 आधार हो सकते हैं अर्थात् युद्ध, बाह्य आक्रमण और सशस्त्र विद्रोह। किंतु अनु. 358 तभी प्रवर्तन में आता है जब आपात की उद्‌घोषणा युद्ध या बाह्य आक्रमण के आधार पर की गई हो। इस संबंध में एक और भी अपेक्षा है। अनुच्छेद 358 केवल उन्हीं विधियों का संरक्षण करेगा जो आपात के दौरान बनाई गई हैं और जिनमें एक घोषणा अंतर्विष्ट है जिससे उस अधिनियम को आपात से जोड़ा गया है। उद्देश्य यह है कि राज्य सोच विचार करके अधिकार छीने। कार्यपालिका विद्यमान अधिनियमों का प्रयोग अनु. 19 की कांट-छांट करने या उसे क्षीण करने के लिए नहीं कर सकती। कार्यपालिका की कार्रवाई को संरक्षण तभी मिलेगा जब वह ऐसी विधि के उपबंधों के अधीन की गई हो जिसमें ऐसा कथन है।

(ii) अनुच्छेद 359।

28.17 मूल अधिकारों के प्रवर्तन का निलंबन—जब आपात की उद्‌घोषणा प्रवर्तन में है तब राष्ट्रपति यह घोषणा कर सकता है कि मूल अधिकारों को या उनमें से किसी एक या अधिक अधिकारों को प्रवृत्त कराने के लिए न्यायालय में समावेदन करने का अधिकार निलंबित रहेगा। ऐसा करने के लिए एक आदेश जारी किया जाता है। प्रवर्तन का निलंबन केवल उन्हीं मूल अधिकारों से संबंधित होता है जो आदेश में विनिर्दिष्ट किए गए हों। किंतु अनु. 359 में यह स्पष्ट रूप से कह दिया गया है कि अनु. 20 और 21 निलंबन की शक्ति की सीमा से बाहर हैं। आपात के दौरान भी इन दोनों अनुच्छेदों को प्रवृत्त किया जा सकता है। 1976 के आपात के दौरान अनु. 21 (प्राण और दैहिक स्वतंत्रता) इस शक्ति की परिधि में था। उच्चतम न्यायालय ने *शिवकांत शुक्ला*[1] में एक प्रकार से यह अभिनिर्धारित कर दिया कि आपात के दौरान प्राण का अधिकार नहीं है। उच्चतम न्यायालय द्वारा प्राण के अधिकार से इस प्रकार वंचित किए जाने की प्रतिक्रिया स्वरूप संसद् ने 44वें संशोधन अधिनियम, 1978 द्वारा यह उपबंध किया कि ये दो अनुच्छेद—20 और 21 सदैव प्रवर्तनीय रहेंगे। आपात के दौरान भी इन्हें प्रवृत्त कराने के लिए न्यायालय का द्वार खुला रहेगा।

मूल अधिकारों के प्रवर्तन का निलंबन करने वाला आदेश भारत के संपूर्ण राज्य क्षेत्र के लिए हो सकता है या किसी भाग तक सीमित हो सकता है। अनुच्छेद 359 के अधीन जारी किया गया आदेश संसद् के प्रत्येक सदन के समक्ष रखा जाना चाहिए।

जब अनु. 359 के अधीन जारी किया गया आदेश प्रवर्तन में है तब राज्य को मूल अधिकारों के संबंध में विधान बनाने की या कार्यपालिका के द्वारा कार्यवाही करने की अनिर्बंधित शक्ति होगी। ऐसी विधियां या कार्यवाहियां तब तक विधिमान्य रहेंगी जब तक कि आदेश प्रवर्तन में है। जब आदेश प्रवर्तन में नहीं होगा तब जो कार्य राज्य की क्षमता में नहीं थे वे कार्य निष्प्रभाव हो जाएंगे। शेष कार्य प्रभावी रहेंगे।

किंतु यह नहीं भूलना चाहिए कि किसी विधि या कार्यपालिका की कार्यवाही को अनु. 359 के अधीन उन्मुक्ति तभी मिलती है जब विधि में यह कथन किया गया है कि वह तत्समय प्रवृत्त आपात की उद्‌घोषणा के संबंध में है। कार्यपालिका कार्रवाई को संरक्षण तभी मिलेगा जब वह ऐसी विधि के अधीन की जाए जिसमें ऐसा कथन है।

अनुच्छेद 358 और 359 के प्रवर्तन की तुलना

अनुच्छेद 358 और 359 के प्रवर्तन की तुलना।

28.18 1. अनुच्छेद 358 राज्य के विरुद्ध अनु. 19 द्वारा अधिरोपित निर्बंधनों को अस्तित्वहीन कर देता है। अनुच्छेद 359 राष्ट्रपति को यह शक्ति देता है कि वह मूल अधिकारों को (अनु. 20 और 21 के सिवाय) निलंबित कर दे। राष्ट्रपति हो सकता है कि ऐसा आदेश निकाले या न निकाले।

1. *ए.डी.एम. जबलपुर* बनाम *शिवकांत शुक्ला,* ए.आइ.आर. 1976 एस.सी. 1207।

2. अनुच्छेद 358 का प्रवर्तन होते ही अनु. 19 अपने आप निलंबित हो जाता है। अनुच्छेद 359 तब तक प्रवृत्त नहीं होता जब तक कि राष्ट्रपति आदेश निकाल कर यह विनिर्दिष्ट न करे कि कौन से अधिकार निलंबित किए जा रहे हैं।

3. अनुच्छेद 358 तभी प्रवर्तन में आता है जब आपात की घोषणा युद्ध या बाह्य आक्रमण के आधार पर की जाती है (सशस्त्र विद्रोह के आधार पर नहीं)। अनुच्छेद 359 तीनों आधारों पर घोषित आपात को लागू होता है। युद्ध, बाह्य आक्रमण और सशस्त्र विद्रोह।

4. अनुच्छेद 358 से अनु. 19 निलंबित हो जाता है। अनुच्छेद 359 केवल उन्हीं अधिकारों को निलंबित करता है जो आदेश में उल्लिखित हैं।

5. अनुच्छेद 358 द्वारा अनु. 19 पूर्णतया निलंबित हो जाता है। अनुच्छेद 359 राज्यों को सभी मूल अधिकारों के प्रवर्तन को निलंबित करने की शक्ति नहीं देता। अनुच्छेद 20 और 21 को छूना वर्जित है। आपात के दौरान भी न्यायालय बंदी प्रत्यक्षीकरण याचिका ग्रहण करेंगे और अनु. 20 और 21 में प्रतिष्ठित अधिकार प्रवृत्त कराएंगे।

6. दोनों दशाओं में, अर्थात् अनु. 358 और 359 दोनों में, राज्य अपने बंधनों से तभी बाहर आ सकते हैं जब अधिनियम में यह कथन हो कि वह आपात की उद्घोषणा से संबंधित है। कार्यपालिका की कार्रवाई को उन्मुक्ति तभी मिलेगी जब वह ऐसे अधिनियम के अधीन की गई हो जिसमें ऐसा कथन हो।

(ङ) प्रकीर्ण प्रभाव।

28.19 जब आपात की उद्घोषणा प्रवर्तन में है तब संसद् विधि द्वारा लोक सभा की अवधि को ऐसी अवधि के लिए बढ़ा सकेगी जो एक बार में एक वर्ष से अधिक नहीं होगी। किंतु उद्घोषणा के प्रवृत्त न रहने के पश्चात् अवधि का विस्तार छह मास से अधिक नहीं होगा। श्रीमती इंदिरा गांधी द्वारा लगाए गए आपात के दौरान लोक सभा का जीवनकाल एक वर्ष के लिए बढ़ा दिया गया था (1976 का अधिनियम सं. 109)।

ख—राज्यों में सांविधानिक तंत्र का विफल हो जाना

राज्यों में सांविधानिक तंत्र का विफल हो जाना।

28.20 अनुच्छेद 355 यह कथन करता है कि संघ का यह कर्तव्य है कि वह बाह्य आक्रमण और आंतरिक अशांति से प्रत्येक राज्य की संरक्षा करे और यह सुनिश्चित करे कि प्रत्येक राज्य की सरकार इस संविधान के उपबंधों के अनुसार चलाई जा रही है।

अनुच्छेद 356 एक शक्ति प्रदान करता है जो अनु. 355 में वर्णित कर्त्तव्य के साथ संयुक्त है। किंतु यह शक्ति विशाल है। अन्य परिसंघ संविधानों में ऐसा कोई दृष्टांत नहीं मिलता। अनुच्छेद 355 के अनुसार यह संघ का कर्त्तव्य है कि वह राज्य को विदेशी शक्ति के आक्रमण या स्वदेशी अराजकता से बचाकर रखे। अनुच्छेद 352 बाह्य शत्रु के संबंध में है। अनुच्छेद 355 राज्य के आंतरिक शत्रु के संबंध में है।

अनुच्छेद 356 पर डा. अंबेडकर के विचार।

28.21 डा. अंबेडकर इस बात के प्रति पूर्णतया सजग थे कि अनु. 356 राज्यों के अधिकार और परिसंघ के सिद्धांत के विपरीत है। उन्होंने संविधान सभा में कहा था[2],—

> केंद्र या किसी अन्य प्राधिकारी द्वारा हस्तक्षेप वर्जित समझा जाना चाहिए क्योंकि यह प्रांतों के प्रभुत्व प्राधिकार पर चोट होगी। यह एक मूल स्थापना है जो हमें स्वीकार करनी होगी क्योंकि यह तथ्य

2. सी.ए.डी. जिल्द 9, पृ. 133।

नहीं भुलाया जा सकता है कि हमारा संविधान परिसंघ संविधान है। ... इन परिस्थितियों में यदि केंद्र को प्रांतीय विषयों के प्रशासन में हस्तक्षेप करना है तो यह ऐसी बाध्यता के अधीन होगा जो संविधान केंद्र पर अधिरोपित करे।

बाबा साहेब ने पूरी निष्ठा से यह आशा की थी कि अनु. 356 द्वारा दी गई महाशक्ति का उपयोग विरला होगा और यह केवल कागज पर लिखा अक्षर बनी रहेगी। डा. अंबेडकर ने इस संबंध में यह कहा था[3],—

यह आशा करना उचित होगा कि ऐसे अनुच्छेद कभी प्रवर्तन में नहीं आएंगे और पुस्तक में लिखे निष्प्राण अक्षर बने रहेंगे। यदि कभी वे प्रवृत्त किए जाते हैं तो मुझे आशा है राष्ट्रपति जिसे यह शक्ति सौंपी गई है उचित सावधानी बरतेगा।

रामेश्वर प्रसाद (6) बनाम *भारत संघ*[4] में न्यायालय ने यह अभिनिर्धारित किया कि बिहार विधान सभा का विघटन करने के लिए जो उद्घोषणा 23-5-2005 को की गई थी वह असांविधानिक थी।

निर्जीव अक्षर या प्राणलेवा शस्त्र।

28.22 संविधान के लागू होने के पश्चात् हुई घटनाओं और गत वर्षों में अनु. 356 का प्रयोग 113 बार किए जाने से यह प्रकट होता है कि जिसे निर्जीव अक्षर बने रहने की आशा थी वह राज्य सरकारों के विरुद्ध घातक शस्त्र बन गया है। यह संविधान का ऐसा उपबंध है जिसका सर्वाधिक दुरुपयोग हुआ है। इसका उपयोग करके मिथ्या या अविद्यमान आधारों पर राज्य सरकारों और विधान सभाओं की हत्या की गई है। *एस.आर. बोम्मई*[5] में उच्चतम न्यायालय ने यह घोषित किया कि 3 मामलों में अनु. 356 का उपयोग और सरकारों की पदच्युति असांविधानिक थी।

अनुच्छेद 356 के अधीन उद्घोषणा के आधार।

28.23 अनुच्छेद 356 के अधीन जारी की जाने वाली उद्घोषणा के आधार अनु. 356(1) और अनु. 365 में दिए गए हैं।

(क) अनुच्छेद 356 में घोषणा के लिए केवल एक ही आधार बताया गया है। यह कि राष्ट्रपति का यह समाधान हो गया है कि **ऐसी स्थिति उत्पन्न हो गई है जिसमें उस राज्य का शासन इस संविधान के उपबंधों के अनुसार नहीं चलाया जा सकता है।**

अनुच्छेद 356 के पार्श्व शीर्षक में इसे **राज्यों में सांविधानिक तंत्र का विफल हो जाना** कहा गया है। उच्चतम न्यायालय के कुछ निर्णयों में **सांविधानिक तंत्र का टूट जाना** अभिव्यक्ति का उपयोग किया गया है।

(ख) अनुच्छेद 365 में, अनु. 356 के अधीन उद्घोषणा का दूसरा आधार दिया गया है।

संघ को अनुच्छेद 256 और 257 के अधीन उन दोनों अनुच्छेदों में आने वाले विषयों के बारे में राज्यों को निदेश देने की शक्ति दी गई है। यदि कोई राज्य संघ द्वारा दिए गए निदेशों का पालन करने में या उन्हें प्रभावी करने में असफल रहता है तो यह निष्कर्ष निकाला जा सकता है कि सांविधानिक तंत्र विफल हो गया है और अनु. 356 के अधीन उद्घोषणा करना विधिसंगत होगा।

---

3. *वही,* पृ. 159।
4. (2006) 2 एस.सी.सी. 1।
   रामेश्वर प्रसाद (6) में (ऊपर पाद टिप्पण 4) न्या. पसायत ने लोकसभा सचिवालय द्वारा किए गए अध्ययन के प्रति निर्देश करते हुए यह कहा कि राष्ट्रपति शासन 111 बार लागू किया गया है। इसमें से 13 बार वह संघ राज्यक्षेत्र शासन अधिनियम के अधीन किया गया। शेष अनुच्छेद 356 के अधीन। 10 बार वह तकनीकी दृष्टि से आवश्यक था जैसे राज्य पुनर्गठन के लिए। 54 बार वह न्यायोचित था। 13 बार संभवतः दुरुपयोग हुआ। 18 बार स्पष्टतः दुरुपयोग हुआ।
5. *एस.आर. बोम्मई* बनाम *भारत संघ* (1994) 3 एस.सी.सी. 1 (9 न्यायाधीशों की पीठ)।

28.24 राष्ट्रपति उद्घोषणा द्वारा (1) अपने हाथ में,—

ऐसी उद्घोषणा द्वारा क्या किया जा सकता है?

(क) सरकार के सभी या कोई कृत्य ले सकता है और

(ख) राज्यपाल या राज्य के विधान-मंडल या किसी अन्य प्राधिकारी में निहित शक्तियां ले सकता है।

(2) यह घोषित कर सकता है कि राज्य के विधान-मंडल की शक्तियां संसद् के द्वारा या उसके प्राधिकार के अधीन प्रयोग की जाएंगी।

(3) ऐसे आनुषंगिक या पारिणामिक उपबंध कर सकता है जो उद्घोषणा के उद्देश्य को प्रभावी करने के लिए राष्ट्रपति को आवश्यक या वांछनीय प्रतीत हों। इसके अंतर्गत संविधान के किसी उपबंध का निलंबन भी है।

28.25 राष्ट्रपति को उच्च न्यायालय द्वारा प्रयोग की जाने वाली शक्तियां अपने हाथ में लेने का प्राधिकार नहीं है। वह संविधान के उन उपबंधों को निलंबित नहीं कर सकता जो उच्च न्यायालय से संबंधित हों।

क्या नहीं किया जा सकता?

28.26 अनुच्छेद 356 के अधीन उद्घोषणा जारी करके साधारणतया राज्य सरकार और राज्यपाल की शक्तियां राष्ट्रपति में विहित कर दी जाती हैं। इसलिए बोलचाल में यह कहा जाता है कि राज्य में राष्ट्रपति शासन लागू कर दिया गया है। संविधान में इस अभिव्यक्ति का कहीं प्रयोग नहीं है।

राष्ट्रपति शासन।

28.27 उद्घोषणा की अवधि पहली बार में दो मास होती है। किंतु यदि दो मास की अवधि के अवसान के पूर्व संसद् के दोनों सदन उसका अनुमोदन कर देते हैं तो यह उसके जारी किए जाने के छह मास की अवधि के अवसान तक बनी रहेगी। प्रवर्तन के समाप्त होने के लिए जब जब दोनों सदन संकल्प पारित कर देते हैं तब तब उद्घोषणा का जीवनकाल छह मास के लिए बढ़ जाएगा। प्रत्येक संकल्प से उद्घोषणा की आयु छह मास के लिए बढ़ती है किंतु किसी भी दशा में उद्घोषणा तीन वर्ष से अधिक प्रवृत्त नहीं रह सकती। अर्थात् अधिकतम सीमा 3 वर्ष तक है।

उद्घोषणा की अवधि।

28.28 एक वर्ष से अधिक के लिए उद्घोषणा को बनाए रखने के लिए एक महत्वपूर्ण अपेक्षा है। एक वर्ष की समाप्ति से आगे किसी अवधि के लिए उद्घोषणा को प्रवृत्त रखने के लिए कोई संकल्प संसद् के किसी सदन द्वारा तभी पारित किया जाएगा जब,—

एक वर्ष से अधिक के लिए विस्तार करने की शर्तें।

(क) आपात की उद्घोषणा संपूर्ण भारत में या उसके किसी भाग में प्रवर्तन में है, और

(ख) निर्वाचन आयोग यह प्रमाणित कर देता है कि संबंधित राज्य की विधान सभा के लिए साधारण निर्वाचन कराना कठिन है।

संक्षेप में यह कहा जा सकता है कि संसद् के सदनों के अनुमोदन के बिना उद्घोषणा दो मास तक बनी रहती है। वह सदनों के सादे बहुमत द्वारा पारित संकल्प से एक वर्ष तक बनी रहती है वह एक वर्ष से अधिक बनी रहे इसके लिए एक वर्ष से आगे विस्तार करने वाला संकल्प पारित करते समय दो शर्तें पूरी की जानी चाहिए। वे शर्तें हैं,—

(क) आपात विद्यमान है (अनु. 352 के अधीन)।

(ख) निर्वाचन आयोग निर्वाचन कराने में असमर्थ है।

28.29 कोई भी उद्घोषणा, किसी पश्चात्वर्ती उद्घोषणा द्वारा वापस ली जा सकती है या परिवर्तित की जा सकती है। वापस लिए जाने पर राष्ट्रपति शासन अधिरोपित करने वाली उद्घोषणा समाप्त हो जाती है। पूर्ववर्ती उद्घोषणा को वापस लेने वाली उद्घोषणा के लिए संसद् के अनुमोदन की अपेक्षा नहीं है।

उद्घोषणा का वापस लिया जाना।

28.30 *एस.आर. बोम्मई*[5] के पश्चात् अब यह स्पष्ट हो गया है कि अनु. 356 के अधीन राष्ट्रपति द्वारा शक्ति का प्रयोग न्यायिक पुनर्विलोकन के अधीन है। पुनर्विलोकन की सीमाएं बहुत संकीर्ण हैं। न्यायालय केवल दो बातों की परीक्षा करेगा,—

उद्घोषणा का न्यायिक पुनर्विलोकन।

(क) क्या राष्ट्रपति के समाधान के लिए पर्याप्त सामग्री विद्यमान थी कि अनु. 356 में वर्णित स्थिति उत्पन्न हो गई है। राष्ट्रपति के समक्ष सामग्री ऐसी होनी चाहिए जिस पर विचार करके कोई भी युक्तिमान मनुष्य उसी निष्कर्ष पर पहुंचता।

(ख) क्या समाधान अनुचित है या असद्भावपूर्ण है या पूर्णतया बाह्य और असंगत आधारों पर आधारित है।

28.31 अनुच्छेद 356 के अधीन शक्ति का उपयोग मनमाने ढंग से और दलगत या व्यक्तिगत स्वार्थ से प्रेरित होकर किए जाने के अनेक उदाहरण मिलते हैं। इस शक्ति का पहला प्रयोग 20-06-1951 को किया गया क्योंकि कांग्रेस की कार्यकारिणी समिति चाहती थी कि मुख्य मंत्री त्यागपत्र दे दें किंतु मुख्य मंत्री का उत्तराधिकारी कौन होगा यह तय नहीं हो पाया था। यह शुद्ध रूप से कांग्रेस का आंतरिक मामला था। 1959 में कांग्रेस ने मुख्य मंत्री ई.एम.एस. नंबूद्रीपाद के साम्यवादी मंत्रिमंडल के विरुद्ध केरल में प्रदर्शन किए। साम्यवादी मंत्रिमंडल को विधान सभा में बहुमत का समर्थन था। उस समय केंद्र में कांग्रेस की सरकार थी। केंद्र सरकार ने इस आधार पर कि मंत्रिमंडल ने जनता का विश्वास खो दिया है राष्ट्रपति से उद्घोषणा जारी करवा के विधान सभा का विघटन करवा दिया।[6] 1977 में जनता सरकार ने 9 विधान सभाओं का विघटन कर दिया। जब कांग्रेस सत्ता में लौटी तो उसने भी 9 राज्यों में ऐसा ही किया। *राजस्थान राज्य* बनाम *भारत संघ*[7] में उच्चतम न्यायालय ने जनता सरकार की कार्रवाई को सही ठहराया। न्यायालय ने निर्णय का आधार यह बताया कि सत्ताधारी दल का निर्वाचन में पूरा सफाया हो गया था (**न्या.** भगवती)। यह ठीक है कि उस न्यायपीठ के सातों न्यायाधीशों ने सात अलग अलग निर्णय दिए किंतु परिणाम सबका एक ही था—सरकारों की पदच्युति सही थी। जब श्रीमती इंदिरा गांधी सत्ता में वापस लौटी तो इस निर्णय से प्रोत्साहन और आधार पाकर उन्होंने 9 राज्यों की सरकारों को जिन्हें बहुमत का समर्थन प्राप्त था पदच्युत कर दिया। ये दोनों अनु. 356 के स्पष्ट दुरुपयोग के ज्वलंत उदाहरण हैं। हमारे संविधान की परिसंघीय संरचना में यह स्पष्ट धारणा है कि एक ही दल केंद्र और राज्य में सत्तारूढ़ हो यह आवश्यक नहीं है। 1992 में उत्तर प्रदेश, मध्य प्रदेश, हिमाचल और राजस्थान में भारतीय जनता पार्टी की सरकारों को बर्खास्त कर दिया गया। यह मामला फिर उच्चतम न्यायालय के समक्ष आया। निर्णय में[5] कुछ न्यायाधीशों ने न्यायालय में *राजस्थान वाले निर्णय*[6] में अभिव्यक्त मत से विसम्मति प्रकट की और यह कहा कि केवल इस आधार पर कि कोई भिन्न राजनीतिक दल भारी बहुमत से चुनाव जीतकर सत्ता

अनुच्छेद 356 का अनुचित और बार-बार उपयोग।

---

6. यह एक रोचक तथ्य है कि इस आंदोलन की सूत्रधार कांग्रेस अध्यक्षा श्रीमती इंदिरा गांधी थीं जो तत्कालीन प्रधान मंत्री जवाहरलाल नेहरू की पुत्री थीं और उन्हीं के साथ रहती थीं। जनता का विश्वास खोना अनु. 356 में उल्लिखित आधार नहीं है। विश्वास को नापने का कोई वस्तुनिष्ठ तरीका नहीं है।

7. ए.आइ.आर. 1977 एस.सी. 1361 (7 न्यायाधीशों की पीठ)।

में आ गया है अनु. 356 के अधीन शक्ति का प्रयोग नहीं किया जा सकता (न्या. अहमदी, सावंत, कुलदीप सिंह)। न्यायालय ने *बोम्मई*[5] में उन परिस्थितियों की सूची बनाई जिनमें शक्तियों का प्रयोग उचित या अनुचित होगा। ये केंद्र राज्य संबंध पर सरकारिया आयोग के प्रतिवेदन पर आधारित है किंतु बिडंबना यह है कि न्यायाधीशों ने उन सिद्धांतों को अपने समक्ष उपस्थित मामले में लागू नहीं किया। *राजस्थान*[7] में न्यायालय ने परिश्रमपूर्वक खींचतान करके केंद्रीय सरकार की कार्रवाई को न्यायोचित ठहराया। *बोम्मई*[5] में फिर यह देखने को मिला कि न्यायालय यह प्रयत्न कर रहा है कि कैसे भी हो सरकार की कार्रवाई को उचित बताया जाए। न्यायालय को कुछ अर्थहीन सामान्य सिद्धांत खोजने पड़े। जैसे **राजनीति और धर्म को मिलाया नहीं जाना चाहिए और पंथनिरपेक्ष चरित्र को खतरा नहीं होना चाहिए**। राष्ट्रपति या न्यायालय के समक्ष ऐसी कोई सामग्री नहीं थी जिससे यह प्रकट होता हो कि किसी विशेष पंथ वालों का राज्य स्थापित किया जा रहा हो। न्यायालय के निर्णय से ऐसा प्रतीत होता है मानो जो हिंदू जीवन दर्शन से प्रेरणा लेते हैं और किसी विशेष स्थान या धर्मस्थल कें प्रति अपनी आस्था रखते हैं वे राजनीतिक दल नहीं बना सकते और निर्वाचन में भाग नहीं ले सकते। आश्चर्य की बात यह है कि न्यायाधीशों ने अनु. 19(1)(ग) के प्रति कोई निर्देश नहीं किया। कुछ वर्ष बाद वही न्यायाधीश कुछ विचित्र सा अनुभव कर रहे होंगे कि जिस दल का यह कहकर तिरस्कार किया था कि वह संविधान के उपबंधों के अनुसार सरकार चलाने के लिए अनर्ह और अयोग्य हैं वही दल केंद्र और कुछ राज्यों में सत्तारूढ़ हो गया।

बोम्मई[5] में न्यायालय ने यह निष्कर्ष दिया कि नागालैंड, कर्नाटक और मेघालय के संबंध में जारी उद्घोषणा अविधिमान्य थी।

अभी तक जितनी उद्घोषणााएं जारी की गई हैं यदि उनकी सावधानी से परीक्षा की जाए तो यह ज्ञात होगा कि अनेक का उपयोग असद्भावपूर्ण और मनमाना था तथा दलगत या व्यक्तिगत स्वार्थ से प्रेरित था।

2004 में एक विचित्र और दुखद प्रसंग हुआ। अरुणाचल प्रदेश के राज्यपाल ने अनु. 356 के अधीन सिफारिश की और बाद में यह कहा कि सिफारिश प्रपीड़न के अधीन की थी।[8]

बोम्मई की आलोचना।

28.32 ऊपर जो पैरा 28.31 में कहा गया है उसके अतिरिक्त यह निवेदन है कि न्यायाधीश कुछ तात्त्विक तथ्यों से अनभिज्ञ थे या उन्होंने जान-बूझकर उनकी उपेक्षा की। निर्णय में यह कहा गया कि मध्यप्रदेश, हिमाचल प्रदेश और राजस्थान के मुख्यमंत्री राष्ट्रीय स्वयंसेवक पर प्रतिबंध क्रियान्वित नहीं करेंगे। उन्होंने इस महत्त्व के तत्त्व पर ध्यान नहीं दिया कि संघ पर जो तात्कालिक प्रतिबंध उसे इलाहाबाद उच्च न्यायालय ने[9] विखंडित कर दिया था और न्या. बाहरी अधिकरण ने प्रतिबंध की पुष्टि करने से मना कर दिया था। परिणामतः संघ पर कोई प्रतिबंध था ही नहीं।

बोम्मई में अधिकथित सिद्धांत।

28.33 बोम्मई में विभिन्न न्यायाधीशों ने जो निर्णय दिए उनसे अनु. 356 के संबंध में निम्नलिखित सिद्धांत प्रकट होते हैं,—

1. अनुच्छेद 356 के अधीन जारी की गई उद्घोषणा न्यायिक पुनर्विलोकन के अधीन है।

2. यदि केंद्र में कोई राजनीतिक दल सत्ता में आ जाता है तो उसे राज्यों में भिन्न दलों द्वारा बनाई गई सरकारों को पदच्युत करने का प्राधिकार नहीं मिल जाता।

3. उद्घोषणा जारी करने के तुरंत पश्चात् विधान सभा विघटित नहीं की जानी चाहिए। यदि संसद् उद्घोषणा का अनुमोदन नहीं करती है तो विधान सभा कार्य करती रहेगी।

4. यदि न्यायालय यह अभिनिर्धारित करता है कि उद्घोषणा अविधिमान्य थी तो वह उस विधान सभा को भी वापस प्रतिष्ठित कर सकता है जो विघटित कर दी गई थी। न्यायालय नए निर्वाचनों को रोकने के लिए न्यादेश जारी कर सकता है।

---

8. *पायनियर*, नई दिल्ली संस्करण, तारीख 9-7-2004।

9. *डॉ. राजेंद्र प्रसाद अग्रवाल* बनाम *भारत संघ*, वी.के.एस. चौधरी, *दि आइवरी टावर*, यूनिवर्सल पब्लिशिंग कंपनी, पृ. 157।

5. संसद् द्वारा उद्घोषणा का अनुमोदन हो जाने के पश्चात् ही विधान सभा विघटित की जानी चाहिए।

6. न्यायालय संघ सरकार से यह अपेक्षा कर सकता है कि वह सामग्री प्रकट की जाए जिसके आधार पर अनु. 356 लागू करने का निर्णय किया गया था। शक्ति के प्रयोग के लिए सामग्री का होना पुरोभावी शर्त है।

इन सिद्धांतों से केंद्र में सत्तारूढ़ दल की अनु. 356 का मनमानी और असांविधानिक रीति से प्रयोग करने की प्रवृति पर अंकुश लगेगा।

विधानसभा का उसकी प्रथम बैठक के पहले विघटन।

28.34 रामेश्वर प्रसाद (6) में उच्चतम न्यायालय में यह अभिनिर्धारित किया कि विधानसभा उसी समय गठित समझी जाती है जब लोक प्रतिनिधित्व अधिनियम, 1951 की धारा 73 के अधीन अधिसूचना जारी की जाती है। अनु. 188 की अपेक्षाओं से भी यह संकेत मिलता है कि विधानसभा उसकी प्रथम बैठक के पूर्व ही अस्तित्व में आ जाती है। इसलिए उसे प्रथम बैठक के पूर्व विघटित किया जा सकता है।

लोक सभा का अनुमोदन विधायी कार्य नहीं है।

28.35 राष्ट्रपति जो उद्घोषणा करते हैं उसका अनुमोदन संसद् अनु. 356(3) के अधीन करती है। यह अनुमोदन विधायी कार्य नहीं है। यह एक सांविधानिक कृत्य है। यह राष्ट्रपति द्वारा अनु. 356(1) के अधीन शक्ति के प्रयोग पर अंकुश है। यह एक रक्षोपाय है। यह विधायी प्रकृति का कार्य नहीं है।[10]

उन मामलों के उदाहरण जिनमें अनु. 356 का उपयोग उचित होगा।

28.36 निम्नलिखित परिस्थितियों में अनु. 356 का उपयोग न्यायोचित होगा,—

1. विधि और व्यवस्था या लोक व्यवस्था का बड़े पैमाने पर भंग होना।
2. राज्य सरकार द्वारा घोर अव्यवस्था।
3. भ्रष्टाचार या शक्ति का दुरुपयोग।
4. राष्ट्र की एकता या राज्य की सुरक्षा को खतरा।
5. स्वतंत्र प्रभुत्वसंपन्न प्रास्थिति का दावा।
6. जनता में विभाजन या अप्रीति को जन्म देकर संविधान का ध्वंस करना।
7. परिसंघ या लोकतंत्र जैसे आधारिक लक्षणों का ध्वंस।
8. जहां एक मंत्रिमंडल ने इस्तीफा दे दिया है और कोई अन्य दल मंत्रिमंडल बनाने के लिए तैयार नहीं है या समर्थ नहीं है।
9. जहां बहुमत वाले दल ने मंत्रिमंडल बनाने से इंकार कर दिया है और राज्यपाल को ऐसा कोई गठबंधन नहीं मिलता है जो बहुमत का समर्थन पा सके।
10. जहां साधारण निर्वाचन के पश्चात् किसी दल को बहुमत नहीं मिला है।
11. जहां एक नया राज्य बना है और जब तक निर्वाचन नहीं होते हैं तब तक ऐसे राज्य के लिए कोई विधान-मंडल नहीं है।
12. जहां संघ सरकार द्वारा अनु. 256, 257 या 355 के अधीन जारी किए गए निदेशों की राज्य सरकारों ने अवहेलना की है।

उन मामलों के उदाहरण जिनमें अनु. 356 का उपयोग अनुचित होगा।

28.37 निम्नलिखित परिस्थितियों में अनु. 356 का उपयोग करना अनुचित होगा,—

---

10. *रामेश्वर प्रसाद* (6) बनाम *भारत संघ* (बिहार विधान सभा का वाद) (2006) 2 एस.सी.सी. 1।

1. जब कोई मुख्य मंत्री बहुमत का समर्थन खोने पर त्यागपत्र देता है या पदच्युत किया जाता है और राज्यपाल दूसरा मंत्रिमंडल बनाने की संभावनाओं पर विचार किए बिना विघटन की सिफारिश करता है।

2. जहां विघटन इस आधार पर किया जाता है कि मुख्य मंत्री किसी विशेष जाति या धर्म का है।

3. जहां विघटन यह सुनिश्चित करने के लिए है कि शासन बेहतर ढंग से चलाया जाए जबकि विद्यमान मंत्रिमंडल को विधान सभा के बहुमत का समर्थन है।

4. विधान सभा में बहुमत द्वारा समर्थित सम्यक् रूप से निर्वाचित मंत्रिमंडल को इस आधार पर पदच्युत नहीं किया जा सकता कि जिस दल ने मंत्रिमंडल बनाया है उसका लोक सभा के निर्वाचन में पूरा सफाया हो गया है।

5. संविधान के किसी विशिष्ट उपबंध के कोई भी अननुपालन से संघ सरकार को इस शक्ति के प्रयोग की अनुमति नहीं मिलती। अननुपालन गंभीर होना चाहिए और बार बार किया जाना चाहिए।

6. जहां राज्यपाल विधान सभा में मंत्रिमंडल के समर्थन का अपना आंकलन कर लेता है और मंत्रिमंडल को विधान सभा में अपना समर्थन प्रदर्शित करने की अनुमति न देकर विघटन की सिफारिश करता है।

अनुच्छेद 352 और 356 की तुलना।

28.38 अनुच्छेद 352 और 356 का अध्ययन करने के पश्चात् इन दोनों उपबंधों की और उनके प्रभाव की तुलना करना लाभदायक होगा। उनमें अंतर इस प्रकार है,—

1. आपात की उद्घोषणा राष्ट्रपति द्वारा तब की जाती है जब भारत या उसके राज्यक्षेत्र के किसी भाग की सुरक्षा युद्ध या बाह्य आक्रमण या सशस्त्र विद्रोह के कारण संकट में है। अनुच्छेद 356 के अधीन उद्घोषणा तब की जाती है जब राज्य का शासन संविधान के उपबंधों के अनुसार नहीं चलाया जा सकता है। इसका युद्ध या बाह्य आक्रमण से कोई संबंध होना आवश्यक नहीं है।

2. अनुच्छेद 352 के अधीन राज्य सरकार काम करती रहती है। उसे पदच्युत नहीं किया जा सकता। विधान सभा भी बनी रहती है और काम करती रहती है। अनुच्छेद 352 का प्रभाव यह है कि केंद्र को राज्य में विधायन और प्रशासन की सहवर्ती शक्तियां मिल जाती हैं। अनुच्छेद 356 की दशा में राज्य के मत्रिमंडल को पदच्युत किया जा सकता है। विधान-मंडल को निलंबित या विघटित किया जा सकता है। केंद्र, कार्यपालिका और विधायी शक्तियां अपने हाथ में ले लेता है।

3. आपात के दौरान (अनु. 352) संसद् राज्य के विषयों के संबंध में विधान बनाने के लिए सक्षम हो जाती है। इस शक्ति का प्रत्यायोजन नहीं किया जा सकता। अनुच्छेद 356 के अधीन संसद् उस राज्य के बारे में विधान बनाने की शक्ति राष्ट्रपति या किसी अन्य प्राधिकारी को प्रत्यायोजित कर सकती है। अभी तक निरंतर चलन यही रहा है कि उद्घोषणा के बाद शक्ति प्रत्यायोजित कर दी जाती है और राष्ट्रपति को विधि अधिनियमित करने के लिए प्राधिकृत कर दिया जाता है। ऐसी विधियों को राष्ट्रपति के अधिनियम कहते हैं।

4. आपात के दौरान संघ और सभी राज्यों के संबंध बदल जाते हैं। अनुच्छेद 356 के अधीन परिवर्तन एक विशिष्ट राज्य के संबंध में होता है।

5. यदि आपात की उद्घोषणा का संसद् द्वारा संकल्प पारित करके सम्यक् अनुमोदन कर दिया जाता है तो उद्घोषणा अनिश्चित काल तक लागू रहेगी। प्रत्येक अनुमोदन से उसका जीवन काल छह मास बढ़ जाता है। आपात की अवधि की कोई अधिकतम सीमा नहीं है। किंतु अनुच्छेद 356 के अधीन उद्घोषणा 3 वर्ष से अधिक नहीं चल सकती। यह अधिकतम अवधि संविधान द्वारा नियत की गई है।

6. आपात की उद्घोषणा के अनुमोदन के लिए संकल्प विशेष बहुमत द्वारा पारित होना चाहिए। सदन की कुल सदस्य संख्या का बहुमत और तथा उपस्थित और मत देने वाले सदस्यों का दो-तिहाई। अनुच्छेद 356 के अधीन उद्घोषणा का अनुमोदन करने वाला संकल्प सादे बहुमत से अनुमोदित किया जा सकता है—उपस्थित और मत देने वाले सदस्यों का बहुमत।

7. जब अनुच्छेद 352 के अधीन उद्घोषणा की जाती है वहां अनुच्छेद 19 निलंबित हो जाता है और राष्ट्रपति (अनु. 20 और 21 को छोड़कर) अन्य मूल अधिकारों को (जो आदेश में उल्लिखित किए जाएं) प्रवर्तित करने का अधिकार निलंबित कर सकता है। अनुच्छेद 356 की उद्घोषणा से मूल अधिकारों के प्रवर्तन पर कोई प्रभाव नहीं पड़ता (अनु. 358 और 359)।

ग—वित्तीय आपात

वित्तीय आपात—अनुच्छेद 360।

28.39 अनुच्छेद 360 एक भिन्न प्रकार के राष्ट्रीय संकट के बारे में है जिससे देश को खतरा हो सकता है। ऐसी परिस्थिति में तुरंत कदम उठाना आवश्यक हो जाता है जिससे मंदी के कुप्रभाव को रोका जा सके और राज्य के अस्तित्व के संकट को टाला जा सके। यदि देश की अर्थ व्यवस्था ऐसे प्रक्रम पर पहुंच चुकी है जहां भारत का या भारत के किसी भाग का वित्तीय स्थायित्व या प्रत्यय संकट में है तो राष्ट्रपति उस आशय की घोषणा करता है। इसे वित्तीय आपात कहते हैं जिससे कि अनु. 352 के अधीन आपात से उसको अलग रखा जा सके।

उद्घोषणा के आधार।

28.40 उद्घोषणा के दो आधार हैं,—

(क) वित्तीय स्थायित्व का संकट, और

(ख) प्रत्यय का संकट।

ये संकट भारत या भारत के किसी भाग के संबंध में हो सकते हैं।

यदि राष्ट्रपति का यह समाधान हो जाता है कि इनमें से *कोई एक* विद्यमान है तो वह उद्घोषणा जारी कर सकेगा।

उद्घोषणा की अवधि।

28.41 पहले चरण में उद्घोषणा 2 मास तक प्रवर्तन में रहती है। यदि संसद् के दोनों सदनों के संकल्पों द्वारा इसका अनुमोदन हो जाता है तो वह अनिश्चित काल तक बनी रह सकती है। अर्थात् जब तक वापस न ली जाए तब तक।

अनुमोदन के संकल्प बार बार पारित हों यह अपेक्षा नहीं है। वापस लेने के लिए भी उद्घोषणा करनी होगी।

वित्तीय आपात का प्रभाव।

28.42 जब देश को आर्थिक विपत्ति घेर लेती है ओर अनु. 360 के अधीन उद्घोषणा की जाती है तो संविधान संघ और राज्य की शक्तियों को पुनर्समायोजित करता है। इस घोषणा के निम्नलिखित प्रभाव होते हैं,—

(क) जब उद्घोषणा प्रवर्तन में रहती है उस अवधि में संघ की कार्यपालिका शक्ति का विस्तार राज्य को वित्तीय औचित्य संबंधी ऐसे सिद्धांतों का पालन करने के लिए ऐसे निदेश देने तक होगा जो निदेशों में विनिर्दिष्ट किए जाएं।

(ख) राज्य के कार्यकलाप के संबंध में सेवा करने वाले सभी या किसी वर्ग के व्यक्तियों के वेतनों और भत्तों में कमी करने की अपेक्षा करने वाला निदेश दिया जा सकेगा।

(ग) यह निदेश दिया जा सकेगा कि सभी धन विधेयक या अन्य वित्तीय विधेयक राज्य के विधान-मंडल द्वारा पारित किए जाने के पश्चात् राष्ट्रपति के विचार के लिए आरक्षित किए जाएंगे।

(घ) यह निदेश दिया जा सकेगा कि संघ के कार्यकलाप के संबंध में सेवा करने वाले सभी या किसी वर्ग के व्यक्तियों के वेतनों और भत्तों में कमी की जाएगी। उच्चतम न्यायालय और उच्च न्यायालयों के न्यायाधीशों के वेतन और भत्ते भी कम किए जा सकते हैं।

वित्तीय आपात के दौरान संघ का राज्यों के बजट और व्यय पर नियंत्रण हो जाता है। सभी कर्मचारियों के वेतन और भत्ते घटाए जा सकते हैं या यथावत् रखे जा सकते हैं चाहे ऐसे कर्मचारी राज्य द्वारा नियोजित हों या संघ द्वारा। वेतन से संबंधित निदेश उच्चतम न्यायालय और उच्च न्यायालय के न्यायाधीशों को भी लागू होगा।

अब तक अनु. 360 का एक बार भी प्रयोग नहीं किया गया।

अनुच्छेद 355 और जनसंख्या का आक्रमण।

28.43 अनुच्छेद 355 (और अनु. 352 में) *आक्रमण* शब्द का प्रयोग हुआ है। इसके अर्थ में युद्ध आता है किंतु इसमें ऐसे अनेक कार्य आ जाते हैं जो युद्ध नहीं कहे जा सकते। बांग्ला देश से आने वाली विदेशियों की बाढ़ आक्रमण ही है। इस अनुच्छेद के अनुसार संघ का यह कर्त्तव्य है कि वह आक्रमण से राज्यों की संरक्षा करे। उच्चतम न्यायालय ने यह अभिनिर्धारित किया कि अवैध प्रवासी (अधिकरणों द्वारा अवधारण) अधिनियम, 1983 संविधान की आज्ञा का उल्लंघन करता है। यह आज्ञा अनुच्छेद 355 में है। अतएव न्यायालय ने उसे असांविधानिक घोषित कर दिया।[11]

11. *सर्वानंद सोनोवाल* बनाम *भारत संघ* (2005) 5 एस.सी.सी. 665।

अध्याय 29

संविधान का संशोधन

29.1 इस विश्व में कुछ भी गतिहीन नहीं रह सकता। परिवर्तन ही प्रकृति का शाश्वत नियम है। समय के साथ साथ राजनीतिक समाज में परिवर्तन होता है। नई समस्याओं और चुनौतियों का सामना करने के लिए राष्ट्रीय जीवन के सभी आयामों में परिवर्तन और उपांतरण आवश्यक हो जाता है। जिस प्रकार समाज की आवश्यकताओं के अनुसार शिक्षा पद्धति बदलती है, औद्योगिक नीति में परिवर्तन होता है वैसे ही विधियों में और संविधान में भी परिवर्तन की आवश्यकता होती है। यदि कोई संविधान संशोधन का अधिकार नहीं देता है तो इस बात की संभाव्यता बहुत अधिक होती है कि नई पीढ़ी उसे नष्ट करके उसके स्थान पर नया संविधान स्थापित कर देगी। इसलिए बुद्धिमत्ता इसी में है कि संविधान में ही यह लिख दिया जाए कि उसमें परिवर्तन कैसे होगा।

भूमिका।

हमारा संविधान एक लिखित संविधान है जिसके द्वारा परिसंघ की रचना की गई है। इसके कुछ भागों का संशोधन साधारण विधान से किया जा सकता है। कुछ भाग इतने सुनम्य नहीं हैं (उन्हें कठोर भी कह सकते हैं) उनके संशोधन के लिए विशेष बहुमत चाहिए। कुछ भाग ऐसे हैं जिनका संशोधन करने के लिए राज्यों की सहमति भी चाहिए।

29.2 नमनीयता और कठोरता के समन्वय के पीछे जो कारण थे उन्हें स्पष्ट करने के लिए डा. अंबेडकर के भाषण को उद्धृत करना सर्वोत्तम होगा। बाबा साहब ने कहा था[1],—

डा. अंबेडकर और पं. नेहरू के विचार।

> सभा ने यह नहीं माना है कि संविधान अंतिम है और दोषरहित है। सभा का यह सोच नहीं है कि संविधान के संशोधन का अधिकार जनता को नहीं दिया जाए जैसा कि कनाडा ने किया है। या संशोधन के लिए असाधारण शर्तों और निबंधनों की पूर्ति अनिवार्य कर दी जाए जैसा कि अमरीका या आस्ट्रेलिया में है। सभा ने संविधान के संशोधन के लिए एक सुगम प्रक्रिया अपनाई है।... जो लोग संविधान से संतुष्ट नहीं हैं उन्हें केवल 2/3 बहुमत प्राप्त करना है और यदि वे दो तिहाई बहुमत भी अपने पक्ष में प्राप्त नहीं कर सकते तो यही समझा जाएगा कि संविधान के प्रति उनको जो असंतोष है उसमें साधारण जन उनका समर्थन नहीं कर रहा है।

पंडित नेहरू[2] ने संशोधनकारी उपबंध का समर्थन करते हुए यह संप्रेक्षण किया,—

> हम चाहते हैं कि यह संविधान एक ठोस और स्थायी संरचना हो किंतु यह तथ्य हमारे सामने है कि संविधान कभी स्थायी नहीं होते। उसमें कुछ नमनीयता होनी चाहिए। यदि आप किसी चीज को अनम्य और स्थायी बना देते हैं तो आप राष्ट्र की अभिवृद्धि रोक देते हैं। एक जीवंत, प्राणवान राष्ट्र की वृद्धि...
>
> चाहे जो भी हो, हमें संविधान को वैसा नहीं बनाना चाहिए जैसा कुछ महान देशों ने किया है। इतना कठोर कि उसे सरलता से बदलती हुई परिस्थितियों के अनुकूल नहीं बनाया जा सकता। आज विशेषतः जब विश्व उथल-पुथल से गुजर रहा है हम एक तीव्र गति से परिवर्तित हो रहे संक्रमण काल में जी रहे हैं। हम जो आज करेंगे वह कल ज्यों का त्यों लागू नहीं हो पाएगा।

---

1. सी.ए.डी., जिल्द 9, पृ. 976।
2. *दि कांस्टिट्यूशन एंड दि कांस्टिट्यूएंट एसेम्बली*, लोक सभा सचिवालय, 1999, पृ. 130।

29.3 संशोधन की प्रक्रिया,—

संशोधन की प्रक्रिया के प्रकार।

(क) दृश्य, या

(ख) अदृश्य, हो सकती है

उसे औपचारिक या अनौपचारिक भी कहा जा सकता है।

अदृश्य या अनौपचारिक प्रक्रिया

संविधान का संशोधन करने की अनौपचारिक या अदृश्य प्रक्रिया की भूमिका और दायरा सीमित होता है। इस प्रकार के परिवर्तन किए जाते हैं,—

(क) न्यायालय द्वारा—निर्वचन करके

(ख) विधायन द्वारा संविधान की अनुपूर्ति करके या रिक्त स्थान भर के।

(ग) अभिसमय और सांविधानिक परंपराओं में परिवर्तन करके।

29.4 **न्यायिक निर्वचन।** न्यायिक निर्वचन द्वारा किए गए परिवर्तन संविधान के पाठ को बिना बदले उसे एक नया या परिवर्तित अर्थ प्रदान करते हैं। संविधान की भाषा नहीं बदलती किंतु विद्यमान परिस्थितियों और समाज की आवश्यकताओं को दृष्टि में रखते हुए न्यायालय नया अर्थ देता है। न्यायिक निर्वचन एक धीमी प्रक्रिया है। इससे संविधान अदृश्य रूप से एक प्रकरण से दूसरे प्रकरण तक विकसित होता है और एक लंबी अवधि के बाद बदला हुआ स्वरूप प्रकट होता है। इस परिवर्तन में जनता की या जनता के प्रतिनिधियों की कोई सहभागिता नहीं होती इसलिए जनसाधारण को परिवर्तन की जानकारी बहुत विलंब से प्राप्त होती है। इस प्रकार के परिवर्तन किसी योजना के अंग नहीं होते। ये परिवर्तन अव्यवस्थित और असंयोजित होते हैं। न्यायालय वाद प्रारंभ नहीं करते। न्यायालय विनिश्चय या राय तभी देते है जब उनसे ऐसा करने की मांग की जाए। कोई बाहरी व्यक्ति न्यायालय में समावेदन करता है। न्यायिक निर्वचन की उन संविधानों में बहुत महत्व की भूमिका होती है जहां संशोधन की प्रक्रिया कठोर और कठिन है। इसका सर्वोच्च दृष्टांत अमरीका का उच्चतम न्यायालय है जिसमें उस औद्योगिक राष्ट्र की आवश्यकताओं की पूर्ति के लिए और युद्ध के कठिन समय में संविधान को नया अर्थ देकर उपांतरित और अनुकूलित किया। कनाडा और आस्ट्रेलिया में भी न्यायपालिका ने कुछ सीमा तक ऐसी ही भूमिका निभाई है।

हमारे उच्चतम न्यायालय ने संविधान के पाठ को नया अर्थ प्रदान करते हुए संविधान में अनेक परिवर्तन किए हैं। न्यायालय ने नए अर्थ देने के लिए अपने पूर्वगामी निर्णयों से विचलन भी किया है। किंतु हमारा संविधान एक विशाल दस्तावेज है जिसमें सब बातें ब्यौरे से की गई हैं। उसकी भाषा विनिर्दिष्ट है और उसका एक ही अर्थ निकाला जा सकता है। यह तथ्य सभी स्वीकार करते हैं कि हमारे उच्चतम न्यायालय ने संविधान में महत्त्वपूर्ण परिवर्तन किए हैं किंतु वह संविधान को फिर से गढ़ नहीं सकता। उसकी भूमिका सीमित रहनी चाहिए।

न्यायिक निर्वचन द्वारा संशोधन के कुछ अच्छे उदाहरण निम्नलिखित हैं,—

1. न्यायाधीशों की नियुक्ति के लिए न्यायिक मंडल प्रणाली।
2. अनु. 356 के अधीन राष्ट्रपति के समाधान का पुनर्विलोकन।
3. आधारिक लक्षणों को परिवर्तित नहीं किया जा सकता।
4. संविधान संशोधनों के पुनर्विलोकन की शक्ति।

29.5 अनेक बार अभिसमय के कारण संविधान के उपबंध निष्प्रभावी हो जाते हैं। अभिसमय का प्रवर्तन संविधान की सीमा के भीतर होता है किंतु फिर भी वह संविधान को प्रभावित और उपांतरित कर देता है। राष्ट्रपति और मंत्रि-परिषद् का संबंध, राष्ट्रपति द्वारा वीटो का प्रयोग, राष्ट्रपति या राज्यपाल द्वारा विधेयकों को अनुमति, वित्त आयोग और संघ लोक सेवा आयोग की सिफारिशों का स्वीकार किया जाना, योजना आयोग की भूमिका आदि ऐसी बातें हैं जो अभिसमयों से शासित होती हैं और मार्गदर्शन प्राप्त करती हैं। योजना आयोग एक संविधानेतर निकाय है जिसकी देश के विकास में बहुत महत्त्वपूर्ण भूमिका है। वह संघ और राज्य सरकारों को नियंत्रित करता है। यह नियंत्रण इस अभिसमय पर आधारित है कि योजना आयोग की सिफारिशें अवश्य कार्यान्वित की जानी चाहिए।

अभिसमय।

दृश्य और औपचारिक प्रक्रिया

29.6 प्रत्येक संविधान में यह बताया जाता है कि किस रीति से उसे परिवर्तित किया जा सकेगा। संशोधन द्वारा संविधान के पाठ को बदला जाता है जिससे कि समाज में हुए परिवर्तन के लिए या राष्ट्र के विकास के लिए अपेक्षित नया अर्थ संविधान में प्रतिबिंबित हो। संशोधन की यह प्रक्रिया औपचारिक है और दिखाई पड़ती है। यह परिवर्तन की घोषित और प्रकट प्रक्रिया है। संविधान को नई समस्याओं का सामना करने के लिए अनुकूल बनाने के लिए यह सर्वाधिक स्वीकृत मार्ग है।

औपचारिक प्रक्रिया।

29.7 सुनम्य संविधान में संशोधन की प्रक्रिया बहुत सरल होती है। सामान्यतया जिस प्रकार सामान्य विधान पारित किया जाता है उसी रीति से संशोधन किया जा सकता है। इसमें उपस्थित और मतदान करने वाले सदस्यों के बहुमत की आवश्यकता होती है। ब्रिटेन का संविधान सामान्य अधिनियम द्वारा संशोधित किया जा सकता है। जब संविधान लिखित होता है और एक ही दस्तावेज के रूप में होता है तो उसे स्थायित्व और सर्वोच्चता दी जाती है। उसे सामान्य विधान से श्रेष्ठ समझा जाता है। उसे स्थायी बनाने के लिए यह उपबंध किया जाता है कि उसका संशोधन विशेष प्रक्रिया द्वारा ही किया जा सकता है। परिसंघ संविधान में संघ और राज्यों के संबंध परिभाषित किए जाते हैं और उनके बीच संतुलन किया जाता है। उसमें यह सुनिश्चित किया जाता है कि कोई भी एक दल संघ और राज्य के बीच शक्तियों के वितरण और संतुलन को बदलने न पाए। इस उद्देश्य से संशोधन की प्रक्रिया कठिन बनाई जाती है। ऐसे संविधानों को कठोर कहा जाता है।

सुनम्य और कठोर संविधान।

सुनम्य और कठोर ये दोनों शब्द सापेक्ष हैं। वास्तव में यह देखना होता है कि कठिनाई की मात्रा कितनी है। यह बहुत कुछ बहुमत के विचार या दृष्टिकोण पर भी निर्भर करता है। ब्रिटेन का संविधान सुनम्य है। फिर भी गत 52 वर्षों में उसमें भारत के संविधान की तुलना में बहुत कम परिवर्तन हुए हैं। भारत में सर्वाधिक संशोधन श्रीमती गांधी के प्रधान मंत्री काल में हुए। उनमें से 42वां संशोधन एक प्रकार से संविधान की पुनर्रचना थी। उसके पीछे यह संकीर्ण दृष्टिकोण था कि प्रधान मंत्री के दल का शासन कायम रहे और प्रजातंत्र, न्यायिक स्वतंत्रता आदि के प्रति कोई आदर नहीं था।

अमरीका, कनाडा और आस्ट्रेलिया के संविधान कठोर माने जाते हैं।

भारत में औपचारिक संशोधन की प्रक्रिया।

29.8 हमारे संविधान ने विभिन्न उपबंधों को अलग अलग मात्रा में कठोरता प्रदान की है। ऐसे उपबंध तीन प्रकार के हैं,—

(क) वे उपबंध जिनका संशोधन सादे बहुमत से किया जा सकता है।

(ख) वे उपबंध जिनके संशोधन के लिए विशेष बहुमत की आवश्यकता है, और

(ग) वे उपबंध जिनके संशोधन के लिए विशेष बहुमत की आवश्यकता है और साथ ही कम से कम आधे राज्यों के विधान मंडलों द्वारा अनुसमर्थन किया जाना भी आवश्यक है।

सामान्य विधायी प्रक्रिया द्वारा संशोधन।

29.9 संविधान में ऐसे अनेक उपबंध हैं जिनमें सादे बहुमत से परिवर्तन किया जा सकता है। इन्हें दो वर्गों में बांट सकते हैं,—

(क) **जहां संविधान का पाठ नहीं बदलता किंतु विधि में परिवर्तन हो जाता है।**

अनुच्छेद 11 संसद् को नागरिकता के बारे में विधि अधिनियमित करने की शक्ति देता है। इस शक्ति के अनुसरण में जो अधिनियम बनाया जाएगा वह नागरिकता से संबंधित विधि को परिवर्तित कर देगा किंतु अनु. 5 से 10 तक के अनुच्छेद जैसे हैं वैसे ही बने रहेंगे। अनुच्छेद 124 में अभी भी यह पढ़ने को मिलता है कि उच्चतम न्यायालय मुख्य न्यायमूर्ति और सात से अनधिक न्यायाधीशों से मिलकर बनेगा। किंतु संसद् ने न्यायाधीशों की संख्या समय समय पर बढ़ा दी है।

(ख) **जहां संविधान का पाठ परिवर्तित हो जाता है।**

नए राज्यों की रचना, अनुसूची 1 और 4 का संशोधन आदि सामान्य विधि द्वारा किए जा सकते हैं। संसद् विधि बनाकर पांचवीं और छठी अनुसूची को संशोधित कर सकती है।

जो उपबंध सामान्य विधि द्वारा बदले जा सकते हैं उनमें (जो ऊपर गिनाए गए हैं उनके अतिरिक्त) हैं,—

(क) विधान परिषदों का सृजन और उत्सादन।

(ख) संघ राज्यक्षेत्रों के लिए मंत्रि-परिषद् का सृजन।

(ग) अनुच्छेद 343 में अंग्रेजी के प्रयोग के लिए 15 वर्ष की अवधि का विस्तार।

(घ) संसदीय विशेषाधिकारों को परिनिश्चित करना।

(ङ) राष्ट्रपति, उपराष्ट्रपति, न्यायाधीशों आदि के वेतन और भत्ते।

संशोधन जिनमें विशेष बहुमत और अनुसमर्थन की अपेक्षा है।

29.10 जो विषय संविधान की परिसंघ संरचना से संबंधित हैं उन्हें सर्वाधिक कठोर बनाने की आवश्यकता होती है। उन्हें परिवर्तित करने वाला विधेयक,—

(i) उपस्थित और मत देने वाले सदस्यों के कम से कम दो तिहाई बहुमत द्वारा पारित किया जाना चाहिए, और

(ii) ऐसा बहुमत उस सदन की कुल सदस्य संख्या के बहुमत से अधिक होना चाहिए।

विधेयक के इस प्रकार पारित किए जाने के पश्चात् कम से कम आधे राज्यों द्वारा संकल्प पारित करके विधेयक का अनुसमर्थन किया जाना चाहिए। अमरीका में कम से कम 3/4 राज्यों का अनुसमर्थन चाहिए। जिन उपबंधों को यह विशेष सुरक्षा दी गई है वे हैं,—

(क) राष्ट्रपति के निर्वाचन की रीति।

(ख) संघ और राज्य की कार्यपालिका शक्ति।

(ग) उच्चतम न्यायालय और उच्च न्यायालय।

(घ) संघ और राज्यों के बीच विधायी शक्तियों का वितरण।

(ङ) संसद् में राज्यों का प्रतिनिधित्व।

(च) अनुच्छेद 368—संशोधन की शक्ति और प्रक्रिया।

संशोधन जिनमें केवल विशेष बहुमत की अपेक्षा है।

29.11 संविधान के सभी उपबंध उनको छोड़कर जो (क) सामान्य बहुमत द्वारा संशोधित किए जा सकते हैं। (पैरा 29.9) या (ख) या जिनके संशोधन के लिए विशेष बहुमत और कम से कम 1/2 राज्यों के विधान मंडलों के अनुसमर्थन की अपेक्षा है (पैरा 29.10)। संसद् द्वारा विशेष बहुमत द्वारा संशोधित किए जा सकते हैं। दूसरे शब्दों में विधेयक को उस सदन में उपस्थित और मतदान करने वाले दो तिहाई सदस्यों के बहुमत द्वारा पारित किया जाना चाहिए और ऐसा बहुमत उस सदन की कुल सदस्य संख्या के 50 प्रतिशत से अधिक होना चाहिए।

सभी प्रक्रमों पर विशेष बहुमत।

29.12 लोक सभा के प्रक्रिया नियमों के नियम 155 से 158 से यह स्पष्ट किया गया है कि अनु. 368 द्वारा अपेक्षित विशेष बहुमत संविधान संशोधन विधेयक के पारित किए जाने के प्रत्येक प्रक्रम पर चाहिए। ये प्रक्रम निम्नलिखित प्रस्तावों और मतदान से संबंधित हैं,—

(i) कि विधेयक पर विचार किया जाए।
(ii) विधेयक को प्रवर समिति या संयुक्त समिति को निर्दिष्ट किया जाए।
(iii) कि विधेयक को जनता की राय जानने के लिए परिचालित किया जाए।
(iv) खंडों और अनुसूचियों पर मतदान।
(v) संशोधनों पर मतदान।
(vi) विधेयक पारित किया जाए।

***समस्त सदस्य संख्या* का अर्थ।**

29.13 लोक सभा के प्रक्रिया तथा कार्य संचालन नियमों के नियम 159 में यह बताया गया है कि समस्त सदस्य संख्या से अभिप्रेत है सदन की वह समस्त संख्या जिससे सदन मिलकर बनता है चाहे किसी भी कारण से कुछ रिक्तियां या अनुपस्थितियां हों।

संशोधन की प्रक्रिया

संशोधन की प्रक्रिया।

29.14 अनुच्छेद 368 में संविधान के संशोधन के लिए अनुसरण की जाने वाली प्रक्रिया है। इस प्रक्रिया को इस प्रकार दर्शाया जा सकता है,—

1. संशोधन का प्रारंभ उस प्रयोजन के लिए विधेयक पुरःस्थापित करके किया जाता है।

2. विधेयक संसद् के किसी भी सदन में पुरःस्थापित किया जा सकता है। (धन विधेयक या वित्तीय विधेयक केवल लोक सभा में ही पुरःस्थापित किया जा सकता है)।

3. विधेयक को प्रत्येक सदन द्वारा विशेष बहुमत द्वारा पारित किया जाना चाहिए। (उपस्थित और मतदान करने वाले सदस्यों का 2/3 और कुल सदस्य संख्या का 50% से अधिक।)

4. विशेष सुरक्षित उपबंधों की दशा में विधेयक का कम से कम आधे राज्य विधान मंडलों द्वारा अनुसमर्थन किया जाना चाहिए (देखिए **पैरा 29.10**)।

5. इस प्रकार सम्यक् रूप से जब विधेयक पारित कर दिया जाता है और जहां अपेक्षा है वहां अनुसमर्थित कर दिया जाता है तब उसे राष्ट्रपति को प्रस्तुत किया जाता है।

राष्ट्रपति अनुमति देने के लिए बाध्य है।

6. राष्ट्रपति अनुमति देने के लिए बाध्य है। सामान्य विधेयक की दशा में राष्ट्रपति पुनर्विचार के लिए लौटा सकता है या अनुमति विधारित कर सकता है।

7. यदि दोनों सदनों के बीच असहमति होती है तो संयुक्त बैठक के लिए कोई उपबंध नहीं है। विधेयक प्रत्येक सदन द्वारा पृथक् रूप से पारित किया जाना चाहिए।

संयुक्त बैठक नहीं।

पूर्व मंजूरी नहीं चाहिए।

8. संविधान संशोधन विधेयक के लिए पुनः स्थापन के पूर्व राष्ट्रपति की पूर्व मंजूरी की अपेक्षा नहीं होती।

संविधान की संशोधनीयता

संशोधनीय और असंशोधनीय उपबंध।

29.15 कुछ संविधानों में जब संविधान के संशोधन की रीति बताई जाती है तब यह घोषणा भी की जाती है कि संविधान के कुछ उपबंधों का संशोधन नहीं किया जा सकता। ऐसे उपबंध संशोधन की शक्ति की सीमा से परे होते हैं। इन्हें **सुरक्षित उपबंध या असंशोधनीय उपबंध** कहा जाता है। शेष उपबंध संशोधनीय होते हैं।

संशोधन करने की शक्ति की मर्यादाएं।

29.16 संशोधन करने की शक्ति पर जो मर्यादाएं संविधान में विनिर्दिष्ट की जाती हैं उन्हें **अभिव्यक्त मर्यादाएं** कहते हैं। जहां संविधान में कोई मर्यादाएं नहीं बताई गई हैं किंतु न्यायालयों ने यह अभिनिर्धारित किया है कि कुछ ऐसे उपबंध हैं जिन्हें संशोधन की शक्ति द्वारा परिवर्तित नहीं किया जा सकता तो इन मर्यादाओं को **विवक्षित मर्यादा** कहा जाता है। हमारे संविधान के संबंध में यह स्थापित हो गया है कि संविधान के कुछ आधारिक लक्षण हैं जिनका संशोधन नहीं किया जा सकता। यह एक विवक्षित मर्यादा है क्योंकि संविधान में यह कहीं भी व्यक्त नहीं है।

विवक्षित मर्यादाओं की उत्पत्ति।

29.17 *शंकरी प्रसाद*[3] में संविधान (पहला संशोधन) अधिनियम, 1941 की विधिमान्यता का प्रश्न उठाया गया था। इस अधिनियम द्वारा संपत्ति के अधिकार में काट छांट की गई थी। यह तर्क दिया गया था कि अनु. 13 मूल अधिकार का अतिलंघन करने या छीनने वाली विधि अधिनियमित किए जाने का प्रतिषेध करता है। जो विधि संविधान का संशोधन करती है वह अनु. 13 के अनुरूप होनी चाहिए। इसलिए यह संशोधन अधिनियम शून्य है क्योंकि वह अनु. 13 का उल्लंघन करता है। उच्चतम न्यायालय ने यह तर्क नहीं माना। न्यायालय ने यह अभिनिर्धारित किया कि अनु. 13 उन अधिनियमों को लागू नहीं होता है जो संविधान का संशोधन करते हैं। अनुच्छेद 368 संसद् को संविधान के प्रत्येक उपबंध का संशोधन करने की अनुमति देता है।

शंकरी प्रसाद।

***सज्जन सिंह*—पहली अवस्था।**

29.18 1965 में *सज्जन सिंह*[4] में संविधान (17वां संशोधन) की विधिमान्यता पर आक्षेप किया गया। उच्चतम न्यायालय ने 3:2 के बहुमत द्वारा *शंकरी प्रसाद*[3] के निर्णय को उचित माना। दो न्यायाधीशों ने (**न्या.** हिदायतुल्ला और **न्या.** मुधोलकर) ने अलग-अलग विसम्मत निर्णय दिए। इन दोनों न्यायाधीशों को इस बारे में संदेह था कि क्या अनु. 13 संविधान संशोधन अधिनियम को लागू होगा। **न्या.** हिदायतुल्ला का यह विचार था कि मूल अधिकारों का संशोधन करने वाले विधेयक को राज्यों के अनुसमर्थन की अपेक्षा होगी क्योंकि यदि ऐसा नहीं हुआ तो जिस दल का विशेष बहुमत है वह मूल अधिकारों के साथ खिलवाड़ करेगा। **न्या.** मुधोलकर ने यह विचार व्यक्त किया कि प्रत्येक संविधान के कुछ ऐसे मूल लक्षण या आधार स्तंभ होते हैं जिनमें कोई परिवर्तन नहीं किया जा सकता।

3. *शंकरी प्रसाद* बनाम *भारत संघ,* ए.आइ.आर. 1951 एस.सी. 458।
4. *सज्जन सिंह* बनाम *राजस्थान राज्य,* ए.आइ.आर. 1965 एस.सी. 845।

29.19 एक वर्ष पश्चात् मूल अधिकारों की संशोधनीयता का प्रश्न *गोलकनाथ*[5] में उच्चतम न्यायालय के समक्ष फिर से उपस्थित हुआ। इस निर्णय में 11 न्यायाधीशों ने भाग लिया। न्यायालय विभाजित था। 6 न्यायाधीशों ने *सज्जन सिंह*[4] और *शंकरी प्रसाद*[3] को उलट दिया। 5 न्यायाधीशों ने जो अल्पमत में थे विसम्मत मत दिया। **मु. न्या.** सुब्बाराव ने बहुमत का अग्रनिर्णय दिया। उनके विचार में अनु. 368 में संशोधन की केवल प्रक्रिया बताई गई है। संशोधन करने की शक्ति अनु. 248 में है—अवशिष्ट शक्ति। विधायी शक्ति अपरिमित नहीं है, वह संविधान के उपबंधों के अधीन है। अनुच्छेद 13(2) एक अवरोध खड़ा करता है। मूल अधिकार न तो छीने जा सकते हैं और न कम किए जा सकते हैं। **न्या.** हिदायतुल्ला ने यह अभिनिर्धारित किया कि अनु. 368 में एक प्रक्रिया दर्शाई गई है जिसके अनुसरण करने के परिणामस्वरूप संविधान का संशोधन हो जाता है। संविधान का संशोधन एक विधि है और प्रत्येक विधि अनु. 13(2) के अधीन है। संशोधन द्वारा किसी भी मूल अधिकार को न तो नष्ट किया जा सकता है और न कम किया जा सकता है।

गोलकनाथ—दूसरी अवस्था।

29.20 बहुमत ने उद्घोषित किया कि 17वां सशोधन अधिनियम अविधिमान्य है। इसके पहले उच्चतम न्यायालय ने पहले और 17वें संशोधन अधिनियम को विधिमान्य ठहराया था।[3-4] 1950 और 1967 के बीच बड़ी संख्या में ऐसे विधान बनाए गए जो इन संशोधनों पर आधारित थे। यदि उच्चतम न्यायालय यह मानता कि ये संशोधन प्रारंभ से ही शून्य थे तो इसके परिणामस्वरूप बहुत बड़ी संख्या में अधिनियम अविधिमान्य हो जाते और उनके आधार पर किए गए लाखों संव्यवहार प्रश्नगत हो जाते। इससे घोर अव्यवस्था उत्पन्न हो जाती। इससे बचने के लिए न्यायाधीशों ने भविष्यलक्षी विनिर्णय के सिद्धांत की सृष्टि की और उसे लागू किया। इसका प्रभाव यह हुआ कि *गोलकनाथ*[5] के द्वारा वे संशोधन अविधिमान्य नहीं ठहराए गए जो किए जा चुके थे। किंतु भविष्य में *गोलकनाथ* में प्रतिपादित सिद्धांत लागू होंगे और संसद् को मूल अधिकारों को छोटा करने या नष्ट करने की शक्ति नहीं होगी।

भविष्यलक्षी विनिर्णय।

भविष्यलक्षी विनिर्णय उच्चतम न्यायालय द्वारा आविष्कार की गई युक्ति है।। इससे सुस्थापित विवाद्यक पुनः जीवित नहीं होते और व्यर्थ की मुकदमेबाजी पर रोक लगती है। भविष्यलक्षी विनिर्णय में न्यायालय याची के पक्ष में निर्णय करता है किंतु उसे कोई अनुतोष नहीं देता। *गोलकनाथ*[5] में यह कहा गया कि यह सिद्धांत केवल सांविधानिक विषयों को लागू होगा। किंतु *गंगाराम मूलचंदानी*[6] में उच्चतम न्यायालय ने इसे अधिनियमों पर भी लागू करके इसका क्षेत्र विस्तारित कर दिया।

29.21 सत्तारूढ़ दल कांग्रेस को उच्चतम न्यायालय की *गोलकनाथ* में दी गई व्यवस्था रुचिकर नहीं लगी। कुछ अन्य दलों के संसद् सदस्यों का यह विचार था कि इससे संसद् की शक्तियां कम हो गई हैं। एक सांसद नाथ पई ने अनु. 368 का संशोधन करके संसद् को मूल अधिकारों का संशोधन करने की शक्ति वापस दिलाने के लिए एक गैर सरकारी विधेयक पुरःस्थापित किया। कुछ लोगों ने इस विधेयक को उचित बताते हुए यह कहा कि इससे संसद् की सर्वोच्चता स्थापित होगी। यह विधेयक एक प्रवर समिति को सौंपा गया जिसने अपना प्रतिवेदन दिया। 1969 और '70 में कांग्रेस में विभाजन हो गया। सत्तारूढ़ दल (कांग्रेस आइ) ने साम्यवादियों का राष्ट्रीयकरण का मार्ग अपनाया। कांग्रेस (आइ) को लोक सभा में कार्यकारी बहुमत बनाने के लिए साम्यवादी समर्थन की आवश्यकता थी। कांग्रेस ने प्रमुख बैंकों का राष्ट्रीयकरण किया और राजाओं के प्रिवी पर्स

नाथ पई का विधेयक।

5. *आइ.सी. गोलकनाथ* बनाम *पंजाब राज्य,* ए.आइ.आर. 1967 एस.सी. 1643।
6. *गंगाराम मूलचंदानी* बनाम *राजस्थान राज्य* (2001) एस.सी.सी. 89।

समाप्त कर दिए। संविधान में पूरी गंभीरता से वचन देकर इन प्रिवी पर्सों की प्रत्याभूति दी गई थी क्योंकि इन राजाओं ने स्वेच्छा से अपनी आस्तियां राष्ट्र को अर्पित कर दी थीं। न्यायालय ने दोनों मामलों में सरकार के विरुद्ध निर्णय दिया।[7,8]

24वां, 25वां, 26वां और 29वां संशोधन।

29.22 इसी के बाद निर्वाचन हुए। कांग्रेस (आइ) को विशेष बहुमत मिला। संसद् ने 24वां संशोधन विधेयक पारित करके अनु. 13 और 368 का संशोधन कर दिया। इसका उद्देश्य *गोलकनाथ*[5] के निर्णय के आधार को हटाना और संसद् को संविधान के संशोधन की शक्ति देना था। संसद् ने 25वां संशोधन भी पारित किया जिससे उन विधियों की व्यावृत्ति की गई जो अनु. 39(ख) और 39(ग) में समाविष्ट निदेशक तत्त्वों को क्रियान्वित करने के लिए बनाई गई हों। 26वें संशोधन से अनु. 291 का लोप कर दिया गया जिसमें शासकों को प्रिवी पर्स की प्रत्याभूति दी गई थी। यही नहीं 27वें संशोधन अधिनियम द्वारा इंडियन सिविल सर्विस की सेवा की शर्तें बदल दी गईं। 29वें संशोधन से केरल राज्य के दो अधिनियमों को सुरक्षा देने के लिए उन्हें नवीं अनुसूची में डाल दिया गया।

***केशवानंद*—तीसरी अवस्था।**

29.23 इन संशोधनों पर *केशवानंद*[9] में आक्षेप किया गया। मु. न्या. सीकरी ने याचिकाओं को सुनने के लिए 13 न्यायाधीशों की न्यायपीठ गठित की।[10] बहुमत (7 न्यायाधीश) के जो निष्कर्ष थे उसका न्यायालय ने संक्षेप बनाया। निष्कर्ष इस प्रकार हैं,—

1. *गोलकनाथ*[5] को उलट दिया गया है।
2. अनुच्छेद 368 संसद् को संविधान की आधारिक संरचना या उसके आधार स्तंभों में परिवर्तन करने की शक्ति नहीं देता।
3. 24वां संशोधन अधिनियम विधिमान्य है।
4. 25वें संशोधन अधिनियम का कुछ भाग अविधिमान्य है। (अवैध भाग हैं—*और कोई विधि, जिसमें यह घोषणा है कि वह ऐसी नीति को प्रभावी करने के लिए है, किसी न्यायालय में इस आधार पर प्रश्नगत नहीं की जाएगी कि वह ऐसी नीति को प्रभावी नहीं करती* है।)
5. 29वां संशोधन अधिनियम विधिमान्य है।

***केशवानंद भारती* का प्रभाव।**

29.24 *केशवानंद*[9] द्वारा *गोलकनाथ*[5] को उलट दिया गया किंतु **संसदीय सर्वोच्चता** पुनः स्थापित नहीं हो पाई। न्यायालय ने यह कहा कि संसद् मूल अधिकारों को संशोधित कर सकती है। किंतु सभी मूल अधिकारों को नहीं। जो मूल अधिकार संविधान की आधारिक संरचना के भाग हैं उन्हें न तो छोटा किया जा सकता है और न नष्ट किया जा सकता है। *गोलकनाथ* में मूल अधिकारों को प्राथमिकता दी गई। *केशवानंद*[9] में यह विचार रखा गया कि संविधान के कुछ अन्य उपबंध भी समान महत्त्व के हैं। यदि कोई उपबंध आधारिक लक्षण है तो उसका संशोधन नहीं हो सकता। अनुच्छेद 368 के अधीन संसद् एक पूर्णतया नया संविधान नहीं लिख सकती और पुराने की जगह नया नहीं ला सकती।

---

7. *आर.सी. कूपर* बनाम *भारत संघ,* ए.आइ.आर. 1970 एस.सी. 564 (बैंक राष्ट्रीयकरण वाला मामला)।
8. *माधवराव सिंधिया* बनाम *भारत संघ,* ए.आइ.आर. 1971 एस.सी. 530।
9. *केशवानंद भारती* बनाम *केरल राज्य,* ए.आइ.आर. 1973 एस.सी. 1461।
10. यह उच्चतम न्यायालय में गठित सबसे अधिक संख्या वाली पीठ थी। इसकी सुनवाई 5 मास (76 कार्य दिवस) तक चली। यह भी एक कीर्तिमान है। बहस भी सर्वाधिक दिन चली—69 कार्य दिवस से अधिक समय तक। 11 निर्णय दिए गए जो लगभग 500 मुद्रित पृष्ठों में हैं। न्यायपीठ में न्यायाधीश 7:6 में विभाजित थे। बहुसंख्य न्यायाधीशों ने अपने निष्कर्षों का सार संक्षेप तैयार किया। इस संक्षिप्ति पर 9 न्यायाधीशों ने हस्ताक्षर किए। 4 ने हस्ताक्षर करने से इंकार कर दिया। न्यायाधीश श्री हंसराज खन्ना की राय ऐसी थी कि पलड़ा झुक गया।

अनुच्छेद 31ग के कुछ भाग को अविधिमान्य घोषित करके *केशवानंद* ने राज्य विधान मंडलों पर रोक लगा दी वरना वे उस शक्ति का प्रयोग करके संविधान का संशोधन कर सकते थे। अनुच्छेद 31ग में यह अधिकथित है कि यदि राज्य विधान-मंडल कोई विधि बनाता है और उसमें यह घोषणा करता है कि वह विधि अनु. 39ख और 39ग में विनिर्दिष्ट नीति को प्रभावी करने के लिए है तो कोई न्यायालय उस विधि की संवीक्षा नहीं कर सकेगा। इस प्रकार राज्य विधान-मंडल ऐसी विधि बना सकता था जो पूर्णतया न्यायालयरोधी होती अर्थात् जिसकी परीक्षा न्यायालय नहीं कर सकते थे। *केशवानंद* ने उसे ऐसी शक्ति से वंचित कर दिया। न्यायालयों के पास न्यायिक पुनर्विलोकन की शक्ति बनी रही। विधायी घोषणा उस शक्ति का नाश नहीं कर सकती। *केशवानंद* से यह प्रकट हो जाता है कि न्यायाधीश समय आने पर देशहित में उच्च कोटि के नए सिद्धांतों की सर्जना कर सकते हैं। इससे तात्कालिक दो तिहाई बहुमत द्वारा संविधान पर प्रहार किया जाना रुक गया और राष्ट्र की रक्षा हुई क्योंकि बहुमत के पीछे संकीर्ण राजनीति या स्वार्थ की प्रेरणा हो सकती है। आधारिक लक्षण को नष्ट नहीं किया जा सकता।

29.25 **39वां संशोधन।** 17 जून 1975 को श्रीमती इंदिरा गांधी के विरुद्ध फाइल की गई निर्वाचन अर्जी का निर्णय उनके विरुद्ध हुआ (न्या. जगमोहन सिन्हा)। उच्चतम न्यायालय ने निर्णय के विरुद्ध बिना शर्त रोक नहीं लगाई। सशर्त रोक लगा दी थी। श्रीमती गांधी को यह न्यायिक स्वतंत्रता अच्छी नहीं लगी। ऐसा प्रतीत होने लगा कि उच्चतम न्यायालय उन्हें निरर्हित करके उनका स्थान रिक्त घोषित कर देगा। श्रीमती गांधी को संसद् के दोनों सदनों में और राज्य विधान-मंडलों में इतना बहुमत था कि वे कोई भी संविधान संशोधन पारित करा सकती थीं। श्रीमती गांधी ने अपने पद को बचाने के लिए संविधान और निर्वाचन विधि को परिवर्तित करना तय किया। 39वां संशोधन अधिनियम[11] पारित किया गया जिससे लोक सभा के लिए उनका निर्वाचन प्रश्नगत नहीं किया जा सके। एक नया अनुच्छेद 329क जोड़ा गया। इस अनुच्छेद का खंड (4) इस प्रकार था,—

> ऐसा निर्वाचन किसी भी आधार पर ऐसा नहीं समझा जाएगा कि शून्य है या कभी भी शून्य था... और किसी भी न्यायालय द्वारा किए गए किसी आदेश द्वारा... ऐसे निर्वाचन को शून्य घोषित किए जाने पर भी ऐसा निर्वाचन विधिमान्य बना रहेगा... और ऐसा आदेश शून्य समझा जाएगा।

39वां संशोधन जिसकी विधिमान्यता का विनिश्चय *इंदिरा नेहरू गांधी*[12] में किया गया श्रीमती गांधी के मामले में उनके पक्षपोषण के लिए अधिनियमित किया गया था। जब उच्चतम न्यायालय में अपील की सुनवाई हो रही थी तभी अधिनियम बनाकर उच्च न्यायालय का विनिश्चय उलट दिया गया। यह संशोधन एक विशिष्ट व्यक्ति के लिए था सभी वादों के लिए या वादों के किसी वर्ग के लिए नहीं था। इसे उच्चतम न्यायालय ने भागतः विखंडित कर दिया। इस आधार पर कि यह संसद् द्वारा न्यायिक शक्ति का अनधिकार प्रयोग है।

इस संशोधन से विधिसम्मत शासन समाप्त कर दिया गया। लोकसभा के निर्वाचन में भ्रष्ट आचरण के प्रश्न पर विचार करने के लिए कोई अधिकरण न तो बनाया गया और न अस्तित्व में था।

---

11. श्रीमती इंदिरा गांधी की अपील की सुनवाई उच्चतम न्यायालय में 11 अगस्त 1975 को होनी थी। 7 अगस्त और 10 अगस्त 1975 के बीच 39वां संशोधन संसद् के दोनों सदनों द्वारा पारित कर दिया गया, अपेक्षित संख्या में राज्य विधान-मंडलों ने उसका अनुमोदन कर दिया और राष्ट्रपति ने अपनी अनुमति दे दी। विधेयक लोक सभा में 7 अगस्त 1975 को पुरःस्थापित हुआ और उसी दिन पारित कर दिया गया। राज्य सभा ने उसे 8 अगस्त को पारित किया। बहुत से राज्यों ने 9 अगस्त को अनुमोदन किया। 10 अगस्त 1975 को राष्ट्रपति ने अपनी अनुमति दी और वह राजपत्र में प्रकाशित हो गया।

12. *इंदिरा नेहरू गांधी* बनाम *राजनारायण,* ए.आइ.आर. 1975 एस.सी. 2299।

यह एक प्रकार से संसद् का फरमान था। यह वैसा ही था जैसे इंग्लैंड में किसी समय बिल आफ एटेंडर होते थे।

29.26 *केशवानंद* में न्यायालय ने स्वयं ही यह शक्ति ग्रहण कर ली कि वह संविधान के लक्षणों को सारभूत और अन्य (जो सारभूत नहीं हैं) में विभाजित कर सकता है। अनु. 368 ने अभिव्यक्त या विवक्षित रूप से इस प्रकार की कोई शक्ति नहीं दी है।

39वें संशोधन पर न्यायालय की प्रतिक्रिया।

किंतु इलाहाबाद उच्च न्यायालय के इंदिरा गांधी के निर्वाचन पर जो प्रतिक्रिया सरकार ने की वह दमनकारी और अधिनायकवादी थी। इंदिरा गांधी की सरकार के इस व्यवहार से उच्चतम न्यायालय को विवश होकर सारभूत लक्षण के सिद्धांत को ठोस आधार प्रदान करना पड़ा। सिद्धांत शून्य बहुमत से देश पर संकट आ सकता है, यह देखकर न्यायालय ने अपना मत स्थिर किया। सारभूत लक्षण का सिद्धांत इस प्रकार के स्वार्थी बहुमत के लिए रक्षा कवच है।

2007 में *आइ.आर. कोइल्हो*[13] में नौ न्यायाधीशों की पीठ ने यह स्पष्ट घोषणा कर दी कि आधारिक संरचना का सिद्धांत सर्वमान्य सिद्धांत है।

29.27 उच्चतम न्यायालय ने[12] बहुमत से यह अभिनिर्धारित किया कि खंड (4) इस आधार पर अविधिमान्य है कि स्वतंत्र और निष्पक्ष निर्वाचन संविधान के आधारिक लक्षण हैं और विधान-मंडल को दो प्राइवेट व्यक्तियों के बीच विवाद का विनिश्चय करने की शक्ति नहीं है। ऐसा करने का अर्थ है विधान-मंडल द्वारा निर्णय दिया जाना। इस प्रकार निर्वाचन वाले वाद में आधारिक संरचना का सिद्धांत लागू किया गया। यह संशोधन करने की शक्ति पर मर्यादा लगाने की आवश्यकता का उदाहरण है। इस बात का विश्व के इतिहास में उदाहरण नहीं मिलता कि एक व्यक्ति के स्वार्थ के लिए संविधान का संशोधन किया गया हो। *केशवानंद*[9] और *निर्वाचन वाले वाद*[12] से यह स्थापित हो गया कि संशोधन करने की शक्ति सीमित है।

निर्वाचन का वाद।

29.28 जो लोग यह चाहते थे कि संसद् की शक्तियां असीमित हों वे *इंदिरा-नेहरू गांधी*[12] के निर्णय से व्यथित हुए। संसद् ने इस बार एक संशोधन अधिनियम पारित किया (42वां संशोधन) जो संविधान का एक प्रकार से पुनरीक्षण था। अनुच्छेद 368 का संशोधन किया गया और दो नए खंड (4) और (5) अंतःस्थापित किए गए। खंड (4) में यह घोषणा की गई कि 3-1-1977 के पहले या उसके पश्चात्[14] किया गया संविधान का कोई संशोधन किसी भी न्यायालय में किसी भी आधार पर प्रश्नगत नहीं किया जाएगा। खंड (5) में यह कहा गया कि संसद् की संशोधन करने की संविधायी शक्ति पर किसी प्रकार का निर्बंधन नहीं होगा।

42वां संशोधन।

यह स्पष्ट था कि अनु. 368 के संशोधन का प्रयोजन उस आधार को हटाना था जिस पर *केशवानंद* की नींव थी। संसद् अपनी इच्छानुसार संविधान में तोड़ फोड़ या उपांतरण कर सकती है। इस शक्ति पर कोई बंधन नहीं होगा। यदि विहित प्रक्रिया का अनुसरण नहीं किया जाता है तो भी आक्षेप नहीं किया जा सकेगा। 24वें संशोधन द्वारा यह पहले ही उपबंधित किया जा चुका था कि राष्ट्रपति संविधान संशोधन विधेयक को अनुमति देने के लिए बाध्य है। इस प्रकार संसद् और उच्चतम न्यायालय के बीच संघर्ष में संसद् ने अपनी रक्षा के लिए कवच धारण कर लिया और न्यायालय क्या करता है इसकी प्रतीक्षा होने लगी।

---

13. *आइ.आर. कोइल्हो (मृतक)* बनाम *तमिलनाडु राज्य, जे.टी.* 2007 (2) एस.सी. 292।
14. वह तारीख जब 42वां संशोधन प्रवृत्त हुआ।

29.29 *मिनर्वा मिल्स*[15] अंतिम संग्राम था। **मु. न्या.** चंद्रचूड़ ने बहुमत की राय उद्घोषित की जो संसद् को सीमित शक्ति देने के पक्ष में थी। इस निर्णय के पश्चात् अभी तक स्थिति में कोई परिवर्तन नहीं हुआ है। इस ऐतिहासिक निर्णय में यह अधिकथित हुआ कि,—

***मिनर्वा मिल्स*—चौथी अवस्था।**

1. 42वें संशोधन द्वारा अनु. 31ग में किया गया संशोधन अविधिमान्य है क्योंकि उससे संविधान के आधारिक लक्षणों को क्षति पहुंचती है।

2. खंड (4) और (5) अविधिमान्य हैं क्योंकि वे संविधान के दो आधारिक लक्षणों का उल्लंघन करते हैं। ये लक्षण हैं संशोधन करने की शक्ति का सीमित होना और न्यायिक पुनर्विलोकन। न्यायालयों को न्यायिक पुनर्विलोकन की शक्ति से वंचित नहीं किया जा सकता।

3. खंड (2) द्वारा विहित प्रक्रिया आज्ञापक है। यदि उस प्रक्रिया का अनुपालन किए बिना कोई संशोधन पारित किया जाता है तो वह अविधिमान्य होगा।

29.30 कांग्रेस (आइ) सरकार को संविधान के संशोधन करने की शक्ति पर लगाई गई मर्यादाएं अरुचिकर लगीं। महान्यायवादी के आवेदन पर **मु. न्या.** ए.एन. रे ने आधारिक लक्षणों के आधार पर मर्यादाओं के सिद्धांत पर सुनवाई करने और पुनर्विचार के लिए 13 न्यायाधीशों की एक न्यायपीठ गठित की। 10 और 11 नवम्बर 1975 को बहस सुनी गई। 12 नवम्बर को मुख्य न्यायमूर्ति ने न्यायपीठ भंग कर दी। कोई ठीक से नहीं जानता कि कौन से कारण थे जिनसे प्रेरित होकर मुख्य न्यायमूर्ति ने पूर्ण न्यायपीठ का गठन किया और फिर उसे विघटित कर दिया। एक खोजपूर्ण लेख में इसके कारणों पर प्रकाश डाला गया है।[16]

एक पूर्ण न्यायपीठ जिसे बीच में ही भंग कर दिया गया।

मिनर्वा मिल्स[15] के पश्चात् यह भलीभांति स्थापित हो गया था कि संशोधन की शक्ति की सीमाएं हैं। *कोइल्हो*[17] में इस प्रस्थापना को 9 न्यायाधीशों की न्यायपीठ का पूरा समर्थन मिल गया (एक भी विसम्मत नहीं)।

अनु. 31ख इसलिए बनाया गया था कि कुछ भूमि संबंधी विधियों की रक्षा करने के लिए उन्हें वहां आश्रय दिया जाए। किंतु 1975 के बाद से उसका दुरुपयोग किया जाने लगा। उसे संविधान में संशोधन करने की एक युक्ति बना दिया गया। (ऊपर देखिए **पैरा 7.180**) *कोइल्हो*[18] में यह अधिकथित किया गया कि यदि नवीं अनुसूची में डाली गई विधि आधारिक संरचना को आघात पहुंचाती है तो न्यायालय उसे शून्य घोषित कर देंगे। अनु. 31ख के रूप में जो रक्षा कवच है वह ऐसी विधियों की रक्षा करने में असमर्थ रहेगा।

29.31 नवीं सूची में अधिनियमों को डालकर उन्हें न्यायिक पुनर्विलोकन की पहुंच से बाहर करने की प्रक्रिया अब प्रभावी नहीं रह गई है। *वामन राव*[19] में उच्चतम न्यायालय ने यह कहा कि 24-4-1973 से पहले किए गए संशोधन विधिमान्य हैं। किंतु यदि पश्चात्वर्ती संशोधन जिसके द्वारा कोई अधिनियम नवीं अनुसूची में डाला गया है आधारिक संरचना को क्षति पहुंचाता है या नष्ट करता है तो उसे यह सुरक्षा प्राप्त नहीं होगी।

नवीं अनुसूची।

---

15. *मिनर्वा मिल्स* बनाम *भारत संघ*, ए.आइ.आर. 1980 एस.सी. 1789।

16. *दि अनटोल्ड स्टोरी ऑफ हाउ केशवानंद भारती एंड दि बेसिक स्ट्रक्टर डाक्ट्रिन सरवाइव्ड एन एटेम्प्ट टु रिवर्स दैम बाइ दि सुप्रीम कोर्ट* टी.आर. अंध्यारूजिना (2009) 9 एस.सी.सी. (जे.) 33।

17. *आइ.आर. कोइल्हो* बनाम *तमिलनाडु राज्य*, (1999) 7 एस.सी.सी. 580।

18. *आइ.आर. कोइल्हो* (मृतक) बनाम *तमिलनाडु राज्य*, जे.टी. 2007 (2) एस.सी. 292।

19. *वामन राव* बनाम *भारत संघ* (2006) ए.आइ.आर. 1981 एस.सी. 271।

कोइल्हो[18] में उच्चतम न्यायालय ने स्पष्ट रूप से यह प्रतिपादित किया है कि अनु. 31ख का उपयोग करके संसद् की संशोधन करने की शक्ति को असीम नहीं बनाया जा सकता। उस शक्ति की सीमा *केशवानंद*[19] ने तय कर दी है। 24-4-1973 के पश्चात् अनु. 31ख और नवीं अनुसूची का उपयोग संशोधनों का संरक्षण देने के लिए नहीं किया जा सकता। न्यायालय संशोधनों की संवीक्षा करेंगे और यह सुनिश्चित करेंगे कि वे आधारिक संरचना को चोट तो नहीं पहुंचा रहे।

अनुच्छेद 323क और 323ख।

29.32 अनुच्छेद 323क और 323ख, 42वें संशोधन द्वारा अंतःस्थापित किए गए थे। ये दोनों ही अधिकरणों के बारे में हैं। अनुच्छेद 323क के खंड (2)(घ) और अनु. 323ख के खंड (3)(ख) में यह उपबंध है कि अधिकरणों के संबंध में उच्च न्यायालय की अनु. 226 और 227 के अधीन और उच्चतम न्यायालय की अनु. 32 के अधीन अधिकारिता अपवर्जित होगी। उच्चतम न्यायालय ने *चंद्रकुमार*[20] में यह अभिनिर्धारित किया कि ये उपबंध असांविधानिक हैं क्योंकि वे न्यायिक पुनर्विलोकन का जो संविधान का आधारिक लक्षण है वर्जन करते हैं। न्यायालय ने यह भी अभिनिर्धारित किया कि उच्च न्यायालय में अनु. 226 के अधीन और उच्चतम न्यायालय में अनु. 32 के अधीन समावेदन करने का अधिकार संविधान के सारवान और आधारिक लक्षण का अविभाज्य अंग है।

संविधान की रचना और संशोधन में अंतर।

29.33 *कोइल्हो*[18] में संदेह और विवाद समाप्त हो गए जो *मिनर्वा मिल्स*[15] और *वामनराव*[19] में उठाए गए थे। *कोइल्हो*[18] में यह घोषित किया गया कि संविधान सभा और उस सभा द्वारा गठित संसद् की शक्तियां समान नहीं हैं। संविधान का संशोधन करने की शक्ति को उसकी रचना करने की शक्ति के बराबर नहीं माना जा सकता। रचना करने की शक्ति की कोई मर्यादा नहीं होती। वह शक्ति असीम है। संशोधन करने की शक्ति संविधान से ही प्राप्त होती है। उसका प्रयोग उन सीमाओं और बंधनों को मानकर ही किया जा सकता है जो संविधान द्वारा अधिरोपित हैं। *केशवानंद*[19] के पश्चात् संशोधन करने की शक्ति, आधारिक संरचना के सिद्धांत के अधीन है।

अस्मिता और विस्तार परीक्षण।

29.34 यह अवधारित करने के लिए कि कोई संविधान संशोधन अधिनियम मूल अधिकारों को प्रभावित करते हुए आधारभूत संरचना का उल्लंघन करता है या नहीं दो परीक्षण लागू होते हैं। ये परीक्षण हैं,— "*अस्मिता परीक्षण*" और "*विस्तार परीक्षण*"। मूल अधिकार की अस्मिता, संविधान के संशोधन द्वारा दी गई शक्ति के विस्तार के द्वारा विनष्ट नहीं होनी चाहिए।[21]

विभिन्न निर्णयों के प्रभाव का संक्षेप।

29.35 उच्चतम न्यायालय के विभिन्न विनिश्चयों के संयुक्त प्रभाव को संक्षेप में इस प्रकार बताया जा सकता है,—

1. संसद् की संविधान का संशोधन करने की शक्ति सीमित है।

2. संसद् संविधान के आधारिक लक्षणों को क्षति नहीं पहुंचा सकती है और उन्हें नष्ट नहीं कर सकती है।

3. संशोधन के लिए जो प्रक्रिया विहित की गई है वह आज्ञापक है। उस प्रक्रिया का पालन न करने का परिणाम यह होगा कि संशोधन अविधिमान्य हो जाएगा।

4. 42वें संशोधन अधिनियम द्वारा अनु. 368 में अंतःस्थापित खंड (4) और (5) अविधिमान्य हैं क्योंकि वे न्यायिक पुनर्विलोकन के अधिकार को छीनते हैं।

5. संसद् अनु. 368 का संशोधन करने की अपनी शक्ति में वृद्धि नहीं कर सकती।

6. अनु. 31ख और नवीं अनुसूची का उपयोग संसद् की संशोधन करने की शक्ति में वृद्धि करने के लिए नहीं किया जा सकता। नवीं अनुसूची में जो भी अधिनियम 24-4-1973

20. *एल. चंद्रकुमार* बनाम *भारत संघ*, ए.आइ.आर. 1997 एस.सी. 1125।

21. *एम. नागराज* बनाम *भारत संघ* (2006) 8 एस.सी.सी. 213।

के पश्चात् अंतर्विष्ट किया जाएगा उस पर इस आधार पर आक्षेप किया जा सकता है कि वह आधारिक संरचना के सिद्धांत से मेल नहीं खाता।

7. संसद् की चाहे जैसा अधिनियम पारित करके संविधान में संशोधन करने की शक्ति आधारिक संरचना के सिद्धांत के विपरीत है। अतएव ऐसी सीमारहित शक्ति विद्यमान नहीं हो सकती।

8. शक्ति का प्रयोग भविष्यलक्षी या भूतलक्षी हो सकता है।

9. संविधान संशोधन की विधिमान्यता का परीक्षण अनु. 13 के अधीन नहीं हो सकता।

10. राज्य की नीति के निदेशक तत्वों को क्रियान्वित करने के लिए यदि संविधान का संशोधन किया जाता है तो उससे आधारिक संरचना पर प्रतिकूल प्रभाव नहीं पड़ेगा।

11. संशोधन करने की शक्ति में मूल अधिकारों का संशोधन करने की शक्ति सम्मिलित है।

12. संशोधन करने की शक्ति पर उपर्युक्त के सिवाय कोई विवक्षित मर्यादाएं नहीं हैं।

निर्णयों का मूल्यांकन।

29.36 *गोलकनाथ*[5] और *केशवानंद*[9] की बहुत आलोचना हुई। यह कहा गया कि संशोधन की शक्ति पर कोई अभिव्यक्त मर्यादाएं नहीं हैं। न्यायालय विवक्षित मर्यादाओं की कहानी गढ़कर अपनी शक्तियां बढ़ा रहे हैं। यह तर्क दिया गया कि आधारिक लक्षणों के सिद्धांत से अनिश्चितता उत्पन्न होगी। कोई भी व्यक्ति निश्चयपूर्वक यह नहीं कह सकता कि कौन से लक्षण आधारिक हैं। संसद् को यह नहीं मालूम है कि वह कहां खड़ी है और उसे क्या करने की शक्ति है। यदि संसद् के पास अनियंत्रित शक्ति नहीं होगी तो वह सामाजिक और आर्थिक सुधार करने में असमर्थ रहेगी।

इन टिप्पणियों के उत्तर में यह कहा जा सकता है कि उच्चतम न्यायालय ने एक प्रयोजनमूलक दृष्टिकोण अपनाया है। जो संशोधन अविधिमान्य किए गए उनमें से कुछ अपवादों को छोड़कर कोई भी सामाजिक आर्थिक सुधार का भाग नहीं था। उनमें से कुछ का लोक कल्याण से कोई नाता नहीं था। 39वें और 42वें संशोधन का उद्देश्य एक व्यक्ति और एक दल के हाथ में शक्ति रहे यह सुनिश्चित करना था। राजनीति में नैतिकता का स्तर बहुत नीचा है। राजनीतिक दलों में आंतरिक लोकतंत्र के लिए कोई स्थान नहीं है और शक्ति एक व्यक्ति या एक गुट के हाथों में संकेंद्रित है। अधिकांश लोग उदासीन हैं और आकर्षक नारों से सहज ही प्रभावित हो जाते हैं। इन सब परिस्थितियों से विवश होकर उच्चतम न्यायालय को जनता की स्वतंत्रता की रक्षा के लिए आना पड़ा और यह व्यवस्था देनी पड़ी कि संसद् की शक्ति मर्यादित है। अनिश्चितता जीवन का अंग है। अधिकांश विधिक संकल्पनाएं जैसे उपेक्षा, युक्तियुक्तता, लोकहित और नैसर्गिक न्याय की सही सही और सार्वकालिक परिभाषा नहीं दी जा सकती। 39वें और 42वें संशोधन से यह स्पष्ट रूप से प्रकट हो गया कि संशोधन करने की बंधनहीन शक्ति का उपयोग अधिनायकतंत्र स्थापित करने के लिए किया जा सकता है। विवक्षित शक्तियों का सिद्धांत इस प्रकार की अप्रिय घटना को रोकने के लिए एक सुरक्षा का उपाय है।

आधारिक लक्षण।

29.37 जब तक *केशवानंद*[9] को उलटा नहीं जाता तब तक संविधान के आधारिक लक्षणों को क्षतिग्रस्त या नष्ट नहीं किया जा सकता। स्वाभाविक ही यह प्रश्न सामने आता है कि कौन से लक्षण आधारिक हैं। उनके समक्ष जो वाद आते हैं न्यायालय उन पर विचार करते समय यह अवधारित करते हैं कि कोई लक्षण आधारिक लक्षण है या नहीं। अभी तक उच्चतम न्यायालय ने विभिन्न निर्णयों के माध्यम से निम्नलिखित को आधारिक लक्षण माना है,—

1. विधिसम्मत शासन
2. समता का सिद्धांत
3. शक्तियों के पृथक्करण का सिद्धांत
4. संविधान की सर्वोच्चता का सिद्धांत

5. परिसंघवाद
6. पंथनिरपेक्षता
7. राजव्यवस्था का प्रभुत्वसंपन्न लोकतांत्रिक गणतंत्र होना
8. शासन की संसदीय प्रणाली
9. स्वतंत्र और निष्पक्ष निर्वाचन
10. न्यायपालिका की स्वतंत्रता
11. अनुच्छेद 32, 136, 141 और 142 के अधीन उच्चतम न्यायालय की शक्तियां
12. कुछ दशाओं में मूल अधिकार
13. संसद् की संविधान का संशोधन करने की सीमित शक्ति
14. न्यायिक पुनर्विलोकन की शक्ति
15. गणराज्य और लोकतांत्रिक राज्य प्रणाली।

गोलकनाथ और केशवानंद में अंतर।

29.38 *गोलकनाथ*[5] और *केशवानंद*[9] में अंतर।

	गोलकनाथ	*केशवानंद*
संशोधन की प्रास्थिति	संशोधन अनु. 13 में आते हैं।	संशोधन संविधायी शक्ति के प्रयोग से किए जाते हैं।
विधिमान्यता की कसौटी	क्या वह मूल अधिकार का उल्लंघन करता है?	क्या वह आधारिक संरचना पर प्रहार करता है?
विधिमान्यता का मूल्यांकन किस प्रकार हो?	युक्तियुक्तता	शक्ति का विस्तार और आधारिक संरचना पर प्रभाव
क्या दोष दूर किया जा सकता है?	हां। विधि का आधार बदल कर।	आधारिक संरचना में परिवर्तन नहीं हो सकता। दोष दूर नहीं किया जा सकता।

आधारिक संरचना पर प्रहार करने वाले संविधान संशोधन।

29.39 निम्नलिखित मामलों में संविधान संशोधन इस आधार पर अविधिमान्य ठहराए गए कि वे संविधान की आधारिक संरचना के विपरीत हैं,—

1. *केशवानंद भारती* बनाम *केरल राज्य*[9]—संविधान (25वां संशोधन) अधिनियम अविधिमान्य घोषित किया गया।

2. *इंदिरा गांधी* बनाम *राजनारायण*[12]— संविधान (39वां संशोधन) अधिनियम, 1978 द्वारा अंतःस्थापित अनु. 329क (4) को अविधिमान्य किया गया।

3. *मिनर्वा मिल्स* बनाम *भारत संघ*[15]—संविधान (42वां संशोधन) अधिनियम, 1976 की धारा 55 द्वारा अंतःस्थापित अनु. 368(4) और (5) को शून्य घोषित किया गया।

4. *सांबमूर्ति* बनाम *आंध्र प्रदेश राज्य*[22]—संविधान (32वां संशोधन) अधिनियम, 1973 द्वारा अंतःस्थापित अनु. 371घ शून्य घोषित किया गया।

5. *किहोता हालोहन* बनाम *भारत संघ*[23]—दसवीं अनुसूची का पैरा 7 अविधिमान्य ठहराया गया।

6. *एल. चंद्रकुमार* बनाम *भारत संघ*[19]—संविधान (42वां संशोधन) अधिनियम, 1976 द्वारा अंतः स्थापित अनु. 323क(2)(घ) और अनु. 323ख(3)(घ) को अविधिमान्य घोषित किया गया।

7. संविधान (99वे वां संशोधन) अधिनियम[24]।

---

22. ए.आइ.आर., 1987, एस.सी. 663।
23. 1992 सप्ली. (2) एस.सी.सी. 651।
24. *दि सुप्रीम कोर्ट एडवोकेट्स आन रिकार्ड एसोसिएशन* बनाम *भारत संघ* (2016) 5 एस.सी.सी 1।

अध्याय 30

अनुच्छेद 370

संक्षिप्त इतिहास और पृष्ठभूमि

जम्मू-कश्मीर राज्य का जन्म।

30.1 सन् 1846 में ईस्ट इंडिया कंपनी ने महाराजा गुलाब सिंह से एक संधि की। इस संधि द्वारा सिंधु नदी के पूर्व और रावी नदी के पश्चिम का समस्त पर्वतीय प्रदेश, चंबा सहित, महाराजा को अंतरित कर दिया गया। किंतु लाहुल इसमें सम्मिलित नहीं किया गया।

इस भूमि के लिए महाराजा ने 75 लाख रुपए (नानकशाही) कंपनी को दिए।

कैबिनेट मिशन।

30.2 12 मई 1946 को कैबिनेट मिशन ने एक *"राज्यों से संधि और सर्वोपरिता संबंधी ज्ञापन"* प्रस्तुत किया। इसमें यह कहा गया कि शक्ति के अंतरण पर ब्रिटिश सरकार सर्वोपरिता की शक्ति का प्रयोग करना बंद कर देगी।

लार्ड माउंटबेटन का संबोधन।

30.3 25 जुलाई 1947 को वाइसराय लार्ड माउंटबेटन ने राजाओं की सभा को संबोधित करते हुए कहा कि देशी राज्यों को यह स्वतंत्रता होगी कि वे भारत और पाकिस्तान, इन दो डोमिनियनों में से किसी के साथ संबद्ध हो जाएं। उन्होंने यह बताया कि भौगोलिक अनिवार्यता की उपेक्षा नहीं हो सकती। देशी राज्यों में से लगभग सभी की सीमा भारत के साथ जुड़ी हुई है।

राजाओं द्वारा विचार विमर्श के लिए एक प्रारूप अधिमिलन पत्र भी परिचालित किया गया था। लार्ड माउंटबेटन ने उसके मुख्य उपबंधो पर प्रकाश डाला। बाद में यही अधिमिलन पत्र प्रत्येक राज्य ने निष्पादित किया।

भारतीय स्वतंत्रता अधिनियम, 1947।

30.4 इस अधिनियम द्वारा, नियत दिन से, देशी राज्यों पर ब्रिटिश सम्राट की सर्वोपरिता समाप्त हो गई।

भारत शासन अधिनियम, 1935।

30.5 इस अधिनियम में देशी रियासतों के अधिमिलन के बारे में यह उपबंध था कि किसी भी देशी राज्य के संबंध में यह समझा जाएगा कि वह उस डोमिनियन में मिल गया है यदि गवर्नर-जनरल ने राज्य के शासक द्वारा निष्पादित अधिमिलन पत्र पर अपनी अभिस्वीकृति संज्ञापित कर दी है।

जम्मू-कश्मीर का अधिमिलन पत्र।

30.6 जम्मू-कश्मीर के शासक महाराजा हरि सिंह ने 26 अक्टूबर 1947 को अधिमिलन पत्र निष्पादित किया। 27 अक्टूबर 1947 को गवर्नर-जनरल लार्ड माउंटबेंटन ने उस पत्र पर अपनी स्वीकृति दी।

दो बिंदुओं पर ध्यान देना आवश्यक है,—

1. सभी 560 राज्यों द्वारा निष्पादित पत्र समरूप (एक जैसे) थे। महाराजा हरि सिंह ने जिस अधिमिलन पत्र पर हस्ताक्षर किए वह ठीक वैसा ही था जैसा अन्य शासकों ने निष्पादित किया था।

2. उसे गवर्नर-जनरल ने बिना किसी शर्त के स्वीकार किया था। उसे कोई शर्त लगाने की न तो शक्ति थी और न प्राधिकार।

जम्मू-कश्मीर का संविधान।

30.7 जम्मू-कश्मीर के संविधान की धारा (3) यह घोषित करती है कि जम्मू-कश्मीर राज्य भारत संघ का अविभाज्य अंग है और सदैव रहेगा।

अनुच्छेद 370।

30.8 संविधान के प्रारूप में यह अनुच्छेद [(अनुच्छेद 370)] 306क था। यह 17 अक्टूबर 1947 को प्रस्तावित किया गया। प्रस्ताव श्री एन. गोपालस्वामी अयंगार ने किया था। डा. भीमराव अंबेडकर ने नहीं। इस अनुच्छेद पर नाम मात्र की बहस हुई और अनु. 306क को स्वीकार करके संविधान में जोड़ दिया गया। बाबा साहव ने एक शब्द भी नहीं बोला।

जम्मू-कश्मीर को विशेष प्रास्थिति देने के प्रस्ताव पर डा. अंबेडकर की प्रतिक्रिया।

30.9 अनुच्छेद 370 शेख अब्दुल्ला की मांगों पर पं. नेहरू के पूर्ण समर्पण का परिणाम था। पं. नेहरू ने अब्दुल्ला को यह निदेश दिया कि वे विधि मंत्री और संविधान सभा की प्रारूपण समिति के अध्यक्ष डा. भीमराव अंबेडकर से मिल लें और उनसे कहें कि वे संविधान में समाविष्ट करने के लिए एक उपयुक्त अनुच्छेद का प्रारूप तैयार करें जिससे कश्मीर का पृथक् संविधान हो सके और कश्मीर को विशेष प्रास्थिति मिल सके। डा. अंबेडकर ने इस प्रस्ताव को पूर्णतः अस्वीकार कर दिया। उन्होंने अब्दुल्ला से कहा कि भारत का विधि मंत्री होते हुए मैं जम्मू-कश्मीर को ऐसी प्रास्थिति नहीं दे सकता जो उसे भारत गणराज्य के भीतर एक ऐसा गणराज्य बना दे जिसमें भारत और भारतीयों के उत्तरदायित्व तो होंगे किंतु अधिकार नहीं होंगे। पं. नेहरू ने तत्पश्चात् गोपालस्वामी अयंगार को यह अनुच्छेद प्रस्तावित करने के लिए कहा।[1]

जम्मू-कश्मीर राज्य की ओर से उद्घोषणा।

30.10 भारत के संविधान के अंगीकार किए जाने के एक दिन पूर्व युवराज कर्ण सिंह ने (रीजेंट के रूप में कार्य करते हुए) एक उद्घोषणा की जिसमें यह उल्लेख किया गया *भारत का जो संविधान शीघ्र ही अंगीकार किया जाने वाला है ... जहाँ तक वह जम्मू-कश्मीर को लागू होता है, ... भारत संघ और राज्य के बीच सांविधानिक संबंधों को शासित करेगा।*

देशी राज्यों पर श्वेत पत्र।

30.11 भारत सरकार ने देशी राज्यों के विलय पर जो श्वेत पत्र प्रकाशित किया था उसमें यह पैरा था,—

> 221. जम्मू-कश्मीर राज्य का 26 अक्टूबर 1947 को भारत में अधिमिलन हो गया। उस राज्य के शासक ने जो अधिमिलन पत्र निष्पादित किया था उसका प्ररूप वही था जो अन्य अधिमिलन करने वाले राज्यों ने निष्पादित किया था।
>
> ... वह राष्ट्रपति को सिफारिश करेगी। राष्ट्रपति या तो अनु. 370 का निराकरण करेंगे या यह निदेश करेंगे कि वह ऐसे उपांतरणों और अपवादों के साथ लागू होगा जो वह निर्दिष्ट करें।

पाकिस्तान का संविधान।

30.12 इस संबंध में पाकिस्तान के संविधान के उस उपबंध पर दृष्टि डालना रोचक होगा जिसमें उसके राज्यक्षेत्र का वर्णन किया गया है।

[1]2) पाकिस्तान के राज्यक्षेत्र में समाविष्ट होंगे,—

(क) [1क] बलोचिस्तान, [1ख] खैबर पख्तूनख्वा, पंजाब और [1ग] सिंध के प्रांत

---

1. बलराज मधोक, कश्मीर-दि स्टार्म सेंटर आफ दि बर्ल्ड, ए. घोष, हयूस्टन, टेक्सास (यू.एस.ए.) 2001, पृ. 126।

(ख) इस्लामी राजधानी राज्यक्षेत्र

(ग) परिसंघ द्वारा प्रशासित जनजातीय क्षेत्र

(घ) ऐसे राज्य या राज्यक्षेत्र जो पाकिस्तान में सम्मिलित हैं या जो किए जाएं ...।

देशी राज्यों द्वारा संविधान स्वीकार किया जाना।

30.13 26 नवंबर 1949 को सरदार पटेल ने संविधान सभा को यह सूचित किया कि सभी देशी राज्यों ने संविधान स्वीकार कर लिया है।

नेहरू और जम्मू-कश्मीर।

30.14 1947 में केंद्रीय मंत्रिमंडल में राज्यों का विषय सरदार पटेल के पास था। किंतु प्रधानमंत्री पं. नेहरू ने जम्मू-कश्मीर को अपने पास रखा। इस अप्रायिक व्यवहार के लिए अभी तक किसी कारण का पता नहीं लगा है। किंतु नेहरू के कार्यों से और कथनों से एक बात प्रकट होती है। नेहरू को शेख अब्दुल्ला बहुत प्रिय थे। अब्दुल्ला की सभी इच्छाओं और मांगो को पूरा किया गया चाहे वे देश के हित में हो या नहीं। साथ ही नेहरू महाराजा हरि सिंह को नापसंद करते थे। हरि सिंह देशभक्त थे फिर भी उन्हें अपना राज्य छोड़कर बाहर जाने के लिए विवश किया गया। दूसरी ओर, निजाम ने अपने को स्वतंत्र घोषित कर दिया था और भारत के विरूद्ध युद्ध किया था फिर भी उन्हें हैदराबाद में रहने दिया गया।

तिब्बत, कश्मीर और 1962 में भारत की करारी हार, इन सबका कारण नेहरू की अदूरदृष्टि थी। आर्थिक क्षेत्र में और विदेशों से संबंध में भी विफलता नेहरू की नीतियों के कारण हुई।

1952 का नेहरू-अब्दुल्ला करार।

30.15 1952 के नेहरू-अब्दुल्ला के बीच इस करार का कोई विधिक आधार नहीं था। यह दो राजनेताओं के बीच एक समझौता जैसा था। किंतु जम्मू-कश्मीर की संविधान सभा ने उसके आधार पर कुछ उपबंध अधिनियमित कर दिए। राज्य का प्रधान निर्वाचित किया जाएगा यह व्यवस्था की गई और उसका पदनाम सदर-ए-रियासत रखा गया। प्रधानमंत्री का पदनाम वजीर-ए-आजम रखा गया। राज्य का अलग ध्वज, राष्ट्रधुन और संविधान भी बना।[2]

17 नवंबर 1952 का प्रजा परिषद का सत्याग्रह।

30.16 एक राष्ट्रवादी दल, प्रजा परिषद ने इसके विरुद्ध एक विशाल आंदोलन छेड़ दिया। उनका नारा था "एक देश में दो निशान, दो प्रधान, दो विधान, नहीं रहेंगे।" भारत के अधिकांश भागों में इस आंदोलन को समर्थन मिला। इसे पाशविक बल प्रयोग से कुचला गया। पुलिस की गोलियों से लगभग 15 व्यक्तियों की मृत्यु हुई। 5000 से अधिक लोग जेल गए।

डा. श्यामाप्रसाद मुखर्जी का बलिदान।

30.17 डा. श्यामाप्रदसाद मुखर्जी (भारतीय जन संघ के अध्यक्ष) ने दिल्ली में एक जुलूस का नेतृत्व किया और फिर सत्याग्रह करने कश्मीर गए। कश्मीर में प्रवेश करने पर उन्हें गिरफ्तार कर लिया गया और एक एकांत स्थान पर रखा गया जहां उनकी मृत्यु हो गई। उस समय वे केवल 52 वर्ष के थे। पुलिस की अभिरक्षा में उनकी मृत्यु की कोई जांच नहीं की गई यद्यपि समस्त भारत में इसकी मांग की गई थी।

डा. कर्ण सिंह उन दिनों सदर-ए-रियासत थे। उन्होंने लिखा है कि डा. मुखर्जी की बीमारी और मृत्यु को अत्यंत गुप्त रखा गया। यद्यपि वे राज्य के प्रधान थे तो भी उन्हें इसकी जानकारी

2. कांग्रेस पार्टी ने जो राष्ट्रध्वज बनाया वह कांग्रेस पार्टी के ध्वज के जैसा ही दिखाई पड़ता है। नेशनल कांफरेंस ने राज्य का जो ध्वज स्वीकार किया वह भी पार्टी के ध्वज जैसा ही दिखाई पड़ता था।

एक गैर सरकारी सूत्र से प्राप्त हुई, वह भी तब जब उनका पार्थिव देह श्रीनगर से विमान द्वारा भेजा जा चुका था।[3]

अब्दुल्ला की अधिनायकवादी और राष्ट्रविरोधी गतिविधियाँ।

30.18 जनरल बी.एम.कौल* ने जिनसे पं. नेहरू ने कश्मीर के मामलों मे सहायता ली थी यह लिखा है कि अब्दुल्ला कश्मीर में एक सांप्रदायिक गुट का नेता था किंतु जब 1938 में कांग्रेस सत्ता में आई तो वह एकाएक राष्ट्रवादी बन गया।[4]

1952 के करार के कुछ ही समय पश्चात् उसने अपनी इच्छाएं प्रकट कर दी। एक स्थान पर उसने कहा "कश्मीर समस्या का हल भारत, पाकिस्तान और कश्मीर के लिए समाधानप्रद होना चाहिए।"[5] एक अन्य अवसर पर उसने यह घोषणा की कि "कश्मीर का भाग्य कश्मीर के लोगों द्वारा तय किया जाएगा। हो सकता है कि वे स्वतंत्र रहना चाहें।"[6]

पं. नेहरू की प्रतिक्रिया।

30.19 नेहरू के अब्दुल्ला को समर्थन देने के विरुद्ध जनता में रोष था। नेहरू ने अब्दुल्ला को अनेक पत्र लिखे और बातचीत के लिए दिल्ली आने का अनुरोध किया। किंतु अब्दुल्ला सदा "बहुत व्यस्त" थे। ईद के अवसर पर नेहरू ने मौलाना आजाद को अब्दुल्ला से मिलने भेजा। अब्दुल्ला ने मौलना की उपेक्षा की। ईद पर अब्दुल्ला का *भड़काऊ भाषण* सुनकर मौलाना स्तब्ध रह गए।[7] डा. कर्ण सिंह ने लिखा है कि *अब्दुल्ला के भाषण अधिकाधिक कटु होते गए*।[8]

तब पं. नेहरू ने रफी अहमद किदवई को श्रीनगर भेजा और थोड़े ही समय बाद जन. कौल को जाने को कहा।

अब्दुल्ला की योजना का विफल किया जाना।

30.20 यह जानकारी प्राप्त हुई कि अब्दुल्ला गुलमर्ग जाएंगे। वहां वे पाकिस्तान के अपने कुछ मित्रों से मिलेंगे। (गुलमर्ग से पाकिस्तान केवल 7 मील दूर है)। गुलाम मोहम्मद बक्शी, डी.पी. धर आदि को गिरफ्तार करने का आदेश करेंगे और कश्मीर को स्वतंत्र देश घोषित कर देंगे।[9] किदवई, कौल और कर्ण सिंह के पास एक ही विकल्प था—तुरंत कार्रवाई की जाए। 8-8-1953 को अब्दुल्ला को प्रधान मंत्री के पद से पदच्युत किया गया और मंत्रि-परिषद को भंग कर दिया गया। दूसरे दिन, 9 अगस्त को, अब्दुल्ला को गिरफ्तार कर लिया गया। बक्शी को, जिसने अन्य मंत्रियों के साथ अब्दुल्ला की नीतियों का विरोध किया था, प्रधानमंत्री पद की शपथ दिलाई गई।

अनुच्छेद 370, जैसा वह 6-8-2020 के पहले था

अनुच्छेद 370 जैसा वह था।

30.21 अनुच्छेद 370 को संविधान के भाग 21 में रखा गया था। इस भाग का शीर्षक है *"अस्थायी, संक्रमणकालीन और विशेष उपबंध"*। पार्श्व शीर्षक है *"जम्मू-कश्मीर राज्य के संबंध में अस्थायी उपबंध"*।

इस अनुच्छेद के तीन भाग थे—

3. डा. कर्ण सिंह, *हेयर अपेरेन्ट*, आक्सफोर्ड यूनिवर्सिटी प्रेस, दिल्ली 1982, पृ. 155।
* लेफिनेंट जनरल कौल, पं. नेहरू के भतीजे थे।
4. जन. बी.एम. कौल, *अनटोल्ड स्टोरी*, एलाइड पब्लिशर्स, नई दिल्ली, 1962, पृ. 118।
5. वही, पृ. 137।
6. वही, पृ. 141।
7. वही, पादटिप्पण 2, पृ. 138।
8. वही, पादटिप्पण 3, पृ. 156।
9. वही, पादटिप्पण 3, पृ. 143।

1. जम्मू-कश्मीर राज्य के लिए विधि बनाने की संघ की शक्ति उन विषयों तक ही होगी जो अधिमिलन पत्र में विनिर्दिष्ट विषयों के तत्स्थानी हों और ऐसे विषयों तक भी होगी जिनके लिए राज्य की सरकार सहमति दे। इस बारे में राष्ट्रपति आदेश निकालेगा।

2. यदि राज्य की सरकार की सहमति राज्य की संविधान सभा के बुलाए जाने से पहले दी जाए तो उसे संविधान सभा के समक्ष ऐसे विनिश्चय के लिए रखा जाएगा जो वह उस पर करे।

3. राष्ट्रपति को यह घोषणा करने की शक्ति है कि यह अनुच्छेद प्रवर्तन में नहीं रहेगा या ऐसे अपवादों और उपांतरणों के साथ प्रवर्तन में रहेगा जो विनिर्दिष्ट किए जाएं।

संविधान सभा में गोपालस्वामी अय्यंगार ने सदस्यों को यह आश्वासन दिया था कि अनु. 370 अस्थायी है। यह विद्यमान परिस्थितियों के कारण तत्समय आवश्यक है।

जम्मू-कश्मीर के विषय में कुछ तथ्य

जम्मू-कश्मीर के बारे में कुछ तथ्य।

30.22 1. कश्मीर घाटी का क्षेत्रफल जम्मू-कश्मीर के कुल क्षेत्रफल का 7.13% है। यदि पाकिस्तान के कब्जे वाले क्षेत्र को अपवर्जित कर दें तो यह क्षेत्र 16% होगा। सभी भारत विरोधी प्रचार और प्रदर्शन इसी क्षेत्र में होते हैं।

जम्मू-कश्मीर में 22 जिले हैं। कश्मीर घाटी में 5 हैं। इन 5 जिलों में आंदोलन होते है। शेष 17 जिले पूर्णतया शांत रहते हैं।

2. मुस्लिम 70 लाख हैं। हिंदू और अन्य 50 लाख हैं। यह 100% मुस्लिम राज्य नहीं है।

3. जम्मू-कश्मीर सबसे विशाल देशी राज्य था। यह मैसूर, बड़ौदा, ग्वालियर और बीकानेर के सम्मिलित क्षेत्रफल से अधिक था।

4. यह एक मात्र ऐसा राज्य था जिसमें शासक हिंदू था यद्यपि 70% जनसंख्या मुस्लिम थी।

5. इस राज्य की सीमाएं अफगानिस्तान, ताजकिस्तान (जो तब रूस का भाग था), चीन और तिब्बत को स्पर्श करती हैं।

भ्रम निवारण के लिए कुछ तथ्य

भ्रम दूर करने के लिए कुछ तथ्य।

30.23 1. कश्मीर ही जम्मू-कश्मीर नहीं है। जम्मू-कश्मीर का क्षेत्रफल 1,01,000 वर्ग कि.मी. है। लद्दाख का क्षेत्रफल 59,000 वर्ग कि.मी. है। जम्मू का 27,000 वर्ग कि.मी. और कश्मीर का 15,000 वर्ग कि.मी. है। कश्मीर इन तीनों क्षेत्रों में सबसे छोटा है। यह एक कटोरे के आकार का है—लगभग 160 कि.मी. × 60 कि.मी. का क्षेत्र।

2. लद्दाख में 5 घाटियाँ हैं। 4 घाटियों में बौद्ध बहुमत में हैं। नूबरा, चांगथांग, लेह, और जांस्कर में 80 से 90% तक बौद्ध मतावलंबी हैं। केवल सुरु घाटी में मुस्लिम बहुमत है। किंतु वे शिया मुसलमान हैं। कश्मीर घाटी के मुसलमान सुन्नी हैं।

3. कश्मीर में 14% मुस्लिम गूजर हैं, 8% पहाड़ी राजपूत हैं और 10% शिया हैं। ये जम्मू-कश्मीर के मुस्लिमों का 1/3 हैं। इन लोगों ने कभी भी सुन्नी मुस्लिमों की अलगाववादी नीति का समर्थन नहीं किया है।

4. जम्मू की 70% जनसंख्या हिंदू है।

5. जम्मू-कश्मीर का अधिमिलन बिना किसी शर्त के था। महाराजा ने उसी मानक प्ररूप पर हस्ताक्षर किए जिस पर सभी 560 राज्यों ने हस्ताक्षर किए थे।

6. इस अधिमिलन का कश्मीर की संविधान सभा ने 6 फरवरी 1954 को अनुसमर्थन किया था।

अनुच्छेद 370 का कुप्रभाव

अनुच्छेद 370 का कुप्रभाव।

30.24 संविधान के समस्त उपबंध जम्मू-कश्मीर को लागू नहीं होते थे। मूल अधिकार भी भागतः उपलब्ध थे। इसके कारण घोर विभेद हुआ और अनेक लोग वंचित हो गए। जिनका उत्पीड़न हुआ वे हिंदू, बौद्ध और अनुसूचित जाति तथा जनजाति के व्यक्ति थे।

उत्पीड़न के कुछ उदाहरण

1. 1947 में पाकिस्तान के कब्जे वाले क्षेत्र (POK) से विवश होकर कुछ लोगों को प्रव्रजन करना पड़ा। इनकी जनसंख्या 2011 में 12 लाख थी। इन्हें केम्पों में अभाव भरा जीवन जीना पड़ा।

(क) POK में ये लोग जो संपत्ति छोड़कर आए थे उसके लिए उन्हें कोई प्रतिकर नहीं दिया गया।

(ख) उनके पास स्थायी निवासी प्रमाण-पत्र नहीं था इसलिए न तो उन्हें छात्रवृत्ति मिल सकती थी न नौकरी।

2. विभाजन के पश्चात् पाकिस्तान से बड़ी संख्या में हिंदू आए। इनमें से अधिकांश अनुसूचित जाति के थे। इनकी जनसंख्या 2.5 लाख थी। 60 वर्ष पश्चात् भी ये स्थायी निवासी नहीं बन पाए। परिणामस्वरूप इन्हें मतदान का, उच्च शिक्षा पाने का, सरकारी नौकरी, छात्रवृत्ति आदि का अधिकार नहीं था। वे संपत्ति का अर्जन नहीं कर सकते थे और कैम्पों में रहते थे।

भारत के अन्य भागों में ऐसे प्रवासी पूरी तरह से समाज में समामेलित हो गए। वे व्यापारी और उद्योगपत्ति बने। सिविल सेवक बने। मंत्री और प्रधान मंत्री तक बन गए।

3. 1989 से 1991 के बीच कश्मीर घाटी के हिंदुओं को प्रताड़ित कर और धमकी देकर घाटी छोड़कर जाने के लिए विवश किया गया। उन्हें सुरक्षा प्रदान करने के लिए कोई कदम नहीं उठाया गया। उन्हें अपनी संपत्ति और अपना रोजगार छोड़कर जाना पड़ा। इनकी संख्या लगभग 4 लाख है। जो मकान और मंदिर वे छोड़ आए थे वे या तो विनष्ट कर दिए गए या उन पर मुसलमानों ने कब्जा कर लिया।

4. जम्मू के कुछ क्षेत्र आतंकवाद से प्रभावित थे। इसके कारण वहां के लोगों को प्रव्रजन करना पड़ा। इनकी संख्या 8 लाख है। इनमें बड़ी संख्या में गूजर, बक्करवाल और पहाड़ी मुस्लिम हैं। ये सभी वंचित बने हुए है।

5. लोग प्रतिनिधित्व अधिनियम जम्मू-कश्मीर को लागू नहीं होता था। निर्वाचन क्षेत्रों का परिसीमन असमान था और कश्मीर घाटी के साथ पक्षपातपूर्ण था। कश्मीर घाटी को विधान सभा में 46 स्थान दिए गए जबकि जम्मू को 37 (लद्दाख को 4)। 2008 में घाटी में प्रत्येक स्थान के लिए 58,000 मतदाता थे। जम्मू में प्रत्येक स्थान के लिए 83,000 थे।

6. एक विधि पारित करके ऐसे व्यक्ति को नागरिकता प्रदान की गई जो पाकिस्तान चला गया था किंतु जो लौटकर जम्मू-कश्मीर आ जाता है। यह शेष भारत में प्रवृत्त नागरिकता विधि के ठीक विपरीत है।

कुछ स्मरणीय तथ्य

30.25 1. केन्द्र ने जम्मू-कश्मीर को प्रति व्यक्ति ₹ 14,255 आबंटित किए। इसकी तुलना में राष्ट्रीय औसत ₹ 3,681 है। फिर भी जम्मू-कश्मीर निर्धन राज्य बना हुआ है।

कुछ अन्य स्मरणीय तथ्य।

2. स्वास्थ्य सेवाएं निम्न कोटि की हैं। वहां कोई प्राइवेट हस्पताल नहीं बनाया जा सका क्योंकि वह भूमि क्रय नहीं कर सकता।

3. वहां पर उद्योग नहीं के समान हैं। अनेक प्रकार के निर्बधनों के कारण वहां विनिवेश नहीं किए जा सके।

4. वहां शिक्षा का अधिकार नहीं था।

5. जम्मू-कश्मीर के नागरिक तो भारत के नागरिक थे किंतु शेष भारत के नागरिक, जम्मू-कश्मीर के नागरिक नहीं हो सकते थे।

एक के बाद एक कांग्रेस सरकारों की भूमिका

30.26 11 सितंबर 1964 को लोक सभा में भाषण करते हुए कांग्रेस के नेता *के. हनुमन्थय्या* (पूर्व में कर्नाटक के मुख्य मंत्री और केंद्रीय मंत्री) ने यह कथन किया "हम सब की एक ही राय है कि यह विधेयक (अनु. 370 का निराकरण करने वाला) अधिनियमित होना चाहिए।" उनका समर्थन *भागवत झा आजाद* (बिहार के पूर्व मुख्य मंत्री और केंद्रीय मंत्री) और कुछ अन्य सदस्यों ने किया। किंतु उसके अनुसरण में कोई कार्रवाई नहीं की गई।

कांग्रेस सरकारों की भूमिका।

30.27 कांग्रेस के समर्थन में गिरावट के साथ ही 2005-06 में कांग्रेस निम्नस्तर पर आ गई। प्रधान मंत्री *मनमोहन सिंह* ने पाकिस्तान के राष्ट्रपति के साथ एक समझौता किया। इसे "दूसरी पटरी का राजनय" नाम दिया गया। सौभाग्य से मुशर्रफ का कार्यकाल समाप्त हो गया और तभी अमरनाथ गुफा आंदोलन के जोर पकड़ लेने से *मनमोहन सिंह* सरकार भयभीत हो गई और उसने अपने पग पीछे हटा लिए। इसके पूर्व प्रधान मंत्री *पी.वी. नरसिंहराव* यह कथन कर चुके थे *"स्वतंत्रता से कम चाहे जो"* देने के लिए मैं तैयार हूं।

दूसरी पटरी का राजनय।

30.28 सन् 2010 में कांग्रेस सरकार ने 3 वार्ताकार (interlocutors) नियुक्त किए। ये थे दिलीप पाडगांवकर, एम.एच. अंसारी और श्रीमती राधा कुमार। पहले ही दिन से यह राज सबको ज्ञात था कि वे क्या सिफारिश करेंगे। उनकी पृष्ठभूमि और उनके विचारों के आधार पर संदेह की कोई गुंजाइश नहीं थी।

वार्ताकारों का प्रतिवेदन, 2012।

उन्होंने यह सिफारिश की कि भारत अपना नियंत्रण क्रमशः कम कर दे और अंत में जम्मू-कश्मीर के भाग्य का निर्णय भारत, पाकिस्तान, कश्मीर और चीन मिलकर करें।

भारत के और उन लाखों हिंदू, बौद्ध, शिया आदि के भाग्य अच्छे थे। वरना उनका भी हाल वही होता जो विभाजन के पश्चात् पाकिस्तान में हुआ—जनसंहार, बलात्कार और लूट। जो दल भारत का एक बार पुनः विभाजन कराना चाहता था वह 2014 के निर्वाचन में हार गया। जम्मू-कश्मीर और लाखों मनुष्यों के प्राणों की रक्षा हो गई।

1950 वाले अनु. 370 का निराकरण और जम्मू-कश्मीर का एकीकरण

30.29 जम्मू-कश्मीर का एकीकरण सुनियोजित था और इसे शीघ्रता से संपन्न किया गया। 5 अगस्त 2019 को राष्ट्रपति ने अनु. 370(1) द्वारा प्रदत्त शक्तियों का प्रयोग करते हुए एक आदेश निकाला।[10]

जम्मू-कश्मीर का एकीकरण।

इस आदेश द्वारा संविधान (जम्मू-कश्मीर पर लागू होना) आदेश, 1954 का अधिक्रमण कर दिया गया।

अनु. 367 में एक नया खंड जोड़ा गया जिसमें जम्मू-कश्मीर राज्य के संबंध में यथा लागू संविधान के प्रयोजनों के लिए अर्थान्वयन के कुछ नियम अधिकथित किए गए।

यह आदेश तुरंत प्रभाव से प्रवृत्त हुआ।

6 अगस्त 2019 को राष्ट्रपति ने संविधान के अनु. 370(3) के अधीन एक घोषणा की।[11]

इसके द्वारा यह घोषित किया गया कि—

(क) अनु. 370 का कोई भी खंड प्रवृत्त नहीं रहेगा सिवाय नए अनु. 370 के।

(ख) अनु. 370 में यह अधिकथित किया गया कि संविधान के सभी उपबंध, बिना किसी उपांतरण या अपवाद के, जम्मू-कश्मीर को लागू होंगे।

(ग) यह लागू होना, जम्मू-कश्मीर के संविधान में या किसी विधि, या विधि का बल रखने वाली किसी दस्तावेज में किसी बात के होते हुए भी होगा, और

(घ) अनु. 363 में यथापरिकल्पित किसी संधि आदि में किसी बात के होते हुए भी लागू होगा।

30.30 5 अगस्त 2019 को जम्मू-कश्मीर पुनर्गठन विधेयक राज्य सभा द्वारा पारित किया गया। इसके पक्ष में 125 मत थे और विपक्ष में 61।

जम्मू-कश्मीर का पुनर्गठन।

6 अगस्त 2019 को लोक सभा ने इस विधेयक को पारित किया। पक्ष में मत थे 370 और विपक्ष में 70। इसे राष्ट्रपति की अनुमति 9-8-2019 को मिली और यह 31-10-2019 से प्रवृत्त किया गया।

इस अधिनियम[12] के पारित होने पर जम्मू-कश्मीर राज्य विद्यमान नहीं रह गया है। उसके स्थान पर दो संघ राज्य क्षेत्र अस्तित्व में आए हैं,—

1. लद्दाख संघ राज्य क्षेत्र जो कारगिल और लेह जिलों से बना है।
2. जम्मू-कश्मीर संघ राज्य क्षेत्र जिसमें जम्मू-कश्मीर का शेष राज्य क्षेत्र है।

जम्मू-कश्मीर संघ राज्य क्षेत्र की, नियम दिन से, अपनी विधान सभा होगी। विधान सभा में अनुसूचित जातियों और जनजातियों के लिए स्थान आरक्षित किए गए हैं।

यदि विधान सभा में स्त्रियों का पर्याप्त प्रतिनिधित्व नहीं है तो उपराज्यपाल 2 स्त्रियों को नामनिर्दिष्ट कर सकेगा।

10. संविधान (जम्मू-कश्मीर को लागू होना) आदेश, 2019–सं.आ. 272 तारीख 5-8-2019।
11. संविधान के अनुच्छेद 370(3) के अधीन घोषणा–सं.आ. 273।
12. जम्मू-कश्मीर पुनर्गठन अधिनियम, 2019। 2019 का अधिनियम सं. 34।

अध्याय 31

दल परिवर्तन – दसवीं अनुसूची

31.1 सत्ता की लालसा में बहुत से राजनीतिज्ञ जिस दल के चिह्न पर चुनाव लड़ते हैं उसे छोड़कर दूसरे दल में चले जाते हैं। इसका एकमात्र उद्देश्य सत्ता और सुविधा प्राप्त करना होता है। 1952 में टी. प्रकाशम ने प्रजा सोशलिस्ट पार्टी छोड़ दी और आंध्र प्रदेश के मुख्य मंत्री बन गए। पटट्म थानु पिल्ले ने 1956 में राज्यपाल पद पाने के लिए अपना दल परिवर्तन कर लिया। उत्तर प्रदेश में एक समय के विपक्ष के नेता गेंदासिंह और नारायण दत्त तिवारी रातों रात कांग्रेसी बन गए। चौथे साधारण निर्वाचन में जो 1967 में हुआ था अनेक राज्यों में कांग्रेस के हाथ से सत्ता निकल गई। अभी तक विधायक अपना दल छोड़कर कांग्रेस के सदस्य बन जाते थे। अब आना जाना दोनों तरफ से होने लगा। चरण सिंह (उ.प्र.), राव वीरेंद्र सिंह (हरियाणा), गोविंदनारायण सिंह (म.प्र.) और सरदार लक्ष्मण सिंह गिल (पंजाब) मुख्य मंत्री बनने के लिए कांग्रेस से बाहर आ गए। यह प्रवृत्ति आगे भी चलती रही। 1978 में शरद पवार ने महाराष्ट्र का मुख्य मंत्री बनने के लिए कांग्रेस छोड़ दी। 1980 में भजनलाल (हरियाणा) ने जनता विधायी दल को कांग्रेस विधायी दल बना दिया और मुख्य मंत्री के अपने आसन को बचा लिया। हरियाणा से ही **आयाराम गयाराम** का मुहावरा चलन में आया। ऐसा कहा जाता है कि उस राज्य में एक विधायक ने दो दिन के भीतर 3 बार अपना दल बदला।

दल परिवर्तन का रोग।

इसमें कोई संदेह नहीं कि ये दल परिवर्तन सिद्धांत या विचार में परिवर्तन के कारण नहीं हुए थे किंतु उनके पीछे सत्ता और पद का आकर्षण था।

31.2 लोक सभा ने दल परिवर्तन पर विचार करने के लिए एक समिति गठित की थी। किंतु उसके प्रतिवेदन को भुला दिया गया। 1984 में जब कांग्रेस को अपूर्व विजय प्राप्त हुई तब राजीव गांधी ने विपक्ष से परामर्श करके दल परिवर्तन की व्याधि को रोकने के लिए विधि बनाने पर विचार किया। इसके परिणामस्वरूप वह विधेयक आया जो पारित होकर संविधान का 52वां संशोधन अधिनियम बना। इस अधिनियम के विरुद्ध संसद् में एक भी मत नहीं दिया गया। इस अधिनियम द्वारा अनु. 101, 102 और 191 में परिवर्तन किए गए और 10वीं अनुसूची जोड़ी गई। ये संशोधन 1 मार्च 1985 से लागू हुए।

52वां संशोधन।

दसवीं अनुसूची के उपबंध

31.3 10वीं अनुसूची के पैरा 2 में यह अधिकथित है कि सदन का कोई सदस्य, जो किसी राजनीतिक दल का सदस्य है, सदन का सदस्य होने के लिए उस दशा में निरर्हित होगा जिसमें,—

निरर्हता कब लागू होती है?

(क) उसने ऐसे राजनीतिक दल की अपनी सदस्यता स्वेच्छा से छोड़ दी है; या

(ख) वह ऐसे राजनीतिक दल द्वारा जिसका वह सदस्य है, दिए गए किसी निदेश के विरुद्ध, ऐसे सदन में मतदान करता है या मतदान करने से विरत रहता है।

इस प्रकार विधि यह समादेश करती है कि किसी दल की टिकट पर निर्वाचित सदस्य दल में बना रहेगा और दल के निदेशों का पालन करेगा।

अपवाद।

31.4 पैरा 2 में जो नियम हैं उनका महत्त्वपूर्ण अपवाद पैरा 3 और 4 में है।

यदि एक राजनीतिक दल का किसी अन्य दल में विलय हो जाता है और कोई सदस्य नए राजनीतिक दल का सदस्य बन जाता है या कोई सदस्य विलय को स्वीकार नहीं करके पृथक् गुट के रूप में कार्य करने का विनिश्चय करता है तो इन दोनों दशाओं में निरर्हता लागू नहीं होगी (पैरा 4)। विलय के लिए विधान-दल के दो तिहाई सदस्यों की सहमति आवश्यक है।

दल परिवर्तन की विधि लोक सभा या विधान सभा के अध्यक्ष या उपाध्यक्ष को या राज्य सभा के उपसभापति को या विधान परिषद् के सभापति या उप सभापति को लागू नहीं होगी यदि वह उस पद पर निर्वाचित होने के पश्चात् अपने राजनीतिक दल की सदस्यता छोड़ देता है और पद पर न रह जाने के पश्चात् राजनीतिक दल में पुनः लौट आता है (पैरा 5)।

विभाजन अपवाद नहीं।

31.5 संविधान के 52वें संशोधन से यह उपबंध किया गया था कि यदि कोई व्यक्ति अपने मूल राजनीतिक दल को, दल के अन्य सदस्यों के साथ छोड़ देता है, और ऐसे सदस्यों की संख्या उस विधायी दल की संख्या के एक तिहाई से कम नहीं है तब यह माना जाएगा कि मूल राजनीतिक दल का विभाजन हो गया है। ऐसा विभाजन वैध माना जाएगा। विभाजन करके दल से जो समूह बाहर आएगा उसके सदस्य निरर्हित नहीं होंगे।

इस प्रकार विधि थोक में दल परिवर्तन की अनुमति देती थी किंतु फुटकर दलबदल पर रोक लगाती थी। कुछ छोटे राज्यों में जहां सदस्यों की संख्या कम थी वहां विभाजन को अपवाद मानने के कारण एक बाजार बन गया जहां सदस्यों की निष्ठा पद या नकदी के बदले क्रय की जाने लगी। निर्वाचन सुधार समिति ने 1990 में दिए गए अपने प्रतिवेदन में, भारत के विधि आयोग ने अपने 170वें प्रतिवेदन में (1999) और संविधान के कार्यकरण का पुनर्विलोकन करने के लिए नियुक्त राष्ट्रीय आयोग ने 2002 में अपने प्रतिवेदन में यह सिफारिश की थी कि दसवीं अनुसूची का पैरा 3 जिसमें दल विभाजन को छूट दी गई है निरसित कर दिया गया।

91वें संशोधन ने 2003 से विभाजन को अमान्य घोषित कर दिया। पैरा 3 निरसित कर दिया गया है। पैरा 3 में विभाजन की अनुमति थी। अब विभाजन अपवाद नहीं है। अब विभाजन का अर्थ है दल परिवर्तन और इसका परिणाम है निरर्हता। विभाजन करके दल से बाहर जाने वाले सदस्य निरर्हित हो जाएंगे।

निर्णय कौन करेगा?

31.6 कोई सदस्य निरर्हित हो गया है या नहीं इस प्रश्न का निर्णय उस सदन का (क) सभापति या (ख) अध्यक्ष करेगा। यह विनिश्चय अंतिम होगा (पैरा 6)। 10वीं अनुसूची के पैरा 7 में यह समादेश है कि किसी न्यायालय को 10वीं अनुसूची के अधीन सदन के किसी सदस्य की निरर्हता से संबंधित किसी विषय के बारे में कोई अधिकारिता नहीं होगी।

न्यायालयों की भूमिका।

31.7 पैरा 6 जिसे **अंतिमता खंड** कह सकते हैं न्यायालयों की अधिकारिता को पूरी तरह से वर्जित नहीं करता। न्यायालय इस बात की परीक्षा कर सकते हैं कि क्या प्राधिकारी का कार्य **शक्ति बाह्य** है। कोई भी कार्य निम्नलिखित कारणों से शक्ति बाह्य हो सकता है,—

(i) वह विधि के किसी आज्ञापक उपबंध का उल्लंघन करता है।

(ii) वह असद्भावपूर्वक किया गया है और इसलिए दूषित है।

(iii) वह शक्ति का आभासी प्रयोग है।
(iv) वह बाहरी या असंगत कारणों पर आधारित है।
(v) वह नैसर्गिक न्याय के नियमों का उल्लघंन करता है।

कर्नाटक विधान सभा के मामले में[1] उच्च न्यायालय ने सदस्यों की अनर्हता के बारे में अध्यक्ष के विनिश्चय को अपास्त कर दिया। न्यायालय इस निष्कर्ष पर पहुंचा कि अध्यक्ष का निर्णय नैसर्गिक न्याय और ऋजु व्यवहार के अनुसार नहीं है। न्यायालय ने यह कहा कि अनुसूची 10 के पैरा 5 (यह पैरा अध्यक्ष को निर्वाचित होने के पश्चात् अपने राजनैतिक दल से त्याग-पत्र देने की अनुज्ञा देता है) का उद्देश्य यह सुनिश्चित करना है कि अध्यक्ष बिल्कुल निष्पक्ष रहे। उसका झुकाव किसी की ओर न हो।

पैरा 7 शून्य घोषित।

31.8 पैरा 7 द्वारा सभी न्यायालयों की अधिकारिता का वर्जन किया गया है इसमें उच्च न्यायालय और उच्चतम न्यायालय भी हैं। इस संशोधन द्वारा अनु. 136, 226 और 227 के पाठ में कोई परिवर्तन नहीं किया गया किंतु इसका प्रभाव यह हुआ कि उच्च न्यायालय और उच्चतम न्यायालय की शक्तियां घट गईं। ये अनुच्छेद निष्प्रभावी हो गए और लागू नहीं रहे। इस आधार पर उच्चतम न्यायालय ने यह अभिनिर्धारित किया[1] कि 52वें संशोधन का कम से कम आधे राज्यों द्वारा अनुसमर्थन किया जाना था, जैसा अनु. 368(2) में अधिकथित है।

52वें संशोधन का अनुसमर्थन नहीं किया गया था इसलिए न्यायालय ने यह घोषित किया कि पैरा 7 अविधिमान्य है। न्यायालय ने पृथक्करण का सिद्धांत लागू किया और समूचे 52वें संशोधन को शून्य घोषित करने से इंकार कर दिया। न्यायालय ने यह भी अभिनिर्धारित किया कि शेष संशोधन विधिमान्य है।[2]

अध्यक्ष अधिकरण है।

31.9 *किहोता*[2] में न्यायालय ने यह संप्रेक्षण किया कि 10वीं अनुसूची के अधीन अध्यक्ष या सभापति अधिकरण के रूप में कार्य करता है। इस हैसियत में वह उच्च न्यायालय और उच्चतम न्यायालय की अधिकारिता के अधीन है। इस उपबंध का एक मुख्य दोष यह है कि सामान्यतः प्रत्येक अध्यक्ष राजनीतिक पूर्वाग्रह से ग्रस्त होता है। अध्यक्ष की पदावधि सदन के बहुमत पर आश्रित होती है इसलिए पूर्वाग्रह का संदेह निराधार नहीं कहा जा सकता।

नियम बनाने की शक्ति।

31.10 पैरा 8 के अधीन अध्यक्ष और सभापति को 10वीं अनुसूची को प्रभावी करने के लिए नियम बनाने की शक्ति दी गई है। हमारे देश के सभी सदनों ने नियम बना लिए हैं।

यह अभिनिर्धारित हुआ है[3] कि ये नियम प्रक्रिया संबंधी हैं। यदि किसी नियम का उल्लंघन किया जाता है तो वह प्रक्रिया की अनियमितता है। न्यायालय उसकी संवीक्षा नहीं कर सकेगा। नियमों का उल्लंघन संविधान का उल्लंघन नहीं है।

10वीं अनुसूची का कार्यकरण।

31.11 10वीं अनुसूची के अधिनियमित किए जाने का उद्देश्य प्रशंसनीय है किंतु इस बात पर विचार किया जाना चाहिए कि वह उद्देश्य किस सीमा तक प्राप्त किया गया है। गत वर्षों में अधिकांश विधान-मंडलों में यह देखा गया है कि विधायकों ने अपनी निष्ठा बदली है। पूर्वोत्तर राज्यों में यह बड़ी मात्रा में हुआ है। बिहार, उत्तर प्रदेश, आंध्र प्रदेश और गोवा में दल बदलू लोगों का भाग्योदय हुआ और

1. *बालचंद्र एल. जरखिडे* बनाम *बी.एस. येदियुरप्पा* (2011) 7 एस.सी.सी. 1।
2. *किहोता हालोहन* बनाम *जाचिल्हू*, 1992 सप (2) एस.सी.सी. 651।
3. *रवि नायक* बनाम *भारत संघ*, 1994 सप (2) एस.सी.सी. 641।

उन्होंने अपनी निष्ठा बदलने के लिए खुलकर सौदेबाजी की। इस संशोधन के पश्चात् इतना ही अंतर दिखाई पड़ता है कि पहले दल परिवर्तन फुटकर होता था अब वह थोक में होने लगा है। संघ सरकार भी इससे बच नहीं सकी। दो दलबदलू चरणसिंह और चंद्रशेखर प्रधान मंत्री बन गए। सामूहिक दल परिवर्तन के कारण दल परिवर्तन करने वालों की सौदेबाजी की शक्ति बढ़ गई है। अब वे सामूहिक रूप से सौदेबाजी करते हैं और सभी दलबदलू मंत्री पद प्राप्त कर लेते हैं। यह संशोधन व्यर्थ का साबित हुआ है। जिस रोग के लिए दवा बनाई गई वह रोग ज्यों का त्यों बना हुआ है।

31.12 **10वीं अनुसूची की आलोचना।** 1. दसवीं अनुसूची ने सभापति या अध्यक्ष को विनिश्चय करने का प्राधिकार दिया है। दूसरे शब्दों में उन्हें विधायकों के अधिकार का निर्णय करने के लिए प्राधिकरण बना दिया है। अधिकांश अध्यक्ष ऐसे व्यक्ति होते हैं जिन्हें न तो विधि का कोई अनुभव होता है और न वे विधिक प्रक्रिया से परिचित होते हैं। लोक सभा के अध्यक्ष शिवराज पाटिल ने एक विनिश्चय देते हुए[4] यह स्पष्ट रूप से स्वीकार किया कि अध्यक्ष यह कार्य करने के लिए अर्हित नहीं होता। उनके मत में यह काम न्यायपालिका पर छोड़ दिया जाना चाहिए। अधिकांश अध्यक्षों ने खुले तौर से अपने दल का स्वार्थ सामने रखकर कार्य किया है इससे विधान-मंडल की और अध्यक्ष के पद की प्रतिष्ठा गिरी है। इसमें अपवाद रवि राय, लोक सभा के अध्यक्ष (1989-91) और केसरीनाथ त्रिपाठी, उत्तर प्रदेश विधान सभा के अध्यक्ष (1997-2002) हैं।[5]

2. इस संशोधन में विसम्मति और दल परिवर्तन के बीच कोई अंतर नहीं किया गया है। इसमें अपने अंतःकरण की पुकार के आधार पर मतदान का कोई स्थान नहीं है। इससे विधायक कठपुतली बन जाते हैं। उनका बस यही काम होता है कि वे नेता के आदेशों का पालन करें। परिणामस्वरूप नेता अधिनायक बन जाता है।

3. इससे वाक् स्वातंत्र्य का हनन होता है। विधायक अपने विचार अभिव्यक्त करने के लिए स्वतंत्र नहीं है।[2] न्यायालय ने यह कहा है कि मत देने या देने से विरत रहने के कारण जो निरर्हता होती है उसे उन दशाओं तक ही सीमित रखना चाहिए जहां उसके कारण सरकार में परिवर्तन होने की संभावना है या ऐसा परिवर्तन रुक जाएगा या वह राजनीतिक दल की मुख्य नीति या कार्यक्रम से संबंधित है। इस प्रकार अर्थान्वयन करके न्यायालय ने वाक् स्वातंत्र्य और दल के नियंत्रण के बीच संगति बैठाई है।

4. अध्यक्षों और सभापतियों को अधिकरण बनाकर इस संशोधन ने उन्हें अशोभनीय विवादों में फंसा दिया है।

5. इस संशोधन से दल परिवर्तन रुका नहीं। राजनीतिक स्थिरता भी नहीं आई। बस राजनीतिक दलों के अधिकारियों की शक्ति में वृद्धि हो गई।

6. रोग का निदान तो सही था किंतु उपचार गलत है।

7. यह विधि के माध्यम से नैतिकता लाने का प्रयास है। इस प्रकार के प्रयास सदैव असफल रहे हैं।

---

4. आवेदन 7-8-1992 को प्रस्तुत किया गया था। लोक सभा के अध्यक्ष शिवराज पाटिल ने अपना विनिश्चय 1-6-1993 को दिया। श्री पाटिल ने कहा "इस प्रकार के मामले न्यायपालिका को सौंपने से बहुत लाभ होगा... यह आवश्यक नहीं है कि अध्यक्ष या सभापति में विधिक प्रतिभा हो या वे विधि में निष्णात हों... अधिक उपयुक्त होगा कि इन मामलों का निर्णय उच्चतम न्यायालय या उच्च न्यायालय के न्यायाधीशों द्वारा हो।"

5. श्री केसरीनाथ त्रिपाठी ने मार्च 1998 में अपना विनिश्चय दिया जिससे उनकी निष्पक्षता के साथ विद्वत्ता और विधि का गहरा ज्ञान प्रकट होता है। किंतु इस प्रकार के उदाहरण बिरले हैं। त्रिपाठी ने इस तथ्य को रेखांकित किया है कि पैरा 2 के उपबंध दांडिक हैं इसलिए शास्ति अधिरोपित करने के पहले आरोप को संदेह से परे साबित करना होगा। (*अध्यक्ष का तारीख 23-3-1998 का निर्णय,* उत्तर प्रदेश विधान सभा सचिवालय द्वारा प्रकाशित)। श्री त्रिपाठी 2002 में पुनः अध्यक्ष निर्वाचित हुए।

दल परिवर्तन करने वाला मंत्री नहीं हो सकता।

31.13 दल परिवर्तन का अनिवार्य संबंध सत्ता के लोभ से होता है। ऐसा प्रकरण शायद ही कभी हुआ हो। जब किसी व्यक्ति ने अपने अंतःकरण की वाणी सुनकर दल छोड़ा हो। गत अनेक वर्षों में जो विभिन्न सुझाव दिए गए थे उनको ध्यान में रखकर संसद ने सन् 2003 में 91वें संविधान संशोधन अधिनियम से विधि में परिवर्तन किया है। नई विधि यह है कि जब किसी सदन का सदस्य दसवीं अनुसूची के खंड 2 के अधीन सदस्य होने से निरर्हित हो जाता है तो वह मंत्री का पद धारण करने के लिए या सवेतन राजनीतिक पद धारण करने के लिए निरर्हित हो जाएगा। यह निरर्हता तब तक बनी रहेगी जब तक सदस्य के रूप में उसकी पदावधि समाप्त नहीं हो जाती या जब तक वह किसी सदन के लिए निर्वाचन में भाग नहीं लेता या किसी सदन के लिए निर्वाचित घोषित नहीं किया जाता इनमें से जो भी पहले हो।

अध्याय 32

कुछ वर्गों के संबंध में विशेष उपबंध

अनुसूचित जातियों और जनजातियों का विनिर्दिष्ट किया जाना।

32.1 हमारे संविधान का एक संपूर्ण भाग का (भाग 16) विषय है 'कुछ वर्गों के संबंध में विशेष उपबंध'। इस भाग में 330 से 342 तक के अनुच्छेद हैं।

राष्ट्रपति को अनुच्छेद 341 द्वारा यह शक्ति दी गई है कि वह किसी राज्य या संघ राज्यक्षेत्र की बाबत यह घोषणा कर सकेगा कि कौन सी जातियों, मूलवंशों या जनजातियों को अथवा उनके भागों या यूथों को उस राज्य या संघ राज्य क्षेत्र के संबंध में अनुसूचित जातियां समझा जाएगा।

राज्य के बारे में घोषणा करने के पहले राष्ट्रपति, राज्यपाल से परामर्श करेगा।

स्थानों का आरक्षण

32.2 अनुच्छेद 330 में यह आदेश है कि अनुसूचित जातियों और जनजातियों के लिए लोक सभा में स्थान आरक्षित होंगे। इसी प्रकार का आरक्षण विधान सभाओं में भी होगा। आरक्षित स्थानों की संख्या का अनुपात राज्य या संघ राज्यक्षेत्र में उनकी जनसंख्या के आधार पर होगा।

संविधान में प्रारंभ में यह आरक्षण 1960 तक ही रहने वाला था किंतु बाद में लगभग हर दस वर्ष बाद संशोधन करके इसे दस-दस वर्षों के लिए बढ़ाया गया। वर्तमान अवधि सन् 2030 तक बढ़ा दी गई है। (अनुच्छेद 334)।

आंग्ल भारतीय।

32.3 अनुच्छेद 331 द्वारा राष्ट्रपति को आरक्षण का प्राधिकार दिया गया है। यदि राष्ट्रपति की राय है कि लोक सभा में आंग्ल भारतीय समुदाय का प्रतिनिधित्व पर्याप्त नहीं है तो वह उस समुदाय के अधिक से अधिक दो व्यक्तियों को सदस्य नामनिर्दिष्ट कर सकेगा। इसी प्रकार राज्यपाल भी आंग्ल भारतीय समुदाय के एक सदस्य को विधान सभा में नामनिर्दिष्ट कर सकता है यदि उसकी राय है कि उस समुदाय का प्रतिनिधित्व पर्याप्त नहीं है। अनुच्छेद 334 का बार-बार संशोधन करके आंग्ल भारतीय समुदाय के लिए आरक्षण को सन् 2020 तक के लिए बढ़ा दिया गया था। संविधान 104वां संशोधन अधिनियम के पश्चात् यह विशेष आरक्षण 26-1-2020 से समाप्त हो गया। किंतु आसीन सदस्य विद्यमान सदन के विघटन तक बने रहेंगे।

दो राष्ट्रीय आयोग।

32.4 अनुच्छेद 338 में राष्ट्रीय अनुसूचित जाति और अनुसूचित जनजाति आयोग नियुक्त किए जाने का उपबंध था। 87वें संशोधन अधिनियम, 2003 द्वारा एक नया अनुच्छेद 338क जोड़ा गया है। अब एक के स्थान पर दो आयोग होंगे *एक* राष्ट्रीय अनुसूचित जाति आयोग और *दूसरा* राष्ट्रीय अनुसूचित जनजाति आयोग। प्रत्येक आयोग में एक अध्यक्ष, एक उपाध्यक्ष और तीन सदस्य होंगे। इन आयोगों को ये कार्य सौंपे गए हैं,—

(क) संविधान या किसी विधि या सरकार के किसी आदेश के अधीन उपबंधित रक्षोपायों से संबंधित सभी विषयों का अन्वेषण करना और उन पर निगरानी रखना।

(ख) अधिकारों से वंचित करने की बाबत विनिर्दिष्ट शिकायतों की जांच करना।

(ग) अनुसूचित जातियों/अनुसूचित जनजातियों के सामाजिक आर्थिक विकास की योजना प्रक्रिया में भाग लेना और उन पर सलाह देना।

(घ) रक्षोपायों के कार्यकरण के बारे में राष्ट्रपति को प्रतिवर्ष प्रतिवेदन देना।

(ङ) ऐसे प्रतिवेदन में उन उपायों के बारे में सिफारिश करना जो रक्षोपायों के प्रभावी कार्यान्वयन के लिए किए जाने चाहिए।

(च) ऐसे अन्य कृत्यों का निर्वहन करना जो राष्ट्रपति विनिर्दिष्ट करे।

जनजातियों के उत्थान के लिए विशेष उपबंध।

32.5 1. लोकसभा तथा राज्यों की विधानसभाओं में जनजातियों के लिए जनसंख्या के आधार पर स्थान आरक्षित किए गए हैं। (अनुच्छेद 330 और 332)

2. केंद्र सरकार राज्यों को जनजातियों के कल्याण के लिए विशेष अनुदान देगी। (अनुच्छेद 275)

3. लोक सेवाओं और राज्य के अधीन सेवाओं में जनजातियों के लिए स्थानों का आरक्षण। [अनुच्छेद 16(4), अनुच्छेद 335]

4. अनुच्छेद 244 (सपठित अनुसूची 6), और अनुच्छेद 37(क), 371ग, 371च तथा 371ज में राज्यपाल को जनजाति प्रधान राज्यों के लिए विशेष शक्तियां प्रदान की गई हैं।

5. अनुच्छेद 164 में बिहार, मध्य प्रदेश और उड़ीसा में जनजाति कल्याण मंत्रालय बनाने का निदेश है।

6. अनुच्छेद 46 के अनुसार जनजातियों के शिक्षा और आर्थिक हितों की अभिवृद्धि करना राज्य की नीति का निदेशक तत्त्व है।

मुसलमान और ईसाइयों के लिए आरक्षण।

32.6 अनुसूचित जातियों और जनजातियों के लिए मुस्लिम और ईसाई आरक्षण की मांग कर रहे हैं। इस संबंध में कुछ तथ्यों पर प्रकाश डालना उचित है। 650 वर्षों तक अर्थात् सन् 1206 से 1857 तक मुसलमानों ने हिंदुओं पर अत्याचार किए। तब वे जनसंख्या का 10% थे। मुसलमान शासक थे और वे बलपूर्वक या लालच देकर हिंदुओं का धर्म परिवर्तन करते थे। ब्रिटिश राज की स्थापना के पश्चात् उन्होंने अंग्रेजी भाषा और आधुनिक विज्ञान का अध्ययन करने से मना कर दिया क्योंकि उनकी धारणा थी कि यह उनकी प्रतिष्ठा के विरुद्ध था। जब सर सैयद अहमद खान ने यह प्रस्ताव किया कि नई शिक्षा को अपनाया जाना चाहिए तो मुल्लाओं ने इसका विरोध किया। मुस्लिम समाज भी मुल्लाओं के साथ था। मुसलमानों के लिए पृथक् निर्वाचक मंडल और नौकरियों में आरक्षण 1909 से थे। आरक्षण का प्रतिशत, उनकी जनसंख्या के अनुपात से बहुत अधिक था।[1] मुसलमानों ने यह घोषणा की कि वे एक राष्ट्र हैं और अपने लिए आवास भूमि की मांग की। 1945-1946 के निर्वाचन में 95% मुसलमानों ने पाकिस्तान के पक्ष में मतदान किया डॉ. राजेंद्रप्रसाद ने *इंडिया डिवाइडेड* (1946) में लिखा कि 15 अगस्त 1947 को सभी मुसलमान परदेसी हो जाएंगे। इस्लाम यह मानता है कि सभी मुसलमान समान हैं। यदि आज कुछ मुसलमान पिछड़े हैं तो इसका कारण वे स्वयं हैं। हिंदुओं से यह अपेक्षा क्यों की जाए कि वे ऐसे समुदाय के लिए त्याग करें जिसने देश का विभाजन किया। जिस प्रकार अनुसूचित और जनजातियों को आरक्षण दिया है उस प्रकार का आरक्षण इन्हें देने का कोई कारण नहीं है।[2]

1. देखिए ऊपर पैरा 1.51।
2. देखिए धार्मिक और भाषिक अल्पसंख्या आयोग के सदस्य सचिव का टिप्पण।

32.7 अनुसूचित जाति और अनुसूचित जनजातियों के लिए आरक्षण का संविधान में उपबंध 10 वर्ष के लिए किया गया था। किंतु इसे निरंतर बढ़ाया जा रहा है। 1990 में मंडल आयोग की रिपोर्ट को लागू करके जाति आधारित आरक्षण का और विस्तार कर दिया गया।

राजनीतिक लाभ के लिए संविधान में परिवर्तन।

किंतु कोई भी राजनीतिक दल इस बात के लिए सहमत नहीं होता है कि वह जो अभ्यर्थी निर्वाचन में खड़े करता है उनकी सूची में भी आरक्षण लागू हो।

2005 में संसद् ने 93वें संशोधन अधिनियम द्वारा 7 न्यायाधीशों की उच्चतम न्यायालय की पीठ के निर्णय को बातिल कर दिया। इसके द्वारा राज्यों को यह शक्ति दी गई कि वे शिक्षा संस्थाओं में प्रवेश के लिए पिछड़े वर्ग को विशेषाधिकार प्रदान करें। चाहे शिक्षा संस्थाएं सहायता प्राप्त हों या नहीं। किंतु अल्पसंख्यक संस्थाएं इसका अपवाद हैं।

समस्त विश्व में संविधान को एक ऊंची चौकी पर स्थित माना जाता है। राजनेता उसके अधीन काम करते हैं। भारत में राजनेता संविधान को झुकाते हैं या उसे अपनी रुचि के ढांचे में ढालते हैं।

अध्याय 33
प्रत्यायोजित विधान

33.1 इंग्लैंड में मंत्रियों की शक्ति के संबंध में एक समिति नियुक्त की गई थी जिसने 1932 में अपना प्रतिवेदन दिया। उसने यह बताया कि **प्रत्यायोजित विधान** अभिव्यक्ति का प्रयोग दो अर्थों में किया जाता है।

प्रत्यायोजित विधान क्या है?

(i) प्रत्यायोजित विधान का अर्थ है विधान-मंडल द्वारा कार्यपालिका को प्रत्यायोजित नियम बनाने की शक्ति का प्रयोग।

(ii) दूसरे अर्थ में वह उत्पाद जो इस शक्ति का प्रयोग करके प्राप्त होता है। इस उत्पाद को नियम, विनियम, उपविधि आदि अनेक नाम दिए जाते हैं।

33.2 पहले इस विषय पर साधारण सहमति थी कि विधान-मंडल द्वारा विधि बनाने का काम उसका सर्वाधिक महत्त्व का काम है। विधान-मंडल द्वारा प्रशासन को विधान बनाने की शक्ति देकर उसे कुछ मात्रा में विधायी प्राधिकार दे दिया जाता है। प्रत्यायोजित विधान के जन्म के बाद विधायन और प्रशासन के बीच की रेखा मिटती जा रही है और अब वह काल्पनिक हो गई है इसलिए इस कृत्य को कोई नाम या परिभाषा देना कठिन हो गया है। कोई ऐसा परीक्षण नहीं है जिससे यह स्पष्ट हो जाए कि कौन सा कार्य विधायी है और कौन सा गैर विधायी। *सी.एम.पी. रिपोर्ट*[1] में संप्रेक्षण किया गया था कि,—

विधायी कृत्य क्या हैं?

> विधायी कार्य और शुद्ध रूप से प्रशासनिक कार्य के बीच कोई विभाजन रेखा खींचना सैद्धांतिक दृष्टि से कठिन और व्यवहार में असंभव है।

जो स्थूल नियम लागू किया जाता है वह यह है कि विधायी कृत्य में एक व्यापकता का भाव होता है। उसमें आचरण का एक साधारण नियम निरूपित किया जाता है जो किसी विशिष्ट मामले के प्रति निर्देश नहीं करता और जो प्रायः भविष्य में प्रवृत्त होता है। विधायी कृत्य आचरण का नियम अधिकथित करता है जो किसी वर्ग विशेष के सभी सदस्यों को लागू होता है। वह साधारणतया किसी वर्ग या समूह को लागू होता है। प्रशासनिक कृत्य का प्रभाव विशिष्ट और सीमित होता है किंतु कुछ दशाओं में इस परीक्षण से भ्रम होने की संभावना है। विधायी कृत्यों के उदाहरण हैं—नियम बनाने की शक्ति, किसी वस्तु की कीमत नियंत्रित करने की शक्ति, न्यूनतम मजदूरी तय करने की शक्ति, ऐसी वस्तुओं की सूची तैयार करने की शक्ति जो बिना लाइसेंस के आयात की जा सकती हैं, आदि। कार्यपालिका कृत्यों के उदाहरण हैं, कोई विशिष्ट निदेश जारी करने की शक्ति, कोई दावा स्वीकार या नामंजूर करने की शक्ति, शास्ति का परिहार करने की शक्ति, निरीक्षण करने की शक्ति, जांच करने की शक्ति, आदि। जब कार्यपालिका को किसी विवाद का विनिश्चय करने के लिए या एक या अधिक व्यक्तियों के अधिकारों का विनिश्चय करने के लिए कहा जाता है तब प्रशासनिक कृत्य न्यायिक कल्प होता है।

---

1. *रिपोर्ट आफ कमिटी आन मिनिस्टर्स पावर्स,* 1932 (यू.के.) पृ. 19।

33.3 आधुनिक राज्य का कार्य केवल विधि व्यवस्था बनाए रखना नहीं है। उसका काम पुलिस वाले का काम मात्र नहीं है। आधुनिक राज्य को समाज के सामाजिक और आर्थिक जीवन को नियंत्रित करने में प्रमुख भूमिका निभानी पड़ती है। राज्य के कृत्यों की सभी दिशाओं में वृद्धि हुई है। मानव जीवन के सभी पहलू इसमें आते हैं। इससे विधान-मंडलों का कार्य बहुत बढ़ गया है और यह आवश्यक हो गया है कि वे अपने कर्त्तव्यों का कुछ भाग प्रशासन में विशेषज्ञों का सौंप दें। यह सार्वभौम रूप से स्वीकार किया जाता है कि प्रत्यायोजित विधान वैध भी है और वांछनीय भी। प्रत्यायोजित विधान की वृद्धि के निम्नलिखित कारण हैं,—

प्रत्यायोजन की आवश्यकता।

(क) संसद् के पास समय की बहुत कमी होती है। संसद् को बहुत से काम करने होते हैं। संसद् विधि के सारवान और मौलिक तत्त्व अधिकथित कर देती है और प्रक्रिया संबंधी तथा अन्य गौण विषयों पर नियम बनाने का काम कार्यपालिका को सौंप देती है। इस प्रकार कार्यपालिका विधि की अनुपूर्ति करती है।

(ख) अधिकांश मामलों में विधायन की विषयवस्तु तकनीकी प्रकृति की होती है। इसमें विशेषज्ञों से परामर्श की अपेक्षा होती है जैसे खाद्य अपमिश्रण नियम, औषधि नियम, विद्युत नियम, कारखाना नियम, आदि। संसद् विशेषज्ञ नहीं है कि वह यह तय करे कि गर्भवती महिलाओं को थेलिडोमाइड या लोमोटिल दवा के रूप में दिया जाए या नहीं। ऐसे विषय विशेषज्ञों पर ही छोड़ना उचित होगा।

(ग) किसी जटिल स्कीम को प्रशासित करने के लिए पूरे तंत्र का पूर्वानुमान करना और उसे निर्मित करना असंभव होता है।

(घ) विधान नई परिस्थितियों और आकस्मिकताओं से निपटने में असमर्थ होता है। उसमें परिवर्तन करने में विलंब होता है। प्रत्यायोजित विधान को शीघ्रता से बदला जा सकता है।

(च) कुछ दशाओं में लोकहित में यह आवश्यक होता है कि उपबंधों की जानकारी निश्चित समय से पहले न होने पाए। जैसे उत्पाद-शुल्क या सीमा-शुल्क का उद्ग्रहण। शक्तियों का प्रत्यायोजन करके कर में वृद्धि या कमी सरलता से की जा सकती है और उसे निश्चित अवधि तक गोपनीय रखा जा सकता है।

(छ) प्रत्यायोजित विधान में प्रयोग करने की गुंजाइश रहती है। अनुभवों के आधार पर परिवर्तन किए जा सकते हैं।

(ज) कभी-कभी एकाएक तुरंत कार्रवाई करने की आवश्यकता होती है जैसे युद्ध, महामारी, प्राकृतिक आपदा के दौरान। ऐसे अवसरों पर तुरंत कार्रवाई करना आवश्यक होता है।

33.4 अब यह सुस्थापित हो गया है कि प्रत्यायोजित विधान एक उपयोगी और अनिवार्य उपकरण है। इसके आलोचक यह कहते हैं कि प्रत्यायोजित विधान की मात्रा में अत्यधिक वृद्धि के कारण यह खतरे के निशान से ऊपर चला गया है। उनकी आलोचना के मुख्य बिंदु इस प्रकार हैं,—

प्रत्यायोजित विधान की आलोचना।

(क) संसद् एक रूपरेखा अधिनियमित करती है। आवश्यक ब्यौरे कार्यपालिका पर छोड़ दिए जाते हैं इसलिए वास्तव में जो विधि प्रख्यापित की जाती है वह संसद् नहीं बनाती बल्कि कार्यपालिका बनाती है। इस प्रकार कार्यपालिका को व्यापक शक्तियां मिल जाती हैं।

(ख) संसद् के पास पर्याप्त सुविधाएं नहीं हैं इसलिए वह प्रत्यायोजित शक्तियों की संवीक्षा और नियंत्रण नहीं कर सकती।

(ग) शक्तियों का प्रत्यायोजन इतना विस्तृत हो सकता है कि नागरिक को न्यायालय के संरक्षण से वंचित कर दिया जाए।

(घ) शक्तियों के प्रत्यायोजन की भाषा बहुत ढीली ढाली होने से कार्यपालिका सर्वशक्तिमान बन जाती है।

ये सभी आक्षेप उचित हैं किंतु इनके कारण विधायी शक्ति का प्रत्यायोजन करने के कारण और आधार समाप्त नहीं होते। इस आलोचना से यही निष्कर्ष निकलता है कि कुछ रक्षोपाय होने चाहिए।

प्रत्यायोजित विधान—सांविधानिक सीमाएं।

33.5 हमारा संविधान लिखित है इसलिए विधान-मंडल से यह अपेक्षा है कि वह उसे सौंपे गए क्षेत्र में कार्य करे। वह संविधान द्वारा खींची गईं सीमाओं का अतिलंघन नहीं कर सकता। यदि वह सीमाओं के बाहर जाता है तो न्यायालय न्यायिक पुनर्विलोकन की शक्ति का प्रयोग करके उसके कार्य को शून्य घोषित कर सकते हैं चाहे वह कार्य अधिनियम ही क्यों न हो।

भारत में विधान मंडलों को प्रत्यायोजन की व्यापक शक्ति प्रदान की गई है।[2] यह शक्ति एक महत्त्वपूर्ण मर्यादा के अधीन है। विधान-मंडल सारवान विधायी कृत्य का प्रत्यायोजन नहीं कर सकता। सारवान विधायी कृत्य के दो भाग हैं (i) विधायी नीति अवधारित करना और (ii) उस नीति को आचरण के बाध्यकारी नियम के रूप में अधिनियमित करना।

विधान-मंडल बंधनरहित और अनियंत्रित शक्ति प्रत्यायोजित नहीं कर सकता।[3]

प्रत्यायोजन तभी विधिमान्य होगा जब विधान-मंडल विधायी नीति और उसके क्रियान्वयन के लिए मार्गदर्शक सिद्धांत पर्याप्त रूप से अधिकथित करे। विधान-मंडल विधि बनाने की अपनी शक्ति प्रत्यायोजित नहीं कर सकता किंतु वह विधि बनाकर विधि में छोटे-छोटे रिक्त स्थान भरने और विधि को नई परिस्थितियों के लिए अनुकूलित करने की शक्ति प्रत्यायोजित कर सकता है। उदाहरण के लिए,—

(क) एक विधान-मंडल, विधि पारित करके केंद्र सरकार को नियम बनाकर किसी अपराध का सृजन करने की और उसके लिए दंड विहित करने की शक्ति प्रत्यायोजित करता है।

(ख) एक विधान-मंडल मोटरयान के रजिस्ट्रीकरण के बारे में विधि अधिनियमित करता है। वह कार्यपालिका को रजिस्ट्रीकरण की प्रक्रिया के बारे में और फार्म भरने के बारे में नियम बनाने की शक्ति प्रत्यायोजित करता है।

ऊपर (क) में शक्ति का प्रत्यायोजन सीमा से अधिक है। कोई मार्गदर्शन नहीं है। शक्ति की कोई सीमा नहीं है। कार्यपालिका को एक समानांतर विधान-मंडल बना दिया गया है। इस पर कोई नियंत्रण भी नहीं है। दूसरे उदाहरण (ख) में प्रत्यायोजन सही तरीके से परिनिश्चित है और अनुज्ञेय है।

दिल्ली विधि अधिनियम के मामले में[4] यह संप्रेक्षण किया गया था कि सारवान कृत्यों के प्रत्यायोजन के विरुद्ध मर्यादा संविधान के उपबंधों से विवक्षा के रूप में प्राप्त होती है। संविधान ने विधि बनाने का कर्त्तव्य संसद् और विभिन्न राज्य विधान मंडलों को सौंपा है। वे इस विश्वास को भंग नहीं कर सकते और अपना उत्तरदायित्व किसी अन्य प्राधिकारी को नहीं दे सकते।

रामजवाया[5] में उच्चतम न्यायालय ने यह मत प्रकट किया कि संविधान में शक्तियों के पृथक्करण का सिद्धांत कठोर रूप में नहीं है किंतु विभिन्न शाखाओं के कृत्यों को पर्याप्त रूप से अलग किया गया है। यह कहा जा सकता है कि हमारे संविधान में यह अनुमति नहीं है कि राज्य का एक अंग दूसरे अंग के सारवान कृत्य करने लगे।

देवीदास[6] में इस बात पर बल दिया कि राज्य विविध क्रियाकलापों के लिए हर जटिल

---

2. *राजनारायण सिंह* बनाम *चेयरमेन,* ए.आइ.आर. 1954 एस.सी. 569।
3. *हमदर्द दवाखाना* बनाम *भारत संघ,* ए.आइ.आर. 1960 एस.सी. 554।
4. *दिल्ली विधि अधिनियम का मामला,* ए.आइ.आर. 1951 एस.सी. 332।
5. *रामजवाया कपूर* बनाम *पंजाब राज्य,* ए.आइ.आर. 1955 एस.सी. 549।
6. *देवीदास* बनाम *पंजाब राज्य,* ए.आइ.आर. 1967 एस.सी. 1895।

स्थिति के अनुरूप ब्यौरा पहले से तैयार कर ले यह संभव नहीं है। यह आवश्यक है कि विधान-मंडल ब्यौरे की बातें कार्यपालिका को प्रत्यायोजित कर दे। प्रत्यायोजित विधान को संविधान की मंजूरी है। इस संदर्भ में सांविधानिकता का अर्थ है यह अवधारणा करना कि उस शक्ति के प्रयोग से जो नियम आदि बने हैं वे शक्ति बाह्य तो नहीं हैं। न्यायालय यह नहीं तय करता कि प्रत्यायोजन किया जाए या नहीं।

प्रत्यायोजित विधान के उदाहरण।

33.6 *राजनारायण*[2] में एक अधिनियम द्वारा स्थानीय शासन को बंगाल नगरपालिका अधिनियम, 1884 की किसी धारा के उपबंधों को पटना को विस्तारित करने की शक्ति दी गई। साथ ही यह शक्ति भी दी गई कि उसमें ऐसे निर्बंधन और उपांतरण किए जा सकेंगे जो ठीक समझे जाएं। न्यायालय ने यह संप्रेक्षण किया कि कार्यपालिका को संपूर्ण अधिनियम या उसके किसी भाग को लागू करने की या एक धारा अलग करके उसे स्थानीय क्षेत्र में लागू करने की शक्ति दी जा सकती है, किंतु विधान-मंडल कार्यपालिका को यह शक्ति नहीं दे सकता कि वह विद्यमान या भावी विधियों के सारवान तत्त्व को उपांतरित कर दे। इस मामले में स्थानीय शासन ने केवल एक धारा विस्तारित की थी जिससे अधिनियम की विधायी नीति में परिवर्तन हो गया था। न्यायालय ने अधिसूचना को अविधिमान्य घोषित कर दिया।

ओषधि और चमत्कारिक उपचार (आक्षेपणीय विज्ञापन) अधिनियम, 1954 में अन्य बातों के साथ साथ ऐसे विज्ञापन के प्रकाशन को प्रतिषिद्ध किया गया जिसमें किसी रतिज रोग के निदान, उपचार, कम करने या निवारण के लिए किसी ओषधि का सुझाव दिया गया हो। अधिनियम की धारा 3 में केंद्रीय सरकार को यह शक्ति दी गई कि वह नियम बनाकर ऐसे अन्य रोग या दशाएं विनिर्दिष्ट करे जिसको अधिनियम के उपबंध लागू होंगे। अधिनियम और विशेष रूप से धारा 3 पर यह आक्षेप किया गया कि प्रत्यायोजन अत्यधिक है। न्यायालय ने[3] यह पाया कि कोई कसौटी, मानक या सिद्धांत नहीं बताया गया है जिसके अनुसार किसी विशेष रोग या दशा को नियमों में विनिर्दिष्ट करने के लिए चुना जाएगा। न्यायालय ने धारा 3 को अविधिमान्य घोषित कर दिया।

स्वर्ण (नियंत्रण) अधिनियम की धारा 5 में प्रशासक को यह शक्ति दी गई कि अधिनियम के उपबंधों को क्रियान्वित करने के लिए वह जो आवश्यक या समीचीन समझे ऐसे आदेश निकालकर स्वर्ण का विनिर्माण, वितरण, परिवहन, अर्जन, उपयोग और उपभोग, लाइसेंस या अनुज्ञप्ति द्वारा या अन्यथा विनियमित कर सकेगा। उच्चतम न्यायालय[7] ने यह अभिनिर्धारित किया कि यह धारा अविधिमान्य थी। प्रत्यायोजन सीमा से बहुत अधिक था। अधिनियम में कोई दिशादर्शन नहीं था। शक्ति के प्रयोग पर कोई नियंत्रण नहीं था।

दिल्ली म्युनिसिपल कारपोरेशन[8] में विद्युत के उपभोग पर कर की दर तय करने के लिए नगर निगम को दी गई शक्ति के प्रत्यायोजन पर विचार किया गया। अधिनियम ने कोई अधिकतम सीमा तय नहीं की थी। न्यायालय ने यह संप्रेक्षण किया कि मार्गदर्शन कई प्रकार से किया जा सकता है जैसे कर की अधिकतम दर निश्चित करके, दर तय करने के पूर्व स्थानीय लोगों से परामर्श का उपबंध करके या यह उपबंध करके कि दरें सरकार का अनुमोदन मिलने पर ही लागू होंगी।

न्यायालयों की पद्धति।

33.7 विधायी शक्ति के प्रत्यायोजन की विधिमान्यता पर विचार करते समय न्यायालयों ने निम्नलिखित नियम विकसित किए हैं,—

1. विधान-मंडल अपना प्राथमिक या सारवान विधायी कृत्य प्रत्यायोजित नहीं कर सकता।

---

7. *हरकचंद* बनाम *भारत संघ,* ए.आइ.आर. 1970 एस.सी. 1453।
8. *दिल्ली म्युनिसिपल कारपोरेशन* बनाम *बिरला मिल्स,* ए.आइ.आर. 1968 एस.सी. 1232।

2. सारवान विधायी कृत्य के दो भाग हैं,—

(i) विधि की नीति अधिकथित करना और

(ii) उसे आचरण का बाध्यकारी नियम बनाना

3. नीति इस प्रकार की हो कि वह उस प्राधिकारी को जिसे शक्ति प्रत्यायोजित की गई है पर्याप्त मार्गदर्शन दे।

4. विधान-मंडल गौण और अनुषंगी शक्तियां प्रत्यायोजित कर सकता है।

5. नीति और मार्गदर्शन की खोज में न्यायालय अधिनियम की उद्देशिका देख सकता है और सुसंगत उपबंधों पर विचार कर सकता है।

6. प्रत्यायोजित विधान अपने जनक (मूल) अधिनियम की शक्तियों के भीतर होना चाहिए।

7. न्यायालय विधान-मंडल या उसके प्रत्यायोजिती की राय के स्थान पर अपनी राय नहीं रख सकता और यह नहीं बता सकता कि अधिनियम के उद्देश्य और प्रयोजनों के लिए कौन से सिद्धांत और नीतियां श्रेयस्कर होगी। न्यायालय नीति के पीछे जो विचार हैं उनकी जांच या परीक्षा नहीं कर सकता।[9]

8. प्रत्यायोजन अत्यधिक है या नहीं इस प्रश्न का निर्णय करने में अधिनियम की विषय-वस्तु, स्कीम, और उपबंधों पर तथा अधिनियम की उद्देशिका और उसकी पृष्ठभूमि पर भी विचार करना होगा।[10]

विधिमान्यता के पक्ष में धारणा।

33.8 न्यायालय यह अवधारणा करते हैं कि शक्तियों का प्रत्यायोजन और प्रत्यायोजित विधान सांविधानिक और विधिमान्य है। जो व्यक्ति विधान पर आक्षेप करता है उसे यह साबित करना होगा कि वह अविधिमान्य है। न्यायालयों का झुकाव नियमों आदि को वैध ठहराने के पक्ष में होता है न्या. मेथ्यू ने न्यायालयों की इस प्रवृत्ति के बारे में यह संप्रेक्षण किया,—

> न्यायालय अधिनियम की दरारों में, उद्देशिका के हर कोने और आले में, विधायी नीति और मार्गदर्शन खोजते हैं। यह दृश्य सुखदायक नहीं है।[11]

कठिनाइयों को दूर करने के लिए आदेश या अष्टम् हेनरी खंड।

33.9 यह एक सुस्थापित विधायी पद्धति है कि विधेयकों में एक खंड रखा जाता है जो सरकार को यह शक्ति देता है कि वह शंकाओं या कठिनाइयों को दूर करने के लिए ऐसा आदेश निकाल सकती है जो वह आवश्यक या समीचीन समझे किंतु यह आदेश अधिनियम के प्रयोजनों से असंगत नहीं होना चाहिए।

हमारे संविधान में भी कठिनाइयों को दूर करने के लिए एक अनुच्छेद है (अनु. 392)। इस खंड के कुछ उदाहरण हैं सूचना तकनीकी अधिनियम, 2000 की धारा 86 और सूचना अधिकार अधिनियम, 2005 की धारा 30। राज्य पुनर्गठन अधिनियम, 1956 के अधीन बहुत सी कार्रवाई ऐसे ही खंड के अधीन की गई थी। यह खंड कार्यपालिका को व्यापक शक्तियां प्रदान करता है इसलिए इसे **अष्टम हेनरी खंड** नाम दिया गया है। आठवां हेनरी इंग्लैंड का सम्राट् था और जिन ट्यूडर राजाओं ने निरंकुश शासन किया था उनमें वह सबसे अधिक निरंकुश और कठोर था।

यह खंड 2 या 3 वर्षों की नियत अवधि के लिए प्रवृत्त रहता है।

बिहार के एक मामले में कठिनाई दूर करने वाले खंड में समय की कोई सीमा नहीं रखी गई थी। बिहार सरकार ने 11 वर्ष तक कोई नियम नहीं बनाए और कठिनाई निवारण धारा के

---

9. *महाराष्ट्र राज्य बोर्ड* बनाम *परितोष* ए.आइ.आर. 1951 एस.सी. 332।

10. *भटनागर एंड कंपनी* बनाम *भारत संघ* ए.आइ.आर. 1957 एस.सी. 478।

11. *ग्वालियर रेयन* बनाम *असिस्टेंट कमिश्नर,* ए.आइ.आर. 1974 एस.सी. 1660।

अधीन आदेश और परिपत्र निकालते रहे। न्यायालय ने आदेशों को अविधिमान्य घोषित कर दिया और यह कहा कि यह उस धारा का दुरुपयोग है।[12]

प्रत्यायोजित विधान और सशर्त विधान।

33.10 प्रत्यायोजित विधान ऐसी परिस्थिति का द्योतन करता है जिसमें विधान-मंडल की विधायी शक्ति किसी अन्य प्राधिकारी को प्रत्यायोजित की जाती है। विधान-मंडल सारवान प्राथमिक कृत्य कर देता है और ब्यौरे की बातें और प्रक्रिया के नियम बनाने का कार्य कार्यपालिका पर छोड़ देता है।

सशर्त विधान में विधान अपने आप में पूर्ण होता है। किंतु उसका प्रवर्तन कुछ दशाओं या शर्तों के पूरा किए जाने पर आश्रित होता है। जिस प्राधिकारी को प्रत्यायोजन किया जाता है वह यह तय करता है कि वे दशाएं या शर्तें विद्यमान हैं या नहीं और तब अधिनियम को प्रवृत्त करता है। सशर्त विधान में विवेकाधिकार बहुत सीमित और संकीर्ण होता है। यह आंशिक विधायी शक्ति का प्रत्यायोजन है। अर्थात् विधायी शक्ति के एक भाग का।

वास्तव में दोनों दशाओं में विधायी शक्ति प्रदान की जाती है। उच्चतम न्यायालय[13] ने यह मत अभिव्यक्त किया है कि,—

> इनके बीच अंतर करने से कोई प्रयोजन सिद्ध नहीं होगा ... क्योंकि इन दो प्रकार की विधायी शक्तियों के बीच जो भिन्नता दिखाई जाती है उससे सैद्धांतिक रूप से कोई अंतर नहीं पड़ता। दोनों दशाओं में जिस व्यक्ति को शक्ति प्रदान की गई है वह दी गई शक्ति की परिधि के बाहर जाकर कोई काम नहीं कर सकता।

अधीनस्थ विधान।

33.11 संसदीय नियमों के अनुसार जिस विधेयक में कार्यपालिका को नियम बनाने की शक्ति दी जाती है उसके साथ प्रत्यायोजित विधान के बारे में एक ज्ञापन होना चाहिए। लोक सभा और राज्य सभा में ऐसे नियमों की जांच करने के लिए अधीनस्थ विधान समितियां हैं। **प्रत्यायोजित विधान** और **अधीनस्थ विधान** ये दोनों पद समानार्थी समझे जाते हैं। यह विधान संसद् के अधिनियम के अधीन होता है इसलिए उसे अधीनस्थ विधान कहते हैं।

प्रत्यायोजित विधान का नियंत्रण

क—न्यायिक नियंत्रण

प्रत्यायोजित विधान का न्यायिक नियंत्रण।

33.12 प्रत्यायोजित विधान की विधिमान्यता अवधारित करने की न्यायालयों की शक्ति को ही न्यायिक नियंत्रण कहते हैं। न्यायालय निम्नलिखित आधारों पर ऐसे विधान को अविधिमान्य घोषित कर सकते हैं,—

1. विधायी क्षमता का अभाव
2. मूल अधिकारों का उल्लंघन
3. संविधान के किसी उपबंध का उल्लंघन
4. जनक अधिनियम (जिस अधिनियम ने शक्ति प्रत्यायोजित की है) से असंगत होना
5. किसी भी विधि से विरोध
6. प्रकट मनमानापन या अयुक्तियुक्तता।

उल्लंघनजनक अधिनियम के अधिष्ठायी उपबंधों का हो सकता है या प्रक्रिया संबंधी उपबंधों का। यदि प्रक्रिया आज्ञापक है तो उल्लंघनकारी विधान शून्य हो जाएगा।

---

12. *कृष्णदेव मिश्रा* बनाम *बिहार राज्य,* ए.आइ.आर. 1988 पटना 9।
13. *लक्ष्मीनारायण* बनाम *भारत संघ,* ए.आइ.आर. 1976 एस.सी. 716।

33.13 नियम बनाने की शक्ति का स्रोत कोई अधिनियम होता है (जनक अधिनियम)। जनक अधिनियम में शक्ति की जो सीमाएं अंकित की गई हैं उन्हीं के भीतर रहकर कार्य करना आवश्यक है। यदि उसके बाहर कदम रखा गया तो विधान **शक्ति बाह्य** (शक्ति से बाहर) हो जाएगा। शक्ति बाह्यता अधिष्ठायी भी हो सकती है और प्रक्रिया संबंधी भी। जब मूल अधिनियम में अधिकथित प्रक्रिया का पालन नहीं किया जाता है तो प्रक्रिया संबंधी शक्ति बाह्यता होती है।

शक्ति बाह्य।

भारत की विधिज्ञ परिषद् (बार कौंसिल) ने नियम बनाकर यह विहित किया कि अधिवक्ता के रूप में अभ्यावेशन के पहले प्रशिक्षण प्राप्त करना होगा। न्यायालय ने यह अभिनिर्धारित किया कि परिषद को ऐसी कोई शक्ति नहीं है इसलिए नियम शक्ति बाह्य है।[14]

प्रक्रियाई शक्ति बाह्य के मामले में यह आवश्यक नहीं है कि प्रत्यायोजित विधान को शून्य घोषित किया जाए। वह शून्य तभी होगा जब प्रक्रिया आज्ञापक हों। यदि प्रक्रिया निदेशात्मक है तो वह विधिमान्य होगा। यदि प्रक्रिया का सारवान रूप से अनुसरण किया गया है तो जो लोप है वह अनियमितता मात्र है। नियम शक्तिवाह्य नहीं है।[15]

33.14 नियम बनाने वाला प्राधिकारी भूतलक्षी नियम नहीं बना सकता। अर्थात् नियमों के बनाए जाने की तारीख से पहले की किसी तारीख से उन्हें लागू नहीं कर सकता। ऐसा तभी किया जा सकता है जब मूल अधिनियम में अभिव्यक्त रूप से या आवश्यक विवक्षा द्वारा ऐसी शक्ति दी गई हो। भूतलक्षी प्रभाव से नियम बनाने की शक्ति अतिशय विशाल शक्ति है। न्यायालय यह उपधारणा नहीं करते कि ऐसी शक्ति प्रत्यायोजित की गई थी।

भूतलक्षी प्रभाव।

33.15 नियम बनाने वाले प्राधिकारी को प्रदत्त शक्ति युक्तियुक्त नियम बनाने के लिए होती है मनमानी नहीं। यह एक विवक्षित अपेक्षा है कि नियम युक्तियुक्त होने चाहिए। संसद् का आशय ऐसे नियम बनाने की शक्ति देना नहीं होता जो अयुक्तियुक्त या शक्तिबाह्य हो। अयुक्तियुक्त नियम ऐसा भी हो सकता है जो अनु. 14 और 19 का उल्लंघन करता हो और इस कारण असांविधानिक हो।

अयुक्तियुक्तता।

एयर इंडिया ने विमान परिचारिकाओं (एयर होस्टेस) के लिए विनियम बनाकर यह तय किया कि 35 वर्ष की आयु प्राप्त करने पर या विवाहित हो जाने पर उनकी सेवानिवृत्ति हो जाएगी। यह अभिनिर्धारित हुआ कि यह विनियम अयुक्तियुक्त है।[16]

न्यायिक पुनर्विलोकन का अपवर्जन या कम किया जाना।

33.16 कभी-कभी विधान-मंडल का आशय न्यायिक पुनर्विलोकन का अपवर्जन करना या उसकी परिधि को छोटा करना होता है। इस उद्देश्य से कुछ अभिव्यक्तियों का प्रयोग किया जाता है।

ऐसी एक अभिव्यक्ति है *बनाए गए नियमों का इस प्रकार प्रभाव होगा मानो वे अधिनियम में अधिनियमित है ... और इस प्रकार राजपत्र में प्रकाशन इस बात का निश्चायक साक्ष्य होगा कि ऐसी स्कीम, नियम, विनियम आदि अधिनियम के उपबंधों के अनुसार सम्यक् रूप से बनाए गए हैं*।

ऐसे खंड निष्प्रभावी होते हैं (व्यर्थ होते हैं)। यदि आज्ञापक प्रक्रिया के उपबंधों का पालन नहीं किया गया है या प्राधिकार का अभाव है तो नियम अविधिमान्य घोषित होगा। उपर्युक्त खंड अविधिमान्य किए जाने से रोक नहीं सकता। ऐसे खंडों की उपयोगिता संदेहास्पद है।

---

14. *वी. सुधीर* बनाम *बार कौंसिल आफ इंडिया,* ए.आइ.आर. 1999 एस.सी. 1167।
15. *सीतापुर म्युनिसिपलिटी* बनाम *प्रयाग नारायण,* ए.आइ.आर. 1970 एस.सी. 58।
16. *एयर इंडिया* बनाम *नरगिस मिर्जा,* ए.आइ.आर. 1981 एस.सी. 1829।

33.17 कुछ अधिनियमों में जिनके द्वारा कानूनी निकाय गठित किए जाते हैं और उन्हें नियम बनाने की शक्ति दी जाती है, एक खंड जोड़ दिया जाता है जिससे ऐसे निकाय के गठन में यदि कोई दोष हो तो उस पर आक्षेप न किया जा सके। साथ ही यदि प्रक्रिया में कोई दोष है जिससे पर्याप्त प्रतिकूल प्रभाव नहीं पड़ता हो तो उस दोष की भी उपेक्षा की जाएगी। उसे आक्षेप का आधार नहीं बनाया जा सकेगा। ऐसे खंड उपयोगी होते हैं और जिस प्रयोजन के लिए बनाए गए हैं उन्हें पूरा करते हैं। उच्चतम न्यायालय[17] ने इन उपबंधों को **गंगा खंड** नाम दिया है क्योंकि ये सभी अशुद्धियों को शुद्ध कर देते हैं।

गंगा खंड।

ख—विधायी नियंत्रण

33.18 1973 के पश्चात् बनाए गए प्रत्येक अधिनियम में एक मानक खंड होता है। उसमें यह निदेश होता है कि अधिनियम के अधीन बनाया गया प्रत्येक नियम, विनियम आदि संसद् के प्रत्येक सदन के समक्ष रखा जाएगा। सदन इस बात पर सहमत हो सकते हैं कि नियम नहीं बनाया जाए या उसमें उपांतरण किया जाए। यदि सदन इस प्रकार का संकल्प पारित करते हैं तो नियम निष्प्रभावी (अकृत) या उपांतरित हो जाएगा।

पटल पर रखे जाने की अपेक्षा।

इस प्रकार पटल पर रखे जाने को **नकारात्मक संकल्प के साथ रखा जाना** कहते हैं।

उच्चतम न्यायालय[18] ने यह अभिनिर्धारित किया है कि पटल पर रख जाने की अपेक्षा निदेशात्मक है और यदि इसका पालन नहीं किया जाता है तो नियमों की वैधता पर कोई प्रभाव नहीं पड़ेगा।

प्रत्येक सदन के समक्ष रखे गए सभी नियम सदन की अधीनस्थ विधान समिति के विचारार्थ रखे जाते हैं। समिति नियमों आदि की संवीक्षा करती है। समिति संबंधित प्राधिकारी को अपने समक्ष उपस्थित होकर स्पष्टीकरण देने के लिए समन करती है। यदि समिति यह पाती है कि नियम दोषयुक्त है तो वह नियम बनाने वाले प्राधिकारी को निदेश देती है कि उन्हें उपांतरित किया जाए। ऐसे निदेशों का निरपवाद पालन किया जाता है और समिति के प्रतिवेदन में दिखाया जाता है कि निदेशों का पालन किया गया है।

ग—प्रक्रियात्मक नियंत्रण

33.19 कुछ अधिनियमों में यह उपबंध होता है कि प्रारूप नियम प्रकाशित किए जाएंगे और प्रभावित व्यक्तियों को अपने सुझाव और आक्षेप प्रस्तुत करने का अवसर दिया जाएगा। किंतु ऐसा उपबंध हर अधिनियम में नहीं होता। यह कुछ थोड़े से अधिनियमों में ही होता है। नियम बनाने वाला प्राधिकारी नियमों को अंतिम रूप देने के पूर्व आक्षेपों और सुझावों पर विचार करता है। साधारण खंड अधिनियम, 1897 की धारा उन्हें लागू होती है।

पूर्व प्रकाशन।

विधि की ऐसी कोई अनिवार्यता नहीं है कि बिना पूर्व प्रकाशन किए और आक्षेपों को सुने नियम नहीं बनाए जा सकते।

अधीनस्थ विधान समिति संवीक्षा करके यह सुनिश्चित करती है कि नियमों को बनाने के पहले प्रचार किया गया था। यदि पूर्व प्रकाशन के नियम की उपेक्षा की जाती है तो नियम अविधिमान्य हो जाएगा।[19]

पूर्व प्रकाशन से जनता को नियम निर्माण में भाग लेने का अवसर मिलता है। जिनके

17. *बी.के. श्रीनिवासन* बनाम *कर्नाटक राज्य,* ए.आइ.आर. 1987 एस.सी. 1059।
18. *जान मोहम्मद* बनाम *गुजरात राज्य,* ए.आइ.आर. 1966 एस.सी. 385।
19. *भोपाल म्युनिसिपलिटी* बनाम *एम. हसन,* ए.आइ.आर. 1972 एस.सी. 886।

हित प्रभावित हो रहे हैं उनसे परामर्श भी हो जाता है। इस परामर्श करने की प्रक्रिया को बहुत महत्व दिया जाता है।

नियमों के बनाए जाने के पश्चात् प्रकाशन।

33.20 प्रत्यायोजित विधान का वही बल और प्रभाव होता है जो प्रभुत्व संपन्न विधान का (अर्थात् सक्षम विधान-मंडल के अधिनियम का)। इससे व्यक्ति के अधिकारों पर प्रभाव पड़ता है। नियमों आदि के द्वारा बाध्यताएं और शास्तियां अधिरोपित की जा सकती हैं। यह आवश्यक है कि नियम निर्माता प्राधिकारी प्रत्यायोजित विधान को प्रचारित करने के लिए उपयुक्त कदम उठाएं जिससे कि लोग यह जान सकें कि विधि उनसे क्या अपेक्षा करती है या विधि ने उन्हें क्या अधिकार दिए हैं या क्या बाध्यताएं अधिरोपित की हैं।

अधिकांश मामलों में अधिनियम यह बताता है कि किस रीति से प्रकाशन किया जाएगा। साधारणतया प्रकाशन राजपत्र में होता है। कभी कभी राजपत्र में प्रकाशन के साथ यह अपेक्षा होती है कि प्राधिकारी स्थानीय भाषा के किसी समाचार पत्र में प्रकाशित करेगा। जब केंद्रीय सरकार द्वारा बनाए गए नियमों को राजपत्र में प्रकाशित करने की अपेक्षा होती है तब वे एक साथ हिंदी और अंग्रेजी में प्रकाशित किए जाते हैं। यह राजभाषा अधिनियम, 1963 की धारा 3 का समादेश है।

प्रकाशन जहां अधिनियम चुप है।

33.21 *हार्ला* बनाम *राजस्थान राज्य*[20] में जयपुर अफीम अधिनियम की विधिमान्यता का प्रश्न उठाया गया था। यह अधिनियम प्रकाशित या प्रख्यापित नहीं किया गया था। जयपुर राज्य में विधि बनाने का प्राधिकार मंत्रि-परिषद् को प्रत्यायोजित किया गया था। यह अधिनियम मंत्रि-परिषद् के संकल्प द्वारा पारित किया गया था। ऐसी कोई विधि नहीं थी जिसमें यह अधिकथित किया गया हो कि परिषद् द्वारा बनाए गए अधिनियमों का प्रकाशित किया जाना आवश्यक है। उच्चतम न्यायालय ने यह निर्णय दिया कि अधिनियम कभी भी विधि नहीं बना था क्योंकि वह प्रकाशित नहीं हुआ था।

न्या. विवियन बोस ने अपने विनिश्चय का आधार नैसर्गिक न्याय को बनाया। उन्होंने यह कहा,—

> नैसर्गिक न्याय की यह अपेक्षा है कि कोई विधि प्रकाशित या प्रख्यापित होने पर ही प्रवृत्त होती है। उसे किसी मान्य रीति से प्रसारित किया जाना चाहिए जिससे लोगों को यह ज्ञात हो सके कि विधि क्या है। या कम से कम कोई विशेष नियम, विनियम या रूढ़िगत व्यवस्था हो जिसके द्वारा या जिसके माध्यम से सम्यक् और युक्तियुक्त प्रयास से ऐसी जानकारी प्राप्त की जा सके।

प्रकाशन जहां अधिनियम में समादेश है।

33.22 जनक अधिनियम में प्रायः नियमों आदि के प्रकाशन की अपेक्षा होती है। केंद्रीय विधान में जो सूत्र मानक है वह इस प्रकार है।

> केंद्रीय सरकार, राजपत्र में अधिसूचना द्वारा ... नियम बना सकेगी।

यह अभिनिर्धारित हुआ है कि यह अपेक्षा आज्ञापक है। उच्चतम न्यायालय ने यह स्पष्ट रूप से अधिकथित किया है[21] कि प्रख्यापन या प्रकाशन के विहित ढंग का अनुसरण करना अनिवार्य है। इससे विचलन नहीं किया जा सकता। यदि किया गया तो नियम आदि शून्य होंगे।

प्रकाशन की तारीख।

33.23 एक प्रकरण में जो उच्चतम न्यायालय के समक्ष आया जिस राजपत्र में अधिसूचना प्रकाशित हुई थी उस पर तारीख 31-11-1982 छपी हुई थी। किंतु यह साबित कर दिया गया कि वह 8-12-1982 को जनता को

20. ए.आइ.आर. 1951 एस.सी. 467।

21. *आइ.टी.सी. भद्राचलम* बनाम *मंडल रेवेन्यू आफिसर* (1996) 6 एस.सी.सी. 634।

विक्रय के लिए उपलब्ध किया गया। न्यायालय ने यह अभिनिर्धारित किया[22] कि वह राजपत्र उस तारीख को प्रकाशित हुआ माना जाएगा जिसको वह जनता को जानकारी के लिए जारी किया गया।

प्रकाशन तभी उचित और मान्य होगा जब वह इस रीति में प्रकाशित किया जाए कि जो व्यक्ति उसके बारे में जानना चाहते हैं वे उसकी अंतर्वस्तु की जानकारी प्राप्त कर सकें। राजपत्र का छापा जाना पर्याप्त नहीं है। उसे जनता को उपलब्ध किया जाना आवश्यक है।

इस निर्णय से नागरिकों के सूचना या जानकारी के अधिकार को बल प्राप्त हुआ है। इससे जनता को राहत मिली है। विधिसम्मत शासन का यह एक अंग है कि विधि प्रत्येक व्यक्ति की पहुंच के भीतर होनी चाहिए।

तुलना और सुझाव।

33.24 फ्रांस में नेपोलियन कोड (संहिता) में यह उपबंध था कि कोई भी विधि उस क्षण प्रभावी होगी जब उसके प्रख्यापन की जानकारी हो सकती थी। अमरीका में प्रशासनिक प्रक्रिया अधिनियम में नियमों के प्रकाशन के बारे में विस्तार से उपबंध है। इंग्लैंड में सांविधिक लिखित अधिनियम, 1946 में नियमों आदि के प्रकाशन के बारे में ब्यौरेवार उपबंध हैं। भारत में इस प्रकार का कोई अधिनियम नहीं है। उच्चतम न्यायालय ने[23] यह सुझाव दिया है कि हमें भी ब्रिटेन के अधिनियम के समान अधिनियम बनाना चाहिए।

क्या नियम बनाने की शक्ति के अंतर्गत नियमों का संशोधन करने की शक्ति है?

33.25 साधारण खंड अधिनियम, 1897 की धारा 21 में यह कहा गया है कि जहां अधिसूचना, आदेश या नियम आदि बनाने की शक्ति प्रदान की जाती है उसके अंतर्गत अधिसूचना, आदेश या नियम आदि का संशोधन, परिवर्तन या विखंडन करने की शक्ति भी होती है। उस शक्ति का प्रयोग उसी रीति से और उन्हीं नियंत्रणों के अधीन किया जा सकता है जिस रीति से मूल अधिसूचना आदि निकाली जाती है।

उप प्रत्यायोजन।

33.26 साधारण नियम यह है कि जिस प्राधिकारी को अधीनस्थ विधान बनाने की शक्ति प्रत्यायोजित की गई है वह किसी और को आगे प्रत्यायोजित नहीं कर सकता। इसे इस सूक्ति के रूप में अभिव्यक्त किया जाता है। **प्रत्यायोजिती को आगे प्रत्यायोजित करने की शक्ति नहीं होती**। किंतु इस नियम के कुछ अपवाद हैं।

(क) विधान-मंडल स्वयं प्रत्यायोजिती को आगे प्रत्यायोजित करने का प्राधिकार दे सकता है।

(ख) यदि अधिनियम अनुमति देता है तो उप प्रत्यायोजिती भी आगे प्रत्यायोजित कर सकता है।

विधान-मंडल जिसे नियम बनाने की शक्ति देता है वह प्रत्यायोजिती कहलाता है। इसके बाद श्रृंखला में जिसे शक्ति दी जाती है वह उप प्रत्यायोजिती होता है और श्रृंखला में उसके बाद उपोप प्रत्यायोजिती होगा। सामान्यतया श्रृंखला प्रत्यायोजिती पर ही समाप्त हो जाती है।

उप प्रत्यायोजन और इसके भी आगे उपोप प्रत्यायोजन के उदाहरण भारत रक्षा अधिनियम और आवश्यक वस्तु अधिनियम, 1955 में मिलते हैं।

उप प्रत्यायोजन पर वे सभी नियंत्रण लागू होते हैं जो प्रत्यायोजित विधान को लागू होते हैं। उप प्रत्यायोजन सीमा के भीतर होना चाहिए और उप प्रत्यायोजन का विहित रीति से प्रकाशन होना चाहिए।

---

22. *सी.सी.ई.* बनाम *न्यू टुबेको कंपनी,* ए.आइ.आर. 1998 एस.सी. 668।
23. *महाराष्ट्र राज्य* बनाम *एम.एच. जार्ज,* ए.आइ.आर. 1965 एस.सी. 722।

अध्याय 34
नैसर्गिक न्याय

उद्‌भव।

34.1 कामन ला वाले देशों में नैसर्गिक न्याय का जो सिद्धांत प्रचलित है वह लेटिन की दो सूक्तियों से उपजा है। वे हैं,—

(क) दूसरे पक्षकार को भी सुनो

(ख) कोई भी अपने मामले में स्वयं निर्णयकर्ता नहीं हो सकता।

उच्चतम न्यायालय ने *क्राइपाक*[1] में यह संप्रेक्षण किया,—

> पहले यह समझा जाता था कि इसके अंतर्गत केवल दो नियम हैं (1) *कोई भी व्यक्ति अपने मामले में स्वयं निर्णयकर्ता नहीं हो सकता,* और (2) *सुनवाई का युक्तियुक्त अवसर दिए बिना किसी भी पक्षकार के विरुद्ध कोई विनिश्चय नहीं किया जा सकता।* कुछ ही समय पश्चात् एक तीसरा नियम भी स्वीकार किया जाने लगा कि न्यायिक-कल्प जांच सद्‌भावपूर्वक और बिना पक्षपात के की जानी चाहिए। मनमाने या अयुक्तियुक्त ढंग से नहीं। किंतु धीरे-धीरे कुछ वर्षों की अवधि में नैसर्गिक न्याय में कुछ गौण नियमों का भी समावेश हो गया है।

उपर्युक्त नियमों से यह उपनिगमन हुआ है कि **न्याय किया जाए इतना ही पर्याप्त नहीं है बल्कि यह स्पष्ट और असंदिग्ध रूप से दिखाई पड़ना चाहिए कि न्याय हुआ है।** इनसे नई परिस्थितियों के अनुरूप बहुत से नियम विकसित हुए हैं। संयुक्त राष्ट्र के तत्वावधान में अंगीकृत मानव अधिकारों की सार्वभौम घोषणा (1948) तथा सिविल और राजनीतिक अधिकारों के अंतरराष्ट्रीय अभिसमय (1966) में नैसर्गिक न्याय को मान्यता दी गई है।

आधारिक सिद्धांत।

34.2 नैसर्गिक न्याय कोई शरीरधारी जीव या कोई निश्चित आकार या स्वरूप के नियम नहीं है। इस पद की कोई प्रमित या सुनिश्चित परिभाषा नहीं दी जा सकती। इसका आधार यह सिद्धांत है कि प्रशासनिक, न्यायिक या न्यायिककल्प किसी भी प्राधिकारी द्वारा अपनी शक्ति का प्रयोग स्वेच्छाचारी या मनमाने ढंग से नहीं होना चाहिए। ऐसे प्रयोग को रोका जाना चाहिए। नैसर्गिक न्याय में यह अपेक्षा है कि ऋजु व्यवहार करना कर्त्तव्य है और उसका ध्येय है न्याय सुनिश्चित करना।[2]

क्या ये नियम केवल न्यायिक-कल्प कृत्यों को लागू होते हैं?

34.3 एक समय था जब न्यायालय न्यायिक-कल्प प्राधिकारियों को ये नियम लागू करते थे। न्यायिक-कल्प प्राधिकारी वे हैं जिनसे विधि यह अपेक्षा करती है कि वे न्यायसंगत रीति से कार्य करेंगे। अन्य प्राधिकारियों को ये नियम लागू नहीं किए जाते थे।

ए.के. क्राइपाक[1] में उच्चतम न्यायालय ने यह संप्रेक्षण किया कि नैसर्गिक न्याय का क्षेत्र निरंतर वृद्धिगत हो रहा है। नैसर्गिक न्याय के नियमों का उद्देश्य यह है कि न्याय की विजय हो और अन्याय न होने पाए। यदि नैसर्गिक न्याय के नियमों का उद्देश्य न्याय करना है तो उन्हें प्रशासनिक जांच में भी लागू किया जाना चाहिए। अनेक बार प्रशासनिक कृत्य और न्यायिक-कल्प

---

1. *ए.के. क्राइपाक* बनाम *भारत संघ,* ए.आइ.आर. 1970 एस.सी. 150।
2. *अश्विन एस. मेहता* बनाम *भारत संघ* (2012) 1 एस.सी.सी. 83।

कृत्य के बीच विभाजन रेखा खींचना सरल नहीं होता। दोनों का उद्देश्य एक ही है—न्यायसंगत विनिश्चय।

क्राइपाक[1] ने नैसर्गिक न्याय के नियमों को लागू करने के संबंध में प्रशासनिक और न्यायिक कल्प के बीच जो दीवार थी उसे ढहा दिया है।

मेनका गांधी।

34.4 *मेनका गांधी*[3] से नैसर्गिक न्याय के नियमों के लागू होने का क्षेत्र और भी बढ़ गया। उच्चतम न्यायालय ने इस वाद में यह कहा कि नैसर्गिक न्याय का केंद्र बिंदु है व्यवहार या कार्य का ऋजु होना (कार्यरूप में न्यायशीलता)। यह न्यायिक-कल्प और प्रशासनिक दोनों कार्यवाहियों में समान महत्त्व का है। नैसर्गिक न्याय का सिद्धांत ऐसी प्रशासनिक कार्यवाहियों को लागू होगा जिनके कुछ सिविल परिणाम होते हैं। यदि तुरंत कार्रवाई करना आवश्यक है और विनिश्चय करने के पहले सुनवाई करना शक्य नहीं है तो विनिश्चय के पश्चात् सुनवाई का अवसर देना चाहिए। नैसर्गिक न्याय एक सुनम्य सिद्धांत है जिसे परिस्थितियों के अनुरूप ढाला जा सकता है। न्यायालय ने स्पष्ट रूप से प्रतिपादित किया कि नैसर्गिक न्याय को लागू करने के प्रयोजन के लिए न्यायिक-कल्प और प्रशासनिक कृत्यों के बीच भेद नहीं किया जा सकता। ऐसा भी हो सकता है कि प्रशासनिक कार्यवाही में किए गए अन्यायपूर्ण निर्णय का प्रभाव अपेक्षाकृत अधिक गंभीर हो।

वे मामले जिनमें नैसर्गिक न्याय के नियम लागू होंगे।

34.5 यह अभिनिर्धारित हुआ कि प्राधिकारी को निम्नलिखित परिस्थितियों में नैसर्गिक न्याय के नियमों का पालन करते हुए विनिश्चय करना चाहिए,—

1. क्या किसी विद्यार्थी ने परीक्षा में अनुचित साधनों का उपयोग किया है।
2. किसी विद्यार्थी के परीक्षाफल का इस आधार पर रद्द किया जाना कि उसकी उपस्थिति पर्याप्त नहीं है।
3. किसी कर्मचारी की सही जन्म तिथि तय करना।
4. कुलपति को पदच्युत करना।
5. चयन समिति द्वारा किसी अधिकारी का चयन।
6. लोक सेवा आयोग द्वारा अभ्यर्थी का चयन।
7. किसी ठेकेदार को काली सूची में डालना।
8. पासपोर्ट परिबद्ध करना।
9. अनुज्ञप्ति रद्द करना।
10. नगरपालिका का अध्यारोहण।
11. अनुज्ञप्ति देने से इंकार।
12. खनन पट्टा रद्द करना।
13. किसी विद्यार्थी या कर्मचारी के विरुद्ध अनुशासनिक कार्रवाई।
14. जांच आयोग द्वारा किसी व्यक्ति के बारे में प्रतिकूल टिप्पणी।

वे मामले जिनमें नैसर्गिक न्याय के नियम लागू नहीं होंगे।

34.6 विनिश्चय करने वाले प्राधिकारी को निम्नलिखित परिस्थितियों में नैसर्गिक न्याय के नियमों का अनुसरण करना आवश्यक नहीं है—विशेषकर निर्णय के पहले सुनवाई के बारे में।

1. प्रत्यायोजित विधान अर्थात् नियम, विनियम आदि बनाते समय (जब तक कि मूल अधिनियम में इस प्रकार की अपेक्षा न हो)।
2. जहां प्रशासनिक कार्रवाई से बहुत अधिक व्यक्तियों पर प्रभाव पड़ता है जैसे भोपाल गैस विभीषिका कांड।

---

3. *मेनका गांधी* बनाम *भारत संघ,* ए.आइ.आर. 1978 एस.सी. 597।

3. जहां तुरंत कार्रवाई करने की अपेक्षा है।

4. जहां राष्ट्रीय सुरक्षा का प्रश्न अंतर्वलित है।

5. जहां मामला अनु. 311(2) के दूसरे परंतुक के अंतर्गत है। [जांच करना (क) युक्तियुक्त रूप से साध्य नहीं है और (ख) राज्य की सुरक्षा के हित में नहीं है]।

6. जहां अधिनियम के अभिव्यक्त उपबंध के द्वारा नैसर्गिक न्याय के सिद्धांत अपवर्जित कर दिए गए हैं।

नैसर्गिक न्याय के अवयव—पहली सूक्ति।

34.7 जैसा ऊपर **पैरा 34.1** में कहा गया है नैसर्गिक न्याय के सभी नियम दो सूक्तियों और उनसे निकाले गए एक उपनिगमन से प्राप्त होते हैं।

पहली सूक्ति है—**दूसरे पक्ष को सुनो**। इस सूक्ति से जिन नियमों का जन्म होता है उन पर नीचे विचार किया गया है।

क—सूचना

सिविल मामलों में सूचना।

34.8 ऐसे प्रत्येक व्यक्ति को जिसके अधिकार प्रभावित होते हैं इस बात की युक्तियुक्त सूचना दी जानी चाहिए कि उसे किस प्रकरण में उत्तर देना है। जिस जानकारी के आधार पर कार्रवाई की जाएगी वह जानकारी उसे दी जानी चाहिए। यदि उसे यह नहीं मालूम है कि उसके विरुद्ध मामला क्या है तो वह अपनी प्रतिरक्षा नहीं कर पाएगा। यदि कोई जांच आयोग किसी व्यक्ति के बारे में कोई प्रतिकूल टिप्पणी करता है तो उस व्यक्ति को सूचना दी जानी चाहिए। उस व्यक्ति को उस मामले में अपना पक्ष पुस्तुत करने का अवसर देना अनिवार्य है।[4]

सूचना की अवधि पर्याप्त होनी चाहिए। सूचना की अवधि की पर्याप्तता प्रत्येक मामले के तथ्य के अनुसार होगी।

दांडिक या अनुशासनिक कार्यवाहियों में सूचना।

34.9 विधि में यह अपेक्षा है कि अभियुक्त को यह ज्ञात होना चाहिए कि उसके विरुद्ध किस प्रकार का अभियोग है। आरोप विनिर्दिष्ट होने चाहिए अस्पष्ट नहीं। यदि सूचना में केवल इतना ही बताया गया है कि किस तारीख को सुनवाई होगी और किस प्राधिकारी के समक्ष कार्यवाही होगी तो यह सूचना अपर्याप्त है।

ख—उचित सुनवाई

उचित सुनवाई के नियम।

34.10 उचित या ऋजु सुनवाई के बहुत से अवयव हैं, उदाहरण के लिए,—

(क) **सामग्री का प्रकटन**

प्रभावित पक्षकार को सुसंगत और तात्त्विक दस्तावेज़ों की प्रतिलिपियां दी जानी चाहिए जैसे साक्षियों के कथन, आरोप से संबंधित दस्तावेज।

एक समिति ने अपने निर्णय का आधार एक दृश्य अभिलेख (वीडियो रिकार्डिंग) को बनया। यह अभिलेख याची (पिटीशनर) को नहीं दिखाया गया था। यह नैसर्गिक न्याय का उल्लंघन है।[5]

(ख) **सभी सुसंगत साक्ष्य पेश करने का अवसर**

प्रत्येक पक्षकार को सभी सुसंगत साक्ष्य प्रस्तुत करने की पूरी स्वतंत्रता दी जानी चाहिए।

---

4. *बिहार राज्य* बनाम *लालकृष्ण आडवानी,* ए.आइ.आर. 2003 एस.सी. 3357।

5. *अलगापुरम मोहनराज* बनाम *तमिलनाडु विधान सभा* (2016) 6 एस.सी.सी. 82।

(ग) **पीठ पीछे साक्ष्य नहीं लेना**

किसी भी पक्षकार के विरुद्ध साक्ष्य उस पक्षकार की उपस्थिति में ही अभिलिखित किया जाएगा। उसकी पीठ पीछे नहीं।

(घ) **प्रतिपरीक्षा का अवसर**

प्रत्येक पक्षकार को अन्य पक्षकार द्वारा प्रस्तुत किए गए साक्षी की प्रतिपरीक्षा का अवसर दिया जाना चाहिए।

(ङ) **सामग्री को स्पष्ट करने का अवसर**

किसी भी पक्षकार के विरुद्ध किसी सामग्री का अवलंब लेने के पहले उस पक्षकार को स्पष्टीकरण का अवसर दिया जाना चाहिए।

(च) **अप्रकटित सामग्री**

ऐसी किसी सामग्री पर विचार नहीं किया जा सकता जो दूसरे पक्षकार को प्रकट नहीं की गई है।

(छ) **मौखिक सुनवाई**

सुनवाई सदैव मौखिक हो यह आवश्यक नहीं है। बहुत सी परिस्थितियों में लिखित सुनवाई पर्याप्त है। राष्ट्रपति द्वारा उच्च न्यायालय के न्यायाधीश की आयु का अनु. 217(3) के अधीन अवधारण किए जाने में मौखिक सुनवाई करना आवश्यक नहीं है।[6]

जो याची अनु. 72 के अधीन राष्ट्रपति से क्षमा की प्रार्थना करता है उसे मौखिक सुनवाई का अधिकार नहीं है।[7]

(ज) **अधिवक्ता के माध्यम से उपस्थित होने का अधिकार**

जब तक अधिनियम में इस प्रकार का उपबंध न हो किसी पक्षकार को अधिवक्ता के माध्यम से उपस्थित होने का अधिकार नहीं है। किंतु यदि प्राधिकारी एक पक्षकार को अधिवक्ता की सेवाएं लेने की अनुमति देता है तो उसे दूसरे पक्षकार को भी वही सुविधा प्राप्त करने की अनुमति देनी चाहिए। इस अधिकार को आयुध की समानता कहते हैं।

(झ) **सकारण आदेश**

हमारे उच्चतम न्यायालय[8] ने इंग्लैंड के न्यायालयों के बहुत पहले यह अधिकथित किया कि न्याय की यह मांग है कि विनिश्चय के कारण अवश्य लिखे जाएं। जहां अधिनियम में स्पष्ट रूप से यह कहा गया है कि विनिश्चय के कारण देने की अपेक्षा नहीं है वहां तो कारण देने से छूट मिल जाएगी किंतु यदि अधिनियम ने छूट नहीं दी है तो विनिश्चय में उसके कारण देना अनिवार्य है। कारण के अभाव में अपील या पुनर्विलोकन करना संभव नहीं होता।

यह सिद्धांत सभी प्रशासनिक और न्यायिक आदेशों को लागू होता है। उन आदेशों के समर्थन में जो कारण हैं वे आदेश में ही उल्लिखित होने चाहिए। उसी से यह पता चलेगा कि किस प्रकार से और किस कोटि का विचार किया गया। यह भी कि न्यायालय ने विचार किया भी या नहीं। कारण ही प्रत्येक निष्कर्ष का प्राण होता है। इसी से पारदर्शिता और ऋजुता आती है।[9]

---

6. *भारत संघ* बनाम *जे.पी. मित्तर,* ए.आइ.आर. 1971 एस.सी. 1093।
7. *केहर सिंह* बनाम *भारत संघ,* ए.आइ.आर. 1989 एस.सी. 653।
8. *एस.एन. मुखर्जी* बनाम *भारत संघ,* ए.आइ.आर. 1990 एस.सी. 1984।
9. *सेक्रेटरी एंड क्यूरेटर, विक्टोरिया मेमोरियल हाल* बनाम *हावड़ा गणतांत्रिक नागरिक समिति,* जे.टी. (2010) 2 एस.सी. 566; (2010) 3 एस.सी.सी. 732।

34.11 कुछ मामलों में जिनमें तुरंत कार्रवाई करना आवश्यक होता है, दूसरे पक्षकार की पहले सुनवाई करना संभव नहीं होता है। ऐसे मामलों में विनिश्चय के पश्चात् सुनवाई करना पर्याप्त और न्यायोचित होगा।[10] जहां किसी अधिनियम में विनिश्चय-पूर्व सुनवाई के बारे में उल्लेख नहीं है वहां विनिश्चय-पश्चात् सुनवाई उचित होगी।

विनिश्चय के पश्चात् सुनवाई।

न्यायालय विनिश्चय के पश्चात् की गई सुनवाई को विनिश्चय-पूर्व सुनवाई के समतुल्य अच्छा नहीं मानते। इसलिए पर्याप्त कारण देकर उसका औचित्य बताया जाना चाहिए।

34.12 दूसरी सूक्ति है कि **कोई भी व्यक्ति अपने मामले में स्वयं निर्णयकर्ता नहीं हो सकता।** इस सूक्ति से बहुत से उपयोगी और न्यायसम्मत नियमों का उद्‌भव हुआ है। इससे अभिप्रेत है कि जो अधिकरण निर्णय करता है वह निष्पक्ष होना चाहिए और उसका कार्य सद्‌भावपूर्ण होना चाहिए। जो अभियोजक है वह न्यायाधीश नहीं हो सकता। इस सूक्ति के अवयव हैं,—

दूसरी सूक्ति।

34.13 जहां न्यायनिर्णयन करने वाला प्राधिकारी उसके समक्ष उपस्थित वाद से किसी प्रकार संबद्ध है या वाद में कोई हित रखता है तो इससे नैसर्गिक न्याय के सिद्धांतों का उल्लंघन होगा। दूसरे शब्दों में अधिकरण या प्राधिकरण में कोई पक्षपात नहीं होना चाहिए। पक्षपात के तीन कारण हो सकते हैं। (क) वाद हेतु में हित होना (ख) व्यक्तिगत पक्षपात (ग) धन संबंधी पक्षपात।

पक्षपात।

34.14 कोई व्यक्ति जो किसी मामले में पक्षकार है या जिसे किसी मामले की व्यक्तिगत जानकारी है या जिसने उस मामले पर कोई राय अभिव्यक्त की है या जिसकी उस मामले में साक्षी के रूप में परीक्षा की गई है उस मामले का निर्णय करने के लिए निरर्हित हो जाता है। **स** एक अधिकरण का सदस्य है। **स** इसके पहले एक पुनर्विलोकन समिति का सदस्य था जिसने एक कर्मचारी की समय से पूर्व सेवानिवृत्ति की सिफारिश की थी। जब कर्मचारी अपनी सेवानिवृत्ति के विरुद्ध अपील करता है तो सदस्य **स** को अधिकरण के सदस्य के रूप में भाग नहीं लेना चाहिए। यह आवश्यक नहीं है कि उसके विरुद्ध व्यक्तिगत पक्षपात का अभिकथन किया गया हो।[11] कारण यह है कि **स** ने इस मामले में पहले से एक राय बना ली है।

मामले में हितबद्ध होना।

34.15 यदि प्राधिकारी का व्यथित व्यक्ति के विरुद्ध व्यक्तिगत पक्षपात है तो वह निर्णायक होने के लिए निरर्हित है। पक्षपात इस आधार पर उत्पन्न हो सकता है कि एक पक्षकार न्यायाधीश का नातेदार या मित्र है। यदि न्यायाधीश का किसी पक्षकार से शत्रुभाव है तो वह न्यायाधीश के आसन पर नहीं बैठ सकता। पक्षपात के लिए इतना पर्याप्त है कि न्यायाधीश के आचरण से यह प्रकट होता है कि उसका मस्तिष्क खुला नहीं है या इस बात की आशंका है कि वह तथ्य और साक्ष्य के आधार पर विनिश्चय नहीं करेगा।[12]

व्यक्तिगत पक्षपात।

व्यक्तिगत पक्षपात की दशा में न्यायालय इस बात पर विचार करता है कि क्या किसी पक्षकार के मन में युक्तियुक्त रूप से यह भय या आशंका हो सकती है कि अधिकरण के किसी सदस्य के पक्षपात के कारण विनिश्चय उसके विरुद्ध होगा। पक्षपात साबित करने के लिए इतनी ही अपेक्षा होती है कि वादकारी या जनता के मस्तिष्क में इस बात का युक्तियुक्त रूप से यह संदेह हो सकता है कि न्याय उचित ढंग से नहीं होगा।

---

10. *मेनका गांधी* बनाम *भारत संघ,* ए.आइ.आर. 1978 एस.सी. 598।
11. *बैद्यनाथ* बनाम *उड़ीसा राज्य,* ए.आइ.आर. 1989 एस.सी. 2218।
12. *गुल्लपल्ली नागेश्वर राव* बनाम *आंध्र प्रदेश राज्य,* ए.आइ.आर. 1959 एस.सी. 1376।

इसका उद्‌गम इस वचन से है जिसे अनेक बार उद्‌धृत किया गया है,—

न्याय किया जाए इतना ही पर्याप्त नहीं है बल्कि यह स्पष्ट और असंदिग्ध रूप से दिखाई पड़ना चाहिए कि न्याय हुआ है।

न्यायालय यह देखता है कि ऐसे व्यक्ति के न्याय के आसन पर बैठने से जनमानस पर क्या प्रभाव पड़ेगा। जनता के सामने न्यायालय की छवि स्वच्छ और सुंदर होनी चाहिए।

धन संबंधी पक्षपात।

34.16 यदि न्यायाधीश का मामले में कोई वित्तीय या धन संबंधी हित है तो वह न्यायाधीश के रूप में कार्य करने से पूर्णतया निरर्हित हो जाता है। धन संबंधी हित बहुत छोटा होने पर भी निरर्हिता उत्पन्न करने के लिए पर्याप्त होता है। यदि न्यायाधीश किसी कंपनी, संगम या किसी अन्य संगठन का सदस्य है जिसका मामले में वित्तीय हित है तो वह उस मामले में निर्णय नहीं कर सकता।[13]

पक्षपात की संभावना।

34.17 निर्णयकर्ता के विनिश्चय को दोषयुक्त बनाने के लिए पक्षपात का वास्तव में होना आवश्यक नहीं है। पक्षपात की संभावना ही पर्याप्त होती है। पक्षपात का नियम ऐसे निकायों को भी लागू होता है जो केवल सिफारिश करते हैं।[13]

यदि विनिश्चय व्यक्तियों के समूह द्वारा किया गया है और उनमें से एक का पक्षपात है तो पूरे समूह का विनिश्चय सदोष हो जाएगा।

शासकीय पक्षपात या नीतिक पक्षपात।

34.18 जहां निर्णयकर्ता किसी सरकारी विभाग से या किसी अन्य संगठन से सहयुक्त है और उसे ऐसे विवाद का विनिश्चय करने को कहा गया है जिसमें एक ओर तो उसका विभाग और संगठन है और दूसरी ओर कोई अन्य व्यक्ति है तो ऐसी परिस्थिति में कुछ न कुछ पक्षपात तो होता ही है। कर्मचारी का झुकाव अपने विभाग की ओर हो सकता है या उसका मानसिक झुकाव अपने संगठन की नीतियों को कार्यान्वित करने की ओर हो सकता है। इसे शासकीय या नीतिक पक्षपात कहते हैं। नैसर्गिक न्याय के सिद्धांत सुनम्य हैं और उन्हें वास्तविक जगत में लागू किया जाता है। आय-कर और धन-कर के निर्धारण अधिकारी, आय-कर विभाग के कर्मचारी होते हैं। सहकारी सोसाइटियों का रजिस्ट्रार मध्यस्थ का कार्य करता है। सरकारी स्थान (अप्राधिकृत अधिभोगियों की बेदखली) अधिनियम, 1971 के अधीन एक सरकारी कर्मचारी अधिकरण के रूप में कार्य करता है और सरकार एक पक्षकार होती है। न्यायालय यह नहीं मानते हैं कि ये निरर्हित हैं।

नीतिक पक्षपात का अभिवचन बड़ी कठिनाई से सफल होता है। किसी विनिश्चय पर यह लांछन लगाना कि उसमें पक्षपात हुआ है ऐसा आक्षेप माना जाता है जिसका आधार बहुत दुर्बल है।

राजनीतिक पक्षपात।

34.19 *किहोता*[14] में यह तर्क दिया गया कि अध्यक्ष का सदैव अपने दल के पक्ष में राजनीतिक पक्षपात होगा और इसलिए उसे संविधान की 10वीं अनुसूची के अधीन दल परिवर्तन के बारे में विवादों को निपटाने के लिए स्वतंत्र और निष्पक्ष व्यक्ति नहीं समझा जा सकता। उच्चतम न्यायालय ने इस तर्क को अस्वीकार करते हुए यह अभिनिर्धारित किया कि अध्यक्ष को न्यायनिर्णयन की शक्ति देना सांविधानिक रूप से विधिमान्य है।

---

13. *जे. महापात्र एंड कंपनी* बनाम *उड़ीसा राज्य*, ए.आइ.आर. 1984 एस.सी. 1572।
14. *किहोता हालोहन* बनाम *जाचिल्हू*, ए.आइ.आर. 1993 एस.सी. 412।

यह निवेदन है कि अध्यक्ष को स्वतंत्र और तटस्थ व्यक्ति मानना वास्तविकता के विरुद्ध है। विभिन्न अध्यक्षों ने 10वीं अनुसूची के अधीन और अन्य बातों के संबंध में भी जो विनिश्चय दिए हैं वे सभी न्यायसंगत और निष्पक्ष नहीं थे। बल्कि न्यायपूर्ण निर्णय बहुत कम हैं। (देखिए **पैरा 31.12**)

पक्षपात के अपवाद। **34.20** निम्नलिखित मामले पक्षपात के अपवाद हैं।

(क) **सांविधिक प्राधिकारी**

जहां किसी अधिनियम में यह विहित है कि कोई विभाग या संगठन (नगरपालिका आदि) अधिकरण गठित करेगा और उसमें अपने किसी कर्मचारी को नियुक्त कर सकेगा।

(ख) **करार**

जहां पक्षकार करार द्वारा इस बात पर सहमत हो जाते हैं कि उनमें से एक अपने किसी कर्मचारी को मध्यस्थ नियुक्त कर सकता है। (यह केंद्रीय लोक निर्माण विभाग, रेल आदि की संविदाओं में प्रायः होता है।)

(ग) **न्यायालय अवमान**

अभिलेख न्यायालय की अपनी अवमान के लिए दंड देने की अंतर्निहित शक्ति एक सर्वमान्य अपवाद है। न्यायाधीश स्वयं इस मामले में निर्णय करता है।

(घ) **आवश्यकता**

कुछ परिस्थितियों में ऐसा भी हो सकता है कि निर्णयकर्ता का स्थान लेने के लिए कोई अन्य व्यक्ति उपलब्ध न हो और इसलिए इस विवशता के कारण वह कार्य करने के लिए बाध्य हो। यह भी हो सकता है कि कोई अन्य व्यक्ति प्राधिकृत न हो या सक्षम न हो।

(ङ) **अधित्यजन**

जिस पक्षकार को उस तथ्य की जानकारी है जिससे पक्षपात उत्पन्न हो रहा है उसे अधिकरण के समक्ष आक्षेप करना चाहिए। यदि वह कार्यवाही में आक्षेप नहीं करता है या अन्यथा उपमत हो जाता है तो वह बाद में कार्यवाहियों को विखंडित करने के लिए न्यायालय में समावेदन नहीं कर सकता। यह समझा जाता है कि पक्षकार ने अपने आक्षेप का अधित्यजन कर दिया है।

अध्याय 35

लोकहितवाद

(इस अध्याय के साथ पैरा. 7.185 से 7.188 और 7.189 भी देखें)

लोकहितवाद की भूमिका।

35.1 उच्चतम न्यायालय ने *उत्तरांचल राज्य* बनाम *बलवंतसिंह चौफाल*[1] में यह संप्रेक्षण किया कि भारत में लोकहितवाद न्यायपालिका की इस भावना से जन्मा है कि न्यायपालिका के समाज के निर्धन और वंचित वर्ग के प्रति कुछ कर्त्तव्य हैं। लोकहितवाद से सुने जाने का अधिकार विस्तारवान हो गया है। जो व्यक्ति या निकाय सामाजिक कर्त्तव्य की भावना से प्रेरित होकर कार्य करते हैं उनके लिए सुनवाई के नियम को शिथिल कर दिया गया है वे भी याचिका दे सकते हैं।

तीन चरण।

35.2 लोकहितवाद को 3 चरणों में बांटा जा सकता है।

पहला चरण—निर्धन, निरक्षर और वंचित वर्ग के अनु. 21 के अधीन अधिकारों के संरक्षण के लिए निदेश दिए गए।

दूसरा चरण—पारिस्थितिकी, पर्यावरण, वन, वन्यजीव, जलजीव, पर्वत, नदी, ऐतिहासिक स्मारक आदि के परिरक्षण के लिए निदेश दिए गए।

तीसरा चरण—लोक जीवन में भ्रष्टाचार, शासन में पारदर्शिता और ईमानदारी से संबंधित मामलों में निदेश दिए गए।

35.3 प्रथम चरण के कुछ महत्त्वपूर्ण निर्णय हैं,—

प्रथम चरण के निर्णय।

जसभाई मोतीभाई देसाई बनाम *रोशनकुमार*[2]। इस निर्णय में *व्यथित व्यक्ति* पद का निर्वचन करते हुए यह अभिनिर्धारित किया कि पारंपरिक नियम (सुनवाई का) सुनम्य है। इसमें वे व्यक्ति भी आते हैं जिनका कोई सांपत्तिक हित नहीं है किंतु जिनका विषयवस्तु में पर्याप्त और वास्तविक हित है।

बार काउंसिल ऑफ महाराष्ट्र बनाम *एम.वी. डाभोलकर*[3] में न्यायालय ने यह संप्रेक्षण किया कि पारंपरिक प्रतिपक्षी प्रणाली में यह खोजते थे कि व्यथित व्यक्ति कौन है। किंतु इस नए वर्ग के वादों में समाज का एक वर्ग या संपूर्ण समाज अंतर्वलित होता है। न्याय के मार्ग में प्रक्रिया अवरोध नहीं बन सकती।

सुनील बत्रा बनाम *दिल्ली प्रशासन*[4] में न्यायालय ने एक बंदी को यह अनुमति दी कि वह अपने साथी कैदी को यातना दिए जाने का विरोध करे।

1. जे.टी. 2010(1) एस.सी. 329।
2. 1976(1) एस.सी.सी. 671।
3. 1976 एस.सी.आर. 306।
4. ए.आइ.आर. 1978 एस.सी. 1675।

फर्टिलाइजर कारपोरेशन कामगार यूनियन बनाम *भारत संघ*[5] में न्यायालय ने यह कहा कि कारखाने के कर्मकारों को कारखाने के विक्रय की वैधता पर प्रश्न उठाने का अधिकार है।

एस.पी. गुप्ता बनाम *भारत के राष्ट्रपति*[6] में न्यायालय ने सुने जाने के अधिकार के स्थान पर एक उदार नियम प्रतिस्थापित कर दिया। न्यायालय ने कहा कि जहां निर्धनता, या सामाजिक या आर्थिक दृष्टि से प्रतिकूल परिस्थिति के कारण कोई व्यक्ति या वर्ग न्यायालय तक नहीं पहुंच सकता है तो जनता का कोई भी सदस्य उनकी ओर से न्यायालय में अभ्यावेदन कर सकता है। न्यायालय ने एक अधिवक्ता को आपात में न्यायाधीशों के स्थानांतरण को चुनौती देने की अनुमति दी।

अनिल यादव बनाम *बिहार राज्य*[7] में भागलपुर में विचारणाधीन व्यक्तियों को अंधा बनाने के बारे में पिटीशन ग्रहण की गई।

परमजीत कौर बनाम *पंजाब राज्य*[8] में उच्चतम न्यायालय के एक न्यायाधीश को भेजे गए तार को बंदी प्रत्यक्षीकरण याचिका के रूप में ग्रहण किया।

35.4 **दूसरा चरण।** *रूरल लिटिगेशन* बनाम *उत्तर प्रदेश राज्य*[9] में यह आदेश दिया कि देहरादून की घाटी में चूना पत्थर की खदानें बंद कर दी जाएं क्योंकि पर्यावरण पर उनसे प्रतिकूल प्रभाव पड़ रहा था।

एम.सी. मेहता बनाम *भारत संघ*[10] और *एम.सी. मेहता* बनाम *भारत संघ*[11] में न्यायालय ने इस बात पर ध्यान दिया कि कानपुर में चमड़ा उद्योग द्वारा अपशिष्ट बहाए जाने से प्रदूषण फैल रहा है। न्यायालय ने उसके नियंत्रण के लिए आदेश पारित किए।

इसी प्रकार *एम.सी. मेहता* बनाम *भारत संघ*[12] में न्यायालय ने ताजमहल के संरक्षण के लिए कोयले का उपयोग करने वाले 299 उद्योगों को स्थानांतरित करने का आदेश दिया। उन्हें यह विकल्प दिया गया कि वे ईंधन के लिए सी.एन.जी. का उपयोग कर सकते हैं।

एम.सी. मेहता बनाम *कमलनाथ*[13] में न्यायालय ने यह संप्रेक्षण किया कि संविधान के अनु. 21 के प्रकाश में अनु. 48क और अनु. 51क(छ) पर विचार किया जाना चाहिए। वायु, जल और मृदा में विक्षोभ या गड़बड़ी से अनु. 21 के अर्थांतर्गत जीवन परिसंकटमय हो जाएगा। पर्यावरण में छेड़छाड़ करने से अनु. 14 और 21 के अधीन अधिकारों का उल्लंघन होता है। न्यायालय ने यह अभिनिर्धारित किया कि प्रदूषणकर्त्ता, प्रभावित व्यक्ति को प्रतिकार देगा और वही पर्यावरण को पुनः पूर्वस्थिति में लाने के लिए व्यय देगा।

ध्वनि प्रदूषण के मामले में[14] न्यायालय ने ध्वनि प्रदूषण (ध्वनि विस्तारक या लाउडस्पीकर के उपयोग द्वारा) के बारे में निदेश दिए।

एस. जगन्नाथ बनाम *भारत संघ*[15] में न्यायालय ने यह निदेश दिया कि आर्थिक दृष्टि से भंगुर समुद्री किनारे के क्षेत्रों में प्रौन मछली का सघन और अर्धसघन मत्स्य पालन रोक दिया जाए।

---

5. ए.आइ.आर. 1981 एस.सी. 844।
6. ए.आइ.आर. 1982 एस.सी. 149।
7. 1982(2) एस.सी.सी. 195।
8. 1996(7) एस.सी.सी. 20।
9. ए.आइ.आर. 1985 एस.सी. 652।
10. 1988(1) एस.सी.सी. 471।
11. ए.आइ.आर. 1988 एस.सी. 1037।
12. ए.आइ.आर. 1997 एस.सी. 734।
13. 2000(6) एस.सी.सी. 213।
14. ए.आइ.आर. 2005 एस.सी. 3136।
15. 1997(2) एस.सी.सी. 87।

35.5 *विनीत नारायण* बनाम *भारत संघ*[16] में एक पिटीशन फाइल की गई। याची पत्रकार था। इस याचिका में न्यायालय ने राजनीतिज्ञों और अधिकारियों के कुछ संव्यवहारों का अन्वेषण करने का आदेश दिया। ये संव्यवहार कुछ डायरियों में लिखे गए थे जिन्हें "जैन डायरी" नाम दिया गया था।

तीसरा चरण।

राजीव रंजन सिंह बनाम *भारत संघ*[17] में लोकहितवाद बिहार राज्य में सरकारी खजाने में से ₹ 500 करोड़ से अधिक के गबन के बारे में था। न्यायालय ने आदेश जारी किए जिससे दोषी व्यक्तियों का न्यायालय के समक्ष विचारण प्रारंभ हुआ। इसे बोलचाल में "चारा घोटाला" कहा जाता है।

एम.सी. मेहता बनाम *भारत संघ*[18] को ताज विरासत क्षेत्र परियोजना वाद कहा जाता है। इसमें योजना यह थी कि यमुना नदी की धारा आगरा किला और ताजमहल के बीच मोड़ दी जाएगी और खाने-पीने की दुकानें, बाजार आदि बनाए जाएं। न्यायालय ने मुख्य मंत्री और संबद्ध मंत्री की भूमिका पर भी प्रश्न चिह्न लगाया।

35.6 कुछ याचियों ने व्यक्तिगत लाभ या अन्य उद्देश्यों से लोकहितवाद का भीषण दुरुपयोग किया है। कुछ लोग तंग करने के लिए या अपना प्रचार करने के मंतव्य से या ऐसे उद्देश्य से जिसका न्याय पाने से कोई लेना देना नहीं है इसका उपयोग करते हैं।

लोकहितवाद का दुरुपयोग।

न्यायालयों ने अनेक बार इस प्रकार के दुरुपयोग के विरुद्ध चेतावनी दी है और उसे रोकने के लिए कुछ पग भी उठाए हैं।

बाल्को एंप्लायीज यूनियन बनाम *भारत संघ*[19] में न्यायालय ने यह कहा कि याची वही हो जो सद्भावपूर्वक कार्य कर रहा हो। यदि लोकहितवाद तुच्छ बातों के लिए है या तंग करने के लिए है तो न्यायालय निदर्शक खर्चे का आदेश दे सकता है। न्यायालय ने अन्य न्यायालयों को सावधानी से वाद चयन करने की सलाह दी।

नीतू बनाम *पंजाब राज्य*[20] में न्यायालय ने दंडस्वरूप खर्चे का आदेश दिया जिससे यह ज्ञात हो जाए कि न्यायालय अनुचित उद्देश्य से फाइल की गई याचिकाओं के पक्ष में नहीं है।

एस.पी. आनंद बनाम *एच.डी. देवगौड़ा*[21] में न्यायालय ने चेतावनी देते हुए कहा कि याची को ऐसे क्षेत्र में जिसका उसे सही सही ज्ञान नहीं है प्रवेश करते समय सोच-विचार कर लेना चाहिए।

संजीव भटनागर बनाम *भारत संघ*[22] में एक अधिवक्ता पर धन की शास्ति अधिरोपित की क्योंकि उसने किसी तुच्छ बात पर तंग करने वाली याचिका प्रस्तुत की थी।

इसी प्रकार *दत्ताराज नाथूजी थावरे* बनाम *महाराष्ट्र राज्य*[23] में न्यायालय ने यह पाया कि याची ने अपने व्यक्तिगत विवाद को छद्म रूप से ढककर याचिका प्रस्तुत की थी। न्यायालय ने याची को, जो अधिवक्ता था, आर्थिक दंड दिया।

---

16. ए.आइ.आर. 1998 एस.सी. 889।
17. 2006(6) एस.सी.सी. 613।
18. 2007(1) एस.सी.सी. 110।
19. ए.आइ.आर. 2002 एस.सी. 350।
20. ए.आइ.आर. 2007 एस.सी. 758।
21. ए.आइ.आर. 1997 एस.सी. 272।
22. ए.आइ.आर. 2005 एस.सी. 2841।
23. 2005(1) एस.सी.सी. 590।

चरणलाल साहू बनाम *ज्ञानी जैलसिंह*[24] में न्यायालय इस निष्कर्ष पर पहुंचा कि याचिका असावधानी से लिखी गई है, अर्थहीन है, अस्पष्ट है और लोकहित के विरुद्ध है। न्यायालय ने यह आदेश दिया कि पिटीशनर का न्यायालय अवमान अधिनियम के अधीन अभियोजन किया जाए और रजिस्ट्रार कार्यालय को यह निदेश दिया कि याची द्वारा फाइल किया गया कोई भी लोकहितवाद ग्रहण नहीं किया जाए। याची अधिवक्ता भी था।

हालिकान पिक्चर्स प्राइवेट लिमिटेड बनाम *प्रेमचंद्र मिश्र*[25] में न्यायालय ने यह संप्रेक्षण किया कि लोकहितवाद एक शस्त्र है जिसका प्रयोग पूरी सावधानी से किया जाना चाहिए। न्यायालय को यह सुनिश्चित करना चाहिए कि लोकहितवाद के सुंदर आवरण के पीछे कोई कुरूप निजी विद्वेष, निहित हित या प्रचार पाने का आशय तो छिपा हुआ नहीं है।

न्यायालय को इन बातों के बारे में अपना समाधान कर लेना चाहिए,—

(क) याची विश्वसनीय है या नहीं

(ख) दी गई जानकारी सही है

(ग) दी गई जानकारी सुनिश्चित है, अस्पष्ट नहीं

(घ) जानकारी से यह प्रकट होता है कि परिस्थिति गंभीर और विचारणीय है।

(साथ ही देखिए **पैरा 7.185, 7.186, 7.187, 7.188** और **7.189**)

न्यायालय का कर्त्तव्य।

35.7 संक्षेप में न्यायालयों को यह सुनिश्चित करना चाहिए कि प्रक्रिया का दुरुपयोग न हो। न्यायालय व्यादेश देने के पहले प्रतिभूति देने के लिए आग्रह कर सकता है। समुचित मामलों में न्यायालय भारी रकम खर्चे के रूप में देने का आदेश दे सकता है।

उत्तरांचल राज्य बनाम *बलवंत सिंह चौफाल*[1] में भी न्यायालय ने निरर्थक लोकहितवाद प्रस्तुत करने के लिए पिटीशनर को आदेश दिया कि वह एक बड़ी रकम खर्चे के रूप में दे। न्यायालय ने याची की भर्त्सना भी की।

---

24. ए.आइ.आर. 1984 एस.सी. 309।

25. ए.आइ.आर. 2008 एस.सी. 913।

अध्याय 36

भारत का नियंत्रक-महालेखा परीक्षक

36.1 संविधान में तीन सांविधानिक अधिकारियों का उपबंध है अर्थात् भारत का महान्यायवादी (अनु. 76), राज्य का महाधिवक्ता (अनु. 165) और भारत का नियंत्रक-महालेखा परीक्षक (अनु. 148)।

सांविधानिक अधिकारी।

36.2 1986 में नियंत्रक-महालेखा परीक्षक (सीएजी) ने सेना के आयुध (बोफोर्स तोप) के क्रय में घोटाले का पर्दाफाश किया। 2011 में उसने यह उजागर किया कि टेलीफोन सेवा प्रदान करने वालों को 2 जी स्पेक्ट्रम आबंटन में बेईमानी की गई। 2012 में सीएजी ने यह कहा कि प्राइवेट व्यक्तियों को कोयला क्षेत्र आबंटन में देश को 2 लाख करोड़ रुपए की हानि हुई क्योंकि इसमें न तो नीलामी हुई न बोली लगाई गई। इसी वर्ष सीएजी ने अपने प्रतिवेदन में यह कहा कि राष्ट्रकुल खेल 2010 के आयोजन में बहुत बड़ी रकम हड़प ली गई। सीएजी ने यह बात भी सामने ला दी कि प्राइवेट एयरलाइंस को अनेक प्रकार के फायदे पहुंचाए गए और विचारपूर्वक एयर इंडिया को विनाश के कगार पर ले जाया गया। सीएजी ने यह राय दी कि दिल्ली में प्राइवेट विमानपत्तन को भूमि के अंतरण में देश को बहुत बड़ी आर्थिक हानि हुई है।

सीएजी के कुछ महत्त्वपूर्ण प्रतिवेदन।

इन प्रतिवेदनों के प्रकाश में आने से जनता को यह ज्ञात हुआ है कि सीएजी के पद का क्या महत्त्व है।

36.3 सीएजी की नियुक्ति राष्ट्रपति द्वारा की जाती है। उसकी निष्पक्षता सुनिश्चित करने के लिए यह उपबंध है कि उसका वेतन, पेंशन और सेवा की शर्तों के संबंध में उसकी नियुक्ति के पश्चात् उसके लिए अलाभकारी परिवर्तन नहीं किया जाएगा। उसका वेतन, पेंशन और सेवा की शर्तें संसद् विधि द्वारा अधिकथित करती है। उसे उसी प्रक्रिया से अपने पद से हटाया जा सकता है जिससे उच्चतम न्यायालय का न्यायाधीश हटाया जाता है। इस प्रक्रिया को सामान्य बोलचाल में महाभियोग कहते हैं।

सीएजी की नियुक्ति।

अपना पद छोड़ने के पश्चात् वह संघ या राज्य के अधीन कोई पद धारण करने का पात्र नहीं होता।

सीएजी के पद का व्यय भारत की संचित निधि पर भार होता है।

वह 6 वर्षों के लिए या 65 वर्ष की आयु का हो जाने तक नियुक्त किया जाता है, इन दोनों में से जो भी पहले हो।

सीएजी अपना प्रतिवेदन राष्ट्रपति को देता है जो उन्हें संसद के समक्ष रखवाता है।

सीएजी के कर्त्तव्य और शक्तियां।

36.4 सीएजी की शक्तियां और कृत्य नियंत्रक-महालेखा परीक्षक (कर्त्तव्य, शक्तियां तथा सेवा की शर्तें) अधिनियम, 1971 में अधिकथित है। मुख्य कृत्य हैं,—

1. संघ और प्रत्येक राज्य के लेखाओं का संकलन।

2. भारत की प्रत्येक राज्य की संचित निधि से हुए व्यय, तथा संघ और राज्य के आकस्मिक लेखा, लोक और सभी व्यापारी और विनिर्माण लेखाओं के सभी संव्यवहारों की संपरीक्षा।

3. संघ या किसी राज्य द्वारा पर्याप्त वित्तपोषित प्रत्येक निकाय या प्राधिकारी की संपरीक्षा।

4. संघ या प्रत्येक राज्य को संदेय सभी प्राप्तियों की संपरीक्षा।

5. सरकारी कंपनियों और निगमों की संपरीक्षा।

सीएजी कई प्रकार की संपरीक्षा करता है जैसे वित्तीय संपरीक्षा, कार्य संपादन संपरीक्षा, अनुपालन संपरीक्षा आदि। किंतु सीएजी सरकार की नीति पर प्रश्न नहीं उठा सकता या उसकी परीक्षा नहीं कर सकता। उदाहरणार्थ—क्या कोई अनुदान, सहाय्यिकी दी जानी चाहिए, या कोई कर लगाया जाना चाहिए या कोई रियायत दी जानी चाहिए।

सीएजी की शक्ति के अधीन प्राइवेट व्यक्ति आते हैं।

36.5 जहां भारत संघ प्राइवेट पक्षकारों के साथ प्राप्तियों में भाग ग्रहण कर रहा है वहां सीएजी का यह कर्त्तव्य है कि वह इस बात की परीक्षा करे कि सब नियमों का पालन संघ द्वारा ही नहीं बल्कि प्राइवेट पक्षकारों द्वारा भी हो रहा है या नहीं। इस प्रकार संबंधित व्यक्ति सीएजी को सब लेखा बहियां उपलब्ध कराने के लिए आबद्धकर हैं।

कार्यकरण संपरीक्षा।

36.6 सीएजी सरकार और सरकारी क्षेत्र के उपक्रमों के उत्तरदायित्व में वृद्धि करता है और यह सरकार के धन के लिए प्रहरी का काम करता है।

सरकार के कृत्यों में वृद्धि से सीएजी के उत्तरदायित्त्व में महत्त्वपूर्ण वृद्धि हुई है। सीएजी अब कार्यकरण संपरीक्षा भी कर रहा है। उसने सरकार के अनेक कार्यों पर प्रकाश डाला है। उदाहरणार्थ—2 जी स्पेक्ट्रम आबंटन और कोयला खान आबंटन।

कार्यकरण संपरीक्षा में सरकार और उसके उपक्रमों के कार्यक्रमों और प्रणालियों की स्वंतत्र और वस्तुपरक परीक्षा की जाती है। इसमें कमियां इंगित की जाती हैं। इससे दक्षता और मितव्ययिता बढ़ती है और सुधार होता है।

संपरीक्षा से भ्रष्टाचार और करदाता के धन के दुरुपयोग में कमी आती है।

सीएजी सरकार के कार्यकरण के संबंध में प्रति वर्ष 100 से अधिक प्रतिवेदन देता है।

सीएजी के बारे में सुझाव।

36.7 सीएजी के विषय में निम्नलिखित टिप्पणियां और सुझाव हैं,—

1. बैंक और बीमा क्षेत्र को सीएजी की अधिकारिता में लाया जाना चाहिए।

2. सीएजी के प्रतिवेदन को सीधे संसद् में विचारार्थ आना चाहिए। लोक लेखा समिति, अनुमान समिति या लोक उपक्रम समिति के माध्यम से नहीं।

3. भारतीय प्रशासनिक सेवा के अधिकारियों को, जिनकी पांच वर्ष की अवधि शेष रहती है, नियुक्त करने की पद्धति उचित नहीं है। यह पद्धति 90 के दशक में प्रारंभ हुई।

4. संपरीक्षा रिपोर्ट पर की गई कार्रवाई की रिपोर्ट या तो दिखावटी होती है या आधे मन से की गई कार्रवाई होती है।

शब्द सूची

इस पुस्तक में प्रयुक्त पारिभाषिक शब्दों और पदों के अंग्रेजी पर्याय अकारादिक्रम से नीचे दिए गए हैं।

अंकन करना : delineate, mark (the boundary etc.)
अंगीकार करना : 1. adopt 2. accede to
अंतःकरण की स्वतंत्रता : freedom of conscience
अंतःकालीन : intermediate, mesne, provisional
अंतःकालीन संसद् : provisional parliament
अंतःस्थापित करना : insert
अंत करना : abolish
अंततोगत्वा : ultimately
अंतरक : transferor
अंतरण : transfer
अंतरराज्यिक : inter state
अंतरराष्ट्रीय : international
अंतरराष्ट्रीय विधि : international law
अंतराल : interval
अंतरिम : interim
अंतर्गत आना : 1. include 2. cover
अंतर्देशीय जल : inland waters
अंतर्निहित : inherent, implied
अंतर्वलित करना : involve
अंतर्वस्तु : contents
अंतर्विष्ट : contained
अंतिम : 1. absolute 2. final 3. latest 4. ultimate
अंतिम आदेश : final order
अंतिम निर्णय : final judgement
अंतिम रूप से : finally
अऋजु : unfair
अकृत : null
अकृत और शून्य : null and void
अखंडता : integrity
अक्षम : incompetent
अग्रता : 1. precedence 2. priority
अग्रदाय : imprest
अग्र निर्णय : leading case
अग्र विनिश्चय : leading decision
अग्रिम जमानत : anticipatory bail
अटर्नी : attorney
अतिकर : surtax
अतिक्रमण : violation, invasion
अतिरिक्त : 1. additional 2. excess 3. extra 4. in addition to
अतिलंघन : infringement
अतिविलंब : laches, long delay
अतिव्याप्ति : overlapping
अतिष्ठित : superseded
अदक्ष : inefficient
अद्यतन : updated
अधिक अनुदान : excess grant
अधिकतम सीमा : ceiling
अधिकथित करना : 1. lay down 2. state authoritatively
अधिकरण : 1. tribunal 2. forum
अधिकार : right
अधिकार पत्र : bill of rights
अधिकार पृच्छा : *quo warranto* (writ of)
अधिकारिता : jurisdiction
अधिकारी तंत्र : bureaucracy
अधिक्रम : hierarchy
अधिक्रमण : supersession
अधिग्रहण : requisition
अधित्यजन : waiver
अधिनायकवादी : dictatorial
अधिनियम : Act, a law made by a legislature
अधिनियमित करना : to enact, to make an Act
अधिनियमिति : enactment
अधिनिर्णय : award

अधिपति : head
अधिप्रमाणित करना : authenticate
अधिमत : verdict
अधिमान : 1. preference
2. weightage
अधिरचित विधि : positive law
अधिरोपित करना : 1. impose 2. inflict
अधिवक्ता : advocate
अधिवर्षिता : superannuation
अधिवास : domicile
अधिवेशन : meeting
अधिसंघ : confederation
अधिष्ठायी : substantive
अधिसूचना : notification
अधिस्थिति : *locus standi*
अधिहरण : confiscation
अधीन : under
अधीनस्थ : subordinate
अध्यधीन : subject to
अध्यर्पण : cession
अध्यादेश : ordinance
अध्यारोही : over-riding
अध्यारोही खंड : *non obstante* clause, notwithstanding clause
अध्युपाय : measure
अनंतिम : 1. provisional
2. tentative
अनतिक्रमणीय : inviolable
अनधिक : 1. not exceeding
2. not more than
अनधिकृत : unauthorised
अननुमोदन : disapproval
अनन्य : 1. exclusive 2. sole
अनमनीय, अनम्य : rigid
अनर्हित : unqualified
अनिर्बंधित : unrestricted
अनिवार्य : 1. compulsory
2. unavoidable
अनिश्चित : 1. indefinite
2. uncertain
अनुकल्प : alternate, alternative
अनुकूलन, अनुकूलीकरण : 1. adapt
2. adaptation
अनुचित : 1. improper
2. perverse 3. unjust
4. unreasonable
अनुच्छेद : article
अनुज्ञप्ति : license
अनुज्ञा पत्र : a permit
अनुज्ञात करना : to permit
अनुतोष : relief
अनुदान : grant
अनुदेश : instruction
अनुपात : proportion, ratio
अनुध्यात : contemplated
अनुपूरक : supplementary
अनुबंध : stipulation
अनुभाग : section
अनुमति : assent
अनुमोदन : approval
अनुरोध : request
अनुशासन : discipline
अनुशास्ति : sanction (penalty or reward)
अनुषंगी : ancillary
अनुषक्ति : allegiance
अनुसचिवीय : ministerial
अनुसमर्थन : ratification
अनुसरण करना : follow
अनुसूची : schedule
अनौपचारिक : informal
अन्यदेशीय : alien
अपमान लेख : libel
अपरिहार्य : 1. indispensable
2. unavoidable
अपवर्जन : exclusion
अपात्र : ineligible
अपास्त करना : set aside
अपेक्षा : 1. requisition
2. requirement
अप्रत्यक्ष : indirect
अप्रसाद : displeasure
अप्राधिकृत : unauthorised
अभ्यर्थी : candidate
अभिकथन : allegation
अभिकरण : agency, instrumentality
अभिग्रहण : seizure
अभिभावी : overriding, prevail
अभिभाषण : address (speech)
अभियोजन : prosecution
अभिलेख : record
अभिवचन : plea, pleading

अभिस्वीकृति : acknowledgement
अभिव्यक्त : express
अभिव्यक्ति : expression
अभिसमय : convention
अमान्य : invalid
अमूर्त : 1. intangible
2. incorporeal
अयोग्य : unfit
अर्जन : acquisition
अर्जी : petition
अर्थान्वयन : construction (finding out the meaning)
अर्हता : qualification
अर्हित : qualified
अल्पसंख्यक : minority
अवधारण करना : determine
अवधि : 1. duration 2. tenure
3. term
अवमान : contempt
अवयव : ingredient
अवशिष्ट : residuary, remaining
अवसान : 1. determination
2. expiration
अवस्था : stage
अविधिमान्य : invalid
अविनिर्दिष्ट : unspecified
अवैध : illegal, illicit, invalid
असंगत : inconsistent, irrelevant
असंगति : inconsistency
असद्भाव : bad faith, *mala fide*
आक्षेप : 1. challenge
2. objection
आक्षेपणीय : objectionable
आख्यापन : announcement
आगम : proceeds
आज्ञापक : 1. mandatory
2. imperative
आत्यंतिक : absolute, unconditional
आदेशिका : process (legal)
आधारिक संरचना : basic structure
आनुपातिक : proportionate, *pro rata*
आनुवंशिक : hereditary
आनुषंगिक : 1. ancillary
2. incidental
आपत्ति करना : call in question
आपराधिक : 1. criminial
2. culpable
आपात : emergency
आप्रवास : immigration
आबंटन : allotment
आबद्ध : bound
आबद्ध करना : bind
आबद्धकर : 1. binding
2. obligatory
आभासी विधायन : colourable legislation
आय : income
आयात : import, importation
आयोग : commission
आरंभिक सिविल अधिकारिकता : original civil jurisdiction
आरक्षण : reservation
आरक्षित निधि : reserved fund
आरोप : charge
आवेदन : application
आशय : 1. intention
2. import
आसन्न : 1. immediate
2. impending
आसूचना : intelligence
आस्ति : asset
आस्थगित करना : defer
आहूत : summoned
आह्वान करना : 1. summon
2. call up
इकाई : 1. entity 2. unit
इजाजत : leave
इतरोक्ति : *obiter dictum*
उचित : 1. due 2. proper
3. fit 4. just
उचित अवसर : reasonable opportunity
उचित और न्यायसंगत : fair and just
उच्च परमाधिकार रिट : high prerogative writ
उच्चतम न्यायालय : supreme court
उत्तरदायित्व : responsibility

उत्तरवर्ती होना : succeed
उत्तराधिकार : 1. inheritance
2. succession
उत्पाद-शुल्क : 1. excise
2. excise duty
उत्प्रेषण : *certiorari*
उत्सादन : abolition
उद्ग्रहण : levy
उद्घोषणा : proclamation
उद्दीपन : incitement
उद्देश्य : aim, object
उद्धरण : extract
उन्मुक्ति : immunity
उपकर : cess
उपक्रम : undertaking
उपगत करना : incur
उपजीविका : occupation
उपधारणा : presumption
उपधारा : sub section
उपनियम : sub rule
उपबंध : provision
उपबंध करना : provide
उपमत होना : acquiesce
उपयुक्त : suitable
उपलब्धि : 1. emolument
2. achievement
उपविधि : bye-law
उपस्थित और मत
देने वाला : present and voting
उपांतर, उपांतरण : modification
उपासना : worship
उलटना : 1. overrule
2. reverse
उल्लंघन : contravention
ऋजु : 1. fair 2. just
ऋजु विचारण : fair trial
एकल : single
एकाधिकार : monopoly
ऐकिक : unitary
औपचारिकता : formality
कटौती : 1. cut 2. deduction
कठिन कारावास : rigorous
imprisonment
कठोर : 1. rigid 2. severe
कथन : 1. declaration
2. statement
कदाचार : 1. bad behaviour
2. misbehaviour

कनिष्ठ : junior
कपट : fraud
कब्जा : possession
कराधान : taxation
कर्त्तव्य : duty
कल्याणकारी राज्य : welfare state
कानून : statute, enacted law
कारावास : imprisonment
कार्यकरण संपरीक्षा : performance audit
कार्यकारिणी : executive
कार्यपालक : executive
कार्यपालिका : executive
कार्यान्वयन : implementation
कृषि आय : agriculture income
केंद्रीय : central
क्रियान्वित करना : carry into effect
कूटरचित : forged
खंड : clause
खंड न्यायपीठ : division bench
खंड न्यायालय : division court
खुला समुद्र : high seas
गठन : 1. constitution
2. set up
गठित करना : constitute
गणपूर्ति : quorum
गतकालिक : obsolete
गिरफ्तार करना : 1. arrest
2. apprehend
गुण : 1. quality
2. property
गुणागुण : merits
गुणागुण के आधार पर : on merits
गोपनीयता की शपथ : oath of secrecy
ग्रस्त होना : suffer
ग्रहण करना : 1. admit 2. entertain
3. receive 4. assume
5. take hold of
ग्राह्य : admissible
घटक : 1. component
2. ingredient
घोर अन्याय : miscarriage of
justice, grave
injustice
घोर अवचार : gross misconduct
घोषणा : 1. declaration
2. announcement
घोषणा-पत्र : manifesto
चक्रानुक्रम से : by rotation

चयन : selection
चरित्र : character
चर्चा : discussion
चित्त-विकृत्ति : unsoundness of mind
चुंगी : 1. octroi 2. octroi duty
चुनाव : 1. choice 2. election
छद्म विधायन : colourable legislation
छावनी : cantonment
छूट : 1. exemption 2. discount
जंगम : movable
जटिल : intricate, complex
जनसंख्या : population
जल विवाद : water dispute
जांच : 1. inquiry, enquiry 2. scrutinise 3. test
जाति : 1. caste 2. species
जारी करना : issue
जिल्द : volume
जुर्माना : fine
जोखिम : 1. peril 2. risk
ज्ञापन : memorandum
ज्येष्ठ : senior
टिप्पण : 1. minute 2. note
ठीक अगला : next succeeding
ठीक पश्चात् : next following
डिक्री : decree
तत्त्व और सार का सिद्धांत : doctrine of pith and substance
तत्त्वहीन : immaterial
तत्संबंधी : corresponding
तत्सम : corresponding
तत्समय : for the time being
तथ्य : fact
तदर्थ : *ad hoc*
तनूकरण : dilution
तर्क : argument
तात्पर्य : 1. purport 2. tenor
तात्त्विक : material
तामील : service
तुष्टि : satisfaction
दंड : punishment
दंड विधि : penal law
दंड संहिता : penal code
दंडादेश : sentence
दक्ष : efficient
दमनकारी : autocratic
दशा : 1. case 2. condition 3. event 4. state
दस्तावेज : document
दांडिक : 1. criminal 2. penal
दायित्व : liability
दायी : liable
दावा : claim
दावेदार : claimant
दिवाला : insolvency, bankruptcy
दिवालिया : insolvent
दुरभिसंधि : collusion
दुर्भाव : 1. bad faith 2. malice
दुर्भावपूर्ण : malicious
दुर्व्यापार : 1. traffic 2. trafficking
दूत : envoy
दूषित : 1. vitiated 2. guilty
दृष्टांत : illustration
देशी राज्य : Indian State
देशी रियासत : Indian State
देशीय विधि : municipal law, national law
देशीयकरण : naturalisation
दैहिक स्वतंत्रता : personal liberty
दो सदनों वाला : bicameral
दोषपूर्ण : 1. faulty 2. wrong
दोषमुक्त करना : acquit
दोषमुक्ति : acquittal
दोषसिद्ध करना : convict
दोषसिद्धि : conviction
दोहरा जोखिम : double jeopardy
दोषहारी : curative
द्वेषपूर्ण : malicious
धन : 1. money 2. wealth
धन विधेयक : money bill
धन संबधी : pecuniary
धारण करना : hold
धारणा : 1. assumption 2. concept 3. conviction
धारणा उपबंध : deeming provision
धारा : section

धिग्दंड : reprimand
धृति : 1. holding 2. tenure
नकारात्मक : negative
नगरपालिका : municipality
नमनीय, नम्य : flexible
नागरिक : citizen
नामनिर्देशन : nomination
नामनिर्दिष्ट : nominated, designated
नामित : named
नामावली : roll
नावधिकरण : admiralty
नाव्य : navigable
निःशक्तता : disability
निःशेष करना : 1. deplete 2. exhaust
निःशेषकारी : exhaustive
निक्षेप : deposit
निगम : corporation
निगम-कर : corporation tax
निगमित : incorporated
निचला न्यायालय : lower court
निदर्शक : exemplary
निदेश : 1. direction 2. directive
निदेशात्मक : directory
निधि : 1. fund 2. treasure
निबंधन : term
नियंत्रण : control
नियत : 1. fixed 2. stipulated 3. appointed
नियत अनुदान : fixed grant
नियम : rule
नियमित : regular
नियुक्त करना : 1. appoint 2. engage
नियोक्ता : employer
नियोजक : employer
नियोजन : employment
निरंतर : 1. consecutive 2. continuing
निरर्हता : disqualification
निरर्हित होना : disqualified
निरसन : repeal
निरसन और व्यावृत्तियां : repeal and savings
निरसित : repealed
निराकरण : 1. abrogate 2. removal 3. repudiation
निरायुध : without arms
निरीक्षण : 1. inspection 2. visit
निरुद्ध करना : detain
निरोध : detention
निर्णय : 1. case 2. judgement 3. conclusion
निर्णयज विधि : case law
निर्णीतानुसरण का सिद्धांत : doctrine of *stare decisis*
निर्दिष्ट करना : refer
निर्देश : reference
निर्धारण : assessment
निर्बंधन : restrictions
निर्मोचन करना : release
निर्यात : 1. export 2. exportation
निर्योग्यता : disability
निर्वचन करना : interpret
निर्वहन : discharge
निर्वाचक नामावली : electoral roll
निर्वाचक गण : electoral college
निर्वाचक मंडल : electorate
निर्वाचन : election
निर्वाचन आयोग : election commission
निर्वाचन क्षेत्र : constituency, electoral constituency
निलंबन : suspension
निवर्तन : retirement
निवारक : preventive
निविदा : tender
निवृत्त होना : retire
निश्चायक : conclusive
निश्चित : 1. exact 2. definite 3. settled
निषिद्ध : forbidden
निषेध करना : forbid
निष्कर्ष : 1. conclusion 2. finding 3. inference
निष्कासन : expulsion
निष्ठा : allegiance, faith
निष्पक्ष : 1. fair 2. impartial
निष्प्रभाव करना : 1. annul 2. vacate
निष्फलता : failure
निहित : vested
नीति : 1. policy 2. moral

नुकसान : damage
नुकसानी : damages
नेमी : routine
नैत्यिक : routine
नैसर्गिक न्याय : natural justice
नौपरिवहन : navigation
नौसेना : navy
न्यागमन : devolution
न्याय : 1. fairness
2. justice
न्यायनिर्णयन : adjudication
न्यायपालिका : judiciary
न्यायपीठ : bench
न्यायमूर्ति : justice
न्यायवादी : attorney
न्यायसंगत : just
न्यायसंगत और मानवोचित : just and humane
न्यायालय में : at the bar
न्यायालय में पीठासीन न्यायाधीश : judges composing the court
न्यायालय में समावेदन करना : move a court
न्यायिक : judicial
न्यायिक-कल्प : quasi-judicial
न्यायिक पुनर्विलोकन : judicial review
न्यायोचित : justified
न्याय्य : justiciable
न्यास : trust
न्यासी : trustee
न्यून करना : abridge
पंक्ति : rank
पंक्तिच्युत किया जाना : reduction in rank
पंचाट : award
पंथ निरपेक्ष : secular
पक्ष : 1. party 2. favour
पक्षकार : party
पक्षपात : 1. bias 2. favour
3. partiality
पट्टा : lease
पत्तन : port
पत्राचार : correspondence
पदच्युत करना : dismiss
पदच्युति : dismissal
पदत्याग करना : resign
पदानुक्रम : hierarchy
पदावनति : demotion
पदीय : official
पदेन : *ex officio*
पद्धति : 1. practice
2. system
परंतुक : proviso
परंपरागत विधि : conventional law
परमादेश : *mandamus*
परमाधिकार : prerogative
परामर्श : consultation
परिकल्पित : envisaged
परितोषण : gratification
परिधि : 1. ambit 2. scope
परिनिंदा : censure
परिनिश्चित करना : define
परिपाटी : 1. convention
2. practice
परिप्रेक्ष्य : perspective
परिभाषा : definition
परियोजना : project
परिरक्षण : preservation
परिरुद्ध करना : confine
परिलब्धि : perquisite
परिवर्तन : 1. alteration
2. change
3. modification
परिवर्धन : addition
परिवाद : complaint
परिवीक्षा : probation
परिव्यय : outlay
परिषद् : council
परिसंघ : federation
परिसीमन : delimitation
परिसीमन आयोग : delimitation commission
परिसीमा : 1. limit 2. limitation
परिहार : remission
परेषण : consignment
परोक्ष : 1. indirect 2. remote
पर्यवसान : termination
पर्याप्त : 1. substantial
2. adequate
3. sufficient
4. considerable
पाठ : 1. text 2. version
पात्र : eligible
पारिभाषिक : technical

पीठासीन अधिकारी : presiding officer
पुरःस्थापना : introduction (of a bill)
पुरःस्थापित करना : introduce (a bill)
पुष्टि करना : confirm
पूरक बजट : supplementary budget
पूर्ण न्यायपीठ : full bench
पूर्त : charitable
पूर्व निर्णय : precedent
पूर्व न्याय : 1. precedent 2. *res judicata*
पूर्व मंजूरी : prior sanction
पूर्वगामी : foregoing
पूर्वाग्रह : prejudice
पूर्विकता : priority
पोषणीय : maintainable
पृथक्करण : 1. separation 2. severance
पृथक्करणीय : severable
प्रकट : 1. apparent 2. visible
प्रकट गलती : patent defect
प्रकीर्ण : miscellaneous
प्रक्रम : 1. stage 2. point
प्रक्रिया : 1. procedure 2. process
प्रतिकारी कर : compensatory tax
प्रतिकूल प्रभाव : prejudice
प्रतिग्रहण : acceptance
प्रतितोष : redress
प्रतिफल : consideration
प्रतिभूति : security
प्रतिमुंड फीस : capitation fees
प्रतिषिद्ध : prohibited
प्रतिषेध करना : prohibit
प्रतिस्थापन : substitution
प्रत्यक्ष : direct
प्रत्यय : credit
प्रत्ययानुदान : vote of credit
प्रत्यर्थी : respondent
प्रत्यर्पण : extradition
प्रत्याभूति : guarantee
प्रत्यायोजन : delegation
प्रत्यायोजित विधान : delegated legislation
प्रथम दृष्ट्या : *prima facie*
प्रपीड़न : coercion
प्रभारित : charged
प्रभारित व्यय : charged expenditure
प्रभावकारी : efficacious
प्रभु : sovereign
प्रभु प्रयोजन : sovereign purpose
प्रभुता, प्रभुत्व : sovereignty
प्रभुतासंपन्न : sovereign
प्रमाणित करना : certify
प्रमित : precise
प्रयोजन : purpose
प्ररूप : form
प्रवर्ग : category
प्रवर्तनीय : enforceable
प्रविरत रहना : 1. abstain 2. forbear
प्रविरत हो जाना : cease
प्रविलंबन : reprieve
प्रवृत्त : 1. in force 2. operative
प्रवृत्त विधि : law in force
प्रवृत्त होना : come into force
प्रवृत्ति : 1. disposition 2. tendency
प्रशासन : administration
प्रशासनिक अधिकरण : administrative tribunal
प्रश्न अवधि, प्रश्नकाल : question hour
प्रश्नगत करना : 1. call in question 2. to question
प्रस्ताव : 1. motion 2. offer 3. proposal
प्रस्ताव करना : 1. move 2. propose
प्राक्कलन : estimate
प्राक्काल्पनिक : hypothetical
प्राख्यान : assertion
प्रादेशिक : territorial
प्राधिकार : 1. authority 2. authorisation
प्राधिकारी : authority
प्राधिकृत करना : authorise
प्रारंभिक : 1. preliminary 2. initial
प्रारूप : draft
प्रास्थगन : abeyance
प्रास्थिति : status
प्रोद्धरण : citation
प्रोद्‌भूत होना : accrue
प्रोन्नति : promotion
बंदी : 1. prisoner 2. closure

बंदी प्रत्यक्षीकरण : *habeas corpus*
बंधुता : fraternity
बल : force
बल और प्रभाव : force and effect
बहुमत, बहुसंख्यक : majority
बलात् श्रम : forced labour
बातिल : null
बाध्यकर : obligatory
बाध्यकारी : binding
भविष्यलक्षी : prospective
भारग्रहण : assumption of charge
भारतीय जलक्षेत्र : Indian waters
भारतीय मूल : Indian origin
भारतीय सागर-खंड : Indian waters
भारित करना : charge
भारित व्यय : charged expenditure
भूधारक : land holder
भूधृति : 1. land tenure 2. tenure
भूतलक्षी : retrospective
भूमि का अर्जन : acquisition of land
भौतिक : 1. material 2. physical
मंजूर करना : 1. allow 2. grant (appeal allowed)
मंजूरी : sanction
मंत्रि-परिषद् : council of ministers
मंत्रिमंडल : cabinet
मत : vote
मतदाता : voter
मतपत्र : ballot paper
मतसाम्य : equality of votes
मताधिकार : franchise, suffrage
मतायु : age for suffrage
मद्यनिषेध : 1. prohibition 2. temperance
मध्यक्षेप : intervention
मध्यवर्ती : intermediary, intermediate
मध्यस्थ : arbitrator
मनमाना : arbitrary
मर्म : essence
मर्मभूत : essential
मर्यादा : limitation
महाद्वीपीय मग्नतट भूमि : continental shelf
महाधिपत्य : suzerainty
महापरिसंघ : confederation
महाभियोग : impeachment
माध्यस्थम् : arbitration
माध्यस्थम् पंचाट : arbitral award
मानक : 1. norms 2. standard
मानव का दुर्व्यापार : traffic in human beings
मान्य करना : recognise
मान्य ठहराना : uphold
मान्य विधि : good law
मामला : 1. case 2. matter 3. cause
मामले : 1. affairs 2. cases
मामले का गुणागुण : merits of the case
मामूली आरंभिक सिविल अधिकारिता : ordinary original civil jurisdiction
मार्गदर्शक शक्ति : guided power
मार्गदर्शनरहित शक्ति : unguided power
मुक्त करना : 1. relieve 2. set at liberty
मुखबंध : guillotine
मुख्य न्यायमूर्ति : chief justice
मुख्य न्यायाधीश : chief judge
मुल्तवी करना : postpone
मूर्त : 1. corporeal 2. tangible
मूल अधिकार : fundamental rights
मूल अधिवास : domicile of origin
मूल पाठ : original text
मूल प्रारूप : original draft
मूलवंश : race
मृत्यु का दंडादेश : sentence of death
मृत्यु दंड : capital punishment
मैत्रीपूर्ण संबंध : friendly relations
यतः : whereas
यथा : as, namely
यथा उपबंधित : as provided
यथारीति : formal
यथाशक्य : as far as may be
यथाशीघ्र : as soon as may be
यथासंभव : as far as possible
यथासाध्य : as far as may be practicable
यथास्थिति : as the case may be
याचिका : petition
याची : petitioner

युक्ति : 1. device 2. strategy
युक्तिमान मनुष्य : reasonable man
युक्तियुक्त : reasonable
युक्तिसंगत : rational
योग्यता : 1. ability 2. fitness 3. worth
योजनेतर व्यय : non-plan expenditure
रक्षा : defence
रक्षोपाय : 1. safeguard 2. safety guard
रद्द करना, रद्दकरण : cancellation
राजकोष : exchequer
राजगामित्व, राजगामी संपत्ति : escheat
राजदूत : ambassador
राजद्रोह, राजद्रोहात्मक : seditious
राजनयिक : diplomatic
राजनिष्ठा : allegiance
राजपत्र : 1. gazette 2. official gazette
राजभाषा : official language
राजस्व : revenue
राजस्व व्यय : revenue expenditure
राजस्व लेखा : revenue account
राज्य अधिनियम : state Act
राज्य उत्तराधिकार : state succession
राज्य की विधि : law of a state
राज्य के अंग : organs of state
राज्य सभा : council of states
राज्यक्षेत्र : territory
राज्यक्षेत्रातीत : extra-territorial
राज्यनिष्ठा : allegiance
राज्याधिपति : head of state
राज्यों का पुनर्गठन : reorganisation of states
राष्ट्रपति के प्रसादपर्यंत : during the pleasure of the president
राष्ट्रपति को संबोधित : addressed to the president
राष्ट्रपतीय निर्वाचन : presidential election
राष्ट्रमंडल, राष्ट्रकुल : commonwealth
राष्ट्रवाद : nationalism
राष्ट्रिकता : nationality
राष्ट्रिकताहीन : stateless
राष्ट्रीय जलमार्ग : national waterways
राष्ट्रीयकरण : nationalisation
राष्ट्रीयता : nationhood, nationality
राष्ट्रों की विधि : law of nations
रिक्ति : vacancy
रियायत : concession
रूढ़ि : custom
रोक आदेश : stay order
रोक लेना : withhold
रोध : barrier
लंबित : pending
लक्षण : characteristic, feature
लगान : rent (of agriculture land)
लघुवाद न्यायालय : small cause court
लघूकरण : 1. commutation 2. commute
लचीला : flexible
लागू : applicable
लाभ का पद : office of profit
लिखत : instrument
लुप्तप्रयोग : obsolete
लेखा : account
लोक अधिकार : public right
लोक ऋण : public debt
लोक कल्याण : 1. public good 2. public order
लोक सभा : house of the people
लोक सेवा : public service
लोक हित : public interest
लोकतंत्र : democracy
लोकतंत्रात्मक, लोकतांत्रिक : democratic
लोप : omission
लौकिक : secular
वंचित करना : 1. deny 2. deprive
वचन विबंध : promissory estoppel
वन्य जीव : wild life
वयस्क : major, of full age
वरिष्ठ : superior
वरीयता : weightage
वर्जन : bar
वसूल करना : 1. realise 2. recover
वस्तुनिष्ठ : objective
वाक् स्वातंत्र्य : freedom of speech
वाणिज्य : commerce

वाद : 1. law suit 2. suit
वाद का खारिज किया जाना : dismissal of suit
वाद का वर्जन करना : bar a suit
वादलब्ध नियोजन : litigious employment
वाद लाना : 1. sue
2. maintain a suit
वाद हेतुक : cause of action
वाद पत्र : plaint
वादी : plaintiff
वाहन : conveyance
विकल्प : option
विकृत चित्त : unsound mind
विक्षुब्ध करना : disturb
विखंडन करना : 1. rescind
2. strike down
विघटन : dissolution
विचलन : deviation
विचार-विमर्श : 1. debate
2. deliberation
विचारण : trial (of a case)
वित्त : finance, financial
वित्तपोषित : financed
वित्त विधेयक : finance bill
वित्तीय विधेयक : financial bill
विदेशी मुद्रा : foreign exchange
विद्यमान विधि : existing law
विद्वेष : malice
विधान : legislation
विधान-मंडल : legislature
विधायिका : legislature
विधायी : legislative
विधायी अध्युपाय : legislative measure
विधायी कृत्य : legislative function
विधारित : withheld
विधि और व्यवस्था : law and order
विधि का बल : force of law
विधि का सम्यक् अनुक्रम : due course of law
विधि के समक्ष समता : equality before law
विधि द्वारा आबद्ध : bound by law
विधि द्वारा विहित : prescribed by law
विधि द्वारा स्थापित : established by law
विधि पद्धति : system of law
विधि व्यवसायी : legal practitioner
विधिक व्यक्ति : juristic person, juridical person
विधिपूर्ण : lawful
विधिपूर्वक : lawfully
विधिमान्य : valid
विधिमान्य करना : validate, validation
विधिमान्यकरण : validation
विधियुक्त : lawful
विधिविरुद्ध : unlawful
विधिवेत्ता : jurist
विधिसंगत : lawful, legitimate
विधिसम्मत : lawful, legitimate
विधिसम्मत शासन : rule of law
विधेयक : bill
विनिमय : exchange
विनियम : regulation
विनियमन करना : regulate
विनियोग : appropriation
विनियोग विधेयक : appropriation bill
विनियोजित : appropriated
विनिर्णय : overruling
विनिर्दिष्ट : 1. specified
2. specific
विनिर्माण : manufacture
विनिश्चय : decision
विनिश्चय आधार : *ratio decidendi*
विन्यास : endowment
विफल करना : defeat
विबंध : estoppel
विभाजनीय : severable
विभेद : 1. discrimination
2. distinction
विभेदकारी : discriminatory
विमर्श करना : deliberate
विमानन : aviation
विरचना करना, विरचित करना : frame
विरत रहना : refrain
विराष्ट्रिकता : statelessness
विरुद्ध : 1. against
2. opposed
3. repugnant
विरुद्ध निर्णय देना : overrule
विरुद्ध व्यवस्था देना : overrule
विलग हो जाना : 1. secede
2. secession

विलय, विलयन : merger
विवक्षा : implication
विवक्षित : implied
विवरणी : return
विवर्जित करना : debar
विवाद : 1. dispute 2. controversy
विवादग्रस्त : disputed
विवाद्य : in issue
विवाद्य प्रश्न : 1. point in dispute 2. question in issue
विवाद्यक : issue
विवेक : discretion
विवेक बुद्धि : judgement
विवेकाधिकार : discretion
विशिष्ट : 1. particular 2. eminent 3. distinguished
विशिष्टताएं : distinctions
विशेषक खंड : qualifying clause
विशेषाधिकार : privilege
विश्रांतिकाल : recess
विश्वास : 1. belief 2. faith
विश्वास करने का कारण : reason to believe
विश्वास प्रस्ताव : motion of confidence
विषमता : anomaly
विषयवस्तु : content
विसंगत : irrelevant
विसम्मति : dissent
विसम्मत होना : dissent
विस्तार : 1. extent 2. scope 3. extension
विस्तार होना : extends
विहित : prescribed
विहित करना : prescribe
वृत्ति : 1. profession 2. career
वृत्तिक : professional
वैध : 1. legal 2. good
वैधता : legality
वैधिक : juridical
वैवेकिक : discretionary
व्यक्ति : 1. person 2. man 3. individual
व्यक्ति संगम : association of persons
व्यक्तिगत : 1. personal 2. individual
व्यक्तिनिष्ठ, व्यक्तिपरक : subjective
व्यक्तिवार : per capita
व्यतिकारी : reciprocal
व्यथित : aggrieved
व्यपगत होना : lapse
व्यय : 1. expenditure 2. cost
व्ययन : disposal
व्यवसाय : trade
व्यवसाय करना : practise
व्यवस्था : 1. order 2. ruling
व्यवस्था बनाए रखना : maintain order
व्यष्टि : individual
व्यादेश : injunction
व्यापक सिद्धांत : broad principles
व्यापकता : generality
व्यापार : trade
व्याप्ति : scope
व्यावृत्ति : saving (clause)
शक्ति : 1. power 2. strength
शक्ति का विस्तार : width of power
शक्य : 1. feasible 2. capable
शत्रु अन्यदेशीय : enemy alien
शपथ : oath
शपथ लेना : swear
शांति, प्रगति और सुशासन : peace, order and government
शासक : 1. ruler 2. governor
शासकीय : official
शासन : 1. government 2. rule
शासनाध्यक्ष : head of the government
शास्ति : penalty
शुल्क : duty
शून्य : 1. void 2. nil
शोध्य : 1. due 2. dues
श्रम : labour
श्रेणी : 1. grade 2. rank
संकटापन्न करना : endanger
संकल्प : resolution
संकल्पना : concept

संक्रमण : transition
संक्रमणकालीन : transitory
संक्षिप्त : 1. brief 2. summary 3. concise
संख्यांक : number
संगठन : 1. constitution 2. organisation
संगत : 1. compatible 2. consistent
संगम : association
संग्रहण : collection
संघ : union
संघ राज्यक्षेत्र : union territory
संघ विषय : union subjects
संघ सूची : union list
संचित निधि : consolidated fund
संदत्त : paid
संदाय : payment
संदिग्धार्थ : ambiguous
संपत्ति : property
संपदा : estate
संपरिवर्तन : conversion
संपरीक्षा : audit
संपरीक्षक : auditor
संप्रदाय : denomination
संप्रेक्षण : observation
संबोधन : address, speech
संभाव्य : likely
सम्मति देना : signify assent
संयुक्त : joint, composite
संरक्षण : 1. conservation 2. protection 3. indemnity 4. safeguards
संरचना : 1. composition 2. structure
संवर्ग : 1. cadre 2. set
संवर्धन : promotion
संविदा : contract
संविधान की मर्यादा बनाए रखना : to updold the constitution
संवीक्षा : scrutiny, scrutinise
संशोधन : amendment
संशोधन अधिनियम : amending Act
संसूचना : communication
संस्थित करना : institute
संहिता : code
सकारण आदेश : speaking order
सकारात्मक : affirmative
सक्षम : competent
सचेतक : whip
सत्यनिष्ठ प्रतिज्ञान : solemn affirmation
सत्र : session
सत्रावसान करना : prorogue
सत्रावसान : prorogation
सत्रासीन : in session
सदन : 1. house 2. chamber
सदाचरण : good conduct
सद्भाव : good faith
सद्भावपूर्ण, सद्भावपूर्वक : *bona fide*, in good faith
सद्भाविक : *bona fide*
सन्निकट : imminent
सन्नियम : norm
सन्निविष्ट : embodied
सपरिषद् गवर्नर जनरल : governor-general in council
सभा : 1. court 2. meeting 3. assembly
सभा पटल : table of the house
समझा जाएगा : shall be deemed
समता : equality
समनुदेशन : assignment
समनुषंगिक : accessory
समपहरण : forfeiture
समर्थ बनाना : enable
समवर्ती : concurrent
समसामयिक : simultaneous
समादेश : command
समादेशक : commander
समाधान : satisfaction
समाधानप्रद : satisfactory
समायोजन करन : adjust
समाविष्ट : comprised in
समावेदन करना : move
समाश्रित : contingent
समिति : committee
समीचीन : expedient
समुचित : proper, appropriate relevant

समेकित करना : consolidate
सम्मति : consent
सम्मान : distinction, honour
सम्मिलित होना : 1. inclusion
2. accede to
सम्यक् : due
सम्यक्तः, सम्यक् रूप से : duly
सर्वसम्मत : unanimous
सर्वसाधारण : general
सर्वांगीण अधिकारिता : plenary jurisdiction
सर्वोच्च न्यायालय : highest court
सर्वोपरि अधिकार : eminest domain
सर्वोपरि खंड : *non obstante* clause
सर्वोपरिता : paramountcy
सशक्त करना : empower
सशस्त्र बल : armed forces
सहमति : 1. agreement
2. concurrence
3. consent
सहयुक्त : associate
सहायकी, सहाय्यिकी : subsidy
सांविधानिक : constitutional
सागर-खंड : waters
साधार : sound
साधारण : 1. general 2. simple
साधारण खंड : general clause
साधिकार : as of right
साध्य : feasible
सामर्थ्यकारी उपबंध : enabling provision
सामान्य : 1. common
2. normal
3. ordinary
4. usual
सामासिक : composite
साम्या : equity
सारभूत : substantial, essential
सारवान : 1. material
2. substantial
सिद्ध करना : 1. establish
2. substantiate
सिद्धदोष : convict
सिद्धांतशून्य : unscrupulous
सिविल अधिकारिता : civil jurisdiction
सीमांकन : demarcation
सीमा-शुल्क : customs
सुनवाई का अवसर : opportunity of being heard
सुनम्य : flexible
सुसंगत : relevant
सूचना : 1. notice
2. information
3. intimate
सूची : list
सेना न्यायालय : court martial
सेना विधि : martial law
सेवा : service
सेवाधृति : tenure
सेवानिवृत्ति : retirement
स्थगन : adjournment
स्थायी : 1. permanent
2. standing
स्थावर : immovable
स्वत्वहरण : expropriation
स्वविवेक से : in his discretion
स्वातंत्र्य अधिकार : right of freedom
स्वामीविहीन : *bona vacantia*
स्वायत्त : autonomous
हक : title
हकदार : entitled
हस्तांतरण पत्र : 1. conveyance
2. assurance
हित : interest
हितबद्ध : interested
हेतु : motive
हेतुक : cause

अनुक्रमणिका

अंगीकार-पत्र, **1.77**
अंग्रेजी का प्रयोग चालू रहना, **27.10**
अंग्रेजी से हिंदी में भाषिक परिवर्तन, **27.13**
अंतरराज्य परिषद्, **20.35**
अंतरराज्यिक व्यापार या वाणिज्य, **20.44**
अंतरिम सरकार, **1.63**
अंत:करण
  का अर्थ, **7.150**
अंबेडकर, डा. भीमराव, **1.28, 1.31, 1.63, 1.79, 2.2, 2.28, 3.1, 3.2, 3.3, 4.15, 7.68, 7.82, 7.165, 7.178, 27.5, 28.21, 29.2**
अखिल भारतीय सेवाएं, **2.9, 3.21**
अर्चक, **7.152**
अर्थान्वयन
  समन्वयकारी, **8.5, 20.15**
अधिकरण, **14.7**
अधिकार:
  अभिव्यक्त मर्यादाओं सहित या बिना, **7.21**
  अल्पसंख्यकों के, **7.160, 7.166**
  उच्चतम न्यायालय में समावेदन करने का, **7.178**
  जुलूस निकालने का, **7.100, 7.101**
  त्वरित विचारण का, **7.129**
  धर्म परिवर्तन का, **7.146**
  नैसर्गिक, **7.1**
  प्रतिकार का, **22.5**
  प्रदर्शन का, **7.100**
  प्राण और व्यक्तिगत स्वतंत्रता का, **7.124**
  प्राण का, नैसर्गिक है जिसका हरण नहीं किया जा सकता, **7.3**
  मानव, **7.1**
  विधिक, **7.6, 15.37, 15.37**
  शिक्षा का, **7.135**
  शोषण के विरुद्ध, **7.140**
  संगम का और सशस्त्र बल, **7.103**
  संपत्ति का, **7.166, 22.2**
  संपत्ति का, उत्सादन, **7.166**
  सार्वजनिक सभा करने का, **7.100**
  स्वयं निष्पाद्य, **7.22**
अधिकार पत्र, **7.4**
अधिकारी तंत्र का नियंत्रण, **3.21**
अधिनियम:
  अधिवक्ता अधिनियम, 1961, **15.56**
  अनुपात का सिद्धांत, **7.170**
  अनैतिक व्यापार (निवारण) अधिनियम, 1956, **7.139**
  अर्जित राज्यक्षेत्र (विलयन) अधिनियम, 1960, **5.14**
  अस्पृश्यता (अपराध) अधिनियम, 1955, **7.82**
  आंतरिक सुरक्षा अधिनियम, 1971, **7.138**
  आंध्र राज्य अधिनियम, 1953, **5.14**
  आतंकवाद निरोधक अधिनियम, 2002, **7.138**
  आतंकवादी और विध्वंसकारी क्रियाकलाप (निवारण) अधिनियम, **15.56**
  आधारिक संरचना का सिद्धांत, **7.15**
  आधारिक संरचना पर प्रहार करने वाले संविधान संशोधान, **28.39**
  आपराधिक मानहानि, **7.99**
  आपराधिक विधि संशोधान अधिनियम, 1908, **7.102**
  आय-कर अधिनियम, 1961, **15.56**
  उच्चतम न्यायालय न्यायाधीश (वेतन और सेवा शर्तें) अधिनियम, 1958, **15.11**
  उदारवादी, **1.18**
  एकाधिकार तथा अवरोधाक व्यापारिक व्यवहार अधिनियम, 1969, **15.56**
  औषधि और चमत्कारिक उपचार (आक्षेपणीय विज्ञापन) अधिनियम, 1954, **33.6**
  औद्योगिक नियोजन (स्थायी आदेश) अधिनियम, 1946, **8.7**
  औद्योगिक विवाद अधिनियम, 1947, **7.109, 7.161**
  कर्मकार प्रतिकर अधिनियम, 1923, **8.7**
  कारखाना अधिनियम, 1948, **7.136, 8.7**
  जल प्रदूषण अधिनियम, **8.7**
  तमिलनाडू आरक्षण अधिनियम, 1994, **7.72**
  दंड प्रक्रिया संहिता, 1973, **7.59, 7.100, 7.129, 14.3, 14.6, 16.18**
  दान-कर अधिनियम, 1958, **20.14**

धन-कर अधिनियम, 1957, **20.14**
नगर भूमि (अधिकतम सीमा और विनियमन) अधिनियम, 1976, **3.17, 20.25**
नागरिकता अधिनियम, 1955, **2.6, 6.8**
निर्वाचन विधि (संशोधान) अधिनियम, 1975, **7.171**
निवारक निरोध अधिनियम, 1950, **7.137**
नौसेना अधिनियम, 1957, **7.205**
न्यायाधीश (जांच) अधिनियम, 1968, **15.22**
न्यायालय अवमान अधिनियम, 1971, **15.56**
न्यूनतम मजदूरी अधिनियम, 1948, **8.7**
पंजाब पुनर्गठन अधिनियम, 1966, **5.14**
परिसीमन अधिनियम, 1972, **26.1, 26.3**
परिसीमन आयोग अधिनियम, 1962, **26.3**
पर्यावरण प्रदूषण अधिनियम, **8.7**
पुरस्कार प्रतियोगिता अधिनियम, 1955, **3.17**
पुलिस बल (अधिकारों का निर्बंधान) अधिनियम, 1966, **7.204**
पूर्वोत्तर क्षेत्र (पुनर्गठन) अधिनियम, 1971, **5.14**
प्रसूति प्रसुविधा अधिनियम, 1961, **8.7**
प्राधिकृत पाठ (केंद्रीय विधि) अधिनियम, 1973, **27.27**
बंगाल साहूकारी अधिनियम, 20.16
बंधित श्रम पद्धति (उत्सादन) अधिनियम, 1976, **2.6, 7.139**
बालक नियोजन अधिनियम, 1938, **7.140**
बालक श्रम (प्रतिषेध और विनियमन) अधिनियम, 1986, **7.140**
भारत रक्षा अधिनियम, 1915, **1.11, 21.10**
भारत शासन अधिनियम, 1915, **1.11, 21.10**
भारत शासन अधिनियम, 1919, **1.8, 1.15**
भारत शासन अधिनियम, 1935, **1.8, 1.32, 1.36, 2.2, 2.25, 2.27, 3.13, 14.1, 14.4, 15.56, 20.14, 20.10, 26.2**
भारतीय दंड संहिता, 1860, **7.59, 14.3**
भारतीय परिषद् अधिनियम, 1861, **1.3**
भारतीय परिषद् अधिनियम, 1892, **1.3, 1.4**
भारतीय परिषद् अधिनियम, 1909, **1.5, 1.7**
भारतीय प्रेस अधिनियम, 1910, **1.11**
भारतीय प्रेस अधिनियम, 1913, **1.11**
भारतीय स्वतंत्रता अधिनियम, 1947, **21.2**
भ्रष्टाचार निवारण अधिनियम, 1988, **7.118**
मद्रास राज्य (नाम परिवर्तन) अधिनियम, 1968, **5.14**
मानव अंग प्रतिरोपण अधिनियम, 1994, **3.17, 20.25**
मुंबई मद्यनिषेध अधिनियम, **20.16**
मैसूर राज्य (नाम परिवर्तन) अधिनियम, 1973, **5.14**
मोटर यान संशोधन अधिनियम, 1956, **20.22**
राजभाषा अधिनियम, 1963, **11.126, 27.16, 27.26**
राज्य पुनर्गठन अधिनियम, 1956, **17.1**
राज्यक्षेत्रीय सागर-खंड, महाद्वीपीय मग्नतट भूमि, अनन्य आर्थिक क्षेत्र और अन्य सामुद्रिक क्षेत्र अधिनियम, 1976, **21.4**
राष्ट्रपति (कृत्यों का निर्वहन) अधिनियम, 1969, **10.56**
राष्ट्रपतीय और उपराष्ट्रपतीय निर्वाचन अधिनियम, 1952, **26.1**
राष्ट्रीय पिछड़ा वर्ग आयोग अधिनियम, 1993, **7.70**
राष्ट्रीय सुरक्षा अधिनियम, 1980, **7.138**
लोक नियोजन (निवास की अपेक्षा) अधिनियम, 1957, **6.12**
लोक प्रतिनिधित्व अधिनियम, 1950, **11.4, 26.1, 26.3**
लोक प्रतिनिधित्व अधिनियम, 1951, **11.13, 11.20, 15.56, 26.1, 26.3**
वन (संरक्षण) अधिनियम, 1980, **8.7**
वन्य जीव (संरक्षण) अधिनियम, 1972, **8.7, 20.25**
वायु प्रदूषण अधिनियम, 1981, **8.7**
वायु सेना अधिनियम, 1950, **7.204**
विदेशी मुद्रा विनियमन अधिनियम, 1973, **7.118**
विदेशी मुद्रा संरक्षण और तस्करी निवारण अधिनियम, 1974, **7.137**
विशेष विवाह अधिनियम, 1954, **8.9**
संघ राज्यक्षेत्र शासन अधिनियम, 1963, **17.2**
सिविल अधिकार संरक्षण अधिनियम, 1955, **2.6, 7.70**
सिविल प्रक्रिया संहिता, 1908, **7.118, 15.56**
सीमा सुरक्षा बल अधिनियम, 1968, **7.203**
सेना अधिनियम, 1950, **7.203**
स्वर्ण (नियंत्रण) अधिनियम, 1968, **33.6**
हिंदू उत्तराधिकार अधिनियम, 1956, **7.59**
हिमाचल प्रदेश और बिलासपुर (नया राज्य) अधिनियम, 1954, **5.13**
अधिमान प्राप्त मत, **20.51**

अधिवास, **6.6**
उद्भव का, **6.6**
विकल्प का, **6.6**
अधिसंघ, **3.24**
अधिस्थिति, **7.184, 7.185**
या सुनवाई का अधिकार मिटा नहीं है, **7.186**
अधीनस्थ विधान, **33.11**
अध्यक्ष:
का निर्णायक मत, **11.31**
का हटाया जाना, **11.31**
के कर्त्तव्य और कृत्य, **11.34**
तात्कालिक, **11.33**
लोक सभा का, **11.31**
अध्यादेश:
राष्ट्रपति की शक्ति, **10.39**
राष्ट्रपति और राज्यपाल की शक्तियों की तुलना, **13.36**
अनुच्छेद:
3 और 4, **5.14**
12, **15.41**
13(1), **7.33**
13(2), **7.33**
14, **7.41, 7.58**
14, 19 और 21 की त्रिमूर्ति, **7.134**
15, **7.58**
15(4), **7.62**
16, **7.58**
16(क), **32.5**
17, **7.58**
19, **7.16, 7.65, 7.84**
19(1)(क), **7.95, 7.99**
19(1)(ख), **7.100, 7.101**
19(1)(ग), **7.102, 19.3**
19(1)(घ), **7.106**
19(1)(ङ), **7.107**
19(1)(च), **7.108, 7.167**
19(1)(छ), **7.110**
19(1)(6), **11.80**
20, **7.113**
20(2), **7.117**
20(3), **7.122**
21, **7.3, 7.133, 11.80**
22, **7.137**
23, **7.139**
25, **7.144, 7.145**
27, **7.144**
29, **7.159**
30, **7.160, 7.162, 7.164**
31, **7.167**
31क, **7.168**
31ख, **7.169, 7.170, 7.171, 29.32**
31ग, **7.50, 7.172, 29.24**
31घ, **7.177**
32, **7.178, 7.203**
32(2), **7.184**
33, **7.103, 7.175**
34, **7.205**
35, **7.82**
37(क), **32.5**
39(ख) या (ग), **7.82, 7.172, 7.175**
43, **8.7**
43क, **8.2**
43ख, **8.8**
44, **8.9, 8.11**
45, **7.135**
46, **32.5**
47, **8.2**
48क, **8.2, 8.7**
50, **8.6, 14.3**
51क, **9.1**
53, **10.10, 10.21, 10.23**
55, **10.15**
56, **10.17**
61, **10.18**
71, **10.19**
72, **10.31, 12.11**
74, **10.10**
74(1), **10.39**
75(3), **10.10**
76, **10.59, 10.60**
77, **10.22**
79, **10.25**
80, **10.25**
82, **11.9**
84, **10.12, 11.12**
85, **10.25**
87, **10.25**
88, **10.60**
93, **11.29**
96, **11.31**
100, **11.36**
101, **10.20**
103(2), **11.19**
105(3), **11.80**
108, **10.25**
109(1), **11.53**
110, **11.52, 11.57**
111, **10.28, 11.51, 11.56**
114, **10.23, 11.91**

117, **11.54**
117(1), **10.25, 11.59**
117(3), **11.60**
119(2), **11.55**
123, **10.30**
124, **15.1**
127, **15.2**
128, **15.3**
131, **15.37**
132, **15.45**
133, **15.46**
136, **15.52, 15.53**
141, **15.60**
142, **15.64, 15.65, 15.66**
143, **10.35, 13.34, 15.57, 15.59**
151, **10.25**
153, **12.2**
155, **12.2**
156(1), **12.26**
161, **12.11**
163, **12.20**
164, **32.5**
165, **12.27, 12.28, 12.29**
168, **12.10**
169, **13.2**
200, **10.29, 13.29**
201, **13.30**
213, **10.35**
222, **16.7**
226, **7.203, 16.17, 16.23**
227, **16.21, 16.23**
233, **14.2**
234, **14.2**
239क, **17.2**
239कक, **17.2**
239कख, **17.2**
244, **32.5**
245, **20.4**
246, **20.4**
246क, **20.11**
248, **29.19**
249, **20.26**
252, **20.25**
253, **20.28**
256, **20.31**
257, **20.31**
268क, **20.41, 20.43**
269क, **20.42**
270, **20.43**
271, **20.45**
273, **20.46**
274(1), **10.26**
275, **20.48, 32.5**
279क, **20.51**
280, **20.47**
281, **10.26**
282, **20.48**
285, **20.54, 20.57**
289, **20.53, 20.57**
299, **10.22, 21.5**
300, **21.8, 22.1**
300क, **7.108, 22.11, 22.14**
301, **23.1, 23.3, 23.6, 23.13**
302, **23.13**
303, **23.10, 23.13**
304, **23.8**
304क और 304ख, **23.13**
305, **23.13**
309, **24.2, 24.10**
310, **24.8**
311, **24.8, 24.10, 24.15, 24.24**
312, **24.26**
315, **25.1**
316, **25.3**
318, **25.2**
320, **25.7, 25.8**
323, **10.25**
323क, **16.1, 16.26, 29.32**
323ख, **16.1, 16.26, 29.32**
325, **26.2**
326, **11.7**
329, **11.80, 26.7**
329क, **26.9, 29.25, 29.39**
330, **32.2, 32.5**
331, **10.25, 11.6, 32.3**
332, **13.4, 32.5**
333, **13.4**
334, **32.2**
335, **8.3, 32.5**
338, **32.4**
338क, **32.4**
339, **10.35**
340, **10.25, 10.35**
342, **10.35**
343, **27.8, 27.15**
343थ, **18.23**
344, **27.11, 27.13, 27.15, 27.31**
345, **27.17**
346, **27.18**
347, **27.19**

348, **27.26**
249, **20.11**
350, **27.28**
350क, **8.3**
351, **8.3, 27.15, 27.30, 27.31**
352, **7.16, 10.30, 11.11**
356, **10.36, 20.29**
356(3), **28.38**
358, **7.16**
359, **7.16, 7.133, 7.181**
360, **10.36**
361, **10.38**
366(12), **20.11**
368, **29.14, 29.19, 29.24**
371(2), **12.22**
371-क, **12.23**
371-ग, **12.23, 32.5**
371-च, **32.5**
371-च(छ), **12.23**
371-ज(क), **12.23**
371-ज, **32.5**
394-क, **10.25, 27.27**
अनुच्छेद 14 और संविदाएं, **7.49**
अनुच्छेद 14 का नया अर्थ, **7.45**
अनुच्छेद 14 के उल्लंघन के उदाहरण, **7.56**
अनुच्छेद 31ख के अंत:स्थापन का उद्देश्य, **7.171**
अनुच्छेदों के प्रयोजन,
15(4), **7.63**
16(4), **7.63**
331, **7.63**
332, **7.63**
अनुज्ञेय निर्बंधन, **7.147**
अनुज्ञेय वर्गीकरण के उदाहरण, **7.57**
अनुदान:
अनुपूरक, अतिरिक्त या अधिक, **11.49**
अनुसूचित जाति और जनजाति का विर्निदिष्ट किया जाना, **32.1**
के लिए स्थानों का आरक्षण, **32.2**
मतदान पर किया जाने वाला व्यय, **11.90**
सहायता, **20.44**
अनुसूचित और जनजाति क्षेत्र, **18.41**
अनुसूची:
पांचवीं, **18.42**
छठी, **18.43**
आठवीं, **27.30**
नवीं, **7.169, 29.31**
अनुसूची दस का पैरा 5, **31.7**
दसवीं, **31.2, 31.3, 31.9, 31.11, 31.12**
अनैतिक या अवैध जीविका, **7.93**
अन्यदेशीय, **6.1**
अन्य प्राधिकारी, **7.24**
अपर न्यायाधीश, **16.8**
अपवाद:
इस नियम के कि राष्ट्रपति को सलाह से कार्य करना है, **10.11**
विभाजन नहीं, **31.5**
समता खंड के, **7.38**
अब्राहम लिंकन, **4.9, 5.1, 7.37**
अब्दुल कलाम, ए.पी.जे., **10.25, 10.37**
अब्दुल गफ्फार खान, **1.76**
अब्दुल रहमान अंतुले, **7.129**
अभिलेख न्यायालय:
उच्च न्यायालय है, **16.31**
उच्चतम न्यायालय है, **15.24**
अभिलेख को देखने से ही प्रकट, **7.195**
अभेद्य मानव अधिकार, **7.1**
अमरीका का अनुभव,
ब्रिटिश पार्लमेंट का, **10.3**
अमरीकी स्वतंत्रता की घोषणा, **7.4**
अर्जित राज्यक्षेत्र, **5.6**
अली अहमद, फखरुद्दीन, **10.37**
अहमद, सर सैयद, **1.6**
अर्हताएं,
विधान परिषद् की सदस्यता के लिए, **13.8**
विधानसभा की सदस्यता के लिए, **13.8**
अलगाव की भावना, **1.8**
अलेक्सेंडर, ए.वी., **1.59**
अल्पसंख्यक:
भाषिक, **7.156**
धार्मिक, **7.156**
अल्पसंख्यक अधिकारों के बारे में निर्णयों पर पुनर्विचार की आवश्यकता, **7.164**
अल्पसंख्यक शिक्षा संस्था, **7.155, 7.158**
विनियमन, **7.161**
सहायता प्राप्त, **7.156**
स्थापना का अधिकार, **7.156**
अल्पसंख्यकवाद, **7.155**
अवमान:
के लिए दंड देने की शक्ति, **15.32**
दांडिक, **15.32**
सिविल, **15.32**
असद्भावपूर्वक, **7.191**
आंग्ल भारतीय, **32.3**
आकस्मिकता निधि, **20.50**
आगा खां, **1.6**
आजाद हिंद सेना का विचारण, **1.53**
आजाद, मौलाना अबुल कलाम, **1.23, 27.5**

आधारिक लक्षण, 7.11, 7.12
क्या है, **7.15**
परिभाषित नहीं, **7.15**
आनुकल्पिक मत पद्धति, **10.14**
आनुपातिक प्रतिनिधित्व, **10.14**
आपात:
अनुचित और बारंबार उपयोग अनु. 356 का, **28.31**
अनुचित उपयोग कब होगा, **28.37**
अवधि, **28.8, 28.87, 28.41**
उचित उपयोग कब होगा, **28.36**
तुलना, अनु. 352, और 356 के प्रवर्तन की, **28.38**
तुलना, अनु. 358 और 359 के प्रवर्तन की, **28.18**
उदाहरण, **28.5**
प्रक्रिया, **28.6**
प्रभाव, **28.42**
प्रभाव, उद्घोषणा का,
कार्यपालिका पर, **28.13**
प्रकीर्ण, **28.19**
मूल अधिकारों पर, **28.16**
वित्त पर, **28.15**
विधान-मंडल पर, **28.14**
1975 का, **7.171**
वापस लेना, **28.10, 28.29**
प्रकार
राष्ट्रीय, **28.2, 28.3**
राज्य, **28.2, 28.20**
वित्तीय, **28.2, 28.39**
उद्घोषणा,
आधार, **28.3, 28.23**
आपात की उद्घोषणा:
अनु. 352 के अधीन, **20.29**
अनु. 356 के अधीन, **20.30**
का प्रभाव, **28.42**
का वापस लिया जाना, **28.10, 28.29**
की प्रक्रिया, **28.6**
के आधार, **28.3, 28.23**
के उदाहरण, **28.5**
आरक्षण:
ईसाइयों के लिए, **32.6**
बहुसंख्यकों के लिए, **13.4**
मुसलमानों के लिए स्थानों का, **1.5, 32.6**
विधान सभा में स्थानों का, **13.4**
आरक्षण का पुनर्विलोकन, **7.75**
आरक्षित और अंतरित विषय, **1.15, 1.16**
आर्चबोल्ड, **1.6**
इंग्लैंड की विधि, **10.44**
इंडियन सिविल सर्विस, **1.16, 8.6**
इतरोक्ति, **15.60**
इतिहास, मूल अधिकारों का, **7.4**
इर्विन, लार्ड, **1.26, 1.27**
ईस्ट इंडिया कंपनी, **21.2, 21.10**
उचित सुनवाई, **34.10**
के नियम, **34.10**
उच्च न्यायालय:
अधिकरणों का अधीक्षण, **16.25**
अधिकारिता
अपीली, **16.18**
राज्यक्षेत्रीय, **16.15**
रिट, **16.20**
अधीनस्थ न्यायालयों पर नियंत्रण, **16.28**
अधीक्षण की शक्ति, **16.12**
गठन, **16.4**
न्यायपीठ, **16.3**
न्यायाधीश,
अर्हताएं, **16.12**
आयु का अवधारण, **16.13**
त्यागपत्र, **16.10**
नियुक्ति, **3.22, 16.5**
पदावधि, **16.8**
वेतन, **16.11**
स्वाधीनता, **16.14**
प्रत्येक राज्य के लिए एक, **16.1**
इसका अपवाद, **16.2**
भाषा, **27.21, 27.22**
रिट अधिकारिता
असाधारण अधिकारिता, **16.19**
उच्चतम न्यायालय से तुलना, **16.20**
विशेषधिकार, **16.19**
उच्च न्यायालय की असाधारण अधिकारिता, **16.19**
उच्च न्यायालय की न्यायाधीशों के भ्रष्टाचार के मामले, **9.4, 15.24**
उच्चतम न्यायालय:
अधिकारिता, **15.34**
अनुच्छेद 32 के अधीन रिट, **15.43**
अपीली, **15.44**
आरंभिक, **15.36**
का विस्तार, **15.51**
परामर्श, **15.57**
अपील की विशेष इजाजत, **15.52**
अनु. 136 का विश्लेषण, **15.52**
की प्रकृति, **15.53**
के अधीन विशेष इजाजत देने की शक्ति, **15.52**
के अधीन हस्तक्षेप के कुछ दृष्टांत, **15.54**
वाद या मामले, **15.52**

अपीलों के प्रकार, **15.44**
अनु. 136 के अधीन, **15.52**
एकल न्यायाधीश से, **15.47**
दांडिक, **15.48**
सांविधानिक, **15.45**
सिविल, **15.46**
और उच्च न्यायालयों की स्वाधीनता, **15.28**
सुझाव, **15.29**
का गठन, **15.1**
की अमरीकी उच्चतम न्यायालय से तुलना, **15.30**
की आलोचना, **15.70**
की भाषा, **27.21, 27.25**
की भूमिका की प्रशंसा और मूल्यांकन, **15.69**
के मुख्य न्यायमूर्ति की नियुक्ति, **15.7**
के विनिश्चयों का आबद्धकर होना, **15.60**
को निर्देश, **15.58**
न्यायाधीश,
अर्हताएं, नियुक्ति के लिए, **15.9**
का अभियोजन, **15.20**
का वेतन, **15.11**
की नियुक्ति, **15.4**
तदर्थ, **15.2**
पदावधि, **15.21**
पर महाभियोग, **15.22**
सेवानिवृत्त न्यायाधीश की उपस्थिति, **15.3**
विधि का स्रोत है–अनु. 141, **15.62**
शक्तियां
अनुच्छेद 142 की परिसीमाएं, **15.67**
अभिलेख न्यायालय, **15.31**
अवमान के लिए दंड देने की, **15.32**
पूर्णन्याय करने की, **15.64**
विशेष इजाजत देने की, **15.52**
सलाहकारी अधिकारिता के बारे में प्रश्न, **15.59**
उत्तरदायित्व:
मंत्रियों का व्यक्तिगत, **10.43**
मंत्रियों का सामूहिक, **10.42**
विधिक, **10.44**
उत्तरदायित्व, राष्ट्रपति या राज्यपाल का संविदा में, **21.7**
अपकृत्य में, **21.11**
संविदा में, **21.10**
साधारण, **21.9**
उत्प्रेषण और प्रतिषेध
के बीच अंतर, **7.200**
उन्मुक्ति, **10.38**
उदाहरण:
अनु. 21 के अधीन संरक्षण के, **7.128**
अयुक्तियुक्त निर्बंधन के, **7.97**
युक्तियुक्त निर्बंधन के, **7.96**
उद्देशिका, **4.1, 4.3**
का महत्त्व, **4.4**
क्या संविधान का भाग है, **4.5**
निर्वचन में सहायक के रूप में, **4.6**
बार्कर द्वारा प्रशंसा, **4.2**
शक्ति का स्रोत नहीं है, **4.6**
संयुक्त राष्ट्र संघ के चार्टर की, **7.39**
उद्देश्य संकल्प, **4.1**
उन्नीकृष्णन, **7.156**
उन्मुक्ति:
अंतरशासन कर, **20.55**
उपकरणों की, **20.55**
प्रभुत्व उन्मुक्ति के सिद्धान्त, **21.13**
राज्यों की, **20.57**
संघ की, **20.56**
व्युत्पन्न, **7.170**
उप-प्रत्यायोजन, **33.26**
उपाधियां–अनु. **18, 7.72**
उपाध्यक्ष लोक सभा का, **11.28, 11.38**
उपासना स्थल, **7.148**
का अर्जन, **7.148**
ऊर्ध्व या सामाजिक आरक्षण, **7.61**
क्षैतिज आरक्षण, **7.61**
एकल संक्रमणीय मत, **10.14**
एकल नागरिकता, **2.3, 6.9**
एकल न्यायपालिका, **2.9**
एकांतता का अधिकार, **7.130**
एकीकरण देशी रियासतों का, **2.23**
एटली, क्लीमेंट, **1.69**
एनी बेसेंट, **1.9, 1.12, 1.14, 1.24**
एंड्रू मेलर, **1.64**
एम.ए. अंसारी, **1.76**
ओलिवर वेंडल होम्स (न्या.), **7.94**
कठिनाइयों को दूर करने के आदेश, **33.9**
या अष्टम् हेनरी खंड, **33.9**
कठोरता, **2.5, 2.7, 3.9, 29.8**
कपट, विधायी, **20.18**
कर:
अंतरशासन कर उन्मुक्ति, **20.55**
और संघ के लिए अधिभार, **20.46**
और फीस तथा उनमें अंतर, **20.40**
उद्ग्रहण की शक्ति, **20.43**
संबंधी विधियां और अनु. 301, **23.6**
संघ द्वारा उद्गृहीत और संगृहीत किंतु राज्यों को सौंपे जाने वाले, **20.42**
संघ द्वारा उद्गृहीत और संगृहीत तथा संघ और राज्यों के बीच वितरित किए जाने वाले, **20.45**

संघ द्वारा उद्गृहीत किंतु राज्यों द्वारा संगृहीत और विनियोजित, **20.41**
संघ द्वारा उद्गृहीत तथा संघ और राज्य द्वारा संगृहीत और विनियोजित सेवा कर, **20.42**
कर्जन वायली, सर, **1.9**
कर्त्तव्य, न्यायिक रीति से कार्य करने का, **7.196**
करतार सिंह, बागी, **1.11**
कल्याण सिंह, **12.7, 12.18**
काका कालेलकर, **7.68**
कारबार, **23.4**
कासिम रिजवी, **1.71**
कार्यपालिका का विवेक, **7.53**
कार्यपालिका शक्ति, **10.1**
राष्ट्रपति में निहित है, **10.1**
क्रिकेट कंट्रोल बोर्ड, **7.24**
क्रियान्वयन निदेशक तत्त्वों का, **8.7**
किसी अन्य प्रयोजन के लिए, **16.20**
कुलदीप सिंह (न्या.), **7.68**
कृषक प्रजा पार्टी, **1.37**
कृष्ण पाल सिंह, **12.17**
केंदीय अन्वेषण ब्यूरो (सी.बी.आई), **16.23, 16.24**
केबिनेट मिशन, **1.59, 1.60, 1.61, 1.77**
योजना, **3.5, 4.8**
केशवानंद और अनु. 31ग, **7.174**
केसरीनाथ त्रिपाठी, **31.11**
केबिनेट प्रणाली, **10.45**
कौटिल्य, **4.7**
क्रिप्स, सर स्टेफर्ड, **1.47, 1.54, 3.5**
क्षमा का अर्थ, **10.33**
क्षमादान, **10.32**
खतरनाक या अपायकर व्यापार, **7.93**
खन्ना, एच.आर. (न्या.), **7.3, 15.8, 15.71**
खान अब्दुल गफ्फार खां, **1.37**
खिलाफत आंदोलन, **1.23, 1.24**
खेर, बी.जी., **27.11**
गंगा खंड, **32.17**
गणराज्य, **2.18, 4.10**
गणपूर्ति, **11.35**
गणित, कपटी ज्वारी का, **1.60**
गवर्नर जनरल, सपरिषद्, **1.3**
गांधी, महात्मा, **1.17, 1.23, 1.26, 1.27, 1.28, 1.32, 1.33, 1.41, 1.42, 1.43, 1.44, 1.45, 1.47, 1.49, 1.57, 1.64, 1.66, 7.68, 7.82, 18.3, 27.2**
गांधी, राजीव, **31.2**
गांधी, श्रीमती इंदिरा, **10.10, 10.48, 12.7, 28.19, 29.7**
गुप्त मतदान, **11.5**
गुरुदत्त, पंडित, **1.9**
गुरु नानक विश्वविद्यालय, **7.151**
गुलशेर अहमद, **12.7**
गेंदा सिंह, **31.1**
गोखले, गोपालकृष्ण, **1.7**
गोपालस्वामी, आयंगर, **27.5**
गोलमेज सम्मेलन
पहला, **1.27**
दूसरा, **1.28**
तीसरा, **1.32**
गोविंदनारायण सिंह, **31.1**
गोविंदवल्लभ पंत, **27.13**
ग्राम स्वराज्य, **18.3**
ग्रेनविल आस्टिन, **26.6**
ग्यारह न्यायाधीशों की पीठ का निर्णय, **7.156**
घोष, श्री अरविंद, **1.9, 1.10**
घोषणा, 1858 की, **1.1, 1.3**
चंद्रचूड़, (मु. न्या.), **15.71, 29.29**
चंद्रशेखर, **31.11**
चंद्रशेखर आजाद, **1.11**
चक्रवर्ती राजगोपालाचारी, **12.7**
चटर्जी, योगेशचंद्र, **1.11**
चट्टोपाध्याय, वी.एन., **1.11**
चट्टोपाध्याय, सुजीत शंकर, अध्याय 1, पा.टि. 81
चरणसिंह, **11.124, 12.18, 31.1, 31.11**
चर्चिल, सर विंस्टन, **1.45**
चिंतामणि, सी.वाय., **1.29, 1.66**
चेम्सफोर्ड, लार्ड, **1.14**
चौरी चौरा, **1.23**
छह स्वतंत्रताएं, **7.82, 7.83**
छागला, मोहम्मद करीम (न्या.), **8.9, 8.10**
जगदंबिका पाल, **12.18**
जनसंपर्क कार्यक्रम, **1.38**
जनता के अधिकारों को प्रभावित करने वाले प्रश्न, **7.196**
जनरल वैद्य, **7.186**
जयकर, एम.आर, **1.43, 1.66**
जयप्रकाश नारायण, **1.75**
जस्टिस पार्टी, **1.20**
जाफर इमाम, (न्या.), **15.7**
जार्ज ओरविल, **7.155**
जार्ज द्वितीय, **10.45**
जार्ज प्रथम, **10.45**
जिन्ना, मोहम्मद अली, **1.25, 1.28, 1.41, 1.42, 1.44, 1.57, 1.61, 1.64, 1.65**
जुआ, **7.86**
जैलसिंह, ज्ञानी, **10.37**
झूठ का परिचालन,
हिंदी के बारे में, **27.6**
टंडन, पुरुषोत्तमदास, **27.2**

टामन (न्या.), **7.68**
टिप्पणी, अनु. 300क पर, **22.9**
डनलप स्मिथ, कर्नल, **1.6**
डा. भीमराव अंबेडकर, **1.28, 1.31, 1.63, 1.78, 1,79, 2.2, 3.1, 3.2, 3.3, 7.73, 7.82, 7.161, 7.178, 26.5, 28.21, 29.2**
डा. राजेंद्र प्रसाद, **1.77, 1.78**
डायसी, ए.वी., **7.37, 7.40**
डिसूजा, **12.7**
ढिल्लों, गुरुबक्श सिंह, **1.53**
तदर्थ न्यायाधीश, **16.8**
तिलक, बाल गंगाधर, **1.9, 1.10**
तिवारी, के.के., **11.77**
तिवारी, नारायण दत्त, **31.1**
तीन तलाक, **7.154**
तीन संशोधन, मंडल के मामले का निराकरण करने के लिए, **7.66**
तीन स्तर, सरकार के, **2.10, 3.6**
तेजबहादुर सप्रू, **1.18, 1.28**
तीजो (जापानी प्रधानमंत्री), **1.75**
त्यागी, ओमप्रकाश, **7.145**
त्रिपाठी, केसरीनाथ, **31.12**
त्रिपाठी, पी.के. (डा.), 7.153 (पाद टिप्पण 200), 8.5 (पाद टिप्पण 4)
थियोसोफिकल सोसाइटी, **1.9**
दंडस्वरूप निरोधा, **7.139**
दक्षिण भारत हिंदी प्रचार सभा, **27.2**
दयानंद, स्वामी, **1.9**
दल परिवर्तन:
  अपवाद, **31.4**
  और विसम्मति में अंतर, **31.12**
  करने वाला मंत्री नहीं हो सकता, **31.13**
  का रोग, **31.1**
  के आधार पर निरर्हता, **13.12**
  निरर्हता कब लागू होगी, **31.3**
  न्यायालयों की भूमिका, **31.7**
दसवी अनुसूची, 11.15, 31.1
  अध्यक्ष या सभापति अधिकरण के रूप में कार्य करता है, **31.9**
  का कार्यकरण, **31.11**
  की आलोचना, **31.12**
  दल परिवर्तन से संबंधित, **31.1**
दास, चितरंजन, **1.19**
दिलीप पारीख, **12.19**
द्वितीय विश्व युद्ध, **1.36, 7.95**
दुर्व्यापार, स्त्रियों का, **7.93**
दुर्बल कार्यपालिका, **15.63**
दूसरे पक्षकार को भी सुनो, **7.197**
देवनागरी लिपि, **27.3**
देवेगौड़ा, **11.125**
देशी रिसायत: एकीकरण, **2.23**
देशीयकृत नागरिक, **6.15**
देसाई, पी.बी. (न्या.), **15.24**
देसाई, भूला भाई, **1.53**
देसाई, मोरारजी, **7.83**
दैहिक स्वतंत्रता, **7.123, 7.127**
  का अर्थ, **7.127**
  का संरक्षण, **7.121**
द्वैध शासन प्रणाली, **1.15, 1.22, 1.35**
दोहरा जोखिम, **7.116**
दोहरा दंड, **7.119**
दोहरा संकट, **7.116**
दोहरी नागरिकता, **6.8**
दोहरी नागरिकता नहीं, **6.10**
धन विधेयक: **10.25, 11.52**
  अनुमति, **11.56**
  की समानता, वित्तीय विधेयक से, **11.58**
  के संबंध में लोक सभा और विधान सभा की तुलना, **13.26**
  पुर:स्थापन, **11.54, 13.18**
  राज्य सभा में प्रक्रिया, **11.61**
  विधान परिषद् में प्रक्रिया, **13.18**
धर्म:
  की स्वतंत्रता, **7.141**
  क्या है, **7.147**
  रिलीजन से भिन्न है, **7.147**
धर्मवीर, **12.19**
धींगरा, मदनलाल, **1.9**
नंबूद्रीपाद, ई.एम.एस., **12.7**
नए राज्यों का निर्माण, **5.3, 5.14**
नगरपालिकाएं:
  अवधि, **18.30**
  आय के स्रोत, **18.36**
  गठन, **18.22**
  निरर्हता का प्रश्न, **18.33**
  निर्वाचन का समय, **18.31**
  बारहवीं अनुसूची, **18.35**
  योजना समितियां, **18.40**
  वित्त आयोग, **18.37**
  शक्तियां और कृत्य, **18.34**
  संरचना, **18.24**
  सदस्यता के लिए अर्हताएं, **18.32**
  स्थानों का आरक्षण, **18.27**
नमक सत्याग्रह, **1.26**
नर्को विश्लेषण, **7.123**
नरसिंह राव, **11.83, 11.121**
नागरिक:
  के अधिकार, **6.1**
  जन्म से, **6.3**

देशीयकरण से, **6.15**
निगम नहीं है, **6.4**
नागरिकता:
26 जनवरी 1950 के बाद, **6.9**
एकल, **2.3, 6.10**
की समाप्ति, **6.11**
दोहरी, **6.8**
नाथ पई का विधेयक, **29.21**
नारायण गुरु, **7.65**
नारायण, के.आर., **10.37**
नायर, सुशीला, अध्याय 1 का पा.टि. 46
निजाम उस्मान अली, **1.78**
निदेश, आदेश या रिट, **16.20**
निदेश, राष्ट्रपति द्वारा, **27.19**
निदेशक तत्त्व:
अन्य भागों में, **8.3**
इतिहास, **8.1**
और मूल अधिकार में अंतर, **8.4**
और मूल अधिकार में संबंधा, **8.5**
क्रियान्वयन, **8.7**
को प्रभावी करने वाली विधियों की व्यावृत्ति, **7.172**
प्रमुख लक्षण, **2.12**
मूल कर्त्तव्य से तुलना, **9.2**
राज्य की नीति के, **8.1**
वर्गीकरण, **8.2**
निर्धनता की रेखा, **7.68**
नियंत्रक-महालेखा परीक्षक (सीएजी), **36.1, 36.2**
की नियुक्ति, **36.3**
की शक्तियां, **36.4**
नियंत्रण:
अधिकारी तंत्र का, **3.21**
वायुतरंगों का, **7.99**
नियम:
परिसंघ की सर्वोच्चता का, **20.13**
सदन के पटल पर रखने की अपेक्षा का, **33.18**
समन्वयकारी अर्थान्वयन का, **20.13**
नियुक्ति
उच्च न्यायालय के न्यायाधीशों की, **3.22**
राज्यपाल की, **3.19**
नियोगी, के.सी. (न्या.), **7.146**
निरंतर परमादेश, **7.194**
निरर्हता:
अनुपस्थिति के कारण, **13.11**
का विनिश्चय, **11.19, 13.13**
दल परिवर्तन के आधार पर, **13.12**
दोहरी सदस्यता से, **13.10**
विधान परिषद् की सदस्यता के लिए, **13.8**
विधान सभा की सदस्यता के लिए, **13.9**
निरर्हताओं का विनिश्चय, **11.19**
निरोधा:
निवारक, **7.138**
दंडस्वरूप, **7.138**
निर्णय,
संविधान संशोधन के विषय में, **29.33**
निर्णायक मत, **11.36**
निर्णीतानुसरण, **15.59, 15.60**
निर्णय:
ग्यारह न्यायाधीशों की पीठ का, **7.156**
निर्बंधन:
अधिष्ठायी, **7.89**
अनुज्ञेय, **7.152**
की आवश्यकता, **7.89**
प्रक्रियात्मक, **7.92**
मूल अधिकारों पर, **2.24**
युक्तियुक्त, **7.92**
विक्रय पर, **7.92**
निर्वाचकगण,
राष्ट्रपति के निर्वाचन के लिए, **10.13, 10.20**
निर्वाचन:
अर्जी, **26.8**
का मामला, गुजरात विधान सभा का, (विशेष निर्देश सं. 1/2002), **15.58**
के बारे में सांविधानिक उपबंध, **26.2**
राष्ट्रपति का, **10.13**
लोकतंत्र और, **26.1**
विवाद, **26.7**
1937 के निर्वाचन के परिणाम, **1.37**
1945-46 के निर्वाचन, **1.56**
2002 का विशेष निर्देश सं. 1 (गुजरात विधान सभा निर्वाचन का मामला), **15.58**
निर्वाचन आयोग: 26.4
की स्वतंत्रता, **26.6**
के कृत्य, **26.5**
निलंबन, मूल अधिकारों का, **7.16**
निवारक निरोधा, **7.137**
निवास:
और अनु. 15(1), **6.13**
जम्मू-कश्मीर में, **6.14**
संबंधी अर्हता, **6.12**
नुकसानी, **7.120**
नेशनल लिबरेशन फेडरेशन, **1.18**
नेहरू, जवाहरलाल, **1.23, 1.49, 1.61, 1.63, 1.67, 1.71, 1.78, 4.11, 7.165, 10.48, 29.2**
नेहरू, बी.के., **1.63**
नेहरू, मोतीलाल, **1.19, 1.21, 2.13**

नेहरू समिति, **1.21**
नैसर्गिक अधिकार, **7.1**
नैसर्गिक न्यायः 7.197, 33.1
और अनुच्छेद 14, **7.47**
कहां लागू होता है, **34.5**
कहां लागू नहीं होता है, **34.6**
का सिद्धांत, **34.1**
दूसरे पक्षकार को भी सुनो, **34.1, 34.7**
कोई भी अपने मामले में स्वयं निर्णयकर्ता नहीं हो सकता, **34.1**
नौसेना का विद्रोह, **1.54**
न्याय
वितरणवादी, **4.15**
न्यायमंडल प्रक्रिया, **16.6**
प्रकार, **4.15**
न्यायपालिका:
अधिकारिता
सिविल, **14.5**
दांडिक, **14.6**
अधीनस्थ न्यायालय, **14.2**
कार्यपालिका से पृथक्करण, **14.3**
न्यायाधीशों का अंतरण, **16.7**
न्यायालयों का एक ही समूह, **14.1**
प्रतिबद्ध, **15.8**
स्वतंत्र, **2.15**
न्यायपालिका और कार्यपालिका का पृथक्करण, **8.7, 14.3**
न्यायालयों की दो धाराएं, **14.1**
न्यायिक आयोग की आवश्यकता, **15.9**
न्यायिक-कल्प प्राधिकारी, **34.3**
न्यायिक नियंत्रण
प्रत्यायोजित विधान का, **33.12**
न्यायिक पुनर्विलोकन, **2.13, 7.28**
न्यायिक प्रशासन पर प्रतिवेदन, **15.8**
न्यायिक रीति से कार्य करने का कर्त्तव्य, **7.196**
न्यायिक सर्वोच्चता, **2.20**
पंचायतः
अध्यक्ष का निर्वाचन, **18.8**
अवधि, **18.12**
आय के स्रोत, **18.18**
आरक्षण, स्थानों का, **18.9**
का निर्वाचन, **18.20**
ग्यारहवीं सूची, **18.17**
निरर्हता का प्रश्न, **18.15**
निर्वाचन का समय, **18.13**
प्रणाली, **18.6**
वित्त आयोग, **18.19**
शक्तियां और कृत्य, **18.16**
संरचना, **18.7**
सदस्यता के लिए अर्हता, **18.14**
पंथनिरपेक्ष, **4.13**
पंथनिरपेक्षता, **7.144, 7.145, 8.8**
पट्टाभि सीतारामय्या, **1.65, 1.79**
पटेल, केशुभाई, **12.18**
पतंजलि शास्त्री (न्या.), **7.95**
पत्र भी समुचित कार्यवाही समझा जा सकता है, **7.179**
पदावधि, प्रसाद पर्यंत, **24.10**
परमादेश, **7.193**
परिसंघः
और अधिसंघ, **3.24**
करार का परिणाम नहीं, **5.1**
कसौटी, **3.3**
परिभाषा, **3.1**
न्यायालय, **14.4**
लक्षण, **3.4**
संविधान, **2.17**
सर्वोच्चता, **20.11**
सिद्धांत से असंगत लक्षण, **3.12**
परिसंघ कल्प, **3.2**
परिसंघ की कसौटी, **3.3**
परिसंघ का मुख्य लक्षण, **3.1**
परिसंघ की परिभाषा, **3.1**
परिसंघ की भावना का साक्ष्य, **3.25**
परिसंघ के लक्षण, **3.4**
परिसंघ प्रणाली की ऐकिक प्रणाली में संपरिवर्तन, **2.8**
परिसंघ सर्वोच्चता का नियम, **20.13**
परिसंघ सिद्धांत से विचलन, **3.12**
परिसंघीयः लक्षण, **3.1, 3.2**
परिसीमा अधिनियम, **7.182**
लागू नहीं होता, **7.182**
परिहार, **10.32**
परीक्षण:
प्रत्यक्ष और अपरिहार्य प्रभाव का, **7.92**
पृथक्करण के लिए, **7.30**
पहले खंभा छूने वाली पद्धति, **10.14**
पाकिस्तानः
का संकल्प, **1.42**
की मांग, **1.42, 1.70**
पाणिनी, **4.7**
पालकीवाला, एन.ए., **7.68**
प्रारूपण समिति, **1.80**
पिंगले, विष्णु गणेश, **1.11**
पिछड़ा वर्ग, **2.21**
पिछड़ा वर्ग आयोग का प्रतिवेदन, **7.65**
पिछड़े वर्गों के प्रति पक्षपात, **2.21**
पिल्ले पट्टम थानु, **31.1**
पीठासीन अधिकारी, **11.32**
सूची, **11.32**
पुलिस शक्ति, **2.24, 22.6**

पुणे समझौता, 1.31, 1.33, 1.34, 1.35
पूर्ण प्रतिनिषेधा, 7.93
पक्षपात, 7.196, 34.13
 की संभावना, 34.17
 के अपवाद, 34.20
 धन संबंधी, 34.16
 नीतिक, 34.18
 राजनीतिक, 34.19
 व्यक्तिगत, 34.15
 शासकीय, 34.18
पूर्व दोषसिद्धि, 7.116
पूर्वन्याय, 7.120, 7.183
पृथक् निर्वाचक मंडल, 1.5, 1.8, 1.15, 1.25, 1.28
पृथक्करण, न्यायपालिका का कार्यपालिका से, 8.7
पेथिक लारेंस, लार्ड, 1.59
प्रकाशम, टी., 31.1
प्रक्रिया, नए राज्यों के निर्माण की, 5.8
 संक्षेप में, 5.15
प्रक्रिया, विधि द्वारा स्थापित, 7.125
प्रतिकर, 22.14
प्रतिकारी कर, 23.7
प्रतिबद्ध न्यायपालिका, 15.7
प्रतिरक्षा शक्ति, 2.8
प्रतिवेदन, पिछड़ा वर्ग आयोग का, 7.68
 न्यायिक प्रशासन पर, 15.8
प्रतिषेधाः
 और उत्प्रेषण की रिटों में अंतर, 7.200
 गोहत्या का, 7.92
 भूतलक्षी दांडिक विधि का, 7.113
प्रतिषेधा और उत्प्रेषण में अंतर, 7.200
प्रत्याभूत धार्मिक अधिकार, 7.144
प्रत्यायोजित विधानः
 और सशर्त विधान, 33.10
 का न्यायिक नियंत्रण, 33.12
 का प्रकाशन, 33.20
 का प्रक्रिया संबंधी नियंत्रण, 33.12
 का भूतलक्षी प्रभाव, 33.14
 की अयुक्तियुक्तता, 33.15
 की आलोचना, 33.4
 की शक्ति बाह्यता, 33.13
 की सांविधानिक सीमाएं, 33.5
 के उदाहरण, 33.6
 क्या है, 33.1
प्रधान मंत्री, 10.9, 10.39, 10.43
 इंग्लैंड का, 10.45
 की स्थिति, 10.45
 के कृत्य, 10.46
प्रभुत्ववान और प्रभुत्वहीन कृत्य, 21.13
प्रभुत्वसंपन्न निकाय के लक्षण, 4.8
प्रमुख लक्षण, संविधान के, 2.1
प्रवर समिति, 11.95
प्रविलंबन, 10.32
प्रशासनिक शक्तियां, 10.22
प्रसाद का सिद्धांत, 16.8
प्रस्ताव:
 अविश्वास, 11.121
 कटौती,
  नीति अनुमोदन, 11.126
  मितव्ययिता, 11.126
  सांकेतिक, 11.126
 विश्वास, 11.121
 स्थगन, 11.121
प्रिवी कौंसिल, 14.4
 के स्थान पर उच्चतम न्यायालय, 14.4
प्रिवी पर्स, 8.7
पाई फाउंडेशन, 7.78
प्राक्कलन समितिः
 कृत्य, 11.100
 गठन, 11.101
 अवधि, 11.102
प्राग दोषमुक्ति, 7.116
प्राड्न्याय (पूर्वन्याय), 7.120, 7.182
प्राण और दैहिक स्वतंत्रता, 7.127
प्राथमिक शिक्षा, 8.7
प्रादेशिक निर्वाचन क्षेत्र, 11.9
प्राधिकृत पाठ, 27.26, 27.27
 केंद्रीय विधि अधिनियम, 27.27
प्राधिकार, न्यायालय का, 3.10
प्राधिकार के बाहर जाकर कार्य, 7.196
प्राधिकारी,
 अनु. 12 के अधीन, 7.24
 का अर्थ, 7.24
फारसी लिपि, 27.3
फ्रांस की क्रांति, 1789, 4.15, 7.37
बंदी प्रत्यक्षीकरण, 7.192
बंदी प्रत्यक्षीकरण का मामला, 1976, 7.3
बंधुता, 4.17
बजटः
 वार्षिक वित्तीय विवरण, 11.87
  पहला प्रक्रम, 11.90
  दूसरा प्रक्रम, 11.90
  तीसरा प्रक्रम, 11.90
बरकतउल्लाह, 1.11
बलवंतराय मेहता समिति, 18.3
बलात् श्रम, 7.139
बसु, दुर्गादास, 3.1, 4.12, 22.3
बहिष्कार, 7.153
बहुसंख्यक,
 समता से वंचित किया जाना, 7.159

बाघा जतिन, **1.11**
बार्कर, **4.1, 4.17**
द्वारा उद्देशिका की प्रशंसा, **4.2**
बाल्डविन, प्रधानमंत्री, **1.19**
बीकानेर के महाराजा, **1.27**
बी.एन. राव, **1.78**
बी शिवराव, **1.79**
बेग, एम.यू. (न्या.), **8.10, 15.8**
बेगार, **7.139**
अनु. 23, **7.139**
बोर्ड, पंथिक, **1.68**
बोस, रासबिहारी, **1.11**
बोस, सुभाषचंद्र, **1.46, 1.49, 1.53, 1.56, 1.74**
बिडला, घनश्याम दास, **1.49**
ब्रिटिश पार्लमेंट, **10.3**
ब्लिट्ज का संपादक, **11.80**
ब्लैकस्टोन, **10.2**
भगत सिंह, **1.11, 1.27**
भजनलाल, **31.1**
भट्टाचार्जी, ए.एन. (न्या.), **15.25**
का मामला, **15.25**
भविष्यलक्षी विनिर्णय, **29.20**
भाई परमानंद, **1.11**
भाग क राज्य, **17.1**
भाग ख राज्य, **17.1**
भाग ग राज्य, **17.1**
भागत: शक्तिबाह्य, **7.30**
भारत का महान्यायवादी, **10.60**
कर्त्तव्य, **10.59**
संसद में भाग लेने का अधिकार, **10.60**
भारत का विधि आयोग, **15.8, 15.9, 31.5**
भारतीय खाद्य निगम, **7.25**
भारतीय डाकघर (संशोधन) विधेयक, **10.27**
भारतीय नौसेना का विद्रोह, **1.54**
भारतीय डा. विजय प्रकाश, **7.153** (पाद टिप्पण 200)
भारतीय संसद की मांग, **1.2**
भारतीय साक्ष्य अधिनियम, 1972, **7.123**
भाषा:
आठवीं अनुसूची, भाषाएं, **27.31**
उच्च न्यायालयों की, **27.20, 27.21, 27.22**
उच्चतम न्यायालय की, **27.20, 27.25**
उर्दू, **27.1**
ऐतिहासिक पृष्ठभूमि, **27.1**
निदेश राष्ट्रपति द्वारा, **27.19**
राजभाषा, **27.5, 27.7**
राज्य की राजभाषा, **27.17**
विधान-मंडल में प्रयुक्त की जाने वाली, **13.38**
विधेयकों, अधिनियमों आदि की, **27.26**
विशेष निदेश, **27.30**
संघ की, **27.5, 27.8**
संसद में प्रयोग की जाने वाली, **11.127**
भूतलक्षी दांडिक विधि, **7.114**
भूतलक्षी प्रभाव, **32.14**
भूतलक्षी विधि, **7.115**
भूपेन दत्त, **1.11**
भूलाभाई-लियाकत अली करार, **1.65**
भौगोलिक वर्गीकरण, **7.72**
मंडल आयोग का मामला, 7.64
मंडल के नियमों का विध्वंस, **7.69**
मंडल वाले निर्णय की आलोचना, 7.68
मंत्रिमंडल मिशन के प्रस्ताव, **1.59, 1.60, 1.61**
मंत्रि परिषद्, 10.10, 10.39
का आकार, **12.15**
क्या राष्ट्रपति सलाह से बाध्य है, **10.48**
मंत्रियों की संख्या पर बंधन, **10.39**
राष्ट्रपति और, **10.42**
सामूहिक उत्तरदायित्व, **10.42**
मंत्रियों की शक्ति के संबंध में समिति, **33.1**
मलाई परत: 7.69, 7.70
की पहचान, **7.70**
के नियम, **7.69**
महत्त्व:
अनु. 32 का, **7.178**
उद्देशिका का, **4.4**
महाजन (न्या.), **7.138**
महाद्वीपीय मग्नतट भूमि, **21.4**
महान्यायवादी, **10.59, 10.60**
महाभियोग:
न्यायाधीश पर, **15.23**
राष्ट्रपति पर, **10.18**
महारानी की घोषणा, 1858 की, **1.1, 1.3**
मस्तिष्क चित्रण (पी 300 वेव), **7.123**
महेंद्रप्रताप, राजा, **1.11**
मांटेस्क्यू, **10.2**
माउंटबेटन, लार्ड, **1.71**
योजना, **1.71, 1.73**
मानव अधिकार
जिनका अपहरण नहीं हो सकता, **7.1**
मानव अधिकार घोषणा, **7.4**
मानसिक एकांतता (प्राइवेसी), **7.123**
मार्क्सवाद के खंडहर, **1.75**
मार्गदर्शक शक्ति का सिद्धांत, **7.51**
मार्ले मिंटो सुधार, **1.5, 1.12**
मार्ले लार्ड, **1.5, 1.7, 1.9**
माल और सेवा कर, **20.11, 20.26, 20.29, 20.46**
माल और सेवा कर परिषद्, **20.51**

मालवीय, मदन मोहन, **1.19, 1.31**
मावलंकर, **1.78**
मिंटो, लार्ड, **1.5, 1.6, 1.10**
मिथ्या परीक्षा (पालीग्राफ), **7.123**
मिनर्वा मिल्स और अनु. 31ग, **7.175**
मुंशी आयंगर सूत्र, **27.5**
मुंशी, कन्हैयालाल माणिकलाल, **27.5**
मुक्ति दिवस, **1.39**
मुखर्जी (न्या.), **7.138**
मुखर्जी, अजय, **12.18**
मुखर्जी, श्यामाप्रसाद, **27.5**
मुखर्जी, हरिश्चंद्र, **1.2**
मुख्य आयुक्त के प्रांत, **17.1**
मुद्गल, एच.जी., **11.80**
मुर्शिदाबाद का नवाब, **1.6**
मुसलमानों के निर्वाचक मंडल, **1.13**
मुस्तफा कमाल पाशा, **1.23**
मुस्लिम अलगाववाद, **1.6**
मुस्लिम प्रतिनिधित्व, **1.29**
मुस्लिम वोट बैंक, **8.11**
मुस्लिम राष्ट्र, **1.57**
मुस्लिम लीग,
की भूमिका, **1.6**
की सीधी कार्रवाई, **1.62**
मुस्लिम विधि में परिवर्तन, **8.11**
मुस्लिम स्वीय विधि (शरीयत) अधिनियम 1937, **7.154**
मुहम्मद अली, **1.26**
मूल अधिकार:
अधित्यजन, **7.8**
आपात का प्रभाव, **7.35**
आवश्यकता, **7.7**
इतिहास, **7.4**
और निदेशक तत्त्व, समन्वय और संतुलन, **7.173**
और निदेशक तत्त्वों में अंतर, **8.4**
और निदेशक तत्त्वों में संबंध, **8.5**
और नियम, **24.6**
क्या हैं, **7.6**
नकारात्मक और सकारात्मक, **7.20**
नागरिकों को उपलब्ध, **7.18**
निलंबन, **7.16**
प्रयोजन, **7.7**
मर्यादा के रूप में, **7.27**
राज्य के विरुद्ध निदेश, **7.24**
वर्गीकरण, **7.17**
विधायी शक्ति पर मर्यादा, **7.6**
संशोधन, **7.9**
सभी व्यक्तियों को उपलब्ध, **7.19**
साधारण, **7.1**
से असंगत या प्रतिकूल विधियां, **7.26**
मूल अधिकार और निदेशक तत्त्वों के बीच समन्वय और संतुलन, **7.176**
मूल अधिकारों का संशोधन, **7.9**
पहला प्रक्रम, **7.9**
दूसरा प्रक्रम, **7.10**
तीसरा प्रक्रम, **7.11**
मूल अधिकारों की आवश्यकता, **7.7**
मूल कर्त्तव्य:
निदेशक तत्त्वों से तुलना, **9.2**
प्रवर्तनीय तो नहीं है किंतु उत्तम मार्गदर्शक है, **9.3**
सूची, **9.4**
मेग्नाकार्टा, **2.13**
मेडिसन, **10.3**
मैगस्थनीज, **4.7**
मैलर, एंड्रू, **1.64**
मोंटफोर्ड सुधार, **1.14**
मोंटेग्यू, ई.एस., **1.12, 1.14, 1.17**
मोंटेग्यू-चेम्सफोर्ड रिपोर्ट, **1.14**
मोहम्मद अली, **1.23, 1.76**
मौलाना आजाद, **1.23, 1.76, 27.5**
युक्तियुक्त अवसर, **24.22**
युक्तियुक्त निर्बंधन, **7.92**
के उदाहरण, **7.96**
वृत्ति के अधिकार पर, **7.105**
युक्तियुक्तता न्यायिक पुनर्विलोकन के अधीन है, **7.97**
यूरोपीय मानव अधिकार आयोग, **7.7**
योजना आयोग, **20.49, 20.50**
रक्षोपाय,
अल्पसंख्यकों के लिए, **2.19**
निरुद्ध व्यक्तियों के लिए, **7.134**
रजाकार, **1.77**
रमेश भंडारी, **12.7, 12.19**
रवि नाइक, **12.7**
रविशंकर शुक्ल, **27.2**
राजगामी, **20.3**
राजगुरु, **1.27**
राजगोपालाचारी, चक्रवर्ती, **1.40, 1.42, 1.44, 1.64**
राजभाषा आयोग, **27.11**
राजभाषा सर्वसम्मति से स्वीकृत, **27.6**
राजमन्नार समिति, **3.2**
राजेंद्रप्रसाद, डा., **1.65, 4.8, 10,17, 10.48, 10.55**
राज्य:
अभेद्य नहीं है, **3.17**
अविनाशी नहीं है, **3.15**
का निर्माण, **5.3, 5.14**
की कार्यपालिका, अध्याय **12**
की नीति के निदेशक तत्त्व, **8.1**

की स्थिति, 1950 में, **5.2**
क्या है, **7.24**
द्वारा विभेद, **7.59**
नए राज्यों का निर्माण, **5.3, 5.7, 5.8, 5.13**
पुनर्गठन आयोग, **5.3**
प्रतिनिधित्व में समानता नहीं, **3.23**
में परिवर्तन, **5.9**
सूची, **18.8**
राज्य द्वारा विभेद, **7.59**
राज्य पुनर्गठन आयोग, **5.3**
राज्य सभाः
और लोक सभा की शक्तियों और कृत्यों की तुलना, **11.86**
की उपयोगिता, **11.127**
की भूमिका, **11.62**
धीरे-धीरे परिवर्तित होती है, **11.87**
गठन, **11.3**
सत्रावसान, **11.27**
स्थगन, **11.25**
राज्यों का निर्माण, **5.3**
राज्यों के प्रतिनिधित्व में समानता नहीं है, **3.23**
राज्यों में परिवर्तन, **5.9**
राज्यक्षेत्र का अध्यर्पण, **5.10**
राज्यक्षेत्रातीत प्रवर्तन, **20.6**
राज्यक्षेत्रीय सागरखंड, **21.4**
राज्यक्षेत्रीय सीमाएं
संघ और राज्य की विधायी शक्तियों की, **20.4**
राज्यपालः
आपात शक्तियां, **12.12**
और राष्ट्रपति के पदों की तुलना, **12.24**
और राष्ट्रपति की अध्यादेश निकालने की शक्ति की तुलना, **13.36**
और राष्ट्रपति की वीटो शक्ति की तुलना, **13.35**
और राष्ट्रपति की शक्तियों की तुलना, **12.8**
और मंत्रिपरिषद्, **12.14**
और मुख्यमंत्री और अन्य मंत्रियों की नियुक्ति, **12.16**
का पद से हटाया जाना, **12.26**
की नियुक्ति, **3.19, 12.3**
के कृत्यों के निर्वहन के लिए व्यवस्था, **12.5**
निर्वाचित हो? **12.6**
पदावधि, **12.4**
पर राष्ट्रपति का नियंत्रण, **12.25**
भूमिका, **12.7**
मंत्रिपरिषद् को पदच्युत करना, **12.19**
में राज्य को कार्यपालिका शक्ति विहित है, **12.23**
शक्तियां, **12.8**
क्षमादान की, **12.11**
न्यायिक, **12.11**
विधायी, **12.10**
विवेकाधीन कृत्य, **12.20**
विशेष उत्तरदायित्व, **12.23**
रामनंदन (न्या.), **7.70**
रामनंदन समिति, **7.70**
रामप्रसाद बिस्मिल, **1.11**
रामलाल, **12.7**
रामकृष्ण, स्वामी, **7.152**
रामस्वामी, वी. (न्या.), **7.186, 15.24**
का मामला, **15.23**
रामाराव, नंतारा, **12.7, 12.19**
रासबिहारी बोस, **1.74**
राव, भास्कर, **12.19**
राव, सर बेनेगाल नरसिंह, **8.1**
राष्ट्रीय मानवाधिकार आयोग, **7.123**
राष्ट्रविरोधी गतिविधि, **7.169**
राष्ट्रपतिः **10.1**
अर्हताएं, **10.12**
और उपराष्ट्रपति के पदों की तुलना, **10.58**
और उसकी मंत्रि-परिषद्, **10.47**
और राज्यपाल की अध्यादेश निकालने की शक्ति की तुलना, **13.36**
और राज्यपाल की क्षमादान की शक्ति की तुलना, **10.34**
और राज्यपाल के पद की तुलना, **12.24**
और राज्यपाल की वीटो शक्ति की तुलना, **13.35**
और राज्यपाल की शक्तियों की तुलना, **12.8**
कार्यपालिका का अध्यक्ष, **10.9**
का निर्वाचन, **10.13**
की आपात शक्ति, **10.36**
की नियम बनाने की शक्ति, **10.35**
की शक्तियां:
अध्यादेश निकालने की, **10.30**
क्षमादान की, **10.31**
प्रकीर्ण, **10.34**
प्रशासनिक, **10.22**
राजनयिक, **10.24**
विधायी, **10.25**
सैनिक, **10.23**
को सलाह और सहायता के लिए मंत्रि-परिषद्, **10.10**
क्या राज्यपाल को नियंत्रित करता है?, **12.25**
क्या मंत्रि परिषद् की सलाह मानने के लिए बाध्य है?, **10.47**
जैलसिंह, **10.27**

त्यागपत्र, **10.17**
द्वारा अतिरिक्त राजभाषा के लिए निदेश, **27.19**
निर्वाचन की रीति, **10.13, 10.14**
निर्वाचन के बारे में विवाद, **10.19**
पद की शर्तें, **10.16, 10.17**
पदावधि, **10.17**
पर महाभियोग, **10.18**
पुनर्निर्वाचन का पात्र, **10.17**
में कार्यपालिका शक्ति का निहित होना, **10.1**
राज्यविधान मंडल में शक्ति और भूमिका, **13.31**
वेंकटरामन, एस., **10.27**
राष्ट्रपति आदेश, **26.13**
राष्ट्रपतीय और उपराष्ट्रपतीय निर्वाचन नियम, 1952, **10.14**
राष्ट्रपतियों के अविवेकपूर्ण कार्य, **10.37**
राष्ट्रपतीय प्रणाली:
और संसदीय प्रणाली की तुलना, **10.6**
के दोष, **10.8**
के लाभ, **10.7**
राष्ट्रवाद का उदय, **1.9**
राष्ट्रिक्ताहीन व्यक्ति, **6.1**
राष्ट्रीय अनुसूचित जनजाति आयोग, **32.4**
राष्ट्रीय अनुसूचित जाति आयोग, **32.4**
राष्ट्रीय न्यायिक आयोग, **15.9, 16.7**
राष्ट्रीय न्यायिक (कार्यकरण) आयोग, **16.7**
राष्ट्रीय न्यायिक (नियुक्ति) आयोग, **16.7**
राष्ट्रपति शासन, **28.23**
रिश्वत
सांसद द्वारा लेना, **11.83, 11.84**
रिश्वत वाद पर टिप्पणी, **11.84**
रूषवेल्ट, एफ.डी., **145, 146, 150, 7.88**
रे, ए.एन. (मु. न्या.), **15.8, 29.30**
रेड्डि चिन्नप्पा (न्या.), **15.13**
रेम्से मेक्डोनाल्ड, **1.29**
रेल बजट, अध्याय 11 (पा.टि. 18)
लखनऊ समझौता, **1.13, 1.15, 1.24, 1.65**
लघुकरण, **10.33**
लार्ड पैथिक लारेंस, **1.78**
लार्ड वावेल, **1.78**
लाभ का पद, **11.14**
लाल कुर्ती दल, **1.37**
लाला लाजपत राय, **1.9, 1.19, 1.20**
लाला हंसराज, **1.9**
लाला हरदयाल, **1.11**
लिंकन, अब्राहम, **4.9, 5.1, 7.37**
लिनलिथगो, लार्ड, **1.39**
लियाकत अली, **1.63**
लुई जान्सन, **1.50**
लोकतंत्र, **4.9, 4.12**
लोकतंत्र की संसदीय प्रणाली, **2.16, 11.1**
लोक लेखा समिति, **11.97**
गठन, **11.98**
कृत्य, **11.97**
अवधि, **11.99**
लोक लेखे, संघ के, **11.97**
लोक सभा:
अध्यक्ष, **11.30**
अवधि, **11.12**
उपाध्यक्ष, **11.30**
गणपूर्ति, **11.37**
नामनिर्दिष्ट सदस्य, **11.6**
राज्य सभा से तुलना, **11.86**
विघटन, **11.28**
सत्रावसान, **11.27**
संरचना, **11.4**
समितियां, **11.95**
लोक सेवा आयोग:
का प्रतिवेदन, **25.14**
की स्वतंत्रता, **25.5**
के कृत्य, **25.7**
सलाहकारी, **25.9**
के कर्त्तव्य, **25.8**
संघ, **25.2**
संयुक्त राज्य, **25.2**
सदस्य का पदत्याग और पद से हटाया जाना, **25.4**
सदस्यों की नियुक्ति और पदावधि, **25.3**
राज्य, **25.2**
लोक व्यवस्था, **7.98**
लोकहितवाद, **7.185**
का प्रभाव, **7.187**
वंचित किया जाना, **22.7**
वयस्क मताधिकार, **1.40, 1.58, 11.7, 26.2**
वर्गीकरण:
अनुज्ञेय वर्गीकरण के उदाहरण, **7.57**
का परीक्षण, **7.44, 7.45**
निदेशक तत्त्वों का, **8.2**
भौगोलिक, **7.72**
मूल अधिकारों का, **7.17**
वाक्स्वातंत्र्य का विस्तार, **7.99**
वाणिज्येतर वस्तु, **7.110, 23.5**
का सिद्धांत, **23.5**
वाद या मामला, **15.52**
वादलब्ध-नियोजन, **24.5**
वालपोल, सर राबर्ट, **10.45**
वायुतरंगों पर नियंत्रण, **7.99**
वार्षिक वित्त विधेयक, **11.93**

वार्षिक वित्तीय विवरण, 11.89
  प्रथम प्रक्रम, 11.91
  दूसरा प्रक्रम, 11.91
  तीसरा प्रक्रम, 11.91
विंस्टन चर्चिल, 1.32, 1.50
वित्त आयोग, 20.50
  गठन और कृत्य, 20.48
वित्तीय नीति, 11.89
वित्तीय परिषद:
  अध्यक्ष का प्रमाण-पत्र, 11.59
  अनुमति, 11.63
  विशेष प्रक्रिया, 11.60
वित्तीय आपात, 3.20
विद्या संबंधी सम्मान, 7.82
विधान परिषद:
  उत्सादन और सृजन, 13.2
  अवधि, 13.7
  उपयोगिता, 13.28
  संरचना, 13.6
  सदस्यता के लिए अर्हता, 13.8
  सदस्यता के लिए निरर्हता, 13.9
  शक्तियां, 13.22
विधान-मंडल (राज्य):
  गतिरोधा दूर करना, 13.23
  गतिरोधा के बारे में संघ और राज्य में अलग-अलग प्रक्रियाओं के कारण, 13.25
  गतिरोधा के बारे में संसद से तुलना, 13.24
    द्विसदनीय, 13.1
  प्रक्रिया,
    अध्यक्ष का प्रमाण पत्र, 13.19
    धन विधेयक की, 13.18
    विनियोग विधेयक की, 13.20
    सामान्य विधेयक की, 13.21
  राज्य, 13.1
  राज्यपाल का अभिभाषण, 13.16
  राज्यपाल की शक्ति और भूमिका, 13.29
  राष्ट्रपति की शक्ति और भूमिका, 13.30
  सदस्यता के लिए अर्हता, 13.8
  सदस्यता के लिए निरर्हता, 13.9
विधान सभा:
  अवधि, 13.5
  आरक्षण, 13.4
  और लोक सभा की तुलना, धन विधेयक के बारे में, 13.26
  संरचना, 13.3
  सदस्यता के लिए अर्हता, 13.8
  सदस्यता के लिए निरर्हता, 13.9
विधायन
  अति व्यापक शक्ति, 20.10
  संविधान का अनुपूरक, 2.6
विधायन की अतिव्यापक शक्ति, 20.10
विधायी कपट, 20.18
विधायी प्रक्रिया, 11.42
विधायी शक्तियों की वृद्धि, 20.24
विधि आयोग, भारत का, 15.8
विधि का अर्थ, 7.35, 22.10
विधि का समान संरक्षण, 7.39, 7.40
विधि का स्रोत:
  सूचियां नहीं हैं, 20.9
विधि द्वारा स्थापित प्रक्रिया, 7.125
विधिमान्यता, 7.36
विधि सम्मत शासन, 7.37
विधिक अधिकार, 15.29, 15.30
विधियां, जो मूल अधिकार के प्रतिकूल हैं, 7.26
विधेयक
  का पारित होना, 11.48
  का व्यपगत होना, 11.77
  के प्रकार, वित्तीय विषयों के, 11.62
  संविधान संशोधन, 11.65
  सरकारी और प्राइवेट सदस्यों के, 11.70
  सामान्य, 11.43, 13.21
  वार्षिक वित्त, 11.92
  वित्तीय, 11.57
  विनियोग, 11.91, 13.20
विनियमन, अल्पसंख्यक संस्थाओं का, 7.161
विनियोग अधिनियम, 11.91
विनियोग विधेयक, 11.91, 13.20
विफलता,
  सांविधानिक तंत्र की, 20.30
विनिश्चय के पश्चात् सुनवाई, 33.11
विलियम फिलिप्स, 1.50
विभाग से संबंद्ध स्थायी समिति, 11.107
  कृत्य, 11.113
  गठन, 11.110
  प्रक्रिया, 11.111
  महत्त्व, 11.113
विभाजन: 164, 31.5
अपवाद नहीं, 31.5
विराम, 10.33
विरोधा, 20.20, 20.21
विशेष उपबंध, कुछ वर्गों के संबंधा में, अध्याय 31
विशेष उत्तरदायित्व, राज्यपाल का, 12.23
विशेष निदेश, 26.27
विशेष बहुमत, 3.9
विशेषाधिकार,
  राज्य विधान-मंडलों के, 13.37
  वर्गीकरण, 11.79
  व्यक्तिगत, 11.83
  संसद के, 11.78
  सामूहिक, 11.80

विशेषाधिकार रिटें, **16.18**
विस्तार
  अनुच्छेद 21 का, **7.124**
वी.एस. श्रीनिवास शास्त्री, **1.18**
वेयर, के.सी., **3.2**
वृद्धि
  विधायी शक्तियों की, **20.23**
व्यक्तिगत सत्याग्रह, **1.45**
व्यपगत संपत्ति, **21.3**
व्यय:
  अनुदान, **11.91**
  भारित, **11.90**
  मतदान पर किया जाने वाला, **11.91**
व्यापार, वाणिज्य और समागम, **23.1**
  का अर्थ, **23.4**
  की स्वतंत्रता पर निर्बंधन, **23.7**
व्यावृत्ति, निदेशक तत्त्वों को प्रभावी करने वाली विधियों की, **7.172**
व्युत्पन्न उन्मुक्ति, **7.171**
शक्ति, कर उद्ग्रहण की, **20.37**
शक्ति बाह्य, **7.30**, **20.18**, **20.21**, **33.13**
  भागत:, **7.30**
शक्ति, राज्य को निदेश देने की, **3.18**
शक्तियों का पृथक्करण, **10.2**
  सिद्धांत, **10.2**, **10.4**
  नियम, **10.4**
शफी, **1.20**, **1.27**
शराब, **7.92**, **7.93**
  का व्यापार, **7.91**
  के विक्रय पर निर्बंधन, **7.93**
शर्मा, एम.एस.एम., **11.80**
शाहनवाष, **1.53**
शिक्षा:
  माध्यम, **7.160**
  धर्म से कोई संबंध नहीं, **7.164**
  संस्कृति से कोई संबंध नहीं, **7.160**
शिक्षा माध्यम, **7.160**
शिक्षा, संस्कृत की, **7.149**
शिमला सम्मेलन, **1.53**
शिवराज पाटिल, **31.12**
शौकत अली, **1.23**
श्रीप्रकाश, **12.7**
श्रीमन्नारायण, **27.2**
संकल्प, **11.120**
  प्राइवेट सदस्यों का, **11.123**
संघ:
  अमिट है, **3.17**
  और राज्य के संबंध, **20.1**
    आपात के दौरान, **20.33**
    प्रशासनिक, **20.31**, **20.32**
    वित्तीय, **20.36**
    विधायी, **20.1**
  का लोक लेखा, **20.53**
  की उन्मुक्ति, **20.55**
  की विधायी शक्तियों में वृद्धि, **20.24**
  द्वारा उद्गृहीत तथा संघ और राज्यों द्वारा संगृहीत और विनियोजित सेवा कर, **20.42**
  विधान-मंडल, अध्याय 11
  सूची, **20.10**
    की राज्यसूची पर अतिव्याप्ति और प्रधानता, **20.10**
संघ और राज्य के बीच संबंध, **20.1** और आगे
संघ के लोक लेखे, **20.53**
संघ सूची और राज्य सूची के बीच अतिव्याप्ति, **20.10**
संचित निधि:
  भारत की, **20.50**
  राज्य की, **20.50**
संपत्ति, **21.1**
  का अधिकार, **22.1**
    का संक्षिप्त इतिहास, **22.2**
  का न्यागमन, **21.1**
  क्या है, **22.6**
संजीव कोक और अनु. 31ग, **7.172**
संपति के अधिकार का उत्सादन और अनुच्छेद 31, **7.167**, **22.14**
संपदा, **7.168**
  का अर्जन, राज्य द्वारा, **7.168**
संपरीक्षा, संपादन, **36.4**
संपूर्णानंद, डा., **12.16**
संबंध, संघ और राज्य के बीच, **20.1** और आगे
संयुक्त बैठक, **11.40**, **11.71**
  प्रक्रिया, **11.72**
संयुक्त राष्ट्र संघ का चार्टर उद्देशिका, **7.39**
संरक्षण,
  अनु. 22 का कब मिलता है, **7.138**
  अनु. 21 के अधीन के उदाहरण, **7.144**
  अपराधों के लिए दोषसिद्धि के संबंध में, **7.113**
  गिरफ्तारी से, **7.137**
  नवीं अनुसूची द्वारा, **2.14**, **7.13**
  साक्षी होने के लिए बाध्य किए जाने के विरुद्ध, **7.122**
  स्वयं को अपराध में फंसाने के विरुद्ध, **7.122**
संरचना:
  लोक सभा की, **11.6**
  राज्य सभा की, **11.4**
संविदा:
  सरकारी, **21.5**
  राष्ट्रपति या राज्यपाल का दायित्व, **21.7**
  में दायित्व, **21.11**

संविधान:
- 1949 में अंगीकृत, **1.77**
- अमरीका का, **2.2, 2.5, 2.8, 2.13, 2.17, 2.20, 2.27, 3.2, 3.5, 3.6, 3.14, 3.15, 6.14, 7.6, 7.16, 7.26, 7.39, 7.95, 7.125, 9.1, 10.13, 10.18, 10.25, 14.1, 15.46, 20.14, 22.8, 26.2, 29.7**
- अनुकरण किए गए लक्षण, **2.26**
- आस्ट्रेलिया का, **2.27, 3.6, 3.14, 7.16, 9.1, 15.16, 15.55, 20.14, 23.1, 29.7**
- इंग्लैंड (यू.के.) का, **2.27, 11.80, 13.25, 26.2, 33.1**
- उच्चतर विधि है, **3.8**
- ऐकिक भी और परिसंघ भी, **2.8**
- कनाडा का, **2.2, 2.27, 3.6, 3.13, 3.14, 9.1, 20.14, 29.7**
- चीन का, **22.9**
- जर्मनी का, **2.27, 9.1**
- प्रारंभ की तारीख, **1.80**
- फ्रांस का, **9.1, 10.13**
- रूस का, **22.9**

संविधान का संशोधन:
- अभिव्यक्त मर्यादाएं, **29.16**
- आधारिक लक्षणों का संशोधन, **29.36**
- भारत में औपचारिक संशोधन की प्रक्रिया, **29.8**
- विवक्षित मर्यादाएं, **29.16**
- विशेष बहुमत और अनुसमर्थन द्वारा, **29.11**
- विशेष बहुमत द्वारा (केवल), **29.11**
- संशोधन की प्रक्रिया, **29.14**
- संशोधन की प्रक्रिया के प्रकार, **29.3**
  - अदृश्य, **29.3**
  - दृश्य, **29.3**
- संशोधन की शक्ति पर मर्यादाएं, **29.16**
- सामान्य विधायी प्रक्रिया द्वारा, **29.9**
- 39वां संशोधन, **29.25**
- 42वां संशोधन, **29.28**

संविधान के पश्चात् की विधि, **7.31**

संविधान के प्रमुख लक्षण, **2.1**

संविधान की सर्वोच्चता, **3.8**

संविधान (जम्मू-कश्मीर को लागू होना) आदेश, 1954, **6.14**

संविधान-पूर्व विधि, **7.32, 7.33**

संविधान (संशोधन) अधिनियम:
- पहला संशोधन अधिनियम, 1951, **7.58, 7.168**
- 4था संशोधन अधिनियम, 1955, **7.167, 7.173, 22.2**
- 7वां संशोधन अधिनियम, 1956, **17.1**
- 9वां संशोधन अधिनियम, 1960, **5.14**
- 17वां संशोधन अधिनियम, 1964, **7.168, 7.169**
- 24वां संशोधन अधिनियम, 1971, **29.22, 29.23, 28.28**
- 25वां संशोधन अधिनियम, 1971, **7.42, 7.174, 29.22, 29.23**
- 36वां संशोधन अधिनियम, 1975, **5.14**
- 38वां संशोधन अधिनियम, 1975, **10.30**
- 39वां संशोधन अधिनियम, 1975, **7.171, 22.2, 29.25**
- 42वां संशोधन अधिनियम, 1976, **7.139, 7.172, 7.175, 8.2, 9.1, 11.10, 16.23, 29.7, 29.28**
- 44वां संशोधन अधिनियम, 1978, **7.83, 7.127, 7.167, 7.171, 8.2, 10.30, 22.2, 22.3**
- 52वां संशोधन अधिनियम, 1985, **11.12, 31.2**
- 69वां संशोधन अधिनियम, 1991, **17.2**
- 70वां संशोधन अधिनियम, 1992, **10.13**
- 73वां संशोधन अधिनियम, **8.6, 18.1, 18.5, 18.21**
- 74वां संशोधन अधिनियम, 1992, **18.1**
- 76वां संशोधन अधिनियम, 1994, **7.68, 7.169**
- 77वां संशोधन अधिनियम, **7.67**
- 80वां संशोधन अधिनियम, 2000, **20.39**
- 81वां संशोधन अधिनियम, 2000, **7.65, 7.67**
- 82वां संशोधन अधिनियम, 2000, **7.66**
- 85वां संशोधन अधिनियम, 2001, **11.4, 7.67**
- 86वां संशोधन अधिनियम, 2002, **7.135, 8.2**
- 87वां संशोधन अधिनियम, 2002, **11.5, 13.2, 32.4**
- 91वां संशोधन अधिनियम, 2003, **10.39, 11.16, 17.4, 31.5, 31.13**
- 92वां संशोधन अधिनियम, 2003, **27.29**
- 93वां संशोधन अधिनियम, 2005, **7.58**
- 97वां संशोधन अधिनियम, **8.8, 19.2**
- 103वां संशोधन अधिनियम, **7.77**
- 104वां संशोधन अधिनियम, **31.3**

संविधान संशोधन विधेयक, 11.65
- अनुमति, **11.68**
- पुर:स्थापन, **11.66**
- संयुक्त बैठक नहीं, **11.69**
- पारित किया जाना, **11.67**
- 64वां संशोधन विधेयक, **11.87**
- 65वां संशोधन विधेयक, **11.87**

संविधान सभा, 1.68
उद्देश्य संकल्प, **4.1**
की मांग, **1.40**
की समितियां, अध्याय 1, पा.टि., 90
के लिए निर्वाचन, **1.76**
संविधान का अधिनियमित किया जाना, **1.77**
संशोधन अधिनियम जो 24-4-1973 के पश्चात् पारित किए गए, **7.12**
संसदः
का गठन, **11.2**
की प्रक्रिया,
अधिवेशन, **11.29**
प्रश्नकाल, **11.29**
विश्रांतिकाल, **11.29**
बैठकें, **11.21, 11.29**
की भूमिका, **11.1**
की संयुक्त बैठक, **11.38**
की सदस्यता, **11.13**
की समितियां, **11.95**
के अधिकारी, **11.29**
के विशेषाधिकार, **11.78**
के सत्र: **11.21**
बजट, **11.22**
वर्षा, **11.23**
शीत, **11.25**
दोहरी सदस्यता, **11.20**
निरर्हता निवारण विधेयक, 2006, **10.25**
प्रक्रिया के प्रकार, **11.40**
ब्रिटिश, **10.3**
में प्रयोग की जाने वाली भाषा, **11.125**
में वित्तीय मामले, **11.87**
में विधायी प्रक्रिया, **11.41**
सदस्यों की अर्हताएं, **11.13**
स्थानों का रिक्त होना, **11.20**
संसद के सदनों (संयुक्त बैठकें तथा संवाद) संबंधी नियम, **11.72**
संसद सदस्य
चुने जाने के लिए अर्हता, **11.13**
चुने जाने के लिए निरर्हता, **11.13**
रिश्वत का वाद, **11.83**
विशेषाधिकार, **11.78, 11.81**
संसदीय प्रणाली, **2.16, 11.1**
संसदीय समितियां, **27.13**
संसदीय सर्वोच्चता, **29.24**
संसदीय स्थायी समिति, विभागों से संबद्ध, 11.108
कृत्य, **11.109**
गठन, **11.110**
महत्त्व, **11.113**
प्रक्रिया, **11.111**
संस्कृत की शिक्षा, **7.149**
संस्कृति संबंधी अधिकार, **7.159**
संस्था,
अल्पसंख्यक शिक्षा संस्था, **7.155**
अल्पसंख्यक संस्थाओं का विनियमन, **7.161**
बिना सहायता वाली, **7.156**
शिक्षा संस्थाओं की स्थापना और प्रशासन का अधिकार, **7.160**
सहायता प्राप्त अल्पसंख्यक शिक्षा संस्था, **7.156**
सकारण आदेश, **7.199**
सत्याग्रह, व्यक्तिगत, **1.45**
सपरिषद् गवर्नर जनरल, **1.3**
सप्रू, तेज बहादुर, **1.20, 1.32, 1.42, 1.48**
सप्रू रिपोर्ट, 1945 की, **8.1**
समकक्ष में प्रथम, **10.45**
समता, 4.17
अनु. 31ग, **7.42**
का अधिकार, **7.37**
खंड के अपवाद, **7.38**
खंड-अनु. 14, **7.37**
विधि के समक्ष, **7.40**
समता खंड के अपवाद, **7.38**
समतुल्यता, **10.15**
समतुल्यता सुनिश्चित करना, **10.15**
समन्वयकारी,
अर्थान्वयन, **8.5, 20.15**
निर्वचन, **8.5, 20.15**
समन्वयकारी अर्थान्वयन का नियम, **20.13**
समवर्ती सूची, **18.8**
सविनय अवज्ञा आंदोलन, **1.26**
समस्त सदस्य संख्या का अर्थ, **29.13**
समाजवाद, **4.12**
समाजवादी, **4.11**
आधारिक लक्षण है, **4.13**
समान कार्य के लिए समान वेतन, **7.52**
समान सिविल संहिता, **8.9, 8.12**
समाप्ति, नागरिकता की, **6.11**
समुचित कार्यवाहियां, **7.179**
समिति:
अधीनस्थ विधान, **11.115**
अनुसूचित जाति और जनजाति कल्याण संबंधी, **11.96, 11.106**
प्रवर, **11.99**
प्राक्कलन, **11.100**
प्रारूपण, अध्याय 1, पा.टि. **91**
मंत्रियों की शक्ति की, **32.1**
राज्यपालों की, **12.19**
लोक उपक्रम, **11.103**

लोक लेखा, 11.96
विभागों से संबद्ध स्थायी, 11.108
संयुक्त, 11.96
सम्यक् प्रक्रिया:
खंड, 2.20
विधि की, 7.126
सम्राट कोई दोषमुक्त कृत्य नहीं करता, 10.43
सरकारी संविदाएं, 21.5
सरकारी सेवक:
अनिवार्य सेवानिवृत्ति, 24.22
अस्थायी, 24.18
कब जांच की आवश्यकता नहीं है, 24.24
कारण बताने का युक्तियुक्त अवसर, 24.22
निलंबन, 24.20
पंक्ति में अवनत किया जाना, 24.19
परिवीक्षाधीन, 24.18
हटाया जाना और पदच्युत किया जाना, 24.19
रक्षोपाय और संरक्षण, 24.22, 24.23
समयपूर्व निवृत्ति, 24.20
स्थायी, 24.18
सआदुल्ला, 1.79
सरकारिया आयोग, 3.2, 12.18, 12.19, 13.33
सरदार, लक्ष्मण सिंह गिल, 31.1
सरदार, वल्लभभाई पटेल, 1.49, 1.77
सर्वदलीय समिति, 2.13
सविनय अवज्ञा आंदोलन, 1.26, 1.28
सर्वोपरि अधिकार, 22.8
सशस्त्र बल और संगम का अधिकार, 7.100
सहकारी सोसाइटी, 19.1
सहगल, प्रेमनाथ, 1.53
सहाय (न्या.), 7.68
सहायता अनुदान, 20.47
सांप्रदायिक अधिनिर्णय, 1.29, 1.34
सांविधानिक अधिकार आवश्यक नहीं कि मूल अधिकार हों, 7.6
सांविधानिक आयोग, 1.19
सांविधानिक तंत्र का विफल होना, 20.30
सांसद स्थानीय क्षेत्र विकास स्कीम, 20.48
सांस्कृतिक और शिक्षा संबंधी अधिकार, 7.155
साइमन आयोग, 1.19, 1.20, 1.21, 1.22, 7.5
साइमन, सर जान, 1.19
सादिक अली, 18.3
सान्याल, शचींद्रनाथ, 1.11
सामान्य प्रवेश परीक्षा, 7.109
सामान्य विधिक अधिकार, 7.6
साम्यवादियों का देशद्रोह, 1.75
सामान्य विधेयक, 11.43, 13.21
के बारे में तुलना संसद और राज्य विधान-मंडलों की, 13.27
खंडश: विचारण, 11.48
पारित किया जाना, 11.49
वाचन, द्वितीय, 11.48
सामूहिक उत्तरदायित्व
मंत्रियों का, 10.38
सावंत, पी.बी. (न्या.), 12.19, 15.13
सावरकर, विनायक दामोदर, 1.11, 1.74
सिंह, विश्वनाथ प्रसाद, 11.125
सिद्धांत:
अनुषंगी शक्ति का, 20.17
अधित्यजन का, 7.8
अर्थ संकोच का, 20.19
असंशोधनीयता का, 2.1
आधारिक लक्षण का, 7.12
आभासी विधायन का, 20.18
ग्रहण का, 7.32, 7.33
नैसर्गिक न्याय का, 33.1
पुलिस शक्ति का, 7.87, 22.7
प्रसाद का, 24.8, 24.10, 24.11, 24.12
पृथक्करण का, 7.29, 20.23, 31.8
प्रभुता उन्मुक्ति का, 21.13
राज्यक्षेत्रीय संबंध का, 20.5
विवाद्यक विबंध का, 7.121
संविधान के साथ कपट का, 20.18
सर्वोपरि अधिकार का, 22.8
सार और तत्त्व का, 20.16
शक्तियों के पृथक्करण का, 10.4
सिद्धांत, परिसंघ की सर्वोच्चता का, 20.12
सिद्धांत, शक्तियों के पृथक्करण का, 10.2
सिद्धांत, सूचियों के निर्वचन का, 20.15
सिविल और राजनैतिक अधिकार की अंतरराष्ट्रीय प्रसंविदा, 7.146
सिविल और राजनैतिक अधिकारों से अंतरराष्ट्रीय अभिसमय (1966), 34.1
सिविल पद:
का अर्थ, 24.17
सी.एस. कर्णन, 15.32
सी. रंगराजन, 20.49
सीतलवाड, एम.सी., 7.80, 10.48
सीधी कार्रवाई, मुस्लिम लीग द्वारा, 1.63
सीरवई, एच.एम., अध्याय 7, पा.टि. 3, 7.68
सुखदेव, 1.27
सुनम्य संविधान, 29.7
सुनम्यता, 2.5
और कठोरता, 29.2
सुभाषचंद्र बोस, 1.49, 1.76, 1.77
सूचना, 34.8
सूचना का अधिकार, 7.99
सूचियां,
निर्वचन के सिद्धांत, 20.15
विधि का स्रोत नहीं, 20.9

सूरत अधिवेशन, 1.10
सेंट स्टीफन महाविद्यालय, 7.156
सेठ गोविंद दास, 27.2
सेना, आजाद हिंद, 1.53
सेवाः
अखिल भारतीय, 24.26
अधिकरण, 24.25
कर, 20.42
नियम और मूल अधिकार, 24.6
प्रसाद का सिद्धांत, 24.8, 24.10, 24.11, 24.12
प्रसाद पर्यंत, 24.10
में भर्ती के नियम, 24.2
सरकारी, 24.1
सेवा करः
संघ द्वारा उद्गृहीत तथा संघ और राज्यों द्वारा संगृहीत और विनियोजित, 20.42
सैनिक शक्तियां, 10.23
सैयद अहमद खां, 1.6, 1.24
स्थगन, 11.24
अनिश्चित काल के लिए, 11.25
स्थानीय शासनः
पृष्ठभूमि, 18.2
नगरपालिकाएं, 18.21
पंचायत, 18.5
स्थायी न्यायाधीश, 16.8
स्पष्ट और वर्तमान संकट, 2.24
स्वतंत्र न्यायपालिका, 2.15
स्वत्वहरण (संपत्ति ग्रहण), 22.14
स्वतंत्रताः
का प्रथम संग्राम, 1.1
के कारण, 1.74
चुप रहने की, 7.95
दरिद्रता से, 7.95
धार्मिक, 7.141
निवास की, 7.107
प्रेस की, 7.95
भय से, 7.95
वाक् और अभिव्यक्ति की, 7.95
वाक्, का विस्तार, 7.102
संगम की, 7.102
संचरण की, 7.104
संपत्ति की, 7.106
सम्मेलन, 7.100
स्टालिन, 1.50
स्वराज्य पार्टी, 1.19
स्वर्ण सिंह समिति, 10.48
स्वातंत्र्य, 4.15
स्वापक औषधि, 7.93
स्वामी दयानंद, 7.68, 7.73
स्वामी विवेकानंद, 7.68, 7.155
स्वामी श्रद्धानंद, 1.9
स्वामीविहीन संपत्ति, 21.3
हंसारिया (न्या.), 7.147
हकीम अजमल खां, 1.23
हसरत मोहानी, 1.23
हिंदी, 27.1, 27.2, 27.6, 27.8
झूठ का परिचालन, 27.6
सर्वसम्मति से स्वीकृत, 27.6
साहित्य सम्मेलन, 27.2
हिंदुस्तान रिपब्लिक एसोशिएशन, 1.11
हिंदुस्तानी, 27.2, 27.3
हिंदुत्व, 7.155
हिंदू, 7.141
हिंदू महासभा, अध्याय 1 का पा.टि. 68
हिज मजेस्टी की घोषणाः
20-2-1947 की, 1.69
3-6-1947 की, 1.70
हितः
धन संबंधी, 7.198
प्रत्यक्ष, 7.198
व्यक्तिगत, 7.198
हिदायतुल्ला, एम., 10.56
हेडगेवार, डा. केशव बलीराम, 7.68
हेनरी अष्टम् खंड, 33.9
हेयर, टामस, 11.4
हेयर योजना, 11.4
हैदराबाद, 1.76
होम रूल, 1.12
आंदोलन, 1.9